AF820103

Hauptgutachten
der Monopolkommission XXIII

Monopolkommission

Hauptgutachten

Wettbewerb 2020

XXIII. Hauptgutachten der Monopolkommission
gemäß § 44 Abs. 1 Satz 1 GWB

Nomos

Onlineversion
Nomos eLibrary

Die Deutsche Nationalbibliothek verzeichnet diese Publikation in der Deutschen Nationalbibliografie; detaillierte bibliografische Daten sind im Internet über http://dnb.d-nb.de abrufbar.

ISBN 978-3-8487-7949-9 (Print)
ISBN 978-3-7489-1164-7 (ePDF)

1. Auflage 2020
© Nomos Verlagsgesellschaft, Baden-Baden 2020. Gesamtverantwortung für Druck und Herstellung bei der Nomos Verlagsgesellschaft mbH & Co. KG. Alle Rechte, auch die des Nachdrucks von Auszügen, der fotomechanischen Wiedergabe und der Übersetzung, vorbehalten. Gedruckt auf alterungsbeständigem Papier.

Inhaltsverzeichnis

Abbildungsverzeichnis

Tabellenverzeichnis

Vorwort

[1.] Gemäß § 44 Abs. 1 des Gesetzes gegen Wettbewerbsbeschränkungen (GWB) legt die Monopolkommission der Bundesregierung ihr alle zwei Jahre zu erstellendes Hauptgutachten vor mit dem Titel

XXIII. Hauptgutachten, Wettbewerb 2020

[2.] Das Hauptgutachten besteht aus einem Kapitel, in dem aktuelle wettbewerbspolitische Themen behandelt werden, je einem Kapitel zur Konzentrationsentwicklung und zur Würdigung der Amtspraxis der Kartellbehörden sowie einem eigenen Kapitel zum chinesischen Staatskapitalismus als Herausforderung für die europäische Marktwirtschaft. Die laufenden Entwicklungen konnten inhaltlich noch bis 30. Juni 2020 berücksichtigt werden.

[3.] Kapitel I behandelt in kürzeren Analysen aktuelle Probleme der Wettbewerbspolitik:

- **Wettbewerb in der Corona-Krise**: Insolvenzen, Unternehmensübernahmen und Kooperationen von Unternehmen werden den Wettbewerb in der Krise schwächen. Rettungsmaßnahmen des Bundes und der Länder können für Wettbewerbsverzerrungen sorgen. Nicht jede Rettungsmaßnahme, die die Beihilfenkontrolle der Europäischen Union passiert, ist wettbewerbsneutral. Sie sollten daher soweit wie möglich so ausgestaltet sein, dass nicht einzelne Unternehmen selektiv profitieren. Die Monopolkommission befürwortet, staatliche Beteiligungen an Unternehmen mit marktbeherrschenden Stellungen mit wettbewerbsfördernden Maßnahmen zu flankieren. Die Corona-Krise sollte kein Anlass sein, die Eingriffskriterien in der Zusammenschlusskontrolle großzügiger zu handhaben. Sanierungsfusionen sind bereits nach geltendem Recht möglich. Da zu erwarten ist, dass die Anzahl der kontrollpflichtigen Zusammenschlüsse im zweiten Halbjahr 2020 zunimmt, sollte die Verlängerung der Verfahrensfristen für die nationale Zusammenschlusskontrolle bis Ende des Jahres 2020 beibehalten werden.

- **Missbrauchsaufsicht in der Plattformwirtschaft**: Die europäische Missbrauchsaufsicht auf Online-Plattformmärkten ist effektiver auszugestalten. Im Blickpunkt stehen dabei Verhaltensweisen, durch die der Markt dauerhaft zugunsten einer Plattform „kippt" oder durch die mehr oder weniger unangreifbare „Ökosysteme" geschaffen werden. Eine neue Plattformverordnung sollte Verhaltensregeln für Fälle vorsehen, in denen sich die Marktstruktur zugunsten einer beherrschenden Plattform dauerhaft verfestigt hat, etwa ein Selbstbegünstigungsverbot oder Interoperabilitäts- und Portabilitätsverpflichtungen. Zudem sollte eine solche Verordnung restaurative Maßnahmen vorsehen. Dem Informationsgefälle zwischen Plattformunternehmen und ermittelnden Behörden sollte durch eine Verschärfung der verfahrensrechtlichen Mitwirkungspflichten begegnet werden. Außerdem ist die Einführung einer gesetzlichen Schadensvermutung wünschenswert, um die Verbraucher wirksam gegen Schäden durch automatisiert festgesetzte und unangemessen überhöhte Preise im Sinne des Art. 102 AEUV zu schützen. Des Weiteren sollten die Kriterien zur Marktabgrenzung auf Online-Marktplätzen überarbeitet werden, soweit hier Preisdifferenzierungen der Händler darauf hindeuten, dass sich relevante Märkte fragmentieren.

- **Bereichsausnahme im Kartellrecht für Zusammenschlüsse von Krankenhäusern**: Zur Verbesserung der Krankenhausinfrastruktur in Deutschland werden vermehrt Forderungen nach einer schnelleren Konsolidierung und der Erleichterung von Krankenhauszusammenschlüssen erhoben. Diskutiert wird, ob das geltende Wettbewerbsrecht Zusammenschlussvorhaben, die als gesundheitspolitisch wünschenswert gelten, entgegen steht. Die Monopolkommission sieht große Vorteile in einer wirksamen Zusammenschlusskontrolle von Krankenhäusern, empfiehlt aber Anpassungen im Rechtsrahmen und bei der Rechtsanwendung, durch die mögliche Qualitätseffekte bei Krankenhauszusammenschlüssen genauer erfasst werden können. Eine Bereichsausnahme für Krankenhauszusammenschlüsse im Gesetz gegen Wettbewerbsbeschränkungen hält die Monopolkommission für nicht zielführend.

[4.] Kapitel II des Hauptgutachtens enthält eine Fortschreibung der Analyse der aggregierten Unternehmenskonzentration sowie des **Standes und der Entwicklung der sektorübergreifenden Marktmacht** in Deutschland. Der seit Beginn der Berichterstattung im Jahr 1978 zu beobachtende rückläufige Trend bei der aggregierten Konzentration setzt sich im aktuellen Berichtszeitraum fort. Dies zeigt sich sowohl in einem leicht gesunkenen Anteil der 100 größten Unternehmen an der gesamtwirtschaftlichen Wertschöpfung als auch in einer geringeren personellen und kapitalmäßigen Verflechtung der führenden Unternehmen untereinander. Ergänzt wird die Analyse um eine Untersuchung der Unternehmenskonzentration und Marktmacht mittels konzentrationsstatistischer Kennzahlen und unternehmensspezifischer Preisaufschläge. Die Preisaufschläge werden erstmals auf Basis repräsentativer Daten der amtlichen Statistik ermittelt. Im Bereich der Dienstleistungen und im Baugewerbe ist danach ein deutlicher Anstieg der Konzentration zu beobachten. In der Industrie zeigt sich zudem ein stetiger Anstieg der aggregierten Preisaufschläge. Diese Entwicklungen gilt es zukünftig weiter zu beobachten.

[5.] In Kapitel III würdigt die Monopolkommission die **kartellrechtliche Entscheidungspraxis** im Berichtszeitraum des Gutachtens. Dies umfasst die Anwendung der Vorschriften zur Fusionskontrolle, zur Missbrauchsaufsicht über marktbeherrschende Unternehmen und zum Kartellverbot durch das Bundeskartellamt, die Europäische Kommission sowie deutscher Gerichte und der Unionsgerichte. Dabei finden auch verfahrensrechtliche Aspekte Berücksichtigung. Im Rahmen ihrer Würdigung der Entscheidungspraxis äußert sich die Monopolkommission u. a. zu zwei Fällen aus dem Sportsektor. Sie begrüßt die weitreichenden Lockerungen der Werbemöglichkeiten, die das Bundeskartellamt für deutsche Athleten bei den Olympischen Spielen erzielt hat, hält es jedoch für wünschenswert, dass die Wettbewerbsbehörden in solchen Fällen jedenfalls unionsweit für gleiche Bedingungen sorgen. Bei der Zentralvermarktung der Übertragungsrechte für die Fußball-Bundesliga empfiehlt die Monopolkommission, dass die ökonomischen Auswirkungen der gemeinsamen Rechtevergabe systematischer erfasst werden. Das Bundeskartellamt sollte dazu auch die Verbraucherpräferenzen und den Preiswettbewerb in den Blick nehmen. Vor dem Hintergrund der Entscheidung des Bundeskartellamtes zu dem gemeinsamen Glasfaserausbau von Deutscher Telekom und EWE spricht sich die Monopolkommission zudem dafür aus, solche Kooperationen nur in Gebieten zu genehmigen, in denen ein wirtschaftlicher Netzausbau ohne Kooperation nicht möglich ist. Die Monopolkommission rät außerdem dazu, die Effizienzgewinne und Wettbewerbsbeschränkungen enger Bestpreisklauseln, die etwa von Online-Hotelportalen verwendet werden, weiter zu analysieren. Von einem generellen Verbot solcher Klauseln sollte indes abgesehen werden. Darüber hinaus untersucht die Monopolkommission die Anwendung datengestützter Analysen durch das Bundeskartellamt im vorliegenden Gutachten durch einen Vergleich mit der Praxis ausgewählter nationaler Wettbewerbsbehörden.

[6.] Kapitel IV befasst sich eingehend mit der Frage, mit welchen Mitteln die europäische Wettbewerbspolitik Wettbewerbsverzerrungen begegnen kann, die entstehen, weil **China** im Rahmen seiner Wirtschaftspolitik staatliche und private Unternehmen subventioniert und deren Entscheidungen beeinflusst. Der bestehende außenwirtschafts- und wettbewerbsrechtliche Regelungsrahmen sorgt in Fällen des grenzüberschreitenden Warenhandels für einen Schutz europäischer Unternehmen und mittelbar des Wettbewerbs im europäischen Binnenmarkt. Schutzlücken verbleiben, soweit die Verzerrungen im grenzüberschreitenden Wirtschaftsverkehr durch drittstaatliche Subventionen verursacht werden. Die Monopolkommission empfiehlt die **Einführung eines Drittlandsbeihilfeinstruments**, mit dem drittstaatliche Subventionen und mitgliedstaatliche Beihilfen möglichst weitgehend gleichgestellt würden. Das Instrument sollte der Europäischen Kommission eine Intervention ermöglichen, um subventionsbedingte Vorteile zum Schutz des EU-Binnenmarktes und vorbehaltlich entgegenstehender Unionsinteressen abzuschöpfen. In Fällen des Unternehmenserwerbs und bei mitgliedstaatlichen Beschaffungen sollte zudem für alle Beteiligten eine Stillhalteverpflichtung gelten, d. h. das Verfahren sollte bis zur Prüfung der Drittlandsbeihilfe ausgesetzt werden. Dies würde verhindern, dass die Subvention in Fällen des Unternehmenserwerbs an den Veräußerer oder bei Beschaffungen an den Träger der ausschreibenden Stelle fließt und dann diesem mittelbar Begünstigten eine mögliche Ausgleichsabgabe auferlegt werden müsste.

[7.] Zur Vorbereitung des XXIII. Hauptgutachtens war die Monopolkommission wieder auf die Mitarbeit und den fachlichen Rat von Sachverständigen aus den verschiedensten Bereichen angewiesen. Die Kommission dankt allen im Gutachten genannten Wissenschaftlern sowie Angehörigen von Behörden, Gerichten, Unternehmen und Verbänden für ihre Unterstützung.*

[8.] Der Präsident des Bundeskartellamtes, Herr Andreas Mundt, sowie die zuständigen Beamten aus den Beschlussabteilungen und der Grundsatzabteilung haben die Vorarbeiten für dieses Kapitel maßgeblich unterstützt. Sie haben der

* Aus Gründen der besseren Lesbarkeit wird im vorliegenden Hauptgutachten auf eine geschlechtsspezifische Differenzierung verzichtet. Sämtliche personenbezogenen Bezeichnungen sind als geschlechtsneutral zu verstehen.

Monopolkommission und den Mitarbeitern des wissenschaftlichen Stabs im Rahmen einer Telefonkonferenz am 7. Mai 2020 sowie in zahlreichen Einzelgesprächen Gelegenheit zur Erörterung der Entscheidungspraxis wie auch allgemeiner wettbewerbspolitischer Fragestellungen gegeben.

[9.] Schriftliche Stellungnahmen zur Anwendung quantitativer Methoden in der kartellbehördlichen Praxis sind außer vom Bundeskartellamt von der österreichischen Bundeswettbewerbsbehörde, der schweizerischen Wettbewerbskommission und der Competition and Markets Authority des Vereinigten Königreichs eingegangen.

[10.] Mit Vertretern der Europäischen Kommission – u. a. dem Generaldirektor der Generaldirektion Wettbewerb, Herrn Olivier Guersent – sowie mit Vertretern der Generaldirektion Handel hat die Monopolkommission in zwei Telefonkonferenzen am 13. März 2020 über Themen der europäischen Fusionskontrolle, der Kartell- und Missbrauchsaufsicht sowie der Beihilfenkontrolle gesprochen. In einer Videokonferenz am 7. April 2020 konnten Mitarbeiter der Europäischen Kommission und des wissenschaftlichen Stabs der Monopolkommission die Diskussion zu ausgewählten wettbewerbspolitischen und wettbewerbsrechtlichen Themen vertiefen. Ebenfalls auf Bearbeiterebene fand am 28. April 2020 eine Telefonkonferenz zu drittstaatlichen Markteingriffen statt.

[11.] Die Unternehmen aus dem Berichtskreis der Untersuchungen zur aggregierten Konzentration stellten mit teilweise erheblichem Aufwand Jahresabschlussdaten für ihre inländischen Konzernteile zusammen. Das Bundeskartellamt lieferte der Monopolkommission Angaben zur Beteiligung der „100 Größten" an den gemäß § 39 GWB vor dem Vollzug anzumeldenden Zusammenschlüssen sowie an der Anzahl der Freigabeentscheidungen. Ferner übermittelte das Bundeskartellamt aktuelle Statistiken zur Amtspraxis in der Fusionskontrolle. Das Statistische Bundesamt stellte der Monopolkommission gesamtwirtschaftliche Daten zu der Anzahl der Beschäftigten, den Branchenumsätzen sowie der Wertschöpfung zur Verfügung. Zudem wurden im Rahmen von § 47 GWB der Monopolkommission konzentrationsstatistische Daten aus amtlichen Wirtschaftsstatistiken übermittelt. Darüber hinaus hat das Statistische Bundesamt die Auswahl und Zusammenstellung wirtschaftszweigspezifischer Daten aus den volkswirtschaftlichen Gesamtrechnungen für die Auswertung unternehmensspezifischer Preisaufschläge durch die Monopolkommission wertvoll unterstützt und unveröffentlichte Daten zu Vorleistungen zur Verfügung gestellt. Die Schätzung von Preisaufschlägen auf Basis amtlicher Statistiken haben die Forschungsdatenzentren der statistischen Ämter des Bundes und der Länder (FDZ), insbesondere das Team am FDZ-Standort Düsseldorf, durch Bereitstellung der Daten und Betreuung der Datenfernverarbeitung ermöglicht.

[12.] Im Rahmen der Vorbereitung der Stellungnahme zu einer Bereichsausnahme für Krankenhausfusionen im Gesetz gegen Wettbewerbsbeschränkungen wurde am 9. März 2020 ein Gespräch mit Vertretern des Marburger Bundes – der Vorsitzenden Frau Dr. Susanne Johna, dem Vorstandsmitglied Herrn Dr. Hans-Albert Gehle sowie der Leiterin des Referats Krankenhauspolitik Frau Susanne Renzewitz – geführt.

[13.] Während der Vorbereitung der Stellungnahme zur Missbrauchsaufsicht in der Plattformwirtschaft fand am 26. März 2020 eine Telefonkonferenz von Mitgliedern der Monopolkommission mit Vertretern des Verbraucherzentrale Bundesverband e. V. (vzbv) statt.

[14.] Zur Vorbereitung des Gutachtens zum chinesischen Staatskapitalismus hat die Monopolkommission am 13. Februar 2020 einen Expertenworkshop durchgeführt. An diesem Workshop haben teilgenommen:

- Prof. Dr. Marc Bungenberg, LL.M., Universität des Saarlandes
- Prof. Dr. Christoph Herrmann, LL.M., Universität Passau
- Dr. Till Müller-Ibold, Cleary Gottlieb Steen & Hamilton LLP, Brüssel
- Prof. Dr. Markus Taube, Universität Duisburg-Essen

Schriftlich Stellung genommen hat Prof. Dr. Rolf J. Langhammer, Institut für Weltwirtschaft, Kiel.

Am 20. April 2020 fand eine Videokonferenz mit Vertretern des Bundesministerium für Wirtschaft und Energie sowie des Deutscher Industrie- und Handelskammertag (DIHK) statt.

Der chinesische Generalkonsul in Frankfurt/M. und das Bundesamt für Wirtschaft und Ausfuhrkontrolle wurden ebenfalls zu Anhörungen eingeladen, haben aber auf eine Teilnahme verzichtet.

[15.] Mitglieder der Monopolkommission und des wissenschaftlichen Stabs haben im Rahmen der Vorarbeiten des Gutachtens zum chinesischen Staatskapitalismus mit folgenden Institutionen und Personen Web- oder Telefonkonferenzen geführt:

- Am 20. März 2020 mit Vertretern des Verbands der Chemischen Industrie e.V. (VCI) und Vertretern von Mitgliedsunternehmen dieses Verbandes,
- am 30. März 2020 mit Vertretern des Bundesverbands der Deutschen Industrie e.V. (BDI) sowie des Verband Deutscher Maschinen- und Anlagenbau e. V. (VDMA),
- am 22. April 2020 mit Vertretern der KfW Bankengruppe,
- am 13. Mai 2020 mit Prof. Dr. Martin Selmayr,
- am 28. Mai 2020 mit Vertretern des niederländischen Ministeriums für Wirtschaft und Umwelt (Ministerie van Economische Zaken en Klimaat).

Gesprochen wurde zudem mit Vertretern des Instituts der deutschen Wirtschaft (Jürgen Matthes), der Wissenschaft (Prof. Dr. Jan Wouters, LL.M.; Vineet Hegde, LL.M.; Stefan Schelhaas, LL.M.) sowie der Anwaltschaft (Dr. Andreas von Bonin, LL.M.; Dr. Georg M. Berrisch, LL.M.; Victor Crochet, LL.M.; Dr. Sabine Konrad, LL.M.Eur.; Edwin Vermulst, S.J.D., LL.M.).

[16.] In eigener Sache: Mit Wirkung zum 1. Juli 2020 hat der Bundespräsident der Bundesrepublik Deutschland Frau Pamela Knapp bis zum 30. Juni 2024 zum Mitglied der Monopolkommission berufen. Frau Knapp folgt Frau Dr. Angelika Westerwelle nach, die die Monopolkommission nach drei Amtsperioden zum 30. Juni 2020 verlässt. Der Bundespräsident der Bundesrepublik Deutschland hat Frau Dagmar Kollmann und Herrn Prof. Dr. Jürgen Kühling LL.M. für jeweils eine weitere Amtsperiode bis zum 30. Juni 2024 zu Mitgliedern der Monopolkommission berufen. Die Amtszeiten der Mitglieder Prof. Achim Wambach Ph.D. und Dr. Thomas Nöcker enden zum 30. Juni 2022.

[17.] Die Vorarbeiten zu diesem Zweijahresgutachten wurden von den Mitarbeitern der Monopolkommission geleistet. Dem wissenschaftlichen Stab gehörten in diesem Zeitraum an: Herr Dr. Klaus Holthoff-Frank als Generalsekretär, Frau Dr. Juliane Scholl als Geschäftsführerin sowie Herr Dr. Marc Bataille, Herr Dr. David Benček, Frau Lorela Ceni-Hulek, Herr Dr. Thiemo Engelbracht, Frau Dr. Katja Greer, Frau Dr. Cornelia Gremm, Frau Kim-Ines Lindner, Herr Philipp Reinhold, Herr Daniel Richter, Frau Dr. Julia Rothbauer, Herr Nils-Peter Schepp, Herr Dr. Tim Thomes, Herr Dr. John Weche und Herr Dr. Thomas Weck. Bis zu ihrem Ausscheiden mitgewirkt haben zudem Herr Dr. Jörn Klöckener und Herr Lars Zeigermann. Bei der Erstellung des Gutachtens mitgewirkt haben außerdem Frau Marion Schadowski, Frau Elke Windscheidt und Herr Karsten Schulz. Die Monopolkommission dankt allen Mitarbeitern für die geleistete Arbeit, die insbesondere in der Schlussphase des Gutachtens weit über die Erfüllung der Dienstpflichten hinausgegangen ist.

Bonn, den 29. Juli 2020

Achim Wambach

Dagmar Kollmann Jürgen Kühling Thomas Nöcker Angelika Westerwelle

Kapitel I

Aktuelle Probleme der Wettbewerbspolitik

Wettbewerb in der Corona-Krise

Missbrauchsaufsicht in der Plattformwirtschaft

Effiziente Struktur des deutschen Krankenhaussektors – ist eine Bereichsausnahme im GWB erforderlich?

Wettbewerb in der Corona-Krise

Kurz gefasst

Die Corona-Krise wird die deutsche Wirtschaft nachhaltig verändern. Um eine dauerhafte Schädigung von Marktstrukturen zu vermeiden und die Folgen der Krise für die Arbeitsmärkte zu mildern, greifen Bund, Bundesländer und Kommunen durch finanzielle Hilfen, Bürgschaften und Beteiligungen an Unternehmen massiv in die Wirtschaft ein. In der Lockdown- und in der Reaktivierungsphase haben die Unternehmen zudem einen teils verstärkten Kooperations- und Koordinierungsbedarf formuliert. All das wird Auswirkungen auf den Wettbewerb haben. Zu erwarten ist, dass es insgesamt und in einzelnen Wirtschaftsbereichen zu einem **Konzentrationsanstieg mit der Folge einer abnehmenden Wettbewerbsintensität** kommen wird. Die Marktmacht der großen Digitalunternehmen wird zunehmen und der **direkte staatliche Einfluss auf die Unternehmen wächst**. Dies löst Handlungsdruck in Deutschland und in der Europäischen Union im Hinblick auf die Sicherung wettbewerblicher Strukturen aus.

Im Hinblick auf Kooperationsinitiativen zur Vermeidung von Versorgungsengpässen hat das Netzwerk der europäischen Wettbewerbsbehörden zeitnah Orientierungshilfen gegeben. Daneben wurde die Rechtssicherheit durch zügige Entscheidungen der Wettbewerbsbehörden erhöht. Wichtig war in diesem Zusammenhang aber auch die **Feststellung, dass Kooperationen nicht über das zur Sicherstellung der Versorgung notwendige Maß hinausgehen dürfen**. Absprachen über Preise, Konditionen sowie die Aufteilung von Kunden oder Absatzgebieten müssen auch in Krisenzeiten untersagt bleiben. Ebenso sind die Verbraucher vor missbräuchlich überhöhten Preisen bei medizinischen Produkten oder sonstigen in der Krise wesentlichen, aber knappen Gütern zu schützen.

Es ist davon auszugehen, dass der durch die Corona-Krise verursachte Digitalisierungsschub zu einem weiteren Anwachsen der Marktmacht der großen Digitalunternehmen führen wird. Vor diesem Hintergrund empfiehlt die Monopolkommission der Bundesregierung, die deutsche Ratspräsidentschaft in der Europäischen Union zu nutzen, um eine **Plattformverordnung für marktbeherrschende Online-Plattformen einzuführen**.

In der Corona-Krise sollten auch die **Fusionskontrollregeln nicht großzügiger als bisher gehandhabt** werden. Das geltende Recht versetzt die Wettbewerbsbehörden in die Lage, auch in Krisenzeiten – etwa mit dem Instrument der Sanierungsfusion – angemessen zu reagieren. Die für die Monate März bis Mai 2020 geltende **Verlängerung der Prüfungsfristen für die Fusionskontrolle** sollte **bis zum Ende des zweiten Halbjahres 2020** ausgeweitet werden, da mit einem Wiederanstieg der Anmeldezahlen bei gleichzeitiger Weitergeltung der Corona-Schutzmaßnahmen zu rechnen ist.

Auch in der Corona-Krise ist die **Kontrolle der staatlichen Maßnahmen zur Unterstützung von Unternehmen im Hinblick auf ihre potenziell wettbewerbsbeeinträchtigenden Wirkungen im europäischen Binnenmarkt unverzichtbar**. Problematisch sind insbesondere Maßnahmen, mit denen selektiv Unternehmen unterstützt werden. Die Monopolkommission ist wie die Europäische Kommission der Auffassung, dass die **Bedingungen und Auflagen im Fall von staatlichen Unternehmensbeteiligungen strenger ausfallen müssen als bei reinen Finanzbeihilfen**. Insbesondere sollte eine staatliche Beteiligung, soweit sie Unternehmen mit einer marktbeherrschenden Stellung auf einem oder mehreren Märkten betrifft, mit wettbewerbsfördernden Maßnahmen flankiert werden. Die Monopolkommission empfiehlt darüber hinaus, ein **Gremium mit unabhängigen Experten einzusetzen, welches die Bundesregierung bei der Entwicklung von Strategien für den Ausstieg aus krisenbedingten staatlichen Beteiligungen berät**.

Summary

The Corona crisis (Covid-19 crisis) will change the German economy profoundly. In order to avoid permanent damage to market structures and to mitigate the consequences of the crisis for the labour markets, the German Federal Government, the federal states and the municipalities are have been intervening massively in the economy through financial aid, guarantees and equity investments in companies. Moreover, the companies have shown a need for partly strengthened cooperation and coordination during the lockdown and reactivation phase. All of this will have an impact on competition. It is to be expected that there will be a **rise in concentrations** overall and in individual sectors of the economy, **resulting in a decline in competition.** The market power of the large digital companies will increase and **direct State influence on the companies will grow.** In Germany and the European Union, this will create pressure for action in order to secure competitive structures.

With regard to cooperation between companies that aims to avoid shortages of supply, the European Competition Network has promptly provided guidance. Legal certainty was increased by rapid decisions of the competition authorities. However, it was also important in this context to **ascertain that cooperation must not go beyond what is necessary to ensure supply.** Agreements on prices, conditions and the allocation of customers or territories must remain prohibited even in times of crisis. Consumers must also be protected against abusively excessive prices of medical products or other goods that are essential but scarce during the crisis.

It can be assumed that the push on digitalisation caused by the Corona crisis will lead to a further increase in the market power of the large digital companies. Against this background, the Monopolies Commission recommends that the German government should use its presidency of the Council of the European Union to **introduce a platform regulation for dominant online platforms.**

During the Corona crisis, **merger control rules should not be applied more generously than they have been so far.** The applicable law enables the competition authorities to react appropriately even in times of crisis, for example with the concept of the failing company defence. The **extension of the review periods for merger control**, applicable from March to May 2020, should be prolonged **until the end of 2020**, as a renewed increase in the number of merger control notifications is expected in case of continued application of the Corona protective measures.

During the Corona crisis, too, **the control of State measures to support companies is indispensable in view of their potentially adverse effects on competition in the European single market.** Measures that selectively support companies are particularly problematic. The Monopolies Commission agrees with the European Commission that **the conditions and requirements in the case of State equity participations must be stricter than in the case of pure financial aid.** In particular, a State participation should be accompanied by pro-competitive measures, insofar as it concerns companies with a dominant position in one or more markets. In addition, the Monopolies Commission recommends that a **committee of independent experts be set up to advise the German Federal Government on the development of exit strategies from crisis-related State participations.**

1 Einleitung

1. Die Corona-Krise[1] wird die deutsche Wirtschaft nachhaltig treffen, vor allem auch deshalb, weil Deutschland stark in den Welthandel und damit in die globalen Wertschöpfungsketten eingebunden ist. Folgen der Krise sind Rezession und Strukturveränderungen, die weit über das Ausmaß der Finanzkrise der Jahre 2008/2009 hinausgehen werden. Wie stark einzelne Branchen betroffen sind, hängt davon ab, wie stark und wie lange die wirtschaftlichen Aktivitäten eingeschränkt waren bzw. sind, die Lieferketten unterbrochen sind oder das Angebot oder die Nachfrage wegen anderer Beeinträchtigungen eingeschränkt ist. In Branchen wie der Reiseindustrie, der Gastronomie oder auch der Automobilindustrie haben nahezu alle Unternehmen gleichzeitig große Teile ihrer Umsätze verloren. Andere Wirtschaftsbereiche, wie der Gesundheitssektor oder die Digitalwirtschaft, sind dagegen nicht oder weniger stark betroffen. In der Folge wird auch der Wettbewerb beeinflusst. Insolvenzen, Unternehmensübernahmen und neue Kooperationen von Unternehmen werden den Wettbewerb insgesamt schwächen. Der mit der Krise einhergehende Digitalisierungsschub ist wegen des Kompetenzgewinns gesamtwirtschaftlich positiv zu sehen, geht aber mit der Befürchtung einher, dass die Marktmacht der großen Digitalkonzerne, insbesondere von Amazon, Google, Facebook, Microsoft und Apple, weiter zunimmt.

2. Um eine dauerhafte Schädigung von Marktstrukturen zu vermeiden und die Folgen der Krise für die Arbeitsmärkte zu mildern, greifen Bund und Bundesländer durch finanzielle Hilfen, Bürgschaften und andere Rettungsmaßnahmen für Unternehmen massiv in die Wirtschaft ein. Neben der intendierten Wirkung der Rettung insbesondere derjenigen Unternehmen, die vor der Krise als wirtschaftlich gesund galten, haben solche Maßnahmen ebenfalls das Potenzial, für Wettbewerbsverzerrungen zu sorgen. Dies gilt insbesondere auch mit Blick auf den Wettbewerb im Binnenmarkt, weil nicht jedes Mitgliedsland in der Europäischen Union Hilfsprogramme in vergleichbaren Größenordnungen finanzieren kann.

3. Tangiert wird der Wettbewerb auch, wenn der Bund im Zuge der Hilfsprogramme Unternehmensanteile wie im Fall der Deutschen Lufthansa AG erwirbt. Wettbewerbsverzerrungen ergeben sich zulasten privater Wettbewerber in der Luftverkehrswirtschaft vor allem dann, wenn diese nicht auf staatliche Unterstützungsmaßnahmen zurückgreifen können. Im Fall von staatlichen Beteiligungen ergeben sich Wettbewerbsverzerrungen allein schon deshalb, weil der Staat als Miteigentümer wegen seiner guten Bonität für günstigere Refinanzierungsmöglichkeiten des betroffenen Unternehmens an den Kapitalmärkten sorgen kann.

4. Die Bedrohungen des Wettbewerbs ändern sich im Verlauf der Corona-Krise. In der sogenannten Lock-down- oder Shut-down-Phase ging es vor allem darum, Versorgungsstrukturen zu sichern, eigentlich profitable Unternehmen vor der Insolvenz zu retten und die Voraussetzungen dafür zu schaffen, den Lock-down möglichst schnell zu überwinden. Die Kartellbehörden waren in dieser Phase damit befasst, Kooperationen von Unternehmen, die der Aufrechterhaltung der Versorgung dienen, auf ihre Vereinbarkeit mit dem Wettbewerbsrecht zu prüfen. Gleichzeitig ging es darum, die Verbraucher in Branchen, in denen die Krise zu einem sprunghaften Anstieg der Nachfrage führte, etwa bei medizinischen Produkten, bei Hygieneartikeln oder sonstigen in der Krise wichtigen knappen Gütern vor missbräuchlich überhöhten Preisen zu schützen. Bei den schnell und in einem großen Ausmaß verfügbar gemachten Finanzhilfen für die Unternehmen galt es nicht nur, möglichst viele der wirtschaftlich eigentlich gesunden Unternehmen vor der Insolvenz zu retten, sondern auch die Folgen für den Wettbewerb im Binnenmarkt durch eine funktionsfähige Beihilfenkontrolle zu minimieren.

5. In der sogenannten Reaktivierungsphase, in der die Wirtschaft nach dem Lock-down wieder angefahren wird, haben die Unternehmen einen teils verstärkten Kooperations- und Koordinierungsbedarf angemeldet, um eine „geordnete" Wiederaufnahme der Produktion zu gewährleisten. Hier geht es etwa um die Koordinierung der Wiederaufnahme der Industrieproduktion, damit Zulieferkapazitäten nicht überfordert werden, abgestimmte Wiedereröffnungsstrategien oder den koordinierten Umgang mit Überkapazitäten, etwa um ruinöse Rabattschlachten zu vermeiden. Die dem Bundeskartellamt angezeigten Kooperationsvorhaben zeigen, dass hier in einem stärkeren Maße als bei den Kooperationsvorhaben in der Lock-down-Phase Konflikte mit dem Kartellrecht drohen. Diskutiert wurde in diesem Zusammenhang,

[1] Die Monopolkommission bezeichnet als „Corona-Krise" die durch SARS-CoV-2-Viren (COVID-19) ausgelöste Krise.

ob das Kartellrecht zur Rettung von Unternehmen und von wettbewerblichen Strukturen nach der Krise bei solchen Fällen ausgesetzt oder weniger streng angewendet werden sollte.

6. Im weiteren Verlauf der Corona-Krise und in der Zeit nach der Krise werden sich Marktstrukturen verändert haben. Zu erwarten ist, dass die Konzentration insgesamt und in einzelnen Wirtschaftsbereichen mit der Folge einer abnehmenden Wettbewerbsintensität ansteigt, die Marktmacht der großen Digitalunternehmen weiter zunimmt und der direkte staatliche Einfluss auf die Unternehmen wächst. Dies löst Handlungsdruck in Deutschland und in der Europäischen Union im Hinblick auf die Sicherung wettbewerblicher Strukturen aus.[2]

2 Schnelle und angemessene Reaktion der Wettbewerbsbehörden auf notwendige Kooperationsinitiativen

7. In der Corona-Krise ist es vermehrt zu Kooperationen, auch zwischen Wettbewerbern, gekommen. Es handelt sich häufig um Kooperationen in der Medizin-, Biotech- und Pharmabranche, in denen Unternehmen zur Impfstoffentwicklung sowie zur Herstellung von bestehenden oder neuen Medikamenten und medizinischen Produkten für die Bekämpfung der Ausbreitung des Corona-Virus zusammenarbeiten.[3] Kooperationsinitiativen gingen bzw. gehen aber auch von anderen Branchen aus, um Versorgungsstrukturen aufrechtzuerhalten oder – in einem späteren Stadium der Krise – die Wiederaufnahme der Produktion zu gewährleisten.[4]

8. Am 23. März 2020 veröffentlichte das Netzwerk der europäischen Wettbewerbsbehörden (ECN) eine Gemeinsame Erklärung über die Anwendung der Wettbewerbsregeln während der Corona-Pandemie.[5] Das ECN sei sich der sozialen und wirtschaftlichen Auswirkungen des Corona-Ausbruchs bewusst und weist darauf hin, dass auch in Krisenzeiten das Ziel verfolgt werde, für alle Unternehmen faire Wettbewerbsbedingungen sicherzustellen. Das europäische Wettbewerbsrecht biete passende Instrumente, um Markt- und Wirtschaftsentwicklungen im erforderlichen Maß zu berücksichtigen und zu adäquaten Lösungen zu kommen. Zur Sicherstellung der Verbraucherversorgung und einer fairen Verteilung von knappen Waren können laut ECN Kooperationen zwischen Wettbewerbern notwendig werden. Gegen vorübergehende und erforderliche Maßnahmen, die eine Vermeidung von Lieferengpässen gewährleisten, werde man nicht aktiv vorgehen. Aufgrund der Ausnahmesituation seien solche Maßnahmen eher unkritisch, da sie keine Wettbewerbsbeschränkung i. S. d. Art. 101 AEUV darstellten bzw. die hervorgebrachten Effizienzgewinne für die Verbraucher mögliche Beschränkungen überwögen. Bei Zweifeln über die Vereinbarkeit von Kooperationen könnten sich die Unternehmen zur informellen Beratung an die Europäische Kommission und die nationalen Wettbewerbsbehörden wenden. Gleichzeitig sei es von immenser Bedeutung, die weitere Verfügbarkeit von – angesichts der besonderen Umstände – wesentlichen Produkten zu marktgerechten Preisen zu gewährleisten. Die Wettbewerbsbehörden würden daher entschlossen gegen Unternehmen vorgehen, die die gegenwärtige Situation durch Kartellbildung oder Missbrauch ihrer marktbeherrschenden Stellung ausnutzten.

9. Das Leitungsgremium des International Competition Network (ICN Steering Group) hat am 9. April 2020 eine Erklärung zur Durchsetzung des Wettbewerbsrechts während und nach der Corona-Krise veröffentlicht.[6] Die nationalen

---

2 Eine Einschätzung zur Veränderung der Unternehmenskonzentration durch die Corona-Krise findet sich in Abschnitt 2.1.3 von Kapitel II.

3 Vgl. z. B. https://www.resmed-healthcare.de/news/zusammen-gegen-covid-19/, Abruf am 26. Mai 2020. Ein weiteres Beispiel hierfür ist die Kooperation zwischen dem Autozulieferer Mahle mit dem Wäschehersteller Triumph zur Fertigung von Atemschutzmasken, https://www.handelsblatt.com/dpa/wirtschaft-handel-und-finanzen-autozulieferer-mahle-liefert-corona-ausblick-2020/25790442.html?ticket=ST-3819388-QPdJJLODZb6FTN0YXow3-ap4, Abruf am 29. Mai 2020.

4 Z. B. die Zusammenarbeit zwischen der Supermarktkette REWE und Deutscher Post sowie DHL Paket zur Versorgung von Menschen im gehobenen Alter und mit Vorerkrankungen mit Lebens- und Haushaltsmitteln im vom Corona-Virus ganz besonders betroffenen Raum Heinsberg, https://www.presseportal.de/pm/30097/4558246, Abruf am 29. Mai 2020.

5 ECN, Antitrust: Joint statement by the European Competition Network (ECN) on application of competition law during the Corona crisis, https://ec.europa.eu/competition/ecn/202003_joint-statement_ecn_corona-crisis.pdf, Abruf am 28. Mai 2020.

6 ICN, ICN Steering Group Statement: Competition during and after the COVID-19 Pandemic, https://www.internationalcompetitionnetwork.org/wp-content/uploads/2020/04/SG-Covid19Statement-April2020.pdf, Abruf am 28. Mai 2020.

Wettbewerbsbehörden seien aufgefordert, gegenüber wettbewerbswidrigem Verhalten durch Kartellierungen, dem Missbrauch marktbeherrschender Stellungen und wettbewerbsschädlichen Zusammenschlüssen wachsam zu bleiben. Die volle Anwendbarkeit des Wettbewerbsrechts auch in Krisenzeiten sei für den langfristigen Schutz des Wettbewerbs und damit für die Verbraucherwohlfahrt sowie die Funktionstüchtigkeit der Märkte und der gesamten Wirtschaft maßgeblich. Das ICN erläutert ferner – übereinstimmend mit dem ECN – die Kriterien für kartellrechtlich unbedenkliche Kooperationen zwischen Wettbewerbern, die sich wegen der Corona-Krise ergeben. Erfasst seien Formen der Zusammenarbeit in Bezug auf das Angebot von knappen Gütern oder Dienstleistungen, die wichtig für die Gesundheit und Sicherheit der Verbraucher seien. Außerdem müssten solche Koordinationsvorhaben zeitlich und in Bezug auf den Leistungsumfang begrenzt bleiben.

10. Die Europäische Kommission verabschiedete am 8. April 2020 einen Befristeten Rahmen für die Prüfung von Kooperationen.[7] Darin werden die Prüfungskriterien für Kooperationsvorhaben, die zur Behebung oder Vermeidung von Engpässen bei der Versorgung der Bevölkerung mit unentbehrlichen Waren und Dienstleistungen erforderlich sind, konkretisiert. Auch Zusammenarbeitsinitiativen, die unter normalen Umständen als wettbewerbsrechtlich bedenklich erschienen, würden angesichts der aktuellen Notlage und der außergewöhnlichen Umstände keine wettbewerbsrechtlichen Bedenken aufwerfen, vorausgesetzt dass die Maßnahmen erstens objektiv erforderlich und zweitens zeitlich befristet seien sowie drittens nicht über das Maß hinausgingen, das zur Erreichung des Ziels der Behebung oder Vermeidung von Versorgungsengpässen notwendig sei.[8] Darüber hinaus stellt die Europäische Kommission neben Ad-hoc-Feedback auch die Bereitstellung von Ad-hoc-Bescheinigungen (Comfort Letters) für bestimmte Kooperationen in Aussicht.[9] Comfort Letters sollen in Fällen ergehen, in denen eine Kooperation im Zusammenhang mit dem Corona-Ausbruch besonders dringend ist und die Rechtssicherheit kartellrechtlicher Orientierungshilfen erhöht werden müsse. Ebenfalls am 8. April 2020 hat die Europäische Kommission einen ersten Comfort Letter für „Medicines for Europe" ausgestellt.[10] Betroffen war ein Kooperationsvorhaben zur Steigerung der Produktion und zur Verbesserung der Versorgung mit für die Bekämpfung des Corona-Virus notwendigen Arzneimitteln.

11. Das Bundeskartellamt hat seit dem Corona-Ausbruch über 20 Kooperationsanfragen aus verschiedenen Branchen erhalten. Regelmäßig wurden solche Anfragen sehr schnell – auch per Telefonat oder per E-Mail – beantwortet. Neben den jeweiligen fallspezifischen Aussagen wurde häufig auch auf die allgemeinen Kriterien für zulässige krisenbedingte Kooperationen hingewiesen, die im Einklang mit der Gemeinsamen Erklärung des ECN stehen. Solche Kriterien für eine kartellrechtskonforme Zusammenarbeit zur Krisenbewältigung seien etwa, dass der erforderliche Umfang der Kooperation inhaltlich nicht überschritten werde, die Kooperation zeitlich bis zum Ende der Corona-Krise befristet sei und die Beteiligten das Bundeskartellamt laufend informierten. Das Bundeskartellamt hat in der Mehrzahl der Fälle sein Ermessen dahin gehend ausgeübt, dass Kooperationsvorhaben nicht aufgegriffen wurden. In Einzelfällen hat das Amt Anfragen auch negativ beschieden.

12. Positiv zu bewerten ist, dass das Netzwerk der europäischen Wettbewerbsbehörden durch seine Gemeinsame Erklärung zeitnah und koordiniert auf die Herausforderungen der Corona-Pandemie reagiert und der Wirtschaft eine erste Orientierungshilfe gegeben hat. Wichtig war darüber hinaus das Signal der Gesprächsbereitschaft gegenüber Unter-

---

7 EU-Kommission, Mitteilung der Kommission, Befristeter Rahmen für die Prüfung kartellrechtlicher Fragen der Zusammenarbeit von Unternehmen in durch den derzeitigen COVID-19-Ausbruch verursachten Notsituationen, ABl. C116 I vom 8. April 2020.

8 EU-Kommission, Mitteilung der Kommission, Befristeter Rahmen für die Prüfung kartellrechtlicher Fragen der Zusammenarbeit von Unternehmen in durch den derzeitigen COVID-19-Ausbruch verursachten Notsituationen, a. a. O., Tz. 15.

9 EU-Kommission, Mitteilung der Kommission, Befristeter Rahmen für die Prüfung kartellrechtlicher Fragen der Zusammenarbeit von Unternehmen in durch den derzeitigen COVID-19-Ausbruch verursachten Notsituationen, a. a. O., Tz. 7. Zu diesem Zweck hat die Generaldirektion Wettbewerb der Kommission eine entsprechende Website und eine Mailbox eingerichtet, über die informelle Orientierungshilfen zu konkreten Initiativen erhältlich sind.

10 European Commission, DG Competition, Comfort letter: coordination in the pharmaceutical industry to increase production and to improve supply of urgently needed critical hospital medicines to treat COVID-19 patients, COMP/OG-D (2020/044003), Fn. 1: „Notwithstanding, in view of the unprecedented challenges faced by undertakings and consumers due to the COVID-19 pandemic, the Commission has decided to exceptionally provide undertakings with ad hoc feedback or comfort on the legality of cooperation initiatives that need to be swiftly implemented in order to effectively tackle the COVID-19 pandemic.", https://ec.europa.eu/competition/antitrust/medicines_for_europe_comfort_letter.pdf, Abruf am 28. Mai 2020.

nehmen, die Kooperationsinitiativen zur Sicherstellung der Versorgung angestoßen haben. Auf diese Weise und durch zeitnahe Entscheidungen über die Zulässigkeit bzw. das Nichtaufgreifen von Kooperationsinitiativen, wie sie die Europäische Kommission und das Bundeskartellamt in einer Reihe von Fällen getroffen haben, konnte die Rechtssicherheit im Legalausnahmesystem für die betroffenen Unternehmen maßgeblich gesteigert werden.

13. Von besonderer Bedeutung ist in diesem Zusammenhang allerdings auch, dass gemeinsame Maßnahmen zur Sicherstellung der Versorgung mit wesentlichen Gütern weder inhaltlich noch zeitlich über das notwendige Maß hinausgehen dürfen. Im Übrigen findet das Kartellrecht auch in Krisenzeiten volle Anwendung, sodass insbesondere Absprachen über Preise und Konditionen sowie die Aufteilung von Kunden oder Absatzgebieten untersagt bleiben. Darüber hinaus kommt die Freistellung wettbewerbsbeschränkender Vereinbarungen i. S. d. Art. 101 Abs. 1 AEUV, § 1 GWB nur in Betracht, wenn die Voraussetzungen des Art. 101 Abs. 3 AEUV, § 2 GWB erfüllt sind.

14. In der gegenwärtigen Situation wird verstärkt über die Zulässigkeit von Strukturkrisenkartellen diskutiert. Hierbei stimmen sich Wettbewerber über die koordinierte Reduzierung ihrer Produktionskapazitäten ab. Zwar haben die aufgrund des Corona-Ausbruchs auferlegten Einschränkungen des öffentlichen Lebens auf einigen Märkten zu einem deutlichen Absinken der Nachfrage geführt. Voraussetzung für die Freistellung eines Strukturkrisenkartells ist jedoch unter anderem, dass der Nachfragerückgang nicht nur konjunkturell, sondern strukturell bedingt sein muss. Ob die Corona-Krise tatsächlich zu einer langfristigen Änderung der Nachfrage auf den betroffenen Märkten führen wird, kann derzeit noch nicht prognostiziert werden. Jedenfalls haben Mitarbeiter der Europäischen Kommission darauf hingewiesen, dass der Befristete Rahmen für die Prüfung von Kooperationen hauptsächlich Koordinationsinitiativen zur Versorgung mit notwendigen Gütern und nicht der Bildung von Krisenkartellen (Crisis Cartels) dienen soll.[11]

3 Missbräuchlich überhöhte Preise sanktionieren

15. Neben der Zulässigkeit bestimmter Kooperationen fokussieren sich die Erklärungen des ECN und ICN auf die Gefahr von missbräuchlich überhöhten Preisen für knappe, aber in der Corona-Krise wesentliche Güter. Unternehmen mit einer marktbeherrschenden Position, die solche Güter anbieten, dürften den zum Teil sprunghaften Anstieg der Nachfrage nicht zulasten der Verbraucher ausnutzen. Daher seien Fälle von missbräuchlich überhöhten Preisen konsequent zu verfolgen und zu sanktionieren.

16. Die Gefahr missbräuchlich überhöhter Preise bestand vor allem zu Beginn der Corona-Krise auf Märkten für medizinische Produkte und andere in der Krise vorrangig benötigte Güter. Zu berücksichtigen ist in diesem Zusammenhang allerdings, dass Preissteigerungen, die nicht aufgrund der Marktmacht des Anbieters, sondern allein infolge eines Nachfrageanstiegs erfolgen, keine kartellrechtlichen Bedenken aufwerfen. Die Differenzierung von zulässigen und missbräuchlichen Preiserhöhungen ist in solchen Fällen mit besonderen Schwierigkeiten verbunden. Tatsächlich sind Fälle von missbräuchlich überhöhten Preisen jedenfalls in Deutschland bislang nicht bekannt geworden. Zwar gab es zu Beginn der Corona-Krise Beschwerden wegen hoher Preise für Schutzmasken und andere Hilfsgüter. Die Beschwerden richteten sich in diesen Fällen allerdings nicht gegen marktbeherrschende oder marktstarke Anbieter, sodass die Missbrauchsregeln nicht anwendbar waren.

4 Marktbeherrschende Plattformen regulieren

17. Wesentlich größere Relevanz als missbräuchlich überhöhten Preisen dürfte dem Umstand zukommen, dass durch die Corona-Krise – jedenfalls auf bestimmten Märkten – ein Digitalisierungsschub stattgefunden hat. In diesem Zusammenhang kann es zu Marktstrukturveränderungen und einer Zunahme der Marktmacht der großen digitalen Unternehmen kommen. Vor diesem Hintergrund dürfte die Rolle der Missbrauchsaufsicht auf digitalen Märkten künftig noch weiter an Bedeutung zunehmen. Derzeit gibt es sowohl auf nationaler als auch auf Unionsebene Bestrebungen, die

---

[11] Mündliche Aussagen von Mitarbeitern der GD Wettbewerb im Rahmen eines Webinars zum Thema „Coronavirus Crisis – The DG Comp's Response (Antitrust)" am 17. April 2020 in der „Concurrences Quarantine Webinar Serie", vgl. unter http://hbfm.link/6953, Abruf am 17. April 2020.

Missbrauchsaufsicht bei Online-Plattformen zu stärken.[12] Daneben hat die in Deutschland vom Bundesministerium für Wirtschaft und Energie eingesetzte Kommission Wettbewerbsrecht 4.0 die Einführung einer speziellen Plattformverordnung für marktbeherrschende Online-Plattformen empfohlen.[13] Angesichts der aktuellen Entwicklungen erscheint es umso dringlicher, die deutsche Ratspräsidentschaft für die Umsetzung einer solchen wettbewerbsschützenden Plattformverordnung zu nutzen. Die Monopolkommission behandelt dieses Thema in einem anderen Abschnitt von Kapitel I dieses Gutachtens ausführlich und gibt konkrete Empfehlungen ab.[14]

5 Materiellrechtliche Fusionskontrolle weiterhin uneingeschränkt anwenden

18. Die Corona-Krise dürfte in der Reaktivierungsphase auch vermehrt zu wirtschaftlichen Schwierigkeiten und Insolvenzen von – insbesondere kleinen und mittleren – Unternehmen und dadurch zu einem Anstieg der Konzentration auf einzelnen Märkten führen. Von einer Erleichterung der Durchführung von Zusammenschlüssen, etwa durch eine großzügigere Handhabung des fusionskontrollrechtlichen Eingriffskriteriums, ist dennoch abzuraten. Die Wettbewerbsbehörden sind schon heute in der Lage, mit dem Instrument der Sanierungsfusion (failing company defence) angemessen zu reagieren. Damit eine Sanierungsfusion angenommen werden kann, müssen die am Zusammenschluss beteiligten Unternehmen nachweisen, dass bestimmte Voraussetzungen kumulativ vorliegen: Zum einen darf das Zielunternehmen ohne den Zusammenschluss nicht überlebensfähig sein. Davon ist in der Regel auszugehen, wenn ein Insolvenzverfahren eingeleitet ist oder dessen Einleitung nachweisbar unmittelbar bevorsteht. Zweitens darf es keine wettbewerblich weniger schädlichen Alternativen zu dem angemeldeten Zusammenschluss geben. Diese Voraussetzung ist nur dann erfüllt, wenn kein alternativer Erwerber zur Verfügung steht, bei dem der Wettbewerb weniger beeinträchtigt werden würde als im Fall des beabsichtigten Zusammenschlusses. Drittens muss die Marktposition des erworbenen Unternehmens auch ohne den Zusammenschluss im Wesentlichen dem erwerbenden Unternehmen zufallen. Erfüllt ein Zusammenschlussvorhaben diese Voraussetzungen, können die Wettbewerbsbehörden auch dann eine Erlaubnis erteilen, wenn aus ihm eine erhebliche Wettbewerbsbehinderung, insbesondere die Verstärkung oder Begründung einer marktbeherrschenden Position, folgt.

19. Eine Absenkung dieser Voraussetzungen bzw. der fusionskontrollrechtlichen Eingriffskriterien generell, um darüber hinausgehend Zusammenschlüsse von Unternehmen, die durch die Corona-Krise in finanzielle Schwierigkeiten geraten sind, erlauben zu können, ist nicht empfehlenswert. Mit dem Zweck der Fusionskontrolle, wettbewerbliche Marktstrukturen zu erhalten, wäre es nicht zu vereinbaren, wenn der Vermachtung von Märkten während der Corona-Krise Vorschub geleistet würde. Die Veränderung der Marktstrukturen und die damit einhergehende Abnahme der Wettbewerbsintensität wären von Dauer und könnten nach dem Ende der Krise nicht wieder rückgängig gemacht werden. Anders als bei Kooperationen, die nach der Krise relativ einfach beendet werden können, würden durch Zusammenschlüsse einmal erlangte Machtpositionen zulasten des Wettbewerbs und der Verbraucher bestehen bleiben.

20. Grundsätzlich positiv zu bewerten ist die in verfahrensrechtlicher Hinsicht vorgenommene Verlängerung der fusionskontrollrechtlichen Fristen.[15] Da Ermittlungen seitens des Bundeskartellamtes während der Corona-Krise unter erschwerten Bedingungen stattfinden mussten oder nicht innerhalb der sonst üblichen Zeitabläufe durchgeführt werden konnten, sollte mit der Regelung verhindert werden, dass Zusammenschlüsse allein wegen Fristablaufs freigegeben

---

12 Siehe hierzu BMWi, Entwurf eines Zehnten Gesetzes zur Änderung des Gesetzes gegen Wettbewerbsbeschränkungen für ein fokussiertes, proaktives und digitales Wettbewerbsrecht 4.0 (GWB-Digitalisierungsgesetz), 24. Januar 2020, https://www.bmwi.de/Redaktion/DE/Downloads/G/gwb-digitalisierungsgesetz-referentenentwurf.html, Abruf am 29. Mai 2020.

13 Kommission Wettbewerbsrecht 4.0, Abschlussbericht, Ein neuer Wettbewerbsrahmen für die Digitalwirtschaft, September 2019, https://www.bmwi.de/Redaktion/DE/Pressemitteilungen/2019/20190909-expertenkommission-wettbewerbsrecht-40-uebergibt-abschlussbericht-an-minister-altmaier.html, Abruf am 29. Mai 2020.

14 Siehe Kapitel I, Tz. 90 ff.

15 Formulierungshilfe für die Koalitionsfraktionen für einen aus der Mitte des Deutschen Bundestages einzubringenden Entwurf eines Gesetzes zur Abmilderung der Folgen der COVID-19-Pandemie im Wettbewerbsrecht und für den Bereich der Selbstverwaltungsorganisationen der gewerblichen Wirtschaft, Artikel 1, https://www.bmwi.de/Redaktion/DE/Downloads/F/ formulierungshilfe-fuer-die-koalitionsfraktionen-fuer-einen-aus-der-mitte-des-deutschen-bundestages-einzubringenden-entwurf-eines-gesetzes.pdf?__blob=publicationFile&v=2, Abruf am 27. Mai 2020.

werden müssen, obwohl nicht alle Fakten mit der notwendigen Sorgfalt ermittelt werden konnten. Die Fristverlängerung betrifft ausschließlich Anmeldungen, die vom 1. März bis 31. Mai 2020 beim Bundeskartellamt eingegangen sind. Für die erste Verfahrensphase nach § 40 Abs. 1 Satz 1 GWB beträgt die Frist statt einem nun zwei Monate, für das Hauptprüfverfahren nach § 40 Abs. 2 Satz 2 GWB statt vier nun sechs Monate. In Bezug auf Erste-Phase-Verfahren dürften sich die positiven Auswirkungen der Regelung allerdings in Grenzen gehalten haben, da die Regelung erst am 29. Mai 2020 in Kraft getreten ist.[16]

21. Die Anzahl der beim Bundeskartellamt angemeldeten Zusammenschlussvorhaben lag in den Monaten April und Mai 2020 um etwa die Hälfte niedriger als in denselben Monaten des Vorjahres.[17] Für das zweite Halbjahr 2020 ist ein Anstieg der Fallzahlen zu erwarten, denn zum einen könnten Fusionsanmeldungen, die im Frühjahr wegen des Corona-Ausbruchs bis auf weiteres verschoben worden sind, nachgeholt werden, zum anderen steht nach Angaben aus der Finanzbranche aktuell viel Kapital für Unternehmensübernahmen zur Verfügung.[18] Angesichts weiter geltender Corona-Schutzmaßnahmen und der dadurch erschwerten Arbeitsbedingungen für die Kartellbehörden erscheint es sinnvoll, die gesetzliche Verlängerung der Verfahrensfristen für die Fusionskontrolle auf das zweite Halbjahr 2020 auszudehnen.

6 Beihilfenkontrolle der Europäischen Union in der Krise unverzichtbar

22. Der Lock-down großer Teile der Wirtschaft stellt die Unternehmen vor große Herausforderungen. Auch wenn die deutschen Unternehmen wegen der zuvor anhaltend guten konjunkturellen Lage in vielen Fällen mit einem gewissen finanziellen Polster in die Krise gegangen sind, besteht die Gefahr, dass viele Unternehmen die Märkte verlassen müssen, mit entsprechenden Folgen für die Arbeitsmärkte. Besonders gefährdet waren von Beginn der Krise an die kleinen und mittleren Unternehmen. Mit zunehmender Dauer der Krise stehen auch immer mehr Großunternehmen vor erheblichen Problemen. Die Bundesregierung hat auf diese Bedrohung sehr schnell und massiv reagiert, indem sie zur Abfederung der Folgen der Corona-Krise ein mehrere hundert Milliarden Euro starkes Maßnahmenpaket aufgelegt hat.[19]

23. Die nationalen Regierungen in der Europäischen Union können die Unternehmen allerdings auch in der Krise nicht beliebig unterstützen. Die Mehrzahl der staatlichen Maßnahmen zur Unterstützung von Unternehmen in der Krise sind Beihilfen, die bei der Europäischen Kommission angemeldet werden müssen und nicht ohne vorherige Zustimmung der Kommission umgesetzt werden dürfen. Der europäischen Beihilfenkontrolle unterliegen Maßnahmen, die aus staatlichen Mitteln gewährt werden, die lediglich bestimmte Unternehmen oder Produktionszweige selektiv begünstigen, den Wettbewerb verfälschen oder zu verfälschen drohen und die den Handel zwischen den Mitgliedstaaten beeinträchtigen. Zulässig sind gemäß Art. 107 Abs. 3 b AEUV Beihilfen zur Behebung einer beträchtlichen Störung im Wirtschaftsleben eines Mitgliedstaats. Die Beihilfenkontrolle auf Unionsebene ist notwendig, damit schädliche oder ineffiziente Subventionswettläufe zwischen Mitgliedstaaten vermieden werden. Darüber hinaus trägt sie dazu bei, dass der Binnenmarkt nicht fragmentiert wird und faire Wettbewerbsbedingungen sichergestellt werden.

24. Damit die europäische Beihilfenkontrolle nicht zum zeitlichen Nadelöhr für das Auflegen und die Umsetzung nationaler Hilfsmaßnahmen wird, hat die Europäische Kommission sehr schnell reagiert und bereits am 19. März 2020 in der

---

16 Bundeskartellamt, Meldung vom 28. Mai 2020, Corona-bedingte Änderungen im GWB treten in Kraft, https://www.bundeskartellamt.de/SharedDocs/Meldung/DE/AktuelleMeldungen/2020/28_05_2020_Corona-bedingte_%C3%84nderungen_GWB.html, Abruf am 5. Juni 2020.

17 Sowohl die Europäische Kommission als auch das Bundeskartellamt hatten zusammenschlusswillige Unternehmen gebeten, den Zeitpunkt ihrer Anmeldung zu überdenken, EU-Kommission, https://ec.europa.eu/competition/mergers/news.html, Abruf am 5. Juni 2020; BKartA, Meldung vom 17. März 2020, https://www.bundeskartellamt.de/SharedDocs/ Meldung/DE/ AktuelleMeldungen/2020/17_03_2020_Kommunikation_Bundeskartellamt.html, Abruf am 5. Juni 2020.

18 Vgl. hierzu Handelsblatt, M&A Chef von JP Morgan: „Finanzinvestoren sitzen auf mehr als einer Billion Dollar", https://www.handelsblatt.com/finanzen/banken-versicherungen/dirk-albersmeier-im-interview-munda-chef-von-jp-morgan- finanzinvestoren-sitzen-auf-mehr-als-einer-billion-dollar/v_detail_tab_comments/25869148.html?ticket=ST-1732235-7C6GCpMu7z63ew09GxMB-ap3, Abruf am 8. Juni 2020.

19 BMWi, Maßnahmenpaket für Unternehmen gegen die Folgen des Coronavirus (Stand: 14. Mai 2020), https://www.bmwi.de/Redaktion/DE/Downloads/M-O/massnahmenpaket-fuer-unternehmen-gegen-die-folgen-des-coronavirus.pdf?__blob=publicationFile&v=34.

Mitteilung „Befristeter Rahmen für staatliche Beihilfen zur Stützung der Wirtschaft angesichts des derzeitigen Ausbruchs von COVID-19" (Befristeter Rahmen) die Voraussetzungen genannt, die erfüllt sein müssen, damit staatliche Maßnahmen zur Unterstützung der Unternehmen in der Corona-Krise mit den Beihilfevorschriften vereinbar sind.[20] Die Europäische Kommission konnte sich bei der Erarbeitung des Befristeten Rahmens auf die Erfahrungen während der Finanzkrise in den Jahren 2008/2009 stützen. Auch damals hatte sie die Regeln zu staatlichen Beihilfen gelockert, um Banken und Unternehmen den Zugang zu Finanzierungsmitteln zu erleichtern, und in einem Vorübergehenden Gemeinschaftsrahmen die Anforderungen genannt, die an die Vergabe von staatlicher Unterstützung wie etwa Zuschüssen, Bürgschaften und verbilligten Darlehen gestellt wurden.[21] Bereits am 13. März 2020 hatte die Europäische Kommission eine Mitteilung über eine koordinierte wirtschaftliche Reaktion auf die Corona-Pandemie veröffentlicht und dabei Maßnahmen genannt, die die Mitgliedstaaten außerhalb des Anwendungsbereichs der EU-Beihilfenkontrolle umsetzen können.[22]

25. In dem von der Europäischen Kommission gesteckten Rahmen für staatliche Beihilfen sind direkte Zuschüsse, rückzahlbare Vorschüsse oder Steuervorteile zulässig, wenn sie Unternehmen gewährt werden, die wegen der Pandemie und nicht bereits am 31. Dezember 2019 in Schwierigkeiten gewesen sind, und wenn sie EUR 800.000 pro Unternehmen nicht übersteigen. Beihilfen in Form von Garantien für Darlehen sind mit den Beihilfevorschriften vereinbar, wenn sie bestimmte Höchstgrenzen einhalten und die staatliche Garantie 90 Prozent des Darlehensbetrags nicht überschreitet. Die Laufzeit der Kreditbürgschaften wurde auf maximal sechs Jahre begrenzt. Die Begrenzung der Staatsgarantie auf maximal 90 Prozent stieß sowohl im politischen Raum als auch bei Wirtschaftsverbänden auf Kritik, weil dies zeitaufwändige Bonitätsprüfungen seitens der vergebenden Hausbanken nach sich ziehe und auf diese Weise verhindere, dass die Hilfen schnell und unbürokratisch gewährt werden können. Die Europäische Kommission hat diesen Punkt in ihrer Mitteilung zur Änderung des befristet geltenden Rahmens für staatliche Beihilfen vom 3. April 2020 insoweit aufgegriffen, als für Darlehen bis EUR 800.000 eine staatliche Garantie in Höhe von 100 Prozent gegeben werden darf. Dies hilft insbesondere kleinen und mittleren Unternehmen, die damit schneller staatlich gesicherte Kredite bekommen können. Nachteilig ist, dass aufgrund des Wegfalls jeglicher Bonitätsprüfung auch Kredite an Unternehmen vergeben werden, deren Erfolgsaussichten so gering sind, dass eine Insolvenz die bessere Option gewesen wäre.

26. Ein weiteres Instrument, das der Befristete Beihilferahmen vorsieht, sind Unterstützungsmaßnahmen in Form von Zinszuschüssen für öffentliche Darlehen. Die Darlehen dürfen zu einem ermäßigten Zinssatz gewährt werden, der mindestens dem am 1. Januar 2020 geltenden Basiszinssatz entspricht zuzüglich einer Kreditrisikomarge, die je nach Laufzeit und den adressierten Unternehmen (kleine und mittlere bzw. große Unternehmen) variiert. Die maximale Höhe des Darlehensbetrags, der durch Zinszuschüsse gefördert werden darf, entspricht dem für staatliche Garantien. Der ermäßigte Zinssatz kann für einen Zeitraum von sechs Jahren gewährt werden.

27. Der Befristete Beihilferahmen wurde zweimal erweitert und um zusätzliche Unterstützungsmaßnahmen ergänzt, die die Europäische Kommission als mit Art. 107 Abs. 3 b AEUV vereinbar ansieht. Am 3. April 2020 wurden direkte Zuschüsse, rückzahlbare Vorschüsse und Steuervorteile für Forschung und Entwicklung, den Auf- und Ausbau von Erprobungseinrichtungen für das Corona-Virus betreffende Produkte sowie die Schaffung zusätzlicher Produktionskapazitäten zur Herstellung von für die Bewältigung der Krise benötigten Produkten aufgenommen.[23] Weiterhin genannt wurden Maßnahmen zur Beschäftigungssicherung, wie die Stundung von Steuerzahlungen und Sozialversicherungsbeiträgen. Lohnzuschüsse für Arbeitnehmer zur Vermeidung von Entlassungen während der Corona-Pandemie sind, soweit es sich um

20 EU-Kommission, Mitteilung der Kommission, Befristeter Rahmen für staatliche Beihilfen zur Stützung der Wirtschaft angesichts des derzeitigen Ausbruchs von COVID-19, ABl. C 91 I vom 20. März 2020, S. 5 ff., Tz. 22 ff.

21 EU-Kommission, Mitteilung der Kommission, Vorübergehender Gemeinschaftsrahmen für staatliche Beihilfen zur Erleichterung des Zugangs zu Finanzierungsmitteln in der gegenwärtigen Finanz- und Wirtschaftskrise, ABl. C83 vom 7. April 2020, S. 1.

22 EU-Kommission, Mitteilung der Kommission, Die koordinierte wirtschaftliche Reaktion auf die COVID-19-Pandemie, COM(2020) 112 final, 13. März 2020, https://eur-lex.europa.eu/resource.html?uri=cellar:91687006-6524-11ea-b735-01aa75ed71a1.0008.02/DOC_1&format=PDF, Abruf am 10. Juni 2020.

23 EU-Kommission, Mitteilung der Kommission, Änderung des Befristeten Rahmens für staatliche Beihilfen zur Stützung der Wirtschaft angesichts des derzeitigen Ausbruchs von COVID-19, C (2020) 2215 final, 3. April 2020, https://ec.europa.eu/ competition/state_aid/what_is_new/sa_covid19_1st_amendment_temporary_framework_de.PDF, Abruf am 25. Mai 2020.

Beihilfen handelt, zulässig, wenn sie höchstens 80 Prozent des monatlichen Bruttogehaltes betragen und maximal zwölf Monate gezahlt werden.

28. Vor dem Hintergrund des befristeten Rahmens konnten Deutschland und die anderen Mitgliedstaaten ihre Corona-Hilfsmaßnahmen der Europäischen Kommission vergleichsweise schnell zur Genehmigung vorlegen. Genehmigungen sind weiterhin erforderlich, weil der befristete Beihilferahmen nicht unmittelbar anwendbar ist. Die Prüfung und Freigabe durch die Europäische Kommission erfolgte zum Teil innerhalb weniger Tage. Das galt auch für eine Reihe von Hilfsmaßnahmen der Bundesregierung, die bereits im März und April 2020 genehmigt wurden.[24] Deutlich länger gedauert hat die Genehmigung des Wirtschaftsstabilisierungsfonds (WSF) in Höhe von bis zu EUR 600 Mrd. – mit den Elementen Liquiditätsgarantien für Verbindlichkeiten der Unternehmen (EUR 400 Mrd.), Rekapitalisierungsinstrumente (EUR 100 Mrd.) sowie subventionierte Fremdkapitalinstrumente in Form nachrangiger Darlehen. Die Europäische Kommission hat den WSF am 8. Juli 2020 genehmigt.[25]

29. Obwohl nahezu alle Regierungen in Europa und weltweit schnell entsprechende Hilfsprogramme für die Unternehmen eingerichtet hatten, ist in der Europäischen Kommission die Sorge vorhanden, dass deutsche Unternehmen durch die großen Hilfsprogramme der Bundesregierung einen Vorteil haben, den sich andere Länder schlicht nicht leisten können. Geäußert wurde das Bedenken, dass bei unterschiedlich dimensionierten Staatshilfen der Mitgliedsländer die Gefahr bestehe, dass dies den Wettbewerb auf dem Binnenmarkt verzerre und die wirtschaftliche Erholung verlangsame.[26] Die Monopolkommission teilt dieses Bedenken nur eingeschränkt. Zum einen ist davon auszugehen, dass ein Teil der für Deutschland aufgelegten Hilfsprogramme nicht ausgeschöpft wird und andere bei Bedarf erweitert werden, sodass die genaue Dimension der Staatshilfen derzeit nicht zu beziffern ist. Zum anderen werden nur Unternehmen gefördert, die sich Ende des Jahres 2019 nicht in wirtschaftlichen Schwierigkeiten befanden, für die mit hoher Wahrscheinlichkeit davon auszugehen ist, dass sie auch nach der Krise erfolgreich sind und die sich nicht zu erschwinglichen Konditionen anderweitig Finanzmittel besorgen können. Die Alternative zur staatlichen Unterstützung wäre eine Insolvenz dieser Unternehmen. Für den Wettbewerb auf dem Binnenmarkt würde das keine Vorteile bewirken.

30. Die Monopolkommission teilt allerdings die Auffassung, dass nicht jede Hilfsmaßnahme, die die Beihilfenkontrolle passieren konnte, wettbewerbsneutral ist. Dies gilt insbesondere, wenn die öffentliche Hand selektiv Unternehmen stützt. Eine milliardenschwere Unterstützung in Form einer Eigenkapitalerhöhung des Bundes bei der Deutschen Bahn AG hilft zwar dem Unternehmen, kann aber auch zu Wettbewerbsverzerrungen zulasten der Wettbewerber im Bahnverkehr führen. Der in Deutschland bisher überwiegend noch gering ausgeprägte Wettbewerb im Nah-, Fern- und Güterverkehr könnte darunter leiden, wenn die Deutsche Bahn AG die Mittel nutzen würde, um ihre Position als Transportunternehmen auszubauen. Um wettbewerbliche Strukturen zu schützen, sollte die Unterstützung für die Deutsche Bahn AG daher primär für Investitionen in die Infrastruktur Schiene gewährt werden. Davon würden neben der Deutschen Bahn AG auch die Wettbewerber profitieren. Soweit eine Unterstützung der Transportsparten erfolgt, sollten diese den Auflagen der Beihilfenkontrolle genügen und gegebenenfalls wettbewerbsunterstützende Abhilfen getroffen werden.

31. Positive Wettbewerbseffekte haben die Hilfen für kleine und mittlere Unternehmen. Besonders betroffen von der Corona-Krise sind junge, innovative Unternehmen. Die Monopolkommission befürwortet vor diesem Hintergrund insbesondere das EUR 2 Mrd. umfassende Hilfspaket für Start-ups. Start-ups haben es in der Krise besonders schwer, Finanzierungen zu sichern. Es steht zu befürchten, dass bei einer Insolvenzwelle bei jungen Unternehmen mittelfristig auch das Interesse an Neugründungen abnehmen wird. Die wettbewerblichen Impulse durch Start-ups wären dann verloren. Das Maßnahmenpaket der Bundesregierung kann hier Abhilfe schaffen.

---

[24] Einen Überblick über den Stand der genehmigten nationalen Maßnahmen gibt die Europäische Kommission unter https://ec.europa.eu/info/live-work-travel-eu/health/coronavirus-response/jobs-and-economy-during-coronavirus-pandemic/state-aid-cases_de#deutschland, Abruf am 10. Juni 2020.

[25] EU-Kommission, Pressemitteilung der Kommission vom 8. Juli 2020, https://ec.europa.eu/commission/presscorner/detail/de/IP_20_1280, Abruf am 10. Juli 2020.

[26] So die Vizepräsidentin der Europäischen Kommission Margarethe Vestager in einem Interview mit der Süddeutschen Zeitung, SZ vom 17. Mai 2020, Vestager sieht Bevorzugung Deutschlands bei Staatshilfen, https://www.sueddeutsche.de/wirtschaft/eu-corona-staatshilfen-margrethe-vestager-1.4911083, Abruf am 10. Juni 2020.

7 Auflagen der EU zu Staatsbeteiligungen zur Sicherung des Wettbewerbs sinnvoll

32. Die am 8. Mai 2020 von der Europäischen Kommission vorgelegte Erweiterung des Befristeten Rahmens nennt unter anderem die Voraussetzungen, unter denen die Mitgliedstaaten den Unternehmen zur Vermeidung von Insolvenzen Eigenkapital oder sogenanntes Hybridkapital zur Verfügung stellen können.[27] Der Einstieg des Staates bei einem Unternehmen mit Eigenkapital kommt nach diesen Vorgaben nur dann infrage, wenn „keine andere geeignete Lösung gefunden werden kann". Vor dem Hintergrund, dass solche Maßnahmen zu Wettbewerbsverfälschungen zwischen Unternehmen führen können, müssen strenge Auflagen, eindeutige Voraussetzungen und Governance-Bestimmungen seitens der betreffenden Unternehmen eingehalten werden.

33. Staatliche Beteiligungen an Unternehmen dürfen nicht über das für die Gewährleistung der Rentabilität der Empfänger erforderliche Minimum hinausgehen und lediglich die vor dem Pandemie-Ausbruch bestehende Kapitalstruktur wiederherstellen. Voraussetzungen für eine Vereinbarkeit mit den Europäischen Beihilfevorschriften sind, dass der Empfänger seine Geschäftstätigkeit ansonsten hätte einstellen müssen, sich nicht zu erschwinglichen Konditionen anderweitig Finanzmittel hätte besorgen können und nicht bereits vor dem 31. Dezember 2019 in wirtschaftlichen Schwierigkeiten war. Darüber hinaus muss der Staat eine angemessene Vergütung für seine Investition erhalten, die Kapitalzuführung darf nur zu einem Preis erfolgen, der nicht über dem durchschnittlichen Aktienkurs des Empfängers in den 15 Tagen vor der Beantragung der Kapitalzuführung liegt, und es muss einen Anreizmechanismus dafür geben, dass der Empfänger das für die staatliche Kapitalzuführung verwendete Instrument zurückkauft. Dieser Mechanismus besteht darin, dass die Vergütung für die Investition ansteigt, wenn der Staat nicht nach vier Jahren mindestens 40 Prozent seiner Beteiligung und nicht nach sechs Jahren die Beteiligung insgesamt wieder veräußert hat. Schließlich müssen die Mitgliedstaaten, um übermäßige Wettbewerbsverzerrungen zu vermeiden, den Unternehmen Governance-Vorgaben machen, etwa im Hinblick auf Geschäftsexpansionen und das Eingehen von unternehmerischen Risiken. Verfügt der Empfänger auf mindestens einem relevanten Markt über beträchtliche Marktmacht, müssen die Mitgliedstaaten Maßnahmen zur Wahrung eines wirksamen Wettbewerbs, insbesondere strukturelle oder verhaltensbezogene Verpflichtungen vorschlagen. Solange der Staat nicht mindestens 75 Prozent seiner Beteiligung wieder veräußert hat, erhalten Mitglieder der Geschäftsleitung ausschließlich die Grundvergütung, die zum 31. Dezember 2019 vereinbart war. Boni oder andere variable Vergütungsbestandteile dürfen nicht gezahlt werden. Solange der Staat beteiligt ist, darf sich das Unternehmen mit maximal zehn Prozent an anderen Unternehmen beteiligen, es sei denn, die Europäische Kommission entscheidet, dass eine Übernahme des anderen Unternehmens überlebenswichtig ist. Die Unternehmen mit Staatsbeteiligung müssen zudem berichten, auf welche Weise ihre Tätigkeit bedeutenden Zielen der EU-Politik dient, etwa dem Kampf gegen den Klimawandel.

34. Der erste von der Europäischen Kommission zu entscheidende Fall von Eigenkapitalhilfen ist der geplante Einstieg des Bundes bei der Deutschen Lufthansa AG. Die Bundesregierung hat am 25. Mai 2020 ein umfassendes Unterstützungspaket für die Lufthansa AG angekündigt, bei dem sich der Wirtschaftsstabilisierungsfonds mit stillen Einlagen in Höhe von bis zu EUR 5,7 Mrd. (EUR 4,7 Mrd. unmittelbar und EUR 1 Mrd., wenn ein unerwünschter Übernahmeversuch durch ein anderes Unternehmen droht) beteiligt, staatlich abgesicherte Kredite bis zu einer Höhe von EUR 3 Mrd. gewährt werden sowie eine direkte Beteiligung des Bundes in Höhe von 20 Prozent am Grundkapital geplant ist. Der Bund beansprucht zwei Mandate im Aufsichtsrat der Lufthansa, die von unabhängigen Experten besetzt werden sollen. Im Gegenzug soll die Lufthansa vorläufig keine Dividenden mehr ausschütten, die Vergütung des Managements begrenzen und ihre Flotte mit verbrauchsärmeren Flugzeugen umrüsten. Andere Staaten, wie etwa Frankreich bei Air France, haben sich für Kredite und Garantien zur Rettung ihrer Fluggesellschaften und gegen eine direkte Beteiligung entschieden.

35. Während die Europäische Kommission die Hilfsmaßnahmen Frankreichs für Air France in Höhe von EUR 7 Mrd. am 4. Mai 2020 ohne Nebenbestimmungen genehmigt hat, hat sie der Beteiligung des Deutschen Staates an der Lufthansa nur unter der Bedingung zugestimmt, dass 24 Start-und Landerechte an den Drehkreuzen der Lufthansa an den Flughäfen Frankfurt und München und bis zu vier Flugzeuge an Wettbewerber abgegeben werden. Begründet werden die

---

[27] EU-Kommission, Mitteilung der Kommission, Änderung des Befristeten Rahmens für staatliche Beihilfen zur Stützung der Wirtschaft angesichts des derzeitigen Ausbruchs von COVID-19, 8. Mai 2020, https://ec.europa.eu/competition/state_aid/what_is_new/sa_covid19_2nd_amendment_temporary_framework_de.pdf, Abruf am 25. Mai 2020.

Nebenbestimmungen damit, dass eine staatliche Beteiligung an einem Unternehmen zu gewichtigeren Wettbewerbsbeeinträchtigungen auf dem europäischen Binnenmarkt führt als Kredite oder staatliche Garantien und daher nur mit strengeren Auflagen zu genehmigen sei. Die Europäische Kommission hat das Stabilisierungspaket für die Lufthansa am 25. Juni 2020 genehmigt.[28]

36. Aus Sicht der Monopolkommission ist diese Begründung der Europäischen Kommission schlüssig. Der Staat als Miteigentümer verschafft dem betroffenen Unternehmen aufgrund seiner Bonität Vorteile bei der Aufnahme von Krediten, was zu Wettbewerbsverzerrungen zulasten von Konkurrenten ohne staatliche Beteiligung führt. Zudem ist der Wettbewerb auf bestimmten Flugstrecken in Deutschland spätestens nach der Insolvenz der Air Berlin im Jahr 2017 stark eingeschränkt. Die Deutsche Lufthansa und ihre Tochterunternehmen Eurowings, Swiss, Austrian Airlines und Brussels Airlines sind auf einigen Strecken innerhalb Deutschlands und in Europa alleiniger Anbieter. Der Verkauf von Start- und Landerechten an konkurrierende Fluggesellschaften, entweder direkt durch die Fluggesellschaft oder nach Rückgabe an den Staat durch eine Versteigerung an andere Fluggesellschaften, ist ein probates Mittel, auf solchen Strecken für mehr Wettbewerb zu sorgen.[29]

37. Ein weiteres Problem bei staatlichen Unternehmensbeteiligungen kann die Wiederveräußerung der Anteile sein. Im Fall der geplanten Beteiligung an der Deutschen Lufthansa AG hat Finanzminister Scholz angekündigt, dass der Staat seine Beteiligung jedenfalls mit einem Gewinnaufschlag veräußern wolle. Insofern dies so zu interpretieren ist, dass er davon ausgeht, dass diese Beteiligung einen positiven Erwartungswert für die öffentliche Hand hat, ist dies zu begrüßen. In Anbetracht der anhaltenden wettbewerbsverzerrenden Wirkungen einer staatlichen Beteiligung ist in jedem Fall darauf zu achten, dass diese wieder aufgelöst wird, sobald es die wirtschaftlichen Umstände des Unternehmens zulassen. Dies kann auch implizieren, dass die Wiederveräußerung der Staatsbeteiligung mit einem Verlust einhergeht. Die Monopolkommission begrüßt ausdrücklich, dass die Europäische Kommission bei ihren Regeln für staatliche Beteiligungen während der Corona-Krise die Lockerung bestimmter Verpflichtungen an die Wiederveräußerung der staatlichen Beteiligung knüpft. Die Monopolkommission empfiehlt darüber hinaus, ein Expertengremium einzusetzen, welches die Bundesregierung bei krisenbedingten Staatsbeteiligungen und selektiven Hilfsmaßnahmen ab einer bestimmten Größenordnung berät.

8 Zusammenfassung der Einschätzungen und Empfehlungen

38. Positiv zu bewerten ist, dass die Wettbewerbsbehörden zeitnah und koordiniert auf die Herausforderungen der Corona-Pandemie reagiert und der Wirtschaft eine erste Orientierungshilfe gegeben haben. Von großer Bedeutung war darüber hinaus die Gesprächsbereitschaft der Behörden gegenüber Unternehmen, die Kooperationsinitiativen zur Sicherstellung der Versorgung angestoßen haben. Auf diese Weise und durch zeitnahe Entscheidungen über die Zulässigkeit bzw. das Nichtaufgreifen von Kooperationsinitiativen konnte die Rechtssicherheit im Legalausnahmesystem für die betroffenen Unternehmen maßgeblich gesteigert werden.

39. Wichtig war darüber hinaus die Feststellung der europäischen Wettbewerbsbehörden, dass im Übrigen das Kartellrecht auch in Krisenzeiten volle Anwendung findet, sodass insbesondere Absprachen über Preise und Konditionen sowie die Aufteilung von Kunden oder Absatzgebieten untersagt bleiben. Auch aus Sicht der Monopolkommission ist dieses Vorgehen sinnvoll.

40. Das Kartellrecht muss gerade in Krisenzeiten verhindern, dass Unternehmen die Situation zulasten der Verbraucher ausnutzen. Daher sind mögliche Fälle von missbräuchlich überhöhten Preisen von den Wettbewerbsbehörden konsequent zu verfolgen und entsprechend zu sanktionieren. Festzustellen ist allerdings auch, dass nicht jede Preissteigerung infolge eines Nachfrageanstiegs Ausdruck missbräuchlichen Verhaltens ist.

---

[28] Bundesfinanzministerium, Pressemitteilung vom 25. Juni 2020, https://www.bundesfinanzministerium.de/Content/DE/ Pressemitteilungen/Finanzpolitik/2020/06/2020-06-24-Lufthansa.html, Abruf am 10. Juli 2020.

[29] Monopolkommission, Hauptgutachten XXI: Wettbewerb 2016, Baden-Baden 2017, Tz. 213 ff.

41. Es steht zu befürchten, dass der in der Corona-Krise stattfindende Digitalisierungsschub zu einem weiteren Anwachsen der Marktmacht der führenden Unternehmen auf den digitalen Märkten führen wird. Die Monopolkommission rät der Bundesregierung daher, die deutsche Ratspräsidentschaft in der Europäischen Union zu nutzen, um eine wettbewerbsschützende Plattformverordnung einzuführen.

42. Der zu erwartende Anstieg von Insolvenzen, insbesondere von kleinen und mittleren Unternehmen, sollte nicht dazu führen, dass die Wettbewerbsbehörden die Eingriffskriterien in der Zusammenschlusskontrolle großzügiger handhaben. Das geltende Recht hält mit der Sanierungsfusion ein Instrument bereit, mit dem die Behörden auch in Krisenzeiten angemessen reagieren können. Anders als bei Kooperationen, die nach der Krise relativ einfach beendet werden können, würden durch Zusammenschlüsse einmal erlangte Machtpositionen zulasten des Wettbewerbs und der Verbraucher dauerhaft bestehen bleiben. Angesichts des zu erwartenden Anstiegs der Fallzahlen bei Fortgeltung der Corona-bedingten Schutzmaßnahmen ist zu empfehlen, die gesetzliche Verlängerung der Fusionskontrollfristen auf das zweite Halbjahr 2020 auszudehnen.

43. Die nationalen Regierungen in der Europäischen Union können die Unternehmen auch in der Krise nicht beliebig unterstützen, da die Mehrzahl der staatlichen Maßnahmen Beihilfen sind, die wegen ihrer potenziell wettbewerbsverfälschenden Wirkung einer vorherigen Zustimmung der Europäischen Kommission bedürfen. Die Europäische Kommission hat die Voraussetzungen genannt, die erfüllt sein müssen, damit staatliche Maßnahmen zur Unterstützung der Unternehmen in der Corona-Krise mit den Beihilfevorschriften vereinbar sind. Die Monopolkommission teilt die Auffassung, dass nicht jede Hilfsmaßnahme, die die Beihilfenkontrolle passieren konnte, wettbewerbsneutral ist. So können etwa Hilfen für die Deutsche Bahn AG dem noch wenig ausgeprägten Wettbewerb auf den Transportmärkten schaden, wenn diese Hilfen nicht speziell für Investitionen in die Infrastruktur Schiene gewährt werden. Positive Wettbewerbseffekte haben die Hilfen für kleine und mittlere Unternehmen und hier insbesondere für neugegründete innovative Unternehmen. Die Monopolkommission befürwortet das Hilfspaket für Start-ups, weil diese es in der Krise besonders schwer haben, ihre Finanzierungen zu sichern, und weil eine Insolvenzwelle bei den jungen Unternehmen mittelfristig auch das Interesse an Neugründungen geschmälert hätte.

44. Das Vorgehen der Europäischen Kommission, staatliche Beteiligungen an Unternehmen an strenge Voraussetzungen zu knüpfen, ist sinnvoll. Der Staat als Miteigentümer verschafft den Unternehmen Vorteile, die zu Wettbewerbsverzerrungen zulasten von Konkurrenten ohne staatliche Beteiligung führen. Die Monopolkommission ist wie die Europäische Kommission der Auffassung, dass die Bedingungen und Auflagen im Fall von staatlichen Unternehmensbeteiligungen strenger ausfallen müssen als bei Finanzbeihilfen. Insbesondere sollte eine staatliche Beteiligung, soweit sie Unternehmen mit einer marktbeherrschenden Stellung auf einem oder mehreren Märkten betrifft, mit wettbewerbsfördernden Maßnahmen flankiert werden. Die Abgabe von Start- und Landerechten seitens der Deutschen Lufthansa AG ist ein probates Mittel, für mehr Wettbewerb auf den Luftverkehrsmärkten zu sorgen. Die Monopolkommission empfiehlt, ein Gremium mit unabhängigen Experten einzusetzen, welches die Bundesregierung bei der Entwicklung von Strategien für den Ausstieg aus krisenbedingten staatlichen Beteiligungen berät.

Missbrauchsaufsicht in der Plattformwirtschaft

Kurz gefasst

Die EU-Ratspräsidentschaft bietet Deutschland eine Gelegenheit, die von der Europäischen Kommission ins Auge gefasste Weiterentwicklung des europäischen **Regelungsrahmens für die digitalen Märkte** aktiv mitzugestalten. Das politische Ziel, gegen Wettbewerbsprobleme auf diesen Märkten wirksamer vorzugehen, ist sowohl auf nationaler Ebene als auch auf EU-Ebene formuliert worden. Marktmachtmissbräuche von Online-Plattformunternehmen sollten effektiver und schneller geahndet, wettbewerbsrechtliche Verfahren zu diesem Zweck erleichtert bzw. beschleunigt und gegebenenfalls Regulierungsinstrumente zum Schutz der Plattformnutzer entwickelt werden. Mit Blick auf die genannten Ziele sind in mehreren Expertengutachten Lösungsansätze entwickelt worden, welche die Monopolkommission in diesem Gutachten um eigene Überlegungen und Empfehlungen ergänzt.

Dabei geht es in Bezug auf **marktmachtbezogene Wettbewerbsprobleme** um mehrere Themenfelder, nämlich um die Kriterien zur Feststellung von Marktmacht bei digitalen Plattformen, das gebotene Vorgehen bei Verhaltensweisen, durch die der Markt dauerhaft zugunsten einer Plattform „kippt" (*tipping*) oder durch die mehr oder weniger unangreifbare „Ökosysteme" geschaffen werden und das Vorgehen, sofern sich die Marktstruktur dauerhaft zugunsten einer Plattform verfestigt hat. Was die Kriterien zur Feststellung von Marktmacht bei digitalen Plattformen betrifft, so erscheinen die bestehenden Grundsätze zu Art. 102 AEUV – ungeachtet zurzeit durchgeführter Reformen auf der nationalen Ebene – ausreichend.

Zum **Problem des „Kippens" von Märkten** ist in Deutschland eine Regelung (§ 20 Abs. 3a GWB-E) vorgeschlagen worden, wonach die Kartellbehörden in die Lage versetzt würden, bereits bei einer Gefährdung des Wettbewerbs und unabhängig von einem Nachweis konkreter Auswirkungen des fraglichen Verhaltens tätig zu werden. Die angesprochene Regelung könnte auch eingesetzt werden, um gegen in Deutschland tätige europäische Plattformunternehmen vorzugehen, deren Verhalten zum Kippen von Märkten beitragen kann. Die Monopolkommission empfiehlt deshalb, zunächst die **deutsche Anwendungspraxis zu beobachten** und gegebenenfalls hierauf aufbauend Regelungen für das europäische Recht in Betracht zu ziehen.

Zum **Problem der Schaffung von „Ökosystemen"** erscheint das Missbrauchsverbot des **Art. 102 AEUV grundsätzlich ausreichend**. Die in Deutschland vorgeschlagene neue Missbrauchsregelung für Unternehmen mit „überragender marktübergreifender Bedeutung" für den Wettbewerb (§ 19a GWB-E) weicht in mehrerlei Hinsicht von Art. 102 AEUV ab. Aus unionsrechtlicher Perspektive können die Erfahrungen mit dieser Neuregelung aber in zweierlei Hinsicht aufschlussreich sein: Dort, wo die Wettbewerbsbehörden der Mitgliedstaaten oder einzelstaatliche Gerichte verpflichtet sind, parallel zum einzelstaatlichen Wettbewerbsrecht auch Art. 102 AEUV anzuwenden (Art. 3 Abs. 1 S. 2 VO 1/2003), wird sich zeigen, ob die **deutsche Neuregelung** die Missbrauchsaufsicht erleichtert oder behindert. Dort, wo ihr Anwendungsbereich über Art. 102 AEUV hinausgeht, wird sich **zeigen, ob sie geeignet ist, bisher gegebenenfalls unerkannte Regelungslücken auf Unionsebene effektiv zu verschließen.** Die Monopolkommission hält es vor diesem Hintergrund für sinnvoll, auch insoweit zunächst praktische Erfahrungen zu sammeln, bevor eine entsprechende Ergänzung des europäischen Regelungswerks in Angriff genommen wird.

Angesichts des Umstands, dass sich die **Marktstellung großer Plattformen nach einem Kippen des Marktes oder infolge der Ausbildung von Ökosystemen dauerhaft verfestigen kann**, sind in mehreren Expertengutachten Vorschläge gemacht worden. Ein Vorschlag war es, marktbeherrschende Plattformunternehmen dazu zu verpflichten nachzuweisen, dass sie keinen Missbrauch im Sinne von Art. 102 AEUV begehen. Ein anderer Ansatz war es, beherrschende Online-Plattformunternehmen im Einzelnen festgelegten zusätzlichen Pflichten und einer verschärften Überwachung zu unterwerfen. Die Monopolkommission hält insbesondere den zweiten Ansatz für zielführend und macht **Vorschläge für eine neu zu erlassende Plattformverordnung**. Diese sollte **Verhaltensregeln für beherrschende Plattformen** enthalten. So könnten ein Selbstbegünstigungsverbot und mit datenschutzrechtlichen Erfahrungen abgestimmte verschärfte Interoperabilitäts- und Portabilitätsverpflichtungen vorgesehen werden. Ferner könnten in die Verordnung **Abstellungsregelungen für Marktmachtmissbräuche mit dauerhaften Auswirkungen auf die Marktstruktur und für Verstöße gegen die in der Plattformverordnung festgelegten zusätzlichen Pflichten von beherrschenden Plattformunternehmen** aufgenommen werden. Die Abstellungsregelungen sollten dann auch spezifizieren, unter welchen Voraussetzungen eine Veräußerung von Teilbereichen des Geschäfts (auch z. B. in Form eines erzwungenen Zugangs zu Algorithmen bzw. Daten) verhältnismäßig sein kann und welche Merkmale die betreffenden Teilbereiche dann aufweisen müssen (z. B. lebens- und wettbewerbsfähiges Geschäft, Zulässigkeit von Alternativen, Nichterwerbsklauseln).

Zusätzlich zu den beschriebenen marktmachtbezogenen Problemen können sich auf Plattformmärkten **informationsbezogene Probleme** zeigen, die einen effektiven Wettbewerbsschutz praktisch erschweren. Zum einen besteht ein Informationsgefälle im Verhältnis zwischen Plattformunternehmen und Außenstehenden (Behörden bzw. kommerziellen/nichtkommerziellen Plattformnutzern). Zum anderen bestehen auf Online-Marktplätzen (z. B. Handels-/Buchungsportalen) Informationsprobleme im Verhältnis zwischen Händlern und Verbrauchern.

Im Verhältnis zwischen Plattformunternehmen und Außenstehenden sieht die Monopolkommission einen zusätzlichen Regelungsbedarf insbesondere mit Blick auf das **Informationsgefälle zwischen Plattformunternehmen und ermittelnden Behörden**. Die Behörden haben zwar umfassende Auskunftsbefugnisse, können bei deren Einsatz im Verfahren aber auf erhebliche Schwierigkeiten stoßen. Die Monopolkommission empfiehlt deshalb, die **verfahrensrechtlichen Mitwirkungspflichten** in jenen Fällen **zu verschärfen**, in denen die Behörden alle zumutbaren Ermittlungsanstrengungen unternommen haben. Wenn Unternehmen in solchen Fällen Informationen nicht von sich aus offenlegen, können sie nämlich – ohne dass das unionsrechtliche Selbstbelastungsverbot eingreift – die **Ermittlung tatsachenbezogener Beweismittel** verhindern. Die Behörden sollten für solche Fälle ermächtigt werden, aus einer fehlenden Mitwirkung im Rahmen ihrer freien Beweiswürdigung Schlussfolgerungen zu ziehen.

In Hinblick auf das **Verhältnis zwischen Händlern und Verbrauchern auf Online-Marktplätzen** erscheint eine Präzisierung der Beurteilungskriterien für die automatisierte Preissetzung von Online-Händlern unter Einsatz von Preisalgorithmen wünschenswert. Die Monopolkommission spricht sich dafür aus, bei der Überarbeitung der Kommissionsbekanntmachung über die Definition des relevanten Marktes ein **Augenmerk auf die Marktabgrenzung** auf Online-Marktplätzen zu legen, **soweit** hier **Preisdifferenzierungen der Händler darauf hindeuten, dass sich relevante Märkte fragmentieren**. Im Übrigen empfiehlt sie, eine **gesetzliche Schadensvermutung** einzuführen, um die Verbraucher wirksam gegen Schäden durch automatisiert festgesetzte und unangemessen überhöhte Preise im Sinne des Art. 102 AEUV zu schützen.

Summary

The EU Council Presidency offers Germany an opportunity to contribute to the further development of the European **regulatory framework for digital markets**, as has been envisaged by the European Commission. The political objective of taking more effective action against competition problems in these markets has been formulated both at national and at EU level. Abuses of market power by online platform companies should be sanctioned more effectively and rapidly, enforcement procedures should be facilitated or accelerated and, where appropriate, regulatory instruments should be developed to protect platform users. In view of the above-mentioned objectives, several expert reports have developed potential solutions, which the Monopolies Commission supplements with its own considerations and recommendations in this Report.

With regard to **competition problems related to market power**, the Monopolies Commission is concerned with several issues, namely the criteria for determining market power in the case of digital platforms, the necessary procedure in the case of conduct by which the market permanently tips in favour of a platform or by which more or less unassailable "ecosystems" are created, and the procedure in cases where the market structure has solidified permanently in favour of a platform. With regard to the criteria for determining market power in the case of digital platforms, the existing principles of Article 102 TFEU appear to be sufficient, notwithstanding the reforms currently underway at national level.

With regard to the **problem of tipping markets**, a provision has been proposed in Germany (Section 20 (3a) ARC-E), pursuant to which the cartel authorities would be empowered to take action already when competition is endangered and independently of proof of concrete effects of the conduct in question. The provision in question could also be used to take action against European platform companies operating in Germany whose conduct may contribute to the collapse of markets. The Monopolies Commission therefore recommends that **the German application practice be observed** first and, if necessary, regulations for European law be considered on this basis.

With regard to the **problem of "ecosystems"**, the prohibition of abuse in Article 102 TFEU seems to be sufficient in principle. The new abuse regulation proposed in Germany for companies of "paramount cross-market significance" for competition (Section 19a GWB-E) departs from Article 102 TFEU in several respects. However, from the perspective of EU law, experience with this new provision can be revealing under two aspects: In cases where the competition authorities of the Member States or national courts are obliged to apply Article 102 TFEU in parallel to national competition law (Art. 3 (1) sentence 2 of Regulation 1/2003), it remains to be seen whether the **new German provision** will facilitate or burden abuse control. Where the scope of application of the provision goes beyond Article 102 TFEU, it will be **revealed whether it is suitable to effectively close any previously unrecognised regulatory gaps at EU level**. Against this background, the Monopolies Commission considers it sensible to first gather practical experience in this respect as well before introducing a corresponding supplement to the European regulatory framework.

In view of the fact that the **market position of large platforms can become permanently entrenched after a tipping of the market or as a result of the formation of ecosystems**, proposals have been made in several expert reports. One proposal is to oblige dominant platform companies to prove that they do not commit any abuse within the meaning of Article 102 TFEU. Another approach is to subject dominant online platform companies to additional obligations and stricter monitoring. The Monopolies Commission considers the second approach to be particularly effective and makes **proposals for a new Platform Regulation**. This Platform Regulation should contain **rules of conduct for dominant platforms**. For example, it could provide for a ban on self-preferencing and for more stringent interoperability and portability obligations, which should be aligned with the experience in data protection law. The Regulation could also include **remedies for abuses of market power with lasting effects on the market structure, and for breaches of the additional obligations of dominant platform companies laid down in the Platform Regulation**. The remedies should then also specify the conditions under which the divestiture of parts of the business (including forced access to algorithms or data) may be proportionate and the necessary characteristics of those parts of the business (e.g., viability and competitiveness).

In addition to the market power-related problems described above, **information-related problems** may arise in platform markets, making effective protection of competition more difficult in practice. First, an information asymmetry exists between platform companies and outsiders (public authorities or commercial/non-commercial platform users). Second, online marketplaces (e.g., trading/booking portals) have information problems in the relationship between traders and consumers.

In the relationship between platform companies and outsiders, the Monopolies Commission sees a need for additional regulation, particularly with regard to the **information asymmetry between platform companies and the authorities investigating the case**. Although the authorities have extensive powers to collect information, they may encounter considerable difficulties when using their investigative powers in proceedings. The Monopolies Commission therefore recommends **the tightening of the procedural obligations to cooperate** in cases where the authorities have made all reasonable efforts to investigate. Companies can prevent the **investigation of factual evidence** – without the prohibition of self-incrimination under EU law coming into play – if they do not disclose information on their own initiative in such cases. In those cases, the authorities should be empowered to draw conclusions from a lack of cooperation in the context of their free assessment of the evidence.

With regard to the **relationship between merchants and consumers** in online marketplaces, it appears desirable to clarify the assessment criteria for automated pricing of online traders using pricing algorithms. The Monopolies Commission is in favour of **focusing on** the guidelines concerning the **market definition in online marketplaces** when the Commission notice on the definition of the relevant market is revised, **in so far as price differentiation by dealers indicates that relevant markets are becoming fragmented**. Furthermore, it recommends the introduction of a **statutory presumption of damage** in order to effectively protect consumers against harm caused by automatically fixed and unreasonably excessive prices within the meaning of Article 102 TFEU.

1 Einleitung

45. Die Digitalisierung hat zu Beschleunigungen in allen Lebensbereichen geführt.[1] Das schließt ein, dass wirtschaftliche Transaktionen erheblich schneller abgewickelt werden können. Allerdings hat sich gezeigt, dass Märkte auch schneller geschädigt werden können. Insbesondere im Zusammenhang mit plattformbasierten Geschäftsmodellen kann es zur Entstehung dauerhafter Machtpositionen und zu deren Ausdehnung über herkömmliche Marktgrenzen hinaus kommen.[2] Die damit verbundenen Wettbewerbsprobleme stellen die europäische Missbrauchsaufsicht aufgrund der Möglichkeiten zur schnellen Anpassung digitaler Angebote und der oftmals auch geographisch kaum begrenzten Märkte vor besondere Herausforderungen.[3]

46. Die am 1. Juli 2020 begonnene deutsche EU-Ratspräsidentschaft bietet Deutschland die Gelegenheit, eine Weiterentwicklung des europäischen Regelungsrahmens für die digitalen Märkte in Angriff zu nehmen. Das politische Ziel, die Wettbewerbsregeln gegenüber großen digitalen Plattformen und auf ihnen wirksamer durchzusetzen, ist sowohl auf nationaler Ebene als auch auf EU-Ebene formuliert worden.

47. So heißt es im Koalitionsvertrag der deutschen Regierungskoalition:

> *„Wir wollen das Wettbewerbsrecht für digitale Geschäftsmodelle ergänzen. Wir wollen die Verfahren im allgemeinen Wettbewerbsrecht spürbar beschleunigen, ohne dabei rechtsstaatliche Garantien einzuschränken. [...] Wir benötigen neben dem allgemeinen Wettbewerbsrecht eine kompetentere und aktivere systematische Marktbeobachtung. Die Wettbewerbsbehörde muss Missbrauch von Marktmacht vor allem auf sich schnell verändernden Märkten zügig und effektiv abstellen können. Dazu werden wir die wettbewerbsbehördliche Aufsicht weiterentwickeln, insbesondere im Hinblick auf Missbräuche von Plattformunternehmen."*[4]

Um diesen Koalitionsvertrag umzusetzen, sind Änderungen des deutschen Gesetzes gegen Wettbewerbsbeschränkungen (GWB) geplant, in deren Rahmen unter anderem ein plattformspezifisches Marktbeherrschungskonzept („Intermediationsmacht") und Vorschriften über Missbräuche im Zusammenhang mit dem sogenannten Kippen von Plattformmärkten (*tipping*) und dem Aufbau sogenannter Plattform-Ökosysteme eingeführt werden sollen.[5] Zur Weiterentwicklung des europäischen Wettbewerbsrechts hat das deutsche Bundesministerium für Wirtschaft und Energie zudem eine Kommission eingesetzt, die weitergehende Vorschläge, auch zum regulatorischen Umgang mit bereits dauerhaft vermachteten Plattformmärkten, unterbreitet hat.[6]

48. Die Europäische Kommission hat im Sommer 2020 öffentlich Konsultationen zu einem neuen Wettbewerbsinstrument und zu einem Gesetzgebungspaket betreffend digitale Dienstleistungen eingeleitet.[7] In Bezug auf das neue Wett-

[1] Vgl. Monopolkommission, Sondergutachten 68, Wettbewerbspolitik: Herausforderung digitale Märkte, Baden-Baden 2015, Tz. 16 ff., insb. Tz. 19 (zur Beschleunigung durch verminderte Transaktions- bzw. Informationskosten).

[2] Kommission Wettbewerbsrecht 4.0, Ein neuer Wettbewerbsrahmen für die Digitalwirtschaft, Abschlussbericht, 9. September 2019, S. 1, 13; Monopolkommission, Sondergutachten 68, a. a. O., Tz. 1, 4, 6 ff., 15 ff.

[3] Vgl. Monopolkommission, Policy Brief 4, 10. GWB-Novelle – Herausforderungen auf digitalen und regionalen Märkten begegnen!, Januar 2020, S. 1-2.

[4] Ein neuer Aufbruch für Europa. Eine neue Dynamik für Deutschland. Ein neuer Zusammenhalt für unser Land; Koalitionsvertrag zwischen CDU, CSU und SPD, 19. Legislaturperiode, 2018, Tz. 2756 ff.

[5] Bundesministerium für Wirtschaft und Energie (BMWi), Referentenentwurf eines Zehnten Gesetzes zur Änderung des Gesetzes gegen Wettbewerbsbeschränkungen für ein fokussiertes, proaktives und digitales Wettbewerbsrecht 4.0 (GWB-Digitalisierungsgesetz), Bearbeitungsstand: 24.01.2020, 9:32 Uhr (nachfolgend: Referentenentwurf), Januar 2020.

[6] Kommission Wettbewerbsrecht 4.0, Ein neuer Wettbewerbsrahmen für die Digitalwirtschaft, Abschlussbericht, 9. September 2019; https://www.bmwi.de/Redaktion/DE/Publikationen/Wirtschaft/bericht-der-kommission-wettbewerbsrecht-4-0.html, Abruf am 8. Mai 2020.

[7] EU-Kommission, Proposal for a regulation: New competition tool, https://ec.europa.eu/info/law/better-regulation/have-your-say/initiatives/12416-New-competition-tool; Proposal for a regulation: Digital Services Act package: ex ante regulatory instrument of very large online platforms acting as gatekeepers, https://ec.europa.eu/info/law/better-regulation/have-your-say/initiatives/12418-Digital-Services-Act-package-ex-ante-regulatory-instrument-of-very-large-online-platforms-acting-as-gate keepers, Abruf jeweils am 4. Juni 2020.

bewerbsinstrument hat die Europäische Kommission vier Optionen zur Diskussion gestellt. Diese sollen jeweils eine Intervention ohne Feststellung eines Wettbewerbsverstoßes gemäß Art. 102 AEUV erlauben. Option 1 wäre, dass die Europäische Kommission ermächtigt wird, in solchen Fällen zu intervenieren, in denen ein beherrschendes Unternehmen andere Unternehmen vom Markt zu verdrängen oder ihre Kosten hochzutreiben droht. Die Intervention könnte Verhaltens- oder strukturelle Abhilfemaßnahmen nach sich ziehen. Option 2 würde die beschriebene Befugnis auf bestimmte Wirtschaftssektoren beschränken (z. B. „*digital or digitally-enabled markets*"). Bei Option 3 würde die Interventionsbefugnis unabhängig von einer beherrschenden Stellung bestehen, wenn ein strukturelles Risiko für den Wettbewerb (insb. bei Risiko eines Marktkippens) besteht oder ein struktureller Mangel an Wettbewerb (insb. auf Märkten mit strukturell abgesicherten Monopolen; koordinierungsanfälligen Oligopolmärkten) herrscht. Option 4 würde die Befugnis erneut auf bestimmte Wirtschaftssektoren beschränken.

49. Das Gesetzgebungspaket betreffend digitale Dienstleistungen würde darauf abzielen, die von großen Plattformökosystemen betroffenen Märkte wettbewerblich offen (bestreitbar) zu halten. Hierzu könnte die bestehende Verordnung 2019/1150 um Verhaltensauflagen für alle erfassten Plattformunternehmen (z. B. Selbstbegünstigungsverbote, Datenzugangsverpflichtungen, Vorgaben für Nutzungsbedingungen) sowie Aufsichts-, Durchsetzungs- und Transparenzregeln ergänzt werden.[8] Eine andere, nicht notwendig getrennt zu sehende Möglichkeit bestünde in der Ermächtigung einer auf EU-Ebene zu bestimmenden Behörde, von bestimmten großen Plattformen (*gatekeepers*) gezielt Informationen zu sammeln.[9] Eine dritte Variante bestünde in einem präventiven Regulierungsrahmen für die betreffenden Plattformen, der bestimmte Verhaltensweisen verbietet (*„blacklisted" practices*) und zusätzlich auf Einzelfälle zugeschnittene Abhilfemaßnahmen umfassen könnte (z. B. Datenzugangs- und Interoperabilitätsverpflichtungen).

50. Den Überlegungen ist gemeinsam, dass die Vermachtung digitaler Märkte bestenfalls in größerem Umfang als bisher verhindert oder dass zumindest ihre Folgen besser kontrolliert werden sollen. Dazu sollen Missbräuche großer Unternehmen auf den digitalen Märkten (Online-Plattformunternehmen) effektiver und schneller geahndet, wettbewerbsrechtliche Verfahren zu diesem Zweck erleichtert bzw. beschleunigt und gegebenenfalls flankierende Regulierungsinstrumente entwickelt werden.

51. Die Umsetzung dieser Forderungen setzt ein Verständnis der Besonderheiten der Marktmacht von digitalen Plattformen, aber auch von in der Plattformwirtschaft bestehenden Informationsproblemen voraus (Abschn. 2). Auf dieser Basis sind in mehreren Expertengutachten bereits Lösungsansätze entwickelt worden, welche die Monopolkommission in diesem Gutachten um eigene Überlegungen und Empfehlungen ergänzt (Abschn. 3 und 4).[10] Zusammengenommen ergibt sich eine Agenda, deren Verfolgung im Rahmen der deutschen Ratspräsidentschaft dazu beitragen könnte, den europäischen Regelungsrahmen für marktmächtige Plattformunternehmen effektiver zu gestalten (Abschn. 5).

2 Besonderheiten der Marktmacht von Plattformen und Informationsprobleme in der Plattformwirtschaft

52. Die Besonderheit des Geschäftsmodells von Online-Plattformunternehmen besteht darin, dass sie ihr Dienstleistungsangebot an mehrere Gruppen unterschiedlicher Nutzer richten, die über die Plattform miteinander interagieren. Als Vermittler stehen Plattformen zwischen Nutzergruppen, aber nicht unbedingt zwischen „relevanten" Märkten. So

---

[8] Verordnung 2019/1150 zur Förderung von Fairness und Transparenz für gewerbliche Nutzer von Online-Vermittlungsdiensten, ABl. L 186 vom 11. Juli 2019, S. 57.

[9] Vgl. hierzu auch die vorausgegangenen Überlegungen auf Ebene der Europäischen Kommission, die Beweislast in Bezug auf Wettbewerbsverstöße zu verschieben; hierzu näher Espinoza/Fleming, Margrethe Vestager eyes toughening 'burden of proof' for Big Tech, Financial Times vom 30. Oktober 2019; Crofts/Hirst, Vestager pledges to tame tech's 'dark side' in second EU mandate, MLex vom 27. November 2019.

[10] Siehe Kommission Wettbewerbsrecht 4.0, a. a. O.; Crémer/de Montjoye/Schweitzer, Competition Policy for the digital era, Final Report, 2019; Schweitzer/Haucap/Kerber/Welker, Modernisierung der Missbrauchsaufsicht für marktmächtige Unternehmen, Endbericht vom 29. August 2018; UK Digital Competition Expert Panel, Unlocking digital competition, Bericht vom März 2019 (sog. Furman Report).

können Plattformen, z. B. soziale Netzwerke, zwischen Nutzern desselben Typs („einseitig") vermitteln.[11] Sie können aber auch zwischen verschiedenen Nutzergruppen stehen, die entweder Online-Inhalte anbieten oder suchen, wie es bei Such- oder Handelsplattformen der Fall ist („mehrseitig").[12] In beiden Fällen besteht das Angebot der Plattformen an die Nutzer darin, diesen einen direkten[13] Austausch untereinander zu ermöglichen. Die Möglichkeit der Nutzer zum direkten Austausch bringt es mit sich, dass sich die Nutzer gegebenenfalls bei einer bestimmten Plattform konzentrieren. Denn die Plattform kann dadurch, dass sie auf einem Markt viele Nutzer hat, umso attraktiver für weitere Nutzer entweder derselben Nutzergruppe (direkter Netzwerkeffekt) oder einer anderen Gruppe (indirekter Netzwerkeffekt) werden.[14] Der Umfang, in dem sich solche Netzwerkeffekte konzentrationsförderlich auswirken können, hängt allerdings von weiteren Faktoren ab, namentlich der Möglichkeit der Plattform, von Größenvorteilen zu profitieren, den Möglichkeiten für die Nutzer zur Parallelnutzung und ihr Wechselaufwand, den Differenzierungsmöglichkeiten der Plattform und der Nutzerheterogenität.[15]

53. Die Zwischenstellung von Plattformen als Vermittler führt im Rahmen wettbewerbsrechtlicher Prüfungen dazu, dass die herkömmliche Vorgehensweise bei der Feststellung von Marktmacht angepasst werden muss. Die Behörden und Gerichte nehmen bei der Ermittlung von Marktmacht herkömmlich eine zweischrittige Prüfung vor, bei der sie zunächst die Marktsituation (Fakten) ermitteln und dann eine wertende Betrachtung vornehmen (rechtliche Beurteilung). Im Rahmen des ersten Schritts grenzen die Behörden und Gerichte die für ihre wettbewerbsrechtliche Beurteilung „relevanten" Märkte ab und ermitteln die Tatsachen, die zur Beurteilung der Marktstellung des betreffenden Unternehmens erforderlich sind.[16] Im zweiten Schritt prüfen die Behörden und Gerichte, ob das betreffende Unternehmen über eine beherrschende Stellung verfügt, die sich auf den betreffenden Märkten gegebenenfalls nachteilig auswirken kann.[17]

54. Im Fall von Plattformen muss demgegenüber eine modifizierte Prüfung stattfinden, um der Stellung der Plattform als Vermittler (Intermediär) Rechnung zu tragen. Infolge der Zwischenstellung von Plattformen lassen sich die im ersten Prüfungsschritt eingesetzten Marktabgrenzungsinstrumente auf die Plattformtätigkeit nicht oder allenfalls mit Abstrichen anwenden. Der Grund hierfür ist, dass die jeweilige Plattform den Nutzern, an die sie sich mit ihrem Dienstleistungsangebot wendet, eine Möglichkeit zum direkten Kontakt untereinander vermittelt. Dabei kann es für sie erstens sinnvoll sein, nur von einer Nutzerseite eine Gegenleistung („Preis") zu verlangen. Zweitens hat es für Zwecke der Marktabgrenzung keine Aussagekraft, wenn Leistungen im direkten Austausch einer Nutzerseite mit einer anderen unentgeltlich erbracht werden (wie das z. B. bei der Bereitstellung kostenfreier Online-Inhalte der Fall ist). Insbesondere der SSNIP-Test, wonach der Kundenwechsel zu anderen Produkten bei Preiserhöhungen für die Marktabgrenzung herangezogen wird, lässt sich unter solchen Umständen kaum anwenden. Das Bundeskartellamt ist infolgedessen dazu

---

11 Vgl. § 18 Abs. 3a Var. 2 GWB.

12 Vgl. § 18 Abs. 3a Var. 1 GWB.

13 D. h., die Plattform ist nicht Teil einer Vertriebsstruktur, da sie von den Nutzern auf einer Plattformseite keine Waren zum Zwecke des Weiterverkaufs an die Nutzer der anderen Plattformseite bezieht und dabei das damit verbundene geschäftliche Risiko übernimmt; vgl. zur Abgrenzung Art. 1 Abs. 1 lit. a VO 330/2010 über die Anwendung von Artikel 101 Absatz 3 des Vertrags über die Arbeitsweise der Europäischen Union auf Gruppen von vertikalen Vereinbarungen und abgestimmten Verhaltensweisen, ABl. L 102 vom 23. April 2010, S. 1; zum Kriterium der geschäftlichen Risiken auch EU-Kommission, Leitlinien für vertikale Beschränkungen, ABl. C 130 vom 19. Mai 2010, S. 1 Tz. 12 ff. Vgl. zur hier verwendeten Begrifflichkeit auch z. B. BKartA, Beschluss vom 22. Oktober 2015, B 6-57/15 – Datingportale, Tz. 72.

14 Vgl. BKartA, Beschluss vom 22. Oktober 2015, B 6-57/15 – Datingportale, Tz. 74; Monopolkommission, Sondergutachten 68, a. a. O., Tz. 36 ff.

15 § 18 Abs. 3a GWB; siehe auch Evans/Schmalensee, The Industrial Organization of Markets with Two-Sided Platforms, Competition Policy International 3 (1), 2007, S. 151–179; dazu auch Monopolkommission, Sondergutachten 68, 1. Aufl. 2015, Tz. 45 ff. Aus der Fallpraxis z. B. BKartA, E. v. 22.10.2015, B6-57/15 – Datingportale, Tz. 140 ff.; E. v. 23.11.2017, B6-35/17 – CTS Eventim/Four Artists, Tz. 93, 94 ff., 143 ff.

16 EU-Kommission, Bekanntmachung über die Definition des relevanten Marktes im Sinne des Wettbewerbsrechts der Gemeinschaft, ABl. C 372 vom 9. Dezember 1997, S. 5, Tz. 7-8.

17 EU-Kommission, Mitteilung – Erläuterungen zu den Prioritäten der Kommission bei der Anwendung von Artikel 82 des EG-Vertrags auf Fälle von Behinderungsmissbrauch durch marktbeherrschende Unternehmen, ABl. C 45 vom 24. Februar 2009, S. 7, Tz. 9 ff.

übergegangen, alle Plattformseiten unter bestimmten Voraussetzungen in einer Gesamtschau zu betrachten, soweit es um die Beurteilung der Marktmacht des betreffenden Plattformdienstleisters geht.[18] Diese Gesamtschau erlaubt es, auch die im Rahmen der Nutzerinteraktion wirkenden (positiven oder negativen) Netzwerkeffekte in die Betrachtung einzubeziehen.[19]

55. Die im zweiten Schritt zu würdigenden Verhaltensspielräume sind richtigerweise aus dem Umfang der Abhängigkeit der Nutzergruppen vom Angebot der konkreten Plattform und der Wahrscheinlichkeit des Markteintritts potenzieller Wettbewerber abzuleiten.[20] Die Abhängigkeit der Nutzergruppen lässt sich feststellen, indem die Wahrscheinlichkeit gewürdigt wird, ob die durch das Angebot der Plattform hervorgerufenen Konzentrationstendenzen zukünftig noch einmal infrage gestellt werden könnten. Dies erfordert eine Gesamtschau der Faktoren, die Einfluss darauf haben, ob die Marktstellung der Plattform bestritten werden kann. Die Gesamtschau umfasst damit auch Faktoren, welche die Plattform attraktiv machen (und damit u. a. Netzwerkeffekte auslösen können), sofern es zugleich unwahrscheinlicher wird, dass die Nutzer zu anderen Anbietern wechseln (können).[21] Eine Verstetigung der Marktkonzentration kann dann aus einem Zusammenspiel der Konzentrationstendenzen und weiterer Faktoren folgen, also z. B. aus einem exklusiven Datenzugriff des Plattformbetreibers oder des Aufbaus eines in sich geschlossenen und marktübergreifenden Leistungsangebots.[22] Zentral für die Annahme eines marktmachtbegründenden Verhaltensspielraums ist, dass (potenzielle) Wettbewerber nicht in der Lage sind, Nutzer mit Alternativangeboten abzuwerben, sodass die Marktstellung des Plattformbetreibers nicht mehr bestreitbar ist.[23]

56. Speziell Online-Plattformunternehmen mit einem datenbasierten Geschäftsmodell beziehen ihre Marktmacht nicht nur aus gegebenenfalls starken (direkten und indirekten) Netzwerkeffekten, sondern auch aus der Wettbewerbsrelevanz der auf der Plattform aggregierten Daten. Dies gilt zumindest dann, wenn die Plattform die Daten unter Ausschluss anderer Marktteilnehmer nutzen kann. Je größer der verfügbare Datenbestand einer Plattform ist, umso besser kann die Plattform zwar ihre Vermittlungsleistung auf die Nutzerbedürfnisse abstimmen.[24] Je mehr relevante Daten eine Plattform aber im Verhältnis zu ihren Wettbewerbern hat, desto schwieriger ist es zugleich für andere, mit der Plattform zu konkurrieren. Die Größe des Datenbestands einer Plattform hat daher sowohl positive Auswirkungen für ihre Nutzer als auch negative Auswirkungen durch den geringeren Wettbewerb.

57. Die durch große Online-Plattformen hervorgerufenen Wettbewerbsprobleme können struktureller Natur sein und sich in zweifacher Hinsicht zeigen:

- der Markt kann zugunsten der Plattform „kippen", was bedeutet, dass die Marktposition der Plattform dauerhaft nicht mehr bestreitbar ist (*tipping*).

---

18 BKartA, Beschluss vom 22. Oktober 2015, B6-57/15 – Datingportale, Tz. 71 ff., 129 ff.; Entscheidung vom 23. November 2017, B6-35/17 – CTS Eventim/Four Artists; auch Monopolkommission, XXII. Hauptgutachten, Wettbewerb 2018, 1. Aufl. 2018, Tz. 605 ff.

19 Dabei können negative Netzwerkeffekte, z. B. im Verhältnis zwischen Verbrauchern und Anbietern von Werbeinhalten, auftreten.

20 BGH, Urteil vom 8. Oktober 2019, KZR 73/17 – Werbeblocker III, Ls. b und Rz. 23 ff., 28 ff.; siehe dazu näher Tz. 371 ff. in diesem Hauptgutachten.

21 Mit Netzwerkeffekten können somit auch Faktoren, in denen sich Effizienzen zeigen, für die Beurteilung der Marktstellung relevant werden. Insofern weicht die Situation von der bei Nichtplattformunternehmen ab; vgl. einerseits EuGH, Urteil vom 27. März 2012, C-209/10 – Post Danmark, ECLI:EU:C:2012:172, Rz. 21, 25, 41 ff.; andererseits EuG, Urteil vom 17. September 2007, T-201/04 – Microsoft, Slg. 2007, II-3601, ECLI:EU:T:2007:289, Rz. 1061-1067.

22 Vgl. erneut § 18 Abs. 3a GWB.

23 Dazu z. B. BKartA, Beschluss vom 22. Oktober 2015, B6-57/15 – Datingportale, Tz. 168 ff.; BGH, Urteil vom 8. Oktober 2019, KZR 73/17 – Werbeblocker III, Ls. b) und Rz. 28 ff.

24 Vgl. etwa EU-Kommission, Beschluss vom 27. Juni 2017, AT.39740 – Google Search (Shopping), Tz. 158; BKartA, Beschluss vom 6. Februar 2019, B6-22/16 – Facebook, Tz. 496. In diesem Kontext sind insbesondere solche Daten relevant, aus denen sich Aussagen über das Nutzerverhalten ableiten lassen.

- Plattformen können ihre Marktmacht auf andere Märkte übertragen, um mehr oder weniger unangreifbare „Ökosysteme" zu schaffen.[25]

Dabei sind plattformbasierte Ökosysteme ihrerseits ambivalent.[26] Denn einerseits profitieren die Plattformnutzer von einer Vielzahl von aufeinander abgestimmten Produkten und zusätzlich davon, dass das Ökosystem auch für andere Nutzer attraktiv ist. Andererseits kann ein solches Ökosystem den Wettbewerb von außerhalb des Ökosystems erheblich behindern. Denn Wettbewerbern wird es erschwert, Kunden für alternative Angebote zu finden, wenn die Verbraucher bereits an das Ökosystem eines marktbeherrschenden Anbieters gebunden sind.

58. Die Tatsache, dass große Online-Plattformen als Vermittler eine zentrale Infrastruktur für ihre Nutzer darstellen, hat weiterhin den strukturellen Effekt, dass die Plattformen die Organisation des Marktes beeinflussen und gestalten können. In dem für die Europäische Kommission erstellten Gutachten über eine „Wettbewerbspolitik für das digitale Zeitalter" wird deshalb hervorgehoben, dass Plattformen als Regelsetzer (*„rule-setters"*) agieren können.[27] Dies könne es rechtfertigen, beherrschende Plattformen strengeren Verhaltensanforderungen als andere beherrschende Unternehmen zu unterwerfen. Derartige Unternehmen trifft nach der europäischen Rechtsprechung *per se* eine „besondere Verantwortung" dafür, durch ihr Verhalten die Marktstruktur nicht weiter zu schädigen.[28] Die Gutachter halten die Betreiber beherrschender Plattformen noch weitergehend dafür verantwortlich, dass der Wettbewerb auf den Plattformen fair, unparteiisch und nutzerfreundlich ist.[29]

59. Ein weiteres Merkmal der Plattformwirtschaft ist die Verfügbarkeit von Informationen.[30] Gerade Online-Plattformunternehmen mit einem datenbasierten Geschäftsmodell können aufgrund ihres möglicherweise exklusiven Zugangs zu Daten Informationsvorteile haben, sowohl gegenüber ihren Nutzern als auch gegenüber den Behörden.[31] Die Behörden verfügen zwar über umfassende Befugnisse zur Informationsermittlung in Verwaltungsverfahren. Dennoch kann es für sie als Außenstehende schwierig sein, zu verstehen, für welche Zwecke ein beherrschendes Plattformunternehmen die ihm zur Verfügung stehenden Daten verwendet. Davon abgesehen können sich die Marktbedingungen auf den digitalen Märkten rasch verändern, und die Marktteilnehmer passen ihr Verhalten ständig den sich ändernden Gegebenheiten an. Dies erhöht zusätzlich etwaige Schwierigkeiten bei der behördlichen Untersuchung des Sachverhalts (*moving target*).

60. Ein Informationsgefälle besteht allerdings nicht nur zwischen dem Plattformunternehmen und Außenstehenden, sondern kann sich gerade bei Online-Marktplätzen auch zwischen den Plattformnutzern auf der Händlerseite und auf der Seite der Verbraucher entwickeln. So wird insbesondere mit Blick auf die algorithmische Preissetzung vieler Online-Händler vermutet, dass diese möglicherweise zulasten der Verbraucher erfolgt – entweder aufgrund von Preisdiskriminierung oder durch eine verbraucherschädigende Koordination von Preisen (Kollusion).[32]

---

[25] EU-Kommission, New Competition Tool, Inception Impact Assessment, Ref. Ares(2020)2836004 – 02/06/2020, S. 2; Monopolkommission, Policy Brief Nr. 4, a. a. O., S. 2 f.

[26] Der Begriff „Ökosystem" umfasst marktübergreifende Strukturen, in denen Daten aus verschiedenen Märkten auf den (technischen) Plattformen von einem oder gegebenenfalls mehreren Unternehmen zusammengeführt und den Nutzern auf dieser Basis komplementäre Dienste angeboten werden; vgl. Kommission Wettbewerbsrecht 4.0, a. a. O., S. 17 ff.; außerdem in diesem Hauptgutachten Tz. 382 mit Fn. 179.

[27] Crémer/de Montjoye/Schweitzer, a. a. O., S. 60 ff.

[28] Siehe EuGH, Urteil vom 9. November 1983, 322/81 – Michelin, Slg. 1983, 3461, ECLI:EU:C:1983:313, Rz. 57.

[29] Crémer/de Montjoye/Schweitzer, a. a. O., S. 61.

[30] Crémer/de Montjoye/Schweitzer, a. a. O., S. 63 f. (Abschn.: „Transparency is also a competition policy issue").

[31] Vgl. Monopolkommission, Policy Brief Nr. 4, a. a. O., S. 5.

[32] Siehe hierzu schon Monopolkommission, XXII. Hauptgutachten, Wettbewerb 2018, Baden-Baden 2018, Tz. 164 ff.

3 Lösungsansätze zu den marktmachtbezogenen Problemen

61. In den Gutachten und im Rahmen der 10. GWB-Novelle (GWB-Digitalisierungsgesetz) sind Lösungsansätze für mehrere der zuvor beschriebenen Probleme entwickelt worden. Diese beziehen sich auf die Voraussetzungen für die Feststellung von Marktbeherrschung auf Plattformmärkten und auf missbräuchliche Verhaltensweisen, durch die Märkte dauerhaft zum Kippen gebracht oder unangreifbare Ökosysteme gebildet werden. Den Problemen kann auf Unionsebene allerdings zumindest teilweise bereits durch die Anwendung der bestehenden Art. 101 und 102 AEUV begegnet werden. Einer Weiterentwicklung des europäischen Rechtsrahmens bedarf es nur dort, wo diese Vorschriften die beschriebenen Probleme nicht vollständig erfassen.

3.1 Feststellung der Marktmacht digitaler Plattformen – bestehende Grundsätze zu Art. 102 AEUV ausreichend

62. Die zuvor beschriebenen Besonderheiten bei der praktischen Ermittlung der Marktmacht von Online-Plattformunternehmen dürften auf Unionsebene keine Änderung der rechtlichen Maßstäbe in Art. 102 AEUV (Missbrauchsverbot) oder in der europäischen Fusionskontrolle erfordern. Zwar wird in Deutschland das Konzept der sogenannten Intermediationsmacht diskutiert, um die Feststellung der Marktmacht im Fall von Plattformen zu erleichtern. Auch dieses Konzept lässt sich aber mit der Definition der beherrschenden Stellung des Europäischen Gerichtshofs vereinbaren, ohne dass eine Änderung der bestehenden Vorschriften erforderlich wäre.

63. Das Konzept der Intermediationsmacht wurde in einem vom Bundesministerium für Wirtschaft und Energie in Auftrag gegebenen Gutachten zur „Modernisierung der Missbrauchsaufsicht für marktmächtige Unternehmen" vorgeschlagen.[33] Die Überlegungen sind auch in einem Gutachten aufgegriffen worden, das kurze Zeit später für die Europäische Kommission erstellt worden ist.[34] Die Gutachter des Bundesministeriums begründen das Konzept der Intermediationsmacht im Wesentlichen mit den folgenden Beobachtungen:

- „Je stärker digitale Plattformen die Nachfrage nach Waren oder Dienstleistungen [...] bündeln, desto mehr können Anbieter von Waren oder Dienstleistungen für den Zugang zur Marktgegenseite auf die Intermediationsdienste dieser Plattformen angewiesen sein."
- Hinzu komme, „dass Intermediationsplattformen [...] aufgrund von im Markt nicht korrigierten Informationsasymmetrien häufig über durch Wettbewerb nicht kontrollierte Verhaltensspielräume verfügen".
- Außerdem entspreche „[d]er zunehmenden Bedeutung solcher Intermediäre für Nachfrager von Produkten oder Dienstleistungen [...] eine wachsende Angewiesenheit der Anbieter".[35]

Zusammenfassend kommt es also beim Konzept der Intermediationsmacht darauf an, dass das Plattformunternehmen als Vermittler zwischen Nutzergruppen steht, wobei sich ein etwaiger Verhaltensspielraum durch die Abhängigkeit der Nutzer von der Plattform (Angewiesensein) ergeben kann.[36]

64. Der Europäische Gerichtshof hat für das Verbot des Marktmachtmissbrauchs in Art. 102 AEUV bereits früh folgende Definition der „marktbeherrschenden Stellung" entwickelt und seither in ständiger Rechtsprechung – die auch über das Missbrauchsrecht hinaus Geltung beansprucht[37] – fortgeführt:

> *„Mit der beherrschenden Stellung im Sinne dieses Artikels ist die wirtschaftliche Machtstellung eines Unter-nehmens gemeint, die dieses in die Lage versetzt, die Aufrechterhaltung eines wirksamen Wettbewerbs auf dem relevanten*

[33] Schweitzer/Haucap/Kerber/Welker, a. a. O., S. 42 f., 66 ff

[34] Crémer/de Montjoye/Schweitzer, a. a. O., S. 49.

[35] Schweitzer/Haucap/Kerber/Welker, a. a. O., S. 42 f., 66.

[36] Monopolkommission, Policy Brief Nr. 4, a. a. O., S. 3 f.

[37] Siehe z. B. Erwägungsgrund 26 der Verordnung 139/2004 über die Kontrolle von Unternehmenszusammenschlüssen („EG-Fusionskontrollverordnung"), ABl. L 24 vom 29. Januar 2004, S. 1.

Markt zu verhindern, indem sie ihm die Möglichkeit verschafft, sich seinen Wettbewerbern, seinen Abnehmern und schließlich den Verbrauchern gegenüber in einem nennenswerten Umfang unabhängig zu verhalten."[38]

Diese Definition erfordert es nicht zwingend, die Märkte abzugrenzen, auf denen das beherrschende Unternehmen über einen Verhaltensspielraum verfügt und infolgedessen unabhängig von anderen Marktteilnehmern agieren kann.[39] Es ist nur nötig, die Märkte zu bestimmen, auf denen der Wettbewerb beeinträchtigt wird. Damit kommt es auch nicht darauf an, dass Plattformen zwischen Nutzergruppen stehen. Entscheidend ist allein, wie sich ihr Verhalten auf den relevanten Märkten auswirkt, auf denen die Nutzer untereinander im direkten Austausch stehen, oder auch auf dritten Märkten. In diesem Kontext kann etwaigen Abhängigkeiten der Nutzer von der Plattform, die einem Wechsel zu Alternativangeboten entgegenstehen, Rechnung getragen werden.

65. Die Praxis der Kartellbehörden und der deutschen Gerichte ist mit der zitierten Rechtsprechung im Regelfall vereinbar. Das Konzept der Intermediationsmacht ist deshalb zwar konzeptionell zu begrüßen, weil es die Feststellung von Marktbeherrschung im Fall wettbewerbsrelevanter Abhängigkeitsverhältnisse erleichtert.[40] Es erfordert aber auf EU-Ebene keine Änderung der rechtlichen Maßstäbe.

3.2 „Kippen" von Märkten – Sammeln von Erfahrungen mit nationalen Regelungen

66. Die Verfasser des Gutachtens zur „Modernisierung der Missbrauchsaufsicht für marktmächtige Unternehmen" weisen darauf hin, dass das Kippen von Märkten hin zum Monopol durch das Verhalten von Plattformunternehmen begünstigt wird. Einige Verhaltensweisen wie Exklusivitätsvereinbarungen oder Meistbegünstigungsklauseln (MFN-Klauseln, Bestpreisklauseln) ließen sich über Art. 101 AEUV erfassen. Dagegen greife ein Wettbewerbsschutz bei einseitigen Verhaltensweisen erst dann, wenn das Plattformunternehmen bereits über eine beherrschende Stellung im Sinne des Art. 102 AEUV verfügt. Das sich in einem gekippten Markt einstellende Monopol lasse sich allerdings kaum rückgängig machen. Deshalb sei zu überlegen, ob die Behörden – sozusagen im Sinne eines plattformspezifischen Monopolisierungsverbots – ermächtigt werden sollten, ein problematisches einseitiges Verhalten, das zum Marktkippen beitragen kann, bereits im Vorfeld zur Marktbeherrschung zu unterbinden.[41]

67. Das europäische Wettbewerbsrecht kennt bisher keinerlei Monopolisierungsverbot. Demgegenüber enthält § 2 des U.S. Sherman Act (15 U.S.C. § 2) ein solches Verbot. Diese Vorschrift ist anwendbar, wenn ein Unternehmen (*person*) den Wettbewerb durch die Schaffung oder Aufrechterhaltung von Monopolmacht unangemessen behindert. Die meisten der nach § 2 des U.S. Sherman Act verfolgten Fälle beziehen sich auf das Verhalten eines Unternehmens, das eine führende Marktposition bereits erlangt hat, obwohl die Vorschrift auch Versuche zur Monopolisierung und Verschwörungen zur Monopolisierung verbietet.[42]

68. Der wesentliche Unterschied von § 2 des U.S. Sherman Act im Vergleich mit Art. 102 AEUV besteht darin, dass das U.S.-Monopolisierungsverbot auf eine bestimmte Eingriffsschwelle – z. B. das Vorliegen einer beherrschenden Stellung – verzichtet. Damit lässt sich die Eingriffsschwelle flexibel handhaben, was ein kartellbehördliches Eingreifen – allgemein oder fallgruppenabhängig – schon früher möglich macht. Diese Flexibilität kann grundsätzlich in Hinblick auf alle Verhaltensweisen sinnvoll sein, mit denen Unternehmen bloße Größen- und – im Fall von Plattformen – Netzwerkvorteile ausnutzen, anstatt den Verbrauchern darüber hinausgehende Vorteile im Vergleich zu Wettbewerbern (komparative Vorteile) zukommen zu lassen.[43] Allerdings stehen der theoretischen Flexibilität bei § 2 des U.S. Sherman Act in der Praxis strenge Anforderungen der Gerichte an den Nachweis gegenüber, dass eine Monopolisierung tatsächlich stattfindet oder zumindest droht.

---

[38] EuGH, Urteil vom 14. Februar 1978, 27/76 – United Brands, Slg. 1978, 207, ECLI:EU:C:1978:22, Rz. 65.

[39] Abweichend insoweit Schweitzer/Haucap/Kerber/Welker, a. a. O., S. 30 mit Fn. 87.

[40] So auch schon Monopolkommission, Policy Brief Nr. 4, Januar 2020, 10. GWB-Novelle – Herausforderungen auf digitalen und regionalen Märkten begegnen!, S. 4 zu gesetzlichen Klarstellungen im deutschen Missbrauchsrecht.

[41] Schweitzer/Haucap/Kerber/Welker, a. a. O., S. 40; siehe auch dort S. 61.

[42] Dazu Schweitzer/Haucap/Kerber/Welker, a. a. O., S. 44.

[43] Vgl. Steinberg in: Wirtz/Steinberg, WuW 2019, 606 (610).

69. Ein ähnlicher Maßstab wie im Monopolisierungsverbot von § 2 des U.S. Sherman Act findet sich im sogenannten SIEC-Test der Fusionskontrolle. Danach dient die Fusionskontrolle dazu, bestimmte Vereinbarungen mit strukturellen Auswirkungen (Zusammenschlussvereinbarungen) zu verhindern, „durch die wirksamer Wettbewerb im Gemeinsamen Markt oder in einem wesentlichen Teil desselben erheblich behindert würde, insbesondere durch Begründung oder Verstärkung einer beherrschenden Stellung".[44] Ähnlich wie nach Art. 102 AEUV sind allerdings auch nach diesem fusionskontrollrechtlichen Test nur solche Wettbewerbsbehinderungen relevant, die eine rechtlich fest vorab definierte Erheblichkeitsschwelle überschreiten. Dabei stellt die beherrschende Stellung insoweit einen Orientierungsmaßstab dar.[45]

70. Im deutschen Recht ist zu beachten, dass wesentliche missbrauchsbezogene Vorschriften nach § 20 Abs. 1 und 3 GWB auch bereits unterhalb der Ebene der Marktbeherrschung Anwendung finden.[46] Die eingangs zitierten Gutachter haben vorgeschlagen, die bestehenden Regelungen um einen neuen Sondertatbestand zu ergänzen, wonach Plattformunternehmen mit überlegener Marktmacht[47] gegenüber Wettbewerbern und Mitgliedern enger Plattformoligopole mit wenigen, etwa gleich großen Plattformen eine missbräuchliche Behinderung der Wettbewerber verboten wird, soweit diese Behinderung geeignet ist, ein Kippen des Marktes zu begünstigen. Als Regelbeispiele für eine solche Behinderung könnte die Erschwerung der Parallelnutzung von Plattformen (Multihoming) und von Plattformwechseln genannt werden.[48]

71. Das Bundesministerium für Wirtschaft und Energie hat in seinem Entwurf für ein GWB-Digitalisierungsgesetz einen neuen § 20 Abs. 3a GWB vorgeschlagen, der den gutachterlichen Vorschlag in modifizierter Form umsetzt und auf die Nennung von Regelbeispielen verzichtet. Die Vorschrift soll ein Eingreifen zu einem vergleichsweise frühen Zeitpunkt ermöglichen. Die Behörden sollen dadurch in die Lage versetzt werden, bereits bei einer Gefährdung des Wettbewerbs und unabhängig von einem Nachweis konkreter Auswirkungen des fraglichen Verhaltens tätig zu werden. Das Ministerium hebt insoweit hervor, dass die Problematik kippender Märkte ein schnelles Eingreifen erforderlich machen kann, um einer dauerhaften Schädigung des Wettbewerbs vorzubeugen.[49]

72. Eine offene Frage ist jedoch, was die Behörden tun können, wenn sie den richtigen Zeitpunkt für ein Eingreifen verpassen und der Markt permanent zugunsten der entsprechenden Plattform kippt.[50] Die im deutschen Missbrauchsrecht vorgesehene Abstellungs- und Bußgeldverfügung könnte in diesem Fall ein untaugliches Mittel sein, um den entstandenen Schaden für den Wettbewerb zu beheben. Das Gesetz ermächtigt zwar auch zu strukturellen Maßnahmen. Allerdings ist fraglich, ob dies auch eine nachträgliche Zerschlagung bzw. Entflechtung des dann beherrschenden Plattformunternehmens umfassen würde, wenn sich der Wettbewerbsschaden durch den gekippten Markt auf andere Weise nicht beheben lässt.[51] In Anbetracht der auf Plattformmärkten typischen Konzentrationstendenzen ist auch fraglich, ob

44 Art. 2 Abs. 3 VO 139/2004; schon früher EuGH, Urteil vom 17. November 1987, 142 and 156/84 – BAT und Reynolds, Slg. 1987, 4487, ECLI:EU:C:1987:490, Rz. 32 ff.

45 Siehe näher zur Bedeutung des SIEC-Tests im vorliegenden Kontext: Schweitzer/Haucap/Kerber/Welker, a. a. O., S. 45-47.

46 Siehe hierzu Monopolkommission, Sondergutachten 68, a. a. O., Tz. 401; Schweitzer/Haucap/Kerber/Welker, a. a. O., S. 47.

47 Vgl. § 20 Abs. 3 S. 1 GWB zu diesem Begriff.

48 Schweitzer/Haucap/Kerber/Welker, a. a. O., S. 62 f.

49 BMWi, Referentenentwurf, a. a. O., S. 85 f.

50 Dieses Problem hat sich bereits im Verfahren 40.099 – Google Android in Hinblick auf die Märkte für Internetsuchen gezeigt; siehe dazu in diesem Hauptgutachten Tz. 412.

51 Vgl. § 32 Abs. 1 i. V. m. 2 GWB; und eine Entflechtung ablehnend Emmerich in Immenga/Mestmäcker, Wettbewerbsrecht, Band 2, GWB, 6. Aufl. 2020, § 32 Rz. 33: „[F]ür eine zwangsweise Entflechtung marktbeherrschender Unternehmen ist [...] aufgrund des § 32 weiterhin kein Raum, da – mangels eines Monopolisierungsverbots im deutschen Recht – die bloße Existenz des marktbeherrschenden Unternehmens noch nicht gegen das GWB verstößt." Zur Rechtslage auf EU-Ebene siehe Monopolkommission, Sondergutachten 54, Strom und Gas 2009: Energiemärkte im Spannungsfeld von Politik und Wettbewerb, Baden-Baden 2008, Tz. 489 ff.

und wann eine Entflechtung überhaupt ein geeignetes Mittel zur dauerhaften Wiederherstellung des Wettbewerbs auf einem gekippten Markt darstellen kann.[52]

73. Der deutsche Gesetzentwurf geht auf diese Fragen nicht ein. Eine Antwort darauf ist allerdings auch sehr schwierig. Das Monopolisierungsverbot in § 2 des U.S. Sherman Act, das einen weiteren Anwendungsbereich hat, gilt ebenfalls als nur schwer handhabbar.[53] Anderes gilt nur für den SIEC-Test, der allerdings in einem präventiven Verfahren (Fusionskontrolle) angewendet wird, während die Missbrauchsaufsicht etwaige Verstöße nachträglich ahndet. Daher wird es wichtig sein zu sehen, ob sich die deutsche Regelung in der Weise bewährt, dass die Kartellbehörden ein Kippen des Marktes praktisch werden verhindern können. Die für das deutsche Recht vorgeschlagene Regelung könnte eingesetzt werden, um gegen in Deutschland tätige europäische Plattformunternehmen vorzugehen, deren Verhalten das Kippen betroffener Märkte fördern kann. Daneben kann möglicherweise auch die von der Europäischen Kommission eingeleitete Konsultation dazu beitragen, Kriterien zu identifizieren, die ein Kippen in einem absehbaren Zeitraum begünstigen können. Ein Vorteil ist insoweit, dass die Konsultation ausgehend von einer bloßen Problembeschreibung durchgeführt wird und noch keine konkreten Lösungen vorgibt, die sich später als zu eng oder als lückenhaft erweisen könnten.

74. Mit Blick auf das Problem „kippender Märkte" hält die Monopolkommission von den durch die Europäische Kommission vorgeschlagenen Optionen für ein neues Wettbewerbsinstrument insbesondere die dritte Option für zielführend. Danach würde die Europäische Kommission ermächtigt, unabhängig von einer beherrschenden Stellung zu intervenieren, wenn ein strukturelles Risiko für den Wettbewerb (insb. bei Risiko eines Marktkippens) besteht.[54] Damit kartellbehördliche Eingriffe einerseits nicht überschießend stattfinden und andererseits effektiv sind, müssten allerdings eindeutige Kriterien für Marktentwicklungen identifiziert werden, in denen Märkte – über Konzentrationstendenzen hinaus – unbestreitbar zu werden drohen. Des Weiteren ist zu betonen, dass gerade strukturelle Abhilfemaßnahmen in solchen Fällen aus Verhältnismäßigkeitsgründen darauf beschränkt werden müssten, möglichst genau das zuvor identifizierte strukturelle Problem zu beheben.

3.3 „Ökosysteme" – Missbrauchsverbot des Art. 102 AEUV grundsätzlich ausreichend

75. Die Beurteilung von Ökosystemen erfordert eine marktübergreifende Betrachtung. Ein für die britische CMA erstelltes Gutachten hat sich deshalb dafür ausgesprochen, von einer „strategischen Marktstellung" („strategic market status") der betreffenden Unternehmen auszugehen. Diese soll ausgehend von der Machtposition definiert werden, die ein Plattformunternehmen gegenüber seinen Nutzern innehat und zu deren Nachteil ausnutzen kann.[55] Das Bundesministerium für Wirtschaft und Energie hat im Referentenentwurf für ein „GWB-Digitalisierungsgesetz" das Konzept einer „überragenden marktübergreifenden Bedeutung" entwickelt.[56] Die Voraussetzungen einer solchen marktübergreifenden Bedeutung sollen durch Kriterien konturiert werden, die ebenso für die Feststellung einer beherrschenden Stellung relevant sind.[57]

76. Die europäische Rechtsprechung und, ihr folgend, die bisherige kartellbehördliche Praxis gehen bei der Anwendung von Art. 102 AEUV von einem anderen konzeptionellen Ansatz aus. Die europäische Rechtsprechung problematisiert nicht die Marktstellung, sondern prüft, ob es im Rahmen des untersuchten Verhaltens zu einer Hebelung von Markt-

---

52 Siehe zurückhaltend schon Monopolkommission, Sondergutachten 68, a. a. O., Tz. 261 ff., 269 ff.

53 Vgl. U.S. Antitrust Modernization Commission, Report and Recommendations, 2007, S. 83 ff., insb. S. 91 ff.; https://govinfo.library.unt.edu/amc/report_recommendation/toc.htm, Abruf am 8. Mai 2020; Hovenkamp, Federal Antitrust Policy, 2nd Ed., St. Paul, Minn., 1999, S. 268.

54 Diesem Ansatz liegen zumindest unter anderem britische Regelungen zugrunde; siehe Crofts, Dominant tech companies may face new EU curbs to stop markets 'tipping' into their laps, MLex vom 2. März 2020; „Tipping" tech markets warrant new antitrust tool, Vestager says, MLex vom 24. April 2020.

55 UK Digital Competition Expert Panel, a. a. O., Tz. 2.25 ff. ("powerful negotiating position"); siehe auch Tz. 2.36 ("unfair or unreasonable conduct by a platform with a strategic market status").

56 BMWi, Referentenentwurf, a. a. O., S. 9 f., 75 ff. Das BMWi hat dabei offenbar auf Ideen des Furman Report zurückgegriffen; siehe Steinberg in: Wirtz/Steinberg, WuW 2019, 606 (611).

57 Siehe schon Monopolkommission, Policy Brief Nr. 4, a. a. O., S. 3.

macht kommt. In einem solchen Fall kann ein Missbrauch nach der Rechtsprechung auch dann bejaht werden, wenn sich das untersuchte Verhalten lediglich auf anderen als den beherrschten Märkten auswirkt. Eine solche Hebelung von Marktmacht ist nach dem Europäischen Gerichtshof zumindest dann möglich, wenn „besondere Umstände" vorliegen, was etwa dann der Fall ist, wenn das betreffende Unternehmen über eine Quasimonopolstellung auf einem Markt verfügt, die es „auch zu einem bevorzugten Lieferanten" auf einem anderen Markt macht.[58] Das Gericht hat dieser Rechtsprechung folgend entschieden, dass bei Unternehmen auf Plattformmärkten ein Kopplungsmissbrauch möglich ist, bei dem sich das missbräuchliche Verhalten marktübergreifend auswirkt.[59]

77. Die Kartellbehörden haben aufgrund von Art. 102 AEUV und den danach modellierten einzelstaatlichen Missbrauchsvorschriften bereits verschiedene Verhaltensweisen beherrschender Online-Plattformunternehmen verfolgt, die im Kontext einer Ausbildung von Ökosystemen standen oder die in einem solchen Kontext relevant werden können. So ist die Europäische Kommission gegen den Suchmaschinenbetreiber Google wegen einer Vorzugsbehandlung des an den Suchdienst gekoppelten eigenen Preisvergleichsdienstes vorgegangen (sog. Selbstbegünstigung).[60] In diesem Fall war der Markt für allgemeine Suchdienste bereits in einem nur noch schwierig oder gar nicht mehr bestreitbaren Umfang zugunsten von Google gekippt.[61] In einem anderen Verfahren ist die Europäische Kommission gegen Koppelungsvereinbarungen vorgegangen, die Google den Herstellern von Android-Geräten auferlegt hatte, um – ausgehend von seiner beherrschenden Stellung auf dem Markt für Android-App-Stores – seine beherrschende Stellung auf dem Markt für allgemeine Internet-Suchdienste zu festigen und Wettbewerbsvorteile auf dem Markt für mobile Internet-Browser zu erlangen.[62] Das Bundeskartellamt hat seinerseits nach nationalem Missbrauchsrecht geprüft, ob Facebook durch die Sammlung personenbezogener Daten aus eigenen Diensten (WhatsApp, Instagram) und aus Drittquellen Netzwerkeffekte und *Lock-in*-Effekte zugunsten seines sozialen Netzwerkdienstes in einer Weise verstärkt, dass Wettbewerber behindert werden.[63] Die Nutzung geschäftsbezogener Daten zur Behinderung von Wettbewerbern ist Gegenstand eines noch laufenden Verfahrens der Europäischen Kommission gegen Amazon.[64]

78. Darüber hinaus hat die Kommission Wettbewerbsrecht 4.0 Wettbewerbsrisiken thematisiert, die bestehen können, wenn beherrschende Plattformunternehmen die Interoperabilität von Produkten oder Leistungen oder die Portabilität von Daten erschweren und damit den Wettbewerb behindern.[65] Ein solches Verhalten war auch Gegenstand eines Missbrauchsverfahrens der Europäischen Kommission gegen Microsoft.[66] In einem Expertenbericht des britischen Digital Competition Expert Panel ist es daneben auch als problematisch angesehen worden, wenn ein Unternehmen in „strategischer Marktstellung" andere Unternehmen unzureichend über den Umfang, die Qualität oder den Erfolg der erbrachten oder beauftragten Leistung informiert oder ihnen in anderer Weise eine Beurteilung des Wertes dieser Leistung erschwert.[67] Hierbei ist allerdings zu beachten, dass Unternehmen ihnen zukommende Informationsvorteile auch ohne einen marktmachtbedingten Verhaltensspielraum ausnutzen können. Um Art. 102 AEUV in den genannten Fällen anzuwenden, wären deshalb zusätzlich immerhin marktmachtförderliche Auswirkungen auf den Wettbewerb nachzuweisen.

79. Die vom Bundesministerium für Wirtschaft und Energie vorgeschlagene Regelung für Unternehmen mit „überragender marktübergreifender Bedeutung" für den Wettbewerb (§ 19a GWB-E) weicht demgegenüber in mehrerlei Hin-

---

58 EuGH, Urteil vom 14. November 1996, C-333/94 P – Tetra Pak, Slg. 1996, I-5951, ECLI:EU:C:1996:436, Rz. 27-29.

59 EuG, Urteil vom 17. September 2007, T-201/04 – Microsoft, Slg. 2007, II-3601, ECLI:EU:T:2007:289, Rz. 901, 920 ff., 1339.

60 EU-Kommission, Beschluss vom 27. Juni 2017, AT.39740 — Google Search (Shopping).

61 EU-Kommission, Beschluss vom 27. Juni 2017, AT.39740 — Google Search (Shopping), Tz. 271 ff.

62 EU-Kommission, Beschluss vom 18. Juli 2018, AT.40099 – Google Android.

63 BKartA, Beschluss vom 6. Februar 2019, B6-22/16 – Facebook, Tz. 885 ff.; vgl. auch schon Monopolkommission, Sondergutachten 68, a. a. O., Tz. 310.

64 EU-Kommission, Fall 40.462 – Amazon Marketplace; dazu EU-Kommission, Pressemitteilung vom 17. Juli 2019, IP/19/4291.

65 Kommission Wettbewerbsrecht 4.0, a. a. O., S. 54.

66 EU-Kommission, Beschluss vom 24. März 2004, COMP/C-3/37.792 – Microsoft; hierzu auch Kommission Wettbewerbsrecht 4.0, a. a. O.

67 UK Digital Competition Expert Panel, a. a. O., Tz. 2.38 und S. 64.

sicht von Art. 102 AEUV ab. Abgesehen davon, dass die Vorschrift keine beherrschende Stellung des betreffenden Plattformunternehmens voraussetzt, ist der Verbotstatbestand auf bestimmte Missbrauchsfallgruppen beschränkt. Die Beweislast für Rechtfertigungsgründe wird explizit den betroffenen Unternehmen zugewiesen. Das Verfahren ist zudem zweistufig ausgestaltet und auf ein behördliches Verbot ausgerichtet. Eine Verhängung von Geldbußen ist nach der Regelung ausgeschlossen.

80. Die vorgeschlagene Regelung stellt eine weitreichende Neuerung dar, die in dieser Form nicht auf die gutachterlichen Vorarbeiten zurückgeht und der auch keine öffentliche Diskussion vorangegangen ist.[68] Es bleibt abzuwarten, wie sich die Vorschrift in der Anwendungspraxis bewähren wird. Aus unionsrechtlicher Perspektive können die Erfahrungen mit ihr in zweierlei Hinsicht aufschlussreich sein: Dort, wo die Wettbewerbsbehörden der Mitgliedstaaten oder einzelstaatliche Gerichte verpflichtet sind, parallel zum einzelstaatlichen Wettbewerbsrecht auch Art. 102 AEUV anzuwenden (Art. 3 Abs. 1 S. 2 VO 1/2003), wird sich zeigen, ob die Neuregelung die Missbrauchsaufsicht erleichtert oder behindert.[69] Dort, wo der Anwendungsbereich dieser Neuregelung über Art. 102 AEUV hinausgeht, wird sich zeigen, ob die Neuregelung geeignet ist, vorhandene und bisher gegebenenfalls unerkannte Regelungslücken auf Unionsebene effektiv zu verschließen. Die Monopolkommission hält es vor diesem Hintergrund für sinnvoll, auch insoweit zunächst praktische Erfahrungen zu sammeln, bevor eine entsprechende Ergänzung des europäischen Regelungswerks in Angriff genommen wird.

81. Mit Blick auf das Problem der „Ökosysteme" sieht die Monopolkommission derzeit infolgedessen auch noch keine Basis dafür, eine der durch die Europäische Kommission vorgeschlagenen Optionen für ein neues Wettbewerbsinstrument zu befürworten, das ohne Feststellung eines Wettbewerbsverstoßes gemäß Art. 102 AEUV anwendbar sein soll. Soweit die Optionen eine Intervention bei Marktbeherrschung vorsehen, ist noch unklar, weshalb auf die Feststellung eines Wettbewerbsverstoßes verzichtet werden sollte. Soweit die Optionen eine Intervention bei einem strukturellen Mangel an Wettbewerb vorsehen, ist zumindest mit Blick auf Ökosysteme auch unklar, weshalb auf die Voraussetzung der Marktbeherrschung verzichtet werden sollte.[70]

3.4 Plattformen als zentrale Infrastrukturen

82. Das Problem, dass sich die Marktstellung großer Plattformen nach einem Kippen des Marktes oder infolge der Ausbildung von Ökosystemen dauerhaft verfestigen kann, ist in mehreren Expertengutachten näher untersucht worden. Die Gutachter haben zwei Arten von Maßnahmen vorgeschlagen. Ein Ansatz für Maßnahmen war es, beherrschende Plattformunternehmen dazu zu verpflichten nachzuweisen, dass sie keinen Missbrauch im Sinne von Art. 102 AEUV begehen (Abschn. 3.4.1.). Ein anderer Ansatz war es, beherrschende Online-Plattformunternehmen im Einzelnen festgelegten zusätzlichen Pflichten und einer verschärften Überwachung zu unterwerfen (Abschn. 3.4.2). Die Monopolkommission hält insbesondere den zweiten Ansatz für zielführend und macht hierzu ergänzende Vorschläge (Abschn. 3.4.3).

3.4.1 Verschärfung missbrauchsrechtlicher Pflichten erfordert Änderung der EU-Verträge

83. Die Verfasser des Gutachtens „Competition Policy for the digital era" haben aus der Möglichkeit beherrschender Online-Plattformunternehmen, als Regelsetzer zu agieren, eine Verantwortung jener Unternehmen dafür abgeleitet, dass die von ihnen gewählten Regeln den freien, unverzerrten und energischen Wettbewerb nicht ohne objektive Rechtfertigung behindern. Die von einer marktbeherrschenden Plattform bereitgestellten Regeln und Institutionen dürften

---

[68] Monopolkommission, Policy Brief Nr. 4, a. a. O., S. 3.

[69] Siehe Art. 3 Abs. 1 S. 2 VO 1/2003 zur Durchführung der in den Artikeln 81 und 82 des Vertrags niedergelegten Wettbewerbsregeln, ABl. L 1 vom 4. Januar 2003, S. 1.

[70] Dabei ist zu betonen, dass sich die Monopolkommission hier allein zur Problematik eines strukturellen Mangels an Wettbewerb auf Märkten mit strukturell abgesicherten Monopolen äußert. Der Handlungsbedarf hinsichtlich der Problematik koordinierungsanfälliger Oligopolmärkte kann abweichend zu beurteilen sein, insbesondere soweit es um indirekte Horizontalverflechtungen (Common Ownership) geht; siehe hierzu zuletzt Monopolkommission, XXII. Hauptgutachten, a. a. O., Tz. 413 ff. (insb. Tz. 535 ff.). Zur Problematik impliziter algorithmischer Kollusion siehe noch unten Abschn. 4.2.

nicht wettbewerbswidrig ausschließen oder diskriminieren. Eine marktbeherrschende Plattform, die einen Marktplatz einrichtet, müsse zudem für gleiche Wettbewerbsbedingungen auf diesem Marktplatz sorgen und dürfe ihre regelsetzende Macht nicht dazu ausnutzen, das Ergebnis des Wettbewerbs zu bestimmen.[71]

84. Es käme nach diesen Überlegungen zu einer Beweislastumkehr: Das beherrschende Online-Plattformunternehmen würde im Fall eines Verdachts, dass es seine beherrschende Stellung gemäß Art. 102 AEUV missbraucht, mit dem Risiko belastet, dass die rechtliche Beurteilung seines Verhaltens unklar bleibt. Dieses Risiko würde abweichend von Art. 102 AEUV somit von den Behörden auf das Plattformunternehmen verlagert. Damit wäre zwar sichergestellt, dass potenziell missbräuchliche Verhaltensweisen in Missbrauchsverfahren nicht ungeahndet bleiben. Allerdings würden den Plattformunternehmen im Fall von Unklarheiten gegebenenfalls auch Verhaltensweisen verboten, die an sich nicht missbräuchlich sind. Die Umsetzung der Vorschläge dürfte eine Änderung der europäischen Verträge erfordern, da die Beweislastverteilung in Art. 102 AEUV selbst festgelegt ist.

3.4.2 Plattformverordnung mit missbrauchsunabhängigen ergänzenden Pflichten für beherrschende Plattformunternehmen mit Art. 102 AEUV vereinbar

85. Die Verfasser des Gutachtens „Competition Policy for the digital era" auf Unionsebene und auch die Kommission Wettbewerbsrecht 4.0 in Deutschland haben Vorschläge gemacht, die das Verhalten von Online-Plattformunternehmen auf dauerhaft gekippten Märkten einer speziellen Regulierung unterwerfen. Nach diesen Vorschlägen sollte ein Verhalten, mit dem sich ein beherrschendes Plattformunternehmen entgegen den für die anderen Plattformnutzer geltenden Regeln selbst begünstigt und dadurch prima facie einen Wettbewerbsvorteil verschafft, vorbehaltlich einer sachlichen Rechtfertigung verboten sein. Dies solle ungeachtet etwaiger Auswirkungen des Verhaltens im Wettbewerb gelten. Das beherrschende Plattformunternehmen verstoße durch ein solches Verhalten gegen die Grundsätze des Leistungswettbewerbs. Die grundsätzliche Eignung zur Wettbewerbsverzerrung könne in einem solchen Fall angenommen werden.[72] Die Verfasser des Gutachtens „Competition Policy for the digital era" halten es für denkbar, dass Abhilfemaßnahmen dort, wo die Selbstbegünstigung einem plattformzugehörigen Unternehmensteil durch die Verbesserung der Marktposition gegenüber den Wettbewerbern in erheblichen Umfang zugutekommt, möglicherweise ein (nicht näher spezifiziertes) restauratives Element enthalten müssten.[73] Außerdem sei ein über Art. 20 DSGVO (Verordnung 2016/679) hinausgehender Anspruch auf Echtzeitzugang zu all denjenigen Daten zu rechtfertigen, die für einen effektiven Wettbewerb auf angrenzenden Märkten erforderlich sind. Die Kommission Wettbewerbsrecht 4.0 hat hervorgehoben, dass dies auch dann gelte, wenn die Voraussetzungen der im Rahmen von Art. 102 AEUV anerkannten *Essential-facilities*-Doktrin nicht erfüllt sind.[74]

86. Die Vorschläge in der vorigen Textziffer 85 tragen dem Umstand Rechnung, dass Plattformunternehmen ihre beherrschende Stellung im Wesentlichen durch das dauerhafte Kippen von Märkten erlangen. Die Ausbildung von Ökosystemen kann dazu beitragen, Märkte umso effektiver gegen Wettbewerb abzuschirmen. Die Plattformunternehmen können in gekippten Märkten eine ähnlich unangreifbare Stellung gewinnen wie beispielsweise die Inhaber eines natürlichen Monopols in einer regulierten Netzindustrie (z. B. Bahn-/Postunternehmen). Das bedeutet, dass sie keinem Wettbewerbsdruck mehr ausgesetzt sind, der sie dazu zwingt, eine Selbstbegünstigung zu unterlassen oder die Interoperabilität ihrer Dienste und die Portabilität von Nutzerdaten zur Vereinfachung des Nutzerwechsels zu anderen Anbietern zu verbessern.

87. Den beschriebenen Vorschlägen ist insoweit gemeinsam, dass eine dauerhaft strukturell beeinträchtigte Marktstruktur ohne Aussicht auf Wettbewerbsvorstöße Dritter zum Anlass für besondere Regelungen genommen wird. Ähnliche Erwägungen finden sich übrigens in der (älteren) Rechtsprechung des Europäischen Gerichtshofs zum Schutzziel des

[71] Crémer/de Montjoye/Schweitzer, a. a. O., S. 4, 62.

[72] Kommission Wettbewerbsrecht 4.0, a. a. O., S. 54.

[73] Crémer/de Montjoye/Schweitzer, a. a. O., S. 67 f.

[74] Kommission Wettbewerbsrecht 4.0, a. a. O., S. 54 f.

unverfälschten Wettbewerbs im Sinne der EU-Verträge. Ein solcher unverfälschter Wettbewerb kann nach der einschlägigen Rechtsprechung

> *„nur gewährleistet werden, wenn die Chancengleichheit der einzelnen Wirtschaftsteilnehmer sichergestellt ist. [Damit wäre es nicht vereinbar,] einem Unternehmen [...] die Befugnis zu übertragen, nach Belieben zu bestimmen, welche [Dienste am Markt erbracht] werden können, und ihm damit einen eindeutigen Vorteil gegenüber seinen Wettbewerbern zu verschaffen".*[75]

Deshalb gelten besonders hohe Verhaltensanforderungen, wenn der auf den relevanten Märkten

> *„erreichte Beherrschungsgrad den Wettbewerb [so] wesentlich behindert, dass [...] nur noch Unternehmen auf dem Markt bleiben, die in ihrem Marktverhalten von dem beherrschenden Unternehmen abhängen."*[76]

Dementsprechend kann es in der gegebenen Marktstruktur als missbräuchlich angesehen werden, wenn ein Unternehmen in beherrschender Stellung

> *„durch eine wesentliche, die Handlungsfreiheit des Verbrauchers auf dem Markt ernstlich gefährdende Änderung der Angebotsstruktur [...] praktisch [jeden] Wettbewerb [ausschaltet]."*[77]

Behinderungsmissbräuche im vorgenannten Sinne werden auch als Marktstrukturmissbräuche bezeichnet.

88. Die im Gutachten „Competition Policy for the digital era" in Betracht gezogenen restaurativen Maßnahmen dürften rechtlich häufig als „Entflechtungen" einzuordnen sein. Solche Maßnahmen sollten wegen der damit verbundenen Grundrechtseingriffe grundsätzlich zurückhaltend eingesetzt werden und bedürfen einer genauen Regelung. Abhilfemaßnahmen im Falle eines Rechtsverstoßes müssen in ihrem Umfang zudem danach bemessen sein, dass sie einerseits die Folgen des Verstoßes auf möglichst wirksame Weise rückgängig machen, zugleich aber nicht über das erforderliche Maß hinausgehen (Verhältnismäßigkeit). Die Monopolkommission hat den Einsatz restaurativer Abhilfemaßnahmen in der Vergangenheit kritisch beurteilt, wenn Entflechtungen im Fall missbräuchlicher Verhaltensweisen ohne dauerhafte Auswirkungen auf die Marktstruktur eingesetzt wurden.[78] Anders kann die Situation allerdings bei Missbräuchen durch Online-Plattformunternehmen sein, die dazu führen, dass sich Konzentrationstendenzen im Markt auch nach Beendigung des missbräuchlichen Verhaltens weiter verstärken können (z. B. Behinderung von Wettbewerbern darin, eigenständig positive Netzwerkeffekte zu erzielen).

89. Bei einer anhaltenden Konzentrationstendenz zugunsten einer Plattform kann insbesondere fraglich sein, ob Abhilfemaßnahmen mit Auflagen in Bezug auf einzelne Plattformseiten ausreichen, um dem Markt eine Regenerierung zu ermöglichen. Denn zur Wiederherstellung einer wettbewerblichen Marktstruktur müssten dem Plattformunternehmen die Vorteile, die es aus dem rechtswidrigen Verhalten gezogen hat, auf allen Plattformseiten in ihrer Gesamtheit wieder entzogen werden. Die kartellbehördliche Entscheidungspraxis ergibt hinsichtlich der Frage, ob die bisher angeordneten Abhilfemaßnahmen nach Wettbewerbsverstößen durch beherrschende Plattformunternehmen wirksam waren, insoweit ein gemischtes Bild. Beispielsweise erscheint im Fall *Google Android* fraglich, ob die angeordneten Abhilfemaßnahmen die Vorteile, die Google aus dem vorgeworfenen Missbrauch auf dem Markt für allgemeine Suchdienste ziehen konnte, neutralisieren konnten.[79] Die Wirksamkeit der Abhilfemaßnahmen, die im Fall *Google Shopping* in Bezug auf die Anzeige

---

[75] EuGH, Urteil vom 13. Dezember 1991, 18/88 – RTT/GB-Inno-BM, Slg. 1991, I-5941, ECLI:EU:C:1991:474, Rz. 25; ähnlich EuGH, Urteil vom 6. März 1974, 6 und 7/73 – Istituto Chemioterapico Italiano and Commercial Solvents, Slg. 1974, S. 223, ECLI:EU:C:1974:18, Rz. 25.

[76] EuGH, Urteil vom 21. Februar 1973, 6/72 – Europemballage Corporation und Continental Can Company, Slg. 1973, 215, ECLI:EU:C:1973:22, Rz. 26 a. E.

[77] EuGH, Urteil vom 21. Februar 1973, 6/72 – Europemballage Corporation und Continental Can Company, Slg. 1973, 215, ECLI:EU:C:1973:22, Rz. 29; ähnlich Urteil vom 3. Oktober 1985, 311/84 – CBEM/CLT und IPB, Slg. 1985, 3261, ECLI:EU:C:1985:394, Rz. 26 a. E.

[78] Monopolkommission, Sondergutachten 54, Strom und Gas 2009: Energiemärkte im Spannungsfeld von Politik und Wettbewerb, Baden-Baden 2008, Tz. 495 ff.

[79] Siehe in diesem Hauptgutachten Tz. 412.

konkurrierender Angebote angeordnet wurden, ist bei den Marktteilnehmern umstritten geblieben.[80] Auch die möglichen Auswirkungen der im Facebookfall angeordneten „inneren Entflechtung" durch Änderungen der Nutzungskonditionen für die privaten Nutzer sind bisher unklar. In diesem Fall galt allerdings zeitweise eine Anordnung der aufschiebenden Wirkung des von Facebook eingelegten Rechtsmittels, weshalb die Entscheidung noch keine Auswirkungen im Markt haben konnte.[81]

3.4.3 Plattformverordnung als sinnvolle regulatorische Ergänzung

90. Die Monopolkommission ist der Ansicht, dass präventive Regelungen, die beherrschende Online-Plattformunternehmen im Fall einer strukturell beeinträchtigten Marktstruktur zusätzlichen Vorgaben unterwerfen, auf Art. 103 und Art. 352 AEUV gestützt werden könnten. Insoweit besteht eine Parallele zu den präventiven Regelungen der Fusionskontrolle, die aufgrund der zitierten Rechtsprechung zu Marktstrukturmissbräuchen schon früher erlassen worden sind.[82] Die Monopolkommission schließt sich der Position der Kommission Wettbewerbsrecht 4.0 an, wonach eine spezielle Plattformverordnung für marktbeherrschende Online-Plattformen wünschenswert wäre.[83] Eine solche wettbewerbsschützende Plattformverordnung könnte die plattformbezogenen Regelungen ergänzen, welche die EU zum Schutz des Binnenmarktes bereits erlassen hat und die unter anderem die Transparenz und die Fairness für Unternehmen erhöhen sollen, die von Online-Plattformen abhängig geworden sind.[84] Die Monopolkommission begrüßt insoweit auch die Überlegungen der Europäischen Kommission, die bestehenden Regeln für Online-Plattformen um ein Gesetzgebungspaket betreffend digitale Dienstleistungen zu ergänzen.

91. In die Plattformverordnung könnte – entsprechend den bisherigen Überlegungen – ein Selbstbegünstigungsverbot für beherrschende Plattformunternehmen aufgenommen werden, da solche Verbote ein übliches Instrument zum Schutz von Alternativanbietern in strukturell geschwächten Märkten darstellen (auch in den regulierten Netzindustrien)[85]. Darüber hinaus könnten verschärfte Interoperabilitäts- und Portabilitätsverpflichtungen für beherrschende Plattformunternehmen zu rechtfertigen sein. Die Monopolkommission war bereits in ihrem Sondergutachten 68 der Position der Europäischen Kommission gefolgt, dass technische Interoperabilität und die dadurch geschaffene offene Architektur des Internets Voraussetzungen dafür sind, dass Informations- und Kommunikationstechnologien uneingeschränkt genutzt werden können.[86] Ebenso hatte sie die wettbewerbliche Bedeutung von Datenportabilität hervorgehoben, um Wechselbarrieren bzw. *Lock-in*-Effekte zum Nachteil der Plattformnutzer zu verringern.[87] Diese Aspekte wurden nicht zuletzt auch vom Bundeskartellamt in seinem Verfahren gegen das Unternehmen Facebook berücksichtigt.[88]

92. Im bestehenden Rechtsrahmen macht Art. 20 DSGVO bereits Vorgaben zur Ermöglichung einer Datenportabilität. Die Durchsetzbarkeit eines solchen Nutzerrechts kann in der Praxis dadurch beeinträchtigt sein, dass die Systeme, zwi-

---

80 Siehe Lambert u. a., Schreiben vom 22. November 2018, RE: AT.39.740 – Google Search (Comparison Shopping); verfügbar auf MLex; siehe nun auch Gambrell, Google's Top Search Results Spotlight a Narrowing of the Open Web, Bloomberg Businessweek vom 23. Oktober 2019.

81 OLG Düsseldorf, Beschluss vom 26. August 2019, Kart 1/19 (V) – Facebook. Die Anordnung wurde durch Rechtsmittelentscheidung des Bundesgerichtshofs erst kurz vor Übergabe dieses Hauptgutachtens aufgehoben und der Antrag darauf abgelehnt.; siehe BGH, Beschluss vom 23. Juni 2020, KVR 69/19.

82 Aus Gründen der Harmonisierung stattdessen für Art. 114 AEUV: EU-Kommission, Digital Services Act package, Inception Impact Assessment, Ref. Ares(2020)2836174 – 02/06/2020, S. 3.

83 Kommission Wettbewerbsrecht 4.0, a. a. O., S. 52 f.

84 Siehe: https://ec.europa.eu/digital-single-market/en/online-platforms-digital-single-market, Abruf am 11. April 2020.

85 Siehe z. B. §§ 8b, 10-12, 14, 20 Abs. 2, 23 Abs. 2, 36 Abs. 1, 44 Abs. 1 ERegG, § 19 Abs. 2 TKG, § 21 Abs. 1 und § 30 Abs. 1 S. 1 Nr. 4 EnWG, § 20 Abs. 2 Nr. 1 PostG. Siehe zur parallelen Ausgestaltung der Verpflichtungen von Plattformunternehmen und Unternehmen in herkömmlichen Netzindustrien, etwa Réponse donnée par la vice-présidente exécutive Mme Vestager au nom de la Commission européenne, FRE-000595/2020, 31. März 2020, https://www.europarl.europa.eu/doceo/document/E-9-2020-000595-ASW_FR.pdf, Abruf am 6. April 2020.

86 Monopolkommission, Sondergutachten 68, a. a. O., Tz. 282; siehe speziell in Bezug auf soziale Netzwerke auch Tz. 301 f., 311.

87 Monopolkommission, Sondergutachten 68, a. a. O., Tz. 79, 105 f., 215, 302, 310, 335, 498, 593.

88 BKartA, Beschluss vom 6. Februar 2019, B6-22/16 – Facebook.

schen denen die Daten übertragen werden sollen, technisch nicht hinreichend aufeinander abgestimmt sind. Deshalb erscheint es nötig, vor der Einführung verschärfter Interoperabilitäts- und Portabilitätsverpflichtungen für beherrschende Plattformunternehmen zunächst zu prüfen, ob sich die schon bestehenden Vorgaben in der Praxis bewährt haben bzw. welche Defizite sich insofern gezeigt haben. Bei der Ausarbeitung des Gesetzgebungspakets betreffend digitale Dienstleistungen sollten die gewonnenen Erkenntnisse einfließen.

93. Die Plattformverordnung könnte – ähnlich den Überlegungen der Europäischen Kommission – des Weiteren genutzt werden, um restaurative Maßnahmen näher zu regeln. Anders als die Europäische Kommission vorgeschlagen hat, würde es sich aus Sicht der Monopolkommission allerdings anbieten, in der Verordnung die Abhilfemaßnahmen bei Missbräuchen beherrschender Plattformunternehmen mit dauerhaften Auswirkungen auf die Marktstruktur und die gegebenenfalls zu treffenden Maßnahmen bei Verstößen gegen die in der Plattformverordnung festgelegten zusätzlichen Pflichten zusammen zu regeln.[89] Der Unionsgesetzgeber könnte sich insoweit an den Regelungen orientieren, die bereits in der Fusionskontrollverordnung (Verordnung 139/2004) und deren Ausführungsbestimmungen vorgesehen sind. Denn die Fusionskontrollverordnung macht – dort für die Fälle unrechtmäßig vollzogener Zusammenschlüsse – gerade die Vorgabe, dass die mit einem Zusammenschluss verbundenen und unberechtigten Änderungen in der Marktstruktur „rückgängig [zu] machen oder andere Maßnahmen zur Wiederherstellung des früheren Zustands" zu treffen sind.[90] Hinzu kommen Regelungen, wonach die beteiligten Unternehmen durch Verpflichtungsangebote vermeiden können, dass ein Zusammenschluss wegen zu erwartender nachteiliger Änderungen in der Marktstruktur untersagt wird. Auch die Vorgaben für die Ausgestaltung der betreffenden Verpflichtungsangebote könnten im vorliegenden Kontext herangezogen werden.[91]

94. Im Einzelnen wären somit insbesondere Regelungen darüber zu treffen, unter welchen Voraussetzungen eine Veräußerung von Teilbereichen des Geschäfts (auch z. B. in der Form eines erzwungenen Zugangs zu Algorithmen bzw. Daten) verhältnismäßig sein kann und welche Merkmale die betreffenden Teilbereiche dann aufweisen müssen (z. B. lebens- und wettbewerbsfähiges Geschäft, Zulässigkeit von Alternativen, Nichterwerbsklauseln). Ebenso wie in der Fusionskontrollverordnung könnte auch geregelt werden, unter welchen Voraussetzungen Verpflichtungsangebote der verfahrensbetroffenen Unternehmen geeignet sind, um im Falle eines Missbrauchs eine Zusagenentscheidung nach Art. 9 VO 1/2003 zu ermöglichen oder um die Beendigung eines Verfahrens wegen eines Verstoßes im Sinne der Plattformverordnung zu rechtfertigen.

95. Zuletzt dürfte es erforderlich sein, in die Plattformverordnungen Vorschriften zu den Zuständigkeiten und zum Verfahren aufzunehmen. Die Verfahrensvorschriften müssten insbesondere das Verhältnis von Verfahren wegen Verstößen gegen Pflichten nach der Plattformverordnung zu Verfahren nach Verordnung 1/2003 wegen Wettbewerbsverstößen im Sinne der Art. 101 und 102 AEUV betreffen. Außerdem dürfte der Umstand, dass der Wettbewerbsdruck gegenüber beherrschenden Plattformen im Zweifel nicht ausreicht, um Verstößen gegen die Pflichten nach der Plattformverordnung (Selbstbegünstigungsverbot, Interoperabilitäts- und Portabilitätsgebote) vorzubeugen, eine laufende Überwachung der Einhaltung der Pflichten erforderlich machen.

4 Lösungsansätze zu den informationsbezogenen Problemen

96. Im Gutachten „Competition Policy for the digital era" werden Transparenzprobleme als Besonderheit der Plattformwirtschaft hervorgehoben.[92] Derartige Probleme werden seit längerem sowohl im Verhältnis der Plattform zu Außenste-

[89] Abhilfemaßnahmen bei Missbräuchen sollen nach den Überlegungen der Europäischen Kommission getrennt als Bestandteil des Neuen Wettbewerbsinstruments geregelt werden; siehe EU-Kommission, New Competition Tool, Inception Impact Assessment, a. a. O., S. 3.

[90] Vgl. Art. 8 Abs. 4 VO 139/2004.

[91] Vgl. hierzu Art. 6 Abs. 2, Art. 8 Abs. 2 VO 139/2004, Art. 20 f. Durchführungs-VO 802/2004; EU-Kommission, Mitteilung der Kommission über nach der Verordnung (EG) Nr. 139/2004 des Rates und der Verordnung (EG) Nr. 802/2004 der Kommission zulässige Abhilfemaßnahmen, ABl. C 267 vom 22. Oktober 2008, S. 1; Best Practice Guidelines: The Commission's Model Texts for Divestiture Commitments and the Trustee Mandate under the EC Merger Regulation, 5. Dezember 2013.

[92] Crémer/de Montjoye/Schweitzer, a. a. O., S. 63 f.; dazu schon oben Tz. 59.

henden[93] als auch im Verhältnis von Händlern, die auf Online-Marktplätzen (z. B. Handels-/Buchungsportalen) tätig sind, zu den privaten Plattformnutzern diskutiert. Die Monopolkommission hatte sich in ihrem letzten Hauptgutachten in Hinblick auf das Verhältnis zwischen den Händlern und den Verbrauchern auf Online-Marktplätzen mit dem Risiko algorithmischer Kollusion befasst.[94] Hierzu haben im Nachgang auch das Bundeskartellamt und die französische Kartellbehörde eine eigene Studie veröffentlicht.[95] Die diskutierten Probleme betreffen jeweils weniger die Beurteilung des wettbewerblichen Verhaltens (materiell), sondern vor allem die Möglichkeiten, ein gegebenenfalls missbräuchliches Verhalten überhaupt zu identifizieren (prozedural).

4.1 Informationsgefälle zwischen Plattform und Behörden

97. Das Gutachten „Competition Policy for the digital era" thematisiert Probleme im Verhältnis der Plattform zu Außenstehenden. Danach kann es ein Wettbewerbsproblem im Sinne von Art. 102 AEUV darstellen, wenn eine beherrschende Plattform suggeriert, Suchanfragen allein auf der Basis von Nutzerpräferenzen zu beantworten, während die angezeigten Ergebnisse in Wirklichkeit durch erhaltene Provisionen beeinflusst werden.[96] Ein Informationsvorteil des betreffenden Plattformunternehmens besteht aber auch in Verfahren zur Durchsetzung von Art. 102 AEUV gegenüber den Behörden. Denn auch für diese ist es nicht ohne Weiteres möglich nachzuvollziehen, wozu die Plattform die ihr verfügbaren Daten verwendet.[97]

98. Die Monopolkommission hat bereits in ihrem Policy Brief Nr. 4 darauf verwiesen, dass die Kartellbehörden in Verwaltungsverfahren auf EU-Ebene und in Deutschland zwar über umfassende Auskunftsbefugnisse verfügen.[98] Allerdings werde der Einsatz dieser Befugnisse dadurch erschwert, dass sich die Marktverhältnisse im Digitalbereich schnell ändern und dass die Marktteilnehmer ihr Verhalten laufend an die sich ändernden Verhältnisse anpassen. Das mache es für die Behörden schwierig, bei der Sachverhaltsermittlung mit dem Verhalten der Plattformunternehmen und der anderen Marktteilnehmer Schritt zu halten (*moving target*). Es kann den Behörden folglich selbst dann, wenn sie von dem Plattformunternehmen alle aus ihrer Sicht für die Fallbeurteilung erforderlichen Daten erheben, schwerfallen, aus den Daten die für die rechtliche Bewertung erforderlichen Informationen abzuleiten. Das bedeutet, dass den Behörden unter Umständen auch Daten aus der Sphäre des betreffenden Plattformunternehmens verborgen bleiben, die für die rechtliche Bewertung wesentlich sind. Dieses Risiko dürfte insbesondere in Ausbeutungssituationen zum Nachteil von Plattformnutzern bestehen. Denn anders als bei einem Behinderungsmissbrauch, durch den Alternativangebote erschwert werden, lassen sich im Fall eines solchen Ausbeutungsmissbrauchs keine Wettbewerbswirkungen außerhalb der Plattform nachweisen.

99. Die Überlegungen, die sich in den Dokumenten der Europäischen Kommission zum Gesetzgebungspaket betreffend digitale Dienstleistungen in Bezug auf Befugnisse zu zielgerichteten Informationssammlungen (*targeted collection of information*) gegenüber großen Plattformunternehmen (*gatekeepers*) finden, erscheinen mit Blick auf die Durchsetzung der Verordnung 2019/1150 und die mögliche Einführung einer weitergehenden Plattformregulierung sinnvoll. Soweit die Informationssammlung bei einem Verdacht auf Wettbewerbsprobleme stattfinden würde, reicht eine Erweiterung der Behördenbefugnisse aus Sicht der Monopolkommission allerdings nicht weit genug. Denn zu Zwecken des Wettbe-

---

93 Im weitesten Sinne, d. h. Behörden, kommerzielle Plattformnutzer (Anbieter von Produkten/Dienstleistungen, Werbetreibende) und nichtkommerzielle Plattformnutzer (insb. Verbraucher).

94 Monopolkommission, XXII. Hauptgutachten, a. a. O., Tz. 164 ff.

95 Autorité de la concurrence/BKartA, Working Paper - Algorithms and Competition, November 2019, https://www.bundeskartellamt.de/SharedDocs/Publikation/EN/Berichte/Algorithms_and_Competition_Working-Paper.pdf?__blob=publicationFile&v=5, Abruf am 21. April 2020.

96 Crémer/de Montjoye/Schweitzer, a. a. O., S. 64.

97 Monopolkommission, Policy Brief 4, a. a. O., S. 5.

98 Siehe Art. 18 VO 1/2003 bzw. § 59 GWB.

werbsschutzes haben die Behörden, wie zuvor ausgeführt, bereits umfassende Auskunftsbefugnisse.[99] Es ist nicht ihre Reichweite, die Schwierigkeiten aufwirft, sondern ihr Einsatz.

100. Die Monopolkommission hat in dem Policy Brief insoweit allerdings einen eigenen Lösungsansatz aufgezeigt. Dieser lässt sich anhand des Beispiels des Ausbeutungsmissbrauchs eines beherrschenden Plattformunternehmens mit datenbasiertem Geschäftsmodell nach Art. 102 AEUV näher erläutern und illustrieren.

101. Bei der Prüfung eines solchen Ausbeutungsmissbrauchs ist der Ausgangspunkt in der europäischen Rechtsprechung zu Preisüberhöhungen zu suchen. Nach dieser Rechtsprechung kann ein Ausbeutungsmissbrauch

> *„in der Anwendung eines überhöhten Preises bestehen, der in keinem angemessenen Verhältnis zu dem wirtschaftlichen Wert der erbrachten Leistung steht. Diese Unverhältnismäßigkeit könnte unter anderem objektiv festgestellt werden, wenn sie durch einen Vergleich des Verkaufspreises des fraglichen Erzeugnisses mit den Gestehungskosten messbar wäre; [woraus] sich ergeben würde, wie groß die Gewinnspanne ist [...]. Bei diesem Vergleich wäre zu ermitteln, ob ein übertriebenes Missverhältnis zwischen den tatsächlich entstandenen Kosten und dem tatsächlich verlangten Preis besteht, und bejahendenfalls zu prüfen, ob ein Preis erzwungen wurde, der, sei es absolut, sei es im Vergleich zu den Konkurrenzprodukten, unangemessen ist. Es sind [aber] noch andere Methoden zur Bestimmung der Kriterien für den angemessenen Preis eines Erzeugnisses denkbar".*[100]

Zusammenfassend ist somit ein Vergleich der Kosten der Leistungserstellung mit der vom Kunden erbrachten Gegenleistung vorzunehmen.[101] Die rechtliche Bewertung eines etwaigen Missverhältnisses kann entweder absolut oder relativ, z. B. nach Maßgabe eines Vergleichs mit den Preisen auf anderen Märkten, erfolgen.

102. Dieser Test ist grundsätzlich auch auf die datenbasierten Geschäftsmodelle großer Online-Plattformunternehmen übertragbar.[102] In Bezug auf solche Geschäftsmodelle wäre also zu ermitteln, ob das betreffende Unternehmen mehr Daten von den Nutzern erhoben hat, als für die Erbringung seines konkreten Leistungsangebots gegenüber den jeweiligen Nutzern erforderlich ist.[103] Dabei ist fraglich, ob es genügt, dass Nutzer eine weniger weitreichende Datensammlung wünschen, sofern hierdurch auch nur ein weniger leistungsfähiges Angebot möglich wäre. Denn bei der Prüfung eines unionsrechtlichen Ausbeutungsmissbrauchs lassen sich dem konkreten Angebot des beherrschenden Plattformunternehmens keine ungleichwertigen Angebote unter Wettbewerbsbedingungen gegenüberstellen.[104] Davon abgesehen könnte ein *prima facie* zu bejahender Missbrauch durch überwiegende Vorteile für die betroffenen Verbraucher ausgeschlossen werden.[105]

103. Art. 102 AEUV weist jedenfalls auch in Fällen des Ausbeutungsmissbrauchs die Beweislast in vollem Umfang der Behörde zu. Diese trägt das Risiko bezüglich Unklarheiten in der rechtlichen Bewertung selbst dann, wenn dazu Tatsachen aus der Sphäre des betroffenen Unternehmens zu ermitteln sind, die dieses von sich aus nicht offenlegt und eventuell auch nur mit großem Aufwand oder gar nicht offenlegen kann. Der Umstand, dass die Behörde im Fall rechtlicher

---

99 Das gilt sogar, soweit die wettbewerblichen Bedenken sich auf einen ganzen Sektor und nicht lediglich auf Verhaltensweisen einzelner Unternehmen beziehen; vgl. Art. 17 Abs. 1 UAbs. 1 und 2 VO 1/2003.

100 EuGH, Urteil vom 14. Februar 1978, 27/76 – United Brands, Slg. 1978, S. 207, ECLI:EU:C:1978:22, Rz. 248/257; Urteil vom 11. Dezember 2008, C-52/07 – Kanal 5 und TV 4, Slg. 2008, I-9275, ECLI:EU:C:2008:703, Rz. 28.

101 Vgl. Urteil vom 11. Dezember 2008, C-52/07 – Kanal 5 und TV 4, Slg. 2008, I-9275, ECLI:EU:C:2008:703, Rz. 31 („angemessenes Gleichgewicht").

102 Vgl. OLG Düsseldorf, Beschluss vom 26. August 2019, Kart 1/19 (V) – Facebook, Rz. 57, 59 (dort im Kontext der Kausalitätsfrage).

103 Siehe hierzu z. B. OLG Düsseldorf, Beschluss vom 26. August 2019, Kart 1/19 (V) – Facebook, Rz. 29 ff., insb. Tz. 32 f.

104 Vgl. hierzu auf Basis des deutschen Rechts BGH, Pressemitteilung Nr. 80/2020 zu BGH, Beschluss vom 23. Juni 2020, KVR 69/19, wo darauf hingewiesen wird, dass „erhebliche Teile der privaten Facebook-Nutzer [nach den Feststellungen des Bundeskartellamts] einen geringeren Umfang der Preisgabe persönlicher Daten wünschen. Bei funktionierendem Wettbewerb auf dem Markt sozialer Netzwerke wäre ein entsprechendes Angebot zu erwarten."

105 Vgl. EuGH, Urteil vom 27. März 2012, C-209/10 – Post Danmark, ECLI:EU:C:2012:172, Rz. 40 f.; EU-Kommission, Mitteilung – Erläuterungen zu den Prioritäten der Kommission bei der Anwendung von Artikel 82 des EG-Vertrags auf Fälle von Behinderungsmissbrauch durch marktbeherrschende Unternehmen, ABl. C 45 vom 24. Februar 2009, S. 7, Tz. 28 ff. Siehe zum Ganzen auch schon Monopolkommission, XXII. Hauptgutachten, a. a. O., Tz. 661 ff., insb. Tz. 665 ff.

Unklarheiten die Beweislast trägt, bedeutet aber nicht, dass die Behörde relevante Tatsachen ermitteln muss, selbst wenn ihr dies unmöglich ist. Denn zwischen der materiellen Beweislast und dem Umfang der verfahrensrechtlich geregelten Ermittlungspflichten ist zu trennen. Was die Ermittlungspflichten betrifft, so ist nach der Rechtsprechung des Europäischen Gerichtshofs gerade in Fällen des Ausbeutungsmissbrauchs nicht ausgeschlossen, dass zugunsten der Kartellbehörde bei einer gerichtlichen Überprüfung

> *„nicht unerheblich[e] und gelegentlich sehr groß[e] Schwierigkeiten bei der Feststellung [relevanter Tatsachen] in Rechnung" zu stellen sind."*[106]

Hierbei handelt es sich um praktische Schwierigkeiten, wie sie die behördlichen Ermittlungen gerade im Digitalbereich erschweren können. So kann für die Behörden wegen der großen Informationsasymmetrien in diesem Bereich unklar sein, welche Informationen das Unternehmen auf ein Auskunftsersuchen liefern kann und ob gelieferte Informationen vollständig sind. Dadurch kann auch eine Anwendung von Zwangsmitteln erschwert werden. Denn diese setzt eine eigene Beurteilung der Behörde dazu voraus, ob die vom verfahrensbetroffenen Unternehmen erteilten Auskünfte genau und vollständig sind.[107]

104. Die europäische Rechtsprechung hat auf Basis der Unionsgrundrechte und der Europäischen Menschenrechtskonvention als weiteren verfahrensrechtlichen Grundsatz herausgearbeitet, dass die behördliche Ermittlungspflicht hinsichtlich belastender Tatsachen beschränkt ist. Das betroffene Unternehmen darf somit die Offenlegung der betreffenden Tatsachen verweigern. Die Behörde darf dann keine Zwangsmittel anwenden, um ihrer grundsätzlichen verfahrensrechtlichen Pflicht zur umfassenden Sachverhaltsuntersuchung (sog. Amtsermittlungs- bzw. Untersuchungsgrundsatz) zu genügen. Die angesprochene Beschränkung betrifft hinsichtlich belastender Tatsachen aber nur die Ermittlungen der Behörde zum Verstoß als solchen und die korrespondierende Pflicht des Unternehmens, einen Verstoß unmittelbar einzugestehen (Selbstbelastungsverbot). Dagegen kann (und muss) die Behörde im Übrigen weiter alle tatsachenbezogenen Beweismittel ermitteln. Das Unternehmen darf die Herausgabe solcher Beweismittel im Gegenzug nicht verweigern. Dies gilt selbst dann, wenn die Beweismittel dazu verwendet werden können, den Beweis für ein wettbewerbswidriges Verhalten des betreffenden oder eines anderen Unternehmens zu erbringen.[108] Das Unternehmen dürfte auf behördlicher Anordnung somit auch verpflichtet sein, Beweismittel zur Kosten- und Preiskalkulation und – im Fall datenbasierter Geschäftsmodelle – zu den von ihm erhobenen Daten offenzulegen.

105. Auf der anderen Seite ist das Unternehmen im Eigeninteresse seinerseits verpflichtet, zu Rechtfertigungsgründen vorzutragen. Ein fehlender Vortrag kann insoweit zulasten des Unternehmens gewertet werden. Diesbezüglich muss die Behörde keine eigenen Ermittlungen anstellen.[109]

106. Eine Zumutbarkeitsgrenze hinsichtlich der Ermittlungslast der Behörde dürfte dann erreicht sein, wenn es um Tatsachen geht, welche die Behörde nicht von sich aus ermitteln kann und an deren Vortrag das betroffene Unternehmen ebenfalls kein Interesse hat. Der Europäische Gerichtshof hat sich – abgesehen von der in Tz. 103 zitierten Aussage – zu dieser Kategorie noch nicht geäußert. Er hat allerdings zu erkennen gegeben, dass sich im Rahmen der rechtlichen Bewertung nach Art. 102 AEUV die Anforderungen daran, in welchem Umfang ein Beweismittel aussagekräftig sein muss, damit ein Beweis als erbracht gilt (Beweismaß), abhängig von der Plausibilität der jeweiligen Tatsachenannahmen reduzieren können. So können etwa bei preisbezogenen Missbräuchen die mit der Leistungserbringung zusammenhängen-

106 Monopolkommission, Policy Brief Nr. 4, a. a. O., S. 5 mit Verweis auf EuGH, Urteil vom 14. Februar 1978, 27/76 – United Brands, Slg. 1978, 207, ECLI:EU:C:1978:2227/76, Rz. 248/257.

107 Vgl. Art. 24 Abs. 1 lit. d VO 1/2003.

108 EuGH, Urteil vom 8. Oktober 1989, 374/87 – Orkem, Slg. 1989, 3283, ECLI:EU:C:1989:387, Rz. 28 ff., insb. Rz. 34 f.; Urteil vom 25. Januar 2007, C-407/04 P – Dalmine, Slg. 2007, I-829, ECLI:EU:C:2007:53, Rz. 34; siehe auch Erwägungsgrund 23 der VO 1/2003.

109 Art. 2 VO 1/2003; EuGH, Urteil vom 27. März 2012, C-209/10 – Post Danmark, ECLI:EU:C:2012:172, Rz. 40-42.

den Kosten gegebenenfalls geschätzt werden.[110] Daneben können auch durch die Rechtsprechung bestätigte Erfahrungssätze die Beweisanforderungen vermindern.[111]

107. Das bedeutet, dass Art. 102 AEUV über das hinaus, was die Behörden oder die betroffenen Unternehmen mit zumutbaren Anstrengungen erfüllen können, keine Beweisanforderungen stellt. Davon abgesehen lässt sich zwar aus der in Tz. 104 zitierten Rechtsprechung zum Selbstbelastungsverbot ableiten, dass auch der verfahrensrechtliche Amtsermittlungs- bzw. Untersuchungsgrundsatz unmittelbar im EU-Primärrecht verankert ist. Allerdings lässt sich auch aus diesem Grundsatz keine Pflicht zu Sachverhaltsermittlungen über das hinaus ableiten, was die Behörden mit zumutbaren Anstrengungen leisten können.

108. Damit besteht nach dem Unionsrecht ein Freiraum für ergänzende verfahrensrechtliche Regelungen zu Daten aus der Sphäre des verfahrensbetroffenen Plattformunternehmens. Dieser Freiraum wird schon im geltenden Recht genutzt, soweit es um Mitwirkungspflichten bei durch die Europäische Kommission initiierten Ermittlungsmaßnahmen geht (z. B. Auskunftsersuchen). Dagegen gibt es bislang keine Mitwirkungspflichten in dem Sinne, dass ein Unternehmen die Ermittlungen auch von sich aus unterstützen muss, wenn anderenfalls im Verfahren für das Unternehmen nachteilige Schlüsse gezogen werden können. Zu solchen Pflichten gibt es deshalb auch keine europäische Rechtsprechung. Der Europäische Gerichtshof hat zwar entschieden, dass eine Ausübung von Zwang unzulässig sein kann, um belastende Informationen zu erlangen. Dies gilt jedenfalls, sofern dadurch geschützte Rechte tatsächlich beeinträchtigt werden.[112] Allerdings wertet der Gerichtshof den Umstand, dass ein Unternehmen aufgrund freier Entscheidung durch Kooperation eine nachteiligere Entscheidung vermeiden kann, noch nicht als Ausübung von Zwang.[113] Für die Vereinbarkeit mit dem vom Gerichtshof anerkannten Selbstbelastungsverbot spricht im vorliegenden Zusammenhang außerdem, dass sich die betreffende Mitwirkung auf die – grundsätzlich erzwingbare – Beschaffung von Beweisen und nicht auf das Eingeständnis eines Verstoßes beziehen würde.

109. Das deutsche Recht kennt ein Selbstbelastungsverbot, das grundsätzlich strenger als das Verbot im Unionsrecht ist, weil es sich nicht lediglich auf das Eingeständnis eines Verstoßes bezieht (sog. *Nemo-tenetur*-Grundsatz; Art. 1 Abs. 1 i. V. m. Art. 2 Abs. 1 GG).[114] Die Monopolkommission hat in ihrem Policy Brief Nr. 4 darauf hingewiesen, dass im deutschen Kartellverfahrensrecht das beherrschende Unternehmen in Fällen eines Ausbeutungsmissbrauchs nach der Rechtsprechung des Bundesgerichtshofs aber trotzdem verpflichtet ist,

> *„der Kartellbehörde die Daten aus seinem Einwirkungsbereich zu übermitteln, die sich die Behörde nicht auf anderem zumutbarem Wege beschaffen kann […]. Verweigert das Unternehmen eine derartige Mitwirkung, kann die Kartellbehörde daraus im Rahmen der freien Beweiswürdigung Schlüsse ziehen […]. Im Einzelfall kann sie dabei zu dem Ergebnis kommen, dass eine bestimmte Tatsache wegen der verweigerten Mitwirkung des Unternehmens als bewiesen anzusehen ist.“*[115]

In dem konkreten Fall ging es um die Beschaffung der für die Überprüfung der Preisbildungsfaktoren erforderlichen Daten, die Aufschluss über eine Preisüberhöhung nach nationalem Missbrauchsrecht (§ 19 Abs. 2 Nr. 2 GWB) geben konnten. Die Rechtsprechung adressiert insoweit ebenfalls eine Zumutbarkeitsgrenze.

---

[110] EuGH, Urteil vom 27. März 2012, C-209/10 – Post Danmark, ECLI:EU:C:2012:172, Rz. 29 ff., insb. Rz. 31-35; siehe dazu auch Kramler, Advanced EU Competition Law Conference, Brüssel, 25. November 2019; wie zitiert in: Big tech companies might be facing tougher competition law regulations, Gorissen Federspiel vom 28. November 2019; https://gorrissenfederspiel.com/viden/nyheder/big-tech-companies-might-be-facing-tougher-competition-law-regulations, Abruf am 27. April 2020; Banasevic, ABA Virtual Spring Meeting, 17. April-1. Mai 2020, wie zitiert in: Acton: Standard of proving tech abuses should be "practical, reasonable," EU official says, MLex vom 23. April 2019.

[111] EuGH, Urteil vom 15. März 2007, C-95/04 P – British Airways, Slg. 2007, I-2331, ECLI:EU:C:2007:166, Rz. 73, 75.

[112] EuGH, Urteil vom 15. Oktober 2002, C-238/99 P u. a. – Limburgse Vinyl Maatschappij, Slg. 2002, I-8375, ECLI:EU:C:2002:582, Rz. 274 f.; EuGH, Urteil vom 12. Januar 2017, C-411/15 P – Timab Industries und CFPR, ECLI:EU:C:2017:11, Rz. 86.

[113] EuGH, Urteil vom 12. Januar 2017, C-411/15 P – Timab Industries und CFPR, ECLI:EU:C:2017:11, Rz. 87.

[114] Monopolkommission, Strafrechtliche Sanktionen bei Kartellverstößen, Sondergutachten 72, Baden-Baden 2015, Tz. 21.

[115] BGH, Beschluss vom 14. Juli 2015, KVR 77/13 – Wasserpreise Calw II, Rz. 30.

110. Die Rechtsprechung des Bundesgerichtshofs könnte auch auf EU-Ebene für eine Ausgestaltung der Verfahrensregeln zur Ermittlung der nach Art. 102 AEUV zu würdigenden Tatsachen genutzt werden. Die Rechtsprechung bezieht sich allein auf die Anforderungen an die Tatsachenermittlung, wenn die Behörde hierbei im Fall einer grundsätzlich plausiblen Schadenstheorie nicht mehr zumutbare Hürden überwinden muss. Dagegen ändert sie nicht die Beweislast im Rahmen der missbrauchsrechtlichen Bewertung. Der Bundesgerichtshof hat im konkreten Fall vielmehr ausdrücklich darauf verwiesen, dass es im Rahmen der kostenbasierten Ermittlung eines Preismissbrauchs nach der relevanten nationalen Vorschrift bei dem Grundsatz bleibe, dass

> *„die Behörde die (materielle) Beweislast für den Missbrauch trägt [...] und nur in diesem Rahmen die unzureichende Mitwirkung des Unternehmens würdigen kann."*

Davon abgesehen ist auch kein Konflikt mit dem unionsrechtlichen Selbstbelastungsverbot zu erkennen. Denn das betroffene Unternehmen wird lediglich verpflichtet, über etwaige Auskunftsersuchen hinaus von sich aus Daten offenzulegen, welche die Behörde mit zumutbarem Aufwand nicht ermitteln kann. Die Pflicht besteht zudem nur, um Schlussfolgerungen zu Tatsachen zu vermeiden, die sich für das Unternehmen im Rahmen der rechtlichen Beurteilung nachteilig auswirken könnten. Demgegenüber behält das Unternehmen die Freiheit, wie es sich verhält (nach deutschem Recht handelt es sich also streng genommen um eine bloße „Obliegenheit"). Des Weiteren ist das Unternehmen auch nicht verpflichtet, einen Verstoß unmittelbar einzugestehen.

111. Die hier vorgeschlagene Orientierung an der deutschen Rechtsprechung kommt im Ergebnis Überlegungen nahe, die auf Ebene der Europäischen Kommission einige Zeit vor den aktuellen Konsultationen zur Plattformgesetzgebung mit Blick auf Verfahrensvereinfachungen unter Verzicht auf eine Beweislastumkehr angestellt worden waren.[116] Ob sie den erhofften Mehrwert bieten könnte, würde davon abhängen, wie sie sich in der Praxis bewährt. Die Regelung würde den Behörden nur zugutekommen, nachdem diese alle ihnen „zumutbaren" Ermittlungsanstrengungen unternommen haben. Infolgedessen ist denkbar, dass verfahrensbetroffene Unternehmen das Verfahren zunächst durch Lieferung unklarer oder unvollständiger Informationen verzögern und sich anschließend damit verteidigen, dass der Behörde genauere bzw. weitere Auskunftsersuchen zuzumuten gewesen wären. In Bezug auf derartige Einwände zur Praktikabilität ist allerdings zu berücksichtigen, dass der hier gemachte Vorschlag die umfassende Ermittlungslast der Behörden an sich nicht verändern würde. Er gäbe den Behörden lediglich eine Möglichkeit zu begründen, weshalb sie trotz Ermittlungsschwierigkeiten im Rahmen ihrer Beweisführung bestimmte Schlussfolgerungen ziehen können. Insofern dient der Vorschlag dazu, die Möglichkeiten der Behörden ohne Schädigung der legitimen Verfahrensinteressen der betroffenen Unternehmen zu erweitern. Dass Unternehmen gezielt Verzögerungstaktiken einsetzen können, ist ein getrenntes Problem. Allenfalls wäre aufseiten der Gerichte im Rahmen eines Rechtsmittelverfahrens zu überlegen, ob die Zumutbarkeitsgrenze zugunsten der Behörden zu verschieben ist, wenn Unternehmen gezielt das Verfahren verzögern.

112. Die im Gutachten „Competition Policy for the digital era" vorgeschlagene Beweislastumkehr ließe sich zwar ebenfalls als ein Mittel ansehen, um die Schwierigkeiten der Behörden mit Blick auf Daten in der Sphäre des verfahrensbetroffenen Plattformunternehmens zu vermindern. Dieser Vorschlag dürfte allerdings zu weit gehen. Denn eine Beweislastumkehr würde erstens eine Änderung von Art. 102 AEUV erfordern. Zweitens wirken sich die Informationsvorteile, die das Plattformunternehmen in Bezug auf Daten in seiner eigenen Sphäre hat, nur bei der Ermittlung der Tatsachen und nicht bei deren rechtlicher Bewertung aus. Der Vorschlag der Monopolkommission ist demgegenüber stärker an den sich im Verfahren stellenden Schwierigkeiten ausgerichtet.

113. Die hier von der Monopolkommission vorgeschlagene Regelung würde sich im Rahmen der Digitalwirtschaft primär bei datenbezogenen Missbräuchen auswirken, bei denen die Informationsvorteile der beherrschenden Plattformunternehmen gegenüber Außenstehenden besonders groß sein können. Die Regelung könnte dort aber fallentscheidend sein.

---

[116] Siehe Villajero, Antitrust in times of upheaval, Rede am 10. Dezember 2019, S. 5; https://ec.europa.eu/competition/speeches/text/sp2019_13_en.pdf, Abruf am 5. April 2020: Die Nachweisvoraussetzungen für die Behörden sollten abgesenkt werden, z. B. durch Einführung widerlegbarer Vermutungen für einen Verstoß; Kramler und Banasevic, wie zitiert in Fn. 110 (dort allerdings zu den Beweismaßanforderungen). In eine ähnliche Richtung wie der hier gemachte Vorschlag mag auch das im internationalen Kontext bekannte „Proximity of the evidence-Prinzip" gehen, das der Leiter des Wettbewerbsteams im Juristischen Dienst der Europäischen Kommission, Christoforou, in seinem Beitrag zur CRI-Konferenz am 10. Dezember 2019, Antitrust in times of upheaval, ins Gespräch gebracht hat (nicht online abrufbar).

Denn in dem in den Tz. 101-102 dargestellten Beispielszenario müssten die offenzulegenden Informationen aus der Sphäre des verfahrensbetroffenen Unternehmens darüber Aufschluss geben, ob das betreffende Unternehmen mehr Daten von den Nutzern erhoben hat, als für die Erbringung seines Leistungsangebots gegenüber den jeweiligen Nutzern erforderlich ist. Denn bezüglich genau dieser Information verfügt das Unternehmen über einen Informationsvorteil, den die Behörde nicht mit zumutbarem Aufwand ausgleichen kann. Insoweit bestünde dann eine Parallele zur Ermittlung der mit der Leistungserbringung zusammenhängenden Kosten in herkömmlichen Fällen eines preisbezogenen Ausbeutungsmissbrauchs.

114. Die hier vorgeschlagene Regelung könnte grundsätzlich entweder als allgemeine Regelung an Art. 2 oder Art. 18 Abs. 1 VO 1/2003 angefügt oder beschränkt auf Plattformunternehmen in die von der Monopolkommission befürwortete Plattformverordnung aufgenommen werden. Aus Sicht der Monopolkommission ist eine Regelung in einer Plattformverordnung zumindest zunächst vorzugswürdig, da der Anwendungsbereich der vorgeschlagenen Regelung außerhalb von Missbräuchen durch beherrschende Plattformunternehmen mit datenbasiertem Geschäftsmodell derzeit nicht abschätzbar ist und mit einer Regelung mit beschränktem Anwendungsbereich getestet werden könnte, wie sie sich in der Praxis bewährt. Die Monopolkommission empfiehlt entsprechend dem in ihrem Policy Brief Nr. 4 gemachten Formulierungsvorschlag, die Neuregelung wie folgt zu fassen:

> *„Die Unternehmen haben der Kommission innerhalb der in einem Auskunftsverlangen gesetzten Frist auch solche Informationen aus ihrem Einwirkungsbereich zu übermitteln, die sich die Kommission nicht auf anderem zumutbarem Wege beschaffen kann. Bei Versäumung der Frist kann die Kommission daraus im Rahmen der freien Beweiswürdigung Schlüsse ziehen und nach Lage der Sache ohne Berücksichtigung der nicht beigebrachten Informationen entscheiden."*

4.2 Informationsprobleme zum Nachteil der Verbraucher auf Online-Marktplätzen

115. In den letzten Jahren wurde viel darüber diskutiert, ob Algorithmen zu Wettbewerbsproblemen beitragen können. Die Diskussion dreht sich im Wesentlichen um zwei Themen: erstens um algorithmische Kollusion und zweitens um die Verwendung von Algorithmen zur Preisdiskriminierung. Eine hierbei in der Regel nur am Rande adressierte Frage war, ob ein Zusammenhang zwischen der Rolle von Online-Plattformunternehmen und dem potenziellen Risiko von Wettbewerbsproblemen im Zusammenhang mit der Nutzung von Algorithmen besteht. Die Verfasser des Gutachtens „Competition Policy for the digital era" haben sich dafür ausgesprochen, eine marktbeherrschende Plattform, die einen Marktplatz einrichtet, zu verpflichten, für gleiche Wettbewerbsbedingungen auf diesem Marktplatz zu sorgen und ihre regelsetzende Macht nicht dazu auszunutzen, das Ergebnis des Wettbewerbs zu bestimmen.[117] Sie sehen also ein Risiko, dass Plattformunternehmen aktiv in den Wettbewerb auf der Plattform eingreifen und diesen verfälschen.[118]

116. Eine weitergehende Frage ist, ob Plattformen im Onlinebereich – und speziell Online-Marktplätze – aufgrund ihrer in dem Gutachten herausgearbeiteten Eigenschaft als Regelsetzer die Marktstruktur in einer Weise beeinflussen können, dass algorithmische Kollusion oder Preisdiskriminierung wahrscheinlicher wird. Hierfür könnte sprechen, dass die von den Online-Marktplätzen für ihre Nutzer gesetzten Regeln die Markttransparenz erhöhen. Außerdem erhöht sich die Markttransparenz mit zunehmender Konzentration, soweit sich zugunsten eines Online-Marktplatzes Netzwerkeffekte und infolgedessen Konzentrationstendenzen entwickeln.

117. Dabei dürften die Händler auf dem Online-Marktplatz in einer besseren Position sein als die Verbraucher, um von dieser verbesserten Markttransparenz zu profitieren. Dies liegt daran, dass die Händler mehr Geld in ihre Algorithmen investieren können.[119] Außerdem können die Händler die ihnen verfügbaren Daten dazu nutzen, die Verbraucher kontextspezifischer und individueller anzusprechen. Durch eine solche Ansprache können die Händler allerdings auch herausfinden, welche Gruppen von Verbrauchern wahrscheinlich weniger schnell zu attraktiveren Angeboten wechseln als andere. Wenn die Verbraucher nicht schnell zu Wettbewerbern wechseln, kann somit Preisdifferenzierung eingesetzt

---

117 Crémer/de Montjoye/Schweitzer, a. a. O., S. 63.

118 Siehe hierzu auch Monopolkommission, XXII. Hauptgutachten, a. a. O., Tz. 258 ff.

119 Vgl. Monopolkommission, XXII. Hauptgutachten, a. a. O., Tz. 196.

werden, um die Kunden dazu zu bringen, mehr zu bezahlen, als wenn es etwa nur Stückpreise gäbe. Wenn die Händler in der Lage sind, eine solche Preisdiskriminierung zwischen Kundengruppen vorzunehmen, kann dies jedoch darauf hindeuten, dass sich der Markt immer stärker fragmentiert und dementsprechend engere relevante Teilmärkte abzugrenzen sind.[120]

118. In derart eng abzugrenzenden Märkten können günstigere strukturelle Bedingungen für eine preisbezogene Koordination bestehen als in größeren und weniger fragmentierten Märkten. Denn es erhöht sich die Wahrscheinlichkeit, dass es relativ einfach ist, ein Einvernehmen über die Bedingungen der Koordinierung zu erzielen, die Einhaltung der Koordinierungsmodalitäten zu überwachen und Abweichungen von den koordinierten Preisen durch Vergeltungsmaßnahmen (z. B. kurzzeitig eingesetzte Kampfpreise) zu sanktionieren.[121] Ein nachhaltiger Erfolg der Koordinierung würde dann immer noch davon abhängen, ob die Reaktionen von Außenstehenden wie z. B. derzeitige und zukünftige Wettbewerber, die an der Koordination nicht teilnehmen, sowie der Kunden die mit der Koordinierung erwarteten Ergebnisse gefährden.[122] Wenn den Händlern auf dem Online-Marktplatz eine Preisdifferenzierung zwischen Kundengruppen gegebenenfalls über längere Zeit möglich ist, würde dies aber dagegen sprechen, dass Außenstehende der Koordinierung etwas entgegensetzen können.

119. Wenn die Marktbedingungen als solche koordinationsförderlich sind, würde sich die Notwendigkeit expliziter Absprachen, um eine Koordination zu erreichen, vermindern. Der Einsatz von Preisalgorithmen auf Händlerseite könnte diese Notwendigkeit zusätzlich reduzieren. Es wäre also zu erwarten, dass es auf den betroffenen Märkten häufiger zu impliziter Kollusion als ohne den Einsatz von Preisalgorithmen kommen würde.[123] Die Europäische Kommission hat diesen Aspekt in den Dokumenten für ihre Konsultation zu einem neuen Wettbewerbsinstrument, wenn auch ohne nähere Erörterungen, aufgegriffen.[124]

120. Die Monopolkommission hält es in Anbetracht der vorstehenden Erwägungen für wünschenswert, dass die Europäische Kommission bei der ins Auge gefassten Überarbeitung der Bekanntmachung über die Definition des relevanten Marktes im Sinne des Wettbewerbsrechts der Gemeinschaft die Bedeutung von Online-Marktplätzen und den darauf bestehenden Möglichkeiten zur Preisdifferenzierung mitberücksichtigt. Die Abgrenzung des relevanten Marktes hat Auswirkungen darauf, in welchem Umfang eine (gemeinsame) beherrschende Stellung von Online-Händlern angenommen werden kann. Dies ist zwar nicht relevant, soweit es um die Verfolgung expliziter Koordinierungen im Sinne von Art. 101 AEUV geht. Bei einer engen Abgrenzung dürfte allerdings häufiger Marktbeherrschung festzustellen sein. Dann sind die aus Art. 102 AEUV folgenden Beschränkungen für implizite Preiskoordinierungen häufiger anwendbar, als wenn die Märkte weit abgegrenzt werden. Die Bedeutung von Online-Marktplätzen für die Marktabgrenzung wird in der Bekanntmachung bisher jedoch nicht im Einzelnen angesprochen. Die Bedeutung der Möglichkeiten zur Preisdifferenzierung wird in der Bekanntmachung zwar erwähnt, aber in weitaus geringerem Umfang als beispielsweise in den U.S. Horizontal Merger Guidelines behandelt.[125]

121. Dagegen ist die Monopolkommission zurückhaltend hinsichtlich der Überlegungen der Europäischen Kommission zu einer Interventionsbefugnis, die unabhängig von einer beherrschenden Stellung zur Verfügung stehen soll, wenn ein struktureller Mangel an Wettbewerb auf koordinierungsanfälligen Oligopolmärkten besteht. Nach den einschlägigen

[120] Siehe schon Monopolkommission, XXII. Hauptgutachten, a. a. O., Tz. 219.

[121] Vgl. EU-Kommission, Leitlinien zur Bewertung horizontaler Zusammenschlüsse gemäß der Ratsverordnung über die Kontrolle von Unternehmenszusammenschlüssen, ABl. C 31 vom 5. Februar 2004, S. 5, Tz. 41 (zu koordinierten Zusammenschlusswirkungen).

[122] EU-Kommission, Leitlinien zur Bewertung horizontaler Zusammenschlüsse gemäß der Ratsverordnung über die Kontrolle von Unternehmenszusammenschlüssen, ABl. C 31 vom 5. Februar 2004, S. 5, Tz. 41.

[123] Ebenso schon Monopolkommission, XXII. Hauptgutachten, a. a. O., Tz. 199.

[124] EU-Kommission, New Competition Tool, Inception Impact Assessment, a. a. O., S. 2 ("oligopolistic market structures with an increased risk for tacit collusion including markets featuring increased transparency due to algorithm-based technological solutions").

[125] Siehe hierzu einerseits EU-Kommission, Bekanntmachung über die Definition des relevanten Marktes im Sinne des Wettbewerbsrechts der Gemeinschaft, ABl. C 372 vom 9. Dezember 1997, S. 5, Tz. 43; andererseits U.S. DOJ und FTC, Horizontal Merger Guidelines, Fassung vom 19. August 2010, Abschn. 3.

Leitlinien kann es gerade in Märkten mit einer gemeinsamen marktbeherrschenden Stellung dazu kommen, dass wirksamer Wettbewerb erheblich behindert wird, weil die Unternehmen in der Lage sind, ihr Verhalten zu koordinieren (implizite Kollusion).[126] Davon abgesehen liegt ein Wettbewerbsproblem auch bei oligopolistischer Koordination nicht schlechthin vor, sondern lediglich im Fall einer Ausbeutung der Verbraucher durch unangemessen überhöhte Preise.[127] Derartige Fälle lassen sich bereits über Art. 102 AEUV erfassen.

122. Die Monopolkommission hat des Weiteren bereits im XXII. Hauptgutachten darauf hingewiesen, dass es für Verbraucher, die durch koordiniert überhöhte Preise geschädigt werden, schwierig ist, den Schaden erfolgreich gerichtlich geltend zu machen. Denn im Zivilprozess ist es Aufgabe der durch die Preissetzung geschädigten Kläger und nicht Aufgabe der beklagten Verwender des Algorithmus, dessen Auswirkungen auf den Preis nachzuweisen. Zwar gibt es gesetzliche Schadensvermutungen zugunsten der Geschädigten von Wettbewerbsverstößen.[128] Diese Schadensvermutungen greifen allerdings nur im Fall einer expliziten Koordinierung und nicht in dem – bei algorithmischer Kollusion vielleicht sogar häufigeren – Fall einer impliziten Koordinierung.

123. Die Europäische Kommission hat zwischenzeitlich im Anschluss an ihre Sektoruntersuchung zum elektronischen Handel mehrere Verfahren durchgeführt, welche die Nutzung von Algorithmen zu preisbezogenen Wettbewerbsverstößen betrafen.[129] Das Bundeskartellamt hat im Bericht zu seiner Sektoruntersuchung zu Vergleichsportalen seinerseits darauf hingewiesen, dass es den geschädigten Nutzern von Vergleichsportalen, die Rankingalgorithmen einsetzen, nicht ohne den Rückgriff auf Unternehmensinterna der Portale möglich sei, diesen Portalen einen schadensbegründenden Verstoß nachzuweisen. Die betreffenden Unternehmensinterna könnten derzeit effektiv nur in behördlichen Verfahren zum Gegenstand gemacht werden. Vergleichbares gelte für die Befassung mit algorithmenbasierten Verhaltensweisen von Unternehmen, die ebenfalls im Rahmen von Zivilrechtsstreitigkeiten kaum zu leisten sei, sei es wegen Geschäftsgeheimnissen oder weil Verfahren auf diesem Gebiet je nach Komplexität der verwendeten Algorithmen sehr aufwendig sein könnten.[130]

124. Die Monopolkommission erinnert insofern daran, dass sie für die Gesetzgebung auf nationaler Ebene empfohlen hat, den Verbraucherschutzverbänden das Recht einzuräumen, die kartellbehördliche Untersuchung bestimmter Sektoren zu verlangen, bei denen der Verdacht besteht, dass es zu verbraucherschädigender Kollusion durch überhöhte Preise kommt.[131] Davon abgesehen hat die Monopolkommission vorgeschlagen, gegebenenfalls die widerlegliche Vermutung eines Kartellschadens nach Art. 17 Abs. 2 Richtlinie 2014/104/EU und der deutschen Umsetzungsvorschrift in § 33a Abs. 2 GWB auf Fälle zu erweitern, in denen Preisalgorithmen zu wettbewerbsrechtlichen Verstößen im Sinne einer impliziten Koordinierung eingesetzt werden. Sie hält es nach den zwischenzeitlichen Erkenntnissen aus der Fallpraxis der Europäischen Kommission und des Bundeskartellamts für empfehlenswert, eine solche Neuregelung zu treffen, aber erneut zunächst im Anwendungsbereich auf die Plattformwirtschaft zu beschränken und die Anwendung gegebenenfalls

[126] Vgl. EU-Kommission, Leitlinien zur Bewertung horizontaler Zusammenschlüsse gemäß der Ratsverordnung über die Kontrolle von Unternehmenszusammenschlüssen, ABl. C 31 vom 5. Februar 2004, S. 5, Tz. 39; Leitlinien zur Bewertung nichthorizontaler Zusammenschlüsse gemäß der Ratsverordnung über die Kontrolle von Unternehmenszusammenschlüssen, ABl. C 265 vom 18. Oktober 2008, S. 6, Tz. 83-85, 120.

[127] EuGH, Urteil vom 14. Februar 1978, 27/76 – United Brands, Slg. 1978, 207, ECLI:EU:C:1978:22, Rz. 250-253. Anderes hat aus präventiven Gesichtspunkten in Zusammenschlussfällen zu gelten; siehe insoweit EU-Kommission, Leitlinien zur Bewertung horizontaler Zusammenschlüsse gemäß der Ratsverordnung über die Kontrolle von Unternehmenszusammenschlüssen, ABl. C 31 vom 5. Februar 2004, S. 5, Tz. 40. Siehe zum Ganzen auch Monopolkommission, XXII. Hauptgutachten, a. a. O., Tz. 217 ff.

[128] Art. 17 Abs. 2 S. 1 RL 2014/104/EU über bestimmte Vorschriften für Schadensersatzklagen nach nationalem Recht wegen Zuwiderhandlungen gegen wettbewerbsrechtliche Bestimmungen der Mitgliedstaaten und der Europäischen Union, ABl. L 349, 5. Dezember 2014, S. 1; § 33a Abs. 2 GWB.

[129] Siehe EU-Kommission, Fälle 40.465, 40.469, 40.181, 40.182 – Pioneer et al. (2018): Nutzung von Algorithmen zur Überwachung von Preisbindungen; im Anschluss an EU-Kommission, Abschlussbericht über die Sektoruntersuchung zum elektronischen Handel, COM(2017) 229 final, 10. Mai 2017.

[130] BKartA, Sektoruntersuchung Vergleichsportale, Bericht, April 2019, S. 136.

[131] Monopolkommission, XXII. Hauptgutachten, a. a. O., Tz. 234-236. Diese Empfehlung soll im geplanten GWB-Digitalisierungsgesetz nicht umgesetzt werden und hat sich somit auf nationaler Ebene noch nicht erledigt.

später auszuweiten.[132] Sie empfiehlt deshalb, in die vorgeschlagene Plattformverordnung die folgende Regelung aufzunehmen:

> *„Es wird vermutet, dass Zuwiderhandlungen gegen Art. 102 AEUV in Form von automatisiert festgesetzten überhöhten Preisen einen Schaden verursachen. Der Rechtsverletzer hat das Recht, diese Vermutung zu widerlegen."*

In den Erwägungsgründen zu der Regelung könnte klargestellt werden, dass der Begriff des überhöhten Preises im Sinne der einschlägigen europäischen Rechtsprechung zu verstehen ist.[133]

5 Zusammenfassung: Eine kartellrechtliche Agenda für die deutsche Ratspräsidentschaft

125. Die Monopolkommission leitet aus den Empfehlungen der Expertengutachten Maßnahmen ab, deren Verfolgung im Rahmen der deutschen Ratspräsidentschaft dazu beitragen könnte, den europäischen Regelungsrahmen für marktmächtige Online-Plattformunternehmen effektiver zu gestalten. Im Zentrum steht dabei die Überlegung, dass eine spezielle Plattformverordnung, die beherrschende Plattformunternehmen über Art. 102 AEUV hinaus zusätzlichen Pflichten und einer verschärften Überwachung unterwirft, eine sinnvolle Ergänzung zur bestehenden Fusionskontrollverordnung sein könnte. Die Fusionskontrollverordnung beugt als präventives Instrument Zusammenschlüssen vor, die zu einer nachhaltigen Schädigung der Marktstruktur führen können. Die Plattformverordnung könnte in Fällen gekippter Plattformmärkte dem Risiko vorbeugen, dass beherrschende Plattformunternehmen eine Regeneration des Wettbewerbs untergraben und die Verbraucher fortdauernd schädigen.

126. Die Plattformverordnung könnte wie die Fusionskontrollverordnung auf Art. 103 i. V. m. Art. 352 AEUV gestützt werden. Sie sollte beherrschende Plattformunternehmen namentlich einem Selbstbegünstigungsverbot und verschärften Interoperabilitäts- und Portabilitätspflichten unterwerfen. Daneben könnte sie Regelungen zu restaurativen Maßnahmen enthalten. Diesbezüglich wären insbesondere Regelungen darüber zu treffen, unter welchen Voraussetzungen eine Veräußerung von Teilbereichen des Geschäfts verhältnismäßig sein kann und welche Merkmale die betreffenden Teilbereiche dann aufweisen müssen (z. B. lebens- und wettbewerbsfähiges Geschäft, Zulässigkeit von Alternativen, Nichterwerbsklauseln). Außerdem könnte geregelt werden, unter welchen Voraussetzungen Verpflichtungsangebote der verfahrensbetroffenen Unternehmen geeignet sind, um im Falle eines Missbrauchs eine Zusagenentscheidung nach Art. 9 VO 1/2003 zu ermöglichen oder um die Beendigung eines Verfahrens wegen eines Verstoßes im Sinne der Plattformverordnung zu rechtfertigen.

127. Des Weiteren dürfte es erforderlich sein, in die Plattformverordnung Vorschriften zu den Zuständigkeiten und zum Verfahren aufzunehmen. Diese müssten insbesondere das Verhältnis von Verfahren wegen Verstößen gegen Pflichten nach der Plattformverordnung zu Verfahren nach Verordnung 1/2003 regeln und eine laufende Überwachung der Einhaltung der besonderen Pflichten nach der Plattformverordnung vorsehen.

128. Die Plattformverordnung könnte zudem um Regelungen ergänzt werden, mit denen dem Problem begegnet würde, dass Plattformunternehmen gegenüber den Behörden nicht ausgleichbare Informationsvorteile haben können. Die Monopolkommission empfiehlt insofern eine an der Rechtsprechung des deutschen Bundesgerichtshofs zu den Mitwirkungspflichten verfahrensbetroffener Unternehmen orientierte Regelung. Ferner könnte die Plattformverordnung genutzt werden, um auch den Informationsvorteilen von Händlern auf Online-Marktplätzen gegenüber den Verbrauchern Rechnung zu tragen.[134] Dies gilt vor dem Hintergrund, dass auf Online-Marktplätzen ein erhöhtes Risiko einer impliziten Koordination und infolgedessen von überhöhten Verbraucherpreisen bestehen kann. Diesem Risiko könnte mit einer

---

[132] Dabei soll an dieser Stelle offenbleiben, ob gegebenenfalls sogar eine weitergehende Regulierung in Betracht zu ziehen sein könnte, um die Nutzung von Algorithmen zur Ermittlung kollusionsförderlicher Preissetzungsstrategien von Wettbewerbern zu begrenzen; siehe hierzu etwa Harrington, Developing competition law for collusion by autonomous artificial agents, 14 J. Compet. Law Econ. 331 (2018).

[133] EuGH, Urteil vom 14. Februar 1978, 27/76 – United Brands, Slg. 1978, S. 207, ECLI:EU:C:1978:22, Ls. 9 und Rz. 249 („Missbrauch [...] in der Anwendung eines überhöhten Preises [...], der in keinem angemessenen Verhältnis zum wirtschaftlichen Wert der erbrachten Leistung steht").

[134] Siehe oben Tz. 114 für einen Formulierungsvorschlag.

Ausweitung der Schadensvermutung des Art. 17 RL 2014/104/EU speziell für das Problem impliziter Kollusion im Bereich der Plattformwirtschaft begegnet werden.[135]

129. Im Rahmen der Überarbeitung der Kommissionsbekanntmachung über die Definition des relevanten Marktes im Sinne des Wettbewerbsrechts der Gemeinschaft sollte ein Augenmerk auf die Marktabgrenzung auf Online-Marktplätzen gelegt werden, soweit hier Preisdifferenzierungen darauf hindeuten, dass sich relevante Märkte fragmentieren.

130. In Bezug auf die mit dem deutschen GWB-Digitalisierungsgesetz neu vorgesehenen Regelungen zum „Kippen" von Plattformmärkten (§ 20 Abs. 3a GWB-E) und zur Ausbildung von Plattformökosystemen (§ 19a GWB-E) empfiehlt die Monopolkommission, auf Unionsebene zunächst die Erfahrungen in Deutschland mit den Neuregelungen zu beobachten. Damit kartellbehördliche Eingriffe einerseits nicht überschießend stattfinden und andererseits effektiv sind, müssten zunächst eindeutige Kriterien für Marktentwicklungen identifiziert werden, in denen Märkte – über Konzentrationstendenzen hinaus – unbestreitbar zu werden drohen. Unter diesen Voraussetzungen hält die Monopolkommission von den seitens der Europäischen Kommission vorgeschlagenen Optionen für ein neues Wettbewerbsinstrument insbesondere die dritte Option für ein strukturbezogenes Interventionsinstrument für zielführend.

[135] Siehe oben Tz. 124 für einen Formulierungsvorschlag.

Effiziente Struktur des deutschen Krankenhaussektors – ist eine Bereichsausnahme im GWB erforderlich?

Kurz gefasst

Die deutsche Krankenhausinfrastruktur ist mit der COVID-19-Pandemie verstärkt in das mediale sowie politische Blickfeld gerückt. Die **stationäre Versorgungslandschaft in Deutschland gilt dabei mit ihren fast zweitausend Krankenhäusern als vergleichsweise breit aufgestellt, besonders vielfältig und nur gebietsweise konzentriert.** Mit ca. 34 Intensivbetten auf 100.000 Einwohner (2017) weist Deutschland zudem höhere Kapazitäten als zahlreiche andere Industrienationen auf, worin vor dem Hintergrund der COVID-19-Pandemie ein wesentlicher Vorteil gesehen wird. An den gegenwärtig bestehenden Krankenhausstrukturen wird jedoch seit Jahren auch Kritik geübt. **Zu ihrer Verbesserung wird oftmals die Forderung nach einer schnelleren Konsolidierung des Krankenhaussektors und einer Erleichterung von Krankenhausfusionen erhoben.**

Im Rahmen der 10. GWB-Novelle wurde nun die Debatte um die Struktur der Krankenhausversorgung auf die Anpassung der Fusionskontrolle für Krankenhäuser gelenkt. In diesem Zusammenhang **plant die Bundesregierung die Vorgaben zur Beurteilung von Krankenhauszusammenschlüssen und -kooperationen anzupassen**, wodurch die Struktur der deutschen Krankenhausversorgung in Zukunft beeinflusst werden könnte. Durch die Festlegung gesonderter kartellrechtlicher Vorgaben im Krankenhaussektor sollen gesundheitspolitisch als besonders wünschenswert betrachtete Zusammenschlussvorhaben wettbewerblich privilegiert werden.

Dazu ist festzustellen, dass es in Deutschland im internationalen Vergleich zwar insgesamt hohe Bettenkapazitäten gibt, diese sich aber auf viele kleine Allgemeinkrankenhäuser verteilen. Die Vorhaltung vieler kleiner Krankenhäuser impliziert, dass die Fallzahlen in den einzelnen Häusern in der Regel gering sind. Krankenhäuser mit geringen Fallzahlen verfügen tendenziell über weniger medizinische Routine und eine schlechtere personelle sowie medizinisch-technische Ausstattung. Insgesamt deutet eine Reihe von Indizien darauf hin, dass **Krankenhausfusionen (ggfs. auch Krankenhauskooperationen) zumindest in Einzelfällen qualitätssteigernde Effekte** haben können.

Die Monopolkommission sieht große Vorteile in einer wirksamen Zusammenschlusskontrolle von Krankenhäusern. **Ihre derzeitige Ausgestaltung könnte einer effizienzsteigernden Konsolidierung und ggfs. Spezialisierung deutscher Krankenhäuser jedoch in Einzelfällen entgegen stehen.** Eine häufig diskutierte Bereichsausnahme, bestimmte Zusammenschlüsse von der wettbewerblichen Kontrolle durch das Bundeskartellamt auszunehmen, ist nicht erforderlich. Der evident qualitätssichernde Wettbewerbsschutz kann hierdurch sogar gefährdet werden.

Vielmehr sollten verschiedene, auf die Versorgungsqualität wirkende Effekte von Zusammenschlüssen im Krankenhaussektor stärker in den Blick genommen werden. Zum einen ist zu empfehlen, dass das Bundeskartellamt seine grundsätzlich ausgereifte, aber in erster Linie auf vergangenheitsbezogene Patientenstromdaten bezogene Marktabgrenzung im Einzelfall daraufhin prüft, ob infolge eines konkreten Zusammenschlussvorhabens Änderungen der Angebotsverhältnisse am Markt eintreten, die zu einem veränderten Nachfrageverhalten führen können. Zum anderen – und ungleich bedeutender – sollten **zusammenschlussbedingte Qualitätsvorteile im Rahmen einer Gesamtabwägung der Zusammenschlusswirkungen besser berücksichtigt** werden können. Die Monopolkommission empfiehlt deshalb, die Abwägung zwischen wettbewerblich induzierten Qualitätsveränderungen und aus Synergieeffekten resultierenden Qualitätsvorteilen in Form einer Effizienzabwägungsklausel für Krankenhausfusionen in das Gesetz gegen Wettbewerbsbeschränkungen aufzunehmen.

Summary

With the Covid-19 pandemic, the German hospital infrastructure has increasingly received media and political attention. The **hospital landscape in Germany is with its almost two thousand hospitals considered to be comparatively broad, particularly diverse and only concentrated in certain areas.** With 34 intensive care beds per 100,000 inhabitants (2017), Germany has higher capacities than many other industrialised nations, which is seen as a significant advantage in dealing with the Covid-19 pandemic. However, for years, criticism has been voiced about the existing hospital structures. In order to improve these structures, **there is often a call for faster consolidation of the hospital sector and facilitation of hospital mergers.**

As part of the 10th amendment to the Act against Restraints of Competition (ARC), the debate about the structure of hospital care focused on an adjustment of merger control for hospitals. In this regard**, the German Federal Government is planning to adjust the requirements for the assessment of hospital mergers and cooperations**, which could influence the structure of German hospital care in the future. By defining separate antitrust regulations, hospital mergers that are considered particularly desirable from a health–political point of view are to be given competitive privileges.

In this respect, although bed capacities are extremely high in Germany, these are spread over many small hospitals. The provision of many small hospitals implies that the number of patients in the individual hospitals is typically low. Hospitals with a low number of patients tend to have a lower medical experience, a shortage of personnel and poorer medical-technical equipment. Consequently, a number of indications suggest that **hospital mergers (possibly also hospital cooperations) can have quality-enhancing effects, at least in individual cases.**

The Monopolies Commission sees great advantages in an effective merger control of hospitals. However, the **current form of merger control may partially hinders efficiency-enhancing consolidation and specialisation** of German hospitals. Against this background, a frequently discussed area exception for certain hospital mergers from competitive control by the German Federal Cartel Office is not necessary. This can even jeopardise the evident quality assurance of competition protection.

However, **effects on the quality of care resulting from a hospital merger should be given more attention in merger control proceedings**. On the one hand, it is recommended that the German Federal Cartel Office examine its market definition, which is basically mature, but primarily based on past-related patient flow data on a case-by-case basis in order to determine whether changes in the supply situation will occur as a result of a specific merger project, which could lead to a change in demand behaviour. On the other hand – and much more importantly – **merger-related quality advantages should be better taken into account in the overall assessment of the merger effects**. The Monopolies Commission therefore recommends that the trade-off between competition-induced quality changes on the one hand and quality advantages resulting from synergy effects on the other hand be included in the Act against Restraints of Competition in the form of an efficiency assessment clause for hospital mergers.

1 Aktuelle Debatte um die Struktur der Krankenhausversorgung

131. Die deutsche Krankenhausinfrastruktur steht in diesen Tagen besonders im Blickfeld, kann ihre Leistungsfähigkeit doch während der COVID-19-Pandemie für das Leben vieler Menschen entscheidend sein. Häufiger als üblich wurde deshalb in den vergangenen Monaten auch medial berichtet, dass der stationäre Versorgungssektor in Deutschland vergleichsweise breit aufgestellt ist. Die Landschaft der fast zweitausend deutschen Krankenhäuser[1] ist vielfältig, gilt als nur gebietsweise konzentriert und teilt sich traditionell in drei Bereiche auf, sog. öffentliche, freigemeinnützige und private Krankenhausträger.[2] Mit ca. 34 Intensivbetten auf 100.000 Einwohner (2017) weist Deutschland zudem höhere Kapazitäten als zahlreiche andere Industrienationen auf,[3] worin vor dem Hintergrund der COVID-19-Pandemie ein wesentlicher Vorteil gesehen wird. Aufgrund der hohen Anzahl sowie der zur Bedarfsdeckung oft hinreichenden Kapazitäten der Krankenhäuser ergeben sich vielfach Wahlmöglichkeiten der Patienten, mit der Folge, dass viele Krankenhäuser in Deutschland in einem regionalen Wettbewerb zueinander stehen. Aus Sicht der Patienten kommt neben der örtlichen Nähe eines Krankenhauses vor allem der erwarteten Leistungsqualität als Auswahlkriterium eine wesentliche Bedeutung zu. Demgegenüber spielen Preise im Wettbewerb nur eine untergeordnete Rolle. Die Finanzierung der Leistungen erfolgt in der Regel und zu wesentlichen Teilen durch das Krankenversicherungssystem, das seit 2003 die Leistungen überwiegend in Form einheitlicher Fallpauschalen vergütet.[4]

132. Im Rahmen der 10. GWB-Novelle plant die Bundesregierung die Vorgaben zur Beurteilung von Krankenhauskooperationen bzw. Krankenhauszusammenschlüssen anzupassen. Hintergrund war die Überlegung, dass bestimmte Zusammenschlüsse von Krankenhäusern unterschiedlicher Träger/Eigentümer künftig erleichtert werden sollen. Gesundheitspolitisch als besonders wünschenswert betrachtete Zusammenschlussvorhaben, mit denen die gesundheitspolitischen Ziele der Spezialisierung und Zentrenbildung verfolgt werden, sollen dadurch auf geringere fusionskontrollrechtliche Hürden stoßen.

133. Um zu ergründen, warum ein Bedarf gesehen wird, die wettbewerblichen Schutzmechanismen für Krankenhäuser zu verändern, ist der Blick auf die besondere Situation des Krankenhausmarktes erforderlich. Zu berücksichtigen ist hierbei vor allem, dass Märkte für stationäre Behandlungsleistungen mit anderen Märkten nicht vollständig vergleichbar sind, weil besondere gesellschaftliche Ansprüche an die Bezahlbarkeit und an die strukturelle Leistungsfähigkeit der Krankenhausversorgung gestellt werden. Unumstritten ist deshalb, dass dem Staat bei der Gestaltung der relevanten wirtschaftlichen Rahmenbedingungen, wie z. B. dem Finanzierungssystem und der konkreten Sicherstellung des stationären Versorgungsbedarfs, eine wesentliche Aufgabe zukommt. Daneben ist der Wettbewerb von zentraler Bedeutung. Er sorgt dafür, dass zwischen den Krankenhäusern unterschiedlicher Träger stets Anreize bestehen, die bestehenden Versorgungsstrukturen effizient zu nutzen und qualitativ sowie mengenmäßig dem Versorgungsbedarf anzupassen.

134. An den gegenwärtig bestehenden Strukturen der deutschen Krankenhausversorgung wurde vor allem im Zeitraum vor der COVID-19-Pandemie vermehrt Kritik geübt. Hintergrund ist unter anderem, dass einzelne Krankenhäuser seit Jahren zunehmende Auslastungs- und Finanzierungsprobleme haben.[5] Als Indiz, dass Finanzierungsprobleme auch auf eine ineffiziente Versorgungsstruktur zurückzuführen sind, werden insbesondere internationale Vergleiche auf Basis von Kennziffern angeführt. Die Kritik zielt hierbei vor allem auf die hohe Anzahl, die teils unteroptimale Größe und die zeitweise geringe Auslastung der Krankenhausinfrastrukturen in Deutschland ab. Beispielsweise liegt die Anzahl der vorge-

1 Im Jahr 2017 zählt das Statistische Bundesamt 1.942 Krankenhäuser. Statistisches Bundesamt, Fachserie 12 Reihe 6.1.1, S. 22.

2 In Deutschland befinden sich derzeit 37,1 Prozent der Krankenhäuser – mit steigender Tendenz – in privater Trägerschaft; 28,8 Prozent der Krankenhäuser werden von öffentlichen und 34,1 Prozent von freigemeinnützigen Trägern betrieben. Eigene Berechnung auf Grundlage von Daten des Statistisches Bundesamtes, Fachserie 12 Reihe 6.1.1, S. 22.

3 Vgl. OECD, Statistisches Bundesamt, Gemeinsamer Bundesausschuss.

4 Die Besonderheit des Krankenhausmarktes besteht darin, dass Krankenhäuser die Preise für die gegenüber ihren Patienten erbrachten Behandlungen nicht frei gestalten können und Patienten als Leistungsempfänger nicht zugleich Kostenträger sind. Die Behandlungskosten werden daher grundsätzlich nicht von den Patienten selbst getragen, sondern durch das Krankenversicherungssystem sozialisiert. Vgl. hierzu Monopolkommission, XVII. Hauptgutachten, Weniger Staat, mehr Wettbewerb, Baden-Baden 2008, Tz. 819 ff.

5 Augurzky, B., u. a., Krankenhaus Rating Report 2019 – Das Ende des Wachstums?, Heidelberg 2019.

haltenen Krankenhausbetten pro Einwohner hierzulande etwa 70 % über dem OECD-Durchschnitt.[6] Durch die COVID-19-Pandemie hat sich der kritische Blick auf solche Versorgungsmerkmale jedoch teilweise verändert; vor allem die überdurchschnittliche Kapazitätsausstattung wird in der öffentlichen Wahrnehmung nun häufiger positiv bewertet. Seither zielen viele Bemühungen eher darauf ab, die Kapazität in bestimmten Bereichen weiter zu erhöhen, um mit der Gefahr einer plötzlichen Zunahme gleichzeitiger Intensivfälle umgehen zu können. Auch hat der Bundestag im März zuletzt eine erhebliche Förderung des Ausbaus stationärer Kapazitäten vor allem im Intensivbereich beschlossen.[7] Zuvor angedachte Maßnahmen für einen Abbau von Kapazitäten werden seither zunehmend insbesondere aus politischen Kreisen und von Medizinern kritisiert.[8]

135. Infolgedessen hat sich mit der COVID-19-Pandemie die gesundheitspolitische Debatte um die stationären Versorgungsstrukturen weiter intensiviert. Zur Verbesserung der Krankenhausstruktur wird von mehreren Akteuren insbesondere die Erleichterung von Krankenhauszusammenschlüssen vorgebracht. Hierzu wurden zum Teil weitreichende Vorschläge aus dem gesundheitspolitischen Raum diskutiert. Demnach wird teilweise gefordert, dass Krankenhauszusammenschlüsse im Allgemeinen aus der wettbewerblichen Kontrolle durch das Bundeskartellamt fallen sollten, wenn etwa die für Krankenhäuser zuständigen Landesbehörden die Fusion befürworten (sog. Bereichsausnahme).[9] Zudem sehen die im Raum stehenden Vorschläge vor, die Umsatzberechnung bei Krankenhausfusionen zu verändern, sodass diese seltener der Zusammenschlusskontrolle unterliegen.

136. Vor dem Hintergrund der im Rahmen der 10. GWB-Novelle aktuell geführten Diskussion zur Zusammenschlusskontrolle erscheint es aus Sicht der Monopolkommission erforderlich, den Bedarf der vorgeschlagenen Änderungen eingehender zu untersuchen. Dazu hat sie nachfolgend die strukturellen Merkmale des Krankenhaussektors und die Gründe für Konsolidierungsforderungen (Abschnitt 2) geprüft sowie mögliche Probleme und Lösungsansätze in Bezug auf das derzeitige Fusionskontrollregime (Abschnitt 3) identifiziert. Im Ergebnis legt sie fusionskontrollrechtliche Anpassungsempfehlungen vor (Abschnitt 4).

2 Struktur und Versorgungsmerkmale mit Interpretationsspielraum

137. Die Struktur des deutschen Krankenhaussektors wird bereits seit einigen Jahren kontrovers diskutiert. Die Kritiker zielen vor allem auf das Vorhandensein von Defiziten bei Qualität und Wirtschaftlichkeit, induziert durch Überkapazitäten, Organisationsmängel sowie eine unzureichende medizinische Spezialisierung der Krankenhausversorgung. Im Kern lautet der Vorwurf, dass eine hohe Anzahl kleiner und kaum spezialisierter Krankenhäuser existiere, deren regionale Leistungsangebote nur selten aufeinander abgestimmt seien. Die Folge seien suboptimale Angebotsstrukturen mit gravierenden Mängeln in der Behandlungsqualität sowie ein „ruinöser" Wettbewerb zwischen den ohnehin ökonomisch teils angeschlagenen Krankenhäusern.[10] Fast jedes dritte Krankenhaus in Deutschland konnte im Jahr 2018 nicht kostendeckend agieren; in Nordrhein-Westfalen waren es sogar knapp 60 Prozent.[11] Vielen Krankenhäusern drohe daher die Insolvenz. Dies führe zu der Gefährdung einer für die Daseinsfürsorge notwendigen Krankenhausversorgung ganzer Regionen.

---

6 OECD, Health at a Glance 2019: OECD Indicators, Paris 2019, S. 195.

7 So wird der Ausbau von Intensivkapazitäten mit 50.000 Euro pro zusätzlichem Bett aus dem Gesundheitsfonds gefördert. Vgl. COVID-19-Krankenhausentlastungsgesetz.

8 Siehe in diesem Zusammenhang auch die Forderungen der Leopoldina (Akademie der Wissenschaften) in ihrer 4. Ad-hoc-Stellungnahme zur Corona-Pandemie, die vorwiegend von Medizinern verfasst wurden. Vgl. Nationale Akademie der Wissenschaften, Coronavirus-Pandemie: Medizinische Versorgung und patientennahe Forschung in einem adaptiven Gesundheitssystem, 4. Ad-hoc-Stellungnahme, 27. Mai 2020.

9 Aktuell etwa: Heyers, J., Krankenhausfusionskontrolle – Konsolidierung durch Verbundbildung unter dem Primat des Kartellrechts?, WuW 1326744.

10 Vgl. etwa Burholt, C., Fusionskontrollpraxis erschwert Konsolidierung des deutschen Krankenhaussektors, WuW 1308219; Rürup, B., Medizinische Versorgung: Überkapazitäten, Unwirtschaftlichkeit, Fehlplanung, Handelsblatt, 21.06.2019.

11 RWI – Leibniz-Institut für Wirtschaftsforschung, Krankenhaus Rating Report 2019: Deutschen Krankenhäusern geht es wieder schlechter, Pressemitteilung vom 22. Mai 2019; Roland Berger, Das Ende des Wachstums: Deutschlands Krankenhäuser zwischen Kostendruck und steigendem Wettbewerb, München 2019, S. 4.

138. Aus diesen Gründen drängen Gesundheitspolitiker sowie einige Fachleute des Gesundheitswesens in den letzten Jahren verstärkt auf eine Konsolidierung des deutschen Krankenhaussektors und einen höheren Grad der medizinischen Spezialisierung. Konkret sollen durch gezielte Krankenhausfusionen und -kooperationen Kapazitäten ab- und umgebaut und damit insgesamt größere, auf einen klaren medizinischen Schwerpunkt gerichtete Versorgungszentren gebildet werden. Eine vollständige Schließung von Krankenhäusern sei jedoch nur bedingt möglich. Insbesondere in ländlicheren Regionen müsse eine gute Notfallversorgung in erreichbarer Nähe sichergestellt werden. Besondere Aufmerksamkeit erzeugte in diesem Zusammenhang vor allem die im Auftrag der Bertelsmann-Stiftung veröffentlichte Krankenhausstudie.[12] Darin heißt es, dass nur mit einer bundesweit erheblichen Reduzierung der derzeit rund 1.600 allgemein versorgenden Krankenhäuser auf unter 600 eine Verbesserung der Behandlungsqualität für Patienten möglich sei. Dies rückt zunehmend die Frage in den Mittelpunkt, inwiefern tatsächlich Bedarf an einer stärkeren Konsolidierung und der strukturellen Neuordnung des deutschen Krankenhaussektors besteht.

139. Auf den ersten Blick scheint das deutsche Gesundheitssystem gut aufgestellt zu sein: Es gibt ein engmaschiges Krankenhausnetz, das eine schnelle Erreichbarkeit von Krankenhäusern im gesamten Bundesgebiet gewährleistet. Dies zeigt sich in der hohen Anzahl von 1.942 Krankenhäusern (2017) – davon allein 1.592 allgemein versorgende Krankenhäuser – und den damit insgesamt 497.182 verfügbaren Krankenhausbetten.[13] Deutschland weist im direkten EU-27-Vergleich damit eine nahezu einmalig hohe Anzahl von über 800 Krankenhausbetten je 100.000 Einwohner auf; in skandinavischen Ländern wie beispielsweise Schweden oder Dänemark sind es gerade einmal 220 bzw. 260 Betten.[14] Darüber hinaus zeichnet sich die deutsche Krankenhausversorgung durch einen freien Zugang zu hochtechnologischen medizinischen Leistungsangeboten, eine schnelle Bereitstellung von Arzneimitteln und vergleichsweise kurze Wartezeiten auf Operationen aus.[15]

140. Auf den zweiten Blick zeigt sich jedoch das Problem, die bezeichneten Versorgungsmerkmale hinsichtlich ihrer Effizienz zu interpretieren. Denn die schnelle Erreichbarkeit von Krankenhäusern und die hohe Verfügbarkeit von Betten allein sagen über die Behandlungsqualität nichts aus. Die besonders engmaschige Vorhaltung von Versorgungskapazitäten könnte vielmehr auch auf Überkapazitäten und Unwirtschaftlichkeiten im deutschen Krankenhaussektor hinweisen. Eine nähere Betrachtung der Krankenhausstrukturen (siehe Tabelle I.1) zeigt außerdem, dass es bundesweit zwar insgesamt hohe Bettenkapazitäten gibt, diese sich aber auf viele kleine Krankenhäuser verteilen. So verfügen rund 65 Prozent aller Allgemeinkrankenhäuser über weniger als 300 Betten. Dieser Grenzwert wird oftmals als Maßstab für Krankenhäuser geringer Größe herangezogen, die in erster Linie nur der Grundversorgung zuzurechnen sind.

[12] Bertelsmann Stiftung, Zukunftsfähige Krankenhausversorgung – Simulation und Analyse einer Neustrukturierung der Krankenhausversorgung am Beispiel einer Versorgungsregion in Nordrhein-Westfalen, Gütersloh 2019.

[13] Statistisches Bundesamt, Fachserie 12 Reihe 6.1.1, S. 22.

[14] OECD, Health at a Glance 2019: OECD Indicators, Paris 2019, S. 195.

[15] Herr, D., u. a., Bedarf und Bedarfsgerechtigkeit in der stationären Versorgung, in: Klauber, J., u. a. (Hrsg.), Krankenhaus-Report 2018: Bedarf und Bedarfsgerechtigkeit, Stuttgart 2018, S. 34.

Tabelle I.1: Krankenhausstruktur: Anzahl der Allgemeinkrankenhäuser nach Bettengrößenklassen

Bettengrößen	Allgemeinkrankenhäuser insgesamt	
KH[1] mit 1 bis 49 Betten	293	
KH mit 50 bis 99 Betten	184	
KH mit 100 bis 149 Betten	203	≈ 65 Prozent aller KH (Zeilen 1 bis 49 bis 200 bis 299 Betten)
KH mit 150 bis 199 Betten	160	
KH mit 200 bis 299 Betten	209	
KH mit 300 bis 399 Betten	159	
KH mit 400 bis 499 Betten	113	
KH mit 500 bis 599 Betten	100	
KH mit 600 bis 799 Betten	75	
KH mit 800 bis 999 Betten	35	
KH mit 1000 und mehr Betten	61	

[1] Krankenhäuser (KH).

Quelle: Statistisches Bundesamt, Fachserie 12 Reihe 6.1.1, S. 22

141. Die Vorhaltung vieler kleiner Allgemeinkrankenhäuser bedeutet zum einen, dass die Fallzahlen in den einzelnen Häusern in der Regel gering sind, d. h., pro Jahr werden in diesen Häusern nur wenige Patienten mit einem bestimmten Krankheitsbild behandelt. Dies kann dazu führen, dass es dem Ärzte- und Pflegepersonal an einer für die konkrete Behandlung erforderlichen medizinischen Erfahrung fehlt. Bei rund 40 Prozent der Kliniken werden die für ausgewählte Eingriffe und Behandlungen gesetzlich vorgeschriebenen Mindestfallzahlen, die als kritische Untergrenze für genügend Erfahrung gelten, nicht erreicht.[16] Studien belegen, dass es in kleineren Kliniken mit geringeren Fallzahlen überdurchschnittlich oft zu schweren Komplikationen oder Todesfällen kommt.[17] Basierend darauf lässt sich argumentieren, dass die Bildung größerer und vor allem spezialisierterer Versorgungszentren dazu beitragen kann, die Behandlungsqualität und Patientensicherheit zu erhöhen.[18] Allerdings ist zu berücksichtigen, dass mit der Größe auch Nachteile einhergehen können. Dies gilt etwa im Hinblick auf die Ausbreitung von multiresistenten Keimen, weshalb das Infektionsrisiko für Patienten mit der Größe und dem Leistungsspektrum eines Krankenhauses tendenziell zunimmt.[19]

142. Zum anderen sind kleinere Krankenhäuser in der Regel schlechter mit medizinisch-technischen Großgeräten, z. B. Computer-Tomographen (CT) oder Herz-Lungen-Maschinen, ausgestattet. Dies gilt sowohl im Hinblick auf die absolute Verfügbarkeit als auch im Verhältnis zu den jeweiligen Bettenkapazitäten. So besaß im Jahr 2017 nur rund jedes dritte

[16] Gemäß § 136 b Abs. 1 S. 1 Nr. 2 SGB V werden für ausgewählte elektive Leistungen, wie z. B. für den Einsatz künstlicher Kniegelenke oder Lebertransplantationen, erforderliche Mindestmengen je behandelndem Arzt und/oder Krankenhaus pro Jahr festgelegt. Damit soll sichergestellt werden, dass bestimmte Eingriffe nur von solchen Ärzten durchgeführt werden, die ein Mindestmaß an Erfahrung aufweisen, vgl. hierzu Science Media Center Germany, Mindestmengen im Krankenhaus – Bilanz und Neustart, Endbericht, Köln, 3. Juni 2019, S. 1.

[17] Vgl. etwa Amato, L., u. a., Volume and health outcomes: evidence from systematic reviews and from evaluation of Italian hospital data, Epidemiol Prev. 37, 2013, S. 1–100; Hölscher, A., u. a., High-Volume Centers – Effect of Case Load on Outcome in Cancer Surgery, Onkologie 27, 2004, S. 412–416.

[18] IGNES Institut, Krankenhausversorgung in Ostholstein, Studie im Auftrag des Ministeriums für Soziales, Gesundheit, Jugend, Familie und Senioren des Landes Schleswig-Holstein, Berlin, August 2018, S. 124. Darüber hinaus existiert eine Reihe empirischer Studien, die den positiven Zusammenhang zwischen einer Fallzahlsteigerung und der Behandlungsqualität von Patienten nahelegen. So zeigen etwa Blum und Offermanns (2012) für ausgewählte Leistungsbereiche wie Hüft- und Knie-Endoprothesen- sowie Herzschrittmacher-Implantationen einen qualitätssteigernden Effekt höherer Fallzahlen. Vgl. Blum, K. / Offermanns, M., Einflussfaktoren des Fallzahlen- und Case Mix-Anstiegs in deutschen Krankenhäusern, Gutachten des Deutschen Krankenhausinstituts im Auftrag der Deutschen Krankenhausgesellschaft.

[19] Vgl. etwa Emori, T. / Gaynes, R., An overview of nosocomial infections, including the role of the microbiology laboratory, Clinical Microbiology Review 6(4), 1993, S. 428–442; Hagel, S., u. a., Nutzen eines krankenhausweiten Infektionspräventions-Programmes zur Reduktion nosokomialer Infektionen und assoziierter Sepsisfälle (ALERTS) – Methodik und Zwischenergebnisse, Stuttgart 2013.

Krankenhaus mit weniger als 200 Betten mindestens ein CT-Gerät; im Vergleich dazu waren es bei Krankenhäusern mit mehr als 200 Betten fast 80 Prozent.[20] Im internationalen Vergleich befinden sich deutsche Krankenhäuser damit insgesamt im Mittelfeld. Dabei ist die Überlebenschance eines Notfallpatienten zumindest in manchen Fällen deutlich höher, wenn er innerhalb von 30 Minuten ein gut ausgestattetes Krankenhaus erreicht, als wenn er bereits nach 15 Minuten in einem vergleichsweise schlecht ausgestatteten Krankenhaus versorgt wird.[21] Nach Angaben der OECD starben im Jahr 2018 von den akuten Herzinfarkt-Patienten, die in deutsche Krankenhäuser eingeliefert wurden, rund 8,5 Prozent. Im OECD-Vergleich ist dies ein schwacher 28. Platz.[22] Dies weist darauf hin, dass Deutschland international zwar über überdurchschnittlich viele Krankenhäuser verfügt, diese aber oftmals zu klein und nicht hinreichend ausgestattet sind, um typische Notfälle bestmöglich behandeln und eine hohe Versorgungsqualität gewährleisten zu können.[23]

143. Eine weitere Folge der hohen Krankenhausdichte ist, dass der Wettbewerb um gut ausgebildete Fachärzte und Pflegekräfte besonders hoch ist. In vielen Krankenhäusern bleiben Stellen deshalb unbesetzt und auch der Blick auf das Betreuungsverhältnis in anderen OECD-Ländern zeigt, dass in Deutschland deutlich weniger medizinisches Personal[24] pro 1.000 stationären Behandlungsfällen eingesetzt wird als in fast allen anderen OECD-Ländern.[25] Ist kein Facharzt oder nicht ausreichend Pflegepersonal verfügbar, ist die hohe Krankenhausdichte nur vermeintlich ein Vorteil, wenn diese mit Qualitätsmängeln einherginge. Eigene Berechnungen zeigen, dass sich das Betreuungsverhältnis mit zunehmender Krankenhausgröße im Durchschnitt deutlich verbessert.[26] Dies liefert einen Hinweis darauf, dass mit einer stärkeren Konsolidierung deutscher Krankenhäuser vorhandene Personalressourcen besser im Sinne einer höheren Versorgungsqualität eingesetzt werden können.

144. Die hohe Anzahl kleiner Krankenhäuser könnte ebenfalls ursächlich für die teils schlechte finanzielle Lage vieler Krankenhäuser sein. So wiesen im Jahr 2018 rund 32 Prozent aller Krankenhäuser Verluste aus; weitere 20 Prozent konnten gerade eine Kostendeckung erzielen. Studien zeigen, dass sich größere Häuser in der Regel in einer besseren wirtschaftlichen Lage befinden und auch der Grad der Spezialisierung einen positiven Einfluss auf die finanzielle Ausstattung hat.[27] Ein Grund für diesen Befund dürfte sein, dass größere Krankenhäuser über hohe Fallzahlen Größenvorteile realisieren und die Rentabilität steigern. Studien zeigen, dass Krankenhäuser mit 300 bis 600 Betten eine aus betriebswirtschaftlicher Sicht optimale Größe aufweisen.[28] Mit zunehmender Krankenhausgröße und zunehmendem Grad an Spezialisierung könnte demnach nicht nur eine verbesserte Versorgungsqualität, sondern auch eine nachhaltigere Betriebsführung ermöglicht werden.

145. Die hohe Anzahl kleiner Krankenhäuser ist auch nicht für eine flächendeckende Notfallversorgung der Bevölkerung erforderlich. Das RWI – Leibniz-Institut für Wirtschaftsforschung hat im Auftrag der Kassenärztlichen Bundesvereinigung anhand von Simulationsanalysen die Mindestanzahl von Notfallzentren ermittelt. Es gelangt zu dem Ergebnis, dass unter

---

20 Eigene Berechnung auf Datengrundlage des Statistisches Bundesamtes, Fachserie 12 Reihe 6.1.1, S. 58. Zu ähnlichen Ergebnissen gelangt die Studie der Bertelsmann-Stiftung, in der die medizinische Ausstattung von Krankenhäusern im Ballungsgebiet Köln-Leverkusen untersucht wurde.

21 Vgl. etwa Bertelsmann-Stiftung, Neuordnung der Krankenhaus-Landschaft, Spotlight Gesundheit 2, 2019, S. 6 f.; Rürup, B., Medizinische Versorgung: Überkapazitäten, Unwirtschaftlichkeit, Fehlplanung, Handelsblatt, 21.06.2019.

22 OECD, Health at a Glance 2019: OECD Indicators, Paris 2019, S. 31.

23 Vgl. etwa Bertelsmann-Stiftung, Neuordnung der Krankenhaus-Landschaft, Spotlight Gesundheit 2, 2019, S. 3 f.; IGNES Institut, Krankenhausversorgung in Ostholstein, Studie im Auftrag des Ministeriums für Soziales, Gesundheit, Jugend, Familie und Senioren des Landes Schleswig-Holstein, Berlin, August 2018, S. 124.

24 Medizinisches Pflegepersonal meint hierbei das Gesamtpersonal eines Krankenhauses bestehend aus Ärzten, Pflegefachkräften, Pflegehelfern etc.

25 Zander, B. / Köppen, J. / Busse, R., Personalsituation in deutschen Krankenhäusern in internationaler Perspektive, in: Klauber, J., u. a. (Hrsg.), Krankenhaus-Report 2017, Stuttgart 2017, S. 62 f.

26 Eigene Berechnung auf Datengrundlage des Statistisches Bundesamtes, Fachserie 12 Reihe 6.1.1, S. 37.

27 RWI – Leibniz-Institut für Wirtschaftsforschung, Krankenhaus Rating Report 2019: Deutschen Krankenhäusern geht es wieder schlechter, Pressemitteilung vom 22. Mai 2019; Roland Berger, Das Ende des Wachstums: Deutschlands Krankenhäuser zwischen Kostendruck und steigendem Wettbewerb, München 2019, S. 5.

28 Lüngen, M., Die optimale Klinikgröße, in: Klauber, J., u. a. (Hrsg.), Krankenhaus-Report 2017, Stuttgart 2017, S. 187.

Zugrundelegung bestehender Krankenhausstrukturen und eines Erreichbarkeitsniveaus von maximal 30 Minuten Fahrzeit für 99,6 Prozent der Bevölkerung rund 736 Notfallzentren erforderlich seien. Dies entspräche weniger als der Hälfte der derzeit 1.592 Krankenhäuser, die offiziell an der Notfallversorgung teilnehmen.[29] Diese Zahlen deuten darauf hin, dass eine optimale Versorgung von Patienten mit akuten Gesundheitsproblemen mit weitaus weniger Standorten möglich ist. Eine geringere Anzahl an Standorten dürfte unter wirtschaftlichen und versorgungstechnischen Gesichtspunkten effizienzsteigernd sein, auch weil ein durchgängiger 24-Stunden-Betrieb von Notfallzentren mit hohen, von vornherein knappen personellen Ressourcen verbunden ist. Bereits seit Jahren ist die Reform der Notfallversorgung im Fokus gesundheitspolitischer Diskussionen. Infolgedessen wurde z. B. mit dem im Jahr 2016 in Kraft getretenen Krankenhausstrukturgesetz (KHSG) eine stärkere Unterstützung der ambulanten Notfallversorgung von Krankenhäusern durch den Bereitschaftsdienst der niedergelassenen Ärzte gesetzlich vorgeschrieben. Durch eine gezielte Ausschöpfung des haus- und allgemeinärztlichen Versorgungspotenzials sollen Krankenhäuser künftig zunehmend entlastet werden. Es soll damit auch vermieden werden, dass Patienten mit geringem Gesundheitsrisiko die Kapazitäten der Notaufnahmen zusätzlich belasten. Die hohe Krankenhausdichte in Deutschland ist folglich kaum dadurch zu erklären, dass sie für eine optimale Notfallversorgung von Patienten erforderlich ist.

146. Zugleich gilt es in Bezug auf die gesundheitspolitisch geforderte stärkere Konsolidierung des Krankenhaussektors zu berücksichtigen, dass eine Krankenhausstruktur mit weniger und dafür tendenziell größeren Allgemeinkrankenhäusern den Wettbewerb zwischen Krankenhäusern schwächen kann. Potenziell sollten die im Wettbewerb entstehenden Anreize dazu beitragen, dass sich optimale Kapazitäten, Krankenhausgrößen sowie ein optimaler Spezialisierungsgrad der Krankenhäuser einstellen.

147. Insgesamt lässt sich konstatieren, dass eine Reihe von Indizien dafür sprechen, dass in Deutschland tendenziell zu viele kleine Krankenhäuser mit einem zu geringen Grad an medizinischer Spezialisierung vorgehalten werden. Krankenhausfusionen (ggfs. auch Krankenhauskooperationen) könnten daher zumindest in Einzelfällen qualitätssteigernde Effekte haben. Ob generell davon auszugehen ist, dass sich durch größere, wirtschaftlichere Versorgungszentren mit einer klaren Leistungsspezialisierung im Allgemeinen Ineffizienzen abbauen lassen, kann auf Basis der dargestellten Erwägungen jedoch nicht hinreichend geklärt werden. Es gilt daher mögliche Ursachen in der aktuellen Fusionskontrollpraxis, die einer effizienzsteigernden Konsolidierung sowie einer Spezialisierung ggfs. entgegenstehen könnten, zu identifizieren.

3 Änderungsbedarf im Fusionskontrollverfahren für Krankenhäuser

148. Die dargestellte Situation des Krankenhaussektors und die darauf basierenden Forderungen der Gesundheitspolitik nach einer schnellen Konsolidierung haben die Debatte zuletzt vor allem auf die wettbewerbliche Zusammenschlusskontrolle gelenkt. Zusammenschlüsse sind eine Möglichkeit, vergleichsweise schnell Strukturveränderungen in einem Sektor zu erreichen. Infolge eines Zusammenschlusses von Fachabteilungen oder ganzen Krankenhäusern kann der neue gemeinsame Eigentümer das Versorgungsangebot der Häuser neu organisieren und ggfs. Spezialisierungs- und Zentralisierungsziele direkt umsetzen. Als Alternative zu einem Zusammenschluss ließe sich dieses Ziel grundsätzlich auch dadurch erreichen, dass Strukturveränderungen durch autonome Entscheidungen der unabhängigen Krankenhausträger veranlasst werden. Mit dem Ziel, ein geändertes Wahlverhalten der Patienten anzureizen oder betriebswirtschaftlich nachzuvollziehen, könnten Fachabteilungen bzw. Krankenhäuser insgesamt gegründet, ausgebaut oder geschlossen werden.

149. Erfolgen Strukturveränderungen auf dem Krankenhausmarkt auf Basis von Zusammenschlüssen, unterliegen diese oftmals der wettbewerblichen Zusammenschlusskontrolle, und zwar unabhängig davon, ob eine Landesbehörde den Zusammenschluss empfohlen hat oder nicht.[30] Zusammenschlüsse im Krankenhaussektor werden – sofern sie die Aufgreifschwellen der deutschen Zusammenschlusskontrolle überschreiten – durch das Bundeskartellamt daraufhin ge-

[29] RWI, Notfallversorgung in Deutschland, Projektbericht im Auftrag der Kassenärztlichen Bundesvereinigung, April 2018; Augursky, B., u. a. , Versorgungsplanung durch datenbasierte Marktraumanalysen am Beispiel von Notfallzentren, in: Klauber, J., u. a. (Hrsg.), Krankenhaus-Report 2019: Das digitale Krankenhaus, Berlin 2019, S. 161 ff.

[30] Das Landeskrankenhausrecht stellt gegenüber dem Bundesrecht, d. h. hier dem Gesetz gegen Wettbewerbsbeschränkungen, kein höherrangiges Recht dar. Vgl. Monopolkommission, Sondergutachten 52: Zusammenschlussvorhaben der Asklepios Kliniken Hamburg GmbH mit der Krankenhaus Mariahilf gGmbH, Baden-Baden 2008, Tz. 62 ff; Monopolkommission, XVII. Hauptgutachten, Weniger Staat, mehr Wettbewerb, Baden-Baden 2008, Tz. 530 ff.

prüft, ob es infolge des Zusammenschlusses zu einer wesentlichen Beeinträchtigung des wirksamen Wettbewerbs käme. Zuletzt wurde von verschiedenen Seiten kritisiert, dass im Rahmen der Zusammenschlusskontrolle die gewünschten Konzentrationsbemühungen auf nahezu unüberwindbare fusionskontrollrechtliche Hürden stießen. Die mit einem Zusammenschlussvorhaben angestrebten strukturellen Verbesserungen und Effizienzgewinne würden damit regelmäßig zunichtegemacht. So berücksichtige das Bundeskartellamt bei der Fusionskontrolle nicht hinreichend die Besonderheiten des Krankenhausmarktes, wie etwa die medizinische Versorgungsqualität oder die mit einem Zusammenschluss zukünftig veränderte Erreichbarkeit von Krankenhäusern. Dies schaffe eine Diskrepanz zwischen gesetzgeberischem Wunsch und kartellrechtlicher Wirklichkeit.[31]

150. Zu klären ist, ob im Bereich des Krankenhaussektors Bedingungen vorliegen, die in den Fusionskontrollregeln nicht angelegt sind oder bei ihrer praktischen Anwendung nicht hinreichend Berücksichtigung finden.[32] Tatsächlich ist die Zusammenschlusskontrolle des Bundeskartellamts im Krankenhaussektor besonders häufig gefordert. In keinem anderen Wirtschaftsbereich wurden von der Wettbewerbsbehörde in den vergangenen Jahren so viele Hauptprüfverfahren (sog. Phase II) eingeleitet wie im Krankenhaussektor. Von den im Zeitraum von 2003 bis 2020 mehr als 310 angemeldeten Zusammenschlussvorhaben sind insgesamt 25 Vorhaben im Rahmen eines Hauptprüfverfahrens untersucht worden. Davon wurden sieben Fusionen untersagt und zwei weitere seitens der Antragsteller zurückgenommen; zudem wurde im Verfahren Universitätsklinikum Tübingen / Zollernalb-Kliniken eine von den Unternehmen bereits vollzogene, aber dem Bundeskartellamt nicht angezeigte Fusion rückabgewickelt (für einen Überblick siehe Tabelle I.2). Infolge einer Untersagung wurde in drei Fällen gemäß § 42 Abs. 1 GWB ein Antrag auf Ministererlaubnis gestellt, der in einem Fall erfolgreich war. 14 Zusammenschlussvorhaben, darunter vier unter Auflagen, wurden seit 2003 vom Bundeskartellamt im Hauptprüfverfahren freigegeben. Die intensive Tätigkeit des Bundeskartellamts lässt des Weiteren auf eine erhebliche Vorfeldwirkung schließen, sodass eine Vielzahl weiterer von den Trägern gewünschter Zusammenschlussvorhaben von vornherein aufgrund einer absehbaren Untersagung nicht zur Anmeldung kommen oder nach informellen Vorgesprächen mit dem Bundeskartellamt aufgegeben werden. Nach eigenen Angaben hat das Bundeskartellamt allein im Berichtszeitraum 2017/2018 etwa 33 informelle Vorgespräche im Krankenhaussektor geführt. Inwieweit daraufhin von einer Anmeldung abgesehen wurde, kann nicht abschließend eingeschätzt werden.[33]

---

31 So z. B. Augursky, B. / Jendges, T., Strukturanpassungen im Krankenhausbereich: Notwendige Veränderungen bei der Fusionskontrolle, RWI Positionen 73, 9. April 2019; Ärztekammer Westfalen-Lippe und Nordrhein, Ärztekammern sind sich einig: Reform der Krankenhausplanung darf nicht kartellrechtlich blockiert werden, Pressemitteilung vom 22. November 2019.

32 Es sei in diesem Kontext darauf hingewiesen, dass das Bundeskartellamt derzeit eine Sektoruntersuchung im Bereich des Krankenhauswesens durchführt, um die wettbewerblichen Rahmenbedingungen der Branche zu analysieren, vgl. BKartA, Sektoruntersuchung bei Krankenhäusern, Pressemitteilung vom 31. Mai 2016.

33 Aus unterschiedlichen Pressemitteilungen des Bundeskartellamtes lässt sich jedoch entnehmen, dass die informellen Vorgespräche in der Regel auch zu einer Anmeldung führen. So gingen im Zeitraum von 2003-2011 alle Vorgespräche mit einer anschließenden Anmeldung des Zusammenschlussvorhabens einher. Lediglich zwischen 2011 und September 2019 wurden insgesamt 5 Zusammenschlussvorhaben und zwischen September 2019 und Juni 2020 weitere 3 Vorhaben nach kritischer Bewertung im Rahmen einer informellen Voranfrage nicht angemeldet. Vgl. hierzu BKartA, Pressemitteilung vom 17. Juni 2020, Bundeskartellamt gibt den Erwerb des Malteser Krankenhaus Bonn durch Helios frei; BKartA, Pressemitteilung vom 4. März 2020, Bundeskartellamt erlaubt Krankenhausfusion im Burgenlandkreis in Sachsen-Anhalt; BKartA, Pressemitteilung vom 25. September 2019, Bundeskartellamt gibt Krankenhausfusion im Allgäu frei.

Tabelle I.2: Gescheiterte Fusionen im Krankenhaussektor seit 2003

Beteiligte	Jahr	Verfahrensausgang
Sana Kliniken Ostholstein / AMEOS	2018	Rücknahme
Cellitinnen zur heiligen Maria / Stiftung der Cellitinnen	2018	Rücknahme
Klinikum Esslingen / Kreiskliniken Esslingen	2014	Untersagung
Klinikum Worms / Agaplesion Hochstift Evangelisches Krankenhaus	2012	Untersagung
Universitätsklinikum Tübingen / Zollernalb-Kliniken	2009	Rückabwicklung der Fusion
Gesundheitsholding Nordhessen / Gesundheitsholding Werra-Meißner-Kreis	2009	Untersagung
LBK Hamburg / Mariahilf Krankenhaus Hamburg	2007	Untersagung
Universitätsklinikum Greifswald / Kreiskrankenhaus Wolgast	2006	Untersagung
Rhön Klinikum / Krankenhaus Eisenhüttenstadt	2005	Untersagung
Rhön Klinikum / Kreiskrankenhaus Bad Neustadt	2005	Untersagung

Quelle: Eigene Erhebung, basierend auf den vom Bundeskartellamt veröffentlichten Fallberichten und Entscheidungen

3.1 Änderungen des Patientenverhaltens bei Marktabgrenzung berücksichtigen

151. Ein strittiger Aspekt der Fusionskontrolle bei Krankenhäusern betrifft die Abgrenzung der relevanten Märkte, die Grundlage der materiellen Prüfung der wettbewerblichen Auswirkungen eines jeden Zusammenschlusses ist. In vielen Fällen entscheidet die Marktabgrenzung über den Ausgang eines Verfahrens. Es lässt sich jedoch verallgemeinernd feststellen, dass eine zu weite Abgrenzung der einem Markt zuzuordnenden Angebote tendenziell eher zu der Annahme verhältnismäßig geringer Marktanteile der beteiligten Unternehmen führt, was Zusammenschlüsse ggfs. unproblematischer wirken lässt, als sie es tatsächlich sind. Wird ein Markt hingegen zu kleinteilig abgegrenzt, bleiben mögliche Wettbewerber eines Unternehmens teilweise unberücksichtigt, sodass die Marktmacht der betreffenden Unternehmen tendenziell überschätzt wird.[34] Die teils vertretene These einer überoptimalen Eingriffspraxis der Fusionskontrolle könnte daher z. B. in Hinblick auf eine womöglich zu enge Marktabgrenzung überprüft werden.

152. Bei der sachlichen Marktabgrenzung folgt das Bundeskartellamt dem sog. Sortimentsgedanken. Demnach wird ein Gesamtmarkt für die Erbringung von akutstationären Krankenhausdienstleistungen (nachfolgend Krankenhausmarkt) abgegrenzt, der jegliche von den Krankenhäusern gegenüber ihren Patienten erbrachten akutstationären Leistungen umfasst. Dabei sind Rehabilitationseinrichtungen, Alten- und Pflegeheime sowie reine Privatkliniken und psychiatrische Fachkliniken (dies gilt auch für psychiatrische Fachabteilungen in Allgemeinkrankenhäusern) nicht dem allgemeinen Krankenhausmarkt zuzurechnen.[35] Eine weitere Untergliederung des Marktes, etwa nach unterschiedlichen Fachabteilungen, Versorgungstiefen oder dem Grad der Behandlungsdringlichkeit, erfolgt nicht. Die Monopolkommission hatte sich in ihrem siebzehnten Hauptgutachten bereits ausführlich mit der sachlichen Marktabgrenzung befasst und die Gründe, die für oder gegen eine differenziertere Marktbetrachtung sprechen, diskutiert.[36] Grundsätzlich führt die bisher

[34] Möglich ist grundsätzlich aber auch der umgekehrte Effekt, wenn die Unternehmen durch eine enge Marktabgrenzung keine Wettbewerber mehr sind.

[35] Siehe Monopolkommission, XVII. Hauptgutachten, Weniger Staat, mehr Wettbewerb, Baden-Baden 2008, Tz. 535; zuletzt veröffentlicht: BKartA, Beschluss vom 14. Mai 2014, B3-135/13, Tz. 62.

[36] Ebenda, Tz. 535 ff.

vom Bundeskartellamt gewählte, eher weite Marktabgrenzung nach dem Sortimentsmarktgedanken im Fall von Zusammenschlussvorhaben zu eher geringeren wettbewerblichen Bedenken. Der Grund dafür ist, dass bei einer solchen Marktabgrenzung tendenziell mehr Krankenhäuser als mögliche Wettbewerber berücksichtigt werden und damit die Marktanteile der Zusammenschlussbeteiligten geringer ausfallen.

153. In Bezug auf die Frage, ob die Fusionskontrollpraxis überoptimal eingreift, richtet sich der Blick daher vor allem auf die räumliche Marktabgrenzung, bei der die Region zu ermitteln ist, in der Krankenhäuser im Wettbewerb miteinander stehen. Im Fall von Krankenhauszusammenschlüssen stützt das Bundeskartellamt die Marktabgrenzung in ständiger Praxis insbesondere auf eine nachfragebezogene, individuelle Betrachtung der Patientenströme des Krankenhausmarktes (sog. Patientenstromanalyse). Der räumlich relevante Markt umfasst dabei solche Krankenhäuser, die von Patienten tatsächlich als Alternative zu den von einem Zusammenschlussvorhaben betroffenen Krankenhäusern aufgesucht werden. Das Bundeskartellamt wertet dazu zunächst auf Basis von Daten vom Institut für das Entgeltsystem im Krankenhaus (InEK)[37] die Patientenbewegungen einer betroffenen Region aus. Anhand dieser InEK-Daten ermittelt das Amt dann sog. Eigenversorgungsquoten für verschiedene Versorgungsräume. Die Eigenversorgungsquote gibt den prozentualen Anteil derjenigen Patienten an, die in einer betrachteten Versorgungsregion wohnhaft sind und zur Behandlung ein Krankenhaus in derselben Region aufsuchen. Suchen Patienten zu einem hohen Anteil die Krankenhäuser einer betrachteten Versorgungsregion auf (hohe Eigenversorgungsquote), deutet dies auf eine geschlossene Versorgungsregion mit homogenen Wettbewerbsbedingungen und einem eigenständigen räumlich relevanten Markt hin.[38] Dieses Vorgehen führt meist zur Abgrenzung von wohnortsnahen Regionalmärkten.

154. Eine häufig diskutierte Alternative zur bisherigen Praxis der Marktabgrenzung ist, allein auf die theoretischen Ausweichmöglichkeiten des Patienten zwischen mehreren Krankenhäusern abzustellen.[39] Demnach wäre in räumlicher Hinsicht zu überprüfen, wie viele alternative Krankenhäuser der Grundversorgung innerhalb einer z. B. 30-minütigen Fahrzeit für Patienten einer Region mit mehr als 5.000 Einwohnern zur Verfügung stehen. Mit der 30-Minuten-Fahrzeit-Regel wären – anders als bisher – tendenziell auch weiter entfernte Krankenhäuser als ein Teil des räumlich relevanten Marktes anzusehen.

155. Es gilt aber zu beachten, dass das Kriterium der prinzipiellen Verfügbarkeit eines weiteren Krankenhauses weniger genaue Aussagen darüber zulässt, inwiefern die Krankenhäuser tatsächlich im Wettbewerb zueinander stehen, als die vom Bundeskartellamt derzeit durchgeführte Erhebung tatsächlicher Patientenströme und Ausweichalternativen. Auch erscheint die starre Festlegung einer 30-Minuten-Fahrzeit-Grenze problematisch, weil sie den wettbewerblichen Koordinierungsmechanismus von vornherein vordefiniert und die örtlichen Verhältnisse (z. B. Nähe von Ballungszentren, örtliche Spezialisierungen) außer Acht lässt.

156. Allerdings birgt das derzeit vom Bundeskartellamt schwerpunktmäßig verwendete Verfahren auch theoretische Schwachpunkte, die aus Sicht der Monopolkommission vor allem mit der Möglichkeit einer erheblichen Veränderung der Versorgungssituation zusammenhängen. Die Marktabgrenzung auf Grundlage der Situation zum Zeitpunkt eines möglichen Zusammenschlusses bzw. unmittelbar davor vorzunehmen, ist in der Fusionskontrollpraxis üblich, aber keineswegs zwingend.[40] Die mit einem (ggfs. auch untersagten) Zusammenschluss zukünftig veränderten Marktverhältnisse und Auswahlmöglichkeiten der Patienten bleiben dabei unberücksichtigt. Denkbar wäre beispielsweise, dass Patienten für eine bestimmte Behandlung – als Beispiel dient der Einsatz eines Herzschrittmachers – ein auf entsprechende Herzoperationen spezialisiertes Krankenhaus (Herzzentrum) innerhalb der wohnortsnahen Region aufsuchen. Es sei nun

37 Bei den vom Bundeskartellamt für die Marktabgrenzung verwendeten InEK-Patientendaten handelt es sich um Daten, die rund ein Jahr zeitverzögert sind.

38 Zur Methodik der räumlichen Marktabgrenzung vgl. BKartA, Fallbericht vom 17. Dezember 2018, B3-122/18; Monopolkommission, XVII. Hauptgutachten, Weniger Staat, mehr Wettbewerb, Baden-Baden 2008, Tz. 542 ff.

39 Augursky, B. / Jendges, T., Strukturanpassungen im Krankenhausbereich: Notwendige Veränderungen bei der Fusionskontrolle, RWI Positionen 73, 9. April 2019. Dieser Vorschlag basiert auf dem Beschluss des Gemeinsamen Bundesausschusses (G-BA) zu den Regelungen für die Vereinbarung von Sicherheitszuschlägen vom 24. November 2016.

40 Die Zusammenschlusskontrolle besitzt als Ganzes einen Prognosecharakter. Entsprechend kann die Prognose auch in Bezug auf die Marktabgrenzung absehbare Entwicklungen einbeziehen, die den Zusammenschluss selbst betreffen können. Zum Beispiel Körber, in: Immenga/Mestmäker, Wettbewerbsrecht, Bd. 3, 6. Aufl., München 2020, Art. 2 FKVO Rn. 131.

weiter angenommen, dass dieses Herzzentrum beabsichtigt, sich aufgrund seiner wirtschaftlichen Lage mit einem anderen Krankenhaus desselben räumlich relevanten Marktes zusammenzuschließen. Käme es infolge eines Zusammenschlusses zu einer Zentralisierung aller Herzoperationen im Krankenhaus des anderen Zusammenschlussbeteiligten und einem Wegfall des bisherigen Standortes des Herzzentrums, so würden sich auch die Wettbewerbsverhältnisse ändern. Patienten, die zuvor das Herzzentrum aufgesucht haben, müssten nun in das Haus des anderen Zusammenschlussbeteiligten wechseln. Sie könnten z. B. aufgrund der geänderten Entfernungsrelationen neue Anreize haben, ein anderes Krankenhaus außerhalb des abgegrenzten räumlich relevanten Marktes aufzusuchen. Ein unter der ursprünglichen Marktabgrenzung erkanntes Wettbewerbsproblem könnte daher infolge eines durchgeführten Zusammenschlusses tatsächlich nicht bestehen. Der gleiche Effekt ist im Übrigen auch dann denkbar, wenn es aufgrund der Untersagung eines Zusammenschlusses zum wirtschaftlichen Ausscheiden von Krankenhäusern oder Fachabteilungen kommt. Das Beispiel verdeutlicht, dass die räumliche Marktabgrenzung auf Basis von vergangenheitsbezogenen Daten auch zu kleinteilig eingeschätzt werden kann, insbesondere dann, wenn es im relevanten Markt tendenziell wenige Wettbewerber bzw. Krankenhäuser/Spezialisierungen gibt. Im Ergebnis kann es deshalb theoretisch zu der dargestellten widersprüchlichen Situation kommen.

157. Es ist allerdings fraglich, ob die dargestellten theoretischen Schwächen der aktuell praktizierten Methode zur Abgrenzung der Märkte auch von praktischer Bedeutung sind. Tatsächlich schätzt die Monopolkommission die möglichen Nachteile durch die vergangenheitsbezogene Marktabgrenzung so ein, dass es in eher seltenen Einzelfällen zu unzureichenden Ergebnissen kommen kann. Dafür spricht etwa, dass Änderungen der Marktverhältnisse in infrastrukturbasierten Märkten eher träge sind und Veränderungen der Patientenströme nicht unbedingt erwartet werden können. In Bezug auf mögliche Verbesserungen der Marktabgrenzung erinnert die Monopolkommission an ihren Alternativvorschlag aus ihrem XVI. und XVII. Hauptgutachten, wonach die Marktabgrenzung auch in Form einer Verbraucherbefragung erfolgen könnte.[41] Dazu würden Patienten der am geplanten Zusammenschluss beteiligten Krankenhäuser gefragt, in welches Krankenhaus sie gegangen wären, wenn es das Krankenhaus, das sie aufgesucht haben, nicht gegeben hätte. Auf diese Weise würde die tatsächliche Wettbewerbssituation direkt abgebildet, wobei das Ausscheiden eines Krankenhauses aus dem Markt in Form der Fragestellung implizit Berücksichtigung fände. Eine Umstellung der Methodik wäre jedoch mit zahlreichen weiteren Detailproblemen der Umsetzung einer darauf basierenden räumlichen und ggfs. auch sachlichen Marktabgrenzung verbunden, während die derzeit vom Bundeskartellamt angewendete Systematik zumindest in ihrer praktischen Anwendung ausgereift erscheint. Daher scheint es alternativ auch ausreichend, wenn das Bundeskartellamt diesen Punkt im Auge behält und die Ergebnisse der Marktabgrenzung im Einzelfall validiert (z. B. mit einer Befragung der Patienten), sollte der konkrete Zusammenschlusstatbestand Anhaltspunkte für zu erwartende Veränderungen der Versorgungssituation geben.

3.2 Unklare Berücksichtigung von Qualitätsvorteilen könnte Anpassungen im GWB erfordern

158. Die im Krankenhaussektor im Vergleich zu anderen Wirtschaftsbereichen hohe Anzahl an Prüfungen, Untersagungen und Rücknahmen sind vor dem Hintergrund zu bewerten, dass Krankenhäuser aufgrund regulatorischer Vorgaben im Wesentlichen in keinem spürbaren Preiswettbewerb zueinander stehen; der entscheidende Wettbewerbsparameter ist die Qualität des Dienstleistungsangebots der Krankenhäuser.[42] Qualitätsrückstände gegenüber Krankenhäusern im Wettbewerbsumfeld können zu geringeren Patientenzahlen und finanziellen Nachteilen führen, sodass ein steter Anreiz besteht, die wahrnehmbare Qualität möglichst hoch zu halten. Das Untersagungskriterium für (Krankenhaus-)Fusionen ist nach § 36 Abs. 1 Satz 1 GWB die erhebliche Behinderung wirksamen Wettbewerbs (sog. SIEC-Test[43]). Das gesetzliche Regelbeispiel für die Annahme einer erheblichen Behinderung wirksamen Wettbewerbs ist die Entstehung oder Verstärkung einer marktbeherrschenden Stellung. Die Untersagung eines geplanten Zusammenschlusses von Krankenhäusern

---

41 Monopolkommission, XVI. Hauptgutachten, Mehr Wettbewerb auch im Dienstleistungssektor!, Baden-Baden 2006, Tz. 483; Monopolkommission, XVII. Hauptgutachten, Weniger Staat, mehr Wettbewerb, Baden-Baden 2008, Tz. 546.

42 Monopolkommission, XVII. Hauptgutachten, a. a. O., Tz. 819 ff.

43 SIEC = Significant Impediment to Effective Competition (erhebliche Behinderung wirksamen Wettbewerbs).

beinhaltet somit gewöhnlich auch die Vermutung, dass insbesondere ein marktbeherrschendes Krankenhaus die Behandlungsqualität zulasten der Patienten reduzieren könnte.[44]

159. Den möglichen negativen wettbewerblichen Auswirkungen eines Zusammenschlusses können jedoch Effizienzgewinne entgegenstehen. Effizienzgewinne beruhen üblicherweise auf Größenvorteilen (Synergieeffekten), die sich auf Kosten und Qualität auswirken. Aus Sicht der Monopolkommission weisen Zusammenschlüsse im Krankenhaussektor auch in Bezug auf Effizienzgewinne einige relevante Unterschiede zu Zusammenschlüssen in anderen Branchen auf. Durch den fixierten Preis je Behandlungsfall erstrecken sich auch die Wirkungen von solchen Größenvorteilen, die sich auf die Wettbewerbsparameter der Krankenhäuser niederschlagen, primär auf die Angebotsqualität.[45] Hinzu kommt, dass aus Gründen der Versorgungssicherheit in einzelnen Bereichen gesellschaftliche Ansprüche an die Krankenhausstruktur bestehen können, die allein durch Markt- und Wettbewerbsprozesse ggfs. nicht erfüllt werden, aber im öffentlichen Interesse liegen.[46] Dies hat z. B. zur Folge, dass Kosteneffekte einer Fusion im Einzelfall auch dann für die Qualität von Bedeutung sein können, wenn etwa der Erhalt von Behandlungskapazitäten zur Sicherung eines politisch definierten Mindestversorgungsniveaus ermöglicht wird.

160. In der europäischen Fusionskontrolle wird dem Spannungsverhältnis zwischen dem Schutz wirksamen Wettbewerbs einerseits und den durch einen Zusammenschluss begründeten Effizienzvorteilen andererseits im Rahmen der Effizienzverteidigung Rechnung getragen.[47] Danach ist es zulässig, Effizienzvorteile eines Zusammenschlusses gegen die wettbewerblichen Nachteile abzuwägen. Die Voraussetzung dafür, dass zusammenschlussbedingte Effizienzvorteile in diesem Sinne Berücksichtigung finden, sind nachgewiesene Verbrauchervorteile, die Fusionsspezifität der Effizienzen und ihre Überprüfbarkeit. Tatsächlich sind die Hürden zur Berücksichtigung der Effizienzvorteile bei der Europäischen Kommission hoch – die strengen Kriterien werden in wenigen Fällen erfüllt, und in diesen sind die Effizienzvorteile meist

---

[44] Es gibt zahlreiche internationale Studien, die einen positiven Einfluss des Wettbewerbs auf die Behandlungsqualität nahelegen. So gelangen Gaynor, Moreno-Serra und Propper (2013), die in Großbritannien den Einfluss des preisregulierten Qualitätswettbewerbs auf die 30-Tage-Mortalität von Herzinfarktpatienten untersuchen, zu dem Ergebnis, dass durch eine Reduzierung der durchschnittlichen Marktkonzentration um 10 % jedes Jahr rund 1.000 Todesfälle allein in den 133 untersuchten Krankenhäusern vermieden werden könnten. Zu einem ähnlichen Schluss gelangen Kessler und McClellan (2000). Sie zeigen einen wohlfahrtssteigernden Effekt von Wettbewerb auf die Behandlungskosten sowie das Gesundheitsergebnis von Patienten, gemessen an auftretenden Komplikationen und der Mortalität von Herzinfarktpatienten. Ebenso legen Bloom et al. (2015) einen positiven Zusammenhang zwischen Wettbewerbsintensität und der Qualität von Krankenhausleistungen nahe. Die Krankenhausqualität wird dabei anhand mehrerer Faktoren wie etwa der durchschnittlichen Verweildauer, der Mortalität nach operativen Eingriffen oder der Behandlungsintensität quantifiziert. Demgegenüber stellen Gowrisankaran und Town (2003) für Los Angeles höhere Mortalitätsraten von Herzinfarkt- und Lungenentzündungspatienten fest, die in weniger konzentrierten Märkten behandelt wurden. Bei der Interpretation der einzelnen Studienergebnisse ist zu beachten, dass gerade die empirischen Studien im Krankenhaussektor zahlreichen Einschränkungen unterliegen, die ihre Aussagekraft für konkrete Fragestellungen teilweise mindern. Unklar ist daher, inwieweit die Ergebnisse für den deutschen Krankenhausmarkt verallgemeinert werden dürfen. Einschlägige deutsche Studien existieren bisher nicht. Vgl. Gaynor, M. / Moreno-Serra, R. / Propper, C., Death by Market Power: Reform, Competition and Patient Outcomes in the National Health Service, American Economic Journal 5 (4), 2013, S. 134–166; Kessler, D. / McClellan, B., Is Hospital Competition Socially Wasteful?, Quarterly Journal of Economics 115 (2), 2000, S. 577–615; Bloom, N., u. a., The impact of competition on management quality: evidence from public hospitals, Review of Economic Studies 82 (2), 2015, S. 457–489; Gowrisankaran, G. / Town, R., Competition, Payers, and Hospital Quality, Health Services Research 38 (6), 2003, S. 1403–1421.

[45] Ein durch einen Zusammenschluss von Krankenhäusern ausgelöster Synergieeffekt kann sich unmittelbar auf die Qualität auswirken (z. B. direkter Effekt einer höheren Fallzahl auf die Behandlungsqualität). Davon zu trennen sind mittelbare Auswirkungen, wenn mögliche Kostensenkungen zur Qualitätsverbesserung eingesetzt werden. Bei auf Kostensenkungen beruhenden Qualitätswirkungen unterliegt der Eintritt des Vorteils einer wesentlich höheren Unsicherheit und ist daher grundsätzlich schwieriger nachzuweisen.

[46] Denkbar sind Eingriffe aus verschiedenen Gründen, die der Versorgungssicherung dienen: Zum Beispiel kann es deshalb etwa im dünn besiedelten ländlichen Raum dazu kommen, dass eine wohnortnahe Versorgung der Bevölkerung nicht wirtschaftlich ist und somit nicht im Wettbewerb abgebildet wird. Auch besteht die Gefahr, dass der Wettbewerb aufgrund der regulierten Preise des Fallpauschalensystems keine Reservekapazitäten bzw. Überkapazitäten für Bedarfsschwankungen im Katastrophenfall, wie etwa im Rahmen der COVID-19-Pandemie, hervorbringt. Schließlich kann es in Einzelfällen auch zu Marktversagen kommen, etwa wenn aus mangelnder Qualitätstransparenz in Krankenhäusern zu kleine Fachabteilungen minderer Qualität am Markt finanziert werden.

[47] Vgl. Erwägungsgrund Nr. 29 zur FKVO, der ergänzt wird durch die Leitlinien zur Bewertung horizontaler Zusammenschlüsse gemäß der Ratsverordnung über die Kontrolle von Unternehmenszusammenschlüssen, ABl. EU Nr. C 31 vom 5. Februar 2004, Tz. 76.

nicht entscheidungsrelevant.[48] Vorgetragene Effizienzen betreffen zudem in der weit überwiegenden Zahl Kostenvorteile. Auch fusionsspezifische und überprüfbare Kostenvorteile sind jedoch nur unter engen Bedingungen geeignet, dem Verbraucher zugutezukommen und die gegenläufige Gefahr einer Preiserhöhung im Wettbewerb zu egalisieren. Bei Qualitätsvorteilen besteht das zusätzliche Problem ihrer Quantifizierung. Grundsätzlich hat die Europäische Kommission aber auch die Berücksichtigung von Qualitätsvorteilen als Effizienz anerkannt und vereinzelt geprüft.[49] Mit der Frage des Effizienzeinwandes bei Krankenhauszusammenschlüssen hat sie sich bisher nicht beschäftigt, auch weil entsprechende Fusionen eher selten die europäischen Aufgreifschwellen überschreiten oder wegen der nationalen Bedeutung an die entsprechenden Behörden abgegeben wurden.[50] Die hiesigen Krankenhauszusammenschlüsse fallen oft unter das deutsche Recht und unterliegen dann der Kontrolle durch das Bundeskartellamt. Aus dem Gesetz gegen Wettbewerbsbeschränkungen lässt sich die Möglichkeit eines Effizienzeinwands jedoch nicht vergleichbar wie aus dem europäischen Recht ableiten. Derzeit gilt es als unklar, ob Effizienzargumente in der deutschen Fusionskontrolle berücksichtigt werden können. Die schwierige Frage nach der grundsätzlichen Berücksichtigung von Effizienzen zugunsten der Zusammenschlussbeteiligten berührt mehrere Spezifika des deutschen Fusionskontrollrechts und ist in der Vergangenheit intensiv diskutiert worden. Auch nach der 2012 erfolgten Anpassung des Untersagungskriteriums in § 36 Abs. 1 Satz 1 GWB an die EU-Fusionskontrollverordnung wird die Möglichkeit der Anerkennung von Effizienzvorteilen eher verneint.[51] Auch weil in den meisten geprüften Zusammenschlussfällen die Effizienzargumente nicht von entscheidender Bedeutung waren, blieb eine Klärung bisher aus.

161. In seinen Entscheidungen bei Zusammenschlüssen von Krankenhäusern hat das Bundeskartellamt mehrfach die Frage erörtert, ob die Effizienzvorteile eines Zusammenschlusses den negativen Auswirkungen auf den Wettbewerb entgegengestellt werden können. Zuletzt hat es im Untersagungsfall Klinikum Esslingen / Kreiskliniken Esslingen die Möglichkeit, Verbesserungen infolge des Zusammenschlusses zu berücksichtigen, die über den engen Spielraum der sog. Abwägungsklausel (§ 36 Abs. 1 Satz 2 Nr. 1 GWB) hinausgingen, als „zweifelhaft" bezeichnet.[52] Das Bundeskartellamt hat vorgebrachte Effizienzen trotz der fraglichen Berücksichtigungsmöglichkeit stets geprüft. Die vorgebrachten Vorteile waren aus Sicht des Amtes jedoch bislang nie hinreichend, um die wettbewerblichen Bedenken aufzuwiegen. Die Frage der Berücksichtigungsmöglichkeit konnte daher offenbleiben.[53] Von der Kartellbehörde nicht zu berücksichtigende Effizienzen können im Fall einer Untersagungsentscheidung jedoch in einem sich ggfs. anschließenden Ministererlaubnisverfahren auch als Gemeinwohlvorteil anerkannt werden.[54]

162. Da sich im Krankenhausbereich, anders als in anderen Sektoren, die wettbewerblichen Auswirkungen insbesondere auf die Qualität der Versorgung erstrecken, muss eine Kartellbehörde – sofern sie Effizienzen berücksichtigt – eine Qualitätsprognose unter Abwägung der durch Wettbewerb und durch Synergieeffekte induzierten Qualitätswirkungen erstellen. Auch hier gibt die letzte Untersagungsentscheidung des Bundeskartellamtes im Krankenhaussektor ein Beispiel einer solchen Prüfung. Die Kliniken wiesen im Verfahren darauf hin, dass der beabsichtigte Zusammenschluss eine verbesserte Qualität der Patientenversorgung ermögliche, die durch die Verknüpfung von Fachabteilungen, eine konzen-

48 Röller, L.-H., Efficiencies in EU Merger Control: Do They Matter?, in: Ramser, H. J. / Stadler, M. (Hrsg.), Marktmacht, Tübingen 2010, S. 185–195.

49 EU-Kommission, Entscheidung vom 3. Januar 2013, UPS/TNT Express, M.26570.

50 Das aktuell vom Bundeskartellamt geprüfte Zusammenschlussverfahren zwischen den großen privaten Krankenhausbetreibern Asklepios und Röhn ist z. B. von der EU-Kommission an das Bundeskartellamt verwiesen worden.

51 Vgl. hierzu auch Monopolkommission, 63. Sondergutachten, Die 8. GWB-Novelle aus wettbewerbspolitischer Sicht, Baden-Baden 2012, Tz. 29 ff.

52 BKartA, Klinikum Esslingen / Kreiskliniken Esslingen, Beschluss vom 14. Mai 2014, B3-135/12, Rn. 289.

53 Auch in anderen Bereichen, wie z. B. jüngst bei Bargelddienstleistungen, wurde die Frage nach der Berücksichtigung von Effizienzargumenten aufgrund fehlender Entscheidungserheblichkeit bisher offengelassen. Vgl. etwa BKartA, Beschluss vom 17. Januar 2019, B5-29/18; BKartA, Beschluss vom 17. Dezember 2019, B9-80/19.

54 So hat die Monopolkommission z. B. im Ministererlaubnisverfahren zum (Krankenhaus-)Zusammenschlussfall „Mariahilf / Asklepios Kliniken" Effizienzwirkungen sowohl in Bezug auf Kosten als auch auf Qualität geprüft. Monopolkommission, Sondergutachten 52: Zusammenschlussvorhaben der Asklepios Kliniken Hamburg GmbH mit der Krankenhaus Mariahilf gGmbH, Baden-Baden, 2008, Tz. 80 und 99.

trierte Behandlung komplexer Krankheitsbilder bzw. eine Erhöhung von Fallzahlen entstehen sollte.[55] Das Bundeskartellamt sah diese Vorteile als nicht gegeben bzw. nicht fusionsspezifisch an. So seien die fachlichen Vorteile aus der Bündelung von Fachabteilungen aus Sicht des Amtes auch ohne den Zusammenschluss erreichbar. Der Zusammenschluss sei zudem nicht erforderlich, um die Fallzahlen auf die Höhe der vom Gemeinsamen Bundesausschuss festgelegten Mindestmengen zu bringen.[56] Auch bezweifelt das Bundeskartellamt, dass die Unternehmen nach einem Zusammenschluss die dargestellten Vorteile tatsächlich realisieren und insofern an die Verbraucher weitergeben, da aufgrund des sinkenden Wettbewerbs dazu keine Anreize mehr bestünden.[57] Auch eine finanzielle Konsolidierung, die zu einem Erhalt der Standorte führen würde, erkennt das Bundeskartellamt nicht an, da der Erhalt der Standorte auch ohne den Zusammenschluss durch Sanierungsmaßnahmen möglich sei.[58]

163. Die Monopolkommission ist der Auffassung, dass im Krankenhaussektor zusammenschlussbedingte Qualitätseffekte sowohl auf wettbewerblicher als auch auf betriebswirtschaftlicher Seite eine besonders hohe ökonomische und gesellschaftliche Bedeutung aufweisen. In Bezug auf erwartete Effizienzen ist zudem anzunehmen, dass im Falle direkter Qualitätsvorteile auch eine Verbraucherbeteiligung in den meisten Fällen gegeben sein dürfte, da die meisten qualitativen Verbesserungen in Krankenhäusern der Patientenversorgung zugutekommen. Vor diesem Hintergrund ergibt sich im Krankenhaussektor womöglich eine im Vergleich zu anderen Branchen weitaus stärkere Berechtigung, auch Effizienzen in Form von durch Synergien ausgelöste Qualitätsverbesserungen im Rahmen der Zusammenschlusskontrolle zu erfassen. Zwar ist eine gleichwertige Erfassung von Wettbewerbswirkungen und anderen Qualitätsvorteilen bereits im Ministererlaubnisverfahren gemäß § 42 GWB möglich. Allerdings ist das Ministererlaubnisverfahren für Ausnahmesituationen gedacht; es ist zudem langwierig und zielt auf unsystematische Konstellationen, in denen durch einen Zusammenschluss etwaige Gemeinwohlvorteile von besonderer Bedeutung auftreten. Im Fall von Krankenhauszusammenschlüssen sind die Unterschiede, die für die besondere Berechtigung einer Erfassung von Effizienzen ursächlich sind, jedoch struktureller bzw. regulatorischer Natur und deshalb systematisch. Daher könnte dies eine klare und eindeutige Regelung der Erfassbarkeit von Qualitätsvorteilen im Verfahren vor dem Bundeskartellamt rechtfertigen.

164. Fraglich ist außerdem, ob die zu prüfenden qualitativen Vorteile auch ein anderes Gewicht erhalten müssten. Zwar prüft das Bundeskartellamt die im Fall von Krankenhauszusammenschlüssen vorgebrachten Effizienzen bereits heute. Das Amt legt dazu die strengen aus der europäischen Zusammenschlusskontrolle entliehenen Kriterien zu Grunde. Allerdings ist auf Basis dieser Kriterien gerade in Bezug auf die oft nicht quantifizierbaren und in europäischen Zusammenschlussverfahren auch nur vereinzelt geprüften Qualitätsvorteile ein sicherer und überprüfbarer Nachweis auch nur schwer zu erbringen. Es erscheint deshalb plausibel, dass synergiebedingte Qualitätsvorteile bei Krankenhäusern auch aus einer Vielzahl kleiner Veränderungen der Arbeitsabläufe resultieren können, die sich vor allem in ihrer Gesamtwirkung qualitativ einordnen, aber im Einzelnen nicht gut herleiten und für fachfremde Personen nicht hinreichend darstellen lassen. Auch in Bezug auf die Veränderung der Behandlungsqualität, die aus einer Erhöhung der Fallzahlen resultieren könnte, ist ein möglicher (ggfs. auch negativer) Effekt auch über die vom Gemeinsamen Bundesausschuss festgestellten Mindestmengenbereiche hinaus naheliegend und hängt voraussichtlich auch vom jeweiligen Falltyp ab. Vor diesem Hintergrund lässt sich annehmen, dass es einer Kartellbehörde in Bezug auf die ihr wohlvertrauten wettbewerblichen Auswirkungen erheblich leichter fällt, ein klareres Bild zu gewinnen. Im Einzelfall wäre es daher von Vorteil, wenn eine Beurteilung der synergiebedingten Qualitätseffekte eines Zusammenschlusses durch einen unabhängigen Sachverständigen vorgenommen werden würde. Es kommt zwar vor, dass im Rahmen der Verfahren zur Zusammenschlusskontrolle vom Bundeskartellamt bei Bedarf Sachverständige zur Beantwortung von Einzelfragen gehört werden. Eine Anfertigung eines schriftlichen Sachverständigengutachtens zur Beantwortung komplexerer Tatsachenfragen, z. B. der Einschätzung von durch Effizienzen des Zusammenschlusses ausgelösten Qualitätseffekten (auf Basis des Vortrages der Antragsteller) und seiner Auswirkung auf Versorgungsziele, sind dagegen in Zusammenschlussverfahren vor dem Bundeskartellamt bisher nicht üblich. Gleichwohl sieht das Kartellrecht mit § 57 Abs. 2 GWB i. V. m. § 411 ZPO eine explizite

[55] BKartA, Klinikum Esslingen / Kreiskliniken Esslingen, a. a. O., Rn. 285.

[56] Ebenda, Rn.298 f.

[57] Ebenda, Rn. 300.

[58] Ebenda, Rn. 302 ff.

Rechtsgrundlage für solche Sachverständigengutachten vor, der sich die Kartellbehörde in einem entsprechenden Fall jederzeit bedienen könnte.

165. Vor diesem Hintergrund empfiehlt die Monopolkommission, von jeglicher kartellrechtlichen Bereichsausnahme im Krankenhaussektor abzusehen. Diese würde das Gewicht in den eingeschlossenen Ausnahmesituationen einseitig in Richtung synergiebedingter Vorteile und Planungsinteressen lenken und die evident qualitätssichernde wettbewerbliche Kontrolle vollständig außer Kraft setzen. Stattdessen ist es empfehlenswert, die Berücksichtigung qualitativer Effekte im Fusionskontrollverfahren expliziter zu regeln. Dazu sollte zunächst klargestellt werden, dass in Krankenhausfällen synergiebedingte Qualitätsvorteile bei der wettbewerblichen Abwägung berücksichtigungsfähig sind, ohne damit jedoch eine generelle Aussage zur Berücksichtigung etwaiger Effizienzen für die Zusammenschlusskontrolle in anderen Wirtschaftssektoren zu treffen. Die Monopolkommission schlägt vor, zu diesem Zweck die Ausnahmen zum Untersagungstatbestand in § 36 Abs. 1 Satz 2 durch eine neue Nr. 4 mit folgendem Wortlaut zu ergänzen:

> *„(4) wenn die beteiligten Unternehmen bei einem Zusammenschluss von Krankenhäusern nachweisen, dass von dem Zusammenschluss ausgehende Qualitätsvorteile und positive Auswirkungen auf Versorgungssicherungsziele der zuständigen Landesbehörden die Behinderung des Wettbewerbs überwiegen".*

Die Monopolkommission schlägt außerdem vor, in der Gesetzesbegründung festzuhalten, dass die Aufnahme dieses Ausnahmetatbestandes eine Erfassung der Effizienzen „jedenfalls in den dargestellten Fällen" klarstellen soll. Des Weiteren sollte in der Gesetzesbegründung das Verfahren konkreter beschrieben werden, nach dem die Prüfung der Qualitätseffekte durch das Bundeskartellamt in schwierigen Fällen erfolgen könnte. So könnte sich das Bundeskartellamt in einem Hauptprüfverfahren, in dem von den anmeldenden Krankenhäusern Effizienzen vorgebracht werden, zur Beweiswürdigung eines Sachverständigengutachtens gem. § 57 Abs. 2 GWB i. V. m. § 411 ZPO bedienen. Die Aufgabe des Sachverständigengutachtens wäre darauf begrenzt, die von den anmeldenden Unternehmen vorgebrachten Belege für synergiebedingte Qualitätsvorteile des Zusammenschlusses in Bezug auf ihre Fusionsspezifität, ihre Eintrittswahrscheinlichkeit und ihr Gewicht zu bewerten. Der Sachverständige soll auch die Versorgungsziele des jeweiligen Bundeslandes in seine Bewertung der Qualitätseffekte einfließen lassen. Das Bundeskartellamt könnte dann auf Basis der zusätzlich gewonnenen Informationen die Abwägung der Qualitätsvorteile mit den wettbewerblichen Qualitätswirkungen vornehmen und zudem über den Bedarf qualitätssichernder Auflagen[59] entscheiden.

4 Qualitätswirkungen bei Zusammenschlusskontrolle in den Blick nehmen

166. Nicht nur aufgrund der Corona-Pandemie werden derzeit viele Forderungen an eine künftige Struktur des Krankenhauswesens vorgetragen. Diese zielen oftmals auf eine stärkere Konsolidierung des Krankenhaussektors ab. Hintergrund für Veränderungswünsche sind in vielen Fällen Indizien, die dafür sprechen, dass sich die deutsche Krankenhauslandschaft tendenziell effizienter darstellen könnte. Im Rahmen der aktuellen 10. GWB-Novelle wurde daher die Debatte vor allem auf die Anpassung der wettbewerblichen Fusionskontrolle gelenkt und auf die Frage, ob die Zusammenschlusskontrolle institutioneller Änderungen bedarf, damit es zu mehr Spezialisierung und Zentrenbildung bei Krankenhäusern kommen kann.

167. Die Monopolkommission stellt zunächst fest, dass zahlreiche internationale Studien eine positive Wirkung des Wettbewerbs auf die Qualität im Krankenhaussektor bestätigen.[60] Deshalb sind Vorschläge, die derzeit politisch diskutiert werden und darauf zielen, in bestimmten Fällen Krankenhäuser von der Zusammenschlusskontrolle auszunehmen,

---

59 In Bezug auf die Möglichkeit, Qualitätseffekte durch Nebenbestimmungen abzusichern, ist auf das Verbot einer laufenden Verhaltenskontrolle gemäß § 40 Abs. 3 Satz 2 GWB hinzuweisen. Die sich aus der Fusion potenziell ergebenden Qualitätsvorteile können daher nur durch strukturelle Maßnahmen und durch Nebenbestimmungen, die etwa nur der einmaligen Überprüfung bedürfen, abgesichert werden. In vielen Fällen sollten die bei Krankenhauszusammenschlüssen vorgebrachten Qualitätsvorteile von Prozessen ausgehen, die z. B. auf der Änderung von Infrastrukturen oder der Verlagerung von Fachabteilungen beruhen und danach automatisch eintreten. Diese Prozesse könnten im Rahmen der Nebenbestimmungen einmalig kontrolliert werden, da eine Rückverlagerung nach erfolgter Umstellung aufgrund der Kosten unwahrscheinlich ist. Zu der Zulässigkeit von Nebenbestimmungen siehe auch: Monopolkommission, Stellungnahme der Monopolkommission zu den beabsichtigten Nebenbestimmungen im Ministererlaubnisverfahren Miba/Zollern, 19. August 2019, insbes. S. 4 ff.

60 Siehe hierzu Tz. 30 und die Verweise in Fn. 46.

mit Risiken für die Qualität verbunden. Hinter solchen Bereichsausnahmen steht die Erwartung, dass in definierbaren Fällen die Synergien oder gesundheitspolitischen Vorteile eines Zusammenschlusses die möglichen wettbewerblichen Nachteile per se überwiegen. Es wird dann auf eine Prüfung der wettbewerblichen Wirkungen eines Zusammenschlusses verzichtet. Je weiter eine solche pauschale Ausnahme gefasst wird, desto eher kommt es zu Fehlern zulasten des Wettbewerbs und der von ihm angereizten Qualitätsfortschritte auf dem Krankenhausmarkt.

168. Zutreffend ist, dass es durch den Zusammenschluss von Krankenhäusern zu Qualitätsveränderungen und synergiebedingten Vorteilen kommen kann. Zusammenschlussbedingte Qualitätsvorteile überwiegen den Verlust von wettbewerblichen Qualitätsanreizen jedoch keinesfalls generell. Vielmehr ist allen Auswirkungen eines Zusammenschlusses im Krankenhaussektor im Rahmen der Zusammenschlusskontrolle Beachtung zu schenken. Dies betrifft mehrere Punkte: Zum einen ist zu empfehlen, dass das Bundeskartellamt seine grundsätzlich ausgereifte, aber in erster Linie auf vergangenheitsbezogene Patientenstromdaten bezogene Marktabgrenzung im Einzelfall daraufhin prüft, ob infolge des Zusammenschlussvorhabens Änderungen der Angebotsverhältnisse am Markt eintreten, die zu einem veränderten Nachfrageverhalten führen können. Zum anderen – und ungleich bedeutender – ist festzustellen, dass der gegenwärtige Rechtsrahmen der deutschen Fusionskontrolle keine hinreichend klare Abwägungsmöglichkeit zwischen wettbewerblich induzierten Qualitätsveränderungen einerseits und aus Synergieeffekten resultierenden Qualitätsvorteilen andererseits vorsieht. Die Monopolkommission schlägt daher vor, diese Abwägung in Form eines expliziten Effizienzeinwandes für Krankenhausfusionen in das Gesetz gegen Wettbewerbsbeschränkungen aufzunehmen. Die Qualitätsvorteile könnte das Kartellamt außerdem durch einen Sachverständigen prüfen lassen.

169. Zugleich betont die Monopolkommission, dass die Zusammenschlusskontrolle nur einen kleinen Ausschnitt des institutionellen Rahmens darstellt, in dem sowohl Staat als auch Wettbewerb auf die Krankenhausstrukturen Einfluss nehmen. Mögliche Effizienzdefizite sind daher nicht nur mit der Annahme einer tendenziell strukturkonservierenden Wirkung der gegenwärtigen Zusammenschlusskontrolle zu erklären. Vielmehr können Ineffizienzen auch dadurch entstehen, dass der institutionelle Rahmen für Krankenhäuser falsche Anreize setzt bzw. die Rollenverteilung zwischen wettbewerblicher Selbstorganisation einerseits und staatlicher Einflussnahme zur Sicherung der stationären Versorgung andererseits zu einer Blockade der jeweiligen Aufgaben führt. Es ist daher wichtig, zur Frage der Wirkung institutioneller Rahmenbedingungen sowie zum Zusammenspiel staatlicher und wettbewerblicher Steuerungsmechanismen weitere Untersuchungen durchzuführen. Ein besonderes Augenmerk könnte hierbei auf der staatlichen Krankenhausplanung und dem Finanzierungssystem deutscher Krankenhäuser liegen. Über die Krankenhausplanung und Investitionsförderung nehmen die Bundesländer einen besonderen Einfluss auf die Krankenhausstrukturen, gewährleisten die Versorgung und sichern Krankenhäuser wirtschaftlich. Dazu stellen sie Krankenhauspläne auf und entwickeln Investitionsprogramme. In diesem Tätigkeitsfeld der Länder liegen verschiedene Überschneidungsbereiche mit den Funktionen des Wettbewerbs, die aus Sicht der Monopolkommission im Hinblick auf eine wirksame Funktion der jeweiligen Organisationsmechanismen evaluiert werden sollten.

170. Des Weiteren hält es die Monopolkommission für geboten, das Wettbewerbsmodell im Gesundheitswesen selbst weiterzuentwickeln. Hierzu sollte neben dem Wettbewerb um Patienten auch der Wettbewerb um Verträge mit den Krankenkassen gestärkt werden. Eine stärkere Einbindung des wettbewerblichen Krankenversicherungssystems in die Steuerung des stationären Versorgungsbedarfs ginge mit erheblichen Vorteilen einher. Hierzu erinnert die Monopolkommission an ihre Vorschläge aus dem 75. Sondergutachten. Eine entschlossene Weiterentwicklung in den genannten Bereichen könnte entscheidend dazu beitragen, die Strukturen der stationären Versorgung nicht nur zu festigen, sondern diese auch für künftige Herausforderungen zu ertüchtigen.

Kapitel II

Stand und Entwicklung der Unternehmenskonzentration in Deutschland

Kurz gefasst

Die Monopolkommission hat gemäß § 44 Abs. 1 Satz 1 GWB den gesetzlichen Auftrag, den Stand und die Entwicklung der Unternehmenskonzentration in der Bundesrepublik Deutschland zu beurteilen. Seit Beginn der Berichterstattung ist die Beurteilung der **aggregierten Unternehmenskonzentration** Teil des Konzentrationsberichts. Zu diesem Zweck ermittelt die Monopolokommission regelmäßig die hundert größten Unternehmen in Deutschland und berechnet den Anteil der inländischen Wertschöpfung der „100 Größten" an der gesamtwirtschaftlichen Wertschöpfung. **Dieser Anteil ist im Berichtszeitraum leicht gesunken** und beträgt im Berichtsjahr 2018 14,8 Prozent. Der zu beobachtende rückläufige Trend seit Beginn der Berichterstattung setzt sich damit fort. Die Monopolkommission ermittelt zudem **die personellen Verflechtungen und die Kapitalverflechtungen zwischen den „100 Größten"**. Acht Unternehmen aus dem Kreis der „100 Größten" sind an 31 Unternehmen aus dem Kreis der „100 Größten" mit mehr als 1 Prozent beteiligt. Im Vergleich zum Berichtsjahr 2016 hält damit eine geringere Anzahl an Unternehmen Anteile an einer insgesamt größeren Anzahl an Unternehmen aus dem Kreis. Bei den „100 Größten" sind im Jahr 2018 42 personelle Verflechtungen über Geschäftsführer zu beobachten, d. h. Geschäftsführer eines Unternehmens waren in Kontrollgremien anderer Unternehmen aus dem Kreis der „100 Größten" vertreten. Nach einem deutlichen Rückgang von 45 Verbindungen im Jahr 2014 auf nur noch 34 Verbindungen im Jahr 2016, bedeutet dies zwar eine Wiederzunahme. Im längerfristigen Trend ist hier allerdings eine Stabilisierung des Niveaus zu konstatieren. Dagegen ist die Anzahl an Verflechtungen über Personen ohne Geschäftsführungsmandat, etwa über Aufsichtsratsmandate in mehreren Unternehmen aus dem Kreis der „100 Größten", auf 88 Verflechtungen im Jahr 2018 (nach 113 im Jahr 2016) gesunken.

Neben der Analyse der aggregierten Unternehmenskonzentration werden der Stand und die Entwicklung der Unternehmenskonzentration in Wirtschaftsbereichen sowie von unternehmensspezifischen Preisaufschlägen als Indikatoren für Marktmacht ermittelt. Die **sektorübergreifende Unternehmenskonzentration hat sich in Deutschland im Zeitraum 2007 bis 2015 weitgehend konstant entwickelt**. Zwischen den Jahren 2015 und 2017 kann jedoch in einigen Wirtschaftsbereichen eine steigende Konzentration festgestellt werden. So lässt sich ein **deutlicher Anstieg der Konzentration in den Bereichen Dienstleistungen und Baugewerbe** um zuletzt 17,1 Prozent bzw. 10,3 Prozent beobachten (2015–2017). In der Industrie hat sich die Konzentration im selben Zeitraum dagegen um durchschnittlich 8,3 Prozent verringert; der Handel blieb nahezu unverändert. Zudem lässt sich ein überproportionaler Konzentrationsanstieg in den Wirtschaftszweigen mit den höchsten Konzentrationswerten beobachten. Vor dem **Hintergrund der Corona-Krise** ist davon auszugehen, dass der konjunkturelle Einbruch in einzelnen stark betroffenen Wirtschaftszweigen **mittelfristig zu einem Anstieg der Unternehmenskonzentration führen wird**. Vergleichbare wirtschaftliche Entwicklungen haben im Zuge der Finanz- und Wirtschaftskrise der Jahre 2008 bis 2010 die Konzentration einzelner Wirtschaftszweige um durchschnittlich 10 Prozent erhöht. Die Analyse der sektorübergreifenden Entwicklung von Preisaufschlägen auf Grundlage repräsentativer Unternehmensdaten der amtlichen Statistik ergibt einen durchschnittlichen Anstieg in der Industrie. Der umsatzgewichtete durchschnittliche **Preisaufschlag ist in der Industrie zwischen 2008 und 2017 um 17 Prozent angestiegen**. Im Dienstleistungssektor weisen die Ergebnisse dagegen auf ein Sinken des gewichteten Durchschnittspreisaufschlages im selben Zeitraum um gut 14 Prozent hin.

Insgesamt **sieht die Monopolkommission** für die Unternehmenskonzentration in Deutschland **weiterhin keinen besorgniserregenden Trend** und damit keinen unmittelbaren wettbewerbspolitischen Handlungsbedarf. Allerdings sind der leicht steigende Trend in der sektorübergreifenden Unternehmenskonzentration sowie die steigenden umsatzgewichteten Preisaufschläge in der Industrie weiterhin zu beobachten. Dies gilt insbesondere vor dem Hintergrund möglicher Auswirkungen der Corona-Krise auf Marktstrukturen und Marktmacht von Unternehmen in Deutschland. Es besteht weiterer Forschungsbedarf vor allem hinsichtlich der Ursachen ansteigender Konzentration und Preisaufschläge in manchen Bereichen der deutschen Wirtschaft, um die Frage beantworten zu können, ob die beobachteten Entwicklungen auf einen Anstieg von Marktmacht hindeuten, oder vielmehr auf Effizienzsteigerungen und eine zunehmende Investitionstätigkeit.

Summary

Under § 44(1) first sentence of the Act Against Restraints on Competition (ARC), the Monopolies Commission is tasked with regularly assessing the state and development of company concentration in Germany. Since its formation, the Monopolies Commission has been identifying the 100 largest companies in Germany in order to assess **aggregate macroeconomic concentration**. The share of the 100 largest companies in total value added is used as an indicator for the level of aggregate concentration. **For the reporting year 2018, this share has decreased slightly to 14.8 percent**, thus continuing its long-term downward trend. The Monopolies Commission also determines **personnel and capital linkages among the 100 largest companies.** Within this group, eight companies held more than 1 percent of the shares in 31 companies. Compared with 2016, this corresponds to fewer companies holding a significant stake in a larger number of companies within this group. With respect to personnel linkages in 2018, 42 of the 100 largest companies shared managing directors with other companies, i.e. managing directors of one company were represented in supervisory bodies of other companies. After observing 45 personnel links in 2014 and 34 in 2016, the long-term trend seems to be stabilizing. By contrast, the number of linkages via individuals without a management mandate – for example via supervisory board mandates in several companies from the group of the 100 largest companies – has decreased to 88 connections in 2018 (after a value of 113 in 2016).

In addition to the analysis of aggregate company concentration, the Monopolies Commission determines the state and development of concentration among companies across economic sectors as well as firm-specific price mark-ups as indicators of market power. **The cross-sectoral company concentration in Germany remained largely flat between 2007 and 2015**. Between 2015 and 2017, however, an increasing concentration could be observed in some sectors. For example, a **significant increase in concentration could be observed in the services and construction sectors** by 17.1 percent and 10.3 percent, respectively (2015–2017). In the manufacturing sector, on the other hand, concentration decreased by an average of 8.3 percent over the same period; concentration in the trade sector remained virtually unchanged. In addition, a disproportionately high increase in concentration could be observed in branches of industry with the highest concentration values. **Against the background of the corona crisis, the economic contraction is expected to lead to an increase in concentration in heavily affected sectors in the medium term**. Comparable economic downturns increased the concentration of sectors by an average of 10 percent during the financial and economic crisis between 2008 and 2010. The **analysis of price mark-ups** based on representative firm-level data from official statistics shows an average **increase in manufacturing**, where the sales-weighted average mark-up rose by 17 percent between 2008 and 2017. In the services sector, on the other hand, the same measure decreased by about 14 percent.

Overall, the **Monopolies Commission still sees no alarming trend** in the concentration of companies in Germany and thus no immediate need for action in competition policy. However, the rising trend in cross-sectoral company concentration and the increasing sales-weighted price mark-ups in manufacturing should be observed closely. This is particularly true against the background of possible effects of the corona crisis on market structures and market power of companies in Germany. There remains a need for further research to identify the causes of increasing concentration and mark-ups in some parts of the German economy; this will help to clarify whether the observed trends indicate an increase in market power or rather reflect efficiency improvements and increasing investment activity.

1 Stand und Entwicklung der aggregierten Unternehmenskonzentration

1.1 Die Erfassung der aggregierten Unternehmenskonzentration

1.1.1 Die gesellschaftliche Bedeutung von Großunternehmen

171. Die aggregierte bzw. gesamtwirtschaftliche Unternehmenskonzentration misst den Umfang makroökonomischer Aktivität, die von den größten Unternehmen einer Volkswirtschaft bestimmt wird. Gemessen wird die aggregierte Unternehmenskonzentration üblicherweise anhand des Anteils wirtschaftlicher Aktivität, der auf die größten Unternehmen der Volkswirtschaft entfällt.[1] Zur Messung der wirtschaftlichen Aktivität wird in diesem Zusammenhang u. a. auf Größen wie die Anzahl der Beschäftigten oder die Wertschöpfung zurückgegriffen.[2] Während die Konzentration auf einzelnen Märkten als Indiz für die Wettbewerbsintensität und die Stellung der Unternehmen auf jenen Märkten herangezogen werden kann, kann die aggregierte Unternehmenskonzentration Hinweise auf den Einfluss von Großunternehmen auf die Gesamtwirtschaft liefern.[3]

172. Bei Großunternehmen handelt es sich häufig um Konglomerate. Diese Unternehmen sind auf verschiedenen wettbewerblich relevanten Märkten tätig. Mit der zunehmenden Bedeutung großer, diversifizierter Digitalunternehmen (wie Google, Apple, Facebook und Amazon) erlebt die Diskussion um die Beurteilung von Konglomeraten im Rahmen der Fusionskontrolle zurzeit eine Renaissance.[4] Bei diesen Unternehmen ist eine erhebliche Zahl von Akquisitionen zu beobachten, die unterschiedliche Märkte betreffen (vgl. Microsoft/LinkedIn oder Google/YouTube).[5] Schon in den 1960-/1970er-Jahren war ein Anstieg konglomerater Fusionen in den USA zu beobachten, der sich dort auch in einem Anstieg der aggregierten Konzentration widerspiegelte.[6] Vor diesem Hintergrund wurde von US-amerikanischen Wettbewerbsbehörden vorübergehend die Ansicht vertreten, dass ein Zusammenschluss untersagt werden sollte, wenn er die aggregierte Unternehmenskonzentration erhöhen würde.[7] Auch in Deutschland wurde zwischen 1954 und 1960 ein Anstieg des Anteils der 100 größten Industrieunternehmen an den Umsätzen und Beschäftigten der gesamten Industrie festgestellt und in der Folge mit der zweiten GWB-Novelle die Fusionskontrolle eingeführt sowie die Monopolkommission mit der regelmäßigen Beobachtung der Konzentration beauftragt.[8]

---

1 Clark R. und S. W. Davies, Aggregate concentration, market concentration and diversification, The Economic Journal 93, 1983, S. 182-192.

2 Vgl. beispielsweise White, L. J. und J. Yang, What has been happening to aggregate concentration in the U.S. economy in the twenty-first century?, Contemporary Economic Policy 38(3), S. 483-495.

3 Historische Informationen zu den 100 größten Unternehmen Deutschlands seit 1974 stehen über die Website der Monopolkommission zur Verfügung (https://www.monopolkommission.de/de/themen/top-100-panel.html). Die im Unternehmenspanel-Format aufbereiteten Daten umfassen Informationen zu wesentlichen Leistungsgrößen, wie beispielsweise der inländischen Wertschöpfung, zu Eigentumsverhältnissen und den kapitalmäßigen und personellen Verflechtungen untereinander. Für eine detaillierte Beschreibung der Panel-Daten sei verwiesen auf Buchwald, A. u. a., The Top 100 Companies Panel Database. Five Decades of Aggregate Concentration Surveys in Germany, Journal of Economics and Statistics, 2020, https://doi.org/10.1515/jbnst-2020-0003.

4 Vgl. Garcés, E. und D. Gaynor, Conglomerate Mergers: Developments and call for caution, Journal of European Competition Law & Practice (10/7), 2019, S. 457-452; Motta, M. und M. Peitz, Big tech mergers, Discussion Paper Series – CRC TR 224 (147), 2020, https://www.crctr224.de/en/research-output/discussion-papers/discussion-paper-archive/2020/big-tech-mergers-massimo-motta-martin-peitz/view, Abruf am 30. Januar 2020.

5 Motta, M. und M. Peitz, Big tech mergers, Discussion Paper Series – CRC TR 224 (147), 2020, https://www.crctr224.de/en/research-output/discussion-papers/discussion-paper-archive/2020/big-tech-mergers-massimo-motta-martin-peitz/view, Abruf am 30. Januar 2020.

6 Bourreau, M. und A. de Streel, Digital conglomerates and EU competition policy, 2019, https://www.cerre.eu/news/digital-conglomerates-and-eu-competition-policy, Abruf am 30. Januar 2020. Für einen Literaturüberblick zur Entwicklung der aggregierten Konzentration in verschiedenen Ländern vgl. Todorov A., Aggregate concentration, market size and EU integration: Evidence from southeast Europe, Izvestiya Journal of Varna University of Economics (3-4), 2018, S. 185-199.

7 Schefzig, J., Die Beurteilung konglomerater Unternehmenszusammenschlüsse in Europa und den USA, 2013, S. 58.

8 Bericht über das Ergebnis einer Untersuchung der Konzentration in der Wirtschaft, BT-Drs. IV/2320 vom 5. Juni 1964.

173. Die Entwicklung wettbewerbsökonomischer Schadenstheorien wies in den darauffolgenden Jahren jedoch überwiegend darauf hin, dass konglomerate Zusammenschlüsse im Vergleich zu horizontalen Zusammenschlüssen mit geringeren wettbewerblichen Risiken verbunden sind. Während ein horizontaler Zusammenschluss die Konzentration auf einem einzelnen Markt erhöht und somit geeignet ist, die Wettbewerbsintensität auf dem betroffenen Markt zu verringern, führt ein konglomerater Zusammenschluss nicht zu einer erhöhten Konzentration auf den einzelnen betroffenen Märkten. Die aggregierte Unternehmenskonzentration steigt durch konglomerate Zusammenschlüsse jedoch an, da sie in Bezug auf die Gesamtwirtschaft zu einer Zunahme der Konzentration wirtschaftlicher Aktivität führt.[9]

174. Je konzentrierter die wirtschaftlichen Aktivitäten in einer Volkswirtschaft sind, umso stärker hängen gesamtwirtschaftliche Entwicklungen von einzelnen, ggf. miteinander verflochtenen Großunternehmen ab. Schwankungen in Bezug auf die wirtschaftliche Lage einzelner Unternehmen gleichen sich dann schlechter aus und können einen erheblichen Anteil der gesamtwirtschaftlichen Entwicklung determinieren. Empirische Untersuchungen bestätigen diese Theorie. Für Industrieunternehmen in Deutschland konnte beispielsweise gezeigt werden, dass Schwankungen im Umsatz der jeweils zehn größten Unternehmen eines Wirtschaftszweigs zu Umsatzschwankungen in Höhe von 30 bis knapp 50 Prozent des jeweiligen Wirtschaftszweigs führten, obwohl der Anteil der zehn größten Industrieunternehmen bei lediglich etwa 20 Prozent lag.[10]

175. Eine große wirtschaftliche Bedeutung kann zudem mit einer erhöhten politischen Aufmerksamkeit verbunden sein. Neben der Wettbewerbs- bzw. Regulierungsintensität einer Branche gilt insbesondere die Unternehmensgröße in der empirischen Literatur als entscheidender Faktor für die Intensität des Austauschs zwischen Unternehmensvertretern und politischen Entscheidungsträgern.[11] Wenn ein solcher Austausch einem besseren Verständnis der Wirkungen wirtschaftspolitischer Maßnahmen aufseiten politischer Entscheidungsträger dient, ist dieser zu begrüßen. Ein Austausch mit politischen Entscheidungsträgern kann allerdings auch genutzt werden, um diese von den eigenen, möglicherweise wettbewerbsschädigenden Interessen zu überzeugen. Beispielsweise kann die Aufmerksamkeit politischer Entscheidungsträger seitens der in einem Markt etablierten Unternehmen genutzt werden, um Markteintritte zu erschweren oder gar zu verhindern.[12] Erhebliche Wohlfahrtseinbußen können die Folge sein.[13]

176. Auch der Gesetzgeber war sich bereits im Rahmen der zweiten GWB-Novelle der potenziellen Wirkungen einer Konzentration wirtschaftlicher Verfügungsgewalt bewusst. In der Gesetzesbegründung wird die Unternehmenskonzentration grundsätzlich zwar weder als positiv noch als negativ beurteilt. Allerdings wird davon ausgegangen, dass eine „Einschränkung des Wettbewerbs durch Konzentration [...] die Erhaltung einer freiheitlichen und sozial befriedigenden Wirtschafts- und Gesellschaftsordnung“ gefährdet. Aus diesem Grund sah der Gesetzgeber die Ausübung wirtschaftlicher „Verfügungsgewalt von einem immer kleiner werdenden Personenkreis“ kritisch.[14] Die folgende Analyse des Stands und der Entwicklung der aggregierten Unternehmenskonzentration schafft Transparenz bezüglich der Verteilung wirtschaftlicher Verfügungsgewalt und kann mögliche Fehlentwicklungen frühzeitig identifizieren.

9 Allgemein kann gezeigt werden, dass sich die aggregierte Unternehmenskonzentration proportional zur mit dem gesamtwirtschaftlichen Diversifizierungsgrad gewichteten Summe der Marktkonzentration verhält (vgl. Clarke, R. und S. W. Davies, Aggregate concentration, market concentration and diversification, The Economic Journal 93, 1983, S. 182-192).

10 Wagner, J., The German manufacturing sector is a granular economy, Applied Economics Letters 19(17), 2012, S. 1663-1665.

11 Vgl. Dellis, K. und D. Sondermann, Lobbying in Europe: new firm-level evidence, European Central Bank working paper series 2071, 2017, Figueiredo J. M. und B. K. Richter, Advancing the empirical research on lobbying, Annual review of political science 17, 2014, S. 163-185 und Borghesi R. und K. Chang, The determinants of effective corporate lobbying, Journal of economics and finance 39(3), 2015, S. 606-624.

12 Matsumura, T. und A. Yamagishi, Lobbying for regulatory reform by industry leaders, Journal of regulatory economics 52(1), 2017, S. 63-76.

13 Magnolfi, L. und C. Roncoroni, Political connections and market structure, Working paper, 2016, https://warwick.ac.uk/fac/soc/economics/staff/croncoroni/politicalconnectionsmarketstructure.pdf, Abruf am 16. Januar 2018.

14 Gesetzentwurf der Fraktionen der SPD, FDP, Entwurf eines Zweiten Gesetzes zur Änderung des Gesetzes gegen Wettbewerbsbeschränkungen, BT.-Drs. 7/76 vom 25. Januar 1973, S. 15 f.

1.1.2 Ermittlung der größten Unternehmen anhand der inländischen Wertschöpfung

177. Die Monopolkommission bestimmt die aggregierte Unternehmenskonzentration seit Beginn ihrer Berichterstattung auf Grundlage der 100 größten Unternehmen in Deutschland (im Folgenden die „100 Größten").[15] In diesem Zusammenhang bezeichnet der Begriff „Unternehmen" keine rechtlich selbstständige Einheit. Vielmehr handelt es sich bei den hierbei betrachteten Großunternehmen um Unternehmensgruppen (Konzerne). Die rechtlich selbstständigen Unternehmen, die zu einer Unternehmensgruppe gehören, sind als wirtschaftliche Einheit zu betrachten. Die oberste Gesellschaft dieser wirtschaftlichen Einheit wird als Mutterunternehmen, die übrigen Gesellschaften werden als Tochterunternehmen bezeichnet. Mutterunternehmen mit Sitz in Deutschland sind gemäß § 290 HGB verpflichtet, einen Konzernabschluss aufzustellen, in den alle Unternehmen einbezogen werden, auf die das Mutterunternehmens unmittel- oder mittelbar einen beherrschenden Einfluss ausüben kann.[16] Das bedeutet, dass auch Tochterunternehmen mit Sitz im Ausland in den Konzernabschluss einzubeziehen sind. Da sich der Auftrag der Monopolkommission auf die Begutachtung der Unternehmenskonzentration in Deutschland bezieht, werden im Rahmen des vorliegenden Kapitels die im Ausland ansässigen Tochterunternehmen nicht berücksichtigt. Vielmehr werden überwiegend (Teil-)Konzerne erfasst, deren Mutterunternehmen ihren Sitz in Deutschland haben.[17] Als wirtschaftliche Einheit werden dabei nur diejenigen Tochtergesellschaften betrachtet, die ihren Sitz in Deutschland haben (inländischer Konzern).[18]

178. Seit dem IV. Hauptgutachten verwendet die Monopolkommission zur Abgrenzung des Kreises der „100 Größten" die Wertschöpfung.[19] Die Wertschöpfung entspricht dem Produktionswert aller Unternehmen abzüglich aller Vorleistungen (Entstehungsrechnung). Dieser Wert spiegelt sich in den Einkommen der beteiligten Gruppen wider, d. h. den Arbeitseinkommen, den Unternehmens- und Vermögenseinkommen und den Produktionsabgaben an den Staat (Verteilungsrechnung). Die Wertschöpfung eines einzelnen Unternehmens kann ebenfalls aus zwei Perspektiven betrachtet werden. Einerseits entspricht sie dem Wert, den das Unternehmen den verwendeten Vorprodukten hinzufügt, andererseits den Arbeitseinkommen, den Gewinnen und Zinsen sowie den Steuern, die das Unternehmen generiert.[20]

179. Die Verwendung der Wertschöpfung als Größenkriterium ist besonders vor dem Hintergrund sinnvoll, dass die Berichterstattung zur aggregierten Unternehmenskonzentration Aufschluss über die Verteilung wirtschaftlicher Verfügungsgewalt geben soll. Die volkswirtschaftliche Bruttowertschöpfung entspricht annähernd dem Bruttoinlandsprodukt.[21] Diese Größe gilt neben der Arbeitslosenquote als entscheidender Maßstab für die wirtschaftliche Leistungsfähigkeit eines Landes und kann damit auch den Erfolg politischer Entscheidungsträger beeinflussen.[22]

---

15 Monopolkommission, I. Hauptgutachten, Mehr Wettbewerb ist möglich, Baden-Baden 1976, Tz. 209.

16 § 290 HGB regelt die Pflicht zur Aufstellung eines Konzernabschlusses für Kapitalgesellschaften. Für Personengesellschaften ist die Pflicht zur Aufstellung eines Konzernabschlusses in § 11 PublG geregelt.

17 Allerdings werden auch Teilkonzerne erfasst, die kein inländisches Mutterunternehmen haben. Dies können Unternehmen mit einem ausländischen Mutterunternehmen wie die Shell-Gruppe Deutschland sein, aber auch Gleichordnungskonzerne wie die Debeka-Versicherungsgruppe oder von der Monopolkommission als wettbewerbliche Einheit betrachtete Unternehmen wie die EDEKA-Gruppe.

18 Im Rahmen der Analyse der auf dieser Grundlage ermittelten größten Unternehmen in Deutschland wird in Abschnitt 1.2.2 auch auf die Bedeutung ihrer Konzerneinheiten im Ausland eingegangen.

19 Zuvor wurden die größten Unternehmen anhand des Umsatzes abgegrenzt (Monopolkommission, IV. Hauptgutachten, Fortschritte bei der Konzentrationserfassung, Baden-Baden 1982, Tz. 345).

20 Die konkrete Berechnung der Wertschöpfung auf Grundlage von Jahresabschlussdaten wird detailliert im Anhang zu diesem Gutachten beschrieben (Anhang Abschnitt II. 1.1).

21 Im Jahr 2016 betrug der Anteil der Bruttowertschöpfung am Bruttoinlandsprodukt etwa 90 Prozent (Statistisches Bundesamt, Fachserie 18 Reihe 1.5 vom 16. September 2019).

22 Brender A. und A. Drazen (2008) untersuchen den Zusammenhang zwischen Wirtschaftswachstum und Wiederwahlwahrscheinlichkeit in 74 Ländern für den Zeitraum von 1960 bis 2003. Ihrer Studie zufolge besteht ein signifikanten Zusammenhang, der allerdings auf die Einbeziehung von Entwicklungsländern und jungen Demokratien zurückzuführen ist (Brender, A. und A. Drazen, How do budget deficits and economic growth affect reelection prospects? Evidence from a large panel of countries, American Economic Review 98/5, 2008, S. 2203-2220).

180. Um die gesamtwirtschaftliche Bedeutung von Unternehmen aller Branchen beurteilen zu können, ist es zudem notwendig, eine Größe zu verwenden, die einen branchenübergreifenden Vergleich ermöglicht. Die Wertschöpfung bietet gegenüber den branchenspezifischen Geschäftsvolumina als Größenkriterium den Vorteil, dass sie branchenübergreifende Vergleiche ermöglicht. Ein Industrieunternehmen generiert im Vergleich zu einem Handelsunternehmen bei gleichem Umsatz aufgrund einer stärkeren vertikalen Integration beispielsweise regelmäßig höhere Einkommen für die an ihm beteiligten Gruppen (Arbeitnehmer, Kapitalgeber, Staat) und hat aus diesem Grund auch ein größeres wirtschaftliches und politisches Gewicht. Die Wertschöpfung ist auch gegenüber branchenüblichen Größen wie den Umsätzen von Industrie-,[23] Handels- und Dienstleistungsunternehmen, den Bilanzsummen bei Kreditinstituten[24] oder den Bruttobeitragseinnahmen bei Versicherungsunternehmen[25] vorzugswürdig, da sie branchenübergreifende Vergleiche der Leistungsfähigkeit von Unternehmen zulässt. Die Wertschöpfung von Industrieunternehmen kann beispielsweise mit der Wertschöpfung von Kreditinstituten verglichen werden, während eine Gegenüberstellung von Bilanzsummen der Kreditinstitute und Umsätze von Industrieunternehmen für die Beurteilung der aggregierten Unternehmenskonzentration wenig aussagekräftig wäre.[26]

1.1.3 Probleme bei der Erhebung der inländischen Wertschöpfung

181. Zur Abgrenzung des Kreises der „100 Größten" wurden auf Basis von Abfragen der Datenbank „ORBIS Europe All Companies" des Anbieters Bureau von Dijk und von öffentlich zugänglichen Informationen über die Geschäftsentwicklung einzelner Unternehmen die für das Berichtsjahr 2018 potenziell zum Kreis gehörenden Unternehmen bestimmt. Die überwiegende Zahl dieser Unternehmen wurde anschließend zu Abschlussdaten des inländischen Konzerns befragt, da sich die Wertschöpfung des inländischen Konzerns regelmäßig nicht auf Grundlage eines veröffentlichten Konzernabschlusses ermitteln lässt. Einer der wichtigsten Gründe ist, dass Konzernobergesellschaften national (§ 290 HGB) und international (IFRS 10)[27] verpflichtet sind, alle Tochterunternehmen unabhängig von deren Standort in ihren Konzernabschluss einzubeziehen bzw. zu konsolidieren. Da Mutterunternehmen im Inland jedoch regelmäßig auch Tochterunternehmen im Ausland konsolidieren, ist es auf Grundlage des Konzernabschlusses häufig nicht möglich, die inländische Wertschöpfung zu bestimmen.[28]

182. Um die inländische Wertschöpfung der infrage kommenden Unternehmen bestimmen zu können, wurden 200 Unternehmen befragt. Insgesamt stellten 169 von 200 Unternehmen (84,5 Prozent) der Monopolkommission die benötigten Kennzahlen zur Verfügung. Bei Unternehmen, die keine bzw. nicht alle benötigten Daten zur Verfügung stellten, wurde die inländische Wertschöpfung geschätzt. Je nach vorliegender Konzernstruktur und verfügbarem Datenmaterial wurden dabei verschiedene Verfahren zur Schätzung verwendet.

183. Wenn ein Konzernabschluss für den Gesamtkonzern vorlag, in den jedoch ausländische Tochterunternehmen einbezogen wurden, wurde auf Grundlage vorliegender Größenrelationen von der weltweiten Wertschöpfung auf die inländische Wertschöpfung eines Unternehmens geschlossen. Ein ähnliches Verfahren wurde auch bei Unternehmen im Lebensmitteleinzelhandel verwendet. Dort ist häufig eine Vielzahl rechtlich selbstständiger Einzelhändler oder Genossenschaften einer Unternehmensgruppe zuzuordnen. Daher liegt hier regelmäßig kein Konzernabschluss vor, der die

[23] Im Folgenden bezeichnet der Begriff „Industrie" das produzierende Gewerbe. Nach der Einteilung des Statistischen Bundesamtes (Klassifikation der Wirtschaftszweige, Ausgabe 2008) sind diesem die Wirtschaftsabschnitte B (Bergbau), C (Verarbeitendes Gewerbe), D (Energieversorgung), E (Wasserversorgung, Abwasser- und Abfallentsorgung) sowie F (Baugewerbe) zugeordnet.

[24] Im Folgenden bezeichnet der Begriff „Kreditinstitute" das Kreditgewerbe (WZ 2008: Abteilung K 64, Gruppen K 66.1, K 66.3).

[25] Im Folgenden bezeichnet der Begriff „Versicherungen" das Versicherungsgewerbe (WZ 2008: Abteilung K 65, Gruppe K 66.2).

[26] Die Verwendung des Unternehmenswerts, der einen branchenübergreifenden Vergleich ebenfalls zuließe, wäre wiederum bei nichtbörsennotierten Unternehmen mit erheblichen methodischen Problemen verbunden.

[27] Die International Financial Reporting Standards (IFRS) werden vom International Accounting Standards Board herausgegeben und im Anschluss an ein Bestätigungsverfahren in der EU verpflichtend. Mit der Verordnung (EU) Nr. 1254/2012 der Kommission vom 11. Dezember 2012 wurde IFRS 10, der Regelungen zur Aufstellung von Konzernabschlüssen enthält, verpflichtend.

[28] Weitere Gründe sind eine fehlende Veröffentlichungspflicht für die Gewinn- und Verlustrechnung bei Personengesellschaften gemäß § 9 Abs. 2 PublG sowie eine Befreiung von der Pflicht zur Aufstellung eines (Teil-)Konzernabschlusses, wenn es eine ausländische Konzernobergesellschaft gibt, die einen Konzernabschluss aufstellt (§§ 291 f. HGB).

gesamte Gruppe umfasst. Hier wurde unter Zuhilfenahme der Publikation „Top-Firmen – Das Nachschlagewerk zum deutschen Lebensmittelhandel – Edition 2019" des Anbieters TradeDimensions und vereinzelt auch von Pressemeldungen von Größenrelationen bei einzelnen Händlern bzw. Genossenschaften auf die gesamte Wertschöpfung eines Unternehmens geschlossen.

184. In jenen Fällen, in denen ein (Teil-)Konzern im Inland einem ausländischen Mutterunternehmen zuzuordnen ist und aus diesem Grund keinen (Teil-)Konzernabschluss für das Inland aufstellt, kamen je nach Datenverfügbarkeit weitere Schätzverfahren zur Anwendung. Beruhte die Wertschöpfung des inländischen Konzerns beispielsweise überwiegend auf der Geschäftstätigkeit einer Gesellschaft, wurde die inländische Wertschöpfung auf Grundlage der Daten des Einzelabschlusses dieser Gesellschaft ermittelt. Ähnlich wurde vorgegangen, wenn ein Großteil der inländischen Wertschöpfung von einer begrenzten Zahl an Gesellschaften im Inland erwirtschaftet wurde. Hier wurden die jeweiligen Einzelabschlüsse ausgewertet und die inländische Wertschöpfung als Summe der Wertschöpfung dieser Gesellschaften ermittelt.[29]

1.1.4 Aufbau der Berichterstattung zur aggregierten Unternehmenskonzentration

185. Zunächst werden die „100 Größten" in Abschnitt 1.2 mit ihrer Wertschöpfung, der Anzahl der Beschäftigten und ihrem Geschäftsvolumen (inklusive Branchenzugehörigkeit) in der Bundesrepublik Deutschland dargestellt. Es folgt eine Analyse der „100 Größten" im Hinblick auf diese Kennzahlen und eine Gegenüberstellung mit gesamtwirtschaftlichen Vergleichsgrößen. Die Untersuchung wird in den Abschnitten 1.3 und 1.4 um Analysen zu den Kapital- und personellen Verflechtungen zwischen den „100 Größten" ergänzt, da Verflechtungen von Unternehmen aus dem Kreis der „100 Größten" untereinander die gesamtwirtschaftliche Bedeutung dieser Unternehmen noch verstärken können. In der Diskussion um die Ursachen und Gefahren einer Veränderung der aggregierten Unternehmenskonzentration spielt externes Wachstum eine große Rolle. Daher wird in Abschnitt 1.5 erfasst, wie häufig Zusammenschlussvorhaben von Unternehmen aus dem Kreis der „100 Größten" vom Bundeskartellamt freigegeben wurden. Um aggregierte Konzentrationsprozesse auch auf einer kleineren als der gesamtwirtschaftlichen Ebene einschätzen zu können, wird die Untersuchung der „100 Größten" abschließend um eine branchenspezifische Betrachtung von Großunternehmen ergänzt, bei der das jeweilige branchenspezifische Geschäftsvolumen als Größenkriterium herangezogen wird (Abschnitt 1.6).

1.2 Die 100 größten Unternehmen in Deutschland

1.2.1 Die Zusammensetzung des Kreises der 100 größten Unternehmen

186. Tabelle II.1 umfasst die 100 größten Unternehmen in Deutschland im Berichtsjahr 2018. Als Größenkriterium wurde die Wertschöpfung des inländischen Konzerns verwendet. Neben der Wertschöpfung des inländischen Konzerns sind auch die Anzahl der Beschäftigten und das Geschäftsvolumen des inländischen Konzerns angegeben. Je nach Branchenzugehörigkeit handelt es sich hier bei Industrie-, Bau-, Handels- und Dienstleistungsunternehmen um den Umsatz, bei Kreditinstituten um die Bilanzsumme und bei Versicherungen um die Bruttobeitragseinnahmen des inländischen Konzerns.

187. Im Berichtsjahr 2018 sind insgesamt 14 Unternehmen neu in den Kreis der „100 Größten" eingetreten. Es handelt sich dabei u. a. um die großen Energieversorger E.ON, EnBW, RWE und Vattenfall, die im Berichtsjahr 2016 aus dem Kreis der „100 Größten" ausgeschieden waren.[30] Die erheblichen Umstrukturierungsprozesse infolge der Energiewende hatten zu Wertberichtigungen geführt, die sich negativ auf die operativen Ergebnisse und damit die Wertschöpfung ausgewirkt hatten. Im Berichtsjahr 2018 scheinen die Umstrukturierungsprozesse in der Energiewirtschaft die operativen Ergebnisse nicht mehr so stark zu belasten, sodass die „großen vier" wieder im Kreis der „100 Größten" zu finden sind. Hervorzuheben ist auch der Eintritt der Ceconomy AG in den Kreis der „100 Größten". Die Ceconomy AG ist aus der Aufspaltung des Geschäfts der Metro AG in die Ceconomy AG (Elektronik) und die neue Metro AG (Lebensmittel) ent-

---

[29] Details zu den verwendeten Schätzverfahren im Einzelfall werden in Abschnitt 1.2 des Anhangs beschrieben.

[30] Monopolkommission, XXII. Hauptgutachten, Wettbewerb 2018, Baden-Baden 2018, Tz. 298.

standen und erzielte im Geschäftsjahr 2018 eine inländische Wertschöpfung von über einer Milliarde Euro. Neben den genannten Unternehmen sind folgende Unternehmen im Geschäftsjahr 2018 in den Kreis der „100 Größten" eingetreten: die ING-Gruppe Deutschland, die Adidas AG, die Hamburg Commercial Bank AG, die Deloitte GmbH Wirtschaftsprüfungsgesellschaft, die ExxonMobil-Gruppe Deutschland, die KION GROUP AG, die Versicherungskammer Bayern VöR, die Novartis-Gruppe Deutschland und die DEERE-Gruppe Deutschland.

188. Die großen Digitalunternehmen wie Google oder Amazon gehören weiterhin nicht zu den „100 Größten". Die Geschäftstätigkeit von Amazon in Deutschland wird über ein Mutterunternehmen in Luxemburg abgewickelt. Nach eigener Aussage kann Amazon der Monopolkommission daher nicht die zur Ermittlung der Wertschöpfung der deutschen Tochtergesellschaften notwendigen Größen zur Verfügung stellen. Aus diesem Grund hat die Monopolkommission eine Schätzung der inländischen Wertschöpfung vorgenommen, indem die inländische Wertschöpfung der in Deutschland ansässigen Tochterunternehmen der Amazon EU SARL zusammengefasst wurde.[31] Hiernach liegt die Wertschöpfung von Amazon in Deutschland bei ca. EUR 860 Mio. Mit dieser Größe liegt die Amazon-Gruppe Deutschland auf Rang 108 und zählt somit nicht zu den „100 Größten". Bei den übrigen großen Digitalunternehmen wie Google spiegelt sich die wirtschaftliche Bedeutung nicht in der in Deutschland erwirtschafteten Wertschöpfung wider, da vor Ort u. a. vergleichsweise wenige Beschäftigte tätig sind.

31 Die Schätzung entspricht insofern der Summenabschlussmethode zur Schätzung der inländischen Wertschöpfung. Die Anzahl der zusammengefassten Unternehmen ist mit 18 vergleichsweise groß.

Tabelle II.1: Die nach inländischer Wertschöpfung 100 größten Unternehmen im Berichtsjahr 2018[1]

Rang/	Trend[2]	Unternehmen[3]	Wertschöpfung[4] in Mio. EUR	(Veränderung in %)	Beschäftigte	Geschäftsvolumen in Mio. EUR	/Branche[5]
1	—	Volkswagen AG	31.517	(+ 26.8)	292.729	158.844	i
2	—	Daimler AG	18.474	(- 12.8)	174.663	113.590	i
3	—	Bayerische Motoren Werke AG	14.224	(+ 0.1)	92.725	80.464	i
4	↑	Deutsche Bahn AG	13.347	(+ 13.3)	196.334	24.970	d
5	↓	Robert Bosch GmbH	12.551	(- 3.0)	139.422	47.668	i
6	↓	Siemens AG	12.056	(+ 0.6)	113.000	35.198	i
7	—	Deutsche Telekom AG	11.443	(- 2.3)	98.092	24.358	d
8	↑	INA-Holding Schaeffler GmbH & Co. KG	8.506	(+ 12.1)	96.675	20.858	i
9	↓	Deutsche Post AG	8.160	(+ 2.1)	145.628	14.353	d
10	—	Bayer AG	7.672	(+ 4.5)	32.140	19.002	i
11	↑	Deutsche Lufthansa AG	6.951	(+ 14.6)	72.716	25.231	d
12	↑	REWE-Gruppe	6.547*	(+ 31.6)	178.453	43.634	h
13	↓	BASF SE	6.483	(- 2.9)	53.534	18.365	i
14	↑	Deutsche Bank AG	6.480	(+ 55.2)	41.669	845.272	k
15	↓	SAP SE	6.078	(+ 6.7)	21.122	15.718	d
16	↑	Airbus-Gruppe Deutschland	5.485*	(+ 16.4)	45.387	17.725	i
17	↓	Fresenius SE & Co. KGaA	5.258	(+ 0.5)	88.086	10.131	i
18	↑	ZF Friedrichshafen AG	5.000	(+ 24.1)	50.794	14.498	i
19	—	Vonovia SE	4.579	(- 1.2)	8.989	3.684	d
20	↓	Schwarz-Gruppe	4.510*	(- 6.9)	150.000	36.600*	h
21	↓	thyssenkrupp AG	4.360	(+ 0.5)	62.227	22.391	i
22	neu	E.ON SE	3.866		15.400	13.852	i
23	↑	Roche-Gruppe Deutschland	3.697*	(+ 6.2)	13.659	6.795	i
24	↓	Allianz SE	3.694	(- 11.8)	37.566	27.566	v
25	↑	Merck KGaA	3.654	(+ 163.1)	13.056	4.612	i
26	↓	EDEKA-Gruppe	3.653*	(- 10.6)	376.000	53.244*	h
27	↑	Münchener Rückversicherungs-Gesellschaft AG	3.329	(+ 14.5)	19.191	31.342	v
28	↓	Aldi-Gruppe	3.256*	(+ 0.9)	82.100	27.200*	h
29	↓	Commerzbank AG	3.243	(- 53.3)	31.218	344.947	k
30	↓	Bertelsmann SE & Co. KGaA	3.196	(+ 5.1)	36.221	7.146	d
31	↓	Evonik Industries AG	3.148	(+ 4.5)	19.491	2.626	i
32	↑	C. H. Boehringer Sohn AG & Co. KG	3.135*	(+ 24.6)	14.257	9.750	i
33	↑	Asklepios Kliniken GmbH & Co. KGaA[6]	2.451	(+ 9.3)	35.327	3.408	d
34	neu	EnBW Energie Baden-Württemberg AG	2.276		18.358	17.701	i
35	↑	Rethmann SE & Co. KG	2.251*	(+ 16.9)	44.366	9.200	d
36	↓	Ford-Gruppe Deutschland	2.140	(- 30.4)	24.958	21.093	i
37	↓	Sanofi-Gruppe Deutschland	2.034	(- 28.9)	7.549	4.828	i
38	↓	IBM-Gruppe Deutschland	1.987	(- 7.4)	10.208	4.427	i
39	↑	Adolf Würth GmbH & Co. KG	1.952	(+ 19.7)	23.772	5.775	h
40	↓	KfW Bankengruppe	1.943	(- 15.6)	6.376	485.790	k
41	neu	ING-Gruppe Deutschland	1.930*		4.554	162.992*	k
42	↓	HGV Hamburger Gesellschaft für Vermögens- und Beteiligungsmanagement mbH	1.924*	(+ 15.2)	20.139	4.463	i
43	↑	STRABAG-Gruppe Deutschland	1.900*	(+ 25.8)	29.595	7.877	b
44	↑	Shell-Gruppe Deutschland	1.820*	(+ 90.1)	3.384	17.622	i

Rang/ Trend[2]		Unternehmen[3]	Wertschöpfung[4] in Mio. EUR (Veränderung in %)		Beschäftigte	Geschäftsvolumen in Mio. EUR/Branche[5]	
45	↓	Sana Kliniken AG	1.801	(+ 11.4)	23.912	2.703	d
46	↑	Salzgitter AG	1.798	(+ 25.2)	19.144	8.535	i
47	↓	Otto Group	1.567	(+ 0.1)	29.858	9.067	h
48	neu	Ceconomy AG	1.560		24.841	10.361	h
49	↑	Henkel AG & Co. KGaA	1.558	(+ 14.8)	8.175	3.411	i
50	↓	Fraport AG Frankfurt Airport Services Worldwide	1.541	(- 2.7)	18.822	2.268	d
51	neu	Adidas AG	1.488		7.830	4.142	i
52	↑	PricewaterhouseCoopers Aktiengesellschaft Wirtschaftsprüfungsgesellschaft	1.450	(+ 20.1)	11.145	2.156	d
53	↓	UniCredit-Gruppe Deutschland	1.442	(- 7.5)	11.236	222.624	k
54	neu	Hamburg Commercial Bank AG[7]	1.437		1.648	59.941	k
55	↓	PSA-Gruppe Deutschland[8,E]	1.433	(- 23.9)	16.410	18.716	i
56	↑	AXA-Gruppe Deutschland	1.402	(+ 20.1)	9.038	10.700	v
57	neu	RWE AG	1.397		15.101	18.952	i
58	↓	DZ Bank AG	1.390	(- 9.7)	27.647	518.069	k
59	—	KPMG AG Wirtschaftsprüfungsgesellschaft	1.360	(+ 14.2)	10.753	1.729	d
60	neu	Deloitte GmbH Wirtschaftsprüfungsgesellschaft	1.351		8.111	1.602	d
61	↑	DEKRA SE	1.340*	(+ 21.0)	22.941	2.032	d
62	↑	Bayerische Landesbank	1.328	(+ 19.2)	6.844	214.197	k
63	neu	ExxonMobil-Gruppe Deutschland	1.305		1.206	5.931	i
64	↓	Adecco-Gruppe Deutschland	1.289	(- 12.1)	2.726	1.565	d
65	↑	Rheinmetall AG	1.274*	(+ 17.1)	11.077	3.040	i
66	↓	AVECO Holding AG	1.250*	(+ 12.7)	49.699	2.127	d
67	↓	Deutsche Börse AG	1.247	(- 14.4)	2.502	2.010	d
68	↓	maxingvest AG	1.240*	(+ 0.6)	14.263	3.720	i
69	—	Liebherr-International-Gruppe Deutschland	1.238*	(+ 15.4)	19.707	6.100	i
70	↑	Stadtwerke München GmbH	1.235	(+ 51.1)	9.040	8.335	i
71	↑	HUK-COBURG	1.162	(+ 23.7)	10.430	7.665	v
72	↑	Ernst & Young-Gruppe Deutschland	1.158	(+ 17.0)	10.388	1.946	d
73	↓	Carl Zeiss AG	1.135*	(- 15.6)	12.067	610	i
74	↑	Vivantes - Netzwerk für Gesundheit GmbH	1.132	(+ 13.1)	12.436	1.302	d
75	↑	United Internet AG	1.124*	(+ 29.0)	7.567	4.720	d
76	↑	Rolls-Royce-Gruppe Deutschland	1.109*	(+ 13.0)	9.988	1.330	i
77	↑	Freudenberg & Co. KG	1.101	(+ 17.1)	12.757	2.986	i
78	↓	B. Braun Melsungen AG	1.091	(+ 6.0)	15.680	3.445	i
79	neu	KION GROUP AG	1.074*		10.316	3.748	i
80	↓	dm-drogerie markt Verwaltungs-GmbH	1.070	(+ 6.7)	25.181	6.955	h
81	↓	MAHLE GmbH	1.070	(+ 6.9)	12.215	3.690	i
82	↑	Debeka-Gruppe	1.062	(+ 28.9)	16.029	10.668	v
83	↑	Hella KGaA Hueck & Co.	1.060	(+ 11.2)	9.873	2.836	i
84	↓	EWE AG	1.055	(- 0.3)	8.386	5.654	i
85	↓	Wacker Chemie AG	1.045	(- 15.5)	10.291	3.876	i
86	neu	Versicherungskammer Bayern VöR	1.044		5.776	8.314	v
87	↓	Axel Springer SE	1.040	(+ 0.1)	8.121	1.965	d
88	↑	Philip Morris International-Gruppe Deutschland[E]	1.038	(+ 19.7)	2.130	2.317	i
89	↓	LANXESS AG	1.037	(+ 0.9)	7.376	4.328	i

Rang/ Trend[2]		Unternehmen[3]	Wertschöpfung[4] in Mio. EUR (Veränderung in %)		Beschäftigte	Geschäftsvolumen in Mio. EUR/Branche[5]	
90	↓	Landesbank Baden-Württemberg	1.020	(- 10.1)	8.730	211.769	k
91	↓	Stadtwerke Köln GmbH	1.018	(+ 5.1)	12.683	5.646	i
92	—	Linde AG	1.017	(+ 14.7)	6.690	3.128	i
93	↓	ABB-Gruppe Deutschland[E]	1.014	(- 0.9)	10.099	3.135	i
94	↓	Procter & Gamble-Gruppe Deutschland[S]	1.011	(- 20.2)	7.552	1.670	i
95	↓	VINCI-Gruppe Deutschland	1.007*	(+ 12.6)	13.358	2.680	b
96	neu	Novartis-Gruppe Deutschland	984		7.600	4.104	i
97	↓	Saint-Gobain-Gruppe Deutschland	966	(+ 2.1)	15.026	4.151	i
98	↓	Krones AG	935	(+ 7.5)	10.887	3.010	i
99	neu	Vattenfall-Gruppe Deutschland	909		6.964	12.805	i
100	neu	DEERE-Gruppe Deutschland	902		10.003	6.032	i

1 Es werden die Daten des den 30. Juni 2018 einschließenden Geschäftsjahres für die Erhebung zugrunde gelegt.

2 Der Trend bezieht sich auf die Veränderung des Ranges gegenüber dem Geschäftsjahr 2016: Das Zeichen ↑ bedeutet, dass das Unternehmen im Jahr 2018 auf einem höheren Rang als im Jahr 2016 zu finden ist, ↓ entsprechend auf einem geringeren Rang. Das Zeichen — zeigt an, dass sich der Rang im Jahr 2018 gegenüber dem Jahr 2016 nicht verändert hat. Wird in der entsprechenden Spalte (neu) angezeigt, war das Unternehmen im Jahr 2016 nicht unter den „100 Größten".

3 Mit [S] gekennzeichnete Angaben beziehen sich auf den Summenabschluss; [E] steht für den Einzelabschluss.

4 Wenn nicht anders vermerkt, Wertschöpfung der konsolidierten inländischen Konzerngesellschaft. Sofern eine Zahlenangabe mit einem * versehen ist, bedeutet dies, dass die Wertschöpfung des Unternehmens in dem betreffenden Jahr geschätzt werden musste. Die für die entsprechenden Fälle herangezogenen Schätzmethoden werden in den Anlagen zu diesem Gutachten dargestellt.

5 Die Unternehmen werden entsprechend ihrem Hauptgeschäftsfeld einer der Branchen Industrie (i), Bau (b), Handel (h), Dienstleistungen (inklusive Verkehr) (d), Kreditwirtschaft (k) oder Versicherungswirtschaft (v) zugeordnet. Ist ein Unternehmen den Branchen Industrie, Bau, Handel oder Dienstleistungen zugeordnet, handelt es sich beim angegebenen Geschäftsvolumen um die konsolidierten Umsatzerlöse der inländischen Konzerngesellschaften, d. h. die konsolidierten Umsätze der inländischen Konzerngesellschaften inklusive der Umsätze mit ausländischen verbundenen Unternehmen. Bei Kreditinstituten wird die Bilanzsumme, bei Versicherungsunternehmen werden die Beitragseinnahmen angegeben. Ist eine Angabe mit einem * versehen, handelt es sich um einen Schätzwert.

6 2016: Asklepios Kliniken GmbH

7 2016: HSH Nordbank AG

8 2016: General Motors-Gruppe Deutschland

Quelle: Eigene Erhebungen

189. Aus dem Kreis der „100 Größten" ausgeschieden sind folgende Unternehmen: METRO AG (27), BP-Gruppe Deutschland (44), Nestlé-Gruppe Deutschland (57), Norddeutsche Landesbank Girozentrale (60), HDI Haftpflichtverband der Deutschen Industrie V.a.G. (64), INGKA-Gruppe Deutschland (68), ProSiebenSat.1 Media SE (72), Dr. August Oetker KG (73), Miele & Cie. KG (82), DFS Deutsche Flugsicherung GmbH (89), LyondellBasell-Gruppe Deutschland (90), K+S AG (96), Rhön-Klinikum AG (97) und Charité Universitätsmedizin Berlin KöR (99).[32] Der Austritt der METRO AG ist auf die Abspaltung des Elektronikgeschäfts zurückzuführen. Auch bei der Dr. August Oetker KG wurde ein Konzernbereich (Schifffahrt) ausgegliedert, sodass die inländische Wertschöpfung gegenüber dem Berichtsjahr 2016 zurückging. Bei der Nestlé-Gruppe Deutschland und der Miele & Cie. KG kann der Austritt erhebungstechnisch bedingt sein. Im Vergleich zum Geschäftsjahr 2016 konnte die Nestlé-Gruppe für das Geschäftsjahr 2018 alle benötigten Daten zur Verfügung stellen mit der Folge, dass die inländische Wertschöpfung nicht - wie noch für das Geschäftsjahr 2016 - geschätzt werden musste. Die zur Verfügung gestellten Daten weisen nun darauf hin, dass die Wertschöpfung deutlich geringer ausfällt als bei der vormaligen Schätzung, sodass die Nestlé-Gruppe im Berichtsjahr 2018 nicht mehr zum Kreis der „100 Größten" gehört. Umgekehrt konnte die Miele & Cie. KG die benötigten Daten zur Ermittlung der inländischen

32 In Klammern ist jeweils der entsprechende Rang nach inländischer Wertschöpfung des Berichtsjahres 2016 angegeben.

Wertschöpfung nicht weiter zur Verfügung stellen und ist daher im Berichtsjahr 2018 aufgrund fehlender Daten, die auch die Anwendung eines Schätzverfahrens nicht zulassen, nicht mehr unter den „100 Größten" zu finden.

190. Veränderungen in der Zusammensetzung des Kreises der „100 Größten" können Hinweise liefern, die aussagen, inwiefern sich wirtschaftlich starke Positionen im Zeitverlauf verfestigten. Abbildung II.1 zeigt die Anzahl der Unternehmen, die seit Beginn der Berichterstattung unter den „100 Größten" sind, im Zeitverlauf. Insgesamt sind von den „100 Größten" aus dem Jahr 1978 im Jahr 2018 noch 31 Unternehmen unter den „100 Größten" (graue Säulen in Abbildung II.1). Die Anzahl der im Kreis der „100 Größten" verbliebenen Unternehmen ist zudem aufgeschlüsselt nach Ranggruppen dargestellt (Linien in Abbildung II.1). Es zeigt sich, dass von den größten 25 Unternehmen aus dem Jahr 1978 noch 14 Unternehmen auch im Jahr 2018 unter den „100 Größten" sind. Bei den unteren Ranggruppen sind dagegen jeweils nicht mehr als acht Unternehmen auch im Jahr 2018 noch unter den „100 Größten". Dies spricht dafür, dass vor allem die sehr großen Unternehmen ihre wirtschaftliche Position im Zeitverlauf verfestigen konnten.

Abbildung II.1: Anzahl der Unternehmen, die 1978 und im jeweiligen Berichtsjahr unter den „100 Größten" waren

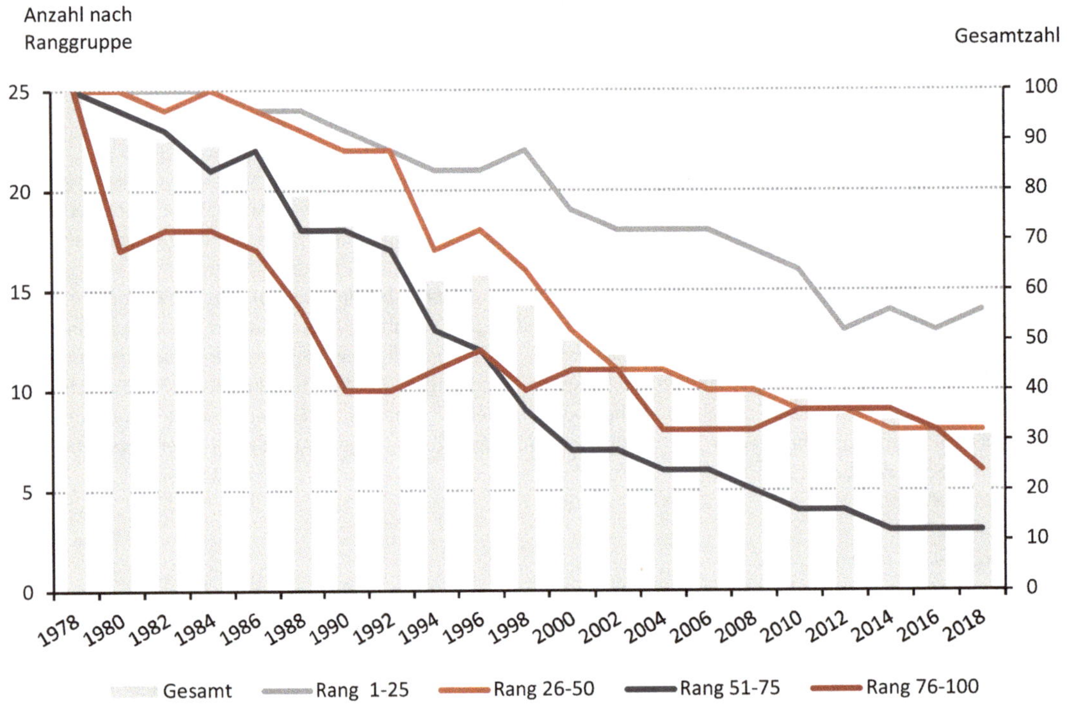

Quelle: Eigene Erhebungen

1.2.2 Die gesamtwirtschaftliche Bedeutung der „100 Größten"

191. Die für das Berichtsjahr 2018 ermittelten 100 größten Unternehmen in Deutschland werden im Folgenden hinsichtlich ihrer gesamtwirtschaftlichen Bedeutung analysiert. Zu diesem Zweck wird zum einen der Anteil der „100 Größten" an der gesamtwirtschaftlichen Wertschöpfung ermittelt. Zum anderen wird die Anzahl der bei den „100 Größten" Beschäftigten den Beschäftigten aller Unternehmen in Deutschland gegenübergestellt. Der Abschnitt schließt mit einer Betrachtung der Bedeutung einzelner Branchen innerhalb der „100 Größten".

Anteil an der Wertschöpfung

192. Zur Bestimmung des Anteils der „100 Größten" an der gesamtwirtschaftlichen Wertschöpfung wurde die inländische Wertschöpfung der „100 Größten" aggregiert und der gesamtwirtschaftlichen Wertschöpfung gegenübergestellt. Abbildung II.2 stellt die Entwicklung beider Größen im Zeitverlauf seit 1978 dar. Zu diesem Zweck wurden beide Größen um Preisentwicklungen bereinigt.[33] Während die inländische Wertschöpfung der „100 Größten" gegenüber dem Berichtsjahr 2016 um 3,7 Prozent auf EUR 318 Mrd. im Berichtsjahr 2018 stieg, hat die Gesamtheit aller Unternehmen in Deutschland ihre reale Wertschöpfung um 4,0 Prozent auf EUR 2.142,8 Mrd. erhöht. Somit ist die reale inländische Wertschöpfung der „100 Größten" weniger stark gewachsen als die gesamtwirtschaftliche reale Wertschöpfung.

193. Der Anteil der „100 Größten" an der gesamtwirtschaftlichen Wertschöpfung ist ebenfalls in Abbildung II.2 dargestellt (rote Linie). Er ist im Berichtsjahr 2018 aufgrund des schwächeren Wachstums der „100 Größten" im Vergleich zur Gesamtwirtschaft erneut etwas gesunken und beträgt nun 14,8 Prozent. Damit liegt der Anteil der „100 Größten" nicht nur deutlich unterhalb des langfristigen Durchschnitts von 17,7 Prozent, sondern auch unterhalb des Durchschnitts der vergangenen zehn Jahre, der 15,5 Prozent beträgt.

Abbildung II.2: Entwicklung der Wertschöpfung im Zeitraum 1978 bis 2018

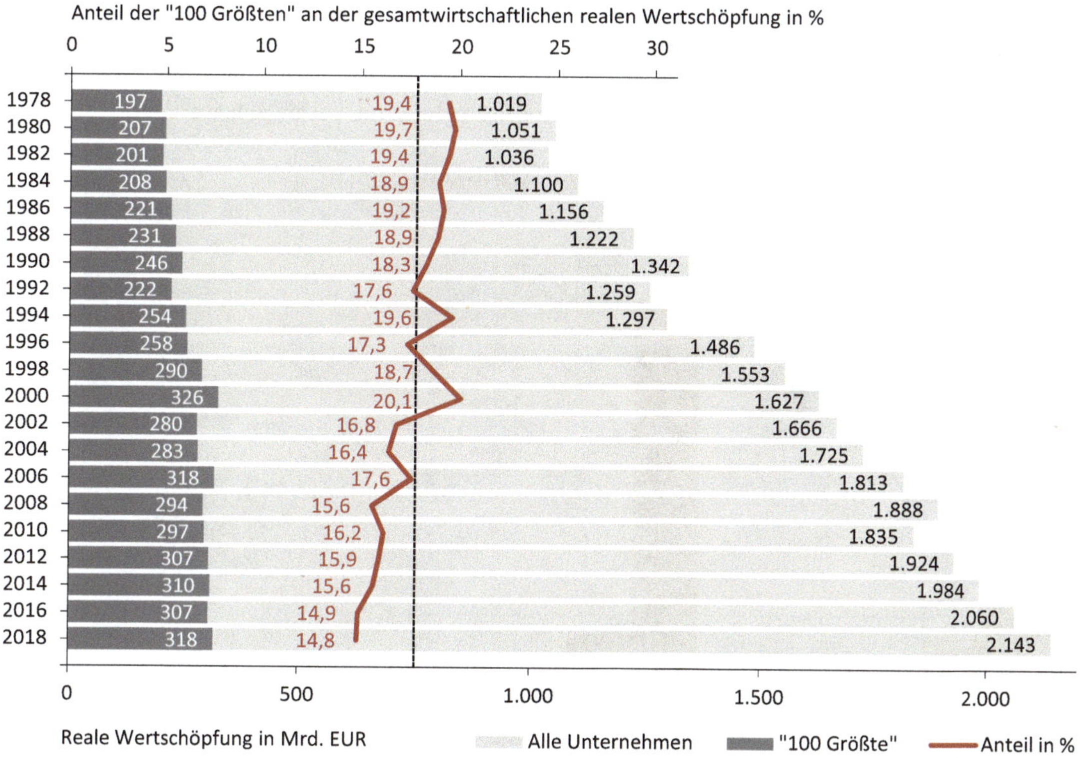

Anm.: Gesamtwirtschaftliche Vergleichsgröße ist bis 2002 die preisbereinigte Nettowertschöpfung, ab 2004 die preisbereinigte Bruttowertschöpfung ohne Staatssektor, private Organisationen ohne Erwerbszweck und zusätzlich ohne Grundstücks- und Wohnungswesen. Die Deflationierung erfolgte mithilfe des impliziten Preisindex der gesamtwirtschaftlichen Wertschöpfung (Vorjahrespreisbasis, Referenzjahr: 2015; Quelle: Eigene Berechnungen auf Grundlage von Daten des Statistischen Bundesamtes, Fachserie 18 Reihe 1.5, S. 53, Rechenstand August 2019). Detaillierte Angaben zu den abgebildeten Größen sind in den Anlagen zu diesem Gutachten veröffentlicht.

Quelle: Eigene Berechnungen auf Grundlage eigener Erhebungen sowie von Daten des Statistischen Bundesamtes

194. Der zu beobachtende Rückgang des Anteils der „100 Größten" an der gesamtwirtschaftlichen Wertschöpfung hängt unter anderem davon ab, wie viele Großunternehmen für den Vergleich mit gesamtwirtschaftlichen Größen aus-

[33] Sowohl die Summe der Wertschöpfung der 100 größten Unternehmen in Deutschland als auch die gesamtwirtschaftliche Vergleichsgröße wurde mithilfe des impliziten Preisindex der gesamtwirtschaftlichen Wertschöpfung deflationiert (Vorjahrespreisbasis, Referenzjahr: 2015; Quelle: Eigene Berechnungen auf Grundlage von Daten des Statistischen Bundesamtes, Fachserie 18 Reihe 1.5, S. 53, Rechenstand August 2019).

gewählt werden. So könnte eine positive Entwicklung in Bezug auf den Anteil der 100 größten Unternehmen in Deutschland beobachtet werden, obwohl die Konzentration der wirtschaftlichen Aktivität beispielsweise bei den zehn größten Unternehmen zunimmt. Voraussetzung für diese Konstellation wäre, dass diese Konzentrationszunahme durch die übrigen Unternehmen aus dem Kreis der „100 Größten" ausgeglichen würde. Um bei der Beurteilung der aggregierten Unternehmenskonzentration nicht zu falschen Schlussfolgerungen zu kommen, wird die Untersuchung um eine Betrachtung der Entwicklung der Wertschöpfungsanteile nach Ranggruppen ergänzt.

195. Hierbei ist festzustellen, dass die 25 größten Unternehmen seit Beginn der Berichterstattung stets mehr als 60 Prozent der inländischen Wertschöpfung der „100 Größten" erwirtschaftet haben. Während der Wertschöpfungsanteil der übrigen Ranggruppen im Zeitverlauf tendenziell rückläufig ist, ist bei den 25 größten Unternehmen zudem ein tendenziell ansteigender Anteil an der Wertschöpfung der „100 Größten" festzustellen.[34] Dieser Trend setzt sich im Berichtsjahr allerdings nicht fort. So sank der Anteil der 25 größten Unternehmen an der Wertschöpfung der „100 Größten" um knapp 2 Prozent auf knapp 65 Prozent (dunkelrot in Abbildung II.3). Der Anteil der übrigen Ranggruppen stieg dagegen an. Auch in Bezug auf die gesamtwirtschaftliche Wertschöpfung ist bei Betrachtung der 25 größten Unternehmen ein leichter Rückgang der Konzentration festzustellen. Ihr Anteil an der Wertschöpfung aller Unternehmen in Deutschland sank im Berichtsjahr auf 9,6 Prozent. Die Entwicklung der aggregierten Unternehmenskonzentration ist im Berichtsjahr aus wettbewerbs- und gesellschaftspolitischer Sicht insofern als positiv zu bewerten.

Abbildung II.3: Anteil der Ränge an der Wertschöpfung der „100 Größten"

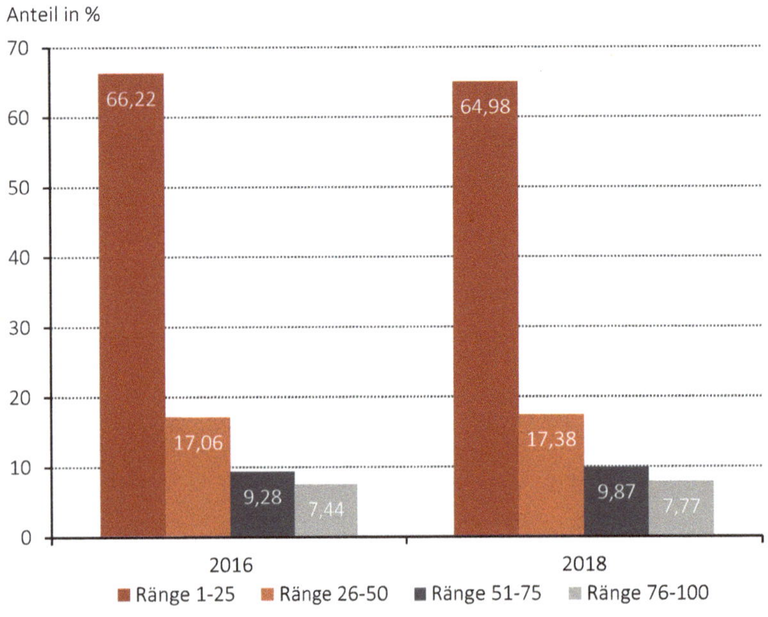

Quelle: Eigene Erhebungen

196. Die Internationalisierung von Produktions- und Beschaffungsprozessen führt dazu, dass regelmäßig ein Teil der Wertschöpfung eines Unternehmens im Ausland erwirtschaftet wird. Daher bildet die inländische Wertschöpfung der Unternehmen aus dem Kreis der „100 Größten" häufig nur einen Teil ihrer gesamten Wertschöpfung ab. Um zu einer Einschätzung in Bezug auf die Bedeutung der in Deutschland ansässigen Konzerngesellschaften für den gesamten Konzern zu kommen, wird im Folgenden analysiert, welchen Anteil das inländische Geschäft der „100 Größten" an ihrem gesamten Geschäft ausmacht. Für diese Analyse wurden - wie in den vergangenen Berichtsjahren - diejenigen Unternehmen ausgewählt, die in den Wirtschaftsbereichen Industrie, Handel und Dienstleistungen (inklusive Verkehr) tätig sind und eine Konzernobergesellschaft im Inland haben. Um Entwicklungen vergleichbarer zu machen, wurden außer-

[34] Monopolkommission, XXII. Hauptgutachten, Wettbewerb 2018, Baden-Baden 2018, Tz. 306.

dem nur diejenigen Unternehmen betrachtet, die in den beiden Berichtsjahren 2016 und 2018 unter den „100 Größten" waren. Es wurden insgesamt 53 Unternehmen identifiziert, welche die genannten Kriterien erfüllten.

197. Der Inlandsanteil an der gesamten Wertschöpfung der ausgewählten Unternehmen lag im Berichtsjahr 2018 bei 49,8 Prozent und ist damit gegenüber dem Berichtsjahr 2016 um 0,2 Prozentpunkte gesunken. Um zu untersuchen, ob der Inlandsanteil von der Unternehmensgröße abhängt, wurde der Inlandsanteil in Abbildung II.4 nach Ranggruppen aufgeschlüsselt. Hierbei ist zu erkennen, dass der Inlandsanteil der Unternehmen aus den Rängen 1 bis 25 mit knapp 50 Prozent zwar mehr als 15 Prozentpunkte unterhalb des Inlandsanteils der Unternehmen auf den Rängen 51 bis 75 liegt, allerdings ist der Inlandsanteil der Unternehmen aus den Rängen 76 bis 100 noch geringer als der Inlandsanteil der größten Unternehmen. Dies weist nicht auf einen Zusammenhang zwischen Inlandsanteil und Unternehmensgröße hin. In Bezug auf die Entwicklung des Inlandsanteils gegenüber dem Berichtsjahr 2016 ist festzustellen, dass der geringfügige Rückgang des Inlandsanteils insbesondere auf den Rückgang des Inlandsanteils derjenigen Unternehmen zurückzuführen ist, die im Berichtsjahr 2018 auf den Rängen 51 bis 75 liegen. Auch die übrigen Ranggruppen haben ihren Inlandsanteil etwas gesenkt.

Abbildung II.4: Inlandsanteil an der gesamten Wertschöpfung nach Ranggruppen

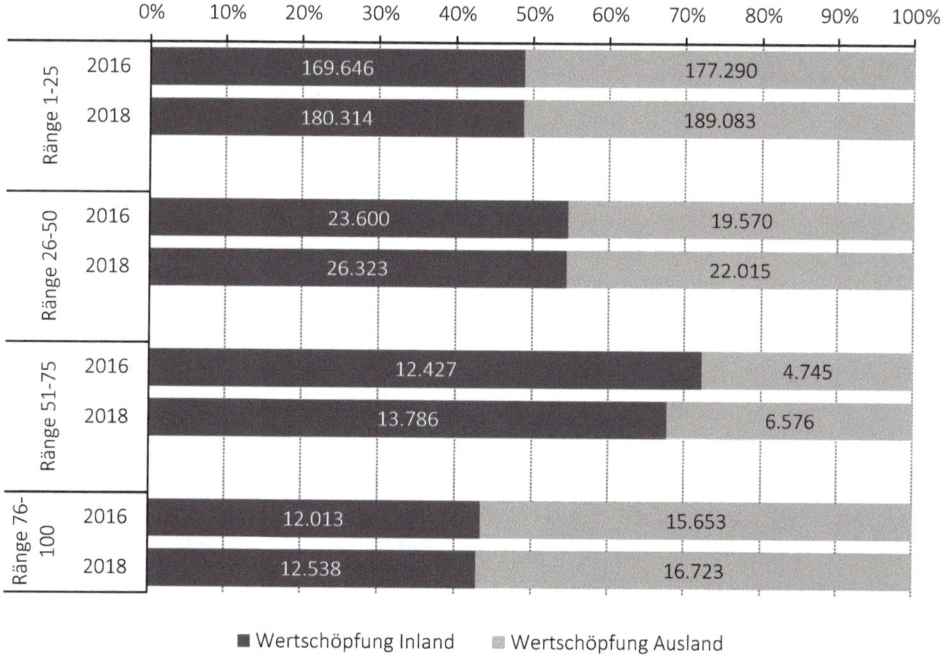

Anm.: Berücksichtigt wurden 53 Unternehmen aus den Wirtschaftsbereichen Industrie, Handel und Verkehr sowie Dienstleistungen mit einer Konzernobergesellschaft im Inland, die in den beiden Berichtsjahren 2016 und 2018 unter den „100 Größten" waren. Bezogen auf die Ranggruppen handelt es sich um 18 Unternehmen aus den Rängen 1 bis 25, zwölf Unternehmen aus den Rängen 26 bis 50, elf Unternehmen aus den Rängen 56 bis 75 und zwölf Unternehmen aus den Rängen 76 bis 100.

Quelle: Eigene Erhebungen sowie veröffentlichte Geschäftsberichte

198. Im Folgenden wird der Inlandsanteil der „100 Größten" im Zeitverlauf betrachtet. Wenn Großunternehmen aus dem Kreis der „100 Größten" im Zeitverlauf einen Teil ihres Geschäfts ins Ausland verlagern, während mittelständische und kleine Unternehmen weiterhin in Deutschland produzieren, würde ein Rückgang des Inlandsanteils der „100 Größten" mit einem Rückgang der aggregierten Unternehmenskonzentration in Deutschland einhergehen. Der durchschnittliche Inlandsanteil ausgewählter Unternehmen aus dem Kreis der „100 Größten" wurde in vergleichbarer Weise erstmals für das Berichtsjahr 2008 ermittelt. In Abbildung II.5 ist die Entwicklung des durchschnittlichen Inlandsanteils im Zeitverlauf dargestellt (graue Säulen). Es ist zu erkennen, dass sich dieser tendenziell rückläufig entwickelt. Im selben Zeitraum ist auch der Wertschöpfungsanteil der „100 Größten" tendenziell zurückgegangen (rote Linie).

Abbildung II.5: Inlandsanteil und Wertschöpfungsanteil von Großunternehmen

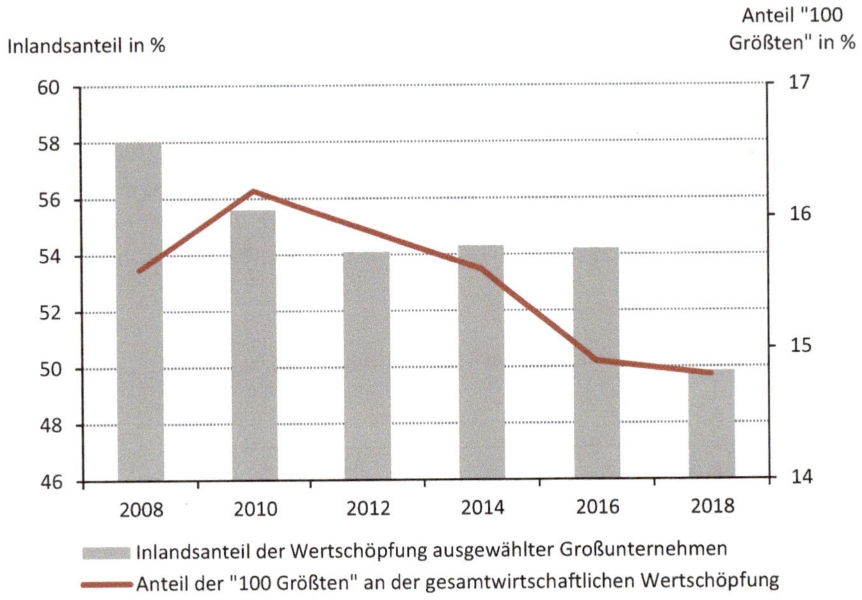

Anm.: Ausgewählt wurden jeweils diejenigen Unternehmen aus dem Kreis der „100 Größten", die den Wirtschaftsbereichen Industrie, Handel und Dienstleistungen (inklusive Verkehr) angehörten, eine Konzernobergesellschaft im Inland hatten und im jeweils vorangegangenen Berichtsjahr ebenfalls unter den „100 Größten" waren.

199. Werden in Bezug auf den Wertschöpfungsanteil lediglich die im jeweiligen Berichtsjahr ausgewählten Unternehmen betrachtet, zeigt sich, dass ihr Anteil an der inländischen Wertschöpfung seit 2010 annähernd konstant geblieben wäre, hätte sich der Inlandsanteil dieser Unternehmen seit 2008 nicht verändert (vgl. Abbildung II.6 graue Linie). Wird der Rückgang des Inlandsanteils jedoch berücksichtigt, sinkt der Anteil der ausgewählten Unternehmen an der inländischen Wertschöpfung im Zeitverlauf (vgl. Abbildung II.6 rote Linie). Die Annahme, dass der Wertschöpfungsanteil der „100 Größten" bzw. die Entwicklung der aggregierten Konzentration mit einer Verlagerung von Produktionsstätten der größten Unternehmen in Deutschland zusammenhängt, erscheint vor diesem Hintergrund plausibel. Es ist allerdings zu berücksichtigen, dass ein solcher Zusammenhang aus diesen deskriptiven Beobachtungen nicht abgeleitet werden kann. Die Beurteilung der aggregierten Konzentration würde ein solcher Zusammenhang jedenfalls nicht verändern. Da die Entwicklung der Großunternehmen in diesem Fall zunehmend von den Rahmenbedingungen im Ausland determiniert würde, wäre zu erwarten, dass der Einfluss von Großunternehmen auf wirtschaftliche Entwicklungen und politische Maßnahmen in Deutschland dadurch begrenzt würde. Dies wäre bei einer abnehmenden aggregierten Konzentration auch zu erwarten.

Abbildung II.6: Anteil ausgewählter Unternehmen an der inländischen Wertschöpfung

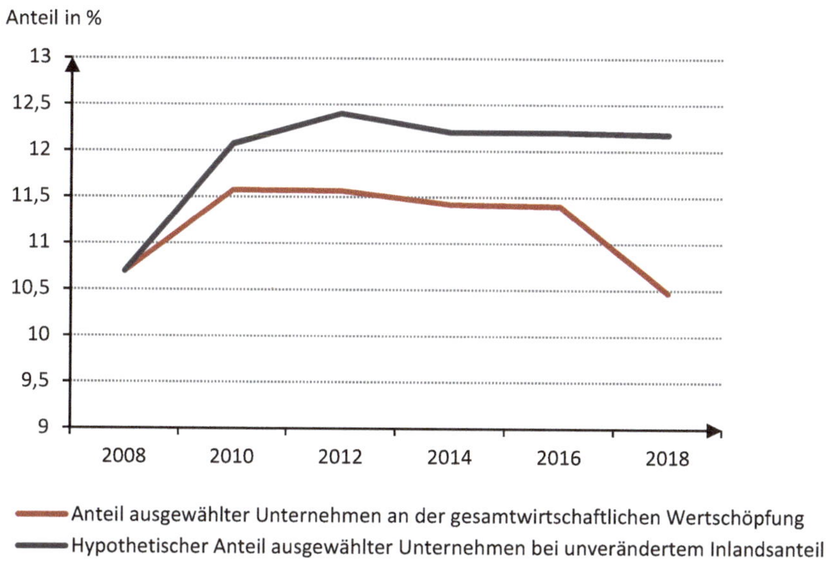

Anm.: Ausgewählt wurden jeweils diejenigen Unternehmen aus dem Kreis der „100 Größten", die den Wirtschaftsbereichen Industrie, Handel und Dienstleistungen (inklusive Verkehr) angehörten, eine Konzernobergesellschaft im Inland hatten und im jeweils vorangegangenen Berichtsjahr ebenfalls unter den „100 Größten" waren.

Quelle: Eigene Erhebungen

Anteil an der Beschäftigung

200. Zur Beurteilung der aggregierten Unternehmenskonzentration wird neben dem Wertschöpfungsanteil auch der Anteil an den in Deutschland Beschäftigten als Kriterium untersucht. Die Zahl der Beschäftigten der „100 Größten" im Inland steht in einem engen Zusammenhang mit ihrer inländischen Wertschöpfung. Der Grund für diesen Zusammenhang ist, dass der Personalaufwand regelmäßig einen erheblichen Teil der Wertschöpfung ausmacht. Abbildung II.7 zeigt zum einen die Summe aller im Inland Beschäftigten der „100 Größten" und zum anderen die Gesamtzahl aller von Unternehmen in Deutschland sozialversicherungspflichtig Beschäftigten im Zeitverlauf (graue Balken). Der Anteil der im Inland Beschäftigten der „100 Größten" an der Gesamtzahl aller von Unternehmen in Deutschland sozialversicherungspflichtig Beschäftigten ist anhand des roten Diagramms erkennbar. Aufgrund des beschriebenen Zusammenhangs von Anzahl der Beschäftigten und Wertschöpfung zeigt sich hierbei eine ähnliche Entwicklung wie in Abbildung II.2, in welcher der Anteil der „100 Größten" an der Wertschöpfung dargestellt wurde. Der Anteil der „100 Größten" weist im Zeitverlauf eine rückläufige Tendenz auf.

201. Im Berichtsjahr 2018 ist der Anteil der „100 Größten" an den im Inland Beschäftigten gegenüber dem Berichtsjahr 2016 erneut gesunken, und zwar um 0,5 Prozentpunkte auf 12,5 Prozent. Während die Gesamtzahl aller von Unternehmen in Deutschland sozialversicherungspflichtig Beschäftigten um 4,6 Prozent auf knapp 30 Mio. Personen im Jahr 2018 gestiegen ist, ist die Zahl der von den „100 Größten" im Inland Beschäftigten lediglich um 0,7 Prozent gestiegen und liegt im Berichtsjahr 2018 bei etwa 3,7 Mio. Personen. Betrachtet man lediglich diejenigen Unternehmen, die bereits im Berichtsjahr 2016 im Kreis der „100 Größten" waren, stellt man fest, dass zudem ein leichter Rückgang des Anteils der im Inland Beschäftigten an allen Beschäftigten dieser Unternehmen zu beobachten ist. Der Inlandsanteil beträgt im Berichtsjahr 2018 37,7 Prozent. Im Berichtsjahr 2016 waren es noch 39 Prozent.

Abbildung II.7: Entwicklung der Beschäftigten der Unternehmen in Deutschland im Zeitraum 1978 bis 2018

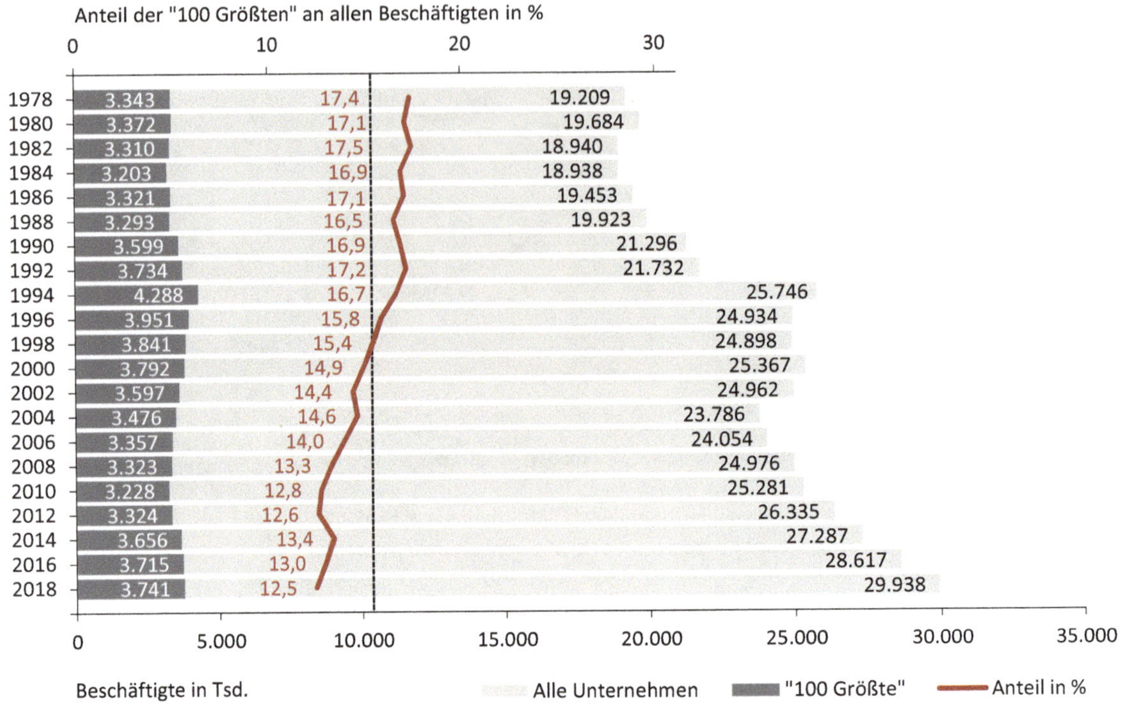

Quelle: Eigene Berechnungen auf Grundlage eigener Erhebungen sowie von Auswertungen des Statistischen Bundesamtes aus der Beschäftigungsstatistik der Bundesagentur für Arbeit

202. Da Unternehmen mit einer großen Anzahl von Beschäftigten für politische Entscheidungsträger von besonderer Bedeutung sind, wird im Folgenden untersucht, welche Unternehmen aus dem Kreis der „100 Größten" die meisten Personen beschäftigten. Diejenigen zehn Unternehmen, welche die meisten Personen beschäftigten, werden in Tabelle II.2 aufgeführt. Sie beschäftigten im Berichtsjahr 2018 in Deutschland insgesamt knapp 1,9 Mio. Personen. Dies entspricht 49,7 Prozent der Beschäftigten der „100 Größten" in Deutschland. Im Berichtsjahr 2016 traf dies auf 49,4 Prozent der Beschäftigten zu, sodass eine leichte Zunahme der Konzentration auf diese Unternehmen festgestellt werden kann. Größter Arbeitgeber aus dem Kreis der „100 Größten" war im Berichtsjahr 2018 wie im Berichtsjahr 2016 die EDEKA-Gruppe mit 376.000 Personen.

Tabelle II.2: Die nach Inlandsbeschäftigten zehn größten Unternehmen 2018

Rang nach Beschäftigten	Rang nach Wertschöpfung	Unternehmen	Beschäftigte Inland	Beschäftigte Welt	Inlandsanteil (%)
1	26	EDEKA-Gruppe	376.000	376.000	100,0
2	1	Volkswagen AG	292.729	636.156	46,0
3	4	Deutsche Bahn AG	196.334	331.568	59,2
4	12	REWE-Gruppe	178.453	234.017	76,3
5	2	Daimler AG	174.663	298.683	58,5
6	20	Schwarz-Gruppe	150.000	429.000	35,0
7	9	Deutsche Post AG	145.628	499.018	29,2
8	5	Robert Bosch GmbH	139.422	407.485	34,2
9	6	Siemens AG	113.000	377.000	30,0
10	7	Deutsche Telekom AG	98.092	215.675	45,5
	Insgesamt		1.864.321	3.804.602	49,0

Quelle: Eigene Erhebungen sowie veröffentlichte Geschäftsberichte

Anteil einzelner Branchen an der Wertschöpfung

203. In Deutschland haben Industrieunternehmen eine große Bedeutung für die wirtschaftliche Entwicklung und damit auch für politische Entscheidungsträger. Wie Abbildung II.8 zeigt, erwirtschaftet das produzierende Gewerbe einen wesentlichen Anteil der Wertschöpfung der „100 Größten". In keinem der Berichtsjahre seit 1978 entfiel auf das produzierende Gewerbe weniger als die Hälfte der Wertschöpfung der „100 Größten". Während der Anteil der Industrie im Berichtsjahr 1978 noch bei 82,6 Prozent lag, liegt er im Berichtsjahr 2018 bei 60,2 Prozent. Diese Veränderung ist insbesondere auf die Privatisierung der Deutschen Bahn und der Deutschen Bundespost (Post und Telekom) zurückzuführen, die seit 1994 zum Kreis der „100 Größten" gehören und Wertschöpfungsanteile von Industrieunternehmen verdrängt haben. Seit 1994 sind bei der Verteilung der inländischen Wertschöpfung nur geringfügige Veränderungen zu beobachten. Der Anteil des produzierenden Gewerbes entspricht im Berichtsjahr 2018 in etwa dem Durchschnitt seit 1994. Der Anteil der Unternehmen aus dem Bereich Verkehr und Dienstleistungen liegt mit 22,9 Prozent etwas oberhalb des Durchschnitts der Jahre seit 1994, der bei 21,3 Prozent liegt.

Abbildung II.8: Anteile der Branchen an der Wertschöpfung der „100 Größten" seit 1978

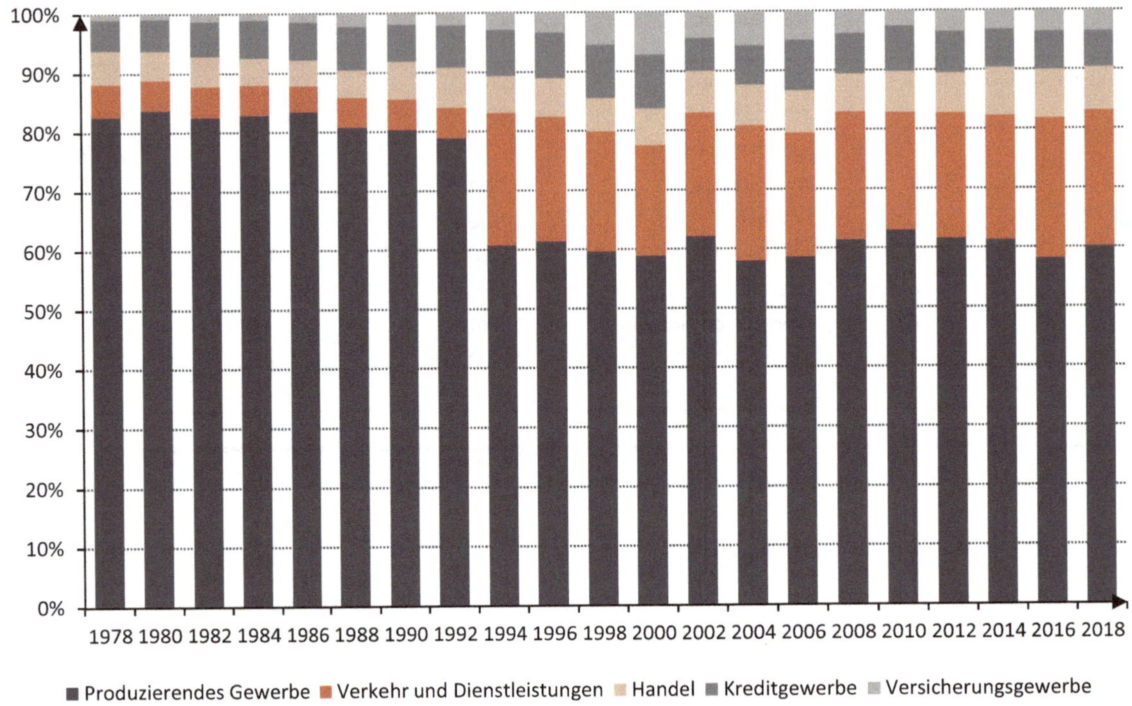

Quelle: Eigene Erhebungen

204. Zwar hat sich der Anteil des produzierenden Gewerbes an der Wertschöpfung der „100 Größten" seit 1994 kaum verändert, die Anzahl der Unternehmen, die dieser Branche zuzuordnen sind, hat sich jedoch deutlich verringert. Umgekehrt hat sich die Anzahl der Unternehmen aus dem Bereich Verkehr und Dienstleistungen signifikant erhöht. Folglich hat sich die durchschnittliche Wertschöpfung eines Industrieunternehmens aus dem Kreis der „100 Größten" seit 1994 erhöht, während die durchschnittliche Wertschöpfung eines Dienstleistungs- bzw. Verkehrsunternehmens in dieser Zeit gesunken ist; Abbildung II.9 verdeutlicht diese Entwicklung. Die durchschnittliche Wertschöpfung eines Industrieunternehmens ist seit 1994 um 77 Prozent auf EUR 3.613 Mio. gestiegen, die durchschnittliche Wertschöpfung eines Verkehrs- bzw. Dienstleistungsunternehmens ist im selben Zeitraum um 41,1 Prozent auf EUR 3.434 Mio. gesunken. Neben den beschriebenen Branchen ist in Abbildung II.9 auch die Entwicklung der durchschnittlichen Wertschöpfung der Handelsunternehmen aus dem Kreis der „100 Größten" zu sehen. Mit einem Anstieg von EUR 1.195 Mio. auf EUR 3.014 Mio. hat sich die durchschnittliche Wertschöpfung eines Handelsunternehmens seit 1994 mehr als verdoppelt. Unter den Großunternehmen der Branchen Industrie und Handel scheint es dieser Beobachtung zufolge eine Tendenz zu einer Zunahme der aggregierten Konzentration zu geben. Ob sich eine solche Tendenz auch in der Entwicklung des Anteils der größten Unternehmen der entsprechenden Branche an den branchenspezifischen Geschäftsvolumina zeigt, wird in Abschnitt 1.6 untersucht.

Abbildung II.9: Durchschnittliche Wertschöpfung der „100 Größten" nach Branchen im Zeitverlauf

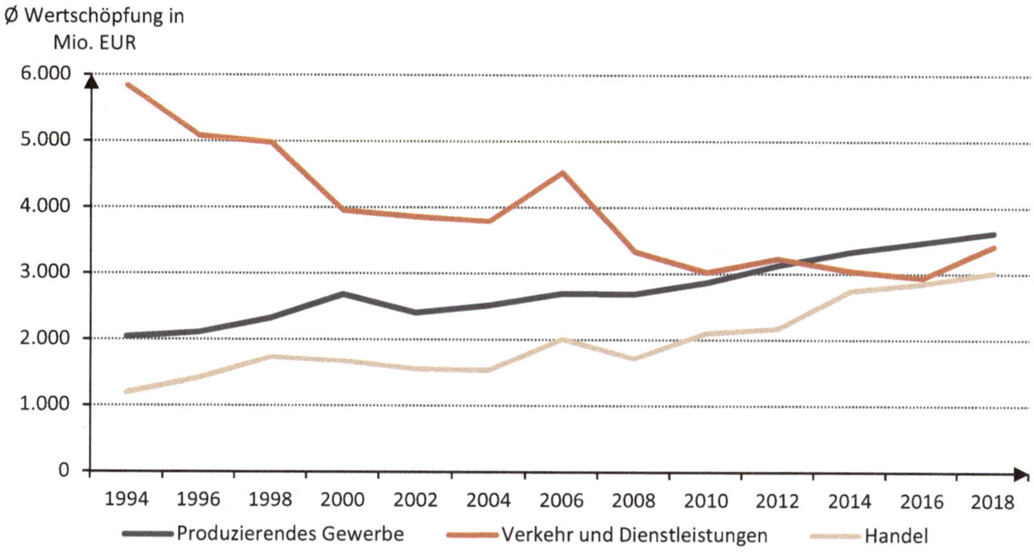

Quelle: Eigene Erhebungen

1.3 Anteilseigner und Kapitalverflechtungen der „100 Größten"

205. Nachfolgend wird untersucht, in welchem Ausmaß die „100 Größten" über ihre Anteilseigner untereinander über Minderheitsbeteiligungen verflochten sind. Solche Verflechtungen können dazu führen, dass sich Unternehmen mit denselben Anteilseignern untereinander weniger kompetitiv verhalten, weil die Anteilseigner eher an der Maximierung des Gesamtgewinns ihrer Beteiligungsunternehmen interessiert sind statt an der Maximierung des Gewinns jedes einzelnen Beteiligungsunternehmens.[35] Eine derartige Gleichrichtung von Interessen bei Unternehmen innerhalb des Kreises der „100 Größten" ist bei der Beurteilung der aggregierten Konzentration zu berücksichtigen, da sie potenzielle Einflussmöglichkeiten auf gesamtwirtschaftliche und politische Entwicklungen verstärken kann. Diesen möglicherweise negativen Wirkungen stehen allerdings auch mögliche Effizienzgewinne durch eine verbesserte Koordination ökonomischer Aktivität durch Verflechtungen gegenüber.

206. Die einzelnen Anteilseigner von Unternehmen können ermittelt werden, da Kapitalgesellschaften gemäß § 285 Nr. 11 HGB verpflichtet sind, im Anhang zum Jahresabschluss Anteile an anderen Unternehmen aufzuführen, wenn diese mindestens 20 Prozent betragen. Für börsennotierte Kapitalgesellschaften gilt dies zudem bereits bei Überschreiten eines Anteils von 5 Prozent der Stimmrechte an einer großen Kapitalgesellschaft (§ 285 Nr. 11b HGB). Auch Kapitalanteile von unter 5 Prozent können einem Anteilseigner aufgrund von Verpflichtungen gemäß Wertpapierhandelsgesetz (WpHG) zugeordnet werden. Wenn ein Anteilseigner bei einem Emittenten von Wertpapieren einen Anteil von 3 Prozent der Stimmrechte erreicht, über- oder unterschreitet, ist er gemäß § 33 Abs. 1 WpHG verpflichtet, dies dem Emittenten und der Bundesanstalt für Finanzdienstleistungsaufsicht unverzüglich mitzuteilen. Handelt es sich bei dem Emittenten um eine Gesellschaft im Inland, ist diese gemäß § 40 Abs. 1 WpHG ihrerseits dazu verpflichtet, diese Mitteilung zu veröffentlichen.

207. In der Regel ist es jedoch nicht möglich, allein auf Grundlage von veröffentlichten Geschäftsberichten die kumulierten Kapitalanteile eines Anteilseigners zu bestimmen. Daher werden die Anteilseigner der „100 Größten" seit dem XX. Hauptgutachten mithilfe der Datenbank „Orbis Europe All Companies" des Anbieters Bureau van Dijk ermittelt. Die dort berichtete Eigentümerstruktur wird dann mit Angaben zu Anteilseigner- bzw. Aktionärsstrukturen in veröffentlich-

---

[35] Reynolds, R. J. und B. R. Snapp, The competitive effects of partial equity interest and joint ventures, International Journal of Industrial Organization 4, 1986, S. 141-153; Monopolkommission, XXI. Hauptgutachten, Wettbewerb 2016, Baden-Baden 2016, Kap. III.

ten Geschäftsberichten abgeglichen und bei Abweichungen ergänzt bzw. berichtigt.[36] So ist es möglich, auch kumulierte Kapitalanteile dem entsprechenden Anteilseigner zuzuordnen. Weiterhin ermöglicht die Verwendung dieser Datengrundlage die Berücksichtigung von direkten und indirekten Beteiligungen. So werden indirekte Beteiligungen in solchen Fällen, in denen ein Unternehmen zwischengeschaltete Beteiligungsgesellschaften mehrheitlich kontrolliert, dem Unternehmen am obersten Ende der Beteiligungskette zugerechnet. Da die berichteten Kapitalanteile Hinweise darauf liefern sollen, inwiefern ein Anteilseigner die Möglichkeit hat, Einfluss auf die Unternehmenspolitik auszuüben, beziehen sich die berichteten Kapitalanteile auf Stammaktien, die mit einem Stimmrecht verbunden sind.[37]

208. Um zu einer Einschätzung in Bezug auf die Verflechtung der Anteilseigner der „100 Größten" über Minderheitsbeteiligungen zu kommen, werden zunächst deren Anteilseigner erfasst. Diese werden den Kategorien „Unternehmen aus dem Kreis der „100 Größten", „identifizierte ausländische Investoren", „öffentliche Hand" und „Einzelpersonen bzw. Familien oder Familienstiftungen", „Streubesitz" und „Sonstige" zugeordnet. Dem „Streubesitz" werden alle Kapitalanteile von weniger als 1 Prozent zugeordnet.[38] Der Kategorie „Sonstige" werden Anteile von inländischen Unternehmen außerhalb des Kreises der „100 Größten", Kapitalanteile von Genossenschaften sowie nicht identifizierbare Beteiligungen zugeordnet.

209. Zur Darstellung der Anteilseignerstruktur der „100 Größten" wurde jedes Unternehmen aus dem Kreis der „100 Größten" der Anteilseignerkategorie zugeordnet, in die zum Stichtag mindestens 50 Prozent der Anteile fielen.[39] Auf dieser Grundlage wird in Abbildung II.10 dargestellt, wie viele Unternehmen aus dem Kreis der „100 Größten" mehrheitlich im Besitz von Anteilseignern einer der genannten Kategorien sind (links) und welcher Wertschöpfungsanteil auf die entsprechenden Unternehmen entfällt (rechts). Wie im Berichtsjahr 2016 befindet sich im Berichtsjahr 2018 keines der Unternehmen aus dem Kreis der „100 Größten" mehrheitlich im Besitz eines anderen Unternehmens aus diesem Kreis.[40] Im Berichtsjahr 2014 waren noch zwei Unternehmen im Kreis der „100 Größten" vertreten, an denen mehrere Unternehmen aus diesem Kreis gemeinsam mehr als 50 Prozent der Anteile hielten.[41]

210. Im Berichtsjahr 2018 ist gut die Hälfte der Unternehmen aus dem Kreis der „100 Größten" mehrheitlich im Besitz von Einzelpersonen bzw. Familien(stiftungen) (26 Unternehmen) oder ausländischer Investoren (25 Unternehmen) (vgl. Abbildung II.10 links). Bei den Unternehmen aus dem Kreis der „100 Größten", die sich mehrheitlich im Besitz ausländischer Investoren befinden, handelt es sich - bis auf eine Ausnahme[42] - um Beteiligungen von 100 Prozent, d. h. um Konzerneinheiten im Inland, die vollständig einem ausländischen Mutterunternehmen zuzuordnen sind, wie dies beispielsweise bei der Ford-Gruppe Deutschland der Fall ist. Der Anteil der 25 Unternehmen, die sich mehrheitlich im Besitz ausländischer Investoren befanden, erwirtschaftete allerdings lediglich 11 Prozent der gesamten Wertschöpfung der

---

36 Stand der Daten ist für die Berichtsjahre 2016 und 2018 jeweils der Anfang des auf das Berichtsjahr folgenden Jahres (Berichtsjahr 2016: Januar 2017; Berichtsjahr 2018: Februar 2019).

37 Da sich die vorliegende Untersuchung in Bezug auf die berichteten Anteilswerte auf die Datenbank „Orbis Europe All Companies" stützt, in der wiederum Informationen aus verschiedenen Quellen zusammengetragen werden, ist nicht vollständig auszuschließen, dass die berichteten Anteile auch für Dritte gehaltene Anteile einschließen.

38 Auch im Rahmen der weiteren Untersuchung der Anteilseigner der „100 Größten" werden Beteiligungen von weniger als 1 Prozent keinem konkreten Anteilseigner zugeordnet.

39 Eine Übersicht über die Anteilseigner nach Gruppen für jedes Unternehmen aus dem Kreis der „100 Größten" im Berichtsjahr 2018 wird im Anhang zu diesem Gutachten veröffentlicht.

40 Wenn sich ein Unternehmen mehrheitlich im Besitz eines anderen Unternehmens befindet, wird es gemäß § 290 HGB i. d. R. in dessen Konzernabschluss einbezogen und von der Monopolkommission nicht gesondert betrachtet. Allerdings kann das Mutterunternehmen darauf verzichten, ein Tochterunternehmen in den Konzernabschluss einzubeziehen, wenn es beispielsweise dessen Anteile ausschließlich zum Zwecke der Weiterveräußerung hält (§ 296 Abs. 1 Nr. 3 HGB). Aus diesem Grund könnten grundsätzlich auch Unternehmen im Kreis der „100 Größten" ausgewiesen werden, die sich mehrheitlich im Besitz eines anderen Unternehmens aus diesem Kreis befinden.

41 Es handelte sich um die Sana Kliniken AG und die BSH Hausgeräte GmbH. Allerdings wurden diese Fälle damals nicht unter der Kategorie „Unternehmen aus dem Kreis der „100 Größten"" aufgeführt, da eine solche Zuordnung nur erfolgt wäre, hätte ein einzelnes Unternehmen aus dem Kreis der „100 Größten" mehr als 50 Prozent der Anteile gehalten.

42 Bei der KION AG beträgt der Anteil identifizierter ausländischer Investoren 55,08 Prozent. Allerdings teilt sich dieser Wert auf sechs Investoren auf, wobei der größte von einem einzelnen Investor gehaltene Anteil 45 Prozent entspricht.

„100 Größten". Im Vergleich dazu fällt der Anteil der 19 Unternehmen, die mehrheitlich im Streubesitz waren, wie bereits im Berichtsjahr 2016 auch im Berichtsjahr 2018 mit 33 Prozent deutlich höher aus (vgl. Abbildung II.10 rechts). Auch der Anteil der 26 Familienunternehmen an der Wertschöpfung der „100 Größten" fällt im Berichtsjahr 2018 mit 29 Prozent wieder vergleichsweise hoch aus (2016: 27 Prozent).

Abbildung II.10: Struktur der Anteilseigner der „100 Größten" 2016 und 2018

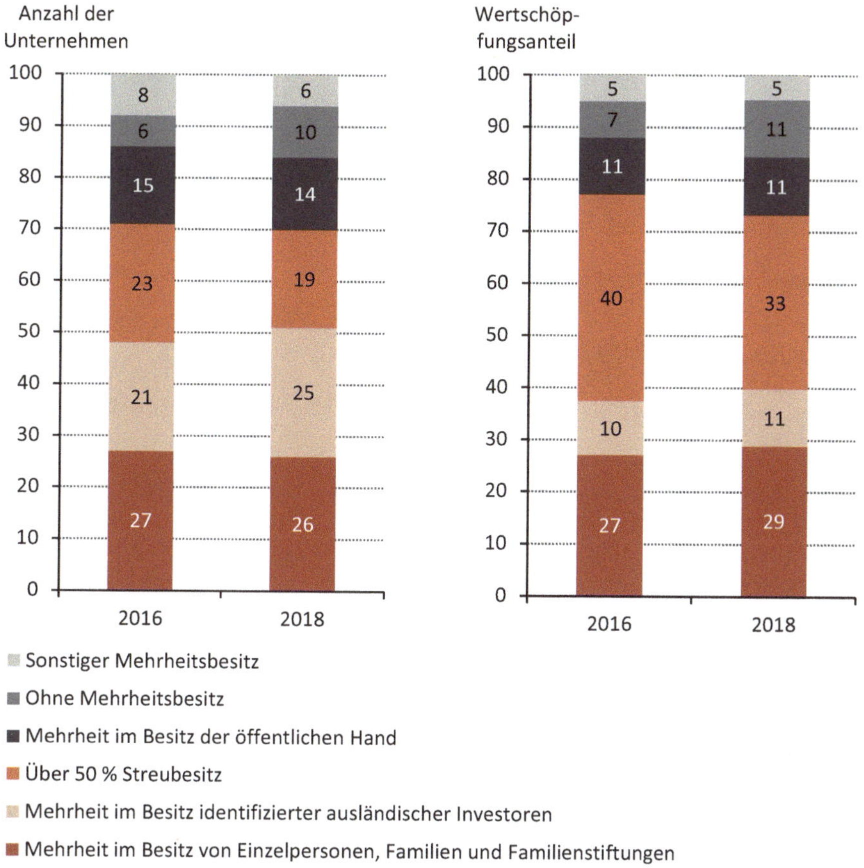

Quelle: Eigene Berechnungen auf Grundlage der Datenbank „Orbis Europe All Companies" des Anbieters Bureau van Dijk (Stand: Februar 2019 bzw. Januar 2017) sowie veröffentlichte Geschäftsberichte

211. Die beschriebenen Ergebnisse spiegeln sich in der durchschnittlichen Wertschöpfung wider, welche die Unternehmen einer Kategorie erwirtschafteten. In Abbildung II.11 ist die durchschnittliche Wertschöpfung der Unternehmen nach Art der Anteilseigner in den Jahren 2018 und 2016 dargestellt. Die durchschnittliche Wertschöpfung von Unternehmen aus dem Kreis der „100 Größten", die sich mehrheitlich im Streubesitz befanden, betrug im Berichtsjahr 2018 EUR 5.808 Mio. und ist somit gegenüber dem Berichtsjahr 2016 um 8,1 Prozent gestiegen. Die durchschnittliche Wertschöpfung von Unternehmen aus dem Kreis der „100 Größten", die mehrheitlich in ausländischem Besitz waren, ist gegenüber dem Berichtsjahr 2016 um 5,1 Prozent gesunken und fiel mit EUR 1.443 Mio. am niedrigsten aus. Im Gegensatz dazu konnten Familienunternehmen ihre Wertschöpfung im Durchschnitt um 17,5 Prozent erhöhen und erzielten die zweitgrößte durchschnittliche Wertschöpfung aller Kategorien.

Abbildung II.11: Durchschnittliche Wertschöpfung der Unternehmen nach Art der Anteilseigner 2018 und 2016

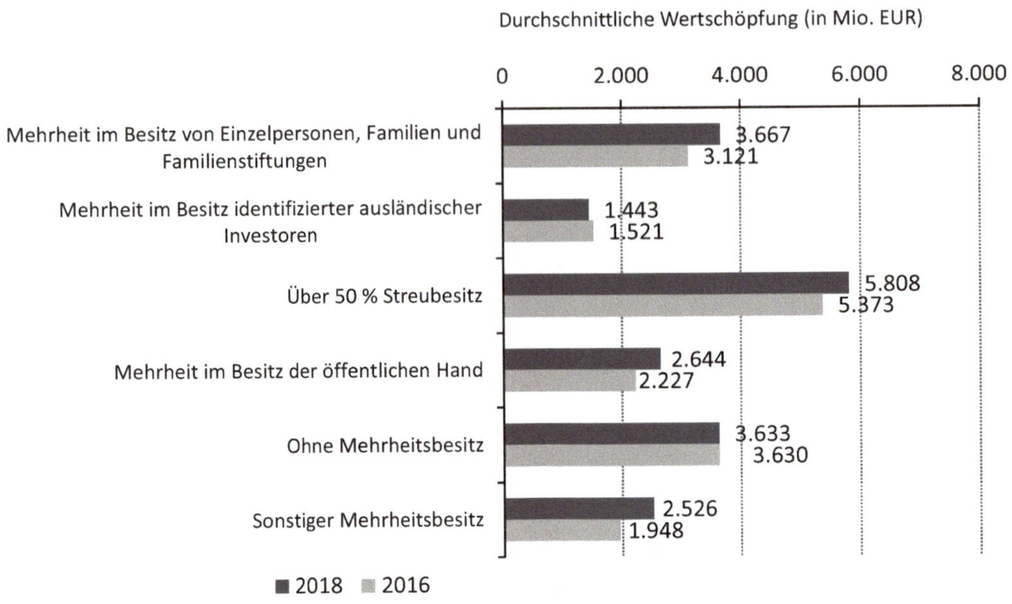

Quelle: Eigene Berechnungen auf Grundlage der Datenbank „Orbis Europe All Companies" des Anbieters Bureau van Dijk (Stand: Februar 2019 bzw. Januar 2017) sowie veröffentlichte Geschäftsberichte

212. Nachdem zuvor analysiert wurde, welcher Art die Anteilseigner sind, die jeweils mehrheitlich die Anteile eines Unternehmens aus dem Kreis der „100 Größten" halten, wird im Folgenden auf Kapitalverflechtungen zwischen Unternehmen aus diesem Kreis eingegangen. Abbildung II.12 stellt das Verflechtungsnetzwerk über Minderheitsbeteiligungen im Kreis der „100 Größten" dar. Zentrale Positionen in diesem Netzwerk nehmen die Deutsche Bank, die Allianz und auch die DZ Bank ein. Diese Unternehmen sind alle an einer Reihe von weiteren Unternehmen aus dem Kreis der „100 Größten" beteiligt. An BASF, der Münchener Rückversicherungs-Gesellschaft, der Deutschen Börse und Lanxess sind alle drei Unternehmen beteiligt. Die Münchener Rückversicherungs-Gesellschaft ist zudem nicht nur Beteiligungsunternehmen von Deutscher Bank, Allianz und DZ Bank, sondern hält ihrerseits wiederum Beteiligungen an den Sana Kliniken und Siemens. Die Deutsche Bank hält zudem direkt Minderheitsanteile an Siemens. Dies zeigt, dass die „100 Größten" insbesondere über große Banken bzw. Versicherungsunternehmen aus ihrem Kreis über Minderheitsbeteiligungen miteinander verflochten sind.

Abbildung II.12: Kapitalverflechtungen aus dem Kreis der „100 Größten“ 2018

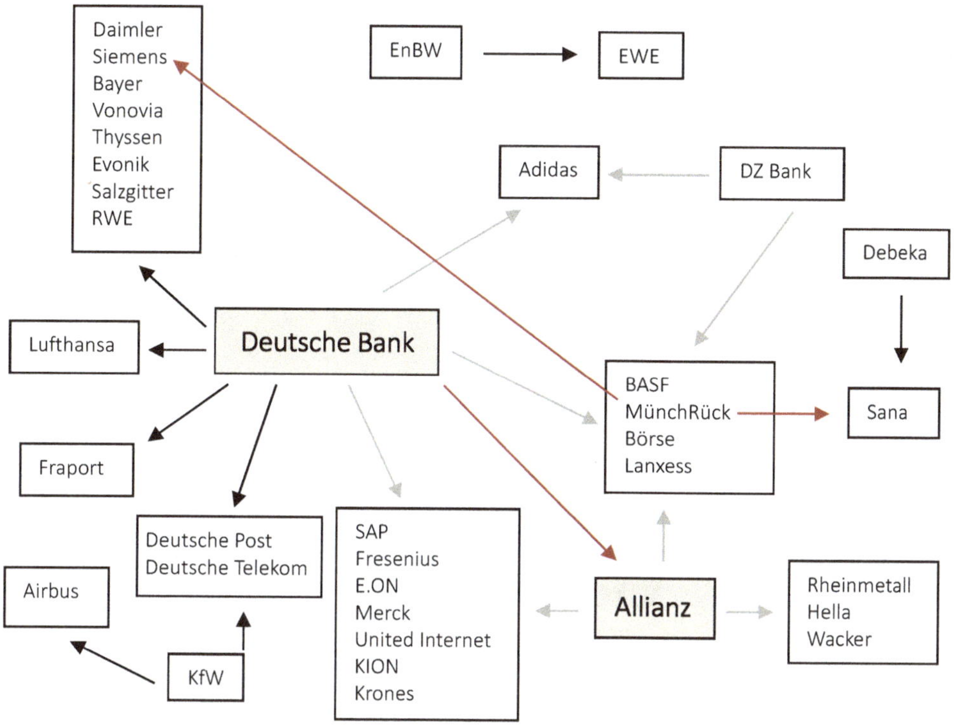

213. Im Vergleich zum Berichtsjahr 2016 hat sich dieses Verflechtungsnetzwerk um die Deutsche Bank und die Allianz ausgeweitet. Dies ist in Abbildung II.13 erkennbar, wo die Anzahl der Beteiligungsfälle innerhalb des Kreises der „100 Größten“ in den Jahren 2018 und 2016 für diejenigen Unternehmen aus dem Kreis aufgeschlüsselt wurde, die im jeweiligen Jahr mehr als eine Beteiligung an einem weiteren Unternehmen aus dem Kreis hielten. Neben der Deutschen Bank (25 Beteiligungen), der Allianz (15 Beteiligungen), der DZ Bank (fünf Beteiligungen) und der Münchener Rückversicherung (zwei Beteiligungen) traf dies im Berichtsjahr 2018 auch auf die KfW (drei Beteiligungen) zu. Während die Deutsche Bank und die Allianz ihre Minderheitsbeteiligungen an Unternehmen aus dem Kreis der „100 Größten“ gegenüber dem Jahr 2016 um sechs bzw. vier Beteiligungen erhöhten, blieb die Anzahl dieser Beteiligungen bei der KfW und der Münchener Rückversicherung konstant. Die Commerzbank, die im Jahr 2016 noch in fünf Fällen an Unternehmen aus dem Kreis der „100 Größten“ beteiligt war, hält im Berichtsjahr 2018 keine Beteiligung mehr von über 1 Prozent an diesen Unternehmen. Umgekehrt ist die DZ Bank im Berichtsjahr 2018 an fünf Unternehmen aus dem Kreis der „100 Größten“ beteiligt, was im Jahr 2016 noch nicht der Fall war.[43]

[43] Eine Übersicht über die einzelnen Beteiligungsfälle im Kreis der „100 Größten“ und ihre jeweilige Höhe im Vergleich zum Jahr 2016 ist im Anhang zu finden.

Abbildung II.13: Zahl der Beteiligungsfälle unter den „100 Größten" 2018 und 2016

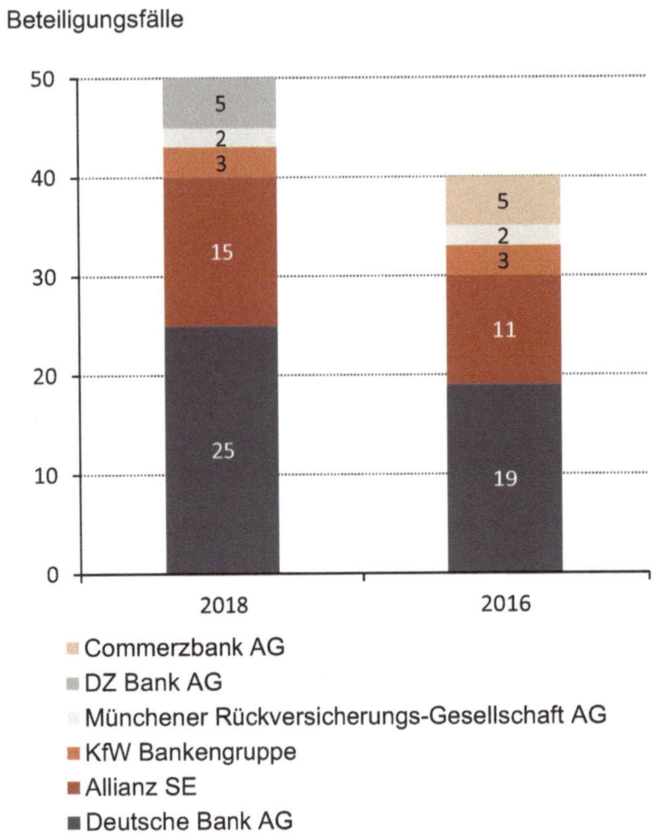

Anm.: Erfasst wurden Beteiligungsfälle von Unternehmen aus dem Kreis der „100 Größten", die an mehr als einem Unternehmen aus diesem Kreis beteiligt sind.

Quelle: Eigene Berechnungen auf Grundlage der Datenbank „Orbis Europe All Companies" des Anbieters Bureau van Dijk (Stand: Februar 2019 bzw. Januar 2017) sowie veröffentlichter Geschäftsberichte

214. Abbildung II.14 ordnet den Stand der Kapitalverflechtungen zwischen den „100 Größten" im Berichtsjahr 2018 in die langfristige Entwicklung seit dem Jahr 1978 ein. Im Berichtsjahr 2018 hielten insgesamt acht Unternehmen aus dem Kreis der „100 Größten" Anteile an mindestens einem Unternehmen aus diesem Kreis. Somit setzt sich der Rückgang der Anzahl an Anteilseignern von Minderheitsbeteiligungen unter den „100 Größten" weiter fort und erreicht den kleinsten Wert seit dem Jahr 1978. Die übrigen in der Abbildung dargestellten Kennzahlen sind im Berichtsjahr 2018 jedoch angestiegen, nachdem seit dem Jahr 2012 eine rückläufige Entwicklung zu beobachten war. Beispielsweise erreicht die Anzahl an Beteiligungsunternehmen, d. h. die Anzahl an Unternehmen, an denen mindestens ein Unternehmen aus dem Kreis der „100 Größten" beteiligt ist, im Berichtsjahr 2018 mit 31 Unternehmen wieder den Wert aus dem Jahr 2012. Auch die Anzahl an Beteiligungsfällen erreicht mit 53 Fällen im Berichtsjahr 2018 einen vergleichsweise hohen Wert. Mit Ausnahme des Jahres 2012, in dem eine Umstellung der Datengrundlage erfolgte, handelt es sich um den höchsten Wert seit dem Jahr 2002.

Abbildung II.14: Entwicklung der Kapitalverflechtungen zwischen den „100 Größten" (1978-2018)

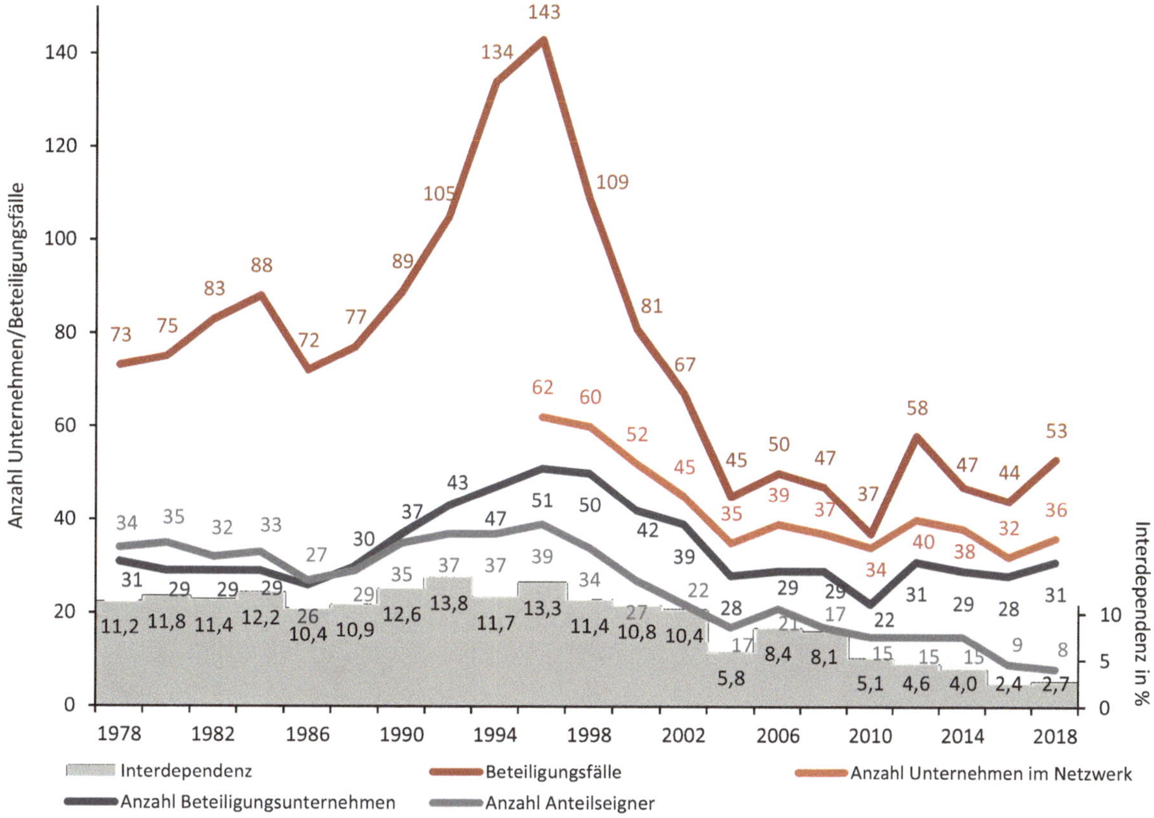

Anm.: Mit dem Berichtsjahr 2012 erfolgte eine Umstellung der Datengrundlage. Daher sind die Werte ab dem Berichtjahr 2012 nicht vollständig mit denjenigen der Vorjahre vergleichbar. Die Interdependenz gibt an, wie groß der Anteil der Gesamtwertschöpfung der „100 Größten" ist, an dem Unternehmen aus dem Kreis der „100 Größten" über Kapitalbeteiligungen beteiligt sind. Die Anzahl an Beteiligungsfällen gibt die Anzahl an Unternehmensverbindungen über Kapitalbeteiligungen an. Als Beteiligungsunternehmen wird ein Unternehmen aus dem Kreis der „100 Größten" erfasst, wenn ein anderes Unternehmen aus dem Kreis der „100 Größten" eine Kapitalbeteiligung an diesem Unternehmen hält, die 1 Prozent übersteigt. Als Anteilseigner wird ein Unternehmen aus dem Kreis der „100 Größten" erfasst, das an einem weiteren Unternehmen aus dem Kreis der „100 Größten" eine Kapitalbeteiligung hält, die 1 Prozent übersteigt. Als Netzwerkunternehmen wird ein Unternehmen erfasst, wenn es ein Beteiligungsunternehmen, Anteilseigner oder beides ist.

Quelle: Eigene Berechnungen auf Grundlage veröffentlichter Geschäftsberichte sowie seit 2012 der Datenbank „Orbis Europe All Companies" des Anbieters Bureau van Dijk

215. Zusätzlich zu den beschriebenen Indikatoren zur Beurteilung der Entwicklung von Kapitalverflechtungen zwischen den „100 Größten" wird in Abbildung II.14 die Entwicklung der Interdependenz zwischen den hundert größten Unternehmen dargestellt. Der Interdependenzgrad gibt an, welcher Anteil an der Gesamtwertschöpfung der „100 Größten" auf Kapitalbeteiligungen aus diesem Kreis entfällt. Er liefert somit zusätzliche Informationen zur Höhe der Kapitalbeteiligungen und dem betroffenen Wertschöpfungsanteil. Wenn jedes Unternehmen aus dem Berichtskreis einem oder mehreren anderen Unternehmen aus diesem Kreis gehörte, ergäbe sich beispielsweise ein Interdependenzgrad von 100 Prozent. Im Berichtsjahr 2018 hat sich der Interdependenzgrad gegenüber dem Berichtsjahr 2016 um 0,3 Prozentpunkte erhöht, nachdem er seit dem Jahr 1996, mit Ausnahme des Jahres 2004, von 13,3 Prozent auf 2,4 Prozent im Jahr 2016 deutlich gesunken war.

216. Neben direkten Kapitalverflechtungen zwischen Unternehmen aus dem Kreis der „100 Größten" treten auch indirekte Kapitalverflechtungen zwischen diesen Unternehmen auf. Diese indirekten Kapitalverflechtungen bestehen aufgrund von Beteiligungen institutioneller Investoren an mehreren Unternehmen aus dem Kreis der „100 Größten". Bei diesen institutionellen Investoren handelt es sich größenbedingt insbesondere um institutionelle Investoren aus dem Ausland, beispielsweise BlackRock oder Vanguard. Die Bedeutung indirekter Kapitalverflechtungen zwischen den „100 Größten" für das Berichtsjahr 2018 zeigt Abbildung II.15. Dort werden die Anteile am gesamten Kapital der „100 Größten" dargestellt, die von Investoren gehalten werden, die an mehreren oder nur einem Unternehmen aus dem Kreis beteiligt sind.[44] Mit etwa 91 Prozent wird der überwiegende Anteil des Kapitals der „100 Größten" von Anteilseignern gehalten, die lediglich an einem Unternehmen aus dem Kreis der „100 Größten" beteiligt sind, sodass über diese Investoren keine indirekten Kapitalverflechtungen zwischen den „100 Größten" bestehen (Abbildung II.15 links).

Abbildung II.15: Anteilsbesitz an den „100 Größten" nach Beteiligungsfällen des Investors

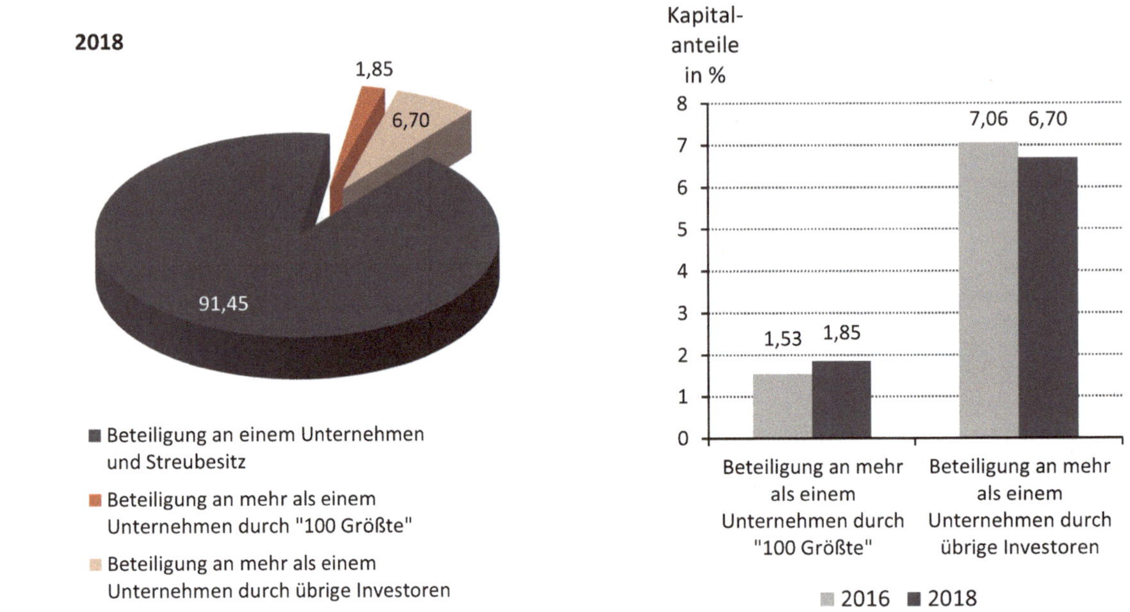

Anm.: Unter den Kategorien „Beteiligung an mehr als einem Unternehmen durch ‚100 Größte'" bzw. „übrige Investoren" werden Beteiligungen erfasst, die 1 Prozent übersteigen. Betrachtet werden Beteiligungen an den in Tabelle A.2 aufgeführten rechtlichen Unternehmenseinheiten.

Quelle: Eigene Berechnungen auf Grundlage der Datenbank „Orbis Europe All Companies" des Anbieters Bureau van Dijk (Stand: Februar 2019) sowie veröffentlichter Geschäftsberichte

217. Die übrigen ca. 9 Prozent des Gesamtkapitals werden von Investoren gehalten, die an mehreren Unternehmen aus dem Kreis der „100 Größten" beteiligt sind, wobei im Berichtsjahr 2018 1,85 Prozent auf Unternehmen aus dem Kreis der „100 Größten" fallen. Es handelt sich hierbei um die in Abbildung II.13 dargestellten Beteiligungen von Banken und Versicherungen aus dem Kreis der „100 Größten". Diese Unternehmen haben nicht nur die Anzahl ihrer Beteiligungen an Unternehmen aus dem Kreis der „100 Größten" erhöht, auch ihr Anteil am Gesamtkapital der „100 Größten" ist gegenüber dem Berichtsjahr 2016 um 17,4 Prozent gestiegen (vgl. Abbildung II.12 rechts). Gleichzeitig ist der Anteil von Investoren außerhalb der „100 Größten", beispielsweise Blackrock und Vanguard, am Gesamtkapital der „100 Größten" von 7,06 auf 6,7 Prozent im Berichtsjahr gesunken. Damit ist die Bedeutung dieser Investoren für die indirekten Kapitalverflechtungen zwischen den „100 Größten" jedoch weiterhin deutlich größer als diejenige der Investoren, die selbst diesem Kreis angehören.

218. Im Vergleich zum Anteil am Gesamtkapital der „100 Größten" in Höhe von 91 Prozent, der von Anteilseignern gehalten wird, die lediglich an einem Unternehmen aus dem Kreis beteiligt sind, erscheint der Anteil von 6,7 Prozent, der

44 Beteiligungen von weniger als 1 Prozent werden als Streubesitz betrachtet und somit der Kategorie „Beteiligung an einem Unternehmen" zugeordnet.

von Investoren gehalten wird, die an mehreren Unternehmen aus dem Kreis der „100 Größten" beteiligt sind und nicht selbst zu diesem Kreis gehören, vergleichsweise gering. Allerdings fallen die kumulierten Anteile, die diese Investoren an einzelnen Unternehmen aus dem Kreis halten, teilweise deutlich höher aus. Einen Einblick gibt Abbildung II.16. Für die Darstellung wurden diejenigen Investoren ausgewählt, die an mehr als zehn Unternehmen aus dem Kreis der „100 Größten" beteiligt sind. Diese Investoren halten insgesamt Beteiligungen an 36 Unternehmen aus dem Kreis der „100 Größten". An fünf dieser Unternehmen sind alle fünf Investoren beteiligt. Für die Darstellung in Abbildung II.16 wurden diejenigen zehn Unternehmen ausgewählt, bei denen der kumulierte Anteil der genannten fünf Investoren am größten ist. In zwei Fällen (Vonovia und Rheinmetall) überschreitet dieser Anteil 20 Prozent. Dies war im Berichtsjahr 2016 noch für keines der Unternehmen der Fall.[45] Die Zahl der indirekten Verflechtungen über institutionelle Investoren hat demnach zumindest für einige Unternehmen aus dem Kreis der „100 Größten" zugenommen.

Abbildung II.16: Indirekte Kapitalverflechtungen zwischen den „100 Größten" 2018

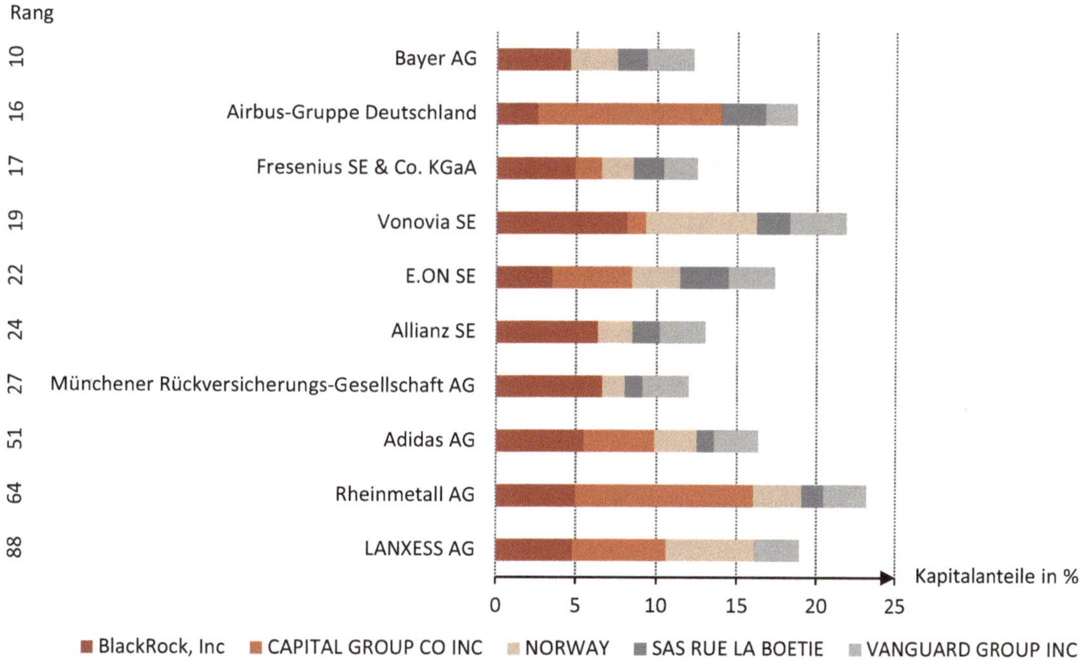

Anm.: Dargestellt werden indirekte Kapitalverflechtungen durch Beteiligungen von Investoren an mehr als zehn Unternehmen aus dem Kreis der „100 Größten", sofern sie 1 Prozent übersteigen. Betrachtet werden die in Tabelle A.2 ausgewiesenen rechtlichen Unternehmenseinheiten.

Quelle: Eigene Berechnungen auf Grundlage der Datenbank „Orbis Europe All Companies" des Anbieters Bureau van Dijk (Stand: Februar 2019) sowie veröffentlichter Geschäftsberichte

[45] Monopolkommission, XXII. Hauptgutachten, Wettbewerb 2018, Baden-Baden 2018, Tz. 327, Abbildung II.12.

1.4 Personelle Verflechtungen der „100 Größten"

219. Neben den Verflechtungen über Kapitalbeteiligungen können Unternehmen auch über personelle Verflechtungen miteinander in Verbindung stehen. Hält eine Person ein Geschäftsführungs- oder Kontrollmandat in einem Unternehmen und ein weiteres Mandat in einem anderen Unternehmen, besteht über diese Person eine Verflechtung zwischen den beiden Unternehmen. Da davon ausgegangen werden kann, dass ein solcher Mehrfachmandatsträger grundsätzlich am Erfolg aller Unternehmen interessiert ist, in denen er ein Mandat ausübt, sind personelle Verflechtungen geeignet, eine Gleichrichtung von Interessen herbeizuführen. Die wirtschaftliche Verfügungsgewalt, die sich auf Großunternehmen konzentriert, kann auf diese Weise verstärkt werden. Daher ermittelt die Monopolkommission die personellen Verflechtungen über Mehrfachmandatsträger in Geschäftsführungs- und Kontrollgremien zwischen den „100 Größten".

220. Die Mitglieder der Geschäftsführungs- und Kontrollgremien der „100 Größten" lassen sich in der Regel auf Grundlage der veröffentlichten Geschäftsberichte ermitteln, da Kapitalgesellschaften und bestimmte Personengesellschaften, beispielsweise eine GmbH & Co. KG, gemäß § 285 Nr. 10 verpflichtet sind, alle Mitglieder des Geschäftsführungsorgans und des Aufsichtsrats im Anhang zu ihrem Jahresabschluss aufzuführen. Im Berichtsjahr 2018 konnten - abgesehen von der Schwarz- und der Aldi-Gruppe - für alle Unternehmen aus dem Kreis der „100 Größten" die erforderlichen Daten ermittelt werden. Die Schwarz- und die Aldi-Gruppe bleiben aufgrund der fehlenden Daten bei der nachfolgenden Untersuchung unberücksichtigt. Tabelle II.3 gibt einen Überblick über die erfassten Geschäftsführungs- und Kontrollgremienmandate der „100 Größten" im aktuellen und dem vorherigen Berichtsjahr.

Tabelle II.3: Mandate in Geschäftsführungs- und Kontrollgremien der „100 Größten" 2018 und 2016

Gruppenzugehörigkeit[1]	Zahl der Mandate		Anteil an der jeweiligen Gruppe (in %)	
	2018	2016	2018	2016
Mandatsträger in den Kontrollgremien:	1.560	1.524		
Arbeitgebervertreter:	914	881	58,6	57,8
Mitglieder der Geschäftsführung von Unternehmen aus dem Kreis der „100 Größten"	42	34	4,6	3,9
Vertreter der öffentlichen Hand[3]	90	94	9,8	10,7
Sonstige Arbeitgebervertreter	782	753	85,6	85,5
Arbeitnehmervertreter:	646	643	41,4	42,2
Gewerkschaftsvertreter[2]	145	149	22,4	23,2
Angestellte des Unternehmens (Betriebsräte, leitende Angest.)	501	494	77,6	76,8
Geschäftsführer:	551	572		
Mehrfachmandatsträger	37	27	6,7	4,7

1 Die Daten beziehen sich auf die 98 (2016: 97) Unternehmen aus dem Kreis der „100 Größten", für die ein Kontrollgremium ermittelt werden konnte. Alle Anteilswerte auf eine Nachkommastelle gerundet

2 Gewerkschaftsvertreter gemäß § 7 Abs. 2, § 16 MitbestG

3 Politische Entscheidungsträger auf Bundes-, Länder- und kommunaler Ebene

Quelle: Eigene Berechnungen auf Grundlage veröffentlichter Geschäftsberichte

221. Im Rahmen der Untersuchung der personellen Verflechtungen zwischen den „100 Größten" sind insbesondere zwei der in Tabelle II.3 aufgeführten Gruppen von Mandatsträgern relevant: einerseits die Zahl der Mandate in Kontrollgremien der „100 Größten", die von Mitgliedern der Geschäftsführung von Unternehmen aus dem Kreis der „100 Größten" gehalten werden, andererseits die Anzahl an Geschäftsführungsmandaten, die von Personen gehalten werden, die gleichzeitig in einem oder mehreren Kontrollgremien von Unternehmen aus dem Kreis der „100 Größten" vertreten sind. Beide Kennzahlen sind im Vergleich zum Berichtsjahr 2016 angestiegen. Im Berichtsjahr 2018 wurden 42 Kontrollgremiumsmandate der „100 Größten" von Personen ausgeübt, die gleichzeitig Mitglied der Geschäftsführung eines Unternehmens aus dem Kreis der „100 Größten“ waren. Im Berichtsjahr 2016 traf dies auf 34 Kontrollgremiumsmandate zu. Die Zahl der Geschäftsführungsmandate, die von Personen ausgeübt wurden, die auch in einem oder mehreren Kontrollgremien der „100 Größten“ vertreten waren, ist um zehn Mandate auf 37 Mandate gestiegen. Der Anstieg der genannten Kennzahlen erscheint jedoch aus Wettbewerbssicht unproblematisch, da im Berichtsjahr 2014 bereits deutlich höhere Werte beobachtet wurden.[46] Im Verhältnis zur Gesamtzahl an Mandaten in den jeweiligen Gremien ist die betroffene Zahl an Mandaten zudem vergleichsweise gering. Lediglich 4,6 Prozent der Kontrollgremienmandate wurden von Geschäftsführern der „100 Größten“ gehalten, 6,7 Prozent der Geschäftsführungsmandate von Mehrfachmandatsträgern.

222. In Hinblick auf den möglichen Einfluss von Großunternehmen auf politische Entscheidungen ist die Anzahl an Kontrollmandaten relevant, die von politischen Entscheidungsträgern ausgeübt werden. Diese Zahl ist gegenüber dem Berichtsjahr 2016 etwas gesunken. Im Berichtsjahr 2018 betraf dies 90 Mandate. Im Berichtsjahr 2016 waren es mit 94 Mandaten vier Mandate mehr. Das entspricht etwa 10 Prozent aller Kontrollmandate der „100 Größten“. Zudem ist zu berücksichtigen, dass diese Mandate überwiegend in Zusammenhang mit Kapitalanteilen der öffentlichen Hand stehen. So wurden 85 der 90 Mandate in den Kontrollorganen der „100 Größten“ von Mandatsträgern in 18 Unternehmen aus dem Kreis der „100 Größten“ ausgeübt, bei denen die öffentliche Hand (i. d. R. auch mehrheitlich) Anteilseigner ist.

223. Im Folgenden werden diejenigen Mandate näher betrachtet, die von Personen gehalten werden, die mehrere Mandate in Unternehmen aus dem Kreis der „100 Größten“ halten und somit Verbindungen zwischen diesen Unternehmen herstellen. Dies sind einerseits Personen, die in mindestens zwei Unternehmen aus dem Kreis der „100 Größten“ in den Kontrollgremien vertreten sind, oder Personen, die in einem Unternehmen ein Geschäftsführungsmandat halten und in mindestens einem weiteren Unternehmen aus dem Kreis ein Kontrollmandat ausüben. Abbildung II.17 führt die genannten Mandatsträger nach der Anzahl ihrer Mandate im Kreis der „100 Größten“ auf. Wie im Berichtsjahr 2016 hält die überwiegende Zahl der Mehrfachmandatsträger auch im Berichtsjahr 2018 insgesamt lediglich zwei Mandate in Geschäftsführungs- bzw. Kontrollgremien von Unternehmen aus dem Kreis der „100 Größten“. So halten 33 Geschäftsführer ein weiteres Mandat in einem Kontrollgremium eines anderen Unternehmens aus dem Kreis der „100 Größten“ und 57 Personen sind in jeweils zwei Kontrollgremien von Unternehmen aus dem Kreis der „100 Größten“ zu finden.

224. Im Vergleich zum Berichtsjahr 2016 hat sich die Anzahl der Geschäftsführer, die in einem weiteren Unternehmen aus dem Kreis ein Kontrollmandat halten, um 12 Personen erhöht. Die Anzahl an Personen ohne Geschäftsführungsmandat, aber mit zwei Kontrollmandaten bei Unternehmen aus dem Kreis der „100 Größten“ blieb dagegen konstant. In Bezug auf Personen mit mehr als zwei Mandaten für Geschäftsführungs- und Kontrollgremien fällt auf, dass im Berichtsjahr 2018 insgesamt nur noch zwei Personen vier Mandate halten. Im Berichtsjahr 2016 traf dies noch auf 6 Personen zu. Insofern sinkt die Anzahl der Netzwerke durch Mehrfachmandatsträger im Vergleich zum Berichtsjahr 2016. Gleichzeitig stellen allerdings Geschäftsführer aus dem Kreis der „100 Größten“ über ein Mandat in einem Kontrollgremium häufiger eine Verbindung zu einem weiteren Unternehmen aus dem Kreis her.

46 Zahl der Kontrollgremienmandate, die von Geschäftsführern der „100 Größten“ ausgeübt wurde: 50. Zahl der Geschäftsführungsmandate, die von Mitgliedern von Kontrollgremien der „100 Größten“ ausgeübt wurde: 42.

Abbildung II.17: Mehrfachmandatsträger in Geschäftsführungs- und Kontrollgremien 2018 und 2016

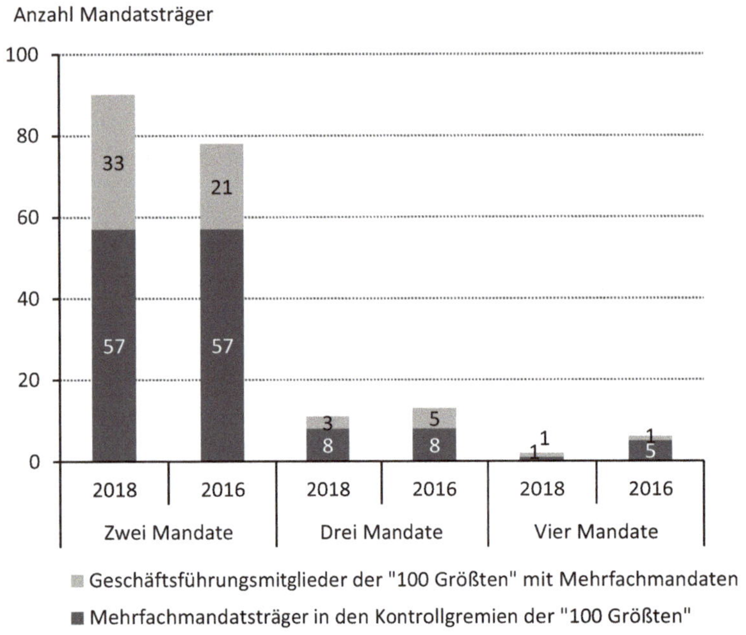

Anm.: Erfasst wurden Personen mit Mandaten in Geschäftsführungs- bzw. Kontrollgremien mehrerer Unternehmen aus dem Kreis der „100 Größten".

Quelle: Eigene Berechnungen auf Grundlage veröffentlichter Geschäftsberichte

225. Mehrfachmandatsträger in den Geschäftsführungs- und Kontrollgremien der „100 Größten" führen zu personellen Verflechtungen zwischen Unternehmen aus diesem Kreis. Daher wird im Folgenden eine Auswertung auf Unternehmensebene vorgenommen. Dabei wird immer dann eine Verbindung zwischen zwei Unternehmen aus dem Kreis der „100 Größten" ausgewiesen, wenn entweder eine Person gleichzeitig dem Geschäftsführungsgremium des einen und dem Kontrollgremium des anderen Unternehmens angehört oder eine Person in den Kontrollgremien von beiden Unternehmen tätig ist. Die Befugnisse der betrachteten Kontrollgremien können sich in Abhängigkeit von der Rechtsform und den Gesellschaftsverträgen der Unternehmen zwar unterscheiden. Da im Rahmen der Analyse der personellen Verflechtungen zwischen den „100 Größten" dargestellt werden soll, inwiefern die Möglichkeit für zwei Unternehmen besteht, auf hoher hierarchischer Ebene Kontakt herzustellen, werden dennoch alle Kontrollgremien der „100 Größten" unabhängig von ihren tatsächlichen Befugnissen berücksichtigt.

226. Die entsprechenden Verflechtungen zwischen Unternehmen aus dem Kreis der „100 Größten" werden im Einzelnen erfasst, indem für jedes[47] Unternehmen aus dem Kreis der „100 Größten" ermittelt wird:

- in wie vielen weiteren Unternehmen Mitglieder der Geschäftsführung des betrachteten Unternehmens als Mandatsträger vertreten sind (Kategorie „Über das eigene Geschäftsführungsgremium"),
- in wie vielen weiteren Unternehmen Mandatsträger im Kontrollgremium des betrachteten Unternehmens Geschäftsführer sind (Kategorie „Über Geschäftsführer im eigenen Kontrollgremium").
- in wie vielen weiteren Unternehmen sonstige Mandatsträger im Kontrollgremium des genannten Unternehmens ein Mandat in einem Kontrollgremium ausüben (Kategorie „Über sonstige Mandatsträger im eigenen Kontrollgremium").

[47] Ausgeschlossen wurden Unternehmen, für welche die Zusammensetzung der Gremien nicht bestimmt werden konnte. Dies traf im Berichtsjahr 2018 auf zwei und im Berichtsjahr 2016 auf drei Unternehmen zu.

Abbildung II.18: Über personelle Verflechtung verbundene Unternehmen

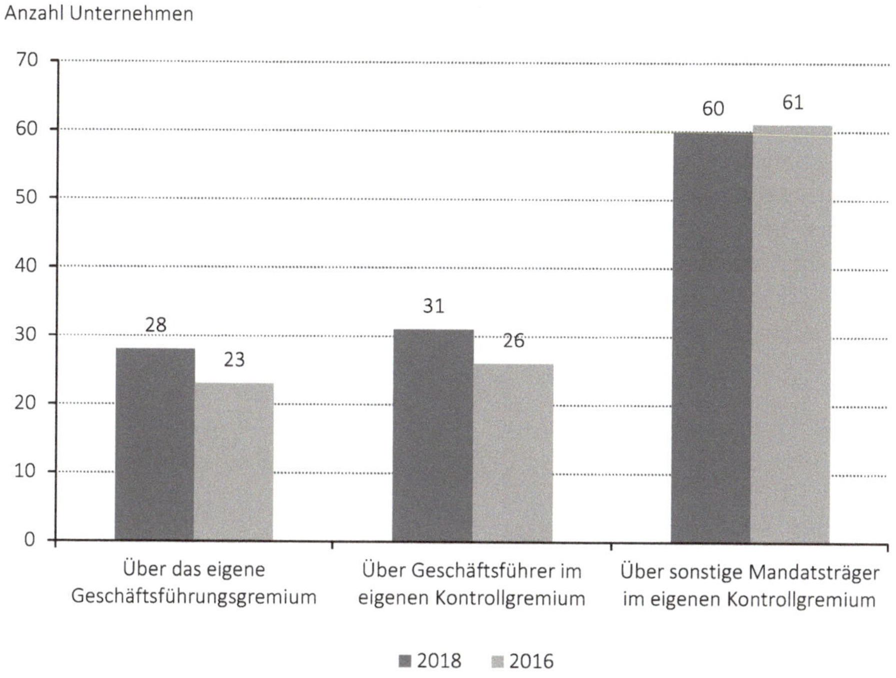

Anm.: Angegeben ist die Anzahl der Unternehmen aus dem Kreis der „100 Größten", die mit weiteren Unternehmen aus diesem Kreis über Mehrfachmandatsträger in Geschäftsführungs- und Kontrollgremien verbunden waren.

Quelle: Eigene Berechnungen auf Grundlage veröffentlichter Geschäftsberichte

227. Wie Abbildung II.18 zeigt, ist die Anzahl der Unternehmen aus dem Kreis der „100 Größten", die über Personen in den Geschäftsführungs- und Kontrollgremien miteinander verbunden sind, in allen Kategorien gestiegen. Im Berichtsjahr 2018 war in 28 Unternehmen mindestens ein Mitglied der Geschäftsführung in mindestens einem weiteren Unternehmen aus dem Kreis der „100 Größten" im Kontrollgremium vertreten. Im Jahr 2016 war dies lediglich bei 23 Unternehmen der Fall. Ebenso ist die Anzahl der Unternehmen, in denen mindestens ein Mitglied des Kontrollgremiums gleichzeitig zur Geschäftsführung eines weiteren Unternehmens gehörte, um fünf auf 31 Unternehmen gestiegen. Im Gegensatz dazu ist die Anzahl der Unternehmen, die über sonstige Mandatsträger im eigenen Kontrollgremium miteinander verbunden sind, um eins auf 60 Unternehmen gesunken. Dieses Ergebnis spiegelt die in Abbildung II.17 dargestellte Entwicklung der Anzahl an Mehrfachmandatsträgern in den Geschäftsführungs- und Kontrollgremien der „100 Größten" wider. Da viele Geschäftsführer gleichzeitig auch in einem Kontrollgremium eines weiteren Unternehmens aus dem Kreis der „100 Größten" vertreten sind, hat sich auch die Anzahl der Unternehmen erhöht, die auf diese Weise miteinander verbunden sind. Bei Personen ohne Geschäftsführungsmandat ist die Zahl derjenigen, die in zwei Kontrollgremien vertreten sind, konstant geblieben, während weniger Personen in mehr als zwei Kontrollgremien vertreten sind. In der Folge ist die Anzahl an Unternehmen, die über Personen ohne Geschäftsführungsmandat miteinander in Verbindung stehen, etwas gesunken.

228. Die unterschiedliche Entwicklung bei Verflechtungen über Geschäftsführer von Unternehmen aus dem Kreis der „100 Größten" und Verflechtungen über Personen ohne Geschäftsführungsmandat, die in mehreren Kontrollgremien sitzen, zeigt sich auch bei der Anzahl der erfassten personellen Verflechtungen insgesamt. Während die Zahl der personellen Verflechtungen über Mitglieder der Geschäftsführung um acht Verbindungen auf 42 Verbindungen gestiegen ist, sind die sonstigen Verflechtungen über Kontrollorgane um 25 Verbindungen gesunken, sodass im Berichtsjahr 2018 noch 88 Verbindungen dieser Art bestehen (vgl. Abbildung II.19). Diese Entwicklung entspricht auch dem langfristigen Trend. Nachdem die personellen Verflechtungen der „100 Größten" im Berichtsjahr 1978 erstmalig erfasst wurden, war zwar zunächst ein Anstieg auf 600 personelle Verflechtungen über Mandatsträger in den Kontrollgremien der „100 Größten" im Jahr 1984 zu beobachten. Seither ist jedoch ein abnehmender Trend zu erkennen. Seit dem Jahr 2006 sinkt die Anzahl derartiger Verflechtungen kontinuierlich.[48] Bei der Zahl der personellen Verflechtungen über Geschäftsführer aus dem Kreis der „100 Größten" ist insgesamt ebenfalls ein abnehmender Trend zu sehen. Bis 1996 war diese Entwicklung auf einen Rückgang an Verbindungen über Geschäftsführer von Nichtfinanzdienstleistern zurückzuführen, anschließend sank auch die Anzahl der Verbindungen über Geschäftsführer von Banken und Versicherungen. Seit 2012 ist die Anzahl der personellen Verflechtungen über Mitglieder der Geschäftsführung aus dem Kreis der „100 Größten" allerdings weitgehend stabil. Beispielsweise betrug ihre Gesamtzahl im Jahr 2012 41. In Bezug auf die personellen Verflechtungen über Geschäftsführer deutet sich insofern eine weitere Stabilisierung des Niveaus bei etwa 40 Verbindungen an, während die Anzahl der Verbindungen über Nichtgeschäftsführer weiter abzunehmen scheint.

Abbildung II.19: Personelle Verflechtungen der „100 Größten" in den Jahren 1978 bis 2018

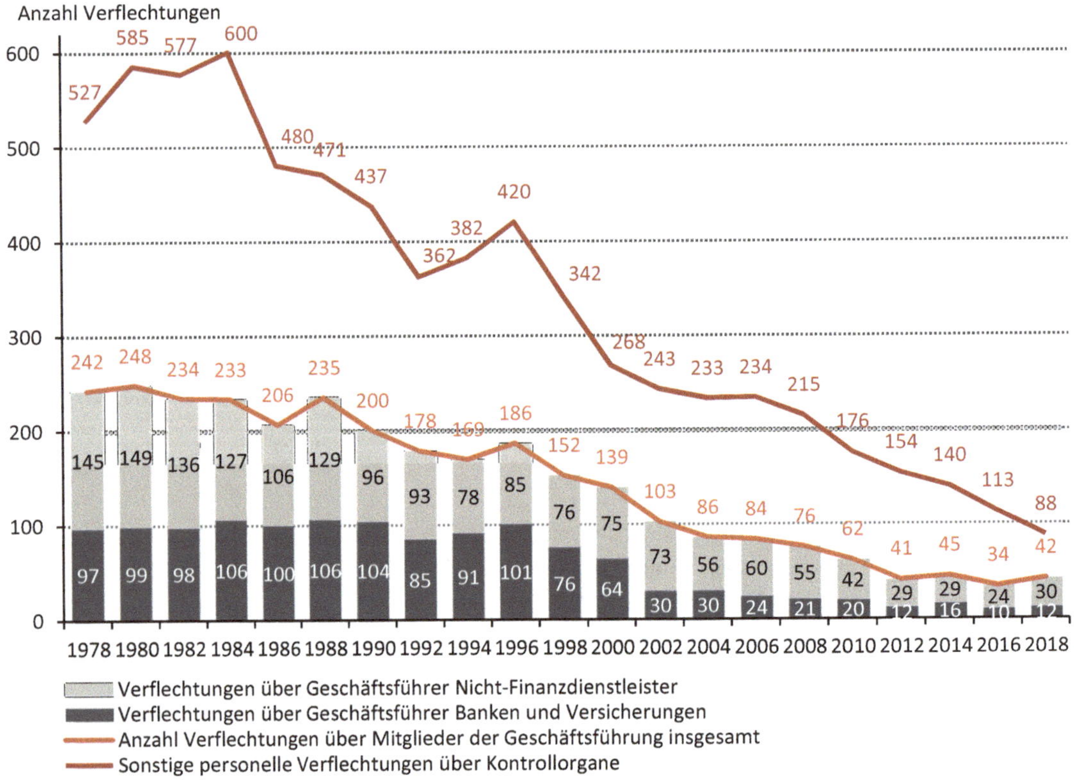

Quelle: Eigene Berechnungen auf Grundlage veröffentlichter Geschäftsberichte

48 Der rückläufige Trend dürfte u. a. auf den im Jahr 2002 erstmalig veröffentlichten Corporate Governance Kodex zurückzuführen sein. Dieser enthält „Grundsätze, Empfehlungen und Anregungen für den Vorstand und den Aufsichtsrat, die dazu beitragen sollen, dass die Gesellschaft im Unternehmensinteresse geführt wird." (Deutscher Corporate Governance Kodex in der Fassung vom 16. Dezember 2019, https://www.dcgk.de/de/kodex/aktuelle-fassung/praeambel.html, Abruf am 8. Mai 2020). In seiner ersten Fassung im Jahr 2002 beschränkte er die Zahl der Aufsichtsratsmandate in konzernexternen börsennotierten Gesellschaften, die ein Vorstandsmitglied einer börsennotierten Gesellschaft höchstens wahrnehmen sollte, auf fünf. Derartige Beschränkungen wurden sukzessive ausgeweitet: im Jahr 2009 auf drei Aufsichtsratsmandate in externen börsennotierten Gesellschaften und im Jahr 2010 auf Aufsichtsratsmandate in Gesellschaften mit ähnlichen Anforderungen. Gemäß der aktuellen Fassung sollen auch Aufsichtsratsmitglieder, die keinem Vorstand einer börsennotierten Gesellschaft angehören, nicht mehr als fünf externe Aufsichtsratsmandate übernehmen und Vorstände einer börsennotierten Gesellschaft nicht mehr als zwei.

1.5 Beteiligung der „100 Größten" an Unternehmenszusammenschlüssen

229. Die Analyse der „100 Größten" schließt im Folgenden mit einer Betrachtung ihrer Zusammenschlussaktivitäten, da externes Unternehmenswachstum zu Veränderungen bei der aggregierten Unternehmenskonzentration beitragen kann. Als Zusammenschlussaktivität werden alle unmittelbaren und mittelbaren Beteiligungen von Unternehmen aus dem Kreis der „100 Größten" an den beim Bundeskartellamt vor dem Vollzug angemeldeten Unternehmenszusammenschlüssen erfasst. Konkret wird für jedes Unternehmen aus dem Kreis der „100 Größten" die Anzahl der Freigabeentscheidungen ermittelt. Da davon ausgegangen werden kann, dass Zusammenschlüsse, die vom Bundeskartellamt freigegeben werden, von den Beteiligten auch vollzogen werden, kann somit auf die Anzahl der Zusammenschlüsse mit Beteiligung eines Unternehmens aus dem Kreis der „100 Größten" geschlossen werden. Die Zusammenschlussaktivitäten der „100 Größten" im Berichtszeitraum 2018/2019 werden in Abbildung II.20 mit der Situation im vorangegangenen Berichtszeitraum 2016/2017 verglichen.

Abbildung II.20: Zusammenschlussaktivitäten 2018/2019 und 2016/2017

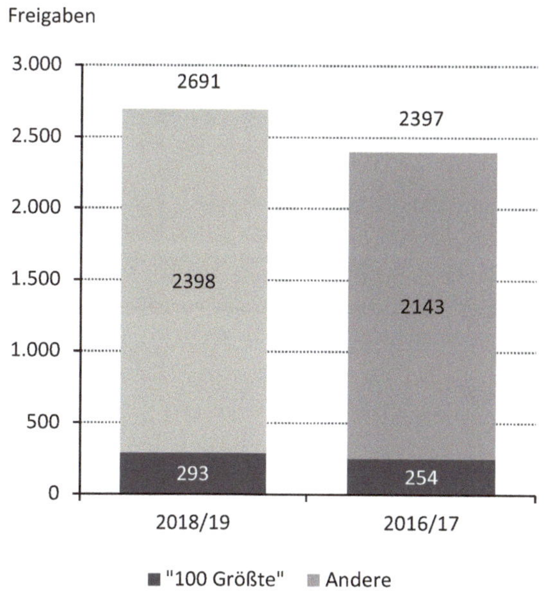

Anm.: Es wurden Vorgänge zwischen dem 1. Januar und dem 31. Dezember der jeweiligen Jahre berücksichtigt, bei denen im Vor- oder Hauptprüfverfahren eine Freigabe mit oder ohne Nebenbestimmungen erfolgte. War ein Unternehmen aus dem Kreis der „100 Größten" entweder selbst oder seine Obergesellschaft Erwerber oder selbst Erworbener, werden entsprechende Freigaben unter der Kategorie „100 Größte" erfasst (hierbei werden auch Fälle erfasst, in denen keine Kontrollpflicht bestand).

Quelle: Eigene Berechnungen auf Grundlage von Daten des Bundeskartellamtes

230. Im Berichtszeitraum 2018/2019 ist im Vergleich zum vorangegangenen Berichtszeitraum 2016/2017 eine geringe Zunahme des Anteils der „100 Größten" an den Zusammenschlussaktivitäten zu verzeichnen. Ihr Anteil an allen freigegebenen Zusammenschlüssen fällt im Berichtszeitraum 2018/2019 mit 10,9 Prozent 0,3 Prozentpunkte höher aus als im vergangenen Berichtszeitraum. Zwar ist die Anzahl aller vom Bundeskartellamt freigegebenen Zusammenschlüsse gegenüber dem vergangenen Berichtszeitraum um 12,3 Prozent auf 2.691 Fälle gestiegen. Allerdings ist im gleichen Zeitraum die Anzahl der Freigabeentscheidungen, von denen ein Unternehmen aus dem Kreis der „100 Größten" betroffen war, um 15,4 Prozent auf 293 Fälle gestiegen. Aus diesem Grund ist erstmals seit dem Jahr 2000 ein leichter Anstieg des Anteils der „100 Größten" an allen freigegebenen Zusammenschlussvorhaben zu beobachten (vgl. Abbildung II.21).

Abbildung II.21: Zusammenschlussaktivität der „100 Größten" seit 1974

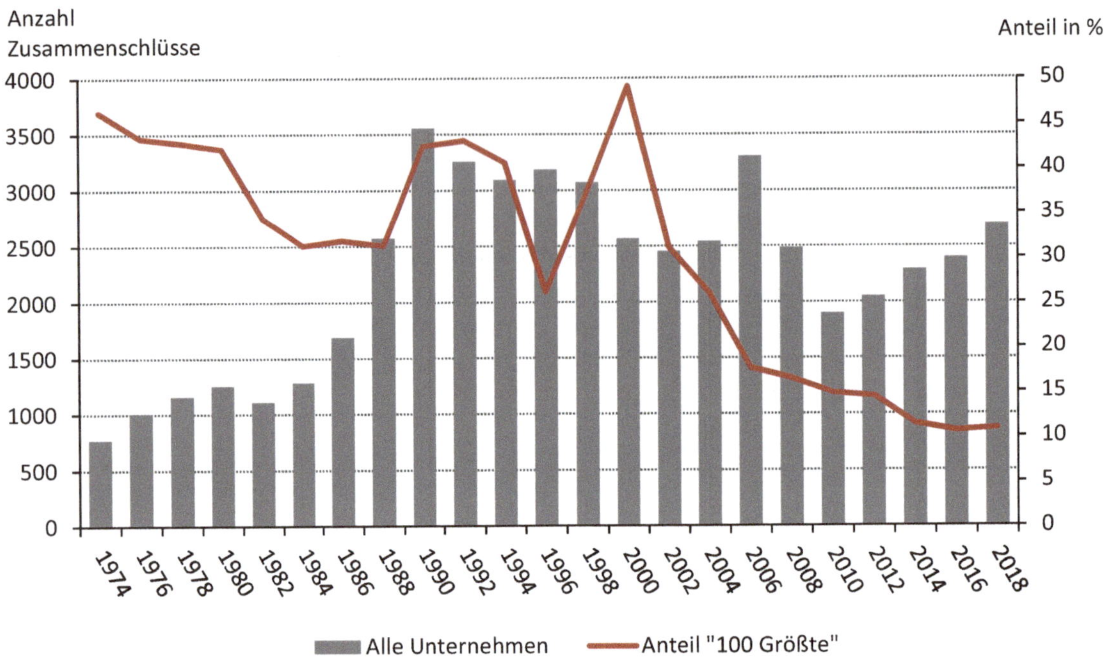

Anm.: Es wurden Vorgänge zwischen dem 1. Januar und dem 31. Dezember des jeweiligen Jahres und des darauffolgenden Jahres berücksichtigt. Gezählt wurden bis einschließlich 2006/07 die beim Bundeskartellamt angezeigten Zusammenschlüsse. Ab 2008/09 wurden die Freigaben im Vor- oder Hauptprüfverfahren mit oder ohne Nebenbestimmungen erfasst.

Quelle: Eigene Berechnungen auf Grundlage von Daten des Bundeskartellamtes

231. Im Berichtszeitraum 2018/2019 wiesen die DZ Bank AG und die E.ON SE, gemessen an der Anzahl der freigegebenen Zusammenschlussvorhaben mit 28 bzw. 19 Freigaben, die höchste Zusammenschlussaktivität aus dem Kreis der „100 Größten" auf.[49] Insgesamt waren aus dem Kreis der „100 Größten" sechs Unternehmen an mehr als zehn Zusammenschlussvorhaben beteiligt, die vom Bundeskartellamt freigegeben wurden. Das sind zwei Unternehmen mehr als im vergangenen Berichtszeitraum 2016/2017. Die Gesamtzahl an Unternehmen aus dem Kreis der „100 Größten", die an einem freigegebenen Zusammenschlussvorhaben beteiligt waren, ist dagegen etwas gesunken. Während im Berichtszeitraum 2016/2017 insgesamt bei 72 Unternehmen mindestens ein Zusammenschlussvorhaben freigegeben wurde, traf dies im aktuellen Berichtszeitraum noch auf 71 Unternehmen zu. Wie im vorangegangenen Berichtszeitraum sind somit bei etwa drei von vier Unternehmen aus dem Kreis der „100 Größten" Zusammenschlussaktivitäten festzustellen.

232. Um zu ermitteln, ob die Zusammenschlussaktivität mit der Unternehmensgröße zusammenhängt, wird die Anzahl an Freigaben nach Ranggruppen aufgeschlüsselt. Es zeigt sich, dass auch im aktuellen Berichtszeitraum die Zusammenschlussaktivitäten der Unternehmen aus dem Kreis der „100 Größten" mit der Unternehmensgröße zunehmen. Allerdings ist der Unterschied zwischen den größten 50 und den übrigen 50 Unternehmen weniger ausgeprägt als im vorangegangenen Berichtszeitraum. In Abbildung II.22 sind Freigaben der „100 Größten" nach Ranggruppen mit jeweils 25 Unternehmen dargestellt. Im aktuellen Berichtszeitraum 2018/2019 entfielen 63,8 Prozent der Freigaben von Zusammenschlussvorhaben der „100 Größten" auf die vorderen 50 Ränge. Im Berichtszeitraum 2016/2017 waren es noch 70,9 Prozent der Freigaben. Diese Veränderung ist darauf zurückzuführen, dass deutlich mehr Freigaben auf Unternehmen auf den Rängen 51 bis 75 entfallen. Die Anzahl ihrer Beteiligungen an Zusammenschlussvorhaben hat sich gegen-

[49] Eine Übersicht der Beteiligung an den Anmeldungen und Freigabeentscheidungen für jedes einzelne Unternehmen aus dem Kreis der „100 Größten" ist im Anhang zu diesem Gutachten veröffentlicht.

über dem Berichtszeitraum 2016/2017 mit 68 Freigaben im aktuellen Berichtszeitraum in etwa verdoppelt, während Veränderungen in den übrigen Ranggruppen mit maximal sechs zusätzlichen Fällen deutlich geringer ausfallen.

Abbildung II.22: Zusammenschlussaktivität der „100 Größten" nach Ranggruppen

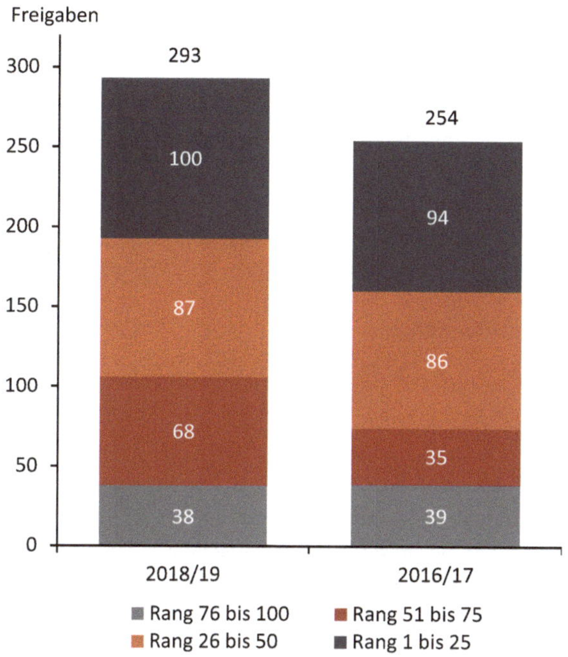

Anm.: War ein Unternehmen aus dem Kreis der „100 Größten" entweder selbst oder seine Obergesellschaft Erwerber oder selbst Erworbener, werden unter Freigaben Vorgänge erfasst, bei denen im Vor- oder Hauptprüfverfahren eine Freigabe mit oder ohne Nebenbestimmungen erfolgte oder keine Kontrollpflicht bestand.

Quelle: Eigene Berechnungen auf Grundlage von Daten des Bundeskartellamtes

233. Der Vollständigkeit halber wurde zudem untersucht, ob Entscheidungen des Bundeskartellamtes in Form von Untersagungen externes Unternehmenswachstum bei Unternehmen aus dem Kreis der „100 Größten" verhindert haben. Im Berichtszeitraum 2018/2019 hat das Bundeskartellamt insgesamt vier Zusammenschlussvorhaben untersagt.[50] Von diesen vier Untersagungen war ein Unternehmen aus dem Kreis der „100 Größten" betroffen. Das Entsorgungsunternehmen Remondis, das zur Rethmann SE & Co. KG gehört, beabsichtigte, das duale System DSD zu übernehmen. Das Bundeskartellamt untersagte das Vorhaben jedoch, weil es auf einem Markt zu einer erheblichen Behinderung wirksamen Wettbewerbs und auf einem anderen zur Entstehung einer marktbeherrschenden Stellung geführt hätte.[51] Insofern war die Unternehmensgröße von Rethmann kein ausschlaggebendes Kriterium für die Untersagung des Zusammenschlusses. Im Ergebnis ist dennoch festzustellen, dass im aktuellen Berichtszeitraum externes Unternehmenswachstum eines Unternehmens aus dem Kreis „100 Größten" durch das Bundeskartellamt unterbunden wurde.

50 Daten zur Anzahl der Zusammenschlusspläne, die bereits vor der Anmeldung beim Bundeskartellamt eingestellt wurden, liegen nicht vor. Für einen Überblick der untersagten Fälle vgl. Kapitel III Tz.324.

51 Für eine detaillierte Betrachtung vgl. Kapitel III Tz. 326.

1.6 Die nach inländischem Geschäftsvolumen größten Unternehmen einer Branche

234. Die Untersuchung der „100 Größten" wird im Folgenden um eine Analyse der größten Unternehmen nach Branchen ergänzt. So lässt sich die gesamtwirtschaftliche Bedeutung bei einem Großteil der Unternehmen aus dem Kreis der „100 Größten" mit derjenigen vergleichen, die das entsprechende Unternehmen für die zugehörige Branche hat. Daher bezieht sich die Untersuchung der größten Unternehmen nach Branchen, wie die Analyse der „100 Größten", auf (Teil-)konzerne im Inland.

235. Die größten Unternehmen nach Branchen werden auf Grundlage des spezifischen Geschäftsvolumens der betrachteten Branche ermittelt, da dieses die Bedeutung der Unternehmen als Anbieter von Produkten oder Dienstleistungen innerhalb einer Branche widerspiegelt. Erfasst werden:

- Die 50 größten Industrieunternehmen nach Umsatz
- Die 10 größten Handelsunternehmen nach Umsatz
- Die 10 größten Verkehrs- und Dienstleistungsunternehmen nach Umsatz
- Die 10 größten Kreditinstitute nach Bilanzsumme
- Die 10 größten Versicherungsunternehmen nach Bruttobeitragseinnahmen

236. Die Geschäftsvolumina der größten Unternehmen einer Branche werden anschließend preisbereinigt und der entsprechenden gesamtwirtschaftlichen realen Vergleichsgröße gegenübergestellt, um die Bedeutung der Großunternehmen innerhalb der entsprechenden Branche darzustellen.[52] Da im Rahmen dieser Analyse keine Abgrenzung wettbewerblich relevanter Märkte vorgenommen wird, können auf ihrer Grundlage allerdings keine konkreten Rückschlüsse bezüglich der wettbewerblichen Stellung einzelner Unternehmen abgeleitet werden.

237. Die Unternehmen werden den fünf Branchen anhand der Angaben in der Segmentberichterstattung der Konzernabschlüsse der Unternehmen und der in der Datenbank ORBIS des Anbieters Bureau van Dijk aufgeführten Informationen zugeordnet. Allerdings sind Tochterunternehmen der betrachteten Unternehmen in vielen Fällen nicht derselben Branche zuzuordnen wie der Gesamtkonzern. Zu einigen Kreditinstituten gehören beispielsweise auch Versicherungs- und Dienstleistungsunternehmen. Die betrachteten Unternehmen werden daher anhand des Schwerpunkts ihrer Geschäftstätigkeit im Inland der entsprechenden Branche zugeordnet.[53]

---

52 Zur Deflationierung der nominalen Größen wird - wie zur Deflationierung der Wertschöpfungsgrößen in Abschnitt 1.2.2 - der implizite Preisindex der gesamtwirtschaftlichen Wertschöpfung verwendet (vgl. für ein ähnliches Vorgehen P. Lopez-Garcia, F. di Mauro and the CompNet Task Force, Assessing European competitiveness: the new CompNet micro-based database, European Central Bank - Working Paper Series No 1764, 2015, S. 12.).

53 Eine Ausnahme stellt die DZ Bank dar, die über ihre Bilanzsumme sowohl als Kreditinstitut als auch über die Bruttobeitragseinnahmen der R+V Versicherung als Versicherungsunternehmen erfasst wird.

Die 50 größten Industrieunternehmen

Tabelle II.4: Die nach Umsatz 50 größten Industrieunternehmen 2018

Rang nach Umsatz (Trend)		Rang nach Wert-schöpfung	Unternehmen	Umsatz inländischer Gesellschaften[1] in Mio. EUR	Umsatz der Gesamt-konzerne in Mio. EUR	Inlandsanteil in %[2]
1	—	1	Volkswagen AG	158.844	235.849	67,3
2	—	2	Daimler AG	113.590	167.362	67,9
3	↑		Uniper SE	83.579	78.176	106,9
4	↓	3	Bayerische Motoren Werke AG	80.464	97.480	82,5
5	—	5	Robert Bosch GmbH	47.668	78.465	60,8
6	↑	6	Siemens AG	35.198	83.044	42,4
7	↑		BP-Gruppe Deutschland	25.230[U]	252.957	10,0
8	↑	21	thyssenkrupp AG	22.391	34.777	64,4
9	—	36	Ford-Gruppe Deutschland	21.093	135.758	15,5
10	↑	8	INA-Holding Schaeffler GmbH & Co. KG	20.858	59.645	35,0
11	↓	10	Bayer AG	19.002	39.586	48,0
12	↓	57	RWE AG	18.952	13.388	141,6
13	↑	55	PSA-Gruppe Deutschland	18.716[E]	74.027	25,3
14	↑	13	BASF SE	18.365	62.675	29,3
15	↓	16	Airbus-Gruppe Deutschland	17.725	63.707	27,8
16	↓	34	EnBW Energie Baden-Württemberg AG	17.701	20.618	85,9
17	—	44	Shell-Gruppe Deutschland	17.622	328.840	5,4
18	↑	18	ZF Friedrichshafen AG	14.498	36.929	39,3
19	↓	22	E.ON SE	13.852	29.565	46,9
20	↓	98	Vattenfall-Gruppe Deutschland	12.805	15.290	83,7
21	↑		TOTAL-Gruppe Deutschland	12.533	177.267	7,1
22	—	17	Fresenius SE & Co. KGaA	10.131	33.530	30,2
23	↓	32	C. H. Boehringer Sohn AG & Co. KG	9.750	17.498	55,7
24	↑	46	Salzgitter AG	8.535	9.278	92,0
25	↑	69	Stadtwerke München GmbH	8.335	8.335	100,0
26	↑		Aurubis AG	8.230	10.424	79,0
27	↓		Heraeus Holding GmbH	7.882	20.295	38,8
28	↑	43	STRABAG-Gruppe Deutschland	7.877	15.221	51,8
29	↑	23	Roche-Gruppe Deutschland	6.795	49.217	13,8
30	↑		Umicore-Gruppe Deutschland	6.340	13.717	46,2
31	neu	68	Liebherr-International-Gruppe Deutschland	6.100	20.551	29,7
32	neu	99	DEERE-Gruppe Deutschland	6.032	28.238	21,4
33	↑	62	ExxonMobil-Gruppe Deutschland	5.931	236.510	2,5
34	↓	83	EWE AG	5.654	6.113	92,5
35	↑	90	Stadtwerke Köln GmbH	5.646	5.646	100,0
36	↑		ArcelorMittal-Gruppe Deutschland	4.859[S]	64.377	7,5
37	↑	37	Sanofi-Gruppe Deutschland	4.828	34.463	14,0
38	neu		Johnson Controls-Gruppe Deutschland	4.822	26.586	18,1
39	↑	25	Merck KGaA	4.612	14.836	31,1
40	↓		Dr. August Oetker KG	4.605	7.140	64,5
41	—	42	HGV Hamburger Gesellschaft für Vermögens- und Beteiligungsmanagement mbH	4.463[I]	4.675	95,5

Rang nach Umsatz (Trend)		Rang nach Wertschöpfung	Unternehmen	Umsatz inländischer Gesellschaften[1] in Mio. EUR	Umsatz der Gesamtkonzerne in Mio. EUR	Inlandsanteil in %[2]
42	↓	38	IBM-Gruppe Deutschland	4.427	67.390	6,6
43	↑	88	LANXESS AG	4.328	7.197	60,1
44	↑	96	Saint-Gobain-Gruppe Deutschland	4.151	41.774	9,9
45	neu		DowDuPont-Gruppe Deutschland	4.149	72.797	5,7
46	neu	51	Adidas AG	4.142	21.915	18,9
47	neu		LyondellBasell-Gruppe Deutschland	4.131	33.134	12,5
48	—	95	Novartis-Gruppe Deutschland	4.104	43.944	9,3
49	—		Thüga AG	4.021	4.021	100,0
50	↓	84	Wacker Chemie AG	3.876	4.979	77,8

1 Konsolidierte Umsätze der inländischen Konzerngesellschaften inklusive der Umsätze mit ausländischen verbundenen Unternehmen. Mit E gekennzeichnete Angaben stehen für den Einzelabschluss, U steht für unkonsolidierte Werte, I für Umsätze im Inland und S für den Summenabschluss.

2 Der Inlandsanteil kann 100 Prozent übersteigen, wenn inländische Konzerngesellschaften Umsätze mit ausländischen verbundenen Unternehmen erzielt haben, die im Konzernabschluss konsolidiert wurden.

Quelle: Eigene Erhebungen sowie veröffentlichte Geschäftsberichte

238. Tabelle II.4 zeigt die nach inländischem Umsatz 50 größten Industrieunternehmen in Deutschland im Berichtsjahr 2018. Gegenüber dem jeweils vorangegangenen Berichtsjahr kommt es regelmäßig zu Veränderungen des Kreises der 50 größten Industrieunternehmen, so auch im aktuellen Berichtsjahr. Sechs Unternehmen gehören nun zu den 50 größten Industrieunternehmen, die im vergangenen Berichtsjahr 2016 nicht zu diesem Kreis zählten, dies sind: Die Liebherr-International-Gruppe Deutschland (31), die DEERE-Gruppe Deutschland (32), die Johnson Controls-Gruppe Deutschland (38), die DowDuPont-Gruppe Deutschland (45), die Adidas AG (46) und die LyondellBasell-Gruppe Deutschland (47) (Rang im Jahr 2018 in Klammern). Drei dieser Unternehmen sind im aktuellen Berichtsjahr wieder im Kreis der 50 größten Industrieunternehmen vertreten, nachdem sie im vergangenen Berichtsjahr aus diesem Kreis ausgeschieden waren, und zwar Liebherr, Johnson Controls und LyondellBasell. Ausgeschieden aus dem Kreis der größten Industrieunternehmen sind die Evonik Industries AG (28), die Philip Morris International-Gruppe Deutschland (30), die VNG-Verbundnetz Gas AG (32), die ABB-Gruppe Deutschland (42), die Nestlé-Gruppe Deutschland (43) und die maxingvest AG (50) (Rang im Jahr 2016 in Klammern). Bei der VNG-Verbundnetz Gas AG ist das Ausscheiden darauf zurückzuführen, dass für das Geschäftsjahr 2018 keine Angaben zum inländischen Umsatz veröffentlicht wurden.

239. Neben den Umsätzen der inländischen Gesellschaften sind in Tabelle II.4 die Umsätze des Gesamtkonzerns der 50 größten Industrieunternehmen in Deutschland sowie der Inlandsanteil der Umsätze dieser Unternehmen dargestellt. Der Inlandsanteil der 50 größten Industrieunternehmen liegt durchschnittlich bei 31,9 Prozent. Im vorangegangenen Berichtsjahr 2016 waren es noch 33,9 Prozent. Der Rückgang des durchschnittlichen Inlandsanteils ist darauf zurückzuführen, dass der Umsatz der Gesamtkonzerne stärker gewachsen ist als der Umsatz der inländischen Konzerneinheiten. Während der gesamte Umsatz der 50 größten Industrieunternehmen um 10,4 Prozent auf EUR 3.009,2 Mrd. gestiegen ist, ist der Umsatz der Konzerneinheiten mit Sitz in Deutschland lediglich um vier Prozent auf EUR 958,3 Mrd. gestiegen. Der Rückgang des durchschnittlichen Inlandsanteils ist somit nicht auf eine Verlagerung von Geschäftsaktivitäten in das Ausland zurückzuführen. Dies zeigt auch eine Betrachtung der einzelnen Unternehmen aus dem Kreis der 50 größten Industrieunternehmen. Zwar ist der Umsatz der inländischen Gesellschaften in elf Fällen gesunken, allerdings ging dies in nur zwei Fällen mit einer Erhöhung des weltweiten Umsatzes des entsprechenden Unternehmens einher.

240. Um die Bedeutung der 50 größten Industrieunternehmen innerhalb der Branche darzustellen, wird die Summe ihrer inländischen Umsätze dem Umsatz aller Industrieunternehmen in Deutschland gegenübergestellt. Der Umsatz aller Industrieunternehmen in Deutschland wird der Umsatzsteuerstatistik des Statistischen Bundesamtes entnommen, wobei die Umsatzerlöse der folgenden Wirtschaftsabschnitte aggregiert werden: Bergbau (B), verarbeitendes Gewerbe (C), Energieversorgung (D), Wasserversorgung, Abwasser- und Abfallentsorgung (E) sowie Baugewerbe (F).[54] Zum Zweck der Betrachtung der beiden Größen im Zeitverlauf werden sie zudem preisbereinigt.[55]

241. Preisbereinigt sind die aggregierten inländischen Umsätze der 50 größten Industrieunternehmen gegenüber dem Berichtsjahr 2016 um 1,4 Prozent auf EUR 923,7 Mrd. gestiegen. Die realen Umsätze aller Industrieunternehmen in Deutschland sind im gleichen Zeitraum um 6,2 Prozent auf EUR 2.880,2 Mrd. gestiegen. Entsprechend ist der Anteil der 50 größten Industrieunternehmen an den Umsätzen aller Industrieunternehmen gegenüber dem Berichtsjahr 2016 gesunken und beträgt nun 32,1 Prozent (vgl. auch Abbildung II.23). Dies entspricht einem Rückgang des Anteils um 1,5 Prozentpunkte. Nachdem der Anteil der 50 größten Industrieunternehmen am Umsatz aller Industrieunternehmen zwischen 2010 und 2014 auf seinen bisherigen Höchststand von 35,4 Prozent gestiegen war, liegt er damit im Berichtsjahr wieder nahe seinem Wert des Jahres 2010 und dem Durchschnitt aller Berichtsjahre; beide Werte liegen bei etwa 31,9 Prozent. Obwohl bei den Industrieunternehmen aus dem Kreis der „100 Größten" eine Tendenz zu einer Zunahme der aggregierten Konzentration erkennbar war (vgl. Abbildung II.9), ist eine derartige Entwicklung somit nicht festzustellen, wenn der Anteil der größten Industrieunternehmen am Branchenumsatz zur Beurteilung der Konzentration von Großunternehmen in der Industrie herangezogen wird.

54 Statistisches Bundesamt, Finanzen und Steuern – Umsatzsteuerstatistik (Voranmeldungen), Fachserie 14 Reihe 8.1, Rechenstand März 2020.

55 Verwendet wurde der implizite Preisindex der gesamtwirtschaftlichen Wertschöpfung (Vorjahrespreisbasis, Referenzjahr: 2015; Quelle: Eigene Berechnungen auf Grundlage von Daten des Statistischen Bundesamtes, Fachserie 18 Reihe 1.5, S. 53, Rechenstand September 2019).

Abbildung II.23: Entwicklung der inländischen Umsätze in der Industrie (1978-2018)

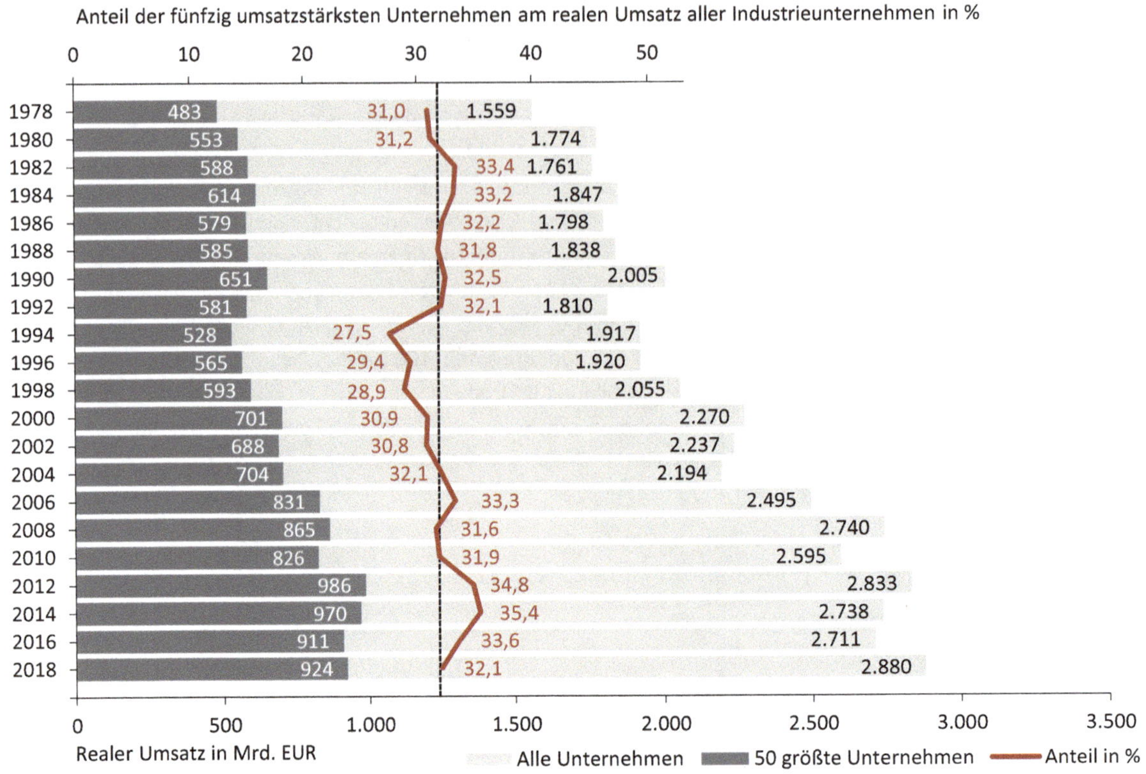

Anm.: Die Angaben für die 50 größten Industrieunternehmen beziehen sich auf die inländischen Konzernbereiche. Als Vergleichsgröße dient der preisbereinigte Gesamtumsatz aller Unternehmen des produzierenden Gewerbes gemäß Umsatzsteuerstatistik des Statistischen Bundesamtes (Voranmeldungen). Die Nominalwerte entsprechen der Summe der Umsatzerlöse der Wirtschaftsabschnitte B (Bergbau), C (verarbeitendes Gewerbe), D (Energieversorgung), E (Wasserversorgung, Abwasser- und Abfallentsorgung) sowie F (Baugewerbe). Alle Umsätze wurden mithilfe des impliziten Preisindex der gesamtwirtschaftlichen Wertschöpfung deflationiert (Vorjahrespreisbasis, Referenzjahr: 2015; Quelle: Eigene Berechnungen auf Grundlage von Daten des Statistischen Bundesamtes, Fachserie 18 Reihe 1.5, S. 53, Rechenstand September 2019). Eine detaillierte Übersicht zu den einzelnen Umsatzangaben, den jeweiligen Anteilswerten sowie den Veränderungsraten ist in den Anlagen zu diesem Gutachten veröffentlicht.

Quelle: Eigene Berechnungen auf Grundlage eigener Erhebungen sowie der Umsatzsteuerstatistik (Voranmeldungen) des Statistischen Bundesamtes

Die zehn größten Handelsunternehmen

Tabelle II.5: Die nach Umsatz zehn größten Handelsunternehmen 2018

Rang nach Umsatz (Trend)		Rang nach Wert-schöpfung	Unternehmen	Umsatz inländischer Gesellschaften[1] in Mio. EUR	Umsatz der Gesamt-konzerne in Mio. EUR	Inlandsanteil in %
1	—	26	EDEKA-Gruppe	53.244*	53.244	100,0
2	—	12	REWE-Gruppe	43.634	53.378	81,7
3	—	20	Schwarz-Gruppe	36.600*	104.300	35,1
4	—	28	Aldi-Gruppe	27.200*	83.220	32,7
5	neu	48	Ceconomy AG	10.361	21.418	48,4
6	↑	47	Otto Group	9.067	13.446	67,4
7	↓		PHOENIX Pharmahandel GmbH & Co. KG	8.905 I	25.812	34,5
8	↑		BayWa AG	7.128	16.626	42,9
9	neu	80	dm-drogerie markt Verwaltungs-GmbH	6.955	10.765	64,6
10	↓		Lekkerland AG & Co. KG	6.946	12.384	56,1

1 Konsolidierte Umsätze der inländischen Konzerngesellschaften inklusive der Umsätze mit ausländischen verbundenen Unternehmen. Bei mit * gekennzeichneten Werten handelt es sich um Schätzwerte, I steht für den Umsatz im Inland.

Quelle: Eigene Erhebungen sowie veröffentlichte Geschäftsberichte. Die Umsatzerlöse der Aldi-, der EDEKA- und der Schwarz-Gruppe wurden den um die Umsatzsteuer korrigierten Angaben in den Veröffentlichungen des Datenanbieters TradeDimensions entnommen

242. Der Kreis der nach inländischem Umsatz zehn größten Handelsunternehmen hat sich gegenüber dem vergangenen Berichtsjahr um zwei Unternehmen verändert. Mit Rang 5 neu eingetreten ist die Ceconomy AG, die das Elektronikgeschäft der ehemaligen METRO AG übernommen hat. Entsprechend ist die METRO AG im Berichtsjahr 2018 nicht weiter unter den zehn größten Handelsunternehmen zu finden (Rang 2016: 5). Ausgeschieden ist außerdem die Marquard & Bahls AG, die im vorangegangenen Berichtsjahr noch Rang 10 einnahm. Die dm-drogerie markt Verwaltungs-GmbH hat ihren inländischen Umsatz im Vergleich zum Berichtsjahr 2016 um etwa EUR 600 Mio. gesteigert und ist somit auf Rang 9 in den Kreis der zehn größten Handelsunternehmen eingetreten und hat damit die Marquard & Bahls AG aus diesem Kreis verdrängt. Gegenüber dem Berichtjahr 2016 unverändert bleibt allerdings der Kreis derjenigen Unternehmen, welche die Liste der größten Handelsunternehmen anführen. Hierbei handelt es sich weiterhin um die großen Lebensmitteleinzelhändler: die EDEKA-Gruppe (1), die REWE-Gruppe (2), die Schwarz-Gruppe (3) und die Aldi-Gruppe (4).

243. Zwar ist der inländische Umsatz der zehn größten Handelsunternehmen gegenüber dem Berichtsjahr 2016 um 0,8 Prozent auf EUR 210 Mrd. gestiegen, wird allerdings die Preisentwicklung berücksichtigt, stellt man fest, dass der Gesamtumsatz der zehn größten Handelsunternehmen um 1,7 Prozent gesunken ist. Ihr aggregierter realer Umsatz liegt im Berichtsjahr 2018 bei EUR 211,5 Mrd. Die gesamtwirtschaftliche Vergleichsgröße ist gegenüber dem Berichtsjahr 2016 dagegen real um 4,6 Prozent auf EUR 2.035,9 Mrd. gestiegen. Somit ergibt sich für das Berichtsjahr 2018 ein Anteil der zehn größten Handelsunternehmen am Umsatz aller Handelsunternehmen in Deutschland in Höhe von 9,9 Prozent. Das sind etwa 0,7 Prozentpunkte weniger als im Berichtsjahr 2016. Abbildung II.24 zeigt die Entwicklung dieses Anteils im Zeitverlauf seit 1978. Der durchschnittliche Anteil der größten Handelsunternehmen am Umsatz aller Handelsunternehmen liegt über alle Berichtsjahre hinweg bei 8,7 Prozent. Allerdings lagen die Anteile in den Jahren bis 1994 deutlich unterhalb von 8 Prozent und stiegen anschließend zehn Jahre kontinuierlich auf 10,9 Prozent. Der aktuelle Anteil im Berichtsjahr 2018 entspricht in etwa dem Durchschnitt der vergangenen zehn Jahre in Höhe von 10 Prozent.

Abbildung II.24: Entwicklung der inländischen Umsätze im Handel (1978-2018)

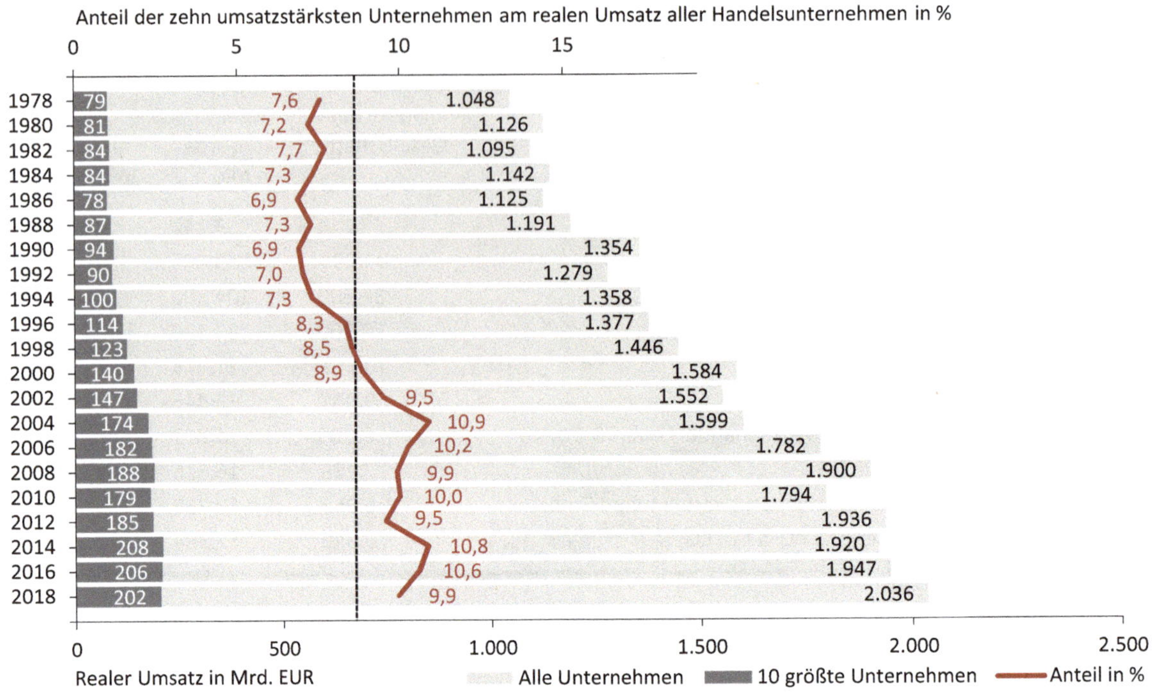

Anm.: Die Angaben für die zehn größten Handelsunternehmen beziehen sich auf die inländischen Konzernbereiche. Als Vergleichsgröße dient der preisbereinigte Gesamtumsatz aller Handelsunternehmen gemäß Umsatzsteuerstatistik des Statistischen Bundesamtes (Voranmeldungen). Die Nominalwerte entsprechen den Umsatzerlösen des Wirtschaftsabschnitts G (Handel; Instandhaltung und Reparatur von Kraftfahrzeugen). Alle Umsätze wurden mithilfe des impliziten Preisindex der gesamtwirtschaftlichen Wertschöpfung deflationiert (Vorjahrespreisbasis, Referenzjahr: 2015; Quelle: Eigene Berechnungen auf Grundlage von Daten des Statistischen Bundesamtes, Fachserie 18 Reihe 1.5, S. 53, Rechenstand August 2019). Eine detaillierte Übersicht zu den einzelnen Umsatzangaben, den jeweiligen Anteilswerten sowie den Veränderungsraten ist in den Anlagen zu diesem Gutachten veröffentlicht.

Quelle: Eigene Berechnungen auf Grundlage eigener Erhebungen sowie der Umsatzsteuerstatistik (Voranmeldungen) des Statistischen Bundesamtes

Die zehn größten Verkehrs- und Dienstleistungsunternehmen

Tabelle II.6: Die nach Umsatz zehn größten Verkehrs- und Dienstleistungsunternehmen 2018

Rang nach Umsatz (Trend)		Rang nach Wertschöpfung	Unternehmen	Umsatz inländischer Gesellschaften[1] in Mio. EUR	Umsatz der Gesamtkonzerne in Mio. EUR	Inlandsanteil in %[2]
1	↑	11	Deutsche Lufthansa AG	25.231	35.844	70,4
2	—	4	Deutsche Bahn AG	24.970	44.065	56,7
3	↓	7	Deutsche Telekom AG	24.358	75.656	32,2
4	↑	15	SAP SE	15.718	24.708	63,6
5	↓	9	Deutsche Post AG	14.353	61.550	23,3
6	—		Vodafone-Gruppe Deutschland	11.708	33.888	34,5
7	neu		Hapag-Lloyd AG	11.555	11.515	100,3
8	↓	35	Rethmann SE & Co. KG	9.200	15.382	59,8
9	↓		Telefónica-Gruppe Deutschland	7.320	48.693	15,0
10	↓	30	Bertelsmann SE & Co. KGaA	7.146	17.673	40,4

1 Konsolidierte Umsätze der inländischen Konzerngesellschaften inklusive der Umsätze mit ausländischen verbundenen Unternehmen.

2 Der Inlandsanteil kann 100 Prozent übersteigen, wenn inländische Konzerngesellschaften Umsätze mit ausländischen verbundenen Unternehmen erzielt haben, die im Konzernabschluss konsolidiert wurden.

Quellen: Eigene Erhebungen sowie veröffentlichte Geschäftsberichte

244. Verglichen mit dem vorangegangenen Berichtsjahr hat sich der Kreis der zehn größten Verkehrs- und Dienstleistungsunternehmen lediglich um ein Unternehmen verändert. Ausgeschieden aus dem Kreis dieser Unternehmen ist die TUI AG, die im Berichtsjahr 2016 noch auf Rang 10 zu finden war. Sie wurde aus dem Kreis der zehn größten Verkehrs- und Dienstleistungsunternehmen verdrängt, weil die Hapag-Lloyd AG im aktuellen Berichtsjahr neu unter diesen Unternehmen auf Rang 7 zu finden ist. Zudem hat sich die Rangfolge der übrigen Unternehmen verändert. So ist SAP um einen weiteren Rang gestiegen und befindet sich - nach Rang 6 im Berichtsjahr 2014 und Rang 5 im Berichtsjahr 2016 - nun auf Rang 4. Außerdem ist die Deutsche Telekom AG im Berichtsjahr 2018 nicht weiter auf Rang 1 zu finden. Stattdessen ist das größte Verkehrs- und Dienstleistungsunternehmen in Deutschland nun die Deutsche Lufthansa AG.

245. Die aggregierten inländischen Umsatzerlöse der zehn größten Verkehrs- und Dienstleistungsunternehmen liegen im Berichtsjahr 2018 bei etwa EUR 152 Mrd. und sind somit gegenüber dem Berichtsjahr 2016 um 6 Prozent gestiegen. Auch preisbereinigt ergibt sich somit noch eine Steigerung um 3,3 Prozent auf etwa EUR 146 Mrd. Die gesamtwirtschaftliche Vergleichsgröße hat sich allerdings 6,9 Prozent erhöht, sodass der Anteil der zehn größten Verkehrs- und Dienstleistungsunternehmen im Berichtsjahr 2018 mit 12,8 Prozent 0,45 Prozentpunkte kleiner ausfällt als im Berichtsjahr 2016.[56] Abbildung II.25 stellt die Entwicklung des Anteils seit 1978 dar. Seit der erstmaligen Einbeziehung der ehemaligen Deutschen Bundespost sowie der Deutschen Bahn AG im Berichtsjahr 1994 ist der Anteil der größten Verkehrs- und Dienstleistungsunternehmen an der gesamtwirtschaftlichen Vergleichsgröße tendenziell rückläufig. Dieser Trend setzt sich im Berichtsjahr 2018 fort.

56 Als Grundlage für die gesamtwirtschaftliche Vergleichsgröße dient die Umsatzsteuerstatistik des Statistischen Bundesamtes. Der Nominalwert entspricht der Summe der Umsatzerlöse der Wirtschaftsabschnitte H (Verkehr und Lagerei), J (Information und Kommunikation), L (Grundstücks- und Wohnungswesen), M (Erbringung von freiberuflichen, wissenschaftlichen und technischen Dienstleistungen), N (Erbringung von sonstigen wirtschaftlichen Dienstleistungen), R (Kunst, Unterhaltung und Erholung) sowie S (Erbringung von sonstigen Dienstleistungen). Dieser wurde mithilfe des impliziten Preisindex der gesamtwirtschaftlichen Wertschöpfung deflationiert (Vorjahrespreisbasis, Referenzjahr: 2015; Quelle: Eigene Berechnungen auf Grundlage von Daten des Statistischen Bundesamtes, Fachserie 18 Reihe 1.5, S. 53, Rechenstand August 2019).

Abbildung II.25: Entwicklung der inländischen Umsätze im Verkehrs- und Dienstleistungssektor (1978-2018)

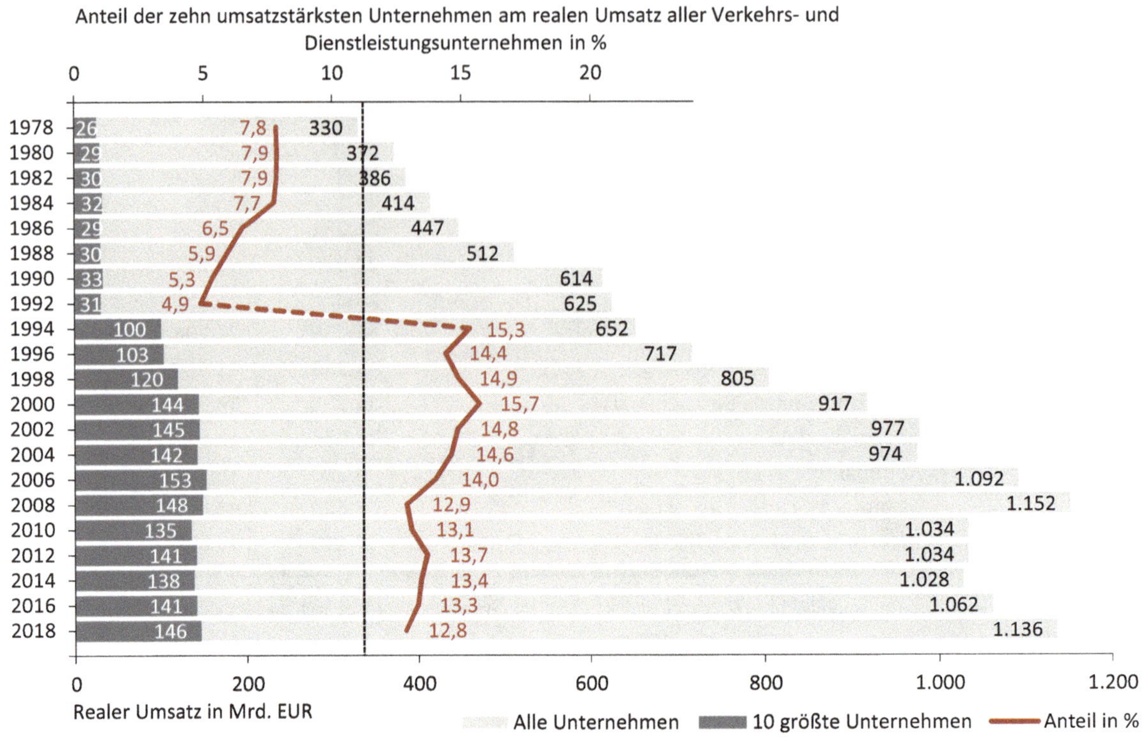

Anm.: Die Angaben für die zehn größten Verkehrs- und Dienstleistungsunternehmen beziehen sich auf die inländischen Konzernbereiche. Als Vergleichsgröße dient der preisbereinigte Gesamtumsatz aller Verkehrs- und Dienstleistungsunternehmen gemäß Umsatzsteuerstatistik des Statistischen Bundesamtes (Voranmeldungen). Die Nominalwerte entsprechen der Summe der Umsatzerlöse der Wirtschaftsabschnitte H (Verkehr und Lagerei), J (Information und Kommunikation), L (Grundstücks- und Wohnungswesen), M (Erbringung von freiberuflichen, wissenschaftlichen und technischen Dienstleistungen), N (Erbringung von sonstigen wirtschaftlichen Dienstleistungen), R (Kunst, Unterhaltung und Erholung) sowie S (Erbringung von sonstigen Dienstleistungen). Alle Umsätze wurden mithilfe des impliziten Preisindex der gesamtwirtschaftlichen Wertschöpfung deflationiert (Vorjahrespreisbasis, Referenzjahr: 2015; Quelle: Eigene Berechnungen auf Grundlage von Daten des Statistischen Bundesamtes, Fachserie 18 Reihe 1.5, S. 53, Rechenstand August 2019). Eine detaillierte Übersicht zu den einzelnen Umsatzangaben, den jeweiligen Anteilswerten sowie den Veränderungsraten ist in den Anlagen zu diesem Gutachten veröffentlicht. Die außergewöhnliche Umsatzsteigerung der zehn größten Verkehrs- und Dienstleistungsunternehmen zwischen 1992 und 1994 ist auf die erstmalige Einbeziehung der Unternehmen der ehemaligen Deutschen Bundespost sowie der Deutschen Bahn AG in die Untersuchung zurückzuführen.

Quelle: Eigene Berechnungen auf Grundlage eigener Erhebungen sowie der Umsatzsteuerstatistik (Voranmeldungen) des Statistischen Bundesamtes

Die zehn größten Kreditinstitute

Tabelle II.7: Die nach Bilanzsumme zehn größten Kreditinstitute 2018

Rang nach Bilanz-summe (Trend)		Rang nach Wert-schöpfung	Unternehmen	Bilanzsumme inländischer Gesellschaften in Mio. EUR	Bilanzsumme des Gesamt-konzerns in Mio. EUR	Inlands-anteil in %
1	—	14	Deutsche Bank AG	845.272	1.348.137	62,7
2	↑	58	DZ Bank AG	518.069	518.733	99,9
3	↓	40	KfW Bankengruppe	485.790	485.790	100,0
4	—	29	Commerzbank AG	344.947	462.369	74,6
5	↑	53	UniCredit-Gruppe Deutschland	222.624	286.688	77,7
6	—	62	Bayerische Landesbank	214.197	220.227	97,3
7	↓	90	Landesbank Baden-Württemberg	211.769	241.214	87,8
8	↑		Landesbank Hessen-Thüringen Girozentrale	152.643	162.968	93,7
9	↑		NRW.BANK	149.083	149.083	100,0
10	↓		Norddeutsche Landesbank Girozentrale	136.754	154.012	88,8

Quelle: Eigene Erhebungen sowie veröffentlichte Geschäftsberichte

246. Der Kreis der zehn größten Kreditinstitute hat sich im Vergleich zum vorangegangenen Berichtsjahr nicht verändert. Die ING-Gruppe Deutschland zählt zwar möglicherweise zu den zehn größten Kreditinstituten in Deutschland. Allerdings wurde sie in der vorliegenden Betrachtung auf Grundlage der Bilanzsumme der inländischen Konzerngesellschaften nicht berücksichtigt, da der Monopolkommission keine Daten zur Bilanzsumme in Deutschland vorliegen. Zur Schätzung der Tätigkeit im Inland läge lediglich die Anzahl der im Inland Beschäftigten vor.[57] Eine Schätzung auf Grundlage dieser Größe erscheint zu ungenau, um als Basis für die Aufnahme in die zehn größten Kreditinstitute herangezogen zu werden. Größtes Kreditinstitut ist - wie im Berichtsjahr 2016 - die Deutsche Bank, obwohl sie die Bilanzsumme ihrer inländischen Gesellschaften um 6 Prozent auf 865,3 Mrd. reduziert hat. Die Commerzbank und die Norddeutsche Landesbank haben ihre Bilanzsummen im Inland sogar um ca. 21 bzw. 15 Prozent reduziert.

247. Ursache für den Rückgang von Bilanzsummen bei einigen großen Kreditinstituten könnte die verstärkte Bankenregulierung infolge der Finanzkrise sein. So traten in der EU im Jahr 2014 neue Kapitalvorgaben für (systemrelevante) Banken in Kraft, die u. a. eine schrittweise Erhöhung der Eigenkapitalquote bis 2021 vorschreiben.[58] Systemrelevante Banken müssen zusätzliche Puffer vorhalten.[59] Die Deutsche Bank wird in diesem Zusammenhang als global systemrelevant eingestuft und mit Ausnahme der KfW werden auch die übrigen Banken aus dem Kreis der zehn größten Kreditinstitute als anderweitig systemrelevant eingeordnet.[60] Insgesamt liegt die aggregierte konsolidierte Bilanzsumme der zehn

[57] Die ING-Gruppe beschäftigt im Berichtsjahr 2018 in Deutschland etwa 4.500 Mitarbeiter. Die Norddeutsche Landesbank, die auf Rang 10 der größten Kreditinstitute zu finden ist, beschäftigt etwa 1.000 Mitarbeiter mehr.

[58] Die Kapitalvorgaben sind vor allem in der Verordnung 575/2013 (CRR), der Richtlinie 2013/36/EU (CRD IV) und Durchführungsrechtsakten festgelegt (Verordnung 575/2013 über Aufsichtsanforderungen an Kreditinstitute und Wertpapierfirmen und zur Änderung der Verordnung 646/2012, ABl. L 176, 27. Juni 2013, S. 1; Richtlinie 2013/36/EU, über den Zugang zur Tätigkeit von Kreditinstituten und die Beaufsichtigung von Kreditinstituten und Wertpapierfirmen, zur Änderung der Richtlinie 2002/87/EG und zur Aufhebung der Richtlinien 2006/48/EG und 2006/49/EG, ABl. L 176 vom 27. Juni 2013, S. 338.).

[59] RICHTLINIE 2013/36/EU DES EUROPÄISCHEN PARLAMENTS UND DES RATES vom 26. Juni 2013 über den Zugang zur Tätigkeit von Kreditinstituten und die Beaufsichtigung von Kreditinstituten und Wertpapierfirmen, zur Änderung der Richtlinie 2002/87/EG und zur Aufhebung der Richtlinien 2006/48/EG und 2006/49/EG; ABl. L176 vom 27. Juni 2013, S. 338, Art. 131 Abs. 4 ff.

[60] Vgl. Bundesanstalt für Finanzdienstleistungsaufsicht, https://www.bafin.de/dok/13772602 und https://www.bafin.de/dok/8233664, Abruf am 27. Mai 2020.

größten Kreditinstitute im Berichtsjahr 2018 bei EUR 3.281 Mrd. und ist damit gegenüber dem Berichtsjahr 2016 abermals um etwa EUR 100 Mrd. gesunken.

248. Da sich die Deutsche Bundesbank, deren Statistik im Folgenden als gesamtwirtschaftliche Vergleichsgröße genutzt wird, bei ihren Erhebungen zur Ermittlung der Bilanzsummen auf die Einzelabschlüsse der Kreditinstitute stützt, wird zur Gegenüberstellung mit der Bilanzsumme der zehn größten Kreditinstitute die unkonsolidierte Bilanzsumme verwendet. Die preisbereinigte unkonsolidierte Bilanzsumme der zehn größten Kreditinstitute in Deutschland beträgt im Berichtsjahr 2018 insgesamt EUR 3.696 Mrd. und ist damit um 16 Prozent gesunken. Im gleichen Zeitraum ist die reale Bilanzsumme aller Kreditinstitute in Deutschland lediglich um 4,6 Prozent auf EUR 7.958 Mrd. gesunken. Möglicherweise sind Großbanken in Bezug auf ihre Bilanzsumme von der verschärften Regulierung stärker betroffen als die übrigen Banken in Deutschland. Dies könnte erklären, weshalb der Anteil der zehn größten Kreditinstitute gegenüber dem Berichtsjahr 2016 um 6,3 Prozentpunkte - und damit recht deutlich - auf 46,4 Prozent gesunken ist. Dies ist der niedrigste Wert seit dem Berichtsjahr 1996 (vgl. Abbildung II.26).

Abbildung II.26: Entwicklung der Bilanzsummen im Kreditgewerbe (1978-2018)

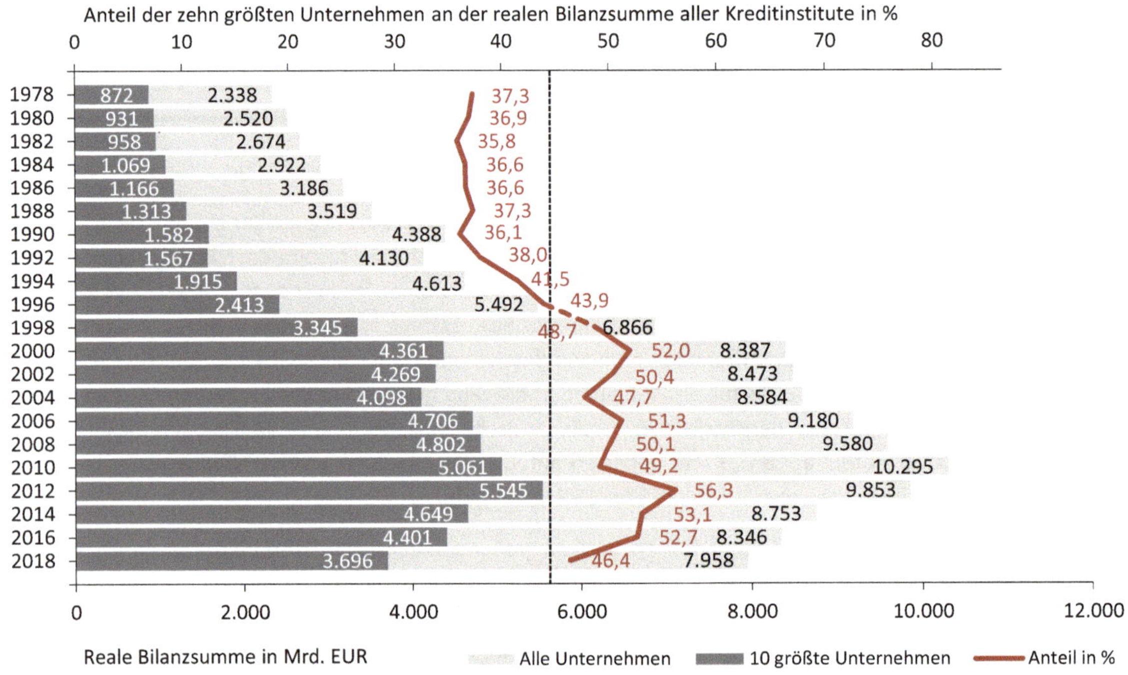

Anm.: Bei der Bilanzsumme der zehn größten sowie derjenigen aller Kreditinstitute handelt es sich um preisbereinigte Größen. Die nominalen Werte wurden mithilfe des impliziten Preisindex der gesamtwirtschaftlichen Wertschöpfung deflationiert (Vorjahrespreisbasis, Referenzjahr: 2015; Quelle: Eigene Berechnungen auf Grundlage von Daten des Statistischen Bundesamtes, Fachserie 18 Reihe 1.5, S. 53, Rechenstand August 2019). Bis einschließlich 1996 ist in der Abbildung die preisbereinigte konsolidierte Bilanzsumme der zehn größten Kreditinstitute dargestellt. Ab 1998 handelt es sich um die preisbereinigte unkonsolidierte Bilanzsumme. Eine detaillierte Übersicht zu den einzelnen Angaben zur Bilanzsumme, den jeweiligen Anteilswerten sowie den Veränderungsraten ist in den Anlagen zu diesem Gutachten veröffentlicht.

Quelle: Eigene Berechnungen auf Grundlage eigener Erhebungen sowie der Bankenstatistik der Deutschen Bundesbank (Statistisches Beiheft 1 zum Monatsbericht, Januar 2020, S. 106)

Die zehn größten Versicherungsunternehmen

Tabelle II.8: Die nach Beitragseinnahmen zehn größten Versicherungsunternehmen 2018

Rang nach Beitragseinnahmen (Trend)		Rang nach Wertschöpfung	Unternehmen	Beitragseinnahmen inländischer Gesellschaften in Mio. EUR	Beitragseinnahmen des Gesamtkonzerns in Mio. EUR	Inlandsanteil in %
1	—	27	Münchener Rückversicherungs-Gesellschaft	31.342	49.064	63,9
2	—	24	Allianz SE	27.566	77.824	35,4
3	↑		R+V Versicherung AG	14.274	16.133	88,5
4	↓		Generali-Gruppe Deutschland	13.577	66.691	20,4
5	—	56	AXA-Gruppe Deutschland	10.700	96.309	11,1
6	—	82	Debeka-Gruppe	10.668	10.664	100,0
7	—		HDI Haftpflichtverband d. dt Industrie V. a. G.	8.571	34.887	24,6
8	—	86	Versicherungskammer Bayern VöR	8.314	8.314	100,0
9	—	71	HUK-COBURG	7.665	7.666	100,0
10	—		Zurich Insurance-Gruppe Deutschland	5.548	39.827	13,9

Quelle: Eigene Erhebungen sowie veröffentlichte Geschäftsberichte

249. In Tabelle II.8 sind die nach ihren konsolidierten Beitragseinnahmen zehn größten Versicherungsunternehmen in Deutschland im Berichtsjahr 2018 dargestellt. Gegenüber dem Berichtsjahr 2016 hat sich der Kreis dieser Unternehmen nicht verändert. Auch die Rangfolge der Unternehmen ist weitestgehend unverändert. Lediglich die R+V Versicherung AG und die Generali-Gruppe Deutschland haben die Ränge 3 und 4 getauscht. Insgesamt haben die zehn größten Versicherungsunternehmen in Deutschland im Berichtsjahr 2018 Beitragseinnahmen in Höhe von EUR 138,2 Mrd. erzielt. Gegenüber dem Berichtsjahr 2016 entspricht dies einem Rückgang um 2,2 Prozent.

250. Um die Entwicklung der Beitragseinnahmen der größten Versicherungsunternehmen mit der Entwicklung des gesamten Versicherungsgewerbes in Deutschland vergleichen zu können, wird die Statistik der Bundesanstalt für Finanzdienstleistungsaufsicht zum Beitragsvolumen aller Versicherungsunternehmen verwendet.[61] Die Bundesanstalt für Finanzdienstleistungsaufsicht ermittelt das Beitragsvolumen aller Versicherungsunternehmen allerdings auf Grundlage von Einzelabschlussdaten. Daher werden für die Gegenüberstellung dieser Größe mit den Beitragseinnahmen der zehn größten Versicherungsunternehmen in Deutschland die unkonsolidierten Beitragseinnahmen dieser Unternehmen genutzt. Beide Größen werden zum besseren Vergleich im Zeitverlauf um Preisentwicklungen bereinigt.[62] Das preisbereinigte unkonsolidierte Beitragsvolumen der zehn größten Versicherungsunternehmen beträgt im Berichtsjahr 2018 insgesamt EUR 151,5 Mrd. Gegenüber dem vorangegangenen Berichtsjahr entspricht dies einem Rückgang um 3,1 Prozent. Im gleichen Zeitraum ist das preisbereinigte Beitragsvolumen aller Versicherungsunternehmen um 3,6 Prozent gestiegen. Daher ist der Anteil der zehn größten Versicherungsunternehmen gegenüber dem Berichtsjahr 2016 vergleichsweise deutlich gesunken und beträgt im Berichtsjahr 2018 55,7 Prozent.

251. Abbildung II.27 zeigt die Entwicklung des Anteils der zehn größten Versicherungsunternehmen am Beitragsvolumen aller Versicherungsunternehmen in Deutschland seit dem Berichtsjahr 1990. Nachdem bis zum Berichtsjahr 2008 ein Anstieg des Anteils der zehn größten Versicherungsunternehmen an der gesamtwirtschaftlichen Vergleichsgröße zu

---

61 Vgl. Bundesanstalt für Finanzdienstleistungsaufsicht, Statistik der Bundesanstalt für Finanzdienstleistungsaufsicht Erstversicherungsunternehmen und Pensionsfonds - 2018, S. 14.

62 Die unkonsolidierten Beitragseinnahmen in jeweiligen Preisen wurden mithilfe des impliziten Preisindex der gesamtwirtschaftlichen Wertschöpfung deflationiert (Vorjahrespreisbasis, Referenzjahr: 2015; Quelle: Eigene Berechnungen auf Grundlage von Daten des Statistischen Bundesamtes, Fachserie 18 Reihe 1.5, S. 53, Rechenstand August 2019).

beobachten war, verhält er sich seither tendenziell rückläufig. Mit dem vergleichsweise deutlichen Rückgang im Berichtsjahr 2018 liegt der Anteil der zehn größten Versicherungsunternehmen aktuell lediglich 0,2 Prozentpunkte über dem durchschnittlichen Anteil aller Berichtsjahre, der 55,5 Prozent beträgt. Werden nur die Berichtsjahre betrachtet, bei denen für die Gegenüberstellung mit der gesamtwirtschaftlichen Vergleichsgröße die unkonsolidierten Beitragseinnahmen der zehn größten Versicherungen verwendet wurden, stellt man fest, dass der durchschnittliche Anteil der zehn größten Versicherungsunternehmen bei 59,4 Prozent liegt. Der aktuelle Anteil fällt fast 4 Prozentpunkte geringer aus und entspricht damit in etwa wieder dem Anteil des Jahres 1998.

Abbildung II.27: Entwicklung der Beitragseinnahmen im Versicherungsgewerbe (1978-2018)

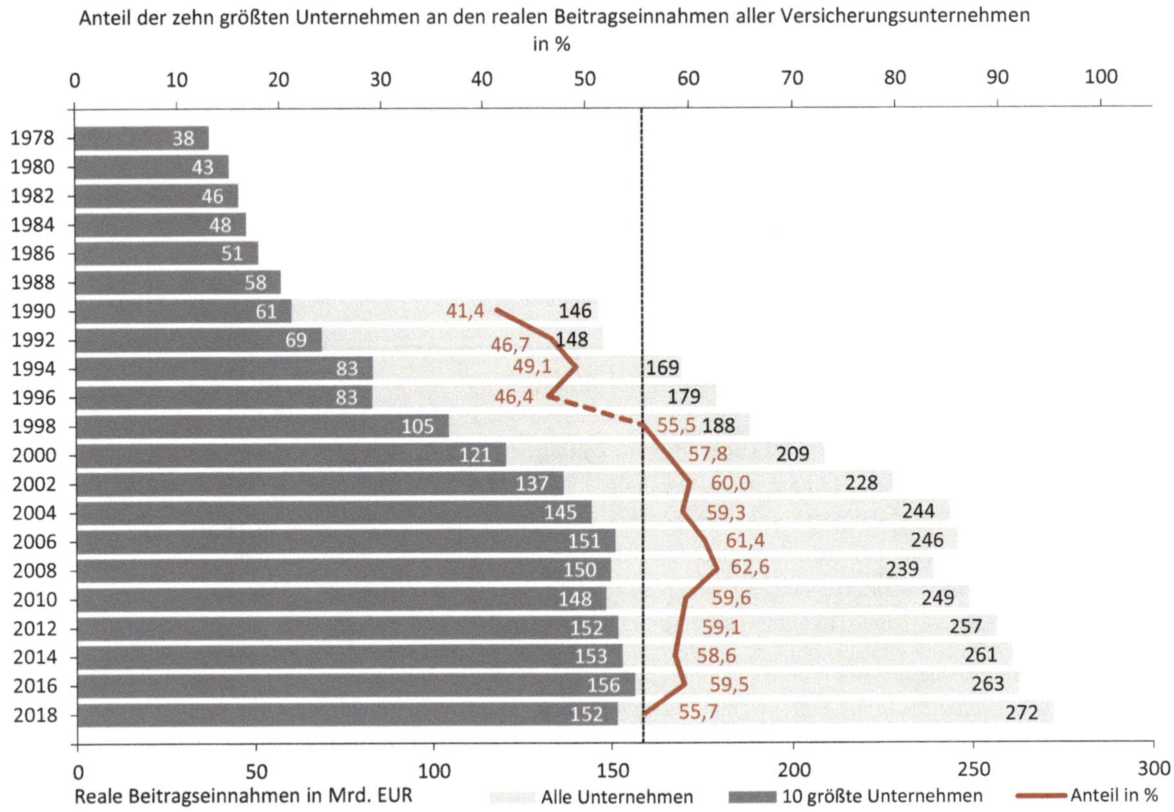

Anm.: Ab 1995 sind in der Abbildung die unkonsolidierten Beitragseinnahmen der zehn größten Versicherungskonzerne dargestellt. Bis einschließlich 1996 wurde der Anteil anhand der konsolidierten Beitragseinnahmen der zehn größten Versicherungskonzerne ermittelt. Alle Größen wurden mithilfe des impliziten Preisindex der gesamtwirtschaftlichen Wertschöpfung deflationiert (Vorjahrespreisbasis, Referenzjahr: 2015; Quelle: Eigene Berechnungen auf Grundlage von Daten des Statistischen Bundesamtes, Fachserie 18 Reihe 1.5, S. 53, Rechenstand August 2019). Ausführliche Angaben zu den Beitragseinnahmen, den jeweiligen Anteilswerten sowie den Veränderungsraten sind in den Anlagen zu diesem Gutachten veröffentlicht.

Quelle: Eigene Berechnungen auf Grundlage eigener Erhebungen sowie der Statistik der Bundesanstalt für Finanzdienstleistungsaufsicht (Statistik der Bundesanstalt für Finanzdienstleistungsaufsicht - Erstversicherungsunternehmen und Pensionsfonds - 2018, S. 14)

2 Entwicklung sektorübergreifender Marktmachtindikatoren

252. Nachfolgend wird die durchschnittliche Entwicklung der Konzentration und von Preisaufschlägen von Anbietern in einzelnen Wirtschaftsbereichen in Deutschland untersucht.

253. Die Konzentration wirtschaftlicher Aktivität in Märkten sowie ein damit verbundener Verhaltensspielraum von Unternehmen hat in den vergangenen Jahren sowohl in der wirtschaftswissenschaftlichen als auch in der wettbewerbspolitischen Debatte an Bedeutung gewonnen. Ursache hierfür sind vor allem empirische Studien aus den USA, die einen sektorübergreifenden durchschnittlichen Anstieg der Unternehmenskonzentration sowie der von Unternehmen erhobenen Preisaufschläge beobachten. Ansteigende ökonomische Preisaufschläge – also die Spanne zwischen dem Preis eines Produkts und seinen Grenzkosten – können möglicherweise hierbei als Hinweis auf Marktmacht dienen, insofern sie die Möglichkeit von Unternehmen widerspiegeln, von ihren Kunden Preise zu verlangen, die über dem Wettbewerbsniveau liegen. So ist die Unternehmenskonzentration in den USA in den letzten zwei Jahrzehnten in 75 Prozent der Wirtschaftsbereiche angestiegen und die Preisaufschläge von US-Unternehmen haben sich seit 1980 im Durchschnitt um 40 Prozentpunkte erhöht.[63]

254. Bereits in ihrem letzten Hauptgutachten hat die Monopolkommission untersucht, wie sich Konzentration und Preisaufschläge in Deutschland entwickelt haben.[64] Im Ergebnis konnte kein deutlicher sektorübergreifender durchschnittlicher Anstieg der Unternehmenskonzentration zwischen den Jahren 2007 und 2015 festgestellt werden, der in seinem Ausmaß mit dem in den USA vergleichbar wäre. Andere Untersuchungen zur Konzentrationsentwicklung in Deutschland bestätigen dieses Ergebnis, obgleich Unterschiede zwischen einzelnen Wirtschaftsbereichen bestehen können.[65] Beispielsweise können im Dienstleistungssektor einzelne Wirtschaftszweige mit einer zunehmenden Unternehmenskonzentration identifiziert werden.[66] Auch erste Untersuchungen der durchschnittlichen Entwicklung von Preisaufschlägen in Deutschland deuten auf eine – im Vergleich zu den USA – moderate Entwicklung hin.[67] Dennoch zeigt sich ein Anstieg der durchschnittlichen Preisaufschläge auch in Deutschland, der nach einem Rückgang während der Finanz- und Wirtschaftskrise 2008/2009 – das Vorkrisenniveau übersteigt. Da die Ermittlung von Preisaufschlägen – im Gegensatz zur Berechnung von Konzentrationskennzahlen – auf einem verhältnismäßig komplexen ökonometrischen Schätzverfahren beruht, hat sich in der empirischen Literatur bisher keine standardisierte Methodik etabliert. Ebenso können die Ergebnisse stark von der Qualität und Repräsentativität der verwendeten Datenbasis abhängen. Aufgrund der wenigen bisher vorliegenden Studien zu Preisaufschlägen in Deutschland können bisher keine stilisierten Fakten zu deren Entwicklung abgeleitet werden.[68]

255. Die aktuelle wirtschaftspolitische Bedeutung belastbarer Ergebnisse zur Marktmachtentwicklung von Unternehmen auch aus einer sektorübergreifenden makroökonomischen Perspektive ist groß. Gründe hierfür sind Tendenzen einer zuletzt aktiveren Industriepolitik auf deutscher und europäischer Ebene sowie einer fortschreitenden digitalen

---

[63] Vgl. Grullon, G./Larkin, Y./Michaely, R., Are US industries becoming more concentrated, Review of Finance, 23(4), 2019, S. 697–743; De Loecker, J./Eeckhout, J./Unger, G., The Rise of Market Power and the Macroeconomic Implications, *The Quarterly Journal of Economics,* 135(2), 2020, S. 561–644.

[64] Monopolkommission, XXII. Hauptgutachten, Wettbewerb 2018, Baden-Baden 2018, Kap. 2.3.

[65] Vgl. Ponattu, D./Sachs, A./Weinelt, H./Sieling, A., Unternehmenskonzentration und Lohnquote in Deutschland, Gütersloh, Bertelsmann Stiftung, 2018; Deutsche Bundesbank, Mark-ups of firms in selected European countries, Deutsche Bundesbank Monthly Report, Dezember 2017, S. 53–57. Cavalleri u. a. beobachten in den von ihnen genutzten Daten sogar einen durchschnittlichen Rückgang der Unternehmenskonzentration in Deutschland (Cavalleri, M. C./Eliet, A./McAdam, P./Petroulakis, F./Soares, A./Vansteenkiste, I., Concentration, market power and dynamism in the euro area, ECB Working Paper 2253, 2019).

[66] Vgl. Ponattu, D./Sachs, A./Weinelt, H./Sieling, A., Unternehmenskonzentration und Lohnquote in Deutschland, a. a. O.

[67] Vgl. Monopolkommission, XXII. Hauptgutachten, a. a. O., Kap. 2.3. und Weche, J. P./Wambach, A., The fall and rise of market power in Europe, ZEW Discussion Paper 18–003, 2018.

[68] Weitere Studien zu Preisaufschlägen in Deutschland sind: Deutsche Bundesbank, Mark-ups of firms in selected European countries, a. a. O. und Ganglmair, B./Hahn, N./Hellwig, M./Kann, A./Peters, B./Tsanko, I., Price Markups, Competition, and Productivity: Evidence from Germany, Projektbericht im Auftrag der Bertelsmann Stiftung, 2020.

Transformation und damit einhergehenden Monopolisierungstendenz von Plattformmärkten.[69] Wettbewerb ist ein wesentliches Merkmal einer marktwirtschaftlichen Wirtschaftsordnung. Ein sektorübergreifender Marktmachtanstieg hätte demnach Folgen für die Strukturen der sozialen Marktwirtschaft der Bundesrepublik Deutschland. So wird eine zunehmende Marktmacht sowohl für ein verlangsamtes Produktivitätswachstum als auch für eine sinkende Lohnquote und eine zunehmende Einkommensungleichheit verantwortlich gemacht.[70]

256. Zudem stellt sich vor dem Hintergrund der COVID-19-Pandemie und der damit verbundenen weltweiten Beeinträchtigung der wirtschaftlichen Aktivität auch die Frage nach deren Auswirkungen auf Marktstrukturen und den Wettbewerb.[71] Rezessionen bergen grundsätzlich das Potenzial unternehmensdemografischer Restrukturierungsprozesse, die sich auf Marktstrukturen und damit auf die wettbewerblichen Bedingungen von Unternehmen auswirken können. So ist davon auszugehen, dass weniger wettbewerbsfähige Anbieter in einer Rezession aus Märkten ausscheiden, da sie den Nachfragerückgang und verschlechterte Finanzierungsmöglichkeiten nicht kompensieren können.[72] In der Folge könnte sich die Unternehmenskonzentration auf Märkten erhöhen. Zum anderen ist davon auszugehen, dass aber auch die durchschnittliche Produktivität ansteigen, wenn es die effizienteren Unternehmen sind, die sich am Markt halten können. Im Rahmen der durch die COVID-19-Pandemie ausgelösten wirtschaftlichen Krise sind durch die politischen Maßnahmen zur Begrenzung der Ausbreitung von SARS-CoV-2-Infektionen – trotz umfangreicher staatlicher Hilfsmaßnahmen – branchenübergreifende Finanzierungsschwierigkeiten zahlreicher Unternehmen zu erwarten. Aktuelle Zahlen zu angemeldeten Insolvenzverfahren zeigen zwar einen deutlichen Rückgang der Anmeldungen im ersten Quartal 2020 im Vergleich zum Vorjahr, was aber eher auf die Aussetzung der Insolvenzantragspflicht ab dem 1. März als auf eine tatsächliche Reduzierung der Anzahl von Unternehmen mit Zahlungsschwierigkeiten zurückzuführen ist.[73] Insbesondere die Finanzkraft eines Unternehmens könnte sich während und nach der aktuellen Wirtschaftskrise als kritischer Faktor der Wettbewerbsfähigkeit herausstellen, da eine große Finanzkraft dazu beiträgt, die Existenz von Unternehmen zu sichern, und in der Folge die Übernahme finanziell angeschlagener Konkurrenten oder ein größeres Investitionsvolumen zusammen mit besseren Finanzierungskonditionen ermöglicht. Grundsätzlich handelt es sich bei finanziell besser aufgestellten Unternehmen gleichfalls oftmals um größere Unternehmen, die ohnehin bereits über hohe Marktanteile verfügen, wodurch sich marktmächtige Stellungen verfestigen könnten.[74] Wie die Anmeldungen von Unternehmensinsolvenzen ist auch die Anzahl der Fusionskontrollanmeldungen beim Bundeskartellamt in den Monaten April und Mai 2020 im Vergleich zu den Vorjahresmonaten allerdings deutlich zurückgegangen. Der Grund hierfür könnte die Verschiebung vieler

---

69 Vgl. Bundesministerium für Wirtschaft und Energie, Nationale Industriestrategie 2030 – Strategische Leitlinien für eine deutsche und europäische Industriepolitik, Berlin, Februar 2019, https://www.bmwi.de/Redaktion/DE/Publikationen/Industrie/nationale-industriestrategie-2030.pdf?__blob=publicationFile&v=22, Abruf am 10. Juli 2020, und die Ausführungen zur Reform der Missbrauchsaufsicht in Kap. I in diesem Gutachten.

70 Vgl. u. a. De Loecker, J./Eeckhout, J./Unger, G., The Rise of Market Power and the Macroeconomic Implications, a. a. O.; Gutierrez, G./Philippon, T., Declining competition and investment in the U. S., NBER Working Paper 23583, 2017; Cavalleri, M. C. u. a., Concentration, market power and dynamism in the euro area, a. a. O.; Barkai, S., Declining labor and capital shares, Stigler Center for the Study of the Economy and the State University of Chicago Booth School of Business Working Paper Series Nr. 2, 2016; Autor, D./Dorn, D./Katz, L. F./Patterson, C./Van Reenen, J., The fall of the labor share and the rise of superstar firms, The Quarterly Journal of Economics, 135(2), 2020, S. 645–709. Vgl. für eine ausführliche Diskussion möglicher makroökonomischer Folgen Monopolkommission, XXII. Hauptgutachten, a. a. O., Kap. 2.3 sowie Wambach, A./Weche, J. P., Sektorübergreifende Konzentrations- und Margenzunahme: Bestandsaufnahme, Ursachen und Folgen, Perspektiven der Wirtschaftspolitik, 21(2), 1–16.

71 Zu den kartellrechtlichen Ausnahmeregelungen aufgrund der Corona-Krise, siehe Kapitel III in diesem Gutachten.

72 Vgl. u. a. Foster, L./Grim, C./Haltiwanger, J., Reallocation in the Great Recession: Cleansing or Not?, Journal of Labor Economics, 34(1), 2016, S. 293-331.

73 Vgl. Pressemitteilung des Statistischen Bundesamtes Nr. 205 vom 8. Juni 2020.

74 Ein aktuelles Ranking von US-amerikanischen und europäischen Unternehmen nach ihrer finanziellen Belastbarkeit (*resilience*) der Zeitschrift *The Economist* zeigt, dass es sich bei den belastbarsten Unternehmen tendenziell um Großunternehmen aus den Bereichen Pharma und Technologie handelt (The Economist, 28. März 2020, S. 57). Kriterien für das Ranking sind dabei die Kosten für Kreditausfallversicherungen, operative Gewinnmargen, Liquiditätsreserven sowie das Verhältnis von Fremd- zu Eigenkapital.

Anmeldungen auf einen späteren Zeitpunkt sein. Insgesamt ist in den kommenden Monaten mit einer deutlichen Zunahme von Fusionskontrollanmeldungen im Rahmen einer bevorstehenden Übernahmewelle zu rechnen.[75]

257. Im nachfolgenden Abschnitt wird zunächst die zur Konzentrationsmessung verwendeten Indikatoren vorgestellt und hinsichtlich ihrer Aussagekraft für die Verhaltensspielräume von Unternehmen auf Märkten diskutiert. Anschließend werden konzentrationsstatistische Kennzahlen der amtlichen Statistik im Zeitverlauf analysiert, um den aktuellen Stand der Unternehmenskonzentration zu beurteilen. Danach wird die mittelfristige Entwicklung der Konzentration vor dem Hintergrund der Corona-Krise eingeschätzt. Aufgrund der tendenziell größeren Aussagekraft für den tatsächlichen Wettbewerbsdruck werden im darauffolgenden Abschnitt Preisaufschläge auf Grundlage repräsentativer Mikrodaten der amtlichen Statistik für das deutsche verarbeitende Gewerbe und den Dienstleistungssektor analysiert. Da die Ergebnisse von Preisaufschlagschätzungen nach der verwendeten Methode und auch der zugrunde liegenden Datenbasis variieren können, werden beide Aspekte zunächst diskutiert und bei der ökonometrischen Ermittlung von Preisaufschlägen berücksichtigt. Ziel ist es, belastbare Aussagen über die Entwicklung von Preisaufschlägen in deutschen Wirtschaftsbereichen treffen zu können sowie sektorale Unterschiede zu identifizieren. Die Ergebnisse lassen jedoch weder konkrete Rückschlüsse auf die Wettbewerbsintensität in sachlich und räumlich relevanten Märkten zu, noch können wettbewerbspolitische Empfehlungen für einzelne Märkte abgeleitet werden. Demnach stellt die sektorübergreifende Perspektive der nachfolgenden Untersuchungen ein Komplement zu marktspezifischen Analysen dar.

2.1 Sektorübergreifende Unternehmenskonzentration

2.1.1 Empirische Indikatoren

258. Die Monopolkommission analysiert in ihrem Gutachten die Entwicklung der Umsatzkonzentration deutscher Unternehmen im Zeitraum 2007 bis 2017 unter Zuhilfenahme zweier Indikatoren, des Herfindahl-Hirschman-Index (HHI) und der Konzentrationsrate (CR), der größten Unternehmen eines Marktes.

259. Der HHI bildet den Konzentrationsgrad eines Marktes ab und basiert auf den Umsatzanteilen (s_i) aller Unternehmen (i) auf einem betrachteten Markt. Der HHI berechnet sich, indem die individuellen Umsatzanteile mit 100 multipliziert, anschließend quadriert und über alle N Unternehmen eines Marktes aufsummiert werden:

$$\mathrm{HHI} = \sum_{i=1}^{N} (s_i * 100)^2$$

Der Wertebereich des HHI liegt zwischen $10.000/N$ und 10.000, was dem wettbewerblichen Kontinuum vom perfekten Wettbewerb bis hin zum Monopol entspricht.

260. Während der HHI-Wert alle Marktteilnehmer berücksichtigt und damit eine Einschätzung der gesamten Marktstruktur ermöglicht, liefert die Konzentrationsrate (CR_n) einen strukturellen Hinweis auf mögliche Oligopolisierungstendenzen unter den n größten Anbietern eines Marktes.[76] Die Monopolkommission analysiert die Konzentrationsrate der sechs größten Unternehmen. Sie wird als die Summe ihrer jeweiligen Umsatzanteile (s_i) am Markt berechnet:

[75] Vgl. hierzu u. a. auch die Einschätzung des Präsidenten des Bundeskartellamtes: „Kartellamt rechnet mit Übernahmewelle", Süddeutsche Zeitung vom 11. Mai 2020.

[76] Bei einem Angebotsoligopol halten wenige Unternehmen in Summe einen sehr hohen Marktanteil. Es ist zu beachten, dass die Konzentrationsrate lediglich die Höhe der gemeinsamen Marktanteile der größten Anbieter beschreibt und damit keine Aussagen über ihr Wettbewerbsverhalten trifft. Märkte mit hohen Konzentrationsraten bedürfen dennoch einer verstärkten Aufmerksamkeit der Wettbewerbsbehörden, da das Risiko für kollusives Verhalten mit der Konzentrationsrate steigt. Ursächlich hierfür kann beispielsweise eine erleichterte Abstimmung oder Sanktionierung durch eine geringe Anzahl von Konkurrenten sein sowie eine gesteigerte Markttransparenz. Die Konzentrationsrate und der Herfindahl-Hirschman-Index sind positiv miteinander korreliert. Sie korrelieren insbesondere dann stark miteinander, wenn nur wenige Unternehmen auf einem Markt aktiv sind und diese Unternehmen in der Konzentrationsrate berücksichtigt werden bzw. wenn die restlichen Unternehmen, die nicht in der Konzentrationsrate berücksichtigt werden, in Summe sehr geringe Umsatzanteile aufweisen. Relative Verschiebungen der Umsatzanteile unter den betrachteten größten Unternehmen im Zeitverlauf bildet die Konzentrationsrate im Gegensatz zum HHI allerdings nicht ab. Hierfür ist ein Vergleich der Entwicklung unterschiedlicher Konzentrationsraten, beispielsweise von CR_6 und CR_3, notwendig.

$$\mathrm{CR}_6 = \sum_{i=1}^{6} s_i * 100$$

Die Konzentrationsrate kann Werte zwischen 0 und 100 annehmen. Im Falle einer großen Zahl an Wettbewerbern ohne nennenswerte Marktanteile liegt die Konzentrationsrate nahe 0; wird der Markt hingegen nur von 6 Unternehmen bedient, beträgt die Konzentrationsrate 100. Weist die Konzentrationsrate CR_6 beispielsweise den Wert 50 auf, können die sechs größten Anbieter 50 Prozent des Marktumsatzes auf sich vereinen.

261. Sowohl der HHI als auch die Konzentrationsrate werden von Wettbewerbsbehörden zur Beurteilung der Wettbewerbssituation herangezogen. Nach deutschem Recht wird eine Marktbeherrschung unter anderem dann vermutet, wenn ein Unternehmen einen Marktanteil von mindestens 40 Prozent, bis zu drei Unternehmen einen Marktanteil von 50 Prozent oder bis zu fünf Unternehmen einen Marktanteil von zwei Drittel erreichen. Auf europäischer Ebene schätzt die EU-Fusionskontrolle einen Zusammenschluss auf einem Markt in der Regel als unbedenklich ein, wenn der HHI zwischen 1.000 und 2.000 liegt und die Veränderung der Konzentration durch den Zusammenschluss weniger als 250 Punkte beträgt. Bei einem HHI über 2.000 wird eine Fusion als unbedenklich eingestuft, wenn die Veränderung weniger als 150 Punkte beträgt.[77] Das US-amerikanische Justizministerium klassifiziert Märkte mit einem HHI zwischen 1.500 und 2.500 als moderat konzentriert und mit einem HHI über 2.500 als hoch konzentriert.[78] Die genannten Schwellenwerte dienen den Kartellbehörden jedoch lediglich als Orientierungshilfe zur Beurteilung von Marktstrukturen.

262. Die Umsatzkonzentration ist als Indikator zur Beschreibung der Marktstruktur und erst recht der vorherrschenden Wettbewerbssituation mit einigen inhaltlichen und methodischen Problemen verbunden. Bis in die 70er-Jahre des 20. Jahrhunderts war in der Industrieökonomie die Argumentation verbreitet, dass die Struktur eines Marktes das Verhalten der Marktteilnehmer einseitig bestimmt und damit einen direkten Effekt auf das Marktergebnis hat.[79] Dieses sogenannte Struktur-Verhalten-Ergebnis-Paradigma gilt jedoch als überholt. Stattdessen hat sich die Ansicht durchgesetzt, dass Marktstruktur und Verhalten weder zwangsläufig miteinander korreliert sind noch von einer einseitig kausalen Beziehung ausgegangen werden kann. Es ist daher durchaus möglich, dass das Marktergebnis die Marktstruktur bestimmt und gerade eine hohe Marktkonzentration durch realisierte Skaleneffekte zu einem intensiven Wettbewerb zwischen den Unternehmen führt.

263. Ein methodisches Problem der Umsatzkonzentration besteht in der sachlichen und geografischen Marktabgrenzung. Das Statistische Bundesamt verwendet zur Berechnung von Konzentrationskennzahlen die Wirtschaftszweigklassifikation der amtlichen Statistik, die keine ökonomische Marktabgrenzung darstellt.[80] Die Konzentrationskennzahl kann

---

77 Europäische Kommission, Leitlinien zur Bewertung horizontaler Zusammenschlüsse gemäß der Ratsverordnung über die Kontrolle von Unternehmenszusammenschlüssen (2004/C 31/03), 2004.

78 Das US-amerikanische Justizministerium bewertet Fusionen u. a. anhand der absoluten HHI-Werte und anhand von Veränderungen der HHI-Werte. Fusionen in Märkten mit einem HHI-Wert von weniger als 1.500 gelten als nicht wettbewerbsschädlich und werden normalerweise nicht weiter untersucht. Fusionen in Märkten mit einer moderaten oder hohen Konzentration und einer Steigerung des HHI-Wertes von mehr als 100 Punkten gelten als möglicherweise wettbewerbsschädlich und werden häufig überprüft. Fusionen auf Märkten mit einer hohen Konzentration und einem Anstieg des HHI-Wertes von mehr als 200 Punkten gelten als sehr wettbewerbsschädlich, sodass der Wettbewerbsschaden von den beteiligten Unternehmen widerlegt werden muss (vgl. DOJ/FTC, Horizontal Merger Guidelines, 19. August 2010, https://www.justice.gov/atr/horizontal-merger-guidelines-08192010, Abruf am 10. Juli 2020).

79 Mason (1939, 1949) und Bain (1951, 1956) entwickelten den Struktur-Verhalten-Ergebnis-Ansatz, der die traditionelle Industrieökonomie bis in die 70er-Jahre des 20. Jahrhunderts prägte (vgl. Mason, E.S., Price and Product Policies of Large-Scale Enterprse, American Economic Review, 29, 1939, S. 61-74; Mason, E.S., The Current State of the Monopoly Problem in the United States, Harvard Last Review, 62(8), 1949, S. 1265-1285; Bain, J.S., Relation of Profit Rate to Industry Concentration: American Manufacturing, 1936-1940, Quartely Journal of Economics, 65, 1951, S. 293-324; Bain, J.S., Barriers to New Competition, 1956, Harvard University Press, Cambridge, MA).

80 Das Statistische Bundesamt klassifiziert nach der Wirtschaftszweigklassifikation 2008 Wirtschaftstätigkeiten pyramidenförmig nach einem vorgegebenen Schema. An der Spitze der Pyramide werden die wirtschaftlichen Aktivitäten zunächst in Abschnitte einsortiert, danach weiter in Abteilungen aufgeteilt und anschließend weiter in Gruppen, Klassen und Unterklassen unterteilt. Die vom Statistischen Bundesamt in diesem Gutachten verwendeten Daten befinden sich auf der Ebene der insgesamt 615 Klassen (Wirtschaftszweige auf 4-Steller-Ebene). Wirtschaftliche Tätigkeiten werden dann zu einer Klasse zusammengefügt, wenn sie

daher nicht als Marktkonzentration, sondern lediglich als inländische Unternehmenskonzentration innerhalb des jeweiligen Wirtschaftszweigs interpretiert werden. Dies gilt insbesondere vor dem Hintergrund, dass die Berechnung auf Deutschland beschränkt ist und damit die Relevanz von Umsätzen aus Exporten im grenzüberschreitenden Handel nicht berücksichtigt wird.

264. Ein weiteres Problem besteht darin, dass die Zuordnung jedes Unternehmens zu einem bestimmten Wirtschaftszweig auf Basis seiner jeweiligen Haupttätigkeit erfolgt. Die Zuordnung erfolgt grundsätzlich anhand der Wertschöpfungsanteile der einzelnen Aktivitäten.[81] Bei der Berechnung der Umsatzkonzentration auf Wirtschaftszweigebene werden die gesamten Unternehmensumsätze dem Wirtschaftszweig dieser Haupttätigkeit zugewiesen, was den Indikator verzerren kann.[82] Trotz dieser Probleme wird die Umsatzkonzentration weiterhin als Indikator für das Bestehen von Marktmacht verwendet. Es ist jedoch zu beachten, dass sektorübergreifende Konzentrationskennzahlen vor allem Hinweise auf ein wettbewerbliches Risikopotenzial eines Wirtschaftszweigs liefern, aber keine Aussage über die auf sachlich und räumlich relevanten Märkten tatsächlich vorherrschende Wettbewerbssituation zulassen.

2.1.2 Durchschnittliche Unternehmenskonzentration in Deutschland weitgehend konstant

265. Die durchschnittliche Umsatzkonzentration über alle deutschen Wirtschaftsbereiche entwickelte sich im Zeitraum von 2007 bis 2015 weitgehend konstant.[83] Erst zwischen 2015 und 2017 kann in einigen Wirtschaftsbereichen eine steigende Konzentration festgestellt werden. Abbildung II.28 stellt die Konzentrationsentwicklung auf Basis des Herfindahl-Hirschman-Indexes (HHI) dar. Im gesamten Analysezeitraum liegt sowohl der gewichtete als auch der ungewichtete durchschnittliche HHI-Wert bei etwa 1.000 Punkten. Zwischen einzelnen Wirtschaftszweigen bestehen jedoch große Unterschiede hinsichtlich des Konzentrationsgrads.

---

einen ähnlichen Herstellungsprozess für Waren und Dienstleistungen aufweisen; vgl. Statistisches Bundesamt, Klassifikation der Wirtschaftszweige, 2008, S. 18 f.

81 Sollte die Wertschöpfung nicht bekannt sein, kann die Klassifizierung anhand von Ersatzkriterien, z. B. den Umsätzen, der Bruttoproduktion oder Mitarbeiterzahlen, erfolgen; vgl. Statistisches Bundesamt, Klassifikation der Wirtschaftszweige, 2008, S. 23 ff.

82 In komplexen Fällen mit mehreren Tätigkeiten ohne eindeutigen Wertschöpfungsschwerpunkt wird die Haupttätigkeit eines Unternehmens nach der Top-down-Methode bestimmt. Damit wird die Kohärenz der Klassifizierung auf unterster Ebene mit allen höheren Gliederungsebenen sichergestellt. Allerdings kann dadurch der Fall auftreten, dass ein wesentlicher Teil der Unternehmenswertschöpfung in einem Wirtschaftszweig stattfindet, der nicht der Klassifikation der Haupttätigkeit entspricht; vgl. Statistisches Bundesamt, Klassifikation der Wirtschaftszweige, 2008, S. 23 ff.

83 Die Ergebnisse basieren auf einer Sonderaufbereitung des Statistischen Bundesamtes auf Basis des amtlichen Unternehmensregisters für die Monopolkommission nach § 47 GWB. Die Daten sind bei der Monopolkommission verfügbar. Für eine allgemeine Beschreibung der Verfügbarkeit konzentrationsstatistischer Daten für Deutschland und der Zugangsmöglichkeiten sei verwiesen auf Heidorn, H./Weche, J., Business Concentration Data for Germany, Jahrbücher für Nationalökonomie und Statistik/Journal of Economics and Statistics, 2020, https://doi.org/10.1515/jbnst-2020-0010.

Abbildung II.28: Entwicklung der Umsatzkonzentration in Deutschland (2007-2017)

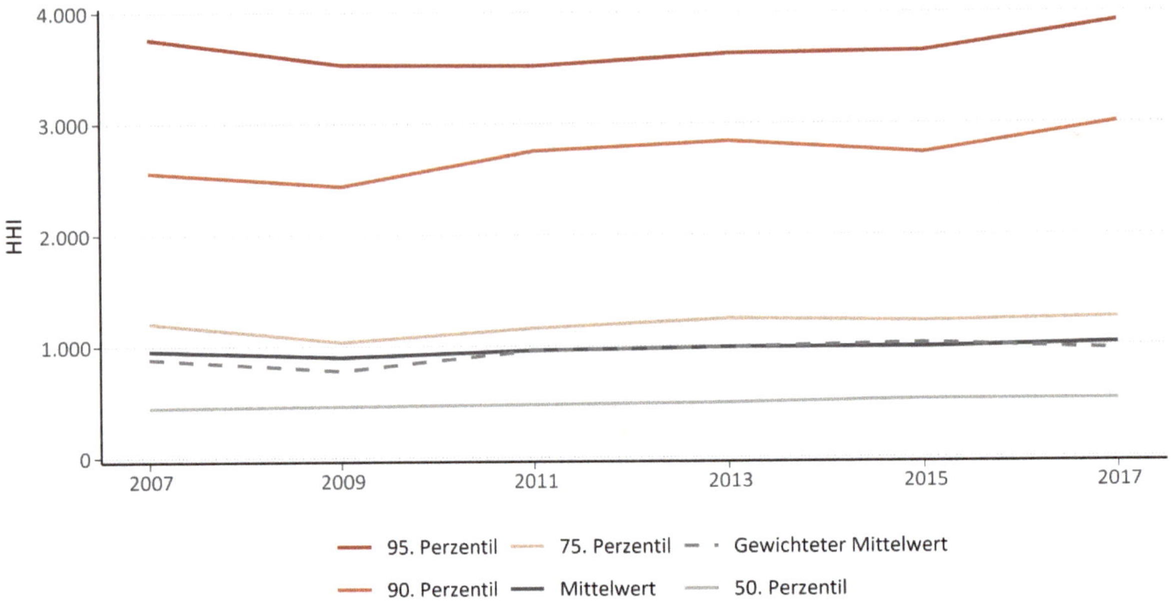

Anm.: Berechnungen auf der Grundlage von Herfindahl-Hirschman-Indizes für 4-Steller-Wirtschaftszweige nach WZ 2008 unter Berücksichtigung von Unternehmensgruppen.

Quelle: Statistisches Bundesamt, Konzentrationsstatistische Sonderaufbereitung im Auftrag der Monopolkommission auf Basis des amtlichen Unternehmensregisters; eigene Berechnungen

266. Während im Zeitraum von 2007 bis 2017 75 Prozent der Wirtschaftszweige einen HHI-Wert von weniger als 1.500 aufwiesen (75. Perzentil) und sich damit unterhalb der europäischen und der US-amerikanischen Richtwerte konzentrierter Märkte befanden[84], wiesen 10 Prozent der Wirtschaftszweige einen HHI-Wert zwischen 2.500 und 4.000 (90. Perzentil) auf. Die US-amerikanische Wettbewerbsbehörde geht bereits ab einem Wert von 2.500 von einer hohen Konzentration aus.[85] Für dieses ohnehin hoch konzentrierte Perzentil kann zudem für die Periode 2015 bis 2017 ein überproportional hoher Anstieg der Konzentration um 10 Prozent festgestellt werden. Im Durchschnitt über alle Wirtschaftszweige betrug der Anstieg des ungewichteten HHI-Wertes lediglich 3,5 Prozent, während der gewichtete Mittelwert um 5,8 Prozent in demselben Zeitraum sank.

267. Abbildung II.29 zeigt die Entwicklung der nach Umsatz gewichteten durchschnittlichen HHI-Werte für die Sektoren Bau, Handel, verarbeitendes Gewerbe und Dienstleistungen. Die einzelnen Sektoren weisen in Bezug auf die Höhe der Umsatzkonzentrationen deutliche Unterschiede auf: Während im Jahr 2017 der Handel und die Dienstleistungen HHI-Werte zwischen lediglich 500 und 600 Punkten erreichten, ist das Baugewerbe mit 855 Punkten im Jahr 2017 etwas konzentrierter strukturiert. Demgegenüber weist die Industrie mit einem HHI-Wert von 1.420 Punkten eine überdurchschnittlich hohe Konzentration auf. Gemessen an den Richtwerten der EU-Kommission liegt die Konzentration des Handels, der Dienstleistungen und des Baugewerbes jeweils in einem Bereich, in dem eine Fusion als unbedenklich gälte, solange dadurch der HHI nicht auf einen Wert über 1.000 anstiege. Hinsichtlich der Entwicklung der Umsatzkonzentrationen zeigt sich insbesondere, dass die Konzentration im Dienstleistungsbereich und im Baugewerbe zwischen 2015 und 2017 mit 17,1 Prozent bzw. 10,3 Prozent deutlich angestiegen ist. Dagegen hat sich im Industriebereich im selben Zeitraum die gewichtete durchschnittliche Konzentration verringert (-8,3 Prozent); der Handel blieb nahezu unverändert (-0,6 Prozent).

84 Vgl. Tz. 261.

85 DOJ/FTC, Horizontal Merger Guidelines, a. a. O.

Abbildung II.29: Sektorale Konzentrationsentwicklung (2007-2017)

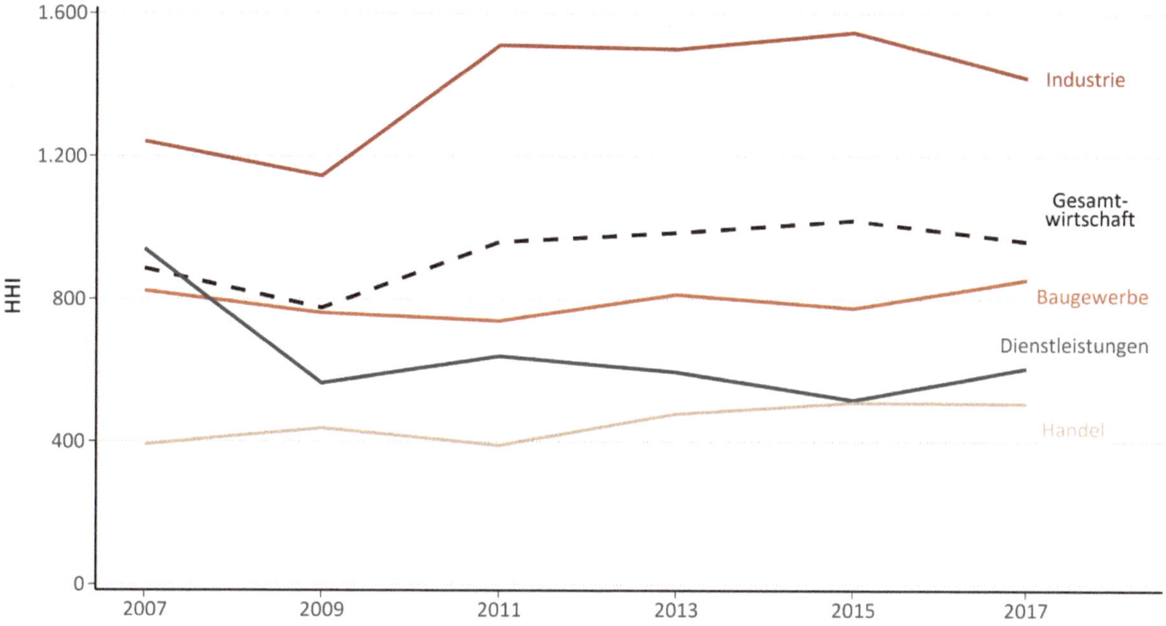

Anm.: Berechnung von sektoralen gewichteten Durchschnitten auf der Grundlage von Herfindahl-Hirschman-Indizes für 4-Steller-Wirtschaftszweige nach WZ 2008 unter Berücksichtigung von Unternehmensgruppen; sektorale Durchschnitte sind nach Gesamtumsatz der entsprechenden 4-Steller-Wirtschaftszweige gewichtet; die Kategorie „Industrie" schließt in dieser Abbildung nicht das Baugewerbe ein.

Quelle: Statistisches Bundesamt, Konzentrationsstatistische Sonderaufbereitung im Auftrag der Monopolkommission auf Basis des amtlichen Unternehmensregisters; eigene Berechnungen

268. Der größte Anstieg der Konzentration seit dem Jahr 2015 ist im 90. Perzentil – unter den 10 Prozent am höchsten konzentrierten Wirtschaftszweigen – zu verzeichnen (vgl. Abbildung II.30). Dies gilt vor allem für das Baugewerbe, dessen 90. Perzentil bereits bis zum Jahr 2015 ein hoch konzentriertes HHI-Niveau von über 3.300 Punkten erreicht hatte und bis 2017 nochmals um 17 Prozent auf rund 3.900 Punkte anstieg. Parallel dazu ist die Konzentration im 90. Perzentil des Dienstleistungssektors seit 2015 um 48 Prozent gestiegen. Sie überschreitet damit die Schwelle von 1.500, bis zu der eine unbedenkliche Konzentration vorliegt, und erreichte im Jahr 2017 einen HHI-Wert von 2.227.

Abbildung II.30: Sektorale Konzentrationsentwicklung des 90. Perzentils (2007-2017)

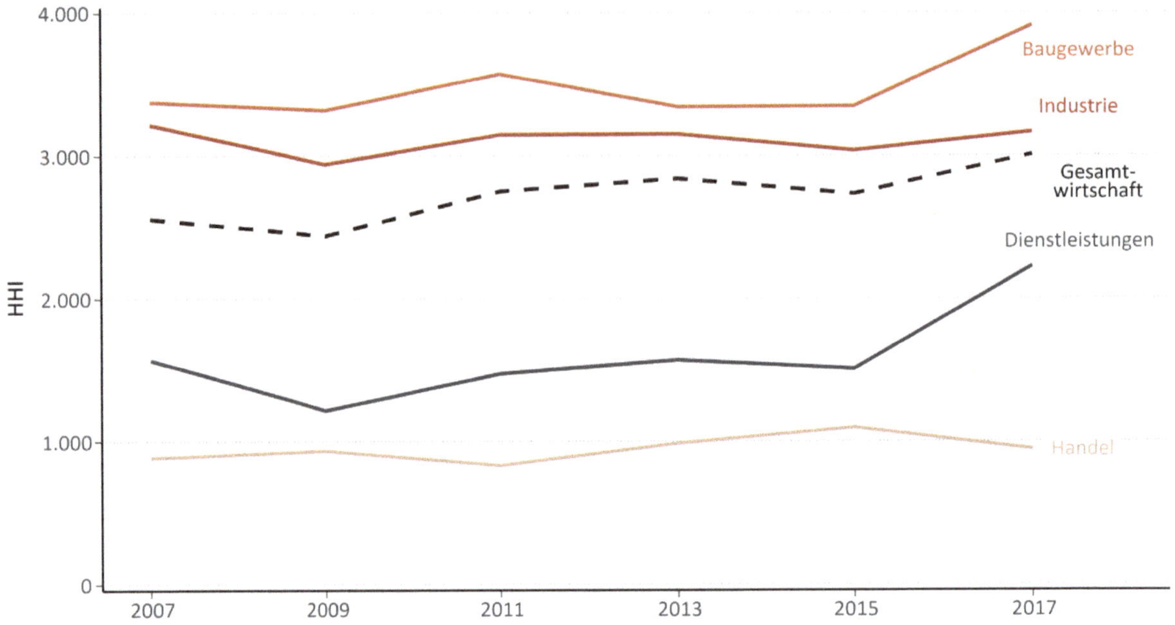

Anm.: Berechnungen auf der Grundlage von Herfindahl-Hirschman-Indizes für 4-Steller-Wirtschaftszweige nach WZ 2008 unter Berücksichtigung von Unternehmensgruppen; die Kategorie „Industrie" schließt in dieser Abbildung nicht das Baugewerbe ein.

Quelle: Statistisches Bundesamt, Konzentrationsstatistische Sonderaufbereitung im Auftrag der Monopolkommission auf Basis des amtlichen Unternehmensregisters; eigene Berechnungen

269. Während der Herfindahl-Hirschman-Index einen Überblick über die Verteilung der gesamten Marktanteile eines Wirtschaftszweiges liefert, bildet die Konzentrationsrate die Dominanz der nach Marktanteilen größten Unternehmen eines Wirtschaftszweiges ab und ermöglicht damit eine Einschätzung des Potenzials zur Oligopolbildung. In Abbildung II.31 wird die Entwicklung der durchschnittlichen Konzentrationsrate der sechs größten Anbieter (CR_6) dargestellt. Die Konzentrationsrate entspricht den aufsummierten Marktanteilen der sechs größten Anbieter eines Wirtschaftszweiges. Über den Zeitraum von 2007 bis 2017 weist die gesamtwirtschaftliche Konzentrationsrate einen leicht steigenden Trend auf und lag im Jahr 2017 bei 46 Prozent. Die Industrie liegt im gesamten Zeitraum als einziger Sektor über dem Durchschnitt und erreichte 2017 eine Konzentrationsrate von 55 Prozent; Handel (32 Prozent), Dienstleistungsbereich (35 Prozent) und Baugewerbe (36 Prozent) sind bezogen auf die jeweils größten sechs Unternehmen deutlich weniger konzentriert. Nach GWB § 18 Abs. 6 Satz 2 liegt eine marktbeherrschende Stellung dann vor, wenn bis zu fünf Unternehmen einen Marktanteil von zwei Drittel einnehmen. Diese Schwelle wird im Durchschnitt für sechs Unternehmen über alle Wirtschaftszweige und jeweils im Durchschnitt in den einzelnen Wirtschaftsbereichen nicht überschritten.[86] Auch wenn sich die absoluten aggregierten Marktanteile des Handels und des Dienstleistungsbereichs auf einem niedrigen Niveau befinden, sind dies die Wirtschaftsbereiche, die seit dem Jahr 2007 einen überproportional hohen Konzentrationsanstieg von 12 Prozent (Handel) bzw. 5 Prozent (Dienstleistungen) aufweisen.

[86] Gleichwohl ist zu beachten, dass die Konzentrationsrate von einer sachlichen und räumlichen Marktabtrennung eines Wirtschaftszweigs ausgeht. Die tatsächliche Marktabgrenzung und die Probleme, die sich im Rahmen der Konzentrationsrate und des Herfindahl-Hirschman-Index ergeben, werden in der Tz. 263 beschrieben.

Abbildung II.31: Durchschnittliche Konzentrationsrate der sechs größten Unternehmen nach Sektoren (2007-2017)

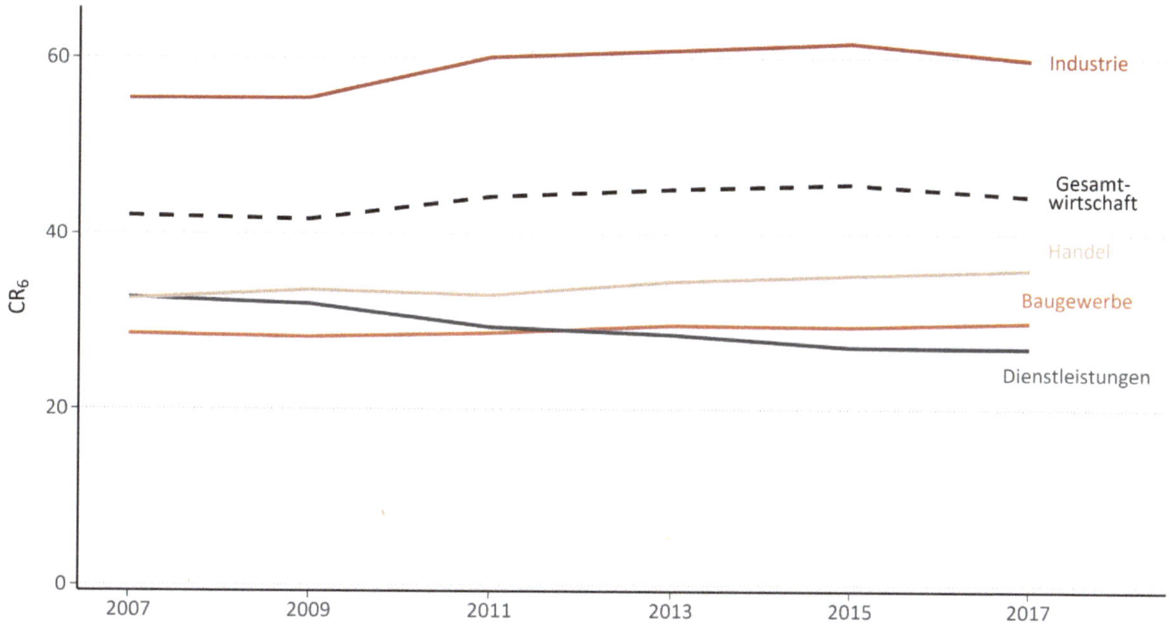

Anm.: Berechnungen auf der Grundlage von Konzentrationsraten der sechs größten Unternehmen für 4-Steller-Wirtschaftszweige nach WZ 2008 unter Berücksichtigung von Unternehmensgruppen; die Kategorie „Industrie" schließt in dieser Abbildung nicht das Baugewerbe ein.

Quelle: Statistisches Bundesamt, Konzentrationsstatistische Sonderaufbereitung im Auftrag der Monopolkommission auf Basis des amtlichen Unternehmensregisters; eigene Berechnungen

2.1.3 Zu möglichen Auswirkungen der Corona-Krise auf die Unternehmenskonzentration

270. Bei der Einschätzung der zukünftigen Entwicklung der Unternehmenskonzentration spielen die erwarteten Auswirkungen der Corona-Krise eine wesentliche Rolle. Für das Jahr 2020 wird ein Rückgang der Wirtschaftsleistung um 6,5 Prozent erwartet.[87] Damit einher gehen eine Zunahme von Unternehmensinsolvenzen verbunden mit vermehrten Unternehmenszusammenschlüssen und möglicherweise geringeren Gründungsanreizen. Deshalb wird in vielen stark von der Krise betroffenen Wirtschaftsbereichen mit einer Zunahme der Unternehmenskonzentration gerechnet.[88]

271. Ein Nachfragerückgang und verschlechterte Finanzierungsmöglichkeiten erhöhen in Rezessionen das Insolvenzrisiko von Unternehmen. Bei der Finanzierung spielt die Bonität von Unternehmen eine wichtige Rolle. Dabei verfügen kleinere Unternehmen zumeist über schlechtere Bonitätsbewertungen als größere[89] Falls dies zu vermehrten Schließungen kleinerer Unternehmen führt, wäre ein Anstieg in der Unternehmenskonzentration die Folge. Branchen mit hohen Anteilen kleiner Unternehmen mit schwacher Bonität sind in Deutschland zum Beispiel die Gastronomie, KFZ-Zulieferer, die chemische Industrie und das Baugewerbe.[90] Aktuelle Zahlen zu angemeldeten Insolvenzverfahren zeigen zwar einen deutlichen Rückgang der Anmeldungen im ersten Quartal 2020 im Vergleich zum Vorjahr, dies ist aber eher auf die Aussetzung der Insolvenzantragspflicht für Unternehmen unter bestimmten Umständen bis zum 30. September 2020 als auf

87 Sachverständigenrat zur Begutachtung der gesamtwirtschaftlichen Entwicklung, Konjunkturprognose 2020 und 2021, 23. Juni 2020.

88 Die größten Kapazitätseinbrüche verzeichneten während der Corona-Schließungen nach Angaben des ifo-Instituts Reisebüros und -veranstalter, die Luftfahrtbranche, das Gastgewerbe, das Gesundheitswesen und die Bereiche Kunst, Unterhaltung und Erholung sowie der Fahrzeugbau. Vgl. Ifo-Institut, Pressemitteilung vom 28. April 2020.

89 ZEW News, Die Corona-Pandemie gefährdet die Existenz vieler Unternehmen in Deutschland, April 2020.

90 Ebenda.

eine tatsächlich geringere Anzahl von Unternehmen mit Zahlungsschwierigkeiten zurückzuführen.[91] Im Mai und Juni haben laut dem Institut für Wirtschaftsforschung Halle Insolvenzen bereits zugenommen. Sie lagen 5,5 und 13 Prozent höher als im jeweiligen Vorjahresmonat und betrafen – wie bereits in der Finanzkrise 2008/2009 – auch größere Unternehmen, wodurch sich Auswirkungen auf den Arbeitsmarkt verstärken.[92]

272. Unternehmenszusammenschlüsse haben ebenfalls direkte Auswirkungen auf die Unternehmenskonzentration und Marktstrukturen. Die Anzahl von Fusionskontrollanmeldungen beim Bundeskartellamt ist in den Monaten April und Mai 2020 im Vergleich zu den Vorjahresmonaten zurückgegangen. Ähnlich wie bei den Insolvenzanmeldungen ist dieser Rückgang vermutlich auf die Verschiebung vieler Anmeldungen zurückzuführen – um die das Bundeskartellamt ausdrücklich gebeten hatte. In den kommenden Monaten wird jedoch mit einer deutlichen Zunahme von Fusionskontrollverfahren gerechnet.[93]

273. Unternehmensgründungen können die konzentrationssteigernden Auswirkungen von Insolvenzen und Zusammenschlüssen kompensieren und sind ein wichtiger Faktor für neue Wettbewerbsimpulse. Allerdings zeigt zum Beispiel die Anzahl gewerblicher Existenzgründungen einen langfristig negativen Trend. Zudem war der Saldo von Gründungen und Liquidationen zuletzt negativ, d. h. die Anzahl von Liquidationen überstieg die der Gründungen.[94] Auch die Gründungsrate beschreibt in Deutschland einen langfristig negativen Trend.[95] Die Gründungsrate ist der Quotient aus der Zahl der Unternehmensgründungen im Berichtszeitraum und der Zahl der im Berichtszeitraum aktiven Unternehmen. Der wissenschaftliche Beirat des Bundesministeriums für Wirtschaft und Energie befürchtet, dass Start-ups durch mangelnde Finanzierungsmöglichkeiten in der Corona-Krise kurzfristig besonders hart getroffen werden könnten und die Gründerkultur in Deutschland nachhaltig Schaden nehmen könnte.[96] Insofern stellt das EUR 2 Mrd. umfassende Hilfspaket der Bundesregierung für Start-ups eine wichtige Maßnahme dar, um die möglichen negativen Effekte auf Neugründungen zu kompensieren. Dennoch bleibt abzuwarten, ob positive Impulse für die Unternehmensgründungen in Deutschland, die einen Anstieg der Konzentration durch Marktaustritte und Zusammenschlüsse kompensieren können, in mehr als lediglich Teilbereichen der Wirtschaft zu beobachten sein werden.[97]

274. Um die potenziellen Auswirkungen der Corona-Krise auf die Unternehmenskonzentration in Deutschland abzuschätzen, kann eine ökonometrische Analyse durchgeführt werden, die es ermöglicht, Änderungen der Konzentration auf konjunkturelle Einflüsse zurückzuführen. So kann mithilfe von Daten vergangener Konjunkturschocks bestimmt werden, in welchem Maße eine Krise die Unternehmenskonzentration verändert. Dazu muss zunächst der Konjunktureinfluss geeignet quantifiziert werden. Zwar liegt es nahe, Veränderungen der wirtschaftlichen Aktivität, beispielsweise den Rückgang von Umsatz oder Wertschöpfung, heranzuziehen, da sie die unmittelbare Auswirkung einer wirtschaftlichen Krise auf einen Wirtschaftszweig widerspiegeln. Dabei würden jedoch insbesondere Markteingriffe des Staates durch Finanzhilfen, Beteiligungen oder regulatorische Erleichterungen unberücksichtigt bleiben, obwohl sie die realwirtschaftlichen Effekte des Konjunkturschocks maßgeblich verringern. Insofern ist es zielführend, den Konjunktureinfluss aus einer Ex-post-Perspektive und sein Ausmaß auf Basis des Marktergebnisses – einschließlich potenziell vorhandener Markteingriffe – zu bewerten. Zu diesem Zweck stellen Insolvenzraten einen geeigneten Indikator dar, da sich in ihnen

[91] Vgl. Pressemitteilung des Statistischen Bundesamtes Nr. 205 vom 8. Juni 2020.

[92] IWH, Pressemeldung vom 5. Juni 2020, IWH-Insolvenztrend: Immer größere Firmen gehen pleite, 8/2020; IWH, Pressemeldung vom 3. Juli 2020, IWH-Insolvenztrend: Weniger Firmenpleiten, aber viel mehr Jobs betroffen, 12/2020.

[93] Vgl. hierzu u. a. auch die Einschätzung des Präsidenten des Bundeskartellamtes: „Kartellamt rechnet mit Übernahmewelle", Süddeutsche Zeitung vom 11. Mai 2020. Darüber hinaus wird zum Beispiel auch in der Baubranche sowie dem gesamten Mittelstand mit einer Konsolidierungswelle gerechnet (vgl. u. a. „In der Bauindustrie geht die Angst vor dem Crash um", Handelsblatt vom 15. Juni 2020 und „Selbst solide Mittelständler geraten in Existenznot", Handelsblatt vom 20. April 2020).

[94] Institut für Mittelstandsforschung (IfM) Bonn, https://www.ifm-bonn.org/fileadmin/data/redaktion/statistik/gruendungen-und-unternehmensschliessungen/dokumente/GewExGr_Li_D_2009-2019.pdf, Abruf am 1. Juli 2020.

[95] Eurostat, https://ec.europa.eu/eurostat/tgm/table.do?tab=table&init=1&language=de&pcode=tin00142&plugin=1, Abruf am 1. Juli 2020.

[96] Wissenschaftlicher Beirat beim Bundesministerium für Wirtschaft und Energie, offener Brief zur Corona-Krise an den Bundesminister für Wirtschaft und Energie vom 24. April 2020.

[97] Zur Einschätzung des Hilfspakets der Bundesregierung für Start-ups vgl. Tz. 31 und Tz. 43.

Entscheidungen von Unternehmen unter Einbezug aller wirtschaftlichen und institutionellen Rahmenbedingungen widerspiegeln. Insolvenzen bilden damit direkt ab, wie stark ein Sektor oder Wirtschaftszweig von der Konjunkturentwicklung betroffen ist.

275. Für einen Vergleich mit dem Konjunkturschock der Corona-Krise bietet sich die globale Finanz- und Wirtschaftskrise zwischen 2008 und 2010 an. Abbildung II.32 zeigt den Verlauf beantragter Unternehmensinsolvenzen seit 2008. Hierbei wird deutlich, dass die Wirtschaftskrise sowohl gesamtwirtschaftlich als auch in einzelnen Wirtschaftsbereichen einen sprunghaften Anstieg der Insolvenzen nach sich zog. Zwar mögen sich Ausmaß und Betroffenheit einzelner Wirtschaftszweige unterscheiden; eine Einschätzung gesamtwirtschaftlicher Auswirkungen lässt der Vergleich der Corona-Krise mit der Finanz- und Wirtschaftskrise dennoch zu. Denn entscheidend ist neben der Größe des Konjunkturschocks vielmehr die Gemeinsamkeit, dass beide Krisen globale Effekte entfalten, die beispielsweise Lieferketten, den internationalen Handel und die Realwirtschaft beeinträchtigen. Gleichwohl gilt es zu berücksichtigen, dass die Konjunktur infolge der Pandemie wesentlich schneller eingebrochen ist als dies zum Ende des Jahres 2008 der Fall war.

Abbildung II.32: Kumulative Insolvenzen nach Sektor (2008-2019)

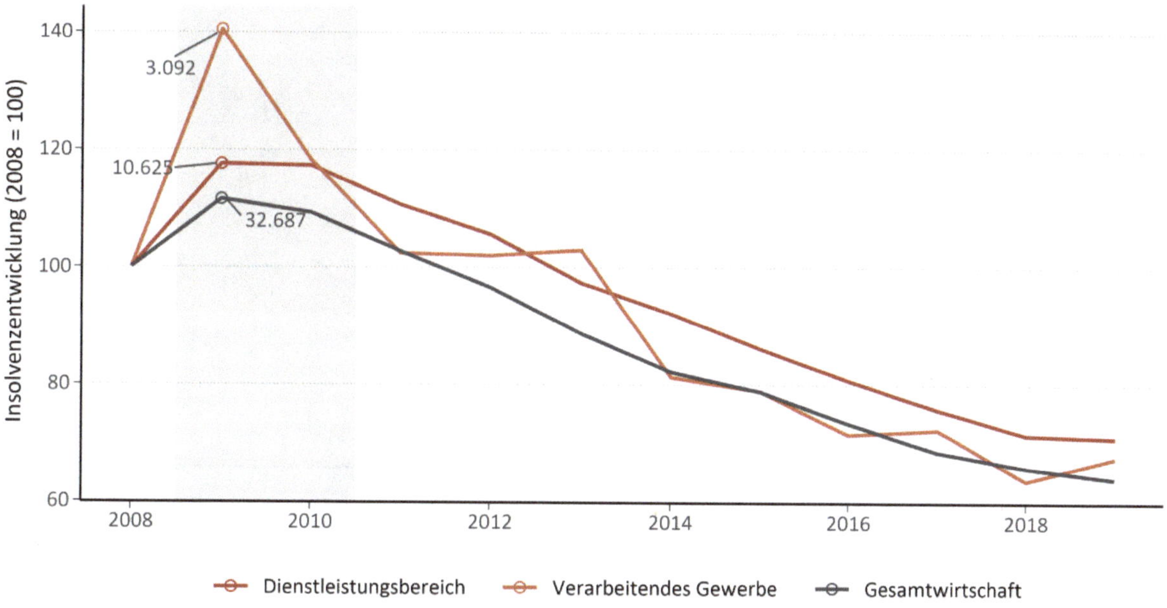

Anm.: Die Anzahl der Insolvenzen werden in Relation zur Zahl im Jahr 2008 abgebildet. Der Krisenzeitraum von Ende 2008 bis Mitte 2010 ist grau eingefärbt. Für jede Zeitreihe ist die absolute Zahl beantragter Insolvenzen zum Höhepunkt der Krise angegeben.

Quelle: Statistisches Bundesamt, Insolvenzverfahren (Unternehmen): Deutschland, Jahre, Beantragte Verfahren, Wirtschaftszweige (5-Steller (Unterklassen)); eigene Berechnungen

276. Um den kausalen Effekt eines Konjunktureinbruchs auf die Entwicklung der Unternehmenskonzentration anhand der Insolvenzen innerhalb eines Wirtschaftszweigs zu bestimmen, wird ein Differenz-in-Differenzen-Ansatz gewählt. Damit werden in quasi-experimenteller Form zwei Gruppen von Wirtschaftszweigen verglichen, die sich annahmegemäß im Durchschnitt einzig darin unterscheiden, ob sie dem Konjunkturschock ausgesetzt waren. Mit Hilfe eines solchen quasi-experimentellen Ansatzes lässt sich der kausale Effekt eines Konjunkturschocks auf die Unternehmenskonzentration isolieren. Zwar ist es fraglich, ob einzelne Wirtschaftszweige in der Kontrollgruppe überhaupt nicht von der Konjunkturentwicklung während der Finanz- und Wirtschaftskrise betroffen waren. Für eine sachgerechte Analyse ist es jedoch ausreichend, die Unterscheidung anhand der Stärke des jeweils erlittenen Konjunkturschocks vorzunehmen. Folglich werden all jene Wirtschaftszweige mit hohen Insolvenzraten verglichen mit Wirtschaftszweigen, deren Insolvenzrate während der Krise nicht stark angestiegen ist.98 Laut Grundannahme des Differenz-in-Differenzen-Ansatzes haben beide Gruppen denselben grundlegenden Trend, d. h. die durchschnittliche Unternehmenskonzentration würde sich über die Zeit parallel entwickeln. Wie Abbildung II.33 zeigt, entsprechen die Trends zwischen 2007 und 2009 dieser Annahme. Der einzige Einfluss – dessen Effektgröße diese Analyse bestimmen soll – ist der Konjunkturschock im Rahmen der Wirtschaftskrise (im grau eingefärbten Bereich der Abbildung). Wären die beiden Gruppen von Wirtschaftszweigen nicht unterschiedlich stark betroffen gewesen, wäre die rote Trendlinie dem gepunkteten kontrafaktischen Trend gefolgt. Aufgrund der Wirtschaftskrise lag in den betroffenen Wirtschaftszweigen die durchschnittliche Unternehmenskonzentration um 10 Prozent höher als dies unter sonst gleichen Umständen zu erwarten gewesen wäre.

Abbildung II.33: Durchschnittliche Umsatzkonzentration in 4-Steller-Wirtschaftszweigen mit hohen und geringen Insolvenzraten (2007-2017)

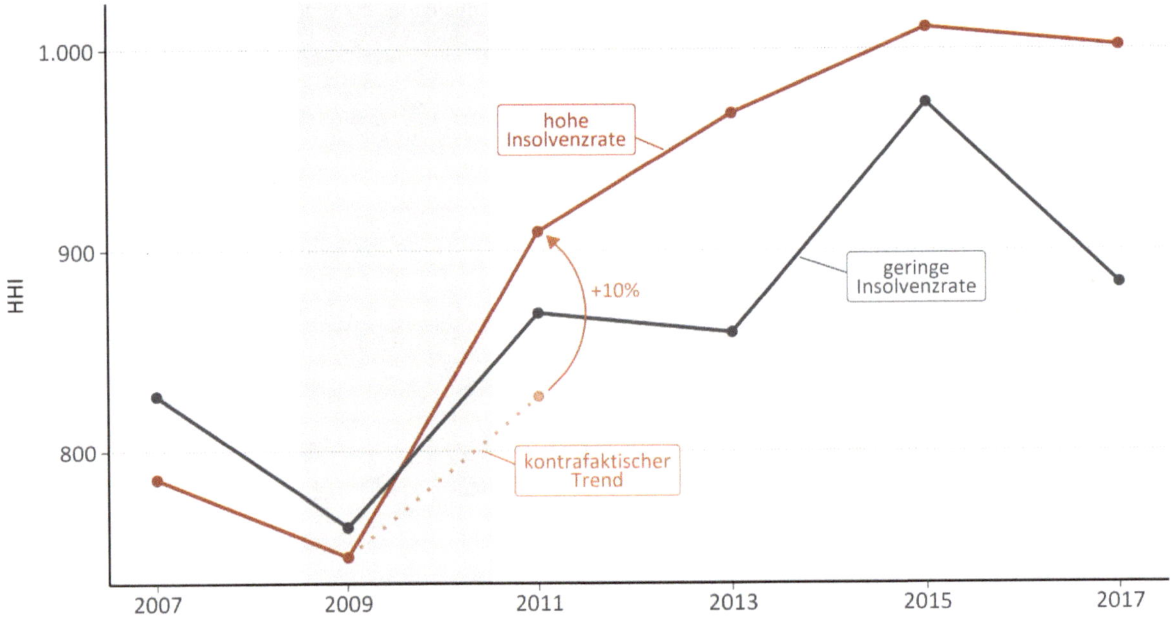

Anm.: Der Krisenzeitraum von Ende 2008 bis Mitte 2010 ist grau eingefärbt. Die Einteilung in Gruppen basiert auf der Stärke des jeweiligen Konjunkturschocks, gemessen an den Insolvenzraten in 4-Steller-Wirtschaftszweigen (vgl. Fn. 98). Abgetragene Werte entsprechen dem umsatzgewichteten Durchschnittswert der 4-Steller-Wirtschaftszweige in der jeweiligen Gruppe. Die gepunktete Linie bildet die kontrafaktische Entwicklung der durchschnittlichen Unternehmenskonzentration in Wirtschaftszweigen mit hohen Insolvenzraten ab, wenn es keine Wirtschaftskrise gegeben hätte.

Quelle: Statistisches Bundesamt, Insolvenzverfahren (Unternehmen): Deutschland, Jahre, Beantragte Verfahren, Wirtschaftszweige (5-Steller (Unterklassen)); Statistisches Bundesamt, Konzentrationsstatistische Sonderaufbereitung im Auftrag der Monopolkommission auf Basis des amtlichen Unternehmensregisters; eigene Berechnungen

277. Mit den Erfahrungen aus der Finanzkrise ist somit zu erwarten, dass auch in der Corona-Krise in stark betroffenen Wirtschaftszweigen deutliche Auswirkungen auf die Unternehmenskonzentration zukommen werden (vgl. auch Abbildung II.28, Entwicklung des gewichteten Mittelwerts zwischen 2007 und 2011). Es ist davon auszugehen, dass die Unternehmenskonzentration in Wirtschaftszweigen, die trotz vereinzelter Staatshilfen einen starken konjunkturellen Einbruch erleben, um durchschnittlich 10 Prozent höher liegen wird als dies ohne die Corona-Krise der Fall sein würde.

98 Zur Bestimmung der Insolvenzraten wurden die absoluten Insolvenzen der Krisenjahre 2009 und 2010 je 4-Steller-Wirtschaftszweig aufsummiert und in Relation gesetzt zur Anzahl der aktiven Unternehmen vor Krisenbeginn im Jahr 2007. Die Gruppenzuordnung basiert auf der Verteilung dieser Insolvenzraten: Die mittleren 10 Prozent zwischen dem 45. und 55. Perzentil wurden von der Analyse ausgeschlossen; der obere Teil der Verteilung bildet die Gruppe „hohe Insolvenzrate", der untere Teil die Gruppe „geringe Insolvenzrate".

278. Die Auswirkungen einer zunehmenden Unternehmenskonzentration auf die tatsächliche Wettbewerbssituation auf Märkten bleiben indes unklar. Insbesondere können Konzentrationssteigerungen die Folge der Realisierung von Größen- und Effizienzvorteilen sein.[99] Der Wettbewerb könnte infolgedessen trotz einer zunehmenden Konzentration sogar intensiver werden.

2.2 Entwicklung von Preisaufschlägen in Deutschland

2.2.1 Preisaufschläge als Marktmachtindikator

279. Neben der Umsatzkonzentration werden im Folgenden unternehmensspezifische Preisaufschläge zur Analyse der sektorübergreifenden Wettbewerbsintensität herangezogen. Ökonomische Preisaufschläge sind Konzentrationskennzahlen insofern konzeptionell überlegen, als sie unmittelbar beim Preisverhalten der Unternehmen ansetzen und nicht abhängig von einer konkreten Marktdefinition sind. Der Interpretation der Preisaufschläge als Marktmachtindikator liegt die Annahme zugrunde, dass ein Unternehmen im vollständigen Wettbewerb seine Produkte zu einem Preis in Höhe seiner Grenzkosten anbietet. Der Preisaufschlag μ_{it} eines Unternehmens i zum Zeitpunkt t ist definiert als das Verhältnis des Preises P_{it} eines Produktes zu dessen Grenzkosten λ_{it}:

$$\mu_{it} = \frac{P_{it}}{\lambda_{it}}$$

Im vollständigen Wettbewerb liegt der Preisaufschlag somit bei $\mu_{it} = 1$. Ist es einem Unternehmen möglich, langfristig einen Preis über seinen Grenzkosten zu erzielen (was ein μ_{it} größer als eins widerspiegelt), dann kann dies unter bestimmten Umständen dahin gehend interpretiert werden, dass dieses Unternehmen über Marktmacht verfügt. Zur Beurteilung der Wettbewerbssituation innerhalb eines Marktes kann der (gewichtete) durchschnittliche Preisaufschlag über alle relevanten Unternehmen herangezogen werden. Je höher der durchschnittliche Preisaufschlag liegt, desto geringer ist die Wettbewerbsintensität.

280. Zur Bestimmung von produktspezifischen Preisaufschlägen sind unternehmensspezifische Informationen zu Preisen und Grenzkosten eines Produktes notwendig. Während Preise in marktspezifischen Analysen unmittelbar erhoben werden können, sind die Grenzkosten eines Unternehmens grundsätzlich unbekannt und erfordern zur Bestimmung eine detaillierte Datenerfassung zum Produktionsprozess. Informationen zu Preisen und Grenzkosten stehen in sektorübergreifenden Analysen, die eine Vielzahl von Branchen erfassen, erst recht nicht in hinreichender Detailtiefe zur Verfügung. Zur sektorübergreifenden Analyse von Preisaufschlägen wird in der jüngeren empirischen Forschungsliteratur daher auf den sogenannten Produktionsansatz zurückgegriffen, der es ermöglicht, auf Basis von Bilanzdaten Preisaufschläge zu ermitteln. Zum Beispiel kann der Preisaufschlag als das Verhältnis der Produktionselastizität θ_{it}^{X} eines variablen Produktionsfaktors X und des Umsatzanteils seiner Kosten bestimmt werden:[100]

$$\mu_{it} = \theta_{it}^{X} \left(\frac{P_{it}^{X^v} X_{it}^{v}}{P_{it} Q_{it}} \right)^{-1}$$

281. Die Produktionselastizität θ_{it}^{X} gibt an, um wie viel Prozent sich die produzierte Menge ändert, wenn die Menge des Produktionsfaktors um 1 Prozent steigt.

282. Während der Umsatzanteil der Kosten eines Produktionsfaktors den Unternehmensdaten direkt entnommen werden kann, ist es notwendig, die Produktionselastizität θ_{it}^{X} ökonometrisch zu bestimmen. Dazu werden Produktionsfunktionen geschätzt, aus denen Produktionselastizitäten einzelner Einsatzfaktoren abgeleitet werden. Eine detaillierte Erklärung der angewandten Methode findet sich in Anhang 3 dieses Gutachtens.

---

[99] Vgl. zur Aussagekraft der Unternehmenskonzentration für die Wettbewerbsintensität auch Abschnitt 2.1.1.

[100] De Loecker, J./Warzynski, F., Markups and Firm Level Export Status, American Economic Review, 102/6(2012), S. 2437-2471, https://doi.org/10.1257/aer.102.6.2437.

2.2.2 Datengrundlage

283. Bei der Bestimmung von Preisaufschlägen sind die Qualität und die Zusammensetzung der zugrunde liegenden Unternehmensdaten für die Interpretation und die Aussagekraft der Ergebnisse entscheidend. Wie in Abschnitt 2.2.1 bereits angesprochen, erfordern jüngere methodische Ansätze detaillierte Daten zum Produktionsprozess auf Unternehmensebene. Dabei lassen sich die von einschlägigen Studien verwendeten Datenquellen zuvorderst nach ihrer Herkunft unterscheiden: Aktuelle Schätzungen von Preisaufschlägen verwenden entweder Erhebungen der amtlichen Statistikbehörden oder Unternehmensdatenbanken privater Anbieter, die größtenteils öffentlich zugängliche Informationen zusammenführen.

284. Unternehmensdatensätze der amtlichen Statistik basieren zumeist entweder auf Vollerhebungen oder auf repräsentativen Zufallsstichproben der relevanten Unternehmen. In Deutschland stellen die Forschungsdatenzentren der Statistischen Ämter des Bundes und der Länder (FDZ) entsprechende Mikrodatensätze zur wissenschaftlichen Nutzung bereit.[101] Für das vorliegende Gutachten sind speziell die Paneldatensätze zu Unternehmen in der Industrie und im Dienstleistungsbereich relevant, womit derzeit rund 54 Prozent der Bruttowertschöpfung in Deutschland abgedeckt sind. Bei den Datensätzen handelt es sich jeweils um geschichtete Zufallsstichproben[102] von Unternehmen in den jeweiligen Sektoren, wodurch die Repräsentativität der Daten auch in Untergruppen gewahrt bleibt und beispielsweise belastbare Auswertungen nach Größenklassen der Unternehmen möglich sind. Die Stichproben werden regelmäßig neu anhand eines Zufallsprozesses bestimmt und umfassen durchschnittlich bis zu 45 Prozent (Produzierendes Gewerbe) bzw. 15 Prozent (Dienstleistungsbereich) aller im amtlichen Unternehmensregister enthaltenen und dem jeweiligen Sektor zugewiesenen Unternehmen.[103]

285. Alternativ zu diesen Mikrodaten der amtlichen Statistik können Unternehmensdatenbanken privater Anbieter (z. B. Bureau Van Dijk[104], Thomson Reuters[105] oder Standard & Poor's[106]), die größtenteils auf öffentlich zugänglichen Jahresabschlüssen basieren, zur Schätzung von Preisaufschlägen genutzt werden.[107] Im Gegensatz zu den Daten der amtlichen Statistik, deren gesetzlicher Auftrag die Anonymisierung von Identifikationsmerkmalen und unter Umständen auch die Geheimhaltung einzelner Informationen vorschreibt, können in den privaten Unternehmensdatenbanken einzelne Unternehmen identifiziert und über einen längeren Zeitraum beobachtet werden, weil diese zumeist nur öffentlich

---

101 Vergleichbare Mikrodaten der amtlichen Statistik werden beispielsweise in Großbritannien vom Office for National Statistics und in den USA vom United States Census Bureau aufbereitet (http://doi.org/10.5255/UKDA-SN-6697-10, https://www.census.gov/programs-surveys/economic-census/about.html, Abruf am 10. Juli 2020).

102 Eine geschichtete Zufallsstichprobe besteht aus einer Grundgesamtheit, die in Untergruppen (sogenannte Schichten) unterteilt wird (z. B. Bundesländer, Wirtschaftszweige oder Beschäftigten- und Umsatzgrößenklassen). Die Schichten werden so festgelegt, dass die gezogenen Elemente innerhalb einer Schicht möglichst homogen sind und zwischen den Untergruppen möglichst große Unterschiede aufweisen. Innerhalb der Schichten werden daraufhin Zufallsstichproben gezogen, die anschließend zu einer gemeinsamen Zufallsstichprobe zusammengefügt werden. Dadurch wird vermieden, dass die gesamte Zufallsstichprobe einseitig viele Elemente aus nur einer Schicht aufweist.

103 Das amtliche Unternehmensregister ist eine auf Verwaltungsdaten basierende Unternehmensdatenbank, die u. a. Informationen zu Umsatz, sozialversicherungspflichtig Beschäftigten und Wirtschaftszweigen von Unternehmen und Betrieben enthält; vgl. Statistisches Bundesamt, Strukturerhebung im Dienstleistungsbereich Qualitätsbericht 2017, S. 7.

104 Der niederländische Anbieter Bureau van Dijk ist ein Tochterunternehmen von Moody's Analytics und verfügt mit seiner Unternehmensdatenbank Orbis über weltweite Unternehmensdaten, die sich aus öffentlich zugänglichen Geschäftsdaten, beispielsweise Handelsbilanzen sowie Gewinn- und Verlustrechnungen, zusammensetzen.

105 Thomson Reuters bietet mit seiner Unternehmensdatenbank Worldscope Global über Daten zu Gewinn- und Verlustrechnungen, Bilanzen, Cashflow-Berichte, finanzwirtschaftliche Kennzahlen und Produktinformationen börsennotierter Unternehmen an.

106 Standard & Poor's verfügt mit der Datenbank Compustat über historische Bilanzdaten, Cashflow-Kennzahlen sowie Gewinn- und Verlustinformationen mit einem Schwerpunkt auf amerikanische börsennotierte Unternehmen.

107 Aktuelle Studien, die Compustat bzw. Orbis verwenden, sind beispielsweise Díez, F./Leigh D./Tambunlertchai S., Global Market Power and Its Macroeconomic Implications. Washington, D.C.: International Monetary Fund, 2018 und Calligaris S./Criscuolo C./Marcolin L., Mark-Ups in the Digital Era, OECD Science, Technology and Industry Working Papers, 25. April 2018. https://doi.org/10.1787/4efe2d25-en.

verfügbare Informationen erfassen.[108] Zudem sind je nach Umfang der Datenbasis auch vergleichende Analysen zwischen Staaten möglich.

286. Trotz der in Teilen größeren Datenmenge privater Unternehmensdatenbanken und der unmittelbaren Vergleichbarkeit mit existierenden Studien zur Entwicklung von Preisaufschlägen in anderen Volkswirtschaften werden für das vorliegende Gutachten die Mikrodaten der amtlichen Statistik verwendet. Die nachfolgenden Ergebnisse in Abschnitt 2.2.4 entstammen Schätzungen auf Basis der beiden amtlichen Firmendatenpanels (AFiD-Panel) „Industrieunternehmen" und „Strukturerhebung im Dienstleistungsbereich", die durch die FDZ zur wissenschaftlichen Nutzung aufbereitet und bereitgestellt werden. Hauptgrund für die Wahl der AFiD-Daten ist ihre Repräsentativität, die durch regelmäßige Stichprobenziehungen aus der Grundgesamtheit aller im jeweiligen Sektor tätigen Unternehmen sichergestellt wird.[109] Dadurch lassen sich auf Basis der geschätzten Preisaufschläge allgemeine Aussagen über sektorale Trends in Deutschland ableiten, ohne die Ergebnisse z. B. auf öffentlich gehandelte Unternehmen einschränken zu müssen. Zudem ermöglicht die Art der Stichprobenziehung eine differenzierte Analyse nach 4-Steller-Wirtschaftszweigen und Unternehmensgrößenklassen, was nicht zuletzt dabei helfen kann, mögliche Ursachen zeitlich und branchenübergreifend variierender Preisaufschläge zu identifizieren.

287. Ein Vergleich zwischen Preisaufschlagschätzungen aus amtlichen Daten mit den Ergebnissen aus privaten Datenbanken kann allerdings auch neue Erkenntnisse bezüglich der potenziellen Aussagekraft dieser in der Forschungsliteratur weitverbreiteten Datensätze liefern. Da bei den privaten Datenbanken größere Unternehmen mit höherer Wahrscheinlichkeit enthalten sind als kleinere Unternehmen, bilden die Daten einen Großteil der nationalen bzw. teilweise auch sektoralen Umsätze ab. Das lässt zunächst darauf schließen, dass die Daten allgemeine wirtschaftliche Zusammenhänge widerspiegeln. Dass gleichzeitig kleine Unternehmen teilweise unterrepräsentiert sind, kann sich jedoch auf die Höhe der sektorübergreifend geschätzten Preisaufschläge auswirken: Mehrere Studien weisen darauf hin, dass unternehmensspezifische Preisaufschläge mit der Unternehmensgröße korrelieren.[110] Noch ist allerdings unklar, ob und in welchem Ausmaß die aus privaten Unternehmensdaten geschätzten Preisaufschläge dadurch verzerrt sind. Insofern können die Ergebnisse dieses Gutachtens als Maßstab dienen. Wenn private und amtliche Daten übereinstimmende Preisaufschläge liefern, ist die mangelnde statistische Repräsentativität privater Datenbanken für diese Schätzungen vernachlässigbar. Falls die Ergebnisse auffällig voneinander abweichen, können Folgeanalysen der amtlichen Daten Hinweise darüber liefern, welchen Einschränkungen die Interpretation privater Daten unterliegt.

288. Die AFiD-Panels bieten über ihre Repräsentativität hinaus in mehrfacher Hinsicht eine hohe Datenqualität. Aufgrund der gesetzlichen Auskunftspflicht der Unternehmen besteht nicht – wie bei gewöhnlichen Umfragen – das Problem geringer Rücklaufquoten.[111] Fehlen dennoch einzelne Werte, werden sie von den FDZ beispielsweise geschätzt. Dadurch ist sichergestellt, dass für die komplette repräsentative Zufallsstichprobe Daten vorliegen. Weiterhin finden in unterschiedlichen Verfahren Plausibilitätskontrollen statt, woraufhin beispielsweise im Falle von Mess- oder Eingabefehlern durch gezielte Rückfragen an die Unternehmen Einzelinformationen korrigiert werden. Diese hohe Qualität der Datensammlung und -aufbereitung hat zur Folge, dass im Vorfeld der im Rahmen dieses Gutachtens durchgeführten Analyse nahezu keine Beobachtungen durch Datenbereinigung verloren gehen.

289. Insgesamt umfassen die hier analysierten Daten knapp 1,6 Millionen Beobachtungen einzelner Unternehmensjahre im Zeitraum 2007 bis 2017. Wie Tabelle II.9 verdeutlicht, stammen davon fast 90 Prozent aus dem Dienstleistungsbereich. Dadurch werden 113 4-Steller-Wirtschaftszweige aus den Abschnitten „Verkehr und Lagerei" (H), „Information und Kommunikation" (J), „Grundstücks- und Wohnungswesen" (L), „Erbringung von freiberuflichen, wissenschaftlichen und technischen Dienstleistungen" (M), „Erbringung von sonstigen wirtschaftlichen Dienstleistungen" (N) und der Abtei-

[108] Die Forschungsdatenzentren weisen beispielsweise aus Gründen des Schutzes von Betriebs- und Geschäftsgeheimnissen keine Einzelwerte aus und zieht in regelmäßigen Abständen eine neue Stichprobe. Damit ist eine Betrachtung einzelner Unternehmen über mehrere Jahre schwer möglich.

[109] Unternehmen mit weniger als 20 Beschäftigten werden in der Industrie nicht berücksichtigt.

[110] Díez, F. J./Fan, J./Villegas-Sánchez C., Global Declining Competition. Washington, D.C.: International Monetary Fund, 2019; van Heuvelen, G. H./Bettendorf, L./Meijerink, G., Estimating Markups in the Netherlands, CPB Background Document, März 2019.

[111] Beispielweise liegt bei der Kostenstrukturerhebung im Produzierenden Gewerbe die Zahl der Antwortausfälle bei etwa 2 Prozent.

lung „Reparatur von Datenverarbeitungsgeräten und Gebrauchsgütern“ (S-95) repräsentativ abgebildet. Bei der Industrie kann zwischen 245 4-Steller-Wirtschaftszweigen unterschieden werden, die alle den Abschnitten „Bergbau und Gewinnung von Steinen und Erden“ (B) oder „Verarbeitendes Gewerbe“ (C) zugeteilt sind. Die Kombination aus einer höheren Zahl an Wirtschaftszweigen und wesentlich geringerer Beobachtungszahl im Industriedatensatz lässt bereits vermuten, dass in einzelnen 4-Steller-Wirtschaftszweigen nur eine geringe Zahl an Unternehmen tätig ist. Zwar ist der Datensatz dabei repräsentativ und spiegelt insbesondere Umsatz, Wertschöpfung und Beschäftigung in den jeweiligen Wirtschaftszweigen wider. Allerdings kann eine geringe Beobachtungszahl in einzelnen Untergruppen zweierlei Effekte haben: Zum einen können aufgrund der FDZ-Geheimhaltungsvorschriften selbst Aggregate nicht ausgewiesen werden, wenn sie auf nur wenigen Einzelwerten beruhen; zum anderen können die ökonometrischen Schätzungen von Produktionsfunktionen nicht verlässlich durchgeführt werden, da sie eine gewisse Mindestanzahl an Beobachtungen voraussetzen, um unverzerrte Ergebnisse zu liefern. Von diesen Einschränkungen sind in Wirtschaftsabschnitt B alle Abteilungen außer „Gewinnung von Steinen und Erden, sonstiger Bergbau“ betroffen sowie die Tabakverarbeitung in Abschnitt C.

290. Anhang 3.2 dieses Kapitels enthält weitere Details zur Aufbereitung der AFiD-Rohdaten. Dazu zählen Angaben über die in den Modellschätzungen verwendeten Merkmale, eine Beschreibung der Deflationierung nominaler Daten einschließlich der dabei verwendeten Deflatoren sowie eine Erklärung, nach welcher Methode unternehmensspezifische Kapitalstöcke berechnet wurden.

Tabelle II.9: Anzahl der Beobachtungen nach Jahr und Datensatz

Jahr	Industrie	Dienstleistungsbereich	Summe
2008	17.304	116.694	133.998
2009	16.735	127.605	144.340
2010	16.226	133.027	149.253
2011	15.766	139.416	155.182
2012	17.148	144.673	161.821
2013	16.639	150.148	166.787
2014	16.187	158.310	174.497
2015	15.646	159.864	175.510
2016	16.969	144.561	161.530
2017	16.425	151.248	167.673
Gesamt	**165.045**	**1.425.546**	**1.590.591**

Quelle: AFiD-Panel Industrieunternehmen 2008–2017 (DOI: 10.21242/42221.2017.00.01.1.1.0); AFiD-Panel Strukturerhebung im Dienstleistungsbereich 2008–2017 (DOI: 10.21242/47415.2017.00.01.1.1.0)

2.2.3 Empirische Methoden

291. Die größte Herausforderung bei der Bestimmung von Preisaufschlägen nach dem Produktionsansatz ist die Schätzung von Produktionsfunktionen, aus denen anschließend Elastizitäten der Einsatzfaktoren abgeleitet werden können. Geschätzte Produktionsfunktionen bilden den Zusammenhang zwischen Einsatzfaktoren und der Ausbringungsmenge ab. Auf Unternehmensebene spielt dabei die jeweilige Produktivität, in der sich beispielsweise spezielles Humankapital, Managementqualität oder die Antizipation von Rüstzeiten widerspiegeln, eine entscheidende Rolle. Die Produktivität ist unternehmensintern bekannt und beeinflusst dadurch stets Entscheidungen über Faktoreinsatzmengen. In den erfassten Daten zum Produktionsprozess findet sich allerdings kein Maß für die unternehmensspezifische Produktivität, sodass bei der rückblickenden Analyse zufällige Schocks nicht von diesem einflussreichen Faktor unterschieden werden können.

Dieser Umstand ist in der Forschungsliteratur u. a. als Simultanitätsproblem bekannt und Gegenstand methodenorientierter Forschung.[112]

292. Dem aktuellen Forschungsstand folgend wird bei den Schätzungen für dieses Gutachten ein sogenannter Kontrollfunktionsansatz verwendet.[113] Dabei läuft die Schätzung der exakten Produktionsfunktion unter Annahme eines Zusammenhangs zwischen der Produktivität und einem vollständig flexiblen Einsatzfaktor zweistufig ab: Zunächst werden unsystematische Schocks von der erwarteten Produktionsleistung getrennt und erst anschließend wird die Produktivität gemeinsam mit den Koeffizienten der einzelnen Einsatzfaktoren bestimmt. Die Identifikationsstrategie dieses Ansatzes wird detailliert in Anhang 3.1.2 beschrieben.

293. Neben dem Simultanitätsproblem bestehen weitere ökonometrische Herausforderungen bei der Schätzung von Preisaufschlägen, da hierbei Annahmen (i) zur funktionalen Form der Produktionsfunktion, (ii) zur verwendeten Produktionstechnologie und damit teilweise zusammenhängend Entscheidungen über (iii) den variablen Einsatzfaktor, mit dessen Hilfe der Preisaufschlag bestimmt wird, sowie schließlich (iv) über die Verbreitung und den zeitlichen Wandel einer bestimmten Technologie getroffen werden müssen. In der empirischen Forschung können drei gängige Ansätze unterschieden werden, um die Produktionstechnologie zu beschreiben: Eine Schätzung der Bruttoproduktion erklärt die gesamte Produktionsmenge mithilfe der Einsatzfaktoren Arbeit, Kapital und der eingesetzten Vorprodukte. Alternativ kann die Produktionsmenge nur mithilfe von Kapital und Arbeit erklärt werden: Damit verbunden ist die Annahme, dass die benötigte Menge an Vorprodukten als perfektes Komplement bereits durch den Einsatz der beiden anderen Faktoren bestimmt wird. Dieser Ansatz wird auch als struktureller Wertschöpfungsansatz („structural value added approach") bezeichnet. Als Drittes wird im Rahmen eines eingeschränkten Wertschöpfungsansatzes („restricted value added approach") lediglich der Mehrwert, d. h. die von Vorleistungen bereinigte Bruttoproduktion, durch den Kapital- und Arbeitseinsatz erklärt. Für jede dieser Technologiearten muss jeweils der funktionale Zusammenhang von produzierten Gütern und eingesetzten Faktoren spezifiziert werden. Üblicherweise werden dazu Cobb-Douglas- oder Translog-Produktionsfunktionen verwendet.[114]

294. Bestehende empirische Studien zu Preisaufschlägen schätzen meist mehrere dieser Technologie- und Funktionsvarianten und vergleichen die Ergebnisse. Dabei zeigt sich, dass der eingeschränkte Wertschöpfungsansatz zu vergleichsweise hohen absoluten Preisaufschlägen führt.[115] Dies gilt insbesondere dann, wenn eine Cobb-Douglas-Produktionsfunktion verwendet wird. Eine Schätzung der strukturellen Wertschöpfung bietet dagegen bei einer Cobb-Douglas-Produktionsfunktion und bei einer Translog-Produktionsfunktion Preisaufschläge in einer vergleichbaren und moderaten Höhe und liefert damit plausible Ergebnisse. Der Bruttoproduktionsansatz führt vor allem unter Verwendung einer Translog-Produktionsfunktion zu Preisaufschlägen, deren absolute Höhe vergleichsweise hoch ist.[116]

295. Grundsätzlich empfiehlt es sich daher, die Robustheit von Ergebnissen durch den Vergleich mehrerer Modellvarianten zu überprüfen. Deshalb wurden für das vorliegende Gutachten die in der Literatur gängigen Kombinationen von Varianten geschätzt.

---

112 Die Beschreibung des Simultanitätsproblem reicht zurück bis zum Jahr 1944 (Marschak, J./Andrews, W. H., Random Simultaneous Equations and the Theory of Production, Econometrica 12(3/4), 1944, S. 143–205, https://doi.org/10.2307/1905432) und beschäftigt seitdem die quantitative Forschung (vgl. beispielsweise Gandhi, A./Navarro, S./Rivers, D. A., On the Identification of Gross Output Production Functions, Journal of Political Economy, im Erscheinen, 2019, https://doi.org/10.1086/707736).

113 Der Ansatz geht zurück auf Olley, G. S./Pakes, A., The dynamics of productivity in the telecommunications equipment industry, Econometrica 64(6), 1996, S. 1263–97 und wurde seitdem weiterentwickelt (z. B. Levinsohn, J./Petrin, A., Estimating Production Functions Using Inputs to Control for Unobservables, The Review of Economic Studies 70(2), 2003, S. 317–41, https://doi.org/10.1111/1467-937X.00246; Ackerberg, D. A./Caves, K./Frazer, G., Identification Properties of Recent Production Function Estimators, Econometrica 83(6), 2015, S. 2411–51, https://doi.org/10.3982/ECTA13408).

114 Die Cobb-Douglas-Produktionsfunktion und die Translog-Produktionsfunktion werden im Anhang 3.1.2, Tz. 287 näher erläutert.

115 De Loecker, J./Scott, P., Estimating market power – Evidence from the US Brewing Industry, NBER Working paper 22957, Dezember 2016, S. 29.

116 Ebenda.

2.2.4 Preisaufschläge steigen in der Industrie und sinken bei den Dienstleistungen

296. Die ökonometrischen Schätzungen liefern jährliche Preisaufschläge auf Unternehmensebene. Um ihren Trend für einzelne Wirtschaftsbereiche nachzuvollziehen, werden sie zu sektoralen Aggregaten μ_{st} zusammengefasst, die gemäß

$$\mu_{st} = \sum_{i \in s} \frac{Y_{it}}{\sum_{i \in s} Y_{it}} \mu_{it}$$

alle Unternehmen i im Sektor s anhand ihres jeweiligen Umsatzes Y_{it} gewichten. Demgegenüber kann das einfache (arithmetische) Mittel aller unternehmenseigenen Preisaufschläge eines Sektors die Entwicklung eines hypothetischen Durchschnittsunternehmens veranschaulichen.

297. Ähnlich der sektoralen Entwicklung der Umsatzkonzentration weisen die aggregierten Preisaufschläge von Industrie und Dienstleistungsbereich gegenläufige Trends auf. Während in der Industrie zwischen 2008 und 2017 der gewichtete durchschnittliche Preisaufschlag um 17 Prozent angestiegen ist, sank er bei den Dienstleistungen im selben Zeitraum um gut 14 Prozent (vgl. Abbildung II.34).

Abbildung II.34: Durchschnittliche Preisaufschläge nach Wirtschaftsbereich (2008-2017)

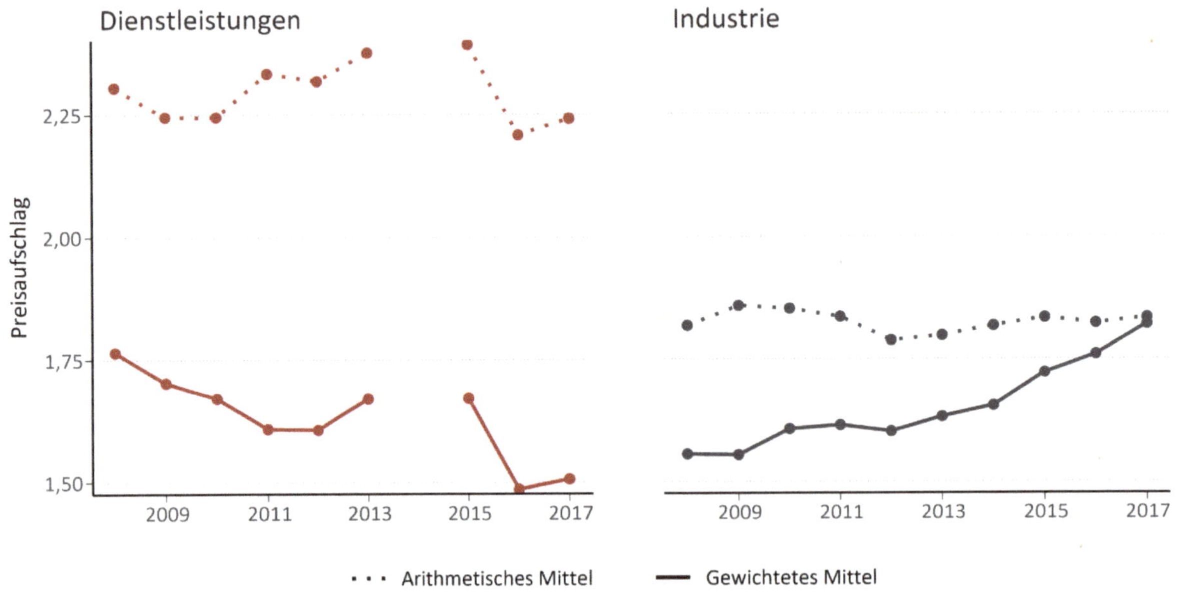

Anm.: Die Schätzungen beruhen auf einem strukturellen Wertschöpfungsansatz mit wirtschaftsabteilungsspezifischer Cobb-Douglas-Produktionsfunktion. Geschätzte Preisaufschläge wurden um Ausreißer bereinigt (oberes und unteres Perzentil). Für das gewichtete Mittel wurden die unternehmensspezifischen Preisaufschläge mit dem jeweiligen Jahresumsatz gewichtet. Die Werte des Jahres 2014 im Dienstleistungsbereich wurden vom Forschungsdatenzentrum aus Gründen der statistischen Geheimhaltung gesperrt.

Quelle: Eigene Berechnungen basierend auf AFiD-Panel Industrieunternehmen 2008-2017 (DOI:10.21242/42221.2017.00.01.1.1.0) und AFiD-Panel Strukturerhebung im Dienstleistungsbereich 2008-2017 (DOI: 10.21242/47415.2017.00.01.1.1.0)

298. In der Industrie lag der aggregierte Preisaufschlag zu Beginn des Analysezeitraums gut 25 Prozentpunkte unter dem eines hypothetischen Durchschnittsunternehmens (abgebildet im arithmetischen Mittel aller Preisaufschläge), was den Schluss nahelegt, dass hohe Preisaufschläge häufiger von kleineren, umsatzschwächeren Unternehmen erzielt wurden. Dass diese Differenz zwischen Durchschnittsunternehmen und Sektoraggregat im Zeitverlauf stetig gesunken ist und im Jahr 2017 nur etwa einen Prozentpunkt betrug, kann zwei unterschiedliche Ursachen haben: Zum einen ist es möglich, dass kleine Unternehmen, die bereits hohe Preisaufschläge erzielten, ihre Marktanteile ausbauen konnten; zum anderen könnten einzelne Unternehmen mit hohen Umsätzen ihre Preisaufschläge vergrößert haben. Die Ergebnisse einer Untersuchung der Entwicklung von Preisaufschlägen in der deutschen Industrie auf Grundlage von Unternehmen, die über den gesamten Zeitraum 2005 bis 2013 in der Stichprobe enthalten sind (balanciertes Panel), ergibt keinen deutlichen Anstieg durchschnittlicher Preisaufschläge.[117] Dies kann als Hinweis darauf gewertet werden, dass die hier beschriebenen ansteigenden Durchschnittspreisaufschläge eher auf eine Umverteilung der Umsätze zwischen Unternehmen der Industrie – wie zum Beispiel unternehmensdemografische Effekte – zurückzuführen sind als auf stark angestiegene Preisaufschläge einzelner Unternehmen.

299. Das schnellere Wachstum des sektoral durchschnittlichen Preisaufschlags im Vergleich zu dem eines durchschnittlichen Unternehmens bietet empirische Hinweise für die in der jüngsten Forschungsliteratur untersuchte Hypothese, dass „Superstar-Unternehmen" in konzentrierten Märkten durch hohe Produktivität und hohe Preisaufschläge zunehmend den Wettbewerb dominieren.[118] Im Gegensatz zu Ergebnissen empirischer Studien zur US-Wirtschaft lag in der deutschen Industrie der gewichtete Durchschnittspreisaufschlag im Untersuchungszeitraum stets unter dem arithmetischen Mittel, was grundsätzlich gegen eine vorherrschende Dominanz großer Unternehmen spricht. Dennoch sollte die Wachstumsdifferenz zwischen sektoralem Durchschnitt und Durchschnittsunternehmen als Anlass genommen werden, den Trend im Industriebereich weiterhin zu beobachten.

300. Bei Dienstleistungsunternehmen liegt das arithmetische Mittel der Preisaufschläge ebenfalls über dem sektoralen gewichteten Durchschnitt und zeugt von hohen Preisaufschlägen bei überwiegend kleinen Unternehmen. Anders als bei der Industrie ist im Dienstleistungsbereich allerdings ein Auseinanderdriften der beiden Kennzahlen zu beobachten, d. h. Preisaufschläge umsatzstarker Unternehmen sind in überdurchschnittlichem Maße zurückgegangen.

301. Sektorale Unterschiede zwischen Industrie und Dienstleistungen werden auch in anderen Untersuchungen zur Marktmacht gefunden. So steigt zum Beispiel die Unternehmenskonzentration im Bereich nicht-finanzieller Dienstleistungen in Nordamerika deutlich steiler an als dies für die Industrie der Fall ist. In Europa scheint dies jedoch nicht der Fall zu sein.[119] Grundsätzlich werden im Dienstleistungsbereich regelmäßig absolut höhere Preisaufschläge beobachtet, was möglicherweise auf einen stärker ausgeprägten internationalen Wettbewerbsdruck in der Industrie und auf in räumlicher Hinsicht oft kleinere Märkte für Dienstleistungen zurückzuführen ist.[120] Auch die gegenläufige Entwicklung der Durchschnittspreisaufschläge von Industrie und Dienstleistungen bzw. eine ausgeprägtere Rolle sinkender Preisaufschläge im Dienstleistungsbereich wird beispielsweise in einer Studie für die Niederlande beobachtet.[121]

302. Bezüglich der zeitlichen Entwicklung von Preisaufschlägen ist der im vorliegenden Gutachten beobachtete Anstieg im Industriesektor konsistent mit den Ergebnissen anderer Studien mit Fokus auf Deutschland. Beispielsweise sehen die Autoren einer Studie im Auftrag der Bertelsmann Stiftung einen etwa zehnprozentigen Anstieg der Preisaufschläge im Industriebereich.[122] Auch unter Berücksichtigung alternativer Modellvarianten liegt die Untergrenze des Anstiegs bei rund 5,2 Prozent (vgl. Abbildung II.35). Der Rückgang bei den Dienstleistungen fällt in anderen ökonometrischen Spezifikationen ebenfalls moderater aus. Laut Schätzungen nach Bruttoproduktionsansatz und unter Verwendung einer Translog-Produktionsfunktion ist ein leichter Anstieg um 3,7 Prozent zu beobachten. Die übrigen Schätzungen weisen jedoch auf einen Rückgang zwischen 5 und 14 Prozent hin. Auffällig ist, dass in beiden Sektoren die Änderung von Preisaufschlägen am geringsten ist, wenn zur Schätzung Vorprodukte und eine flexible Translog-Funktion verwendet werden.

117 Weche, J./Wagner, J., Markups and concentration in the context of digitization: Evidence from German manufacturing industries, 2020, University of Lüneburg Working Paper Series in Economics, Nr. 391, Juli 2020.

118 Autor, D. u. a., The Fall of the Labor Share and the Rise of Superstar Firms, a. a. O.

119 Bajgar, M. u. a., Industry Concentration in Europe and North America, OECD Productivity Working Papers, 2019–18, OECD Publishing, 2019, Paris.

120 Christopoulou, R./Vermeulen, P., Markups in the euro area and the US over the period 1981-2004: a comparison of 50 sectors, ECB, 2008, Working Paper 856.

121 van Heuvelen, G. H./Bettendorf, L./Meijerink, G., Estimating Markups in the Netherlands, a. a. O.

122 Ganglmair, B. u. a., Price Markups, Innovation, and Productivity: Evidence from Germany, a. a. O. Auch Gibbon und Schain schätzen für den europäischen Durchschnitt einen Anstieg um 10 Prozent im selben Zeitraum (Gibbon, A. J./Schain, J. P., Rising markups, common ownership, and technological capacities, DICE Discussion Paper 340, 2020).

Abbildung II.35: Vergleich von Modellspezifikationen nach Wirtschaftsbereich (2008-2017)

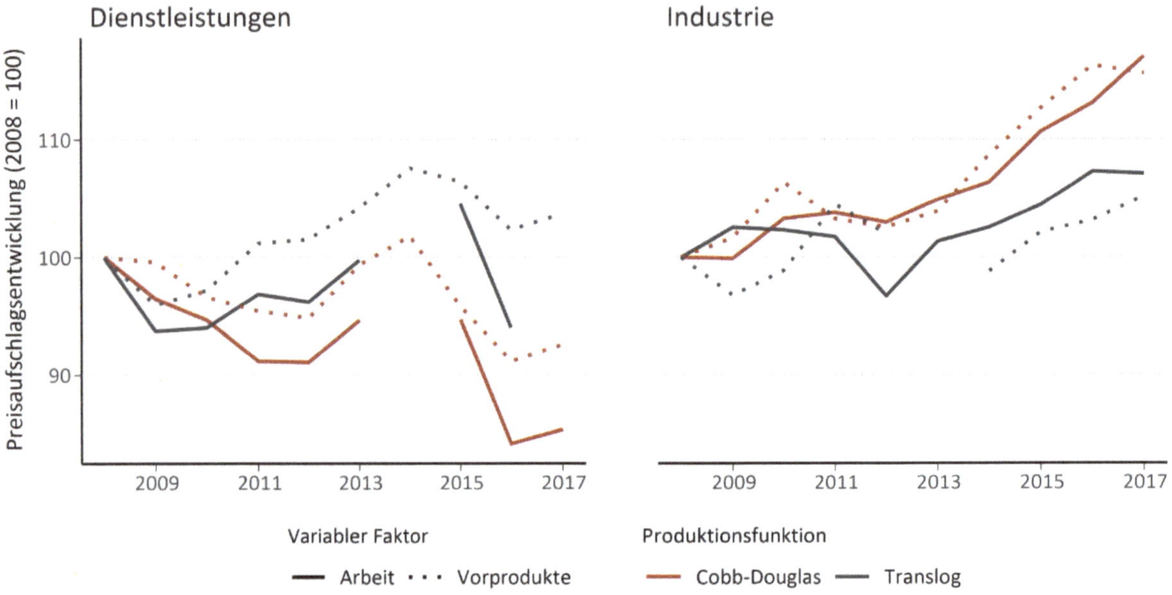

Anm.: Preisaufschläge, die über die Outputelastizität des Faktors Arbeit geschätzt wurden, basieren auf einem strukturellen Wertschöpfungsansatz; für die Schätzung mit Vorprodukten wurde ein Bruttoproduktionsansatz verwendet. Geschätzte Preisaufschläge wurden um Ausreißer bereinigt (oberes und unteres Perzentil) und mit dem unternehmenseigenen Jahresumsatz gewichtet. Fehlende Einzelwerte wurden vom Forschungsdatenzentrum aus Gründen der statistischen Geheimhaltung gesperrt.

Quelle: Eigene Berechnungen basierend auf AFiD-Panel Industrieunternehmen 2008-2017 (DOI:10.21242/42221.2017.00.01.1.1.0) und AFiD-Panel Strukturerhebung im Dienstleistungsbereich 2008-2017 (DOI: 10.21242/47415.2017.00.01.1.1.0)

303. Die absolute Höhe des Preisaufschlags im Industriebereich in Abbildung II.34 unterscheidet sich von den Ergebnissen vergleichbarer Studien zu Deutschland. Beispielsweise schätzen Ganglmair u. a. den Preisaufschlag im Industriebereich 2016 auf etwa 45 Prozent, wohingegen er nach den hier präsentierten Berechnungen bei rund 75 Prozent liegt.[123] Beiden Schätzungen liegt ein struktureller Wertschöpfungsansatz mit Cobb-Douglas-Produktionsfunktion zugrunde. Ein möglicherweise entscheidender Unterschied liegt in der Verwendung amtlicher Unternehmensstatistiken im vorliegenden Gutachten, die aufgrund ihrer Repräsentativität auch eine Vielzahl kleiner Unternehmen umfassen.[124] Wie die Differenz von arithmetischem und umsatzgewichtetem Mittel der Preisaufschläge zeigt, weisen kleine Unternehmen überdurchschnittlich hohe Preisaufschläge auf. Wenn private Unternehmensdatenbanken Informationen über kleine Unternehmen mit einer systematisch geringeren Wahrscheinlichkeit enthalten, ist darin eine Ursache für Unterschiede in der Höhe geschätzter Preisaufschläge zu sehen. Im Dienstleistungsbereich entspricht der Preisaufschlag von durchschnittlich 50 bis 75 Prozent dem Ergebnis von Ganglmair u. a.

[123] Ganglmair, B. u. a., Price Markups, Innovation, and Productivity: Evidence from Germany, a. a. O., S. 20.

[124] Vgl. diesbezüglich Abschnitt 2.2.2 und insbesondere Tz. 287.

Abbildung II.36: Kumulative Entwicklung von Perzentilen der Preisaufschlagsverteilung (2008-2017)

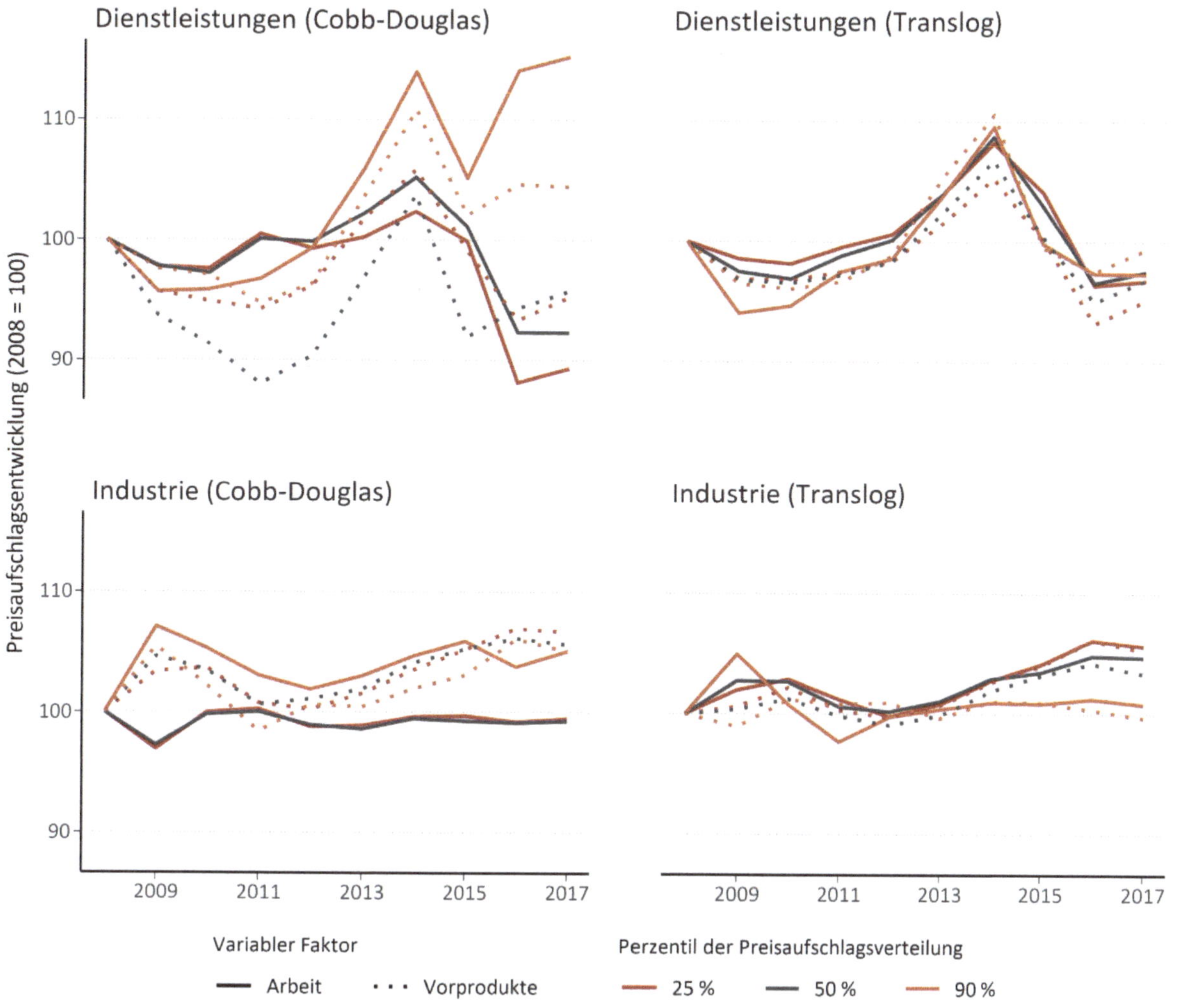

Anm.: Preisaufschläge, die über die Outputelastizität des Faktors Arbeit geschätzt wurden, basieren auf einem strukturellen Wertschöpfungsansatz; für die Schätzung mit Vorprodukten wurde ein Bruttoproduktionsansatz verwendet. Geschätzte Preisaufschläge wurden um Ausreißer bereinigt (oberes und unteres Perzentil).

Quelle: Eigene Berechnungen basierend auf AFiD-Panel Industrieunternehmen 2008-2017 (DOI:10.21242/42221.2017.00.01.1.1.0) und AFiD-Panel Strukturerhebung im Dienstleistungsbereich 2008-2017 (DOI: 10.21242/47415.2017.00.01.1.1.0)

304. Um die zeitliche Entwicklung von Preisaufschlägen umfassend zu beurteilen, sind nicht nur (gewichtete) Durchschnitte, sondern auch die Verteilung von Preisaufschlägen im gesamten Sektor in die Analyse miteinzubeziehen. Dadurch kann beispielsweise identifiziert werden, ob Trends von Teilgruppen der Unternehmen getrieben werden, die besonders hohe oder niedrige Preisaufschläge aufweisen. Zu diesem Zweck stellt Abbildung II.36 den Verlauf ausgewählter Perzentile der Preisaufschlagsverteilung im Dienstleistungsbereich und in der Industrie dar. Darin zeigt sich vor allem, dass die gesamte Verteilung in beiden Sektoren überwiegend gleichförmige Trends aufweist. Unabhängig von der modellierten Technologie, d. h. sowohl unter Nutzung eines Bruttoproduktionsansatzes, dessen Preisaufschläge auf dem Vorprodukteinsatz basieren, als auch bei einer Schätzung über Arbeit in einem strukturellen Wertschöpfungsansatz, verlaufen Preisaufschläge im unteren Quartil, im Median sowie im obersten Dezil weitestgehend parallel. Insbesondere lässt sich kein eindeutiger überproportionaler Anstieg am oberen Ende der Verteilung beobachten, der auf eine Zunahme von Preisaufschlägen von Unternehmen hindeuten könnte, die ohnehin über vergleichsweise hohe Preisaufschläge verfügen oder zumindest auf ein Auseinanderdriften der Preisaufschläge innerhalb des Wirtschaftsbereichs. Allerdings gilt hier zu beachten, dass es sich um die Betrachtung einer ungewichteten Verteilung handelt, die eine andere Interpretation erfordert als die Berücksichtigung einer gewichteten Verteilung. Bei der Betrachtung einer gewichteten Verteilung werden die Ergebnisse von großen Unternehmen getrieben, was eine überproportionale Entwicklung von Preisaufschlägen kleinerer Unternehmen verdecken könnte.

2.3 Zusammenfassung der sektorübergreifenden Marktmachtentwicklung

305. Zusammenfassend lässt sich festhalten, dass sich die sektorübergreifende Unternehmenskonzentration in Deutschland im Zeitraum 2007 bis 2015 weitgehend konstant entwickelt hat und allenfalls ein leichter Aufwärtstrend zu verzeichnen ist. Zwischen den Jahren 2015 und 2017 kann jedoch in einigen Wirtschaftsbereichen zuletzt eine steigende Konzentration festgestellt werden. Zudem lässt sich ein überproportionaler Konzentrationsanstieg in Wirtschaftsbereichen am oberen Ende der Verteilung beobachten. Die sektorale Analyse ergibt einen deutlichen Anstieg der Konzentration in den Bereichen Dienstleistungen und Baugewerbe von zuletzt 17,1 Prozent bzw. 10,3 Prozent (2015–2017). In der Industrie hat sich die Konzentration im selben Zeitraum dagegen um durchschnittlich 8,3 Prozent verringert; der Handel blieb nahezu unverändert. Eine Interpretation der Ergebnisse zur Unternehmenskonzentration muss dabei vor dem Hintergrund einer begrenzten Aussagekraft für tatsächliche Wettbewerbsverhältnisse erfolgen. Die Ergebnisse können daher vor allem Hinweise auf ein wettbewerbliches Risikopotenzial einzelner Wirtschaftsbereiche liefern.

306. Vor dem Hintergrund der Corona-Krise ist davon auszugehen, dass der konjunkturelle Einbruch in einzelnen stark betroffenen Wirtschaftszweigen mittelfristig zu einem Anstieg der Unternehmenskonzentration führen wird. Vergleichbare wirtschaftliche Entwicklungen haben im Zuge der Finanz- und Wirtschaftskrise der Jahre 2008 bis 2010 die Konzentration einzelner Wirtschaftszweige um durchschnittlich 10 Prozent erhöht. Unklar bleibt jedoch, wie sich ein derartiger Konzentrationsanstieg auf die tatsächliche Wettbewerbssituation auf einzelnen Märkten auswirkt, da er Folge der Realisierung von Größen- und Effizienzvorteilen sein kann und damit potenziell die durchschnittliche Produktivität erhöht.

307. Eine Analyse der sektorübergreifenden Entwicklung von Preisaufschlägen auf Grundlage repräsentativer Unternehmensdaten der amtlichen Statistik ergibt einen durchschnittlichen Anstieg in der Industrie seit 2008. Der umsatzgewichtete durchschnittliche Preisaufschlag ist in der Industrie zwischen 2008 und 2017 um 17 Prozent angestiegen. Damit ist der im vorliegenden Gutachten beobachtete Anstieg in der Industrie konsistent mit den Ergebnissen anderer Studien mit Fokus auf Deutschland. Im Gegensatz zu Ergebnissen empirischer Studien zur US-Wirtschaft lag in der deutschen Industrie der gewichtete Durchschnittspreisaufschlag im Untersuchungszeitraum stets unter dem arithmetischen Mittel, was grundsätzlich gegen eine vorherrschende Dominanz großer Unternehmen spricht. Dennoch sollte die Wachstumsdifferenz zwischen sektoralem Durchschnitt und Durchschnittsunternehmen als Anlass genommen werden, den Trend im Industriebereich weiterhin zu beobachten. Im Dienstleistungssektor weisen die Ergebnisse dagegen auf ein Sinken des gewichteten Durchschnittspreisaufschlages im selben Zeitraum um gut 14 Prozent hin. Die Bedeutung stark sinkender Preisaufschläge bei Dienstleistungen wird zum Beispiel auch in den Niederlanden beobachtet.[125] Nichtsdestotrotz besteht insbesondere für den besonders heterogenen Dienstleistungssektor weiterer Forschungsbedarf zur Entwicklung von Preisaufschlägen.

308. Grundsätzlicher Forschungsbedarf besteht auch weiterhin vor allem zur Klärung der Ursache ansteigender Preisaufschläge. Entgegen der weitverbreiteten Interpretation geschätzter Preisaufschläge als Indikator für Preissetzungsspielräume aufgrund der Marktmacht von Anbietern, könnten steigende Preisaufschläge zum Beispiel auch zur Finanzierung eines steigenden Fixkostenanteils in der Produktion benötigt werden.[126] Hohe Preisaufschläge und auch ein ansteigender intersektoraler durchschnittlicher Preisaufschlag würden dann nicht auf ein mögliches Marktmachtproblem hindeuten, sondern allenfalls auf steigende Markteintrittshürden aufgrund steigender Fixkosten.

125 van Heuvelen, G. H./Bettendorf, L./Meijerink, G., Estimating Markups in the Netherlands, a. a. O.

126 Vgl. u. a. Traina, J., Is aggregate market power increasing? Production trends using financial statements, 2018, University of Chicago Booth School of Business Working Paper 17.

Kapitel III

Würdigung der kartellrechtlichen Entscheidungspraxis

Kurz gefasst

In Kapitel III entwickelt die Monopolkommission auf der Grundlage der deutschen und europäischen kartellrechtlichen Entscheidungspraxis im Berichtszeitraum Handlungsempfehlungen an Gesetzgeber und Kartellbehörden.

Die Monopolkommission pflichtet der durch den Bundesgerichtshof (BGH) vorgenommenen **Marktabgrenzung bei Werbeblockern** bei. Sie weist jedoch darauf hin, dass im Rahmen der Bestimmung der marktbeherrschenden Stellung **alle Wettbewerbskräfte unter Berücksichtigung aller relevanter Marktteilnehmer** und der zwischen ihnen auftretenden Netzwerkeffekte auf den zugrundeliegenden zweiseitigen Märkten zu **erfassen** sind.

In ihrer Analyse des von der Europäischen Kommission entschiedenen **Falls „Google Android"** kommt die Monopolkommission zu dem Ergebnis, dass den Wettbewerbsbehörden mit Art. **102 AEUV ein wirksames kartellrechtliches Instrument** zur Verfügung steht. Aus Sicht der Monopolkommission verdeutlicht der Fall jedoch, dass Abhilfemaßnahmen, welche die Abstellung eines missbräuchlichen Verhaltens verfügen, ohne wettbewerbliche Wirkung bleiben dürften, sofern die Marktstruktur bereits geschädigt ist.

Aus Sicht der Monopolkommission beachten die deutschen Behörden und Gerichte zu wenig die **Vorgaben des Unionsrechts**, die eine einheitliche Rechtsanwendung sicherstellen sollen. Insbesondere die letztinstanzlichen Gerichte sind in der Verantwortung dafür, dass solchen Fehlentwicklungen vorgebeugt wird.

Das Bundeskartellamt hat Lockerungen der individuellen **Werbemöglichkeiten bei Olympischen Spielen** erzielt, seine Entscheidung jedoch auf deutsche Athleten beschränkt. Die Monopolkommission hält es für geboten, dass die Wettbewerbsbehörden in solchen Fällen **jedenfalls unionsweit für gleiche Bedingungen sorgen**. Hier kann ein Tätigwerden seitens der Europäischen Kommission angezeigt sein. Diese sollte auch prüfen, ob der Erlass von Leitlinien für die Anwendung des EU-Wettbewerbsrechts auf den Sportsektor in Betracht kommt.

Das Bundeskartellamt hat den gemeinsamen **Ausbau von Glasfaseranschlussnetzen** durch Deutsche Telekom und EWE in Nordwestdeutschland genehmigt. Die Monopolkommission kommt zu dem Schluss, dass die angenommenen Zusagen grundsätzlich geeignet sind, den mit der Gründung des Gemeinschaftsunternehmens einhergehenden Einschränkungen des Wettbewerbs entgegenzuwirken. Sie spricht sich jedoch dafür aus, zukünftig bei ähnlich gelagerten Fällen dahin gehende Zusagen zu erwirken, dass **solche Gebiete, die auch ohne Kooperation erschließbar sind, von der Kooperation ausgenommen werden**.

In Bezug auf die **zentrale Vermarktung der Fußball-Bundesliga** hat das Bundeskartellamt das Vermarktungsmodell der Übertragungsrechte für die Spielzeiten ab 2021/2022 auf Basis vorläufiger Ermittlungen gebilligt. Allerdings wird in der Entscheidung der **eingeschränkte Preiswettbewerb** nicht hinreichend thematisiert. Es ist zu empfehlen, dass die **ökonomischen Auswirkungen der Zentralvermarktung** insgesamt systematischer erfasst werden.

Angesichts der unterschiedlichen Beurteilung von Bestpreisklauseln in der Europäischen Union sollte eine Vorlage an den Europäischen Gerichtshof (EuGH) erfolgen, sofern im Fall „Booking.com" Rechtsbeschwerde beim BGH eingelegt wird. In Bezug auf die von **engen Bestpreisklauseln** ausgehenden Wettbewerbseffekte gelangen ökonomische Studien zu ambivalenten Schlüssen. Daher rät die Monopolkommission dazu, Effizienzgewinne und Wettbewerbsbeschränkungen enger Bestpreisklauseln weiter zu analysieren. **Von einem generellen Verbot solcher Klauseln sollte jedenfalls abgesehen werden**.

Die Monopolkommission empfiehlt, die **Gründe für die Wiederaufnahme eines Zusagenverfahrens** um die Möglichkeit der Kartellbehörde, die Zusagenentscheidung mit einem **Widerrufsvorbehalt** zu erlassen, zu **ergänzen**. In der Vorschrift sollte zum Ausdruck kommen, dass ein Widerruf nur insoweit in Betracht kommt, als die mit den Verpflichtungszusagen bezweckten, aber letztlich nicht erreichten Wirkungen bereits im Einzelnen in der Zusagenentscheidung genannt sind.

Summary

In Chapter III, the Monopolies Commission develops recommendations for actions to be taken by legislators and competition authorities on the basis of the German and the EU competition decision-making practice in the reporting period.

The Monopolies Commission agrees with the **market definition** of the Bundesgerichtshof (German Federal Court of Justice) with regard to **advertising blockers**. However, the Monopolies Commission points out that, in determining a dominant market position, **all competitive forces must be taken into account,** thereby considering all relevant market participants and the network effects occurring between them in two-sided markets.

In its analysis of the European Commission's ***Google Android*** **case**, the Monopolies Commission comes to the conclusion that **Article 102 TFEU** provides competition authorities with **an effective antitrust instrument** to bring infringements to an end. Yet, the case shows that such remedies, although stopping an abusive conduct, are likely to have no competitive effect if the market structure is already damaged.

In the view of the Monopolies Commission, the German authorities and courts pay too little attention to the **provisions of European Union law** which are intended to ensure uniform application of the law. The courts of last instance are particularly responsible for preventing such undesirable developments.

The Bundeskartellamt (German Federal Cartel Office) has relaxed the **rules on individual advertising at the Olympic Games** but has limited its decision to German athletes. The Monopolies Commission considers it necessary that the competition authorities **ensure equal conditions within the European Union** in such cases. It may thus be required that the European Commission takes action. The European Commission should also consider adopting guidelines for the application of EU competition law to the sports sector.

The Bundeskartellamt has cleared the joint **expansion of fibre-optic networks** by Deutsche Telekom and EWE in northwest Germany. The Monopolies Commission concludes that the commitments accepted are in principle suitable to counteract the restrictions of competition resulting from the establishment of the joint venture. However, the Monopolies Commission recommends **excluding from the cooperation those areas in which a network rollout would be viable without cooperation** in similar cases in future.

With regard to the **central marketing of the German Soccer League**, the Bundeskartellamt has approved the marketing model for the broadcasting rights covering the seasons from 2021/2022 on the basis of preliminary investigations. However, the decision does not sufficiently address the issue of **limited price competition**. It is recommended that the **economic effects of central marketing** be recorded more systematically.

In view of the different assessment of most favoured nation ("MFN") clauses within the European Union, a referral to the European Court of Justice should be made if an appeal is lodged with the Bundesgerichtshof in the *Booking.com* case. Economic studies reach ambivalent conclusions on the competitive effects of **narrow MFN clauses**. Therefore, the Monopolies Commission recommends further analysis of efficiency gains and anticompetitive effects of narrow MFN clauses. **In any case, a general ban on such clauses should be avoided.**

The Monopolies Commission recommends **supplementing the reasons for reopening commitment proceedings** with the possibility for the competition authority to adopt a commitment decision **with a reservation of withdrawal**. The provision should reflect the fact that a withdrawal is only possible if the effects intended by the commitments, but ultimately not achieved, are already specified in detail in the commitment decision.

1 Allgemeine Entwicklungen im Berichtszeitraum

1.1 Überblick über die legislativen Entwicklungen

1.1.1 10. GWB-Novelle

309. Im Vordergrund der legislativen Entwicklungen im Berichtszeitraum stand in Deutschland die 10. GWB-Novelle, zu der das Bundesministerium für Wirtschaft und Energie zu Beginn dieses Jahres einen Referentenentwurf vorgelegt hat.[1]

310. Anlass für die geplante Überarbeitung des GWB ist die Richtlinie (EU) 2019/1 zur Stärkung der Wettbewerbsbehörden der Mitgliedstaaten im Hinblick auf eine wirksamere Durchsetzung der Wettbewerbsvorschriften und zur Gewährleistung des reibungslosen Funktionierens des Binnenmarkts (sog. ECN+-Richtlinie). Danach sollen die Mitgliedstaaten insbesondere über ausreichende Möglichkeiten zur Verfolgung und Ahndung von Wettbewerbsverstößen verfügen. Die Richtlinie muss bis zum 4. Februar 2021 in nationales Recht umgesetzt werden. Zahlreiche Vorgaben aus der Richtlinie sind bereits Bestandteil des deutschen Rechts bzw. der hiesigen Behördenpraxis. Der Umsetzungsbedarf, der sich für den deutschen Gesetzgeber im Rahmen der 10. GWB-Novelle dennoch ergibt, ist deshalb zu einem Großteil technischer Natur. So muss etwa die Bonusregelung des Bundeskartellamtes[2] in den Rang eines allgemein verbindlichen Gesetzes gehoben werden (§§ 81h f. GWB-E). Anpassungen werden auch mit Blick auf die Ermittlungsbefugnisse der Kartellbehörde erforderlich, die eine aktive Beibringung von Informationen durch die (Neben-)Betroffenen bislang nur zu tatfernen Umständen verlangen kann, nun aber weitergehende Auskunftsrechte erhalten soll (§§ 59, 81o GWB-E). Ein weiterer Änderungsvorschlag, der jedoch weniger auf die Vorgaben der ECN+-Richtlinie, sondern vielmehr auf die jüngere Fallpraxis zurückzuführen ist, betrifft die Vorgabe ergänzender Zumessungskriterien, um eine einheitliche(re) Bußgeldzumessung zwischen Kartellbehörde und Gericht zu erreichen (§ 81d Abs. 1 Satz 2 GWB-E).[3] Von Bedeutung ist zudem die Stärkung der Rolle der Kartellbehörde im Rechtsbehelfsverfahren nach Einlegung eines Einspruchs gegen den Bußgeldbescheid: Während bislang die Staatsanwaltschaft alleinige Verfolgungsbehörde ist und die Kartellbehörde im gerichtlichen Bußgeldverfahren lediglich über Fragerechte verfügt, soll diese nun dieselben Rechte wie jene erhalten (§ 82a Abs. 1 GWB-E).

311. Ein weiterer Fokus der Gesetzesnovellierung liegt auf dem Umgang mit den Besonderheiten der Digitalökonomie, deren herausragende Charakteristika die Nutzung von digitalen Plattformen und der Einsatz von Daten sind. Die vorgeschlagenen Gesetzesänderungen betreffen vor allem die Missbrauchsaufsicht. Sie gehen zum Teil zurück auf Empfehlungen aus zwei Gutachten, die – für unterschiedliche Zwecke – im Auftrag des Bundeswirtschaftsministeriums erstellt worden sind.[4] Zentrale Regelungen in diesem Bereich betreffen (1) die Normierung der Intermediationsmacht von Plattformen als Marktbeherrschungskriterium bzw. zur Bestimmung relativer Marktmacht (§ 18 Abs. 3b und § 20 Abs. 1 Satz 2 GWB-E), (2) die Abschaffung der strengen Kausalität für Ausbeutungsmissbräuche (§ 19 Abs. 1 GWB-E), (3) die Anpassung des Zugangs zu wettbewerblich relevanten Daten (§ 19 Abs. 2 Nr. 4 und § 20 Abs. 1a GWB-E), (4) die Schaffung spezieller Ge- und Verbotspflichten für Plattformen mit einer „überragenden marktübergreifenden Bedeutung für den Wettbewerb“ (§ 19a GWB-E), (5) die Erweiterung des subjektiven Schutzbereichs beim Missbrauch relativer

---

1 BMWi, Entwurf eines Zehnten Gesetzes zur Änderung des Gesetzes gegen Wettbewerbsbeschränkungen für ein fokussiertes, proaktives und digitales Wettbewerbsrecht 4.0 (GWB-Digitalisierungsgesetz), Bearbeitungsstand: 24. Januar 2019, 9.32 Uhr (nachfolgend „Referentenentwurf“).

2 BKartA, Bekanntmachung Nr. 9/2006 über den Erlass und die Reduktion von Geldbußen in Kartellsachen – Bonusregelung – vom 7. März 2006.

3 Das Oberlandesgericht (OLG) Düsseldorf hat in der jüngeren Vergangenheit im Rechtsmittelverfahren wiederholt die vom Bundeskartellamt verhängten Geldbußen erhöht. Wegen dieses Risikos einer solchen Verböserung haben in der Folge mehrere betroffene Unternehmen ihren Einspruch gegen eine Bußgeldentscheidung des Bundeskartellamtes zurückgenommen. Vgl. hierzu Mäger, NZKart 2019, 361 f.; Ost/Breuer, NZKart 2019, 119 ff.

4 Kommission Wettbewerbsrecht 4.0, Ein neuer Wettbewerbsrahmen für die Digitalwirtschaft, Abschlussbericht von September 2019; Schweitzer/Haucap/Kerber/Welker, Modernisierung der Missbrauchsaufsicht für marktmächtige Unternehmen, Endbericht vom 29. August 2018.

Marktmacht (§ 20 Abs. 1 GWB-E) sowie (6) die Erfassung von Verhaltensweisen von Unternehmen mit überlegener Marktmacht, die ein „Kippen" von Märkten begünstigen (§ 20 Abs. 3a GWB-E).

312. Die Monopolkommission hat in einem Policy Brief von Januar dieses Jahres zu ausgewählten Vorschlägen des Referentenentwurfs im Bereich der Missbrauchsaufsicht Stellung genommen.[5] Aus ihrer Sicht ist insbesondere darauf zu achten, dass die bestehenden deutschen Missbrauchsvorschriften möglichst in Anlehnung an das EU-Recht fortentwickelt und Widersprüche zum EU-Recht vermieden werden. In diesem Zusammenhang gelangte sie zu den folgenden Ergebnissen:

- Im Hinblick auf die Schaffung spezieller Ge- und Verbotspflichten für Plattformen mit einer „überragenden marktübergreifenden Bedeutung für den Wettbewerb" (§ 19a GWB-E) hat eine Analyse und Diskussion der Frage, anhand welcher gesetzlicher Kriterien ein in sich stimmiger Wettbewerbsschutz im Fall der Ausbildung von Plattform-Ökosystemen erreicht werden kann, bisher nicht stattgefunden. Davon abgesehen ist zweifelhaft, ob sich § 19a GWB-E in seiner gegenwärtigen Form überhaupt in einer Weise operationalisieren lässt, die zu einer effektiven Missbrauchsaufsicht wird beitragen können. Die Monopolkommission spricht sich deshalb dafür aus, die Vorschrift nicht ohne eine eingehendere Prüfung im Rahmen des aktuellen Reformvorhabens in Kraft zu setzen.[6]
- Bei Ausbeutungsmissbräuchen würde der Verzicht auf einen Ursachenzusammenhang zwischen beherrschender Stellung und missbräuchlichem Verhalten gemäß § 19 Abs. 1 GWB-E zu Rechtsunsicherheit führen, da hiermit die Verknüpfung zwischen einer unbilligen Verhaltensweise und einem aufgrund der Marktstruktur geschwächten Wettbewerb wegfiele. Die Kartellbehörden bekämen so die Möglichkeit, beliebige Rechtsverstöße als Missbrauch einer marktbeherrschenden Stellung zu verfolgen.[7]

313. Eine weitere Regelung des Referentenentwurfs, bei der die Besonderheiten der Digitalökonomie im Vordergrund stehen, beabsichtigt die Schaffung höherer Rechtssicherheit für Kooperationen zwischen unabhängigen Unternehmen. Diese sollen u. a. einen Anspruch auf eine Entscheidung erhalten, wonach die Kartellbehörde keinen Anlass zum Tätigwerden sieht, wenn sie ein erhebliches rechtliches und wirtschaftliches Interesse an einer solchen Entscheidung haben (§ 32c Abs. 4 GWB-E). Angesichts der Dynamik der Digitalökonomie und der oftmals lang dauernden (Missbrauchs-)Verfahren wird in § 32a Abs. 1 GWB-E zudem vorgeschlagen, die Anforderungen an den Erlass von einstweiligen Anordnungen abzusenken. Die Monopolkommission hat in ihrem Policy Brief vorgeschlagen, die Mitwirkung der Unternehmen zur Verfahrensbeschleunigung stärker zu effektivieren. Für die Kartellbehörden ist es im Digitalbereich oftmals schwierig, bei der Sachverhaltsermittlung mit dem Verhalten der Plattformunternehmen und der anderen Marktteilnehmer Schritt zu halten. Die Monopolkommission empfiehlt deshalb, § 59 Abs. 2 GWB, der die Auskunftspflichten bei kartellbehördlichen Auskunftsverlangen betrifft, um folgende Sätze zu ergänzen:

> *„Sie haben der Kartellbehörde innerhalb der in dem Auskunftsverlangen gesetzten Frist auch solche Informationen aus ihrem Einwirkungsbereich zu übermitteln, die sich die Behörde nicht auf einem anderen zumutbaren Weg beschaffen kann. Bei Versäumung der Frist kann die Kartellbehörde daraus im Rahmen der freien Beweiswürdigung Schlüsse ziehen und nach Lage der Sache ohne Berücksichtigung der nicht beigebrachten Informationen entscheiden."*[8]

314. Zu den Vorschriften der Fusionskontrolle, einschließlich der Ministererlaubnis, macht der Referentenentwurf ebenfalls Änderungsvorschläge. Hierzu zählen u. a. die folgenden: (1) die Verdoppelung der zweiten Inlandsumsatzschwelle (§ 35 Abs. 1 Nr. 2 GWB-E) und der Wegfall der sog. Anschlussklausel (§ 35 Abs. 2 Satz 1 GWB), (2) die Anhebung der Bagatellmarktschwelle und die Möglichkeit der Bündelung mehrerer Bagatellmärkte (§ 36 Abs. 1 Satz 2 Nr. 2 GWB-E), (3)

---

5 Monopolkommission, Policy Brief, 10. GWB-Novelle – Herausforderungen auf digitalen *und* regionalen Märkten begegnen!, Ausgabe 4, Januar 2020.

6 Ebenda, S. 2 f. Die Monopolkommission befasst sich in diesem Gutachten tiefergehend mit der Missbrauchsaufsicht in der Plattformwirtschaft (Tz. 45 ff.).

7 Monopolkommission, Policy Brief Nr. 4, a. a. O., S. 4 f.

8 Ebenda, S. 5 f.

die Absenkung des Umsatzmultiplikators für Presseunternehmen (§ 38 Abs. 3 GWB-E), (4) die Möglichkeit für das Bundeskartellamt, einzelne Unternehmen zur Anmeldung künftiger Zusammenschlussvorhaben in bestimmten Wirtschaftszweigen aufzufordern (§ 39a GWB-E), (5) die Verlängerung der Prüffrist im Hauptprüfverfahren (§ 40 Abs. 2 Satz 2 GWB-E) sowie (6) die Voraussetzung einer zurückgewiesenen Beschwerde gegen die Untersagung des Bundeskartellamtes – jedenfalls im Wege des einstweiligen Rechtsschutzes – vor einem Antrag auf Erteilung der Ministererlaubnis (§ 42 Abs. 1a GWB-E). Außerdem wird zurzeit eine Ausnahme von den Fusionskontrollvorschriften für bestimmte gesundheitspolitisch als wünschenswert erachtete Zusammenschlüsse im Krankenhaussektor diskutiert.[9] Der Referentenentwurf enthält hierzu aber noch keine Regelung.

315. Die Monopolkommission hat sich in dem Policy Brief von Januar dieses Jahres auch zu den Anpassungen bei den fusionskontrollrechtlichen Aufgreifschwellen geäußert. Ihre Erhöhung hält sie dann für vertretbar, wenn zugleich sichergestellt wird, dass es nicht zu einer Verschlechterung der Wettbewerbsbedingungen auf regionalen Märkten kommt, weil wettbewerblich relevante Zusammenschlüsse dort vermehrt aus der Kontrollpflicht fallen. Die neue Aufforderungsregelung des § 39a GWB-E erachtet die Monopolkommission jedoch nicht als geeignetes Instrument, um die Regionalmarktproblematik zu adressieren. Eine gezieltere Stärkung der Kontrolle regionaler Zusammenschlüsse ließe sich aus ihrer Sicht vielmehr dadurch erreichen, dass der Gesetzgeber die Unternehmensumsätze bei Zusammenschlüssen mit regionalem Schwerpunkt erhöht. Die Monopolkommission empfiehlt, statt den vorgeschlagenen § 39a einzuführen, den bestehenden § 38 GWB um einen neuen Absatz 6 zu ergänzen, der lautet:

> *„Für einen Zusammenschluss, bei dem mindestens 90 Prozent der Inlandsumsätze eines Zusammenschlussbeteiligten in nicht mehr als drei Bundesländern erwirtschaftet werden, ist das Doppelte der Umsatzerlöse in Ansatz zu bringen. Abweichend davon sind für die Berechnung der Schwelle nach § 36 Abs. 1 Satz 2 Nr. 2 die Umsatzerlöse auf einem Markt zu verdoppeln, der sich räumlich auf nicht mehr als drei Bundesländer erstreckt."*[10]

316. Die Vorschriften zur Durchsetzung von Kartellschadensersatzansprüchen, die erst im Rahmen der 9. GWB-Novelle infolge der Umsetzung der Kartellschadensersatz-Richtlinie 2014/104/EU umfassend überarbeitet worden sind, sollen um eine weitere Vermutungsregel ergänzt werden. Neben der existierenden Vermutung für den Eintritt eines Schadens dem Grunde nach (§ 33a GWB) soll nun auch eine Vermutung für die Kartellbefangenheit von bestimmten Beschaffungsvorgängen, die sachlich, zeitlich und räumlich „in den Bereich eines Kartells fallen", in das Gesetz eingefügt werden, und zwar zugunsten von unmittelbaren Abnehmern (§ 33a Abs. 5 GWB-E) und mittelbaren Abnehmern (§ 33c Abs. 3 Satz 2 GWB-E).

317. Weitere Änderungsvorschläge des Referentenentwurfs betreffen die Vorschriften über die Monopolkommission (§§ 44, 46 GWB-E) und die Markttransparenzstelle für Kraftstoffe (§§ 47d, 47k GWB-E).

1.1.2 Sonstige legislative Entwicklungen auf deutscher und auf Unionsebene

318. Der deutsche Gesetzgeber hat einen Gesetzentwurf mit vorübergehenden Regelungen betreffend die Folgen der COVID-19-Pandemie verabschiedet.[11] Danach werden zum einen die Prüffristen der Fusionskontrolle einmalig verlängert, um dem Bundeskartellamt die Durchführung der erforderlichen Ermittlungen zu den wettbewerblichen Auswirkungen des Zusammenschlusses – etwa durch Befragungen von Marktteilnehmern – zu ermöglichen. Gemäß § 186 Abs. 7 GWB sind deshalb die Fristen für das Vorprüfverfahren von einem auf zwei Monate und für das Hauptprüfverfahren von vier auf sechs Monate verlängert worden. Die angepassten Fristen gelten einmalig für die Prüfung aller Zusammenschlussvorhaben, die in der Zeit vom 1. März bis zum 31. Mai 2020 angemeldet worden sind. Zum anderen wird für solche Unternehmen, denen Zahlungserleichterungen nach dem Gesetz über Ordnungswidrigkeiten gewährt werden, weil ihnen nach ihren wirtschaftlichen Verhältnissen die sofortige Zahlung der Geldbuße nicht zuzumuten ist, die Pflicht

---

[9] Die Monopolkommission befasst sich in diesem Gutachten tiefergehend mit der Frage, ob eine solche Bereichsausnahme im GWB erforderlich ist (Tz. 131 ff.).

[10] Monopolkommission, Policy Brief Nr. 4, a. a. O., S. 6 ff.

[11] Gesetz zur Abmilderung der Folgen der COVID-19-Pandemie im Wettbewerbsrecht und für den Bereich der Selbstverwaltungsorganisationen der gewerblichen Wirtschaft vom 25. Mai 2020 (BGBl. I S. 1067).

zur Verzinsung der wegen eines Kartellrechtsverstoßes verhängten Geldbuße vorübergehend ausgesetzt. Die Vorschrift des § 81 Abs. 6 Satz 1 GWB ist bis zum 30. Juni 2021 nicht anzuwenden, § 186 Abs. 8 GWB.

319. Die Bundesregierung hat im Juni dieses Jahres den Entwurf für ein Gesetz zur Sanktionierung verbandsbezogener Straftaten beschlossen.[12] Ziel des Gesetzes ist es, eine angemessene Ahndung von sog. Verbandstaten zu ermöglichen. Nach geltendem Recht können Straftaten, die eine natürliche (Leitungs-)Person begeht und durch die eine Pflicht, die ein Unternehmen trifft, verletzt wird oder durch die ein Unternehmen bereichert wird bzw. bereichert werden sollte, in Bezug auf das Unternehmen lediglich als Ordnungswidrigkeit mit einer Geldbuße in Höhe von bis zu EUR 10 Mio. verfolgt werden. Der Entwurf des Verbandssanktionengesetzes (VerSanG-E) sieht dagegen bei solchen Taten für Verbände, die einen wirtschaftlichen Zweck verfolgen und mithin unternehmerisch handeln, ein eigenes Verfolgungs- und Ahndungsregime vor. Insbesondere gilt nunmehr das Legalitätsprinzip, d. h., die Staatsanwaltschaft muss bei allen Verbandstaten ein Ermittlungsverfahren gegen das Unternehmen einleiten. Für Unternehmen mit einem Jahresumsatz von mehr als EUR 100 Mio. soll die Obergrenze der Verbandsgeldsanktion 10 Prozent des Jahresumsatzes betragen.[13] Selbst ein schwerer Kartellverstoß hat nur ausnahmsweise strafrechtliche Relevanz (etwa §§ 263, 298 StGB).[14] Dennoch kann es zu einer Doppelverfolgung des Unternehmens kommen, wenn in solchen Fällen die Staatsanwaltschaft wegen der Verbandstat und die Kartellbehörde wegen der Kartellordnungswidrigkeit ermittelt. Insoweit sind in § 42 Abs. 1 und 2 VerSanG-E zunächst gegenseitige Unterrichtungspflichten zwischen der Justiz- und der Verwaltungsbehörde vorgesehen, wenn diese von einer Kartellstraftat bzw. einer Kartellordnungswidrigkeit Kenntnis erhält. § 42 Abs. 3 und Abs. 4 VerSanG-E bestimmen sodann, dass von einer Verfolgung durch die Staatsanwaltschaft – bzw. nach Erhebung der öffentlichen Anklage durch das Gericht – wegen der Verbandstat abzusehen ist, wenn die Kartellbehörde das Unternehmen wegen der Kartellordnungswidrigkeit verfolgt oder das Verfahren einstellt. Der Gesetzentwurf möchte die Entscheidung über die Verfolgung von kartellrechtswidrigen Absprachen in die Hände der Kartellbehörde legen, da diese über eine entsprechende Sachkunde und Erfahrung verfügen.[15]

320. Auf Unionsebene wurde zunächst die bereits erwähnte Richtlinie (EU) 2019/1 zur Stärkung der Wettbewerbsbehörden der Mitgliedstaaten verabschiedet.[16] Erwähnenswert sind zudem die Verordnung (EU) 2019/1150 zur Förderung von Fairness und Transparenz für gewerbliche Nutzer von Online-Vermittlungsdiensten (sog. *Platform-to-Business*-Verordnung) sowie die Verordnung (EU) 2018/302 über Maßnahmen gegen ungerechtfertigtes Geoblocking und andere Formen der Diskriminierung aufgrund der Staatsangehörigkeit, des Wohnsitzes oder des Ortes der Niederlassung des Kunden innerhalb des Binnenmarkts (sog. *Geoblocking*-Verordnung). Beide Verordnungen enthalten keine unmittelbar den Wettbewerb regelnden Bestimmungen; sie sind aber insofern für die Zwecke des Wettbewerbsrechts von Interesse, als sie Vorgaben insbesondere für bestimmte digitale Geschäftsmodelle enthalten.

321. Die Verordnung (EU) 2019/1150 erweitert den Pflichtenkatalog von Online-Vermittlungsdiensten und -Suchmaschinen gegenüber den auf solchen Plattformen tätigen gewerblichen Nutzern, die Verbrauchern Waren oder Dienstleistungen anbieten. Danach müssen die Online-Plattformen verschiedenen Transparenz- bzw. Begründungsanforderungen genügen, und zwar insbesondere in Bezug auf (1) die Gestaltung ihrer Allgemeinen Geschäftsbedingungen, (2) die Einschränkung, Aussetzung und Beendigung von Vertragsbeziehungen, (3) die Anwendung von Ranking-Kriterien, (4) eine etwaige Selbst- oder Drittbegünstigung sowie (5) den Zugang zu und die Weitergabe von Daten. Während die Verordnung (EU) 2019/1150 durch diese Regelungen also die Offenlegung von verschiedenen Informationen verlangt – z. B. die Information über eine etwaige Selbstbegünstigung –, enthält sie keine weitergehenden Ge- oder

[12] Gesetzentwurf, Entwurf eines Gesetzes zur Stärkung der Integrität in der Wirtschaft, Bearbeitungsstand: 16.06.2020, 10.03 Uhr, https://www.bmjv.de/SharedDocs/Gesetzgebungsverfahren/DE/Staerkung_Integritaet_Wirtschaft.html, Abruf am 6. Juli 2020.

[13] Die Ahndungsobergrenze in Höhe von 10 Prozent des Jahresumsatzes des Unternehmens ist dem GWB (§ 81 Abs. 4 Satz 2) entnommen; vgl. ebenda, S. 85.

[14] Für eine ergänzende Kriminalisierung schwerer Kartellverstöße Monopolkommission, Sondergutachten 72, Strafrechtliche Sanktionen bei Kartellverstößen, Baden-Baden 2015.

[15] Gesetzentwurf, Entwurf eines Gesetzes zur Stärkung der Integrität in der Wirtschaft, a. a. O., S. 120. Diese konkurrierende, letztlich aber vorrangige Zuständigkeit der Kartellbehörde für ein Verfahren gegen ein Unternehmen wegen einer Kartellordnungswidrigkeit, der zugleich eine Straftat zugrunde liegt, findet zudem ihren Niederschlag in der Regelung des § 82 GWB-E.

[16] Dazu Tz. 310.

Verbote, die den Online-Plattformen ein entsprechendes Verhalten selbst vorgeben bzw. verbieten würden, etwa ein Verbot der Selbstbegünstigung. Die Verordnung (EU) 2019/1150 findet zudem unabhängig von der Marktstellung der Online-Plattformen Anwendung.[17] Sie gilt ab dem 12. Juli 2020.

322. Die Verordnung (EU) 2018/302 verbietet eine unterschiedliche Behandlung von Endkunden beim grenzüberschreitenden Bezug von Waren und Dienstleistungen innerhalb des Binnenmarktes mittels des sog. Geoblocking. Sie soll im Wesentlichen verhindern, dass gegenüber den Endkunden aus einem Mitgliedstaat der Zugang zu dem in einem anderen Mitgliedstaat verfügbaren Angebot durch technische Maßnahmen beschränkt wird. Da Beschränkungen des grenzüberschreitenden Verkaufs in Vertriebsverträgen, d. h. im Verhältnis Hersteller/Händler, auch gegen Art. 101, 102 AEUV verstoßen können,[18] ergeben sich unter Umständen Überschneidungen mit dem EU-Wettbewerbsrecht. Insoweit bestimmt Art. 6 Abs. 1 Verordnung (EU) 2018/302, dass die kartellrechtlichen Vorschriften – einschließlich der Regelungen zum aktiven und passiven Verkauf in der Verordnung (EU) 330/2010[19] – unberührt bleiben. Ergänzend sind aber gemäß Art. 6 Abs. 2 Verordnung (EU) 2018/302 Vorgaben, die den passiven Verkauf an Verbraucher durch diskriminierende Maßnahmen im Sinne dieser Verordnung beschränken, automatisch nichtig.[20] Die Verordnung (EU) 2018/302 gilt seit dem 3. Dezember 2018.

323. Die Europäische Kommission evaluiert zurzeit die Gruppenfreistellungsverordnung für vertikale Vereinbarungen. Die geltende Verordnung (EU) 330/2010 ist noch bis zum 31. Mai 2022 in Kraft. Sie kann (ersatzlos) auslaufen, überarbeitet oder verlängert werden. Die Europäische Kommission hat eine öffentliche Konsultation zur Verordnung (EU) 330/2010 durchgeführt und die eingegangenen Stellungnahmen zusammengefasst.[21] Änderungsbedarf wird demnach u. a. im Bereich des Internetvertriebs gesehen. Insoweit geht es etwa um Meistbegünstigungsklauseln, Drittplattformverbote oder Vorgaben zur Online-Werbung. Auch die Gruppenfreistellungsverordnungen für Vereinbarungen über Forschung und Entwicklung – Verordnung (EU) 1217/2010 – sowie für Spezialisierungsvereinbarungen – Verordnung (EU) 1218/2010 – befinden sich derzeit in der Evaluation.[22] Diese beiden Verordnungen gelten noch bis zum 31. Dezember 2022.

---

[17] Vgl. dagegen den Vorschlag der Kommission Wettbewerbsrecht 4.0 für eine Verordnung mit besonderen Verhaltenspflichten für marktbeherrschende Online-Plattformen; Kommission Wettbewerbsrecht 4.0, Ein neuer Wettbewerbsrahmen für die Digitalwirtschaft, a. a. O., S. 48 ff. Die Europäische Kommission führt nunmehr eine öffentliche Konsultation in Bezug auf eine mögliche Ex-ante-Regulierung digitaler Plattformen durch; vgl. EU-Kommission, Pressemitteilungen vom 2. Juni 2020, IP/20/962 und IP/20/977 sowie Proposal for a regulation: Digital Services Act package: ex ante regulatory instrument of very large online platforms acting as gatekeepers, https://ec.europa.eu/info/law/better-regulation/have-your-say/initiatives/12418-Digital-Services-Act-package-ex-ante-regulatory-instrument-of-very-large-online-platforms-acting-as-gatekeepers, Abruf am 3. Juli 2020. Näher zu den Vorschlägen der Europäischen Kommission Tz. 48 f. in diesem Gutachten.

[18] Vgl. die Fallbeispiele aus der Entscheidungspraxis im Berichtszeitraum in den Tz. 349, 360.

[19] Aktiver Verkauf meint die zielgerichtete Ansprache bestimmter Kunden oder Kundengruppen durch einen Händler. Beim passiven Verkauf wird der Händler dagegen auf Betreiben des Kunden tätig, wobei allgemeine Maßnahmen zur Verkaufsförderung als unschädlich gelten. Vgl. EU-Kommission, Leitlinien für vertikale Beschränkungen, ABl. C 130 vom 19. Mai 2010, S. 1, Tz. 51 ff. (für Art. 4 lit. b und c Verordnung (EU) 330/2010).

[20] Ausführlich zum Verhältnis der Verordnung (EU) 2018/302 zum EU-Wettbewerbsrecht Dohrn/Kleinert, ZWeR 2020, 131 ff.

[21] EU-Kommission, Factual summary of the contributions received in the context of the open public consultation on the evaluation of the Vertical Block Exemption Regulation (EU) No 330/2010, 30. Juli 2019, https://ec.europa.eu/info/law/better-regulation/have-your-say/initiatives/1936-Evaluation-of-the-Vertical-Block-Exemption-Regulation/public-consultation, Abruf am 3. Juli 2020. Vgl. auch den im Rahmen der Evaluierung der Verordnung (EU) 330/2010 erstellten ausführlichen Bericht zu den Support studies for the evaluation of the VBER, Final Report, 2020, https://ec.europa.eu/competition/publications/index.html, Abruf am 3. Juli 2020.

[22] Für eine Zusammenfassung der im Rahmen der öffentlichen Konsultation eingegangenen Stellungnahmen vgl. EU-Kommission, Factual summary of the contributions received during the public consultation on the evaluation of the two block exemption regulations and the guidelines on horizontal cooperation agreements, 7. April 2020, https://ec.europa.eu/info/law/better-regulation/have-your-say/initiatives/11886-Evaluation-of-EU-competition-rules-on-horizontal-agreements/public-consultation, Abruf am 3. Juli 2020.

1.2 Überblick über die kartellrechtliche Entscheidungspraxis

1.2.1 Fusionskontrolle

1.2.1.1 Deutsche Fusionskontrolle

324. Im Berichtszeitraum wurden insgesamt 2.816 Zusammenschlussvorhaben zur fusionskontrollrechtlichen Prüfung beim Bundeskartellamt angemeldet, von denen auf das Jahr 2018 1.383 und auf das Jahr 2019 1.433 Anmeldungen entfallen. Die – erneute – Steigerung der Anmeldungen im Vergleich zum vorangegangenen Berichtszeitraum fällt dabei deutlicher aus als jene zwischen den Jahren 2014/2015 und 2016/2017 mit insgesamt 2.407 bzw. 2.530 Anmeldungen. Der Großteil der angemeldeten Zusammenschlussvorhaben konnte im Vorprüfverfahren freigegeben werden. Das Bundeskartellamt leitete in 19 Fällen das Hauptprüfverfahren ein, und zwar achtmal im Jahr 2018 und elfmal im Jahr 2019. Beinahe die Hälfte der Anmeldungen im Hauptprüfverfahren wurde von den Unternehmen zurückgenommen, nachdem das Bundeskartellamt ihnen seine wettbewerblichen Bedenken mitgeteilt hatte (2018: vier Fälle; 2019: fünf Fälle). Im Jahr 2018 untersagte das Bundeskartellamt kein Zusammenschlussvorhaben, im Jahr 2019 dagegen gleich vier.[23] Dies ist die höchste Anzahl an Untersagungen innerhalb eines Jahres seit 2012, in dem ebenfalls vier Zusammenschlussvorhaben untersagt wurden. Einzelheiten zur Fusionskontrollstatistik können den folgenden Abbildungen und Tabellen entnommen werden:

[23] BKartA, Beschluss vom 17. Dezember 2019, B9-80/19 – Loomis/Ziemann; Beschluss vom 11. Juli 2019, B4-21/19 – Remondis/DSD; Beschluss vom 6. Mai 2019, B5-185/18 – Heidelberger Druckmaschinen/MBO Oppenweiler; Beschluss vom 17. Januar 2019, B5-29/18 – Miba/Zollern.

Abbildung III.1: Anzahl der Fusionskontrollverfahren und der Untersagungsentscheidungen

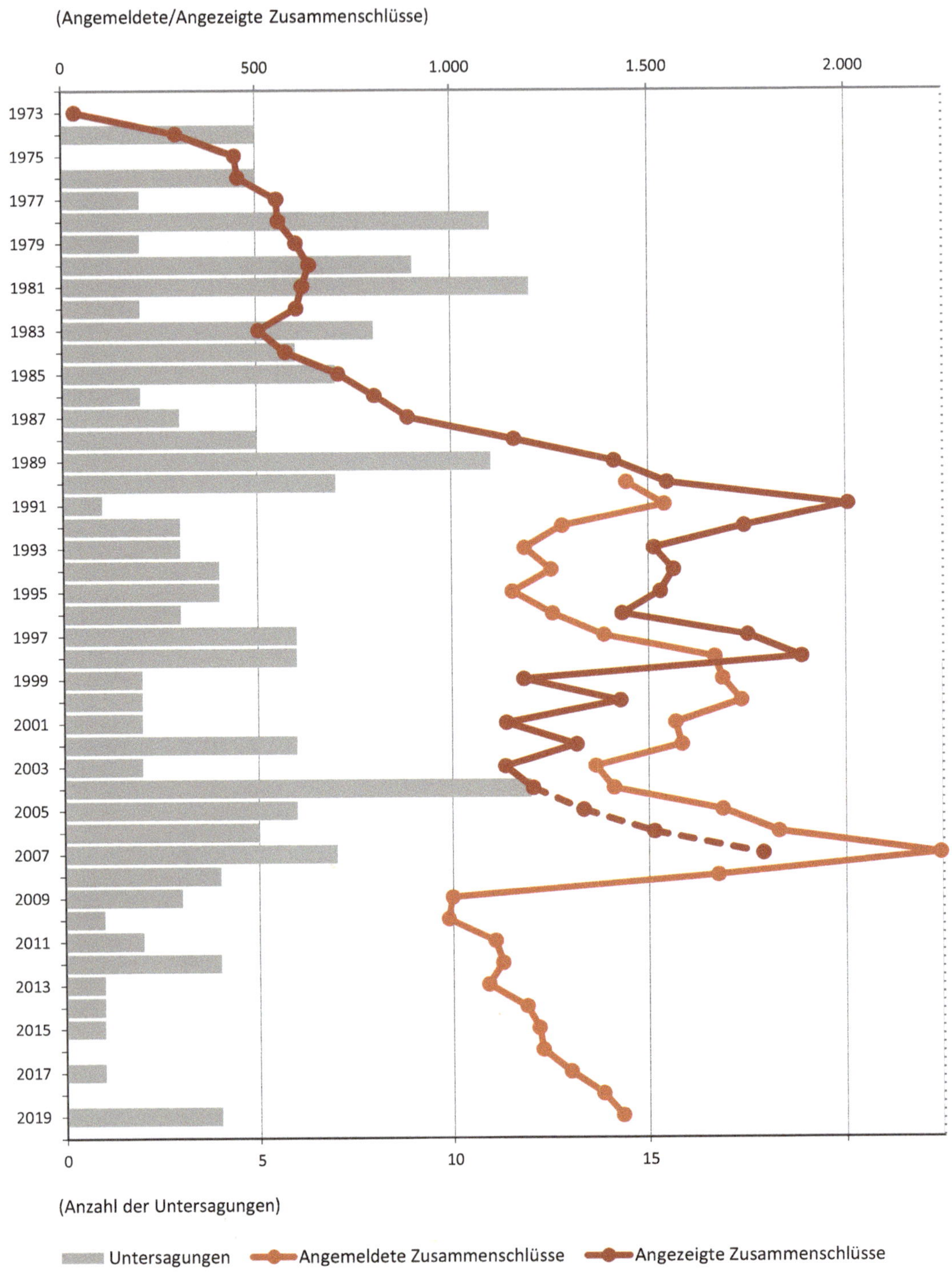

Anm.: Über den Vollzug von Zusammenschlüssen liegen seit 2008 keine verlässlichen Zahlen mehr vor. Daher sind die angezeigten Zusammenschlüsse nur bis 2007 dargestellt.

Quelle: Eigene Darstellung nach Angaben des Bundeskartellamtes

Tabelle III.1: Übersicht über die Anzahl der angezeigten und vollzogenen Zusammenschlüsse und der vom Bundeskartellamt ausgesprochenen Untersagungen, gegliedert nach Berichtszeiträumen der Monopolkommission

Jahr	Anzeigen vollzogener Zusammenschlüsse	Angemeldete Zusammenschlüsse	Untersagungen
1973/1975	773		5
1976/1977	1.007		7
1978/1979	1.160		13
1980/1981	1.253		21
1982/1983	1.109		10
1984/1985	1.284		13
1986/1987	1.689		5
1988/1989	2.573		16
1990/1991	3.555	2.986	8
1992/1993	3.257	2.467	6
1994/1995	3.094	2.408	8
1996/1997	3.185	2.644	9
1998/1999	3.070	3.354	8
2000/2001	2.567	3.303	4
2002/2003	2.452	2.950	8
2004/2005	2.541	3.099	18
2006/2007	3.303	4.071	12
2008/2009	-	2.673	7
2010/2011	-	2.095	3
2012/2013	-	2.218	5
2014/2015	-	2.407	2
2016/2017	-	2.530	1
2018/2019	-	2.816	4
Davon:			
2018	-	1.383	0
2019	-	1.433	4
Insgesamt	(bis 2007) 37.872	42.021	193

Anm.: Über den Vollzug von Zusammenschlüssen liegen seit 2008 keine verlässlichen Zahlen mehr vor. Daher wird ab diesem Zeitpunkt nunmehr auf die Zahl der Anmeldungen abgestellt. Zur besseren Vergleichbarkeit sind die Zahlen über Vollzugsanzeigen bis 2007 weiterhin aufgeführt.

Quelle: Bundeskartellamt

Abbildung III.2: Anzahl der Fusionskontrollanmeldungen und der Hauptprüfverfahren

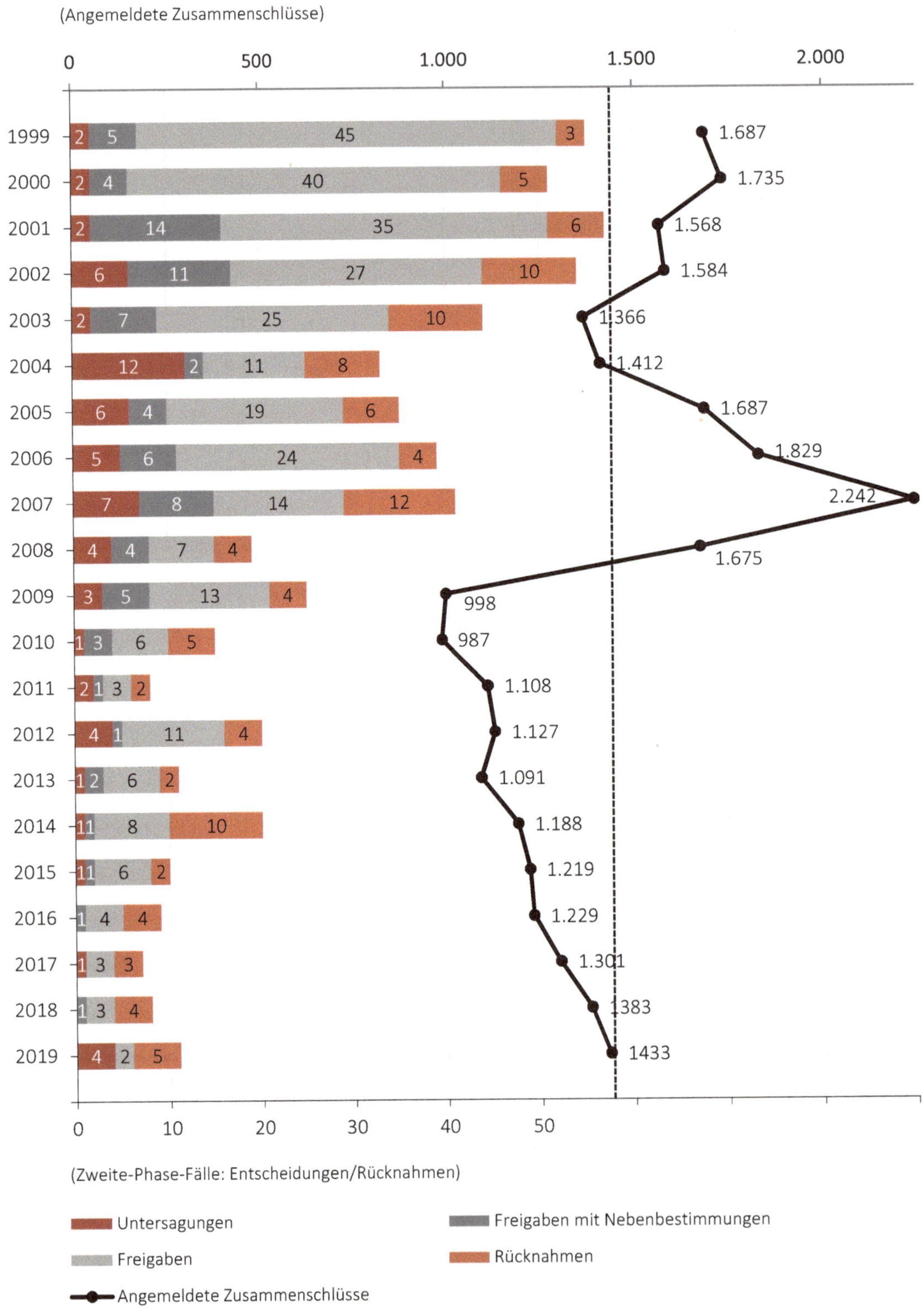

Quelle: Eigene Darstellung nach Angaben des Bundeskartellamtes

Tabelle III.2: Übersicht über den Stand der deutschen Zusammenschlusskontrolle 2018 und 2019

		2017	2018	2019
I.	Fusionskontrollverfahren insgesamt			
	Eingegangene Anmeldungen nach § 39 GWB	1.301	1.383	1.433
	Vorfeldfälle	8	6	13
II.	Vorprüfverfahren (Erste-Phase-Fälle)			
	Freigabe	1.239	1.309	1.376
	Keine Anmeldepflicht	33	36	26
	Rücknahme der Anmeldung	18	11	29
III.	Hauptprüfverfahren (Zweite-Phase-Fälle)			
	Entscheidungen	4	4	6
	davon: Freigabe ohne Nebenbestimmungen	3	3	2
	Freigabe mit Nebenbestimmungen	0	1	0
	Untersagung	1	0	4
	Rücknahme der Anmeldung	3	4	5

Anm.: Die Zahlen beziehen sich auf alle in den jeweiligen Jahren ergangenen Entscheidungen oder sonstige Erledigungen, unabhängig vom Zeitpunkt der Anmeldung; aus diesem Grund können die Zahlen der angemeldeten und der erledigten Fälle divergieren. Vorfeldfälle sind Zusammenschlussvorhaben, die wegen wettbewerblicher Bedenken des Bundeskartellamtes entweder nicht bzw. modifiziert angemeldet oder zurückgenommen worden sind. In diesen Fällen kann auch ohne abschließende Verfügung die Entstehung oder Verstärkung einer marktbeherrschenden Stellung verhindert werden. Die Erfassung dieser Fälle ist naturgemäß schwierig, sodass die angegebenen Werte nur eine Annäherung darstellen können. Nach Angaben des Bundeskartellamtes geht nur ein geringer Teil der Rücknahmen von Fusionskontrollanmeldungen auf Bedenken des Bundeskartellamtes zurück.

Quelle: Bundeskartellamt

325. Das Bundeskartellamt hat im Berichtszeitraum die folgenden vier Zusammenschlussvorhaben untersagt: (1) Miba/Zollern, (2) Heidelberger Druckmaschinen/MBO Oppenweiler, (3) Remondis/DSD sowie (4) Loomis/Ziemann. Miba und Zollern beabsichtigten die Gründung eines Gemeinschaftsunternehmens, in dem ihre Aktivitäten im Bereich hydrodynamischer Gleitlager zusammengeführt werden sollten. Das Bundeskartellamt stellte fest, dass der Zusammenschluss den Wettbewerb auf den Märkten für Industriegleitlager sowie für Gleitlager von Großmotoren erheblich behindern würde. Es seien unilaterale Effekte zu erwarten, durch die eine beherrschende Stellung begründet oder verstärkt und/oder wichtiger Wettbewerbsdruck für Miba beseitigt werde.[24] Die an dem Zusammenschluss beteiligten Unternehmen haben daraufhin einen Antrag auf Erteilung der Ministererlaubnis gestellt. Der Bundeswirtschaftsminister entschied, die Erlaubnis für den Zusammenschluss mit Nebenbestimmungen zu erteilen, da die zu erwartenden Gemeinwohlvorteile die Wettbewerbsbeschränkungen überwiegen. Das bei Miba und Zollern vorhandene Know-/Do-how im Bereich Gleitlager bliebe erhalten, und das Innovationspotenzial des Zusammenschlusses könne zur Energiewende beitragen.[25] Das Bundeskartellamt untersagte zudem die Übernahme der MBO-Gruppe durch Heidelberger Druckmaschi-

[24] BKartA, Beschluss vom 17. Januar 2019, B5-29/18 – Miba/Zollern.

[25] BMWi, Verfügung vom 19. August 2019, IB2 – 20302/14-02. Die Monopolkommission hatte dagegen empfohlen, die Ministererlaubnis nicht – auch nicht mit Nebenbestimmungen – zu erteilen; vgl. Monopolkommission, Sondergutachten 81, Zusammenschlussvorhaben der Miba AG mit der Zollern GmbH & Co. KG, Baden-Baden 2019.

nen.[26] Das Zusammenschlussvorhaben betraf vor allem die Herstellung von Bogenfalzmaschinen für die industrielle Druckweiterverarbeitung, wobei offengelassen wurde, ob der räumlich relevante Markt Deutschland oder den Europäischen Wirtschaftsraum (EWR), einschließlich der Schweiz, umfasst. Nach den Feststellungen des Bundeskartellamtes waren auf diesem Markt – neben nur noch zwei anderen Unternehmen – Heidelberger Druckmaschinen der führende und die MBO-Gruppe der zweitgrößte Anbieter. Der Zusammenschluss hätte demnach zu einer marktbeherrschenden Stellung von Heidelberger Druckmaschinen geführt.

326. In einem weiteren Fall beabsichtigte das Entsorgungsunternehmen Remondis die Übernahme von DSD. Das Bundeskartellamt stellte indes eine erhebliche Behinderung des Wettbewerbs auf dem Markt für duale Systeme sowie die Entstehung einer marktbeherrschenden Stellung bei der Vermarktung aufbereiteter Hohlglasscherben infolge des Zusammenschlusses fest.[27] Im Bereich dualer Systeme hätte die vertikale Integration von DSD in die Remondis-Gruppe und deren Stellung auf den nachgelagerten Entsorgungsmärkten insbesondere zu einer Erhöhung der Kosten für die Wettbewerber von DSD führen und diese Unternehmen verdrängen können. Im Bereich der Vermarktung aufbereiteter Hohlglasscherben hätten sich der führende (DSD) sowie der zweitgrößte (Remondis) Anbieter zusammengeschlossen und bundesweit einen gemeinsamen Marktanteil oberhalb der Schwelle von 40 Prozent für die Vermutung einer (einzel-)marktbeherrschenden Stellung erreicht. Da die angebotenen Verpflichtungszusagen die wettbewerblichen Bedenken des Bundeskartellamtes nicht ausräumen konnten, wurde das Zusammenschlussvorhaben untersagt. Schließlich untersagte das Bundeskartellamt auch den Erwerb von Ziemann durch Loomis.[28] Beide Unternehmen bieten verschiedene Bargelddienstleistungen für Kredit- und Finanzinstitute an, z. B. den Transport von Münz-/Papiergeld, die Bearbeitung des Geldes in einem sog. *Cash Center* und die Befüllung sowie die Wartung von Geldautomaten. Sie gehören zusammen mit Prosegur zu den drei großen überregional tätigen Unternehmen in diesem Bereich in Deutschland. Nach den Feststellungen des Bundeskartellamtes hätte der Zusammenschluss von Loomis und Ziemann zu unilateralen Effekten und damit zu einer erheblichen Behinderung des Wettbewerbs auf mehreren Regionalmärkten – darunter ist allerdings ein Bagatellmarkt – für Bargelddienstleistungen geführt. Insbesondere wären die kleinen regionalen Anbieter auf diesen ohnehin bereits konzentrierten Märkten nicht in der Lage, den durch den Zusammenschluss entstehenden wettbewerblichen Verhaltensspielraum von Loomis/Ziemann einerseits sowie Prosegur andererseits zu begrenzen.

327. Bereits im Berichtszeitraum 2016/2017 hatte das Bundeskartellamt den Erwerb von Four Artists durch CTS Eventim untersagt.[29] CTS Eventim bietet u. a. Ticketing- und Live-Entertainment-Dienstleistungen an, Four Artists ist als Konzert- und Eventveranstalter ebenfalls im Bereich des Live Entertainment tätig. Das Bundeskartellamt hatte die Untersagung damit begründet, dass die marktbeherrschende Stellung von CTS Eventim auf dem bundesweiten (mehrseitigen) Markt für Ticketsystemdienstleistungen durch den Zusammenschluss mit Four Artists, das Nachfrager eines vergleichsweise großen Ticketvolumens ist, verstärkt würde. Im Berichtszeitraum 2018/2019 wies das OLG Düsseldorf die gegen den Beschluss des Bundeskartellamtes eingelegte Beschwerde zurück.[30] Insbesondere bestätigte das OLG Düsseldorf die Auffassung des Bundeskartellamtes, wonach die Verstärkung einer marktbeherrschenden Stellung stets eine erhebliche Behinderung wirksamen Wettbewerbs im Sinne des § 36 Abs. 1 Satz 1 GWB begründe. Die Möglichkeit, gegen seine Entscheidung Rechtsbeschwerde beim BGH einzulegen, wurde vom OLG Düsseldorf nicht zugelassen. Auf die dagegen eingelegte Nichtzulassungsbeschwerde ließ der BGH die Rechtsbeschwerde jedoch zu, da die Frage, ob die Verstärkung einer marktbeherrschenden Stellung erheblich sein muss, um eine Untersagung zu rechtfertigen, grundsätzliche Bedeu-

[26] BKartA, Beschluss vom 6. Mai 2019, B5-185/18 – Heidelberger Druckmaschinen/MBO Oppenweiler.

[27] BKartA, Beschluss vom 11. Juli 2019, B4-21/19 – Remondis/DSD. Die gegen den Beschluss des Bundeskartellamtes eingelegte Beschwerde ist vom OLG Düsseldorf zurückgewiesen worden; vgl. OLG Düsseldorf, Beschluss vom 22. April 2020, VI-Kart 3/19 (V). Ein weiteres Zusammenschlussvorhaben aus dem Entsorgungsbereich, welches das Bundeskartellamt im Berichtszeitraum eingehend geprüft, letztlich aber ohne Nebenbestimmungen freigegeben hat, war der Erwerb der Müntefering-Gockeln-Gruppe, die vor allem in der Erfassung nichtgefährlicher Gewerbeabfälle durch Containerdienste und in der Aufbereitung von Altholz tätig ist; vgl. BKartA, Beschluss vom 4. Dezember 2018, B4-77/18 – Remondis/Helene Müntefering-Gockeln.

[28] BKartA, Beschluss vom 17. Dezember 2019, B9-80/19 – Loomis/Ziemann.

[29] BKartA, Beschluss 23. November 2017, B6-35/17 – CTS Eventim/Four Artists.

[30] OLG Düsseldorf, Beschluss vom 5. Dezember 2018, VI-Kart 3/18 (V) – Ticketvertrieb I, ECLI:DE:OLGD:2018:1205.KART3.18V.00.

tung habe.[31] Es gebe zu dieser Frage bislang keine Rechtsprechung des BGH; im Übrigen sei sie umstritten. Von einem Teil der Literatur werde – abweichend vom OLG Düsseldorf und vom Bundeskartellamt – die Auffassung vertreten, dass die Untersagung eines Zusammenschlussvorhabens die Feststellung einer erheblichen Verstärkungswirkung voraussetze. Dies entspricht auch der Auffassung der Monopolkommission, die in Bezug auf das im Rahmen der 8. GWB-Novelle eingeführte SIEC-Kriterium bereits darauf hingewiesen hat, dass es sich bei der Begründung bzw. Verstärkung einer marktbeherrschenden Stellung nur um ein Regelbeispiel für eine erhebliche Behinderung wirksamen Wettbewerbs handelt.[32] Die Entscheidung des BGH in der Hauptsache steht noch aus.

328. Das Bundeskartellamt hat sich mit mehreren Zusammenschlussvorhaben im Krankenhaussektor befasst. Dabei wurden zwei Anmeldungen im Hauptprüfverfahren zurückgenommen, nachdem das Bundeskartellamt den Zusammenschlussbeteiligten seine wettbewerblichen Bedenken mitgeteilt hatte. Ein Zusammenschlussvorhaben der beiden in Köln ansässigen Stiftungen von Cellitinnen („Cellitinnen Nord" und „Cellitinnen Süd") hatte die Übernahme von u. a. zwölf Krankenhäusern zum Gegenstand und ließ das Entstehen des größten Klinikverbundes im Kölner Stadtgebiet erwarten. Nach vorläufiger Einschätzung des Bundeskartellamtes würde der Zusammenschluss insbesondere die beherrschende Stellung der erwerbenden Stiftung Cellitinnen Nord auf dem Markt für akutstationäre Krankenhausdienstleistungen im Gebiet „Köln-Nord linksrheinisch" verstärken. So würde sich der dortige Marktanteil der Cellitinnen Nord, den das Bundeskartellamt auf bereits mehr als 50 Prozent schätzte und der weit über dem der nachfolgenden Wettbewerber lag, durch die Übernahme der Cellitinnen Süd, einer engen Wettbewerberin, noch einmal deutlich erhöhen.[33] Das andere Zusammenschlussvorhaben betraf den Erwerb der Sana Kliniken Ostholstein durch die Ameos Gruppe. Das Bundeskartellamt gelangte zu der vorläufigen Einschätzung, dass der Zusammenschluss den Wettbewerb auf dem Markt für akutstationäre Krankenhausdienstleistungen in Ostholstein erheblich behindern würde. Sana Kliniken Ostholstein betrieb dort vier Krankenhäuser (davon drei Allgemeinkrankenhäuser) und war der führende Klinikverbund, die Ameos Gruppe über ein mit ihr verbundenes Krankenhaus deren engste Wettbewerberin. Das zusammengeschlossene Unternehmen wäre mit einem Vorsprung von über 45 Prozentpunkten zu dem Marktanteil des nachfolgenden Wettbewerbers marktbeherrschend. Das Bundeskartellamt weist darauf hin, dass es den Zusammenschlussbeteiligten seine wettbewerblichen Bedenken bereits vor der Anmeldung in einer informellen Vorprüfung mitgeteilt hatte.[34] Mindestens zwei weitere Zusammenschlussvorhaben im Krankenhaussektor wurden dagegen nach einer solchen informellen Vorprüfung durch das Bundeskartellamt noch vor ihrer Anmeldung aufgegeben.[35] Das Bundeskartellamt gab schließlich den Erwerb von Rhön durch Asklepios, zwei der größten privaten Klinikbetreiber in Deutschland, im Vorprüfverfahren frei, da es bei den Standorten der Unternehmen kaum räumliche Überschneidungen gibt.[36]

329. Auch der Lebensmittelgroßhandel war im Berichtszeitraum Gegenstand der Fusionskontrollpraxis des Bundeskartellamtes. Edeka beabsichtigte die Übernahme der Handelshof-Gruppe, die 16 (Abhol-)Großhandelsmärkte sowie einen Zustellgroßhandel mit Lebensmitteln und Waren aus dem Non-Food-I-Bereich betrieb. Entgegen seinem früheren Vorgehen grenzte das Bundeskartellamt absatzseitig einen einheitlichen Markt für den Abhol- *und* Zustellgroßhandel ab, da die Marktentwicklungen dazu geführt hätten, dass der Zustellgroßhandel mittlerweile auch für kleinere Abnehmer eine Alternative zum Abholgroßhandel geworden sei. Danach kämen die Zusammenschlussbeteiligten lediglich im Raum

31 BGH, Beschluss vom 24. März 2020, KVZ 3/19, ECLI:DE:BGH:2020:240320BKVZ3.19.0.

32 Monopolkommission, XX. Hauptgutachten, Eine Wettbewerbsordnung für die Finanzmärkte, Baden-Baden 2014, Tz. 564 ff.

33 Rücknahme der Anmeldung am 17. Dezember 2018, B3-122/18 – Cellitinnen Nord/Süd. Vgl. dazu BKartA, Fallbericht vom 4. April 2019, Rücknahme der Fusionsanmeldung zweier Stiftungen von Cellitinnen in Köln. Zur Analyse der Patientenströme durch das Bundeskartellamt vgl. noch Tz. 537 in diesem Kapitel.

34 Rücknahme der Anmeldung vom 18. März 2019, B3-157/18 – Ameos/Sana Kliniken Ostholstein. Vgl. dazu BKartA, Fallbericht vom 2. Mai 2019, Rücknahme der Anmeldung des Erwerbs der Sana Kliniken Ostholstein durch AMEOS.

35 WDR, Kartellamt verbietet Krankenhaus-Fusion in Soest, https://www1.wdr.de/nachrichten/westfalen-lippe/kartellamt-untersagt-krankenhausfusion-soest-100.html, Stand: 7. Februar 2020; Neue Westfälische, Klinik-Fusion in Gütersloh scheitert am Kartellamt, https://www.nw.de/lokal/kreis_guetersloh/guetersloh/22602262_Klinik-Fusion-in-Guetersloh-ist-gescheitert.html, Stand: 1. November 2019; Abruf jeweils am 6. Juli 2020.

36 BKartA, Pressemitteilung vom 26. Mai 2020, Bundeskartellamt genehmigt Zusammenschluss zwischen Asklepios und Rhön-Klinikum.

Bielefeld/Detmold auf einen gemeinsamen Marktanteil von über 30 Prozent; der Verhaltensspielraum des zusammengeschlossenen Unternehmens würde jedoch auch dort von mehreren bundesweit sowie regional tätigen Wettbewerbern begrenzt. Auf der Beschaffungsseite verfügte Edeka zwar über hohe Marktanteile, der Zuwachs durch Handelshof wäre mit deutlich unter 0,5 Prozent Marktanteil (bezogen auf das deutsche Gesamtbeschaffungsvolumen im Einzel- und Großhandel bei Lebensmitteln und bei Non Food I) aber unerheblich. Das Zusammenschlussvorhaben wurde deshalb vom Bundeskartellamt im Vorprüfverfahren freigegeben.[37] Der die deutschen Märkte betreffende Teil der fusionskontrollrechtlichen Prüfung des geplanten Erwerbs von Lekkerland durch Rewe erfolgte durch das Bundeskartellamt, da das Verfahren insoweit von der Europäischen Kommission an Deutschland verwiesen worden war. Die Tätigkeiten der Unternehmen überschnitten sich insbesondere bei der Belieferung von Tankstellenshops und bei der Beschaffung von Lebensmitteln. Trotz der in einzelnen Märkten bzw. Marktsegmenten hohen Marktanteile der Unternehmen gab das Bundeskartellamt das Zusammenschlussvorhaben bereits im Vorprüfverfahren frei, da sich die Zusammenschlussbeteiligten entweder starken Nachfragern gegenübersahen oder der Marktanteilszuwachs nur sehr gering war.[38] Auch die Europäische Kommission, die bei diesem Fall für die Prüfung der Märkte außerhalb Deutschlands und Österreichs zuständig war, erteilte eine Freigabe, ohne das Zusammenschlussvorhaben eingehend geprüft zu haben.[39] Die österreichische Bundeswettbewerbsbehörde, an die der Fall teilweise verwiesen worden war, hatte hingegen durchgreifende wettbewerbliche Bedenken, sodass Rewe den in Österreich tätigen Teil von Lekkerland von dem Zusammenschluss ausgenommen hat.[40]

330. Das Bundeskartellamt prüfte zudem einen Teil des Zusammenschlusskomplexes RWE/E.ON, in dessen Rahmen die beiden Unternehmen verschiedene Vermögensgegenstände sowie Anteile voneinander bzw. aneinander zu erwerben planten. Danach beabsichtigte RWE, sich insbesondere auf die Stromerzeugung und den Stromgroßhandel zu konzentrieren, E.ON dagegen auf die Verteilung und den Einzelhandel mit Strom sowie Gas. Der Erwerb einer Minderheitsbeteiligung in Höhe von 16,67 Prozent an E.ON durch RWE fiel nicht in den grundsätzlich vorrangigen Anwendungsbereich der EU-Fusionskontrolle. Das Bundeskartellamt wertete diesen Anteilserwerb – zusammen mit dem Recht, ein Mitglied des Aufsichtsrats von E.ON vorzuschlagen – aber als einen Erwerb wettbewerblich erheblichen Einflusses und sah damit den Zusammenschlusstatbestand des § 37 Abs. 1 Nr. 4 GWB verwirklicht. Bei dem vom Bundeskartellamt geprüften Zusammenschlussvorhaben ging es insbesondere um die Überschneidungen der Unternehmen auf dem Markt für die Stromerzeugung und den Erstabsatz von Strom (ohne den nach dem EEG erzeugten Strom) im Marktgebiet Deutschland-Luxemburg. Nach den Feststellungen des Bundeskartellamtes auf Basis einer sog. RSI-Analyse seien die Kraftwerkskapazitäten von RWE, dem führenden Anbieter bei der konventionellen Stromerzeugung in Deutschland, zwar in einer nicht unerheblichen Zahl von Stunden für die Stromnachfrage unverzichtbar; die Zahl pivotaler Stunden erreiche jedoch nicht das für die Annahme einer marktbeherrschenden Stellung erforderliche Niveau.[41] Die Möglichkeiten und Anreize von RWE, den Strompreis durch eine Strategie der Kapazitätszurückhaltung maßgeblich zu beeinflussen, würden durch den geringen und teilweise lediglich vorübergehenden Kapazitätszuwachs sowie den Umstand, dass eine bloße Minderheitsbeteiligung an E.ON erworben werde, nur unwesentlich verstärkt. Das Bundeskartellamt gab das Zusammenschlussvorhaben deshalb im Vorprüfverfahren frei.[42] Zeitgleich wurde der geplante Erwerb von Vermögenswerten zur Erzeugung von erneuerbarem Strom sowie von Atomstrom von E.ON durch RWE durch die insoweit zuständige Europäi-

---

37 BKartA, Beschluss vom 1. Juli 2019, B2-55/19 – Edeka/Handelshof. Vgl. dazu BKartA, Fallbericht vom 1. Juli 2019, Freigabe des geplanten Erwerbs von Handelshof durch EDEKA.

38 BKartA, Beschluss vom 9. Oktober 2019, B2-40/19 – Rewe/Lekkerland. Vgl. dazu BKartA, Fallbericht vom 9. Oktober 2019, Freigabe des geplanten Erwerbs von Lekkerland durch Rewe.

39 EU-Kommission, Beschluss vom 7. August 2019, M.9142 – Rewe/Lekkerland.

40 BWB, Pressemitteilung vom 21. Oktober 2019, Rewe darf Lekkerland in Österreich nicht übernehmen.

41 Zu der RSI-Analyse im Fall RWE/E.ON sowie allgemein vgl. auch Monopolkommission, 7. Sektorgutachten Energie (2019), Wettbewerb mit neuer Energie, Baden-Baden 2019, Tz. 22, 48 ff.

42 BKartA, Beschluss vom 26. Februar 2019, B8-28/19 – RWE/E.ON. Vgl. dazu BKartA, Fallbericht vom 31. Mai 2019, Erwerb einer Minderheitsbeteiligung an der E.ON SE durch die RWE AG in Höhe von 16,67 Prozent. Auch die britische Competition and Markets Authority prüfte und genehmigte den Erwerb der Minderheitsbeteiligung an E.ON durch RWE; vgl. CMA, Entscheidung vom 8. April 2019, ME/6800/19, https://www.gov.uk/cma-cases/rwe-ag-e-on-se-merger-inquiry, Abruf am 3. Juli 2020.

sche Kommission ebenfalls in der ersten Prüfphase freigegeben.[43] Die Freigabe des Erwerbs einzelner Geschäftsbereiche und Vermögensgegenstände von Innogy, einem Tochterunternehmen von RWE, durch E.ON erfolgte dagegen erst nach eingehender Prüfung der Europäischen Kommission mit Nebenbestimmungen.[44] Soweit die Europäische Kommission Bedenken hinsichtlich des Wettbewerbs in Deutschland hatte, sahen die Verpflichtungszusagen eine Veräußerung der Verträge mit den meisten Heizstromkunden von E.ON sowie die Aufgabe des Betriebs von mehreren Ladestationen für Elektrofahrzeuge an Autobahnen vor.

331. Der geplante Erwerb von Vossloh Locomotives (Vossloh) durch CRRC Zhuzhou Locomotive (CRRC) wurde vom Bundeskartellamt ohne Nebenbestimmungen im Hauptprüfverfahren freigegeben.[45] Das Zusammenschlussvorhaben betraf den Markt für die Herstellung und den Vertrieb von Rangierlokomotiven im EWR und der Schweiz. Auf diesem Markt ist Vossloh bislang führend gewesen, während CRRC – ein Tochterunternehmen des weltweit größten Herstellers von Schienenfahrzeugen, China Railway Rolling Stock Corporation – in Europa gerade erst in den Markt eingetreten ist. Nach den Feststellungen des Bundeskartellamtes weist der betroffene Markt einige Besonderheiten auf, denen bei der fusionskontrollrechtlichen Prüfung Rechnung zu tragen war. Hierzu zählen: (1) schwankende Marktvolumen und Absatzzahlen der einzelnen Nachfrager, (2) ein erheblicher Zeitverzug zwischen der Auftragserteilung und der Auslieferung der Lokomotiven und (3) die Erwartung, dass sich die Marktstellungen der an dem Zusammenschluss beteiligten Unternehmen künftig stark ändern werden; die wettbewerbliche Bedeutung von Vossloh dürfte abnehmen, jene von CRRC dagegen zunehmen. In diesem Zusammenhang hat das Bundeskartellamt verschiedene Szenarien zu den möglichen Entwicklungen der Unternehmen erstellt. Eine weitere Besonderheit des Falles war der fusionskontrollrechtliche Umgang mit der (mittelbaren) Mehrheitsbeteiligung des chinesischen Staates an CRRC.[46] Das Bundeskartellamt weist darauf hin, dass die Größe des mit dieser Beteiligung einhergehenden Konzernverbundes sowohl in formeller als auch in materieller Hinsicht eine Herausforderung gewesen sei. In Bezug auf die Wettbewerbswirkungen des Zusammenschlusses hat das Bundeskartellamt zum einen geprüft, ob die Marktstellung des zusammengeschlossenen Unternehmens durch erhaltene chinesische Subventionen gestärkt werden könnte. Zum anderen hat es sich mit der Frage befasst, ob die Einflussnahme chinesischer Stellen die Fähigkeit und die Bereitschaft zu Niedrigpreisstrategien aufseiten von CRRC begünstigen könnte. Dabei hat das Bundeskartellamt auch das Vorverhalten von CRRC berücksichtigt. Letztlich konnte nicht mit der nötigen Wahrscheinlichkeit festgestellt werden, dass das Zusammenschlussvorhaben innerhalb eines (erweiterten) Prognosezeitraums von fünf bis zehn Jahren zu einer erheblichen Behinderung wirksamen Wettbewerbs führen würde.

1.2.1.2 Europäische Fusionskontrolle

332. Auch die Europäische Kommission prüfte im Berichtszeitraum erneut mehr Zusammenschlussvorhaben.[47] Im Berichtszeitraum 2018/2019 wurden auf Unionsebene insgesamt 796 Anmeldungen eingereicht (davon 404 im Jahr 2018 und 382 im Jahr 2019), gegenüber 742 Anmeldungen im Berichtszeitraum 2016/2017. Anders als das Bundeskartellamt prüfte die Europäische Kommission im Jahr 2019 weniger Anmeldungen als im Jahr 2018. Der Anteil der Fälle, die im vereinfachten Verfahren geprüft wurden, erhöhte sich erneut leicht und betrug nunmehr beinahe drei Viertel aller Anmeldungen.

333. In insgesamt 20 Fällen leitete die Europäische Kommission das Hauptprüfverfahren ein (davon zwölf im Jahr 2018 und acht im Jahr 2019), was einer Steigerung von einem Drittel gegenüber dem vorangegangenen Berichtszeitraum entspricht. Im Hauptprüfverfahren wurden vier Zusammenschlussvorhaben ohne und zwölf Zusammenschlussvorhaben mit Nebenbestimmungen freigegeben. Im Vorprüfverfahren gab es insgesamt 27 Freigaben mit Nebenbestimmungen.

---

43 EU-Kommission, Beschluss vom 26. Februar 2019, M.8871 – RWE/E.ON Assets.

44 EU-Kommission, Beschluss vom 17. September 2019, M.8870 – E.ON/Innogy. Vgl. dazu EU-Kommission, Pressemitteilung vom 17. September 2019, IP/19/5582.

45 BKartA, Beschluss vom 27. April 2020, B4-115/19 – CRRC/Vossloh.

46 Die Monopolkommission befasst sich in diesem Gutachten tiefergehend mit den wettbewerblichen Auswirkungen des chinesischen Staatskapitalismus (Kapitel IV).

47 Die statistischen Angaben der Europäischen Kommission zu ihrer Fusionskontrollpraxis sind abrufbar auf der Webseite der Behörde unter http://ec.europa.eu/competition/mergers/statistics.pdf, Abruf am 3. Juli 2020.

Wie im vorangegangenen Berichtszeitraum untersagte die Europäische Kommission drei Zusammenschlussvorhaben, und zwar ausschließlich im ersten Halbjahr 2019.[48] Die Anzahl der Untersagungsentscheidungen seit Bestehen der EU-Fusionskontrolle stieg damit von 27 auf 30. Insgesamt wurden 24 Anmeldungen zurückgenommen, 22 im Vorprüfverfahren und zwei im Hauptprüfverfahren.

334. Die Zusammenschlussbeteiligten stellten im Berichtszeitraum 20 Anträge auf Verweisung eines Fusionskontrollverfahrens an einen Mitgliedstaat und damit deutlich weniger als in den Jahren 2016/2017 (29 Anträge). In bislang 15 Fällen gab die Europäische Kommission das Verfahren vollumfänglich und in zwei Fällen teilweise an einen Mitgliedstaat ab. Auch die Anzahl der Anträge der Zusammenschlussbeteiligten auf Abgabe des Fusionskontrollverfahrens an die Europäische Kommission war mit 31 Anträgen niedriger als in den Jahren 2016/2017 (38 Anträge). Den Anträgen wurde in gleicher Anzahl stattgegeben. Die Anzahl der Verweisungsanträge, die von einem oder mehreren Mitgliedstaaten mit dem Ziel gestellt wurden, ein Zusammenschlussvorhaben ohne gemeinschaftsweite Bedeutung durch die Europäische Kommission prüfen zu lassen, war mit fünf Anträgen mehr als doppelt so hoch wie im vorangegangenen Berichtszeitraum. Es wurde erneut kein Antrag abgelehnt. Die Anzahl der Anträge, mit denen ein Mitgliedstaat die Verfahrensabgabe an die jeweilige nationale Wettbewerbsbehörde zu erreichen beabsichtigte, belief sich auf acht (2016/2017: fünf). Es gab bislang drei vollumfängliche und zwei teilweise Verfahrensabgaben. In einem Fall wurde ein solcher Verweisungsantrag abgelehnt.[49]

335. Erneut hat die Europäische Kommission Verstöße gegen die Verfahrensvorschriften der Fusionskontrolle geahndet.[50] In einem Fall wurde Canon im Zusammenhang mit dem Erwerb der Toshiba Medical Systems Corporation (TMSC) wegen eines Verstoßes gegen das Verbot des vorzeitigen Vollzugs eines Zusammenschlusses mit einer Geldbuße in Höhe von EUR 28 Mio. belegt.[51] Die Europäische Kommission entschied, dass das gewählte zweistufige Transaktionsverfahren, bei dem ein Zwischenkäufer beteiligt war, ein einziges anmeldepflichtiges Zusammenschlussvorhaben darstellte. Bereits der erste Schritt habe zum endgültigen Erwerb der Kontrolle durch Canon über TMSC beigetragen. Damit sei der Zusammenschluss teilweise vollzogen worden, bevor er bei der Europäischen Kommission angemeldet und von dieser freigegeben wurde. Zudem entschied der EuGH, dass die Verhängung von zwei getrennten Geldbußen durch die Europäische Kommission für (1) die unterbliebene Anmeldung eines kontrollpflichtigen Zusammenschlussvorhabens und (2) den Vollzug dieses nicht angemeldeten – und somit nicht freigegebenen – Zusammenschlusses zulässig sei.[52] Der EuGH räumte zwar ein, dass es nicht möglich sei, einen Verstoß gegen die Anmeldepflicht aus Art. 4 Abs. 1 Verordnung (EG) 139/2004 unabhängig von einem solchen gegen die Stillhaltepflicht aus Art. 7 Abs. 1 dieser Verordnung zu begehen. Dennoch sei die Situation, in der ein Unternehmen die Anmeldepflicht beachte, aber gegen die Stillhaltepflicht verstoße, von der vorliegenden Situation, in der ein Unternehmen gegen beide Pflichten verstoße, zu unterscheiden, da der zusätzliche Verstoß gegen die Anmeldepflicht anderenfalls niemals Gegenstand einer separaten Sanktion sein könne. In einem anderen Fall verhängte die Europäische Kommission eine Geldbuße in Höhe von EUR 52 Mio. gegen General Electric wegen unrichtiger Angaben in der Anmeldung zu dem geplanten Erwerb von LM Wind.[53] General Electric informierte die Europäische Kommission in der Anmeldung des Zusammenschlussvorhabens zunächst nicht über bestimmte eigene Geschäftsaktivitäten. Nachdem die Europäische Kommission durch eine Marktbefragung hiervon Kenntnis erlangt hatte, nahm das Unternehmen die Anmeldung zurück und reichte eine zweite, vollständige Anmeldung ein, aufgrund derer die Europäische Kommission das Zusammenschlussvorhaben schließlich ohne vertiefte Prüfung freigab.[54]

---

[48] EU-Kommission, Beschluss vom 11. Juni 2019, M.8713 – Tata Steel/ThyssenKrupp; Beschluss vom 6. Februar 2019, M.8677 – Siemens/Alstom; Beschluss vom 5. Februar 2019, M.8900 – Wieland/Aurubis.

[49] EU-Kommission, Beschluss vom 6. Februar 2018, M.8665 – Discovery/Scripps.

[50] Zum vergangenen Berichtszeitraum vgl. Monopolkommission, XXII. Hauptgutachten, Wettbewerb 2018, Baden-Baden 2018, Tz. 575.

[51] EU-Kommission, Beschluss vom 27. Juni 2019, M.8179 – Canon/Toshiba Medical Systems Corporation. Den Zusammenschluss Canon/Toshiba Medical Systems Corporation hatte die Europäische Kommission mit Beschluss vom 19. September 2016, M.8006, freigegeben.

[52] EuGH, Urteil vom 4. März 2020, C-10/18 P, ECLI:EU:C:2020:149 – Mowi ASA.

[53] EU-Kommission, Beschluss vom 8. April 2019, M.8436 – General Electric Company/LM Wind Power Holding.

[54] EU-Kommission, Beschluss vom 20. März 2017, M.8283 – General Electric Company/LM Wind Power Holding.

Ein weiterer Fall, der die Übermittlung unrichtiger oder irreführender Angaben in einem Fusionskontrollverfahren betrifft, ist zurzeit noch bei der Europäischen Kommission anhängig.[55]

336. Die Europäische Kommission hat im Berichtszeitraum die folgenden drei Zusammenschlussvorhaben untersagt: (1) Wieland/Aurubis, (2) Siemens/Alstom sowie (3) Tata Steel/ThyssenKrupp. Wieland beabsichtigte, die Walzproduktsparte seines Wettbewerbers Aurubis sowie die Beteiligung von Aurubis an dem Gemeinschaftsunternehmen Schwermetall und damit die alleinige Kontrolle über dieses Unternehmen zu erwerben. Schwermetall stellt Vorwälzbänder her, ein Vorprodukt für die Herstellung von Kupferwalzprodukten. Die Europäische Kommission befürchtete infolge des Zusammenschlusses das Entstehen einer marktbeherrschenden Stellung von Wieland auf den Märkten für Kupferwalzprodukte im EWR und den Verlust der operativen Unabhängigkeit von Schwermetall in Bezug auf den Verkauf von Vorwalzbändern an Dritte.[56] Das Zusammenschlussvorhaben Siemens/Alstom betraf die Zusammenfassung der Geschäftsbereiche Mobilität der beiden Unternehmen in einem neu zu gründenden Unternehmen, das unter alleiniger Kontrolle von Siemens gestanden hätte. Nach den Feststellungen der Europäischen Kommission hätte der Zusammenschluss zu wettbewerblichen Problemen in den Bereichen Eisenbahnsignalanlagen und Höchstgeschwindigkeitszüge geführt. Bei Eisenbahnsignalanlagen wäre das neue Unternehmen zum unumstrittenen Marktführer geworden und hätte bei Höchstgeschwindigkeitszügen – und zwar sowohl EWR- als auch weltweit (ohne China, Japan und Südkorea) – hohe Marktanteile erreicht. Insbesondere hätte das chinesische Unternehmen China Railway Rolling Stock Corporation bei Höchstgeschwindigkeitszügen in absehbarer Zeit keinen ausreichenden Wettbewerbsdruck auf das zu gründende Unternehmen ausgeübt.[57] Schließlich beabsichtigten Tata Steel und ThyssenKrupp die Gründung eines Gemeinschaftsunternehmens, in dem die Kohlenstoff-Flachstahl- und die Elektrostahlsparte der beiden Unternehmen zusammengeführt werden sollten. Nach den Feststellungen der Europäischen Kommission war ThyssenKrupp der zweitgrößte und Tata Steel der drittgrößte Hersteller von Kohlenstoff-Flachstahl im EWR. Der Zusammenschluss hätte zu einer erheblichen Behinderung wirksamen Wettbewerbs, insbesondere zu einem Anstieg der Preise für Abnehmer aus der Verpackungs- sowie der Automobilindustrie, geführt. Aus Sicht der Europäischen Kommission haben die Unternehmen keine ausreichenden Abhilfemaßnahmen zur Ausräumung der wettbewerblichen Bedenken der Behörde angeboten, sodass das Zusammenschlussvorhaben untersagt wurde.[58]

337. Dagegen hatte die Europäische Kommission bei den nachfolgend genannten Zusammenschlussvorhaben mit Bezügen zur Digital- und/oder Sharing-Ökonomie keine durchgreifenden wettbewerblichen Bedenken: (1) Apple/Shazam, (2) Microsoft/GitHub sowie (3) BMW/Daimler. Der Erwerb von Shazam durch Apple konnte nur aufgrund eines Verweisungsantrages einzelner Mitgliedstaaten von der Europäischen Kommission geprüft werden, da die an den Umsätzen der zusammenschlussbeteiligten Unternehmen orientierten Anmeldeschwellen der Verordnung (EG) 139/2004 nicht erreicht wurden. Die wirtschaftlichen Aktivitäten der Unternehmen sind im Wesentlichen komplementär: Während Apple u. a. einen Musik-Streamingdienst anbietet, betreibt Shazam eine Musikerkennungs-App. Bei ihrer Prüfung gelangte die Europäische Kommission zu dem Ergebnis, dass konkurrierende Musik-Streamingdienste weder durch den Zugang von Apple zu den Kundendaten von Shazam noch durch eine Beschränkung des Zugangs konkurrierender Musik-Streamingdienste zu der Musikerkennungs-App von Shazam vom Markt gedrängt würden. Insbesondere seien die Nutzerdaten von Shazam nicht einzigartig. Die Europäische Kommission gab das Zusammenschlussvorhaben nach eingehender Prüfung in der zweiten Phase ohne Nebenbestimmungen frei.[59] Den Erwerb von GitHub durch Microsoft gab die

---

[55] M.8181 – Merck/Sigma-Aldrich.

[56] EU-Kommission, Beschluss vom 5. Februar 2019, M.8900 – Wieland/Aurubis/Schwermetall. Vgl. dazu EU-Kommission, Pressemitteilung vom 6. Februar 2019, IP/19/883. Erst kurz vor dieser Untersagung gab die Europäische Kommission einen Zusammenschluss von zwei großen Anbietern von Kupferwalzprodukten frei; vgl. EU-Kommission, Beschluss vom 11. Dezember 2018, M.8909 – KME/MKM.

[57] EU-Kommission, Beschluss vom 6. Februar 2019, M.8677 – Siemens/Alstom, Tz. 500 ff. Die Entscheidung der Europäischen Kommission hat eine Debatte über die Reformbedürftigkeit des EU-Wettbewerbsrechts sowie über die Förderung nationaler und europäischer Champions ausgelöst; vgl. nur Drauz, WuW 2019, 169.

[58] EU-Kommission, Beschluss vom 11. Juni 2019, M.8713 – Tata Steel/ThyssenKrupp. Vgl. dazu EU-Kommission, Pressemitteilung vom 11. Juni 2019, IP/19/2948.

[59] EU-Kommission, Beschluss vom 6. September 2018, M.8788 – Apple/Shazam.

Europäische Kommission bereits im Vorprüfverfahren frei.[60] Zwar waren die Unternehmen in mehreren Bereichen Wettbewerber, etwa bei dem Angebot von Plattformen für die Softwareentwicklung. Allerdings wäre das zusammengeschlossene Unternehmen nach den Feststellungen der Europäischen Kommission weiterhin einem erheblichen Wettbewerbsdruck seitens anderer Marktteilnehmer ausgesetzt. Zudem würde eine etwaige vorzugsweise Integration von eigener Software durch Microsoft – statt jener von anderen Software-Anbietern – in die offene Entwicklungsplattform von GitHub dazu führen, dass Entwickler zu konkurrierenden Entwicklungsplattformen wechseln. BMW und Daimler meldeten die Gründung von insgesamt sechs Gemeinschaftsunternehmen an, in denen die Mobilitätsdienste der beiden Autohersteller zusammengeführt werden sollten. Zu Überschneidungen der wirtschaftlichen Aktivitäten der Unternehmen kam es dabei vor allem im Bereich des sog. *Free-Floating-Carsharing*, die mit „DriveNow" (BMW) bzw. „car2go" (Daimler) entsprechende Dienste anboten. Die Europäische Kommission hatte insoweit wettbewerbliche Bedenken hinsichtlich des Carsharing-Angebots in sechs Städten in der EU. Zur Ausräumung dieser Bedenken boten die Unternehmen als Abhilfemaßnahmen einen Schnittstellenzugang für die Anzeige der Mobilitätsdienste von BMW und Daimler in den Meta-Apps von Drittanbietern sowie den Zugang zu einer multimodalen Mobilitäts-App von Daimler für andere Carsharing-Dienste an. Die Europäische Kommission gab das Zusammenschlussvorhaben mit entsprechenden Nebenbestimmungen im Vorprüfverfahren frei.[61]

338. Der Telekommunikationssektor war im Berichtszeitraum ein Schwerpunkt der EU-Fusionskontrolle. Die Europäische Kommission gab zunächst den Erwerb von Tele2 NL durch T-Mobile NL frei.[62] Vor dem Zusammenschluss waren die Unternehmen die dritt- bzw. viertgrößten Mobilfunkanbieter auf dem niederländischen Endkundenmarkt. Durch den Zusammenschluss verringerte sich die Anzahl der Mobilfunknetzbetreiber in den Niederlanden von vier auf drei, allerdings lag der gemeinsame Marktanteil der Unternehmen bei nur rund 25 Prozent.[63] Das Zusammenschlussvorhaben wurde nach eingehender Prüfung in der zweiten Phase ohne Nebenbestimmungen seitens der Europäischen Kommission freigegeben, da diese letztlich keine negativen Auswirkungen auf den Qualitäts- sowie den Preiswettbewerb auf dem niederländischen Mobilfunkmarkt erwartete. Ein zweites Zusammenschlussvorhaben betraf die Übernahme des von Liberty Global in mehreren Mitgliedstaaten – darunter Deutschland (hier: Unitymedia) – betriebenen Kabelnetzes durch Vodafone.[64] Das Kabelnetz kann nicht nur zum Fernsehen genutzt werden, sondern ermöglicht auch einen Breitbandzugang zum Internet. Vodafone hatte zuvor bereits das Unternehmen Kabel Deutschland erworben und übernahm durch den Zusammenschluss mit Liberty Global nun auch den Großteil des übrigen Kabelnetzes in Deutschland.[65] Nach der Deutschen Telekom ist Vodafone nunmehr der zweitgrößte Betreiber von Breitbandanschlüssen in Deutschland. Die Europäische Kommission hatte u. a. Bedenken wegen des Wegfalls des Wettbewerbsdrucks, den die an dem Zusammenschluss beteiligten Unternehmen auf dem Endkundenmarkt für Festnetz-Breitbanddienste aufeinander ausübten. Gleichwohl gab sie das Zusammenschlussvorhaben in der zweiten Phase mit Nebenbestimmungen frei, nachdem Vodafone als Abhilfemaßnahme angeboten hatte, einem dritten Unternehmen Zugang zu seinem Kabelnetz in Deutschland zu gewähren. Außerdem leitete die Europäische Kommission ein Verfahren gegen Telefónica ein, in dem sie prüfte, ob

60 EU-Kommission, Beschluss vom 19. Oktober 2018, M.8994 – Microsoft/GitHub.

61 EU-Kommission, Beschluss vom 7. November 2018, M.8744 – Daimler/BMW. Ein weiteres Zusammenschlussvorhaben aus dem Automobilbereich mit Digitalbezug betraf die Gründung eines Gemeinschaftsunternehmen, das eine Online-Plattform für den Handel mit Gebrauchtwagen betreibt („HeyCar"), durch Daimler sowie Volkswagen. Das Zusammenschlussvorhaben wurde von der Europäischen Kommission mangels wettbewerblicher Bedenken im vereinfachten Verfahren in der ersten Phase freigegeben; vgl. EU-Kommission, Beschluss vom 22. Januar 2019, M.9180 – Volkswagen/Daimler/HeyCar.

62 EU-Kommission, Beschluss vom 27. November 2018, M.8792 – T-Mobile NL/Tele2 NL.

63 Zu den Anforderungen an den Nachweis einer erheblichen Behinderung wirksamen Wettbewerbs bei einem Zusammenschlussvorhaben im Telekommunikationssektor, infolgedessen sich die Anzahl der Unternehmen von vier auf drei verringern würde, vgl. jüngst EuG, Urteil vom 20. Mai 2020, T−399/16 – CK Telecoms UK Investments, ECLI:EU:T:2020:217. Das Gericht hob die Untersagung des Zusammenschlussvorhabens Hutchison 3G UK/Telefónica UK durch die Europäische Kommission (Beschluss vom 11. Mai 2016, M.7612) auf.

64 EU-Kommission, Beschluss vom 18. Juli 2019, M.8864 – Vodafone/Certain Liberty Global Assets.

65 Das Bundeskartellamt stellte deshalb einen Verweisungsantrag an die Europäische Kommission zur Prüfung des Zusammenschlussvorhabens, soweit sich dieses auf den deutschen Markt auswirken würde, nahm den Antrag später aber zurück; vgl. EU-Kommission, Beschluss vom 18. Juli 2019, M.8864 – Vodafone/Certain Liberty Global Assets, Tz. 10, 12.

das Unternehmen Verpflichtungszusagen, die es im Zusammenhang mit der Übernahme von E-Plus im Jahr 2014 eingegangen war, nicht nachgekommen ist.[66] Nach vorläufiger Auffassung der Europäischen Kommission soll Telefónica gegen die Verpflichtung verstoßen haben, interessierten Marktteilnehmern 4G-Vorleistungen zu den „günstigsten Preisen unter Benchmark-Bedingungen" anzubieten, indem es bestimmte Vorleistungsvereinbarungen nicht in die Benchmark einbezogen hat, sodass die Konditionen für den Vorleistungszugang für Dritte weniger günstig waren.[67]

1.2.2 Missbrauchsaufsicht

339. Das Bundeskartellamt leitete im Jahr 2018 sieben neue Verfahren wegen Verstößen gegen das Missbrauchsverbot ein und schloss 24 Missbrauchsverfahren ab.[68] Keines der 24 Verfahren wurde mit einer förmlichen Verfügung beendet. In fünf Fällen wurde das vom Bundeskartellamt beanstandete Verhalten seitens des Unternehmens aufgegeben, die übrigen Verfahren wurden aus anderen Gründen ohne Verfügung eingestellt.[69] Für das Jahr 2019 liegen der Monopolkommission keine vollständigen Daten vor. Das Bundeskartellamt erließ aber mindestens eine Feststellungs- und Abstellungsentscheidung,[70] einen Bußgeldbescheid[71] sowie zwei Verpflichtungszusagenentscheidungen[72].

340. Das Bundeskartellamt hat ein Missbrauchsverfahren gegen das Internationale Olympische Komitee (IOC) und den Deutschen Olympischen Sportbund (DOSB) wegen der Werbebeschränkungen für Athleten und ihre (potenziellen) Sponsoren bei Olympischen Spielen geführt.[73] Im Rahmen einer vorläufigen rechtlichen Würdigung kam das Bundeskartellamt zu dem Ergebnis, dass die Mitglieder der Olympischen Bewegung, zu denen das IOC und der DOSB gehören, ihre auf dem Markt für die Organisation und die Vermarktung der Olympischen Spiele bestehende marktbeherrschende Stellung ausgenutzt und den Wettbewerb auf dem (Dritt-)Markt für Sportsponsoring behindert hätten. Das Bundeskartellamt beendete das Verfahren mit einer Zusagenentscheidung und erreichte für die deutschen Athleten deutliche Lockerungen der Werbebeschränkungen. Die Monopolkommission befasst sich in diesem Kapitel noch tiefergehend mit den Beschränkungen der Werbemöglichkeiten von Athleten (Abschnitt 2.4).

341. Im Berichtszeitraum hat es mehrere bedeutende Missbrauchsfälle im Digitalbereich gegeben. Das Bundeskartellamt hat zunächst das Verwaltungsverfahren gegen Facebook mit einer Untersagungsentscheidung abgeschlossen.[74] Nach den Feststellungen des Bundeskartellamtes ist Facebook auf dem Markt für soziale Netzwerke für private Nutzer in Deutschland marktbeherrschend. Diese marktbeherrschende Stellung nutze das Unternehmen missbräuchlich aus, indem es die Nutzung von Facebook davon abhängig mache, dass die bei der Verwendung von konzerneigenen Diensten (z. B. WhatsApp oder Instagram) oder von bestimmten Webseiten bzw. Apps Dritter erhobenen personenbezogenen Daten ohne wirksame Zustimmung der privaten Nutzer mit den Daten des Facebook-Kontos verknüpft und – für die Zwecke personalisierter Werbung – verarbeitet werden. Die Verwendung solcher Bedingungen über die Datenverarbei-

---

[66] EU-Kommission, Mitteilung der Beschwerdepunkte vom 22. Februar 2019, M.9003 – Telefónica Deutschland/E-Plus. Dies ist der erste Fall, in dem die Europäische Kommission einem Unternehmen wegen eines Verstoßes gegen die Nebenbestimmungen einer fusionskontrollrechtlichen Freigabe eine Mitteilung der Beschwerdepunkte übermittelt hat; vgl. EU-Kommission, Pressemitteilung vom 22. Februar 2019, IP/19/1371.

[67] Ein weiteres Zusammenschlussvorhaben mit Bezügen zum Telekommunikationssektor war der Erwerb des Fernsehveranstalters Bonnier Broadcasting durch den Telekommunikationsanbieter Telia, den die Europäische Kommission in der zweiten Prüfphase mit Nebenbestimmungen freigegeben hat; vgl. EU-Kommission, Beschluss vom 12. November 2019, M.9064 – Telia Company/Bonnier Broadcasting Holding. Im Vordergrund der wettbewerblichen Prüfung des Zusammenschlussvorhabens standen jedoch eher die Fernseh- als die Telekommunikationsmärkte in Teilen Nordeuropas.

[68] BKartA, Tätigkeitsbericht 2017/2018, BT-Drs. 19/10900 vom 19. Juni 2019, S. 136.

[69] Ebenda. In Betracht kommt eine Verfahrenseinstellung, z. B. aus Ermessenserwägungen oder weil sich der Verdacht eines kartellrechtswidrigen Verhaltens nicht bestätigt hat.

[70] BKartA, Beschluss vom 6. Februar 2019, B6-22/16 – Facebook.

[71] BKartA, Beschluss vom 2. Dezember 2019, B1-233/17 – Basaltsteinbrüche (Verstoß gegen § 21 GWB).

[72] BKartA, Beschluss vom 3. Dezember 2019, B7-25/17 – Software für Steuerberater; Beschluss vom 25. Februar 2019, B2-26/17 – Olympia-Werbebeschränkungen. Nachfolgend nur noch „Zusagenentscheidung".

[73] BKartA, Beschluss vom 25. Februar 2019, B2-26/17 – Olympia-Werbebeschränkungen.

[74] BKartA, Beschluss vom 6. Februar 2019, B6-22/16 – Facebook.

tung verstoße gegen die Wertungen der Datenschutz-Grundverordnung und sei Facebook als marktbeherrschendem Unternehmen auch nach dem kartellrechtlichen Missbrauchsverbot untersagt, da sie als Ausfluss von dessen Marktmacht anzusehen sei. Es handele sich um einen Konditionenmissbrauch gemäß der Generalklausel des § 19 Abs. 1 GWB. Das Verhalten von Facebook schädige private Nutzer, da diese nicht selbstbestimmt über ihre Daten verfügen könnten, und behindere wegen des Vorsprungs von Facebook bei dem Zugang zu wettbewerbsrelevanten Daten tatsächliche und potenzielle Wettbewerber. Im Verfahren des einstweiligen Rechtsschutzes ordnete das OLG Düsseldorf auf Antrag von Facebook die aufschiebende Wirkung seiner Beschwerde gegen den Beschluss des Bundeskartellamtes an.[75] Das Gericht betonte, dass sich die gebotene Kausalitätsprüfung nicht an den Wertungen des Datenschutzrechts, sondern an jenen des Kartellrechts zu orientieren habe.[76] Ein Ausbeutungsmissbrauch zum Nachteil der privaten Nutzer erfordere eine Verhaltenskausalität dergestalt, dass gerade die Marktmacht von Facebook die Verwendung der beanstandeten Datenschutz-Konditionen ermögliche. Lediglich für die Annahme eines Behinderungsmissbrauchs zum Nachteil der Wettbewerber von Facebook könne eine Ergebniskausalität genügen. Insoweit müsse das Verhalten des marktbeherrschenden Unternehmens zu einer Verstärkung seiner Marktstellung bzw. zu einer (weiteren) Schwächung der Wettbewerbsstruktur führen. Das Bundeskartellamt habe nicht den für einen Ausbeutungsmissbrauch erforderlichen Nachweis erbracht, dass die den privaten Nutzern von Facebook abverlangte Zustimmung zur Verknüpfung sowie Verarbeitung der Mehrdaten aufgrund der marktbeherrschenden Stellung von Facebook derart fremdbestimmt ist, dass die Einverständniserklärung nicht mehr als auf einer autonomen Entscheidung des Nutzers beruhend angesehen werden kann. Zudem seien auch keine Behinderungswirkungen dargelegt worden; insbesondere sei der maßgebliche Grund für eine etwaige Marktzutrittsschranke auf dem Markt für soziale Netzwerke die Existenz von direkten Netzwerkeffekten aufseiten der privaten Nutzer von Facebook – und nicht die in Rede stehende Datenverknüpfung/-verarbeitung. Auf die gegen den Beschluss des OLG Düsseldorf eingelegte Rechtsbeschwerde hob der BGH die Entscheidung des OLG auf.[77] Der BGH ist der Auffassung, dass an der missbräuchlichen Ausnutzung der marktbeherrschenden Stellung von Facebook durch die Verwendung der Bedingungen über die Datenverarbeitung keine ernstlichen Zweifel bestünden. Im Gegensatz zum Bundeskartellamt knüpft er bei der Frage, ob das Unternehmen missbräuchlich gehandelt hat, aber nicht an einen Verstoß gegen die Datenschutz-Grundverordnung an, sondern stellt darauf ab, dass den Facebook-Nutzern keine Wahl gelassen werde, in welchem Umfang sie ihre persönlichen Daten preisgeben. Bei funktionierendem Wettbewerb könnten die Nutzer selbst entscheiden, ob Facebook ausschließlich solche Daten sammeln und verarbeiten dürfe, welche die Nutzer selbst auf dem sozialen Netzwerk angeben, oder zur Verbesserung des Nutzungserlebnisses auch auf Daten aus Drittquellen zurückgreifen dürfe.[78] Die Entscheidung des BGH hat zur Folge, dass die Beschwerde von Facebook gegen den Beschluss des Bundeskartellamtes keine aufschiebende Wirkung mehr hat, sodass die Verfügung vollzogen werden kann. Eine Entscheidung in der Hauptsache steht noch aus.

342. Das Bundeskartellamt hat zudem ein Missbrauchsverfahren gegen Amazon geführt. Gegenstand der Ermittlungen waren verschiedene Regeln und sonstige Verhaltensweisen, die Amazon gegenüber den auf seinem Online-Marktplatz „amazon.de" tätigen Einzelhändlern anwendete. Das Bundeskartellamt prüfte, ob Amazon seine Marktmacht missbräuchlich ausnutzte, indem das Unternehmen u. a. Luxemburg als ausschließlichen Gerichtsstand vorgebe, Händlerkonten überraschend und mit lediglich formelhafter Begründung kündige bzw. sperre oder Händler zur Kostenübernahme bei offensichtlich unberechtigten Kundenretouren verpflichte. Da Amazon die vom Bundeskartellamt beanstandeten Verhaltensweisen änderte und weitere Anpassungen zusagte, und zwar für alle seine Online-Marktplätze weltweit, wurde das Verfahren gegen Amazon nach nur acht Monaten eingestellt.[79] Somit konnte auch offenbleiben, ob es sich bei

---

[75] OLG Düsseldorf, Beschluss vom 26. August 2019, VI-Kart 1/19 (V) – Facebook I, ECLI:DE:OLGD:2019:0826.KART1.19V.00.

[76] Zu den Anforderungen an den Zusammenhang zwischen der marktbeherrschenden Stellung eines Unternehmens und einem Rechtsverstoß, die diesen als missbräuchlich im Sinne der Art. 102 AEUV, § 19 GWB qualifizieren, vgl. bereits Monopolkommission, XXII. Hauptgutachten, a. a. O., Tz. 661 ff.

[77] BGH, Beschluss vom 23. Juni 2020, KVR 69/19 – Facebook.

[78] Vgl. dazu BGH, Pressemitteilung vom 23. Juni 2019, Bundesgerichtshof bestätigt vorläufig den Vorwurf der missbräuchlichen Ausnutzung einer marktbeherrschenden Stellung durch Facebook. Die schriftliche Begründung des Beschlusses des BGH lag zum Zeitpunkt der Fertigstellung dieses Gutachtens noch nicht vor.

[79] BKartA, Beschluss vom 17. Juli 2019, B2-88/18 – Amazon Marktplatz.

den in Rede stehenden Verhaltensweisen von Amazon tatsächlich um die missbräuchliche Ausnutzung einer marktbeherrschenden Stellung handelte. Das Bundeskartellamt weist darauf hin, dass es sein Verfahren primär auf die Regelungen des deutschen Missbrauchsrechts gestützt und sowohl einen Ausbeutungs- als auch einen Behinderungsmissbrauch geprüft habe. Im Rahmen der Marktabgrenzung komme ein (mehrseitiger) Markt für die Erbringung von Online-Marktplatzdienstleistungen in Betracht. Branchenstudien zufolge werde ein Anteil von deutlich über 40 Prozent an dem deutschen Onlinehandel über den Marktplatz „amazon.de" abgewickelt. Für die Online-Händler und deren Zugang zu den Endkunden verfüge Amazon über eine *Gatekeeper*-Funktion. Diese Funktion könne bei der Frage nach der relativen Marktmacht von Amazon für eine Abhängigkeit der Händler von dem Unternehmen sprechen; wobei jedoch auch zu berücksichtigen sei, dass insbesondere kleinere Händler ihre Produkte überhaupt nur wegen des Marktplatz-/Serviceangebots von Amazon online vertrieben.[80] Ein weiteres Verfahren gegen Amazon ist noch bei der Europäischen Kommission anhängig.[81] Im Fokus dieser Untersuchung steht vor allem die Stellung von Amazon als sog. Hybrid-Plattform: Als Betreiber der Online-Marktplätze sammelt Amazon möglicherweise Daten von den auf den Plattformen tätigen Einzelhändlern, die das Unternehmen in seiner Stellung als Wettbewerber dieser Händler beim Verkauf von Waren auf den Plattformen selbst nutzen könnte.

343. Der BGH hat sich in zwei Entscheidungen zu Werbeblockern mit der Marktabgrenzung bei Plattformen befasst.[82] Der BGH stellte fest, dass der Betreiber eines Werbeblockers kein Nachfragemittler sei, da die Internetnutzer für die Webseitenbetreiber ohne den Werbeblocker ohne Weiteres zugänglich seien, sondern ein Anbieter für die Beseitigung des von ihm selbst geschaffenen Zugangshindernisses. Der Betreiber des Werbeblockers sei auf dem Markt für die Eröffnung des Zugangs zu Internetnutzern, die seinen Werbeblocker installiert haben, marktbeherrschend, wenn die Webseitenbetreiber keine andere wirtschaftlich sinnvolle Zugangsmöglichkeit zu diesen Nutzern haben, als die blockierte Werbung mittels des sog. *Whitelisting* entgeltlich freischalten zu lassen. Die Monopolkommission befasst sich in diesem Kapitel noch tiefergehend mit der Marktabgrenzung bei Werbeblockern (Abschnitt 2.1).

344. Das OLG Düsseldorf hat in einem zivilrechtlichen Verfahren über den Anspruch auf Zugang einer freien Reparaturwerkstatt zu dem Servicenetz eines Fahrzeugherstellers entschieden.[83] Ein solcher Anspruch kommt zunächst in Betracht, wenn die Verweigerung des Zugangs zu dem Servicenetz einen Missbrauch der marktbeherrschenden Stellung des Fahrzeugherstellers darstellt. Für die Marktabgrenzung – so das OLG Düsseldorf – sei entscheidend, ob freie Werkstätten, die Arbeiten an Fahrzeugen einer bestimmten Automarke durchführen wollen, eine wirtschaftlich sinnvolle Möglichkeit haben, diese Tätigkeit auch ohne den Status als Vertragswerkstatt des Herstellers auszuüben. Ist das nicht der Fall, sei der „Ressourcenmarkt" für die Erbringung von Wartungs- und Instandsetzungsarbeiten markenspezifisch abzugrenzen und der Fahrzeughersteller hinsichtlich des Zugangs zu solchen Arbeiten für seine Automarke marktbeherrschend. Ob der Status als Vertragswerkstatt eine notwendige Ressource für die Erbringung von Werkstattleistungen bei Fahrzeugen einer bestimmten Marke ist, werde dabei maßgeblich durch die Ansprüche, Erwartungen und Gepflogenheiten der Fahrzeugeigentümer bei der Inanspruchnahme der Werkstattleistungen bestimmt. Im Hinblick auf Werkstattleistungen für Fahrzeuge der Marke Jaguar hatte der BGH dies in zwei früheren Entscheidungen angenommen und insoweit eine marktbeherrschende Stellung des entsprechenden Fahrzeugherstellers bejaht.[84] Das OLG Düsseldorf nahm in dem vorliegenden Fall – es ging um weniger hochpreisige Fahrzeuge der Marke Volvo – dagegen keine markenspezifische Abgrenzung des Ressourcenmarktes vor, sodass der Automobilhersteller nicht marktbeherrschend gewesen sei. Dieser habe gegenüber dem Werkstattbetreiber auch nicht über relative Marktmacht verfügt. Insbesondere begründe allein die aus eigenem Entschluss vorgenommene Spezialisierung einer freien Werkstatt auf eine Automarke ohne das

---

80 Vgl. dazu BKartA, Fallbericht vom 17. Juli 2019, Amazon ändert weltweit seine Geschäftsbedingungen für Händler auf seinen Marktplätzen – Bundeskartellamt stellt Missbrauchsverfahren ein, insb. S. 8 f., 11 f.

81 AT.40462 – Amazon Marketplace. Vgl. dazu EU-Kommission, Pressemitteilung vom 17. Juli 2019, IP/19/4291.

82 BGH, Beschluss vom 10. Dezember 2019, KZR 57/19 – Werbeblocker IIIa, ECLI:DE:BGH:2019:101219UKZR57.19.0; Beschluss vom 8. Oktober 2019, KZR 73/17 – Werbeblocker III, ECLI:DE:BGH:2019:081019UKZR73.17.0.

83 OLG Düsseldorf, Urteil vom 27. März 2019, U (Kart) 16/18 – Kfz-Werkstatt, ECLI:DE:OLGD:2019:0327.U.KART16.18.00.

84 BGH, Urteil vom 23. Januar 2018, KZR 48/15 – Zulassung als Vertragswerkstatt, ECLI:DE:BGH:2018:230118UKZR48.15.0; Urteil vom 26. Januar 2016, KZR 41/14 – Jaguar-Vertragswerkstatt, ECLI:DE:BGH:2016:260116UKZR41.14.0.

Hinzutreten weiterer Umstände keine unternehmensbedingte Abhängigkeit. Somit fehlte es für die Annahme einer missbräuchlichen Zugangsverweigerung an der Normadressateneigenschaft des Fahrzeugherstellers.[85]

345. Die Europäische Kommission erließ in den Jahren 2018 und 2019 neun verfahrensbeendende Entscheidungen wegen Verstößen gegen das Verbot des Missbrauchs einer marktbeherrschenden Stellung, vier im Jahr 2018 und fünf im Jahr 2019.[86] Darunter waren sechs Feststellungs- und Abstellungsentscheidungen[87] sowie zwei Zusagenentscheidungen[88]. Hinzu kam eine in der Praxis der Europäischen Kommission bislang äußerst seltene einstweilige Anordnung, gemäß derer dem betreffenden Unternehmen das beanstandete Verhalten vorläufig untersagt wurde.[89] Insgesamt verhängte die Europäische Kommission im Missbrauchsbereich Geldbußen in Höhe von ca. EUR 7,32 Mrd., darunter die höchste jemals verhängte Einzelgeldbuße in Höhe von EUR 4,34 Mrd. gegen Google – bzw. dessen Mutterunternehmen Alphabet – im Fall „Google Android".

346. Zwei Missbrauchsverfahren der Europäischen Kommission im Berichtszeitraum richteten sich gegen das Unternehmen Google.[90] Im Fall „Google Android" warf die Europäische Kommission Google vor, dass das Unternehmen seine Marktmacht im Zusammenhang mit seinem mobilen Betriebssystem Android missbräuchlich ausgenutzt habe.[91] Google habe gegenüber den Herstellern von Mobilgeräten u. a. Kopplungs- und Ausschließlichkeitspraktiken eingesetzt, um konkurrierende Anwendungen vom Markt zu drängen. Die Europäische Kommission gelangte zu dem Ergebnis, dass diese Verhaltensweisen Google letztlich dazu gedient hätten, die marktbeherrschende Stellung seiner Suchmaschine zu festigen. Die Monopolkommission befasst sich in diesem Kapitel noch tiefergehend mit den Verhaltensweisen von Google im Zusammenhang mit seinem Android-Betriebssystem (Abschnitt 2.2).

347. Der Fall „Google Search (AdSense)" betraf eine missbräuchliche Ausnutzung der marktbeherrschenden Stellung von Google auf dem Markt für die Vermittlung von Suchmaschinenwerbung im EWR.[92] Mit seinem Dienst „AdSense for Search" übernimmt Google eine Vermittlungsfunktion zwischen Webseitenbetreibern, die eine Suchfunktion anbieten und bei der Anzeige der Suchergebnisse Werbung platzieren möchten, und den Werbetreibenden. Nach den Feststellungen der Europäischen Kommission war Google während des Verstoßzeitraums 2006 bis 2016 der mit Abstand größte Anbieter solcher Vermittlungsleistungen im EWR. Google habe seine marktbeherrschende Stellung ausgenutzt, indem es den Webseitenbetreibern zunächst mittels Ausschließlichkeitsvereinbarungen untersagte, bei der Anzeige der Suchergebnisse Werbung, die Wettbewerber von Google vermittelt haben, zu platzieren. Später habe Google die Webseitenbetreiber stattdessen dazu verpflichtet, die rentabelsten sowie eine Mindestzahl von Werbeflächen für die Vermitt-

---

85 Das OLG Düsseldorf stellte zudem klar, dass ein Anspruch auf Zugang des Werkstattbetreibers zu dem Servicenetz des Fahrzeugherstellers auf Basis des Kartellverbots von vornherein ausscheide, und zwar auch dann, wenn das Servicenetz als selektives Vertriebssystem organisiert sei. Die (Nicht-)Zulassung stelle eine einseitige Maßnahme dar, sodass es an einer tauglichen Abstimmungshandlung im Sinne des Art. 101 Abs. 1 AEUV, § 1 GWB fehle. Vgl. OLG Düsseldorf, Urteil vom 27. März 2019, U (Kart) 16/18 – Kfz-Werkstatt, ECLI:DE:OLGD:2019:0327.U.KART16.18.00, Rz. 87 (zit. nach Juris).

86 Zur Fallstatistik der Europäischen Kommission in Missbrauchs- und Kartellverfahren vgl. auch EU-Kommission, Annual activity report 2019 – Competition, 25. Juni 2020, S. 17; Völcker/Benditz, EuZW 2020, 259 (264 ff.).

87 EU-Kommission, Beschluss vom 18. Juli 2019, AT.39711 – Qualcomm (predation); Beschluss vom 13. Mai 2019, AT.40134 – AB InBev; Beschluss vom 20. März 2019, AT.40411 – Google Search (AdSense); Beschluss vom 18. Juli 2018, AT.40099 – Google Android; Beschluss vom 17. Dezember 2018, AT.39849 – BEH gas; Beschluss vom 25. Januar 2018, AT.40220 – Qualcomm (exclusivity payments).

88 EU-Kommission, Beschluss vom 7. Dezember 2018, AT.40461 – DE/DK Interconnector; Beschluss vom 24. Mai 2018, AT.39816 – Gazprom.

89 EU-Kommission, Beschluss vom 16. Oktober 2019, AT.40608 – Broadcom.

90 Bereits im vergangenen Berichtszeitraum schloss die Europäische Kommission ein Missbrauchsverfahren gegen Google ab. Der zentrale Vorwurf lautete damals, dass Google seine Marktmacht auf dem Markt für allgemeine Suchdienste auf den Markt für Preisvergleichsdienste hebelte, indem es bei der Anzeige der Suchergebnisse seine eigenen Angebote gegenüber jenen von konkurrierenden Preisvergleichsdiensten bevorzugt behandelt hat; vgl. EU-Kommission, Beschluss vom 27. Juni 2017, AT.39740 – Google Search (Shopping).

91 EU-Kommission, Beschluss vom 18. Juli 2018, AT.40099 – Google Android.

92 EU-Kommission, Beschluss vom 20. März 2019, AT.40411 – Google Search (AdSense). Vgl. dazu EU-Kommission, Pressemitteilung vom 20. März 2019, IP/19/1770.

lung durch Google vorzuhalten. Hierdurch seien – aktuelle und potenzielle – Wettbewerber von Google im Bereich der Vermittlung von Suchmaschinenwerbung behindert worden. Die Europäische Kommission verhängte gegen Google eine Geldbuße in Höhe von EUR 1,49 Mrd.

348. Im Berichtszeitraum erließ die Europäische Kommission einstweilige Maßnahmen gemäß Art. 8 Verordnung (EU) 1/2003 gegen Broadcom, den weltweit führenden Anbieter von Chipsätzen für TV-Set-Top-Boxen und Modems.[93] Dabei handelt es sich um den ersten Fall mit einstweiligen Maßnahmen auf Unionsebene seit dem Inkrafttreten der Verordnung (EU) 1/2003.[94] Die Europäische Kommission übermittelte Broadcom im Juni 2019 eine Mitteilung der Beschwerdepunkte und erließ bereits im Oktober 2019 einen Beschluss mit einstweiligen Anordnungen gegen das Unternehmen wegen des – prima facie festgestellten – Missbrauchs einer marktbeherrschenden Stellung. Dort vertrat die Europäische Kommission die vorläufige Auffassung, dass Broadcom auf den weltweiten Märkten für die Herstellung von Chipsätzen für TV-Set-Top-Boxen, Glasfasermodems und xDSL-Modems marktbeherrschend sei. Seine Marktmacht habe das Unternehmen ausgenutzt, indem es seine Abnehmer durch Kopplungs- und Ausschließlichkeitsvereinbarungen sowie die Gewährung von verschiedenen Vorteilen zu einem (quasi-)exklusiven Bezug von Broadcom-Chipsätzen veranlasste. Die Europäische Kommission befürchtete einen ernsten und nicht wiedergutzumachenden Schaden für den Wettbewerb, da durch die Verhaltensweisen von Broadcom eine Reihe künftiger Ausschreibungen beeinträchtigt und damit letztlich Wettbewerber des Unternehmens vom Markt gedrängt würden. Die Europäische Kommission ordnete deshalb an, dass Broadcom einstweilen (1) die beanstandeten Verhaltensweisen nicht mehr anwendet und seine Abnehmer hierüber informiert sowie (2) keine in ihrer Zielsetzung oder Wirkung vergleichbaren Maßnahmen anwendet. Im Anschluss an die einstweilige Anordnung legte Broadcom der Europäischen Kommission Verpflichtungszusagen vor, im Rahmen derer das Unternehmen im Wesentlichen anbot, Abnehmer künftig nicht mehr dazu zu verpflichten oder zu veranlassen, mehr als 50 Prozent ihres jeweiligen Bedarfs an den einschlägigen Chipsätzen von Broadcom zu beziehen oder die Belieferung von der Abnahme anderer Chipsätze abhängig zu machen.[95] Die Europäische Kommission unterzieht die angebotenen Verpflichtungszusagen derzeit einem Markttest.

349. Die Europäische Kommission schloss ein Missbrauchsverfahren gegen den weltweit führenden Bierhersteller Anheuser-Busch InBev (AB InBev) mit einer Bußgeldentscheidung ab.[96] Das Unternehmen habe seine marktbeherrschende Stellung auf dem belgischen Biermarkt missbraucht, indem es den grenzüberschreitenden Handel mit Bier aus den Niederlanden einschränkte. AB InBev ist mit seiner Biermarke Jupiler marktbeherrschend auf dem belgischen Biermarkt. Da der Wettbewerb auf dem niederländischen Biermarkt größer ist, verkauft das Unternehmen Jupiler dort zu niedrigeren Preisen an Groß- und Einzelhändler. Um die Einfuhren aus den Niederlanden zu beschränken und damit das höhere Preisniveau in Belgien aufrechtzuerhalten, setzte AB InBev gegenüber sowohl den niederländischen als auch den belgischen Abnehmern verschiedene missbräuchliche Verhaltensweisen ein. In den Niederlanden wurden (1) bei einigen Einzelhändlern die französischsprachigen Lebensmittelinformationen vom Etikett der Bierdosen entfernt und das Design sowie die Größe der Bierdosen geändert, (2) einem Großhändler lediglich begrenzte Mengen an Bier geliefert und (3) einem Einzelhändler Sonderangebotspreise nur unter der Bedingung gewährt, dass diese Preise nicht an Abnehmer in Belgien weitergegeben werden. In Belgien wurden einem Einzelhändler bestimmte Produkte von AB InBev nur unter der Bedingung verkauft, dass der Händler die Einfuhr von günstigerem Jupiler-Bier aus den Niederlanden begrenzt. Die Entscheidung der Europäischen Kommission ist vor allem auch auf formeller Ebene von Bedeutung. AB InBev räumte den Vorwurf der Europäischen Kommission in tatsächlicher sowie rechtlicher Sicht ein und bot als Abhilfemaßnahme an, Lebensmittelinformationen auf den Verpackungen seiner Produkte künftig sowohl auf Französisch als auch auf Niederländisch bereitzustellen. Im Gegenzug für seine über die rechtlichen Pflichten hinausgehende Kooperation gewährte die Europäische Kommission dem Unternehmen eine Bußgeldermäßigung in Höhe von 15 Prozent, sodass die gegen AB

93 EU-Kommission, Beschluss vom 16. Oktober 2019, AT.40608 – Broadcom. Vgl. dazu EU-Kommission, Pressemitteilung vom 16. Oktober 2019, IP/19/6109.

94 Zuletzt ist wiederholt ein stärkerer Einsatz von einstweiligen Maßnahmen insbesondere auf digitalen Märkten empfohlen worden; vgl. nur Kommission Wettbewerbsrecht 4.0, Ein neuer Wettbewerbsrahmen für die Digitalwirtschaft, a. a. O., S. 74.

95 Verpflichtungszusagenangebot vom 1. April 2020, AT.40608 – Broadcom. Vgl. dazu EU-Kommission, Pressemitteilung vom 27. April 2020, IP/20/755.

96 EU-Kommission, Beschluss vom 13. Mai 2019, AT.40134 – AB InBev.

InBev verhängte Geldbuße letztlich rund EUR 200 Mio. betrug. Die Europäische Kommission wertete die Kooperation des Unternehmens dabei nicht als mildernden, sondern als besonderen Umstand im Sinne ihrer Bußgeldleitlinien.[97]

1.2.3 Horizontale und vertikale Beschränkungen

350. Das Bundeskartellamt leitete im Jahr 2018 40 neue Verfahren wegen Verstößen gegen das Kartellverbot ein und schloss 52 Kartellverfahren ab.[98] In mindestens neun Fällen, acht (horizontalen) Kartellen und einer (vertikalen) Preisbindung, erließ das Bundeskartellamt Bußgeldbescheide.[99] Dabei wurden Geldbußen in Höhe von insgesamt ca. EUR 376 Mio. verhängt.[100] Alle übrigen Verfahren endeten ohne förmliche Verfügung, wobei das beanstandete Verhalten in zwölf Fällen aufgegeben und das Verfahren in 36 Fällen aus einem anderen Grund eingestellt wurde.[101] Für das Jahr 2019 liegen der Monopolkommission keine vollständigen Daten vor. Das Bundeskartellamt erließ aber in mindestens acht (horizontalen) Kartellfällen Bußgeldbescheide.[102] Die Summe der Geldbußen war mit ca. EUR 848 Mio. deutlich höher als im Vorjahr.[103] Ein Großteil des Betrages verhängte das Bundeskartellamt wegen Preisabsprachen von Stahlherstellern bei Quartoblechen.[104]

351. Im Berichtszeitraum war der Stahlsektor ein Schwerpunkt der Kartellaufsicht beim Bundeskartellamt. In einer Reihe von Verfahren wurden separate Kartellabsprachen – zum Teil auf unterschiedlichen Marktstufen – sanktioniert. Zunächst erließ das Bundeskartellamt Bußgeldbescheide gegen mehrere Edelstahlunternehmen wegen Absprachen über Preise und des Austauschs wettbewerblich sensibler Informationen.[105] Bei den betroffenen Unternehmen handelt es sich um Hersteller bzw. Weiterverarbeiter und Händler verschiedener Edelstahlprodukte. Die Preisabsprachen betrafen insbesondere die brancheneinheitliche Berechnung sowie Anwendung der Schrott- und Legierungszuschläge, die einen erheblichen Teil des Endpreises der Stahlprodukte ausmachten. An der Umsetzung der wettbewerbswidrigen Abstimmung waren nach den Feststellungen des Bundeskartellamtes auch Branchenverbände beteiligt. Ein weiteres Verfahren richtete sich gegen drei deutsche Automobilhersteller, die ihr Verhalten in gemeinsamen Gesprächen mit Stahlherstellern, Schmieden sowie Zulieferern über die Einkaufspreise von Langstahl koordiniert haben sollen.[106] Auch diese Verständigung betraf die brancheneinheitliche Berechnung und Anwendung der Schrott- und Legierungszuschläge als Preisbestandteile von Stahlprodukten. Besonders hohe Geldbußen verhängte das Bundeskartellamt zudem gegen drei Stahlher-

[97] EU-Kommission, Leitlinien für das Verfahren zur Festsetzung von Geldbußen gemäß Artikel 23 Absatz 2 Buchstabe a) der Verordnung (EG) Nr. 1/2003, ABl. C 210 vom 1. September 2006, S. 2., Tz. 37. Zur Bußgeldermäßigung aufgrund der Kooperation von Unternehmen in Nichtkartellfällen vgl. noch Tz. 360.

[98] BKartA, Tätigkeitsbericht 2017/2018, a. a. O., S. 136.

[99] Horizontale Verstöße: BKartA, Beschluss vom 21. Dezember 2018 (u. a.), B11-21/14 – Technische Gebäudeausrüstung; Beschluss vom 13. Dezember 2018 (u. a.), B12-22/15, -21/17 – Edelstahl; Beschluss vom 7. Dezember 2018, B1-189/13 – Asphaltmischgut; Beschluss vom 29. Oktober 2018, B7-50/16 – Lesezirkel; Beschluss vom 3. September 2018, B7-185/17 – Regionale Abonnement-Tageszeitungen; Beschluss vom 30. April 2018, B11-21/15 – Kartoffeln und Zwiebeln (später nach Einspruchseinlegung im Zwischenverfahren eingestellt, vgl. Fallbericht vom 21. November 2019); Beschluss vom 21. Februar 2018, B5-139/12 – Sanitärgroßhandel; Beschluss vom 6. Februar 2018, B9-44/14 – Hafendienstleister. Vertikaler Verstoß: BKartA, Beschluss vom 21. Dezember 2018, B11-28/16 – Fahrradvertrieb.

[100] BKartA, Tätigkeitsbericht 2017/2018, a. a. O., S. 28.

[101] BKartA, Tätigkeitsbericht 2017/2018, a. a. O., S. 136.

[102] BKartA, Beschluss vom 31. Dezember 2019, B10-22/15 – Pflanzenschutzmittel; Beschluss vom 16. Dezember 2019 (u. a.), B10-21/16 – Flüssiggas; Beschluss vom 13. Dezember 2019, B10-22/17 – Schilderpräger; Beschluss vom 11. Dezember 2019, B12-25/16 – Quartobleche; Beschluss vom 5. Dezember 2019, B11-21/14 – Technische Gebäudeausrüstung; Beschluss vom 21. November 2019, B12-23/16 – Langstahl; Beschluss vom 19. März 2019, B11-13/13 – Industriebatterien; Beschluss vom 24. Januar 2019, B7-50/16 – Lesezirkel.

[103] BKartA, Pressemitteilung vom 27. Dezember 2019, Bundeskartellamt – Jahresrückblick 2019.

[104] BKartA, Beschluss vom 11. Dezember 2019, B12-25/16.

[105] BKartA, Beschluss vom 12. Juli 2018 (u. a.), B12-22/15, -21/17 – Edelstahl. Vgl. dazu BKartA, Tätigkeitsbericht 2017/2018, a. a. O., S. 71 f.

[106] BKartA, Beschluss vom 21. November 2019, B12-23/16 – Langstahl. Vgl. dazu BKartA, Fallbericht vom 9. Januar 2020, Bußgelder gegen deutsche Automobilhersteller wegen wettbewerbswidriger Praktiken beim Einkauf von Langstahl.

steller wegen Preisabsprachen bei Quartoblechen.[107] Mit EUR 646 Mio. ist dies die bislang höchste (Gesamt-)Geldbuße des Bundeskartellamtes für ein einziges Kartell. Bei Quartoblechen handelt es sich um Stahl-Flacherzeugnisse, deren Verkaufspreise sich ebenfalls aus einem Basispreis sowie verschiedenen Aufpreisen und Zuschlägen zusammensetzen. Gegenstand der Absprachen der Stahlhersteller waren wiederum diese Aufpreise und Zuschläge.

352. Das Bundeskartellamt prüfte die geplante Gründung eines Gemeinschaftsunternehmens durch die Deutsche Telekom und EWE auf seine Vereinbarkeit mit dem Kartellverbot und schloss das Verfahren mit einer Zusagenentscheidung ab.[108] Die Unternehmen beabsichtigen, beim Ausbau von Glasfasernetzen in Teilen Nordwestdeutschlands zu kooperieren. Zur Ausräumung der wettbewerblichen Bedenken des Bundeskartellamtes verpflichteten sie sich u. a., bis Ende des Jahres 2023 eigenwirtschaftlich mindestens 300.000 Glasfaseranschlüsse – einen Teil davon im ländlichen bzw. dünn besiedelten Raum – bis zum Endkunden auszubauen sowie dritten Telekommunikationsanbietern einen diskriminierungsfreien Zugang zu dem Glasfasernetz zu gewähren.[109] Die Monopolkommission befasst sich in diesem Kapitel noch tiefergehend mit der Kooperation zwischen der Deutschen Telekom und EWE zum gemeinsamen Glasfaserausbau (Abschnitt 2.5).

353. Das Bundeskartellamt schloss ein Kartellverwaltungsverfahren gegen die Deutsche Fußball Liga (DFL) wegen der Zentralvermarktung der Medienrechte für die Fußball-Bundesliga mit Verpflichtungszusagen ab.[110] In dem nunmehr entschiedenen Fall ging es um die Vergabe der Rechte für die Übertragung der Spiele der Bundesliga und der 2. Bundesliga in den Spielzeiten 2021/2022 bis 2024/2025. In der Vergangenheit hatte das Bundeskartellamt die von der DFL in regelmäßigen Abständen vorgelegten Vermarktungsmodelle geprüft und die Verfahren wiederholt mit einer Zusagenentscheidung abgeschlossen. Auch im Rahmen der aktuellen Rechteausschreibung war für das Bundeskartellamt ein Alleinerwerbsverbot eine zentrale Voraussetzung für eine positive Beurteilung der gemeinsamen Vermarktung. Die Monopolkommission befasst sich in diesem Kapitel noch tiefergehend mit der Vergabe der Übertragungsrechte von Fußballspielen (Abschnitt 2.6).

354. Das OLG Düsseldorf hob eine Untersagungsentscheidung des Bundeskartellamtes gegen das Hotelportal Booking.com auf und erklärte die sog. engen Bestpreisklauseln, die das Unternehmen gegenüber den auf der Plattform tätigen Hotelbetreibern verwendete, für kartellrechtlich zulässig.[111] Das OLG Düsseldorf entschied, dass die von Booking verwendeten Bestpreisklauseln eine notwendige Nebenabrede zu dem kartellrechtsneutralen Hotelportalvertrag darstellten, da sie einen fairen und ausgewogenen Leistungsaustausch zwischen dem Buchungsportal und den Hotelbetreibern gewährleisteten. Die Entscheidung des Gerichts hat zur Folge, dass die engen Bestpreisklauseln bereits tatbestandlich vom Kartellverbot ausgenommen sind, sodass es der Entscheidung über ihre (Einzel- oder Gruppen-)Freistellung nicht mehr bedarf. Die Monopolkommission befasst sich in diesem Kapitel noch tiefergehend mit engen Bestpreisklauseln (Abschnitt 2.7).

355. Der BGH hob im Zusammenhang mit der gemeinsamen Rundholzvermarktung in Baden-Württemberg eine Entscheidung des OLG Düsseldorf teilweise auf.[112] Der BGH verneinte das Vorliegen eines Grundes für die Wiederaufnahme des seitens des Bundeskartellamtes mit einer Zusagenentscheidung abgeschlossenen Verfahrens. Er stellte insbesondere fest, dass § 32b Abs. 2 Nr. 1 GWB eine Wiederaufnahme des Verfahrens nur dann erlaube, wenn sich die Sachlage in

[107] BKartA, Beschluss vom 11. Dezember 2019, B12-25/16 – Quartobleche. Vgl. dazu BKartA, Pressemitteilung vom 12. Dezember 2019, Rund 646 Mio. Euro Bußgeld gegen Stahlhersteller wegen Preisabsprachen bei Quartoblechen.

[108] BKartA, Beschluss vom 4. Dezember 2019, B7-21/18 – Deutsche Telekom/EWE Kooperation.

[109] Unter Berücksichtigung der Verpflichtungszusagen aus dem Kartellverfahren gab das Bundeskartellamt die geplante Gründung des Gemeinschaftsunternehmens in dem größtenteils parallel geführten Fusionskontrollverfahren ohne Nebenbestimmungen frei; vgl. BKartA, Beschluss vom 30. Dezember 2019, B7-21/18 – Deutsche Telekom/EWE Zusammenschluss.

[110] BKartA, Beschluss vom 20. März 2020, B6-28/19 – BL-Zentralvermarktung ab 2020/2021.

[111] OLG Düsseldorf, Beschluss vom 4. Juni 2019, VI-Kart 2/16 (V) – Enge Bestpreisklausel II, ECLI:DE:OLGD:2019:0604.KART2.16V.00; BKartA, Beschluss vom 22. Dezember 2015, B9-121/13.

[112] BGH, Beschluss vom 12. Juni 2018, KVR 38/17, ECLI:DE:BGH:2018:120618BKVR38.17.0 – Holzvermarktung Baden-Württemberg; OLG Düsseldorf, Beschluss vom 15. März 2017, VI-Kart 10/15 (V), ECLI:DE:OLGD:2017:0315.VI.KART10.15V.00 – Rundholzvermarktung.

objektiver Hinsicht nachträglich geändert habe. Neu gewonnene Erkenntnisse oder eine mit den Verpflichtungszusagen bezweckte, tatsächlich aber ausgebliebene positive Entwicklung des Wettbewerbs könnten eine Wiederaufnahme des Verfahrens lediglich dann begründen, wenn die Fehlvorstellung für die Kartellbehörde nicht erkennbar war. Die Monopolkommission befasst sich in diesem Kapitel noch tiefergehend mit der Wiederaufnahme des Verfahrens nach Erlass einer Zusagenentscheidung (Abschnitt 2.8).

356. Die Europäische Kommission erließ in den Jahren 2018 und 2019 insgesamt 19 Entscheidungen wegen Verstößen gegen das Kartellverbot, und zwar in neun Fällen im Jahr 2018 und in zehn Fällen im Jahr 2019. Im Jahr 2018 wurden vier Hardcore-Kartelle und fünf Vertikalabsprachen – darunter vier Elektronikhersteller wegen Preisbindungen der zweiten Hand – gebußt.[113] Im Jahr 2019 verhängte die Europäische Kommission Geldbußen wegen vier Hardcore-Kartellen und drei Vertikalabsprachen.[114] Zudem gab es hier drei Zusagenentscheidungen.[115] Der Gesamtbetrag der in den Jahren 2018 und 2019 verhängten Geldbußen betrug ca. EUR 3,02 Mrd. und lag damit deutlich unter der Summe aus dem vorangegangenen Berichtszeitraum.

357. Es ergingen mehrere Entscheidungen betreffend wettbewerbswidrige Absprachen im Finanzsektor. Ein Bußgeldbeschluss der Europäischen Kommission hatte verschiedene (vertikale) Maßnahmen des Zahlungskartenanbieters Mastercard zum Gegenstand, die den grenzüberschreitenden Handel mit *Acquiring*-Dienstleistungen im EWR behinderten.[116] Vorbehaltlich einer bilateralen Vereinbarung über die Höhe des Interbankenentgeltes mit der kartenausgebenden Bank (sog. *Issuing*-Bank) verpflichtete Mastercard die Abrechnungsbank des Einzelhändlers, bei dem die Debit- oder Kreditkarte von Mastercard für einen Zahlungsvorgang verwendet wurde (sog. *Acquiring*-Bank), stets die Interbankenentgelte desjenigen Landes anzuwenden, in dem der Einzelhändler seinen Sitz hat. Da die Interbankenentgelte an die Einzelhändler weitergegeben werden, sei – so die Europäische Kommission – deren Möglichkeit, bessere Konditionen von Banken aus anderen Mitgliedstaaten in Anspruch zu nehmen, beschränkt worden.[117] Die Europäische Kommission verhängte gegen Mastercard eine Geldbuße in Höhe von EUR 570 Mio. Die Kooperation des Unternehmens während des Kartellverfahrens wertete die Europäische Kommission als „besonderen Umstand" im Sinne ihrer Bußgeldleitlinien und gewährte hierfür eine Bußgeldermäßigung in Höhe von 10 Prozent.[118] Außerdem verpflichteten sich Mastercard und Visa in separaten Zusagenverfahren gegenüber der Europäischen Kommission, ihre interregionalen Interbankenentgelte zu senken.[119] Diese Entgelte kommen zum Einsatz, wenn eine Kartenzahlung im EWR getätigt wird, die Zahlungskarte aber von einer Bank außerhalb des EWR ausgegeben worden ist.

358. Interbankenentgelte waren zudem Gegenstand eines Vorabentscheidungsersuchens an den EuGH.[120] Dieser äußerte sich zu der Frage, ob es sich bei einer Vereinbarung über einheitliche Interbankenentgelte zwischen ungarischen

[113] Horizontale Verstöße: EU-Kommission, Beschluss vom 21. März 2018, AT.40136 – Capacitors; Beschluss vom 21. Februar 2018, AT.40009 – Maritime Car Carriers; Beschluss vom 21. Februar 2018, AT.40113 – Spark plugs; Beschluss vom 21. Februar 2018, AT.39920 – Braking systems. Vertikale Verstöße: Beschluss vom 24. Juli 2018, AT.40465 – Asus; Beschluss vom 24. Juli 2018, AT.40469 – Denon & Marantz; Beschluss vom 24. Juli 2018, AT.40181 – Philips; Beschluss vom 24. Juli 2018, AT.40182 – Pioneer; Beschluss vom 17. Dezember 2018, AT.40428 – Guess.

[114] Horizontale Verstöße: EU-Kommission, Beschluss vom 27. September 2019, AT. 40127 – Canned vegetables; Beschluss vom 4. Juli 2019, AT.37956 – Reinforcing steel bars; Beschluss vom 5. März 2019, AT.40481 – Occupants Safety Systems II; Beschluss vom 16. Mai 2019, AT.40135 – FOREX. Vertikale Verstöße: EU-Kommission, Beschluss vom 9. Juli 2019, AT.40432 – Character merchandise; Beschluss vom 25. März 2019, AT.40436 – Ancillary sports merchandise; Beschluss vom 22. Januar 2019, AT.40049 – MasterCard II.

[115] EU-Kommission, Beschluss vom 22. Januar 2019, AT.40049 – MasterCard II; Beschluss vom 29. April 2019, AT.39398 – Visa MIF; Beschluss vom 7. März 2019, AT.40023 – Crossborder access to pay-TV.

[116] EU-Kommission, Beschluss vom 22. Januar 2019, AT.40049 – MasterCard II.

[117] Wegen eines ähnlichen Verhaltens hatte die Europäische Kommission zuvor bereits eine Zusagenentscheidung gegen Visa erlassen; vgl. EU-Kommission, Beschluss vom 26. Februar 2014, AT.39398 – Visa MIF. Durch die Verordnung (EU) 2015/751 vom 29. April 2015 über Interbankenentgelte für kartengebundene Zahlungsvorgänge sind mittlerweile einheitliche Entgeltobergrenzen in den Mitgliedstaaten eingeführt worden.

[118] Zur bußgeldmindernden Berücksichtigung der Kooperation in Nichtkartellfällen vgl. noch Tz. 360.

[119] EU-Kommission, Beschluss vom 29. April 2019, AT.40049 – MasterCard II; Beschluss vom 29. April 2019, AT.39398 – Visa MIF.

[120] EuGH, Urteil vom 2. April 2020, C-228/18 – Budapest Bank u. a., ECLI:EU:C:2020:265.

Acquiring- und Issuing-Banken unter Beteiligung von Mastercard sowie Visa um bezweckte Wettbewerbsbeschränkungen handelte. Der EuGH zeigte sich diesbezüglich eher zurückhaltend. Er betonte, dass es für die Annahme, eine Vereinbarung sei bereits ihrem Wesen nach schädlich für den Wettbewerb, belastbarer und solider Erfahrungswerte bedürfe. Die ihm vorliegenden Informationen rechtfertigten es nicht, von einer derart hinreichenden Beeinträchtigung des Wettbewerbs auszugehen, dass von jeglicher Prüfung der konkreten Auswirkungen der in Rede stehenden Vereinbarung auf den Wettbewerb abgesehen werden könne. Gebe es sogar ernstzunehmende Hinweise, dass die Interbankenentgelte ohne die Vereinbarung höher wären, sei der Wettbewerb auf dem betroffenen Markt – hier dem *Acquiring*-Markt in Ungarn – so zu betrachten, wie er ohne die Vereinbarung bestehen würde, um beurteilen zu können, ob die Vereinbarung tatsächlich wettbewerbsbeschränkende Wirkungen hatte.

359. Mit der Frage, ob eine bezweckte Wettbewerbsbeschränkung vorliegt, beschäftigten sich die Unionsgerichte auch im Zusammenhang mit sog. *Pay-for-Delay*-Vereinbarungen im Pharmasektor. In den Rechtssachen „Servier u. a." stellte das Europäische Gericht (EuG) in parallelen Entscheidungen zunächst fest, dass es sich bei solchen Vereinbarungen um bezweckte Wettbewerbsbeschränkungen handele.[121] Das Gericht ging davon aus, dass der wahre Grund für den Abschluss eines Patentvergleichs, in dem sich die Generikahersteller verpflichten, das Patent des Herstellers eines Originalpräparates nicht anzugreifen und nicht in den Markt einzutreten, der Ausschluss von (potenziellem) Wettbewerb – und nicht die Anerkennung der Gültigkeit des Patents – sei. Auch der EuGH befasste sich in einem Vorabentscheidungsersuchen mit der wettbewerblichen Beurteilung von Pay-for-Delay-Vereinbarungen und nahm dort ebenfalls zu der Frage, ob solche Vereinbarungen bezweckte Wettbewerbsbeschränkungen darstellen, Stellung.[122] Er bejahte diese Frage grundsätzlich, wies aber zugleich darauf hin, dass die Höhe des Wertes, den der Hersteller eines Originalpräparates im Gegenzug für das „Stillhalten" des Generikaherstellers überträgt, maßgeblich sei. Von einem Bezwecken sei dann auszugehen, wenn es keine andere Erklärung für die Wertübertragung gebe als das Interesse der an dem Vergleich beteiligten Unternehmen, nicht miteinander in Wettbewerb zu treten. In diesem Zusammenhang möchte der EuGH folgende Kriterien berücksichtigen: (1) alle monetären und nichtmonetären Wertübertragungen seitens des Hersteller eines Originalpräparates, (2) etwaige nachgewiesene und rechtmäßige Gegenleistungen des Generikaherstellers und (3) ob die Höhe des bei dem Generikaherstellers verbleibenden Vorteils einen hinreichenden Anreiz darstellt, damit der Generikahersteller auf einen Marktzutritt verzichtet.

360. Im Nachgang zu ihrer Sektoruntersuchung zum elektronischen Handel führte die Europäische Kommission eine Reihe von Verfahren wegen (vertikaler) Vertriebsbeschränkungen.[123] Die beanstandeten Verhaltensweisen betrafen – neben dem Verbot der Online-Suchmaschinenwerbung[124] – überwiegend etablierte Verstöße wie Preisbindungen der zweiten Hand und Beschränkungen von grenzüberschreitenden Verkäufen sowie von Querlieferungen.[125] Gegen die die wettbewerbsbeschränkenden Maßnahmen vorgebenden Anbieter/Hersteller verhängte die Europäische Kommission Geldbußen, gewährte im Gegenzug für die Kooperation der Unternehmen im Verfahren jedoch auch signifikante Bußgeldermäßigungen von bis zu 50 Prozent. Bislang konnten Unternehmen vor allem in (horizontalen) Kartellfällen einen Bußgelderlass oder eine -ermäßigung erzielen, wenn sie solche Absprachen aufdeckten, Beweismittel beibrachten oder

---

[121] EuG, Urteil vom 12. Dezember 2018, T-677/14, T-679/14, T-680/14, T-682/14, T-684/14, T-691/14, T-701/14, T-705/14 – Servier u. a. So bereits EuG, Urteil vom 8. September 2016, T-472/13 – Lundbeck, ECLI:EU:T:2016:449; vgl. dazu Monopolkommission, XXII. Hauptgutachten, a. a. O., Tz. 602.

[122] EuGH, Urteil vom 30. Januar 2020, C-307/18 – Generics (UK), ECLI:EU:C:2020:52.

[123] EU-Kommission, Abschlussbericht über die Sektoruntersuchung zum elektronischen Handel vom 10. Mai 2017, SWD(2017) 229 final.

[124] Guess untersagte seinen Händlern u. a. die Nutzung des Guess-Markennamens sowie -Warenzeichens für die Zwecke der Suchmaschinenwerbung. Die Europäische Kommission wertete diese *bidding restrictions* als nicht gruppenfreistellungsfähige Kernbeschränkungen im Sinne von Art. 4 lit. c Verordnung (EU) Nr. 330/2010; vgl. EU-Kommission, Beschluss vom 17. Dezember 2018, AT.40428 – Guess, Tz. 40 ff., 157.

[125] EU-Kommission, Beschluss vom 21. Februar 2020, AT.40528 – Melia (Holiday Pricing). Vgl. dazu EU-Kommission, Pressemitteilung vom 21. Februar 2020, IP/20/302. EU-Kommission, Beschluss vom 30. Januar 2020, AT.40433 – Film merchandise; Beschluss vom 19. Juli 2019, AT.40432 – Character merchandise; Beschluss vom 25. März 2019, AT.40436 – Ancillary sports merchandise; Beschluss vom 17. Dezember 2018, AT.40428 – Guess; Beschluss vom 24. Juli 2018, AT.40469 – Denon & Marantz; Beschluss vom 24. Juli 2018, AT.40465 – Asus; Beschluss vom 24. Juli 2018, AT.40182 – Pioneer; Beschluss vom 24. Juli 2018, AT.40181 – Philips.

den Tatvorwurf einräumten und auf die Ausübung bestimmter Verfahrensrechte verzichteten.[126] Nunmehr ist das diesbezügliche Vorgehen der Europäischen Kommission auch in Vertikal- sowie in Missbrauchsfällen fortentwickelt und ein Stück weit formalisiert worden. Dementsprechend veröffentlichte die Europäische Kommission anlässlich eines im Berichtszeitraum abgeschlossenen Falles ein kurzes Dokument (*Fact sheet*), in dem die Eckpunkte zum Hintergrund sowie zu den Voraussetzungen und Verfahrensschritten bei der bußgeldmindernden Berücksichtigung der Kooperation in Nicht-Kartellfällen erläutert werden.[127] Die Formen der von der Europäischen Kommission insoweit belohnten Zusammenarbeit reichten von einem Anerkenntnis des Tatvorwurfs bis zur Vorlage von Beweismitteln und dem Angebot von Abhilfemaßnahmen. Die gewährte Bußgeldermäßigung fiel besonders hoch aus, wenn die Unternehmen bereits vor der Mitteilung der Beschwerdepunkte mit der Europäischen Kommission kooperierten.[128]

1.2.4 Kartellschadensersatz

361. Die privatrechtliche Kartellrechtsdurchsetzung nimmt einen immer größeren Stellenwert ein. Insbesondere Kartellabsprachen werden seit einigen Jahren nicht mehr ausschließlich von den Wettbewerbsbehörden verfolgt; die behördlichen Verfahren haben meist eine Vielzahl von privaten Schadensersatzklagen zur Folge.[129] An deutschen Gerichten waren zuletzt etwa besonders viele Klagen im Nachgang zu dem Schienenkartell, dem Zuckerkartell oder dem Lkw-Kartell anhängig. Im Berichtszeitraum haben sich auch der EuGH und der BGH in mehreren Entscheidungen mit grundlegenden Fragen der Haftung auf sowie der Durchsetzung von Kartellschadensersatz befasst und ihre Rechtsprechung in diesem Bereich fortentwickelt. Die Monopolkommission stellt diese Entscheidungen in einem separaten Abschnitt dar, da sich die im Zusammenhang mit der Fallpraxis zum Kartellschadensersatz relevanten Aspekte wesentlich von jenen unterscheiden, die in den vorangegangenen Abschnitten anhand der drei kartellrechtlichen Säulen (1) Fusionskontrolle, (2) Missbrauchsaufsicht sowie (3) horizontale und vertikale Vereinbarungen behandelt wurden.

362. In der Rechtssache „Otis" stellte sich dem EuGH die Frage, ob ein Anspruchsteller, der selbst keine kartellbefangenen Waren unmittelbar oder mittelbar bezogen hat, Schadensersatz von den an einem Kartell beteiligten Unternehmen verlangen kann.[130] In dem Fall, der dem Vorabentscheidungsersuchen an den EuGH zugrunde lag, verlangte das Land Oberösterreich Schadensersatz, da es Förderdarlehen an Bauprojekte vergeben hatte, deren Kosten aufgrund von Preisabsprachen bei Aufzügen und Fahrtreppen überhöht gewesen seien. Infolge der höheren Kosten habe das Land höhere Förderdarlehen gewährt und dadurch selbst einen kartellbedingten Schaden erlitten. Der EuGH entschied, dass es eines spezifischen Zusammenhangs zwischen dem Schaden und dem von Art. 101 AEUV verfolgten Schutzzweck, wie es das österreichische Recht nahelegt, nicht bedürfe. Vielmehr könne „jedermann", der aufgrund eines Verstoßes gegen das EU-Wettbewerbsrecht geschädigt worden ist, Ersatz seines Schadens verlangen. Der Äquivalenz- und der Effektivitätsgrundsatz gebieten es, dass nationale Rechtsvorschriften die Erlangung von Schadensersatz nicht praktisch unmöglich machen oder übermäßig erschweren. Es genüge deshalb, dass zwischen dem Schaden und dem Wettbewerbsverstoß ein ursächlicher Zusammenhang bestehe. Ein solcher könne auch gegeben sein, wenn – wie hier – ein Anspruchsteller nicht selbst als (unmittelbarer oder mittelbarer) Nachfrager auf dem vom Kartell betroffenen Markt tätig ist.

363. Der EuGH äußerte sich ferner zur Passivlegitimation. Er stellte klar, dass der unionsrechtliche Begriff des Unternehmens im Sinne einer wirtschaftlichen Einheit auch für das Zivilrecht maßgeblich sei.[131] Danach gelten die zur Buß-

[126] Vgl. Mitteilung der Kommission über den Erlass und die Ermäßigung von Geldbußen in Kartellsachen, ABl. C 298 vom 8. Dezember 2006, S. 17; Mitteilung der Kommission über die Durchführung von Vergleichsverfahren bei dem Erlass von Entscheidungen nach Artikel 7 und Artikel 23 der Verordnung (EG) Nr. 1/2003 des Rates in Kartellfällen, ABl. C 167 vom 2. Juli 2008, S. 1.

[127] EU-Kommission, Fact sheet, Cooperation – FAQ, https://ec.europa.eu/competition/publications/data/factsheet_guess.pdf, Abruf am 3. Juli 2020.

[128] Zur bußgeldmindernden Kooperation in den Fällen AB InBev und Mastercard vgl. bereits Tz. 349 bzw. Tz. 357. Zum Ganzen auch Scholz/Bogdanov, EWS 2019, 256, die mit einer Kodifizierung des Kooperationsverfahrens rechnen, sobald die Europäische Kommission ausreichend Erfahrung mit der Zusammenarbeit in Nichtkartellfällen gesammelt hat.

[129] Für eine statistische Aufbereitung der Fallpraxis zum Kartellschadensersatzrecht in Deutschland für den Zeitraum 2003 bis 2017 vgl. Rengier, WuW 2018, 613.

[130] EuGH, Urteil vom 12. Dezember 2019, C-435/18 – Otis u. a., ECLI:EU:C:2019:1069.

[131] EuGH, Urteil vom 14. März 2019, C-724/17 – Skanska Industrial Solutions u. a., ECLI:EU:C:2019:204.

geldhaftung entwickelten Rechtsgrundsätze für die Frage nach dem zivilrechtlichen Haftungssubjekt entsprechend. Der Unternehmensbegriff sei für die Haftung auf Schadensersatz unmittelbar Art. 101 AEUV zu entnehmen. Während sich die Voraussetzungen für die schadensersatzrechtliche Haftung aus dem Unionsrecht selbst ergäben, sei lediglich bei der Durchsetzung des Schadensersatzanspruchs auf das jeweilige nationale Recht abzustellen. Einer Heranziehung des Äquivalenz- und des Effektivitätsgrundsatzes bedürfe es insofern nicht. Für den aus Finnland stammenden Rechtsstreit hat der Rückgriff auf Art. 101 AEUV zur Folge, dass der zwischenzeitliche Erwerber einer an einem Kartell beteiligten Gesellschaft ebenfalls auf Schadensersatz in Anspruch genommen werden kann.

364. Auch in einer weiteren Entscheidung des EuGH aus dem Berichtszeitraum ging es um das Zusammenspiel zwischen dem Unionsrecht und dem nationalen Recht eines Mitgliedstaates.[132] Im Hinblick auf die – damals geltenden – Regeln über die Verjährung von Schadensersatzansprüchen im portugiesischen Recht lehnte der EuGH zwar eine unmittelbare Anwendung der Kartellschadensersatzrichtlinie 2014/104/EU und ihrer für die Anspruchsteller deutlich günstigeren Vorgaben zur Verjährung ab,[133] da die Frist zur Umsetzung der Richtlinie in nationales Recht zum Zeitpunkt der Klageerhebung noch nicht abgelaufen war. Allerdings werde durch die nationalen Regeln über die Verjährung die Ausübung des Rechts auf Schadensersatz wegen eines Verstoßes gegen das EU-Wettbewerbsrecht (hier: Art. 102 AEUV) praktisch unmöglich gemacht oder übermäßig erschwert. Das portugiesische Recht verstoße insofern sowohl gegen Art. 102 AEUV als auch gegen den Effektivitätsgrundsatz und sei somit nicht anwendbar.

365. Der EuGH hat seine Rechtsprechung zum internationalen Gerichtsstand der unerlaubten Handlung hinsichtlich des Erfolgsortes, d. h. des Ortes, an dem ein schädigendes Ereignis eingetreten ist,[134] angepasst. In einer Entscheidung von 2015 hatte er noch die Auffassung vertreten, dass sich der Erfolgsort eines Kartelldelikts am Sitz des (mutmaßlich) kartellgeschädigten Unternehmens befinde, da dort in dessen Vermögen eingegriffen werde.[135] In zwei jüngeren Urteilen ist der EuGH hiervon sukzessive abgewichen. In einer Entscheidung von 2018 ging er zunächst davon aus, dass es auch auf den Ort des von dem Wettbewerbsverstoß betroffenen Marktes ankomme,[136] bevor er in einer weiteren Entscheidung aus dem Jahr 2019 allein auf diesen Ort abstellte.[137] Der Ort der Verwirklichung des Schadenserfolgs sei der Mitgliedstaat, der von einem Wettbewerbsverstoß betroffen und in dem ein sich unmittelbar aus diesem Wettbewerbsverstoß ergebender Erstschaden entstanden ist. Als solche Erstschäden könnten auch entgangene Einnahmen aufgrund von Absatzeinbußen oder die Mehrkosten eines mittelbaren Abnehmers infolge von kartellbedingten Preiserhöhungen gelten. Nicht zu berücksichtigen seien indes Vermögensschäden, die ein Geschädigter erst infolge eines in einem anderen Mitgliedstaat entstandenen Erstschadens erlitten zu haben behauptet.[138]

366. Der BGH entschied über die zeitliche Anwendbarkeit der Hemmungsvorschrift des § 33 Abs. 5 GWB a. F.[139] Nach dieser Vorschrift, die auch noch in aktuellen Rechtsstreitigkeiten Anwendung finden kann, ist die Verjährung eines Schadensersatzanspruchs gemäß § 33 Abs. 3 GWB a. F. gehemmt, solange ein kartellbehördliches Verfahren anhängig und noch nicht rechtskräftig entschieden ist. Umstritten war indes, ob die Regelung auch „Altfälle" erfasst, bei denen der Schadensersatzanspruch vor Inkrafttreten der 7. GWB-Novelle am 1. Juli 2005 entstanden ist.[140] Der BGH bejahte dies und begründete seine Auffassung vor allem mit dem allgemeinen Rechtsgedanken, *„dass bei einer Änderung der gesetz-*

[132] EuGH, Urteil vom 28. März 2019, C-637/17 – Cogeco Communications, ECLI:EU:C:2019:263.

[133] Vgl. Art. 10 der Richtlinie 2014/104/EU.

[134] Vgl. Art. 7 Nr. 2 Verordnung (EU) 1215/2012 bzw. dessen Vorgängerregelung in Art. 5 Nr. 3 Verordnung (EG) 44/2001.

[135] EuGH, Urteil vom 21. Mai 2015, C-352/13 – CDC Hydrogen Peroxide, ECLI:EU:C:2015:335.

[136] EuGH, Urteil vom 5. Juli 2018, C-27/17 – flyLAL-Lithuanian Airlines, ECLI:EU:C:2018:533.

[137] EuGH, Urteil vom 29. Juli 2019, C-451/18 – Tibor-Trans, ECLI:EU:C:2019:635.

[138] Noch unter Berufung auf das Urteil des EuGH in der Rechtssache „CDC Hydrogen Peroxide" (vgl. Fn. 135) entschied der BGH in zwei Gerichtsstandsbestimmungsverfahren aus dem Berichtszeitraum in Bezug auf die örtliche Zuständigkeit dagegen, dass der Erfolgsort gemäß § 32 ZPO grundsätzlich am Sitz des (mutmaßlich) kartellgeschädigten Unternehmens liege. Vgl. BGH, Beschluss vom 23. November 2018, X ARZ 321/18 – Zuckerkartell II, ECLI:DE:BGH:2018:271118BXARZ321.18.0, Rz. 18 (zit. nach Juris); Beschluss vom 23. Oktober 2018, X ARZ 252/18 – Zuckerkartell, ECLI:DE:BGH:2018:231018BXARZ252.18.0, Rz. 13 (zit. nach Juris).

[139] BGH, Urteil vom 12. Juni 2018, KZR 56/16 – Grauzementkartell II, ECLI:DE:BGH:2018:120618UKZR56.16.0.

[140] Dazu bereits Monopolkommission, XXII. Hauptgutachten, a. a. O., Tz. 549.

lichen Bestimmungen über die Verjährung das neue Gesetz auf die zuvor bereits entstandenen, bei Inkrafttreten des Gesetzes noch nicht verjährten Ansprüche Anwendung findet, dass sich jedoch der Beginn sowie die Hemmung und Unterbrechung der Verjährung für die Zeit vor dem Inkrafttreten des neuen Gesetzes nach den bisherigen Regelungen bestimmen [...]."[141] Der Wortlaut des § 33 Abs. 5 GWB a. F, den die Gegenauffassung für ihre Auslegung, dass solche „Altfälle" gerade nicht gehemmt werden, maßgeblich heranzog, stehe dem nicht entgegen.

367. In einem ersten Urteil zum Schienenkartell befasste sich der BGH mit den Anforderungen an den Nachweis eines kartellbedingten Schadens.[142] Entgegen der in der Rechtsprechung bis zu dieser Entscheidung überwiegend vertretenen Auffassung, es spreche ein Beweis des ersten Anscheins dafür, dass bei bestimmten Kartellabsprachen einzelne Beschaffungsvorgänge als kartellbefangen gelten und von dem Eintritt eines Schadens dem Grunde nach auszugehen sei,[143] stellte der BGH fest, dass in Bezug auf (jedenfalls) Quoten- und Kundenschutzkartelle jeweils lediglich eine tatsächliche Vermutung bestehe.[144] Es könne nicht im Wege eines Anscheinsbeweises von der Existenz eines Kartells auf eine Preiserhöhung geschlossen werden, da es insoweit an einem derart typischen Geschehensablauf fehle. Angesichts der Vielgestaltigkeit und Komplexität wettbewerbsbeschränkender Absprachen, ihrer Durchführung und ihrer Wirkungen hänge es von einer Vielzahl von Faktoren ab, ob und gegebenenfalls in welchem Umfang wettbewerbsbeschränkende Absprachen einen Preiseffekt haben.[145] Obgleich der BGH somit nicht davon ausgeht, dass Kartellabsprachen typischerweise höhere Preise zur Folge haben, weist er darauf hin, dass der von ihm bejahten tatsächlichen Vermutung im Rahmen der Beweiswürdigung durchaus eine starke indizielle Bedeutung für über dem Wettbewerbsniveau liegende Preise zukommen könne. Entsprechendes gelte – so der BGH – für die Frage nach der Kartellbefangenheit einzelner Beschaffungsvorgänge, ob diese also, wenn sie sachlich, zeitlich und räumlich in den Bereich der Kartellabsprachen fielen, von ihnen erfasst wurden.

368. In einem weiteren Urteil zum Schienenkartell aus dem Berichtszeitraum befasste sich der BGH u. a. mit den Voraussetzungen eines kartellrechtlichen Schadensersatzanspruchs.[146] Unter Bezugnahme auf die Rechtsprechung des EuGH[147] stellte der BGH zunächst fest, dass das Unionsrecht lediglich einen kausalen Zusammenhang zwischen einem Schaden und dem Wettbewerbsverstoß verlange, es den Kreis der Anspruchsberechtigten aber nicht weiter einschränke. Dem Merkmal der Kartellbetroffenheit des Anspruchstellers komme bei der Prüfung des haftungsbegründenden Tatbestands deshalb eine Bedeutung nur für die Frage zu, ob das wettbewerbsbeschränkende Verhalten des Anspruchsgegners geeignet ist, einen Schaden beim Anspruchsteller hervorzurufen. Das Merkmal der Kartellbefangenheit, also die Frage, ob sich der Wettbewerbsverstoß tatsächlich auf einzelne Beschaffungsvorgänge ausgewirkt hat, sei dagegen gleichbedeutend mit dem ursächlichen Zusammenhang zwischen der Kartellabsprache und dem Vorliegen eines individuellen Schadens. Die Kartellbefangenheit betreffe damit den Gesichtspunkt der Schadensfeststellung und gehöre zur haftungsausfüllenden Kausalität, für die das (weniger strenge) Beweismaß des § 287 ZPO gilt.[148] Angesichts des nunmehrigen weitgehenden Verzichts des BGH auf eine eigenständige Prüfung des Merkmals der Kartellbefangenheit er-

---

[141] BGH, Urteil vom 12. Juni 2018, KZR 56/16 – Grauzementkartell II, ECLI:DE:BGH:2018:120618UKZR56.16.0, Rz. 67 (zit. nach Juris).

[142] BGH, Urteil vom 11. Dezember 2018, KZR 26/17 – Schienenkartell, ECLI:DE:BGH:2018:111218UKZR26.17.0.

[143] Nachweise aus der Rechtsprechung bei Hutschneider/Stieglitz, NZKart 2019, 363.

[144] Zu den Folgen für die Prüfung des Vorbringens der beklagten Kartellanten vgl. BGH, Urteil vom 11. Dezember 2018, KZR 26/17 – Schienenkartell, ECLI:DE:BGH:2018:111218UKZR26.17.0, Rz. 58, 66. (zit. nach Juris). Seit der 9. GWB-Novelle enthält § 33a Abs. 2 GWB eine Vermutung dafür, dass bestimmte Kartellabsprachen einen Schaden verursachen. Eine solche Vermutung kann nur durch den Beweis des Gegenteils widerlegt werden, § 292 ZPO. Der neue § 33a Abs. 2 GWB ist wegen der intertemporalen Übergangsbestimmungen in § 186 GWB auf die derzeit verhandelten Schadensersatzansprüche indes noch kaum anwendbar.

[145] Kritisch hierzu OLG Düsseldorf, Urteil vom 23. Januar 2019, VI-U (Kart) 18/17, Schienenkartell II, ECLI:DE:OLGD:2019:0123.U.KART18.17.00, Rz. 67 ff. (zit. nach Juris).

[146] BGH, Urteil vom 28. Januar 2020, KZR 24/17 – Schienenkartell II, ECLI:DE:BGH:2020:280120UKZR24.17.0. Vgl. zum Schienenkartell auch die drei weiteren, sich weitgehend ähnelnden Urteile des BGH vom 3. Dezember 2019, KZR 23/17, 25/17 und 27/17.

[147] Vgl. zu dem erst kurz zuvor ergangenen Urteil des EuGH in der Rechtssache „Otis" bereits Tz. 362.

[148] Zuvor hatte der BGH die Kartellbefangenheit noch dem haftungsbegründenden Tatbestand zugerechnet, für den der Vollbeweis des § 286 ZPO gilt; vgl. BGH, Urteil vom 11. Dezember 2018, KZR 26/17 – Schienenkartell, ECLI:DE:BGH:2018:111218UKZR26.17.0, Rz. 59 (zit. nach Juris).

scheint fraglich, ob es einer entsprechenden gesetzlichen Vermutung, wie sie der Referentenentwurf zur 10. GWB-Novelle vorsieht,[149] noch bedarf. Der BGH bekräftigte zudem die bereits in seinem ersten Urteil zum Schienenkartell vertretene Auffassung, wonach es im Hinblick auf die Annahme eines Anscheinsbeweises an der für eine preissteigernde Wirkung erforderlichen Typizität des Geschehensablaufs fehle.[150] Er betonte aber die Möglichkeit der richterlichen Schadensschätzung. Es könne aus prozessökonomischen Gründen geboten sein, dass die Instanzgerichte in Kartellschadensersatzfällen einheitlich über Grund und Höhe des Schadensersatzanspruchs entscheiden, anstatt – wie häufig – zunächst nur ein Grundurteil zugunsten des Klägers zu erlassen.

2 Spezifische Probleme der Kartellrechtsanwendung

2.1 Besonderheiten der Marktabgrenzung und -beherrschung auf zweiseitigen Märkten richtig einschätzen

369. In zwei Urteilen bewertete der BGH das Geschäftsmodell von Werbeblocker-Software aus kartellrechtlicher Perspektive.[151] Dabei hob der BGH jeweils das vorinstanzliche Urteil des OLG München[152] auf. Der BGH verwies die Verfahren zusammen mit detaillierten Hinweisen zur Prüfung des Missbrauchs einer marktbeherrschenden Stellung an das OLG München zurück. Unter dem Blickwinkel des Wettbewerbsrechts war Werbeblocker-Software zuvor als lauterkeitsrechtlich unbedenklich eingestuft worden.[153]

370. Im vorliegenden Fall ging es um die Bereitstellung der Werbeblocker-Software Adblock Plus durch das Unternehmen Eyeo. Konkret bezog sich die kartellrechtliche Untersuchung auf das sog. *Whitelisting*-Geschäftsmodell von Eyeo. Dabei bietet Eyeo den Internetnutzern einen unentgeltlichen Werbeblocker an, der das Erscheinen von Werbeanzeigen auf deren Browserfenstern beim Abruf des Angebots werbefinanzierter Internetseiten verhindert. Gleichzeitig bietet Eyeo Betreibern von Internetseiten die Freischaltung der auf ihren Seiten gezeigten Werbung über die entgeltliche Aufnahme auf eine sog. weiße Liste (*Whitelist*) an.[154] Für eine Freischaltung muss die betroffene Werbung zudem bestimmte Kriterien erfüllen.[155] Der Adblock Plus ist so voreingestellt, dass jegliche Werbung blockiert wird, sofern diese nicht von einer Internetseite geschaltet wird, die sich auf der ebenfalls für die Nutzer als Standard voreingestellten Whitelist befindet. Die Nutzer haben die Möglichkeit, die Whitelist abzustellen und somit keine Werbung mehr zu erhalten. Jedoch werden die Voreinstellungen des Adblock Plus mit der angeschalteten Whitelist von mehr als 90 Prozent der Nut-

---

149 Dazu bereits Tz. 316. Zur Begründung der neuen Vermutungsregeln vgl. BMWi, Referentenentwurf, a. a. O., S. 92 ff.

150 Dazu bereits Tz. 367.

151 BGH, Urteil vom 10. Dezember 2019, KZR 57/19 – Werbeblocker IIIa, ECLI:DE:BGH:2019:101219UKZR57.19.0; Urteil vom 8. Oktober 2019, KZR 73/17 – Werbeblocker III, ECLI:DE:BGH:2019:081019UKZR73.17.0.

152 Zum Verfahrensgang LG München I, Urteil vom 27. Mai 2015, 37 O 11843/14; OLG München, Urteil vom 17. August 2017, U 2225/15 Kart.

153 BGH, Urteil vom 19. April 2018, I ZR 154/16 – Werbeblocker II sowie BGH, Urteil vom 24. Juni 2004, I ZR 26/02 - Werbeblocker I.

154 Dem BGH zufolge berechneten sich die Entgelte anteilig am Umsatz und betrugen *„regelmäßig 30% der Werbeerlöse, die der Seitenbetreiber mit der Anzeige der freigeschalteten Werbung erzielt"*; vgl. BGH, Urteil vom 8. Oktober 2019, KZR 73/17 – Werbeblocker III, Rz. 3. Eyeo gibt an, dass die Aufnahme in die Whitelist für 90 Prozent aller Internetseiten unentgeltlich erfolgt. Lediglich Internetseiten, die pro Monat mehr als 10 Mio. zusätzliche Sichtkontakte für die Werbung mit den Nutzern generierten, müssten ein monatlich zu entrichtendes Entgelt leisten; https://adblockplus.org/de/about#monetization, Abruf am 18. Mai 2020.

155 Die Kriterien beziehen sich auf Platzierung und Größe sowie Unterscheidbarkeit der Werbung vom Hauptinhalt der Internetseite und werden von einem Gremium (dem sog. *Acceptable Ads Committee*) aufgestellt, das sich unter anderem aus Unternehmensvertretern, aber auch aus Verbraucherschutzvertreten sowie Branchenexperten zusammensetzt. Das *Acceptable Ads Committee* wurde 2017 von Eyeo gegründet und arbeitet weiterhin unter Federführung von Eyeo; https://acceptableads.com/en/committee, Abruf am 18. Mai 2020. Um auf die weiße Liste zu gelangen, müssen die Websites einen Antrag stellen und daraufhin prüfen lassen, ob die von ihnen angezeigten Werbeanzeigen den Kriterien entsprechen; https://adblockplus.org/de/about#monetization, Abruf am 18. Mai 2020.

zer beibehalten.[156] Insgesamt nutzten in Deutschland etwa 20 Prozent aller Internetnutzer den Adblock Plus. Der Marktanteil des Adblock Plus bei Werbeblocker-Software liege seit dem Jahr 2014 konstant bei rund 95 Prozent.[157]

2.1.1 Fehlerhafte Marktabgrenzung durch die Instanzgerichte – Werbeblocker als Intermediäre auf zweiseitigen Märkten?

371. In Bezug auf das Whitelisting-Geschäftsmodell hatte das OLG München entschieden, dass Eyeo nicht Normadressat des kartellrechtlichen Missbrauchsverbots sei. Auf Grundlage von § 18 Abs. 1 GWB könne Eyeo nicht als marktbeherrschend eingestuft werden. Dem lag die Feststellung des OLG München zugrunde, wonach der *„sachlich und örtlich relevante (Angebots-)Markt [...] weder der Markt der Werbeblocker noch der Markt der Freischaltung von Onlinewerbung, sondern der Markt des Zugangs zu Internetnutzern für Werbung in Deutschland"* sei.[158] Diese Einschätzung sei jedoch – so der BGH – rechtsfehlerhaft. Demnach sei für das Whitelisting als relevanter Markt nicht – wie von den Instanzgerichten angenommen – der Zugang zu allen Internetnutzern in Deutschland zugrunde zu legen. Stattdessen sei der relevante Markt enger zu fassen. Der sachlich relevante Markt sei der *„von [Eyeo] eröffnete Markt für die grundsätzlich entgeltliche Dienstleistung der Aufnahme in die Weiße Liste, durch die Betreiber von Internetseiten mittels [Adblock Plus] blockierte Werbung freischalten können"*.[159] Der BGH leitete dies aus einer Anwendung des Bedarfsmarktkonzepts ab, wobei es im vorliegenden Fall um den „möglicherweise marktbeherrschenden Anbieter"[160] Eyeo gehe. Demgemäß sei in Bezug auf die Bestimmung des sachlich relevanten Marktes die Nachfragesubstituierbarkeit der von Eyeo angebotenen Dienstleistung zu prüfen.[161]

372. Als diese Dienstleistung identifiziert der BGH die entgeltliche Aufnahme in die Whitelist, die Eyeo den Betreibern der Internetseiten anbietet.[162] Dabei widerspricht der BGH dem OLG München nicht, dass das Angebot des (unentgeltlichen) Werbeblockers an die Internetnutzer auf der einen und das Angebot des (entgeltlichen) Whitelistings an die Betreiber der Internetseiten auf der anderen Seite als Tätigkeit auf zwei miteinander verbundenen (Angebots-)Märkten einzustufen sei.[163] Die Geschäftstätigkeit von Eyeo sei somit „auf einem zweiseitigen Markt"[164] zu verorten. In diesem Sinne grenzt der BGH den relevanten Markt auf das Angebot der entgeltlichen Aufnahme in die Whitelist auf der Marktseite der Betreiber der Internetseiten ab. Auf der Marktseite der Nutzer vereint dieses Angebot alle Kunden von Eyeo hinter sich, die den Werbeblocker mit der vorinstallierten Whitelist nutzen. Da nur Eyeo den Betreibern der Internetseiten über das Angebot der entgeltlichen Dienstleistung der Aufnahme in die Whitelist Zugang zu den Nutzern seines Werbeblockers (welche die Whitelist installiert haben) verschaffen kann, verfügt Eyeo auf einem so definierten Markt folglich immer über einen Marktanteil von 100 Prozent.

373. In diesem Kontext bestehe das Geschäftsmodell von Eyeo darin, den Betreibern von Internetseiten einen Zugang zu Nutzern des Adblock Plus anzubieten, den die Betreiber von Internetseiten auch ohne Eyeo hätten erlangen können. Konkret stelle das Angebot an die Betreiber der Internetseiten die „Beseitigung eines Zugangshindernisses" dar, das

---

[156] BGH, Urteil vom 8. Oktober 2019, KZR 73/17 – Werbeblocker III, Rz. 3 (zit. nach Juris). Eyeo selbst gibt an, dass 83 Prozent seiner Nutzer die über die Whitelist freigeschalteten Werbeanzeigen nicht als störend empfänden; https://adblockplus.org/de/ acceptable-ads#optout, Abruf am 18. Mai 2020.

[157] OLG München, Urteil vom 17. August 2017, U 2225/15 Kart, Rz. 29 (zit. nach Juris).

[158] Ebenda, 2. Leitsatz.

[159] BGH, Urteil vom 10. Dezember 2019, KZR 57/19 – Werbeblocker IIIa, Rz. 15 (zit. nach Juris).

[160] BGH, Urteil vom 8. Oktober 2019, KZR 73/17 – Werbeblocker III, Rz. 23 (zit. nach Juris).

[161] Gemäß dem Bedarfsmarktkonzept sind einem relevanten Markt alle Produkte oder Dienstleistungen zuzurechnen, die aus der Sicht der Nachfrager nach Eigenschaft, Verwendungszweck und Preislage zur Deckung eines bestimmten Bedarfs substituierbar sind; vgl. nur BGH, Urteil vom 21. Dezember 2004, KVR 26/03 – Deutsche Post/trans-o-flex, Rn. 26. Für den vorliegenden Fall vgl. BGH, Urteil vom 8. Oktober 2019, KZR 73/17 – Werbeblocker III, Rz. 23 (zit. nach Juris).

[162] BGH, Urteil vom 8. Oktober 2019, KZR 73/17 – Werbeblocker III, Rz. 25 (zit. nach Juris).

[163] OLG München, Urteil vom 17. August 2017, U 2225/15 Kart, Rz. 66 (zit. nach Juris).

[164] BGH, Urteil vom 8. Oktober 2019, KZR 73/17 – Werbeblocker III, Rz. 24 (zit. nach Juris).

Eyeo „selbst geschaffen hat."[165] Aus diesem Grund bringe Eyeo – anders als vom OLG München angenommen – auch nicht zwei Nachfragergruppen im Sinne einer Markterschließung zusammen.[166] Dies wäre nur dann der Fall, wenn Eyeo mit seinem Whitelisting-Angebot an die Betreiber der Internetseiten diesen einen Zugang zu einer Nutzergruppe erschließen würde, den die Betreiber der Internetseiten ohne Eyeo nicht hätten erlangen können. Eine solche Einschätzung wäre laut BGH nur dann schlüssig gewesen, wenn der Werbeblocker und das Whitelisting voneinander getrennt und nicht als gemeinsame Bestandteile eines Geschäftsmodells hätten betrachtet werden können.[167]

374. Auf dem so definierten Markt verfügte Eyeo dann über eine marktbeherrschende Stellung und der Preissetzungsspielraum von Eyeo wäre entsprechend nicht durch Wettbewerb kontrolliert, wenn die Betreiber von Internetseiten die Nutzer des Adblock Plus mit vorinstallierter Whitelist in keiner anderen Weise als durch die entgeltliche Aufnahme in die Whitelist erreichen könnten.[168] Dahin gehend sei vom OLG München zu prüfen, ob für die Betreiber der Internetseiten Möglichkeiten bestünden, sich einen Zugang zu diesen Internetnutzern auch in anderer Weise als durch entgeltliche Aufnahme in die voreingestellte Whitelist zu verschaffen.[169] In Bezug auf etwaige Umgehungsmöglichkeiten dieser Zugangsschranke fehle es jedenfalls an Feststellungen im vorinstanzlichen Urteil des OLG München.[170]

2.1.2 Konsequenzen des BGH-Urteils – Werbeblocker als marktbeherrschende Unternehmen?

375. Würde nun vom OLG München festgestellt, dass für die Betreiber der Internetseiten effektive Umgehungsmöglichkeiten der Zugangsschranke bestünden, so wäre dem BGH zufolge die Marktmacht von Eyeo beschränkt. In der Folge hätte Eyeo keinen Verhaltensspielraum für überhöhte Entgeltforderungen gegenüber den Betreibern der Internetseiten, da es fürchten müsste, dass diese alle technischen Möglichkeiten zur Umgehung des Werbeblockers ausschöpfen. Würde das OLG München demgegenüber feststellen, dass es für die Betreiber der Internetseiten keine Ausweichmöglichkeiten zum Angebot von Eyeo, also der entgeltlichen Aufnahme in die Whitelist gäbe, dann wäre Eyeo eine marktbeherrschende Stellung zuzurechnen. Jedoch würde dies auch prinzipiell dazu führen, dass jeder Werbeblocker mit Whitelisting-Geschäftsmodell immer als marktbeherrschend (gegenüber den Betreibern der Internetseiten) eingestuft werden könnte, unabhängig davon, wie viele (bzw. wenige) Nutzer dieser letztlich hinter sich vereint. Diese Nutzer wären ausschließlich über eine entgeltliche Aufnahme in seine Whitelist zu erreichen. Als Normadressat der Vorschriften über marktbeherrschende Unternehmen wäre dann jeder Werbeblocker besonderen Verhaltenspflichten unterworfen, ohne dass in Bezug auf die Nutzung eines verhältnismäßig kleinen Werbeblockers zwangsläufig von strukturellen Problemen auszugehen wäre.[171] Dabei erscheint die Zurechnung einer marktbeherrschenden Stellung auf einem – wie hier durch den BGH – entsprechend eng abgegrenzten Markt aus ökonomischer Sicht durchaus plausibel. Prinzipiell wäre es einem Werbeblocker mit Whitelisting-Geschäftsmodell immer möglich, die gesamte Zahlungsbereitschaft eines Betreibers einer Internetseite für jeden einzelnen Nutzer abzuschöpfen, der durch den Werbeblocker abgeschottet ist und über die Whitelist für die Werbung erreichbar gemacht würde. Dabei kommt es auch nicht auf die Anzahl der Nutzer an, die der Werbeblocker hinter der Whitelist vereint. In diesem Zusammenhang stellt der BGH fest, dass *„aus der Sicht eines Sei-*

---

[165] Ebenda, Rz. 24.

[166] Das OLG München wies diesbezüglich auf das Beispiel eines Lebensmitteldiscounters mit kleinem Marktanteil hin, der auch nicht deswegen als marktbeherrschend eingestuft werden könnte, weil die Produkte eines Herstellers nicht in dessen Sortiment aufgenommen würden und der Hersteller somit die Stammkunden des Lebensmitteldiscounters nicht erreichen könnte; OLG München, Urteil vom 17. August 2017, U 2225/15 Kart, Rz. 155 (zit. nach Juris).

[167] BGH, Urteil vom 8. Oktober 2019, KZR 73/17 – Werbeblocker III, Rz. 26 (zit. nach Juris).

[168] Ebenda, Rz. 27.

[169] Ebenda, Rz. 27.

[170] Der BGH verweist in diesem Kontext auf Software, die es ermöglicht, Werbeblocker zu umgehen. Ebenso seien technische Möglichkeiten, den Aufruf der Internetseiten durch Nutzer zu unterbinden, die den Werbeblocker verwenden, zu prüfen. Auch existiere die Möglichkeit, Nutzer zur Abschaltung des Werbeblockers dadurch zu veranlassen, dass Inhalte bei eingeschaltetem Werbeblocker lediglich in geminderter Qualität dargestellt werden; BGH, Urteil vom 8. Oktober 2019, KZR 73/17 – Werbeblocker III, Rz. 31-33 (zit. nach Juris).

[171] Vgl. auch Glöckner, J., Werbeblocker zwischen Lauterkeits- und Kartellrecht, WRP 2020, 143, 149.

tenbetreibers die Zahlung jeden Entgelts [...] wirtschaftlich vernünftig sei, das ihm wenigstens noch einen Anteil an den Werbeerlösen belässt, die er infolge der Freischaltung der Werbung generieren kann."[172]

376. Eyeo generiert Erlöse aus dem Whitelisting dadurch, dass auf die Vermittlungstätigkeit der Internetseiten zwischen den Nachfragergruppen der Nutzer und der Werbetreibenden und die zwischen ihnen auftretenden indirekten Netzwerkeffekte aufgebaut wird. Insofern ist es in Bezug auf die korrekte Darstellung aller Wettbewerbskräfte, wie sie sich im Zusammenhang mit dem Vorhandensein eines zweiseitigen Marktes einstellen können, von zentraler Bedeutung, die für das Whitelisting-Geschäftsmodell relevanten Nutzergruppen (dazu sogleich) und die zwischen ihnen auftretenden indirekten Netzwerkeffekte vollumfänglich zu erfassen. Eine unzureichende Erfassung aller Wettbewerbskräfte könnte gegebenenfalls eine fehlerhafte Feststellung der Marktbeherrschung nach sich ziehen.

377. Die Internetseiten, denen Eyeo die entgeltliche Aufnahme in die Whitelist anbietet, können in Bezug auf ihre Geschäftstätigkeit als sog. Aufmerksamkeitsplattformen klassifiziert werden.[173] Das bedeutet, dass die Betreiber der Internetseiten ihren Nutzern Inhalte, beispielsweise Nachrichten oder Medien, unentgeltlich anbieten und dieses Angebot durch das Schalten von Werbeanzeigen finanzieren. Die Betreiber der Internetseiten sind daher als Vermittler zwischen Nutzern zum einen und Werbetreibenden zum anderen tätig, da sie den Werbetreibenden die Aufmerksamkeit ihrer Nutzer (über das unentgeltliche Angebot von Inhalten) ermöglichen. Dabei existieren indirekte Netzwerkeffekte zwischen den Nutzern auf der einen und den Werbetreibenden auf der anderen Marktseite. Während eine steigende Anzahl an Nutzern eine positive Externalität auf die Werbetreibenden ausübt und deren Zahlungsbereitschaft für das Schalten einer Werbeanzeige steigert, verhält es sich in Bezug auf die Nutzer genau umgekehrt. Diese empfinden Werbeanzeigen häufig als störend, womit ein zunehmendes Werbeniveau deren Nutzen aus dem Konsum der Inhalte entsprechend mindern würde.[174] Diese als asymmetrisch zu bezeichnenden indirekten Netzwerkeffekte übertragen sich auf das Whitelisting-Geschäftsmodell, wobei Eyeo jedoch die Aufnahme in die weiße Liste nicht etwa den Werbetreibenden direkt, sondern den Betreibern der Internetseiten anbietet.

378. Im vorliegenden Fall bedarf es einer besonderen Berücksichtigung der Beziehung zwischen den Nutzern des Werbeblockers von Eyeo, welche die vorinstallierte Whitelist beibehalten, und den Betreibern der Internetseiten. Diesbezüglich ist festzustellen, dass der BGH in seiner Marktdefinition zwar auf einen zweiseitigen Markt abstellt, sich im Rahmen der Anwendung des Bedarfsmarktkonzepts dann jedoch ausschließlich der Betrachtung des Angebots an die Betreiber der Internetseiten widmet. Insofern wird der Umstand außer Acht gelassen, dass es den Nutzern des Werbeblockers gestattet ist, die Whitelist selbst zu konfigurieren und sogar abzuschalten, wodurch sich die Nutzer dem Whitelisting-Angebot von Eyeo an die Betreiber der Internetseiten entziehen können.[175] Würde etwa angenommen, dass Eyeo darauf hinwirken würde, die Kriterien für angemessene Werbung über die Maßen aufzuweichen, so könnte davon ausgegangen werden, dass eine zunehmende Zahl an Nutzern die Whitelist abstellen würde. Damit wären diese Nutzer über das Whitelisting für die Betreiber der Internetseiten nicht mehr erreichbar. Mit Blick auf eine mögliche marktbeherrschende Stellung von Eyeo könnte diesbezüglich argumentiert werden, dass der BGH mit den indirekten Netzwerkeffekten auch einen Wettbewerbsdruck auf Eyeo außer Acht lässt, der von der Seite der Nutzer seines Werbeblockers mit vorinstalliertem Whitelisting ausgeht.[176]

379. In diesem Kontext blendet der BGH ebenso aus, dass die Betreiber der Internetseiten ihr Angebot über die Werbetreibenden finanzieren. Würde etwa – konträr zum zuvor dargelegten Beispielsszenario – davon ausgegangen, dass Eyeo beabsichtige, die Kriterien für akzeptable Werbung besonders streng zu fassen, so würde dies gegebenenfalls die Werbeeinnahmen der Betreiber der Internetseiten mindern. Es dürfte angenommen werden, dass die Werbetreibenden

---

172 BGH, Urteil vom 8. Oktober 2019, KZR 73/17 – Werbeblocker III, Rz. 27 (zit. nach Juris).

173 Zur Begrifflichkeit der Aufmerksamkeitsplattform siehe BKartA, Marktmacht von Plattformen und Netzwerken, Arbeitspapier, Juni 2016, S. 22 ff.; Kommission Wettbewerbsrecht 4.0, Ein neuer Wettbewerbsrahmen für die Digitalwirtschaft, a. a. O., S. 15.

174 Anderson, S. P./Coate, S., Market Provision of Broadcasting: A Welfare Analysis, The Review of Economic Studies, 72 (4), 2005, S. 947 – 972.

175 Siehe hierzu https://adblockplus.org/de/about, Abruf am 5. Mai 2020.

176 Louven, S., BGH mit Segelanweisung über Marktanalyse und Missbrauchsprüfung beim Whitelist-Angebot eines Werbeblockers, NZKart 2020, 129.

nicht Willens wären, die Darstellung und die Inhalte ihrer Werbeanzeigen den aus ihrer Sicht zu strengen Anforderungen zu unterwerfen. Dies wäre insbesondere dann von Relevanz, wenn ein Werbeblocker – wie Eyeo – eine große Nutzerbasis hinter seiner Whitelist vereint. Bezüglich der Bestimmung einer marktbeherrschenden Stellung könnte auch an dieser Stelle argumentiert werden, dass der Verhaltensspielraum von Eyeo (gegenüber den Betreibern der Internetseiten) dadurch kontrolliert wird, dass wettbewerblicher Druck nicht etwa durch die Internetseiten, sondern durch das Verhalten der Werbetreibenden auftreten könnte.

2.1.3 Die Feststellung der Marktbeherrschung erfordert auf mehrseitigen Märkten die vollumfängliche Erfassung aller Wettbewerbskräfte

380. Aus dem zuvor Erläuterten ergibt sich, dass vielfältigere Wettbewerbskräfte auf das Whitelisting-Geschäftsmodell von Eyeo wirken können, als durch den BGH dargelegt. Die Monopolkommission teilt im Grundsatz die Einschätzung des BGH zur Marktabgrenzung. Mit Blick auf das Whitelisting-Geschäftsmodell sollten der Bewertung ausschließlich diejenigen Internetnutzer zugrunde gelegt werden, die tatsächlich über das Angebot der entgeltlichen Aufnahme in die Whitelist an die Betreiber der Internetseiten durch Eyeo erreichbar gemacht werden und keineswegs – wie zuvor vom OLG München angenommen – die Gesamtheit der Internetnutzer in Deutschland. Allerdings sollten mit Blick auf die Bestimmung einer marktbeherrschenden Stellung dann auch alle Wettbewerbseffekte erfasst werden, die sich sowohl auf der Seite der Betreiber der Internetseiten als auch auf der Seite der Nutzer einstellen können. In dieser Hinsicht bestärkt die Monopolkommission den in ihrem vergangenen Hauptgutachten gegebenen Hinweis, dass auf mehrseitigen Märkten alle Nutzergruppen und die zwischen ihnen auftretenden indirekten Netzwerkeffekte adäquat berücksichtigt werden sollten. Andernfalls bestünde die Gefahr, dass es zu einer fehlerhaften Analyse der Wettbewerbsverhältnisse kommt.[177] Vorliegend beträfe dies einen Wettbewerbsdruck, der durch das Verhalten der Nutzer des Werbeblockers und das Verhalten der Werbetreibenden auf den Internetseiten auftreten könnte.

381. Zudem lassen es die vom BGH vorgenommene Marktdefinition und das von ihm aufgezeigte Vorgehen zur Bestimmung einer marktbeherrschenden Stellung prinzipiell zu, beliebig kleine Werbeblocker mit Whitelisting-Geschäftsmodell als Normadressaten des kartellrechtlichen Missbrauchsverbots einzustufen. Dies ließe sich grundsätzlich auch auf andere Unternehmen übertragen, die auf mehrseitigen (Plattform-)Märkten tätig sind. Dazu würde die Feststellung genügen, dass diese Unternehmen in ihrer Eigenschaft als Intermediäre einem Nachfrager (auf der einen Marktseite) den entgeltlichen Zugang zu einer Nutzerbasis von unerheblicher Größe (auf der anderen Marktseite) anbieten, welche der Nachfrager auch ohne das Zutun des Unternehmens erlangen könnte, aber aufgrund der Anwesenheit des Unternehmens nicht erlangen kann.

2.2 Google Android: Marktmachtmissbräuche im Kontext der Entwicklung digitaler Ökosysteme verstehen

2.2.1 Einführung

382. Die Europäische Kommission hat das Missbrauchsverfahren im Fall Google Android in den Jahren 2015 bis 2018 gegen Google LLC (zuvor Google Inc. – „Google") bzw. gegen den Mutterkonzern Alphabet Inc. geführt.[178] Aus dem Verfahren können wesentliche Schlüsse zur Wirkweise des Kartellrechts in digitalen Märkten abgeleitet werden, wenn es sich bei den Normadressaten um große Digitalkonzerne handelt. Google erlangte im Rahmen seines Android-Ökosystems eine beherrschende Position bei mobilen Anwendungen (Applikationen – Apps), die auf einem konglomeraten System miteinander verknüpfter Plattformmärkte beruht.[179] Im Kern warf die Europäischen Kommission Google vor,

[177] Monopolkommission, XXII. Hauptgutachten, a. a. O., Tz. 624.

[178] EU-Kommission, Beschluss vom 18. Juli 2018, AT.40099 – Google Android. Der Fall „Google Android" ist eines von drei Missbrauchsverfahren, das die Europäische Kommission in der vergangenen Dekade gegen den Digitalkonzern Google führte; vgl. zudem EU-Kommission, Beschluss vom 27. Juni 2017, AT.39740 – Google Search (Shopping) sowie EU-Kommission, Beschluss vom 20. März 2019, AT.40411 – Google AdSense.

[179] Unter den Begriff des digitalen Ökosystems können im Allgemeinen konglomerate Strukturen gefasst werden, bei denen Unternehmen Daten aus unterschiedlichen Quellen zusammenführen und auf dieser Basis vermehrt aus ihren Kerngeschäften

mit Herstellern von Android-Mobilgeräten Vereinbarungen einzugehen, die eine missbräuchliche Koppelung von Googles Suchdienst sowie des mobilen Internetbrowsers Chrome an Googles App-Store Play Store erwirkten. In der folgenden Analyse soll ein besonderes Augenmerk auf die Wirkung der durch die Europäische Kommission verhängten Abhilfemaßnahmen auf die durch den Missbrauch betroffenen Plattformmärkte gelegt werden. Vorab soll insbesondere das ökonomische Rational dargelegt werden, die dem Missbrauchsvorwurf der Marktmachthebelung über verschiedene Plattformmärkte innerhalb des (Android-)Ökosystems zugrunde liegt. Außerdem soll eine Einschätzung zur Marktabgrenzung der Europäischen Kommission, im Besonderen mit Blick auf den Wettbewerb zwischen Android und Apple, abgegeben werden.

2.2.2 Netzwerkeffekte und Größenvorteile in einem System von Plattformmärkten – Googles Geschäftsmodell im Android-Ökosystem

383. Das Android-Ökosystem basiert auf dem mobilen Betriebssystem Android, zu dem die Verbraucher über den Erwerb eines Mobilgerätes – wie eines Smartphones oder Tablets – Zugang erhalten. Google steuert die Entwicklung und den Vertrieb des Android-Betriebssystems maßgeblich und bietet darüber hinaus für das Betriebssystem essenzielle und bei Verbrauchern beliebte Software (Apps und Dienste) an. Das Android-Ökosystem ist ein offenes System, da dieses Komponenten von Drittanbietern (Mobilgeräte sowie Apps und Dienste) mit den Produkten von Google verknüpft. Insofern stellt das Android-Betriebssystem eine (technische) Plattform bereit, auf der den Verbrauchern ein ganzheitliches Zusammenspiel zwischen einer Vielzahl an Apps und Diensten, wie soziale Netzwerke, Cloud-Dienste, Suchdienste, Video- und Musikstreaming-Dienste oder auch Bezahldienste, ermöglicht wird.

384. Android ist das mobile Betriebssystem mit den meisten Nutzern weltweit. So lag der Marktanteil der verkauften Smartphones mit Android-Betriebssystem 2018 weltweit bei 86,6 Prozent, wobei die Entwicklung hin zur globalen Marktführerschaft rasant verlief.[180] Android basiert auf einem Open-Source-Quellcode, der öffentlich eingesehen, genutzt und geändert werden kann.[181] Die Open-Source-Strategie ermöglichte es anfänglich, Software-Entwickler, Hersteller von Mobilgeräten sowie Mobilfunknetzbetreiber für die Nutzung sowie die Mitwirkung an der Entwicklung von Android zu gewinnen.[182] Dabei war von zentraler Bedeutung, dass mobile Betriebssysteme zweiseitige Plattformmärkte bilden, auf denen eine wachsende Nutzerzahl auf einer Marktseite die Plattform für Anbieter auf der anderen Marktseite attraktiver macht und umgekehrt. Im Fall mobiler Betriebssysteme profitieren Verbraucher und Hersteller von Mobilgeräten von einer großen Anzahl mit dem Betriebssystem kompatibler Apps, und umgekehrt ziehen App-Entwickler einen Nutzen aus einer hohen Verbrauchernachfrage. Die Bereitstellung des Android-Quellcodes unter einer Open-Source-Lizenz führte dazu, dass diese Vorteile indirekter Netzwerkeffekte genutzt werden konnten und sich die Marktanteile von Android schnell erhöhten.

385. Trotz des Open-Source-Charakters konnte Google von Beginn an eine starke Kontrolle über das Android-Betriebssystem ausüben. Aus Sicht der Europäischen Kommission wird dies unter anderem dadurch belegt, dass Google die technische Entwicklung von Android steuert, die Android-Markenrechte kontrolliert sowie einen Kompatibilitätstest

heraus in neue Märkte expandieren; siehe Kommission Wettbewerbsrecht 4.0, Ein neuer Wettbewerbsrahmen für die Digitalwirtschaft, a. a. O., S. 17 ff.

180 Statista, Android OS market share of smartphone sales to end users from 2009 to 2018; https://www.statista.com/statistics/216420/global-market-share-forecast-of-smartphone-operating-systems/, Abruf am 13. März 2020. Im deutschen Markt lag der Marktanteil von Android im Januar 2009 bei lediglich 0,05 Prozent, stieg dann jedoch über einen Zeitraum von weniger als sieben Jahren auf einen Wert von über 70 Prozent, der in etwa bis heute Bestand hat; Statista, Marktanteile der führenden mobilen Betriebssysteme an der Internetnutzung mit Mobiltelefonen in Deutschland von Januar 2009 bis Januar 2020, https://de.statista.com/statistik/daten/studie/184332/umfrage/marktanteil-der-mobilen-betriebssysteme-in-deutschland-seit-2009/, Abruf am 20. Februar 2020.

181 Siehe hierzu beispielsweise Schoonmaker, S., Free software, the internet, and global communities of resistance, Routledge Studies in New Media and Cyberculture, New York, 2018.

182 Im Jahr 2007 wurde auf Initiative von Google die Open Handset Alliance (OHA) gegründet, der unter anderem Hersteller mobiler Endgeräte wie Samsung, Mobilfunknetzbetreiber wie T-Mobile, Chiphersteller wie Intel und verschiedene Software-Entwickler beitraten. Die Bereitstellung des Android-Quellcodes erfolgt im Rahmen des Android Open Source Projects (AOSP) unter der sog. AOSP-Lizenz. Zur OHA, vgl. https://www.openhandsetalliance.com/press_110507.html, Abruf am 13. März 2020.

für Android durchführt.[183] Im Hinblick auf die Festigung seiner Machtposition im Android-Ökosystem ist es für Google jedoch insbesondere von Relevanz, den Verbrauchern beliebte und für das Funktionieren von Android essenzielle Apps und Dienste anzubieten. Die proprietären Apps von Google sind unter der sog. Google Mobile Services (GMS) zusammengefasst. Hersteller von Mobilgeräten, die Android nutzen möchten, können dies unter der Open-Source-Lizenz tun. Wenn die Hersteller allerdings auch Apps der GMS vorinstallieren wollen, sind dafür Lizenzvereinbarungen mit Google erforderlich.

386. Dabei ist der in den GMS enthaltene Marktplatz für Apps, der sog. App-Store *Play Store*, von besonderer Bedeutung. Über den Play Store können Verbraucher mit Android kompatible Apps erhalten. Der Play Store verzeichnet auf dem globalen Markt für Android-App-Stores, sowohl gemessen an der Anzahl der Downloadvorgänge als auch gemessen am Anteil an der Gesamtheit aller vorinstallierten Android-App-Stores, seit 2011 konstant Marktanteile zwischen 90 und 100 Prozent.[184] Wie mobile Betriebssysteme sind auch App-Stores zweiseitige Plattformmärkte. Googles Geschäftsmodell beruht beim Play Store auf dem Ausschöpfen indirekter Netzwerkeffekte. Der Play Store wird Nutzern unentgeltlich zur Verfügung gestellt, während Anbieter kostenpflichtiger Apps feste Umsatzbeteiligungen an Google zahlen, wenn diese ihre Produkte dort anbieten.[185] Aufgrund der hohen Marktanteile des Play Stores auf dem Markt für Android App-Stores entspricht die Nutzernachfrage nach dem Play Store im Wesentlichen der Nutzernachfrage nach dem Android-Betriebssystem. Damit ist Googles Play Store sowohl für Hersteller von Mobilgeräten und Verbraucher (auf der Marktseite der Nutzer) als auch für App-Entwickler (auf der gegenüberliegenden Marktseite) ein unverzichtbares Element im Android-Ökosystem. Aufgrund der mangelnden Alternativen bei der Wahl lizenzierbarer Betriebssysteme ist die Unverzichtbarkeit des Play Stores ein daher wesentlicher Faktor für Googles Machtposition gegenüber den Herstellern von Mobilgeräten[186]

387. Für das Missbrauchsverfahren der Europäischen Kommission sind weiterhin die in den GMS enthaltenen Apps Google-Suchdienst sowie der mobile Internetbrowser Chrome von Bedeutung. Die Marktanteile für Googles Suchdienst erreichten 2016 in (beinahe) allen Märkten für allgemeine Suchdienste des Europäischen Wirtschaftsraums (EWR) Werte von weit über 90 Prozent.[187] Auch die Marktanteile des mobilen Internetbrowsers Chrome verzeichneten starke Zuwächse. Auf dem europäischen Markt für nicht betriebssystemspezifische mobile Internetbrowser stieg der Marktanteil von Chrome von 4,7 Prozent im August 2012 auf 74,9 Prozent im März 2017.[188] Google erzielt den Großteil seines Umsatzes aus Werbeeinnahmen und dabei insbesondere aus dem Einstellen von Werbeanzeigen auf seinem Suchdienst.[189] Bei Suchdiensten handelt es sich ebenfalls um Plattformmärkte, auf denen Verbraucher auf der einen Marktseite mit Werbetreibenden auf der anderen Marktseite interagieren. Für die Verbraucher ist die Nutzung dabei unentgeltlich, während die Werbetreibenden Entgelte für das Platzieren ihrer Anzeigen entrichten. Auch dabei fußt das Geschäftsmodell von Google darauf, positive indirekte Netzwerkeffekte auszuschöpfen. Wird ein Suchdienst stark von Verbrauchern genutzt, steigert dies entsprechend die Zahlungsbereitschaft der Werbetreibenden.[190]

---

183 EU-Kommission, Beschluss vom 18. Juli 2018, AT.40099 – Google Android, Tz. 124-131.

184 Ebenda, Tz. 590 ff.

185 Ebenda, Tz. 88.

186 Die Dominanz des Play Stores – und damit verbunden des Android-Betriebssystems – behindere zudem potenzielle Markteintritte neuer mobiler Betriebssysteme, da App-Entwickler einen geringen Anreiz hätten, ihre Produkte für kleinere Betriebssysteme kompatibel zu machen; Furman, J., Unlocking digital competition, a. a. O., S. 27.

187 EU-Kommission, Beschluss vom 18. Juli 2018, AT.40099 – Google Android, Tz. 674 ff.

188 Weltweit stieg der Marktanteil im gleichen Zeitraum von 2 Prozent auf 58,3 Prozent; EU-Kommission, Beschluss vom 18. Juli 2018, AT.40099 – Google Android, Tz. 949 f.

189 Ebenda, Tz. 105 ff. Demnach stammen über 87 Prozent des Gesamtumsatzes von Google aus Werbeeinnahmen, wovon 80 Prozent über die eigenen Apps generiert wurden.

190 Zum einen können möglichst viele Verbraucher erreicht werden, zum anderen erlaubt eine große Anzahl an Suchanfragen eine präzisere Personalisierung von Werbung. Beispielsweise unterteilt Google die Resultate für eine Suchanfrage in nichtkommerzielle und kommerzielle Ergebnisse, wobei Letztere als Werbung gekennzeichnet auf der Ergebnisseite oben aufgelistet werden. Die Vermarktung der kommerziellen Anzeigen erfolgt auf Grundlage von Schlagwörtern mittels des Werbeprogramms Google ‚Ad-

2.2.3 Das Google Android-Verfahren der Europäischen Kommission

388. Die zuvor erörterten Zusammenhänge sind von grundlegender Bedeutung für das Verständnis des Missbrauchsverfahrens der Europäischen Kommission gegen Google. Darin warf die Europäische Kommission Google insgesamt drei Verstöße gegen Art. 102 AEUV vor. Diese betrafen von Google angewendete Praktiken bei der Lizenzierung seiner proprietären GMS-Apps für die Hersteller von Mobilgeräten mit Android-Betriebssystem. Im Einzelnen wertete die Europäische Kommission in ihrem Beschluss die folgenden Lizenzierungsvereinbarungen als missbräuchliche Verhaltensweisen:[191]

- Mobile Application Distribution Agreements (MADAs). Die MADAs sind Koppelungsvereinbarungen, die den Erhalt des Play Stores durch die Hersteller von Mobilgeräten über eine unentgeltliche Lizenz verpflichtend an die Vorinstallation des Google-Suchdienstes sowie des Internetbrowsers Chrome knüpften.[192]

- Anti-Fragmentierungs-Vereinbarungen (AFAs). Die AFAs knüpften den Lizenzerwerb für den Play Store und den Suchdienst von Google für die Hersteller von Mobilgeräten an das Verbot einer Modifizierung des Android-Betriebssystems hin zu einer nicht mit den Google-Produkten kompatiblen und von Google genehmigten Version (einem sog. Android-Fork).

- Zahlungen von Umsatzbeteiligungen an Hersteller von Mobilgeräten und Mobilfunknetzbetreiber, wenn diese sich im Gegenzug verpflichten, ausschließlich Googles Suchdienst und keine anderen Suchdienste auf ihren Geräten vorzuinstallieren.

389. In Bezug auf die MADAs und AFAs warf die Europäische Kommission Google den Missbrauch einer marktbeherrschenden Stellung insbesondere im Sinne des Art. 102 lit. d AEUV vor. Demnach besteht ein Missbrauch in einer an „den Abschluss von Verträgen geknüpften Bedingung, dass die Vertragspartner zusätzliche Leistungen annehmen, die weder sachlich noch nach Handelsbrauch in Beziehung zum Vertragsgegenstand stehen." Ebenso verstießen aus ihrer Sicht die Umsatzbeteiligungen gegen Art. 102 AEUV, da diese als Ausschließlichkeitszahlungen zu werten waren.[193] Im Mittelpunkt der Vorwürfe der Europäischen Kommission standen die durch die MADAs erwirkten Koppelungsvereinbarungen, im Rahmen derer Google den Herstellern von Mobilgeräten die Vorinstallation seines Suchdienstes und seines Internetbrowsers Chrome beim Erhalt des von diesen Produkten unabhängigen App-Stores Play Store verpflichtend vorschrieb.[194] Gemeinsam mit den AFAs und den Umsatzbeteiligungen – so die Europäische Kommission – stellten die Koppelungsvereinbarungen eine umfassende Missbrauchsstrategie dar. Dadurch sei der Wettbewerb auf den Märkten für Suchdienste und mobile Internetbrowser eingeschränkt worden.[195] Dies habe Innovationen verhindert, was mit direkten oder indirekten Schäden für die Verbraucher einherging.[196] Für die zuvor genannten Verstöße gegen Art. 102 AEUV verhängte die Europäische Kommission ein Bußgeld in Höhe von EUR 4,34 Mrd. gegen Google.[197] Als Abhilfemaßnahme wurde festgesetzt, dass Google die angemahnten Praktiken abzustellen habe.[198]

Words'. Zur Funktionsweise von AdWords vgl. https://www.gruenderszene.de/lexikon/begriffe/adwords, Abruf am 25. Februar 2020.

191 EU-Kommission, Beschluss vom 18. Juli 2018, AT.40099 – Google Android, Tz. 4.

192 Zum Inhalt der MADAs ebenda, Tz. 172 ff.

193 Ebenda, 1192 ff.

194 Ebenda, Tz. 756 ff. sowie 879 ff.

195 Ebenda, Tz. 773 (bezüglich der Koppelung von Googles Suchdienst an den Play Store) sowie Tz. 896 (bezüglich der Koppelung des Internetbrowsers Chrome an Googles Suchdienst und an den Play Store).

196 Ebenda, Tz. 773, 896.

197 Ebenda, Tz. 1480.

198 Zu den Abhilfemaßnahmen ebenda, Tz. 1394 ff. (MADAs), Tz. 1398 ff. (AFAs) und Tz. 1401 ff. (Umsatzbeteiligungen).

2.2.3.1 Die relevanten Märkte

390. Zur Einstufung von Google als Normadressat für die zuvor genannten Verhaltensweisen grenzte die Europäische Kommission die folgenden drei Märkte in räumlicher und sachlicher Dimension ab und befand, dass Google auf allen drei Märkten seit 2011 eine marktbeherrschende Position innehatte: [199]

- globaler Markt (mit Ausnahme von China) für die Lizenzierung mobiler Betriebssysteme,[200]
- globaler Markt (mit Ausnahme von China) für Android-App-Stores,[201]
- alle nationalen Märkte des EWR für allgemeine Suchdienste.[202]

391. Im Unionsrecht ist eine marktbeherrschende Stellung definiert als *„die wirtschaftliche Machtstellung eines Unternehmens [...], die dieses in die Lage versetzt, die Aufrechterhaltung eines wirksamen Wettbewerbs auf dem relevanten Markt zu verhindern, indem sie ihm die Möglichkeit verschafft, sich seinen Wettbewerbern, seinen Abnehmern und letztendlich den Verbrauchern gegenüber in einem nennenswerten Umfang unabhängig zu verhalten."*[203] Für den globalen Markt für die Lizenzierung mobiler Betriebssysteme sah die Europäische Kommission eine solche Stellung als gegeben an. Diese Einschätzung erfolgte aufgrund der Marktanteile von Android[204], der Existenz von Markteintritts- sowie Expansionsbarrieren, der fehlenden Verhandlungsmacht der Käufer und einem mangelnden Wettbewerbsdruck durch nichtlizenzierbare Betriebssysteme und dabei insbesondere durch Apples iOS-Betriebssystem.[205] Insofern rechnete die Europäische Kommission alle außerhalb von China genutzten Android-Betriebssysteme Google zu.[206] Für den Missbrauchstatbestand ist die Marktmacht von Google bei lizenzierbaren Betriebssystemen deshalb von Relevanz, da sie im Wesentlichen Googles Machtposition gegenüber den Herstellern von Mobilgeräten begründet.[207]

392. Ebenso erachtete die Europäische Kommission Google auch auf dem globalen Markt für Android-App-Stores als marktbeherrschend.[208] Analog zur Vorgehensweise bei nichtlizenzierbaren Betriebssystemen wertete die Europäische Kommission die Marktanteile des Play Stores, das Bestehen von Markteintritts- sowie Expansionsbarrieren und die fehlende Verhandlungsmacht der Käufer als Indizien für die marktbeherrschende Stellung von Google auf dem Markt für Android-App-Stores. Darüber hinaus spielten jedoch auch technische Gründe eine Rolle. Beispielsweise könne im Gegensatz zu anderen App-Stores nur der Play Store automatische Updates für Apps durchführen.[209] Auch sei Googles Play Services, ein wichtiger Hintergrunddienst für Android, der unter anderem Programmierschnittstellen (APIs) bereitstellt, nicht ohne den Play Store zu erhalten.[210] Für das Verfahren der Europäischen Kommission ist die Unverzichtbarkeit des Play Stores für die Hersteller von Mobilgeräten sowie für die Verbraucher deswegen von Bedeutung, da diese die

---

199 Ebenda, Tz. 439.

200 Ebenda, Tz. 440-566.

201 Ebenda, Tz. 590-673.

202 Ebenda, Tz. 674-718.

203 EuGH, Urteil vom 14. Februar 1978, 27/76 – United Brands, Slg. 1978, 207, ECLI:EU:C:1978:22, Rz. 65; siehe auch EU-Kommission, Erläuterungen zu den Prioritäten der Kommission bei der Anwendung von Artikel 82 des EG-Vertrags auf Fälle von Behinderungsmissbrauch durch marktbeherrschende Unternehmen, ABl. C 45 vom 24. Februar 2009, S. 7, Tz. 10.

204 Tz. 384.

205 EU-Kommission, Beschluss vom 18. Juli 2018, AT.40099 – Google Android, Tz. 440. Zum Wettbewerb mit nichtlizenzierbaren Betriebssystemen siehe Tz. 400 ff.

206 EU-Kommission, Beschluss vom 18. Juli 2018, AT.40099 – Google Android, Tz. 442.

207 Siehe hierzu Tz. 400 ff.

208 EU-Kommission, Beschluss vom 18. Juli 2018, AT.40099 – Google Android, Tz. 590.

209 Ebenda, Tz. 615 ff.

210 Ebenda, Tz. 621 ff.

Grundlage der Argumentation bildete, dass Google seinen Suchdienst sowie Chrome in wettbewerbswidriger Weise an den Play Store koppeln konnte.[211]

2.2.3.2 Der Missbrauchstatbestand im Hinblick auf die Koppelungsvereinbarungen (MADAs)

393. Zentraler Bestandteil des Missbrauchsverfahrens der Europäischen Kommission gegen Google waren die durch die MADAs erwirkten Koppelungen der Produkte Google-Suche und Chrome an den Play Store. Nach einschlägiger Rechtsprechung trägt ein Unternehmen mit marktbeherrschender Stellung *„eine besondere Verantwortung dafür, dass es durch sein Verhalten den wirksamen unverfälschten Wettbewerb auf dem Gemeinsamen Markt nicht beeinträchtigt."*[212] Die Europäische Kommission sah in Bezug auf die MADAs den Tatbestand eines Behinderungsmissbrauchs im Sinne des Art. 102 lit. d AEUV als erfüllt an. Bei der Feststellung des Missbrauchs folgte die Europäische Kommission im Wesentlichen der Rechtsprechung des Gerichts sowie des EuGH.[213] Demzufolge sind Koppelungsvereinbarungen als Behinderungsmissbrauch zu werten, wenn

- das Koppelungsprodukt (Play Store) und die gekoppelten Produkte (Google-Suchdienst, Chrome) voneinander unabhängige Produkte sind,
- Google im Markt für das Koppelungsprodukt beherrschend ist,
- Google es den Nutzern nicht ermöglicht, das Koppelungsprodukt ohne die gekoppelten Produkte zu erhalten,
- die Koppelungsvereinbarungen es vermochten, den Wettbewerb einzuschränken bzw. eine wettbewerbswidrige Marktverschließung herbeizuführen.

394. Die Unabhängigkeit der Produkte hat sich dabei auf die Nachfrage der Verbraucher zu beziehen. Zwei voneinander unabhängige Produkte sind anzunehmen, wenn ohne die Koppelung eine große Anzahl von Kunden das Koppelungsprodukt kaufen würde bzw. gekauft hätte, ohne auch das gekoppelte Produkt beim gleichen Anbieter zu erwerben, sodass jedes der beiden Produkte unabhängig vom anderen angeboten werden kann.[214] Dies gilt auch für komplementäre Produkte[215] sowie für den Fall einer technischen Integration der Produkte.[216] Im Hinblick auf die genannten Voraussetzungen ist nicht zu bezweifeln, dass Googles Suchdienst, Chrome und der Play Store als voneinander unabhängige Produkte klassifiziert werden. Dies ergibt sich bereits aus deren unterschiedlichen Funktionen für die Verbraucher. Beispielsweise suchen Verbraucher mit dem Suchdienst im Internet nach Informationen, während der Browser Chrome dem Öffnen von Internetseiten dient. Auch existieren andere Entwickler von mobilen Browsern, die ihre Produkte separat und ohne eigenen App-Store und Suchdienst anbieten. Des Weiteren hatte Google auf dem Markt für Android App-Stores eine marktbeherrschende Stellung inne.[217] Die MADAs ließen den Herstellern von Mobilgeräten zudem keine Möglichkeit, die Lizenz für den Play Store separat zu erwerben.

395. Im Hinblick auf die Wettbewerbswidrigkeit der MADAs legte die Europäische Kommission mit Verweis auf die Rechtsprechung des EuGH dar, dass eine Behinderung durch das Verhalten eines marktbeherrschenden Unternehmens

---

[211] Siehe hierzu Tz. 395.

[212] EU-Kommission, Erläuterungen zu den Prioritäten der Kommission bei der Anwendung von Artikel 82 des EG-Vertrags auf Fälle von Behinderungsmissbrauch durch marktbeherrschende Unternehmen, a. a. O., Tz. 1.

[213] EU-Kommission, Erläuterungen zu den Prioritäten der Kommission bei der Anwendung von Artikel 82 des EG-Vertrags auf Fälle von Behinderungsmissbrauch durch marktbeherrschende Unternehmen, a. a. O., Tz. 50 sowie EuG, Urteil vom 17. September 2007, T-201/04 – Microsoft, Slg. 2007, II-3601, EU:T:2007:289, Rz. 842, 859, 862, 864, 867 sowie 869. Siehe auch EuGH, Urteil vom 14. November 1996, C-333/94 P – Tetra Pak II, Slg. 1996, I-5951, ECLI:EU:C:1996:436, Rz. 36 f.

[214] EuG, Urteil vom 17. September 2007, T-201/04 – Microsoft, Slg. 2007, II-3601, EU:T:2007:289, Rz. 917, 921 f.

[215] Ebenda, Rz. 921.

[216] Ebenda, Rz. 935.

[217] Siehe hierzu Tz. 386 sowie Tz. 392.

nicht konkret nachgewiesen werden muss, um das Verhalten als missbräuchlich einstufen zu können.[218] Deshalb genügte es aus Sicht der Europäischen Kommission, dass das Verhalten, nämlich die MADAs, das Potenzial zur Beschränkung des Wettbewerbs in sich bargen. Damit bedurfte es zwar keines konkreten Nachweises, dass die MADAs tatsächlich zu einer wettbewerbswidrigen Marktverschließung führten.[219] Allerdings war aufzuzeigen, dass die durch die MADAs erwirkten Koppelungen[220]

- die Anreize der Verbraucher hemmen, ein alternatives Produkt zu wählen,
- die Anreize der Abnehmer mindern, die Produkte anderer Hersteller anzubieten,
- Drittanbieter dazu bewegen, lediglich noch Produkte zu entwickeln, welche die Technologie der gekoppelten Produkte implementieren.

396. Unter Berücksichtigung der herausragenden Stellung Googles auf dem Markt für Android-App-Stores[221] beschränkte sich die Europäische Kommission deshalb im Wesentlichen auf die Erbringung von Nachweisen von Wettbewerbsvorteilen, die für Apps aufgrund deren Vorinstallation auf einem Mobilgerät bestanden.[222] Diese sich eng an der europäischen Rechtsprechung orientierende Vorgehensweise mag für die Europäische Kommission aus Gründen der Rechtssicherheit naheliegend gewesen sein. Allerdings verzichtete die Europäische Kommission im Zuge dessen nicht nur darauf nachzuweisen, welcher Schaden den Verbrauchern aufgrund der MADAs konkret zugefügt wurde.[223] Vielmehr ist zu bedauern, dass sich den Ausführungen in der Entscheidung der Europäischen Kommission etwaige wettbewerbswidrige Motive, die Google mit den MADAs verfolgte, nur unvollständig und indirekt entnehmen lassen. Die Europäische Kommission verzichtete selbst weitgehend darauf, eine aus ökonomischer Sicht in sich schlüssige Schadenstheorie auszuformulieren.

2.2.4 Das ökonomische Rational im Kontext zweiseitiger Plattformmärkte: MADAs konnten den Markt für mobile Suchdienste wettbewerbswidrig verschließen

397. Wie zuvor erläutert, richtete die Europäische Kommission ihre Vorgehensweise bei der Darlegung der Wettbewerbswidrigkeit der MADAs an der Rechtsprechung insbesondere im Rechtsmittelverfahren zu ihrem Microsoft-Beschluss aus dem Jahr 2004 aus.[224] Darin hatte die Europäische Kommission Microsoft vorgeworfen, seinen Windows Media Player in missbräuchlicher Weise an sein PC-Betriebssystem Windows zu koppeln. Jedoch dürften die der Koppe-

[218] EuGH, Urteil vom 6. Oktober 2015, C-23/14 Post – Danmark A/S v Konkurrencerådet, EU:C:2015:651, Rz. 65; Urteil vom 6. Dezember 2012, C-457/10 P – AstraZeneca v Commission, EU:T:2012:770, Rz. 112; Urteil vom 17. Februar 2011, C-52/09 – TeliaSonera Sverige, Slg. 2011, I-527, EU:C:2011:83, Rz. 64; EuG, Urteil vom 29. März 2012, T-398/07 – Spain v Commission, EU:T:2012:173, Rz. 90; Urteil vom 29. März 2012, T-336/07 – Telefónica and Telefónica de España v Commission, EU:T:2012:172, Rz. 268.

[219] EuG, Urteil vom 29. März 2012, T-336/07 – Telefónica and Telefónica de España v Commission, EU:T:2012:172, Rz. 273.

[220] EU-Kommission, Beschluss vom 18. Juli 2018, AT.40099 – Google Android, Tz. 750 mit Verweis auf EuG, Urteil vom 17. September 2007, T-201/04 – Microsoft, Slg. 2007, II-3601, EU:T:2007:289, Rz. 1041, 1060-1077.

[221] Siehe hierzu Tz. 386 sowie Tz. 392.

[222] Es ist davon auszugehen, dass die Vorinstallation oder die Festsetzung als Standard einer App auf mobilen Endgeräten die Verwendung dieser App durch die Nutzer begünstigt; siehe hierzu auch Monopolkommission, Sondergutachten 68, Wettbewerbspolitik: Herausforderung digitale Märkte, Baden-Baden 2015, Tz. 213 f. Die Europäische Kommission verweist diesbezüglich auf verschiedene Marktuntersuchungen sowie Befragungen von Marktteilnehmern; siehe EU-Kommission, Beschluss vom 18. Juli 2018, AT.40099 – Google Android, Tz. 778 ff.

[223] Ungeachtet der Rechtsprechung wurde in Bezug auf den Fall Google Android kritisiert, dass dieser einen Präzedenzfall für ein Unterlassen eines Nachweises eines konkreten Schadens darstelle und damit den Weg für eine übervorsichtige Auslegung des Art. 102 AEUV ebne; vgl. Portuese, A., The Rise of Precautionary Antitrust: An Illustration with the EU Google Android Decision, CPI – Competition Policy International, 17. November 2019.

[224] EU-Kommission, Beschluss vom 24. März 2004, COMP/C-3/37.792 – Microsoft sowie EuG, Urteil vom 17. September 2007, T-201/04 – Microsoft, Slg. 2007, II-3601, EU:T:2007:289. Neben der Koppelung des Media Players an Windows stufte die Europäische Kommission später ebenso die Koppelung des Internetbrowsers Internet Explorer an Windows als missbräuchliches Verhalten ein; EU-Kommission, Beschluss vom 16. Dezember 2009, COMP/C-3/39.530 – Microsoft (Koppelung).

lung zugrundeliegenden wettbewerbswidrigen Motive im Fall Google andere sein als im Fall Microsoft. In ihrer Microsoft-Entscheidung hatte die Kommission dargelegt, dass ein koppelungsbedingter Schaden insbesondere durch eine Behinderung des Wettbewerbs außerhalb der Märkte für das Koppelungsprodukt und das gekoppelte Produkt verursacht wurde.[225] Dies hatte vorrangig Märkte für Software für Medienverschlüsselung und -management betroffen. Weiterhin hatte sie dargelegt, dass die Anreize von Softwareentwicklern zur Innovationstätigkeit generell gehemmt worden seien, da diese befürchten mussten, dass ihr Produkt im Zweifel immer gegen ein von Microsoft an Windows gekoppeltes Produkt bestehen musste. Diese Theorie deckte sich mit dem Befund, dass Microsoft nur unwesentliche Erlöse aus dem unentgeltlichen Angebot des Media Players erzielte. Im Gegensatz dazu besteht Googles Geschäftsmodell darin, den Nutzern seinen Suchdienst (das gekoppelte Produkt) sowie den Play Store (das Koppelungsprodukt) bzw. Android unentgeltlich anzubieten und einen Großteil seiner Gewinne aus Werbeeinnahmen auf dem Markt für Suchdienste zu erzielen. Dabei profitiert Google davon, indirekte Netzwerkeffekte zwischen Verbrauchern und Werbetreibenden auszuschöpfen. Diesen Sachverhalt ließ die Europäische Kommission in ihrer Entscheidung weitestgehend unkommentiert und verwies stattdessen lediglich auf die Rechtsprechung, wonach die Bewertung von Netzwerkeffekten im Hinblick auf die wettbewerbsschädlichen Effekte von Koppelungstatbeständen nicht generell erforderlich war.[226] Damit sei es für die Europäische Kommission auch nicht geboten, Untersuchungen zu indirekten Netzwerkeffekten auf den Märkten für Suchdienste durchzuführen.[227] Nach Ansicht der Monopolkommission ist es mit Blick auf eine konsistente Schadenstheorie indes gerade Googles Geschäftsmodell auf den zweiseitigen Plattformmärkten für Suchdienste und Android-App-Stores, das ein plausibles Motiv für die wettbewerbswidrige Hebelung der Marktmacht beim Play Store in den Markt für Suchdienste liefert, wie im Folgenden näher dargelegt wird. Es wäre insofern wünschenswert gewesen, dass die Europäische Kommission diesen Aspekt explizit angesprochen hätte.

398. In Hinblick auf eine denkbare konsistente Schadenstheorie dürfte es insbesondere von Relevanz sein, dass Google sich darauf festlegte, seine GMS-Apps sowie Android – wie für auf zweiseitigen Plattformmärkten basierende Geschäftsmodelle typisch – den Nutzern unentgeltlich anzubieten.[228] Insofern erzielten die Hersteller von Mobilgeräten aus dem Play Store einen hohen Nutzen. Jedoch wurde deren daraus resultierende Zahlungsbereitschaft von Google nicht abgeschöpft. Hätte Google – in einem Alternativszenario – seinen Suchdienst nicht an den Play Store gekoppelt, hätte ein effizienterer Suchdienst den Herstellern von Mobilgeräten daher einen höheren Betrag für die Vorinstallation seines Produktes als Google bieten können. Google hätte dann lediglich den Play Store (unentgeltlich) anbieten und dabei Einnahmen von den App-Entwicklern erzielen können. Ausgehend von diesem Alternativszenario wird deutlich, dass eine Koppelung des Suchdienstes an den Play Store für Google profitabel war, da über das unentgeltliche Angebot des Bündels aus Play Store und Suchdienst der Markt für Suchdienste für den effizienteren Wettbewerber effektiv verschlossen werden konnte. Mit der Koppelungsvereinbarung hatten die Hersteller von Mobilgeräten daher lediglich die Wahl zwischen dem Bündel aus dem Play Store und Googles Suchdienst – das ihnen unentgeltlich angeboten wurde – und nichtgekoppelten Konkurrenzangeboten. Diese konnten den Suchdienst eines möglicherweise effizienteren Konkurrenten – für dessen Vorinstallation der Konkurrent die gesamten erzielbaren Werbeerlöse hätte bieten können – sowie einen oder mehrere alternative App Stores umfassen, die den Herstellern von Mobilgeräten allerdings nur einen wesentlich niedrigeren Nutzen erbringen konnten als der Play Store. Die Hersteller von Mobilgeräten hätten sich folglich immer dann für das Bündel von Google entschieden, wenn der Nutzen aus dem Play Store hinreichend groß ist im Vergleich zur Summe aus ihrem Nutzenvorteil (bzw. dem Effizienzvorteil) aus der Vorinstallation des konkurrierenden Suchdienstes und den auf den Märkten für Suchdienste erzielbaren Werbeerlösen. Insofern wäre ein effizienterer Suchdienst infolge der Koppelung nicht mehr in der Lage gewesen, Google im Leistungswettbewerb aus dem Markt für Suchdienste

225 EU-Kommission, Beschluss vom 24. März 2004, COMP/C-3/37.792 – Microsoft, Rn. 982 f. sowie Fumagalli, C./Motta, M./Calcagno, C., Exclusionary Practices: The Economics of Monopolisation and Abuse of Dominance, Cambridge University Press, S. 453 – 456.

226 EU-Kommission, Beschluss vom 18. Juli 2018, AT.40099 – Google Android, Tz. 854 sowie 964 ff. mit Verweis auf EuG, Urteil vom 17. September 2007, T-201/04 – Microsoft, Slg. 2007, II-3601, EU:T:2007:289.

227 EU-Kommission, Beschluss vom 18. Juli 2018, AT.40099 – Google Android, Tz. 776.

228 Choi, J. P./Jeon, D.-S., A Leverage Theory of Tying in Two-Sided Markets. American Economic Journal: Microeconomics, im Erscheinen, sowie Etro, F./Caffarra, C., On the Economics of the Android Case, European Competition Journal, 13: 2-3, 2017, 282-313. Die Autoren der Studien sehen Googles Verpflichtung, die GMS-Apps unentgeltlich anzubieten, insbesondere durch Googles Open-Source-Strategie beim Angebot des Android-Betriebssystems begründet; siehe hierzu Tz. 384 ff.

zu verdrängen, womit die Koppelungsvereinbarungen diesen effektiv verschlossen hätten. Google hingegen war somit stets in der Lage, sich die Werbeerlöse auf dem Markt für Suchdienste zu sichern.

399. Eine weitere denkbare Schadenstheorie basiert ebenfalls auf der Annahme, dass der Play Store für die Hersteller von Mobilgeräten essenziell war und dass Google deswegen mit den MADAs Werbeeinnahmen auf dem Plattformmarkt für Suchdienste in wettbewerbswidriger Weise absichern konnte.[229] Hierfür ist wichtig, dass die Nachfrage nach Mobilgeräten mit dem Play Store aufgrund von dessen Beliebtheit bei den Endverbrauchern höher war als nach Mobilgeräten mit einem anderen App-Store. Demzufolge ist anzunehmen, dass auch die Nachfrage nach einem Suchdienst höher war, wenn dieser auf hinreichend vielen Mobilgeräten mit dem Play Store vorinstalliert war. Eine hohe Verbrauchernachfrage hätte den Entwicklern von Suchdiensten höhere Werbeeinnahmen eingebracht. Insofern hätte für diese der Anreiz bestanden, den Herstellern von Mobilgeräten, die bereits den Play Store verwenden, hohe Zahlungen zu bieten, um somit die Vorinstallation ihres Suchdienstes neben dem Play Store zu erwirken. Durch die Koppelung des Suchdienstes an den Play Store wurde ein solcher Bieterwettbewerb hingegen unterbunden. Den Entwicklern mit Google konkurrierender Suchdienste wäre bekannt gewesen, dass eine Vorinstallation ihres Produktes für einen Hersteller von Mobilgeräten zwingend mit dem Verzicht auf den Play Store einhergehen musste. Demzufolge hätten sich deren Anreize gemindert, in einen Bieterwettbewerb mit Google einzutreten. Google hätte dadurch (aus Werbeerlösen erzielte) Renten einbehalten können, die sonst bei den Herstellern der Mobilgeräte verblieben wären. Allerdings wäre auch dies nur dann mit einer Wohlfahrtsminderung einhergegangen, wenn so der Markt für Suchdienste für einen effizienteren Wettbewerber effektiv verschlossen worden wäre.

2.2.5 Marktabgrenzung: Irrelevanz des Wettbewerbs mit Apple

400. Die Monopolkommission hatte bereits 2015 zu dem sich seiner Zeit anbahnenden Verfahren Google Android Stellung genommen. Nach damaliger Ansicht der Monopolkommission sollte die Bewertung der potenziell wettbewerbsbeschränkenden Inhalte der MADAs insbesondere vor dem Hintergrund des Wettbewerbs zwischen den verschiedenen Ökosystemen erfolgen.[230] Für den Fall Google Android hätte dies den Wettbewerb zwischen dem Android-Ökosystem und dem auf dem nichtlizenzierbaren mobilen Betriebssystem iOS aufbauenden Apple-Ökosystem betroffen. Im globalen Markt (mit Ausnahme von China) für mobile Betriebssysteme verfügten Android und iOS 2016 gemeinsam über einen Marktanteil von über 95 Prozent.[231] Bei Abgrenzung des Marktes auf lizenzierbare Betriebssysteme lag der globale Marktanteil (mit Ausnahme von China) von Android laut Europäischer Kommission sogar bei 96,4 Prozent.[232] Für die Verbraucher bestand damit faktisch lediglich noch die Wahl zwischen den Ökosystemen zweier Anbieter. Für Hersteller von Mobilgeräten ohne eigenes Betriebssystem konnte entsprechend davon ausgegangen werden, dass diese beinahe vollständig auf Android angewiesen waren.

401. Die MADAs sind Lizenzierungsvereinbarungen zwischen Google und den Herstellern von Mobilgeräten, die das Betriebssystem Android nutzen. Vor diesem Hintergrund grenzte die Europäische Kommission den relevanten Markt in Bezug auf mobile Betriebssysteme auf lizenzierbare Betriebssysteme ab.[233] Daraufhin stellte sich die Frage, ob die

[229] De Cornière, A./Taylor, G., Upstream Bundling and Leverage of Market Power, CEPR Discussion Paper No. DP13083, Juli 2018.

[230] Monopolkommission, Sondergutachten 68, a. a. O., Tz. 243.

[231] EU-Kommission, Beschluss vom 18. Juli 2018, AT.40099 – Google Android, Tz. 511 (Abbildung 15): Während der Marktanteil von iOS in den Jahren 2009 bis 2016 zwischen 15 und 26 Prozent rangierte, stieg der Marktanteil von Android im gleichen Zeitraum von 4 auf 80 Prozent. Andere mobile Betriebssysteme wie Symbian, Windows OS oder BlackBerry OS verschwanden im gleichen Zeitraum weitestgehend vom Markt.

[232] Die Europäische Kommission rechnete diesen Marktanteil vollständig Google zu, da praktisch auf allen mobilen Endgeräten, die mit einem Android-Betriebssystem außerhalb von China verkauft werden, die GMS vorinstalliert sind; EU-Kommission, Beschluss vom 18. Juli 2018, AT.40099 – Google Android, Tz. 442 ff.

[233] Tz. 391.

Marktabgrenzung möglicherweise einen durch Apple ausgeübten Wettbewerbsdruck auf Google vernachlässigte, der zu einer Disziplinierung der Verhandlungsmacht von Google gegenüber den Herstellern von Mobilgeräten führen konnte.[234]

402. Diesbezüglich ist zu beachten, dass die MADAs eine vertragliche Vereinbarung zwischen Google und den Herstellern von Mobilgeräten und nicht etwa den Verbrauchern sind. Im Gegensatz zu den Verbrauchern stellt Apples nichtlizenzierbares iOS-Betriebssystem für die Hersteller von Mobilgeräten nämlich keine Alternativoption zu Android dar. Bereits aus diesem Grund dürfte die Annahme der Europäischen Kommission zutreffen, dass Apple als Anbieter nichtlizenzierbarer Betriebssysteme nicht zum relevanten Markt zählte. Allerdings hätte auch argumentiert werden können, dass ein Wettbewerbsdruck durch Apple (auf Googles Verhandlungsmacht gegenüber den Herstellern von Mobilgeräten) auch dadurch hätte ausgeübt werden können, dass über iOS mit den GMS konkurrierende und gegebenenfalls effizientere Apps in den Markt hätten eindringen können, sodass Verbraucher deswegen von Android zu Apple gewechselt wären. In diesem Kontext wäre anzunehmen gewesen, dass die Hersteller von Android-Mobilgeräten die MADAs nicht ohne Weiteres akzeptiert hätten. Jedoch ist dieses Szenario unwahrscheinlich. Zum einen installiert Apple seit jeher den eigenen Internetbrowser Safari auf seinen Mobilgeräten vor. Zum anderen bietet Apple keinen eigenen Suchdienst an. Auch auf iOS werden nahezu 100 Prozent aller Suchanfragen über Google abgewickelt.[235] In diesem Zusammenhang leistete Google in der Vergangenheit auch nicht unerhebliche Zahlungen an Apple, damit sein Produkt als Standardsuchdienst für Apples Internetbrowser Safari festgesetzt wurde.[236]

403. Darüber hinaus wies die Europäische Kommission auf einen nur unzureichend ausgeprägten Wettbewerb zwischen Mobilgeräten mit Android-Betriebssystem und den Mobilgeräten von Apple hin. Die Europäische Kommission berief sich dabei auf signifikante Preisunterschiede, Wechselkosten und Loyalität der Verbraucher sowie auf die Annahme, dass App-Entwickler auch bei einer Qualitätsabnahme eines mobilen Betriebssystems weiterhin Multihoming betreiben würden.[237]

404. Allerdings sei in diesem Kontext darauf hingewiesen, dass im Fall von Ökosystemen, die auf nichtlizenzierbaren Betriebssystemen aufbauen, grundsätzlich keine bessere Wettbewerbssituation auf den Märkten für Apps bestehen dürfte. Missbrauchspotenziale gegenüber Drittanbietern eröffnen sich insbesondere im Hinblick auf Anwendungen, für die der Anbieter des Betriebssystems (und der vertikal integrierten Mobilgeräte) ein eigenes Produkt anbietet. Hingegen besteht bei lizenzierbaren Betriebssystemen zumindest in der Theorie die Möglichkeit, dass die (unabhängigen) Hersteller der Mobilgeräte frei in ihrer Wahl zwischen den von ihnen vorzuinstallierenden Apps sind. Vor diesem Hintergrund wurde in den Vereinigten Staaten jüngst eine Untersuchung durch den Rechtsausschuss des US-amerikanischen Repräsentantenhauses initiiert, die sich mit einer möglichen Diskriminierung von Drittanbieter-Apps durch Apple befasst.[238] Ebenso prüft gegenwärtig auch die Europäische Kommission, ob Apple mit seinem eigenen Bezahldienst Apple Pay den Wettbewerb mit anderen Bezahldienstleistern in missbräuchlicher Weise einschränkt. Konkret wird Apple vorgeworfen, dass die für Bezahlvorgänge im Apple-Ökosystem wichtige Wallet-App ausschließlich Apple Pay unterstützt und damit für konkurrierende Zahldienste der Markt verschlossen wird.[239]

---

[234] In der Vergangenheit wurde Kritik laut, wonach die Europäische Kommission die Wettbewerbsbeziehung zwischen Google und Apple ignorierte; Petit, N., EU engaged in antitrust gerrymandering against Google, CPI – Competition Policy International, 1. August 2018.

[235] EU-Kommission, Beschluss vom 18. Juli 2018, AT.40099 – Google Android, Tz. 515.

[236] Demnach zahlte Google 2014 1 Milliarde US-Dollar an Apple; Hern, A., Google paid Apple $ 1bn to be default iOS search engine, The Guardian, 22. Januar 2016; https://www.theguardian.com/technology/2016/jan/22/google-paid-apple-1bn-to-be-default-ios-search-engine, Abruf am 6. März 2020.

[237] EU-Kommission, Beschluss vom 18. Juli 2018, AT.40099 – Google Android, Tz. 497 ff.

[238] U.S. House of Representatives, Committee on the Judiciary, Washington D.C. 20515-6216, One Hundred Sixteenth Congress, 13. September 2019.

[239] McGee, P./Espinoza, J., EU sets sights on Apple Pay over antitrust concerns, Financial Times, 16. Oktober 2019; https://www.ft.com/content/e65c9a76-f039-11e9-bfa4-b25f11f42901, Abruf am 11. März 2020.

2.2.6 Abhilfemaßnahmen stellen die missbräuchlichen Verhaltensweisen (effektiv) ab, verhelfen jedoch nicht zur Lösung struktureller Probleme

405. Die verhängten Abhilfemaßnahmen verpflichteten Google, davon abzusehen, den Erhalt des Play Stores vertraglich an die Vorinstallation seines Suchdienstes und seines Internetbrowsers Chrome zu koppeln.[240] Neben der Beendigung der als missbräuchlich eingestuften Verhaltensweisen hat Google daraufhin sein Geschäftsmodell in zweierlei Hinsicht modifiziert. Zum einen erhebt Google für die GMS nun Lizenzgebühren bei den Herstellern von Mobilgeräten. Zum anderen wird Verbrauchern bei der Erstinstallation von Mobilgeräten, mit deren Herstellern Vereinbarungen zur Vorinstallation der GMS bestehen, bei der Festlegung des Standard-Suchdienstes künftig die Wahl zwischen Google und drei alternativen Anbietern ermöglicht. Die Auswahl der konkurrierenden Anbieter erfolgt dabei auf Basis einer Auktion.

406. Berichten zufolge führte Google für die Hersteller von Mobilgeräten eine Lizenzgebühr von bis zu USD 40 pro Gerät für den Erwerb der GMS ein.[241] Damit weicht Google von seiner ursprünglichen Strategie eines unentgeltlichen Angebots für Android und seine Apps ab, indem dieses Angebot nun nicht mehr nur ausschließlich auf den Marktseiten der Werbetreibenden und der App-Entwickler monetisiert wird, sondern Einnahmen künftig auch auf der Marktseite der Nutzer erzielt werden. Im Fall von Lizenzgebühren, die pro verkauftes Gerät erhoben werden, ist davon auszugehen, dass diese von den Herstellern von Mobilgeräten zumindest in Teilen an die Verbraucher weitergereicht werden. Als Folge dessen dürften sich Preiserhöhungen für die Mobilgeräte einstellen, was grundsätzlich zu einer Minderung der Konsumentenwohlfahrt führen würde. Demgegenüber dürften solche Preiserhöhungen insbesondere vor dem Hintergrund des (von der Europäischen Kommission festgestellten) schwach ausgeprägten Wettbewerbs zwischen Apple- und Android-Mobilgeräten kaum negative Auswirkungen auf Googles Erlöse aus dem Angebot seiner Apps und des Android-Betriebssystems haben. Ferner kommen jüngste Forschungsarbeiten zu dem Ergebnis, dass eine hinreichend asymmetrische Preissetzung für Einzellizenzen unter bestimmten Voraussetzungen eine mit den MADAs vergleichbare Bündelungswirkung entfalten kann.[242] Hiermit ist es konsistent, dass Google Berichten zufolge Rabatte auf den Lizenzpreis für die GMS gewährt, wenn die Abnehmer nicht nur ausschließlich den Play Store, sondern darüber hinaus auch Googles Suchdienst und Chrome vorinstallieren und als Standard einstellen.[243]

407. Unabhängig davon hat Google in Absprache mit der Europäischen Kommission einen Mechanismus eingeführt, der den Verbrauchern ab März 2020 bei der Erstinstallation eines Mobilgerätes die Wahl zwischen Google und drei alternativen Suchdiensten ermöglicht.[244] Ein solches Auswahlmenü erhalten Verbraucher auf Android-Mobilgeräten, deren Hersteller im Rahmen des Erwerbs der GMS-Lizenz zur Vorinstallation des Google-Suchdienstes berechtigt sind. Im Grundsatz ähnelt diese Praxis den Verpflichtungszusagen von Microsoft, die das Unternehmen 2009 im Zuge des Verfahrens zur Koppelung des Internet Explorers an das Betriebssystem Windows gegenüber der Europäischen Kommission machte.[245] Jedoch müssen sich im Fall Google die konkurrierenden Suchdienste den Platz auf dem Auswahlmenü im Bieterwettbewerb erkaufen. Google wendet dafür eine verdeckte Viertpreisauktion an. Dabei geben interessierte Anbieter von Suchdiensten verdeckte Gebote für ein Entgelt ab, die für jeden Verbraucher, der das Produkt dieses Anbieters als Standard-Suchdienst wählt, an Google zu entrichten ist. Die erfolgreichen Bieter mit den drei höchsten Angeboten zahlen dann jedoch nicht den Preis ihres eigenen Gebots, sondern lediglich den des vierthöchsten Gebots. Die Auktion – und damit auch die Selektion der Anbieter für die Verbraucher – wird für jeden Mitgliedstaat des EWR separat durchge-

240 EU-Kommission, Beschluss vom 18. Juli 2018, AT.40099 – Google Android, Tz. 1394 f.

241 Kastrenakes, J./Brandom, R., Google app suite costs as much as $ 40 per phone under new EU Android deal, Confidential documents show strong incentives for keeping bundle intact, The Verge, 19. Oktober 2018; https://www.theverge.com/2018/10/19/17999366/google-eu-android-licensing-terms, Abruf am 7. März 2020.

242 De Cornière, A./Taylor, G., Upstream Bundling and Leverage of Market Power, CEPR Discussion Paper No. DP13083, Juli 2018.

243 Kastrenakes, J./Brandom, R., Google app suite costs as much as $ 40 per phone under new EU Android deal, Confidential documents show strong incentives for keeping bundle intact, a. a. O.

244 Android.com, About the choice screen, 8. Januar 2020, https://www.android.com/choicescreen/, Abruf am 30. März 2020.

245 EU-Kommission, Beschluss vom 16. Dezember 2009, AT.39530 – Microsoft (Koppelung), Anhang, S. 27 ff.

führt und im Turnus von vier Monaten wiederholt. Laut Google sollen die daraus erzielten Einnahmen für die Verbesserung und für den Erhalt von Android eingesetzt werden.[246]

408. Aus Sicht der Monopolkommission sind Auktionen zwar ein geeignetes Mittel zur effizienten Verteilung knapper Ressourcen[247], wie sie auch die Plätze auf dem Auswahlmenü für die Vorinstallation von Suchdiensten auf einem Smartphone darstellen. Jedoch handelt es sich hierbei um die Märkte für Suchdienste, die in Bezug auf ihre Struktur bereits nachhaltig zugunsten von Google gekippt sind.[248] Als Folge dessen generiert Google dort für den Plattformwettbewerb essenzielle Größen- und Netzwerkvorteile, die Wettbewerber kaum ausgleichen könnten. So verbessert ein großes Anfragevolumen auf einem Suchdienst die Relevanz der auf eine Suchanfrage hin angezeigten Ergebnisse maßgeblich.[249] Ebenso verstärkt das Ausschöpfen indirekter Netzwerkeffekte zwischen Endverbrauchern und Werbetreibenden die beherrschende Stellung von Google. Diesbezüglich weist die Europäische Kommission darauf hin, dass zum einen ein hoher Grad an Personalisierung der Werbung einem Teil der Verbraucher einen positiven Nutzen stifte und dass zum anderen hohe Werbeumsätze wiederum in die Verbesserung der Suchmaschine reinvestiert würden.[250] Demzufolge dürfte auch ein Auswahlmenü für die Verbraucher nicht zu einer Stärkung des Wettbewerbs führen. Dieser Eindruck verfestigt sich insbesondere vor dem Hintergrund, dass konkurrierende Suchdienste, die ihre Erlöse wie auch Google ausschließlich von Werbetreibenden erwirtschaften, einen Teil ihrer für den Plattformwettbewerb elementaren Einnahmen an Google weiterreichen müssen.

409. Es kann davon ausgegangen werden, dass die Abhilfemaßnahmen auf wettbewerblich strukturierten Märkten zu einer Stärkung des Wettbewerbs führen würden. Beispielsweise wäre Googles Entscheidung, seine Android-Apps künftig auch über die Nutzer unter Einsatz von Lizenzgebühren zu monetisieren, dem Wettbewerb prinzipiell zuträglich, da die Hersteller von Mobilgeräten bei der Wahl der Vorinstallation von Apps (sowie des Betriebssystems) künftig für diese den von ihnen beigemessenen Wert zahlen müssten.[251] Ebenso würde der Wettbewerb auf den Märkten für Suchdienste gefördert, wenn die Verbraucher bei der Einstellung ihres Standard-Suchdienstes zwischen mehreren Anbietern wählen können. Jedoch ist zu konstatieren, dass die Machtposition von Google auf den relevanten Märkten durch indirekte Netzwerkeffekte in einer Weise gefestigt ist, dass Marktstrukturen nachhaltig geschädigt wurden. Selbst nach der Abkehr von einem unentgeltlichen Angebot des Play Stores ist nicht anzunehmen, dass Hersteller von Mobilgeräten künftig alternative App-Stores vorinstallieren werden, da die Endverbraucher nicht auf die Vielfalt der auf dem Play Store angebotenen Apps verzichten möchten. Ebenso kann auch nach Untersagung der Koppelungsvereinbarungen nicht davon ausgegangen werden, dass konkurrierende Suchdienste sich auf lange Sicht im Markt etablieren werden. Dafür mangelt es diesen insbesondere an einer hinreichend großen Menge generierter Daten, jedoch oft aber auch schlichtweg an Finanzkraft, um ein im Leistungswettbewerb mit Google erfolgreiches Produkt entwickeln zu können.

---

246 Android.com, About the choice screen, 8. Januar 2020, a. a. O.

247 Siehe beispielsweise Monopolkommission, 11. Sektorgutachten Telekommunikation (2019), Staatliches Augenmaß beim Netzausbau, Baden-Baden 2019, Tz. 224 ff.

248 Siehe hierzu auch Tz. 392.

249 Für Suchdienste könne dabei angenommen werden, dass ein abnehmender Grenzvorteil in Bezug auf das Anfragevolumen im Hinblick auf die Verbesserung der Relevanz der Suchergebnisse bestehe, sobald das Anfragevolumen einen bestimmten Schwellenwert überschritten habe. Die Europäische Kommission wies zudem darauf hin, dass Google auf den Märkten für Suchdienste anfänglich auch deshalb Wettbewerber verdrängen konnte, da Größenvorteile in Bezug auf das Anfragevolumen in den Anfangsjahren der Online-Suche nicht die heutige Bedeutung hatten. Ursächlich dafür sei, dass noch keine Technologie zur Erfassung und Auswertung des Nutzerverhaltens und damit ausgefeilte Suchalgorithmen verfügbar waren; EU-Kommission, Beschluss vom 18. Juli 2018, AT.40099 – Google Android, Tz. 689 ff. Zu den Faktoren der Marktkonzentration bei Suchmaschinen, vgl. auch Monopolkommission, Sondergutachten 68, a. a. O., Tz. 198 ff.

250 Tz. 386 sowie EU-Kommission, Beschluss vom 18. Juli 2018, AT.40099 – Google Android, Tz. 693 ff.

251 Caffarra, C./Latham, O./Bennett, M./Etro, F./Regibeau, P./Stillman, B., Google Android: European "Techlash" or Milestone in Antitrust Enforcement? VOX CEPR Policy Portal, 27. Juli 2018.

2.2.7 Lehren aus dem Fall Google Android: Die Bewahrung wettbewerblicher Strukturen erfordert ein frühzeitiges Ergreifen kartellrechtlicher Maßnahmen

410. Der Beschluss der Europäischen Kommission im Fall Google Android geht mit einer gewissen Präzedenzwirkung einher. Google ist im Rahmen seines Android-Ökosystems eine beherrschende Stellung zuzurechnen. Diese konzentriert sich nicht nur auf das Betriebssystem, sondern erstreckt sich in konglomerater Weise über mehrere Plattformmärkte innerhalb des Ökosystems. Mit Blick auf die gegenwärtige Diskussion um eine Aufrüstung des Kartellrechts[252] betreffend der sich in der Digitalökonomie stellenden Herausforderungen – und damit insbesondere in Bezug auf den kartellrechtlichen Umgang mit den großen Digitalkonzernen – sind die sich aus dem Fall Google Android ergebenden Schlussfolgerungen ambivalent. Einerseits zeigt sich, dass Art. 102 AEUV den Wettbewerbsbehörden ein für die Durchsetzungspraxis wirksames kartellrechtliches Instrumentarium an die Hand gibt, um missbräuchliche Verhaltensweisen der betroffenen Konzerne abzustellen und wettbewerbliche Strukturen zu schützen. Andererseits lässt sich jedoch insbesondere mit Blick auf die Plattformmärkte für Suchdienste konstatieren, dass Abhilfemaßnahmen, welche die Abstellung eines missbräuchlichen Verhaltens verfügen, ohne wettbewerbliche Wirkung bleiben dürften, sobald die Marktstruktur bereits geschädigt wurde.

411. Die Europäische Kommission hat die MADAs, die AFAs und die Umsatzbeteiligungen als Verstöße gegen Art. 102 AEUV bewertet. In ihrem Beschluss folgte die Europäische Kommission einem zweistufigen Verfahren. In einem ersten Schritt wurden diejenigen Märkte abgegrenzt, auf denen Google als marktmächtig erachtet wurde und die für die Missbrauchstatbestände relevant waren. Nach dem Verständnis der Monopolkommission war dabei insbesondere die Annahme der Europäischen Kommission plausibel, dass der Wettbewerb mit Apple keinen Einfluss auf die Missbrauchstatbestände hatte.[253] In einem zweiten Schritt erfolgte die Einordnung als Behinderungsmissbrauch. Im Beispiel der MADAs orientierte sich die Europäische Kommission hierbei eng an der bestehenden Rechtsprechung (insbesondere der zum Fall Microsoft).[254] Neben den festgesetzten Bußgeldern verpflichteten die auferlegten Abhilfemaßnahmen Google, die als missbräuchlich eingestuften Vertragsinhalte abzustellen. Diesbezüglich erachtet die Monopolkommission die Bewertung der MADAs als Behinderungsmissbrauch sowie die verhängten Abhilfemaßnahmen als prinzipiell nachvollziehbar. Jedoch ist zu bemängeln, dass es die Europäische Kommission versäumt hat, ein plausibles ökonomisches Rational für die Wettbewerbswidrigkeit der MADAs darzulegen, die – nach Auffassung der Monopolkommission – in Googles Geschäftsmodell, das mehrere Plattformmärkte umfasst, zu verorten gewesen wäre.[255]

412. Die Wirkung der Abstellungsverfügung auf den Wettbewerb auf den Märkten für die durch die MADAs an den Play Store gekoppelten Produkte Chrome und Suchdienst ist unterschiedlich. Auf den Märkten für mobile Internetbrowser ist eine wettbewerbliche Struktur weiterhin erkennbar. Dennoch lässt sich die Tendenz beobachten, dass die Stellung von Google auch dort zunehmend bedeutender geworden ist.[256] Durch das Verbot der MADAs unterliegen die Hersteller von Mobilgeräten nun nicht mehr der Einschränkung, bei der Vorinstallation des Play Stores und des Suchdienstes von Google auch den Internetbrowser Chrome vorinstallieren zu müssen. Dies dürfte zu einer Revitalisierung des Wettbewerbs zwischen den Anbietern von mobilen Internetbrowsern führen. Im Gegensatz dazu profitiert Google auf den Märkten für Suchdienste derart von Größenvorteilen und indirekten Netzwerkeffekten, dass die Marktstruktur dort – unter anderem bedingt durch den festgestellten Missbrauch – strukturelle Schäden davongetragen hat.[257] Ein Verbot der MADAs alleine dürfte hier nicht zu einer Verbesserung der Wettbewerbssituation führen. Dabei ist zu beachten, dass die MADAs zwar nicht allein ursächlich für das Kippen der Märkte für Suchdienste waren. Jedoch dürften diese zumindest nicht unwesentlich dazu beigetragen haben, dass konkurrierende Suchdienste nicht über mobile Suchanwendungen mit Google in Wettbewerb treten konnten. Demzufolge sind die Abhilfemaßnahmen zwar in ihrer Ausgestaltung nicht als

[252] Die Monopolkommission befasst sich in diesem Gutachten tiefergehend mit der Missbrauchsaufsicht in der Plattformwirtschaft (Tz. 45 ff.).

[253] Tz. 400 ff.

[254] Tz. 393 ff.

[255] Tz. 397 ff.

[256] Tz. 386.

[257] Tz. 407.

unrichtig einzustufen. Damit jedoch effektiv ein den Wettbewerb schützender Effekt – noch während des Prozesses des Kippens der Märkte für Suchdienste – hätte entfaltet werden können, hätten die Maßnahmen früher implementiert werden müssen.

413. Die Europäische Kommission hat dieses Problem erkannt. Am 2. Juni 2020 hat sie Konsultationen zu einem neuen Wettbewerbsinstrument sowie einem Gesetzgebungspaket für große Digitalplattformen eingeleitet.[258] Das neue Wettbewerbsinstrument soll insbesondere auf den Digitalmärkten eine schnelle Intervention ermöglichen, unter anderem wenn strukturelle Risiken für den Wettbewerb – beispielsweise durch die Existenz starker Netzwerkeffekte – bestehen.[259] Das ergänzende Gesetzgebungspaket zielt auf einen Erhalt eines fairen Wettbewerbs in der Digitalwirtschaft durch die Schaffung eines Regulierungsrahmens ab, der große Plattformunternehmen gegebenenfalls bestimmten Verhaltensauflagen unterwerfen soll.[260]

2.3 Unionsrechtskonforme Rechtsanwendung sicherstellen

414. Die Art. 101 und 102 AEUV geben einen einheitlichen Rechtsstandard für die Beurteilung von Kartell- und Missbrauchsverstößen vor. Ihre konsequente Durchsetzung reduziert Unsicherheiten aller Marktteilnehmer bei der Beurteilung neuer und bislang ungeklärter Rechtsfragen. Sie sorgt zudem für einen Mindestschutz der Verbraucher im Wettbewerb, wobei den Mitgliedstaaten im Missbrauchsrecht die Freiheit für einen weitergehenden Schutz verbleibt. Zuletzt ist die Durchsetzung von Art. 101 und 102 AEUV aus wettbewerbspolitischer Sicht auch deshalb wünschenswert, weil einheitliche Vorgaben zu Kartell- und Missbrauchsverstößen zur Entwicklung homogener Marktbedingungen und damit zur Entwicklung eines EU-Binnenmarktes beitragen können.

415. Die öffentliche Durchsetzung der Art. 101 und 102 AEUV erfolgt im bestehenden Rechtsrahmen nicht nur durch die Europäische Kommission, sondern insbesondere auch durch die Behörden und Gerichte in den Mitgliedstaaten. Art. 3 Abs. 1 VO 1/2003 statuiert deshalb eine ausdrückliche Pflicht speziell für die nationalen Wettbewerbsbehörden und Gerichte, die Art. 101 und 102 AEUV auf wettbewerbsbeschränkende Verhaltensweisen anzuwenden, die den Handel zwischen Mitgliedstaaten beeinträchtigen können. Dies soll dazu beitragen, eine „wirksame und einheitliche Anwendung" der Art. 101 und 102 AEUV zu gewährleisten.[261] Auch die Richtlinie (EU) 2019/1, die im Rahmen des anstehenden GWB-Digitalisierungsgesetzes umgesetzt werden soll, beruht auf der Erwägung, dass „die meisten nationalen Wettbewerbsbehörden das nationale Wettbewerbsrecht parallel" zu den Bestimmungen der Art. 101 und 102 AEUV anwenden. Die Richtlinie soll unter diesen Umständen gewährleisten, dass die nationalen Wettbewerbsbehörden über die Garantien im Hinblick auf Unabhängigkeit, Ressourcen und Befugnisse verfügen, die erforderlich sind, um „die Artikel 101 und 102 AEUV wirksam anzuwenden".[262]

416. Die Verpflichtungen für Behörden und Gerichte nach Art. 3 Abs. 1 VO 1/2003 werden ergänzt durch Art. 267 AEUV, wonach mitgliedstaatliche Gerichte berechtigt – und höchstinstanzliche Gerichte verpflichtet – sind, dem EuGH Fragen zur Auslegung der Europäischen Verträge zur Vorabentscheidung vorzulegen. Diese Vorlagepflicht dient nicht nur ihrerseits der Einheitlichkeit des Unionsrechts, sondern gibt den Gerichten auch die Möglichkeit, durch Vorlagefragen die Unionsrechtsentwicklung mitzugestalten. Die mitgliedstaatlichen Kartellbehörden können hierzu beitragen, indem sie vor den Gerichten auf eine Vorlage hinwirken.

417. Die Rechtsanwendung nach nationalem Wettbewerbsrecht muss sowohl nach dem in der EU-Rechtsprechung entwickelten allgemeinen unionsrechtlichen Effektivitätsgrundsatz als auch nach den Vorgaben der zitierten Rechtsakte

---

258 Näher zu den Vorschlägen der Europäischen Kommission Tz. 48 f. in diesem Gutachten.

259 EU-Kommission, Proposal for a regulation: New competition tool, https://ec.europa.eu/info/law/better-regulation/have-your-say/initiatives/12416-New-competition-tool, Abruf am 9. Juni 2020.

260 EU-Kommission, Proposal for a regulation: Digital Services Act package: ex ante regulatory instrument of very large online platforms acting as gatekeepers, https://ec.europa.eu/info/law/better-regulation/have-your-say/initiatives/12418-Digital-Services-Act-package-ex-ante-regulatory-instrument-of-very-large-online-platforms-acting-as-gatekeepers, Abruf am 9. Juni 2020.

261 Erwägungsgründe 1 und 8 VO 1/2003.

262 Erwägungsgrund 3 der Richtlinie (EU) 2019/1.

stets die Prüfung umfassen, ob Art. 101 und 102 AEUV im gegebenen Einzelfall anwendbar sind.[263] Wenn dies zu bejahen ist, dann sind die Art. 101 und 102 AEUV anzuwenden. Dies folgt einerseits aus dem Anwendungsvorrang der EU-Verträge und andererseits aus dem – insoweit lediglich deklaratorischen – Art. 3 Abs. 1 VO 1/2003. Wenn Zweifelsfragen bestehen, sind diese grundsätzlich durch eine Vorabentscheidung des EuGH nach Art. 267 AEUV zu klären. Nur wenn eindeutig feststeht, dass Art. 101 und 102 AEUV im Einzelfall unanwendbar sind, hat die Prüfung und Anwendung der Vorschriften zu unterbleiben.

418. Die Anwendung von Art. 101 AEUV erfolgt in Deutschland in weiten Teilen im Einklang mit der Auslegung dieser Vorschrift durch die Unionsgerichte und die Europäische Kommission. Ein solcher Einklang besteht zumindest mit Blick auf horizontale Kartelle.[264] Kritischer ist die Anwendung von Art. 101 AEUV in Bezug auf Vereinbarungen mit vertikalen Wettbewerbsbeschränkungen zu beurteilen. Insbesondere die Anwendungspraxis des Bundeskartellamtes zum Verbot wettbewerbsbeschränkender Vereinbarungen (Kartellverbot) in Art. 101 AEUV in Fällen des selektiven Vertriebs hat in den vergangenen Jahren den Interessen des Handels ein relativ starkes Gewicht gegenüber den Interessen von Markenherstellern beigemessen, wobei diese Praxis durch die Entscheidung des EuGH in Sachen „Coty" infrage gestellt worden ist.[265] Das Bundeskartellamt hat unter Berufung auf die Entscheidung des BGH im Fall „Asics" zwar Unterschiede zwischen dem Cotyfall und den vom Amt selbst beurteilten Fällen hervorgehoben.[266] Allerdings kommt es für die Frage, welche Maßstäbe für die Beurteilung eines Falls nach Art. 101 AEUV im konkreten Fall gelten, weder auf Unterschiede im Sachverhalt zu anderen Fällen noch auf eine etwaige Rechtsprechung des BGH zu Einzelfragen im Rahmen von Art. 101 AEUV an. Entscheidend ist allein, ob die Auslegung von Art. 101 AEUV vonseiten des Bundeskartellamts von der Rechtsprechung des EuGH abgedeckt ist. Auch bei Preisbindungen verfolgt das Bundeskartellamt – insoweit freilich im Einklang mit den europäischen Leitlinien über Vertikalvereinbarungen – einen eher restriktiven Ansatz, obwohl nicht auszuschließen ist, dass Markenhersteller Preisbindungen zu ähnlichen Zwecken wie Vorgaben in einem selektiven Vertriebssystem einsetzen können. Die Rechtsprechung des EuGH dürfte es in diesem Fall nahelegen, die Interessen von Markenherstellern und Händlern ähnlich ausgewogen wie bei Vertriebsbindungen zu gewichten.[267]

419. Der BGH hat die Auslegung von Art. 101 AEUV durch das Bundeskartellamt im Fall „Asics" zwar bestätigt. Er hat hierzu eine eigene Auslegung von Art. 4 lit. c VO 330/2010 (als deklaratorische Ergänzung zu Art. 101 Abs. 3 AEUV) vorgenommen. Es handelte sich allerdings um keinen Fall, in dem die Frage, wie das einschlägige Unionsrecht auszulegen ist, vernünftigerweise keinen Zweifeln unterlag oder durch Unionsrechtsprechung schon geklärt war (*acte clair* bzw. *éclairé*). Die Grenzen der Zulässigkeit des selektiven Vertriebs gehören – im Gegenteil – seit Jahren zu den umstrittensten Fragen nach Art. 101 AEUV und stellen einen Schwerpunkt der Bemühungen der Europäischen Kommission zur Reform der Verordnung (EU) 330/2010 und der zugehörigen Leitlinien dar.[268] Einschlägige Unionsrechtsprechung zum selektiven Vertrieb von Sportartikeln wie im Fall „Asics" gab es ebenfalls nicht. Die Vorlage zur Vorabentscheidung hätte dem BGH in diesem Fall somit eine konkrete Möglichkeit geboten, im Rahmen des zwischen dem EuGH und den nationalen Gerichten bestehenden Kooperationsverhältnisses Einfluss auf die gesamteuropäische Rechtsentwicklung zu

---

263 Siehe in diesem Kontext EuGH, Urteil vom 20. September 2001, C-453/99 – Courage und Crehan, Slg. 2001, I-6297, ECLI:EU:C:2001:465, Rz. 29; Urteil vom 10. Juli 1997, C-261/95 – Palmisani/INPS, Slg. 1997, I-4025, ECLI:EU:C:1997:351, Rz. 27 zum unionsrechtlichen Effektivitätsgrundsatz.

264 Siehe Monopolkommission, XXII. Hauptgutachten, a. a. O., Tz. 797 ff. zu einer bedenklichen Ausnahme im vorangegangenen Berichtszeitraum 2017/2018.

265 EuGH, Urteil vom 6. Dezember 2017, C-230/16 – Coty Germany, ECLI:EU:C:2017:941. Dazu bereits Monopolkommission, XXII. Hauptgutachten, a .a. O., Tz. 823 ff.

266 BKartA, Wettbewerbsbeschränkungen im Internetvertrieb nach Coty und Asics – wie geht es weiter?, Schriftenreihe „Wettbewerb und Verbraucherschutz in der digitalen Wirtschaft", Oktober 2018, S. 4 f.

267 Vgl. EuGH, Urteil vom 25. Oktober 1983, 107/82 – AEG, Slg. 1983, 3151, ECLI:EU:C:1983:293, Rz. 33. Darauf, dass sich Beschränkungen im Selektivvertrieb ähnlich wie Preisbindungen auswirken können, verweist das BKartA auch selbst; siehe Beschluss vom 26. August 2015, B2-98/11 – Asics, Tz. 455.

268 Siehe dazu nur die Stellungnahmen in: EU-Kommission, Review of the Vertical Block Exemption Regulation, https://ec.europa.eu/competition/consultations/2018_vber/index_en.htmlhttps://ec.europa.eu/competition/consultations/2018_vber/index_en.html, Abruf am 3. Juli 2020.

nehmen.[269] Der EuGH räumt den nationalen Gerichten zudem nicht unerhebliche Freiheiten in der Formulierung der Vorlagefragen ein, sodass der BGH bei deren Ausgestaltung auch Aspekte wie z. B. Folgen für den Verfahrensaufwand (zusätzliche Kosten für die Beteiligten, Verfahrensdauer) hätte einbeziehen können.[270]

420. Die Nichtvorlage im betreffenden Fall erscheint hingegen problematisch. Denn damit blieb offen, wie der EuGH Art. 101 AEUV in der betreffenden Fallkonstellation auslegen würde. Nach Art. 3 Abs. 1 VO 1/2003 ist der BGH aber verpflichtet, Art. 101 AEUV gerade in der nach Art. 267 Abs. 1 lit. a AEUV maßgeblichen Auslegung der europäischen Verträge durch den EuGH anzuwenden. Daneben verletzt der BGH seine Vorlagepflicht nach Art. 267 Abs. 3 AEUV, wenn er keine Klärung durch den EuGH unter Berufung auf den von anderen Fällen unterscheidbaren Sachverhalt herbeiführt.[271] Die Monopolkommission hat darauf hingewiesen, dass der BGH der Vorlagepflicht in Fällen des Art. 101 AEUV aus ihrer Sicht schon früher nicht nachgekommen ist.[272]

421. Zur Anwendung von Art. 102 AEUV auf missbräuchliches Verhalten gibt es weniger Fallpraxis als zur Anwendung von Art. 101 AEUV. Auf behördlicher Ebene hat das Bundeskartellamt allerdings zuletzt in seinem Facebook-Fall das Missbrauchsverbot des Art. 102 AEUV ungeprüft gelassen. Dies hat es damit begründet, dass die von der (deutschen) Rechtsprechung zur Generalklausel des § 19 Abs. 1 GWB entwickelte Missbrauchsprüfung „in der europäischen Rechtsprechung und Anwendungspraxis [zu Art. 102 AEUV] keine Entsprechung gefunden" habe.[273] Auf gerichtlicher Ebene unterlässt es der BGH regelmäßig in Fällen, in denen Rechtsmittel zu den Missbrauchstatbeständen in §§ 19 f. GWB erhoben werden, Art. 102 AEUV parallel zu prüfen. Eine solche Prüfung nimmt er auch dann nicht vor, wenn die betroffenen Märkte eine Beeinträchtigung des zwischenstaatlichen Handels nahelegen.[274] Den Prüfungspflichten, welche die Gerichte unionsrechtlich nach Art. 3 VO 1/2003 zu beachten haben, steht allerdings eine etwaige Beschränkung des Prüfungsumfangs nach nationalem Rechtsmittelrecht nicht entgegen.[275] Davon abgesehen hat der BGH im Kontext des

---

[269] Siehe schon Kühling/Drechsler, NJW 2017, 2950, 2953 f. zu diesem Aspekt.

[270] Vgl. EuGH, Urteil vom 19. April 2007, C-295/05 – Asociación Nacional de Empresas Forestales, Slg. 2007, I-2999, ECLI:EU:C:2007:227, Rz. 30; Urteil vom 5. Februar 1963, 26/62 – Van Gend en Loos, Slg. 1963, S. 1, 24, ECLI:EU:C:1963:1.

[271] BGH, Beschluss vom 12. Dezember 2017, KVZ 41/17 – Asics, Rz. 20 ff. Vgl. infolgedessen z. B. die Empfehlungen zur Klarstellung in: ABA, Comments vom 27. Mai 2019, S. 8; BRAK, Stellungnahme Nr. 12/2019, Mai 2019, S. 10, 21; Deutscher Franchiseverband, Stellungnahme, S. 12; European Federation of Perfumes Retailers – FEPD Report, 27 May 2019, Tz. 44 ff.; GRUR, Stellungnahme vom 27. Mai 2019, S. 3 f.; IBA, Submission in Response to the Public Questionnaire for the Evaluation of the Vertical Block Exemption Regulation, S. 15; Studienvereinigung Kartellrecht, Stellungnahme vom 27. Mai 2019, Tz. 129 (in den zur Konsultation der EU-Kommission eingereichten Dokumenten und jeweils unter Verweis auf die Asics-Entscheidung des BGH); unmittelbar zur BKartA-Entscheidung auch kritisch: Meisterkreis, Gerechtigkeitslücken des Vertriebskartellrechts, Diskussionspapier zum Selektivvertrieb, S. 20, 26.

[272] Siehe zuvor schon BGH, Urteil vom 6. Oktober 2015, KZR 17/14 – Zentrales Verhandlungsmandat, Rz. 44 ff.; dazu kritisch Monopolkommission, XXI. Hauptgutachten, Wettbewerb 2016, Baden-Baden 2016, Tz. 1023 ff. Zu der Empfehlung der Monopolkommission, dass die deutschen Gerichte – insbesondere im Bereich des Internetvertriebs – mehr Vorabentscheidungsersuchen an den EuGH richten sollten, vgl. bereits XXII. Hauptgutachten, a .a. O., Tz. 844.

[273] BKartA, Beschluss vom 6. Februar 2019, B6-22/16 – Facebook, Tz. 914; im Schrifttum kritisch hierzu Wouter Wils, The Obligation for the Competition Authorities of the EU Member States to Apply EU Antitrust Law and the Facebook Decision of the Bundeskartellamt, Concurrences N° 3-2019; Vorabfassung unentgeltlich abrufbar unter https://papers.ssrn.com/sol3/papers.cfm?abstract_id=3424592, Abruf am 3. Juli 2020; offener Haus/Deniz Cesarano, NZKart 2019, 637, 643 f.

[274] Siehe nur jüngst BGH, Urteil vom 29. Januar 2019, KZR 4/17 – Teilnehmerdaten V, Rz. 63 ff.: möglicherweise missbräuchliche Vertragsvereinbarungen über deutschlandweite Teilnehmerverzeichnisse und die Erlösverteilung bzgl. regional herausgegebener Telefonbücher; BGH, Urteil vom 8. Oktober 2019, KZR 73/17 – Werbeblocker III, Rz. 22 ff.: beherrschende Stellung für im Internet angebotene Werbeblocker.

[275] Zuber in: Loewenheim u. a., Kartellrecht, 3. Aufl. 2020, Art. 3 VerfO Rn. 15; Sura in: Langen/Bunte, Kartellrecht, Bd. 2: EU-WettbR, 13. Aufl. 2018, Art. 3 VO 1/2003 Rn. 8 („alleinige Anwendung einzelstaatlichen Rechts in Fällen mit Zwischenstaatlichkeitsbezug ist [...] gesperrt"). Die Prüfung von Art. 102 AEUV ist somit entscheidungserheblich im Sinne der maßgeblichen EuGH-Rechtsprechung; vgl. EuGH, Urteil vom 6. Oktober 1982, 283/81 – CILFIT/Ministero della Sanità, Slg. 1982, 3415, ECLI:EU:C:1982:335, Rz. 9 ff.; ergänzend EuGH, Urteil vom 13. März 2007, C 432/05 – Unibet, Slg. 2007, I-2271, ECLI:EU:C:2007:163, Rz. 37 i. V. m. 41-43.

Finanzaufsichtsrechts selbst hervorgehoben, dass er nach nationalem Prozessrecht durch eine unbeschränkte Zulassungsentscheidung zum Rechtsmittel in seiner Prüfungsbefugnis nicht eingeschränkt wird.[276]

422. Wenn sich im Übrigen Auslegungsfragen in Bezug auf die Vorschrift des Art. 3 Abs. 1 VO 1/2003 stellen sollten, wären diese ebenfalls durch Vorabentscheidung des EuGH zu klären. Die Vorlagepflicht entfällt nicht dadurch, dass sich die von den nationalen Behörden und Gerichten zu prüfenden Fälle möglicherweise aufgrund ihres Sachverhalts von den auf Unionsebene bereits geprüften Fällen unterscheiden. Wenn es auf Unionsebene noch keine eindeutige Rechtsauslegung zur Beurteilung solcher Fälle gibt, dann ist eine Vorlage umso notwendiger, um eine Anwendung von Art. 3 Abs. 1 VO 1/2003 sicherzustellen, die eine effektive Durchsetzung der Art. 101 und 102 AEUV gewährleistet.

423. Die Folgen eines etwaigen Verstoßes gegen Art. 3 Abs. 1 S. 2 VO 1/2003 sind unklar. Im Grundsatz bestimmen sich die Rechtsfolgen eines Verstoßes gegen Unionsrecht, sofern dieses keine Aussagen zu den Rechtsfolgen trifft, gemäß Art. 4 Abs. 1 und Art. 5 EUV nach dem nationalen Recht. Insofern ist bei einer Missachtung von Art. 3 Abs. 1 VO 1/2003 im Verwaltungsverfahren offen, ob die Nichtprüfung von Art. 101 oder Art. 102 AEUV stets erheblich ist oder, falls sie sich in der kartellbehördlichen Entscheidung im Ergebnis nicht ausgewirkt hat, als bloßer Begründungsfehler nach §§ 45 f. VwVfG unbeachtlich sein kann.[277] Sie ist aber mit Blick auf das Ziel einer einheitlichen Rechtsentwicklung jedenfalls dann kritisch zu sehen, wenn sie zu einer Anwendungslinie der Art. 101 und 102 AEUV führt, deren Ergebnisse in Widerspruch zur Unionsrechtsprechung stehen. Eine Missachtung von Art. 3 Abs. 1 VO 1/2003 im gerichtlichen Verfahren dürfte stets erheblich sein.[278] Davon abgesehen verletzt die gerichtliche Nichtvorlage entgegen Art. 267 AEUV das Recht auf den gesetzlichen Richter (Art. 101 Abs. 1 Satz 2 GG).

424. Zusammenfassend beachten die deutschen Behörden und Gerichte zu wenig die Vorgaben des Unionsrechts, die eine einheitliche Rechtsanwendung sicherstellen sollen. In Fällen mit unionsrechtlich zu klärenden Auslegungsmaßstäben verzichten sie darauf, eine solche Klärung herbeizuführen. Damit kehren sie die Vorgabe des Art. 3 VO 1/2003, wonach Unions- und nationales Wettbewerbsrecht parallel anzuwenden sind, außer die Vorschrift gestattet abweichende nationale Regelungen, praktisch in ihr Gegenteil um. Dies führt zu Rechtsunsicherheit und begünstigt eine Entwicklung unterschiedlicher Rechtsstandards, wodurch die Entwicklung eines einheitlichen EU-Binnenmarktes erschwert wird. Die Monopolkommission sieht insbesondere die letztinstanzlichen Gerichte in der Verantwortung dafür, dass solchen Fehlentwicklungen vorgebeugt wird. Sie regt deshalb an, die Gemeinsamen Bestimmungen der §§ 90 ff. GWB um einen neuen § 96 GWB zu ergänzen, der wie folgt gefasst wird:

> *„In einem Verfahren, das Verhaltensweisen betrifft, welche den Handel zwischen Mitgliedstaaten beeinträchtigen können, ist das Gericht in den Entscheidungsgründen verpflichtet festzustellen, ob Artikel 101 oder 102 des Vertrages über die Arbeitsweise der Europäischen Union anwendbar sind, wenn die Entscheidung nicht mehr mit Rechtsmitteln des innerstaatlichen Rechts angefochten werden kann."*

Eine solche Vorschrift würde – abgesehen von ihrem Beitrag zur einheitlichen Entwicklung des Unionsrechts – die verfassungsrechtliche Pflicht nach Art. 103 Abs. 1 GG konkretisieren, wonach die Entscheidungsgründe alle Tatsachen- und Rechtsausführungen enthalten müssen, mit denen ein gewissenhafter und kundiger Prozessbeteiligter nach dem bisherigen Prozessverlauf zu rechnen hat.[279]

---

276 BGH, Urteil vom 10. Juli 2018, VI ZR 263/17, Rz. 11 (zit. nach Juris).

277 Vgl. Sachs in: Stelkens/Bonk/Sachs, Verwaltungsverfahrensgesetz, 9. Aufl. 2018, § 44 VwVfG Rn. 105, 109; siehe auch Rehbinder in: Immenga/Mestmäcker, Wettbewerbsrecht, Bd. 1: EU-WettbR, 6. Aufl. 2019, Art. 3 VO 1/2003 Rn. 18 (wesentlicher Verfahrensfehler); abweichend Jaeger in: Frankfurter Kommentar zum Kartellrecht, Bd. III, 95. Lfg. 01/2020, Köln, Art. 3 VO 1/2003 Rn. 7, 13 ff.; Bardong/Mühle in: Münchener Kommentar zum Wettbewerbsrecht, Bd. 1: EU-WettbR, 3. Aufl. 2020, Art. 3 VO 1/2003 Rn. 130 ff.

278 Siehe hierzu BVerfG, Beschluss vom 19. Dezember 2017, 2 BvR 424/17.

279 Vgl. BVerfG, Kammerbeschluss vom 27. Februar 2018, 2 BvR 2821/14, Rz. 18 (zit. nach Juris); siehe auch Art. 4 Abs. 1 S. 2 VO 2015/848 zu einer vergleichbaren Regelung im EU-Insolvenzverfahrensrecht sowie Art. 102 § 2 EGInsO im deutschen Recht; allgemein ferner § 313 Abs. 3 ZPO, § 108 Abs. 1 S. 2 VwGO, im Strafrecht auch § 267 StPO.

2.4 Einheitliche Wettbewerbsbedingungen im Leistungssport schaffen

2.4.1 Einführung

425. In den vergangenen Jahren haben kartellrechtliche Aspekte in zahlreichen Rechtsstreitigkeiten zwischen Sportverbänden und Athleten eine zentrale Rolle gespielt. Die in solchen Fällen relevanten Streitpunkte werfen die grundsätzliche Frage nach dem Verhältnis von unternehmerischem Handeln und sportlicher Betätigung auf. Streitentscheidend ist regelmäßig, inwieweit Sportverbände die Handlungsfreiheit der Athleten im Zusammenhang mit der Teilnahme an Wettkämpfen reglementieren dürfen. Die zunehmende Kommerzialisierung von Sportveranstaltungen hat zur Folge, dass wettbewerbsrechtliche und -ökonomische Erwägungen in diesem Bereich größere Bedeutung erlangen.

426. Zwei Gerichtsentscheidungen, welche die Reichweite des Kartellrechts in dem Verhältnis zwischen Athleten und den Sportverbänden betreffen und für die dortige Rechtsentwicklung wesentlich sind, sollen hier nur beispielhaft Erwähnung finden. Nachdem der EuGH in der Rechtssache „Meca-Medina" festgestellt hatte, dass die EU-Wettbewerbsregeln auf Vorgaben Anwendung finden können, die Sportverbände gegenüber den Athleten machen,[280] beschäftigte sich der BGH in der Rechtssache „Pechstein" mit der Frage, unter welchen Voraussetzungen die Schiedsklauseln eines Sportverbandes den Missbrauch einer marktbeherrschenden Stellung begründen können.[281]

427. Erneut haben sich jüngst auch die Europäische Kommission sowie das Bundeskartellamt mit wettbewerbsbeschränkendem Verhalten im Sportsektor befasst. Die Europäische Kommission schloss ein Verfahren gegen den Eislauf-Weltverband, die International Skating Union (ISU), im Dezember 2017 mit einer Untersagungsentscheidung ab.[282] Sie hielt Bestimmungen des Verbandes, die Sanktionen bis hin zu lebenslangen Sperren für die Teilnahme der Athleten an nicht von der ISU genehmigten Eislauf-Veranstaltungen vorsahen, für kartellrechtswidrig. Im Berichtszeitraum führte das Bundeskartellamt ein Zusagenverfahren gegen das IOC und den DOSB.[283] Das Bundeskartellamt prüfte, ob die Werbemöglichkeiten der Athleten und ihrer Sponsoren bei Olympischen Spielen missbräuchlich beschränkt wurden, indem die Regelungen in der Olympischen Charta über die individuelle Vermarktung der Sportler zu restriktiv angewandt werden.[284]

428. Im Mittelpunkt der folgenden Würdigung steht das zuletzt genannte Verfahren des Bundeskartellamtes wegen der Werbebeschränkungen im Zusammenhang mit den Olympischen Spielen. Das Bundeskartellamt hat in seiner Zusagenentscheidung von Februar 2019 weitreichende Verpflichtungszusagen vom IOC und vom DOSB angenommen, welche die Werbemöglichkeiten von Athleten und Sponsoren verbessern (dazu Abschnitt 2.4.2). Allerdings gelten die für verbindlich erklärten Lockerungen der Werbebeschränkungen vom IOC und vom DOSB nur für deutsche Athleten. Dies kann eine Ungleichbehandlung mit ausländischen Athleten zur Folge haben und zu einer Fragmentierung des Binnenmarktes beitragen (dazu Abschnitt 2.4.3). Es sollte in vergleichbaren Konstellationen deshalb auf eine unionsweit einheitliche Beurteilung solcher „Sportfälle" geachtet werden; insofern könnte auch der Erlass von Leitlinien durch die Europäische Kommission sinnvoll sein (dazu Abschnitt 2.4.4).

2.4.2 Das Verfahren und die Entscheidung des Bundeskartellamtes zu Olympia-Werbebeschränkungen im Überblick

429. Gegenstand des Verfahrens des Bundeskartellamtes war die Regel 40 Nr. 3 der Durchführungsbestimmungen der Olympischen Charta (DF OC).[285] Die Olympische Charta enthält die grundlegenden Prinzipien der Olympischen Bewe-

---

[280] EuGH, Urteil vom 18. Juli 2006, C-519/04 P – Meca-Medina und Majcen, Slg. 2006, I-6991, ECLI:EU:C:2006:492.

[281] BGH, Urteil vom 7. Juni 2016, KZR 6/15 – Pechstein, ECLI:DE:BGH:2016:070616UKZR6.15.0.

[282] EU-Kommission, Beschluss vom 8. Dezember 2017, AT.40208 – International Skating Union's Eligibility rules; Nichtigkeitsklage anhängig beim EuG, T-93/18.

[283] BKartA, Beschluss vom 25. Februar 2019, B2-26/17 – Olympia-Werbebeschränkungen.

[284] Zur Beschränkung der Dienstleistungsfreiheit aus Art. 36 EWR-Abkommen wegen des Verbots individueller Werbemaßnahmen durch den norwegischen Skiverband vgl. EFTA-Gerichtshof, Urteil vom 16. November 2018, E-8/17 – Kristoffersen.

[285] Vgl. hierzu und zum Folgenden BKartA, Beschluss vom 25. Februar 2019, B2-26/17 – Olympia-Werbebeschränkungen, Tz. 1 ff.

gung unter Führung des IOC. Nach Regel 40 Nr. 3 DF OC in ihrer damaligen Fassung durfte kein Athlet, der an den Olympischen Spielen teilnimmt, während der sog. *frozen period* (d. h. ab dem 9. Tag vor Eröffnung der Olympischen Spiele bis zum 3. Tag nach der Schlussfeier) seine Person, seinen Namen, sein Bild oder seine sportlichen Leistungen zu Werbezwecken nutzen. Damit beschränkt die Regel die Möglichkeit der Athleten und ihrer (potenziellen) Sponsoren, die Teilnahme an den Olympischen Spielen sowie etwaige Erfolge individuell zu vermarkten. Um an den Olympischen Spielen teilnehmen zu können, müssen sich die Athleten mit der Geltung der Olympischen Charta, einschließlich der Regel 40 Nr. 3 DF OC, einverstanden erklären. Verstöße können sowohl seitens des IOC als auch des jeweiligen Nationalen Olympischen Komitees (NOK) sanktioniert werden, etwa mit einem Ausschluss von den Olympischen Spielen bzw. der Olympiamannschaft. Die NOKs verfügen bei der Ausgestaltung der Vorgaben zu den Werberechten im Hinblick auf ihr Territorium über einen Spielraum und legen die Regel 40 Nr. 3 DF OC durchaus unterschiedlich aus.

430. Vor den Olympischen Spielen in Rio de Janeiro im Sommer 2016 wurde erstmals die Möglichkeit eingeführt, eine Ausnahmegenehmigung für individuelle Werbemaßnahmen von Athleten während der *frozen period* zu erhalten. Bei internationalen Werbemaßnahmen sind für die Erteilung der Ausnahmegenehmigung grundsätzlich das IOC und bei nationalen Werbemaßnahmen, die sich auf das Gebiet eines NOK beschränken, das jeweilige NOK – in Deutschland also der DOSB – zuständig. Neben den vom IOC entwickelten „Rio 2016 Olympic Games – Rule 40 Guidelines" hat auch der DOSB für seinen Zuständigkeitsbereich einen Leitfaden veröffentlicht, in dem die Möglichkeiten für individuelle Werbemaßnahmen während der Olympischen Spiele erläutert werden. Falls es sich bei dem Sponsor des Athleten nicht zugleich um einen „offiziellen" Sponsor der Olympischen Spiele oder des DOSB handelte, waren aber nur laufende Werbemaßnahmen, die mindestens drei Monate vor Beginn der Olympischen Spiele begonnen hatten, genehmigungsfähig. Insoweit kam eine Ausnahme lediglich für sog. generische Werbung in Betracht, sodass bestimmte, nicht abschließend genannte Begriffe, Symbole oder Bilder mit – mehr oder minder starkem – Bezug zu den Olympischen Spielen und der Olympischen Bewegung nicht verwendet werden durften. Unabhängig von der Art des Sponsors mussten die Werbemaßnahmen spätestens vier Monate vor dem Beginn der Olympischen Spiele angemeldet werden.

431. Das Bundeskartellamt hat im April 2017 ein Kartellverwaltungsverfahren gegen das IOC und den DOSB wegen der vorgenannten Werbebeschränkungen eingeleitet.[286] Nach einem ersten Gespräch mit dem Bundeskartellamt überarbeitete der DOSB seinen für die Olympischen Spiele von 2016 entwickelten Leitfaden zu den Möglichkeiten für individuelle Werbemaßnahmen. Der geänderte Leitfaden wurde einem Markttest unterzogen, der ergab, dass danach weiterhin nur unzureichende Werbemöglichkeiten für die Athleten und deren Sponsoren bestanden. Das Bundeskartellamt führte deshalb erneut Gespräche mit dem IOC und dem DOSB sowie den Marktteilnehmern. In der Folge erstellte das Bundeskartellamt selbst einen neuen Leitfaden für den DOSB, in dem die Werbebeschränkungen in größerem Umfang gelockert sind. Der DOSB erkannte in seinen Verpflichtungszusagen den Inhalt des geänderten Leitfadens an.[287] Das Bundeskartellamt hat die Verpflichtungszusagen mit Entscheidung von Februar 2019 gemäß § 32b GWB für bindend erklärt, und zwar bis zum Abschluss der Olympischen Spiele 2026.

432. Das Bundeskartellamt kommt in der Zusagenentscheidung nach einer vorläufigen rechtlichen Würdigung zu dem Ergebnis, dass das IOC und der DOSB mit den ursprünglichen Werbebeschränkungen, wie sie sich nach Maßgabe des Leitfadens des DOSB von 2016 auf Grundlage der Regel 40 Nr. 3 DF OC darstellten, gegen das Verbot des Missbrauchs einer marktbeherrschenden Stellung aus Art. 102 AEUV und § 19 GWB verstoßen haben.[288] Als relevanter Markt wird der weltweite Markt für die Organisation und Vermarktung der Olympischen Spiele abgegrenzt. Auf diesem Markt hätten die Mitglieder der Olympischen Bewegung in ihrer Gesamtheit eine marktbeherrschende Stellung, die vom IOC und vom DOSB durch die restriktive Ausgestaltung der Werbemöglichkeiten missbräuchlich ausgenutzt worden sei. Proble-

---

286 Ebenda, Tz. 18 ff.

287 Der Leitfaden ist auf der Webseite des Bundeskartellamtes abrufbar unter https://www.bundeskartellamt.de/SharedDocs/Publikation/DE/Leitfaden/Leitfaden_Ruke_40_und_Social_Media.html, Abruf am 6. Juli 2020. Hinsichtlich der Verpflichtungszusagen des IOC findet sich in der Entscheidung des Bundeskartellamtes lediglich der Hinweis, dass jene „im Wesentlichen" denen des DOSB entsprechen; vgl. BKartA, Beschluss vom 25. Februar 2019, B2-26/17 – Olympia-Werbebeschränkungen, Tz. 38.

288 Vgl. hierzu und zum Folgenden BKartA, Beschluss vom 25. Februar 2019, B2-26/17 – Olympia-Werbebeschränkungen, Tz. 39 ff. Die Europäische Kommission geht in ihrer Entscheidung gegen den ISU von einem Verstoß gegen Art. 101 AEUV aus; vgl. EU-Kommission, Beschluss vom 8. Dezember 2017, AT.40208 – International Skating Union's Eligibility rules (dazu bereits Tz. 427).

matisch seien insbesondere (1) das Erfordernis, die Werbemaßnahmen bereits zu einem sehr frühen Zeitpunkt und trotz einer häufig nicht hinreichend klaren Zuständigkeitsverteilung zwischen dem IOC und dem DOSB anzumelden, (2) das weitgehende und ebenfalls nicht hinreichend klare Verbot, in der Werbung einen Bezug zu Olympia herzustellen und (3) die bei einer Zuwiderhandlung gegen diese Beschränkungen drohenden Sanktionen.

433. Die Werbebeschränkungen beeinträchtigten einerseits die Athleten und andererseits (potenzielle) Sponsoren in der Möglichkeit, die Teilnahme der Athleten an den Olympischen Spielen angemessen zu vermarkten. Sie führten damit zu einer Wettbewerbsbehinderung auf dem – in räumlicher Hinsicht nicht näher abgegrenzten – Drittmarkt für Sportsponsoring. Dieser Markt stehe in hinreichendem Zusammenhang mit dem beherrschten Markt, da davon auszugehen sei, dass die „offiziellen" olympischen Sponsoren wegen Werbebeschränkungen, die das IOC bzw. der DOSB gegenüber den Athleten und deren Sponsoren durchgesetzt hat, bereit seien, für das Sponsoring hohe Entgelte zu zahlen.[289] Da es sich bei den Werbebeschränkungen nicht um „rein sportbezogene" Regeln handele, seien sie schließlich auch nicht dem Wettbewerbsrecht entzogen. Zwar komme vorliegend (lediglich) die Verhinderung von sog. *Ambush-Marketing* als legitimes Ziel, das mit den Werbebeschränkungen verfolgt werde, in Betracht.[290] Die Pflicht zur Anmeldung von individuellen Werbemaßnahmen, einige materielle Beschränkungen der Werbemöglichkeiten, die über die gesetzlichen Schutzrechte hinausgehen, sowie das Sanktionsregime seien hingegen unverhältnismäßig.

434. Diese Punkte sind auch wesentlicher Gegenstand der vom Bundeskartellamt angenommenen Verpflichtungszusagen, die insbesondere die folgenden Lockerungen der Werbebeschränkungen vorsehen.[291] Danach müssen Werbemaßnahmen, die während der *frozen period* durchgeführt werden sollen, nicht mehr vorab angemeldet und genehmigt werden. Der Katalog von unzulässigen Begriffen sowie Symbolen mit Bezug zu den Olympischen Spielen ist nunmehr beschränkt und die Möglichkeit, die an olympischen Stätten aufgenommenen Bilder sowie Videos zu vermarkten, ist erweitert worden. Hinsichtlich der möglichen Sanktionen für Verstöße gegen die Werberegeln kommen nur noch eine zivilrechtliche Haftung, jedoch keine sportbezogenen Strafen – wie etwa der Ausschluss von Wettkämpfen – in Betracht. Für die Athleten ist bei Streitigkeiten über die Werbemöglichkeiten der Rechtsweg zur deutschen staatlichen Gerichtsbarkeit eröffnet, d. h., es gibt keine Schiedsgerichtsklausel mehr.

435. Zu berücksichtigen ist indes, dass der Geltungsbereich der Zusagenentscheidung in subjektiver Hinsicht zunächst insofern begrenzt ist, als die Werbebeschränkungen ausschließlich für deutsche Athleten gelten.[292] Zusätzlich sollen nur solche Werbemaßnahmen erfasst sein, die auf Deutschland zielen und nicht über das deutschsprachige Ausland, d. h. die Schweiz und Österreich, hinausreichen. Für die Werbung deutscher Athleten in englischer Sprache gelten die Lockerungen der Werbebeschränkungen nur, wenn die Werbung (1) in einem deutschen Medium oder (2) auf einer Internetseite bzw. einer Umleitungsseite mit einer deutschen Länderkennung erfolgt oder (3) erkennbar deutsches Publikum oder Deutschland als Nation adressiert (z. B. durch die Verwendung eines einschlägigen *Hashtags* in den sozialen Medien).[293]

2.4.3 Stellungnahme zur Entscheidung des Bundeskartellamtes, insbesondere zur Beschränkung ihres subjektiven Geltungsbereichs auf deutsche Athleten

436. Das Bundeskartellamt hat in vergleichsweise kurzer Zeit weitreichende Lockerungen der Werbebeschränkungen für olympische Athleten und (potenzielle) Sponsoren erzielt. Hervorzuheben ist aus verfahrensrechtlicher Sicht etwa der Umstand, dass das Bundeskartellamt die ursprünglichen Lockerungen der Werbebeschränkungen mit Blick auf die un-

---

[289] Ebenda, Tz. 88; zur medialen Vermarktung ebenda, Tz. 101.

[290] *Ambush-Marketing* meint die werbliche Ausnutzung eines medialen Großereignisses – hier der Olympischen Spiele – durch ein Unternehmen, ohne dass dieses selbst Sponsor des betreffenden Ereignisses ist.

[291] Ebenda, Tz. 135 ff.

[292] Ebenda, Tz. 130 ff. Der begrenzte subjektive Geltungsbereich der Entscheidung wird in Abschnitt 2.4.3 näher thematisiert.

[293] Eine vom DOSB zunächst vorgeschlagene Regelung, wonach die Werbemaßnahme ausschließlich auf Deutschland ausgerichtet sein muss, wurde von den Athleten und Sponsoren wegen des Bedarfs, auch in Englisch zu kommunizieren, als problematisch angesehen und deshalb vom Bundeskartellamt abgelehnt; vgl. BKartA, Beschluss vom 25. Februar 2019, B2-26/17 – Olympia-Werbebeschränkungen, Tz. 131.

mittelbar bevorstehenden Olympischen Spiele in Pyeongchang im Winter 2018 bereits vorläufig akzeptierte, dennoch weiter ermittelte und schließlich weitergehende Zusagen vom IOC und vom DOSB forderte.[294] Dabei hat sich das Bundeskartellamt zu zahlreichen noch weitgehend ungeklärten Fragen geäußert, welche die Anwendung und Reichweite kartellrechtlicher Prinzipien im Bereich des Leistungssports betreffen. Auf Grundlage einer – in Zusagenentscheidungen nur als solche möglichen – vorläufigen rechtlichen Würdigung zählen hierzu insbesondere die folgenden Annahmen des Bundeskartellamtes:[295]

- Der sachlich relevante Markt umfasst die Organisation und die Vermarktung der Olympischen Spiele, die nicht mit anderen Sportveranstaltungen im Wettbewerb stehen;
- die Olympische Bewegung ist in ihrer Gesamtheit marktbeherrschend, obgleich nur deren Mitglieder (IOC, NOKs, etc.) eine unternehmerische Tätigkeit ausüben, die aber jeweils nicht über eine (einzel-)marktbeherrschende Stellung verfügen;
- die missbräuchliche Behinderung der Athleten und Sponsoren auf dem Drittmarkt – namentlich dem Markt für Sportsponsoring – erlaubt es der Olympischen Bewegung, die eigenen Einnahmen aus dem Sponsoring zu steigern;
- die Prüfung der Besonderheiten des Sports anhand der Kriterien, die der EuGH in der Rechtssache „Meca-Medina" auf die Frage des Vorliegens einer Wettbewerbsbeschränkung im Sinne des Art. 101 Abs. 1 AEUV angewandt hat,[296] führt vorliegend nicht zu einer Rechtfertigung des nach Art. 102 AEUV, § 19 GWB missbräuchlichen Verhaltens;
- der Rechtsweg zu den deutschen staatlichen Gerichten ist für die Athleten gegenüber der Schiedsgerichtsbarkeit des Court of Arbitration for Sports (CAS) regelmäßig vorteilhaft, sodass hinsichtlich wirtschaftlicher Streitigkeiten die Schiedsvereinbarung seitens der Athleten keine selbstbestimmte Entscheidung darstellen könnte.[297]

437. Allerdings profitieren von der Entscheidung des Bundeskartellamtes nur deutsche Athleten. Diese subjektive Beschränkung des Geltungsbereichs der Entscheidung kann im Verhältnis zu EU-Ausländern eine Ungleichbehandlung aus Gründen der Staatsangehörigkeit (Art. 18 AEUV) zur Folge haben. Auch die unterschiedliche Behandlung von Werbemaßnahmen, je nachdem ob sie den deutschsprachigen Raum oder das übrige EU-Ausland betreffen, erscheint problematisch, da sie zu einer Fragmentierung des Binnenmarktes beitragen kann: Um von den Lockerungen der Werbebeschränkungen des DOSB zu profitieren, müssten Sponsoren die Vermarktung von Athleten in den deutschsprachigen und den übrigen Mitgliedstaaten unter Umständen unterschiedlich gestalten. Praktiken in Vertriebsbeschränkungen, die eine Aufspaltung des Binnenmarktes entlang der Ländergrenzen bewirken, waren aber zuletzt wiederholt Gegenstand von Bußgeldentscheidungen der Europäischen Kommission.[298]

---

294 Vgl. BKartA, Pressemitteilung vom 27. Februar 2019, Bundeskartellamt erwirkt Öffnung der Werbemöglichkeiten für deutsche Sportler und ihre Sponsoren während der Olympischen Spiele; Pressemitteilung vom 21. Dezember 2017, Markttest über Zusagen von DOSB und IOC.

295 Insoweit zur Konkretisierung der bereits in Abschnitt 2.4.2 wiedergegebenen Feststellungen des Bundeskartellamtes. Eine Bewertung der vorläufigen rechtlichen Würdigung dieser Punkte durch das Bundeskartellamt soll hier nicht erfolgen. Vgl. zum Ganzen auch Heermann, WRP 2019, 834, 836 ff.

296 EuGH, Urteil vom 18. Juli 2006, C-519/04 P – Meca-Medina und Majcen, Slg. 2006, I-6991, ECLI:EU:C:2006:492, Rz. 40 ff.: (1) Verfolgung eines legitimen Ziels, (2) untrennbare Verbindung zwischen der Wettbewerbsbeschränkung und der Verfolgung des legitimen Ziels und (3) Verhältnismäßigkeit.

297 Zum Missbrauch der marktbeherrschenden Stellung eines Sportverbands durch die Verwendung einer Schiedsvereinbarung vgl. auch BGH, Urteil vom 7. Juni 2016, KZR 6/15 – Pechstein, ECLI:DE:BGH:2016:070616UKZR6.15.0.

298 EU-Kommission, Beschluss vom 21. Februar 2020, AT.40528 – Melia (Holiday Pricing); Beschluss vom 30. Januar 2020, AT.40433 – Film merchandise; Beschluss vom 19. Juli 2019, AT.40432 – Character merchandise; Beschluss vom 25. März 2019, AT.40436 – Ancillary sports merchandise.

438. Das Bundeskartellamt begründet die Beschränkung seiner Zusagenentscheidung auf deutsche Athleten damit, dass sich der Umfang der maßgeblichen Schutzrechte aus dem deutschen Recht ergebe. Das Olympiaschutzgesetz sei ein deutsches Gesetz und beruhe nicht auf einer europäischen Harmonisierung, sodass die der BGH-Entscheidung in der Rechtssache „Olympia-Rabatt"[299] entnommenen Kriterien nicht auf andere Rechtsordnungen übertragen werden könnten.[300] Tatsächlich scheint eine Beschränkung auf deutsche Athleten rechtlich jedoch nicht geboten. Das Olympiaschutzgesetz und dessen Auslegung durch die Olympia-Rabatt-Entscheidung des BGH würden allenfalls zu einer Beschränkung der Handlungsmöglichkeiten des Bundeskartellamtes gegenüber den deutschen Athleten führen, weil danach die Wertschätzung der Olympischen Spiele oder der Olympischen Bewegung nicht unlauter ausgenutzt werden dürfte. Soweit die rechtlichen Vorgaben in Deutschland besonders restriktiv sind, wären Lockerungen der Beschränkungen bei Werbemaßnahmen mit Olympia-Bezug für ausländische Athleten naheliegend. Selbst strengere nationale Regelungen in anderen Mitgliedstaaten müssten jedoch gegenüber dem vorrangig anzuwendenden Verbot des Missbrauchs einer marktbeherrschenden Stellung aus Art. 102 AEUV zurücktreten und wären insoweit nicht anwendbar.

439. Das Olympiaschutzgesetz betrifft mit dem Umfang der Bezeichnungen, die in den individuellen Werbemaßnahmen nicht im Zusammenhang mit den Olympischen Spielen verwendet werden dürfen, zudem nur einen Teil der erzielten Lockerungen der Werbebeschränkungen. Dagegen wären z. B. die angenommenen Verpflichtungszusagen hinsichtlich des Wegfalls der Pflicht zur Anmeldung von Werbemaßnahmen in der *frozen period* sowie der Anpassungen des Sanktionsregimes von etwaigen Besonderheiten der deutschen Gesetzgebung nicht berührt.

440. Das Bundeskartellamt wäre auch nicht gehindert gewesen, europäisches oder deutsches Kartellrecht zugunsten ausländischer Athleten anzuwenden. Voraussetzung für die Anwendbarkeit deutschen Kartellrechts ist nach § 185 Abs. 2 GWB lediglich, dass sich der Missbrauch der marktbeherrschenden Stellung durch die Olympische Bewegung gegenüber ausländischen Athleten im Inland auswirken kann. Das Erfordernis einer Inlandsauswirkung gilt auch für die Anwendung des EU-Wettbewerbsrechts durch eine nationale Kartellbehörde nach Art. 5 Verordnung (EU) 1/2003.[301] Es wird grundsätzlich verlangt, dass sich das wettbewerbsbeschränkende Verhalten spürbar im Inland auswirkt; hieran sind jedoch keine hohen Anforderungen zu stellen. Ausreichend soll die konkrete Möglichkeit einer Auswirkung auf den Wettbewerb im Inland sein.[302]

441. Eine solche Inlandsauswirkung kann vorliegend auch in Bezug auf Werbemaßnahmen von ausländischen Athleten nicht ausgeschlossen werden. Das Bundeskartellamt lässt die räumliche Abgrenzung des (Dritt-)Marktes für Sportsponsoring in seiner Entscheidung zwar weitgehend offen, zieht die Existenz internationaler Märkte aber zumindest in Betracht.[303] Außerdem erwähnt das Bundeskartellamt, dass es im Zusammenhang mit den Olympischen Spielen international ausgerichtete Werbemaßnahmen geben kann.[304] So sind einzelne olympische Athleten (etwa aus dem Bereich der Leichtathletik) nicht selten internationale Werbeträger. Selbst wenn dies im Einzelfall fernliegend sein sollte, weil der entsprechende Athlet nur in seinem Heimatland bekannt ist, erscheint der pauschale Ausschluss ausländischer Athleten von den Lockerungen der Werbebeschränkungen – insbesondere vor dem Hintergrund der bereits in Tz. 437 geäußerten Bedenken – nicht gerechtfertigt. Neben den Behinderungswirkungen gegenüber den Athleten hat das Bundeskartellamt in seiner Entscheidung zudem auch solche gegenüber (potenziellen) Sponsoren im Blick. Jedenfalls sofern diese ihren Sitz in Deutschland haben und mit ausländischen Athleten werben (wollen), wäre ebenfalls von Inlandsauswirkungen auszugehen.

---

[299] Vgl. BGH, Urteil vom 15. Mai 2014, I ZR 131/13 – Olympia-Rabatt.

[300] BKartA, Beschluss vom 25. Februar 2019, B2-26/17 – Olympia-Werbebeschränkungen, Tz. 130; vgl. auch Engelsing/Buhl, ZWeR 2020, 107, 123.

[301] Ritter/Wirtz in: Immenga/Mestmäcker, Wettbewerbsrecht, Bd. 1: EU-WettbR, 6. Aufl., München 2019, Art. 5 VO 1/2003 Rn. 7 f.

[302] Vgl. Rehbinder/von Kalben in: Immenga/Mestmäcker, Wettbewerbsrecht, Bd. 2: GWB, 6. Aufl., München 2020, § 185 Rn. 128; Stadler in: Langen/Bunte, Kartellrecht, Bd. 1: GWB, 13. Aufl., Köln 2018, § 185 Rn. 149 ff.

[303] BKartA, Beschluss vom 25. Februar 2019, B2-26/17 – Olympia-Werbebeschränkungen, Tz. 82. Der beherrschte Markt für die Organisation und Vermarktung der Olympischen Spiele soll weltweit abzugrenzen sein; ebenda, Tz. 56.

[304] Ebenda, Tz. 4, 69.

2.4.4 Gleichbehandlung in kartellbehördlichen Entscheidungen sicherstellen, Erlass von Leitlinien prüfen

442. Das Vorgehen des Bundeskartellamtes gegen die Olympia-Werbebeschränkungen ist grundsätzlich zu begrüßen. Das Bundeskartellamt hat in vergleichsweise kurzer Zeit weitreichende Lockerungen der Werbebeschränkungen erreicht. Insbesondere infolge der teilweise unterschiedlichen Anwendung der Regel 40 Nr. 3 DF OC durch ausländische NOKs hinsichtlich ihrer jeweiligen Territorien könnte der Ermittlungsaufwand des Bundeskartellamtes durchaus höher und das erzielte Ergebnis – von dem subjektiven Geltungsbereich einmal abgesehen – möglicherweise nicht besser gewesen sein, wenn es den Umfang seines Verfahrens auf die Regeln ausländischer NOKs erweitert hätte. Das Verfahren des Bundeskartellamtes scheint auch dazu geführt zu haben, dass einige ausländische NOKs die Werbemöglichkeiten für ihre Athleten inzwischen ebenfalls gelockert haben, obgleich wohl weniger weitgehend als dies in der Zusagenentscheidung des Bundeskartellamtes für deutsche Athleten vorgesehen ist.[305] Auch das IOC selbst hat die Regel 40 Nr. 3 DF OC angepasst; inwiefern damit jedoch tatsächlich eine länderübergreifende Lockerung der Werbebeschränkungen einhergeht, ist unklar.[306] Die Europäische Kommission hat jedenfalls eigene Ermittlungen wegen der Werbebeschränkungen in Bezug zu den Olympischen Spielen angestoßen und sich in diesem Zusammenhang an das IOC gewandt.[307] Andererseits kann die Beschränkung auf deutsche Athleten und die Ausrichtung auf den deutschsprachigen Raum in der Zusagenentscheidung des Bundeskartellamtes Ungleichbehandlungen sowie Fragmentierungen innerhalb der Europäischen Union zur Folge haben.[308]

443. Vor diesem Hintergrund hält es die Monopolkommission für geboten, dass die Wettbewerbsbehörden in solchen Fällen – jedenfalls unionsweit – für gleiche Bedingungen sorgen. Deshalb kann es in einer vergleichbaren Konstellation angezeigt sein, dass die Europäische Kommission ein Verfahren gegen den jeweiligen internationalen Sportverband führt. Zum einen ist eine Zuständigkeit der Europäischen Kommission ohnehin vorgesehen, sofern sich ein wettbewerbsbeschränkendes Verhalten in drei oder mehr Mitgliedstaaten auswirkt.[309] Zum anderen verfügt die Europäische Kommission auch über eine größere Reichweite als die Wettbewerbsbehörden der Mitgliedstaaten, sodass dort etwa ein sich in den einzelnen Mitgliedstaaten unterschiedlich darstellendes Verhalten tendenziell besser adressiert werden könnte.

444. Zudem schlägt die Monopolkommission vor, dass die Europäische Kommission überprüft, ob der Erlass von Leitlinien für die Anwendung des EU-Wettbewerbsrechts auf den Sportsektor in Betracht kommt. Obwohl Leitlinien unmittelbar nur eine Selbstbindung der Europäischen Kommission bewirken, tragen sie zu einer einheitlichen Anwendung des EU-Wettbewerbsrechts in den Mitgliedstaaten bei. In einem Arbeitsdokument aus dem Jahr 2007 stellt die Europäische Kommission zwar fest, dass der Sportsektor zu breit und vielschichtig sei, um die Frage nach der Vereinbarkeit von Ver-

[305] SportsPro, US Olympians able to promote personal sponsors as Rule 40 is relaxed, 9. Oktober 2019, https://www.sportspromedia.com/news/team-usa-usopc-olympics-rule-40-athletes-sponsorship-tokyo-2020-ioc, Abruf am 3. Juli 2020. Winston & Strawn LLP, British athletes won't be going for gold under the British Olympic Association's revised Rule 40 Guidelines, 19. November 2019, https://www.winston.com/en/thought-leadership/the-british-olympic-associations-guidelines-on-rule-40.html, Abruf am 3. Juli 2020.

[306] Winston & Strawn LLP, British athletes won't be going for gold under the British Olympic Association's revised Rule 40 Guidelines, a. a. O. Vgl. auch IOC, Commercial opportunities for Participants during the Tokyo 2020 Olympic Games, https://www.olympic.org/athlete365/rule-40-tokyo-2020, Abruf am 3. Juli 2020.

[307] Ashelm, FAZ vom 17. Dezember 2019, Unterstützung für die „Trittbrettfahrer", https://www.faz.net/aktuell/sport/sportpolitik/werbeverbot-fuer-olympia-sportler-eu-kommission-gegen-ioc-16540804.html, Abruf am 3. Juli 2020; Crofts, Olympic committee defends sponsorship-rule changes in face of EU questions, MLex vom 5. Dezember 2019; Crofts/Hirst, Olympic curbs on athlete sponsorship catch interest of EU enforcers, MLex vom 3. Dezember 2019. Ein formelles Verfahren ist bislang nicht eingeleitet worden.

[308] Vgl. Tz. 437.

[309] Bekanntmachung der Kommission über die Zusammenarbeit innerhalb des Netzes der Wettbewerbsbehörden, ABl. C 101 vom 27. April 2004, S. 43, Tz. 14. Dagegen gilt eine nationale Kartellbehörde als „gut geeignet", ein Verfahren zu führen, wenn der Wettbewerb hauptsächlich innerhalb ihres Hoheitsgebiets beeinträchtigt ist; ebenda, Tz. 10.

haltensweisen in diesem Bereich mit Art. 101, 102 AEUV umfassend zu beantworten.[310] Diesem Einwand ist aber zu entgegnen, dass die hier zur Überprüfung vorgeschlagenen Leitlinien auf solche Bestimmungen beschränkt werden könnten, in denen Sportverbände die Bedingungen festlegen, unter denen die Athleten Zugang zu den entsprechenden Veranstaltungen erhalten. Insofern ist insbesondere zu berücksichtigen, dass die Athleten in nahezu allen Sportarten wegen des sog. Ein-Platz-Prinzips einem Monopol des jeweiligen Sportverbandes ausgesetzt sind.[311] Es dürfte deshalb eine Vielzahl von Fällen geben, die kartellrechtlich potenziell problematisch sind und bei denen eine allgemeine kartellbehördliche Orientierung angezeigt – aber möglicherweise auch ausreichend – wäre. Die Leitlinien könnten zudem auf der vorhandenen, mittlerweile durchaus umfangreichen Fallpraxis zu Wettbewerbsbeschränkungen im Sportsektor aufbauen. Dennoch scheinen einzelne Fragestellungen nur unzureichend geklärt.[312] Hier könnte eine Positionierung seitens der Europäischen Kommission für mehr Transparenz sorgen und sowohl den Sportverbänden als auch den Athleten einen praktischen Mehrwert zur Identifizierung der kartellrechtlichen Grenzen bieten. Schließlich spricht die wirtschaftliche Bedeutung des Sportsektors für den Erlass von Leitlinien. Denn es geht oftmals um die finanzielle Existenz der Athleten und – jedenfalls in der Summe – hohe Sponsorengelder.[313]

2.5 Kooperationen von Infrastrukturprojekten im Telekommunikationssektor wettbewerblicher gestalten

445. Mit den Beschlüssen im Kartellverwaltungsverfahren vom 4. Dezember 2019 und im parallel geführten Fusionskontrollverfahren vom 30. Dezember 2019 hat das Bundeskartellamt eine Kooperation zwischen der EWE AG („EWE") und der Telekom Deutschland GmbH („TDG") in Nordwestdeutschland zum gemeinsamen Bau und Betrieb von Glasfasernetzen bis zum Gebäude bzw. Nutzer (FTTB/H-Netze) im Rahmen eines Gemeinschaftsunternehmens (GU) genehmigt. Den Beschlüssen des Bundeskartellamtes ist eine hohe Bedeutung zuzumessen, da Ausbaukooperationen ein Mittel zur Beschleunigung des kostenintensiven Ausbaus von Glasfaseranschlussnetzen sein können und von ihnen eine Signalwirkung für ähnliche Kooperationen zwischen TDG und Wettbewerbern in anderen Teilen Deutschlands ausgehen kann.

2.5.1 Die Ausbaukooperation der beiden stärksten Netzbetreiber in einem Gebiet stößt auf erhebliche Wettbewerbsbedenken

446. Das beim Bundeskartellamt angemeldete Kooperationsvorhaben sah vor, ein paritätisches Gemeinschaftsunternehmen, die Glasfaser Nordwest GmbH & Co. KG (Glasfaser Nordwest), zu gründen, das im Versorgungsgebiet der EWE im Nordwesten Deutschlands über einen Zeitraum von zehn Jahren insgesamt bis zu 1,5 Mio. Glasfaseranschlüsse bis zum Endkunden baut und betreibt.[314] Die Unternehmen haben sich auf ein Verfahren zur Festlegung der Ausbaugebiete und eine Obergrenze für die Ausbaukosten je Anschluss geeinigt. Der konkrete Ausbau soll durch die Muttergesellschaften nach einem internen Verteilungsmechanismus erfolgen.[315]

447. Das GU soll nicht selbst am Endkundenmarkt tätig werden, sondern im Wesentlichen Layer-2-Bitstrom-Vorleistungsprodukte, auf deren Basis festnetzbasierte Breitbandinternetzugänge angeboten werden können, an seine

---

310 EU-Kommission, The EU and Sport: Background and Context, Accompanying document to the White paper on Sport, SEC(2007) 935, 11. Juli 2007, S. 69. In dem Dokument findet sich auch eine Übersicht über die Anwendung des EU-Wettbewerbsrechts auf den Sportsektor anhand der bis zum damaligen Zeitpunkt auf Unionsebene ergangenen Entscheidungen; ebenda, S. 63 ff.

311 Orth/Gasser, WuW 2018, 1. Nach dem Ein-Platz-Prinzip gibt es pro Sportart jeweils nur einen Weltfachverband, dem auf nationaler Ebene wiederum nur ein Fachverband untersteht. Eine Ausnahme hiervon besteht etwa beim Boxen.

312 Schwierig dürfte es etwa sein, die Möglichkeiten der Rechtfertigung eines wettbewerbsbeschränkenden Verhaltens durch sportbezogene Aspekte einzuschätzen; vgl. Tz. 433, 436.

313 Das weltweite Volumen des Sportsponsorings belief sich im Jahr 2019 auf insgesamt rund 46 Mrd. US-Dollar; Quelle: Statista auf Grundlage von Daten des World Advertising Research Center (WARC). Allerdings dürfte der Großteil der Summe auf das Sponsoring von Sportclubs entfallen. Vgl. speziell zu den Einnahmen des IOC aus der Olympiavermarktung BKartA, Beschluss vom 25. Februar 2019, B2-26/17 – Olympia-Werbebeschränkungen, Tz. 153.

314 BKartA, Beschluss vom 4. Dezember 2019, B7-21/18 – Deutsche Telekom/EWE Kooperation, Tz. 13.

315 Ebenda, Tz. 15.

Muttergesellschaften vermarkten.[316] Dritte sollen im Rahmen eines Kontingentmodells ebenfalls diskriminierungsfrei, d. h. zu identischen Konditionen wie die Muttergesellschaften, Vorleistungen vom GU beziehen können. Darüber hinaus ist auch ein Einzelabnahmemodell vorgesehen.[317] Der Anteil der an Wettbewerber vermarkteten Anschlüsse wird nach Einschätzung der Beteiligten 20 Prozent nicht überschreiten. Zudem war geplant, dass sich das GU auch an der Ausschreibung von Fördermitteln für den Ausbau von Breitbandnetzen beteiligt.[318]

448. Für die Tätigkeiten, die dem GU übertragen werden sollten, d. h. insbesondere den Bau und Betrieb von Glasfaseranschlüssen, den Vertrieb von Vorleistungen und die Teilnahme an Förderverfahren, vereinbarten die Muttergesellschaften ein Wettbewerbsverbot. Die TDG und die EWE hätten demnach außerhalb des GU nicht eigenständig tätig werden können.[319]

449. In seiner vorläufigen wettbewerblichen Bewertung des Kooperationsvorhabens hatte das Bundeskartellamt spürbare Wettbewerbsbeschränkungen auf vier Telekommunikationsmärkten festgestellt: den Vorleistungsmärkten für den lokal bzw. zentral bereitgestellten Zugang, dem Endkundenmarkt für den festnetzbasierten Internetzugang und dem Ausschreibungsmarkt für den geförderten Breitbandausbau.[320]

450. TDG und EWE sind Anschlussnetze Wettbewerber auf den Vorleistungsmärkten für den lokal bzw. zentral bereitgestellten Zugang.[321] Die TDG betreibt neben ihrem flächendeckenden kupferbasierten Anschlussnetz ein flächendeckendes glasfaserbasiertes Backbone-Netz, an das alle ihre Hauptverteiler im Kooperationsgebiet angeschlossen sind. Zudem hat die TDG knapp zwei Drittel der Haushalts- und Unternehmensstandorte mit FTTC, also Glasfaserleitungen bis zu den näher am Endkunden gelegenen Kabelverzweigern (KVz), erschlossen.[322] In ähnlicher Weise verfügt die EWE über ein flächendeckendes glasfaserbasiertes Backbone-Netz, mit dem alle Hauptverteiler der TDG im Kooperationsgebiet erschlossen sind. Die EWE hat gut ein Drittel der Haushalts- und Unternehmensstandorte mit Glasfaser bis zum KVz erschlossen und verfügt über die mit Abstand meisten FTTB/H-Anschlüsse im Kooperationsgebiet.[323] Auf Basis ihrer Infrastrukturen bieten beide Unternehmen Zugangsprodukte für Dritte an. Das Bundeskartellamt hat auf beiden Vorleistungsmärkten eine marktbeherrschende Stellung der TDG im Sinne von § 18 Abs. 1 GWB festgestellt.[324]

451. Aus Sicht des Bundeskartellamtes hätte sich die nach der Vereinbarung zu erwartende Verhaltenskoordinierung in mehrfacher Hinsicht spürbar negativ auf den Wettbewerb auf den Vorleistungsmärkten ausgewirkt.[325] Durch die Koordinierung der Ausbaubemühungen über das GU kommt es zu einem gänzlichen Wegfall des andernfalls mittel- und langfristig zu erwartenden Ausbauwettbewerbs bei der Errichtung von Glasfaseranschlussnetzen. Damit wäre der Ausbau von Glasfasernetzen im Kooperationsgebiet langsamer und in geringerem Umfang durchgeführt worden als in einem Szenario ohne Kooperation. Statt des gegenseitigen Überbaus der Bestandsinfrastrukturen im Wettbewerb kommt es durch das GU zu einer gemeinsamen Festlegung der Ausbaugebiete und einer Verschiebung des Ausbaus hin zu urbanen Gebieten mit einer historisch bedingt dichteren Kabelnetzinfrastruktur. Zudem planten TDG und EWE, ihre Ab-

---

316 Ebenda, Tz. 13.

317 Ebenda, Tz. 17.

318 Ebenda, Tz. 18.

319 Ebenda, Tz. 18.

320 Ebenda, Tz. 32 ff.

321 Es handelt sich hierbei um zwei, insbesondere aus regulatorischer Sicht, unterschiedliche Vorleistungsmärkte. Da in diesem Fall für beide Märkte die gleichen kartellrechtlichen Erwägungen angestellt werden können, werden die Märkte an dieser Stelle gemeinsam behandelt. Vgl. hierzu auch BKartA, Beschluss vom 4. Dezember 2019, B7-21/18 – Deutsche Telekom/EWE Kooperation, Tz. 71.

322 BKartA, Beschluss vom 4. Dezember 2019, B7-21/18 – Deutsche Telekom/EWE Kooperation, Tz. 47.

323 Ebenda, Tz. 49.

324 Die Deutsche Telekom hat auf dem Markt für lokal bereitgestellte Zugänge einen Marktanteil von über 90 Prozent und auf dem Markt für zentral bereitgestellte Zugänge einen Marktanteil von über 70 Prozent. BKartA, Beschluss vom 4. Dezember 2019, B7-21/18 – Deutsche Telekom/EWE Kooperation, Tz. 48, 69.

325 BKartA, Beschluss vom 4. Dezember 2019, B7-21/18 – Deutsche Telekom/EWE Kooperation, Tz. 59 ff.

wehrmaßnahmen gegen Ausbauvorhaben Dritter zu koordinieren, indem sie auf das Bekanntwerden solcher Ausbauvorhaben kurzfristig mit eigenen Ausbauankündigungen reagiert hätten. Damit wären Wettbewerbsvorstöße Dritter wirksam abgeschreckt worden, was die zu erwartende Verfügbarkeit glasfaserbasierter Breitbandanschlüsse im Kooperationsgebiet verringert hätte. Schließlich hätten sich durch die geplante Kooperation die Zugangsbedingungen Dritter zu Vorleistungen verschlechtert, weil TDG und EWE durch die Kooperation einen geringeren Anreiz haben, Dritten Zugang zur Infrastruktur zu gewähren, um diese besser auslasten zu können.[326]

452. Weitere Wettbewerbsbeschränkungen hätte die Kooperation in ihrer beabsichtigten Form nach Ansicht des Bundeskartellamtes auf dem Massenmarkt für den festnetzbasierten Internetzugang gehabt. Den Endkundenmarkt bewertet das Amt als anbieterseitig hoch konzentriert. TDG und EWE kommen zusammen auf einen Marktanteil von [50 bis 60][327] Prozent nach Absatz und [60 bis 70] Prozent nach Umsatz; danach folgt Vodafone mit einem Marktanteil von [20 bis 30] Prozent sowohl nach Absatz als auch nach Umsatz.[328] Hinzu kommt, dass der Großteil der im Kooperationsgebiet vermarkteten Anschlüsse auf Grundlage der kupferbasierten Infrastruktur der TDG bereitgestellt wird, wodurch ein entsprechend hoher Anteil der Wertschöpfung bei der TDG verbleibt.

453. Wettbewerbsbeschränkungen wären nach Auffassung des Bundeskartellamtes zudem auf dem Ausschreibungsmarkt für den geförderten Breitbandausbau zu erwarten gewesen. EWE und TDG haben in der Vergangenheit mit [50 bis 60] Prozent bzw. [20 bis 30] Prozent die mit Abstand meisten Ausschreibungen im Kooperationsgebiet für sich entscheiden können. Kein weiterer Anbieter konnte mehr als 5 Prozent der Ausschreibungen gewinnen.[329] Eine vom Bundeskartellamt durchgeführte Ausschreibungsanalyse ergab zudem, dass die beiden Unternehmen die gegenseitig engsten Wettbewerber auf dem relevanten Ausschreibungsmarkt sind.[330] Die beabsichtigte Verhaltenskoordinierung der beiden stärksten und engsten Wettbewerber auf dem Ausschreibungsmarkt hätte nach Auffassung des Bundeskartellamts deren Verhaltensspielräume in zukünftigen Förderverfahren vergrößert und sich negativ auf das Bietverhalten ausgewirkt. Es wäre zu erwarten gewesen, dass angesichts der Dominanz des Gemeinschaftsunternehmens andere Anbieter von einer Teilnahme an Ausschreibungsverfahren abgeschreckt worden wären.[331]

2.5.2 Zusagen können Wettbewerbsbedenken nur teilweise beseitigen

454. Das Bundeskartellamt hat von TDG und EWE Verpflichtungszusagen entgegengenommen, mit denen die wettbewerblichen Bedenken ausgeräumt werden sollen. Die Zusagen beziehen sich (1) auf den Ausbau von Glasfasernetzen („Ausbauzusage"), (2) den Zugang Dritter zu den Glasfasernetzen („Zugangszusage") und (3) die Teilnahme an Förderverfahren („Förderzusage").

455. Die Ausbauzusage zielt darauf ab, den kooperationsbedingten Wegfall des Ausbauwettbewerbs zu kompensieren, und sieht vor, dass die Beteiligten insgesamt mindestens 300.000 Haushalte und Unternehmensstandorte (HHUStO) mit Glasfasernetzen erschließen. In einer ersten Ausbauphase bis Ende 2021 sollen 120.000 HHUStO und in einer zweiten Ausbauphase bis Ende 2023 weitere 180.000 HHUStO ausgebaut werden.[332] Die Einhaltung der Ausbauzusage soll durch einen Sanktionsmechanismus sichergestellt werden. Dieser sieht vor, dass im Falle einer mehr als nur geringfügigen Unterschreitung oder Verzögerung des zugesagten Ausbaus die Kooperation zu beenden und das GU aufzulösen ist, ohne dass es einer erneuten Prüfung durch das Bundeskartellamt bedarf.[333]

---

326 Ebenda, Tz. 65.

327 Zur Wahrung von Betriebs- und Geschäftsgeheimnissen werden Marktanteile vom Bundeskartellamt in Intervallen angegeben. Die tatsächlichen Marktanteile liegen innerhalb des Intervalls.

328 Ebenda, Tz. 73.

329 Ebenda, Tz. 87.

330 BKartA, Beschluss vom 30. Dezember 2019, B7-21/18 – Deutsche Telekom/EWE Zusammenschluss, Tz. 235 ff.

331 BKartA, Beschluss vom 4. Dezember 2019, B7-21/18 – Deutsche Telekom/EWE Kooperation, Tz. 91 ff.

332 Ebenda, Tz. 110.

333 Ebenda, Tz. 121 ff.

456. Darüber hinaus haben sich TDG und EWE im Rahmen der Ausbauzusage verpflichtet, dass mindestens [25 bis 35] Prozent des Ausbaus in ländlichen Gebieten stattfindet, in denen die Abdeckung mit Kabelnetzen unter [45 bis 65] Prozent liegt. Unabhängig davon dürfen [15 bis 25] Prozent der auszubauenden HHUStO nicht bereits mit Kabelinfrastruktur erschlossen sein.[334] Diese Zusage soll der andernfalls zu erwartenden Verlagerung des Ausbaus in urbane Gebiete mit hoher Kabelabdeckung entgegenwirken.

457. Weitere Zusagen betreffen den Zugang dritter Telekommunikationsunternehmen zu den in Kooperation errichteten Infrastrukturen.[335] Durch sie soll sichergestellt werden, dass Wettbewerber einen bitstrombasierten Netzzugang zu den gleichen Bedingungen erhalten wie die Beteiligten selbst. In Verbindung mit bestimmten Vermarktungszielen soll so ein wettbewerbsfähiges Angebot auf dem Endkundenmarkt ermöglicht werden. Durch die vereinbarten Vermarktungsziele sollen Anreize geschaffen werden, Vorleistungen an dritte Unternehmen zu vermarkten, wie es im Falle eines unilateralen Ausbaus ohne Kooperationsvorhaben zu erwarten gewesen wäre.[336]

458. Im Rahmen der Förderzusage haben sich TDG und EWE schließlich verpflichtet, weiterhin unabhängig voneinander an Förderverfahren teilzunehmen, während sich das GU nicht um den Ausbau in Fördergebieten bewerben wird. Das Unternehmen, das die Ausschreibung gewonnen hat, soll zur Errichtung des Netzes neben den Fördermitteln ausschließlich eigene personelle, organisatorische und finanzielle Mittel verwenden.[337]

459. Die Monopolkommission hat in der Vergangenheit Kooperationen zum Ausbau von Telekommunikationsinfrastrukturen grundsätzlich befürwortet, da diese geeignet sind, den kostenintensiven Ausbau von hochleistungsfähigen Telekommunikationsnetzen zu beschleunigen. Durch eine höhere Auslastung der gemeinschaftlich errichteten Netze kommt es zu einer schnelleren Amortisation von Investitionen und damit zur Reduzierung von Investitionsrisiken. Gerade in schwierig erschließbaren Gebieten können Kooperationsmodelle dafür sorgen, dass durch eine bessere Auslastung der Netze der Ausbau wirtschaftlich darstellbar wird. Anders kann das etwa in dichter besiedelten Gebieten sein, in denen der Ausbau eines Glasfaseranschlussnetzes aufgrund niedrigerer Ausbaukosten auch ohne Kooperation wirtschaftlich möglich sein kann. Hierbei besteht die Gefahr, dass Kooperationen vor allem dazu dienen, den Wettbewerbsdruck zu vermindern. Risiken für den Wettbewerb auf dem Endkundenmarkt bestehen zudem, wenn Dritten kein diskriminierungsfreier Zugang zur Infrastruktur gewährt wird oder sich kooperierende Unternehmen über die Gestaltung von Endkundenangeboten austauschen.[338] Kooperationen unter Beteiligung von marktmächtigen Unternehmen sind aufgrund ihrer höheren Auswirkungen auf den Wettbewerb zudem besonders kritisch zu bewerten.[339]

460. Die Monopolkommission teilt die Einschätzung des Bundeskartellamtes, wonach es ohne die erwirkten Zusagen zu einer erheblichen Verschlechterung des Infrastrukturausbaus im Kooperationsgebiet gekommen wäre. Durch die Koordinierung des Netzausbaus der beiden größten Anbieter von Telekommunikationsdienstleistungen in dem Gebiet entfällt der Ausbauwettbewerb zwischen diesen Anbietern. Die anzunehmenden Folgen wären einerseits die Verlangsamung des Ausbaus neuer Infrastrukturen und andererseits eine Verlagerung der Ausbaubemühungen hin zu Gebieten mit bestehender Kabelnetzinfrastruktur, in denen der Wettbewerbsdruck der bestehenden alternativen Infrastruktur die

334 Ebenda, Tz. 131.

335 Ebenda, Tz. 136 ff. Die Verpflichtungen zur Zugangszusage entfallen, wenn die Bundesnetzagentur die Vorleistungen des Gemeinschaftsunternehmens so umfassend reguliert, dass kein hinreichender Verhaltensspielraum zur Erfüllung der Zugangszusage mehr besteht. Vgl. Zusagenangebot in der Anlage zu BKartA, Beschluss vom 4. Dezember 2019, B7-21/18 – Deutsche Telekom/EWE Kooperation.

336 Ebenda, Tz. 153.

337 Siehe Abschnitt C des Zusagenangebots in der Anlage zu BKartA, Beschluss vom 4. Dezember 2019, B7-21/18 – Deutsche Telekom/EWE Kooperation.

338 Monopolkommission, 10. Sektorgutachten Telekommunikation (2017), Auf Wettbewerb bauen! (Sondergutachten 78), Baden-Baden 2018, Tz. 133 ff. Zu verschiedenen Zielen und Formen von Kooperationen beim Breitbandausbau siehe auch Carter, K. R./Elixmann, D./Marcus, J. S., Unternehmensstrategische und regulatorische Aspekte von Kooperationen beim NGA-Breitbandausbau, WIK Diskussionsbeitrag Nr. 356, Juni 2011. Bourreau, M./Hoernig, S./Maxwell, W., Implementing Co-Investment and Network Sharing, CERRE Report, Mai 2020.

339 Monopolkommission, 10. Sektorgutachten Telekommunikation (2017), a. a. O. und 11. Sektorgutachten Telekommunikation (2019), a. a. O., Tz. 120 ff.

Ausbaubemühungen anreizt. Ebenso verringern sich durch den gemeinsamen Netzausbau der beiden größten Anbieter deren Anreize, Dritten Zugang zur Infrastruktur zu gewähren, um diese besser auszulasten. Damit reduzieren sich die Wahlmöglichkeiten der Endkunden und die Wahrscheinlichkeit sinkt, dass Telekommunikationsdienste zu wettbewerblichen Preisen angeboten werden.

461. Die Zusage, bis Ende 2023 mindestens 300.000 Haushalte und Unternehmensstandorte mit FTTB/H-Anschlüssen zu versorgen, erscheint grundsätzlich geeignet, den Wegfall der wettbewerblichen Anreize zum Netzausbau zu kompensieren. Der Sanktionsmechanismus, nach dem das GU bei einem Nichterreichen der Ausbauziele aufzulösen ist, kann zumindest dafür sorgen, dass es nicht zu einer dauerhaften Verlangsamung des Netzausbaus kommen wird. Das Bundeskartellamt geht sogar davon aus, dass die Zusagen der Unternehmen dafür sorgen, dass während der Laufzeit der Zusagen absolut mehr Haushalte einen Glasfaseranschluss erhalten, als es im Fall eines wettbewerblichen Ausbaus durch beide Unternehmen zusammen der Fall gewesen wäre. Ein nur schwierig vermeidbares Problem einer solchen Zusagenlösung ist allerdings, dass quantitativ hohe Ausbauzusagen der Kooperationspartner den Ausbauwettbewerb durch dritte Unternehmen erschweren, weil diese nicht mehr ausreichend Nachfrage für einen eigenen wirtschaftlichen Ausbau generieren können. Das erscheint aber für den Fall hinnehmbar, wenn sich parallele Glasfaseranschlussnetze ohnehin nicht rechnen würden.

462. Vor dem Hintergrund, dass in bestimmten Gebieten ein Ausbau von Glasfasernetzen auch ohne Kooperation wirtschaftlich möglich erscheint, sollte nach Auffassung der Monopolkommission bei zukünftigen Entscheidungen zum gemeinsamen Netzausbau von Wettbewerbern die Zulässigkeit von Glasfaserausbaukooperationen unter Beteiligung marktmächtiger Unternehmen auf solche Gebiete beschränkt werden, in denen ein Netzausbau nur mit Kooperation wirtschaftlich möglich ist.[340] Zu diesem Zweck sollten die Kooperationspartner darlegen, in welchen Gebieten ein Ausbau nur gemeinschaftlich durchführbar ist. Als mögliche Kriterien zur Abgrenzung der Gebiete könnten beispielsweise Unterschiede bei den spezifischen Ausbaukosten, der Nachfrage nach Glasfaseranschlüssen und unterschiedliche wettbewerbliche Rahmenbedingungen, etwa aufgrund des Vorhandenseins alternativer Infrastrukturen, herangezogen werden.[341]

463. Die Monopolkommission begrüßt, dass dritte Telekommunikationsunternehmen einen diskriminierungsfreien Zugang zu den in Kooperation gebauten Infrastrukturen nach dem Prinzip des *Equivalence of Inputs* (EoI) erhalten. Die Monopolkommission hatte sich bereits in der Vergangenheit hinsichtlich der zukünftigen Regulierung von FTTB/H-Netzen des marktbeherrschenden Unternehmens dafür ausgesprochen, die Auferlegung von Nichtdiskriminierungsverpflichtungen nach dem EoI-Prinzip anstelle des weniger strengen *Equivalence of Outputs* (EoO)-Prinzips zu prüfen.[342] Während bei einem EoO-Ansatz Zugangsnachfragern in Bezug auf Funktionsumfang und Preis lediglich vergleichbare Vorleistungen angeboten werden, führt eine EoI-Auflage dazu, dass internen und externen Zugangsnachfragern Vorleistungen und Informationen zu den exakt gleichen Bedingungen einschließlich Preise und Dienstqualität, mit den gleichen Fristen, mittels derselben Systeme und Prozesse und mit der gleichen Zuverlässigkeit und Leistungsfähigkeit bereitstellt werden.[343] Damit ist EoI insbesondere besser geeignet, Formen der außerpreislichen Diskriminierung, z. B. in Bezug auf die Qualität bereitgestellter Dienste, den Zugang zu Informationen, Verzögerungstaktiken oder die Gestaltung wesentlicher Produktmerkmale, entgegenzuwirken.[344]

---

340 In einem vergleichbaren Fall haben Telecom Italia und Vodafone Italy, die gemeinsam ein Joint Venture zum Bau und Betrieb von Mobilfunkmasten gegründet haben, darauf verzichtet, ihre Mobilfunknetze in dicht besiedelten Gebieten gemeinsam zu betreiben. Vgl. EU-Kommission, Pressemitteilung vom 6. März 2020, IP/20/414.

341 Zur Modellierung der Wirtschaftlichkeit des Ausbaus von Glasfasernetzen siehe etwa Menessa Ricarda Braun et al., Parallele Glasfaserausbauten auf Basis von Mitverlegung und Mitnutzung gemäß DigiNetzG als Möglichkeit zur Schaffung von Infrastrukturwettbewerb, WIK Diskussionsbeitrag Nr. 456, Bad Honnef 2019.

342 Monopolkommission, 11. Sektorgutachten Telekommunikation (2019), a. a. O., Tz. 114 ff.

343 Empfehlung der Kommission vom 11. September 2013 über einheitliche Nichtdiskriminierungsverpflichtungen und Kostenrechnungsmethoden zur Förderung des Wettbewerbs und zur Verbesserung des Umfelds für Breitbandinvestitionen, ABl. L 251 vom 21. September 2013, S. 13; nachfolgend: „Nichtdiskriminierungsempfehlung".

344 EU-Kommission, Nichtdiskriminierungsempfehlung, Erwägungsgrund 12.

464. Zu hinterfragen ist, ob die Zusage der Kooperationsparteien, weiterhin unabhängig und weitgehend ohne Involvierung des Gemeinschaftsunternehmens an Ausschreibungen zum geförderten Netzausbau teilzunehmen, in der Praxis hinreichend wirksam zu kontrollieren ist. Dadurch soll erreicht werden, dass die beiden engsten Wettbewerber auf dem Ausschreibungsmarkt um Fördermittel weiterhin im Wettbewerb miteinander stehen. Es erscheint jedoch fraglich, ob die enge Koordinierung des Netzausbaus der beiden Unternehmen außerhalb des Förderkontextes ohne Auswirkung auf das Verhalten in Ausschreibungsverfahren um Fördermittel bleibt oder überhaupt bleiben kann; bedeutet dies doch, dass innerhalb eines Gebietes, in dem der Netzausbau koordiniert erfolgt, Teilgebiete seitens der Kooperationspartner getrennt und im Wettbewerb erschlossen werden sollen. Selbst wenn an einer Ausschreibung um Fördermittel dann nicht das Gemeinschaftsunternehmen, sondern die Kooperationspartner getrennt teilnehmen, ist es naheliegend, dass sich das jeweilige Bieterverhalten an der Ausbaustrategie für das Kooperationsgebiet insgesamt ausrichtet.

2.6 Kartellrechtliche Kontrolle der Bundesliga-Zentralvermarktung wirksamer gestalten

465. Die Vereine der deutschen Fußball-Bundesliga sind in dem DFL Deutsche Fußball Liga e. V. zusammengeschlossen, dessen Tochterunternehmen DFL Deutsche Fußball Liga GmbH (DFL) für die Organisation und Vermarktung des Spielbetriebs verantwortlich ist. Die DFL vermarktet die Rechte zur audiovisuellen Berichterstattung über die Fußball-Bundesliga seit geraumer Zeit in einem öffentlichen Ausschreibungsverfahren. Seit der Vergabe im Jahr 2008 wurden jeweils Rechte über vier Spielzeiten auktioniert. Wegen kartellrechtlicher Bedenken der zentralen Vermarktung der Vereine durch die DFL hat diese in den zurückliegenden Vermarktungsrunden ihre Ausschreibungsmodelle jeweils frühzeitig mit dem Bundeskartellamt abgestimmt. Seit der Entscheidung im Jahr 2012 nutzt das Bundeskartellamt dazu die Möglichkeit der Zusagenentscheidung nach § 32b GWB, wonach sich das Amt auf Basis einer vorläufigen Beurteilung des Sachverhaltes mit der DFL auf ein Vermarktungsmodell verständigt. Im Juni 2020 wurde das Ausschreibungsverfahren für die Bundesligavermarktung in den Spielzeiten ab 2021/2022 durchgeführt. Zuvor hatte das Bundeskartellamt am 20. März 2020 das Vermarktungsmodell für diese Vermarktungsrunde erneut mittels einer Zusagenentscheidung gebilligt.[345]

466. Die Zentralvermarktung der Fußball-Bundesliga berührt einen Wirtschaftsbereich, der in hohem Maße einem öffentlichen Interesse ausgesetzt ist. Die reinen Umsätze aus der Zentralvermarktung von EUR 4,64 Mrd. für die Spielzeiten von 2017/2018 bis 2020/2021[346] erfassen die ökonomische Bedeutung nicht vollständig, weil z. B. mit dem Sponsoring auch andere erhebliche Finanzierungsquellen bestehen und der durch das Interesse am Fußball generierte Nutzen sich zudem nicht immer vollständig vergüten lässt. Die erzielten Umsätze beruhen auf der regelmäßigen Zentralvermarktung der audiovisuellen Rechte, die gemeinsam durch die Ligaorganisation der Vereine aus einer Monopolstellung heraus vergeben werden. Die Bundesliga-Zentralvermarktung stand deshalb vor allem in den 2000er Jahren im Blickpunkt der Europäischen Kommission, die zunächst einige kartellrechtliche Musterverfahren geführt, die Kontrolle dann jedoch den nationalen Wettbewerbsbehörden überlassen hat.[347] In ihrem Einundzwanzigsten Hauptgutachten (2016) hat sich die Monopolkommission ausführlich mit der kartellrechtlichen Kontrolle der Bundesliga-Zentralvermarktung beschäftigt.[348] Die nachfolgenden Ausführungen aktualisieren diese Analyse vor dem Hintergrund der jüngsten Entscheidung des Bundeskartellamtes zur Vermarktung der Rechte für die Spielzeiten von 2021/2022 bis 2024/2025.

2.6.1 Kernpunkte der Zusagenentscheidung für die Zentralvermarktung ab 2021/2022

467. Das Bundeskartellamt hat das Vermarktungsmodell der DFL für die Spielzeiten ab der Saison 2021/2022 auf Basis einer Zusagenentscheidung gemäß § 32b GWB gebilligt, da es nach vorläufiger Beurteilung hinreichende Effizienzen aufweise und daher eine solche Lösung zulasse. Ein Anlass, die wettbewerbsrechtliche Beurteilung der Zentralvermark-

---

345 BKartA, Beschluss vom 20. März 2020, B6-28/19 – BL-Zentralvermarktung ab 2021/2022.

346 Vgl. DFL, Pressemitteilung vom 6. Juni 2016, DFL überspringt erstmals Milliarden-Marke bei nationalen Medien-Rechten, https://www.dfl.de/de/hintergrund/vermarktung/dfl-ueberspringt-erstmals-milliarden-marke-bei-nationalen-medien-rechten/, Abruf am 6. Juli 2020.

347 EU-Kommission, Entscheidung vom 23. Juli 2003, AT.37398 – UEFA, Tz. 122-124; Entscheidung vom 19. Januar 2005, AT.37214 – DFB, Tz. 22; Entscheidung vom 22. März 2006, AT.38173 – FAPL.

348 Monopolkommission, XXI. Hauptgutachten, a. a. O., Tz. 350 ff.

tung abschließend zu klären, bestehe nicht.[349] Gegenüber seiner Zusagenentscheidung zum Vermarktungsmodell vor vier Jahren hat das Bundeskartellamt seine inhaltlichen Erwägungen nur wenig geändert. Grundlage der Entscheidung war erneut ausschließlich das Kartellverbot aus Art. 101 AEUV bzw. § 1 GWB.[350]

468. In allen drei bisherigen Zusagenentscheidungen zur Bundesliga-Zentralvermarktung hat das Bundeskartellamt sich zunächst mit den relevanten Märkten beschäftigt, um die mit der Zentralvermarktung einhergehende Wettbewerbsbeschränkung herauszuarbeiten. Im Rahmen der sachlichen Marktabgrenzung definiert das Bundeskartellamt in seinem aktuellen Beschluss sowohl einen konkreten Rechtemarkt[351] als auch einen konkreten nachgelagerten Übertragungsmarkt[352], auf deren jeweilige Bedeutung und Interdependenz zunächst nicht eingegangen wird.[353] Allerdings seien die beiden abgegrenzten (Haupt-)Märkte womöglich weiter zu unterteilen; die Frage nach der konkreten Unterteilung kann nach Ansicht des Bundeskartellamts im vorliegenden Verfahren jedoch offen bleiben.[354] Nicht geklärt wird deshalb etwa, ob verschiedene Fußballwettbewerbe (Bundesliga, DFB-Pokal und Champions- bzw. Europa-League) aus Sicht des Bundeskartellamtes eigene sachlich relevante Märkte darstellen könnten.[355] Das Amt schließt allerdings die Highlight-Berichterstattung aus dem erkannten Endkundenübertragungsmarkt explizit aus und nimmt hier zugleich „Substitutionswettbewerb" zu den Live-Übertragungen an.[356]

469. In Bezug auf die festgestellte Wettbewerbsbeschränkung ist das Bundeskartellamt weiterhin der Auffassung, dass es sich bei der Bundesliga-Zentralvermarktung nicht um eine bezweckte Kernbeschränkung in Form gemeinsamer Preisfestlegung und Innenausgleich handele.[357] Dies macht die Behörde daran fest, dass unklar sei, wie viel Wettbewerb bei alternativen Vermarktungsformen bestünde.[358] Allerdings bestehe zumindest eine horizontal wettbewerbsbeschränkende Wirkung gegenüber einem hypothetischen Angebot vereinsbezogener Produkte. Ursächlich sei die Abschottung des nachgelagerten Übertragungsmarktes. Ein Wettbewerbsproblem sieht das Bundeskartellamt im Alleinerwerb sowohl bei einem Erwerb durch traditionelle Medienanbieter (z. B. Sky, Free-TV-Anbieter) als auch durch sog. OTT-Dienstleister[359] (z. B. DAZN, Amazon). Ein Alleinerwerb führe zu einer Verknappung der Rechte mit dem Ziel der Abschöpfung der ma-

[349] BKartA, Beschluss vom 20. März 2020, B6-28/19 – BL-Zentralvermarktung ab 2021/2022, Tz. 102.

[350] Ebenda, Tz. 101.

[351] *„Markt für Medienübertragungsrechte an ganzjährig ausgetragenen (Herren-)Fußballwettbewerben mit Teilnahme von Bundesliga-Klubs für die Verwertung in Deutschland"*; ebenda, Tz. 107 ff.

[352] *„Endkundenmarkt für audiovisuelle Live-Übertragungen von ganzjährig durchgeführten Herren-Fußballwettbewerben mit Beteiligung deutscher Klubs der Bundesliga und 2. Bundesliga"*; ebenda, Tz. 154 ff.

[353] Hierzu hatte die Monopolkommission darauf hingewiesen, dass die Nachfrage der Medienplattformen nach den Übertragungsrechten zu einem erheblichen Teil der Nachfrage der Zuschauer nach der jeweiligen Sportübertragung auf dem nachgelagerten Übertragungsmarkt entspricht. Vgl. Monopolkommission, XXI. Hauptgutachten, a. a. O., Tz. 377.

[354] BKartA, Beschluss vom 20. März 2020, B6-28/19 – BL-Zentralvermarktung ab 2021/2022, Tz. 155.

[355] In seiner Zusagenentscheidung aus dem Jahr 2016 hatte das Bundeskartellamt es als „naheliegender" bezeichnet, einen Markt für „Bezahlangebote für Fußballspiele der Bundesliga und der 2. Bundesliga" abzugrenzen, in den die Champions League noch mit einbezogen werden „könnte". Die aktuelle Entscheidung enthält zu der Frage der (gemeinsamen) Abgrenzung verschiedener Wettbewerbe nun Überlegungen zur Sichtweise der Nachfrager. Erörtert wird, dass es unter den Nachfragern Fans von Teams gebe, die nicht an allen genannten Wettbewerbern teilnehmen. Zudem gebe es auch Zuschauer, die sich für mehrere Wettbewerbe interessieren. Bei einer tiefergehenden Analyse der letzteren Gruppe dürfte es dann auf die Sicht in Bezug auf die Austauschbarkeit der Übertragungen ankommen, die im vorliegenden Fall nicht thematisiert wurde. BKartA, Beschluss vom 20. März 2020, B6-28/19 – BL-Zentralvermarktung ab 2021/2022, Tz. 155; Beschluss vom 11. April 2016, B6-32/15 – BL-Zentralvermarktung ab 2017/2018, Tz. 96; vgl. zu dieser Frage auch Monopolkommission, XXI. Hauptgutachten, a. a. O., Tz. 383.

[356] Im Kartellrecht ist der Begriff „Substitutionswettbewerb" gebräuchlich, um ein nicht perfektes, aber zumindest mögliches Austauschverhältnis zwischen verschiedenen Gütern auszudrücken.

[357] BKartA, Beschluss vom 20. März 2020, B6-28/19 – BL-Zentralvermarktung ab 2021/2022, Tz. 199.

[358] So sind die Übertragungsrechte als Produkt rechtlich nicht klar zugeordnet. Es ist nicht eindeutig, welche Rechte im Fall der Einzelvermarktung konkret bei einem Verein liegen und wie ein Alternativprodukt auf dieser Basis aussieht. Siehe hierzu auch Monopolkommission, XXI. Hauptgutachten, a. a. O., Tz. 354 ff.

[359] Anbieter von *Over-the-top content* (OTT) übermitteln und verkaufen Video- und Audioinhalte über Internetzugänge.

ximalen Zahlungsbereitschaft.[360] Wie bereits erstmals in der Entscheidung aus 2016 vorgebracht, argumentiert das Bundeskartellamt zudem, dass sich die „Abschottungstendenz durch die Zentralvermarktung" insbesondere in einer Beschränkung des Innovationswettbewerbs in Bezug auf das Web-TV-Angebot ausdrücke. Zur Begründung dieser Sichtweise nennt das Bundeskartellamt mehrere vor allem technische Merkmale des Angebotes des Marktführers Sky auf dem Übertragungsmarkt, die hinter dem Angebot der Konkurrenz zurückblieben und auf Innovationsdefizite hinwiesen. Das Bundeskartellamt vermutet auch, dass die DFL – gemeinsam mit dem DFB – über eine marktbeherrschende Stellung auf dem Rechtemarkt verfüge.[361] Ein möglicher Ausbeutungsmissbrauch wird gleichwohl nicht thematisiert.

470. Das Bundeskartellamt erläutert seine Auffassung, wonach eine wettbewerbsbeschränkende Wirkung durch das gebilligte Vermarktungsmodell verhindert werde. Dies ergäbe sich zunächst daraus, dass die DFL die wichtigsten Pay-TV-Rechte auf vier substanzielle Pakete verteilt habe. Die wichtigsten in diesen Paketen auktionierten Rechte sind: (1) die Live-Übertragungen der Spiele am Freitag und Sonntag, (2) die Live-Übertragungen der Spiele am Samstagnachmittag (um 15.30 Uhr), (3) die Konferenzübertragung der Spiele am Samstagnachmittag (um 15.30 Uhr) sowie (4) die Live-Übertragung des Spiels am Samstagabend um 18.30 Uhr. Die Pakete werden sequenziell vergeben, die Reihenfolge der Vergabe kann die DFL selbst festlegen. Das Bundeskartellamt hat darauf hingewirkt, dass das Vermarktungsmodell zudem ein Alleinerwerbsverbot enthält. Erwirbt ein Medienanbieter bei der sequenziellen Vergabe die ersten drei Pakete, entscheidet die DFL, ob bei der Auktion des vierten angebotenen Paketes der Ersterwerber ausgeschlossen wird. Ist dies nicht der Fall, verlieren das dritte und das vierte auktionierte Paket ihre Exklusivität. Die Pakete werden dann sowohl an den Ersterwerber (sog. TN-Paket) als auch zusätzlich für einen spezifischen OTT-Anbieter (OTT-Paket) vergeben. Dadurch sieht das Bundeskartellamt gewährleistet, dass es in dem Vermarktungsmodell zu konkurrierenden Übertragungen und Innovationswettbewerb komme. Das mehrstufige Vermarktungsmodell enthält zudem Preisuntergrenzen (Vorbehalts- und Reservationspreise), deren kartellrechtliche Zulässigkeit nicht separat begründet wird.

2.6.2 Verbrauchervorteil durch die kartellrechtlichen Auflagen unklar

471. Eine Analyse der aktuellen Entscheidung des Bundeskartellamtes und der Vergleich mit den Musterverfahren der Europäischen Kommission und den Erwägungen der Monopolkommission aus dem Einundzwanzigsten Hauptgutachten[362] zeigen, welche besonderen Schwierigkeiten bei der wettbewerbsrechtlichen Kontrolle der Bundesliga-Zentralvermarktung bestehen.

2.6.2.1 Auch Missbrauchsaufsicht ist auf Zentralvermarktung durch DFL anwendbar

472. Das Bundeskartellamt misst die Zentralvermarktung allein an den Maßstäben des Kartellverbots und erörtert in diesem Zusammenhang zunächst die Frage, ob die Zentralvermarktung für die Wettbewerbsbeschränkung kausal ist. Die Wettbewerbsbeschränkung auf Basis der grundsätzlich starken Monopolstellung der DFL relativiere sich hierbei dadurch, dass ein hypothetischer Wegfall der Zentralvermarktung (und eine wie auch immer geartete Einzelvermarktung) auch nicht zu einem intensiven Wettbewerb führen würde. Ursächlich hierfür ist, dass es im Fall einer alternativen Einzelvermarktung erforderlich sein könne, dass sich Vereine zur Herstellung marktgängiger Produkte koordinierten. Deshalb – so das Bundeskartellamt – handele es sich bei der Zentralvermarktung nicht um eine „Kernbeschränkung".[363] Zwar stimmt das Bundeskartellamt hierbei mit der Europäischen Kommission in deren Musterverfahren der Zentralvermarktung der Champions League, der Bundesliga und der Premier League insofern überein, als die Europäische Kommission ebenfalls alleine Verstöße gegen das Kartellverbot geprüft hat. Allerdings hat die Europäische Kommission die

[360] BKartA, Beschluss vom 20. März 2020, B6-28/19 – BL-Zentralvermarktung ab 2021/2022, Tz. 203.

[361] Ebenda, Tz. 202.

[362] Monopolkommission, XXI. Hauptgutachten, a. a. O., Tz. 350 ff.

[363] Ebenda, Tz. 199. Die Erheblichkeit der Wettbewerbsbeschränkung gegenüber der Einzelvermarktung wurde dagegen in früheren Entscheidungen stärker hervorgehoben; vgl. BKartA, Beschluss vom 12. Januar 2012, B6-114/10 – BL-Zentralvermarktung ab 2013/2014, Tz. 43.

Kausalität vor allem in Bezug auf die Frage geprüft, ob eine Wettbewerbsbeschränkung überhaupt vorliegt. Sie hat nicht das Ausmaß der wettbewerbsbeschränkenden Wirkung danach beurteilt.[364]

473. Sowohl die Europäische Kommission als auch die Monopolkommission haben zudem eine Anwendung des Verbots des Missbrauchs einer marktbeherrschenden Stellung diskutiert.[365] Bei dem Missbrauchsverbot stellt sich die Frage der Kausalität nicht in demselben Maße. Ein Missbrauch könnte sich insbesondere aus der Mengenbeschränkung durch ein Vermarktungsmodell ergeben, in dem Rechte durch einen Upstream-Monopolisten exklusiv vergeben werden. Ein kartellbehördliches Vorgehen auf Grundlage des Missbrauchsverbots gegen die Mengenbeschränkung ist insofern naheliegend, als diese regelmäßig missbräuchlich überhöhte Preise zur Folge hat. Dem dürfte auch nicht im Wege stehen, dass gegen den kartellrechtlich zu beanstandenden Ausschreibungsinhalt möglicherweise präventiv vorzugehen wäre, weil ein Preishöhenmissbrauch im Zeitpunkt des kartellbehördlichen Vorgehens noch nicht stattgefunden hat.[366]

2.6.2.2 Zentralvermarktung hat Auswirkungen auf Preis- und Qualitätswettbewerb

474. Das Bundeskartellamt nimmt seit der Entscheidung aus 2016 an, dass sich die wettbewerbsbeschränkende Wirkung der Zentralvermarktung in erster Linie in einer Schwächung des Innovationswettbewerbs zeige. Damit rückt das Bundeskartellamt die Möglichkeit in den Hintergrund, dass das Angebotsmonopol der DFL zu missbräuchlich überhöhten Preisen führt. Warum die Marktmacht der DFL bei der Vermarktung der Übertragungsrechte nur den Innovationswettbewerb, nicht aber den Wettbewerb um Preise und Qualität beeinflussen soll, wird nicht deutlich. Auch ist der vom Bundeskartellamt gewählte Begriff der Innovation nicht trennscharf. Das Bundeskartellamt stellt die von ihm erkannten Einschränkungen des Innovationswettbewerbs in seiner aktuellen Entscheidung anhand mehrerer Beispiele dar, die belegen sollen, dass Sky sein Angebot vor allem technisch in Bezug auf das aufkommende Web-TV-Angebot limitiere.[367] So habe Sky etwa bei seinem Web-TV-Angebot die Übertragung im Browser eingestellt und zwinge zur App-Nutzung, was beim Angebot von Live-Übertragungen des Konkurrenten DAZN nicht der Fall sei. Ein anderer Anhaltspunkt sei z. B., dass Sky einen Wechsel von Streaming-Geräten in der Geräteliste stärker limitiere als DAZN.

475. Ob es sich bei diesen Beispielen tatsächlich um fehlende Innovationen handelt oder eher um Qualitätsbeschränkungen, weil bereits entwickelte technische Möglichkeiten nicht genutzt bzw. begrenzt werden, erscheint fraglich. Auch dürfte zumindest ein Teil der vom Bundeskartellamt aufgeführten technischen Beschränkungen des Sky-Angebotes dazu dienen, die gleichzeitige Nutzung eines einzelnen Abonnements durch mehrere Nutzer zu erschweren. Eine solche Limitierung dürfte aber eher der Sicherung eines bestimmten Preisniveaus dienen. Insgesamt erscheinen die vom Bundeskartellamt in den Mittelpunkt gestellten Ausflüsse der Wettbewerbsbeschränkung auf die Innovationstätigkeit unvollständig. Die Europäische Kommission spricht in ihren Entscheidungen dagegen auch von der Gefahr von Mengenbeschränkungen, was mit nicht-wettbewerbskonformen Preisen gleichzusetzen ist.[368] Auf die mit der Zentralvermarktung einhergehende Mengenbeschränkung hatte auch die Monopolkommission hingewiesen.[369]

2.6.2.3 Wettbewerbswirkungen des Vermarktungsmodells werden durch Substituierbarkeit und Komplementarität der Rechtepakete bestimmt

476. Zentrale Bedeutung hat die Frage, welche Anforderungen der Kartellbehörde an ein konkretes Zentralvermarktungsmodell den bestehenden Wettbewerbsproblemen entgegenwirken können. Hierzu haben die Europäische Kom-

364 Insbesondere erörtert in: EU-Kommission, Entscheidung vom 23. Juli 2003, AT.37398 – UEFA, Tz. 118-132.

365 Im Fall der Europäischen Kommission geht dies auch aus einem Zusatzdokument zum „White Paper Sports" hervor. Darin wird darauf hingewiesen, dass die Europäische Kommission zwar bisher keine Verfahren auf Basis der Missbrauchsregeln geführt habe; die Vermarktung von Übertragungsrechten wird aber als Aktivität bezeichnet, deren ökonomische Natur sowohl von den Kartell- als auch Missbrauchsvorschriften erfasst werde. Vgl. EU-Kommission, The EU and Sport: Background and Context, a. a. O., S. 78, 81; Monopolkommission, XXI. Hauptgutachten, a. a. O., Tz. 411.

366 Vgl. OLG Düsseldorf, Beschluss vom 16. September 2009, VI-Kart 1/09(V) – DFL-Vermarktungsrechte, Rz. 35 (zit. nach Juris).

367 BKartA, Beschluss vom 20. März 2020, B6-28/19 – BL-Zentralvermarktung ab 2021/2022, Tz. 213 bis 216.

368 EU-Kommission, The EU and Sport: Background and Context, a. a. O., S. 81.

369 Monopolkommission, XXI. Hauptgutachten, a. a. O., Tz. 411 f.

mission und das Bundeskartellamt übereinstimmend festgestellt, dass es durch die gebündelte Abgabe verschiedener Rechte im Rahmen der Zentralvermarktung zu Effizienzen kommen kann. Solche Effizienzen entstehen z. B. dadurch, dass die Zusammenfassung von Übertragungsrechten unterschiedlicher Begegnungen verschiedener Vereine es ermöglicht, auf dem Übertragungsmarkt ein einheitliches Ligaprodukt anzubieten (z. B. eine Konferenzberichterstattung).[370] Der zusätzliche Nutzen der Bündelung verschiedener Einzelübertragungsrechte ist mit einer (partiellen) Komplementarität der Produkte gleichzusetzen. Mehrere Übertragungsrechte an Spielen der Fußball-Bundesliga sind dann (partiell) komplementär, wenn ein Teil des Nutzens dadurch entsteht, dass diese Übertragungsrechte in Kombination genutzt werden. Neben der Komplementäreigenschaft verschiedener Übertragungsrechte können Übertragungsrechte auch substitutiven Charakter haben, z. B. wenn der Fan eines Vereins, dessen Team zu einem Zeitpunkt kein Spiel hat, zwischen zwei anderen parallel übertragenen Partien indifferent ist. In diesem Fall stehen zwei Angebote, die jeweils das eine oder das andere Spiel übertragen, in einem Wettbewerbsverhältnis, das die Preise und die Qualität der angebotenen Produkte disziplinieren kann. Die Monopolkommission sieht die Kartellrechtskonformität eines Vermarktungsmodells dann gegeben, wenn die angebotenen und gegebenenfalls mit dem Ausschluss des Alleinerwerbs vermarkteten Rechtepakete durch eine eher geringe Komplementarität und/oder eine hohe Substitutionswirkung zueinander gekennzeichnet sind. Vor diesem Hintergrund hat sie empfohlen, Zuschauerbefragungen vorzunehmen, welche die Zielgenauigkeit der wettbewerblichen Kontrolle verbessern können.

477. Das Bundeskartellamt hatte in seiner Zusagenentscheidung aus dem Jahr 2012 darauf hingewiesen, dass der Substitutionsgrad verschiedener Rechtepakete für die Auswirkungen der Vereinbarung von maßgeblicher Bedeutung sei.[371] Gleichwohl hat das Bundeskartellamt aber die substitutiven bzw. komplementären Effekte des konkreten Vermarktungsmodells bzw. einer alternativen Paketaufteilung in seiner aktuellen Entscheidung nicht näher untersucht. Vielmehr stellt es bei der Freistellung des vorgeschlagenen Vermarktungsmodells alleine darauf ab, dass es zu einem möglichst diskriminierungsfreien Bieterwettbewerb kommen soll, bei dem Abschottungstendenzen in Form des Erwerbs der wichtigsten angebotenen Rechte durch einen einzigen Marktteilnehmer unterbunden werden.[372] Es geht dem Bundeskartellamt demnach darum, auf der Nachfragerseite einen transparenten Bieterwettbewerb zu schaffen, der nicht zum Alleinerwerb der Rechte führt.[373] Das Bundeskartellamt fordert, dass die unterschiedlichen Pakete einen „substanziellen Umfang" haben müssen. Darüber hinaus werden keine besonderen Anforderungen daran gestellt, welche Rechte dabei angebotsseitig in unterschiedlichen Paketen zusammengefasst werden. Die Gefahr einer – nachfolgend näher beschriebenen – Preiserhöhung im Fall einer Aufteilung der Rechte auf unterschiedliche Pay-TV-Angebote sieht es nicht.[374]

478. Tatsächlich birgt eine Fokussierung auf die bloße Aufteilung der Rechte an mehrere Bieter die Gefahr, dass Verbrauchervorteile verloren gehen, Wettbewerb ausgeschlossen wird und es kumuliert zu höheren Preisen kommt. Beinhaltet ein Vermarktungsmodell eine Aufteilung der Rechte zwischen verschiedenen Sendern/OTT-Anbietern, bei dem die komplementären Wirkungen der dadurch entstehenden Übertragungsangebote hoch und die substitutiven Wirkungen gering sind, können die negativen Auswirkungen des Angebotsmonopols der DFL im Extremfall sogar verstärkt werden. Dieser Extremfall lässt sich industrieökonomisch am Beispiel zweier vollständig komplementärer Güter darstellen. Danach ergibt sich aus dem Cournot-Modell eines komplementären Duopols, dass der Preis der zwei komplementären Güter bei einem Einzelverkauf im Vergleich zu einer gemeinsamen Abgabe steigen würde.[375] Grund dafür ist, dass bei

---

370 Ebenda, Tz. 428 ff.; BKartA, Beschluss vom 20. März 2020, B6-28/19 – BL-Zentralvermarktung ab 2021/2022, Tz. 254; EU-Kommission, Entscheidung vom 19. Januar 2005, AT.37214 – DFB, Tz. 24.

371 BKartA, Beschluss vom 12. Januar 2012, B6-114/10 – BL-Zentralvermarktung ab 2013/2014, Tz. 107.

372 BKartA, Beschluss vom 20. März 2020, B6-28/19 – BL-Zentralvermarktung ab 2021/2022, Tz. 91, 221 ff.

373 Dahin gehend nennt das Bundeskartellamt auch Prinzipien, die eine Verbraucherbeteiligung sicherstellen sollen. Ebenda, Tz. 274.

374 Das Bundeskartellamt erklärt dazu konkret, *„dass die Erforderlichkeit eines zusätzlichen Abonnements im Durchschnitt nicht notwendigerweise mit der Zahlung eines deutlich höheren Preises einher geht, soweit die für die Endkunden bestehenden Spielräume der Angebote genutzt werden."* Ebenda, Tz. 263.

375 Cournot, A., Researches into the Mathematical Principles of the Theory of Wealth, original published in French (1838), translated by Nathaniel Bacon, New York., 1927; eine verallgemeinerte Darstellung findet sich bei Economides, N., & Salop, S. C. (1992). Competition and integration among complements, and network market structure, The Journal of Industrial Economics, 105-123, S. 108 f.

einem gemeinsamen Verkauf beider Teile die negativen Wechselwirkungen eines höheren Preises des einen Gutes mit dem jeweils anderen Gut berücksichtigt würden, was bei einem Verkauf durch unterschiedliche Anbieter nicht der Fall ist. Konkurrierende Übertragungsangebote, die aus Sicht der Zuschauer am besten zusammen genutzt werden können (Komplementarität), würden daher im Einzelverkauf zweier Anbieter zu in der Summe höheren Preisen führen. Demgegenüber würden konkurrierende Übertragungsangebote, die aus Sicht der Zuschauer austauschbar (substituierbar) sind, zu geringeren Preisen führen. Aufgrund der Heterogenität der Zuschauerinteressen können viele denkbare Formen der Paketaufteilung sowohl komplementäre als auch substitutive Effekte aufweisen, wobei die Stärke der Effekte bei unterschiedlichen Paketzusammenstellungen jeweils sehr verschieden sein kann. Die Monopolkommission hat auch auf den besonderen Fall hingewiesen, wonach ein Alleinerwerbsverbot, das für einen kleinen oder größeren Teil der Rechte eine co-exklusive Vermarktung durch einen zweiten Sender vorsieht, kaum komplementäre, aber starke substitutive Effekte hätte und deshalb mit hoher Sicherheit Verbrauchervorteile auslösen würde.[376]

479. Als Ergebnis des vom Bundeskartellamt gebilligten Vermarktungsmodells sind in der im Juni 2020 erfolgten Ausschreibung die wichtigsten Pay-TV-Rechte zur Übertragung von Live-Spielen teilweise an Sky und teilweise an DAZN vergeben worden. Im Wesentlichen hat Sky Übertragungsrechte für die Spiele am Samstag, DAZN Übertragungsrechte für die Spiele am Freitag und Sonntag erhalten. Es ist unklar, ob bei der erfolgten Aufteilung der Pakete die Austauschbarkeit oder die Komplementarität aus Sicht der Zuschauer überwiegt. Für eine eher komplementäre – und damit für die Verbraucher nachteilige – Aufteilung könnte sprechen, dass der Fan eines bestimmten Vereins die Spiele seines Vereins weder durchgehend noch überwiegend durch das Angebot von Sky oder DAZN abdecken kann. Zudem ist es schwieriger, dem Ligageschehen zu folgen, wenn jedes der Angebote der beiden Sender nur den einen Teil des Spieltages erfasst. Es kann deshalb auch nicht ausgeschlossen werden, dass die Nachteile für die Verbraucher durch die komplementären Effekte aus der erfolgten Aufteilung des Angebotes auf Sky und DAZN signifikant höher als bei einer Einzelvermarktung mit konkurrierenden Vereinsprodukten ausfallen. Inwieweit das genehmigte Vermarktungsmodell stärkere Substitutionseffekte als die Einzelvermarktung aufweist, ist zugleich schwerlich ohne nähere Prüfung des Bundeskartellamts ermittelbar.

2.6.2.4 Spielansetzungsrechte haben Einfluss auf Substitutionswettbewerb mit Highlight-Berichterstattung

480. Das mit der Rechtevergabe für die Spielzeiten ab 2021/2022 geänderte Design der Pay-TV-Rechtepakte hat schließlich auch indirekte Auswirkungen auf die Highlight-Berichterstattung. In früheren Fällen, in denen das Bundeskartellamt die Rechtevermarktung geprüft hat, hat es darauf hingewirkt, dass die Highlight-Berichterstattung um 18.30 Uhr am Samstag als Free-TV-Paket erhalten bleibt (derzeit durch das Produkt „Sportschau" der ARD).[377] Dieses Paketdesign wurde seither beibehalten. Die Überlegung bei dieser Ansetzung der Highlight-Berichterstattung war, dass der Substitutionswettbewerb auch die Preise der Pay-TV-Übertragung disziplinierе. Das Bundeskartellamt erwartete, dass das Pay-TV-Angebot bei hohen Preisen oder schlechter Qualität Kunden verliere, da diese zumindest die Zusammenfassung der Begegnungen zeitnah kostenlos schauen könnten. Allerdings ist anzunehmen, dass das Konkurrenzverhältnis zwischen dem Pay-TV-Angebot und der Highlight-Berichterstattung am stärksten die Spiele am Samstagnachmittag betrifft, da die Highlights dieser Spiele in kurzem zeitlichen Abstand zur Live-Übertragung und zu einer günstigen Sendezeit laufen.

481. Die Wirksamkeit des Substitutionswettbewerbs als Verbrauchervorteil könnte im jetzt gebilligten Vermarktungsmodell allerdings dadurch geschmälert werden, dass hier nun zusammen mit den Pay-TV-Rechtepaketen sog. Pick-Rechte vergeben werden. Diese erlauben es dem Erwerber eines Paketes, auf die Ansetzung der Spiele eines Bundesligaspieltages Einfluss zu nehmen. Nach Berücksichtigung verschiedener Restriktionen, die z. B. mit dem Terminkalender und der Ansetzung der Partien der international spielenden Vereine zusammenhängen, erhält der Erwerber des Paketes mit dem Samstagabendspiel das erste Wahlrecht, welches Spiel zu diesem Termin stattfinden soll und somit von diesem Erwerber gezeigt werden kann. Der Erwerber der Pakete für die Spiele am Freitag und Sonntag erhält das zweite Wahlrecht für eine Spielansetzung, und die Ansetzungen der Spiele am Samstagnachmittag, die mit der Highlight-

376 Monopolkommission, XXI. Hauptgutachten, a. a. O., Tz. 448.

377 BKartA, Pressemitteilung vom 17. Juli 2008, Zentralvermarktung: DFL muss bei Verbraucherbeteiligung nachbessern.

Berichterstattung dem höchsten Konkurrenzdruck ausgesetzt sind, werden nachrangig bedient. Es erscheint plausibel, dass die Spiele auf ein unterschiedliches Zuschauerinteresse stoßen und unterschiedliche Marktwerte besitzen, sodass am Samstagnachmittag künftig etwas häufiger Begegnungen mit geringerem Marktwert gezeigt werden. Damit reduziert sich auch die disziplinierende Wirkung der freien Highlight-Berichterstattung auf das Pay-TV.[378] Dies sollte bei den kartellrechtlichen Anforderungen an das Vermarktungsmodell bei der Pay-TV-Vermarktung berücksichtigt werden.

2.6.3 Ökonomische Auswirkungen der Zentralvermarktung systematisch erfassen

482. Die kartellrechtliche Kontrolle der Bundesliga-Zentralvermarktung hat sich als Korrektiv etabliert, das verhindern soll, dass die Vergabe der Rechte durch die DFL bei den Verbrauchern zu Wohlfahrtsverlusten führt. Aus Sicht der Monopolkommission erscheint es plausibel, dass sich auf Basis der gesicherten Marktstellung der DFL – d. h. als alleiniger Vermarkter der Bundesligarechte – insbesondere für die Zuschauer überhöhte Preise in der Pay-TV-Vermarktung einstellen können. Die Kontrolle seitens der Kartellbehörden kann das Vermarktungsmodell jedoch zum Vorteil der Verbraucher beeinflussen, indem durch die Vergabe mehrerer Rechtepakete eine Wettbewerbssituation geschaffen wird. Zugleich besteht bei einer Aufteilung der Rechte auf unterschiedliche Bieter die Möglichkeit, dass die Zuschauer mehrere Übertragungsangebote erwerben müssen, um das Ligageschehen zu verfolgen.

483. Um diesen Nachteilen zu begegnen, könnte das Bundeskartellamt zukünftig zusätzliche Anforderungen an die Paketaufteilung und ein mögliches Alleinerwerbsverbot stellen. Rechtepakete, die an unterschiedliche TV-Sender bzw. OTT-Anbieter vergeben werden, sollten jeweils solche Rechte enthalten, die aus Zuschauersicht stärker austauschbar sind und von diesen nicht nur in Kombination (mehrerer Abonnements) genutzt werden können. Im Rahmen einer zeitlichen Aufteilung des Spieltages unter zwei Anbietern, wie sie mit der nun erfolgten Rechtevergabe ab der Spielzeit 2021/2022 erfolgt, bleibt jedoch fraglich, ob es tatsächlich zu Vorteilen für die Verbraucher kommt. Ein Beispiel für eine Aufteilung der Rechte, die stattdessen mit geringen komplementären und stark substitutiven Wirkungen verbunden ist, läge z. B. in der Vergabe der Rechte an der Berichterstattung des gesamten Spieltages an einen Anbieter und einer parallelen Berichterstattung über einzelne Spiele durch einen zweiten Anbieter. Auch vereinsbezogene Rechtepakete wären als Alternative vorstellbar.

484. Da insbesondere die Verbraucher ein Interesse an einer möglichst wirksamen kartellrechtlichen Kontrolle der Zentralvermarktung haben,[379] diese aber praktisch kaum gerichtlichen Individualrechtsschutz in Anspruch nehmen können,[380] ist ein kartellbehördliches Tätigwerden besonders wichtig. Um sicherzustellen, dass die zentrale Vermarktung der Bundesliga zu den kartellrechtlich gebotenen Verbrauchervorteilen führt, könnte in zukünftigen Vermarktungsrunden die Wirkung der Paketaufteilung auch durch eine Zuschauerbefragung weiter fundiert werden. Aufgrund der hohen wirtschaftlichen und gesellschaftlichen Bedeutung der Fußball-Bundesliga und der Regelmäßigkeit, mit der die Kontrolle der Bundesliga-Zentralvermarktung stattfindet, wäre es zudem angemessen, die Praxis der Verfahrensführung auf Basis einer lediglich vorläufigen Beurteilung (Zusagenentscheidung nach § 32b GWB) nicht weiterzuverfolgen.

485. Gegen eine „strengere" Kontrolle der Zentralvermarktung durch eine nationale Wettbewerbsbehörde könnten etwaige Verzerrungen im internationalen Wettbewerb der Vereine untereinander angeführt werden. Denn bei der Abwägung der Verbrauchervorteile sind mögliche Auswirkungen einer inkohärenten Rechtsanwendung bei der Kontrolle der zentralen Vermarktung in den Ligen unterschiedlicher Staaten nicht berücksichtigt. Weil die Durchsetzung des Kartellrechts zu geringeren Vermarktungserlösen der Vereine führen kann, können diesen im Wettbewerb mit Teams anderer Ligen Nachteile entstehen, z. B. auf dem internationalen Spielermarkt. Um geeignete Voraussetzungen für eine wirksame Kartellrechtsanwendung zu schaffen, hat die Monopolkommission der Europäischen Kommission empfohlen, auf

---

378 Das Bundeskartellamt betrachtet die durch die Pick-Rechte veränderte Wertigkeit der Spiele am Samstagnachmittag allerdings nicht als erwiesen; vgl. BKartA, Beschluss vom 20. März 2020, B6-28/19 – BL-Zentralvermarktung ab 2021/2022, Tz. 247.

379 Hierzu gehören evtl. auch andere Zentralvermarktungsmodelle. Die Monopolkommission hatte in ihrem Zweiundzwanzigsten Hauptgutachten auf die Kontrollwürdigkeit der zentralen Vermarktung der UEFA-Champions League hingewiesen. Vgl. Monopolkommission, XXII. Hauptgutachten, a. a. O., Tz. 845 ff.

380 Für eine Stärkung der privaten Kartellrechtsdurchsetzung für Verbraucher vgl. Monopolkommission, XXII. Hauptgutachten, a. a. O., Tz. 894 ff.

eine einheitliche Anwendung der kartellrechtlichen Regeln zu achten und gegebenenfalls entsprechende Leitlinien zu erlassen.[381]

2.7 Wirkungen von engen Bestpreisklauseln im Einzelfall bewerten

2.7.1 Einführung

486. In der jüngeren Vergangenheit sind Bestpreisklauseln[382] von Hotelportalen mehrfach in den Fokus des Interesses von Wettbewerbsbehörden, Gerichten und Gesetzgebung geraten. Hierbei wird zwischen engen und weiten Bestpreisklauseln differenziert. *Enge* Bestpreisklauseln gestatten den Hotels die Nutzung des Hotelportals nur unter der Bedingung, dass sie ihre Hotelzimmer auf den eigenen Absatzkanälen (etwa auf den Webseiten der Hotels) nicht zu besseren Konditionen als auf dem jeweiligen Hotelportal anbieten. Sofern die Konditionen der Hotels auch auf Absatzkanälen von Dritten (etwa auf anderen Hotelportalen) nicht besser als auf dem jeweiligen Hotelportal sein dürfen, handelt es sich um weite Bestpreisklauseln.

487. Sowohl auf internationaler Ebene als auch europaweit haben sich Wettbewerbsbehörden mit Bestpreisklauseln beschäftigt und Ermittlungen gegen Hotelportale eingeleitet.[383] Europaweit ist die wettbewerbsrechtliche Beurteilung von Bestpreisklauseln umstritten. In Italien, Schweden und Frankreich haben die Wettbewerbsbehörden die Ermittlungen gegen Booking.com (Booking) eingestellt, nachdem sich das Hotelportal verpflichtet hatte, künftig nur enge Bestpreisklauseln zu verwenden; solche Klauseln wurden von den erwähnten Wettbewerbsbehörden gebilligt.[384] Die britische Wettbewerbsbehörde (CMA) steht hingegen sowohl engen als auch weiten Bestpreisklauseln kritisch gegenüber.[385] Die Europäische Kommission hat einen Bericht zu Online-Hotelplattformen veröffentlicht, in dem Auswirkungen wettbewerblicher Maßnahmen hinsichtlich Bestpreisklauseln untersucht werden.[386]

488. In Deutschland hat sich das Bundeskartellamt insbesondere in den Verfahren gegen HRS und Booking mit Bestpreisklauseln im Hotelsektor beschäftigt. Im HRS-Fall entschied das Bundeskartellamt, dass weite Bestpreisklauseln als unzulässige Wettbewerbsbeschränkungen einzustufen sind. [387] Diese Entscheidung wurde vom OLG Düsseldorf bestätigt.[388] Darauf reagierte Booking, indem es nicht mehr weite, sondern nur enge Bestpreisklauseln verwendete. Ende 2015 entschied das Bundeskartellamt, dass auch die engen Bestpreisklauseln nicht mit dem Kartellrecht vereinbar sei-

381 Vgl. Monopolkommission, XXI. Hauptgutachten, a. a. O., Tz. 494 ff.

382 Bestpreisklauseln, bekannt auch als Preisparitätsklauseln, gelten als Variante klassischer Meistbegünstigungsklauseln (*most favoured nation clause, MFN-clause*) im Digitalbereich. Es handelt sich dabei um Plattform-Nutzer-Vereinbarungen, d. h. Vereinbarungen zwischen Hotelportalen und Hotels.

383 Auf internationaler Ebene befassen sich aktuell Wettbewerbsbehörden in Australien und in Asien mit Bestpreisklauseln im Hotelbuchungssektor, und in manchen Ländern haben Hotelportale gegenüber den Wettbewerbsbehörden Verpflichtungen abgegeben; vgl. Panichi u .a., Comment: Booking.com, Expedia's Asian woes may thrust parity-clauses back onto global stage, MLex vom 20. April 2020.

384 D´KART, https://www.d-kart.de/blog/2019/06/06/olg-duesseldorf-booking-braucht-bestpreisklauseln/, Abruf am 22. April 2020; Ahgz, https://www.ahgz.de/news/buchungsportale-italien-verbietet-best-preis-klausel-per-gesetz,200012241220.html, Abruf am 14. April 2020. Allerdings ist dann der Gesetzgeber in Frankreich tätig geworden und hat Bestpreisklauseln („Loi Macron" in Art. 133 Abs. 2) insgesamt für unwirksam erklärt. Das Gleiche gilt nunmehr auch in Italien (Art. 50 Legge annuale per il mercato e la concorrenza). In Österreich werden enge Bestpreisklauseln als „aggressive Geschäftspraktik" (§ 1 Abs. 4 Nr. 2 öUWG i. V. m. Ziffer 32 der Schwarzen Liste) und „absolut nichtig" (§ 7 Preisauszeichnungsgesetz) qualifiziert. In Belgien und der Schweiz sind entsprechende Gesetzesinitiativen auf den Weg gebracht worden.

385 CMA, https://assets.publishing.service.gov.uk/media/59c93546e5274a77468120d6/digital-comparison-tools-market-study-final-report.pdf, S. 58, 60, Abruf am 14. April 2020.

386 European Competition Network, Report on the monitoring exercise carried out in the online hotel booking sector by EU competition authorities in 2016, https://ec.europa.eu/competition/ecn/hotel_monitoring_report_en.pdf, Abruf am 14. April 2020.

387 BKartA, Beschluss vom 20. Dezember 2013, B9-66/10 – HRS.

388 OLG Düsseldorf, Beschluss vom 9. Januar 2015, VI Kart 1/14 (V) – HRS.

en.[389] Hierzu stellte das OLG Düsseldorf mit seinem Beschluss vom Juni 2019 fest, dass die engen Bestpreisklauseln kartellrechtlich unbedenklich seien, da es sich um eine notwendige Nebenabrede handele.[390]

489. Die Monopolkommission hat sich bereits mehrfach mit Bestpreisklauseln befasst.[391] Ihrer Ansicht nach zeigt die uneinheitliche Auslegung der europäischen Wettbewerbsvorschriften durch nationale Gerichte und Wettbewerbsbehörden sowie die staatliche Intervention in Form von gesetzlichen Verboten der Bestpreisklauseln in einigen Mitgliedstaaten, dass in diesem Bereich noch Diskussionsbedarf besteht. In diesem Zusammenhang stellen der Beschluss des OLG Düsseldorf im Fall Booking und die Einordnung von engen Bestpreisklauseln als für das Geschäftsmodell von Booking notwendige Nebenabrede eine neue Entwicklung dar. Angesichts der wachsenden, meistens grenzüberschreitend agierenden Hotelportale als Teil des Online-Handels bedarf es einer kohärenten Anwendung der unionsrechtlichen Wettbewerbsvorschriften und einer intensiveren Abstimmung der Wettbewerbsbehörden der Mitgliedstaaten mit der Europäischen Kommission in diesem Bereich. Nachfolgend wird die kartellrechtliche Beurteilung von engen Bestpreisklauseln in Deutschland mit Fokus auf den neuen Beschluss des OLG Düsseldorf im Fall Booking dargestellt (dazu Abschnitt 2.7.2). Anschließend werden wettbewerbliche Effekte enger Bestpreisklauseln diskutiert (dazu Abschnitt 2.7.3). Abschließend wird auf die Vorlagepflicht der nationalen letztinstanzlichen Gerichte an den EuGH hingewiesen, da es sich vorliegend um Auslegung des Unionsrechts handelt. Von einem gesetzlichen Verbot der engen Bestpreisklauseln wird abgeraten. Schließlich wird der Bedarf weiterer ökonomischer Untersuchungen zur Wirkweise von engen Bestpreisklauseln betont. (Abschnitt 2.7.4).

2.7.2 OLG Düsseldorf zu Booking: enge Bestpreisklauseln als notwendige Nebenabrede?

490. Das Bundeskartellamt hat 2015 den von Booking verwendeten engen Bestpreisklauseln eine wettbewerbsbeschränkende Wirkung beigemessen. Im Gegensatz zu einer weiten Bestpreisklausel dürfen die Hotels bei einer engen Bestpreisklausel niedrigere Preise auf anderen Hotelportalen einstellen, jedoch nicht auf dem eigenen Online-Verkaufskanal.[392] Dem Bundeskartellamt zufolge schränkten enge Bestpreisklauseln den Wettbewerb zwischen den Hotelportalen ein, da sie die Preissetzungsfreiheit der betroffenen Hotelbetreiber beschränken. Dies minderte die Anreize der Hotels zur Preisdifferenzierung zwischen Hotelportalen maßgeblich, womit der Wettbewerb zwischen den Hotelportalen behindert wurde.[393] Ebenso begünstigten enge Bestpreisklauseln marktabschottende Effekte[394] und führten zu einer Einschränkung des Wettbewerbs zwischen den Hotels.[395]

491. Das OLG Düsseldorf hat 2016 im Rahmen des einstweiligen Rechtsschutzverfahrens den Antrag von Booking auf Anordnung der aufschiebenden Wirkung seiner Rechtsbeschwerde gegen den Untersagungsbeschluss des Bundeskartellamtes zurückgewiesen.[396] Das Gericht bejahte eine Wettbewerbsbeschränkung nach Art. 101 Abs. 1 AEUV, § 1 GWB. Die Frage, ob eine Gruppenfreistellung nach Art. 2 Abs. 1 Verordnung (EU) 330/2010 (Vertikal- GVO) in Betracht kommt, konnte offengelassen werden, da das Hotelportal und der Hotelbetreiber jeweils mehr als 30 Prozent Marktanteil aufwiesen und somit die Marktanteilschwelle nach Art. 3 Abs. 1 Vertikal-GVO überschritten war. Eine Einzelfreistellung

---

389 BKartA, Beschluss vom 22. Dezember 2015, B9-121/13 – Booking.

390 OLG Düsseldorf, Beschluss vom 4. Juni 2019, VI-Kart 2/16 (V) – Booking, ECLI:DE:OLGD:2019:0604.KART2.16V.00 (zit. nach Juris). Hiergegen hat das Bundeskartellamt Ende Juni 2019 Nichtzulassungsbeschwerde beim BGH eingelegt.

391 Monopolkommission, XXI. Hauptgutachten, a. a. O., Tz. 980 ff.; Sondergutachten 68, a. a. O., Tz. 406 ff.

392 Zur wettbewerbsbeschränkenden Wirkung weiter Bestpreisklauseln siehe beispielsweise auch Dos Santos-Goncalves, D.-J./Karsten, A., WuW 2019, 433, 455 f. sowie Alfter, M./Hunold, M., WuW 2016, 511, 525.

393 BKartA, Beschluss vom 22. Dezember 2015, B9-121/13 – Booking, Tz. 192 ff. Zur zugrundeliegenden Schadenstheorie einer Einschränkung des Wettbewerbs zwischen den Hotelplattformen siehe Tz. 499 f.

394 BKartA, Beschluss vom 22. Dezember 2015, B9-121/13 – Booking, Tz. 220 ff.

395 Ebenda, Tz. 229 ff.

396 OLG Düsseldorf, Beschluss vom 4. Mai 2016, VI Kart 1/16 (V) – Eilentscheidung, NZKart 2016, 291.

scheiterte am fehlenden Vortrag der Beteiligten zum Vorliegen der Voraussetzungen, die in Art. 101 Abs. 3 AEUV, § 2 GWB genannt werden.[397]

492. Mit seinem Beschluss im Hauptsacheverfahren hob das OLG Düsseldorf den Untersagungsbeschluss des Bundeskartellamtes auf.[398] Die enge Bestpreisklausel bei Hotelportalen – so das OLG Düsseldorf – beeinträchtige zwar den Wettbewerb im Sinne von Art. 101 Abs. 1 AEUV und § 1 GWB aus den zuvor erwähnten, vom Bundeskartellamt aufgeführten Gründen. Die wettbewerbsbeschränkenden Wirkungen der engen Bestpreisklausel seien aber vom Anwendungsbereich des Kartellverbotstatbestandes nach Art. 101 Abs. 1 AEUV, § 1 GWB ausgenommen und deshalb kartellrechtlich unbedenklich, weil sie als notwendige Nebenabrede in einem an sich kartellrechtsneutralen Austauschvertrag zu qualifizieren sei.[399] Nach der Gesetzessystematik führt die vom OLG Düsseldorf vertretene Auffassung dazu, dass die jeweils verwendeten Bestpreisklauseln als notwendig für die Durchführung des Hauptvertrages angesehen werden und somit einer Wirkungsanalyse im Einzelfall, wie sie im Rahmen einer Prüfung nach Art. 101 Abs. 3 AEUV, § 2 GWB vorzunehmen ist, weitgehend entzogen sind.

493. Nach Ansicht des OLG Düsseldorf ist eine enge Bestpreisklausel notwendig, um einen fairen und ausgewogenen Leistungsaustausch zwischen den Hotelportalen und den vertragsgebundenen Hotels zu gewährleisten. Die Bestpreisklausel gehe im vorliegenden Fall auch weder zeitlich noch räumlich oder sachlich über das zur Zielerreichung Erforderliche hinaus.[400] Was die Vertragsbeziehungen zwischen den Hotelportalen und den Hotels kennzeichne, sei eine Vorleistungspflicht des Hotelportals.[401] Die Hotelportale hätten nur dann einen Provisionsanspruch, wenn der Hotelkunde über ein bestimmtes Hotelportal für das betreffende Hotel gewonnen worden sei und dieser das Hotelzimmer anschließend auch über dasselbe Portal buche.[402] Die Vergütung für die Vertragsleistung des Hotelportals entfalle, wenn der über das Hotelportal gewonnene Kunde direkt beim Hotel buche.[403]

494. Das OLG Düsseldorf führt weiter aus, dass es den ausgewogenen Leistungsaustausch und das Gleichgewicht zwischen der Portaldienstleistung der Hotelportale und der Vergütungspflicht des vertragsgebundenen Hotels spürbar stören würde, wenn die Hotels das Entstehen des Vergütungsanspruchs dadurch verhindern könnten, dass sie die Hotelkunden, die sich unter Nutzung des bestimmten Hotelportals für ihr Hotel entschieden haben, vor einer Buchung durch einen niedrigeren Zimmerpreis oder bessere Vertragskonditionen auf die hoteleigenen Hotelbuchungsmöglichkeiten umleiten.[404] Es stelle somit ein treuwidriges und illoyales Ausnutzen der Geschäftsbemühungen des Hotelportals dar, wenn das vertragsgebundene Hotel nach dem Abschluss des Hotelportalvertrages zwar die Vorteile der Hotelportalleistungen zu seinen Gunsten nutze, durch eine Preis- oder Konditionenunterbietung anschließend aber die Buchungen auf sich selbst umleite und dadurch das Entstehen des Vergütungsanspruchs für das Hotelportal verhindere.[405] Dem gegenüber hatte das Bundeskartellamt in seinem Booking-Beschluss ein solches Trittbrettfahrer-Argument pauschal abge-

[397] OLG Düsseldorf, Beschluss vom 4. Mai 2016, VI Kart 1/16 (V) – Eilentscheidung, NZKart 2016, 291, 295: *„Die Beteiligten haben nicht dargetan, dass die streitbefangene Bestpreisklausel unter angemessener Beteiligung der Verbraucher an dem entstehenden Gewinn zur Verbesserung der Warenerzeugung und Warenverteilung oder zur Förderung des technischen oder wirtschaftlichen Fortschritts beiträgt, ohne dass den beteiligten Unternehmen Beschränkungen auferlegt werden, die für die Verwirklichung dieser Ziele unerlässlich sind, oder Möglichkeiten eröffnet werden, für einen wesentlichen Teil der betreffenden Waren den Wettbewerb auszuschalten. Die Antragsschrift und die Replik nennen nicht einmal Art. 101 Abs. 3 AEUV und § 2 GWB."*

[398] OLG Düsseldorf, Beschluss vom 4. Juni 2019, VI-Kart 2/16 (V) – Booking, ECLI:DE:OLGD:2019:0604.KART2.16V.00 (zit. nach Juris).

[399] Ebenda, Rz. 45, 58.

[400] Ebenda, Rz. 71.

[401] Ebenda, Rz. 72.

[402] Ebenda.

[403] Ebenda.

[404] Ebenda, Rz. 73.

[405] Ebenda, Rz. 74.

lehnt.[406] Mit Blick auf das Geschäftsmodell von Hotelportalen verwies das Bundeskartellamt darauf, dass nur wenige Investitionen, etwa Foto- und Textbearbeitung, als vertragsspezifisch einzustufen seien.[407]

495. Das OLG Düsseldorf stellt in seiner Booking-Entscheidung Fallgruppen dar, unter anderem vertragliche Bindungen des Franchisenehmers sowie Abreden im Rahmen von selektiven Vertriebsvereinbarungen, Gesellschaftsverträgen und Unternehmenskaufverträgen, bei denen die Rechtsprechung die Einordnung als notwendige Nebenabreden anerkannt hat.[408] Durch die Einordnung enger Bestpreisklauseln von Hotelportalen als notwendige Nebenabreden führt das OLG Düsseldorf insoweit eine neue Fallgruppe ein. In der Literatur ist umstritten, ob die Voraussetzungen einer notwendigen Nebenabrede im konkreten Fall erfüllt sind oder die Prüfung einer Einzelfreistellung nach Art. 101 Abs. 3 AEUV, § 2 GWB hätte vorgenommen werden müssen.[409] In diesem Zusammenhang wird insbesondere auf den Unterschied zwischen Bestpreisklauseln hingewiesen, welche die Durchführung des Hauptvertrages erst ermöglichen – und deshalb als notwendige Nebenabrede einzustufen seien –, und Bestpreisklauseln, die lediglich als nützlich angesehen werden, weil sie zu einer wirtschaftlich vorteilhafteren Vertragsdurchführung beitragen, ohne die der Hauptvertrag aber dennoch zustande käme.[410]

496. Bislang wurde die Frage, wie enge Bestpreisklauseln bei Hotelportalen zu bewerten sind, nicht durch die Unionsrechtsprechung geklärt.[411] Es bestehen auch Zweifel hinsichtlich der Frage, wie das einschlägige Unionsrecht insoweit auszulegen ist. Seit Jahren werden enge Bestpreisklauseln im Hotelbuchungssektor von Wettbewerbsbehörden und Gerichten innerhalb der Europäischen Union unterschiedlich bewertet. Sollte im vorliegenden Fall Rechtsbeschwerde eingelegt werden, müsste daher der BGH nach Art. 267 Abs. 3 AEUV diese Frage dem EuGH zur Vorabentscheidung vorlegen.[412] Auf diese Weise kann beispielsweise der BGH im Rahmen des zwischen den nationalen Gerichten und dem EuGH vorhandenen Kooperationsverhältnisses zur gesamteuropäischen Rechtsentwicklung beitragen.[413] Dies erscheint umso wichtiger vor dem Hintergrund, dass die jeweilige rechtliche Vorgehensweise – Einordnung als notwendige Nebenabrede oder Prüfung im Rahmen des Art. 101 Abs. 3 AEUV – maßgebliche prozessuale Auswirkungen hat.[414] Denn die Wettbewerbsbehörde trägt die Darlegungs- und Beweislast dafür, dass der Anwendungsbereich des Art. 101 Abs. 1 AEUV eröffnet ist. Wird das Vorliegen einer notwendigen Nebenabrede hingegen verneint, liegt bei der Prüfung von Art. 101 Abs. 3 AEUV die Darlegungs- und Beweislast nach Art. 2 Satz 2 VO 1/2003 beim Hotelportal. Letzteres muss belegen, dass alle Voraussetzungen für eine Einzelfreistellung nach Art. 101 Abs. 3 AEUV erfüllt sind.

---

[406] BKartA, Beschluss vom 22. Dezember 2015, B 9-121/13 – Booking, Tz. 12: *„Booking hat insbesondere nicht belegen können, dass ein relevantes Trittbrettfahrerproblem besteht, das durch die Anwendung der engen Bestpreisklauseln gelöst werden könnte."*

[407] BKartA, Beschluss vom 22. Dezember 2015, B9-121/13 – Booking, Tz. 275.

[408] OLG Düsseldorf, Beschluss vom 4. Juni 2019, VI-Kart 2/16 (V) – Booking, ECLI:DE:OLGD:2019:0604.KART2.16V.00, Rz. 60-68 (zit. nach Juris).

[409] Augenhofer, NZKart 2019, 415, 416 ff.; Bernhard, NZKart 2019, 577, 578 ff.; Mörsdorf/Schäfer, NZKart 2019, 659, 665 f.

[410] Bernhard, NZKart 2019, 577, 580 f.; EU-Kommission, Leitlinien zur Anwendung von Artikel 81 Absatz 3 EG-Vertrag, ABl. C 101 vom 27. April 2004, S. 97, Tz. 18: *„Eine Ausnahme von der Anwendung von Artikel 81 Absatz 1 kann jedoch nur auf der Grundlage objektiver, von den Parteien unabhängiger Faktoren erfolgen und nicht anhand der subjektiven Ansichten und besonderen Eigenschaften der Parteien."* Ebenda, Tz. 29: *„Das Notwendigkeitserfordernis bedeutet, dass die Beschränkung für die Durchführung der Hauptvereinbarung objektiv erforderlich ist und dazu in einem angemessenen Verhältnis steht."* BGH, Urteil vom 10. Dezember 2008, KZR 54/08 – Subunternehmervertrag II, WuW/E DE-R 2554, Rz. 17; EuGH, Urteil vom 11. September 2014, C-382/12 P – Master Card u. a., ECLI:EU:C:2014:2201, Rz. 91. Dem EuGH zufolge muss eine notwendige Nebenabrede unerlässlich für die Durchführung des Hauptvertrages sein; es genüge nicht, dass der Vertrag ohne die Nebenabrede weniger rentabel oder schwerer durchführbar wäre. Derselben Rechtsprechungsrichtlinie folgt auch das EuG, wonach objektiv erforderliche und verhältnismäßige Nebenabreden vom Kartellverbot ausgenommen werden können. Vgl. EuG, Urteil vom 29. Juni 2012, T-360/09 – E.ON Ruhrgas, ECLI:EU:T:2012:332, Rz. 62-70.

[411] Vgl. Colangelo, Journal of European Competition Law and Practice 2017, Vol. 8, No. 1, S. 3, 14.

[412] Vgl. hierzu auch Tz. 419.

[413] Kühling/Drechsler, NJW 2017, 2950, 2953 f.

[414] Füller in: Busche/Röhling, Kölner Kommentar zum Kartellrecht, Bd. 3: Art. 101-106 AEUV/GVO, Köln 2016, Art. 101 AEUV Rn. 243.

2.7.3 Ökonomische Abwägungen wettbewerblicher Effekte enger Bestpreisklauseln

497. Wie zuvor erläutert, könnte für die von Booking angewendete enge Bestpreisklausel die Prüfung einer Einzelfreistellung nach Art. 101 Abs. 3 AEUV, § 2 GWB in Erwägung gezogen werden. Wird die Möglichkeit einer Einzelfreistellung geprüft, findet eine Abwägung pro- und antikompetitiver Aspekte einer engen Bestpreisklausel statt.[415] Aus der engen Bestpreisklausel müssten dann objektive wirtschaftliche Vorteile hervorgehen.[416] Ob sich Vorteile ergeben, ist durch Vergleich mit dem Zustand zu beurteilen, der ohne die betreffende wettbewerbsbeschränkende Vereinbarung bestand oder bestehen würde.[417] Dabei müssen die Vorteile in Bezug auf den Schutz von Effizienzen, die sich aus der Bestpreisklausel ergeben, größer als die sich aus ihr ergebenen Wettbewerbsnachteile sein, um einen Vorteil im Sinne von Art. 101 Abs. 3 AEUV darstellen zu können.[418]

498. In ihrem Hauptgutachten 2016 stellte die Monopolkommission fest, dass eine gängige Rechtfertigung für den Einsatz von engen Bestpreisklauseln im Schutz von Investitionen und der Verhinderung von Trittbrettfahrerverhalten bestehe. Insbesondere würden durch das Geschäftsmodell von Hotelportalen Effizienzvorteile dadurch generiert, dass Externalitäten wie Such- und Transaktionskosten reduziert würden sowie die Transparenz für Hotelkunden verbessert würde.[419] Dies betrifft nicht nur die Transparenz in Bezug auf Zimmerpreise, sondern auch die Bereitstellung von Vergleichsmöglichkeiten sowie Bewertungsfunktionen.[420] Zudem ist zu berücksichtigen, dass Hotelportale auch Kosten und Risiken der Hotels mindern. Beispielsweise könnten Hotels kaum die Größenvorteile der Hotelportale mit Blick auf die durch Online-Werbung erzielbare Rendite erreichen. Ebenso wären Hotels kaum so kosteneffektiv im Marketing über Suchmaschinen und dem dortigen Bieten auf sog. *Keywords* wie die Hotelportale.[421] Auch würden Hotelportale für Konsumenten eine sichere Plattform bereitstellen, um eine Buchungstransaktion durchzuführen. Zudem könne davon ausgegangen werden, dass Hotelportale Markteintritte von Hotels vereinfachten, da diese über eine Darstellung ihres Angebotes auf einem Hotelportal direkt eine große Anzahl an Verbrauchern erreichen würden.[422] Diese durch das Geschäftsmodell der Hotelportale begründeten Effizienzen wären allerdings gefährdet, wenn die Hotels ein ausgeprägtes Trittbrettfahrerverhalten an den Tag legen und somit hinreichend viele Verbraucher von den Hotelportalen auf den eigenen Verkaufskanal lenken würden.

499. Möglichen Effizienzgewinnen durch enge Bestpreisklauseln stehen wettbewerbseinschränkende Effekte gegenüber. Während die Monopolkommission enge Bestpreisklauseln als weniger kritisch für den Wettbewerb erachtete, sieht das Bundeskartellamt diese in ihrem Beschluss zu Booking mit spürbaren wettbewerbsbehindernden Effekten behaftet. Insbesondere schränkten enge Bestpreisklauseln den Wettbewerb auf dem Hotelportalmarkt ein.[423] Enge Bestpreisklauseln könnten demnach einen effektiven Provisionswettbewerb zwischen den Hotelportalen mindern, indem Hotelporta-

---

[415] In Rechtsprechung und Literatur wird betont, dass eine solche Abwägung im Rahmen von Art. 101 Abs. 3 AEUV erfolgt, der das Instrumentarium dafür bietet; würde eine solche Abwägung im Rahmen von Art. 101 Abs. 1 AEUV vorgenommen, verlöre Abs. 3 seine praktische Bedeutung. Vgl. Pohlmann in: Frankfurter Kommentar zum Kartellrecht, Bd. II, 95. Lfg. 01/2020, Köln, Grundfragen des Art. 81 Abs. 1 EG Rn. 108; so auch EuG, Urteil vom 18. September 2001, T-112/99 – Métropole télévision, Slg. 2001, II-2459, ECLI:EU:T:2001:215, Rz. 107 f. Auch die Europäische Kommission ist der Ansicht, dass die Anwendung der Rechtsfigur der Nebenabrede keine Abwägung der wettbewerbsfördernden mit den wettbewerbswidrigen Auswirkungen einer Vereinbarung voraussetzt, da eine solche Abwägung Art. 101 Abs. 3 AEUV vorbehalten ist; vgl. EU-Kommission, Leitlinien zur Anwendung von Artikel 81 Absatz 3 EG-Vertrag, a. a. O., Tz. 30.

[416] Diese müssten Wettbewerbsbeschränkungen für das Erzielen von Effizienzgewinnen unerlässlich machen, die Verbraucher angemessen an den Effizienzgewinnen beteiligen und die den beteiligten Unternehmen nicht die Möglichkeit eröffnen, für einen wesentlichen Teil der betreffenden Waren den Wettbewerb auszuschalten; vgl. EU-Kommission, Leitlinien zur Anwendung von Artikel 81 Absatz 3 EG-Vertrag, a. a. O., Tz. 38 ff.

[417] Siehe hierzu OLG Düsseldorf, Beschluss vom 4. Mai 2016, VI Kart 1/16 (V) – Eilentscheidung, NZKart 2016, 291, 295.

[418] Immenga/Mestmäcker, Wettbewerbsrecht, Bd. 1: EU-WettbR, 6. Aufl., München 2019, Art. 101 Abs. 3 AEUV Rn. 141.

[419] Monopolkommission, XXI. Hauptgutachten, a. a. O., Tz. 985.

[420] Ezrachi, A., The competitive effects of parity clauses on online commerce, European Competition Journal, 11, 2015, S. 494.

[421] Ebenda, S. 495.

[422] Ebenda, S. 495 f.

[423] BKartA, Beschluss vom 22. Dezember 2015, B9-121/13 – Booking, Tz. 8.

le höhere Provisionssätze von den Hotels verlangen könnten, ohne dass sich dies negativ auf die Zimmerpreise auf den Hotelportalen im Vergleich zu anderen Verkaufskanälen auswirken würde. Zwar sind die Hotels bei einer engen Bestpreisklausel nicht unmittelbar in ihrer Preissetzungsfreiheit zwischen einzelnen Hotelportalen beschränkt, jedoch könnte sich ein beschränkender Effekt auf den Preiswettbewerb mittelbar einstellen. Würde beispielsweise ein Hotelportal einem Hotel einen niedrigeren Provisionssatz als Booking anbieten, dann würde das Hotelportal davon nur dann im Wettbewerb mit Booking um die Verbraucher profitieren, wenn es die Zimmerpreise für das Hotel günstiger als Booking anbieten könnte. Dies bedeutet, dass das Hotel den Verbrauchern auf dem Hotelportal im Gegenzug für die Provisionssenkung günstigere Zimmerpreise anbieten müsste.[424] Besteht zwischen dem Hotel und Booking jedoch eine enge Bestpreisklausel, dann wären die Zimmerpreise auf dem Hotelportal mit dem gesenkten Provisionssatz dann auch zwangsläufig günstiger als auf dem hoteleigenen Verkaufskanal. Eine solche Preisdifferenzierung könnte für das Hotel unprofitabel sein. So könnten die Vertriebskosten für das Hotel insgesamt steigen, da Kunden, die zuvor bei geringen Vertriebskosten auf dem hoteleigenen Verkaufskanal gebucht hatten, nun bei dem Hotelportal mit den niedrigeren Zimmerpreisen buchen und damit Provisionszahlungen auslösen.[425] Dieser Effekt könnte die Bereitschaft der Hotels mindern, auf Hotelportalen günstigere Preise als auf dem eigenen Verkaufskanal zu setzen. In der Folge wären die wettbewerbseinschränkenden Effekte einer engen Bestpreisklausel auf dem Hotelportalmarkt mit jenen einer weiten Bestpreisklausel vergleichbar. Der Provisionswettbewerb zwischen den Hotelportalen wäre ebenso eingeschränkt wie der Preiswettbewerb zwischen dem eigenen Vertriebskanal der Hotels und den Hotelportalen.

500. Die Europäische Kommission weist darauf hin, dass größere Hotels und Hotelketten eher durch die zuvor erläuterte Schadenstheorie betroffen seien. Zum einen würden diese einen Großteil ihrer Buchungen über den eigenen Verkaufskanal abwickeln. Zum anderen wären deren Kosten für Marketing und Vertrieb über den eigenen Verkaufskanal im Verhältnis zu den Provisionszahlungen an die Hotelportale vergleichsweise niedrig.[426] Auch ist es wahrscheinlicher, dass enge Bestpreisklauseln eher mit einem wettbewerbsschädigen Effekt einhergehen, wenn diese von dominanten Hotelportalen angewendet werden. So bestünde bei Existenz eines (dominanten) Hotelportals mit einem hohen Marktanteil auf dem Markt für Hotelportale kein hinreichender Wettbewerbsdruck durch kleinere Hotelportale. Deswegen würden andere Verkaufskanäle – also die eigenen Vertriebskanäle der Hotels – benötigt, um diesen Wettbewerbsdruck auf das dominante Hotelportal zu erzeugen. Durch enge Bestpreisklauseln würde dies jedoch unterbunden.[427]

501. Aus ökonomischer Perspektive ist eine Abwägung zwischen wirtschaftlichen Vorteilen und Wettbewerbsbeschränkungen von engen Bestpreisklauseln keineswegs trivial. Diese ist von einer Vielzahl an Faktoren abhängig. Zur präziseren Evaluierung bedarf es insbesondere genauerer Kenntnisse über die wettbewerbsschädigende Wirkweise von engen Bestpreisklauseln sowie einer Quantifizierung von Effizienzverlusten aufgrund eines möglichen Trittbrettfahrerverhaltens. Dahin gehend beauftragte das OLG Düsseldorf im Rahmen des Hauptsacheverfahrens das Bundeskartellamt mit einer umfangreichen Nachermittlung zu der Bedeutung und den Auswirkungen der engen Bestpreisklauseln.[428] Daraufhin führte das Bundeskartellamt Befragungen mit verschiedenen Marktbeteiligten – im Einzelnen mit Betreibern von Hotelportalen, Hotels sowie Verbrauchern – durch. Die Ergebnisse der Befragungen lassen folgende Schlüsse zu: Das Verbot der engen Bestpreisklauseln ab Februar 2016 habe Booking nicht geschadet.[429] Allerdings gaben die befragten Hotels an, dass ihre Vertriebskosten über den eigenen Verkaufskanal niedriger als jene über die Hotelportale seien, weshalb ein großer Anteil der befragten Hotels seit dem Verbot der engen Bestpreisklauseln Preisdifferenzierungen vorgenommen habe, indem auf dem eigenen Verkaufskanal günstigere Zimmerpreise angeboten wurden als auf Boo-

---

[424] Aus wettbewerblicher Perspektive besteht hierin der Vorteil von engen gegenüber weiten Bestpreisklauseln. Unter weiten Bestpreisklauseln gilt für die Hotels die Maßgabe einer Preisparität zwischen allen Online-Verkaufskanälen, weshalb davon ausgegangen werden kann, dass ein Provisionswettbewerb zwischen den Hotelplattformen gänzlich eliminiert würde.

[425] Alfter, M./Hunold, M., WuW 2016, 511, 525.

[426] EU-Kommission, Support studies for the evaluation of the VBER, Final Report, Publications Office of the European Union, 2020, S. 98.

[427] Crémer/de Montjoye/Schweitzer, Competition Policy for the digital era, Final Report, 2019, S. 5 f.

[428] OLG Düsseldorf, Beschluss vom 9. Januar 2015, VI Kart 1/14 (V) – HRS, Rz. 40 (zit. nach Juris).

[429] Ebenda, Rz. 70.

king.[430] In Bezug auf das Verhalten der Verbraucher ergaben die Befragungen des Bundekartellamtes, dass diese überwiegend keine Hotelpreise vergleichen. Demnach gaben 99 Prozent der befragten Verbraucher an, dass sie die Erstbuchung eines Hotels, das sie über Booking gefunden hatten, auch dort vornahmen.[431] Zuvor wurde bereits unter Federführung des Netzwerks der Europäischen Wettbewerbsbehörden eine Befragung von Hotels und Hotelportalen auf Unionsebene durchgeführt.[432] Dieser zufolge gab die überwiegende Mehrheit der Hotels an, nach dem Wechsel von weiten auf enge Bestpreisklauseln durch Booking und Expedia keine Preisdifferenzierung zwischen den Hotelportalen vorgenommen zu haben.[433] Jedoch suggerieren die Ergebnisse eine höchst eingeschränkte Möglichkeit der Hotelportale zur Durchsetzung von Bestpreisklauseln, da der Befragung zufolge ein erheblicher Anteil der Hotels angab, trotz bestehender Paritätsklauseln niedrigere Preise auf den eigenen Verkaufskanälen als den Internetseiten ihrer Hotelportal-Partner verlangt zu haben.[434] Mit Blick auf den Provisionswettbewerb zwischen den Hotelportalen ergaben die Befragungen, dass Provisionsraten über den relevanten Zeitraum relativ stabil blieben, was nahelegt, dass eine Verschärfung des Wettbewerbs ausblieb.[435]

502. Neben den zuvor genannten Befragungen der Wettbewerbsbehörden waren Bestpreisklauseln in jüngster Zeit Untersuchungsgegenstand weiterer empirisch sowie formaltheoretisch fundierter Untersuchungen. In Bezug auf letztere gibt es für weite Bestpreisklauseln substantiierte Argumente dafür, dass diese den Wettbewerb zwischen den Hotelportalen maßgeblich einschränken.[436] Im Hinblick auf enge Bestpreisklauseln gelangen jüngst erschienene Arbeiten hingegen zu weniger eindeutigen Ergebnissen. Beispielsweise könnte der Einsatz enger Bestpreisklauseln ein den Provisionssetzungsspielraum von Hotelportalen disziplinierendes Trittbrettfahrerverhalten unterbinden und damit zu höheren Provisionen sowie Verbraucherpreisen führen. [437] Wäre demgegenüber jedoch das Trittbrettfahrerverhalten so schwerwiegend, dass Hotelportale ohne eine weitere Beschränkung dessen nicht im Markt bestehen könnten, dann könnten enge Bestpreisklauseln einen wettbewerblichen Markt für Hotelportale mit den entsprechenden Effizienzgewinnen (wieder) etablieren. Allerdings seien enge Bestpreisklauseln mit weiten Bestpreisklauseln in Bezug auf ihre wettbewerbsschädlichen Effekte vergleichbar, wenn die Hotelportale den Verbrauchern – wie in der Praxis häufig angewendet – zusätzlich Bestpreisgarantien offerierten.[438]

503. Empirische Untersuchungen zu den Effekten von Bestpreisklauseln sind dagegen rar. Zu unterscheiden ist dabei zwischen Arbeiten, die mittels Datenerhebungen entweder direkt von den Hotelplattformen oder von Metasuchmaschinen den Einfluss von Bestpreisklauseln auf die Preise und das Angebot unter Berücksichtigung der Entwicklung der rechtlichen Rahmenbedingungen untersuchen, und Studien, die beabsichtigen, aus Daten zu tatsächlichen Buchungen bei Hotels Erkenntnisse zum Konsumentenverhalten und damit zu Nachfrageeffekten zwischen den verschiedenen Verkaufskanälen abzuleiten.

---

430 Ebenda, Rz. 79, 82 ff.

431 Ebenda, Rz. 87.

432 European Competition Network, Report on the monitoring exercise carried out in the online hotel booking sector by EU competition authorities in 2016, a. a. O. sowie EU-Kommission, Support studies for the evaluation of the VBER, a. a. O., S. 364 ff.

433 European Competition Network, Report on the monitoring exercise carried out in the online hotel booking sector by EU competition authorities in 2016, a. a. O., Tz. 18 ff.

434 Ebenda, Rn. 24.

435 Ebenda, Rn. 32 ff.

436 Edelman, B. G./Wright, J., Price Coherence and Excessive Intermediation. Quarterly Journal of Economics, 130 (3) 2015, 128–1328; Boik, A./Corts, K. S., The effects of platform most-favored-nation clauses on competition and entry. The Journal of Law and Economics 59 (1) 2016, 105–134; Johnson, J., The Agency Model and MFN Clauses, Review of Economic Studies, 84 (3) 2017, 1151-1185.

437 Wang, C./Wright, J., Search platforms: Showrooming and price parity clauses, RAND Journal of Economics 2020, im Erscheinen.

438 Im Rahmen von Bestpreisgarantien verpflichten sich die Hotelportale, den Verbrauchern Preisunterschiede zu erstatten, wenn ein gebuchtes Zimmer auf einem anderen Vertriebskanal günstiger angeboten wird; Wals, F./Schinkel/M. P., Platform Monopolization by Narrow-PPC-BPG Combination: Booking et al. International Journal of Industrial Organization, 61 2018, 572-589.

504. In Bezug auf die erstgenannten Studien analysierte die zuvor bereits erwähnte Untersuchung des Netzwerks der Europäischen Wettbewerbsbehörden neben ihren Befragungsergebnissen auch Preisdaten von Meta-Suchmaschinen. Mittels einer auf Basis eines ökonometrischen (*difference-in-differences*) Modells durchgeführten Schätzung wurden Effekte in Bezug auf eine Preisdifferenzierung zwischen den Hotelportalen untersucht.[439] Im Besonderen ist dabei das Ergebnis für Deutschland von Interesse, gemäß dem ein signifikanter Anstieg der Preisdifferenzierung nach dem Verbot der engen Bestpreisklauseln im Februar 2016 festgestellt werden konnte.[440] Dies könnte als Indiz für einen zunehmenden Wettbewerb auf dem Markt für Hotelportale gewertet werden. Jedoch berücksichtigte die Untersuchung keine Preisunterschiede zwischen den hoteleigenen Internetseiten und jenen der Hotelportale. Dieser Aufgabe widmete sich eine weitere empirische Arbeit, die ebenfalls Preisdaten einer Meta-Suchmaschine aus verschiedenen Mitgliedstaaten mit Blick auf den Einfluss der unterschiedlichen nationalen rechtlichen Rahmenbedingungen auf die Preisgestaltung für Hotelzimmer auf verschiedenen Verkaufskanälen auswertete.[441] Im Ergebnis boten Hotels in Deutschland nach der Untersagung enger Bestpreisklauseln ab Februar 2016 ihre Zimmer auf dem eigenen Verkaufskanal zunehmend günstiger an als auf der Internetseite von Booking.[442] Zeitgleich erhöhte sich die Angebotsaktivität von Hotels auf Booking.[443] Dies unterstützt wiederum die These eines ausgeprägten Trittbrettfahrerverhaltens. Allerdings wenden die Autoren ein, dass sich die festgestellten Preisunterschiede ebenso durch die Differenz bei den Vertriebskosten zwischen hoteleigenen Verkaufskanälen und den Hotelportalen mit den zu entrichtenden Provisionen erklären lassen. Eine zweite Studie wertet Preisdaten von Booking im Hinblick auf die Effekte der generellen Untersagungen von Bestpreisklauseln in Frankreich 2015 und in Italien 2017 auf Zimmerpreise in Korsika und Sardinien aus.[444] Dabei gelangen die Autoren zu dem Ergebnis, dass ein Verbot von Bestpreisklauseln höchstens verzögert und nicht marktumfassend zu Preissenkungen führte.

505. Die zuvor genannten Studien analysieren lediglich Preisdifferenzierungen zwischen den verschiedenen Verkaufskanälen und vermögen es damit nicht, auch Aussagen zu Nachfrageeffekten zu treffen. Im Gegensatz dazu schätzt eine weitere Studie mittels eines strukturellen ökonometrischen Modells Preiselastizitäten der Verbrauchernachfrage auf Grundlage von Daten zu Buchungsvorgängen im Zeitraum von Januar 2013 bis November 2016 bei 13 Hotels einer Hotelkette in Oslo.[445] Die Ergebnisse suggerieren, dass Verbraucher bei einem Preisanstieg für ein Hotel auf einem Hotelportal preissensitiv reagieren. Allerdings würden Verbraucher eher dazu tendieren, das Hotel (auf dem Hotelportal) als den Verkaufskanal zu wechseln. Dennoch zeige sich, dass eine Mehrheit der Verbraucher, die den Verkaufskanal wechseln, direkt zum Hotel und nicht auf ein anderes Hotelportal ausweichen würden, womit aus Sicht der Verbraucher eine enge Substituierbarkeit zwischen den hoteleigenen Verkaufskanälen und den Hotelportalen bestehe. Allerdings lassen sich aus der Analyse nur indirekt Schlussfolgerungen zu den wettbewerblichen Effekten von engen Bestpreisklauseln ableiten. Einerseits zeigt sich, dass ein effektiver Wettbewerb zwischen Hotels auf einem Hotelportal besteht, was die Bereitschaft von Hotels stärken könnte, niedrigere Preise auf einem Hotelportal als auf dem eigenen Verkaufskanal zu setzen. Dieser Effekt würde jedoch dadurch aufgewogen, dass Hotels aufgrund der festgestellten engen Substituierbar-

---

[439] European Competition Network, Report on the monitoring exercise carried out in the online hotel booking sector by EU competition authorities in 2016, a. a. O., Abschnitt 3.3.

[440] Ebenda, Abschnitt 3.4.

[441] Hunold, M./Kesler, R./Laitenberger, U./Schlütter, F., Evaluation of best price clauses in online hotel bookings. International Journal of Industrial Organization, 61 (2018), 542–571.

[442] Dies ist im Wesentlichen konsistent mit den Befragungsergebnissen aus der Nachuntersuchung des Bundeskartellamtes; siehe Tz. 501.

[443] Demnach boten zum einen mehr Hotels, die zuvor nicht auf Booking aktiv waren, nun ihre Zimmer dort an. Zum anderen stellten Hotels, die bereits auf Booking aktiv waren, nach der Untersagung der engen Bestpreisklauseln ihre Angebote dort häufiger und in größerem Umfang ein; ebenda.

[444] Mantoviani, A./ Piga, C./ Reggiani, C./, Much ado about nothing? Online platform price parity clauses and the EU booking.com case, Working Paper, Januar 2020. Die Daten eigneten sich insbesondere zur Überprüfung der Schätzergebnisse, da sich auf Grundlage derer ein kontrafaktisches Szenario konstruieren lässt, in dem Hotels den Vertrieb über einen Verkaufskanal einstellen. Dieses kontrafaktische Szenario lässt sich anhand einer tatsächlichen Situation evaluieren, da die Hotelkette ihre Zimmer im Zeitraum von Januar 2013 bis Ende 2015 nicht über Expedia, sondern lediglich über den eigenen Verkaufskanal und Booking anbot.

[445] Cazaubiel, A./ Cure M./ Johansen, B. O./ Vergé, T., Substitution between online distribution channels: evidence from the Oslo hotel market. International Journal of Industrial Organization, März 2020, im Erscheinen.

keit zwischen dem eigenen Verkaufskanal und dem Hotelportal fürchten könnten, dass dann hinreichend viele Verbraucher nicht mehr direkt bei ihnen, sondern stattdessen auf dem Hotelportal buchen.

2.7.4 Die Bewertung enger Bestpreisklauseln erfordert eine weitere Analyse der von ihnen ausgehenden Effizienzgewinne und Wettbewerbsbeschränkungen

506. In Bezug auf enge Bestpreisklauseln von Hotelplattformen hat die Anwendung von Art. 101 AEUV zu unterschiedlichen Ergebnissen in den Mitgliedstaaten geführt. Für den Fall, dass im Booking-Verfahren Rechtsbeschwerde eingelegt wird, ist an die Vorlagepflicht der letztinstanzlichen Gerichte zur Vorabentscheidung des EuGH nach Art. 267 Abs. 3 AEUV zu erinnern. Je nachdem, ob eine enge Bestpreisklausel als notwendige Nebenabrede eingestuft und daher vom Kartellverbot des Art. 101 Abs. 1 AEUV, § 1 GWB ausgenommen oder eine Einzelfreistellung nach Art. 101 Abs. 3 AEUV, § 2 GWB in Betracht gezogen wird, unterscheiden sich die prozessualen Auswirkungen.

507. Die Monopolkommission bekräftigt ihre Empfehlung, von einem gesetzlichen Verbot von Bestpreisklauseln in Deutschland abzusehen.[446] Nach Ansicht der Monopolkommission fehlen insbesondere für enge Bestpreisklauseln Beweise dafür, dass aus diesen tief greifende Wettbewerbsbeschränkungen hervorgehen, die einen möglichen Schutz von Effizienzvorteilen aufwiegen. Ökonomische Studien zu engen Bestpreisklauseln gelangen diesbezüglich zu ambivalenten Schlüssen. Im Hinblick auf die zuvor erwähnten Studien zeigt sich, dass sich aus deren Ergebnissen keine allgemeingültigen Empfehlungen für die Wettbewerbspolitik ableiten lassen. Im Besonderen erfordert es weitere empirische Untersuchungen zum Nachfrageverhalten der Verbraucher als Reaktion auf Preisänderungen auf verschiedenen Verkaufskanälen inklusive der Internetseiten der Hotels. Dies wäre insbesondere nützlich für die Quantifizierung sowohl der Relevanz des Trittbrettfahrerverhaltens als auch möglicher durch die engen Bestpreisklauseln verursachter wettbewerblicher Nachteile. Schließlich ist aus juristischer Perspektive unklar, ob eine nationale Regelung zu den auf Hotelportalen verwendeten Bestpreisklauseln überhaupt mit Art. 101 AEUV vereinbar wäre.[447]

2.8 Erlass von Verpflichtungszusagen flexibler gestalten

2.8.1 Einführung

508. Zusagenentscheidungen sind ein behördliches Instrument, um Kartell- oder Missbrauchsverfahren konsensual mit den Beteiligten zu beenden. Dabei erklärt die Behörde die von den Unternehmen zur Ausräumung ihrer wettbewerblichen Bedenken angebotenen Zusagen für bindend und verzichtet insbesondere auf eine Feststellungs- und Abstellungsentscheidung. Es kommt also zu keiner Aussage der Kartellbehörde über das Vorliegen eines Kartellrechtsverstoßes. Zusagenentscheidungen stehen sowohl der Europäischen Kommission als auch dem Bundeskartellamt in Verfahren wegen Verstößen gegen das Kartellverbot und das Missbrauchsverbot zur Verfügung, Art. 9 Verordnung (EU) 1/2003 bzw. § 32b GWB.[448] Zusagenverfahren sind nur für solche Fälle vorgesehen, in denen die Kartellbehörde keine Geldbuße verhängt;[449] nach deutschem Recht können sie somit ausschließlich in Verwaltungsverfahren ergehen.

509. Die Entscheidung, ob ein Verfahren mit einer Zusagenentscheidung oder einer Feststellungs- und Abstellungsentscheidung abgeschlossen wird, steht im pflichtgemäßen Ermessen der Kartellbehörde. Der Erlass einer Entscheidung im Zusagenverfahren – eine entsprechende Mitwirkung der beteiligten Unternehmen vorausgesetzt – kommt insbesondere

---

446 Monopolkommission, Sondergutachten 68, a. a. O., Tz. 415.

447 Eine solche Regelung könnte mit dem Anwendungsvorrang des europäischen Wettbewerbsrechtes in Konflikt stehen; siehe EuGH, Urteil vom 15. Juli 1964, C-6/64 – Costa / E.N.E.L., ECLI:EU:C:1964:66; Urteil vom 5. Februar 1963, C-26/62 – Van Gend en Loos/Administratie der Belastingen, ECLI:EU:C:1963:1.

448 Auch in Fusionskontrollverfahren können die an einem Zusammenschluss beteiligten Unternehmen gegenüber den Kartellbehörden Verpflichtungszusagen eingehen, um eine Untersagung des Zusammenschlussvorhabens zu verhindern. Da hierbei jedoch andere Regeln gelten – Art. 6 Abs. 2 und Art. 8 Abs. 2 Verordnung (EU) 139/2004 bzw. § 40 Abs. 3 GWB –, soll diese Art der Verpflichtungszusagen im Folgenden außer Betracht bleiben.

449 Vgl. aber die letztlich gescheiterten Verhandlungen zwischen der Europäischen Kommission und Google über einen Verfahrensabschluss mit Verpflichtungszusagen und den Erlass einer Geldbuße in Höhe von EUR 2,42 Mrd.; EU-Kommission, Beschluss vom 27. Juni 2017, AT.39740 – Google Search (Shopping).

in solchen Fällen in Betracht, in denen der Nachweis sowie die Beurteilung eines etwaigen Wettbewerbsverstoßes im streitigen Verfahren aufwendig wären.[450] Angesichts der – noch näher zu beschreibenden[451] – Eigenheiten von Zusagenentscheidungen ist es wichtig, dass die Kartellbehörde sorgfältig abwägt, ob sich der ihr vorliegende Fall tatsächlich für ein Zusagenverfahren eignet. Dennoch sind Zusagenentscheidungen von hoher praktischer Relevanz. Die Europäische Kommission und das Bundeskartellamt schließen einen Großteil ihrer Verfahren mit dieser Entscheidungsart ab. So erließ etwa das Bundeskartellamt in drei der vier Kartellverwaltungsverfahren, die es in seinem Berichtszeitraum 2017/2018 mit einer Verfügung beendete, Zusagenentscheidungen.[452] Bei der Europäischen Kommission waren es in demselben Zeitraum ebenfalls drei von vier Verfahren.[453]

510. Als Vorteile von Zusagenentscheidungen gelten ein oftmals – aber nicht zwingend – zügiger und ressourcenschonender Verfahrensabschluss sowie eine wegen des konsensualen Charakters des Instruments höhere Akzeptanz der Entscheidung aufseiten der Verfügungsadressaten. Außerdem kann die Behörde in Zusagenentscheidungen ein konkret zugesagtes Verhalten für bindend erklären, während bei Feststellungs- und Abstellungsentscheidungen die Wahl der Mittel dem Verfügungsadressaten überlassen bleibt, soweit der in Rede stehende Verstoß durch das Ergreifen unterschiedlicher Maßnahmen abgestellt werden kann.[454] Bedenken werden allerdings dahin gehend geltend gemacht, dass ein im Einzelfall möglicherweise nicht vollständiger ausermittelter Sachverhalt oder eine nur vorläufige rechtliche Bewertung des in Rede stehenden Verhaltens zu einem unverhältnismäßigen bzw. untauglichen Ergebnis führen kann, d. h. entweder zulasten der Verfügungsadressaten oder zulasten Dritter (Wettbewerber, Anbieter oder Nachfrager, einschließlich Verbraucher).[455] Da eine gerichtliche Überprüfung von Zusagenentscheidungen nur selten stattfindet, können zudem Rechtssicherheit und Rechtsfortbildung beeinträchtigt sein.[456]

511. Der BGH hob im Juni 2018 im Zusammenhang mit der gemeinsamen Rundholzvermarktung in Baden-Württemberg einen Beschluss des OLG Düsseldorf, das zuvor eine Entscheidung des Bundeskartellamtes – zumindest im hier relevanten Punkt – bestätigt hatte, teilweise auf.[457] Das Bundeskartellamt hatte im Dezember 2008 ein Kartellverwaltungsverfahren gegen das Land Baden-Württemberg beendet, nachdem sich das Land zu verschiedenen Maßnahmen verpflichtet hatte, mit denen die wettbewerblichen Bedenken des Bundeskartellamtes ausgeräumt werden sollten.[458] Das Bundeskartellamt hatte die Verpflichtungszusagen des Landes zunächst für bindend erklärt, nahm das Verfahren jedoch anschließend wieder auf, weil es aufgrund neuer Ermittlungen zu der Erkenntnis gekommen war, dass die Verpflichtungszusagen nicht ausreichend seien, um seine wettbewerblichen Bedenken auszuräumen. Mit Beschluss von Juli 2015 hob das Bundeskartellamt deshalb seine Zusagenentscheidung von Dezember 2008 auf und traf gegenüber dem Land Baden-Württemberg nunmehr eine Feststellungs- und Abstellungsentscheidung gemäß § 32 GWB. Während das OLG Düsseldorf auf die Beschwerde des Landes entschied, dass das Bundeskartellamt berechtigt gewesen sei, die Zusagenentscheidung aufzuheben, stellte der BGH fest, dass es hierfür an einem Wiederaufnahmegrund im Sinne des § 32b Abs. 2 GWB gefehlt habe (dazu Abschnitt 2.8.2).

---

[450] Monopolkommission, XXI. Hauptgutachten, a. a. O., Tz. 472; Sondergutachten 68, a. a. O., Tz. 507.

[451] Tz. 510.

[452] BKartA, Tätigkeitsbericht 2017/2018, a. a. O., S. 135 f. Vgl. auch Bornkamm/Tolkmitt in: Langen/Bunte, Kartellrecht, Bd. 1: GWB, 13. Aufl., Köln 2018, § 32b Rn. 3.

[453] Ohne Bußgeldentscheidungen.

[454] Vgl. nur OLG Düsseldorf, Beschluss vom 20. Juni 2006, VI-2 Kart 1/06 (V), Rz. 119 (zit. nach Juris); EU-Kommission, Beschluss vom 27. Juni 2017, AT.39740 – Google Search (Shopping), Rz. 698.

[455] Zur lediglich eingeschränkten Geltung des Verhältnismäßigkeitsgrundsatzes bei Erlass einer Zusagenentscheidung nach Art. 9 Verordnung (EU) 1/2003 vgl. EuGH, Urteil vom 29. Juni 2010, C-441/07 P – Alrosa, Slg. 2010, I-5949, ECLI:EU:C:2010:377, Rz. 41 ff.; EuG, Urteil vom 12. Dezember 2018, T–873/16 – Groupe Canal +, ECLI:EU:T:2018:904, Rz. 113 ff. (nicht rechtskräftig).

[456] Vgl. auch Monopolkommission, XXI. Hauptgutachten, a. a. O., Tz. 476 f.; Sondergutachten 68, a. a. O., Tz. 506. Zu der Motivation für Zusagenverfahren aus Behörden- und Unternehmenssicht ausführlich Bergmann, WuW 2014, 467, 469 ff.

[457] BGH, Beschluss vom 12. Juni 2018, KVR 38/17, ECLI:DE:BGH:2018:120618BKVR38.17.0; OLG Düsseldorf, Beschluss vom 15. März 2017, VI-Kart 10/15 (V), ECLI:DE:OLGD:2017:0315.VI.KART10.15V.00; BKartA, Beschluss vom 9. Juli 2015, B1-72/12.

[458] BKartA, Beschluss vom 9. Dezember 2008, B2-90/01-4.

512. Der Entscheidung des BGH ist insoweit zuzustimmen. Insbesondere waren die Voraussetzungen des § 32b Abs. 2 Nr. 1 GWB für eine Wiederaufnahme des Verfahrens nicht erfüllt, da sich nach Erlass der Zusagenentscheidung von 2008 die tatsächlichen Verhältnisse nicht geändert haben (dazu Abschnitt 2.8.3). Dennoch sind die Aufhebung einer Zusagenentscheidung und die Wiederaufnahme des Verfahrens unter Umständen auch in Fällen wie dem vorliegenden gerechtfertigt, bei dem die Kartellbehörde einer Fehlvorstellung über die Wirkungen der Verpflichtungszusagen auf den Wettbewerb unterliegt (dazu Abschnitt 2.8.4). Die Monopolkommission schlägt deshalb vor, die Wiederaufnahmegründe in § 32b Abs. 2 GWB um einen Widerrufsvorbehalt zu ergänzen (dazu Abschnitt 2.8.5).

2.8.2 Der Sachverhalt und die zentralen Feststellungen von Bundeskartellamt, OLG Düsseldorf und BGH zur Aufhebung der Zusagenentscheidung

513. Das Land Baden-Württemberg bewirtschaftete nicht nur den staatseigenen Forst, sondern übernahm auch für zahlreiche kommunale und private Waldbesitzer im Land die Rundholzvermarktung. Dabei wurden das staatseigene Holz und jenes aus Körperschafts- und Privatwäldern zu einem gemeinsamen Angebot zusammengefasst und an Kunden aus der das Holz verarbeitenden Industrie veräußert. Bei der Holzvermarktung handelte es sich nicht um eine hoheitliche Aufgabe; vielmehr organisierte das Land den Vertrieb seiner forstwirtschaftlichen Wettbewerber.[459] Das Bundeskartellamt leitete deshalb ein Verwaltungsverfahren gegen das Land Baden-Württemberg wegen Verstoßes gegen das Kartellverbot aus Art. 101 AEUV (Art. 81 EG) und § 1 GWB ein. Den Bedenken der Behörde, die gemeinsame Holzvermarktung führe zu einer Wettbewerbsbeschränkung, die auch nicht wegen überwiegender Effizienzvorteile (Art. 101 Abs. 3 AEUV) oder als sog. Mittelstandskartell (§ 3 GWB) freizustellen sei, begegnete das Land mit dem Angebot von Verpflichtungszusagen. Vorgesehen war etwa, dass sich die staatliche Forstverwaltung nur an solchen Kooperationen zur Holzvermarktung beteiligen solle, bei denen die Forstbetriebsflächen Dritter die Schwellenwerte von 3.000 ha (betreffend ein einzelnes Forstunternehmen) bzw. 8.000 ha (betreffend einen Zusammenschluss von Forstunternehmen) nicht überstiegen. Die Verpflichtungszusagen erklärte das Bundeskartellamt mit Beschluss vom 9. Dezember 2008 gemäß § 32b Abs. 1 GWB für bindend.

514. Ausgelöst durch Beschwerden privater Vermarkungsorganisationen unternahm das Bundeskartellamt weitere Ermittlungen wegen der gemeinsamen Rundholzvermarktung durch das Land Baden-Württemberg. Um die Wirkungen der Verpflichtungszusagen beurteilen zu können, wurden u. a. zahlreiche Sägewerke befragt. Nachdem die Behörde dem Land im Dezember 2013 seine neuerlichen wettbewerblichen Bedenken mitgeteilt hatte und eine Einigung über Verpflichtungszusagen gescheitert war, erließ das Bundeskartellamt am 9. Juli 2015 einen weiteren Beschluss gegen das Land. Damit hob die Behörde ihre Zusagenentscheidung von Dezember 2008 auf und stellte fest, dass eine gemeinsame Holzvermarktung durch das Land kartellrechtswidrig sei, sofern diese für einen Waldbesitzer erfolge, dessen forstwirtschaftliche Fläche den Schwellenwert von 100 ha – statt zuvor 3.000 bzw. 8.000 ha – übersteige. Entsprechende (Vermarktungs-)Tätigkeiten wurden dem Land mit Wirkung für die Zukunft untersagt.

515. Die Möglichkeit zur Aufhebung der Zusagenentscheidung von Dezember 2008 und zur Wiederaufnahme des Verfahrens begründete das Bundeskartellamt mit einer „impliziten" Befristung der Zusagenentscheidung (vgl. § 32b Abs. 1 Satz 3 GWB),[460] die zudem unter dem Vorbehalt eines späteren Widerrufs ergangen sei (vgl. § 36 Abs. 2 Nr. 3 VwVfG).[461] Die Zusagenentscheidung habe schließlich wegen einer „nachträglichen Änderung der tatsächlichen Verhältnisse in einem für die Verfügung wesentlichen Punkt" aufgehoben werden können (vgl. § 32b Abs. 2 Nr. 1 GWB). Für die Annahme einer solchen Änderung der tatsächlichen Verhältnisse genüge es, dass die Behörde zwischenzeitlich neue Erkenntnisse gewonnen habe, die eine weniger günstige Beurteilung der eingegangenen Verpflichtungszusagen nahelegten.[462] In diesem Zusammenhang zog das Bundeskartellamt auch einen Vergleich zu der im allgemeinen Verwaltungs-

[459] Dazu ausführlich Monopolkommission, XXII. Hauptgutachten, a. a. O., Tz. 126 ff.; XXI. Hauptgutachten, a. a. O., Tz. 1007 ff.

[460] BKartA, Beschluss vom 9. Juli 2015, B1-72/12 – Holzvermarktung Baden-Württemberg, Tz. 133 ff.

[461] Ebenda, Tz. 143, Fn. 111 zu Tz. 145.

[462] Ebenda, Tz. 144 ff.

recht vorgesehenen Möglichkeit der Behörde, einen rechtmäßigen begünstigenden Verwaltungsakt nach § 49 Abs. 2 Satz 1 Nr. 3 VwVfG zu widerrufen.[463]

516. Auf die gegen den Beschluss des Bundeskartellamtes eingelegte Beschwerde hob das OLG Düsseldorf die Entscheidung am 15. März 2017 teilweise auf. Das Gericht verneinte zwar das Vorliegen einer „impliziten" Befristung der Zusagenentscheidung von Dezember 2008; eine Befristung hätte vielmehr ausdrücklich erklärt werden müssen.[464] Die Zusagenentscheidung enthalte auch keinen Vorbehalt des späteren Widerrufs.[465] Allerdings habe das Bundeskartellamt die Zusagenentscheidung gemäß § 32b Abs. 2 Nr. 1 GWB aufheben können. Dies ergebe sich aus dem Normverständnis der verwaltungsgerichtlichen Rechtsprechung zu § 49 Abs. 2 Satz 1 Nr. 3 VwVfG.[466] Insofern sei es ausreichend, dass das Bundeskartellamt nachträglich Kenntnis von Tatsachen erlangt habe, die im Zeitpunkt des Erlasses der Zusagenentscheidung bereits vorgelegen haben.[467] Es sei auch unerheblich, ob das – erst nachträgliche – Bekanntwerden solcher Tatsachen auf ein Versäumnis der Behörde zurückzuführen sei.[468] Das OLG Düsseldorf argumentierte hierbei mit dem Zweck des § 32b GWB, der eine rasche Entscheidungsfindung erlaube und deshalb gerade keine vollständige Sachverhaltsaufklärung verlange.[469]

517. In seinem Beschluss vom 12. Juni 2018 bestätigt der BGH das OLG Düsseldorf zwar in der Auffassung, dass die Zusagenentscheidung weder eine Befristung noch einen Widerrufsvorbehalt enthalten habe.[470] Der BGH sieht aber – anders als das OLG Düsseldorf – die Voraussetzungen für eine Wiederaufnahme des Verfahrens als nicht erfüllt an. Das Gericht betont, dass § 32b Abs. 2 Nr. 1 GWB eine Wiederaufnahme des Verfahrens nur dann erlaube, wenn sich die Sachlage nach Erlass der Zusagenentscheidung in objektiver Hinsicht geändert habe. Allein neu gewonnene Erkenntnisse, welche die ursprüngliche Fehlvorstellung der Behörde korrigierten, reichten dagegen grundsätzlich nicht aus. Hierfür sprächen Wortlaut und Systematik der Vorschrift.[471] Eine gegenteilige Auslegung lasse sich auch nicht der Rechtsprechung zu § 49 Abs. 2 Satz 1 Nr. 3 VwVfG entnehmen.[472] Allerdings setzt der BGH eine Fehlvorstellung der Behörde in bestimmten Fällen einer Änderung der tatsächlichen Verhältnisse im Sinne des § 32b Abs. 2 Nr. 1 GWB gleich. Eine Wiederaufnahme des Verfahrens sei demnach möglich, wenn der Behörde später Umstände bekannt werden, die sie vor ihrer Entscheidung nicht kennen und nicht in Erfahrung bringen konnte, und wenn die Erwartungen zur Marktentwicklung auf einer zutreffenden Erfassung der bestehenden Verhältnisse beruhten, sich aber infolge unvorhersehbarer Entwicklungen nicht erfüllt haben.[473] Im vorliegenden Fall seien die Voraussetzungen für eine Wiederaufnahme des Verfahrens jedoch nicht erfüllt, da das Bundeskartellamt die neuen Erkenntnisse schon vor seiner Zusagenentscheidung von Dezember 2008 habe gewinnen können.[474]

---

463 Ebenda, Tz. 148 ff. § 49 Abs. 2 Satz 1 Nr. 3 VwVfG lautet: *„Ein rechtmäßiger begünstigender Verwaltungsakt darf, auch nachdem er unanfechtbar geworden ist, ganz oder teilweise mit Wirkung für die Zukunft nur widerrufen werden, […] wenn die Behörde auf Grund nachträglich eingetretener Tatsachen berechtigt wäre, den Verwaltungsakt nicht zu erlassen, und wenn ohne den Widerruf das öffentliche Interesse gefährdet würde; […]."*

464 OLG Düsseldorf, Beschluss vom 15. März 2017, VI-Kart 10/15 (V) – Holzvermarktung Baden Württemberg, ECLI:DE:OLGD:2017:0315.VI.KART10.15V.00, Rz. 60 ff. (zit. nach Juris).

465 Ebenda.

466 Ebenda, Rz. 74 ff.

467 Ebenda, Rz. 90.

468 Ebenda.

469 Ebenda, Rz. 91.

470 BGH, Beschluss vom 12. Juni 2018, KVR 38/17 – Holzvermarktung Baden-Württemberg, ECLI:DE:BGH:2018:120618BKVR38.17.0, Rz. 17 ff. (zit. nach Juris). Die Frage, ob eine Zusagenentscheidung nach § 32b GWB überhaupt mit einem Widerrufsvorbehalt versehen werden kann, lässt der BGH offen; vgl. ebenda, Rz. 20, 43. Dazu noch Tz. 523.

471 Ebenda, Rz. 23 ff.

472 Ebenda, Rz. 27 ff.

473 Ebenda, Rz. 44 ff.

474 Ebenda, Rz. 54 ff.

2.8.3 Stellungnahme und Einordnung der BGH-Entscheidung

518. Der Entscheidung des BGH zur Möglichkeit der Aufhebung einer Zusagenentscheidung nach § 32b Abs. 2 Nr. 1 GWB ist grundsätzlich zuzustimmen. Es deutet tatsächlich wenig darauf hin, dass die Vorschrift es der Behörde gestatten würde, die Zusagenentscheidung bereits bei einer „bloßen" Fehlvorstellung über ihre (unzureichenden) Auswirkungen auf den Wettbewerb bzw. die Marktverhältnisse aufheben zu können. Hierfür spricht insbesondere der Wortlaut von § 32b Abs. 2 Nr. 1 GWB, der eine nachträgliche Änderung der tatsächlichen Verhältnisse verlangt. Die – unverändert gebliebene – objektive Sachlage ist insofern von einem rein subjektiven Erkenntnisgewinn der Behörde zu unterscheiden. Ein solcher ist gemäß der Systematik der in § 32b Abs. 2 GWB geregelten Wiederaufnahmegründe zunächst nur dann beachtlich, wenn die ursprüngliche Fehlvorstellung der Behörde auf unvollständigen, unrichtigen oder irreführenden Angaben des Unternehmens beruht (vgl. § 32b Abs. 2 Nr. 3 GWB). Dass darüber hinaus im Einzelfall ein überragendes öffentliches Interesse am Schutz der Wettbewerbsfreiheit bestehen mag, wenn sich herausstellt, dass die Zusagenentscheidung nicht die von der Kartellbehörde gewünschten Wirkungen hat,[475] kann richtigerweise nicht darüber hinwegtäuschen, dass es in § 32b Abs. 2 GWB gleichwohl an der entsprechenden Rechtsgrundlage für eine Wiederaufnahme des Verfahrens fehlt.

519. Die Ausnahmen, die der BGH von dem Grundsatz der Unbeachtlichkeit einer subjektiven Fehlvorstellung macht, sind mit dem Wortlaut der Vorschrift zwar kaum vereinbar. Und auch die Bezugnahme des BGH auf die Rechtsprechung der Verwaltungsgerichte zu § 49 Abs. 2 Satz 1 Nr. 3 VwVfG, wonach neue wissenschaftliche Erkenntnisse ausnahmsweise einer Änderung der tatsächlichen Verhältnisse entsprechen,[476] ist nicht gänzlich überzeugend. Zum einen scheinen subjektive Fehlvorstellungen über die Wirkungen einer behördlichen Maßnahme, auch wenn sie unvorhersehbar waren, nur schwer mit neuen wissenschaftlichen Erkenntnissen vergleichbar.[477] Zum anderen ist § 32b Abs. 2 Nr. 1 GWB, wie der BGH in seiner Entscheidung an anderer Stelle selbst erwähnt, nicht etwa § 49 Abs. 2 Satz 1 Nr. 3 VwVfG, sondern Art. 9 Verordnung (EU) 1/2003 nachgebildet.[478] Zu dieser Vorschrift gibt es indes keine Rechtsprechung, gemäß derer eine nachträgliche Korrektur der subjektiven Fehlvorstellung der Behörde zur Wiederaufnahme des Verfahrens berechtigen würde. In der Literatur wird zu Art. 9 Verordnung (EU) 1/2003 vielmehr die – soweit ersichtlich – einhellige Auffassung vertreten, dass eine Wiederaufnahme nicht möglich sei, sofern sich die Europäische Kommission lediglich über den Sachverhalt oder die Wirksamkeit der angenommenen Zusagen geirrt habe.[479]

520. Der BGH weist allerdings darauf hin, dass die Funktionstauglichkeit des Instruments der Verpflichtungszusagen eingeschränkt wäre, wenn sich die Kartellbehörde bei einer Fehlvorstellung schlechthin nicht von einer Zusagenentscheidung lösen könnte.[480] Fraglich ist, in welchen Fällen eine Fehlvorstellung ausnahmsweise zu einer Wiederaufnahme des Verfahrens führen kann, wie sich also eine beachtliche Fehlvorstellung von einer unbeachtlichen Fehlvorstellung

[475] Hierzu Bornkamm/Tolkmitt in: Langen/Bunte, Kartellrecht, Bd. 1: GWB, 13. Aufl., Köln 2018, § 32b Rn. 32.

[476] BGH, Beschluss vom 12. Juni 2018, KVR 38/17 – Holzvermarktung Baden-Württemberg, ECLI:DE:BGH:2018:120618BKVR38.17.0, Rz. 34 (zit. nach Juris).

[477] Grundsätzlich betont auch das Bundesverwaltungsgericht, dass die Aufhebung eines Verwaltungsaktes gemäß § 49 Abs. 2 Satz 1 Nr. 3 VwVfG eine Änderung der objektiven Sachlage voraussetze; vgl. BVerwG, Urteil vom 19. September 2018, 8 C 16/17, ECLI:DE:BVerwG:2018:190918U8C16.17.0, Rz. 18, 20; BVerwG, Urteil vom 11. Dezember 1990, 6 C 33/88. Rz. 26 f. Die Anforderungen der Rechtsprechung an die ausnahmsweise Berücksichtigung von neuen wissenschaftlichen Erkenntnissen sind deshalb hoch. Insbesondere müssen die wissenschaftlichen Erkenntnisse als gesichert gelten; eine singuläre Auffassung, die sich bislang nicht durchgesetzt hat, ist insofern nicht ausreichend. Vgl. BVerwG, Urteil vom 28. April 2016, 4 A 2/15, ECLI:DE:BVerwG:2016:280416U4A2.15.0, Rz. 36 (zit. nach Juris); Beschluss vom 27. Mai 2015, 3 B 5/15, ECLI:DE:BVerwG:2015:270515B3B5.15.0, Rz. 12 (zit. nach Juris).

[478] Gesetzentwurf der Bundesregierung, Entwurf eines Siebten Gesetzes zur Änderung des Gesetzes gegen Wettbewerbsbeschränkungen, BT-Drs. 15/3640 vom 12. August 2004, S. 34, 51 f. Vgl. BGH, Beschluss vom 12. Juni 2018, KVR 38/17 – Holzvermarktung Baden-Württemberg, ECLI:DE:BGH:2018:120618BKVR38.17.0, Rz. 33, 38 (zit. nach Juris).

[479] Vgl. nur Bauer in: Münchener Kommentar zum Wettbewerbsrecht, Bd. 1: EU-WettbR, 3. Aufl., München 2020, Art. 9 VO 1/2003 Rn. 66; Bergmann, WuW 2014, 467; 472; Lampert/Niejahr/Kübler/Weidenbach, EG-KartellVO, Heidelberg 2004, Art. 9 VO 1/2003 Rn. 169.

[480] BGH, Beschluss vom 12. Juni 2018, KVR 38/17 – Holzvermarktung Baden-Württemberg, ECLI:DE:BGH:2018:120618BKVR38.17.0, Rz. 44 (zit. nach Juris).

abgrenzen lässt. Der BGH verwendet hierzu das Kriterium der Erkennbarkeit. Das ist insofern nachvollziehbar, als eine Aufhebung der Zusagenentscheidung demnach (nur) dann in Betracht kommen soll, wenn die Kartellbehörde ursprünglich nicht auf hinreichende Ermittlungen verzichtet hat. Hierzu stellt der BGH fest, dass die Kartellbehörde im Rahmen einer Entscheidung nach § 32b GWB nicht verpflichtet sei, den Sachverhalt vollständig aufzuklären, sondern sie sich auf einen geringeren Ermittlungsaufwand beschränken könne.[481] Diese Möglichkeit berechtige die Kartellbehörde jedoch nicht, die zunächst unterbliebenen Ermittlungen nachzuholen und auf Grundlage einer neuen Bewertung des – unverändert gebliebenen – Sachverhalts die Zusagenentscheidung aufzuheben.[482]

521. Die Kartellbehörde wird also oftmals vor die Wahl gestellt sein, den Sachverhalt vor Erlass der Zusagenentscheidung umfassend zu ermitteln oder den Ermittlungsaufwand zu beschränken. Entscheidet sich die Kartellbehörde für eine umfassende Sachverhaltsermittlung, kann sie das Verfahren bei einer sich nachträglich gleichwohl abzeichnenden Fehlvorstellung auf Grundlage des § 32b Abs. 2 Nr. 1 GWB wieder aufnehmen, sofern es – wie dann wohl häufig – an der Erkennbarkeit der Fehlvorstellung fehlt. Bei einer Beschränkung des Ermittlungsaufwands läuft die Kartellbehörde dagegen Gefahr, die Zusagenentscheidung möglicherweise nicht aufheben zu können, weil die Umstände bei einer umfassenderen Ermittlung von vornherein für sie erkennbar gewesen wären. Das Risiko einer unzureichenden Sachverhaltsaufklärung trägt danach die Kartellbehörde, die den Umfang ihrer Ermittlungen bestimmen kann und das Geschehen damit weitgehend selbst in der Hand hält.[483]

2.8.4 Möglichkeiten der Wiederaufnahme des Verfahrens nach Erlass einer Zusagenentscheidung

522. Es stellt sich die Frage, ob die Wiederaufnahmegründe in § 32b Abs. 2 GWB zu ergänzen sind. Denn eine vollständige Ermittlung des Sachverhalts und seine abschließende Bewertung durch die Kartellbehörde werden in Zusagenverfahren häufig nicht in Betracht kommen. Dies liegt darin begründet, dass das Instrument der Zusagenentscheidungen, wie eingangs erwähnt, auf einen vergleichsweise zügigen und ressourcenschonenden Verfahrensabschluss zielt.[484] Dieser Vorteil könnte sich indes nicht vollends verwirklichen, wenn die Kartellbehörde ihre Ermittlungen zugunsten der Möglichkeit einer Korrektur der Zusagenentscheidung nicht beschränken würde. Dies gilt vor allem für solche Fallkonstellationen, mit denen die Kartellbehörden möglicherweise noch keine hinreichende Erfahrung haben, bei denen aber ein zügiges Handeln von großer Bedeutung ist. Dies trifft etwa auf digitale Märkte zu. Insbesondere dort kann ein schneller „Schritt in die richtige Richtung" mit der Möglichkeit, diesen noch anzupassen, sinnvoller sein als eine „im ersten Anlauf" bessere Maßnahme, die jedoch erst später – möglicherweise zu spät – ergriffen wird.[485] Insofern könnten die in § 32b Abs. 2 GWB geregelten Wiederaufnahmegründe um die Möglichkeit der Kartellbehörde, die Zusagenentscheidung mit einem Widerrufsvorbehalt zu versehen, ergänzt werden.

523. Nach allgemeinem Verwaltungsrecht kann ein Verwaltungsakt, der im Ermessen der Behörde steht, mit einem Widerrufsvorbehalt erlassen werden, § 36 Abs. 2 Nr. 3 VwVfG. Enthält eine behördliche Verfügung eine solche Nebenbestimmung, kann sie nach Maßgabe des § 49 Abs. 2 Satz 1 Nr. 1 VwVfG aufgehoben werden. In § 32b Abs. 2 GWB (wie auch in Art. 9 Verordnung (EU) 1/2003) ist die Möglichkeit eines Widerrufsvorbehalts indes nicht vorgesehen. Da es sich bei dieser Vorschrift um eine gegenüber den allgemeinen Vorschriften spezielle Regelung handelt, ist der Katalog der Wiederaufnahmegründe in § 32b Abs. 2 GWB abschließend.[486] Danach kann sich die Kartellbehörde nicht auf die §§ 36

---

[481] Ebenda, Rz. 40. Kritisch zu einer Beschränkung der kartellbehördlichen Sachverhaltsermittlung Klose in: Wiedemann, Handbuch des Kartellrechts, 4. Aufl., München 2020, § 51 Rn. 35.

[482] Beschluss vom 12. Juni 2018, KVR 38/17 – Holzvermarktung Baden-Württemberg, ECLI:DE:BGH:2018:120618BKVR38.17.0, Rz. 41 (zit. nach Juris).

[483] Schlupkothen/Haus, WuW 2019, 240, 242.

[484] Tz. 510.

[485] Vgl. auch die Überlegungen der Kommission Wettbewerbsrecht 4.0, Ein neuer Wettbewerbsrahmen für die Digitalwirtschaft, a. a. O., S. 78 f., zu einem flexibleren Abhilfenregime.

[486] Gesetzentwurf der Bundesregierung, Entwurf eines Siebten Gesetzes zur Änderung des Gesetzes gegen Wettbewerbsbeschränkungen, a. a. O., S. 52; Bach in: Immenga/Mestmäcker, Wettbewerbsrecht, Bd. 2: GWB, 6. Aufl., München 2020, § 32b Rn. 30; Bornkamm/Tolkmitt in: Langen/Bunte, Kartellrecht, Bd. 1: GWB, 13. Aufl., Köln 2018, § 32b Rn. 31; Keßler in: Münchener Kom-

Abs. 2 Nr. 3 VwVfG, 49 Abs. 2 Satz 1 Nr. 1 Alt. 2 VwVfG berufen, wollte sie die Zusagenentscheidung mit einem Widerrufsvorbehalt erlassen bzw. die Zusagenentscheidung später aufgrund eines solchen aufheben.[487]

524. Entgegen einer teilweise vertretenen Auffassung kann ein Widerrufsvorbehalt oder ein Kündigungsrecht auch nicht in den Verpflichtungszusagen selbst „vereinbart" werden.[488] Es ist nicht ersichtlich, warum das in § 32b Abs. 2 GWB enthaltene, bewusst begrenzte Recht der Kartellbehörde, die Zusagenentscheidung aufzuheben, durch ein solches Vorgehen erweitert werden sollte. Anderenfalls könnte diese Regelung zulasten des Verfügungsadressaten umgangen und der abschließende Katalog der Wiederaufnahmegründe beliebig ergänzt werden.[489] Letztlich handelt es sich bei einer Zusagenentscheidung ohnehin um einen einseitigen Verwaltungsakt, bei dem der Verfügungsadressat insofern mitwirkt, als er der Kartellbehörde die Verpflichtungszusagen zuvor angeboten hat. Eine – wie auch immer geartete – Vereinbarung zwischen Unternehmen und Kartellbehörde kommt dadurch aber nicht zustande. Außerdem ist zu berücksichtigen, dass die Verpflichtungszusagen gerade auf ein bestimmtes zukünftiges Verhalten des Unternehmens selbst zielen, nicht jedoch die Eingriffsrechte der Kartellbehörde erweitern sollen. Für die Zusagenentscheidung, deren Bestandteil die Verpflichtungszusagen sind, gelten somit insgesamt die Grenzen des § 32b GWB. Danach müsste ein Widerrufsvorbehalt in § 32b Abs. 2 GWB ergänzt werden, weil die Kartellbehörde insoweit weder auf die Regelungen im allgemeinen Verwaltungsrecht zurückgreifen kann noch die Möglichkeit besteht, den Widerrufsvorbehalt in die Verpflichtungszusagen selbst aufzunehmen.

525. Auch eine etwaige Befristung der Zusagenentscheidung gemäß § 32b Abs. 1 Satz 3 GWB lässt den Bedarf für einen Widerrufsvorbehalt nicht entfallen. Denn eine Befristung der Entscheidung bedeutet einerseits, dass die Kartellbehörde für eine vorher festgelegte Dauer an die Zusagenentscheidung gebunden ist. Damit kann sie sich – anders als im Fall eines Widerrufsvorbehalts –, unter Umständen mehrere Jahre nicht von ihrer ursprünglichen Entscheidung lösen, auch wenn sich bald herausstellen sollte, dass die Verpflichtungszusagen nicht die beabsichtigte Wirkung erzielen.[490] Andererseits gilt: Mit Fristablauf würde eine Zusagenentscheidung auch dann zu einem bestimmten Zeitpunkt automatisch enden, wenn sich die Verpflichtungszusagen als grundsätzlich wirksam, obgleich zur Ausräumung der wettbewerblichen Bedenken noch nicht ausreichend, erweisen und die Behörde sie gerne fortführen möchte. Die Behörde könnte dann nur versuchen, sich mit dem Unternehmen erneut auf dieselben oder auf zumindest ähnlich wirksame Verpflichtungszusagen zu einigen; in jedem Fall wäre die Mitwirkung des Unternehmens erforderlich. Der Widerrufsvorbehalt ist damit gegenüber der Befristung der Zusagenentscheidung das flexiblere Instrument.

526. Die Möglichkeit der Kartellbehörde, die Zusagenentscheidung mit einem Widerrufsvorbehalt zu erlassen, würde zudem nicht etwa übermäßig in die schützenswerten Belange der Verfügungsadressaten oder Dritter eingreifen. Zunächst ist der Widerrufsvorbehalt eine aus dem allgemeinen Verwaltungsrecht bekannte und für Verwaltungsakte, de-

mentar zum Wettbewerbsrecht, Bd. 2: GWB, 3. Aufl., München 2020, § 32b Rn. 37; Klose in: Wiedemann, Handbuch des Kartellrechts, 4. Aufl., München 2020, § 51 Rn. 44, 46. Zu Art. 9 Verordnung (EU) 1/2003 siehe nur Bergmann, WuW 2014, 467, 472.

487 Anders jedoch das Bundeskartellamt; vgl. z. B. BKartA, Beschluss vom 24. Mai 2016, B9-136/13, Tz. 69; Beschluss vom 24. Mai 2013, B7-30/07-1, S. 47; Beschluss vom 26. September 2011, B10-31/10, Tz. 27. Offengelassen von BGH, Beschluss vom 12. Juni 2018, KVR 38/17 – Holzvermarktung Baden-Württemberg, ECLI:DE:BGH:2018:120618BKVR38.17.0, Rz. 20, 43 (zit. nach Juris); OLG Frankfurt, Beschluss vom 14. März 2013, 11 W 33/12 (Kart), ECLI:DE:OLGHE:2013:0314.11W33.12KART.0A, Rz. 29 (zit. nach Juris).

488 So aber Jaeger in: Frankfurter Kommentar zum Kartellrecht, Bd. V, 95. Lfg. 01/2020, Köln, § 32b GWB Rn. 45; Schlupkothen/Haus, WuW 2019, 240, 243 f., die sich für eine gesetzliche Klarstellung, dass eine Zusagenentscheidung mit einem Widerrufsvorbehalt verbunden werden kann, aussprechen.

489 Eine einseitige Kündigungsoption für den Verfügungsadressaten oder eine nachträgliche Aufhebung der Zusagenentscheidung mit Zustimmung bzw. auf Antrag des Verfügungsadressaten soll dagegen möglich sein, da eine Loslösung von der Zusagenentscheidung insoweit im Interesse des Unternehmens liege; vgl. Keßler in: Münchener Kommentar zum Wettbewerbsrecht, Bd. 2: GWB, 3. Aufl., München 2020, § 32b Rn. 36 f., 42. Ein Kündigungsrecht (auch) für die Kartellbehörde erscheint jedoch nur zulässig, soweit dieses im Einzelfall tatsächlich ein Minus zu einer grundsätzlich möglichen Befristung der Zusagenentscheidung (dazu sogleich) darstellt; vgl. Jaeger in: Frankfurter Kommentar zum Kartellrecht, Bd. V, 95. Lfg. 01/2020, Köln, § 32b GWB Rn. 45.

490 Ähnlich die Begründung des BKartA, Beschluss vom 24. Mai 2016, B9-136/13, Tz. 69, zur Aufnahme eines Widerrufsvorbehalts in die Zusagenentscheidung auf Grundlage des § 36 Abs. 2 Nr. 3 VwVfG; vgl. dazu oben Tz. 523. Wie hier auch Schlupkothen/Haus, WuW 2019, 240, 242. Eher unkritisch dagegen BGH, Beschluss vom 12. Juni 2018, KVR 38/17 – Holzvermarktung Baden-Württemberg, ECLI:DE:BGH:2018:120618BKVR38.17.0, Rz. 43.

ren Erlass im Ermessen der Behörde steht, gesetzlich vorgesehene Nebenbestimmung, mittels derer sich die Behörde von einem Verwaltungsakt nachträglich lösen kann (vgl. §§ 36 Abs. 2 Nr. 3, 49 Abs. 2 Satz 1 Nr. 1 VwVfG). Bereits hiernach ist die Aufhebung eines Verwaltungsaktes nicht ohne Weiteres zulässig. Der Widerruf darf nicht jederzeit und nicht ohne sachliche Begründung ausgeübt werden. Er muss vielmehr das Ergebnis einer pflichtgemäßen Ermessensausübung der Behörde sowie verhältnismäßig sein.

527. Dennoch könnte ein Widerrufsvorbehalt gegenüber der Befristung für den Verfügungsadressaten insofern eine weniger günstige Nebenbestimmung darstellen, als das Unternehmen bei der Befristung zumindest für deren (festen) Geltungszeitraum sicher von dem Bestand der Zusagenentscheidung ausgehen darf. Bei einem „einfachen" Widerrufsvorbehalt müsste der Verfügungsadressat dagegen theoretisch jederzeit damit rechnen, dass die Kartellbehörde die Zusagenentscheidung aufhebt. So ist eine Präzisierung der Aufhebungsgründe in einem Widerrufsvorbehalt nach § 36 Abs. 2 Nr. 3 VwVfG nicht zwingend.[491] Demgegenüber könnten die Rechtssicherheit für den Verfügungsadressaten und sein Vertrauensschutz in den Bestand der Zusagenentscheidung dadurch gestärkt werden, dass der Widerrufsvorbehalt von dem (Nicht-)Eintritt einer Bedingung abhängig gemacht wird. Deshalb sollte die Kartellbehörde in der Zusagenentscheidung zu dem Widerrufsgrund ausführliche Angaben machen und im Einzelnen darlegen, welche positiven Auswirkungen sie sich von den Verpflichtungszusagen erhofft, d. h. inwiefern diese geeignet sind, ihre vorläufigen wettbewerblichen Bedenken auszuräumen.[492] Zur Geeignetheit der Verpflichtungszusagen machen die Kartellbehörden in ihren Zusagenentscheidungen bereits jetzt Ausführungen.[493] Diese Erwägungen müssten dann im Hinblick auf die Verknüpfung mit dem hier vorgeschlagenen Widerrufsvorbehalt künftig allenfalls etwas konkreter gefasst werden (z. B. in Bezug auf Marktanteilsschwellen, die Anzahl von Marktzutritten oder Geschäftsabschlüssen), sodass objektiv überprüfbar ist, ob ein Widerruf wegen des Ausbleibens der beabsichtigten Wirkungen tatsächlich in Betracht kommt.

528. Auch für Dritte (Wettbewerber und Anbieter oder Nachfrager, einschließlich Verbraucher) entstünden durch die Ergänzung der Wiederaufnahmegründe in § 32b Abs. 2 GWB um einen solchermaßen „bedingten" Widerrufsvorbehalt keine übermäßigen Nachteile. Zwar könnte die fehlende Ausermittlung des Sachverhalts durch die Kartellbehörde zur Folge haben, dass die Auswirkungen der Zusagen auf den Wettbewerb möglicherweise weniger intensiv geprüft und deshalb überschätzt werden. Allerdings ist ein Markttest, in dessen Rahmen die Kartellbehörde die Marktteilnehmer nach ihrer Einschätzung zu den angebotenen Verpflichtungszusagen befragt und diese unter Umständen noch einmal angepasst werden, ohnehin üblich.[494] Hierauf müsste auch bei einem tendenziell zügigen Verfahrensabschluss nicht verzichtet werden, sodass die Belange Dritter durchaus Berücksichtigung finden können. Außerdem ist davon auszugehen, dass gerade Dritte von den Vorteilen eines zügigen Verfahrensabschlusses profitieren, in dem sich deren Interessen zwar noch nicht in optimaler Weise, aber immerhin ein Stück weit spiegeln, wenn anderenfalls nur mit deutlicher Verzögerung für Abhilfe gesorgt werden kann.[495] Auch die Möglichkeit der Kartellbehörde, die ursprüngliche Zusagenentscheidung auf Grundlage eines Widerrufsvorbehalts bereits bei einer „bloßen" Fehlvorstellung über ihre Wirkungen aufheben und somit nachschärfen zu können, wirkt natürlich zugunsten Dritter.[496]

---

[491] Stelkens in: Stelkens/Bonk/Sachs, Verwaltungsverfahrensgesetz, 9. Aufl., München 2018, § 36 Rn. 79.

[492] Vgl. auch BGH, Beschluss vom 12. Juni 2018, KVR 38/17 – Holzvermarktung Baden-Württemberg, ECLI:DE:BGH:2018:120618BKVR38.17.0, Rz. 43; Schlupkothen/Haus, WuW 2019, 240, 243 f.

[493] Vgl. nur EU-Kommission, Beschluss vom 7. Dezember 2018, AT.40461 – DE/DK Interconnector, Tz. 91 ff.; BKartA, Beschluss vom 24. Mai 2016, B9-136/13, Tz. 43 ff.

[494] Vgl. nur EU-Kommission, Beschluss vom 7. Dezember 2018, AT.40461 – DE/DK Interconnector, Tz. 81 ff., 99; BKartA, Beschluss vom 24. Mai 2016, B9-136/13, Tz. 16. Auf Unionsebene ist eine vorherige öffentliche Konsultation nach Maßgabe des Art. 27 Verordnung (EU) 1/2003 verpflichtend. Vgl. aber auch Bergmann, WuW 2014, 467, 474 f., zu den möglichen Schwierigkeiten, für alle Seiten akzeptable Verpflichtungszusagen zu finden.

[495] Vgl. Tz. 522.

[496] Der Bedarf für einen von Schlupkothen/Haus, WuW 2019, 240, 244, zusätzlich erwogenen „übergeordneten wettbewerblichen Aufhebungsgrund", um – entsprechend § 49 Abs. 2 Satz 1 Nr. 5 VwVfG – „untragbare Nachteile für den Wettbewerb zu beseitigen", ist dagegen nicht ersichtlich, zumal eine Aufhebung der Zusagenentscheidung eine Entschädigung für den Verfügungsadressaten auslösen soll.

529. Die hier vorgeschlagene Ergänzung der Wiederaufnahmegründe in § 32b Abs. 2 GWB um einen Widerrufsvorbehalt wäre auch unionsrechtlich zulässig. Insbesondere steht die sog. Richtlinie (EU) 2019/1, die noch in das deutsche Recht umzusetzen ist,[497] dem nicht entgegen. Die Richtlinie enthält zwar Vorgaben zu Zusagenentscheidungen und deren Aufhebung. Dabei bilden die in Art. 12 Abs. 3 Richtlinie (EU) 2019/1 vorgesehenen Wiederaufnahmegründe Art. 9 Abs. 2 Verordnung (EU) 1/2003 ab, der schon Vorbild für § 32b Abs. 2 GWB war. Die Regelungen der Richtlinie stellen jedoch nur Mindeststandards dar, über die das nationale Wettbewerbsrecht bzw. die Wettbewerbsbehörden der Mitgliedstaaten verfügen müssen.[498] Weitergehende Befugnisse sind nicht ausgeschlossen. Schließlich könnte auch der Katalog der Wiederaufnahmegründe des Art. 9 Abs. 2 Verordnung (EU) 1/2003 um den hier vorgeschlagenen Widerrufsvorbehalt ergänzt werden, da auf Unionsebene ein vergleichbares Interesse an einer flexibleren Möglichkeit, die Zusagenentscheidung aufzuheben und das Verfahren wiederaufzunehmen, bestehen dürfte.

2.8.5 Gesetzliche Wiederaufnahmegründe um Widerrufsvorbehalt ergänzen

530. Der Entscheidung des BGH vom 12. Juni 2018 ist darin zuzustimmen, dass § 32b Abs. 2 Nr. 1 GWB eine Aufhebung der Zusagenentscheidung und eine Wiederaufnahme des Verfahrens nicht gestattet, wenn die Kartellbehörde lediglich einer Fehlvorstellung über die Wirksamkeit der angenommenen Verpflichtungszusagen unterlag. Hierbei handelt es sich grundsätzlich nicht um eine nachträgliche Änderung der tatsächlichen Verhältnisse. Zwar lässt der BGH eine Ausnahme von diesem Grundsatz zu, wenn die Fehlvorstellung für die Kartellbehörde nicht erkennbar war. Hiervon wird in der Regel jedoch nur dann auszugehen sein, wenn die Kartellbehörde den Sachverhalt vor Erlass der Zusagenentscheidung vollständig aufgeklärt hat. Dies könnte zur Folge haben, dass das Instrument der Zusagenentscheidung weniger effektiv eingesetzt wird.

531. Die Monopolkommission empfiehlt deshalb, den Katalog der Wiederaufnahmegründe in § 32b Abs. 2 GWB um die Möglichkeit der Kartellbehörde, die Zusagenentscheidung mit einem Widerrufsvorbehalt zu erlassen, zu ergänzen. In der Vorschrift sollte zum Ausdruck kommen, dass ein Widerruf nur insoweit in Betracht kommt, als die mit den Verpflichtungszusagen bezweckten, aber letztlich nicht erreichten Wirkungen bereits im Einzelnen in der Zusagenentscheidung genannt sind. Eine entsprechende Anpassung des Gesetzes könnte wie folgt lauten:

„(2) Die Kartellbehörde kann die Verfügung nach Absatz 1 aufheben und das Verfahren wieder aufnehmen, wenn

[...]

4. *sie sich für den Fall, dass die in der Verfügung benannten Wirkungen, die sie mit den Verpflichtungszusagen zu erzielen beabsichtigt, nicht eingetreten sind, den Widerruf in der Verfügung vorbehalten hat."*

3 Datengestützte Analysen im Berichtszeitraum

532. Wettbewerbsökonomischen Methoden und Konzepten kommt weiterhin eine hohe Bedeutung in der Kartellrechtsanwendung zu. Zu den regelmäßig angewendeten Methoden gehören neben den Berechnungen einfacher statistischer Kennzahlen wie Preis- und Mengenindizes und ökonomischer Kenngrößen wie Marktanteilen und Konzentrationsmaßen zunehmend auch aufwendigere Analysen unter Verwendung ökonometrischer Methoden wie Upward-Pricing-Pressure (UPP)-Tests und Merger Simulations, die in kartellrechtlichen Untersuchungen verschiedentlich angewendet werden und an Relevanz gewinnen. Diese quantitativen Analysen können zusätzliche Indizien in der Entscheidungsfindung der Wettbewerbsbehörden liefern und somit die qualitativen Analysen ergänzen.[499]

---

497 Vgl. dazu bereits Tz. 310.

498 Erwägungsgrund Nr. 28 zur Richtlinie (EU) 2019/1. Vgl. auch EU-Kommission, Vorschlag für eine Richtlinie des europäischen Parlaments und des Rates zur Stärkung der Wettbewerbsbehörden der Mitgliedstaaten im Hinblick auf eine wirksamere Durchsetzung der Wettbewerbsvorschriften und zur Gewährleistung des reibungslosen Funktionierens des Binnenmarkts, 22. März 2017, COM(2017) 142 final, S. 10 f., 19 f.

499 Monopolkommission, XXI. Hauptgutachten, a. a. O., Tz. 860 ff., 1101 ff.

533. Die Wahl der quantitativen Methoden durch die Wettbewerbsbehörde wird im Einzelfall von verschiedenen Faktoren beeinflusst. Neben der Voraussetzung, dass eine bestimmte Methode zur Beantwortung einer konkreten Frage geeignet sein muss, spielt die Verfügbarkeit geeigneter Daten eine zentrale Rolle. Konkret bedeutet dies, dass entsprechende Daten vorliegen oder ermittelbar sein müssen. Zudem ist der voraussichtliche Aufwand mit dem zu erwartenden zusätzlichen Erkenntnisgewinn für die Beweisführung abzuwägen. Ebenfalls zu berücksichtigen sind die Akzeptanz und die Nachvollziehbarkeit der Methoden im weiteren juristischen Verfahren. Dies gilt insbesondere für komplexe ökonometrische Methoden. Quantitative Methoden werden im Allgemeinen eher dann akzeptiert, wenn sie leicht verständlich, in der Praxis bereits erprobt sowie in der entsprechenden Fachliteratur etabliert und anerkannt sind. Wird eine quantitative Methode hingegen zum ersten Mal zur Analyse einer Fragestellung herangezogen, muss dies von der Kartellbehörde oftmals besonders transparent und überzeugend begründet werden.

534. Die nachfolgenden Abschnitte geben einen Überblick über die Anwendung verschiedener quantitativer Methoden durch das Bundeskartellamt im aktuellen Berichtszeitraum 2018/2019 sowie durch die österreichische Bundeswettbewerbsbehörde (BWB), die schweizerische Wettbewerbskommission (WEKO) und die Competition and Markets Authority des Vereinigten Königreichs (CMA) in den vergangenen Jahren.

3.1 Anwendung quantitativer Methoden durch das Bundeskartellamt

535. Beim Bundeskartellamt unterstützen die beiden Referate „Ökonomische Grundsatzfragen“ sowie „Datenerfassung und Ökonometrie“ die Beschlusskammern in größeren Verwaltungsverfahren und Sektoruntersuchungen.[500] Einen Schwerpunkt der datengestützten Analyse bildet die Mitwirkung in Hauptprüfverfahren der Fusionskontrolle. Dabei übernehmen die Referate Aufgaben im Rahmen der Beschaffung, Aufbereitung und Analyse von unterschiedlichen Daten. Je nach Datenlage und Fragestellung greift das Bundeskartellamt bei der Datenanalyse auf unterschiedliche Methoden zurück. Am häufigsten kommen dabei Methoden zur Anwendung, die vergleichsweise einfach und schnell und damit in einer großen Anzahl an Fällen verwendbar sind.[501] Von Bedeutung im Berichtszeitraum 2018/2019 waren insbesondere Stichprobenziehungen[502], Kundenlisten-Matching[503], (quantitative) Befragungen von Geschäftskunden[504], Lieferstromanalysen[505], Ausschreibungsanalysen[506] und zunehmend auch Verbraucherbefragungen[507]. Analysen unter

[500] BKartA, Jahresbericht 2018, S. 11.

[501] BKartA, Tätigkeitsbericht 2017/2018, a. a. O., S. 20.

[502] Stichprobenziehungen kamen im Berichtszeitraum 2018/2019 beispielsweise in folgen Fällen zum Einsatz: BKartA, Beschluss vom 17. Dezember 2019, B9-80/19 – Loomis/Ziemann; Fallbericht vom 14. März 2018, B2-62/17 – Raiffeisen Gartenbau/Landgard; Fallbericht vom 16. Januar 2020, B5-153/19 – Cordes & Gräfe/Elting; Fallbericht vom 29. Mai 2018, B9-175/17 – Lufthansa; und im Rahmen von Nachermittlungen im Fall Booking, B9-121/13.

[503] Kundenlisten-Matching wurde verwendet u. a. in: BKartA, Fallbericht vom 6. März 2020, B5-149/19 – Edgewell/Harry's; Beschluss vom 17. Dezember 2019, B9-80/19 – Loomis/Ziemann; Fallbericht vom 19. Juni 2019, B7-50/19 – IBM/T-Systems; Fallbericht vom 25. Juli 2019, B4-21/19 – Remondis/DSD; Beschluss vom 9. November 2019, B5-185/18 – Heidelberger Druckmaschinen/MBO; B5-29/18 – Miba/Zollern; Fallbericht vom 14. März 2018, B2-62/17 – Raiffeisen Gartenbau/Landgard und im Rahmen von Nachermittlungen im Fall Booking, B9-121/13.

[504] Quantitative Befragungen von Geschäftskunden gehörten zu den am häufigsten genutzten Methoden und wurden u. a. durchgeführt in: BKartA, Fallbericht vom 6. März 2020, B5-149/19 – Edgewell/Harry's; Beschluss vom 17. Dezember 2019, B9-80/19 – Loomis/Ziemann; Fallbericht vom 25. Juli 2019, B4-21/19 – Remondis/DSD; Beschluss vom 9. November 2019, B5-185/18 – Heidelberger Druckmaschinen/MBO; B5-29/18 – Miba/Zollern; Fallbericht vom 14. März 2018, B2-62/17 – Raiffeisen Gartenbau/Landgard; Fallbericht vom 16. Januar 2020, B5-153/19 – Cordes & Gräfe/Elting; Fallbericht vom 9. Oktober 2019, B2-40/19 – Rewe/Lekkerland, Fallbericht vom 1. Juli 2019, B2-55/19 – Edeka/Handelshof.

[505] Lieferstromanalysen wurden vorgenommen u. a. in: BKartA, Beschluss vom 17. Dezember 2019, B9-80/19 – Loomis/Ziemann; Fallbericht vom 25. Juli 2019, B4-21/19 – Remondis/DSD; Fallbericht vom 2. Mai 2019, B3-157/18 – Ameos/Sana; Fallbericht vom 4. April 2019, B3-122/18 – Cellitinnen; Fallbericht vom 14. März 2018, B2-62/17 – Raiffeisen Gartenbau/Landgard; Fallbericht vom 16. Januar 2020, B5-153/19 – Cordes & Gräfe/Elting.

[506] Ausschreibungsanalysen wurden u. a. vorgenommen in folgenden Fällen: BKartA, Fallbericht vom 6. März 2020, B5-149/19 – Edgewell/Harry's; Beschluss vom 30. Dezember 2019, B7-21/18 – Telekom Deutschland/EWE; Fallbericht vom 19. Juni 2019, B7-50/19 – IBM/T-Systems; Fallbericht vom 25. Juli 2019, B4-21/19 – Remondis/DSD; Fallbericht vom 6. Juli 2018, B9-25/18 – Horizon/Brink; Fallbericht vom 9. Oktober 2019, B2-40/19 – Rewe/Lekkerland.

Verwendung ökonometrischer Methoden wurden im aktuellen Berichtszeitraum 2018/2019 vom Bundeskartellamt nicht durchgeführt, was unter anderem mit den vergleichsweise kurzen Fristen in Fusionskontrollfällen begründet wird.

536. Im Rahmen des Fusionskontrollverfahrens Telekom Deutschland GmbH (TDG)/EWE AG (EWE) hatte das Bundeskartellamt zu klären, ob es durch die Gründung eines Gemeinschaftsunternehmens und den damit verbundenen Verzicht auf eine getrennte Teilnahme der Muttergesellschaften an Ausschreibungen zu einer erheblichen Behinderung des wirksamen Wettbewerbs auf dem Ausschreibungsmarkt für den geförderten Breitbandausbau im Kooperationsgebiet kommt.[508] Diese Frage ist nicht zuletzt auch deshalb von Bedeutung, weil die Bundesregierung plant, die Förderung des festnetzbasierten Breitbandausbaus deutlich auszuweiten.[509] Auf Basis von Daten zu insgesamt 187 Einzel- und Gesamtvergaben im Kooperationsgebiet aus dem Ausschreibungszeitraum 2015 bis 2018 konnte das Bundeskartellamt Aussagen zur wettbewerblichen Nähe der beiden Unternehmen auf dem Ausschreibungsmarkt treffen.[510] Durch die Ausschreibungsanalyse zeigte sich zum einen, dass die beiden Unternehmen die mit Abstand höchsten Teilnahmequoten an den betrachteten Ausschreibungen aufweisen und die EWE mehr als die Hälfte und die TDG rund ein Viertel der Ausschreibungen im Kooperationsgebiet für sich entscheiden konnten.[511] Zum anderen ergab eine Bieteranalyse, dass TDG und EWE sowohl mit Blick auf die Teilnahme an Ausschreibungen als auch hinsichtlich der Anzahl der tatsächlich abgegebenen Gebote gegenseitig die engsten Wettbewerber auf dem Ausschreibungsmarkt sind.[512] Durch die Zusage der beiden Unternehmen, weiterhin getrennt an Ausschreibungen teilzunehmen, konnten letztlich die wettbewerblichen Bedenken der Wettbewerbsbehörde mit Blick auf den Ausschreibungsmarkt für den geförderten Breitbandausbau ausgeräumt werden.

537. Umfangreiche quantitative Untersuchungen zur wettbewerblichen Nähe wurden zudem im Fall des geplanten Zusammenschlusses der in Köln ansässigen Krankenhausträger Stiftung der Cellitinnen zur heiligen Maria („Cellitinnen Nord") mit der ebenfalls in Köln ansässigen Stiftung der Cellitinnen gemeinnütziger eingetragener Verein („Cellitinnen Süd") durchgeführt.[513] Mit Blick auf die Abgrenzung des räumlich relevanten Marktes war zu ermitteln, ob das Kölner Stadtgebiet ein zusammenhängendes Marktgebiet dargestellt oder in mehrere Marktgebiete zu unterteilen ist. Auf Basis einer Analyse von über 14 Mio. Patienten-Falldaten konnte anhand der Patientenströme gezeigt werden, dass die in den vier Marktgebieten „Köln Nord linksrheinisch", „Köln Süd linksrheinisch", „Köln rechtsrheinisch" und „Porz" wohnenden Patienten jeweils mehrheitlich für stationäre Behandlungen ein Krankenhaus wählen, das in ihrem Wohngebiet liegt. Die Wahl eines Krankenhauses in benachbarten Wohngebieten kommt nach dieser Erhebung eher selten vor. Nach Auffassung des Bundeskartellamtes spricht dies für homogene Wettbewerbsverhältnisse innerhalb der jeweiligen Gebiete und damit für die Annahme eigenständiger räumlicher Märkte. Ergänzend hat das Bundeskartellamt eine Befragung von niedergelassenen Ärzten im Kölner Stadtgebiet durchgeführt. Auf Grundlage einer repräsentativen Stichprobe wurden rund 250 Ärzte mithilfe eines elektronischen Fragebogens zu ihrem Empfehlungsverhalten für die verschiedenen Kölner Krankenhäuser befragt. Untersucht wurde, welche Krankenhäuser die Ärzte den Patienten für eine stationäre Behandlung empfehlen und wie sich diese im hypothetischen Fall einer Krankenhausfusion verteilt hätten. Die Befragung ergab, dass die Ärzte ihren Patienten mehrheitlich Krankenhäuser in enger räumlicher Nähe empfehlen, was die Erkenntnisse zur Marktabgrenzung auf Basis der Patientendaten letztlich bestätigte.[514]

---

507 Verbraucherbefragungen wurden durchgeführt im Rahmen von Nachermittlungen im Fall Booking, B9-121/13 und BKartA, Fallbericht vom 15. Februar 2019, B6-22/16 – Facebook.

508 BKartA, B7-21/18 (Fusionskontrollverfahren), Tz. 596 ff.

509 Monopolkommission, 11. Sektorgutachten Telekommunikation (2019), a. a. O., Tz. 128 ff.

510 BKartA, B7-21/18 (Fusionskontrollverfahren), Tz. 602.

511 Ebenda, Tz. 606 ff.

512 Die Begegnungsquote lag für beide Unternehmen bei 70 bis 80 Prozent, d. h., wenn eines der beiden Unternehmen an einer Ausschreibung teilnahm, war in 70 bis 80 Prozent der Fälle auch das jeweils andere Unternehmen beteiligt.

513 BKartA, Fallbericht vom 4. April 2019, B3-122/18 – Cellitinnen.

514 Ebenda.

538. Im Berichtszeitraum hat das Bundeskartellamt weitere Erfahrungen mit Endverbraucherbefragungen gesammelt. Der Anlass für eine größer angelegte Befragung war die vom OLG Düsseldorf geforderte Nachermittlung zu der Bedeutung und den Auswirkungen sog. enger Bestpreisklauseln im Bereich der Online-Hotelbuchung.[515] Während das Bundeskartellamt Unternehmen typischerweise selbst befragt und diese zu einer Beantwortung von Fragen verpflichten kann, ist dies bei Endverbrauchern nicht möglich. Auch aus diesem Grund beauftragte das Bundeskartellamt ein Marktforschungsinstitut mit der Durchführung der Verbraucherbefragung. Verbraucherbefragungen sind grundsätzlich geeignet, Informationen zum Verbraucherverhalten zu ermitteln, um somit etwa Aussagen zur Austauschbarkeit von Produkten und Dienstleistungen treffen zu können. Der Aufwand ergibt sich dabei daraus, dass eine repräsentative Personengruppe befragt und durch die Befragungsmethodik ein objektives und unbeeinflusstes Befragungsergebnis gewährleistet werden muss.

3.2 Die Anwendung quantitativer Methoden in Österreich, der Schweiz und im Vereinigten Königreich

539. Auch in anderen europäischen Staaten kommt ökonomischen Analysen eine zunehmende Rolle in den Entscheidungen der Kartellbehörden zu. Wie in Deutschland wird die Methodenwahl durch Faktoren wie die Verfügbarkeit geeigneter Daten und der zeitliche Rahmen entscheidend beeinflusst. Gewisse Unterschiede, etwa mit Blick auf die für die Verfahren verfügbare Zeit, können sich z. B. aufgrund anderer gesetzlicher Rahmenbedingungen ergeben. Beispielsweise ist in Österreich die Wettbewerbsbehörde nur während der ersten Prüfungsphase nach Anmeldung eines Zusammenschlusses für die Prüfung von Zusammenschlussvorhaben zuständig. Für die zweite Verfahrensphase, die eingeleitet wird, wenn es wettbewerbliche Bedenken gibt und im Laufe der ersten Phase keine Einigung über geeignete Maßnahmen zur Beseitigung der Bedenken erzielt werden konnte oder ein Verfahren in der vierwöchigen ersten Phase etwa wegen fehlender Informationen nicht abschließbar war, ist das Kartellgericht zuständig, das in der Regel eigene ökonomische Sachverständige mit der Erstellung von Gutachten beauftragt.

540. Die BWB greift auf aufwendigere ökonomische Untersuchungen, insbesondere in Fusionskontrollverfahren und Branchenuntersuchungen, zurück. Beispielsweise hat die BWB mithilfe eines Illustrative Price Rise (IPR)-Tests[516] zeigen können, dass es bei einem Zusammenschluss zweier Anbieter im Bereich Tierbedarf zu Preisanstiegen in Höhe von durchschnittlich 12,60 Prozent bis 40 Prozent in verschiedenen Produktsegmenten gekommen wäre.[517] Auch aufgrund der daraus resultierenden wettbewerblichen Bedenken wurde das Zusammenschlussvorhaben letztlich zurückgezogen.

541. In mindestens zwei Zusammenschlussfällen nutzte die BWB SSNIP-Tests[518], um auf Basis von Befragungsdaten Aussagen über die kartellrechtliche Abgrenzung des relevanten Marktes zu treffen.[519] Mit dem SSNIP-Test wird untersucht, wie die Nachfrager reagieren würden, wenn ein hypothetischer Monopolist seine Preise um einen bestimmten Prozentsatz (z. B. 5 bis 10 Prozent) anheben würde. Würden die Nachfrager in nur geringem Maße zu anderen Produkten wechseln, wäre der relevante Markt zutreffend abgegrenzt. Sind hingegen Substitute verfügbar, die eine Preiserhöhung unprofitabel machen würden, müssen diese Substitute in den sachlich relevanten Markt einbezogen werden.

542. Wie das Bundeskartellamt hat die BWB neben Unternehmensbefragungen auch Verbraucherbefragungen mithilfe von Marktforschungsinstituten durchführen lassen. Anlass der Untersuchung war das in Österreich diskutierte Verbot von Gebühren für das Abheben von Bargeld an Bankautomaten, zu dem die BWB eine eigene Stellungnahme anfertig-

---

515 OLG Düsseldorf, Beschluss vom 4. Juni 2019, VI-Kart 2/16 (V) – Booking II.

516 Der IPR-Test erlaubt ähnlich wie der Upward Pricing Pressure (UPP)-Test und der Gross Upward Pricing Pressure Index (GUPPI)-Test, die Preiseffekte eines Zusammenschlusses zu ermitteln. Dabei wird beim IPR die hypothetische Preiserhöhung nach einem Zusammenschluss als prozentualer Preisaufschlag geschätzt. Zu den Nachteilen des IPR-Tests gehört, dass mögliche preissenkende Effizienzgewinne nicht berücksichtigt werden, wodurch zu hohe Preisaufschläge ausgewiesen werden könnten. Anders als beim GUPPI und beim UPP können jedoch preisliche Interdependenzen zwischen den Fusionspartnern berücksichtigt werden.

517 BWB, Tätigkeitsbericht 2017, Wien (Mai 2018), S. 34 f.

518 SSNIP steht für Small but Significant Non-transitory Increase in Price.

519 BWB, Z-2791 (OBI Group Holding/bauMax), Bekanntmachung vom 1. September 2015 und Z-3817 (BGO/hali/svoboda büromöbel), Bekanntmachung vom 13. Februar 2018.

te.[520] Auf Basis einer für Österreich repräsentativen Stichprobe wurden 1.030 Bankkunden zu ihrem Nutzungsverhalten und möglichen Reaktionen auf eine Gebührenanpassung befragt. Im Ergebnis hat sich die BWB gegen ein staatliches Verbot von Bankautomatengebühren und für andere Maßnahmen zur Förderung des Wettbewerbs im Girokontengeschäft ausgesprochen.

543. Eine vergleichsweise aufwendige Untersuchung mithilfe von ökonometrischen Methoden nahm die BWB bei der Ex-post-Analyse von Zusammenschlüssen auf den österreichischen Mobilfunkmärkten vor.[521] Im Dezember 2012 war die Übernahme von Orange Austria (Orange) durch Hutchison 3G Austria (H3G) von der Europäischen Kommission unter Auflagen freigegeben worden. Gleichzeitig verkaufte H3G die zu Orange gehörende Marke „Yesss!" an den Mobilfunkanbieter Telekom Austria. Mithilfe einer kontrafaktischen Merger-Simulation hat die BWB die Preiseffekte der Zusammenschlüsse für Privatkunden analysiert. Auf Basis von Tarif- und Kostendaten der Mobilfunknetzbetreiber für den Zeitraum von 2011 bis 2014 konnte gezeigt werden, dass sich die inflationsbereinigten Preise - verglichen mit dem hypothetischen Szenario ohne Fusionen - für Bestandskunden zwischen Dezember 2012 und Dezember 2014 im Durchschnitt um 14 bis 20 Prozent erhöhten. Den Verbrauchern entstand in diesem Zeitraum damit ein geschätzter Schaden (Rückgang der Verbraucherrente) von EUR 158 bis 227 Mio.[522]

544. Auch die WEKO und ihr Sekretariat wenden regelmäßig ein breites Spektrum verschiedener quantitativer Methoden in kartellrechtlichen Untersuchungen an. Neben der Berechnung statistischer Kennzahlen und ökonomischer Kenngrößen wie Marktanteile und Konzentrationsmaße betrifft dies unter anderem auch empirische Eventanalysen[523], Ausschreibungsanalysen[524], Patientenstromanalysen[525] und Lieferscheinanalysen[526].

545. Zur Aufdeckung von Absprachen bei Ausschreibungen hat die WEKO zudem ein innovatives Screening-Instrument entwickelt. Die Methode wurde erstmals in einem im Jahr 2013 eröffneten Verfahren angewendet, um Daten zu Ausschreibungen von Bauleistungen im Kanton St. Gallen zu analysieren.[527] Mithilfe der Screening-Methode konnte ein Straßenbaukartell zwischen acht Unternehmen aufgedeckt werden. Die Methode wird inzwischen auch von Dritten zur Analyse von Ausschreibungsdaten eingesetzt und unter Einbezug von Methoden des maschinellen Lernens weiterentwickelt.[528]

546. Ökonometrische Methoden werden von der WEKO ebenfalls regelmäßig genutzt und gewinnen weiter an Bedeutung. In verschiedenen Untersuchungen hat die WEKO SSNIP-Tests zur sachlichen Abgrenzung von Märkten verwendet und dabei unterschiedliche Arten von Daten herangezogen. Beispielsweise nutzte sie im Zusammenschlussverfahren Valora Holding AG/LS Distribution Suisse SA[529] Daten aus einer Befragung, in der Untersuchung „Sport im Pay-TV"[530] Preisdaten sowie im Fall Harley-Davidson Switzerland GmbH[531] Preis- und Marktanteilsdaten.

---

520 BWB, Stellungnahme zur Regulierung von Bankomatgebühren, Untersuchung BWB/AW-412, Endbericht, Wien 2017.

521 BWB, Der österreichische Privatkundenmarkt für Mobiltelefonie – Eine Ex-post-Evaluierung der Zusammenschlüsse H3G/Orange und TA/Yesss!, Branchenuntersuchung BWB/AW-393, Endbericht (en), Wien 2016.

522 Ebenda, S. 34.

523 WEKO, Recht und Politik des Wettbewerbs 2004/2, S. 538 ff.

524 WEKO, Recht und Politik des Wettbewerbs 2008/1, S. 102 ff.

525 WEKO, Recht und Politik des Wettbewerbs 2008/4, S. 558 ff.

526 WEKO, Verfügung vom 10. Dezember 2018 (KTB-Werke), S. 127 ff.

527 Imhof, D., Y. Karagök, S. Rutz, (2018). Screening for Bid Rigging: Does It Work?, Journal of Competition Law & Economics, Volume 14(2), S. 235-261.

528 Huber, M./D. Imhof, Machine learning with screens for detecting bid-rigging cartels, International Journal of Industrial Organization, Volume 65, pp 277-301.

529 WEKO, Recht und Politik des Wettbewerbs 2015/1, S. 109.

530 WEKO, Recht und Politik des Wettbewerbs 2016/4, S. 979 f.

531 WEKO, Recht und Politik des Wettbewerbs 2013/3, S. 296 ff.

547. Im Rahmen der Untersuchung „Sport im Pay TV" hat die WEKO zur Bestimmung des sachlich relevanten Marktes unter anderem auf eine Panelschätzung zurückgegriffen.[532] Diese ergab, dass in der Schweiz Übertragungen von Super League-Spielen (Fußball) und Übertragungen von NLA-Spielen (Eishockey) aus der Sicht der Fernsehzuschauer keine Substitute darstellen. Die WEKO grenzte entsprechend separate Märkte für die Übertragung von Fußball- und Eishockeyspielen ab. Zudem wurde in demselben Verfahren anhand einer Regressionsanalyse die Hypothese geprüft, ob Sport und andere Pay-TV-Inhalte zum selben relevanten Markt gehören, was sich nicht bestätigt hat.[533] Als ergänzendes Beweismittel im Rahmen der Untersuchung „KTB Werke" nutzte die WEKO ebenfalls Regressionsanalysen zur Beurteilung von Gebietsabsprachen.[534] Auf Basis von Preisen in Lieferscheindaten konnte gezeigt werden, dass es unter anderem Absprachen hinsichtlich der Preise für Baustoffe und der Aufteilung von Märkten nach Gebieten oder Geschäftspartnern gegeben hatte.

548. Die Wettbewerbsbehörde des Vereinigten Königreichs, die CMA, hat in den vergangenen Jahren ebenfalls auf eine Vielzahl unterschiedlicher quantitativer Methoden zurückgegriffen. Die wesentlichen Anwendungsgebiete sind Fusionskontrollverfahren und Marktanalysen. Beispielsweise hat die CMA im April 2019 den Zusammenschluss der beiden Einzelhandelsketten Sainsbury's und Asda untersagt.[535] Die Behörde kam zu dem Schluss, dass durch die Fusion der Wettbewerb im Lebensmitteleinzelhandel erheblich beeinträchtigt worden wäre, was nach Ansicht der Behörde höhere Preise sowie einen Rückgang der Qualität und Verfügbarkeit von Produkten zur Folge gehabt hätte. Die CMA hat im Laufe ihrer Ermittlungen insgesamt drei Verbraucherbefragungen durchführen lassen, um Aussagen zur Abgrenzung der relevanten Märkte und zur wettbewerblichen Nähe der Zusammenschlussparteien treffen zu können.[536]

549. Auf die Verwendung aufwendiger ökonometrischer Methoden verzichtet die CMA nach eigenen Angaben, wenn der erwartete Erkenntnisgewinn den zusätzlichen Aufwand nicht rechtfertigt und verlässliche Untersuchungsergebnisse auch mit anderen, weniger aufwendigen Methoden erzielt werden können. Eingesetzt wurden ökonometrische Methoden etwa bei einem Fusionsfall im Gesundheitsbereich. Die Übernahme von Apotheken der Sainsbury's Supermarkets Limited durch Celesio AG wurde unter Auflagen genehmigt, nachdem unter anderem im Rahmen der Marktabgrenzung mithilfe einer Nachfrageschätzung gezeigt werden konnte, dass die Lage einer Apotheke ein entscheidendes Auswahlkriterium für Verbraucher darstellt.[537]

3.3 Anwendung quantitativer Methoden weiter verfeinern

550. Die Monopolkommission begrüßt, dass datengestützte Analysen auch weiterhin eine wichtige Rolle in der Fallpraxis des Bundeskartellamtes einnehmen. Quantitative Untersuchungen können die qualitativen Erkenntnisse ergänzen und zusätzliche Hinweise auf wettbewerbliche Zusammenhänge liefern, die bei einer rein qualitativen Betrachtung nicht erkennbar wären. Beispielsweise machen wirkungsbasierte Analysen wie Pricing-Pressure-Tests Aussagen zu den möglichen Effekten von Unternehmenszusammenschlüssen möglich und ergänzen somit kartellrechtliche Untersuchungen in sinnvoller Weise. Der Einsatz aufwendigerer quantitativer Methoden setzt jedoch voraus, dass geeignete Daten und ausreichend Zeit für die Durchführung der Analysen vorhanden sind. Zudem müssen die durch die Anwendung aufwendiger Methoden erzielbaren Erkenntnisgewinne den zusätzlichen zeitlichen und personellen Aufwand rechtfertigen. Trotz dieser Einschränkungen hat die vorangegangene Betrachtung gezeigt, dass der Einsatz quantitativer Analysen und ökonometrischer Methoden etwa in Fusionskontrollverfahren und Sektoruntersuchungen auch in anderen europäischen Ländern zunehmend Verbreitung findet. Ein wichtiger Faktor, der den Einsatz aufwendiger Methoden in der deutschen Kartellrechtsanwendung erschwert, sind die bisher vergleichsweise kurzen Verfahrensfristen in der Fusionskontrolle. Positiv dürfte sich daher die im Rahmen der 10. GWB-Novelle vorgesehene Verlängerung der Frist für die Durchführung

[532] WEKO, Recht und Politik des Wettbewerbs 2016/4, S. 974.

[533] WEKO, Recht und Politik des Wettbewerbs 2016/4, S. 972.

[534] WEKO, Verfügung vom 10. Dezember 2018 (KTB-Werke), Tz. 549 ff.

[535] CMA, Pressemitteilung vom 25. April 2019, CMA blocks merger between Sainsbury's and Asda.

[536] CMA, Anticipated merger between J Sainsbury PLC and Asda Group Ltd, Final report, S. 62 ff.

[537] CMA, Celesio AG and Sainsbury's Supermarket Limited – A report on the anticipated acquisition by Celesio AG of Sainsbury's Pharmacy Business (Appendix E) vom 29. Juli 2019.

von Hauptprüfverfahren von bisher vier Monaten auf künftig fünf Monate auswirken.[538] Vor diesem Hintergrund befürwortete die Monopolkommission eine verstärkte Anwendung ökonometrischer Methoden in geeigneten Fällen auch durch das Bundeskartellamt. Zudem spricht sich die Monopolkommission dafür aus zu prüfen, inwieweit innovative Methoden des Kartellscreenings, wie sie in der Schweiz entwickelt wurden, auch in Deutschland angewendet werden können.

538 BMWi, Referentenentwurf, a. a. O., S. 101.

Kapitel IV

Chinas Staatskapitalismus: Herausforderung für die europäische Marktwirtschaft

Kurz gefasst

Die Volksrepublik China (im Folgenden: China) hat seit der Einleitung der ersten marktwirtschaftlichen Reformen vor einigen Jahrzehnten eine beeindruckende wirtschaftliche Entwicklung verzeichnet. Gemessen am kaufkraftbereinigten Bruttoinlandsprodukt ist China bereits heute die größte Volkswirtschaft der Welt. Gleichzeitig ist die **Bedeutung Chinas für die Weltwirtschaft** in den vergangenen Jahrzehnten **erheblich gestiegen**. Insbesondere seit dem Beitritt Chinas zur Welthandelsorganisation im Jahr 2001 ist es zu Verschiebungen im Welthandel gekommen. Ohne Berücksichtigung des Warenhandels zwischen den Mitgliedstaaten der Europäischen Union (EU) ist der Anteil Chinas (ohne Hongkong) am weltweiten Warenexport vom Jahr 2002 bis zum Jahr 2018 von ca. 7 auf ca. 17 Prozent gestiegen. Im gleichen Zeitraum sind die Anteile der EU und der Vereinigten Staaten (USA) von rund 18,3 bzw. 15,2 Prozent auf ca. 15,6 bzw. 11,3 Prozent gesunken. Nach den USA ist China derzeit der **zweitgrößte Handelspartner der EU und die EU der größte Handelspartner Chinas**.

China ist heute weder eine Marktwirtschaft noch eine Planwirtschaft, sondern verfolgt mit seiner „Sozialistischen Marktwirtschaft mit chinesischen Merkmalen" ein hybrides Wirtschaftsmodell, das sowohl staatswirtschaftliche als auch marktwirtschaftliche Elemente enthält. **Stärker als in den europäischen Marktwirtschaften greift der chinesische Staat zur Erreichung seiner industriepolitischen Ziele auf vielfache Weise in das Wirtschaftsgeschehen ein.** Von **besonderer Bedeutung** sind in diesem Zusammenhang **wirtschaftliche Vergünstigungen (Subventionen)**, von denen sowohl staatliche als auch private Unternehmen profitieren. Im internationalen Kontext können derartige staatliche Eingriffe zu Wettbewerbsvorteilen für chinesische Unternehmen gegenüber nicht subventionierten Unternehmen führen. Aufgrund der gestiegenen wirtschaftlichen Bedeutung Chinas wirken sich solche staatlichen Eingriffe zunehmend auch auf das Wirtschaftsgeschehen innerhalb der EU aus und benachteiligen europäische Unternehmen im Wettbewerb mit ihren chinesischen Konkurrenten.

Um **Wettbewerbsnachteile für europäische Unternehmen** zu vermeiden, wird seit einiger Zeit verstärkt über Reformmöglichkeiten im europäischen Außenwirtschafts- und Wettbewerbsrecht diskutiert. Dabei ist zu beachten, dass die **Einflussnahme von Drittstaaten auf die Wirtschaft bereits Regeln unterliegt**. Im grenzüberschreitenden Warenverkehr sind europäische Unternehmen insoweit schon durch **Antidumping- und Antisubventionsinstrumente** geschützt. Das Antidumpinginstrument berücksichtigt dabei die Besonderheiten, die sich aus der chinesischen Wirtschaftsform ergeben. Denn Vergleichspreise werden nicht im chinesischen Heimatstaat ermittelt, sofern diese sich „nicht aus dem freien Spiel der Marktkräfte ergeben". Anzumerken ist allerdings, dass speziell beim Einsatz von Antidumpinginstrumenten der Schutz europäischer Unternehmen im Sinne einer europäischen Industriepolitik im Vordergrund steht und der Schutz des Wettbewerbs dahinter zurücktritt. Für die Verbraucher bedeutet dies, dass damit auch ein möglicher Preiswettbewerb durch chinesische Anbieter geschwächt wird. Um die positiven Effekte eines Preiswettbewerbs durch chinesische Konkurrenten zu erhalten, sollte der Schutz des Wettbewerbs bei der Anwendung des Antidumpingrechts deshalb in Zukunft stärker gewichtet werden. Das Antisubventionsrecht setzt zwar ebenfalls einen eher industriepolitischen Schwerpunkt. Insoweit gewichtet es die positiven Wirkungen von Subventionen gering, die sich insbesondere in Form niedrigerer Importpreise zeigen. Demgegenüber besteht ein normatives Interesse am Ausgleich subventionsbedingter Wettbewerbsvorteile.

Davon abgesehen sind die **EU-Wettbewerbsregeln** zwar nicht unmittelbar auf Maßnahmen von Drittstaaten, aber immerhin **auf das Verhalten von Unternehmen aus Drittstaaten in der EU anwendbar**. Bei der Beurteilung der Marktstellung solcher Unternehmen (in der Missbrauchs- und Fusionskontrolle) kann auch berücksichtigt werden, dass dahinter ein Drittstaat steht. Dessen ungeachtet ist die Frage, ob ein unternehmerisches Verhalten gegen das Kartell- oder Missbrauchsverbot (Art. 101 bzw. Art. 102 AEUV) verstößt, allein anhand der Tatbestandsvoraussetzungen der betreffenden Vorschriften zu beantworten. Es ist nicht möglich, zusätzlich zu diesen Voraussetzungen zu berücksichtigen, dass das Verhalten auf die besonderen Gegebenheiten in einem Drittstaat zurückzuführen ist oder durch diesen sogar gezielt gefördert wurde.

Bei Unternehmenserwerbsvorgängen ist zwischen der fusionskontrollrechtlichen Prüfung, ob der Vorgang zu Marktmacht führt, und einer etwaigen beihilferechtlichen Überprüfung einer mitgliedstaatlichen wirtschaftlichen Unterstützung des Erwerbs zu trennen. Eine drittstaatliche Subventionierung des Erwerbs unterliegt als solche bisher keiner

Überprüfung. In Anbetracht dessen wird immer wieder ein stärkerer Einsatz der **Investitionskontrolle** diskutiert. Diese ist auch inzwischen bereits mehrfach angepasst und verschärft worden. Die Investitionskontrolle ist allerdings primär **auf den Schutz der öffentlichen Sicherheit und Ordnung ausgerichtet** und sollte auch darauf beschränkt bleiben. Ein industriepolitischer Einsatz ist zu vermeiden.

In Bezug auf **mitgliedstaatliche Beschaffungsvorgänge** dienen die bestehenden Regelungen dem doppelten Ziel, Verzerrungen auf den europäischen Beschaffungsmärkten zu vermeiden und einen Beitrag zur Wahrung der Gegenseitigkeit beim Zugang zu ausländischen Beschaffungsmärkten zu leisten. Der Umstand, dass ein Bieter staatlicher Kontrolle bzw. Finanzierung unterliegt und seine Gebote deshalb möglicherweise nach anderen als marktwirtschaftlichen Kriterien abgibt, kann im bestehenden Rechtsrahmen – abgesehen von der Möglichkeit der Berücksichtigung „vergabefremder Kriterien" – nicht einheitlich erfasst werden. Statt dessen findet sich eine Vielzahl von Einzelregelungen, die unterschiedlichen Zielen dienen. Hierdurch entsteht eine unübersichtliche Gemengelage, bei der **fraglich** bleibt, ob sie einen wirksamen **Schutz der Chancengleichheit gegenüber staatlich verursachten Wettbewerbsverzerrungen** tatsächlich gewährleisten kann.

Der Schutz europäischer Unternehmen bzw. der europäischen Marktwirtschaft ist nach den bestehenden Regeln also in bestimmten Situationen lückenhaft. Das ist **namentlich** der Fall, **wenn Drittstaaten Subventionen leisten**, durch welche Unternehmen bei ihrer Tätigkeit in der EU einen Wettbewerbsvorteil gegenüber nicht drittstaatlich subventionierten Unternehmen haben und in der Folge Marktanteile zulasten dieser Wettbewerber gewinnen können. Durch den bestehenden Rechtsrahmen (Außenwirtschafts- und Wettbewerbsrecht) nicht abgedeckte Wettbewerbsnachteile für europäische Unternehmen sind z. B. dann anzunehmen, wenn drittstaatlich subventionierte Unternehmen zur Umgehung von Antidumping- oder Ausgleichszöllen ihre **Produktion in die EU verlagern** und die Produkte hier vertreiben. Dasselbe gilt, wenn sie subventionierte **Dienstleistungen** erbringen, da Dienstleistungen – anders als Waren – über das außenwirtschaftliche Instrumentarium nicht erfasst werden können. Wettbewerbsnachteile bestehen ferner, wenn drittstaatlich subventionierte Unternehmen aufgrund der Subvention bei **Unternehmenserwerbs-** oder **Beschaffungsvorgängen** bessere Angebote als ihre nicht subventionierten Mitbewerber abgeben können. Zwar profitiert die EU von Subventionen, die durch den chinesischen Steuerzahler finanziert werden und die zu niedrigpreisigen Vorprodukten oder Konsumgütern für die verarbeitende Industrie oder die europäischen Verbraucher führen. Jedoch schließt das durch die europäischen Verträge geprägte Verständnis von Wettbewerb in der EU auch eine wettbewerbliche Chancengleichheit der im Binnenmarkt tätigen Unternehmen mit ein. Zu diesem Zweck besteht im EU-Binnenmarkt eine Beihilfenkontrolle gemäß Art. 107 ff. AEUV. Diese ist auf drittstaatliche Unterstützungsmaßnahmen mit Auswirkungen auf den Binnenmarkt nicht anwendbar. Das gilt selbst dann, wenn Unternehmen aufgrund drittstaatlicher Subventionen sukzessive Marktmacht aufbauen können oder wenn Unternehmen sich umgekehrt aus dem Wettbewerb mit subventionierten Konkurrenten zurückziehen oder eigene Forschungs- und Entwicklungsanstrengungen aufgeben. In diesen Fällen bestehen jeweils regulatorischen Lücken, weil die vorhandenen Instrumente drittstaatliche Subventionen nicht erfassen.

Zur Schließung der vorhandenen Lücken sind in jüngster Zeit verschiedene **Vorschläge** gemacht worden, die entweder auf eine **Gleichbehandlung von drittstaatlichen Subventionen und mitgliedstaatlichen Beihilfen** ausgerichtet sind **oder wettbewerbliche Fairness dadurch herstellen sollen, dass subventionierte Unternehmen verschärften Verhaltensauflagen (wie marktbeherrschende Unternehmen) unterworfen werden** sollen. Die Europäische Kommission hat ein Weißbuch über die Gewährleistung fairer Wettbewerbsbedingungen bei Subventionen aus Drittstaaten vorgelegt. Darin hat sie drei Teilinstrumente vorgeschlagen, die drittstaatliche Subventionen im Wesentlichen im Sinne der Beihilfeäquivalenz neutralisieren sollten. Eines der Teilinstrumente sollte im Allgemeinen die Überprüfung drittstaatlicher Subventionen von Amts wegen ermöglichen, während die anderen beiden speziell die Überprüfung von Unternehmenserwerbs- und Beschaffungsvorgängen beträfen und auf Anmeldung zu einer Überprüfung führen würden. Bei Feststellung einer Verzerrung des EU-Binnenmarktes könnte die Rückzahlung der Subvention verlangt werden, oder den Unternehmen würden Abhilfemaßnahmen auferlegt. Die Zuständigkeit für die Anwendung des zweiten Teilinstruments läge bei der Europäischen Kommission, im Übrigen würde die Zuständigkeit zwischen der Kommission und mitgliedstaatlichen Behörden aufgeteilt. Dem Weißbuch waren unter anderem Vorschläge der Niederlande und von Verbandsseite vorausgegangen.

Aufbauend auf den vorausgegangenen Überlegungen befürwortet die **Monopolkommission die Einführung eines Drittlandsbeihilfeinstruments, mit dem drittstaatliche Subventionen und mitgliedstaatliche Beihilfen möglichst weitgehend**

gleichgestellt würden. Dabei sollte es sich aber – abweichend von den Überlegungen der Europäischen Kommission – um ein **einheitliches Instrument** ohne Aufgliederung in mehrere Teilinstrumente handeln. Die von der Europäischen Kommission vorgeschlagenen Teilinstrumente beziehen sich zudem auf Subventionen im Sinne der Antisubventionsverordnung und des Sektorwettbewerbsrechts. Das von der Monopolkommission befürwortete Instrument wäre hingegen bei allen drittstaatlichen Subventionen anwendbar, die als mitgliedstaatliche Maßnahme gegen Art. 107 Abs. 1 AEUV verstoßen würden. Ein derartiges Drittlandsbeihilfeinstrument könnte **auf Art. 103, 109 i. V. m. Art. 352 AEUV gestützt** werden und dürfte mit WTO-Recht vereinbar sein. Denn es würde lediglich dafür sorgen, dass alle Unternehmen bei ihrer wirtschaftlichen Tätigkeit im EU-Binnenmarkt gleich behandelt werden. Die bislang bestehende Selbstdiskriminierung bei mitgliedstaatlichen Beihilfen würde dadurch abgebaut. Durch die **Möglichkeit einer Anerkennung von Subventionskontrollregimen**, die mit dem EU-Beihilferecht vergleichbar sind, lässt sich die Anwendung des neu vorgeschlagenen Instruments auf die Fälle begrenzen, in denen Unternehmen bei ihrer Wirtschaftstätigkeit durch einen unterschiedlichen Umgang mit Subventionen effektiv benachteiligt werden. Um ein mögliches Konfliktpotenzial zu bereits bestehenden Regelungen zu minimieren, sollte das Instrument allerdings **gegenüber den bestehenden Regelungen des Außenwirtschafts- und EU-Wettbewerbsrechts nachrangig** angewendet werden. Die Monopolkommission befürwortet hierzu die **verfahrensrechtliche Ausgestaltung als Interventionsrecht**. Speziell **in Fällen des Unternehmenserwerbs und bei mitgliedstaatlichen Beschaffungen** sollte für alle Beteiligten zudem eine **Stillhalteverpflichtung** gelten, d. h. das Verfahren sollte bis zur Prüfung der Drittlandsbeihilfe ausgesetzt werden. Dies würde verhindern, dass die Subvention in Fällen des Unternehmenserwerbs an den Veräußerer oder bei Beschaffungen an den Träger der ausschreibenden Stelle fließt und dann diesem mittelbar Begünstigten eine mögliche Ausgleichsabgabe auferlegt werden müsste.

Die **Zuständigkeit** für die Anwendung des Instruments sollte einheitlich **bei der Europäischen Kommission** liegen. Das Verfahren sollte durch eine **Anzeige (Notifizierung) des Erhalts drittstaatlicher Subventionen** durch die betroffenen Unternehmen ausgelöst werden. Die Europäische Kommission hätte dann **zu entscheiden, ob sie ein Prüfungsverfahren eröffnet**. Maßgeblich hierfür wäre die Wahrscheinlichkeit dafür, dass eine Intervention geboten sein kann, um den subventionsbedingten Vorteil zum Schutz des EU-Binnenmarktes abzuschöpfen. In dem Prüfungsverfahren würde die Europäische Kommission untersuchen, ob die Subvention unter Berücksichtigung des Unionsinteresses mit dem EU-Binnenmarkt vereinbar ist. Wenn dies zu verneinen ist, würde die Europäische Kommission die betroffenen **Unternehmen zu einer Ausgleichsabgabe verpflichten**, die an den EU-Haushalt zu zahlen wäre. Alternativ sollte es den betroffenen Unternehmen gestattet werden, den erhaltenen wirtschaftlichen Vorteil an den Drittstaat zurückzuführen. **Bei fehlender Kooperation** könnten **Geldbußen** verhängt werden.

Dem **Informationsdefizit** der EU-Behörden bezüglich drittstaatlicher Subventionen **bei drittstaatlich kontrollierten Unternehmen** (State-Owned Enterprises – SOEs) sollte damit begegnet werden, dass bei Unternehmen mit einer drittstaatlichen Kapitalbeteiligung oberhalb eines bestimmten Schwellenwerts (z. B. 20 %) die Subventionierung vermutet wird. Den Unternehmen sollten im Fall einer Intervention auch besondere **Transparenzpflichten** auferlegt werden können. Wenn Auskünfte auf Anfrage nicht vollständig und zutreffend erteilt werden, sollte die Europäische Kommission allgemein berechtigt sein, **auf vorhandene Tatsachen** (*facts available*) abzustellen. Dies könnte sich auf die Buchführung, die Gestehungskosten von Waren und Dienstleistungen oder den Umfang bzw. Wert drittstaatlicher Finanzierungsleistungen beziehen.

Die Monopolkommission legt in diesem Hauptgutachten einen **eigenen Regelungsentwurf** vor, in dem sie ihre Überlegungen zu einem Drittlandsbeihilfeinstrument konkretisiert. Das Instrument könnte in eine EU-Verordnung gefasst werden, die sowohl die Wettbewerbsverzerrungen zugunsten drittstaatlich subventionierter Unternehmen als auch die Informationsdefizite bezüglich der Subventionen adressieren würde.

Die Monopolkommission schlägt zudem vor, die **europäischen Fusionskontrollregeln** anzupassen. Dort, wo sich Unternehmen zusammenschließen, die einem potenziellen Wettbewerb von drittstaatlichen Unternehmen ausgesetzt sein können, sollte zukünftig stärker berücksichtigt werden, dass der **Markteintritt** solcher **Unternehmen von politisch-strategischen** und nicht nur von wirtschaftlichen **Erwägungen abhängen** kann. Deshalb sollte eine entsprechende Ergänzung der Kommissionsleitlinien zur Bewertung horizontaler Zusammenschlüsse geprüft werden.

Neben dem Wettbewerbsschutz im EU-Binnenmarkt (Defensivinstrumente) werden auch Maßnahmen zum Schutz von europäischen Unternehmen im Fall drittstaatlich verursachter Wettbewerbsverzerrungen und zur **Durchsetzung europäischer Wettbewerbsprinzipien im Verhältnis zu Drittstaaten** (Offensivinstrumente) diskutiert. Die Monopolkommission weist darauf hin, dass – gegebenenfalls politisch unterstützte – „Abwehrfusionen" zum Schutz gegen drittstaatlich subventionierte Unternehmen ähnliche wettbewerbliche Probleme aufwerfen können wie Abwehr- bzw. Exportkartelle oder Defensivbeihilfen (Einsatz von sog. *matching clauses*). Davon abgesehen äußert sich die Monopolkommission zu drei Teilaspekten der Diskussion um Instrumente, die eingesetzt werden können, um das Verhältnis zu Drittstaaten zu regeln: (1) der Einführung eines Internationalen Vergabeinstruments, (2) der EU-Konnektivitätsstrategie und (3) dem angestrebten Investitionsabkommen zwischen der EU und China.

Das seit längerem diskutierte **Internationale Vergabeinstrument** (International Procurement Instrument – IPI) könnte den bestehenden Ungleichheiten im Zugang zu den Beschaffungsmärkten in der EU und in China entgegenwirken. Das IPI soll Preisanpassungsmaßnahmen für die Gebote von Bietern aus Drittstaaten in Fällen ermöglichen, in denen die Drittstaaten zu keinen Verhandlungen über den wechselseitigen Marktzugang bereit sind und selbst EU-Unternehmen bei öffentlichen Beschaffungen benachteiligen. Im Umgang mit dem chinesischen Staatskapitalismus erscheint die **Herstellung wettbewerblicher Chancengleichheit** im EU-Binnenmarkt allerdings **vordringlich**.

Die **EU-Konnektivitätsstrategie** bildet ein Gegenstück zum chinesischen Projekt einer „Neuen Seidenstraße" im Verhältnis zu Drittstaaten. Die EU-Konnektivitätsstrategie umfasst unter anderem Finanzierungsinstrumente, die für Investitionen in Drittstaaten eingesetzt werden sollen und die zum Ausgleich von Finanzierungslücken bei Investitionen im gemeinsamem Interesse, aber auch zum Ausgleich von wettbewerbsverzerrenden chinesischen Finanzmaßnahmen dienen können. Die EU sollte darauf achten, sich im Rahmen der EU-Konnektivitätsstrategie auf die **Verfolgung gemeinsamer Interessen mit den betreffenden Drittstaaten** zu konzentrieren. Die Verfolgung des einseitigen Interesses an einer Förderung europäischer Unternehmen könnte die Entwicklung der Märkte in den betreffenden Drittstaaten und damit auch ihre Heranführung an den EU-Binnenmarkt behindern.

Schließlich wäre wünschenswert, dass ein mögliches **Abkommen zu den Wirtschaftsbeziehungen zwischen der EU und China insbesondere staatliche Subventionen abdeckt**. Dies sollte nicht auf den Investitionsbereich beschränkt werden, sondern auch Waren und Dienstleistungen allgemein umfassen. Bei Verhandlungen zum Investitionsschutz muss vermieden werden, dass mögliche Anpassungen des europäischen Rechtsrahmens infolge eines etwaigen Abkommens mit investitionsschutzrechtlichen Standards kollidieren. Umgekehrt ist eine effektive Durchsetzung sicherzustellen.

Summary

The People's Republic of China has undergone impressive economic development since the introduction of market economy reforms several decades ago. Measured in terms of gross domestic product, which is adjusted in terms of purchasing power, China is the largest economy in the world. At the same time, **China's importance for the global economy has increased considerably** in recent decades; especially since China's accession to the World Trade Organization in 2001, there have been shifts in world trade. Excluding trade in goods between the Member States of the European Union, China's share (excluding Hong Kong) in global exports of goods rose from around 7% to around 17% between 2002 and 2018. In the same period, the shares of the EU and the United States have fallen from around 18.3% and 15.2% to around 15.6% and 11.3%, respectively. After the USA, China is currently the EU's **second largest trading partner and the EU is China's largest trading partner**.

Today, China is neither a market economy nor a planned economy, but with its "Socialist Market Economy with Chinese Characteristics" it pursues a hybrid economic model that contains both state-economy and market-economy elements. **More strongly than in European market economies, the Chinese state intervenes in economic affairs in many different ways to achieve its industrial policy goals.** Of **particular importance** in this context are **economic benefits (subsidies)** which state or private undertakings enjoy. In the international context, such state intervention can lead to competitive advantages for Chinese undertakings over non-subsidised undertakings. Due to China's growing economic importance, such state intervention is increasingly affecting the EU economy and putting European undertakings at a competitive disadvantage vis-à-vis their Chinese competitors.

In order to avoid **competitive disadvantages for European undertakings**, there has been an increasing debate for some time about possible reforms to European foreign trade and competition law. It should be noted that the **influence of third countries on the economy is already subject to rules**. In cross-border trade, European undertakings are already protected by **anti-dumping and anti-subsidy instruments**. The anti-dumping instrument takes into account the particularities of the Chinese economic system. Hence, comparative prices are not determined in the Chinese home country as long as they "do not result from the free play of market forces". However, it should be noted that especially when anti-dumping instruments are used, the protection of European undertakings in terms of a European industrial policy is in the foreground and the protection of competition takes a back seat. For consumers, this means that possible price competition from Chinese suppliers is also weakened. In order to preserve the positive effects of price competition from Chinese competitors, the protection of competition in the application of anti-dumping law should therefore be given greater weight in future. Anti-subsidy law also has an industrial policy focus. Against this backdrop, it gives little weight to the positive effects of subsidies, which are particularly evident in the form of lower import prices. On the other hand, there is a normative interest in the compensation of competitive advantages caused by subsidies.

Complementing the trade instruments, the **EU competition rules** are not directly applicable to measures of third countries, but they are **applicable to the behaviour of undertakings from third countries in the EU**. When assessing the market position of such undertakings (in abuse and merger control) it can also be taken into account that a third country is behind them. Irrespective of this, the question of whether corporate conduct violates the prohibition of cartels or abuses (Art. 101 or Art. 102 TFEU) must be answered solely on the basis of the constituent elements of the relevant provisions. It is not possible to take into account, in addition to these prerequisites, that the conduct is due to the special circumstances in a third country or was even deliberately encouraged by that country.

In the case of company acquisitions, a distinction must be made between the merger control assessment of whether the transaction gives rise to market power and any examination under State aid law of economic support for the acquisition by a Member State. Third-country subsidies for the acquisition are as such not yet subject to review. In view of this, a stronger use of **investment control** is also regularly discussed. This control has already been adapted and tightened several times in the meantime. However, it is primarily **aimed at protecting public safety and order** and should also be limited to this. Industrial policy use should be avoided.

With regard to **Member State procurement**, the existing rules serve the dual objective of avoiding distortions in European procurement markets and contributing to maintaining reciprocity in access to foreign procurement markets. The fact that a bidder is subject to state control or financing and may therefore submit its bids according to criteria other than market economy criteria cannot be uniformly covered in the existing legal framework – apart from the possibility of taking into account "criteria other than those relating to the award of the contract". Instead, there is a large number of individual rules that serve different objectives. This results in a confusing situation, which leaves it **questionable** whether it can actually guarantee **effective protection of equal opportunities against state-induced distortions of competition**.

Thus, the protection of European undertakings or the European market economy under the existing rules is incomplete in certain situations. This is **particularly** the case **if third countries provide subsidies** which give undertakings a competitive advantage over undertakings not subsidised by third countries when operating in the EU, and if those subsidised undertakings can subsequently gain market share at the expense of these competitors. Competitive disadvantages for European undertakings not covered by the existing legal framework (i.e., the foreign trade and competition rules) may be assumed, for example, if undertakings subsidised by third countries **relocate their production to the EU** and sell their products here in order to circumvent anti-dumping or countervailing duties. The same applies if they provide subsidised **services**, since services – unlike goods – cannot be covered by foreign trade instruments. Competitive disadvantages also exist if undertakings subsidised by third countries are able to submit better bids than their non-subsidised competitors due to the subsidy in **company acquisition** or **procurement transactions**. It is true that the EU benefits from subsidies financed by the Chinese taxpayer, which result in low-priced input products or consumer goods for the manufacturing industry or European consumers. However, the understanding of competition in the EU, which is shaped by the European Treaties, also includes a competitive level playing field for undertakings operating in the internal market. To this end, the EU internal market is subject to State aid control in accordance with Article 107 et seq. TFEU. This is not applicable to third-country support measures with effects on the internal market. This is true even if companies are able to successively build up market power due to third party subsidies or if, conversely, companies withdraw from competition with subsidised competitors or abandon their own research and development efforts. In these cases there are regulatory gaps because the existing instruments do not cover third country subsidies.

To close the existing gaps, various **proposals** have recently been made, either to ensure **equal treatment of third country and Member State subsidies or to ensure fair competition by subjecting subsidised undertakings to stricter behavioural requirements (e.g., dominant undertakings)**. In this White Paper, three instrumental modules are proposed that should neutralise third-country subsidies in the sense of aid equivalence. One of the sub-instruments should generally allow for ex officio review of third-country subsidies, while the other two would specifically address the review of acquisitions and procurement transactions and would lead to a review upon notification. If a distortion of the EU internal market is found to exist, the subsidy could be required to be repaid or remedial action could be imposed on undertakings. The European Commission would be responsible for the application of the second sub-instrument, and responsibility would be shared between the Commission and Member State authorities. The White Paper had been preceded by proposals from the Netherlands and from associations, among others.

Based on the preceding considerations, the **Monopolies Commission advocates the introduction of an instrument for third-party aid, which would put third-country subsidies and Member State aid on an equal footing** as far as possible. In contrast to the considerations of the European Commission, however, this should be a **single instrument** without a breakdown into several sub-instruments. The modules proposed by the European Commission moreover relate to subsidies within the meaning of the Anti-Subsidy Regulation and sectoral competition law. The instrument advocated by the Monopolies Commission, on the other hand, would apply to all third-country subsidies which, as a Member State measure, would violate Article 107 (1) TFEU. Such an instrument **could be based on Articles 103, 109 in conjunction with Article 352 TFEU** and would likely be compatible with WTO law. The instrument would only ensure that all undertakings are treated equally in their economic activities in the EU internal market. The existing self-discrimination with regard to State aid would be reduced. The **possibility of recognising subsidy control regimes** comparable to EU State aid law would moreover limit the application of the newly proposed instrument to cases in which undertakings are effectively disadvantaged in their economic activities due to different treatment of subsidies. However, in order to minimise the potential for conflict with existing regulations, the instrument should be applied **subordinate to existing regulations under foreign trade and EU competition law**. To this end, the Monopolies Commission advocates the **procedural design as a power to intervene**. Especially **in cases of company acquisitions and** in the case of **Member State procurement** procedures where the subsidy is passed on to third parties, a **standstill obligation** should apply to all parties concerned, i.e. the procedure should be suspended pending the examination of the third country aid. This would prevent the subsidy from flowing to the seller in cases of business acquisition or, in the case of purchases, to the agent of the tendering body, which would then have to impose a possible countervailing duty on this indirect beneficiary.

The **competence** for the application of the instrument should **lie uniformly with the European Commission**. The procedure should be triggered by a **notification of the receipt of third-country subsidies** by the undertakings concerned. The European Commission would then have **to decide whether to open an investigation procedure**. This would be based on the likelihood that intervention may be necessary to eliminate the subsidy advantage in order to protect the EU internal market. In the investigation procedure, the European Commission would examine whether the subsidy is compatible with the EU internal market, taking into account the Union interest. If the answer is no, the European Commission would **oblige the undertakings concerned to pay a compensatory levy** to the EU budget. Alternatively, the undertakings concerned should be allowed to repatriate the economic advantage received to the third country. **Fines could be imposed** in the event of **non-cooperation**.

The EU authorities' **lack of information on** third-country subsidies for **state-owned enterprises (SOEs)** should be addressed by a presumption that undertakings with a third-country shareholding above a certain threshold (e.g., 20%) are benefiting from subsidies. It should also be possible to impose special **transparency obligations** on such undertakings in the event of intervention. Where information is not fully and accurately provided on request, the European Commission should generally be entitled to **rely on the facts available**. This could relate to accounting, the cost of goods and services or the volume or value of third country financing.

In this Biennial Report, the Monopolies Commission presents its **own draft regulation** in which it sets out its ideas on an instrument of third-country aid. The instrument could be set out in an EU regulation which would address both the distortions of competition in favour of undertakings subsidised by third countries and the information deficits regarding the subsidies.

The Monopolies Commission also proposes to adapt the **European merger control rules**. Where undertakings merge that may be exposed to potential competition from third-country undertakings, greater account should be taken in future of the fact that the **market entry of** such **undertakings may depend on political-strategic** and not just economic **considerations**. It should therefore be considered to make a corresponding addition to the Commission guidelines on the assessment of horizontal mergers.

In addition to the protection of competition in the EU internal market (defensive instruments), measures to protect European companies in the event of distortions of competition caused by third countries and to **enforce European competition principles in relation to third countries** (offensive instruments) are also being discussed. The Monopolies Commission points out that "defensive mergers" for the protection against companies subsidised by third countries - if necessary with political support - can pose similar competition problems as defensive or export cartels or defensive aid (use of so-called matching clauses). Apart from this, the Monopolies Commission comments on three partial aspects of the discussion on instruments that can be used to regulate relations with third countries: (i) the introduction of an international public procurement instrument, (ii) the EU connectivity strategy and (iii) the envisaged EU–China investment agreement.

The **International Procurement Instrument** (IPI), which has been discussed for some time, could help to address the existing inequalities in access to procurement markets in the EU and China. The purpose of the IPI is to allow price adjustment measures for bids from third country bidders in cases where third countries are not prepared to negotiate reciprocal market access and themselves disadvantage EU companies in public procurement. However, in dealing with Chinese state capitalism, the **creation of a competitive level playing field** in the EU internal market should be considered **a priority**.

The **EU connectivity strategy** is a counterpart to the Chinese project of a "Belt and Road" Initiative in relation to third countries. The EU connectivity strategy includes financial instruments to be used for investments in third countries, which can be used to fill gaps in financing for investments in the common interest, but also to offset competition-distorting Chinese financial measures. The EU should ensure that the EU connectivity strategy focuses on **pursuing**

common interests with the third countries concerned. The pursuit of a unilateral interest in promoting European undertakings could hinder the development of markets in the third countries concerned and thus also their rapprochement to the EU internal market.

Finally, it would be desirable for a possible **agreement on EU–China economic relations to cover in particular state subsidies**. This should not be limited to the investment sector, but should also cover goods and services in general. In negotiations on investment protection, it must be avoided that possible adjustments to the European legal framework as a result of a possible agreement conflict with standards of investment protection law. Conversely, effective enforcement must be ensured.

1 Einführung

551. Die Volksrepublik China (im Folgenden: China) hat in den vergangenen Jahrzehnten eine beeindruckende wirtschaftliche Entwicklung verzeichnet. Ausgangspunkt dieser positiven wirtschaftlichen Entwicklung waren die unter Deng Xiaoping ab dem Jahr 1978 eingeleiteten Wirtschaftsreformen, in deren Folge nach und nach marktwirtschaftliche Elemente in das zuvor rein planwirtschaftliche System Chinas eingeführt wurden. Heute ist China weder eine Markt- noch eine Planwirtschaft, sondern verfolgt vielmehr sein eigenes Wirtschaftssystem, das auch als „Sozialistische Marktwirtschaft mit chinesischen Merkmalen" bezeichnet wird. Hierbei handelt es sich um ein hybrides Wirtschaftsmodell, das sowohl staatswirtschaftliche als auch marktwirtschaftliche Elemente enthält und das durch ein hohes Maß an industriepolitischen Eingriffen in die Wirtschaft und einer Einflussnahme des Staates auf Unternehmen geprägt ist.

552. Ein wichtiger Meilenstein für die wirtschaftliche Entwicklung Chinas war der Beitritt zur Welthandelsorganisation (World Trade Organization – WTO) im Jahr 2001, in dessen Folge die Handelsbarrieren zwischen China und anderen WTO-Staaten deutlich reduziert wurden. Seit dem WTO-Beitritt ist Chinas Anteil am Welthandel deutlich gestiegen, sodass China heute die größte Handelsnation und insbesondere die größte Exportnation weltweit ist. Gemessen am kaufkraftbereinigten globalen Bruttoinlandsprodukt (BIP) war China im Jahr 2018 mit einem Anteil von ca. 18,7 Prozent zudem noch vor den Vereinigten Staaten mit einem Anteil von ca. 15,2 Prozent die größte Volkswirtschaft der Welt.[1]

553. Aktuell befindet sich die chinesische Wirtschaft in einer Umbruchphase. Während bis vor einigen Jahren noch jährlich zweistellige Wachstumsraten erreicht wurden, fallen die aktuellen Wachstumszahlen deutlich geringer aus. Ein wesentlicher Grund hierfür ist das Ende des sogenannten „nachholenden Wachstums", welches die chinesische Wirtschaftsentwicklung in den vergangenen Jahrzehnten stark geprägt hatte. China steht damit aktuell vor der Herausforderung, ein neues Entwicklungs- bzw. Wachstumsmodell zu identifizieren.[2] Der Wandel hin zu einer produktiveren und innovativeren Wirtschaftsstruktur wird dabei vonseiten des chinesischen Staates durch eine aktive Industriepolitik begleitet. Ein Beispiel hierfür ist die Industriestrategie „Made in China 2025", die unter anderem darauf abzielt, in zehn Industriezweigen zum weltweiten Marktführer zu werden. Auch die großen und innovativen chinesischen Technologieunternehmen, z. B. Alibaba, Huawei oder Tencent, verdeutlichen den stattfindenden Wandel Chinas von der verlängerten Werkbank der Welt hin zu einer produktiveren und innovativeren Wirtschaft.

554. Politisch beansprucht die Kommunistische Partei Chinas (KPCh) im chinesischen Einparteiensystem unverändert die uneingeschränkte Macht für sich. Seit der Amtsübernahme von Xi Jinping wurde die Rolle der KPCh zulasten der Regierungsorgane noch weiter gestärkt. Dies zeigt sich auch in einer noch intensiveren Einflussnahme der KPCh bzw. der chinesischen Regierung auf einzelne Unternehmen. Insgesamt ist derzeit eine Abkehr Chinas von dem lange Zeit vorherrschenden schrittweisen Ausbau marktwirtschaftlicher Mechanismen festzustellen. Die mit dem WTO-Beitritt Chinas vom Westen gehegte Hoffnung, China könnte sich zu einer Marktwirtschaft und einer offeneren Gesellschaft entwickeln, hat sich nicht erfüllt.[3]

555. Mit der gestiegenen wirtschaftlichen Bedeutung Chinas für die Weltwirtschaft gehen auch ein gestiegenes politisches Selbstbewusstsein und ein größerer Machtanspruch Pekings einher. China versucht, seinen politischen wie wirtschaftlichen Einfluss sowohl im asiatischen Raum als auch weltweit auszudehnen. In diesem Rahmen ist auch das Projekt einer „Neuen Seidenstraße" („Belt-and-Road-Initiative" – BRI) zu sehen. Diese verfolgt zwar offiziell das Ziel, neue interkontinentale Handels- und Infrastrukturnetze zwischen China und zahlreichen Ländern in Afrika, Asien und Europa zu schaffen. Gleichzeitig ermöglichen es die im Rahmen der BRI getätigten Investitionen dem chinesischen Staat aber auch, gegebenenfalls Einfluss auf politische Entscheidungen in den betroffenen Ländern zu nehmen. In der Europäi-

---

1 Internationaler Währungsfonds, World Economic Outlook Database, Stand Oktober 2019 zitiert nach Statista, Die 20 Länder mit dem größten Anteil am kaufkraftbereinigten globalen Bruttoinlandsprodukt (BIP) im Jahr 2018, https://de.statista.com/statistik/daten/studie/166229/umfrage/ranking-der-20-laender-mit-dem-groessten-anteil-am-weltweiten-bruttoinlandsprodukt, Abruf am 12. Juni 2020.

2 Taube, M., Grundzüge der wirtschaftlichen Entwicklung und ihre ordnungspolitischen Leitbilder in der VR China seit 1949, Duisburger Arbeitspapiere Ostasienwissenschaften, No. 96/2014, S. 15 ff.

3 BDI, Grundsatzpapier China. Partner und systemischer Wettbewerber – Wie gehen wir mit Chinas staatlich gelenkter Volkswirtschaft um?, Januar 2019, S. 2 f.

schen Union (EU) wurde im Rahmen der BRI insbesondere die Übernahme des griechischen Hafens von Piräus vollzogen. Bedeutend ist aus europäischer Sicht weiterhin das „17+1-Format", in dessen Rahmen jährlich Treffen zwischen dem chinesischen Ministerpräsidenten und den Regierungschefs mittel- und osteuropäischer Länder stattfinden. Auch hier geht es zwar primär um die Entwicklung der geschäftlichen Beziehungen zwischen den Ländern sowie um Investitionsmöglichkeiten für chinesische Unternehmen. Gleichzeitig kann China diese Beziehungen und die dadurch entstehenden wirtschaftlichen Abhängigkeiten möglicherweise aber auch nutzen, um vermehrt Einfluss auf Entscheidungen dieser Länder und damit auch auf Entscheidungen der EU zu nehmen.

556. In Anbetracht des wirtschaftlichen Aufholprozesses Chinas und der unterschiedlichen politischen und wirtschaftlichen Systeme wird teilweise bereits von einem Systemwettbewerb zwischen den marktwirtschaftlichen und liberalen politischen Systemen des Westens und dem autoritären, staatskapitalistischen System Chinas gesprochen.[4] Auch die Europäische Kommission hat China in einem Strategiepapier zuletzt als „Systemrivale[n], der alternative Governance-Modelle propagiert" bezeichnet.[5] Sie benennt dabei mehrere Maßnahmen aus unterschiedlichen Politikfeldern, die gegenüber China oder in Zusammenarbeit mit China ergriffen werden sollten. Mit Blick auf die wirtschaftlichen Beziehungen will die EU insbesondere mehr Gegenseitigkeit (Reziprozität) gegenüber China einfordern. In diesem Rahmen soll insbesondere eine Reform der WTO angegangen sowie ein bereits seit längerem mit China verhandeltes Investitionsabkommen abgeschlossen werden. Zudem sollen mit Blick auf mögliche Wettbewerbsprobleme bestehende Lücken im EU-Recht ermittelt werden, „um die wettbewerbsverzerrenden Auswirkungen ausländischer staatlicher Beteiligungen und Finanzierungen auf den Binnenmarkt vollständig zu beseitigen". Entsprechende Ankündigungen finden sich auch in der neuen Industriestrategie der Europäischen Kommission.[6] Demnach sollen die bestehenden EU-Wettbewerbsvorschriften unter anderem im Bereich der Fusionskontrolle sowie in Bezug auf staatliche Beihilfen überprüft werden. Im Juni 2020 hat die Europäische Kommission zudem ein Weißbuch vorgelegt, das die wettbewerbsverzerrenden Auswirkungen ausländischer Subventionen im Binnenmarkt sowie den ausländischen Zugriff auf öffentliche Aufträge in der EU und auf EU-Mittel thematisiert.[7] Um die Wettbewerbsverzerrungen durch drittstaatliche Subventionen zu erfassen, soll ein Vorschlag für einen Rechtsakt im Jahr 2021 vorgelegt werden.

557. Die Monopolkommission befasst sich in dem vorliegenden Kapitel mit dem Verhältnis zwischen China und der EU ihrem Auftrag entsprechend vorrangig aus wettbewerblicher Sicht. Hierzu wird zunächst das staatskapitalistische System Chinas sowie die Bedeutung Chinas für die Weltwirtschaft und insbesondere die EU beschrieben. Anschließend wird auf mögliche Wettbewerbsprobleme, die sich aus den zahlreichen Markteingriffen und staatlichen Unterstützungsmaßnahmen des chinesischen Staates, insbesondere in Form von Subventionen, im internationalen Wettbewerb und vor allem im EU-Binnenmarkt ergeben können, eingegangen. Im weiteren Verlauf wird untersucht, inwieweit diese Wettbewerbsprobleme mithilfe des geltenden wettbewerbsrechtlichen und außenwirtschaftlichen Instrumentariums ausreichend erfasst werden können und an welchen Stellen Reformbedarf besteht.

558. Ausgeklammert bleiben Probleme, die sich allein auf den chinesischen Markt beziehen und über den Wettbewerbsschutz im EU-Binnenmarkt nicht behoben werden können (z. B. Schutz des geistigen Eigentums und *Joint-Venture*-Zwang in China). Dem steht nicht entgegen, dass solche Probleme erhebliche Rückwirkungen auf die Wettbewerbsfähigkeit europäischer Unternehmen in der EU und auf den Weltmärkten haben können. Eine Lösung solcher Probleme kann allerdings nur innerhalb Chinas bzw. auf Basis gemeinsamer Abkommen zusammen mit China gefunden werden.

---

4 Siehe z. B. BDI, Grundsatzpapier China. Partner und systemischer Wettbewerber – Wie gehen wir mit Chinas staatlich gelenkter Volkswirtschaft um?, Januar 2019; Fuest, C., ifo Standpunkt Nr. 200: Der dritte Systemwettbewerb, 8. November 2018.

5 EU-Kommission und Hohe Vertreterin der Union für Außen- und Sicherheitspolitik, Mitteilung an das Europäische Parlament, den Europäischen Rat und den Rat – EU-China Strategische Perspektiven, JOIN (2019) 5 final, 12. März 2019, S. 7 (EU-Strategiepapier).

6 EU-Kommission, Mitteilung der Kommission an das Europäische Parlament, den Europäischen Rat, den Rat, den Europäischen Wirtschafts- und Sozialausschuss und den Ausschuss der Regionen – Eine neue Industriestrategie für Europa, COM(2020) 102 final, 10. März 2020.

7 EU-Kommission, Weißbuch: Gewährleistung fairer Wettbewerbsbedingungen bei Subventionen aus Drittstaaten, COM(2020) 253 final, 17. Juni 2020.

1.1 Merkmale des chinesischen Staatskapitalismus

559. China bezeichnet sein Wirtschaftssystem heute selbst als „Sozialistische Marktwirtschaft mit chinesischen Merkmalen". Es handelt sich dabei um ein hybrides Wirtschaftsmodell, das sowohl staatswirtschaftliche als auch marktwirtschaftliche Elemente enthält. Wesentliches Merkmal dieses Wirtschaftssystems ist die herausragende und lenkende Rolle des Staates bzw. der Kommunistischen Partei Chinas (KPCh).

560. Im chinesischen Wirtschaftssystem kommt der zentralstaatlichen Wirtschaftsplanung eine bedeutende Rolle zu. In übergeordneten Plänen der Zentralregierung, wie etwa dem nationalen Fünf-Jahres-Plan, aber auch der Strategie „Made in China 2025" oder der „Belt-and-Road"-Initiative, werden bestimmte ökonomische Ziele und Visionen definiert, wie etwa das Erreichen eines bestimmten Wirtschaftswachstums oder die strategische Förderung einzelner Wirtschaftsbereiche oder Schlüsselindustrien. Aus diesen übergeordneten Plänen der Zentralregierung werden wiederum entlang administrativer Hierarchien, organisatorischer Kompetenzen, thematischer Bereiche oder sektoraler Strukturen zahlreiche Subpläne abgeleitet.[8] Zusätzlich existieren sogenannte Kataloge, welche die Ziele der Pläne in messbare Key-Performance-Indikatoren übersetzen, sowie sogenannte Umsetzungsdokumente, welche die konkret eingesetzten Politikinstrumente ausweisen. Diese Pläne haben allerdings primär eine indikative Bedeutung und werden bei Bedarf kontinuierlich angepasst. Sie stellen insoweit vor allem eine grobe Leitlinie dar, an der sich die Regierungen und Institutionen auf den unterschiedlichen staatlichen Ebenen sowie die chinesischen Unternehmen orientieren können.

561. Eine besondere Rolle kommt im chinesischen Staatskapitalismus Staatsunternehmen (*state-owned enterprises* – SOEs) zu, wobei insbesondere die großen SOEs traditionell in strategischen Sektoren oder Schlüsselindustrien tätig sind. SOEs verfolgen dabei nicht allein kommerzielle Interessen, sondern sind häufig auch ein Instrument der Regierung, um die Kontrolle über Beschäftigung und die Ausrichtung der Wirtschaft zu behalten.[9] In diesem Rahmen sollen sie etwa dazu beitragen, die Konkurrenzfähigkeit Chinas in Schlüsselbranchen zu sichern, die wirtschaftliche und soziale Stabilität aufrechtzuerhalten und öffentliche Güter bereitzustellen. Angaben zur Anzahl der SOEs in China variieren aufgrund unterschiedlicher Begriffsdefinitionen bzw. Abgrenzungsschwierigkeiten hinsichtlich der Frage, was genau ein Staatsunternehmen ist. Im Mindesten ist den Definitionen gemeinsam, dass eine staatliche Kapitalbeteiligung oder eine (nicht näher konkretisierte) staatliche Eigentümerschaft besteht.[10] Nach einem Bericht der Weltbank gab es in China im Jahr 2015 ca. 167.000 SOEs außerhalb des Finanzsektors.[11] Zwischen 2008 und 2015 ist die Anzahl der SOEs demnach um ca. 52 Prozent gestiegen. Andere Quellen schätzen die Anzahl der SOEs auf ca. 150.000.[12] Ca. ein Drittel der SOEs wird von der Zentralregierung kontrolliert, die übrigen SOEs sind im Besitz von Provinz- und Stadtregierungen. Aktuell unterstehen 97 der Zentralregierung unterliegende Großkonzerne der direkten Aufsicht durch die Kommission zur Kontrolle und Verwaltung von Staatsvermögen (State-owned Assets Supervision and Administration Commission of the State Council – SASAC).[13] Aufgabe der SASAC ist unter anderem sicherzustellen, dass die beaufsichtigten Großkonzerne im internationalen Vergleich wettbewerbsfähig und rentabel sind. Zudem soll sie den Abfluss von Staatsgeldern verhindern. Seit dem

---

8 Taube, M./in der Heiden, P. T., Assessment of the normative and policy framework governing the Chinese economy and its impact on international competition. Final Extended Report, Gutachten für AEGIS Europe, 13. August 2015, https://static1.squarespace.com/static/5537b2fbe4b0e49a1e30c01c/t/55d1966ae4b02198ab303ccb/1439798890849/MES%2BChina%2BStudy_Taube_Full%2BVersion-13August15_F.pdf, Abruf am 30. Juni 2020.

9 Zumholz, M., Staatsunternehmen, in: Darimont, B., Wirtschaftspolitik der Volksrepublik China, Wiesbaden 2020, S. 70, 76.

10 Siehe z. B. OECD: „state exercises legal ownership"/„Staat eine Eigentümerfunktion wahrnimmt"; siehe OECD, Competitive Neutrality, Report, 2012, S. 17; OECD-Leitsätze zu Corporate Governance in staatseigenen Unternehmen, Ausgabe 2015, S. 15, https://read.oecd-ilibrary.org/governance/oecd-leitsatze-zu-corporate-governance-in-staatseigenen-unternehmen-ausgabe-2015_9789264251526-de#page1, Abruf am 30. Juni 2020.

11 Weltbank/Development Research Center of the State Council, the People's Republic of China, Innovative China. New Drivers of Growth, 2019, S. 42.

12 EU-Kommission, Commission Staff Working Document On Significant Distortions In The Economy Of The People's Republic Of China For The Purposes Of Trade Defence Investigations, SWD(2017) 483 final/2, 20. Dezember 2017, S. 88 f.; Zumholz, M., Staatsunternehmen, in: Darimont, B., Wirtschaftspolitik der Volksrepublik China, Wiesbaden 2020, S. 74.

13 Siehe hierzu die Liste auf der Website der SASAC, http://www.sasac.gov.cn/n2588035/n2641579/n2641645/index.html, Abruf am 12. Juni 2020.

Jahr 2010 übernimmt die SASAC ferner Aufgaben im Bereich der Umstrukturierung, Regulierung, Aufsicht sowie der strategischen Organisation des Staatssektors.[14] Die Lokalregierungen auf Provinz- oder Stadtebene verfügen über ähnliche Verwaltungsapparate wie die SASAC.

562. Trotz ihrer zentralen Stellung im chinesischen Wirtschaftssystem haben SOEs über die letzten Jahrzehnte insgesamt an Relevanz verloren, wenngleich ihre Bedeutung entgegen diesem Trend seit einigen Jahren wieder zunimmt. Ursächlich für die zunächst rückläufige Bedeutung von SOEs waren insbesondere umfangreiche Wirtschaftsreformen, durch die die wirtschaftliche Betätigung von Privatunternehmen gefördert bzw. erleichtert wurde. Angaben zur quantitativen Bedeutung von SOEs für die chinesische Wirtschaft variieren. In einer älteren Studie der Weltbank wird etwa geschätzt, dass von 1998 bis 2010 der Anteil von SOEs an der industriellen Gesamtbeschäftigung von ca. 61 auf ca. 19 Prozent und ihr Anteil an der Gesamtzahl der Industrieunternehmen von ca. 39 auf ca. 4,5 Prozent zurückgegangen ist.[15] Für das Jahr 2015 beziffert die Weltbank den Anteil der SOEs außerhalb des Finanzsektors am chinesischen Bruttoinlandsprodukt (BIP) auf ca. 52 Prozent.[16] Eine andere Untersuchung schätzt für das Jahr 2017 den Anteil von SOEs an der Gesamtbeschäftigung in China auf ca. 5 bis 16 Prozent und ihren Anteil am chinesischen BIP auf ca. 23 bis 28 Prozent.[17] Hiervon ungeachtet hat die Bedeutung von SOEs insbesondere seit der Amtsübernahme durch Präsident Xi Jinping wieder zugenommen. Dies zeigt sich nicht zuletzt in einigen politisch verordneten Großfusionen chinesischer SOEs, durch die international wettbewerbsfähige Unternehmen geschaffen werden sollen. Auch der Internationale Währungsfonds (IWF) weist in einem Länderbericht darauf hin, dass SOEs seit der Finanzkrise gewachsen sind und die Gefahr bestehe, dass der Privatsektor infolge aktueller Reformen verdrängt werde.[18]

563. Die Bedeutung privater Unternehmen für die chinesische Wirtschaft hat seit Einleitung der Wirtschaftsreformen im Jahr 1978 zugenommen. Viele frühere SOEs sind in den vergangenen Jahrzehnten in den Privatsektor überführt worden. Private Unternehmen sind zudem der wesentliche Treiber des chinesischen Wirtschaftswachstums.[19] Ihr Anteil am chinesischen BIP wird auf bis zu 70 Prozent und ihr Anteil an der Gesamtbeschäftigung auf ca. 60 bis 85 Prozent geschätzt, wobei die Angaben teilweise stark variieren.[20] Im Vergleich mit chinesischen SOEs gelten chinesische Privatunternehmen insgesamt als wesentlich produktiver und erfolgreicher, was nicht zuletzt darauf zurückgeführt wird, dass sie stärker marktorientiert sind. Chinesische Privatunternehmen sind zudem wesentlich weniger verschuldet als chinesische SOEs. So lag etwa der Verschuldungsgrad, d. h. das Verhältnis zwischen dem bilanziellen Fremd- und Eigenkapital, privater Unternehmen im Jahr 2016 bei ca. 105 Prozent und der von SOEs bei ca. 160 Prozent.[21]

564. Ungeachtet der bestehenden Unterschiede zwischen staatlichen und privaten Unternehmen ist zu beachten, dass eine Unterteilung chinesischer Unternehmen allein nach der Eigentümerschaft in privat und staatlich nicht in jedem Fall zielführend ist.[22] So gibt es sowohl staatliche als auch private Unternehmen, die eher staatsnah sind und stark staatlich

---

14 Zumholz, M., Staatsunternehmen, in: Darimont, B., Wirtschaftspolitik der Volksrepublik China, Wiesbaden 2020, S. 73.

15 Weltbank/Development Research Center of the State Council, the People's Republic of China, China 2030: Building a Modern, Harmonious, and Creative Society, 2013, http://www.worldbank.org/content/dam/Worldbank/document/China-2030-complete.pdf, Abruf am 2. Juni 2020.

16 Weltbank/Development Research Center of the State Council, the People's Republic of China, Innovative China. New Drivers of Growth, 2019, S. 42.

17 Zhang, C., How Much Do State-Owned Enterprises Contribute to China's GDP and Employment?, 15. Juli 2019, http://documents.worldbank.org/curated/en/449701565248091726/pdf/How-Much-Do-State-Owned-Enterprises-Contribute-to-China-s-GDP-and-Employment.pdf, Abruf am 12. Juni 2020.

18 Internationaler Währungsfonds, IMF Country Report No. 17/247: The People's Republic of China – 2017 Article IV Consultation, August 2017, S. 16.

19 Siehe hierzu z. B. World Economic Forum, Explained, the role of China's state-owned companies, https://www.weforum.org/agenda/2019/05/why-chinas-state-owned-companies-still-have-a-key-role-to-play, Abruf am 12. Juni 2020.

20 Cordes, E. et al., Privatunternehmen, in: Darimont, B., Wirtschaftspolitik der Volksrepublik China, Wiesbaden 2020, S. 85 ff.

21 Cordes, E. et al., a. a. O., S. 90; Lardy, N. R., The State Strikes Back. The End of Economic Reform in China?, Washington, DC 2019, S. 61.

22 Siehe hierzu etwa EU-Kommission, Commission Staff Working Document On Significant Distortions In The Economy Of The People's Republic Of China For The Purposes Of Trade Defence Investigations, SWD(2017) 483 final/2, 20. Dezember 2017.

gefördert werden, als auch eher marktbasierte und wettbewerbsorientierte chinesische Unternehmen.[23] Zudem übt der chinesische Staat sowohl auf SOEs als auch auf viele private Unternehmen, insbesondere solche, deren Produkte als strategisch wichtig erachtet werden, Einfluss aus. Kennzeichnend für das politökonomische System Chinas ist insoweit eine „weitgehende Interessenkongruenz" zwischen der KPCh, der Regierung und den Unternehmen sowie eine „weitreichende Identität" der Eliten und Entscheidungsträger in der KPCh und der Staatsregierung sowie der Unternehmenslenker der führenden chinesischen Firmen.[24] Der steigende Einfluss des chinesischen Staates in den letzten Jahren zeigt sich zudem in einer Zunahme von Parteizellen in Privatunternehmen. Von Bedeutung ist in diesem Rahmen schließlich auch das „Corporate Social Credit System", durch das der chinesische Staat letztlich das Verhalten von Unternehmen überwachen und sanktionieren kann.

565. Abgesehen von dieser Einflussnahme auf Unternehmensentscheidungen greift der chinesische Staat zur Erreichung seiner industriepolitischen Ziele auf vielfache Weise in das Wirtschaftsgeschehen ein. Dies betrifft zum einen die Preissetzung in zahlreichen Bereichen. Preisverzerrende Eingriffe finden sich dabei vor allem auf vorgelagerter Ebene, etwa bei den Preisen für Kapital, Land, Arbeit und Energie, während eine freie Preisbildung gerade im Konsumgüterbereich vorherrscht.[25] Zum anderen greift der Staat mittels staatlicher Unterstützungsmaßnahmen für bestimmte Branchen oder Unternehmen gezielt in Märkte ein. Dies geschieht etwa in Form wirtschaftlicher Vergünstigungen (Subventionen), in direkter Form, z. B. von Finanzhilfen, aber auch indirekt in Form z. B. von steuerlichen Vergünstigungen. Wichtig ist dabei zu betonen, dass von solchen Maßnahmen des chinesischen Staates zur Unterstützung bzw. Subventionierung einzelner Unternehmen oder Branchen sowohl staatliche als auch private Unternehmen profitieren können.

566. Eine mögliche und in den letzten Jahren wiederholt aufgetretene Folge der interventionistischen Politik Chinas ist der Aufbau von Überkapazitäten. Beispiele hierfür sind etwa die Aluminium- und Stahlindustrie, die insbesondere von umfangreichen Energiesubventionen des chinesischen Staates profitiert haben. Sofern entsprechende Überkapazitäten in diesen Sektoren durch den Export auch zu einer Angebotssteigerung im Ausland führen, wirken sich diese zunächst auf den chinesischen Markt beschränkten Verzerrungen auch international zum Nachteil ausländischer Konkurrenten aus.

567. Schließlich existieren in China zahlreiche Restriktionen, durch die ausländische Unternehmen benachteiligt werden. Dies betrifft insbesondere den Marktzugang, der in vielen Sektoren für ausländische Unternehmen beschränkt ist. So bestehen etwa in einigen Branchen Investitionsverbote oder Beteiligungsobergrenzen, in anderen Wirtschaftsbereichen ist der Marktzugang nur im Rahmen von Joint Ventures unter Beteiligung eines chinesischen Unternehmens möglich. Derartige Beschränkungen werden unter anderem eingesetzt, um ausländische Investitionen gezielt in bestimmte Branchen zu lenken oder Technologie und Know-how ausländischer Unternehmen in China zu nutzen. Daneben werden nicht chinesische Unternehmen auch bei öffentlichen Vergabeverfahren benachteiligt. Hingewiesen wird insoweit etwa auf „nicht nachvollziehbare Standards", „Buy Chinese"-Verpflichtungen sowie Punktesysteme, durch die ausländische Unternehmen gegenüber chinesischen Unternehmen schlechtergestellt werden.[26]

1.2 Chinas Bedeutung für die Weltwirtschaft und die Europäische Union wächst

568. Die Bedeutung Chinas für die Weltwirtschaft ist in den vergangenen Jahrzehnten erheblich gestiegen. Insbesondere seit dem Beitritt Chinas zur WTO im Jahr 2001 ist es zu erheblichen Verschiebungen im Welthandel gekommen. Vom Jahr 2002 bis zum Jahr 2018 ist der Anteil Chinas (ohne Hongkong) am weltweiten Warenexport, ohne Berücksichtigung des Warenhandels innerhalb der EU, von ca. 7 auf ca. 17 Prozent gestiegen, während die Anteile der EU und der Ver-

---

23 Huotari, M., Staat und Wirtschaft, in: Heilmann, S., Das politische System der Volksrepublik China, Wiesbaden 2016, S. 199 f.

24 Taube, M., Chinas Streben nach Zukunftstechnologien – partnerschaftliches Agieren von Staat und Unternehmertum als Erfolgsgeheimnis, ifo Schnelldienst 71(14), 2018, S. 18.

25 EU-Kommission, Commission Staff Working Document On Significant Distortions In The Economy Of The People's Republic Of China For The Purposes Of Trade Defence Investigations, SWD(2017) 483 final/2, 20. Dezember 2017; Taube, M./in der Heiden, P. T., a. a. O.

26 Siehe BDI, Grundsatzpapier China. Partner und systemischer Wettbewerber – Wie gehen wir mit Chinas staatlich gelenkter Volkswirtschaft um?, Januar 2019, S. 16.

einigten Staaten (USA) von rund 18,3 bzw. 15,2 Prozent auf ca. 15,6 bzw. 11,3 Prozent gesunken sind.[27] Betrachtet man die Warenimporte, so ist in dem gleichen Zeitraum der Anteil Chinas (ohne Hongkong) von ca. 6 auf ca. 14 Prozent gestiegen, während der Anteil der EU von rund 18,4 auf 15,2 Prozent und der Anteil der USA von fast 25 auf ca. 17 Prozent zurückgegangen ist.

Abbildung IV.1: Entwicklung der Anteile an den weltweiten Warenexporten

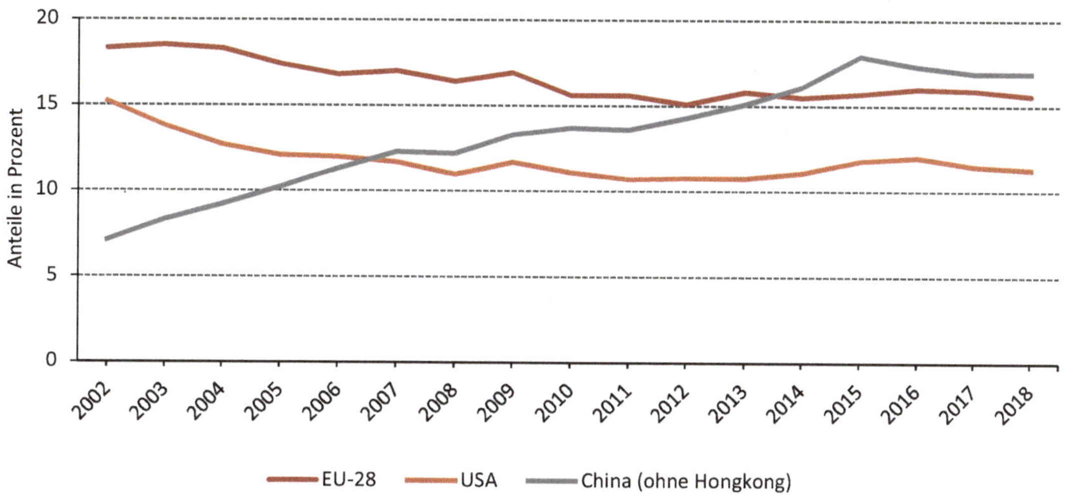

Quelle: Eurostat (ext_lt_introle); eigene Darstellung

Abbildung IV.2: Entwicklung der Anteile an den weltweiten Warenimporten

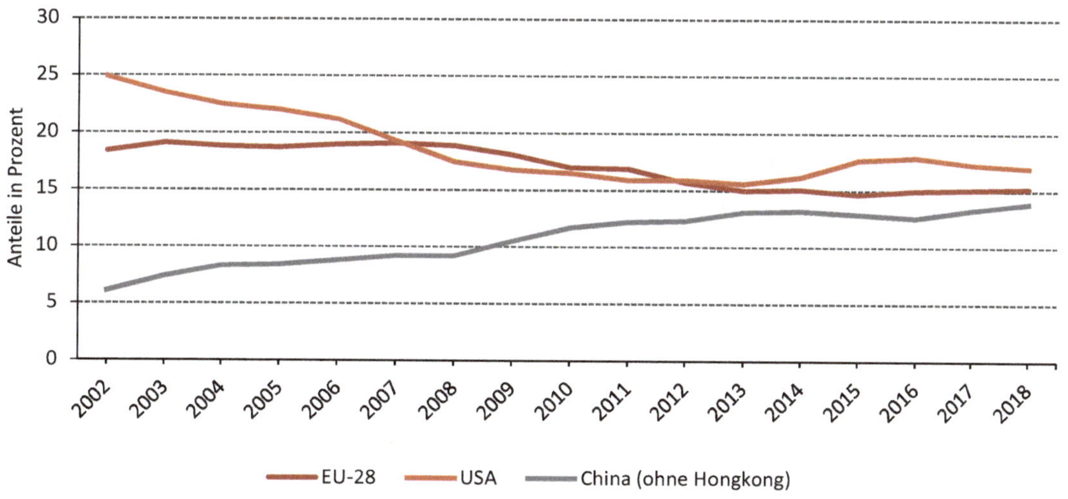

Quelle: Eurostat (ext_lt_introle); eigene Darstellung

569. Der internationale Aufstieg Chinas hat in vielen Regionen der Welt zu Änderungen in der Wirtschaftsstruktur geführt. In vielen Ländern kam es durch die erhöhte Importkonkurrenz in Folge der gestiegenen Importe aus China, mit denen heimische Unternehmen preislich nicht konkurrieren konnten, zu Marktaustritten und damit einhergehend zu

27 Vgl. Eurostat, Share of EU in the World Trade, http://appsso.eurostat.ec.europa.eu/nui/show.do?dataset=ext_lt_introle, Abruf am 12. Juni 2020.

Arbeitsplatzverlusten. Eine Studie für die USA zeigt etwa, dass der Beitritt Chinas zur WTO in den USA einen negativen Einfluss auf Arbeitsplätze und die Löhne Geringqualifizierter hatte.[28] Für Deutschland sind demgegenüber im Aggregat keine derartigen Auswirkungen feststellbar.[29] Dies wird unter anderem darauf zurückgeführt, dass sich die deutsche Industrie bereits vorab an die günstigere Konkurrenz aus Osteuropa angepasst hatte, durch die Ostöffnung neue Exportmöglichkeiten entstanden und sich für deutsche Qualitätsprodukte neue Absatzmöglichkeiten in China eröffneten.[30]

570. Betrachtet man die bilateralen Handelsbeziehungen zwischen China und der EU, so ist China heute nach den USA der zweitgrößte Handelspartner der EU und die EU Chinas größter Handelspartner. Seit dem Beitritt Chinas zur WTO ist das Warenhandelsvolumen zwischen China und der EU stark angestiegen. Im Jahr 2019 lag das gehandelte Warenvolumen zwischen der EU und China (ohne Hongkong) bei ca. EUR 645 Mrd.[31] Hiervon entfielen ca. EUR 225 Mrd. auf Exporte der EU nach China und ca. EUR 420 Mrd. auf Importe aus China in die EU. Der Anteil Chinas am Warenexport der EU ist zwischen 2002 und 2019 von ca. 4 auf ca. 11 Prozent und am Warenimport der EU von ca. 9,7 auf ca. 20,4 Prozent gestiegen. Berücksichtigt man zusätzlich den Warenhandel der EU mit Hongkong, der im Jahr 2019 ca. EUR 36,7 Mrd. an EU-Exporten und ca. EUR 11,3 Mrd. an EU-Importen umfasste, so erhöht sich der Anteil Chinas (inkl. Hongkong) an den EU-Exporten im Jahr 2019 auf ca. 12,8 Prozent und an den EU-Importen auf ca. 21 Prozent. Das Warenhandelsvolumen der EU mit den USA belief sich demgegenüber im Jahr 2019 auf ca. EUR 744 Mrd., wovon ca. EUR 450 Mrd. auf Exporte der EU in die USA und ca. EUR 294 Mrd. auf Importe der EU aus den USA entfielen. Der Anteil der Warenexporte in die USA ist von 2002 bis 2019 von ca. 28 auf ca. 22 Prozent und der Anteil der Warenimporte aus den USA von ca. 19,5 auf ca. 14,3 zurückgegangen.

Abbildung IV.3: Höhe und Anteile der Warenexporte der EU-28 nach China und in die USA

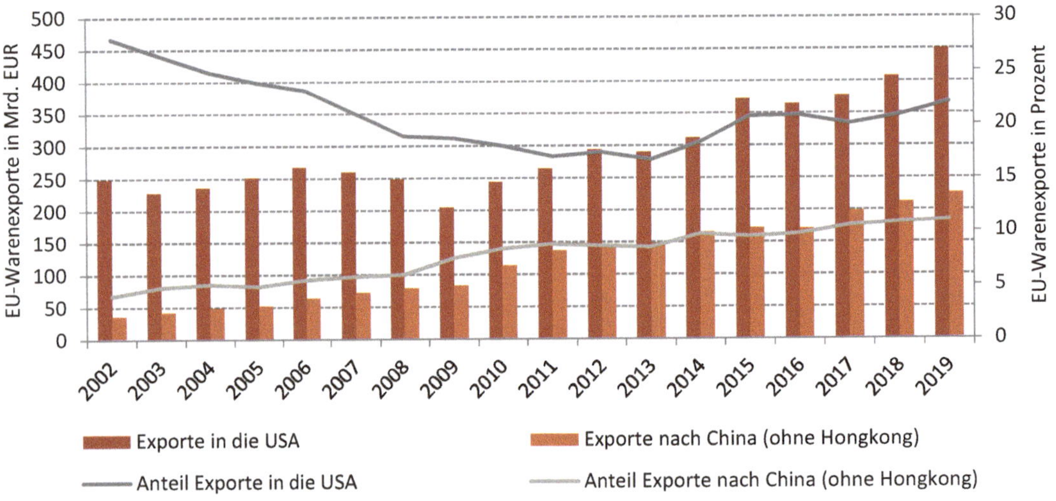

Quelle: Eurostat (ext_lt_maineu); eigene Darstellung

[28] Autor, D. H. et al., The China Syndrome: Local Labor Market Effects of Import Competition in the United States, American Economic Review 103(6), 2013, S. 2162–68.

[29] Dauth, W. et al., The Rise of the East and the Far East: German Labor Markets and Trade Integration, Journal of the European Economic Association 12(6), 2014, S. 1643–75.

[30] Vgl. Marin, D., Der Chinaschock: Was macht Deutschland anders?, Ökonomenstimme, 25. September 2017, https://www.oekonomenstimme.org/artikel/2017/09/der-china-schock-was-macht-deutschland-anders, Abruf am 12. Juni 2020 sowie die dort angegebene Literatur.

[31] Eurostat, Extra-EU trade by partner (ext_lt_maineu), https://appsso.eurostat.ec.europa.eu/nui/show.do?dataset=ext_lt_maineu, Abruf am 12. Juni 2020.

Abbildung IV.4: Höhe und Anteile der Warenimporte der EU-28 aus China und den USA

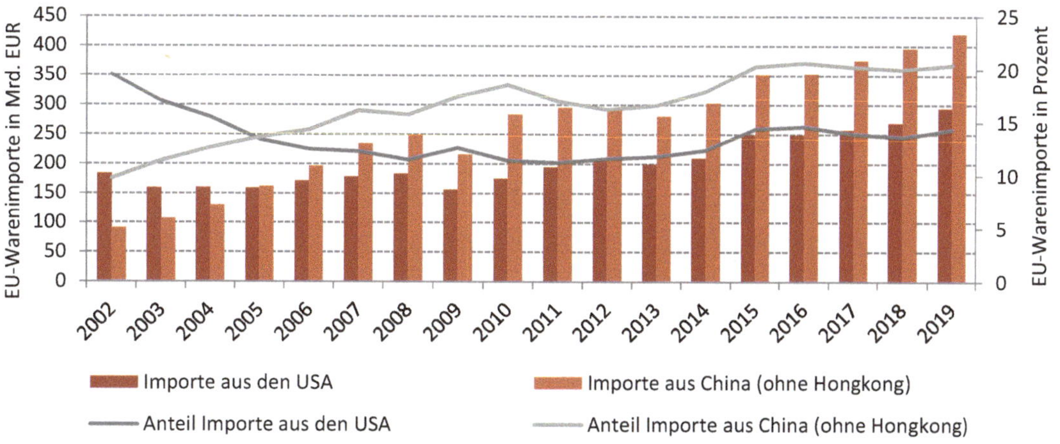

Quelle: Eurostat (ext_lt_maineu); eigene Darstellung

571. Im Vergleich zum Warenhandel ist der Handel mit Dienstleistungen zwischen der EU und China weniger stark ausgeprägt. Nach den USA (ca. EUR 494 Mrd.) und der Schweiz (ca. EUR 192 Mrd.) ist China der drittstärkste Handelspartner der EU im Dienstleistungsbereich. Das Volumen im Dienstleistungshandel zwischen der EU und China ist von 2010 bis 2018 von ca. EUR 36,9 Mrd. auf ca. EUR 83,7 Mrd. (ohne Hongkong) bzw. von ca. EUR 54 Mrd. auf ca. 113 Mrd. (inklusive Hongkong) angestiegen.[32] Im Jahr 2018 entfielen ca. EUR 51,8 Mrd. auf EU-Exporte nach und ca. EUR 31,9 Mrd. auf EU-Importe aus China (ohne Hongkong) sowie ca. EUR 14,5 Mrd. auf EU-Exporte nach und ca. EUR 14,8 Mrd. auf EU-Importe aus Hongkong. Insgesamt weist die EU somit – anders als im Warenhandel – im Dienstleistungshandel einen Überschuss mit China auf. Ohne Hongkong lag der Anteil Chinas an den Exporten und Importen der EU im Dienstleistungsbereich im Jahr 2018 bei ca. 5,4 bzw. ca. 4,1 Prozent, inklusive Hongkong erhöhen sich diese Anteile auf ca. 6,9 bzw. ca. 6 Prozent. Auf die USA entfiel demgegenüber ein Anteil von ca. 26,8 Prozent der Dienstleistungsexporte bzw. 30,5 Prozent der Dienstleistungsimporte der EU.

32 Eurostat, International trade in services (since 2010) (BPM6), https://appsso.eurostat.ec.europa.eu/nui/show.do?dataset=bop_its6_det, Abruf am 12. Juni 2020.

Abbildung IV.5: Entwicklung des Dienstleistungshandels zwischen der EU-28 und China

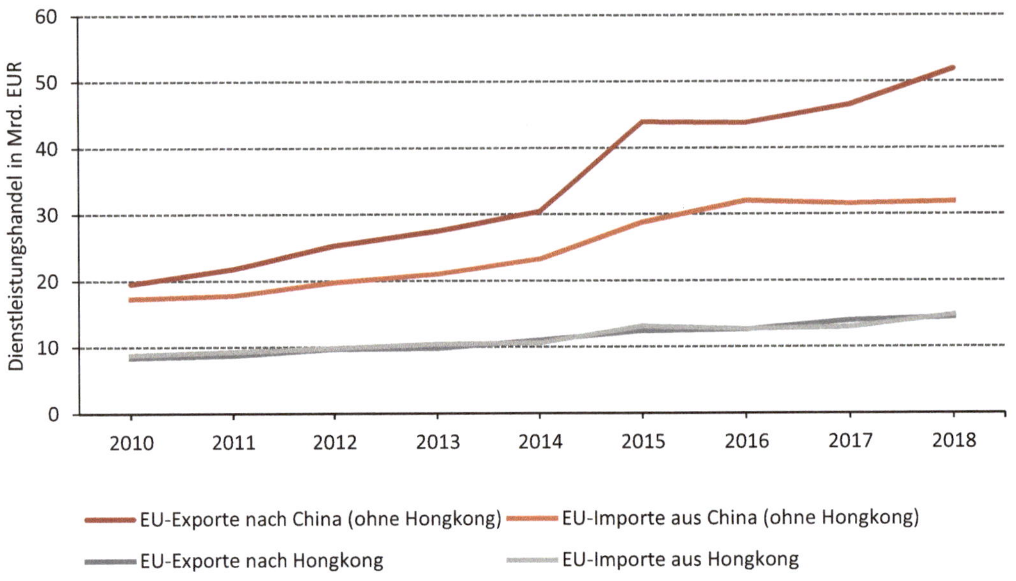

Quelle: Eurostat (bop_its6_det); eigene Darstellung

572. Neben dem Waren- und Dienstleistungshandel ist auch das Volumen der chinesischen Direktinvestitionen in der EU, insbesondere in der Form von Unternehmensbeteiligungen und -übernahmen, in den letzten zwei Jahrzehnten deutlich gestiegen. Im Jahr 2018 wurden ca. 40 Prozent der chinesischen Direktinvestitionen in Europa getätigt.[33] Die Angaben zur Höhe der chinesischen Direktinvestitionen variieren aufgrund unterschiedlicher Berechnungsmethoden je nach Quelle.[34] Nach einer Studie von Rhodium Group (RHG) und dem Mercator Institute for China Studies (MERICS) sind die chinesischen Direktinvestitionen in der EU-28 vom Jahr 2000 bis zum Jahr 2019 von jährlich ca. EUR 0,1 Mrd. auf ca. EUR 11,7 Mrd. angestiegen.[35] Seit einem Höchststand im Jahr 2016 von ca. EUR 37,3 Mrd. ist das Volumen der jährlichen chinesischen Direktinvestitionen rückläufig und entspricht aktuell ungefähr dem Niveau der Jahre 2013/2014.[36] Ebenfalls rückläufig ist der traditionell hohe Anteil chinesischer Staatsunternehmen an den chinesischen Direktinvestitionen in der EU. Im Jahr 2019 entfielen auf chinesische Staatsunternehmen nur noch 11 Prozent der chinesischen Direktinvestitionen in der EU im Vergleich zu mehr als 70 Prozent im Zeitraum von 2010 bis 2015.[37] Trotz des aktuellen Rückgangs haben die jährlichen chinesischen Direktinvestitionen die Direktinvestitionen der EU in China in den vergangenen Jahren deutlich überstiegen. Letztere lagen im Jahr 2019 bei ca. EUR 10,9 Mrd.

---

33 Felbermayr, G. et al., Feindliche Übernahme? Chinas Auslandsinvestitionen unter der Lupe, ifo Schnelldienst 72(8), 2019, S. 27–39.

34 Nach offizieller Definition liegt eine Direktinvestition vor, wenn der Investor mindestens 10 Prozent der Stammaktien oder Stimmrechte erwirbt und damit Einfluss auf das ausländische Unternehmen nehmen kann. Nach dieser Definition ist etwa die Beteiligung von Geely an Daimler in Höhe von 9,7 Prozent im Jahr 2018 nicht als Direktinvestition zu werten.

35 Rhodium Group/Merics, Chinese FDI in Europe: 2019 Update. Special Topic: Research Collaborations, April 2020.

36 Als wesentliche Gründe für den Rückgang der Direktinvestitionen seit 2016, der den weltweiten Rückgang chinesischer Investitionen widerspiegelt, werden anhaltende Kapitalkontrollen und eine Verknappung der Liquidität in China genannt. Zudem wird auf neue Regularien im Bereich der Investitionskontrolle einiger Mitgliedstaaten verwiesen, wodurch chinesische Auslandsinvestitionen verstärkt auf Sicherheitsrisiken überprüft wurden. Dies könnte Investitionen verzögert oder verhindert haben. Siehe hierzu Rhodium Group/Merics, Chinese FDI in Europe: 2018 Trends and Impact of New Screening Policies, März 2019.

37 Der Rückgang wird zum einen auf umfangreiche Direktinvestitionen chinesischer Privatunternehmen sowie zum anderen auf Restriktionen in China selbst sowie Abwehrmaßnahmen bzw. ein sich veränderndes regulatorisches Umfeld in der EU zurückgeführt. Siehe hierzu Rhodium Group/Merics, Chinese FDI in Europe: 2019 Update. Special Topic: Research Collaborations, April 2020.

Abbildung IV.6: Entwicklung der jährlichen Direktinvestitionen zwischen der EU-28 und China

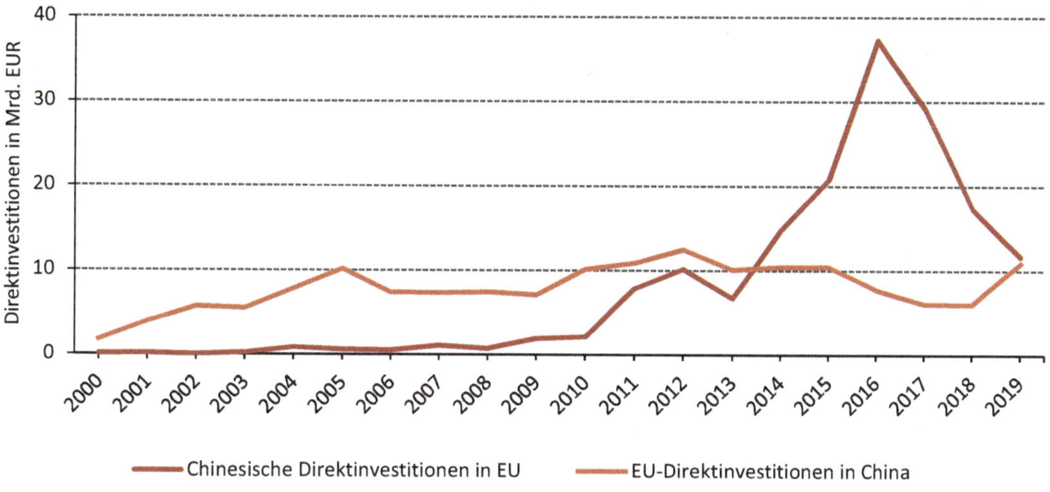

Anm.: Die Daten zeigen den Gesamtwert der Direktinvestitionstransaktionen von Unternehmen aus Festlandchina bzw. der EU, die mit einer signikanten Unternehmenskontrolle einhergehen (> 10 % Eigenkapitalanteil). Erfasst sind sowohl Erwerbsvorgänge als auch Unternehmensneugründungen (Greenfield-Investment).

Quelle: Rhodium Group; eigene Darstellung

573. Die genannten Daten verdeutlichen die zunehmende Aktivität chinesischer Investoren in der EU in den letzten Jahren. Dessen ungeachtet ist der Bestand chinesischer Direktinvestitionen in der EU etwa im Vergleich zum Bestand US-amerikanischer Direktinvestitionen weiterhin gering. So belief sich der Bestand US-amerikanischer Direktinvestitionen in der EU Ende 2018 auf ca. EUR 2.180 Mrd., während der Bestand an chinesischen Direktinvestitionen bei ca. EUR 63 Mrd. (ohne Hongkong) bzw. ca. EUR 231 Mrd. (inkl. Hongkong) lag.[38] Allerdings hat sich der Bestand chinesischer Direktinvestitionen in der EU in den vergangenen Jahren kontinuierlich erhöht, während der Bestand US-amerikanischer Direktinvestitionen seit einem Höchststand im Jahr 2016 von ca. EUR 2.568 Mrd. rückläufig ist. Gleichzeitig lag der Bestand der Direktinvestitionen der EU in China Ende 2018 mit ca. EUR 190 Mrd. (ohne Hongkong) bzw. EUR 351 Mrd. (inkl. Hongkong) weiterhin über dem Bestand chinesischer Direktinvestitionen in der EU.

574. Der insgesamt deutliche Anstieg des chinesischen Direktinvestitionsvolumens ist – von der grundsätzlichen Zunahme an Transaktionen abgesehen – durch einzelne, sehr große Investitionen getrieben. Mit Blick auf Deutschland ist hier z. B. die Übernahme von Kuka durch Midea im Jahr 2016 in Höhe von EUR 4,5 Mrd. zu erwähnen.[39] Eine aktuelle Studie zeigt zudem, dass Unternehmenskäufe chinesischer Investoren Unterschiede zu den Käufen von Investoren aus anderen Staaten aufweisen. Chinesische Investoren kaufen demnach vor allem höher verschuldete Unternehmen mit einer niedrigeren Profitabilität.[40] Daneben bestehen Unterschiede zwischen den Investitionen von chinesischen Staats- und privaten Unternehmen. Die Investitionen chinesischer SOEs orientieren sich stark an den strategischen Zielen, wie sie in den staatlichen Plänen, z. B. der „Belt-and-Road"-Initiative und „Made in China 2025", genannt sind. Für private chinesische Investoren ist ein solcher Fokus hingegen nicht feststellbar.

---

38 Eurostat, EU direct investment positions, flows and income, breakdown by partner countries (BPM6), https://appsso.eurostat.ec.europa.eu/nui/show.do?dataset=bop_fdi6_geo, Abruf am 12. Juni 2020.

39 Bedeutsam ist ferner etwa der Einstieg von Geely bei Daimler mit ca. EUR 7,5 Mrd. im Jahr 2018. Da Geely allerdings weniger als 10 Prozent der Stimmrechte erworben hatte, wird diese Transaktion in vielen Statistiken nicht als ausländische Direktinvestition erfasst.

40 Fuest, C. et al., What Drives Chinese Overseas M&A Investment? Evidence from Micro Data, EconPol Working Paper 33, November 2019.

1.3 Wettbewerbsrelevanz für die Europäische Union

575. Vor dem Hintergrund der zunehmenden Konkurrenzsituation zwischen europäischen und chinesischen Unternehmen werden einige industriepolitische Praktiken Chinas, die auf unterschiedlichen Märkten zu Wettbewerbsverzerrungen führen, zunehmend kritisch hinterfragt. Grob unterscheiden lassen sich dabei einerseits Maßnahmen, die den Zugang zum chinesischen Markt für europäische Unternehmen einschränken, und andererseits Maßnahmen, die zu Wettbewerbsvorteilen für chinesische Unternehmen führen, wobei diese Wettbewerbsvorteile sich sowohl in China selbst als auch auf den internationalen Handel und auf den EU-Binnenmarkt auswirken können.[41]

576. Der Marktzugang für europäische Unternehmen zum chinesischen Markt ist, wie einleitend dargestellt, stark eingeschränkt. In einigen Sektoren sind generell keine ausländischen Investitionen möglich, in anderen Sektoren besteht ein Joint-Venture-Zwang. Durch solche Maßnahmen versucht der chinesische Staat, ausländische Investitionen gezielt in bestimmte Sektoren zu lenken. Im Gegensatz hierzu ist der Zugang zum europäischen Binnenmarkt für chinesische Unternehmen vergleichsweise offen, wenngleich inzwischen auch innerhalb der EU Verschärfungen bei der Überprüfung von ausländischen Direktinvestitionen stattgefunden haben. Die unterschiedliche Offenheit der chinesischen Volkswirtschaft sowie der EU verdeutlicht plastisch auch der „FDI Regulatory Restrictiveness Index" der OECD. In diesem Ranking belegte China im Jahr 2018 lediglich Platz 65 von 70 betrachteten Staaten. Deutschland belegte Platz 15, die USA rangierten auf Platz 46.[42]

577. Um diese asymmetrischen Marktzugangsbedingungen abzubauen, wird seitens der EU sowie der europäischen Wirtschaft bereits seit längerem auf eine weitergehende Öffnung des chinesischen Marktes gedrängt und allgemein mehr Reziprozität im Umgang mit China gefordert. Eine Verbesserung des Marktzugangs für europäische Unternehmen in China ist auch eine zentrale Forderung der EU im Rahmen des seit 2013 verhandelten Investitionsabkommens mit China, das bis Ende 2020 abgeschlossen und die bisher bestehenden bilateralen Investitionsförder- und -schutzabkommen der einzelnen Mitgliedstaaten mit China ersetzen soll. Durch dieses Abkommen sollen die Marktzugangsbarrieren reduziert sowie einfache und sichere rechtliche Rahmenbedingungen für Investoren beider Seiten geschaffen werden.[43]

578. Im Fokus des vorliegenden Gutachtens stehen unterdessen Maßnahmen des chinesischen Staates, die den Wettbewerb im EU-Binnenmarkt beeinträchtigen können. Vorab ist zu betonen, dass nicht allein aus dem Umstand, dass chinesische Unternehmen günstiger produzieren können, ein unzulässiger Wettbewerbsvorteil erwächst. Sofern chinesische Unternehmen von vorteilhaften, marktkonformen Produktionsbedingungen vor Ort profitieren, die in gleicher Weise in der EU nicht existieren, ist dies ein komparativer Vorteil Chinas, der auch aus Sicht europäischer Wettbewerber hinzunehmen ist. Hierzu können etwa auch unterschiedliche Sozial- und Arbeitsstandards gehören, sofern dadurch nicht international vereinbarte Mindeststandards unterlaufen werden. Wettbewerbsvorteile, die sich aus dem Vorliegen vorteilhafter Produktionsbedingungen in China ergeben, stellen daher auch keine Beeinträchtigung eines funktionierenden wettbewerblichen Binnenmarktes dar. Insbesondere mit Blick auf die Beurteilung chinesischer Subventionen ist zudem zu beachten, dass eine eindeutige Trennung zwischen gerechtfertigten und ungerechtfertigten Subventionen kaum möglich ist. Zwar lässt sich aus ökonomischer Sicht argumentieren, dass Subventionen insbesondere dann zu rechtfertigen sind, wenn sie zur Behebung eines sogenannten Marktversagens beitragen. Daneben existieren weitere Gründe für die Vergabe von Subventionen, die häufig verteilungspolitisch motiviert sind.[44] Im Übrigen ist darauf hinzuweisen, dass

---

[41] Daneben können auch Wettbewerbsverzerrungen auf Drittmärkten auftreten.

[42] Der Index kann Werte zwischen 0 (= maximale Offenheit einer Volkswirtschaft für FDI) und 1 (= absolute Geschlossenheit einer Volkswirtschaft für FDI) annehmen. Für das Jahr 2018 wird für China ein Wert von 0,251 ausgewiesen. Die Werte für Deutschland und die USA belaufen sich auf 0,023 und 0,089. Der Durchschnittswert für die OECD-Staaten liegt bei 0,065. Siehe OECD, OECD FDI Regulatory Restrictiveness Index, https://stats.oecd.org/Index.aspx?datasetcode=FDIINDEX#, Abruf am 12. Juni 2020.

[43] Siehe hierzu Abschnitt 4.2.3.

[44] Auch im europäischen Beihilferecht bestehen zahlreiche Ausnahmetatbestände für die Gewährung von Beihilfen, sodass in diesen Fällen die durch die Beihilfe bzw. Subvention bewirkte Wettbewerbsverfälschung aus anderen, übergeordneten Gründen hingenommen wird.

wettbewerbsverzerrende Subventionen kein spezifisch chinesisches Problem sind, sich aufgrund der Größe des Landes und der Stärke der Volkswirtschaft aber besonders gravierend auswirken können.

579. Wettbewerbsprobleme können unterdessen auftreten, wenn chinesische Unternehmen aufgrund der marktverzerrenden Ausgestaltung der allgemeinen wirtschaftlichen Rahmenbedingungen in China oder aufgrund von industriepolitisch motivierten und nach europäischen Maßstäben nicht gerechtfertigten selektiven staatlichen Unterstützungsmaßnahmen im Wettbewerb bessergestellt werden.

580. Mit Blick auf die allgemeinen Rahmenbedingungen in China können sich Wettbewerbsvorteile für chinesische Unternehmen insbesondere aus dem Umstand ergeben, dass der chinesische Staat in die Preissetzung vorgelagerter Produktionsfaktoren eingreift. Dies betrifft insbesondere die Preise für Kapital, Land, Arbeit oder auch Energie, woraus sich für chinesische Unternehmen Produktionskostenvorteile gegenüber europäischen Wettbewerbern ergeben.[45] Vorteile können sich darüber hinaus etwa auch aus nur unzureichend geschützten geistigen Eigentumsrechten und Regelungen zum Technologietransfer ergeben, die sich gegebenenfalls in geringeren Forschungs- und Entwicklungskosten widerspiegeln.[46] Vorteilhaft für chinesische Unternehmen können sich ferner gesetzliche Regelungen auswirken, die ausländische Wettbewerber diskriminieren. So können etwa die nur eingeschränkten Marktzugangsmöglichkeiten für ausländische Unternehmen in China dazu beitragen, dass chinesische Unternehmen zusätzliche Skalen- und Verbundvorteile auf ihrem Heimatmarkt erzielen können.[47] Ein weiterer Aspekt ist der mögliche Verzicht auf die Regulierung von marktbeherrschenden Unternehmen in China, wodurch diese Unternehmen Zusatzprofite in ihrem Heimatmarkt erwirtschaften können.[48] Diese zusätzlichen Gewinne könnten von den Unternehmen eingesetzt werden, um ihre Marktmacht auf dem chinesischen Markt durch Quersubventionierung auf andere Märkte, wie etwa den EU-Binnenmarkt, zu übertragen.

581. Daneben können sich Wettbewerbsvorteile für chinesische Unternehmen insbesondere infolge der umfangreichen direkten oder indirekten Subventionen ergeben, die der chinesische Staat zu industriepolitischen Zwecken selektiv an einzelne chinesische Unternehmen oder Wirtschaftszweige in China vergibt.[49] Beispiele für solche Subventionen sind etwa direkte Finanzhilfen, Steuervergünstigungen oder vergünstigte (Export-)Kredite. Derlei Subventionen führen häufig zu einem Kosten- und damit zu einem Wettbewerbsvorteil für die begünstigten Unternehmen, wenngleich sich die genauen Wettbewerbswirkungen je nach Art der Subvention unterscheiden können.[50] Soweit diese Subventionen Zwischenprodukte betreffen, wirken sie sich zudem auf nachgelagerte Produktionsstufen aus, sodass auch Unternehmen, die diese Produkte weiterverarbeiten, indirekt von den Subventionen auf der vorgelagerten Ebene profitieren. Subventionen werden sowohl auf zentralstaatlicher als auch auf subnationaler Ebene vorgenommen. Zudem können sie je nach Art sowohl unmittelbar vom chinesischen Staat als auch mittelbar über von ihm kontrollierte (Staats-)Unternehmen gewährt werden, z. B. in Form vergünstigter Kredite zu nicht marktgerechten Konditionen über staatlich kontrollierte Banken. Aufgrund der tiefen Verwurzelung der chinesischen Parteienstruktur innerhalb der chinesischen Wirtschaft ist

---

45 EU-Kommission, Commission Staff Working Document On Significant Distortions In The Economy Of The People's Republic Of China For The Purposes Of Trade Defence Investigations, SWD(2017) 483 final/2, 20. Dezember 2017; Taube, M./in der Heiden, P. T., a. a. O.

46 Bertelsmann Stiftung, Beyond investment screening. Expanding Europe's toolbox to address economic risks from Chinese state capitalism, Oktober 2019, S. 12, https://www.bertelsmann-stiftung.de/fileadmin/files/BSt/Publikationen/GrauePublikationen/DA_Studie_ExpandEurope_2019.pdf, Abruf am 12. Juni 2020.

47 Ebenda, S. 9.

48 Niederlande, Non-paper – Strengthening the level playing field on the internal market, 9. Dezember 2019, https://www.permanentrepresentations.nl/documents/publications/2019/12/09/non-paper-on-level-playing-field, Abruf am 16. Juni 2020.

49 Siehe hierzu noch unten Abschn. 3.2.1 und 3.2.2 (zum Antisubventions- bzw. zum Beihilferecht).

50 So kann eine Subvention, die sich direkt auf den Betriebsablauf auswirkt und etwa zu einer Reduktion der variablen Kosten führt, einen unmittelbaren Effekt auf die Preise und damit auf Wettbewerber und Konsumenten haben, während ein Investitionszuschuss eher mittel- bis langfristige Effekte auf Marktzu- oder -austritte haben kann. Die Wirkung einer Subvention ist zudem davon abhängig, ob es sich um eine einmalige oder eine wiederkehrende Unterstützungsmaßnahme handelt und wie selektiv sie vergeben wird. Siehe hier z. B. Schwalbe, Ökonomische Grundlagen der Beihilfenkontrolle, in: Münchener Kommentar Europäisches und Deutsches Wettbewerbsrecht, Band 5 Beihilfenrecht, 2. Auflage 2018, Einleitung Rz. 101.

es dabei letztlich kaum möglich nachzuweisen, an welchen Stellen der chinesische Staat überall hinter einer Vorteilsgewährung steht. Insbesondere die Rolle der chinesischen Staatsunternehmen ist vor diesem Hintergrund aus europäischer Sicht nicht eindeutig.

582. Den unterschiedlichen Markteingriffen und staatlichen Unterstützungsmaßnahmen in China ist im Wesentlichen gemein, dass sie entweder zu Kostenvorteilen für die begünstigten chinesischen Unternehmen führen oder dass diese Unternehmen über zusätzliche finanzielle Mittel (bzw. Finanzierungsvorteile) verfügen, entweder aufgrund von erwirtschafteten Überschussgewinnen oder aufgrund finanzieller Zuwendungen des chinesischen Staates. In beiden Fällen kommt es zunächst zu Wettbewerbsverzerrungen in China selbst. Insbesondere die selektive Vergabe von Subventionen an bestimmte Unternehmen oder Produktionszweige kann erhebliche negative wettbewerbliche Auswirkungen haben, sofern Unternehmen in der Folge Marktmacht auf- oder ausbauen und sich wettbewerbsbeschränkend verhalten können oder wenn ineffiziente Unternehmen künstlich am Leben gehalten werden.

583. Diese Verzerrungen auf dem chinesischen Markt können sich ferner auf den EU-Binnenmarkt auswirken. Zum einen könnten durch den Export subventionierter chinesischer Produkte in die EU europäische Wettbewerber, die preislich nicht mit den subventionierten chinesischen Produkten mithalten können, vom Markt verdrängt bzw. vom Markteintritt abgehalten werden, selbst wenn sie für sich genommen effizienter als ihre chinesischen Konkurrenten sind.[51] Zum anderen könnten chinesische Unternehmen, die über hohe finanzielle Ressourcen verfügen, versucht sein, auf dem EU-Binnenmarkt Marktmacht aufzubauen, indem sie mit Niedrigpreisen in den Markt drängen, die durch finanzielle Zuwendungen des chinesischen Staates oder durch Überschussgewinne in ihrem Heimatmarkt, etwa aufgrund einer unregulierten marktbeherrschenden Stellung, quersubventioniert werden.[52] In beiden Fällen könnten die betreffenden chinesischen Unternehmen perspektivisch Marktmacht auf dem EU-Binnenmarkt aufbauen und diese Marktstellung, wie andere Unternehmen auch, etwa in Form überhöhter Preis missbrauchen. Eine solche Entwicklung könnte sich zudem negativ auf die Innovationsfähigkeit der europäischen Wirtschaft auswirken.[53] Neben diesen direkten wettbewerblichen Effekten wird ferner darauf verwiesen, dass eine geringere Wettbewerbsfähigkeit europäischer Unternehmen auch strategisch betrachtet negative Folgen haben könnte, etwa wenn die Fähigkeit Europas zur Entwicklung kritischer Technologien oder zum Erhalt hochqualifizierter Beschäftigung beeinträchtigt würde.

584. Mit Blick auf die hohe Bedeutung chinesischer Staatsunternehmen ist in diesem Kontext zudem zu beachten, dass Staatsunternehmen gegebenenfalls geringeren wirtschaftlichen Zwängen bzw. finanziellen Restriktionen als Privatunternehmen unterliegen.[54] Insbesondere müssen sie nicht vorrangig gewinnmaximierend arbeiten, sondern werden unter Umständen gezielt eingesetzt, um politisch-strategische Ziele des chinesischen Staates zu verfolgen. Zur Erreichung dieser Ziele können sie gegebenenfalls auch wettbewerbsbeschränkende Verhaltensweisen einsetzen, um ihren Marktanteil auszubauen und in diesem Rahmen möglicherweise auch effizientere Unternehmen aus dem Markt drängen. Mit Blick auf eine eventuelle Kampfpreis- bzw. Marktverdrängungsstrategie (*predatory pricing*) ist insofern zu beachten, dass SOEs – anders als rein profitorientiert handelnde Privatunternehmen – ihre (vorübergehenden) Verluste nicht zwingend zeitnah durch das Anheben ihrer Preise ausgleichen müssen. Vielmehr können sie prinzipiell auch über einen sehr langen Zeitraum Verluste stemmen und gegebenenfalls sogar auf eine spätere Zurückgewinnung (*recoupment*) ihrer Verluste verzichten. Speziell mit Blick auf China ist zu betonen, dass diese Überlegung im Grundsatz nicht nur auf chinesische SOEs, sondern auch auf chinesische Privatunternehmen zutrifft, sofern diese im Auftrag des chinesischen Staates handeln und von diesem mit entsprechenden finanziellen Mitteln ausgestattet werden bzw. dieser für ihre Verluste aufkommt.

---

51 Siehe zu folgenden Ausführungen auch Niederlande, Non-paper – Strengthening the level playing field on the internal market, 9. Dezember 2019, https://www.permanentrepresentations.nl/documents/publications/2019/12/09/non-paper-on-level-playing-field, Abruf am 16. Juni 2020.

52 Siehe hierzu speziell unten Abschn. 3.1.1 (zum Antidumpingrecht).

53 Aus politökonomischer Sicht dürfte auch von Bedeutung sein, dass es durch einen etwaigen Marktaustritt europäischer Unternehmen zum Wegfall von Arbeitsplätzen in der EU kommen könnte.

54 Heim, M., How can European competition law address market distortions caused by state-owned enterprises?, Bruegel Policy Contribution No. 18, Dezember 2019, S. 5 f.; siehe hierzu noch unten Abschn. 3.2.3 (zu öffentlichen Unternehmen in der EU).

585. Zusätzlich zu der beschriebenen Situation, in der sich Subventionen oder anderweitige Vorteile chinesischer Unternehmen in ihrem Heimatmarkt wettbewerbsverfälschend im EU-Binnenmarkt auswirken können, kann auch der Fall auftreten, dass der chinesische Staat Subventionen an in der EU ansässige Unternehmen vergibt.[55] Analog zur oben beschriebenen Situation sowie zu Beihilfen von EU-Mitgliedstaaten verbessern solche Subventionen die Wettbewerbsposition der betreffenden Unternehmen im Verhältnis zu ihren Wettbewerbern. So können die subventionierten Unternehmen je nach Art der Subvention beispielsweise ihre Produkte zu günstigeren Preisen anbieten und in der Folge ihre Marktanteile zulasten nicht subventionierter Unternehmen ausbauen, auch wenn letztere effizienter sind. Anders als Beihilfen von Mitgliedstaaten lassen sich solche Subventionen von Drittstaaten an in der EU ansässige Unternehmen bisher rechtlich nur sehr begrenzt fassen.[56]

586. Um negative Auswirkungen auf den Wettbewerb im EU-Binnenmarkt bzw. Wettbewerbsnachteile für europäische Unternehmen durch drittstaatliche Subventionen zu vermeiden, wird derzeit die Einführung neuer Instrumente diskutiert. Diese Instrumente zielen dabei primär auf die Wiederherstellung gleicher und fairer Wettbewerbsbedingungen.[57] Insoweit ist allerdings darauf hinzuweisen, dass drittstaatliche Subventionen zwar zu Wettbewerbsnachteilen für die betroffenen nicht subventionierten Unternehmen führen können, die EU als Ganzes aber häufig sogar von drittstaatlichen Subventionen, z. B. in Form niedrigerer Preise der subventionierten Güter, profitiert und nicht *per se* geschädigt wird. Ein Wettbewerbsproblem liegt aus ökonomischer Sicht vor allem dann vor, wenn die begünstigten Unternehmen auf dem EU-Binnenmarkt über Marktmacht verfügen oder infolge der drittstaatlichen Subvention Marktmacht aufbauen können. Solange dies nicht der Fall ist, ist bei einer Betrachtung der europäischen Wohlfahrt prinzipiell kein wettbewerbsrechtliches Eingreifen erforderlich. Zwar kommt es insofern zu einer Ungleichbehandlung von chinesischen bzw. drittstaatlichen Subventionen und EU-Beihilfen, da den EU-Mitgliedstaaten die Vergabe von Beihilfen an Unternehmen nur vorbehaltlich einer beihilferechtlichen Überprüfung gestattet ist. Ein Unterschied bei der Bewertung europäischer Beihilfen und drittstaatlicher Subventionen ergibt sich aber insoweit, als Erstere durch europäische Steuermittel finanziert werden und ein Subventionswettlauf zwischen den EU-Mitgliedstaaten verhindert werden soll, während für Letztere die betreffenden Drittstaaten aufkommen. Für eine stärkere Erfassung drittstaatlicher Subventionen könnte, abgesehen von der Herstellung gleicher Wettbewerbsbedingungen, aus ökonomischer Sicht allerdings das Ziel sprechen, internationale Subventionswettläufe zu vermeiden, welche zu weltweiten Wohlfahrtsverlusten führen.

587. Ein seiner Natur nach anderes Problem stellt sich, wenn Unternehmen in China aktiv wettbewerbsbeschränkende Strategien planen oder verabreden und der chinesische Staat auf eine Intervention verzichtet. Eine solche Situation ist insbesondere dann denkbar, wenn die betreffenden Verhaltensweisen nicht auf den chinesischen Markt, sondern allein auf auswärtige Märkte abzielen (z. B. Exportkartelle, Koordination zwischen Zusammenschlussbeteiligten und anderen Unternehmen in China). Ähnlich ist es, wenn der chinesische Staat SOEs veranlasst, ihre Marktmacht in China ins Ausland zu hebeln. Rechtlich sind solche Verhaltensweisen nach den allgemeinen Regeln zu beurteilen und je nach den zu erwartenden wettbewerbsbeschränkenden Auswirkungen verboten. Tatsächlich besteht aus europäischer Sicht indes das Problem, dass die erforderlichen Informationen zur Entdeckung und Verfolgung der Wettbewerbsverstöße gegebenenfalls nur in China vorhanden und ohne Kooperation des chinesischen Staates unzugänglich sind.[58]

---

[55] Siehe hierzu auch EU-Kommission, Weißbuch: Gewährleistung fairer Wettbewerbsbedingungen bei Subventionen aus Drittstaaten, COM(2020) 253 final, 17. Juni 2020.

[56] Insbesondere handelt es sich um keine Beihilfen im Sinne von Art. 107 AEUV, da die Förderung nicht durch einen Mitgliedstaat erfolgt. Damit ist nur die subventionsbedingte Stärkung der Finanzkraft als solche erfassbar (z. B. in der Fusions- und Missbrauchskontrolle). Hierzu näher nachfolgend Abschn. 3.1.2.1, 3.2.2.3 und 3.3.2.3.

[57] EU-Kommission, Weißbuch: Gewährleistung fairer Wettbewerbsbedingungen bei Subventionen aus Drittstaaten, COM(2020) 253 final, 17. Juni 2020; Niederlande, Non-paper – Strengthening the level playing field on the internal market, 9. Dezember 2019, https://www.permanentrepresentations.nl/documents/publications/2019/12/09/non-paper-on-level-playing-field, Abruf am 16. Juni 2020; siehe hierzu noch unten Abschn. 3.3.2 (insb. Abschn. 3.3.2.3) und Abschn. 4.1.

[58] Siehe hierzu näher unten Abschn. 3.1.2.1 (allgemein zu Wettbewerbsverstößen von Unternehmen in China) und Abschn. 3.2.3 (erneut zu chinesischen SOEs). Zur Koordination im Rahmen von Zusammenschlüssen siehe auch noch BKartA, Beschluss vom 27. April 2020, B4-115/19 – Vossloh Locomotives GmbH/CRRC Zhuzhou Locomotives Co., und unten Tz. 919 ff.

588. Diskutiert wird darüber hinaus, inwieweit die Einflussnahme des chinesischen Staates bei Unternehmensübernahmen zu Wettbewerbsproblemen führen kann. Im Raum steht insbesondere, dass chinesische Unternehmen aufgrund staatlicher Subventionen überhöhte Preise zahlen bzw. ihre europäischen Konkurrenten bei Unternehmensübernahmen systematisch überbieten.[59] Denkbar wäre insoweit, dass eine Subvention ausdrücklich für den Erwerb eines bestimmten EU-Zielunternehmens gewährt wird oder dass durch eine Subvention indirekt die Finanzkraft des potenziellen Erwerbers gestärkt wird. Durch derartige Subventionen könnten nicht subventionierte Unternehmen daran gehindert werden, ihrerseits durch den Erwerb des entsprechenden Zielunternehmens Effizienzgewinne zu erzielen oder Zugang zu Schlüsseltechnologien zu erhalten, was sich negativ auf deren Wettbewerbsfähigkeit und Innovationspotenzial auswirken könnte.[60]

589. Die theoretische Analyse, ob ein Wettbewerbsproblem vorliegt, fokussiert indes gewöhnlich auf den Wettbewerb auf Produktmärkten. Sie abstrahiert somit von nationalstaatlichen Interessen, etwa dem Wettbewerb um den mit bestimmten Übernahmen einhergehenden politischen Einfluss. Hiernach käme es auch bei einer subventionierten Übernahme insbesondere dann zu einem Wettbewerbsproblem, wenn durch die konkrete Fusion die Marktmacht des fusionierten Unternehmens auf dem betrachteten Produktmarkt ansteigt. Dies zu verhindern ist – unabhängig davon, ob eine Subvention erfolgt oder nicht – Aufgabe der europäischen Fusionskontrolle, der auch chinesische Unternehmen unterliegen. Hiervon abgesehen zeigt sich zwar, wie bereits ausgeführt, dass insbesondere die Investitionen chinesischer SOEs von den strategischen Zielen des chinesischen Staates beeinflusst sind. Zur These, dass chinesische Unternehmen ihre europäischen Konkurrenten bei Unternehmensübernahmen systematisch überbieten, gibt es allerdings keine eindeutigen empirischen Ergebnisse.[61]

590. Zusätzliche – sicherheitspolitische – Probleme können sich stellen, wenn der chinesische Staat direkt die Kaufentscheidung chinesischer Unternehmen bei Unternehmensübernahmen beeinflusst, um so eventuell politisch-strategische Machtinteressen durchzusetzen.[62] In Deutschland wurde hierfür beispielhaft die Übernahme des Roboterherstellers Kuka durch Midea im Jahr 2016 gesehen. Daneben wurden sicherheitspolitische Argumente auch im Falle der geplanten Investition des chinesischen Staatskonzerns SGCC in das Übertragungsnetz des belgisch-deutschen Stromnetzbetreibers 50 Hertz vorgebracht. In derartigen Fällen handelt es sich wegen der dahinterstehenden strategischen Interessen nicht immer um unabhängige und lediglich einzeln zu betrachtende Unternehmenskäufe; insbesondere wenn die Übernahmen durch staatliche Unternehmen erfolgen.[63] Wenn die europäischen Behörden bei solchen Unternehmensübernahmen intervenieren, ist neben dem Interesse am Wettbewerbsschutz auch dem Interesse am Schutz der europäischen Sicherheit und Ordnung (z. B. Schutz kritischer Infrastrukturen, verteidigungspolitische Interessen) Rechnung zu tragen. Die zuvor genannten Fälle waren bereits Anlass für eine Verschärfung der Investitionskontrolle in Deutschland sowie Anlass für die Schaffung einer EU-Rahmenverordnung in diesem Bereich.[64]

591. Von möglichen Wettbewerbsproblemen beim Unternehmenserwerb abgesehen wird teilweise allgemein vor dem industriestrategischen Interesse Chinas gewarnt, in einzelnen Sektoren Marktdominanz aufzubauen oder seinen politi-

---

[59] Siehe hierzu erneut Abschn. 3.3.2.3 (zur EU-Fusionskontrolle).

[60] EU-Kommission, Weißbuch: Gewährleistung fairer Wettbewerbsbedingungen bei Subventionen aus Drittstaaten, COM(2020) 253 final, 17. Juni 2020, S. 9, 27 ff.

[61] Fuest, C. et al. (2019) zeigen, dass chinesische Investoren im Zeitraum von 2002 bis 2017 nicht mehr für vergleichbare Unternehmen als Investoren aus anderen Ländern gezahlt haben. Demgegenüber kommen Urbšienė, L. et al. (2015) mit Blick auf Unternehmenskäufe in Europa im Zeitraum von 2000 bis 2013 zu dem Ergebnis, dass chinesische und europäische Investoren für vergleichbare Unternehmen unterschiedliche Aufschläge auf den Unternehmensmarktwert (premiums) gezahlt haben. Demnach zahlten chinesische Investoren im Durchschnitt doppelt so hohe Aufschläge für vergleichbare Unternehmen wie europäische Investoren. Vgl. Fuest, C. et al., What Drives Chinese Overseas M&A Investment? Evidence from Micro Data, EconPol Working Paper 33, November 2019; Urbšienė, L. et al., Comparison of Premiums of Chinese and European Companies in Mergers and Acquisitions in Europe, Organizations and Markets in Emerging Economies 6(2), 2015, S. 67–102.

[62] Siehe hierzu zusätzlich Abschn. 3.3.1 (zur Investitionskontrolle).

[63] Vgl. zur entsprechenden Problematik in der Fusionskontrolle Art. 5 Abs. 2 UAbs. 2 VO 139/2004 (zur Zusammenrechnung von Umsätzen).

[64] Siehe hierzu Abschn. 3.3.1.

schen Einfluss in der EU zu erhöhen. Gewarnt wird insofern vor einem „Ausverkauf" europäischer Unternehmen bzw. einem Abfluss von technologischem Know-how. Hierfür gibt es allerdings keine eindeutigen Belege.[65]

592. Aus Sicht der Monopolkommission ist mit Blick auf die Bewertung chinesischer Übernahmen europäischer Unternehmen bzw. Direktinvestitionen in der EU zu betonen, dass wettbewerbspolitische Aspekte strikt von Aspekten, welche die öffentliche Sicherheit und Ordnung betreffen, zu trennen sind. Etwaige sicherheitspolitische Argumente sollten insbesondere nicht missbraucht werden, um nicht sicherheitsrelevante Übernahmen aus rein industriepolitischen Gründen zu untersagen. Auf derartige protektionistische Maßnahmen könnten andernfalls betroffene Staaten ihrerseits mit Gegenmaßnahmen reagieren, was letztlich zum Nachteil der europäischen Wirtschaft wäre. Vielmehr sollte darauf geachtet werden, dass die EU auch weiterhin attraktiv für ausländische Direktinvestitionen, die in der EU zum Wirtschaftswachstum und zur Schaffung von Arbeitsplätzen beitragen können, bleibt. Übernahmen sollten daher nur bei begründeten wettbewerblichen oder sicherheitspolitischen Bedenken untersagt oder mit Auflagen versehen werden.

593. Zuletzt sind Wettbewerbsnachteile für europäische Unternehmen zu nennen, die bei öffentlichen Ausschreibungen und Vergabeverfahren auftreten können.[66] Dies betrifft zum einen den bereits erwähnten Aspekt der Benachteiligung europäischer Unternehmen bei öffentlichen Vergabeverfahren in China. Daneben können aber auch Wettbewerbsnachteile bei öffentlichen Vergaben in der EU auftreten, sofern staatlich unterstützte chinesische Unternehmen günstigere Preise als unter marktwirtschaftlichen Bedingungen handelnde EU-Unternehmen anbieten können. Zudem könnten nicht subventionierte Anbieter möglicherweise davon abgehalten werden, sich überhaupt an den Vergabeverfahren zu beteiligen. Zwar sind günstigere Gebote aus ökonomischer Sicht unabhängig von ihrem Zustandekommen für die öffentlichen Vergabestellen prinzipiell vorteilhaft. Allerdings hält es die Europäische Kommission für erforderlich, einer Benachteiligung europäischer Unternehmen gegenüber subventionierten Unternehmen aus Drittstaaten bei öffentlichen Auftragsvergaben in der EU zu begegnen, um so die Chancengleichheit der Bieter im Beschaffungswettbewerb zu schützen.[67]

594. In den folgenden Abschnitten wird vor dem Hintergrund der aktuellen Reformdiskussion in der EU untersucht, inwieweit den Herausforderungen des chinesischen Staatskapitalismus, insbesondere der massiven staatlichen Unterstützung von Unternehmen in Form von Subventionen, mit dem geltenden Wettbewerbs- und Außenwirtschaftsrecht begegnet werden kann und inwieweit zur Vermeidung von Wettbewerbsproblemen Anpassungsbedarf besteht. Dabei ist zu berücksichtigen, wie bereits betont, dass ausländische Subventionen nicht per se schlecht für die EU sind. Vielmehr profitieren die Verbraucher bzw. alle Verwender von importierten, subventionierten Produkten in Form niedrigerer Preise. Diese Vorteile für die Verbraucher bzw. Teile der europäischen Wirtschaft stehen somit etwaigen Wettbewerbsnachteilen der direkt betroffenen europäischen Unternehmen gegenüber. Bei der Diskussion um mögliche Reformen sollten diese gegenläufigen Wirkungen ausländischer Subventionen für die EU beachtet werden. Aus ökonomischer Sicht liegt dabei dann ein Problem vor, wenn in der Gesamtschau etwaige Wohlfahrtsverluste die Wohlfahrtsgewinne übersteigen. Zudem ist, wie bereits erläutert, zu beachten, dass auch die EU-Mitgliedstaaten Subventionen vergeben. Problematisch sind insofern vor allem solche chinesischen Subventionen, die sich in der EU auswirken und die – wenn man sie einer mitgliedstaatlichen Beihilfe im Sinne von Art. 107 Abs. 1 AEUV gleichsetzen würde – nicht mit dem EU-Beihilferecht vereinbar wären. Denn das Verständnis von Wettbewerb, wie es durch die europäischen Verträge definiert wird, setzt unter anderem die durch eine effektive Beihilfekontrolle hergestellte Chancengleichheit der Unternehmen im EU-Binnenmarkt voraus.

2 Wettbewerbspolitische Anknüpfung und Zielkonflikte

595. Für die Entwicklung von Handlungsoptionen, mit denen auf die wettbewerblichen Herausforderungen durch den chinesischen Staatskapitalismus reagiert wird, werden zunächst – ausgehend von den Vorgaben der EU-Verträge – die politischen und rechtlichen Rahmenbedingungen identifiziert. Die EU-Verträge enthalten Leitentscheidungen, die den

---

[65] Siehe oben Tz. 572.

[66] Siehe hierzu noch unten Abschn. 3.2.4.

[67] EU-Kommission, Weißbuch: Gewährleistung fairer Wettbewerbsbedingungen bei Subventionen aus Drittstaaten, COM(2020) 253 final, 17. Juni 2020, Abschn. 4.3 (S. 35 ff.).

politischen Handlungsspielraum beschränken. Die Leitentscheidungen bestimmen sich durch die in den Verträgen definierten Schutzgüter (auch: Systemprinzipien) und deren in den Verträgen definiertes Verhältnis zueinander. Die Schutzgüter haben auch dort eine anleitende Funktion, wo sich aus den Einzelregelungen der Verträge bei deren isolierter Betrachtung keine Aussagen zum Verhältnis zwischen der EU und China ergeben.

2.1 Systementscheidung und Funktionsgarantien der europäischen Wirtschaftsordnung

596. Die EU verfolgt nach Art. 3 Abs. 1 EUV allgemein das Ziel, „den Frieden, ihre Werte und das Wohlergehen ihrer Völker zu fördern". Dieses Ziel wird in Art. 3 Abs. 2–4 EUV für das Innenverhältnis und in Art. 3 Abs. 5 EUV für die Außenbeziehungen der EU näher konkretisiert.

597. Im Innenverhältnis sieht Art. 3 Abs. 2 EUV vor, dass die EU einen „Raum der Freiheit, der Sicherheit und des Rechts ohne Binnengrenzen" schafft. Art. 3 Abs. 3 S. 1 EUV konkretisiert dies dahingehend, dass die EU einen Binnenmarkt errichtet. Aus den folgenden Sätzen dieser Vorschrift ergibt sich, dass die europäischen Verträge eine Systementscheidung zugunsten einer offenen, in hohem Maße wettbewerbsfähigen sozialen Marktwirtschaft mit freiem und unverfälschtem Wettbewerb treffen (= marktwirtschaftliches System).[68] Der EU-Binnenmarkt wird durch die Vorgaben in Art. 3 Abs. 4 EUV für den Koordinationsmechanismus der Wirtschafts- und Währungsunion und ansonsten im Vertrag über die Arbeitsweise der Europäischen Union (Art. 3 ff. AEUV) weiter ausgestaltet. Dabei wird die Entscheidung für den EU-Binnenmarkt von einer Vielzahl von Entscheidungen zugunsten weiterer hochrangiger rechtlicher Schutzziele umgeben, mit denen sie in Ausgleich gebracht werden muss (Umweltschutz, Sozialpolitik usw.).[69] Für den Fall von Zielkonflikten geht der Europäische Gerichtshof grundsätzlich von einer Gleichrangigkeit der Zielvorgaben aus und räumt den handelnden Organen ein weites Auswahlermessen ein.[70]

598. Im Außenverhältnis sieht Art. 3 Abs. 5 EUV vor, dass die Europäische Union in ihren Beziehungen zur übrigen Welt „ihre Werte und Interessen" schützt und fördert und zum Schutz ihrer Bürgerinnen und Bürger beiträgt. Die in der Vorschrift weiter genannten Ziele umfassen einen „freien und gerechten Handel" und sind ansonsten nichtwirtschaftlicher Natur. Allerdings zeigt der Rückbezug zu den im Binnenverhältnis geltenden Zielen, dass die EU auch für das Außenverhältnis grundsätzlich die Schaffung einer marktwirtschaftlichen Ordnung anstrebt.[71]

599. Zusätzliches Gewicht erhalten wirtschaftliche Aspekte dadurch, dass die EU für die gemeinsame Handelspolitik nach Art. 3 Abs. 5, 21 EUV i. V. m. Art. 3, 205 ff. AEUV ausschließlich zuständig ist. Diese Zuständigkeit ist in dem Sinn auszuüben, dass die EU ihre „grundlegenden Interessen" wahrt, „die Integration aller Länder in die Weltwirtschaft [fördert], unter anderem auch durch den schrittweisen Abbau internationaler Handelshemmnisse", und „eine Weltordnung [fördert], die auf einer verstärkten multilateralen Zusammenarbeit und einer verantwortungsvollen Weltordnungspolitik beruht".[72] Zu diesem Zweck verfügt die EU im Bereich der gemeinsamen Handelspolitik über weitreichende Kompetenzen (vgl. Art. 207 AEUV).

600. Insgesamt folgt die europäische Wirtschaftsverfassung somit keinem klassischen Marktmodell in dem Sinne, dass sie einen „bloßen Vollzug bestimmter wirtschaftspolitischer Grundsätze" vorgeben würde.[73] Die festgelegten Funktionsbedingungen einer marktwirtschaftlichen Ordnung bilden aber einen zu beachtenden äußeren Rahmen für wirtschafts-

[68] Siehe ergänzend Art. 3 Abs. 4 EUV und 119, 120 AEUV sowie das Protokoll Nr. 27 über den Wettbewerb und den Binnenmarkt, ABl. C 202 vom 7. Juni 2016, S. 308.

[69] Siehe hierzu auch die sogenannten „Querschnittsklauseln" (z. B. Art. 8 ff. oder 167 Abs. 4 AEUV). Mit diesem Begriff werden Bestimmungen der Verträge bezeichnet, welche die Vereinbarkeit unterschiedlicher Politikbereiche zum Ziel haben. Vgl. Wegener, B., in: ders. , Enzyklopädie Europarecht, Band 8, Europäische Querschnittspolitiken, Baden Baden 2014, § 1.

[70] Vgl. etwa EuGH, Urteil vom 13. Juni 1958, 9/56 – Meroni/Hohe Behörde, Slg. 1958, 9 (43), ECLI:EU:C:1958:7; Urteil vom 29. Oktober 1980 139/79 – Maizena/Rat, Slg. 1980, 3393, ECLI:EU:C:1980:250, Rz. 23; Urteil vom 17. Oktober 1995, C-44/94 – National Federation of Fishermen's Organisations, Slg. 1995, I-3115, ECLI:EU:C:1995:325, Rz. 37.

[71] Vgl. Art. 3 Abs. 5 S. 1 EUV: „In ihren Beziehungen zur übrigen Welt schützt und fördert die Union ihre Werte und Interessen [...]".

[72] Art. 21 Abs. 1 und 2 EUV.

[73] Hatje, A., in: von Bogdandy, A./Bast, J., Europäisches Verfassungsrecht: Theoretische und dogmatische Grundzüge, Berlin/Heidelberg 2009, S. 805.

politische Entscheidungen.[74] Ein Systemwechsel hin etwa zu einer staatskapitalistischen Ordnung wird hierdurch ausgeschlossen.

601. Des Weiteren überformt die europäische Wirtschaftsverfassung die „wirtschaftspolitisch neutrale" Ausrichtung des Grundgesetzes.[75] Die in Deutschland lange Zeit geführte Diskussion um die Grundausrichtung des Grundgesetzes in Bezug auf die deutsche Wirtschaftsverfassung hat sich dadurch prinzipiell erledigt.[76] Ausnahmen bestehen einzig dort, wo auf Grundlage der europäischen Kompetenzverteilung eine Zuständigkeit Deutschlands fortbesteht. Das ist in Bezug auf Interessen, die die marktwirtschaftliche Ordnung und das System eines unverfälschten Wettbewerbs als solches betreffen, jedoch nicht der Fall. Diesbezüglich gilt allein der Anwendungsvorrang der Vorschriften zum Schutz des unverfälschten Wettbewerbs im Binnenmarkt (Art. 101 ff. AEUV). Rein wirtschaftliche Motive können nach ständiger EU-Rechtsprechung daneben auch keine zwingenden Gründe des Allgemeininteresses darstellen, die eine Beschränkung einer vom Vertrag garantierten Grundfreiheit rechtfertigen würden.[77]

602. Demgegenüber verbleiben den Mitgliedstaaten Freiräume hinsichtlich nichtwettbewerblicher Interessen, z. B. zur Ermöglichung von Forschung und Entwicklung, zur Daseinsvorsorge, zum Schutz der öffentlichen Sicherheit und Ordnung. Dies ist auch im vorliegenden Zusammenhang von Bedeutung, da die Mitgliedstaaten z. B. eigene Investitionskontrollregeln erlassen können.[78] Solchen Regelungen stehen die ausschließlichen EU-Kompetenzen zur Festlegung der für das Funktionieren des Binnenmarkts erforderlichen Wettbewerbsregeln und im Bereich der gemeinsamen Handelspolitik (Art. 3 Abs. 1 lit. b, e AEUV) sowie die in Tz. 601 genannten Beschränkungen der nationalen Gesetzgebungskompetenzen bei Berührung der Grundfreiheiten nicht entgegen.

603. Die Systementscheidung für eine offene, in hohem Maße wettbewerbsfähige und soziale Marktwirtschaft zerfällt – entsprechend den zuvor gemachten Ausführungen – in mehrere justiziable Funktionsgarantien einer marktwirtschaftlichen Ordnung, innerhalb deren Rahmen sich die Reformvorhaben für den Umgang mit China bewegen müssen.[79] Hierzu gehören:

- die Privatautonomie, die durch eine in Art. 20 ff. AEUV vorausgesetzte Rechtssubjektivität (gemäß Art. 54 AEUV auch für juristische Personen), eine hiermit verbundene Handlungsfreiheit (beispielsweise Art. 15–17 GrCh, Art. 6 Abs. 1 EUV) sowie den Grundsatz der Gleichheit aller Marktteilnehmer (vgl. Art. 12 AEUV, die Grundfreiheiten sowie Art. 20, 21 und 23 GrCh) gewährleistet wird;

- ein System unverfälschten Wettbewerbs (Art. 101 ff. AEUV, Protokoll Nr. 27) und eines gemeinsamen Marktes ohne Binnengrenzen (Art. 3 Abs. 3 S. 1 EUV), das für die einzelnen Marktteilnehmer durch darauf bezogene

---

74 So heißt es in EuGH, Urteil vom 3 Oktober 2000, C-9/99 – Échirolles Distribution, Slg. 2000, I-8207, ECLI:EU:C:2000:532, Rz. 25: „Die Artikel 3a, 102a und 103 EG-Vertrag, die sich auf die Wirtschaftspolitik beziehen, die im Einklang mit dem Grundsatz einer offenen Marktwirtschaft mit freiem Wettbewerb stehen muss (Artikel 3a und 102a) sind keine Bestimmungen, die den Mitgliedstaaten klare und unbedingte Verpflichtungen auferlegen, auf die sich die Einzelnen vor den nationalen Gerichten berufen können. Es handelt sich dabei nämlich um einen allgemeinen Grundsatz, dessen Anwendung komplexe wirtschaftliche Beurteilungen erfordert, die in die Zuständigkeit des Gesetzgebers oder der nationalen Verwaltung fallen."

75 BVerfG, Urteil vom vom 20. Juli 1954, 1 BvR 459 – Investitionshilfe, BVerfGE 4, 7 (17 f.).

76 Vgl. erneut Art. 3 Abs. 3 S. 1 EUV sowie EuGH, Urteil vom 15. Juli 1964, 6/64 – Costa/ENEL, ECLI:EU:C:1964:34, Slg. 1964, 1251 (1269 f.), ECLI:EU:C:1964:66 („eigene Rechtsordnung [...], die [...] in die Rechtsordnungen der Mitgliedstaaten aufgenommen worden und von ihren Gerichten anzuwenden ist" = Anwendungsvorrang des EU-Rechts); Urteil vom 21. Februar 1973, 6/72 – Continental Can, Slg. 1973, 215, ECLI:EU:C:1973:22, Rz. 23 („Das Vorbringen der Klägerinnen, [Art. 3 lit. f EWGV = Art. 3 Abs. 1 EUV i. V. m. Protokoll Nr. 27 zum Schutz des unverfälschten Wettbewerbs] enthalte nur einen allgemeinen, rechtlich unverbindlichen Programmsatz, verkennt, dass Artikel 3 die Verfolgung der Ziele, die er aufstellt, als unerlässlich für die Erfüllung der Aufgaben der Gemeinschaft ansieht. Was insbesondere das in Buchstabe f genannte Ziel angeht, so regelt der Vertrag Näheres hierzu in mehreren Bestimmungen, für deren Auslegung diese Zielsetzung maßgebend ist.").

77 Siehe näher Monopolkommission, Sondergutachten 80, Die Buchpreisbindung in einem sich ändernden Marktumfeld, 1. Aufl. 2018, Tz. 299 und die dort in Fn. 337 zitierte Rechtsprechung.

78 Siehe hierzu näher unten Abschn. 3.3.1.

79 Zu den Funktionsgarantien: Basedow, J., Von der deutschen zur europäischen Wirtschaftsverfassung, 1992, S. 15 ff. und 25 ff.; Hatje, A., in: von Bogdandy, A./Bast, J., Europäisches Verfassungsrecht: Theoretische und dogmatische Grundzüge, Berlin/Heidelberg 2009, S. 811 ff.

Unionsgrundrechte (Art. 15–17 GrCh) und die europäischen Grundfreiheiten (Art. 34 ff. AEUV) ergänzt wird. Die relevanten Vorschriften strahlen dabei als Querschnittsklauseln in andere Politikbereiche aus;[80]

- schließlich eine Außendimension der Offenheit (Art. 3 Abs. 3 S. 2 EUV sowie Art. 206 AEUV). Diese wirkt einerseits in Richtung eines Marktzugangs europäischer Rechtssubjekte auf außereuropäischen Märkten sowie gleichzeitig auf einen Marktzugang von Nicht-EU-Marktteilnehmern zum Binnenmarkt. Die Ausgestaltung erfolgt über das Außenwirtschaftsrecht auf Grundlage von Art. 206, 207 AEUV.

604. Eine europäische Industriepolitik ist nach Art. 173 AEUV (Industrie) möglich. Dabei wird der Begriff der „Industriepolitik" in den EU-Verträgen oder der europäischen Rechtsprechung zwar nicht definiert, dürfte aber staatliche Maßnahmen zur (gezielten) Förderung der Industrie bzw. von Unternehmen umfassen.[81] Allerdings sind im Rahmen einer solchen Industriepolitik keine Maßnahmen zulässig, die „zu Wettbewerbsverzerrungen führen könnte[n]".[82] Eine Industriepolitik im Sinne der Vorschrift muss also mit den wettbewerblichen Zielvorstellungen der Art. 101 ff. AEUV und des Protokolls Nr. 27 vereinbar sein.

2.2 Wettbewerbsrecht sowie Grundfreiheiten und Grundrechte

605. Die Offenheit der Märkte im Innenverhältnis gründet sich vor allem auf den Schutz unternehmerischen Wettbewerbs und den Abbau von Schranken zwischen den EU-Mitgliedstaaten. Die freie Koordinierung auf offenen Märkten wird durch das Wettbewerbsrecht gegenüber Verzerrungen abgesichert, die privaten Unternehmen (Art. 101 ff. AEUV) oder den EU-Mitgliedstaaten (Art. 106 Abs. 1, 107 ff. AEUV) zurechenbar sind.[83] Die Wettbewerbsregeln sollen auf dem Binnenmarkt einen unverfälschten und wirksamen Wettbewerb gewährleisten und zur Integration der einzelnen europäischen Volkswirtschaften beitragen.[84] Der Schutz besteht auch insoweit, wie er einzelnen Marktteilnehmern (insb. den Verbrauchern) zugutekommt.[85] Die Wettbewerbsfähigkeit einzelner mitgliedstaatlicher Volkswirtschaften oder der dort tätigen Wirtschaftsteilnehmer ist aus der dem Binnenmarkt zugrunde liegenden Sicht des EU-Wettbewerbsrechts hingegen kein entscheidender Faktor.

606. Des Weiteren stehen Unionsgrundrechte bzw. Grundfreiheiten und Wettbewerbsregeln in wechselseitiger Beziehung. Denn die Unionsgrundrechte schützen die wirtschaftliche Tätigkeit der einzelnen Marktteilnehmer, während die Grundfreiheiten die Marktteilnehmer im grenzüberschreitenden Wirtschaftsaustausch schützen.[86] Damit teilen sie neben der Systementscheidung zugunsten marktwirtschaftlicher Prinzipien auch die damit verfolgte europäische Integrationsfunktion (vgl. auch Art. 119 Abs. 1 AEUV). Dort, wo die Vollendung des Binnenmarktes erreicht ist, ergänzen sie den durch die Wettbewerbsregeln gewährleisteten Schutz gegen eine mögliche Fragmentierung.

607. Der zuvor beschriebene Rechtsrahmen bezieht sich zwar allein auf den EU-Binnenmarkt und enthält daher keine Aussagen zu Drittstaaten oder zu den Marktteilnehmern aus Drittstaaten. Allerdings lassen sich speziell aus dem Schutzgut eines unverfälschten Wettbewerbs weitergehende Vorgaben ableiten, die auch dann zu beachten sind, wenn der

---

80 Wegener, B., in: ders., Enzyklopädie Europarecht, Bd. 8, Europäische Querschnittspolitiken, 1. Aufl., Baden-Baden 2014, § 1 Rz. 18 ff.

81 Vgl. Classen, in: von der Groeben/Schwarze/Hatje, Europäisches Unionsrecht, 7. Aufl., Baden-Baden 2015, Art. 173 AEUV Rz. 6 m. w. N.

82 Art. 173 Abs. 3 UAbs. 2 AEUV.

83 Siehe zum Begriff der Verzerrung bzw. Wettbewerbsverfälschung in diesen Kontext z. B. EuGH, Urteil vom 14. Juli 1972, C-48/69 – ICI, Slg. 1972, 619, ECLI:EU:C:1972:70, Rz. 104; Urteil vom 13. Juli 1966, 56 und 58/64 – Consten und Grundig, Slg. 1966, 299, 391, ECLI:EU:C:1966:41.

84 Zu dieser doppelten Zielsetzung: EuGH, Urteil vom 6. Oktober 2009, C-501/06 P u.a. – GlaxoSmithKline u.a., Slg. 2009, I-9374, Rz. 61 und die dort angeführte Rechtsprechung.

85 EuGH, Urteil vom 4. Juni 2009, C-8/08 – T-Mobile Netherlands, Slg. 2009, I-4529, ECLI:EU:C:2009:343, Rz. 38; Urteil vom 6. Oktober 2009, C-501/06 P u. a. – GlaxoSmithKline u.a., Slg. 2009, I-9374, ECLI:EU:C:2009:610, Rz. 63; Urteil vom 17. Februar 2011, C-52709 – Telia Sonera Sverige AB, Slg. 2011, I-527, ECLI:EU:C:2011:83, Rz. 24.

86 Vgl. Art. 3 Abs. 1 lit. b AEUV: „[...] für das Funktionierend es Binnenmarkts erforderliche Wettbewerbsregeln".

Binnenmarkt gegenüber den Marktteilnehmern aus Drittstaaten geöffnet wird. Eine solche Öffnung hat gegenüber Marktteilnehmern aus China bereits stattgefunden.

608. Aus binnenmarktbezogener Perspektive ist somit zu klären, ob und unter welchen Voraussetzungen diese Marktöffnung das Schutzgut des unverfälschten Wettbewerbs in rechtserheblicher Weise beeinträchtigen kann. Ausgangspunkt ist dabei die Annahme, dass Marktteilnehmer aus China einer Einflussnahme des chinesischen Staates unterliegen und dass hieraus die in Tz. 578–593 dargestellten Möglichkeiten zu Wettbewerbsverfälschungen im EU-Binnenmarkt folgen. Deshalb ist zur Klärung der möglichen Risiken für das Schutzgut des unverfälschten Wettbewerbs im EU-Binnenmarkt auf die Rechtsprinzipien bzw. -instrumente zurückzugreifen, die bereits zu einer staatlichen Einflussnahme auf den Wettbewerb entwickelt worden sind.

609. Im Zentrum steht insoweit der sogenannte Marktinvestortest, der es im Rahmen der EU-Beihilfekontrolle ermöglicht, politisch-strategische Eingriffe in den Wettbewerb von einer bloßen staatlichen Teilnahme am Wettbewerb abzugrenzen.[87] Dieser Test kann – trotz seiner engen Bezeichnung („Marktinvestor"-Test) – im Grunde auf alle Maßnahmen angewendet werden, die ein Staat gegenüber einzelnen Unternehmen (selektiv) oder auch gegenüber ganzen Wirtschaftszweigen trifft.[88] Es handelt sich insoweit also eher um einen „Marktkonformitätstest". Der Test setzt auch nicht voraus, dass der staatliche Haushalt belastet wird.[89] Er bietet damit einen Ansatz, um alle Arten staatlich gewährter Vorteile oder staatlich auferlegter Verpflichtungen im weitesten Sinne zu erfassen und anhand eines einheitlichen Maßstabs zu beurteilen.[90] Die Anwendung des Tests erscheint auch im vorliegenden Zusammenhang sinnvoll.

610. Der Marktinvestortest kann weiter im Grundsatz unabhängig davon angewendet werden, ob sich die staatliche Maßnahme unmittelbar im Markt auswirkt oder vermittelt über Unternehmen (mit oder ohne staatliche Beteiligung). Der Test ist infolgedessen beispielsweise bei Maßnahmen anwendbar, durch die bestimmte Unternehmen andere wirtschaftliche Möglichkeiten erhalten als ihre Wettbewerber (z. B. Stärkung der Finanzkraft). Er ist aber beispielsweise auch anwendbar, wenn ein Staat dafür sorgt, dass bestimmte Unternehmen ein anderes Verhalten zeigen als andere Unternehmen (z. B. bei staatlich veranlassten Kampfpreisen). Die erweiterten Möglichkeiten der Unternehmen können relevant werden, soweit die Marktstellung des Unternehmens zu prüfen ist (in der Fusionskontrolle/nach Art. 102 AEUV). Das abweichende Verhalten der Unternehmen ist nur dann relevant, wenn es einen Wettbewerbsbezug aufweist und insoweit den Vorgaben der Art. 101 f. AEUV für ein wettbewerbskonformes Verhalten widerspricht.

611. Zu differenzieren ist allerdings jeweils danach, ob der Staat als Wirtschaftsbeteiligter oder hoheitlich handelt. Der Marktinvestortest ist nur bei einer Teilnahme am Wirtschaftsverkehr anwendbar. In diesem Fall ist zu prüfen, ob das staatliche Handeln zu „normalen Marktbedingungen" erfolgt bzw. „marktkonform" ist.[91] Eine staatliche Maßnahme erfüllt diese Voraussetzungen dann, wenn es sich um eine Transaktion handelt, die von öffentlichen Stellen und privaten Wirtschaftsbeteiligten zu gleichen Bedingungen („*pari passu*") durchgeführt würde, oder wenn sie den Verkauf und Kauf von Vermögenswerten, Waren und Dienstleistungen (oder andere vergleichbare Transaktionen) in einem wettbewerblichen, transparenten, diskriminierungsfreien und bedingungsfreien Ausschreibungsverfahren betrifft.

612. Der Marktinvestortest ist nicht auf Maßnahmen anwendbar, die sich an die Rolle des Staates als Träger öffentlicher Gewalt (= Hoheitsträger) knüpfen.[92] Denn den Wirtschaftsbeteiligten ist ein hoheitliches Handeln von vornherein nicht möglich. Wenn der Staat hoheitlich tätig wird und beispielsweise nichtmarktwirtschaftliche Produktionsbedingungen schafft oder auf die Regulierung marktbeherrschender Unternehmen verzichtet, dann fehlt es somit auch an einer

---

87 Siehe EU-Kommission, Bekanntmachung zum Begriff der staatlichen Beihilfe im Sinne des Artikels 107 Absatz 1 des Vertrags über die Arbeitsweise der Europäischen Union, ABl. C 262 vom 19. Juli 2016, S. 1 (Beihilfebekanntmachung), Tz. 73 ff.

88 Dennoch findet eine Beihilfekontrolle nur in Bezug auf selektive Maßnahmen statt; siehe hierzu Art. 107 Abs. 1 AEUV („bestimmter Unternehmen oder Produktionszweige") und EU-Kommission, Beihilfebekanntmachung, Tz. 117 ff.

89 Die Beihilfekontrolle erfordert zusätzlich eine Überprüfung, ob der staatliche Haushalt belastet wird; siehe hierzu noch unten Tz. 750 und die dort zitierte europäische Rechtsprechung.

90 Vgl. EU-Kommission, Beihilfebekanntmachung, Tz. 77.

91 EU-Kommission, Beihilfebekanntmachung, Tz. 76, 83 ff.

92 EU-Kommission, Beihilfebekanntmachung, Tz. 77.

Transaktion, die von öffentlichen Stellen und privaten Wirtschaftsbeteiligten zu gleichen Bedingungen durchgeführt werden könnte. Allerdings kann ein hoheitliches staatliches Handeln zumindest daraufhin überprüft werden, ob ein im EU-Recht anerkanntes und insoweit legitimes Ziel verfolgt wird und ob der Staat die Markteingriffe, um dieses Ziel zu erreichen, auf geeignete und erforderliche Maßnahmen beschränkt (Verhältnismäßigkeitsprüfung). Ein solches legitimes Ziel kann auch ein industriepolitisches Ziel sein, allerdings nur dann, wenn damit keine wettbewerbsverzerrenden Markteingriffe verbunden sind (siehe erneut Art. 173 AEUV).[93]

613. Im vorliegenden Zusammenhang können bei der Anwendung des Marktinvestortests (für die Teilnahme am Wirtschaftsverkehr) bzw. bei der Verhältnismäßigkeitsprüfung (bei hoheitlichen Eingriffen in den Wirtschaftsverkehr) mehrere Gruppen von staatlichen Maßnahmen unterschieden werden:

- Ausübung eines bestimmenden oder zumindest wettbewerblich erheblichen Einflusses auf spezifische Unternehmen („Verpflichtungen"), der sich auf deren Verhalten im EU-Binnenmarkt auswirken kann;[94]
- Gewährung wirtschaftlicher Vergünstigungen für spezifische Unternehmen, die sich auf deren wirtschaftliche Möglichkeiten im EU-Binnenmarkt auswirken können;[95]
- Verzicht auf die Regulierung marktbeherrschender (oder zumindest marktmächtiger) Unternehmen und Schaffung bzw. Aufrechterhaltung (sonstiger) nicht marktwirtschaftlicher Produktionsbedingungen.

614. In Bezug auf die genannten Fallgruppen lässt sich aus den in Tz. 611–612 genannten Kriterien ableiten, unter welchen Bedingungen sie sich im EU-Binnenmarkt wettbewerbsverfälschend auswirken.[96] Speziell die Maßnahmen der Fallgruppe c) wirken sich zwar vorrangig auf dem betroffenen drittstaatlichen Markt aus. Hier kann der Test allerdings indizieren, ob den Unternehmen Produktionskostenvorteile verschafft werden, die ihnen in einem marktwirtschaftlichen System nicht zufließen würden. Zudem können Unternehmen, die in ihrem Heimatmarkt über eine nicht-regulierte marktmächtige Stellung verfügen und insoweit unreguliert sind, überdurchschnittliche Erträge erwirtschaften.[97] Derartige Verzerrungen können zu Vorteilen für Unternehmen aus Drittstaaten im internationalen Wettbewerb und somit auch zu Wettbewerbsverzerrungen in der EU führen, da europäische Unternehmen aufgrund beihilfe- sowie kartellrechtlicher Regelungen nicht von einer ähnlichen staatlichen Unterstützung profitieren können.

2.3 Außenwirtschaftsrecht

615. Dem Kriterium der Offenheit kommt nicht nur im Innenverhältnis der EU-Mitgliedstaaten, sondern auch im Außenverhältnis zu Drittstaaten Bedeutung zu (Art. 3 Abs. 5 EUV, 206 f. AEUV). Diese Außendimension wird kanalisiert durch die „Gemeinsame Handelspolitik" der Union (Fünfter Teil, Titel II des AEUV). Die EU trägt hiermit „im gemeinsamen Interesse zur harmonischen Entwicklung des Welthandels, zur schrittweisen Beseitigung der Beschränkungen im internationalen Handelsverkehr und bei den ausländischen Direktinvestitionen sowie zum Abbau der Zollschranken und anderer Schranken bei" (Art. 206 AEUV). Im vorliegenden Kontext ist die Außendimension deshalb wichtig, weil China ein Drittstaat ist und somit weder den Verpflichtungen aus den EU-Verträgen unterliegt noch sonst Gegenstand der dort vereinbarten Regelungen ist.

---

93 Siehe hierzu zuvor Tz. 604.

94 Vgl. EU-Kommission, Konsolidierte Zuständigkeitsmitteilung, Tz. 16 ff.

95 Siehe EU-Kommission, Beihilfebekanntmachung, Tz. 66 ff.

96 Dabei kann eine Eignung zur Wettbewerbsverfälschung ungeachtet der konkreten Auswirkungen genügen; vgl. EU-Kommission, Bekanntmachung – Leitlinien zur Anwendung von Artikel 81 Absatz 3 EG-Vertrag, ABl. C 101 vom 27. April 2004, S. 97, Tz. 24 (zu Art. 101 Abs. 1 AEUV); EuGH, Urteil vom 27. März 2012, C-209/10 – Post Danmark, ECLI:EU:C:2012:172, Rz. 44; Urteil vom 6. September 2017, C-413/14 P – Intel, ECLI:EU:C:2017:632, Rz. 136 ff.; EU-Kommission, Mitteilung – Erläuterungen zu den Prioritäten der Kommission bei der Anwendung von Artikel 82 des EG-Vertrags auf Fälle von Behinderungsmissbrauch durch marktbeherrschende Unternehmen, ABl. C 45 vom 24. Februar 2009, Tz. 19 (zu Art. 102 AEUV).

97 Niederlande, Non-paper – Strengthening the level playing field on the internal market, 9. Dezember 2019, https://www.permanentrepresentations.nl/documents/publications/2019/12/09/non-paper-on-level-playing-field, Abruf am 16. Juni 2020.

616. Anders als innerhalb des Binnenmarktes erfolgt die Öffnung nach außen schrittweise und stets als Ergebnis einer politischen Abwägungsentscheidung. Die Entscheidung kann dabei auf Grundlage einer Abwägung von ökonomisch zu ermittelnden Wohlfahrtsgewinnen gegenüber asymmetrischen Nachteilen für die Union erfolgen.[98] Gegenüber einer Wohlfahrtsbeurteilung ist allerdings dem Zusammenhalt des Binnenmarktes ein grundsätzlicher Vorrang einzuräumen. Hierin kommt der integrative Charakter des Binnenmarktes zum Ausdruck.

617. Diese nach außen gerichtete Zielsetzung der gemeinsamen Handelspolitik wird durch das Außenwirtschaftsrecht kanalisiert, das den rechtlich vermittelten, gegenseitigen Marktzugang (Handelsverträge) sowie Regelungen zum Schutz des Binnenmarktes umfasst. Es ergänzt die nach innen gerichteten Instrumente zum Schutz des EU-Binnenmarktes und zur Schaffung einer EU-Zollunion (Art. 28 AEUV). Es harmonisiert die wirtschaftlichen Außenbeziehungen der Mitgliedstaaten und stellt Bedingungen für den Markteintritt auswärtiger Wirtschaftsteilnehmer in den EU-Binnenmarkt auf (Art. 26, 28–33, 206 AEUV). Dabei erweitert es unter anderem den Schutz der marktwirtschaftlichen Ordnung über die Binnenmarktregeln, indem es der EU Instrumente zur Bekämpfung nichtmarktwirtschaftlicher Verhaltensweisen an die Hand gibt. Immer ist das Außenwirtschaftsrecht dabei auch den Zielsetzungen der sonstigen EU-Außenpolitik gemäß Art. 21 Abs. 2 EUV verpflichtet (konkretisiert durch Art. 206 AEUV).[99]

618. Der EU kommt für den Bereich der gemeinsamen Handelspolitik– bis auf Einzelbereiche wie Portfolioinvestitionen – freilich eine ausschließliche Zuständigkeit zu (Art. 3 Abs. 1 lit. e, 207 AEUV).[100] Dies bedeutet praktisch, dass Deutschland seinen Einfluss regelmäßig nur innerhalb der EU-Institutionen ausüben kann. Anders als im Bereich der Wettbewerbspolitik behalten die Mitgliedstaaten auch keine Residualkompetenz für nicht binnenmarktbezogene Regelungen. Die nachfolgenden Ausführungen zum Außenwirtschaftsrecht orientieren sich an der inneren Systematik der Gemeinsamen Handelspolitik. Hierbei ist zwischen der vertraglichen sowie der autonomen Handelspolitik (2.3.1 und 2.3.2) zu unterscheiden.

2.3.1 Vertragliche Handelspolitik

619. Die vertragliche Handelspolitik umfasst die völkerrechtlichen Verträge, welche die EU mit Drittstaaten schließt (WTO, Freihandels- und Investitionsschutzabkommen etc.). Forderungen nach Reziprozität wie beispielsweise durch einen gleichberechtigten Zugang zu öffentlichen Aufträgen kann nur im Wege der vertraglichen Handelspolitik nachgekommen werden. Aufgrund ihrer Rolle als Koordinationsinstanz in einem multilateralen Ordnungsrahmen für die Weltwirtschaft ist hierbei die 1994 gegründete WTO der erste Anknüpfungspunkt. Regelungen, auf die sich im Rahmen der WTO verständigt werden kann, gelten für jedes der derzeit 164 Mitglieder. Darüber hinaus besteht mit dem Streitbeilegungsmechanismus der WTO (*Dispute Settlement Body*; DSB) ein Instrument zur Durchsetzung der gegenseitigen Verpflichtungen.

620. Die aktive Rolle des Staates innerhalb des chinesischen Wirtschaftssystems war bereits im Zuge des Beitritts Chinas zur WTO ein wichtiges Thema.[101] Aufgrund der besonderen systemischen Bedingungen hat sich China bei seinem Beitritt zu einer ganzen Reihe von unterschiedlichen individuellen Zugeständnissen gegenüber den übrigen WTO-Mitgliedern verpflichtet, die sowohl innerhalb des Berichts der Arbeitsgruppe als auch und insbesondere innerhalb des Beitrittsprotokolls festgeschrieben sind.[102] Die Zugeständnisse sind nach Rechtsprechung des DSB verbindlicher Bestandteil des

[98] Müller-Graff, P.-C. in: ders., Enzyklopädie Europarecht, Bd. 4, Europäisches Wirtschaftsordnungsrecht, 1. Aufl., Baden-Baden 2015, § 1 Rz. 47.

[99] EuGH, Gutachten vom 16. Mai 2017, Gutachten 2/15 – Accord de libre-échange avec Singapour, ECLI:EU:C:2017:376, Rz. 142.

[100] EuGH, Gutachten vom 16. Mai 2017, Gutachten 2/15 – Accord de libre-échange avec Singapour, ECLI:EU:C:2017:376, Leitsätze. Daneben fällt z. B. der Bereich der Kriegswaffen in den Kompetenzbereich der Mitgliedstaaten (vgl. Art. 346 Abs. 1 lit. b AEUV).

[101] WTO Working Party on the Accession of China, Report of the Working Party on the Accession of China, 1. Oktober 2001, WT/ACC/CHN/49 (im Folgenden: WPRC).

[102] WTO, Accession of the People's Republic of China – Decision of 10 November 2001, 23. November 2001, WT/L/432 (im Folgenden: CBP); Art. 1 Abs. 2 i. V. m. Rz. 342 des WPRC.

WTO-Rechts, ohne dass sich China zugleich auf allgemeine Ausnahmebestimmungen berufen kann, die außerhalb der Beitrittsakte stehen.[103]

621. Das WTO-Recht enthält keine umfassenden Wettbewerbsregeln. Bislang ist der Ansatz der WTO darauf gerichtet, durch gegenseitige Zugeständnisse beim Marktzugang gleiche Wettbewerbsbedingungen sicherzustellen. Der Maßstab hierfür ergibt sich aus dem WTO-Konsens, der insofern einen Minimalstandard darstellt. Wenn die WTO-Mitglieder hierüber hinausgehen, geschieht dies auf Basis gegenseitiger Zugeständnisse (WTO-Plus). Die Zugeständnisse, die den WTO-Konsens ausmachen, werden seit den ersten Verhandlungsrunden zum sogenannten Allgemeinen Zoll- und Handelsabkommen (*General Agreement on Tariffs and Trade*; GATT) von 1947 in sogenannte tarifäre und nichttarifäre Handelshemmnisse unterteilt und entsprechend ausgehandelt. Während ursprünglich der Schwerpunkt auf dem Abbau von tarifären Handelsbeschränkungen gelegen hatte, ist nach einer Reihe von Zollrunden der handelsbeschränkende Effekt von nichttarifären Handelshemmnissen in den Vordergrund gerückt. Hierbei verharrt die WTO bislang auf dem Konsens von 1994. Dieser umfasst neben dem GATT eine Reihe von Abkommen für spezifische Einzelbereiche wie beispielsweise das Antidumping-Übereinkommen (*Agreement on the Implementation of Art. VI GATT*; ADA), das Abkommen über Subventionen und Ausgleichsmaßnahmen (*Agreement on Subsidies and Countervailing Measures*; ASCM) oder das Abkommen über handelsbezogene Aspekte der Rechte des geistigen Eigentums (*Agreement on Trade-Related Aspects of Intellectual Property Rights*; TRIPS). Wettbewerbsregeln im Sinne der Art. 101 ff. AEUV finden sich dabei nicht.

622. Die Europäische Union hat 2018 in einem Konzeptpapier umfassende Vorschläge zur Reform der WTO veröffentlicht, die auch die Bereiche gegenseitiger Marktzugang für Investitionen und Dienstleistungen, SOEs, Technologietransfers sowie Industriesubventionen umfassen.[104] Allerdings entwickelt sich der Reformprozess bereits seit Jahrzehnten nicht wesentlich weiter. Seit dem 11. Dezember 2019 ist zudem aufgrund einer Blockade der USA bei der Nachbesetzung von Richtern die Berufungsinstanz des Streitbeilegungsgremiums nicht mehr funktionsfähig.[105] Obwohl also die WTO der beste Anknüpfungspunkt für die (Wieder-)Herstellung eines wettbewerblichen *level playing field* wäre[106], ist die Wahrscheinlichkeit für eine Reform derzeit eher gering.

623. Als Folge des Stillstands auf WTO-Ebene ist die EU in den letzten Jahren sehr aktiv bei der Aushandlung von Freihandelsabkommen einer „neuen Generation“[107]. Durch die neuen vertieften Freihandelsabkommen wird eine umfassendere Marktintegration und regulatorische Kooperation ermöglicht. Entsprechend dem Aussagegehalt des Art. 206 AEUV[108] versucht die EU dabei bereits, Bestimmungen zum Umgang mit SOEs und eigene wettbewerbsrechtliche Stan-

---

[103] WTO, China – Measures Related to the Exportation of Various Raw Materials, Panel Report vom 5. Juli 2011, WT/DS394/R, WT/DS395/R, WT/DS398/R sowie Appellate Body Report vom 30. Januar 2012, WT/DS394/AB/R, WT/DS395/AB/R, WT/DS398/AB/R; China – Measures Related to the Exportation of Rare Earths, Tungsten, and Molybdenum, Panel Report vom 26. März 2014, WT/DS431/R, WT/DS432/R, WT/DS433/R sowie Appellate Body Report vom 7. August 2014, WT/DS431/AB/R, WT/DS432/AB/R, WT/DS433/AB/R.

[104] EU, WTO modernisation – Future EU proposal on rulemaking, https://trade.ec.europa.eu/doclib/docs/2018/september/tradoc_157331.pdf, Abruf am 30. Juni 2020.

[105] Martin, World Trade Organization in trouble: What you need to know, 11 December 2019; https://www.dw.com/en/world-trade-organization-in-trouble-what-you-need-to-know/a-51592575, Abruf am 30. Juni 2020.

[106] So auch z. B. EU-Kommission und Hohe Vertreterin der Union für Außen- und Sicherheitspolitik, Mitteilung an das Europäische Parlament, den Europäischen Rat und den Rat – EU-China Strategische Perspektiven, JOIN (2019) 5 final, 12. März 2019, S. 7 (EU-Strategiepapier); Business Europe, The EU and China – Addressing the Systemic Challenge, January 2020, Abschnitt 3.1; Niederlande, Non-paper – Strengthening the level playing field on the internal market, 9. Dezember 2019, https://www.permanentrepresentations.nl/documents/publications/2019/12/09/non-paper-on-level-playing-field, Abruf am 16. Juni 2020; BDI, Grundsatzpapier China. Partner und systemischer Wettbewerber – Wie gehen wir mit Chinas staatlich gelenkter Volkswirtschaft um?, Januar 2019, Abschnitt 2.4.

[107] Sie zeichnen sich in inhaltlicher Weise dadurch aus, dass sie „neben den klassischen Elementen solcher Abkommen wie den Abbau tarifärer und nichttarifärer Hemmnisse für den Handel mit Waren und Dienstleistungen weitere für diesen Handel bedeutsame oder unabdingbare Aspekte umfassen […]“, vgl. EuGH, Gutachten vom 16. Mai 2017, Gutachten 2/15 — Accord de libre-échange avec Singapour, Rz. 140.

[108] Art. 206 AEUV: „Durch die Schaffung einer Zollunion nach den Artikeln 28 bis 32 trägt die Union im gemeinsamen Interesse zur harmonischen Entwicklung des Welthandels, zur schrittweisen Beseitigung der Beschränkungen im internationalen Handelsverkehr und bei den ausländischen Direktinvestitionen sowie zum Abbau der Zollschranken und anderer Schranken bei“.

dards wie Kartell- und Missbrauchsverbote sowie insbesondere Regeln entsprechend dem EU-Beihilferecht zu „exportieren".[109]

2.3.2 Autonome Handelspolitik – Handelspolitische Schutzinstrumente

624. Die autonome Handelspolitik umfasst diejenigen Politiken im Sinne des WTO-Rechts, welche ein Mitglied wie die EU selbstständig durchführen kann. Die EU regelt in diesem Rahmen die Ein- und Ausfuhr von Waren sowie Dienstleistungen und Kapital. Bei der Ausgestaltung ihrer autonomen Handelspolitik muss die EU ihre völkerrechtlichen Pflichten beachten, die sich insbesondere aus den Vereinbarungen im Rahmen der WTO ergeben. Die Verpflichtungen folgen dabei zum einen aus dem Völkerrecht selbst (Art. 26 Wiener Vertragsrechtskonvention, *pacta sunt servanda* sowie Völkergewohnheitsrecht[110]), zum anderen aber auch aus Art. 216 Abs. 2 AEUV, der unionsrechtlich feststellt, dass „die von der Union geschlossenen Übereinkünfte [...] die Organe der Union und die Mitgliedstaaten [binden]".

625. Als spezifische Instrumente der autonomen Handelspolitik im Umgang mit dem chinesischen Staatskapitalismus stehen die sogenannten Handelsschutzmaßnahmen (*Trade Defence Instruments*) im Fokus. Diese stellen in der Regel einseitige Marktzugangsregelungen der EU dar, die unmittelbar dem Schutz bestimmter Unionsindustrien dienen und daneben zur Schlichtung verteilungspolitischer Konflikte ergriffen werden.[111] Sie erlauben – jeweils unter besonderen Voraussetzungen – eine befristete Erhebung zusätzlicher Zölle auf eingeführte Waren und knüpfen damit ebenso an die Einfuhr in den Binnenmarkt an wie Einfuhrzölle, mengenmäßige Einfuhrbeschränkungen oder Einfuhrverbote.[112] Eine Ausnahme bildet das sogenannte „handelspolitische Instrument zur Stärkung der gemeinsamen Handelspolitik", das ein formelles Beschwerderecht gegen Handelsbeschränkungen auf Drittmärkten vorsieht.[113]

626. Der Gesamtbereich der handelspolitischen Schutzinstrumente untergliedert sich in vier Kategorien:

- Schutz der Unionsindustrie vor Schäden durch gedumpte Waren mittels Antidumpingmaßnahmen;
- Schutz der Unionsindustrie vor Schäden durch subventionierte Waren mittels Antisubventionsmaßnahmen;
- Schutz der Unionsindustrie vor Schäden durch plötzlich und in hoher Zahl eingeführte Waren mittels allgemeiner Schutzmaßnahmen;
- Schutz der Unionsindustrie vor Schäden durch Handelspraktiken eines Drittstaates, gegen die internationale Handelsregeln das Recht zu einem Vorgehen einräumen, mittels eines handelspolitischen Tätigwerdens der EU („handelspolitisches Instrument zur Stärkung der gemeinsamen Handelspolitik").

627. Bei den Antidumping- und Antisubventionsmaßnahmen wird regelmäßig von einem Schutz vor „unfairen Handelspraktiken" gesprochen, da hierdurch ein fairer Wettbewerb zwischen in- und ausländischen Akteuren abgesichert werden soll. Dagegen wird bei allgemeinen Schutzmaßnahmen, die den Auswirkungen einer hohen Einfuhrquote begegnen sollen, von einer Anknüpfung an „faire Handelspraktiken" gesprochen.[114] Da allgemeine Schutzmaßnahmen allein der Abmilderung von Handelsverschiebungen zuungunsten der EU dienen und dadurch bereits der Grundidee eines freien

---

[109] Vgl. z. B. Freihandelsabkommen zwischen der Europäischen Union und der Republik Singapur, ST/7972/2018/ADD/5, ABl. L 294 vom 14. November 2019, Kapitel 11 (Competition and Related Matters) oder EU-Kommission, Vorschlag für einen Beschluss des Rates über den Abschluss des Freihandelsabkommens zwischen der Europäischen Union und der Sozialistischen Republik Vietnam, COM/2018/691 final, Kapitel 10 und 11.

[110] Zur Bindung der EU an Völkergewohnheitsrecht, vgl. EuGH, Urteil vom 24. November 1992, C-286/90 – Anklagemyndigheden/Peter Michael Poulsen und Diva Navigation Corp, Slg. 1992, I-6019, ECLI:EU:C:1992:453, Rz. 9; Urteil vom 16. Juni 1998, C-162/96 – Racke/Hauptzollamt Mainz, Slg. 1998, I-3655, ECLI:EU:C:1998:293, Rz. 45 f.

[111] Nettesheim, M., in: Grabitz/von Bogdandy/ders., Europäisches Außenwirtschaftsrecht, München 1994, S. 187-340, 187; ders., Ziele des Antidumping- und Antisubventionsrechts, München 1994, S. 35.

[112] Herrmann, C./Michl, W., Grundzüge des europäischen Außenwirtschaftsrechts, ZEuS 2008, 81 (128).

[113] Nettesheim, M., in: Grabitz, E./von Bogdandy, A./ders., Europäisches Außenwirtschaftsrecht, München 1994, S. 187-340, 189.

[114] Nettesheim, M., Ziele des Antidumping- und Antisubventionsrechts, München 1994, S. 30 ff.; Hoffmeister in: Krenzler/Herrmann/Niestedt, EU-Außenwirtschafts- und Zollrecht, AD-GVO 2016, EL 12 (Oktober 2018), Erwägungsgründe Rz. 1.

Warenverkehrs widersprechen, werden diese an strengere Vorgaben gebunden und begründen unter Umständen auch eine Ausgleichspflicht der Importländer.[115] Grundsätzlich ist festzustellen, dass für die Einordnung von Handelspraktiken als „fair" und „unfair" keine konkreten rechtlichen oder ökonomischen Kriterien vorliegen. Das „handelspolitische Instrument zur Stärkung der gemeinsamen Handelspolitik" knüpft demgegenüber zumindest normativ an die im Wege der vertraglichen Handelspolitik vereinbarten Zugeständnisse an und ermöglicht den Unionsunternehmen die Geltendmachung eines Verstoßes durch einen Drittstaat gegenüber der EU, um diese gegebenenfalls zu einem handelspolitischen Tätigwerden zu veranlassen. Dieses Tätigwerden kann in der Einleitung eines Streitbeilegungsverfahrens oder auch in der Rücknahme von gegenüber dem betreffenden Land gewährten Zugeständnissen bestehen.

628. Rechtliche Grundlage für die Handelsschutzinstrumente der EU sind die Antidumpingverordnung[116], die Antisubventionsverordnung[117], die Verordnungen über gemeinsame Einfuhrregelungen[118] sowie die Handelshemmnisverordnung[119]. Hierin sind die wesentlichen Voraussetzungen für den Erlass handelspolitischer Schutzmaßnahmen sowie das Verfahren geregelt. Innerhalb der EU ist für die Handhabung der handelspolitischen Schutzinstrumente nunmehr ausschließlich die Europäische Kommission zuständig, während der Rat bei Einzelentscheidungen keine Rolle spielt.[120] Den Mitgliedstaaten kommt stattdessen auf Basis der sogenannten Komitologie-Verordnung[121] eine Kontrollfunktion zu, die in der Form eines Ausschussverfahrens ausgeübt wird (Art. 15 AD-GVO, Art. 25 AS-GVO sowie Art. 7 Handelshemmnis-VO).[122]

629. Nach völkerrechtlichen Regeln und gemäß Art. 216 Abs. 2 AEUV sind die Unionsorgane an die völkerrechtlichen Verträge der EU gebunden und müssen diese bei all ihren Handlungen beachten und durchführen. Unionsrechtlich nehmen die Verträge einen Rang zwischen Primär- und Sekundärrecht ein und gelten unmittelbar, d. h. sie bedürfen keines Transformationsakts.[123] Diese unmittelbare Geltung ist jedoch nicht gleichbedeutend mit der Gewährung unmit-

115 Hoffmeister in: Krenzler/Herrmann/Niestedt, EU-Außenwirtschafts- und Zollrecht, AD-GVO 2016, EL 12 (Oktober 2018), Erwägungsgründe Rz. 2.

116 Verordnung (EU) 2016/1036 des Europäischen Parlaments und des Rates vom 8. Juni 2016 über den Schutz gegen gedumpte Einfuhren aus nicht zur Europäischen Union gehörenden Ländern, ABl. L 176 vom 30. Juni 2016, S. 21 in der durch Verordnung (EU) 2017/2321 des Europäischen Parlaments und des Rates vom 12. Dezember 2017, ABl. L 338 vom 19. Juli 2017, 1 sowie Verordnung (EU) 2018/825 des Europäischen Parlaments und des Rates vom 30. Mai 2018, ABl. 2018 L 143 vom 7. Juni 2018, S. 1 geänderten Fassung (AD-GVO).

117 Verordnung (EU) 2016/1037 des Europäischen Parlaments und des Rates vom 8. Juni 2016 über den Schutz gegen subventionierte Einfuhren aus nicht zur Europäischen Union gehörenden Ländern, ABl. L 176 vom 30. Juni 2016, S. 55 in der durch Verordnung (EU) 2017/2321 des Europäischen Parlaments und des Rates vom 12. Dezember 2017, ABl. L 338 vom 19. Dezember 2017, S. 1 sowie Verordnung (EU) 2018/825 des Europäischen Parlaments und des Rates vom 30. Mai 2018, ABl. L 143 vom 7. Juni 2018, S. 1 geänderten Fassung (AS-GVO).

118 Verordnung (EU) 2015/478 des Europäischen Parlaments und des Rates vom 11. März 2015 über eine gemeinsame Einfuhrregelung, ABl. 2015 L 83/16 sowie Verordnung (EU) 2015/755 des Europäischen Parlaments und des Rates vom 29. April 2015 über eine gemeinsame Regelung der Einfuhren aus bestimmten Drittländern, ABl. L 123 vom 19. Mai 2015, S. 33.

119 Verordnung (EU) 2015/1843 des Europäischen Parlament und des Rates vom 6. Oktober 2015 zur Festlegung der Verfahren der Union im Bereich der gemeinsamen Handelspolitik zur Ausübung der Rechte der Union nach internationalen Handelsregeln, insbesondere den im Rahmen der Welthandelsorganisation vereinbarten Regeln, ABl. L 272 vom 16. Oktober 2015, S. 1 (HandelshemmnisVO).

120 Hoffmeister in: Krenzler/Herrmann/Niestedt, EU-Außenwirtschafts- und Zollrecht, AD-GVO 2016, 12. Lfg. (Oktober 2018), Erwägungsgründe Rz. 41 u. 43.

121 Verordnung (EU) Nr. 182/2011 des Europäischen Parlaments und des Rates vom 16. Februar 2011 zur Festlegung der allgemeinen Regeln und Grundsätze, nach denen die Mitgliedstaaten die Wahrnehmung der Durchführungsbefugnisse durch die EU-Kommission kontrollieren, ABl. L 55 vom 28. Februar 2011, S. 13 (KomitologieVO).

122 Konkret steht dabei zum einen ein Beratungsverfahren (Art. 4 KomitologieVO, Art. 15 Abs. 2 AD-GVO, Art. 25 Abs. 2 AS-GVO sowie Art. 7 Abs. 2 HandelshemmnisVO) und zum anderen ein Prüfverfahren (Art. 5 KomitologieVO, Art. 15 Abs. 3 AD-GVO, Art. 25 Abs. 3 AS-GVO sowie Art. 7 Abs. 3 HandelshemmnisVO) zur Verfügung. Im Bereich des Antidumping- und. Antisubventionsrechts besteht zudem ein gesondertes Verfahren für sofort anwendbare Durchführungsakte (Art. 8 KomitologieVO, Art. 15 Abs. 4 AD-GVO sowie Art. 25 Abs. 4 AS-GVO). Das Beratungsverfahren ist dabei bspw. für die Annahme von Verpflichtungen (Art. 8 Abs. 1 AD-GVO sowie Art. 13 Abs. 1 AS-GVO), das Prüfverfahren z.B. für die Einführung endgültiger Zölle (Art. 9 Abs. 4 AD-GVO sowie Art. 15 Abs. 1 AS-GVO) oder die Einstellung eines Verfahrens nach der HandelshemmnisVO (Art. 12 Abs. 1 HandelshemmnisVO) anzuwenden.

123 Schmalenbach, in: Calliess/Ruffert, AEUV/EUV/GrCh, 5. Aufl., München 2016, Art. 216 AEUV, Rz. 28.

telbarer Rechte und Pflichten (unmittelbare Wirkung). Der Europäische Gerichtshof hat diesbezüglich in ständiger Rechtsprechung festgestellt, dass dem WTO-Recht eine solche unmittelbare Wirkung gerade nicht zukommt.[124] Eine Berufung auf die WTO-Rechtswidrigkeit einer Norm des EU-Sekundärrechts soll nur ausnahmsweise in denjenigen Fällen zulässig sein, in denen eine ausdrückliche Umsetzung erfolgt.[125] Darüber hinaus sollen die Mitgliedstaaten sowie die Unionsorgane das WTO-Recht soweit wie möglich „berücksichtigen".[126] Das WTO-Recht enthält eine Reihe von Vorgaben für jedes der genannten Schutzinstrumente.[127] Die EU setzt das WTO-Recht in weiten Teilen nahezu wortwörtlich um. Gleichzeitig ist jedoch darauf hinzuweisen, dass der Europäische Gerichtshof in ständiger Rechtsprechung den Unionsorganen im Bereich der gemeinsamen Handelspolitik aufgrund der „Komplexität der von ihnen zu prüfenden wirtschaftlichen, politischen und rechtlichen Sachverhalte", insbesondere im Bereich der Handelsschutzinstrumente, ein weites Ermessen zubilligt.[128]

2.4 Verhältnis von Außenhandels- und Wettbewerbsregeln zueinander

630. Die wettbewerbsrelevanten Merkmale des chinesischen Staatskapitalismus erfordern eine Verknüpfung des Schutzes des EU-Binnenmarktes durch die Wettbewerbsregeln (Innendimension) sowie der europäischen Handelspolitik (Außendimension). Die zentrale Anforderung für konkrete Reformen ist es dabei, in einem ersten Schritt die zur Verfügung stehenden Instrumente zu identifizieren. In einem zweiten Schritt sind dann deren jeweilige Tauglichkeit für den Umgang mit den Herausforderungen staatskapitalistischer Systeme sowie mögliche Reformen vor dem Hintergrund einer volkswirtschaftlichen Gesamtbetrachtung zu überprüfen. Zum Zweck der hier vorgelegten Stellungnahme sollen also die Instrumente des Wettbewerbs- sowie des Außenwirtschaftsrechts entlang ihrer Überschneidungsbereiche betrachtet werden

631. In Bezug auf die Wettbewerbsregeln wurde zuvor herausgearbeitet, dass sich aus dem in der Beihilfekontrolle angewendeten Marktinvestortest Kriterien dafür ableiten lassen, unter welchen Bedingungen sich Maßnahmen des chinesischen Staates im EU-Binnenmarkt wettbewerbsverfälschend auswirken. Eine hiervon unabhängig zu beantwortende Frage ist, ob (staatliche oder private) Unternehmen, die sich bei ihrer Tätigkeit aufgrund solcher Maßnahmen des chinesischen Staates nicht marktkonform verhalten, einer erhöhten Verantwortung nach Art. 101 und Art. 102 AEUV unterliegen oder dieser – ohne Änderung der EU-Verträge – unterworfen werden können. Dasselbe gilt in Bezug auf die EU-Mitgliedstaaten oder sogar den chinesischen Staat selbst im Rahmen von Art. 106 Abs. 1 AEUV und im Rahmen der Beihilfekontrolle nach Art. 107 ff. AEUV. Auch im Rahmen der Fusionskontrolle stellt sich die Frage, ob strengere Maßstäbe anwendbar sein können, sofern ein Zusammenschluss durch den chinesischen Staat beeinflusst wird. Umgekehrt lässt sich allerdings jeweils auch fragen, ob Abwehrmaßnahmen heimischer Marktteilnehmer oder der EU-Mitgliedstaaten einer günstigeren Beurteilung unterworfen werden müssen oder können, wenn dadurch auf den chine-

[124] EuGH, Urteil vom 5. Oktober 1994, C-280/93 - Deutschland/Rat, Slg. 1994, I-4973, ECLI:EU:C:1994:367; Urteil vom 23. November 1999, C-149/96 – Portugal/Rat, Slg. 1999, I-8395, ECLI:EU:C:1999:574; Urteil vom 1. März 2005, C-377/02 – Van Parys, Slg. 2005, I-1465, ECLI:EU:C:2005:121.

[125] EuGH, Urteil vom 22. Juni 1989, 70/87 – Fediol/Rat, Slg. 1989, 1781, ECLI:EU:C:1989:254, Rz. 22; Urteil vom 7. Mai 1991, C-69/89 – Nakajima All Precision/Rat, Slg. 1991, I-2069, ECLI:EU:C:1991:186, Rz. 31; Urteil vom 5. Oktober 1994, C-280/93 – Deutschland/Rat, Slg. 1994, I-4973, ECLI:EU:C:1994:367, Rz. 111.

[126] EuGH, Urteil vom 14. Dezember 2000, C-300/98 – Dior u.a., Slg. 2000, I-11307, ECLI:EU:C:2000:688, Rz. 47; Urteil vom 16. November 2004, C-245/02 – Anheuser-Busch, Slg. 2004, I-10989, ECLI:EU:C:2004:717, Rz. 55.

[127] Es handelt sich dabei um Art. VI, XVI und XIX des Allgemeinen Zoll- und Handelsabkommens (GATT) sowie das Abkommen zur Durchführung des Artikels VI GATT (Antidumping Agreement), das Übereinkommen über Subventionen und Ausgleichsmaßnahmen (Agreement on Subsidies and Countervailing Measures) und das Übereinkommen über Schutzmaßnahmen (Agreement on Safeguards). Für das Tätigwerden auf Grundlage der Handelshemmniss-VO bilden die diesbezüglichen Streitbeilegungsverfahrensregeln des Art. XXIII GATT, der einzelnen Übereinkommen, insbesondere aber die Vereinbarung über Regeln und Verfahren zur Beilegung von Streitigkeiten (Dispute Settlement Understanding) den maßgeblichen Rahmen. Alle Regeln sind abrufbar unter https://www.wto.org/english/docs_e/legal_e/final_e.htm, Abruf am 30. Juni 2020.

[128] EuGH, Urteil vom 4. Oktober 1983, 191/82 – Fediol/Kommission, Slg. 1983, 2913, ECLI:EU:C:1983:259, Rz. 26; Urteil vom 7. Mai 1987, 255/84 – Nachi Fujikoshi/Rat, Slg. 1987, 1861, ECLI:EU:C:1987:203, Rz. 21; Urteil vom 27. September 2007, C-351/04 – Ikea Wholesale, Slg. 2007, I-7723, ECLI:EU:C:2007:547, Rz. 40; Urteil vom 5. April 2017, C-376/15 P und C-377/15 P – Changshu City Standard Parts Factory und Ningbo Jinding Fastener/Rat, ECLI:EU:C:2017:269, Rz. 47.

sischen Staatseinfluss reagiert wird. Im geltenden Recht gibt es hierfür bei einer isolierten Betrachtung der Wettbewerbsregeln nur beschränkte Spielräume.

632. Das Außenwirtschaftsrecht ergänzt die Wettbewerbsregeln, die im EU-Binnenmarkt ein marktwirtschaftskonformes Verhalten der Unternehmen und der Mitgliedstaaten gewährleisten und die wettbewerbliche Marktstruktur schützen.[129] Die Antidumpingregeln knüpfen nämlich ebenso wie das Kartell- und das Missbrauchsverbot (Art. 101 f. AEUV) an das Marktverhalten von Unternehmen an. Die Antisubventionsregeln knüpfen dagegen ebenso wie die Beihilferegeln (Art. 107 f. AEUV) an staatliche Maßnahmen zur Finanzierung von Unternehmen an. Dabei betreffen die Antisubventionsregeln das Verhalten von Drittstaaten, während die Beihilfevorschriften sich auf Finanzierungsmaßnahmen von EU-Mitgliedstaaten beziehen. Die Fusions- und die Investitionskontrolle schützen schließlich die Marktstruktur, wenngleich mit unterschiedlicher Zielrichtung. Die Fusionskontrolle untersagt Zusammenschlüsse, durch die wirksamer Wettbewerb im EU-Binnenmarkt erheblich behindert wird, insbesondere durch das Entstehen oder die Verstärkung einer marktbeherrschenden Stellung. Die Investitionskontrolle gestattet dagegen die Beschränkung ausländischer Investitionen – auch im Rahmen von Übernahmevorgängen –, wenn diese die öffentliche Sicherheit und Ordnung beeinträchtigen können. In Fällen, in denen Unternehmen in der EU betroffen sind, die z. B. kritische Infrastrukturen oder Ressourcen betreiben, können beide Kontrollregimes gleichermaßen eingreifen.

633. Die derzeit laufende Reformdiskussion zielt einerseits darauf ab, die Spielräume im Rahmen der angesprochenen bestehenden Instrumente besser auszuschöpfen. Andererseits wird aber auch deren Ergänzung durch neuartige weitere Instrumente diskutiert. Diese Fragen sollen nachfolgend vertieft untersucht werden (Abschn. 3 und 4).

3 Weiterentwicklung bestehender Instrumente

634. Die Herausforderungen, die sich aus dem staatskapitalistischen System Chinas für die europäische Wirtschaft ergeben, haben eine wirtschaftspolitische Reformdebatte ausgelöst. Dabei werden neben industriepolitischen Vorschlägen auch Änderungen des europäischen Wirtschaftsrechts diskutiert. Für derartige Reformen kann einerseits an Markteingriffe durch ein drittstaatlich beeinflusstes, nicht marktwirtschaftliches Unternehmensverhalten angeknüpft werden (Abschn. 3.1). Andererseits können die betreffenden Regeln aber auch unmittelbar an nicht marktwirtschaftliche drittstaatliche Maßnahmen (Abschn. 3.2) oder an Eingriffe in die Marktstruktur (Abschn. 3.3) anknüpfen

3.1 Instrumente zum Wettbewerbsschutz bei staatlich beeinflusstem Unternehmensverhalten

635. Sofern Markteingriffe im Wege eines drittstaatlich beeinflussten und infolgedessen nicht rein marktwirtschaftlich erklärbaren Unternehmensverhaltens erfolgen, kann ihnen vor allem handelspolitisch mit Antidumpingmaßnahmen begegnet werden, wenngleich diese von einem Preisvergleich ausgehen und daher nicht auf einen spezifischen staatlichen Eingriff abstellen (Abschn. 3.1.1). Indessen bleiben nur relativ geringe Spielräume, dem drittstaatlichen Einfluss auf das Unternehmensverhalten im Rahmen der Wettbewerbsregeln zum Schutz des EU-Binnenmarktes Rechnung zu tragen. Denn eine drittstaatliche Einflussnahme auf die Wirtschaft lässt sich – als solche – im Rahmen der Wettbewerbsregeln letztlich nicht berücksichtigen (Abschn. 3.1.2).

3.1.1 Antidumpingmaßnahmen

636. Antidumpingmaßnahmen richten sich gegen Preispraktiken eines Exporteurs aus einem bestimmten Herkunftsland, die als unfair angesehen werden.[130] Im Zentrum steht dabei ein Verhalten, bei dem gleichartige Waren auf verschiedenen nationalen Märkten zu unterschiedlichen Preisen verkauft werden.[131]

[129] Siehe schon oben Tz. 596 f. und Tz. 617.

[130] Hoffmeister in: Krenzler/Herrmann/Niestedt, EU-Außenwirtschafts- und Zollrecht, AD-GVO 2016, EL 12 (Oktober 2018), Erwägungsgründe Rz. 5.

[131] Viner, J., Dumping: A Problem in International Trade, Chicago 1923, S. 8.

637. Die Idee des Antidumpingrechts ist historisch gewachsen und hängt ursprünglich mit der allgemeinen Furcht vor den negativen wirtschaftlichen Auswirkungen von Preisdifferenzierungen, insbesondere Kampfpreisen zusammen, wie dies beispielsweise auch aus dem Kartellrecht bekannt ist.[132] Ausgehend von der Entwicklung der Massenproduktion sowie einer systematischen Erfassung von Preisdifferenzierungen und dadurch ausgelösten Handelskonflikten, haben sich gegen Ende des 19. Jahrhunderts unterschiedliche nationale Antidumpinggesetze herausgebildet.[133] Im Zuge der Bemühungen um einen multilateralen Ordnungsrahmen für die Weltwirtschaft wurde mit Art. VI des GATT 1947 erstmals eine internationale Regelung zu Antidumpingmaßnahmen aufgenommen.[134] Diese zielt auf eine Harmonisierung der einzelstaatlichen Antidumpinggesetzgebung. Eine Positionierung zum Dumping selbst findet im Antidumpingrecht der WTO demgegenüber nicht eindeutig statt. Zwar wird in Art. VI:1 GATT von einer Verurteilung von Dumping gesprochen, jedoch zielen die Regeln selbst ausschließlich auf die rechtliche Beschränkung der Antidumpinggesetzgebung der WTO-Mitglieder und der Handhabung dieser Gesetzgebung. Das seit Gründung der WTO für alle Mitglieder geltende, Art. VI GATT ausgestaltende Antidumpingübereinkommen selbst enthält keinerlei Aussagen zur Bewertung oder zum Zweck von Antidumping, sondern konkretisiert die gemeinsamen Voraussetzungen einer Dumpingermittlung und fügt weitere prozessuale Anforderungen hinzu.

638. Ökonomisch betrachtet ist das Erfordernis eines Ausgleichs von Dumping seither umstritten. Viele Verhaltensweisen, die zu Dumping bzw. zu Preisdifferenzierungen führen, sind wettbewerblich unproblematisch. So können Preisdifferenzierungen zwischen unterschiedlichen Ländern schlichtweg Ausdruck unterschiedlicher Nachfrageelastizitäten im Export- und Importland sein. Niedrigpreise können zudem genutzt werden, um neue Märkte zu erschließen, Überkapazitäten abzubauen oder Wettbewerbern Marktanteile streitig zu machen. Ferner ist zu betonen, dass das importierende Land von niedrigen Einfuhrpreisen zunächst profitiert. Ein wirkliches wettbewerbliches Problem liegt aus ökonomischer Sicht vor allem dann vor, wenn die Niedrigpreise Ausdruck einer Verdrängungspreisstrategie sind.[135] Im Falle eines solchen räuberischen Dumpings setzt ein exportierendes Unternehmen vorübergehend Kampfpreise, um Wettbewerber aus dem Markt zu drängen und erhöht seine Preise nach Erreichen einer Monopol- bzw. marktmächtigen Stellung *(predatory pricing)*. Die für das Importland aus den niedrigeren Importpreisen zunächst resultierenden positiven Wohlfahrtstransfers werden so durch die späteren Wohlfahrtsverluste aufgrund der überhöhten Preise überkompensiert. Ein solches räuberisches Dumping ist jedoch eher selten anzutreffen, zumal es nur bei Vorliegen bestimmter Marktstrukturen Aussicht auf Erfolg hat.[136] Neben dem räuberischen Dumping wird teilweise auch auf die Schädlichkeit eines sogenannten strategischen Dumpings hingewiesen.[137] In diesem Fall operiert ein dumpendes Unternehmen aus einem geschützten Heimatmarkt heraus in einer Industrie mit Skalenvorteilen. Die in seinem Heimatmarkt abgeschöpften Renten bzw. Profite kann es sodann zur Subventionierung seiner Exporte einsetzen, um hierdurch, zulasten seiner Wettbewerber im Importland, zusätzliche Skalenvorteile zu erzielen, welche sich in geringeren Kosten und damit in zukünftig höheren Profiten niederschlagen. Die Erfolgsaussichten eines solchen strategischen Dumpings sind allerdings ebenfalls an enge Voraussetzungen geknüpft. Insbesondere muss der Heimatmarkt im Verhältnis zu dem restlichen Weltmarkt ausreichend groß sein.

639. Das weltweite Antidumpingrecht hat sich inzwischen weit von seinem kartellrechtlichen Ursprung entfernt. Sein Zweck wird regelmäßig mit dem Begriff des *level playing field* verbunden, wohinter das Ziel gleicher Wettbewerbsbedingungen für heimische Unternehmen sowie deren ausländische Konkurrenz steht.[138] In eine ähnliche Richtung geht die

---

132 Zu dieser Überschneidung von Antidumping- und Kartellrecht Müller-Ibold, T., in: Kokott, J./Pohlmann, P./Polley, R., Europäisches, deutsches und internationales Kartellrecht – Festschrift für Dirk Schroeder, Köln 2018, S. 541-575, 543.

133 Viner, J., Dumping: A Problem in International Trade, Chicago 1923, S. 35 ff. u. 192 ff.

134 Hoffmeister in: Krenzler/Herrmann/Niestedt, EU-Außenwirtschafts- und Zollrecht, AD-GVO 2016, EL 12 (Oktober 2018), Erwägungsgründe Rz. 26.

135 Siehe hierzu etwa Willig, Robert D., Economic Effects of Antidumping Policy, Brookings Trade Forum: 1998, S. 57–79.

136 Zu den Voraussetzungen gehört etwa, dass in dem importierenden Land hohe Markteintrittsbarrieren bestehen und dass das Angebot auf dem Weltmarkt hoch konzentriert ist.

137 Willig, Robert D., Economic Effects of Antidumping Policy, Brookings Trade Forum: 1998, S. 64 f.

138 Nettesheim, M., Ziele des Antidumping- und Antisubventionsrechts, München 1994, S. 41; Müller, W./Khan, N./Scharf, T., EC and WTO Antidumping Law, 2nd Edition, Oxford 2009, Rz. I.09 ff.

für die amerikanischen Handelsschutzinstrumente entwickelte Vorstellung, dass diese einen Koppelungsmechanismus *(interface)* zwischen zwei verschiedenen Volkswirtschaften darstellen.[139] Durch beide Ansätze wird implizit das Fehlen von Reziprozität *(asymmetrical market conditions)* zu einer Ursache für den Einsatz von Handelsschutzmaßnahmen gemacht.[140] Hierdurch entsteht auch ein politischer Rechtfertigungsgrund.

640. Die ökonomische Kritik gegenüber dem Antidumpingrecht erfolgt jedoch noch auf einer weiteren Ebene. Abgesehen von Sinn und Zweck des Instruments wird vielfach dessen Ausgestaltung bemängelt. Kritisiert wird, dass die maßgeblichen Kriterien des Antidumpingverfahrens zu ungenau sind und den Behörden zu viel Spielraum lassen, wodurch in der Praxis die heimische Industrie über das erforderliche Maß hinaus geschützt und der Wettbewerb dadurch übermäßig beeinträchtigt wird.[141] Auf den fehlenden Bezug zu Marktstrukturbedingungen und die Gefahr einer missbräuchlichen Ausnutzung zugunsten der heimischen Industrie hatte auch bereits die Monopolkommission in ihrem IX. Hauptgutachten („Wettbewerb und Industriepolitik") hingewiesen.[142] Die Analyse und Bewertung ist für das derzeitige Antidumpingrecht der EU aufrechtzuerhalten.

3.1.1.1 Zu den Voraussetzungen von Antidumpingmaßnahmen

641. Nach Art. 1 Abs. 1 der Verordnung (EU) 2016/1036 (nachfolgend: AD-GVO) kann ein Antidumpingzoll gegenüber jeder Ware erhoben werden, die als gedumpt anzusehen ist und deren Einführung in den Binnenmarkt eine Schädigung zur Folge hat.[143] Konkret ist hierfür zunächst gemäß Art. 2 AD-GVO die Feststellung eines Dumpings erforderlich. Darüber hinaus muss sich durch das Dumping in kausaler Weise eine Schädigung eines Wirtschaftszweigs der Union ergeben bzw. drohen oder die Errichtung eines solchen Wirtschaftszweigs erheblich verzögert werden (Art. 3 AD-GVO). Schließlich muss die Erhebung eines Antidumpingzolls auch im sogenannten Unionsinteresse liegen (Art. 21 AD-GVO).

Dumping

642. Wesentliche Voraussetzung von Antidumpingmaßnahmen ist die Feststellung, dass eine eingeführte Ware „Gegenstand eines Dumpings ist" (Art. 1 Abs. 1 AD-GVO). Gemäß Art. 1 Abs. 2 AD-GVO gilt eine Ware als gedumpt, „wenn ihr Preis bei der Ausfuhr in die Union niedriger ist als der vergleichbare Preis einer zum Verbrauch im Ausfuhrland bestimmten gleichartigen Ware im normalen Handelsverkehr". Im Zentrum einer Feststellung von Dumping steht damit ein Preisvergleich. Dessen einzelne Parameter sind in Art. 2 AD-GVO festgeschrieben. Gegenstand sind hierbei grundsätzlich zwei Gruppen von Waren, namentlich die sogenannte „betreffende Ware" und die sogenannte „gleichartige Ware" (Art. 1 Abs. 4 AD-GVO). Einmal ist die innerhalb des Antidumpingverfahrens zu betrachtende „betreffende Ware" mit den in der Union hergestellten „gleichartigen Waren" zu vergleichen. Letztere müssen gemäß Art. 1 Abs. 4 AD-GVO mit der betreffenden Ware identisch sein, „d.h. ihr in jeder Hinsicht gleich[en], oder, wenn es eine solche Ware nicht gibt, eine[r] andere[n] Ware, die zwar der betreffenden Ware nicht in jeder Hinsicht gleicht, aber Merkmale aufweist, die denen der betreffenden Ware sehr ähnlich sind". Weiterhin muss für die Ermittlung des sogenannten „Normalwerts" die vom ausländischen Hersteller in die Union eingeführte Ware mit den Waren verglichen werden, die er selbst in seinem Heimatland absetzt, woraus sich im Ergebnis ein doppeltes Identitäts- oder Gleichheitsverhältnis ergibt.[144] Die Warendefinition in einem Antidumpingverfahren greift dabei zwar auch auf Kriterien zurück, die aus der kartellrechtlichen

---

[139] Nettesheim, M., Ziele des Antidumping- und Antisubventionsrechts, München 1994, S. 42.

[140] Müller, W./Khan, N./Scharf, T., EC and WTO Antidumping Law, 2nd Edition, Oxford 2009, Rz. I.09 ff.

[141] Finger, J. M., Dumping and Antidumping: The Rhetoric and the Reality of Protection in Industrial Countries, The World Bank Research Observer 7 (2), July 1992, S. 121 – 143; Hoekman, B. M./Mavroidis, P. C., Antitrust-Based Remedies and Dumping in International Trade, World Bank Policy Research Working Paper 1347, 1994; Zheng, W., Reforming Trade Remedies, Michigan Journal of International Law 34 (2012), S. 151-207.

[142] Monopolkommission, IX. Hauptgutachten 1990/1991, Wettbewerb und Industriepolitik, Baden-Baden 1991, Kapitel VII, Tz. 1155 ff.

[143] Siehe Verordnung (EU) 2016/1036 des Europäischen Parlaments und des Rates vom 8. Juni 2016 über den Schutz gegen gedumpte Einfuhren aus nicht zur Europäischen Union gehörenden Ländern, ABl. L 176 vom 30. Juni 2016, S. 21.

[144] Hoffmeister in: Krenzler/Herrmann/Niestedt, EU-Außenwirtschafts- und Zollrecht, AD-GVO 2016, EL 12 (Oktober 2018), Art. 1 Rz. 29 f.

Marktabgrenzung bekannt sind, wie z. B. die Austauschbarkeit aus Verbrauchersicht, jedoch steht am Ende immer eine handelspolitische Entscheidung, bei der der Europäischen Kommission ein erheblicher Ermessens- und Beurteilungsspielraum zukommt.[145]

643. Darüber hinaus muss das Ausfuhrland ermittelt werden (vgl. Art. 5 Abs. 2 lit. b und Abs. 10 AD-GVO). Hierbei handelt es sich gemäß Art. 1 Abs. 3 S. 1 AD-GVO zunächst grundsätzlich um das Ursprungsland. Als Ursprungsland wird das Land bezeichnet, in dem die verfahrensgegenständliche Ware ihren zollrechtlichen, nichtpräferenziellen[146] Ursprung hat.[147] In besonderen Fällen kann die Europäische Kommission jedoch auch auf ein Zwischenland abstellen, soweit es sich dabei nicht um ein Durchfuhrland handelt oder die Ware dort nicht hergestellt wird oder es dort keinen vergleichbaren Preis gibt (Art. 1 Abs. 3 S. 2 AD-GVO).

644. Die Feststellung von Dumping erfolgt in vier wesentlichen Schritten:

- In einem ersten Schritt ist zunächst der Normalwert zu bestimmen (Art. 2 Abs. 1 – 7 AD-GVO). Hierfür sieht Art. 2 AD-GVO wiederum vier unterschiedliche Methoden vor. Vorrangig ist der Normalwert anhand der Preise für Verkäufe des Verkäufers oder Herstellers im Ausfuhrland zu ermitteln (Art. 2 Abs. 1 UAbs. 1 AD-GVO). Ist dies mangels repräsentativer Verkäufe nicht möglich, so ist auf die Preise anderer Verkäufer oder Hersteller abzustellen (Art. 2 Abs. 1 UAbs. 2 AD-GVO). Können die Preise im Ausfuhrland insgesamt nicht verwendet werden, so ist der Normalwert rechnerisch zu ermitteln anhand von Produktionskosten oder auf Grundlage von Ausfuhrpreisen in einem geeigneten Drittland (Art. 2 Abs. 3 AD-GVO).
- In einem zweiten Schritt muss der sogenannte „Ausfuhrpreis" bestimmt werden (Art. 2 Abs. 8 u. 9 AD-GVO). Hierbei handelt es sich gemäß Art. 2 Abs. 8 AD-GVO um den tatsächlich gezahlten oder zu zahlenden Preis der zur Ausfuhr aus dem Ausfuhrland in die Union verkauften Ware.
- Damit zwischen dem Normalwert und dem Ausfuhrpreis ein „gerechter Vergleich" möglich ist, erfolgt in einem dritten Schritt eine sogenannte „Berichtigung" von Unterschieden, welche die Vergleichbarkeit der beiden Werte negativ beeinflussen (Art. 2 Abs. 10 lit. a – k AD-GVO). So wird etwa eine Berichtigung vorgenommen für Unterschiede bei den Kosten, die in unmittelbarem Zusammenhang mit der Verpackung der betreffenden Ware stehen oder für Unterschiede bei den Provisionen, die für die betreffenden Verkäufe gezahlt werden (Art. 2 Abs. 10 lit. f und i AD-GVO).
- Schließlich wird in einem vierten Schritt die sogenannte „Dumpingspanne" durch einen Vergleich zwischen den beiden Werten für den Untersuchungszeitraum ermittelt (Art. 2 Abs. 11 u. 12 AD-GVO). Dabei stehen der Europäischen Kommission drei mögliche Methoden zur Verfügung: Entweder es wird gemäß Art. 2 Abs. 11 S. 1 AD-GVO der gewogene durchschnittliche Normalwert mit dem gewogenen Durchschnitt der Preise aller Ausfuhrgeschäfte in die Union (erste symmetrische Methode), oder es werden auf Grundlage einzelner Transaktionen die einzelnen Normalwerte mit den einzelnen Preisen bei der Ausfuhr in die Union je Geschäftsvorgang verglichen (zweite symmetrische Methode), oder es wird gemäß S. 2 der gewogene durchschnittliche Normalwert mit den einzelnen Preisen bei der Ausfuhr in die Union je Geschäftsvorgang für einen Vergleich herangezogen (asymmetrische Methode). Die Auswahl der Methodik liegt grundsätzlich im Ermessen der Europäischen Kommission.[148] Nach Art. 2 Abs. 11 S. 2 AD-GVO wird für einen Rückgriff auf die asymmetrische Methode jedoch

[145] Hoffmeister in: Krenzler/Herrmann/Niestedt, EU-Außenwirtschafts- und Zollrecht, AD-GVO 2016, EL 12 (Oktober 2018), Art. 1 Rz. 31 und 33 ff.

[146] Der nichtpräferenzielle (auch handelspolitische) Ursprung entspricht der allgemeinen zollrechtlichen Zuordnung einer Ware zu einem Ursprungsland. Dieses muss nicht zwingend das Versendungsland sein. Vgl. https://www.zoll.de/DE/Fachthemen/Warenursprung-Praeferenzen/Nichtpraeferenzieller-Ursprung/nichtpraeferenzieller-ursprung_node.html; Abruf am 30. Juni 2020.

[147] Hierzu Hoffmeister in: Krenzler/Herrmann/Niestedt, EU-Außenwirtschafts- und Zollrecht, AD-GVO 2016, EL 12 (Oktober 2018), Art. 1 Rz. 24.

[148] EuGH, Urteil vom 27 September 2007, C-351/04 – Ikea Wholesale, Slg. 2007, I-7723, ECLI:EU:C:2007:547, Rz. 41 m. w. N. sowie zuletzt auch Urteil vom 5. April 2017, C-376/15 P und C-377/15 P – Changshu City Standard Parts Factory und Ningbo Jinding Fastener/Rat, ECLI:EU:C:2017:269, Rz. 47.

vorausgesetzt, dass die Preise der Ausfuhrgeschäfte je nach Käufer, Region oder Verkaufszeitraum erheblich voneinander abweichen und dass die in S. 1 genannten Methoden die Dumpingpraktiken nicht in vollem Umfang widerspiegeln würden. In der Praxis wird regelmäßig auf Durchschnittswerte zurückgegriffen, da ein Vergleich von Transaktionswerten als nicht praktikabel und teils auch als etwas willkürlich betrachtet wird.[149] Die Dumpingspanne besteht schließlich in der Höhe, in welcher der Normalwert den Ausfuhrpreis übersteigt (Abs. 12).

Schädigung

645. Die Feststellung, dass eingeführte Waren gedumpt sind, reicht für den Erlass von Antidumpingmaßnahmen allein nicht aus. Zusätzlich muss festgestellt werden, dass die gedumpten Einfuhren eine „bedeutende Schädigung" eines Wirtschaftszweigs der Union zur Folge haben oder eine derartige Schädigung droht oder, dass die Errichtung eines Wirtschaftszweigs der Union „erheblich verzögert wird" (Art. 3 Abs. 1 AD-GVO). Sowohl die drohende Schädigung als auch der Fall einer erheblichen Verzögerung, an deren Vorliegen strengere Anforderungen zu stellen sind, spielen allerdings in der bisherigen Praxis kaum eine Rolle.[150] Als Wirtschaftszweig der Union gilt dabei gemäß Art. 4 AD-GVO „die Gesamtheit der Unionshersteller der gleichartigen Waren oder derjenigen unter ihnen, deren Produktion insgesamt einen erheblichen Teil der gesamten Unionsproduktion dieser Waren ausmacht".[151] Für die Feststellung eines erheblichen Teils der Produktion bedarf es einer Einzelfallanalyse, für die kein fester Referenzwert besteht, jedoch muss es sich jedenfalls um einen relativ hohen Anteil handeln.[152]

646. Die Ermittlung einer Schädigung erfolgt für alle Handelsschutzinstrumente nach einem vergleichbaren Prinzip:[153] Eine „bedeutende Schädigung" setzt einen schlechten wirtschaftlichen oder finanziellen Zustand des betroffenen Wirtschaftszweiges der Union oder eine deutliche Verschlechterung gegenüber dem Zeitraum vor dem Dumping voraus.[154] Damit erfordert Art. 3 AD-GVO die Feststellung, wie sich die finanzielle und wirtschaftliche Lage der Unionsindustrie ohne die Dumpingpraktiken entwickelt hätte.[155] Art. 3 Abs. 2 AD-GVO verlangt diesbezüglich „eindeutige Beweise" sowie eine „objektive Prüfung" des Volumens der Einfuhren und ihrer Auswirkungen auf die Preise gleichartiger Waren auf dem Markt der Union sowie der Auswirkungen der Einfuhren auf den Wirtschaftszweig der Union. Damit stellt die Schadensprüfung einerseits auf einfuhrbezogene (Art. 3 Abs. 3 AD-GVO) und andererseits auf unternehmensbezogene Gesichtspunkte ab (Art. 3 Abs. 5 AD-GVO). Für die Gewichtung der einzelnen Merkmale gibt es keine festen Regeln. Abs. 3 und 5 weisen jeweils jedoch darauf hin, dass keines der dort genannten Kriterien notwendigerweise als ausschlaggebend zu betrachten ist. Der Europäischen Kommission kommt hier insgesamt ein erheblicher Ermessensspielraum zu.[156]

---

[149] Krzeminska-Vamvaka, in: Krenzler/Herrmann/Niestedt, EU-Außenwirtschafts- und Zollrecht, AD-GVO, GL 1 (August 2012), Art. 2 Rz. 669.

[150] Kuplewatzky/Maxian Rusche in: Krenzler/Herrmann/Niestedt, EU-Außenwirtschafts- und Zollrecht, AD-GVO 2016, EL 12 (Oktober 2018), Art. 3 Rz. 18 ff. u. 28 ff.

[151] Art. 4 AD-GVO schließt Hersteller aus, die mit Ausführern oder Einführern geschäftlich verbunden oder selbst Einführer der angeblich gedumpten Waren sind (Art. 4 Abs. 1 lit. a und Abs. 2 AD-GVO). Umgekehrt kann unter besonderen Umständen von zwei oder mehr Wettbewerbsmärkten oder regionalen Märkten auszugehen sein, die dann als eigener Wirtschaftszweig der Union anzusehen sind (Art. 4 Abs. 1 lit. b und Abs. 3 AD-GVO).

[152] Rados, in: Krenzler/Herrmann/Niestedt, EU-Außenwirtschafts- und Zollrecht, AD-GVO 2016, EL 12 (Oktober 2018), Art. 4 Rz. 9.

[153] Für das Antisubventionsrecht: Lukas in: Krenzler/Herrmann/Niestedt, EU-Außenwirtschafts- und Zollrecht, ASub-GVO, EL 2 (April 2013), Art. 8 Rz. 14; Van Bael & Bellis, EU-Antidumping and Other Trade Defence Instruments, Sixth Edition, Alphen aan den Rijn 2019, § 11.07. Die Handelshemmnisverordnung geht prinzipiell von einer vergleichbaren Methodik aus, jedoch erlaubt das Fehlen WTO-rechtlicher Vorgaben hier einen größeren Spielraum und damit letztlich ein Abweichen von den Prinzipien des Antidumping- sowie Antisubventionsrecht, vgl. Berrisch/Kamann in: Krenzler/Herrmann/Niestedt, EU-Außenwirtschafts- und Zollrecht, Handelshemmnis-VO, EL 2 (April 2013), Art. 2 Rz. 22.

[154] Kuplewatzky/Maxian Rusche in: Krenzler/Herrmann/Niestedt, EU-Außenwirtschafts- und Zollrecht, AD-GVO 2016, EL 12 (Oktober 2018), Art. 3 Rz. 14.

[155] Ebenda.

[156] Ebenda, Rz. 4.

647. Im Rahmen von Art. 3 Abs. 3 AD-GVO ist einerseits auf das Volumen, andererseits auf die Preiseffekte der gedumpten Einfuhren abzustellen. Zunächst ist als Indiz für das Vorliegen einer Schädigung festzustellen, ob die Einfuhren absolut oder im Verhältnis zu Produktion oder Verbrauch erheblich angestiegen sind. Dies umfasst auch die erhebliche Steigerung eines nur geringen Marktanteils.[157] Weiterhin ist auf die Preisentwicklung der Einfuhren abzustellen und zu prüfen, ob eine „erhebliche Preisunterbietung" stattgefunden hat oder ob die Einfuhren aus anderen Gründen einen „erheblichen Preisrückgang verursacht oder Preiserhöhungen, die andernfalls eingetreten wären, deutlich verhindert haben". Die Preisunterbietung durch gedumpte Waren ist ein Kernpunkt der Schadensermittlung und erhält daher eine gegenüber dem Einfuhrvolumen vorrangige Bedeutung.[158] Hierbei ist zunächst der durchschnittliche Preis der Unionsindustrie für die gleichartige Ware zu ermitteln, wobei je nach Ware einzelne Unterarten abzugrenzen sind.[159] Zweitens wird der durchschnittliche Preis der gedumpten Ware entsprechend, d. h. auch entlang möglicher Unterkategorien, bestimmt. Schließlich sind wiederum Berichtigungen der jeweiligen Durchschnittspreise vorzunehmen, um einen gerechten Vergleich zu ermöglichen. Stehen in der Union produzierte und eingeführte Waren auf einem geographischen Markt nicht (mehr) im Wettbewerb miteinander, so ist dieses Fehlen von Wettbewerb daraufhin zu überprüfen, ob die Dumpingpraktiken des Ausführers die Ursache sind.[160]

648. Ist keine Preisunterbietung anzunehmen, so ist gemäß der zweiten Alternative des Art. 3 Abs. 3 S. 2 AD-GVO zu fragen, ob die gedumpten Einfuhren auf andere Weise einen erheblichen Preisrückgang verursacht oder Preiserhöhungen, die andernfalls eingetreten wären, „deutlich verhindert" haben. Hierzu ist zunächst die Gewinnspanne des Wirtschaftszweigs der Union zu ermitteln. Ist dabei kein angemessener Gewinn festzustellen, so errechnet die Europäischen Kommission einen hypothetischen Inlandspreis (sogenannter „Zielpreis"), der einen angemessenen Gewinn erwarten ließe und von den Herstellkosten (unter Berücksichtigung zukünftiger Produktionskosten angesichts neuer umweltrechtlicher Anforderungen) sowie einer angemessenen Gewinnspanne (vor Steuern) ausgeht.[161] In diesem Zusammenhang ist auf den Gewinn abzustellen, wie er vor dem Auftreten der Dumpingeinfuhren in die Union bestand.[162]

649. Aufgrund der Komplexität des wirtschaftlichen Sachverhalts kommt auch und gerade hier der Europäischen Kommission ein weites Ermessen zu, das nur dahin gehend überprüft werden kann, „ob die Verfahrensvorschriften eingehalten wurden, ob der Sachverhalt, der der angefochtenen Entscheidung zugrunde gelegt wurde, zutreffend festgestellt ist und ob keine offensichtlich fehlerhafte Beurteilung dieses Sachverhalts und kein Ermessensmissbrauch vorliegen".[163]

650. Nach Art. 3 Abs. 5 AD-GVO sind die Auswirkungen der gedumpten Einfuhren auf den Wirtschaftszweig der Union zu ermitteln. Dahinter steht eine Gesamtbetrachtung anhand aller relevanten Wirtschaftsfaktoren und -indizes, welche die Lage der Unionsindustrie beeinflussen. In einer nicht als abschließend anzusehenden Aufzählung werden dabei in Abs. 5 die Höhe der tatsächlichen Dumpingspanne sowie der tatsächliche oder potenzielle Rückgang von Absatz, Gewinn, Produktion, Marktanteil, Produktivität, Rentabilität und Kapazitätsauslastung genannt. Darüber hinaus sind auch Faktoren, die die Preise der Union beeinflussen, die tatsächlichen und potenziellen negativen Auswirkungen auf Cashflow, Lagerbestände, Beschäftigung, Löhne, Wachstum, Kapitalbeschaffungs- oder Investitionsmöglichkeiten sowie die Tatsache, dass ein Wirtschaftszweig sich noch von den Auswirkungen früherer Dumpingpraktiken oder Subventionen erholen muss, zu beachten.[164] Dabei ist die Europäische Kommission weder verpflichtet, in ihrer Prüfung auf alle ge-

---

[157] Ebenda, Rz. 40.

[158] Ebenda, Rz. 42 u. 44.

[159] Zum Berechnungsprinzip im Einzelnen: Kuplewatzky/Maxian Rusche in: Krenzler/Herrmann/Niestedt, EU-Außenwirtschafts- und Zollrecht, AD-GVO 2016, EL 12 (Oktober 2018), Art. 3 Rz. 45 f.

[160] Ebenda, Art. 3 Rz. 51.

[161] Ebenda, Art. 3 Rz. 52.

[162] EuG, Urteil vom 28. Oktober 1999, T-210/95 – EFMA/Rat, Slg. 1999, II-3291, ECLI:EU:T:1999:273, Rz. 60. Dort wird von einem Gewinn unter „normalen Wettbewerbsbedingungen" ausgegangen.

[163] EuGH, Urteil vom 18. Oktober 2018, C-100/17 – Gul Ahmed Textile Mills/Rat, ECLI:EU:C:2018:842, Rz. 63; Urteil vom 10. Juli 2019, C-345/18 P – Caviro Distillerie u.a./ Kommission, ECLI:EU:C:2019:589, Rz. 14 f.

[164] Zu den einzelnen Schadenskriterien Kuplewatzky/Maxian Rusche in: Krenzler/Herrmann/Niestedt, EU-Außenwirtschafts- und Zollrecht, AD-GVO 2016, EL 12 (Oktober 2018), Art. 3 Rz. 55 ff.

nannten Faktoren einzugehen, noch ist sie auf die genannten Faktoren beschränkt.[165] Die Gewichtung der Faktoren wird von den Gerichten nicht überprüft.[166]

Kausalitätsbeziehung zwischen Dumping und Schädigung

651. Das Vorliegen von Dumping sowie einer Schädigung ist solange nicht ausreichend für den Erlass einer Antidumpingmaßnahme, wie nicht auch ein hinreichender Kausalzusammenhang zwischen beiden Elementen festgestellt worden ist (Art. 1 Abs. 1 iVm. Art. 3 Abs. 6 S. 1 AD-GVO). Gemäß Art. 3 Abs. 6 AD-GVO ist dabei zunächst nachzuweisen, dass das Volumen und/oder der Preis der gedumpten Einfuhren zumindest für eine Auswirkung auf den Wirtschaftszweig der Union verantwortlich ist und dass die Auswirkungen so erheblich sind, dass sie als bedeutend bezeichnet werden können.[167] Damit müssen die gedumpten Einfuhren nicht die alleinige Ursache für eine negative Entwicklung des Wirtschaftszweigs der Union sein, sondern es kommt allein darauf an, dass sie einen erheblichen Schadensbeitrag leisten.[168] In einem zweiten Schritt ist gemäß Art. 3 Abs. 7 AD-GVO im Wege einer negativen Zurechnungsanalyse festzustellen, ob der vorläufige Kausalzusammenhang nicht durch andere Faktoren aufgehoben wird, z. B. Volumen und Preise der nicht gedumpten Einfuhren, Nachfragerückgang oder Veränderung der Verbrauchsgewohnheiten, handelsbeschränkende Praktiken der ausländischen Hersteller und der Unionshersteller sowie Wettbewerb zwischen ihnen, Entwicklungen in der Technologie und Ausfuhrleistung und Produktivität des Wirtschaftszweiges der Union. Der Kausalzusammenhang wird dabei jedoch nur dann vollständig aufgehoben, wenn aufgrund anderer Faktoren kein genuin auf die gedumpten Einfuhren zurückführbarer, eigener Schaden mehr übrig bleibt. Für die Exporteure erweist es sich in der Praxis als sehr schwierig, ausreichende Gründe hierfür gegenüber der Europäischen Kommission vorzutragen.[169]

Unionsinteresse

652. Eine Besonderheit des EU-Antidumpingrechts besteht darin, dass gemäß Art. 21 AD-GVO das sogenannte „Unionsinteresse" ein Eingreifen erfordern muss. Das WTO-Recht legt in Art. 9.1 ADA den Mitgliedern zwar nahe, nicht den vollen Wert der Dumpingspanne als Zoll zu veranschlagen, jedoch ergeben sich hieraus keinerlei weitere Verpflichtungen für die Mitglieder.

653. Die Ermittlung des Unionsinteresses beruht auf einer Bewertung aller betroffenen Interessen, einschließlich der Interessen des inländischen Wirtschaftszweigs, der Verwender und der Verbraucher (Art. 21 Abs. 1 AD-GVO). Dahinter verbirgt sich letztlich ein weitestgehend offener Abwägungsprozess, der sicherstellen soll, dass dem Schutzinteresse des betreffenden Wirtschaftszweiges kein überwiegendes öffentliches Interesse der Union entgegensteht.[170] Art. 21 Abs. 1 S. 2 AD-GVO weist in diesem Zusammenhang darauf hin, dass „der Notwendigkeit, die handelsverzerrenden Auswirkungen des die Schädigung verursachenden Dumpings zu beseitigen und einen fairen Wettbewerb wiederherzustellen, besonders Rechnung getragen [wird]". Aus wettbewerblicher Perspektive geht es insoweit darum, dass Antidumpingmaßnahmen kein Monopol oder Kartell auf Seiten der Unionsindustrie absichern sollen, was die Unionsorgane allerdings nicht daran hindert, sogar einen marktbeherrschenden Unionshersteller im Außenverhältnis zu schützen.[171] In S. 3 heißt es zudem einschränkend, dass „die Behörden auf der Grundlage aller vorgelegten Informationen eindeutig zu dem Ergebnis kommen können [müssen], dass die Anwendung dieser Maßnahmen nicht im Interesse der Union liegt". Hierin

165 Kuplewatzky/Maxian Rusche in: Krenzler/Herrmann/Niestedt, EU-Außenwirtschafts- und Zollrecht, AD-GVO 2016, EL 12 (Oktober 2018), Art. 3 Rz. 53 f.

166 Ebenda.

167 Ebenda, Art. 3 Rz. 69.

168 So die Ansicht von Kuplewatzky/Maxian Rusche in: Krenzler/Herrmann/Niestedt, EU-Außenwirtschafts- und Zollrecht, AD-GVO 2016, EL 12 (Oktober 2018), Art. 3 Rz. 69 u. 71.

169 Ebenda, Art. 3 Rz. 69.

170 Hartmann in: Krenzler/Herrmann/Niestedt, EU-Außenwirtschafts- und Zollrecht, AD-GVO 2016, EL 12 (Oktober 2018), Art. 21 Rz. 3.

171 Ebenda, Art. 21 Rz. 36 ff.

wird letztlich der einschränkende Charakter des Unionsinteresses als Prüfungselement deutlich.[172] Für die Ermittlung des Unionsinteresses gilt sodann der Amtsermittlungsgrundsatz.[173] Darüber hinaus haben die betroffenen Parteien gemäß Art. 21 Abs. 2-3 AD-GVO Informations- und Beteiligungsrechte. Aufgrund der Komplexität des Abwägungsprozesses selbst verfügt die Europäische Kommission jedoch letztlich wiederum über ein weites Ermessen, das nur eingeschränkt überprüfbar ist.[174]

3.1.1.2 Keine weitere Reform des Antidumpingrechts erforderlich

654. Das Antidumpingrecht wird immer wieder im Zusammenhang mit möglichen europäischen Reaktionen auf den chinesischen Staatskapitalismus genannt. Die Monopolkommission sieht in diesem Bereich jedoch keinen (weiteren) Handlungsbedarf. Einerseits ist für einen Umgang mit Waren aus Ländern, deren Wirtschaftssystem „nennenswerte Verzerrungen" aufweist, das Antidumpingrecht bereits reformiert worden (Tz. 655 ff.). Andererseits wären weitere Reformvorschläge weder praktikabel noch wünschenswert (Tz. 663 ff.). Die Eignung des Antidumpingrechts für einen präzisen Umgang mit dem chinesischen Staatskapitalismus ist grundsätzlich zu hinterfragen (Tz. 672 f.).

Antidumpingrecht berücksichtigt bereits das Abweichen von Marktbedingungen im Ausfuhrland

655. Wenngleich das Antidumpingrecht auf den ersten Blick an privates Marktverhalten anknüpft, so sind staatliche Interventionen oder Rahmenbedingungen in der Praxis der Dumpingermittlung nicht ohne Bedeutung. Schon in einer ergänzenden Bestimmung zu Art. VI:1 GATT wird anerkannt, dass sich bei Einfuhren aus einem Land, dessen Handel ganz oder nahezu ganz einem staatlichen Monopol unterliegt und in dem alle Inlandspreise vom Staat festgesetzt werden, besondere Schwierigkeiten bei der Feststellung der Vergleichbarkeit der Preise ergeben können und daher die einführenden Vertragsparteien in solchen Fällen unter Umständen der Tatsache Rechnung tragen müssen, dass ein genauer Vergleich mit den Inlandspreisen dieses Landes nicht in jedem Fall angebracht ist. Diese Bestimmung wird gemäß Art. 2.7 ADA in das Antidumpingübereinkommen übertragen und wirkt sich auf die Ausgestaltung des nationalen Antidumpingrechts aus.

656. Ausgehend von der Feststellung, dass die nichtmarktwirtschaftlichen Ausgangsbedingungen in einem Ausfuhrland eine Dumpingberechnung nach den allgemeinen Maßstäben unmöglich machen oder verzerren können, wurde bereits mit Verordnung 1681/79[175] eine spezifische Regelung in das Antidumpingrecht der EU aufgenommen, die eine „angemessene und nicht unvernünftige" Berechnung des Normalwerts bei nichtmarktwirtschaftlichen Ländern vorsah und die in nachfolgenden Reformen immer wieder angepasst wurde.[176] Ab 1998 wurden die wirtschaftlichen Reformen in China und Russland zum Anlass genommen, um beiden Länder die Möglichkeit zur Widerlegung dieses Nichtmarktwirtschaftsstatus zu geben.[177]

657. Durch Aufnahme dieser Möglichkeit zur Widerlegung des Nichtmarktwirtschaftsstatus wurden seit 1998 die Ausfuhrländer innerhalb von Art. 2 Abs. 7 AD-GVO 1998 in solche mit und ohne marktwirtschaftliche Bedingungen eingeteilt. Im Falle einer sogenannten Nichtmarktwirtschaft im Sinne von lit. a erfolgte dann „die Ermittlung des Normalwerts auf der Grundlage des Preises oder des rechnerisch ermittelten Wertes in einem Drittland mit Marktwirtschaft oder des Preises, zu dem die Ware aus einem solchen Drittland in andere Länder sowie in die Gemeinschaft verkauft wird". In Fällen, in denen dies nicht möglich war, sollte die Ermittlung „auf jeder anderen angemessenen Grundlage, einschließ-

---

[172] Ebenda, Art. 21 Rz. 41.

[173] Ebenda, Art. 21 Rz. 49 ff.

[174] Ebenda, Art. 21 Rz. 77 f.

[175] Verordnung (EWG) Nr. 1681/79 des Rates vom 1. August 1979 zur Änderung der Verordnung (EWG) Nr. 459/68 über den Schutz gegen Praktiken von Dumping, Prämien oder Subventionen aus nicht zur Europäischen Wirtschaftsgemeinschaft gehörenden Ländern, ABl. L 196 vom 2. August 1979 S. 1-6.

[176] Hierzu Schmidt, in: Krenzler/Herrmann/Niestedt, EU-Außenwirtschafts- und Zollrecht, AD-GVO, GL 1 (August 2012), Art. 2 Rz. 199 f.

[177] Müller, W./Khan, N./Scharf, T., EC and WTO Antidumping Law, 2nd Edition, Oxford 2009, Rz. 2.454.

lich des für die gleichartige Ware in der Gemeinschaft tatsächlich gezahlten oder zu zahlenden Preises, der erforderlichenfalls um eine angemessene Gewinnspanne gebührend berichtigt wird" erfolgen. Für Russland und China konnte demgegenüber gemäß lit. b eine standardmäßige Normalwertberechnung vorgenommen werden, soweit die Einführer in einem schriftlichen Antrag nachweisen konnten, dass sie in dem Ausfuhrland unter marktwirtschaftlichen Bedingungen im Sinne von lit. c tätig sind.[178] Die einzelnen Bedingungen mussten dabei kumulativ erfüllt werden.[179]

658. Die Schwierigkeiten eines Rückgriffs auf Preis- und Kostendaten in China spielte auch beim WTO-Beitritt eine Rolle und führte letztlich zu Abschnitt 15 (a) CBP, der eine Behandlung Chinas im Sinne des Art. 2 Abs. 7 AD-GVO a.F. festschrieb.[180] Allerdings wurde diese Behandlung gemäß Abschnitt 15 (d) CBP auf 15 Jahre begrenzt und lief daher im Dezember 2016 aus. In der Folge wurde debattiert, ob sich hieraus die Verpflichtung ergeben würde, China den Status als Marktwirtschaft zuzuerkennen.[181] Bei der Reform der AD-GVO in 2016 verblieb China noch ausdrücklich als Nichtmarktwirtschaft im Sinne von Abs. 7 lit. b, jedoch wurde durch anschließende Reform in 2017[182] die bisherige Unterteilung gänzlich aufgegeben und Art. 2 Abs. 7 AD-GVO seither ausdrücklich nur noch auf Länder beschränkt, die zum Zeitpunkt der Ermittlungen kein Mitglied der WTO sind.

659. Stattdessen wurde ein neuer Abs. 6a in die AD-GVO eingeführt, der im Fall „nennenswerter Verzerrungen" vorsieht, dass der Normalwert anhand von Herstell- und Verkaufskosten berechnet werden soll, die „unverzerrte Preise oder Vergleichswerte widerspiegeln". In Abs. 6a lit. b wird der Begriff nennenswerte Verzerrungen definiert als „Verzerrungen, die eintreten, wenn sich die gemeldeten Preise oder Kosten, einschließlich der Rohstoff- und Energiekosten,

---

[178] Art. 2 Abs. 7 lit. c) AD-GVO 1998 lautete wie folgt:

„Ein Antrag im Sinne des Buchstabens b) muss schriftlich gestellt werden und ausreichendes Beweismaterial dahingehend enthalten, dass der Hersteller unter marktwirtschaftlichen Bedingungen tätig ist, d. h., wenn folgende Kriterien erfüllt sind:

— Die Unternehmen treffen ihre Entscheidungen über die Preise, Kosten und Inputs, einschließlich beispielsweise der Rohstoffe, der Kosten von Technologie und Arbeitskräften, Produktion, Verkäufen und Investitionen auf der Grundlage von Marktsignalen, die Angebot und Nachfrage widerspiegeln, und ohne nennenswerte diesbezügliche Staatseingriffe; dabei müssen die Kosten der wichtigsten Inputs im wesentlichen auf Marktwerten beruhen;

— die Unternehmen verfügen über eine einzige klare Buchführung, die von unabhängigen Stellen nach internationalen Buchführungsgrundsätzen geprüft und in allen Bereichen angewendet wird;

— die Produktionskosten und die finanzielle Lage der Unternehmen sind infolge des früheren nichtmarktwirtschaftlichen Systems nicht mehr nennenswert verzerrt, insbesondere im Hinblick auf Anlageabschreibungen, sonstige Abschreibungen, den Barterhandel und die Bezahlung durch Schuldenausgleich;

— die Unternehmen unterliegen Eigentums- und Insolvenzvorschriften, die Rechtssicherheit und Stabilität für die Unternehmensführung sicherstellen, und

— Währungsumrechnungen erfolgen zu Marktkursen."

[179] Müller, W./Khan, N./Scharf, T., EC and WTO Antidumping Law, 2nd Edition, Oxford 2009, Rz. 2.456.

[180] Dort heißt es:

"(a) In determining price comparability under Article VI of the GATT 1994 and the Antidumping Agreement, the importing WTO Member shall use either Chinese prices or costs for the industry under investigation or a methodology that is not based on a strict comparison with domestic prices or costs in China based on the following rules:

(i) If the producers under investigation can clearly show that market economy conditions prevail in the industry producing the like product with regard to the manufacture, production and sale of that product, the importing WTO Member shall use Chinese prices or costs for the industry under investigation in determining price comparability;

(ii) The importing WTO Member may use a methodology that is not based on a strict comparison with domestic prices or costs in China if the producers under investigation cannot clearly show that market economy conditions prevail in the industry producing the like product with regard to manufacture, production and sale of that product."

[181] EPRS, Die Zuerkennung des Marktwirtschaftsstatus an China - Eine Analyse der WTO-Vorschriften und der Politik ausgewählter WTO-Mitglieder, November 2015, https://www.europarl.europa.eu/RegData/etudes/IDAN/2015/571325/EPRS_IDA(2015)571325_DE.pdf, Abruf am 30. Juni 2020.

[182] Verordnung (EU) 2017/2321 zur Änderung der Verordnung (EU) 2016/1036 über den Schutz gegen gedumpte Einfuhren aus nicht zur Europäischen Union gehörenden Ländern und der Verordnung (EU) 2016/1037 über den Schutz gegen subventionierte Einfuhren aus nicht zur Europäischen Union gehörenden Ländern, ABl. L 338 vom 19. Dezember 2017, S. 1.

nicht aus dem freien Spiel der Marktkräfte ergeben, weil sie von erheblichen staatlichen Eingriffen beeinflusst sind". Weiterhin sollen bei der Beurteilung der Frage, ob nennenswerte Verzerrungen vorliegen, die folgenden Sachverhalte berücksichtigt werden:

„–Situation, in der der betreffende Markt in erheblichem Maße von Unternehmen versorgt wird, die im Eigentum oder unter der Kontrolle oder der politischen Aufsicht von Behörden des Ausfuhrlandes stehen oder deren Ausrichtung von diesen Behörden festgelegt wird;

–staatliche Präsenz in Unternehmen, die es dem Staat ermöglicht, Preise oder Kosten zu beeinflussen;

–staatliche Strategien oder Maßnahmen, mit denen inländische Lieferanten begünstigt werden oder durch die das freie Spiel der Marktkräfte anderweitig beeinflusst wird;

–Fehlen, diskriminierende Anwendung oder unzulängliche Durchsetzung des Insolvenz-, Gesellschafts- oder Eigentumsrechts;

–verzerrte Lohnkosten;

–Zugang zu Finanzmitteln über Institute, die staatliche Ziele umsetzen oder anderweitig nicht unabhängig vom Staat agieren."

660. Verbreitet wird angenommen, dass es sich bei den Kriterien letztlich um dieselben Erwägungen handelt, wie sie bereits in Art. 2 Abs. 7 lit. c AD-GVO a.F. zu finden waren.[183] Neu hinzugekommen ist mit Art. 2 Abs. 6 a lit. c AD-GVO die Möglichkeit der Europäischen Kommission, beim Vorliegen „fundierte[r] Hinweise" darauf, dass in einem bestimmten Land oder einer bestimmten Branche in diesem Land möglicherweise nennenswerte Verzerrungen im Sinne von lit. b vorliegen und wenn es angemessen erscheint, einen Länderbericht über die Marktgegebenheiten anzufertigen. Der erste Länderbericht der Europäischen Kommission, der kurz nach Einführung des neuen Abs. 6a veröffentlicht wurde, beschäftigt sich mit China. Darin finden sich auf über 400 Seiten Ausführungen zu den Marktverzerrungen durch den chinesischen Staatskapitalismus.[184]

661. Die Europäische Kommission macht deutlich, dass sich die Reformen im Jahr 2017 auf den Einfluss staatlicher Eingriffe in das Markgeschehen konzentrieren, woraus erkennbar wird, dass sie sich primär gegen China richten.[185] So ist es auch wenig verwunderlich, dass der Länderbericht bereits in neuen Antidumpingverfahren gegenüber China als Beweisgrundlage für das Vorliegen nennenswerter Verzerrungen verwendet wurde und immer dazu geführt hat, dass die Voraussetzungen des Abs. 6a erfüllt waren.[186] Damit wird im Verhältnis zu China aktuell bereits de facto immer auf eine alternative Berechnungsmethode zurückgegriffen.

---

[183] Vermulst. E./Sud, D., in: Bungenberg, M./Hahn, M./Herrmann, C./Müller-Ibold, T., The Future of Trade Defence Instruments, European Yearbook of International Economic Law, Cham 2018, S. 63-87, 76; Dies., in Nedumpara, J./Zhou, W., Non-market Economies in the Global Trading System, Cham 2018, S. 237–257, 239; Van Vaerenbergh, P., Geneva Jean Monnet Working Papers 01/2019, S. 5.

[184] EU-Kommission, Commission Staff Working Document On Significant Distortions In The Economy Of The People's Republic Of China For The Purposes Of Trade Defence Investigations, 20. Dezember 2017, SWD(2017) 483 final/2, https://trade.ec.europa.eu/doclib/docs/2017/december/tradoc_156474.pdf, Abruf am 30. Juni 2020.

[185] So z. B. Erwägungsgrund 3 der VO 2017/2321 sowie EU-Kommission, The EU's new trade defence rules and first country report, Factsheet, 20. Dezember 2017, https://ec.europa.eu/commission/presscorner/detail/en/MEMO_17_5377, Abruf am 30. Juni 2020.

[186] Vgl. exemplarisch Durchführungsverordnung (EU) 2019/915 der Kommission vom 4. Juni 2019 zur Einführung eines endgültigen Antidumpingzolls auf die Einfuhren bestimmter Folien und dünner Bänder aus Aluminium in Rollen mit Ursprung in der Volksrepublik China im Anschluss an eine Auslaufüberprüfung nach Artikel 11 Absatz 2 der Verordnung (EU) 2016/1036 des Europäischen Parlaments und des Rates, ABl. L 146 vom 5. Juni 2019, S. 63; Durchführungsverordnung (EU) 2019/687 der Kommission vom 2. Mai 2019 zur Einführung eines endgültigen Antidumpingzolls auf die Einfuhren bestimmter organisch beschichteter Stahlerzeugnisse mit Ursprung in der Volksrepublik China im Anschluss an eine Auslaufüberprüfung nach Artikel 11 Absatz 2 der Verordnung (EU) 2016/1036 des Europäischen Parlaments und des Rates, ABl. L 116 vom 3. Mai 2019, S. 5; Durchführungsverordnung (EU) 2019/1198 der Kommission vom 12. Juli 2019 zur Einführung eines endgültigen Antidumpingzolls auf die Einfuhren von Geschirr und anderen Artikeln aus Keramik für den Tisch- oder Küchengebrauch mit Ursprung in der Volksrepublik China im Anschluss an eine Auslaufüberprüfung nach Artikel 11 Absatz 2 der Verordnung (EU) 2016/1036, ABl. L 189 vom 15. Juli 2019, S. 8;

662. In der Literatur werden die Reformen vielfach kritisiert und die Vereinbarkeit der in Abs. 6a enthaltenden Methodik mit dem WTO-Recht angezweifelt.[187] China hatte auch bereits auf Ebene der WTO ein Streitbeilegungsverfahren gegen die frühere Methodik eingeleitet, jedoch im Mai 2019 das bereits eingerichtete Panel gemäß Art. 12.12 der Streitbeilegungsvereinbarung der WTO (*Dispute Settlement Understanding*) aufgefordert das Verfahren einzustellen, was zum 14. Juni 2019 erfolgte.[188] Die Gründe hierfür sind vertraulich.

Weitergehende Reformvorschläge sind abzulehnen

663. Unabhängig davon, ob die neuen Regelungen WTO-Recht-konform sind, ist dadurch das Potenzial einer auf den chinesischen Staatskapitalismus ausgerichteten Anpassung des Antidumpingrechts jedenfalls ausgeschöpft worden. Zwar sind eine Reihe weiterer Reformen vorgeschlagen worden, jedoch sind diese aus unterschiedlichen Gründen abzulehnen.

664. Teilweise wird für eine Ausweitung des Antidumpingrechts auf Dienstleistungen plädiert.[189] Dies ist jedoch aufgrund der Abhängigkeit des Antidumping- vom Zollrecht bereits praktisch nur schwer zu realisieren.[190] Anders als Waren durchlaufen Dienstleistungen keine Zollabfertigung, in deren Rahmen Antidumpingzölle erhoben werden können. Unabhängig von der unklaren WTO-rechtlichen Zulässigkeit einer Ausweitung auf Dienstleistungen wäre daher die Einführung eines völlig neuen Kontrollsystems erforderlich.

665. Daneben ist ein Vorgehen gegen Verzerrungen auf Drittmärkten gefordert worden.[191] Das europäische Antidumpingrecht erfasst jedoch nur Waren, die für den EU-Binnenmarkt bestimmt sind und findet daher keine unmittelbare Anwendung auf Drittmärkte.[192] Bereits aus Souveränitätsgesichtspunkten kann die EU auf dieser Grundlage nicht

Durchführungsverordnung (EU) 2019/1259 der Kommission vom 24. Juli 2019 zur Einführung eines endgültigen Antidumpingzolls auf die Einfuhren von gegossenen Rohrformstücken, Rohrverschlussstücken und Rohrverbindungsstücken, mit Gewinde, aus Temperguss und aus Gusseisen mit Kugelgrafit, mit Ursprung in der Volksrepublik China und Thailand, im Anschluss an eine Auslaufüberprüfung nach Artikel 11 Absatz 2 der Verordnung (EU) 2016/1036 des Europäischen Parlaments und des Rates, ABl. L 197 vom 25. Juli 2019, S. 2; Durchführungsverordnung (EU) 2019/1267 der Kommission vom 26. Juli 2019 zur Einführung eines endgültigen Antidumpingzolls auf die Einfuhren von Wolframelektroden mit Ursprung in der Volksrepublik China im Anschluss an eine Auslaufüberprüfung nach Artikel 11 Absatz 2 der Verordnung (EU) 2016/1036, ABl. L 200 vom 29. Juli 2019, S. 4; Durchführungsverordnung (EU) 2019/1379 der Kommission vom 28. August 2019 zur Einführung eines endgültigen Antidumpingzolls auf die Einfuhren von Fahrrädern mit Ursprung in der Volksrepublik China, ausgeweitet auf aus Indonesien, Malaysia, Sri Lanka, Tunesien, Kambodscha, Pakistan und den Philippinen versandte Einfuhren von Fahrrädern, ob als Ursprungserzeugnisse aus diesen Ländern angemeldet oder nicht, im Anschluss an eine Auslaufüberprüfung nach Artikel 11 Absatz 2 der Verordnung (EU) 2016/1036, ABl. L 225 vom 29. August 2019, S. 1; Durchführungsverordnung (EU) 2019/1662 der Kommission vom 1. Oktober 2019 zur Einführung eines endgültigen Antidumpingzolls auf die Einfuhren von Bügelbrettern und -tischen mit Ursprung in der Volksrepublik China im Anschluss an eine Auslaufüberprüfung nach Artikel 11 Absatz 2 der Verordnung (EU) 2016/1036 des Europäischen Parlaments und des Rates, ABl. L 252 vom 2. Oktober 2019, S. 1; Durchführungsverordnung (EU) 2019/1693 der Kommission vom 9. Oktober 2019 zur Einführung eines vorläufigen Antidumpingzolls auf die Einfuhren von Stahlrädern mit Ursprung in der Volksrepublik China, ABl. L 259 vom 10. Oktober 2019, S. 15.

[187] So u. a. Vermulst, E./Sud, D., in: Bungenberg, M./Hahn, M./Herrmann, C./Müller-Ibold, T., The Future of Trade Defence Instruments, European Yearbook of International Economic Law, Cham 2018, S. 63 - 87; Dies., in Nedumpara, J./Zhou, W., Non-market Economies in the Global Trading System, Singapore 2018, S. 237–257; Van Vaerenbergh, P., EU Trade Defence Policy Against Unfair Trade From Chinese SOEs: Unilateral or Multilateral Approaches?, Geneva Jean Monnet Working Papers 01/2019, S. 5 ff.

[188] WTO, European Union — Measures Related to Price Comparison Methodologies, Mitteilung des Panels vom 17. Juni 2019, WT/DS516/13.

[189] Siehe BDI, Grundsatzpapier China. Partner und systemischer Wettbewerber – Wie gehen wir mit Chinas staatlich gelenkter Volkswirtschaft um?, Januar 2019, S. 14; BusinessEurope, The EU and China: Addressing the Systemic Challenge, Januar 2020, S. 61.

[190] Dazu Müller-Ibold, T., Der Einfluss Chinas auf die Wirtschaft – Konsequenzen für die europäische Wettbewerbs- und Außenhandelspolitik, ZEuS 2020, 239 (252).

[191] BDI, Grundsatzpapier China. Partner und systemischer Wettbewerber – Wie gehen wir mit Chinas staatlich gelenkter Volkswirtschaft um?, Januar 2019, S. 14; BusinessEurope, The EU and China: Addressing the Systemic Challenge, Januar 2020, S. 61.

[192] Müller-Ibold, T., Der Einfluss Chinas auf die Wirtschaft – Konsequenzen für die europäische Wettbewerbs- und Außenhandelspolitik, ZEuS 2020, 239 (252).

gegenüber etwaigen Preisdiskriminierungen in China oder einem Drittstaat selbst einschreiten. Gegen Umgehungspraktiken geht die Generaldirektion Handel demgegenüber bereits nach derzeitigem Antidumpingrecht vor.[193]

666. Aufgrund der innerhalb der europäischen Wirtschaft verbreiteten Sorge vor Vergeltungsmaßnahmen wird schließlich vorgeschlagen, das Dumpingverfahren zukünftig nicht mehr allein von Anträgen einzelner Marktteilnehmer abhängig zu machen und stattdessen häufiger auf ein *Ex-officio*-Verfahren zurückzugreifen.[194] Man kann ein *Ex-officio*-Verfahren auch aus wettbewerblichen Gründen befürworten. So birgt ein Zusammenwirken der Unternehmen eines Wirtschaftszweigs im Zusammenhang mit der Einleitung eines Dumpingverfahrens grundsätzlich wettbewerbliche Risiken im Sinne von Art. 101 AEUV, worauf die Monopolkommission bereits in der Vergangenheit hingewiesen hat.[195] Die Europäische Kommission hat allerdings schon jetzt nach Art. 5 Abs. 6 AD-GVO „unter besonderen Umständen" die Möglichkeit, ein Dumpingverfahren von Amts wegen einzuleiten. Hiervon macht sie bislang (nahezu) keinen Gebrauch. Sie hat jedoch im Rahmen der letzten Reform der Handelsschutzinstrumente durch die Verordnung 2018/825 klargestellt, dass drohende Vergeltungsmaßnahmen als ein besonderer Umstand im Sinne von Art. 5 Abs. 6 AD-GVO anerkannt werden können, der ein Tätigwerden von Amts wegen rechtfertigen könnte.[196]

667. Die Einleitung eines Verfahrens durch die Kommission mag in Einzelfällen aus politischen Gründen gerechtfertigt sein. Schwierigkeiten ergeben sich in diesem Zusammenhang allerdings aus den Anforderungen an die Beweislast, wie sie durch das WTO-Recht (Art. 5.2 ADA) vorgegeben werden. Art. 5 Abs. 2 AD-GVO übernimmt diese Vorgaben und verlangt damit, dass ein Antrag bereits hinreichende Beweise für das Vorliegen aller Voraussetzungen einer Antidumpingmaßnahme enthält. Art. 5.6 ADA bzw. Art. 5 Abs. 6 AD-GVO stellen dieselben hohen Anforderungen auch an Verfahren, die unter besonderen Umständen *ex officio* eingeleitet werden. Daraus folgt, dass ein wesentlich höherer Ermittlungsaufwand für die Europäische Kommission entstehen würde, wenn diese sich nicht auf die von der europäischen Wirtschaft eingereichten Antragsunterlagen und weiteren Informationen stützen könnte. Zudem müssten die europäischen Unternehmen der Europäischen Kommission vertiefte Einblicke in ihre Bücher gewähren, um eine Ermittlung im oben genannten Sinne überhaupt zu ermöglichen. Entsprechend weist die Kommission in Erwägungsgrund 7 der VO 2018/825 darauf hin, dass die Unternehmen in einem *Ex-officio*-Verfahren aufgefordert werden, die „erforderlichen Informationen beizubringen".

668. Es ist außerdem fraglich, ob die Einleitung eines *Ex-officio*-Verfahrens überhaupt ein taugliches Mittel darstellt. Vergeltungsmaßnahmen sind grundsätzlich auch dabei nicht ausgeschlossen. Statt der Einleitung eines offiziellen *Ex-officio*-Verfahrens scheint es angemessener, wenn Unternehmen im Zusammenhang mit dem Antrag selbst auf ihre Befürchtungen hinweisen und sich mit der Europäischen Kommission vor Veröffentlichung des Antrags (vgl. Art. 5 Abs. 5 AD-GVO) gegebenenfalls über die Risiken austauschen. Für ungerechtfertigte Beschränkungen in einem Drittland steht zudem das Verfahren nach der Handelshemmnisverordnung zur Verfügung.[197]

669. Die kartellrechtlichen Risiken im Zusammenhang mit einer gemeinsamen Antragstellung sind schließlich effektiver durch das Kartellrecht selbst zu adressieren. Den Unternehmen sollte hierbei die Möglichkeit erhalten bleiben, sich in kartellrechtskonformer Weise zum Zweck der Einleitung eines Antidumpingverfahrens zu organisieren. Die allgemeine kartellrechtliche Compliance sollte dabei den Maßstab bilden.

---

[193] EU-Kommission, Durchführungsverordnung (EU) 2019/2131 der Kommission vom 28. November 2019 zur Änderung der Durchführungsverordnung (EU) 2019/1198 zur Einführung eines endgültigen Antidumpingzolls auf die Einfuhren von Geschirr und anderen Artikeln aus Keramik für den Tisch- oder Küchengebrauch mit Ursprung in der Volksrepublik China im Anschluss an eine Auslaufüberprüfung nach Artikel 11 Absatz 2 der Verordnung (EU) 2016/1036 des Europäischen Parlaments und des Rates, ABl. L 321 vom 12. Dezember 2019, S. 139.

[194] BusinessEurope, The EU and China: Addressing the Systemic Challenge, Januar 2020, S. 60.

[195] Monopolkommission, Hauptgutachten IX: Wettbewerbspolitik oder Industriepolitik (1990/1991), Baden-Baden 1992, Tz. 1163.

[196] Verordnung 2018/825 zur Änderung der Verordnung (EU) 2016/1036 über den Schutz gegen gedumpte Einfuhren aus nicht zur Europäischen Union gehörenden Ländern und der Verordnung (EU) 2016/1037 über den Schutz gegen subventionierte Einfuhren aus nicht zur Europäischen Union gehörenden Ländern, ABl. L 143 vom 7. Juni 2018, S. 1; dazu Müller-Ibold, T., Der Einfluss Chinas auf die Wirtschaft – Konsequenzen für die europäische Wettbewerbs- und Außenhandelspolitik, ZEuS 2020, 239 (249).

[197] Vgl. Tz. 625 - 627.

670. Ein zumindest verstärkter Rückgriff der Europäischen Kommission auf Art. 5 Abs. 6 AD-GVO wird darüber hinaus auch zur Unterstützung von kleinen und mittleren Unternehmen vorgeschlagen, denen unter Umständen für die Einleitung eines Verfahrens nicht genügend Ressourcen zur Verfügung stehen.[198] Diesbezüglich wurde allerdings bereits durch die Verordnung 825/2018 eine Informationsstelle für Kleine und mittlere Unternehmen geschaffen, die diesen einen leichteren Zugang zu den Handelsschutzinstrumenten verschaffen soll (Art. 5 Abs. 1 a AD-GVO).

671. Insgesamt sieht die Monopolkommission damit unter Berücksichtigung der zweifelhaften Effektivität sowie der unklaren Vereinbarkeit mit den Vorgaben des WTO-Rechts keine Notwendigkeit für weitere Reformen des Antidumpingrechts.

Eignung des Antidumpingrechts zur präzisen Erfassung staatlicher Markteingriffe zweifelhaft

672. Entgegen immer weiteren Forderungen nach einer Verschärfung des Antidumpingrechts gegenüber chinesischen Einfuhren ist vielmehr zu fragen, ob das Instrument selbst überhaupt geeignet ist, um das in Abschnitt 1.3 identifizierte Verhalten adäquat zu erfassen. Das Antidumpingrecht adressiert im Grundsatz das private Preissetzungsverhalten von Unternehmen. Damit kann es auch gegen wettbewerbsschädliche Preisstrategien eingesetzt werden. Allerdings fehlt es dem Antidumpingrecht – im Vergleich etwa mit Art. 102 AEUV – an der Möglichkeit, zwischen wettbewerbsschädigendem und normalem Preiswettbewerb zu differenzieren. Die Marktstellung der erfassten Exporteure spielt bei der Betrachtung keine entscheidende Rolle. Mit Art. 2 Abs. 6 a AD-GVO ist nun eine Regelung geschaffen worden, welche die besonderen Marktbedingungen innerhalb eines staatskapitalistischen Systems insoweit berücksichtigt, als diese durch „unverzerrte" Marktbedingungen ersetzt werden. Hierdurch wird zwar der Tatsache Rechnung getragen, dass in einem staatskapitalistischen System eine Preisermittlung mit „besonderen Schwierigkeiten" verbunden ist. Allerdings wird wiederum nicht hinreichend differenziert, diesmal zwischen den unterschiedlichen Arten von staatlichen Eingriffen. Diese werden im Wege einer Gesamtbetrachtung allein dazu genutzt, ein Abweichen vom tatsächlichen Normalwert zu rechtfertigen.

673. Dadurch ist das Antidumpingrecht allgemein blind für die Unterscheidung zwischen wettbewerbsverzerrendem und wettbewerblich zulässigem Verhalten. Dies gilt auch für die Unterscheidung zwischen natürlichen und künstlichen Wettbewerbsvorteilen. Asymmetrische Marktbedingungen sind jedoch nicht in jedem Fall problematisch.

3.1.1.3 Anwendung des Antidumpingrechts enger an wettbewerblichen Maßstäben ausrichten

674. Ungeachtet der Bedenken gegenüber dem Antidumpingrecht im Allgemeinen ist das politische Interesse an einem Ausgleich eines zu starken Preiswettbewerbs von außen vor dem Hintergrund der ausdrücklichen Nennung des Handelsschutzes in Art. 207 Abs. 1 AEUV grundsätzlich anzuerkennen. Allerdings steht dieser Schutz durch seine Auswirkung auf den EU-Binnenmarkt in einem Spannungsverhältnis mit den Funktionsgarantien des Binnenmarkts, zu denen auch der Wettbewerb gehört. Daher sollte die Europäische Kommission, statt einer einseitigen Betonung handelspolitischer Beweggründe, wettbewerblichen Erwägungen in Antidumpingverfahren größeres Gewicht einräumen. Dies steht auch im Einklang mit der neuen Industriestrategie 2020. Dort heißt es ausdrücklich:

> *„Europa darf auf diesen Gegenwind nicht reagieren, indem es mehr Barrieren errichtet, wettbewerbsschwache Industriezweige abschottet oder den protektionistischen und verzerrenden Praktiken anderer nacheifert. Wettbewerbsfähigkeit erfordert Wettbewerb – in Europa und weltweit. Sie braucht die richtigen Bedingungen, damit Unternehmer ihre Ideen in die Tat umsetzen und Unternehmen jeder Größe gedeihen und wachsen können"*.[199]

675. Unter grundsätzlicher Anerkennung des bisherigen Antidumpingregimes wäre für eine wettbewerblichere Ausrichtung zunächst eine Warenbestimmung ähnlich zur sachlichen Marktabgrenzung des Wettbewerbsrechts, wünschens-

198 BusinessEurope, The EU and China: Addressing the Systemic Challenge, Januar 2020, S. 60.

199 EU-Kommission, Mitteilung der Kommission an das Europäische Parlament, den Europäischen Rat, den Rat, den Europäischen Wirtschafts- und Sozialausschuss und den Ausschuss der Regionen – Eine neue Industriestrategie für Europa, COM(2020) 102 final, 10. März 2020, S. 3.

wert.[200] Dadurch würde der politische Spielraum bei der fallbezogenen Anwendung des Antidumpingrechts im Interesse einer genaueren Analyse der Wettbewerbsverhältnisse eingeschränkt. Die Generaldirektion Handel könnte dadurch in systematischer Weise auf das im Rahmen einer Vielzahl von Entscheidungen der Generaldirektion Wettbewerb aufgebaute Know-how zurückgreifen.[201] Derzeit werden die Waren im Wesentlichen auf Grundlage des Antrags des jeweiligen Wirtschaftszweigs sowie anhand von Nachprüfungen bei Unternehmen vor Ort abgegrenzt.[202] Die Europäische Kommission weist ausdrücklich darauf hin, dass „[i]n einer Antidumpinguntersuchung [...] nicht Produktmärkte und geografische Märkte definiert [werden]".[203]

676. Darüber hinaus wäre der Begriff des Unionsinteresses ein geeigneter Anknüpfungspunkt, um einer wettbewerblicheren Analyse mehr Raum zu verschaffen.[204] Dadurch würde zunächst – durch die Ermittlung von Dumping sowie einer Schädigung – ein Interesse der Unionsindustrie an einem Eingreifen formuliert, das anschließend auf Grundlage des Art. 21 AD-GVO mit wettbewerblichen Erwägungen in Einklang gebracht werden müsste.

677. Gemäß Art. 21 Abs. 1 S. 3 AD-GVO ist „der Notwendigkeit, die handelsverzerrenden Auswirkungen des die Schädigung verursachenden Dumpings zu beseitigen und einen fairen Wettbewerb wiederherzustellen, besonders Rechnung zu tragen". Zudem setzt S. 4 voraus, dass die Europäische Kommission „eindeutig" zu dem Ergebnis kommt, dass ein Eingreifen nicht im Unionsinteresse liegt. Dies weist auf einen Vorrang des Schutzes der Unionsindustrie hin. Abgesehen davon impliziert S. 1 („Die Feststellung, ob das Unionsinteresse ein Eingreifen erfordert, stützt sich auf eine Bewertung aller Interessen [...]") AD-GVO eine gewisse Offenheit der Abwägung. Weiterhin wurde durch die VO 2018/825 das Recht zur Abgabe von Stellungnahmen gestärkt (Abs. 2 und 4).

678. Für eine stärkere Berücksichtigung wettbewerblicher Erwägungen wäre eine Anpassung des Art. 21 Abs. 1 S. 3 AD-GVO dahin gehend erforderlich, dass nunmehr ausschließlich der Aufrechterhaltung effektiven Wettbewerbs besonders Rechnung zu tragen ist. Zudem wäre eine Streichung des Wortes „eindeutig" in Art. 21 Abs. 1 S. 4 AD-GVO vorzuschlagen. Hieraus würde sich eine offene Abwägung widerstreitender Interessen ergeben.

679. Zum jetzigen Zeitpunkt berücksichtigt die Europäische Kommission im Rahmen des Unionsinteresses bereits wettbewerbliche Bedenken, soweit sie von den Ausführern oder anderen Marktteilnehmern vorgebracht werden.[205] Dies ist positiv zu würdigen. Allerdings betont die Europäische Kommission ausdrücklich, dass sie keine wettbewerbliche Analyse im engeren Sinne vornehmen muss, da dies den Wettbewerbsbehörden zukomme.[206] Sie geht stattdessen rein punk-

---

200 So auch z. B. Hoekman, B. M./Mavroidis, P. C., Antitrust-Based Remedies and Dumping in International Trade, World Bank Policy Research Working Paper 1347, 1994, S. 25 f.

201 In Einzelfällen macht sie davon bereits Gebrauch, vgl. EU-Kommission, Durchführungsverordnung (EU) 2016/388 der Kommission vom 17. März 2016 zur Einführung eines endgültigen Antidumpingzolls auf die Einfuhren von Rohren aus duktilem Gusseisen (auch bekannt als Gusseisen mit Kugelgrafit) mit Ursprung in Indien, ABl. L 73 vom 18. März 2016, S. 53, Tz. 143.

202 Hoffmeister in: Krenzler/Herrmann/Niestedt, EU-Außenwirtschafts- und Zollrecht, AD-GVO 2016,, EL 12 (Oktober 2018), Art. 1 Rz. 35.

203 EU-Kommission, Durchführungsverordnung (EU) 2017/336 der Kommission vom 27. Februar 2017 zur Einführung eines endgültigen Antidumpingzolls und zur endgültigen Vereinnahmung des vorläufigen Zolls auf die Einfuhren bestimmter Grobbleche aus nicht legiertem oder anderem legierten Stahl mit Ursprung in der Volksrepublik China, ABl. L 50 vom 28. Februar 2017, S. 18, Tz. 162.

204 So auch Hoekman, B. M./Mavroidis, P. C, Antitrust-Based Remedies and Dumping in International Trade, World Bank Policy Research Working Paper 1347, 1994, S. 22 ff.

205 EU-Kommission, Durchführungsverordnung (EU) 2016/388 der Kommission vom 17. März 2016 zur Einführung eines endgültigen Antidumpingzolls auf die Einfuhren von Rohren aus duktilem Gusseisen (auch bekannt als Gusseisen mit Kugelgrafit) mit Ursprung in Indien, ABl. L 73 vom 18. März 2016, S. 53 ff., Tz. 139 ff.; Durchführungsverordnung (EU) 2017/336 der Kommission vom 27. Februar 2017 zur Einführung eines endgültigen Antidumpingzolls und zur endgültigen Vereinnahmung des vorläufigen Zolls auf die Einfuhren bestimmter Grobbleche aus nicht legiertem oder anderem legierten Stahl mit Ursprung in der Volksrepublik China, ABl. L 50 vom 28. Februar 2017, S. 18 ff., Tz. 158 ff.

206 EU-Kommission, Durchführungsverordnung (EU) 2016/388 der Kommission vom 17. März 2016 zur Einführung eines endgültigen Antidumpingzolls auf die Einfuhren von Rohren aus duktilem Gusseisen (auch bekannt als Gusseisen mit Kugelgrafit) mit Ursprung in Indien, ABl. L 73 vom 18. März 2016, S. 53 ff., Tz. 143 ff.; Durchführungsverordnung (EU) 2017/336 der Kommission vom 27. Februar 2017 zur Einführung eines endgültigen Antidumpingzolls und zur endgültigen Vereinnahmung des vorläufigen Zolls auf

tuell auf die von den Ausführern sowie interessierten Marktteilnehmern in der EU vorgebrachten Stellungnahmen sowie Beweise ein. Dies führt zu einer nur geringen wettbewerblichen Tiefe der Argumentation und birgt gleichzeitig die Gefahr einer selektiven Auswahl von in der wettbewerblichen Analyse berücksichtigten Marktteilnehmern. Es ist nicht davon auszugehen, dass aus einzelnen Stellungnahmen solcher Marktteilnehmer ein Gesamtbild aller relevanten Umstände gewonnen werden kann. Einerseits mag es hierfür gerade auf Seiten von kleinen und mittleren Unternehmen an Kapazitäten fehlen. Andererseits kann die Nichtbeteiligung auch strategische Gründe haben.

680. Einer wettbewerblicheren Ausrichtung des Antidumpingrechts ist in der Vergangenheit mit dem Argument des größeren, nicht durch das Antidumpingrecht der WTO geforderten Ermittlungsaufwandes sowie der Einengung des industriepolitischen Spielraums entgegengetreten worden.[207] Der Ermittlungsaufwand wird jedoch dadurch reduziert, dass wettbewerbliche Überlegungen erst auf Ebene des Unionsinteresses ansetzen. Hierzu ist eine Marktanalyse erforderlich, für welche die Generaldirektion Wettbewerb bereits erprobte Instrumente zur Verfügung hat. Die Monopolkommission empfiehlt in diesem Zusammenhang, dass eine gemeinsame Arbeitseinheit von Generaldirektion Handel sowie Generaldirektion Wettbewerb gegründet und mit eigenen Mitarbeitern ausgestattet wird. Diese sollte grundsätzlich einen gegenseitigen Austausch koordinieren und für die Ermittlung des Unionsinteresses relevante Belange ermitteln. Die hieraus gewonnene Analyse bietet eine Gewähr für eine neutrale Betrachtung, die unternehmerische Einzelinteressen ausblendet. Die endgültige Abwägungsentscheidung läge weiterhin bei der zuständigen Generaldirektion Handel.

681. Gegenüber der Einschränkung des industriepolitischen Spielraums ist auf Art. 173 Abs. 1, 3 UAbs. 2 AEUV i. V. m. Art. 3 Abs. 3 EUV hinzuweisen. Hieraus ergibt sich, dass auch innerhalb eines industriepolitischen Spielraums der Wettbewerbsschutz Geltung beansprucht.

682. Gerade auch im Hinblick auf China ist eine wettbewerblichere Analyse innerhalb eines Antidumpingverfahrens sinnvoll. Insoweit ist nochmals darauf hinzuweisen, dass die Verbraucher bzw. Produktverwender von niedrigeren Preisen profitieren. Dabei ist es für sich genommen irrelevant, ob diese auf staatliche Subventionen, verzerrte Produktionsbedingungen oder rein betriebswirtschaftliche Entscheidungen zurückgehen.

683. Zusammenfassend empfiehlt die Monopolkommission zur wettbewerblichen Ausrichtung des Antidumpingrechts eine Angleichung der Warenbestimmung an die Marktabgrenzung des europäischen Wettbewerbsrechts sowie eine stärkere, normativ verankerte Berücksichtigung effektiven Wettbewerbs auf Ebene des Unionsinteresses. Im Rahmen der hier vorgeschlagenen Anpassung wäre Art. 21 Abs. 1 AD-GVO demnach wie folgt zu fassen:

> *„Die Feststellung, ob das Unionsinteresse ein Eingreifen erfordert, stützt sich auf eine Bewertung aller Interessen, einschließlich der Interessen des inländischen Wirtschaftszweigs, der Verwender und der Verbraucher. Eine Feststellung gemäß diesem Artikel wird nur getroffen, wenn alle Parteien Gelegenheit erhielten, ihren Standpunkt gemäß Absatz 2 darzulegen. Bei dieser Prüfung wird* ***der Aufrechterhaltung effektiven Wettbewerbs*** *~~Notwendigkeit, die handelsverzerrenden Auswirkungen des die Schädigung verursachenden Dumpings zu beseitigen und einen fairen Wettbewerb wiederherzustellen,~~ besonders Rechnung getragen. Maßnahmen, die sich aus der Feststellung des Dumpings und der Schädigung ergeben, können nicht angewendet werden, wenn die Behörden auf der Grundlage aller vorgelegten Informationen ~~eindeutig~~ zu dem Ergebnis kommen können, dass die Anwendung dieser Maßnahmen nicht im Interesse der Union liegt."*

3.1.2 Wettbewerbsrecht: Missbrauchs- und Kartellverbot

684. Die Wettbewerbsregeln (Art. 101 und 102 AEUV) schützen den EU-Binnenmarkt gegen Verhaltensweisen von Unternehmen, die sich innerhalb des Binnenmarktes nicht marktkonform verhalten. Auf Maßnahmen eines Staates zur

die Einfuhren bestimmter Grobbleche aus nicht legiertem oder anderem legierten Stahl mit Ursprung in der Volksrepublik China, ABl. L 50 vom 28. Februar 2017, S. 18 ff., Tz. 162 ff.

[207] Müller, W./Khan, N./Scharf, T., EC and WTO Antidumping Law, 2nd Edition, Oxford 2009, Rz. I.18 ff.

hoheitlichen Wirtschaftslenkung oder andere hoheitliche Tätigkeiten sind sie nicht anwendbar.[208] In Fällen, in denen sich chinesische Unternehmen an nicht marktkonformen und infolgedessen wettbewerbsverfälschenden Verhaltensweisen beteiligen, stellt sich allerdings die Frage, ob bei der Anwendung der Art. 101 und 102 AEUV ein drittstaatlicher Einfluss des chinesischen Staates als eigenständiger Faktor berücksichtigt werden kann oder sollte (Abschn. 3.1.2.1). In Fällen, in denen europäische Unternehmen auf eine Marktverzerrung durch den Einfluss des chinesischen Staates im Binnenmarkt durch Bildung eines Kartells reagieren, stellt sich die Frage, ob ein solches Kartell möglicherweise in weiterem Umfang als sonstige Kartelle zu rechtfertigen ist (Abschn. 3.1.2.2).

3.1.2.1 Anwendung der Art. 101 f. AEUV in Bezug auf Unternehmen unter drittstaatlichem Einfluss

685. Im EU-Binnenmarkt sind chinesische Unternehmen tätig, denen aufgrund einer staatlichen chinesischen Kontrolle oder Finanzierung oder aufgrund von Vorteilen in ihrem geschützten Heimatmarkt, wie z. B. einer unregulierten beherrschenden Stellung, Vorteile gegenüber ihren europäischen Mitbewerbern zugeschrieben werden. Es ist die Frage aufgeworfen worden, ob solche chinesischen Unternehmen einer strengeren Prüfung nach den EU-Wettbewerbsregeln der Art. 101 und 102 AEUV unterliegen sollten. In Betracht sollte insbesondere gezogen werden, den staatlichen Einfluss als Faktor bei der Feststellung von Marktbeherrschung im Binnenmarkt zu berücksichtigen.[209] Davon abgesehen fragt es sich, ob eine unvollständige Transparenz hinsichtlich der Beteiligungsverhältnisse und des Einflusses des Staates für sich genommen eine kritischere Beurteilung des Marktverhaltens chinesischer Unternehmen rechtfertigen könnte.

686. Im EU-Binnenmarkt gilt im Ausgangspunkt der Grundsatz, dass es bei der Beurteilung des Verhaltens der Marktteilnehmer nicht darauf ankommt, ob sie im privaten oder staatlichen Eigentum stehen. Dies folgt im Verhältnis zu den EU-Mitgliedstaaten aus Art. 345 AEUV, wonach die EU-Verträge die Eigentumsordnung in den verschiedenen Mitgliedstaaten unberührt lassen.[210] Hiermit ist es grundsätzlich nicht vereinbar, Unternehmen in den Mitgliedstaaten im Binnenmarkt nur deshalb besonderen Pflichten zu unterwerfen, weil sie unter mitgliedstaatlicher Kontrolle stehen. In Bezug auf eine drittstaatliche Kontrolle treffen Art. 345 AEUV und auch die Art. 101 ff. AEUV keine Aussage. Auch insoweit fehlt es somit an Sonderregelungen.

687. Als Adressaten der Verhaltenspflichten in den Art. 101 und 102 AEUV kommen nur „Unternehmen" in Betracht. Der Begriff des Unternehmens wird im EU-Wettbewerbsrecht autonom und funktional verstanden und bezeichnet jede eine wirtschaftliche Tätigkeit ausübende Einheit, unabhängig von ihrer Rechtsform und der Art ihrer Finanzierung.[211] Auch Einheiten, die keine Rechtspersönlichkeit haben und organisatorisch in eine Behörde eingegliedert sind, können somit als Unternehmen anzusehen sein.[212] Außerdem kann es erforderlich sein, mehrere Einheiten, die unter derselben staatlichen Kontrolle stehen, zusammen zu betrachten, weil sie als ein einziges Unternehmen handeln.[213] Dies setzt voraus, dass auf übergeordneter Ebene eine staatlich kontrollierte Einheit die Vertriebs- und Preispolitik der anderen wirtschaftlich tätigen Einheiten entscheidend beeinflussen kann und von dieser Möglichkeit tatsächlich Gebrauch ge-

[208] Vgl. EuGH, Urteil vom 4. Mai 1988, 30/87 – Bodson/Pompes funèbres des régions libérées, Slg. 1988, 2479, ECLI:EU:C:1988:225, Rz. 18; Urteil vom 1. Juli 2008, C-49/07 – MOTOE, Slg. 2008, I-4863, ECLI:EU:C:2008:376, Rz. 24; mit Blick auf die Loyalitätspflichten der EU-Mitgliedstaaten einschränkend EuGH, Beschluss vom 17. Februar 2005, C-250/03 - Mauri, Slg. 2005, I-1267, ECLI:EU:C:2005:96, Rz. 28 ff. m. weit. Nachw.

[209] Bruegel, Policy Contribution Nr. 18, Dezember 2019, Abschn. 4.1.

[210] Siehe dazu z. B. EuGH, Urteil vom 29. Oktober 1980, C-209/78 – van Landewyck, Slg. 1980, 3125, ECLI:EU:C:1980:248, Rz. 82–84 (zur Vorgängervorschrift Art. 155 EWGV).

[211] EuGH, Urteil vom 12. Juli 1984, 170/83 – Hydrotherm, Slg. 1984, 2999, ECLI:EU:C:1984:271, Rz. 11;Urteil vom 10. April 2014, C-231/11 P bis C-233/11 P – Siemens Österreich, ECLI:EU:C:2014:256, Rz. 42–44; dazu auch Monopolkommission, Sondergutachten 72, Strafrechtliche Sanktionen bei Kartellverstößen, Baden-Baden 2015, Tz. 27 ff.

[212] Vgl. EuGH, Urteil vom 1. Juli 2008, C-49/07 – MOTOE, Slg. 2008, I-4863, ECLI:EU:C:2008:376, Rz. 25; Urteil vom 30. April 1974, 155/73 – Sacchi, Slg. 1974, 409, Rz. 12–14; Urteil vom 28. Juni 2005, C-189/02 P u. a. – Dansk Rørindustri, Slg. 2005, I-5425, ECLI:EU:C:2005:408, Rz. 113; ferner EuGH, Urteil vom 16. Juni 1987, 118/85 – Kommission/Italien, Slg. 1987, 2599, ECLI:EU:C:1987:283, Rz. 8, 11 (dort zu EU-Sekundärrecht).

[213] Monopolkommission, Sondergutachten 72, Strafrechtliche Sanktionen bei Kartellverstößen, Baden-Baden 2015, Tz. 32.

macht hat. Auch hierbei ist nicht die Rechtsstruktur der Gruppe entscheidend, sondern deren in einer Gesamtschau zu betrachtende tatsächliche Arbeitsweise und Organisation.[214]

688. In Bezug auf chinesische Unternehmen könnte erwogen werden, dass diese Unternehmen insgesamt oder bezogen auf einen Wirtschaftssektor bzw. eine staatliche Ebene (Zentralstaat, Provinzen, Regionen/ Städte) zusammen zu betrachten sind. Denn die nötige Gesamtschau der tatsächlichen Verhältnisse ist insoweit mangels vollständiger Informationen zu den Verhältnissen in China schwierig. Eine einheitliche staatliche Kontrolle kann dementsprechend nicht immer ausgeschlossen werden. Zu bedenken ist allerdings, dass das Kartellverbot des Art. 101 AEUV innerhalb einzelner Unternehmen (wirtschaftlicher Einheiten) nicht anwendbar ist.[215] Eine Gesamtbetrachtung würde in Zweifelsfällen somit zu einem eingeschränkten Anwendungsbereich des Art. 101 AEUV führen, ohne dass dies möglicherweise den tatsächlichen Gegebenheiten gerecht wird. Außerdem kann es selbst bei 100-prozentiger Staatsbeteiligung sein, dass chinesische Unternehmen untereinander in erheblichem Umfang im Wettbewerb stehen und dass dieser sogar staatlich erwünscht ist.[216] Deshalb dürfte es in Zweifelsfällen angemessener sein, die Unternehmen vorbehaltlich weiterer Informationen getrennt zu betrachten.

689. Soweit es – wie etwa im Rahmen des Missbrauchsverbots von Art. 102 AEUV – auf die Marktstellung des Unternehmens ankommt, kann auch eine erhöhte Finanzkraft aufgrund staatlich eingeräumter wirtschaftlicher Vergünstigungen (Finanzierungsvorteile) berücksichtigt werden.[217] Dasselbe gilt für einen anderweitig privilegierten Zugang zu Ressourcen oder Verflechtungen mit anderen Unternehmen, die sich auf die Marktstellung auswirken.[218] Dagegen sind Kostenvorteile aufgrund der allgemeinen wirtschaftlichen Rahmenbedingungen für die Beurteilung der Marktstellung irrelevant.[219] Insoweit gelten in Bezug auf chinesische Unternehmen keine Besonderheiten. Allenfalls ließe sich erwägen, dass aufgrund der mangelnden Transparenz der Beteiligungsverhältnisse in China und eines etwaigen staatlichen Einflusses in Bezug auf Finanzierungsvorteile strengere Maßstäbe gelten sollten.[220] Mangelnde Transparenz als solche beeinflusst allerdings nicht die Verhaltensspielräume, die eine beherrschende Stellung im Sinne von Art. 102 AEUV kennzeichnen.[221] Anderes könnte lediglich dann zu gelten haben, wenn sie auf andere Marktteilnehmer abschreckend wirkt, sodass diese ihr eigenes Verhalten anpassen. Die Rechtslage zu Art. 102 AEUV ist insoweit unklar und bleibt durch den Europäischen Gerichtshof zu klären.[222]

---

214 Ebenda, Tz. 31 m. w. N.

215 EuGH, Urteil vom 24. Oktober 1996, C-73/95 – Viho, Slg. 1996, I-5457, ECLI:EU:C:1996:405, Rz. 51; Müller-Ibold, T., Der Einfluss Chinas auf die Wirtschaft – Konsequenzen für die europäische Wettbewerbs- und Außenhandelspolitik, ZEuS 2020, 239 (260).

216 Müller-Ibold, T., Der Einfluss Chinas auf die Wirtschaft – Konsequenzen für die europäische Wettbewerbs- und Außenhandelspolitik, ZEuS 2020, 239 (260).

217 Dazu EuGH, Urteil vom 9. November 1983, 322/81 – Michelin, Slg. 1983, 3461, ECLI:EU:C:1983:313, Rz. 55; Urteil vom 4. Mai 1988, 30/87 – Bodson/Pompes Funèbres, Slg. 1988, 2479, ECLI:EU:C:1988:225 Rz. 29. Dabei ist zu beachten, dass die Finanzkraft nicht isoliert, sondern im Kontext des vorhandenen Wettbewerbsdrucks und einer etwaigen Gegenmacht von Verbrauchern zu betrachten ist.

218 EuGH, Urteil vom 17. Juli 2014, C-553/12 P – DIE, ECLI:EU:C:2014:2083, Rz. 45–47; Urteil vom 4. Mai 1988, 30/87 – Bodson/Pompes Funèbres, Slg. 1988, 2479, ECLI:EU:C:1988:225, Rz. 28 f.

219 Anders kann dies allerdings bei Kostenvorteilen sein, die im EU-Binnenmarkt nur einzelnen Unternehmen zukommen und die Wettbewerber nicht ausgleichen können; vgl. EuGH, Urteil von 14. Februar. 1978, 27/76 – United Brands, Slg. 1978, 207, ECLI:EU:C:1978:22, Rz. 121/124 (Kostenvorteile gegenüber Marktzugangspetenten).

220 Vgl. Müller-Ibold, T., Der Einfluss Chinas auf die Wirtschaft – Konsequenzen für die europäische Wettbewerbs- und Außenhandelspolitik, ZEuS 2020, 239 (262).

221 Vgl. EuGH, Urteil vom 14. Februar 1978, 27/76 – United Brands, Slg. 1978, 207, ECLI:EU:C:1978:22, Rz. 65: „Mit der beherrschenden Stellung im sinne dieses Artikels ist die wirtschaftliche Machtstellung eines Unternehmens gemeint, die dieses in die Lage versetzt, [...] sich seinen Wettbewerbern, seinen Abnehmern und schließlich den Verbrauchern gegenüber in einem nennenswerten Umfang unabhängig zu verhalten."

222 Art. 267 Abs. 1 lit. a AEUV; aus der bisherigen Rechtsprechung siehe z. B. EuGH, Urteil vom 13. Februar 1979, 85/76 – Hoffmann-La Roche, Slg. 1979, 461, ECLI:EU:C:1979:36, Rz. 38 f.; Urteil vom 14. Februar 1978, 27/76 – United Brands, Slg. 1978, 207, ECLI:EU:C:1978:22, Rz. 122 (dort zur Relevanz der abschreckenden „Risiken [eines Marktzutritts], für die die Ausgaben bei einem Scheitern des Versuchs verloren sind").

690. Die Art. 101 und 102 AEUV verbieten Unternehmen wettbewerbsbeschränkende Verhaltensweisen. Insofern ist ein selbstbestimmtes Verhalten erforderlich.[223] Insbesondere bei Unternehmen, auf deren Heimatmärkten ein erheblicher Staatseinfluss besteht, ist denkbar, dass diese vorbringen, dass sie hoheitlichen Zwängen unterliegen und somit zu einem selbstbestimmten Verhalten nicht in der Lage sind.[224] Ein hoheitlicher Zwang, der ein selbstbestimmtes Verhalten ausschließt, ist allerdings noch nicht zu bejahen, wenn der Staat lediglich Anreize zu einem bestimmten Verhalten setzt.[225] Im Zweifel ist bei unternehmerischen Handlungen davon auszugehen, dass sie selbstbestimmt erfolgen.

691. Die Frage, ob ein unternehmerisches Verhalten gegen Art. 101 oder Art. 102 AEUV verstößt, ist im Übrigen allein anhand der Tatbestandsvoraussetzungen dieser Vorschriften zu beantworten. Es ist nicht möglich, zusätzlich zu diesen Voraussetzungen zu berücksichtigen, dass das Verhalten auf die besonderen Gegebenheiten in einem Drittstaat zurückzuführen ist oder durch diesen sogar gezielt gefördert wurde. Das lässt sich am Verbot des Missbrauchs einer marktbeherrschenden Stellung gemäß Art. 102 AEUV beispielhaft zeigen, wobei mehrere Fallgruppen zu unterscheiden sind:

- Ein Missbrauch läge – ohne die Notwendigkeit einer Modifizierung der geltenden Grundsätze – vor, wenn ein marktbeherrschendes chinesisches Unternehmen aufgrund staatlich eingeräumter Finanzierungsvorteile in der Lage ist, über einen längeren Zeitraum hinweg Kampfpreise unterhalb seiner Kosten zu finanzieren, um so seine Wettbewerber zu verdrängen.

- Ein Missbrauch läge nicht vor, wenn nachweisbar wäre, dass chinesische Unternehmen im EU-Binnenmarkt aufgrund von staatlich gewährten Finanzierungsvorteilen mit Kampfpreisen agieren, ohne dass sie marktbeherrschend sind. Denn Kampfpreise sind nach Art. 102 AEUV nur dann verboten, wenn sie von marktbeherrschenden Unternehmen eingesetzt werden.[226] Andere Unternehmen können Kampfpreise verlangen, um so ihre Marktstellung (bis zur Grenze der Marktbeherrschung) auszubauen. Zwar ist es ein Wettbewerbsproblem, wenn chinesische Unternehmen Vorteile ausnutzen können, die ihnen aufgrund von kostensenkenden Maßnahmen des chinesischen Staates spezifisch zukommen und von denen Unternehmen in der EU nicht profitieren.[227] Es handelt sich aber gleichwohl um keine Ausnutzung einer beherrschenden Stellung im Sinne von Art. 102 AEUV.

- Ebenso verbietet Art. 102 AEUV keine Niedrigpreisstrategien, die darauf beruhen, dass chinesische Unternehmen aufgrund der wirtschaftlichen Rahmenbedingungen in China über Kostenvorteile verfügen, die es ihnen sogar gestatten können, ihre Wettbewerber in der EU mit Preisen oberhalb ihrer Kosten zu verdrängen. Auch mit solchen Niedrigpreisstrategien wird keine marktbeherrschende Stellung missbraucht. Es werden erneut lediglich Vorteile aufgrund staatlicher Maßnahmen ausgenutzt, die chinesischen Unternehmen ungeachtet ihrer Marktstellung zukommen.

692. Die von der Europäischen Kommission geführten Antidumpingverfahren deuten darauf hin, dass chinesische Unternehmen im Binnenmarkt tatsächlich aufgrund staatlich gewährter Vorteile mit nicht marktkonformen Preisen agieren und somit Dumping betreiben. Dies gilt jedenfalls, soweit Dumping gerade bei chinesischen Unternehmen auftritt und bei diesen nicht durch andere Faktoren erklärbar ist. Die Art. 101 f. AEUV dürften die betreffenden Fälle aus den zuvor beschriebenen Gründen nicht in vollem Umfang erfassen. Speziell im Rahmen von Art. 102 AEUV erscheint auch eine Kostenanpassung, wie die Europäische Kommission sie in Dumpingverfahren gegenüber China auf Grundlage des neuen Art. 2 Abs. 6a AD-GVO vornimmt, nicht gerechtfertigt. Denn das Missbrauchsrecht geht von einer rein wett-

[223] Vgl. EuGH, Urteil vom 9. Juni 1977, 90/76 – Van Ameyde, Slg. 1977, 1091, ECLI:EU:C:1977:101, Rz. 23 f.

[224] Siehe im U.S.-Recht: *Animal Science Products v. Hebei Welcome Pharmaceutical Co. Ltd., 585 U. S. __, 2018 WL 2973745 (2018)*; dazu Müller-Ibold, T., Der Einfluss Chinas auf die Wirtschaft – Konsequenzen für die europäische Wettbewerbs- und Außenhandelspolitik, ZEuS 2020, 239 (257).

[225] Vgl. EuGH, Urteil vom 17. Januar 1984, C-43/82 – VBVB, Slg. 1984, 19, ECLI:EU:C:1984:9, Ls. 8 und Rz. 38–40.

[226] Zum Begriff der Kampfpreise und deren Merkmalen siehe aus wettbewerbsrechtlicher Sicht näher EU-Kommission, Mitteilung – Erläuterungen zu den Prioritäten der Kommission bei der Anwendung von Artikel 82 des EG-Vertrags auf Fälle von Behinderungsmissbrauch durch marktbeherrschende Unternehmen, ABl. C 45 vom 24. Februar 2009, Tz. 63 ff.

[227] Vgl. Heim, M., How can European competition law address market distortions caused by state-owned enterprises?, Bruegel Policy Contribution No. 18. Dezember 2019, S. 5 f. (dort zu SOEs).

bewerblichen Betrachtung aus.[228] Wenn die Europäische Kommission kein Verfahren nach den Antidumpingregeln durchführt, sind die europäischen Mitbewerber allerdings auch nach den Wettbewerbsregeln nicht geschützt.

693. In Bezug auf möglicherweise wettbewerbswidrige Verhaltensweisen im Sinne der Art. 101 und 102 AEUV besteht schließlich das Problem, dass bei einem drittstaatlichen Einfluss auf die Wirtschaft zwar häufig ein Verdacht von Wettbewerbsverstößen aufkommen mag, es aber zugleich schwierig ist, diesen Verdacht zu erhärten. Beispielsweise ist es in der Vergangenheit in chinesischen sektoralen Wirtschaftsverbänden zu Absprachen zum Marktvorgehen in Europa gekommen. In diesem Rahmen wurden unter anderem strategische Informationen zu Preisen und Marktpositionen ausgetauscht, auch in Verbindung mit Exportstatistiken, die die Ausfuhren einzelner Unternehmen transparent auswiesen.[229] Eine solche Koordination kann nicht nur gegen das Kartellverbot des Art. 101 AEUV verstoßen, sondern zugleich auch Bestandteil einer drittstaatlich zumindest geduldeten Strategie zur Expansion in neue Märkte sein. Die Ermittlung von Informationen über die relevanten Absprachen und ihre Hintergründe ist für europäische Behörden aber schwierig, sofern die relevanten Informationen nur im Drittstaat selbst vorhanden sind.[230]

694. Die beschriebene Problematik, wie drittstaatliche Maßnahmen als Ursache von Wettbewerbsverzerrungen zu berücksichtigen und nachzuweisen sind, ist allerdings nicht auf bestimmte Verhaltensweisen und auch nicht notwendig auf den Anwendungsbereich der Art. 101 und 102 AEUV beschränkt. Auch die Art. 106, 107 ff. AEUV und die Wettbewerbsregeln im Bereich der Fusionskontrolle gestatten es nur in begrenztem Umfang, drittstaatliche Maßnahmen zu berücksichtigen oder für die Fallbeurteilung relevante Informationen aus Drittstaaten zu ermitteln. In dem Umfang, in dem auch in Hinblick auf diese Regeln Schutzlücken festzustellen sind, sollte nach Auffassung der Monopolkommission eine einheitliche Lösung gesucht werden (siehe unten Abschn. 4.1).

3.1.2.2 Anwendung von Art. 101 AEUV in Bezug auf Abwehr- und Exportkartelle

695. Im Fall von wettbewerbsverfälschenden Verhaltensweisen, die durch den chinesischen Staat veranlasst werden (z. B. staatlich geförderten Kampfpreisen) ist es möglich, dass europäische Unternehmen die Bildung eines Abwehrkartells innerhalb des EU-Binnenmarktes oder umgekehrt eines Exportkartells zur Koordinierung auf dem chinesischen Markt in Betracht ziehen. Dabei könnte auch ein Exportkartell als Abwehrmaßnahme fungieren, wenn es den kartellbeteiligten Unternehmen (zumindest unter anderem) dazu dienen soll, Nachteile zu kompensieren, die sie gegenüber Unternehmen auf dem chinesischen Markt haben, die vom dortigen Staat kontrolliert oder finanziert werden. Im Vergleich mit solchen Kartellen erscheint die Weiterentwicklung des regulatorischen Instrumentariums allerdings vorzugswürdig.

Abwehrkartelle grundsätzlich unzulässig

696. Abwehrkartelle, die im EU-Binnenmarkt als Reaktion auf wettbewerbsverfälschende Verhaltensweisen anderer Marktteilnehmer eingegangen werden, sind unionsrechtlich grundsätzlich nicht hinnehmbar. Das gilt auch im vorliegenden Kontext, insbesondere soweit das abzuwehrende wettbewerbsverfälschende Verhalten in einem Dumping besteht. Denn insoweit ist zu bedenken, dass der bestehende EU-Rechtsrahmen den betroffenen Branchen die Möglichkeit eröffnet, Antidumpingmaßnahmen zu beantragen, die die EU-Institutionen zu ihrem Schutz in den Außenverhältnissen der EU ergreifen können.[231] Abwehrkartelle innerhalb des EU-Binnenmarktes sind nach dem in Art. 101 AEUV enthaltenen

[228] Deren Fehlen im Zusammenhang mit dem Antidumpingrecht wurde bereits kritisiert; vgl. Abschn. 3.1.1.3 in diesem Hauptgutachten.

[229] Müller-Ibold, T., Der Einfluss Chinas auf die Wirtschaft – Konsequenzen für die europäische Wettbewerbs- und Außenhandelspolitik, ZEuS 2020, 239 (258). hinsichtlich der kartellrechtlichen Beurteilung mit Verweis auf EU-Kommission, Entscheidung vom 17. Februar 1992, IV/31.370 und 31.446 – UK Agricultural Tractor Registration Exchange, ABl. L 68 vom 13. März 1992, S. 19, Tz. 35 ff.; bestätigt zuletzt durch EuGH, Urteil vom 28. Mai 1998, C-7/95 P – John Deere, Slg. 1998, I-3138, ECLI:EU:C:1998:256.

[230] Siehe Tz. 97 ff. in diesem Hauptgutachten zu ähnlichen Problemen, die sich bei Ermittlungen gegenüber Unternehmen mit datenbezogenen Geschäftsmodellen im Digitalbereich stellen können.

[231] Dies gilt zumindest bei Kartellen, die sich auf den Warenhandel beziehen. Bei Dienstleistungen sind Antidumpingmaßnahmen nicht möglich; siehe oben Tz. 626, 664.

Kartellverbot im Übrigen nur dann zu rechtfertigen, wenn sich damit einhergehende überwiegende wirtschaftliche Vorteile zugunsten der Verbraucher nachweisen lassen (vgl. Art. 101 Abs. 3 AEUV). Bei Kartellen, mit denen sich in der EU ansässige Unternehmen primär gegen Mitbewerber aus Drittstaaten zur Wehr setzen, dürften solche überwiegenden Verbrauchervorteile allerdings in der Regel nicht vorliegen.

Exportkartelle theoretisch möglich, aber praktisch im Regelfall problematisch

697. Exportkartelle lassen sich theoretisch einfacher als die zuvor behandelten Abwehrkartelle rechtfertigen. Denn solche Kartelle beziehen sich von vornherein auf eine Markttätigkeit außerhalb der EU. Damit können sie den durch Art. 101 AEUV geschützten EU-Binnenmarkt zumindest dann nicht beeinträchtigen, wenn sichergestellt ist, dass sie sich im Binnenmarkt gar nicht auswirken.[232] Im deutschen Gesetz gegen Wettbewerbsbeschränkungen sind die früheren Genehmigungsmöglichkeiten für Exportkartelle seit 1999 trotzdem gestrichen worden, da internationale Handelsvereinbarungen der Genehmigung wettbewerbsbeschränkender Vereinbarungen mit Wirkungen auf Märkten außerhalb Deutschlands entgegenstanden.

698. Eine rechtlich unbedenkliche (insb. rechtssichere) Ausgestaltung von Exportkartellen, durch die Auswirkungen im EU-Binnenmarkt ausgeschlossen werden können, ist schwierig. Zwar ist theoretisch denkbar, dass EU-Lieferanten vereinbaren, für einen absehbaren Zeitraum ausschließlich auf dem chinesischen Markt gemeinsam hohe Preise für ihre Produkte durchzusetzen. Allerdings wäre eine (schädliche) Auswirkung auf die Verbraucher in der EU in einem solchen Fall nur dann auszuschließen, wenn die Kartellvereinbarung keine zu exportierenden Mindestmengen vorsieht und sich ausschließlich auf nicht reimportierte Produkte bezieht.[233] Für Auswirkungen auf die inländischen Verbraucher würde es nämlich bereits genügen, dass die Kartellvereinbarung ein Produkt betrifft, das als Input für andere Produkte verwendet wird, die anschließend in die EU importiert werden.[234] Die Verflechtung der internationalen Lieferströme erhöht die Wahrscheinlichkeit, dass kartellbetroffene Produkte als Input für Produkte verwendet werden, die anschließend in die EU importiert werden.

699. Davon abgesehen liegt es nahe, dass China auf Exportkartelle mit Gegenmaßnahmen reagieren würde. Hierfür spricht schon der Umstand, dass Exportkartelle mit verbraucherschädigenden Auswirkungen auf den chinesischen Markt nach dortigem Kartellrecht verboten und im Rahmen der chinesischen Handelspolitik als zu bekämpfende Wettbewerbsverzerrung anzusehen sein könnten. Etwaige chinesische Gegenmaßnahmen würden jedoch voraussichtlich den handelspolitischen Zielen der EU zuwiderlaufen.

700. In einer Gesamtschau dürften im geltenden europäischen Rechtsrahmen allenfalls äußerst enge Spielräume für Exportkartelle bestehen. Dies erscheint allerdings gerechtfertigt, da der Rechtsrahmen damit einem Risiko von Verbraucherschädigungen und Konflikten zwischen dem Wettbewerbsschutz und der Handelspolitik der EU vorbeugt.

Anpassung des regulatorischen Instrumentariums vorzugswürdig

701. Derzeit ist unklar, ob es zu Abwehr- oder Exportkartellen in der EU kommt. Solche Kartelle müssen nicht offengelegt werden. Die hohe Wahrscheinlichkeit, dass sie für unzulässig befunden werden, spricht auch dagegen, dass die Marktteilnehmer sie von sich aus offenlegen würden. Wenn es Abwehr- oder Exportkartelle geben sollte, mit denen die Marktteilnehmer in der EU auf Wettbewerbsverzerrungen durch die Einflussnahme des chinesischen Staates auf die Wirtschaft reagieren, könnte dies jedoch auf eine Regulierungslücke hindeuten. Denn grundsätzlich sollten die europäischen Außenhandels- und Wettbewerbsregeln die Marktteilnehmer im Binnenmarkt gegen Wettbewerbsverzerrungen der genannten Art wirksam schützen. Wenn ein derartiger Schutz fehlt, dann sollte die Verantwortung hierfür nicht auf die Marktteilnehmer verlagert, sondern die Regulierung angepasst werden. Auch diese Erwägungen sprechen aus Sicht

[232] EuGH, Urteil vom 27. September 1988, 89/85 u.a. – Ahlström Osakeyhtiö u. a., Slg. 1988, 5193, ECLI:EU:C:1988:447, Rz. 16 ff.; für ein reines Exportkartell eine Handelsbeeinträchtigung ablehnend: Urteil vom 18. Februar 1986, 174/84 – Bulk Oil/Sun International, Slg. 1986, 559, ECLI:EU:C:1986:60, Rz. 44.

[233] Vgl. Schroeder in Grabitz/Hilf/Nettesheim, Das Recht der Europäischen Union, Band II, EL 64 Mai 2018, Art. 101 AEUV Rz. 699 ff. m. w. N.

[234] EU-Kommission, Entscheidung vom 8. Dezember 2010, 39.309 – LCD (Liquid Crystal Displays), Tz. 316 ff.

der Monopolkommission dafür, gegebenenfalls Regelungen für die Problematik eines wettbewerbsverfälschenden drittstaatlichen Einflusses anzustreben (siehe unten Abschn. 4.1).

3.2 Instrumente zum Wettbewerbsschutz bei nicht marktwirtschaftlichen drittstaatlichen Maßnahmen

702. Ein politisch besonders sensibler Bereich ist betroffen, soweit Regelungen unmittelbar an nichtmarktwirtschaftliche drittstaatliche Maßnahmen anknüpfen, um die wettbewerbsverfälschenden Folgen dieser Maßnahmen zu neutralisieren. Im vorliegenden Kontext dreht sich die Diskussion um die außenwirtschaftsrechtliche Subventions- (Abschn. 3.2.1) und die wettbewerbsrechtliche Beihilfekontrolle (Abschn. 3.2.2) sowie um Regelungen in Bezug auf SOEs (Abschn. 3.2.3). Eine Sonderproblematik stellt die Berücksichtigung drittstaatlicher Kontrolle bzw. Finanzierung bei mitgliedstaatlichen Beschaffungsvorgängen dar (Abschn. 3.2.4). Aus Sicht der Monopolkommission spricht die Tatsache, dass der EU-Binnenmarkt bei näherer Betrachtung des vorhandenen Regelungsrahmens nur unvollständig gegen Wettbewerbsverfälschungen durch eine drittstaatliche Einflussnahme auf die Wirtschaft geschützt ist, für eine Ergänzung des bestehenden rechtlichen Instrumentariums (Abschn. 3.2.5).

3.2.1 Subventionskontrolle

703. Sinn und Zweck des Antisubventionsrechts der EU ist der Schutz der europäischen Wirtschaft vor der subventionierten Einfuhr von Waren aus Drittländern.[235] Dienstleistungen sind nicht erfasst. Das Antisubventionsrecht der WTO basiert im Wesentlichen auf Art. VI, XVI GATT sowie dem Übereinkommen über Subventionen und Ausgleichsmaßnahmen (*Agreement on Subsidies and Countervailing Measures*, ASCM). Antisubventionsmaßnahmen der EU stützen sich auf die Antisubventionsverordnung (AS-GVO)[236]. Diese überträgt die Bestimmungen des ASCM zu weiten Teilen.[237]

704. Art. 1 Abs. 1 AS-GVO erklärt den Grundsatz des EU-Antisubventionsrechts wie folgt: „Ein Ausgleichszoll kann eingeführt werden, um eine Subvention auszugleichen, die mittelbar oder unmittelbar für die Herstellung, die Produktion, die Ausfuhr oder die Beförderung einer Ware gewährt wird, deren Überführung in den zollrechtlich freien Verkehr in der Union eine Schädigung verursacht." Darin angelegt ist bereits die grundsätzliche Übereinstimmung mit dem Antidumpingrecht hinsichtlich einer Vielzahl von Voraussetzungen. So wird für die Vornahme einer Antisubventionsmaßnahme ebenso die Feststellung einer kausalen Schädigung (Art. 8 u. 9 AS-GVO) verlangt sowie ein möglicherweise entgegenstehendes Unionsinteresse (Art. 31 AS-GVO) berücksichtigt. Die gemeinsamen Prüfungspunkte werden dabei grundsätzlich gleich behandelt, sodass diesbezüglich auf Abschnitt 3.1.1.1 verwiesen werden kann.

705. Im Verhältnis zueinander gilt, dass beide Verfahrenstypen gegenüber Einfuhren grundsätzlich parallel genutzt werden können, dass jedoch nicht zugleich ein Antidumping- und ein subventionsrechtlicher Ausgleichszoll in voller Höhe erhoben werden darf.[238] Generell wird auf Antidumpingmaßnahmen deutlich häufiger zurückgegriffen als auf Antisubventionsmaßnahmen. So waren Ende 2019 94 Antidumpingmaßnahmen und 15 Ausgleichsmaßnahmen in Kraft.[239] Allerdings ist in den vergangenen Jahren ein Anstieg bei der Einleitung von Antisubventionsverfahren – insbesondere gegenüber China – zu verzeichnen, was auf eine zukünftig stärkere Nutzung hinweisen könnte.[240]

---

235 Lukas, in: Krenzler/Herrmann/Niestedt, EU-Außenwirtschafts- und Zollrecht, ASub-GVO, EL 2 (April 2013), Art. 1 Rz. 1.

236 Verordnung (EU) 2016/1037 des Europäischen Parlaments und des Rates vom 8. Juni 2016 über den Schutz gegen subventionierte Einfuhren aus nicht zur Europäischen Union gehörenden Ländern, ABl. L 176 vom 30. Juni 2016, S. 55.

237 Verordnung (EU) 2016/1037 des Europäischen Parlaments und des Rates vom 8. Juni 2016 über den Schutz gegen subventionierte Einfuhren aus nicht zur Europäischen Union gehörenden Ländern, ABl. L 176 vom 30.6.2016, S. 55–91, Erwägungsgründe 2 und 3.

238 Lukas, in: Krenzler/Herrmann/Niestedt, EU-Außenwirtschafts- und Zollrecht, ASub-GVO, EL 2 (April 2013), Art. 1 Rz. 20.

239 EU-Kommission, Report from the Commission to the European Parliament and the Council, 38th Annual Report from the Commission to the Council and the European Parliament on the EU's Antidumping, Antisubsidy and Safeguard activities and the Use of trade defence instruments by Third Countries targeting the EU in 2019, 30. April 2020, COM(2020) 164 final, S. 2.

240 Bungenberg, M./Van Vaerenbergh, P., Countervailing Measures und das Chinesische Beitrittsprotokoll zur WTO, ZEuS 2020, 267 (275 ff.).

706. Das Antisubventionsrecht der EU repräsentiert ein autonomes Vorgehen gegen die Einfuhr von subventionierten Waren. Daneben enthält das ASCM auch Regelungen über die Einleitung eines Streitbeilegungsverfahrens bei der WTO, mit dem sich das betroffene Land gegen die Subvention eines anderen WTO-Mitglieds richten kann (Art. 4 u. 7 ASCM).

3.2.1.1 Voraussetzungen einer ausgleichsfähigen Subvention

707. Zentrale Voraussetzung eines Ausgleichszolls im Sinne von Art. 1 Abs. 1 AS-GVO ist das Erfordernis einer ausgleichsfähigen Subvention, deren Voraussetzungen die EU nahezu wörtlich dem ASCM als WTO-rechtlichem Konsens entnimmt. Hiernach bedarf es zunächst einer Subvention sowie eines Vorteils (Art. 1 ASCM bzw. Art. 3 AS-GVO). Darüber hinaus muss die jeweilige Subvention spezifisch für ein Unternehmen oder einen Wirtschaftszweig oder eine Gruppe von Unternehmen oder Wirtschaftszweigen sein (Art. 2 ASCM bzw. Art. 4 AS-GVO).

708. Nach Art. 1 ASCM bzw. Art. 3 AS-GVO ist von einer Subvention auszugehen, wenn eine Regierung oder sonstige öffentliche Körperschaft eine finanzielle Beihilfe *(financial contribution)* leistet oder eine so genannte Einkommens- oder Preisstützung im Sinne von Art. XVI GATT besteht und dadurch ein Vorteil gewährt wird. Was unter einer finanziellen Beihilfe zu verstehen ist, wird in Art. 1.1. lit. a 1. i)-iv) ASCM bzw. Art. 3 Abs. 1 lit. a i)-iv) AD-GVO abschließend aufgeführt. Als Subvention sind danach der direkte oder potenzielle Transfer von Geldern (i), der Verzicht auf die Erhebung von normalerweise zu entrichtenden Abgaben (ii) sowie das Ankaufen oder Zurverfügungstellen von Waren oder Dienstleistungen, die nicht zur allgemeinen Infrastruktur gehören (iii), zu betrachten. All diese Vorgehensweisen sind auch dann als Subventionen einzustufen, wenn sie über Zahlungen an einen Fördermechanismus oder über die Einbindung einer privaten Einrichtung erfolgen (iv).

709. Was unter einem Vorteil zu verstehen ist, wird weder durch das ASCM, noch die AS-GVO ausdrücklich bestimmt, jedoch wurde der Begriff in der WTO-Rechtsprechung grundsätzlich so ausgelegt, dass der Empfänger durch die Subvention besser gestellt sein muss als unter gewöhnlichen Marktbedingungen.[241] Die Kommission hat bereits frühzeitig Leitlinien für die Berechnung von Subventionen in Ausgleichszolluntersuchungen erlassen, um einen Überblick über ihre Berechnungsmethoden zu geben, wie sie „unter normalen Umständen" zur Anwendung gelangen.[242]

710. Zwingende Voraussetzung für die Ausgleichsfähigkeit von Subventionen ist ihre Anfechtbarkeit. Dabei folgt die AS-GVO dem sogenannten Ampel-Ansatz *(traffic light approach)* des ASCM. Danach wird zwischen verbotenen, anfechtbaren und nicht-anfechtbaren Subventionen unterschieden. Verboten sind gemäß Art. 3 ASCM alle Subventionen, die de jure oder de facto allein oder zumindest als eine Bedingung an den Export oder den bevorzugten Verbrauch heimischer gegenüber importierten Waren anknüpfen. Sie werden automatisch als spezifisch angesehen (Art. 2.3 ASCM). Anfechtbar sind alle übrigen Subventionen, soweit ihre Spezifität festgestellt werden kann (Art. 2 ASCM) und sie eine Schädigung oder drohende Schädigung zur Folge haben (Art. 5, 6 ASCM). Nach Art. 8 ASCM sind Subventionen nicht anfechtbar, wenn sie nicht spezifisch sind oder die in Art. 8.2 ASCM enthaltenen Ausnahmebestimmungen erfüllen. Die Vorschrift war jedoch auf 5 Jahre befristet worden und ist Ende 1999 ausgelaufen.

711. Art. 4 AS-GVO macht die Spezifität zur entscheidenden Voraussetzung der Anfechtbarkeit, wobei Exportsubventionen im Sinne von Art. 3 ASCM gemäß Art. 4 Abs. 4 AS-GVO als spezifisch gelten, während dies für alle anderen Subventionsformen nach den Grundsätzen der Abs. 2 und 3 begründet festzustellen ist.

3.2.1.2 Ökonomische versus normative Begründungsansätze für das EU-Antisubventionsrecht

712. Ökonomisch betrachtet kann das Antisubventionsrecht der EU vor dem Hintergrund kritisiert werden, dass es keine Differenzierung zwischen wohlfahrtssteigernden und -mindernden Subventionen trifft. So werden beispielsweise Exportsubventionen rechtlich als besonders kritisch betrachtet, sie schädigen jedoch vor allem das Exportland selbst und

[241] Müller, W., WTO Agreement on Subsidies and Countervailing Measures, A Commentary, Cambridge 2019, S. 125 f.

[242] EU-Kommission, Mitteilung der Kommission - Leitlinien für die Berechnung der Höhe von Subventionen in Ausgleichszolluntersuchungen, ABl. C 394 vom 17. Dezember 1998, S. 6.

nützen letztlich den Verbrauchern des Importlandes.[243] Fokussiert man allein auf die europäische Wohlfahrt, ist ökonomisch betrachtet – wie auch beim Antidumpingrecht – allein der mögliche Aufbau und die Ausnutzung von Marktmacht zu einem späteren Zeitpunkt problematisch, in deren Folge es zu Preissteigerungen und damit einhergehend zu Wohlfahrtsverlusten in der EU kommen kann.[244] Das Antisubventionsrecht bezieht demgegenüber die Einordnung von Subventionsarten aus dem WTO-rechtlichen Konsens und knüpft die Verhängung eines Ausgleichszolls an das Vorliegen einer Schädigung der Unionsindustrie. Diese Form der Kontrolle könnte ökonomisch betrachtet als entbehrlich angesehen werden.[245]

713. Allerdings ergibt sich für die EU eine normative Begründung einer Subventionskontrolle durch die Selbstbindung an das Beihilferecht gemäß Art. 107 ff. AEUV. Staatliche Zuwendungen der Mitgliedstaaten unterliegen der europäischen Beihilfekontrolle. Damit können europäische Unternehmen nicht unbegrenzt auf die finanziellen Mittel ihrer Heimatstaaten zurückgreifen, sondern nur dann, wenn diese nicht „den Wettbewerb verfälschen oder zu verfälschen drohen". Im Wettbewerb mit Unternehmen aus Drittstaaten, die über gar kein oder kein vergleichbares Beihilfenkontrollsystem verfügen, befindet sich die Unionsindustrie daher im Nachteil, soweit jene Unternehmen von selektiven Begünstigungen profitieren, die nicht in den Ausnahmebereich des europäischen Beihilferechts fallen. Eine Ausnahme besteht nur insoweit wie dieser Nachteil im Einzelfall durch eine Unionsbeihilfe ausgeglichen wird.[246]

714. Aus ökonomischer Sicht lässt sich auch das europäische Beihilferecht in seiner konkreten Ausgestaltung durchaus kritisieren.[247] Normativ betrachtet bildet die Beihilfekontrolle jedoch einen wesentlichen Bestandteil des europäischen Wettbewerbssystems. Das Antisubventionsrecht kann vor diesem Hintergrund als Kopplungsmechanismus angesehen werden, um gegenüber Wareneinfuhren aus Drittstaaten die Chancengleichheit im Binnenmarkt wiederherzustellen.

3.2.1.3 Forderungen an das Antisubventionsrecht im Hinblick auf den Umgang mit dem chinesischen Staatskapitalismus

715. Eine Vielzahl von Reformvorschlägen zum Umgang mit dem chinesischen Staatskapitalismus betrifft den Gesamtbereich der Subventionen, wobei das Antisubventionsrecht regelmäßig eine Rolle spielt.[248] So wird bemängelt, dass über das Vorliegen von ausländischen Subventionen sowie das konkrete Ausmaß des daraus resultierenden Schadens nicht genügend Informationen vorliegen, weshalb die Kommission sich intensiver über chinesische Subventionen austauschen und verstärkt Untersuchungen durchführen soll, die zu einer weiteren Ausweitung der Informationsbasis führen.[249] Auch würden europäische Unternehmen durch Subventionen auf Drittmärkten geschädigt, weshalb die Kommission hiergegen stärker vorgehen solle.[250]

---

243 Vgl. Sykes, A., in: Macrory, P. F./Appleton, A. E./Plummer, M. G., The World Trade Organization: Legal, Economic and Political Analysis, Boston 2005, S. 84, 90 ff.

244 Ebenda, S. 92.

245 Ebenda, S. 103 ff.

246 Zu dieser Ausgangsposition Weck, T./Reinhold, P., Europäische Beihilfenpolitik und völkerrechtliche Verträge, EuZW 2015, 376 (376 f.).

247 Siehe zu dieser Diskussion ausführlich Schwalbe, Ökonomische Grundlagen der Beihilfenkontrolle, in: Münchener Kommentar Europäisches und Deutsches Wettbewerbsrecht, Band 5 Beihilfenrecht, 2. Auflage 2018, Einleitung Rz. 9 ff.

248 Vgl. im Folgenden Rhodium/Merics/BertelsmannStiftung, Beyond investment screening, 2019; Matthes, J., Handelspolitische Schutzinstrumente zum Umgang mit Wettbewerbsverzerrungen durch China, IW-Report 12/19; BDI, Grundsatzpapier China. Partner und systemischer Wettbewerber – Wie gehen wir mit Chinas staatlich gelenkter Volkswirtschaft um?, Januar 2019; VDMA, Wettbewerber China – Handelspolitische Instrumente neu ausrichten, 2020; BusinessEurope, The EU and China: Addressing the Systemic Challenge, Januar 2020; EU-Kommission, A New Industrial Strategy for Europe, 2020.

249 Matthes, J., Handelspolitische Schutzinstrumente zum Umgang mit Wettbewerbsverzerrungen durch China, IW-Report 12/19, S. 18 f.; Rhodium/Merics/BertelsmannStiftung, Beyond investment screening, 2019, S. 24 u. 34; VDMA, Wettbewerber China – Handelspolitische Instrumente neu ausrichten, 2020, S. 5.

250 Matthes, J., Handelspolitische Schutzinstrumente zum Umgang mit Wettbewerbsverzerrungen durch China, IW-Report 12/19, S. 16 f.

716. Forderungen, die in direkter Weise mit einer Reform des WTO-Rechts zusammenhängen, betreffen die Notifizierungspflicht gemäß Art. 25 ASCM, den Umgang mit Industriesubventionen sowie die Einordnung von SOEs als eine öffentliche Stelle und damit als Subventionsgeber. Bezüglich der Notifizierungspflicht wird vorgebracht, dass diese aktuell von vielen Mitgliedern – darunter China – nicht eingehalten werde, weshalb die Durchsetzung verbessert werden müsse.[251] In diesem Zusammenhang wird teilweise gefordert, dass Subventionen, die entgegen Art. 25 ASCM nicht der WTO gemeldet wurden, automatisch als „marktverzerrend" einzustufen sind[252] oder dass hiergegen andere Formen der Sanktionierung zugelassen werden.[253] Eine weitere Forderung betrifft die Ausweitung der verbotenen Subventionen im Sinne von Art. 3 ASCM auf einzelne Industriebeihilfen, insbesondere zur Verhinderung von Überkapazitäten.[254] Schließlich soll auf WTO-Ebene eine Neudefinition des Begriffs „*public body*" vereinbart werden, da nach derzeitiger Rechtsprechung des WTO-Streitbeilegungsgremiums SOEs nicht hierunter zu fassen seien.[255]

717. Eine weitere Forderung, die in den Gesamtkontext der internationalen Subventionskontrolle eingeordnet werden kann, ist, dass China an den OECD-Konsens zu Exportkrediten[256] gebunden werden soll.[257] Hintergrund ist der Vorwurf, dass China in erheblichem Maße Gebrauch von Exportfinanzierungen macht, obwohl dies zu Störungen im wettbewerblichen Gleichgewicht führt und zudem regelmäßig nicht mit Art. 3 ASCM vereinbar ist.

3.2.1.4 Antisubventionsrecht deckt bereits jetzt eine Vielzahl von Forderungen ab

718. Reformen des Antisubventionsrechts können sich – wie bereits im Zusammenhang mit dem Antidumpingrecht festgestellt – nur innerhalb des WTO-rechtlich zulässigen Rahmens bewegen. Im Zuge der Reformen der Handelsschutzinstrumente ist auch die AS-GVO angepasst worden, ohne dass eine mit Art. 2 Abs. 6a AD-GVO vergleichbare Bestimmung zum Umgang mit nennenswerten Verzerrungen aufgenommen wurde. Die Monopolkommission sieht dennoch derzeit keinen weiteren Reformbedarf auf EU-Ebene. Auf WTO-Ebene sind dagegen Änderungen zur Absicherung der Kommissions-Praxis und zu einer noch größeren Effektivierung des Antisubventionsrechts wünschenswert. Allerdings ist darauf hinzuweisen, dass eine WTO-Reform bereits seit Jahrzehnten nicht vorankommt.

Ausweitung von anfechtbaren Subventionen entsprechend dem EU-Beihilferecht zu begrüßen

719. Während hinter einer multilateralen Regulierung von Dumping insbesondere die Begrenzung nationaler Spielräume in Dumpingverfahren steht, bestanden bereits bei den Verhandlungen zum GATT 1947 Bestrebungen, den Einsatz von Subventionen selbst zu begrenzen.[258] Ökonomisch wie politisch betrachtet stellt sich dabei das Problem der Abgren-

[251] Rhodium/Merics/BertelsmannStiftung, Beyond investment screening, 2019, S. 24 u. 35; VDMA, Wettbewerber China – Handelspolitische Instrumente neu ausrichten, 2020, S. 5; BusinessEurope, The EU and China: Addressing the Systemic Challenge, Januar 2020, S. 48.

[252] Rhodium/Merics/BertelsmannStiftung, Beyond investment screening, 2019, S. 24 u. 35; VDMA, Wettbewerber China – Handelspolitische Instrumente neu ausrichten, 2020, S. 5. Zur Notifizierung auch Matthes, J., Handelspolitische Schutzinstrumente zum Umgang mit Wettbewerbsverzerrungen durch China, IW-Report 12/19, S. 19 f.; BDI, Grundsatzpapier China. Partner und systemischer Wettbewerber – Wie gehen wir mit Chinas staatlich gelenkter Volkswirtschaft um?, Januar 2019, S. 14.

[253] BusinessEurope, The EU and China: Addressing the Systemic Challenge, Januar 2020, S. 49.

[254] Rhodium/Merics/BertelsmannStiftung, Beyond investment screening, 2019, S. 24 u. 35 f.; VDMA, Wettbewerber China – Handelspolitische Instrumente neu ausrichten, 2020, S. 5; BusinessEurope, The EU and China: Addressing the Systemic Challenge, Januar 2020, S. 48 f.

[255] Rhodium/Merics/BertelsmannStiftung, Beyond investment screening, 2019, S. 24 u. 35 f.; Matthes, J., Handelspolitische Schutzinstrumente zum Umgang mit Wettbewerbsverzerrungen durch China, IW-Report 12/19, S. 16; VDMA, Wettbewerber China – Handelspolitische Instrumente neu ausrichten, 2020, S. 5; BusinessEurope, The EU and China: Addressing the Systemic Challenge, Januar 2020, S. 48 f.

[256] OECD, Arrangement on Officially Supported Export Credits, January 2020, TAD/PG(2020)1 (http://www.oecd.org/officialdocuments/publicdisplaydocumentpdf/?doclanguage=en&cote=tad/pg(2020)1), Abruf am 30. Juni 2020.

[257] BDI, Grundsatzpapier China. Partner und systemischer Wettbewerber – Wie gehen wir mit Chinas staatlich gelenkter Volkswirtschaft um?, Januar 2019, S. 17; VDMA, Wettbewerber China – Handelspolitische Instrumente neu ausrichten, 2020, S. 8 f.

[258] Irwin, D./Mavroidis, P./Sykes, A., The Genesis of the GATT, Cambridge 2008, S. 156 ff.

zung.[259] Zwar wurde von den Vertragsparteien einerseits angenommen, dass sich Subventionen negativ auf eine effiziente Ressourcenallokation auswirken, jedoch greifen Staaten andererseits seit jeher in unterschiedlicher Weise auf Subventionen zurück, die dabei neben rein wirtschaftlichen z. B. auch sozialen Zwecken dienen.[260] An einem vollständigen Subventionsverbot bestand daher nie ein ausgeprägtes politisches Interesse. Es wäre auch volkswirtschaftlich nicht zu begründen.

720. Im Rahmen der multilateralen Handelspolitik hat sich letztlich die Vorstellung durchgesetzt, dass jedenfalls diejenigen Subventionen begrenzt werden sollten, die sich besonders negativ auf den internationalen Handel auswirken, was insbesondere für den Bereich der Exportsubventionen angenommen wird. Annex I zum ASCM, auf den in Art. 3.1 lit. a ASCM Bezug genommen wird, beinhaltet eine Beispielliste von Exportsubventionen, die auf dem ursprünglichen OECD-Konsens von 1978 aufbaut. Es ist jedoch durchaus möglich, dass eine Exportsubvention nach Art. 3 ASCM verboten ist, die über den OECD-Konsens hinausgeht.[261] Der OECD-Konsens selbst ist seit 1978 kontinuierlich weiterentwickelt worden.[262]

721. Bei heimischen Subventionen *(domestic subsidies)* gestaltet sich die Abgrenzung noch schwieriger. Geht man von einem weiten ökonomischen Verständnis aus, so könnte theoretisch fast jedes Regierungshandeln Subventionselemente enthalten.[263] Ein solches Verständnis wäre allerdings nicht praktikabel und auch nicht wünschenswert, weshalb sich im Zuge von politischen Verhandlungen schließlich ein Katalog von Subventionstypen und das Erfordernis der Spezifität sowie der Schädigung als ein Korrektiv entwickelt haben.[264] Die EU hat im Zuge der Verhandlungen zum ASCM eher einschränkend auf die Einführung von Ausnahmetatbeständen gedrungen, was auch dem Prinzip der europäischen Beihilfenvergabe entspricht.[265] Hierunter fielen z. B. gemäß Art. 8.2 c ASCM Beihilfen zur Anpassung an Umweltstandards. Die Ausnahmen des Art. 8 ASCM sind allerdings im Jahr 1999 ausgelaufen und machen z.B. europäische Unterstützungsleistungen zugunsten des Umweltschutzes zu einem potenziellen Ziel von Ausgleichsmaßnahmen und/oder Streitbeilegungsverfahren.

722. Betrachtet man die innerhalb des ASCM bzw. der AS-GVO aufgeführten Subventionstypen, so ist festzustellen, dass eine Vielzahl der Unterstützungen durch den chinesischen Staat hierunter subsumiert werden kann. Allerdings ist einerseits in Bezug auf einige Subventionsarten noch keine Vereinbarkeit mit dem WTO-Recht sichergestellt. Andererseits wird vielfach auf Beweisschwierigkeiten hingewiesen, die sich bei der Durchführung eines Antisubventionsverfahrens stellen.[266] Beides spricht dafür, eine Anpassung des ASCM anzustreben, bei der konkrete handelsverzerrende Subventionen ausdrücklich aufgeführt werden und bei besonders verzerrenden Subventionen zudem eine Beweislastumkehr eingeführt wird. In diese Richtung gehen auch die Forderungen zu sogenannten „Industriesubventionen", wie sie von Japan, den USA und der EU in ihrem trilateralen Dialogformat benannt werden.[267] Danach sollen zukünftig eine Reihe

[259] Vgl. Tz. 712.

[260] Evans, J. W., Subsidies and Countervailing Duties in the GATT, The International Trade Law Journal 3 (Fall 1977), S. 211, 213. Die Vergabe von Subventionen zu industriepolitischen Zwecken geht bereits auf die Zeit des Merkantilismus zurück. Vgl. dazu Reinhold, P., „Mercantilism", in Wolfrum, R., Max Planck Encyclopedia of Public International Law (MPEPIL), Online Edition, May 2019, Rz. 8 ff.

[261] Müller, W., WTO Agreement on Subsidies and Countervailing Measures, A Commentary, Cambridge 2019, S. 601.

[262] OECD, Evolution of the Arrangement on Officially Supported Export Credits, 20 January 2020, TAD/PG(2020)2, http://www.oecd.org/officialdocuments/publicdisplaydocumentpdf/?cote=tad/pg(2020)2&doclanguage=en, Abruf am 30. Juni 2020 .

[263] Hufbauer, G. C./Shelton Erb, J., Subsidies in International Trade, Massachusetts/London 1987, S. 9 f.

[264] Ebenda, S. 10 ff.

[265] Müller, W., WTO Agreement on Subsidies and Countervailing Measures, A Commentary, Cambridge 2019, S. 23 ff.

[266] Vgl. Bown, C. P./Hillmann, J. A., WTO'ing a Resolution to the China Subsidy Problem, Journal of International Economic Law 22(4) 2019, 557 (569 f.).

[267] Joint Statement of the Trilateral Meeting of the Trade Ministers of Japan, the United States and the European Union, 14 January 2020, Tz. 1. Dort werden genannt: "unlimited guarantees; subsidies to an insolvent or ailing enterprise in the absence of a credible restructuring plan; subsidies to enterprises unable to obtain long-term financing or investment from independent commercial sources operating in sectors or industries in overcapacity; certain direct forgiveness of debt".

von staatlichen Maßnahmen in Art. 3.1 ASCM aufgenommen und damit als verbotene Subventionen eingeordnet werden. Für eine Reihe anderer handelsverzerrender Subventionsarten wird zudem eine Beweislastumkehr vorgeschlagen.[268]

723. Die Monopolkommission begrüßt eine Überarbeitung oder Ergänzung des ASCM, bei der auf ökonomisch fundierter Basis eine Bewertung einzelner Subventionsarten in einer inzwischen eng vernetzten Weltwirtschaft vorgenommen wird.[269] Hierbei sollte berücksichtigt werden, dass der Einsatz von Subventionen in Einzelfällen auch ökonomisch effizient sein kann, insbesondere wenn es darum geht, ein Marktversagen zu beheben. Zudem können sich auch gleiche Subventionstypen je nach Marktbedingungen unterschiedlich auswirken. Dem entsprechend sollte aber in jedem Fall eine Analyse der Auswirkungen von Subventionen erfolgen. Die EU muss im Übrigen – angesichts des eigenen Beihilfesystems – ein Interesse an einer größtmöglichen Harmonisierung haben und auf die Wiederaufnahme von Ausnahmebestimmungen dringen.[270] Hieraus erklärt sich die Strategie der EU, innerhalb von Freihandelsabkommen das eigene Beihilferecht so weit wie möglich zu „exportieren", d. h., sich mit Drittstaaten auf ein gemeinsames Verständnis gegenüber Subventionen zu einigen, das dem EU-Beihilferecht weitestgehend entspricht.[271] Hierzu gehört auch, dass die EU bei Verhandlungen über eine Ausweitung von nach Art. 3.1 ASCM verbotenen Subventionen berücksichtigt, dass für diese gemäß Art. 2.3 ASCM eine Selektivität anzunehmen ist. Es könnte damit durch eine Ausweitung dazu kommen, dass europäische Beihilfen, die mangels Selektivität erlaubt sind, im Wege einer Reform des ASCM zukünftig verboten werden.

724. Neben einer Ausweitung von anfechtbaren Subventionen kann zudem durch die WTO-rechtliche Festschreibung einer Beweislastumkehr für einzelne Elemente eines Antisubventionsverfahrens eine Beschleunigung und Kosteneinsparung erreicht werden. Sie sollte jedoch aus Gründen der Verhältnismäßigkeit auf Fälle von verbotenen Subventionstypen beschränkt bleiben. Die Generaldirektion Handel hat inzwischen eine Datenbank zu den bisher von ihr behandelten Subventionen eingeführt, um dadurch eine Antragstellung zu erleichtern.[272]

725. Ebenfalls zu begrüßen wäre eine Bindung Chinas an den OECD-Konsens. Dies ist jedoch derzeit nicht absehbar. In der Zwischenzeit sollte für ein stärkeres Vorgehen der einzelnen WTO-Staaten gegen verbotene chinesische Exportsubventionen geworben werden.

Chinesische SOEs werden bereits durch die AS-GVO erfasst; Anpassungen des WTO-Rechts sind trotzdem wünschenswert

726. Häufig wird bemängelt, dass SOEs nicht durch das ASCM und damit auch die AS-GVO erfasst werden können.[273] Tatsächlich hat die Berufungsinstanz des WTO-Streitbeilegungsgremiums erklärt, dass öffentliche Körperschaften im Sinne von Art. 1.1 lit. a ASCM nicht allein durch die Feststellung staatlicher Kontrolle bestimmt werden, sondern dass sie

---

268 Ebenda, Tz. 2. Dort heißt es: "Certain other types of subsidies have such a harmful effect so as to justify a reversal of the burden of proof so that the subsidizing Member must demonstrate that there are no serious negative trade or capacity effects and that there is effective transparency about the subsidy in question. Subsidies having been discussed in this category include, but are not limited to: excessively large subsidies; subsidies that prop up uncompetitive firms and prevent their exit from the market; subsidies creating massive manufacturing capacity, without private commercial participation; and, subsidies that lower input prices domestically in comparison to prices of the same goods when destined for export. If such subsidy is found to exist and the absence of serious negative effect cannot be demonstrated, the subsidizing Member must withdraw the subsidy in question immediately."

269 Vgl. hierzu auch Hoekmann, B./Nelson, D., Spillovers, Subsidies and Multilateral Cooperation – Addressing Concerns Over Industrial Subsidies, Bertelsmann Stiftung Working Paper, 2020.

270 Weck, T./Reinhold, P., Europäische Beihilfenpolitik und völkerrechtliche Verträge, EuZW 2015, 376 (376 f.).

271 Ebenda, S. 376 ff.; Neumann, F., Export des europäischen Beihilferechts, Wiesbaden 2019.

272 Die Datenbank ist abrufbar unter https://ec.europa.eu/trade/policy/accessing-markets/trade-defence/actions-against-imports-into-the-eu/anti-subsidy, Abruf am 30. Juni 2020.

273 Van Vaerenbergh, P., EU Trade Defence Policy Against Unfair Trade From Chinese SOEs: Unilateral or Multilateral Approaches?, Geneva Jean Monnet Working Papers 01/2019, S. 10.

zumindest auch in gewissem Maße mit staatlicher Souveränität ausgestattet sein müssen.[274] Dies bedeutet jedoch nicht, dass SOEs *per se* nicht als eine öffentliche Körperschaft angesehen werden können, sondern dass im Wege einer umfassenden Gesamtbetrachtung neben der staatlichen Kontrolle auch das Vorliegen einer staatlichen Funktion festzustellen ist.[275]

727. Die Europäische Kommission hat in der Vergangenheit bereits einen gemischten Ansatz verfolgt, bei dem sie nicht allein auf den Aspekt der staatlichen Kontrolle Bezug genommen hat.[276] In der Antisubventionsentscheidung *Einfuhren von Elektrofahrrädern mit Ursprung in der Volksrepublik China* vom 17. Januar 2019 hat sie in umfassender und tiefgehender Weise die Einbindung chinesischer Banken in das Gesamtsystem des chinesischen Staatskapitalismus geprüft.[277] Vor diesem Hintergrund hat sie – unter Bezugnahme auf die durch die WTO-Rechtsprechung aufgestellten Voraussetzungen – eine staatliche Einbindung angenommen und dadurch eine Subventionsvergabe über eine öffentliche Körperschaft festgestellt.[278] Auch gegenüber Stahleinfuhren aus China hat die Kommission entlang der durch das Berufungsgericht aufgestellten Voraussetzungen die Vergabe von Subventionen durch SOEs ermittelt.[279] Damit ist eine grundsätzliche Anwendung der AS-GVO auf SOEs bereits derzeit möglich.

728. Wenngleich eine Einbeziehung von SOEs in die Subventionsprüfung schon jetzt gewährleistet ist, so ist der Nachweis der staatlichen Einbindung mit großem Aufwand verbunden und birgt die Gefahr, dass der betroffene Staat sein System anpasst oder zu verheimlichen versucht. Im Falle einer fehlenden Mitarbeit erlaubt es Art. 12.7 ASCM bzw. Art. 28 Abs. 1 AS-GVO zwar, auf verfügbare Informationen (*facts available*) zurückzugreifen. Dies hilft jedoch nicht in jeder Situation über das Informationsdefizit hinweg. Daher begrüßt die Monopolkommission die Reformvorschläge der EU – auch in Form des trilateralen Dialogs mit Japan und den USA – zur Überarbeitung des Begriffs der öffentlichen Körperschaft sowie einer Erhöhung von Transparenz bei der Subventionsvergabe auf Ebene der WTO.[280]

Auch transnationale Subventionen werden teilweise durch die AS-GVO erfasst

729. Als problematisch wird angesehen, dass die Markttätigkeit subventionierter chinesischer Unternehmen in Drittländern den Wettbewerb im Verhältnis zu europäischen Unternehmen verzerrt (siehe Tz. 715). Grundsätzlich betrifft dies den Wettbewerb auf Drittmärkten, über welche die EU keine Hoheitsgewalt ausüben kann (Territorialitätsprinzip).

730. Werden chinesische Unternehmen in einem Drittstaat ausschließlich durch den chinesischen Staat subventioniert, so kann die EU in diesem Zusammenhang keine eigenen Ausgleichsmaßnahmen verhängen. Allerdings besteht zumindest die Möglichkeit zur Einleitung eines Streitbeilegungsverfahrens bei der WTO. Die EU müsste dabei nachweisen, dass es durch die chinesische Subvention zu einer „ernsthaften Schädigung" gekommen ist, die sich beispielsweise in Form einer Verdrängung oder Verhinderung von Ausfuhren europäischer Waren „nach einem Drittlandmarkt" ausgewirkt hat (Art. 5 lit. c, Art. 6.3 lit. b ASCM). Eine andere Möglichkeit zur Durchsetzung von subventionsrechtlichen Standards besteht in einem Export des Beihilferechts durch Freihandelsabkommen. Hierfür wäre jedoch weiterhin erforder-

---

[274] WTO, US – Definitive Antidumping and Countervailing Duties on Certain Products from China, Appellate Body Report v. 11.3.2011, Rz. 310 und 317.

[275] Hierzu m. w. N. Müller, W., WTO Agreement on Subsidies and Countervailing Measures, A Commentary, Cambridge 2019, S. 66 ff.

[276] Van Bael & Bellis, EU-Antidumping and Other Trade Defence Instruments, Sixth Edition, Alphen aan den Rijn 2019, § 11.04[A]; Van Vaerenbergh, P., EU Trade Defence Policy Against Unfair Trade From Chinese SOEs: Unilateral or Multilateral Approaches?, Geneva Jean Monnet Working Papers 01/2019, S. 10.

[277] EU-Kommission, Durchführungsverordnung (EU) 2019/72 der Kommission vom 17. Januar 2019 zur Einführung endgültiger Ausgleichszölle auf die Einfuhren von Elektrofahrrädern mit Ursprung in der Volksrepublik China, ABl. L 16 vom 18. Januar 2019, S. 5, Erwägungsgründe 96 ff.

[278] Ebenda, Erwägungsgründe 176 ff.

[279] EU-Kommission, Durchführungsverordnung (EU) 2019/688 der Kommission vom 2. Mai 2019 zur Einführung eines endgültigen Ausgleichszolls auf die Einfuhren bestimmter organisch beschichteter Stahlerzeugnisse mit Ursprung in der Volksrepublik China im Anschluss an eine Auslaufüberprüfung nach Artikel 18 der Verordnung (EU) 2016/1037 des Europäischen Parlaments und des Rates, ABl. L 116 vom 3. Mai 2019, S. 39–74.

[280] EU-Kommission, WTO Concept paper, S. 4 ; Joint Statement of the Trilateral Meeting of the Trade Ministers of Japan, the United States and the European Union, 14. Januar 2020, S. 2.

lich, dass die vereinbarte Subventionskontrolle durch das jeweils nationale Recht auch tatsächlich durchgesetzt wird. Diese Durchsetzung durch einen Drittstaat kann die EU auf rechtlichem Wege jedoch nicht erzwingen.

731. Die Subventionierung von chinesischen Unternehmen, die sich in einem Drittstaat befinden, kann nur dann durch das europäische Antisubventionsrecht adressiert werden, wenn aus dem betreffenden Drittstaat Waren in die EU importiert werden. Erforderlich ist dafür, dass eine finanzielle Zuwendung dem Drittstaat selbst zugerechnet werden kann. So heißt es nach Art. 2 lit. a AS-GVO: „Für die Zwecke dieser Verordnung gilt eine Ware als subventioniert, wenn für sie eine anfechtbare Subvention im Sinne der Artikel 3 und 4 gewährt wird. Eine Subvention kann von der Regierung des Ursprungslands der eingeführten Ware oder von der Regierung eines Zwischenlands gewährt werden, aus der die Ware in die Union ausgeführt wird und das für die Zwecke dieser Verordnung als ‚Ausfuhrland' bezeichnet wird".

732. Die Europäische Kommission geht neuerdings gegen derartige „transnationale Subventionen" vor[281]: Erstmals hat sie sich in dem Fall *Einfuhren von Waren aus Endlosglasfaserfilamenten mit Ursprung in Ägypten* mit der Subventionierung chinesischer Unternehmen durch einen Drittstaat beschäftigt.[282] In dem Fall ging es um einen innerhalb der so genannten „Suez Economic and Trade Cooperation Zone" (Wirtschafts- und Handelskooperationszone Suez; SETC-Zone) ansässigen Hersteller von Waren aus Endlosglasfaserfilamenten (GFR). Bei der SETC-Zone handelt es sich um ein ägyptisch-chinesisches Projekt einer Sonderwirtschaftszone auf ägyptischen Territorium, dessen Anfänge in die 1990er zurückreichen und das inzwischen als Teil der „Neuen Seidenstraße" („Belt and Road initiative") fortlaufend weiterentwickelt wird.[283] Unternehmen innerhalb der SETC-Zone erhalten besondere Steuervergünstigungen, Grundstücke sowie weitere Vorteile seitens der ägyptischen Regierung, während China dort Unternehmen ansiedelt und Finanz- sowie Sachmittel zur Verfügung stellt.[284] Der in der SETC-Zone ansässige GFR-Hersteller Jushi Egypt wurde von der chinesischen Muttergesellschaft Jushi Group, die wiederum im Eigentum der SASAC steht, nach ägyptischen Recht gegründet und wird von China aus mit finanziellen Mitteln sowie Vorleistungen und Ausrüstung unterstützt.[285] Jushi Egypt stellt in Ägypten GFR her, die dann in die EU ausgeführt werden. Die EU hat in dem Verfahren ermittelt, dass China derartige Sonderwirtschaftszonen im Ausland zur Stärkung der eigenen Unternehmen auf Drittmärkten sowie zur Umgehung von Handelsschutzmaßnahmen gegenüber chinesischen Ausfuhren einsetzt.[286] Die Europäische Kommission hat vor diesem Hintergrund die besonderen Vorteile, die Jushi Egypt von der ägyptischen Regierung erhält, als eine Subventionierung im Sinne des Art. 3 AS-GVO angesehen, aber auch die vom chinesischen Staat ausgehenden Vorteile, da der ägyptische Staat diese „erkannt" und „sich zu eigen gemacht" habe.[287] Sie hat dementsprechend Ausgleichszölle verhängt.

733. Entsprechend hat die Europäische Kommission in dem Fall *Einfuhren bestimmter gewebter und/oder gesteppter Glasfasermatten mit Ursprung in der Volksrepublik China und Ägypten* einen endgültigen Ausgleichszoll gegenüber Ausfuhren aus China, wie auch gegenüber Ausfuhren aus Ägypten verhängt.[288] In einem noch anhängigen Fall gegenüber

---

[281] Hierzu siehe auch Crochet, V./Hegde, V., China's 'Going Global' Policy: Transnational Subsidies Under The WTO SCM Agreement, Working Paper No. 220, Februar 2020.

[282] Durchführungsverordnung (EU) 2020/379 der Kommission vom 5. März 2020 zur Einführung eines vorläufigen Ausgleichszolls auf die Einfuhren von Waren aus Endlosglasfaserfilamenten mit Ursprung in Ägypten, ABl. L 69 vom 6. März 2020, S. 14 sowie Durchführungsverordnung (EU) 2020/870 der Kommission vom 24. Juni 2020 zur Einführung eines endgültigen Ausgleichszolls und zur endgültigen Vereinnahmung des vorläufigen Ausgleichszolls auf die Einfuhren von Waren aus Endlosglasfaserfilamenten mit Ursprung in Ägypten und zur Erhebung des endgültigen Ausgleichszolls auf die zollamtlich erfassten Einfuhren von Waren aus Endlosglasfaserfilamenten mit Ursprung in Ägypten, ABl. L 201 vom 25. Juni 2020, S. 10.

[283] Durchführungsverordnung (EU) 2020/870 der Kommission vom 24. Juni 2020 zur Einführung eines endgültigen Ausgleichszolls und zur endgültigen Vereinnahmung des vorläufigen Ausgleichszolls auf die Einfuhren von Waren aus Endlosglasfaserfilamenten mit Ursprung in Ägypten und zur Erhebung des endgültigen Ausgleichszolls auf die zollamtlich erfassten Einfuhren von Waren aus Endlosglasfaserfilamenten mit Ursprung in Ägypten, ABl. L 201 vom 25. Juni 2020, S. 10, Erwägungsgründe 35 – 48.

[284] Ebenda.

[285] Ebenda, Erwägungsgründe 47.

[286] Ebenda, Erwägungsgründe 67-71.

[287] Ebenda, Erwägungsgründe 72-87. Für die einzelnen Subventionsarten siehe die dortigen Abschn. 3.3.-3.5.

[288] Durchführungsverordnung (EU) 2020/776 der Kommission vom 12. Juni 2020 zur Einführung endgültiger Ausgleichszölle auf die Einfuhren bestimmter gewebter und/oder genähter Erzeugnisse aus Glasfasern mit Ursprung in der Volksrepublik China und Ägypten und zur Änderung der Durchführungsverordnung (EU) 2020/492 der Kommission zur Einführung endgültiger Antidum-

Einfuhren bestimmter warmgewalzter Flacherzeugnisse aus nicht rostendem Stahl in Tafeln oder Rollen (Coils) mit Ursprung in der Volksrepublik China und Indonesien wird diese Form der transnationalen Subventionen von den Antragstellern auf das Verhältnis zwischen China und Indonesien übertragen.[289]

734. Insgesamt sind transnationale Subventionen nach dem Vorstehenden also zumindest dann mit dem Antisubventionsrecht erfassbar, wenn eine Zurechnung zum Drittstaat festgestellt werden kann. Folgt man dieser Entscheidungspraxis der Europäischen Kommission, wonach sich Staaten, die umfassende Wirtschaftsprojekte mit China vereinbaren und auf dieser Grundlage eine Subventionsvergabe durch den chinesischen Staat dulden, diese Subventionen „zu eigen machen", so lässt sich das Antisubventionsrecht auf eine Vielzahl von Projekten entlang der Seidenstraßen-Initiative anwenden. Aus den genannten Entscheidungen ergeben sich damit weitreichende Konsequenzen. Diese betreffen nicht nur chinesische Einfuhren, sondern auch das betreffende Drittland. Bei Letzterem handelt es sich regelmäßig um ein Entwicklungsland, das durch diese Entscheidungspraxis in eine Zwickmühle gerät, da es einerseits auf Investitionen aus China angewiesen ist, andererseits jedoch in Folge einen beschränkten Zugang zum Binnenmarkt befürchten muss.[290] Dies sollte bei einem Vorgehen berücksichtigt werden.

735. Einschränkend ist an dieser Stelle außerdem zu betonen, dass das Vorgehen der Kommission gegen derartige transnationale Subventionen bislang weder vor den europäischen Gerichten auf seine Vereinbarkeit mit der AS-GVO, noch auf Ebene der WTO auf seine Vereinbarkeit mit dem ASCM hin überprüft worden ist. In der Literatur hat die neue Anwendungsform des Antisubventionsrechts der EU bereits kritische Stimmen hervorgerufen.[291] Dabei wird bereits die Vereinbarkeit mit der AS-GVO angezweifelt.[292] Für das WTO-Recht ist festzustellen, dass grenzüberschreitende Konstellationen in der Vergangenheit zwar bereits eine Rolle gespielt haben bei Entscheidungen der WTO-Streitbeilegungsorgane.[293] Eine Subventionsvergabe an eigene Unternehmen in einem Drittstaat selbst ist jedoch bislang noch nicht Gegenstand eines WTO-Verfahrens gewesen.

3.2.1.5 Anpassungen des Antisubventionsrechts der WTO wünschenswert; EU-Reform als *„second best"*

736. Aus dem Vorstehenden wird ersichtlich, dass das Antisubventionsrecht der EU eine Vielzahl von Konstellationen abdeckt, jedoch gleichzeitig auch nicht umfassend auf die chinesischen Unterstützungsmaßnahmen reagieren kann. Neben Lücken im bislang nur auf Waren begrenzten Anwendungsbereich, bleibt auch ein Ausgleich von Subventionen, die Unternehmen im Wettbewerb auf einem Drittlandsmarkt unterstützen, nur in Ausnahmefällen möglich (transnationale Subventionen). Überhaupt bleiben mangels Grenzübertritts in den Binnenmarkt eine Reihe von Konstellationen der subventionierten Konkurrenz durch das Antisubventionsrecht unberücksichtigt. Hierzu gehört beispielsweise auch die Subventionierung von Unternehmen im Binnenmarkt durch den chinesischen Staat. Insgesamt wäre ein einheitliches Konzept einer internationalen Subventionskontrolle auf Grundlage des ASCM wünschenswert, das der EU-Beihilfekontrolle möglichst nahe kommt.

---

pingzölle betreffend die Einfuhren bestimmter gewebter und/oder genähter Erzeugnisse aus Glasfasern mit Ursprung in der Volksrepublik China und Ägypten, ABl. L 189 vom 15. Juni 2020, S. 1.

289 EU-Kommission Bekanntmachung der Einleitung eines Antisubventionsverfahrens betreffend die Einfuhren bestimmter warmgewalzter Flacherzeugnisse aus nicht rostendem Stahl in Tafeln oder Rollen (Coils) mit Ursprung in der Volksrepublik China und Indonesien, ABl. C 342 vom 10. Oktober 2019, S. 18.

290 Kritisch vor diesem Hintergrund Crochet, V./Hegde, V., China's 'Going Global' Policy: Transnational Subsidies Under The WTO SCM Agreement, Working Paper No. 220, Februar 2020, S. 18 f.

291 Crochet, V./Hegde, V., China's 'Going Global' Policy: Transnational Subsidies Under The WTO SCM Agreement, Working Paper No. 220, Februar 2020; Crochet, V., Guest Post: The European Commission attempts to rein in BRI subsidies, 16. Juni 2020, https://ielp.worldtradelaw.net/2020/06/guest-post-the-european-commission-attempts-to-rein-in-bri-subsidies.html, Abruf am 30. Juni 2020.

292 Ebenda.

293 WTO, Brazil – Export Financing Programme for Aircraft, Panel Report vom 14. April 1999, WT/DS46/R sowie Appellate Body Report v. 2.8.1999, WT/DS46/AB/R.

737. In einem ersten Schritt ist allerdings eine Absicherung der bereits bestehenden Kommissionspraxis durch das WTO-Recht anzustreben. Schließlich ist auch eine strengere Durchsetzung bereits bestehender Verpflichtungen wie der Notifikation von Subventionen gemäß Art. 25 ASCM ein wichtiger Schritt, um verbotene sowie anfechtbare Subventionen identifizieren und rechtlich adressieren zu können. Bezüglich der Notifikationspflicht ist allerdings zu beachten, dass Staaten nur diejenigen Maßnahmen notifizieren werden, die aus ihrer Sicht eine Subvention darstellen.[294] Hierzu ist unter anderem vorgeschlagen worden, dass Staaten auch Subventionen anderer Staaten melden können sollten.[295] Dem ist grundsätzlich zuzustimmen, jedoch enthebt dies nicht von der Notwendigkeit eines gemeinsamen Verständnisses davon, wie eine Subvention zu definieren ist.

738. Auf Ebene der WTO wird durch den trilateralen Dialog zwischen den USA, Japan und der EU im Bereich von Subventionen auf Reformen gedrängt.[296] Gleichzeitig sind es jedoch aktuell gerade die USA, die eine effektive Durchsetzung durch das WTO-Streitbeilegungsgremium verhindern, indem sie der Berufungsinstanz ihre Funktionsfähigkeit genommen haben. Materielle Reformen der WTO im Bereich der Subventionen sind auch aufgrund des Widerstands von Ländern wie China oder Indien derzeit eher unwahrscheinlich.

739. Damit bleiben als Möglichkeiten noch ein Beihilferechtsexport oder einzelne verfahrensrechtliche Anpassungen im Wege von Freihandelsabkommen. Hierbei stellt sich jedoch ebenfalls die Frage nach der Durchsetzung. Die EU hat in einigen ihrer Abkommen Vereinbarungen zu Subventionen aufgenommen, die über den bisherigen WTO-Konsens hinausgehen.[297] Nicht in jedem dieser Abkommen unterliegen Beihilferegelungen jedoch dem internen Streitbeilegungsmechanismus. Grundsätzlich fehlt es derzeit noch an Erfahrungen dazu, ob eine Durchsetzung von Verpflichtungen eines Freihandelsabkommens im Wege einer schiedsgerichtlichen Überprüfung effektiv ist. Entscheidend wird sein, dass die Staaten die Entscheidungen des Schiedsgerichts akzeptieren. Die EU macht inzwischen von den Streitbeilegungsmechanismen innerhalb ihrer Freihandelsverträge Gebrauch, um Verpflichtungen durchzusetzen.[298] Eine finale Entscheidung ist bislang jedoch noch in keinem der bisher eingeleiteten Fälle erfolgt.

740. Eine praktisch wirkungsvolle Reform der AS-GVO ist ihrerseits nur möglich, wenn sie auf einem angepassten Rahmen des WTO-Rechts aufbaut. Zukünftige Reformen der AS-GVO sollten in jedem Fall auf die bestehenden Anpassungsspielräume gemäß Abschnitt 10 und 15(b) des chinesischen Beitrittsprotokolls zurückgreifen.[299] Diese spielen soweit erkennbar derzeit noch keine Rolle in der Antisubventionspraxis der Europäischen Kommission. Abschnitt 10 enthält eine Wiederholung der Pflicht Chinas zur Notifizierung von Subventionen im Sinne von Art. 1 ASCM, eine Verpflichtung zur Beendigung aller Subventionsprogramme, die nicht im Einklang mit Art. 3.1 ASCM stehen, sowie eine Vermutungsregel zur Spezifität von Subventionen gegenüber SOEs, soweit diese entweder die überwiegenden Empfänger darstellen oder wenn es sich dabei um unverhältnismäßig hohe Beträge handelt. Abschnitt 15(b) des Beitrittsprotokolls erlaubt zudem Anpassungen bei der Berechnung des Subventionsvorteils im Falle von „besonderen Schwierigkeiten". Diese können angesichts eines staatskapitalistischen Systems angenommen werden, weshalb sich hierdurch die Möglichkeit für eine besondere Behandlung ergibt.[300]

---

294 Bown, C. P./Hillmann, J. A., WTO'ing a Resolution to the China Subsidy Problem, Journal of International Economic Law 22(4), 2019, 557 (577).

295 Ebenda; Rhodium/Merics/BertelsmannStiftung, Beyond investment screening, 2019, S. 24 u. 35.

296 Siehe hierzu Joint Statement of the Trilateral Meeting of the Trade Ministers of Japan, the United States and the European Union, 14. Januar 2020, S. 2.

297 Vgl. Weck, T./Reinhold, P., Europäische Beihilfenpolitik und völkerrechtliche Verträge, EuZW 2015, 376 (376 ff.); Reinhold, P., CETA: „A good deal" für die europäische Beihilfenpolitik, EWS 2016, 136 (136 ff.); Neumann, F., Export des europäischen Beihilferechts, Wiesbaden 2019.

298 Vgl. die Übersicht unter https://ec.europa.eu/trade/policy/accessing-markets/dispute-settlement/bilateral-disputes, Abruf am 30. Juni 2020.

299 Bungenberg, M./Van Vaerenbergh, P., Countervailing Measures und das Chinesische Beitrittsprotokoll zur WTO, ZEuS 2020, 267 (267 ff.).

300 Ebenda, 267 (281 ff.).

741. Die Europäische Kommission scheint demgegenüber die Einführung eines neuen Instruments zum Umgang mit ausländischen Subventionen zu befürworten.[301] Dieses soll als Ergänzung der bestehenden Handelsschutzinstrumente zum Einsatz kommen.[302] Auch die Monopolkommission befürwortet die Einführung eines neuen Instruments, das komplementär zur AS-GVO einzusetzen wäre und eine diesbezügliche Reform damit entbehrlich machen würde.[303] Es ist allerdings darauf hinzuweisen, dass dies nur als zweitbeste Lösung gegenüber einer umfassenden WTO-Reform zu betrachten ist.

3.2.2 Beihilfekontrolle

742. Die Pflichten nach Art. 101 f. AEUV, welche Unternehmen im Rahmen ihrer wirtschaftlichen Tätigkeiten treffen, werden – abgesehen von Art. 106 Abs. 1 AEUV[304] – durch Pflichten der EU-Mitgliedstaaten nach Art. 107 ff. AEUV ergänzt. Nach Art. 107 Abs. 1 AEUV sind staatliche oder aus staatlichen Mitteln gewährte Beihilfen, die durch die Begünstigung bestimmter Unternehmen oder Produktionszweige den Wettbewerb verfälschen oder zu verfälschen drohen, grundsätzlich mit dem Binnenmarkt unvereinbar, soweit sie den Handel zwischen Mitgliedstaaten beeinträchtigen.[305] Beihilfen sind bei der Europäischen Kommission zu notifizieren und dürfen vor ihrer Genehmigung nicht gewährt werden.

743. Ziel der Art. 107 ff. AEUV ist es, den EU-Binnenmarkt gegen Fragmentierungen durch selektiv zugunsten bestimmter Unternehmen oder Produktionszweige eingesetzte und wettbewerbsverfälschende Fördermaßnahmen der Mitgliedstaaten zu schützen.[306] Dieses Ziel reicht weiter als das Ziel des Schutzes gleicher Wettbewerbsbedingungen in bestehenden Einzelmärkten. Hintergrund ist die Verpflichtung, die die Mitgliedstaaten als Parteien der EU-Verträge übernommen haben, an der Errichtung eines EU-Binnenmarktes als übergeordnetem Ziel der EU mitzuwirken (Art. 3 Abs. 3 S. 1 EUV).

744. Das Beihilferecht ist infolgedessen auf Drittstaaten nicht anwendbar. Auch eine Förderung von Unternehmenstätigkeiten durch den chinesischen Staat kann somit beihilferechtlich nicht erfasst werden. Damit sind Unternehmen mit chinesischer staatlicher Unterstützung bei ihrer Tätigkeit im Binnenmarkt gegenüber Unternehmen mit Unterstützung durch einen EU-Mitgliedstaat bessergestellt.

745. Es besteht allerdings die Möglichkeit, mit Art. 107 ff. AEUV vergleichbare Regelungen in einem Freihandelsabkommen zu vereinbaren. Die Europäische Union hat derartige Vereinbarungen bereits in ihren Abkommen der „neuen Generation" mit Kanada, Singapur, Südkorea und Vietnam getroffen, wobei sie eine Erweiterung der WTO-Antisubventionsregeln nach dem Vorbild des EU-Beihilferechts angestrebt hat.[307] Mit China verhandelt die EU zum Zeitpunkt der Bearbeitung dieses Gutachtens über ein Investitionsabkommen, bei dem noch unklar ist, ob es in seiner Endfassung beihilferechtliche Regelungen beinhalten wird.

746. In der Diskussion um den Umgang mit dem chinesischen Staatskapitalismus sind demgegenüber verschiedene Vorstöße unternommen worden, um speziell das Beihilferecht der Europäischen Union als Ergänzung der Antisubven-

---

301 EU-Kommission, Weißbuch: Gewährleistung fairer Wettbewerbsbedingungen bei Subventionen aus Drittstaaten, COM(2020) 253 final, 17. Juni 2020, https://ec.europa.eu/transparency/regdoc/rep/1/2020/DE/COM-2020-253-F1-DE-MAIN-PART-1.PDF, Abruf am 30. Juni 2020; siehe dazu Abschn. 4.1.1.

302 EU-Kommission, Weißbuch: Gewährleistung fairer Wettbewerbsbedingungen bei Subventionen aus Drittstaaten, COM(2020) 253 final, 17. Juni 2020, S. 38.

303 Siehe dazu Abschn. 4.1.3.

304 Siehe hierzu Abschn. 3.2.3.

305 Dazu schon Monopolkommission, Sondergutachten 75, Stand und Perspektiven des Wettbewerbs im deutschen Krankenversicherungssystem, Baden-Baden 2017, Tz. 470 ff.; zur Abgrenzung von Subventionen auch schon EuGH, Urteil vom 23. Februar 1961, 30/59 – De Gezamenlijke Steenkolenmijnen In Limburg Gegen Hohe Behoerde Der Egks, Slg. 1959, 3 (42).

306 Siehe speziell zu den Art. 107 ff. AEUV die Nachweise in Mederer in: von der Groeben/Schwarze/Hatje, Europäisches Unionsrecht, 7. Aufl. 2015, Vor Art. 107–109 AEUV Rz. 2.

307 Vgl. hierzu die umfassende Analyse bei Neumann, F., Export des europäischen Beihilfenrechts, 2019.

tionsregeln auf unterschiedliche Weise nutzbar zu machen. Innerhalb des bestehenden Rahmens der EU-Verträge bestehen hierfür allerdings nur geringe Spielräume. Insbesondere dürfte es nach der Auslegung von Art. 107 Abs. 1 AEUV durch den Europäischen Gerichtshof nicht möglich sein, die Entscheidung eines Mitgliedstaates zur Öffnung seiner Märkte für Mittel aus einem Drittstaat als beihilferelevanten Sachverhalt anzusehen (Abschn. 3.2.2.1). Hinsichtlich Beihilfen von Mitgliedstaaten, um dem Einsatz von Finanzmitteln durch den chinesischen Staat etwas entgegenzusetzen, ist zu differenzieren. Auf der einen Seite haben die Mitgliedstaaten die Möglichkeit, Beihilfen zum Ausgleich von Finanzierungslücken bei Investitionen von gemeinsamem europäischem Interesse zu leisten (Abschn. 3.2.2.2). Auf der anderen Seite dürften Beihilfen zum Ausgleich von wettbewerbsverzerrenden drittstaatlichen Finanzmaßnahmen nur im Fall ihrer Koordinierung durch die Europäische Kommission zu rechtfertigen sein (Abschn. 3.2.2.3). In beiden Fällen stehen alternativ allerdings EU-Förderinstrumente zur Verfügung. Die beihilfefinanzierte Schaffung sogenannter Europäischer Champions ist in jedem Fall kritisch zu sehen (Abschn. 3.2.2.4).

3.2.2.1 Drittstaatliche Finanzmittel sind Mitgliedstaaten nicht zuzurechnen

747. Das Beihilferecht erfasst die Gewährung jeder wirtschaftlichen Vergünstigung unabhängig von ihrer Ausgestaltung, die ein Unternehmen unter normalen Marktbedingungen, d. h. ohne Eingreifen des Staates, nicht erhalten könnte.[308] Ausgenommen sind allerdings solche Vergünstigungen, bei denen der Staat wie ein marktwirtschaftlich handelnder Wirtschaftsbeteiligter handelt (sogenannter Marktinvestortest).[309] Abzugrenzen sind insbesondere Fälle, in denen ein Staat Vergünstigungen bei der Verfolgung politisch-strategischer Ziele gewährt, wie dies in Hinblick auf China angenommen wird.

748. In der Vergangenheit sind Investitionen aus chinesischen staatlichen Mitteln in verschiedenen Wirtschaftsbereichen in der EU vorgekommen. Dies schloss Investitionen in kritische Infrastrukturen ein, bei denen sich die Mitgliedstaaten eine eigene Entscheidung über die Vereinbarkeit solcher Investitionen mit der öffentlichen Sicherheit und Ordnung vorbehalten. Beispiele sind die Investitionen in die italienischen Häfen von Genua und Triest und den griechischen Hafen von Piräus im Rahmen des Projekts „Neue Seidenstraße" (die Transportroute Genua–Rotterdam ist die wichtigste EU-Transportroute). Entsprechend ist die Beteiligung des Stromnetzbetreibers State Grid China an CDP Reti und weiterer chinesischer Unternehmen am italienischen Gasnetz einzuordnen. Auch andere Investitionen mit chinesischen Staatsmitteln können eine Mitwirkung mitgliedstaatlicher Stellen erfordern, etwa wenn eine genehmigungsbedürftige Infrastruktur errichtet werden soll oder die Geschäftstätigkeit als solche genehmigungsbedürftig ist.

749. Eine mögliche Frage ist, ob Investitionen aus chinesischen staatlichen Mitteln den Mitgliedstaaten, die daran mitwirken, dass solche Investitionen in der EU stattfinden, für die Zwecke einer beihilferechtlichen Überprüfung zugerechnet werden können. Die Beihilfekontrolle würde dann das Antisubventionsrecht mit Blick auf die Auswirkungen drittstaatlicher Finanzierungen auf den EU-Binnenmarkt ergänzen.

750. Ein Ansatz in diesem Sinne wäre es, wenn als staatliche Mittel im Sinne von Art. 107 Abs. 1 AEUV alle Geldmittel anzusehen wären, auf welche die öffentliche Hand in den Mitgliedstaaten zur Unterstützung von Unternehmen tatsächlich zurückgreifen kann. Die Leitlinien und die bisherige Praxis der Europäischen Kommission legen dies nahe. Denn danach ist nicht entscheidend, ob die Unterstützung unmittelbar aus dem Staatshaushalt finanziert wird oder ob es sich um Mittel privater Herkunft handelt.[310] Auch Mittel des Internationalen Währungsfonds (IWF) oder Mittel von EU-

[308] Vgl. EU-Kommission, Bekanntmachung zum Begriff der staatlichen Beihilfe im Sinne des Artikels 107 Absatz 1 des Vertrags über die Arbeitsweise der Europäischen Union, ABl. C 262 vom 19. Juli 2016, S. 1, Tz. 66.

[309] Vgl. EU-Kommission, Bekanntmachung zum Begriff der staatlichen Beihilfe im Sinne des Artikels 107 Absatz 1 des Vertrags über die Arbeitsweise der Europäischen Union, ABl. C 262 vom 19. Juli 2016, S. 1, Tz. 73 ff.

[310] EU-Kommission, Bekanntmachung zum Begriff der staatlichen Beihilfe im Sinne des Artikels 107 Absatz 1 des Vertrags über die Arbeitsweise der Europäischen Union, ABl. C 262 vom 19. Juli 2016, S. 1, Tz. 57 ff.; siehe auch: EuGH, Urteil vom 30. Mai 2013, C-677/11 – Doux Elevage SNC, ECLI:EU:C:2013:348, Rz. 34; Urteil vom 19. März 2013, C-399/10 P u. C-401/10 P – Boygues Telecom, ECLI:EU:C:2013:175, Rz. 100; EuG, Urteil vom 12. Dezember 1996, T-358/94 – Air France, Slg. 1996, I-2109, Slg. 1996, II-2109, ECLI:EU:T:1996:194, Rz. 63–65; dazu Monopolkommission, XX. Hauptgutachten, Eine Wettbewerbspolitik für die Finanzmärkte, Baden-Baden 2014, Tz. 90.

Fonds, die einer geteilten Mittelverwaltung unterliegen, gelten jedenfalls dann als staatliche Mittel, wenn die Mitgliedstaaten einen eigenen Ermessenspielraum bei der Verwendung der Mittel haben.[311]

751. Der Europäische Gerichtshof hat im Jahr 2019 allerdings klargestellt, dass es zusätzlich zu einer Verringerung eines Postens des Staatshaushalts oder einem hinreichend konkreten wirtschaftlichen Risiko für dessen Belastung kommen muss.[312] Wenn Mittel aufgrund eines Vertrags zwischen einem Mitgliedstaat und dem Drittstaat in die EU fließen, ist eine solche Belastung oder ein solches Risiko allenfalls dann denkbar, wenn der Mitgliedstaat sich gegenüber einzelnen Begünstigten bereits zu Investitionen verpflichtet hat und deshalb hilfsweise einspringen müsste. Ansonsten dürften Mittel eines Drittstaats stets nur dem Drittstaat und nicht (auch) einem Mitgliedstaat zurechenbar sein.

752. Im Ergebnis dürfte es also im Regelfall nicht möglich sein, Investitionen aus chinesischen staatlichen Mitteln den Mitgliedstaaten für Zwecke einer beihilferechtlichen Überprüfung nach Art. 107 Abs. 1 AEUV zuzurechnen.

3.2.2.2 Mögliche Rechtfertigung für Beihilfen zum Ausgleich von Finanzierungslücken bei Investitionen von gemeinsamem europäischem Interesse

753. In Diskussionen zum Verhältnis zwischen der EU und China wird beklagt, dass die Einheit zwischen den Mitgliedstaaten durch das chinesische 17+1-Format infrage gestellt wird. Dieses Format ist der Rahmen, innerhalb dessen umfangreiche chinesische Investitionen in Europa erfolgen. Auf der einen Seite stehen Mitgliedstaaten, die dieses Format kritisch sehen und etwa im Bereich der Investitionskontrolle zusätzliche Maßnahmen treffen, um Gefährdungen von Interessen der öffentlichen Sicherheit und Ordnung auszuschließen. Auf der anderen Seite nehmen Mitgliedstaaten an den wirtschaftlichen Initiativen im Rahmen dieses Formats teil, um Investitionen zu ermöglichen, die unter Nutzung von Haushaltsmitteln der EU oder der Mitgliedstaaten nicht getätigt würden.

754. Nach Art. 107 Abs. 3 lit. b AEUV können Beihilfen als mit dem EU-Binnenmarkt vereinbar erklärt werden, die die Mitgliedstaaten zur Förderung wichtiger Vorhaben von gemeinsamem europäischem Interesse oder zur Behebung einer beträchtlichen Störung im Wirtschaftsleben eines Mitgliedstaats gewähren. Nach Art. 107 Abs. 3 lit. c AEUV gilt dasselbe für Beihilfen zur Förderung der Entwicklung gewisser Wirtschaftszweige oder Wirtschaftsgebiete, soweit sie die Handelsbedingungen nicht in einer Weise verändern, die dem gemeinsamen Interesse zuwiderläuft. Ein gemeinsames europäisches Interesse lässt sich bejahen, soweit es um die Verfolgung von nur gemeinsam erreichbaren Zielen wie etwa den Schutz des EU-Binnenmarktes gegen die Entwicklung uneinheitlicher nationaler Politiken geht.[313]

755. Als Beihilfen für Vorhaben von gemeinsamem europäischem Interesse im Sinne von Art. 107 Abs. 3 lit. b AEUV werden üblicherweise Finanzierungsmaßnahmen notifiziert, die Unternehmen in den finanzierenden Mitgliedstaaten zugutekommen und die sich vor allem dort im Markt auswirken. Es kann sich aber prinzipiell auch um Maßnahmen handeln, die Unternehmen in anderen Mitgliedstaaten zugutekommen oder die sich in anderen Mitgliedstaaten auswirken. Ein Beispiel wäre die Unterstützung eines deutschen Investors, um diesen von Risiken bei einer Investition in südeuropäische Häfen zu entlasten.

756. Die Europäische Kommission hat in einer Mitteilung Kriterien festgelegt, nach denen die Beihilfen der Mitgliedstaaten zur Förderung wichtiger Vorhaben von gemeinsamem europäischem Interesse auf ihre Vereinbarkeit mit dem Binnenmarkt gewürdigt werden (sogenannte IPCEI-Mitteilung).[314] Die Mitteilung soll dazu beitragen, dass die Mitgliedstaa-

[311] EU-Kommission, Arbeitsunterlage der Kommissionsdienststellen, Leitfaden für staatliche Beihilfen bei den Finanzinstrumenten der europäischen Struktur- und Investitionsfonds (ESI-Fonds) für den Programmplanungszeitraum 2014–2020, SWD(2017) 156 final, 2. Mai 2017, S. 6.

[312] EuGH, Urteil vom 28. März 2019, C-405/16 P – Deutschland/Kommission, ECLI:EU:C:2019:268, Rz. 48, 57–60.

[313] Vgl. Bernd/Martenczuk, in: von der Groeben/Schwarze/Hatje, EU-Recht, 7. Aufl. 2015, AEUV, Art. 107 Rz. 368. Ergänzend ist auch Art. 106 Abs. 2 AEUV zu beachten, sofern die Maßnahme lediglich dazu dient, einen finanziellen Ausgleich für die Erbringung von Dienstleistungen von allgemeinem wirtschaftlichen Interesse zu schaffen; siehe hierzu z. B. Kühling/Geilmann/Weck, ZHR 182 (2018), 539.

[314] EU-Kommission, Mitteilung – Kriterien für die Würdigung der Vereinbarkeit von staatlichen Beihilfen zur Förderung wichtiger Vorhaben von gemeinsamem europäischem Interesse mit dem Binnenmarkt, ABl. C 188 vom 20. Juni 2014, S. 2. IPCEI = Important Projects of Common European Interest.

ten vor allem große transnationale Vorhaben fördern, die das Wirtschaftswachstum, die Beschäftigung und die Wettbewerbsfähigkeit Europas spürbar erhöhen.[315] Danach muss das geförderte Vorhaben ein Ziel der Union unterstützen und signifikante Auswirkungen auf die Wettbewerbsfähigkeit oder die Wertschöpfung innerhalb der Union haben.[316] Ausreichend ist es, wenn das Vorhaben aus einer zwischen Mitgliedstaaten abgestimmten Tätigkeit besteht, um gegen eine gemeinsame Bedrohung vorzugehen oder für ein gemeinsames Ziel zu arbeiten.[317] Bisher ist die Mitteilung nur in wenigen Fällen für mögliche Fördermaßnahmen der Mitgliedstaaten relevant geworden (Batteriezellfertigung, Mikroelektronik).[318] Dabei ist noch kein Vorhaben auf die Abwehr einer gemeinsamen Bedrohung gestützt worden, sodass bislang ungeklärt bleibt, was hierunter zu verstehen ist. Ein gemeinsames Ziel kann im Schutz des Binnenmarktes gegen eine Fragmentierung durch uneinheitliche nationale Politiken gesehen werden. Dies folgt aus der bereits in Abschnitt 2.1 herausgearbeiteten Integrität des Binnenmarkts, wie sie sich aus den Verträgen ergibt.[319] Die Beihilfen gelten als mit dem Binnenmarkt vereinbar, wenn die positiven Auswirkungen für das Ziel von gemeinsamem europäischem Interesse die beihilfebedingten Wettbewerbsverzerrungen und Beeinträchtigungen des Handels zwischen den Mitgliedstaaten überwiegen.

757. In entsprechender Weise können über Art. 107 Abs. 3 lit. c AEUV sektorale Beihilfen genehmigungsfähig sein, die Finanzierungsmaßnahmen durch Drittländer kompensieren sollen. Während Beihilfen speziell zur Förderung von Ausfuhren in Mitgliedstaaten grundsätzlich nicht genehmigungsfähig sind, muss bei Beihilfen zur Förderung von Ausfuhren in Drittstaaten die Beihilfe auf ihre Auswirkungen auf den Binnenmarkt überprüft werden.[320] Zumindest soweit die Beihilfen den Binnenmarkt nur geringfügig beeinflussen, wäre eine Genehmigung somit nicht ausgeschlossen. Bei Ausfuhrbeihilfen ist jedoch wiederum zu beachten, dass diese nach dem WTO-Recht verboten sind (Art. 3 ASCM) und daher zu Ausgleichszöllen in China führen können.

758. Auch die Genehmigung von Beihilfen nach Art. 107 Abs. 3 lit. a AEUV für Investitionen in wirtschaftlich unterdurchschnittlich entwickelten Gebieten mit außergewöhnlich niedriger Lebenshaltung oder erheblicher Unterbeschäftigung kann zu rechtfertigen sein, um Investitionen von außereuropäischen Unternehmen, die eine finanzielle Unterstützung aus Drittstaaten erhalten, entgegenzutreten. So könnten europäische Unternehmen veranlasst werden, Investitionen innerhalb Europas zu tätigen und müssten nicht staatlich unterstützten Unternehmen aus Drittstaaten den Markt überlassen.

759. In Deutschland gibt es eine Reihe von Förderinstrumenten, die grundsätzlich für Beihilfen im zuvor genannten Sinn eingesetzt werden könnten. Ein mögliches Beispiel ist der Fonds zur Finanzierung der kerntechnischen Entsorgung (KENFO), der Gelder für die Stilllegung und den Abbau kerntechnischer Anlagen vorhält und der im Rahmen seiner Vermögensverwaltung auch langlaufende Investitionen in Infrastrukturprojekte vornimmt (als Eigenkapitalbeteiligungen oder Kredite unterschiedlicher Seniorität).[321] Zwar wird gegen den Einsatz deutscher Förderinstrumente im Ausland eingewandt, der deutsche Staat dürfe sich nicht an einem „Ausverkauf" von Infrastrukturen in anderen Mitgliedstaaten beteiligen.[322] Im vorliegenden Kontext wäre allerdings zu berücksichtigen, dass der Einsatz der Förderinstrumente für Zwecke

315 EU-Kommission, Pressemitteilung vom 13. Juni 2014, https://ec.europa.eu/commission/presscorner/detail/de/IP_14_673, Abruf am 30. Juni 2020.

316 EU-Kommission, Mitteilung – Kriterien für die Würdigung der Vereinbarkeit von staatlichen Beihilfen zur Förderung wichtiger Vorhaben von gemeinsamem europäischem Interesse mit dem Binnenmarkt ABl. C 188 vom 20. Juni 2014, S. 2, Tz. 14; ferner Tz. 15 zu den von der Mitteilung abgedeckten Zielen.

317 Vgl. EuGH, Urteil vom 8. März 1988, 62/87 – Executif regional wallon, Slg. 1988, 1573, ECLI:EU:C:1988:132, Rz. 22.

318 Siehe EU-Kommission, Arbeitsunterlage der Kommissionsdienststellen, Begleitunterlage Bericht über die Wettbewerbspolitik 2018, SWD(2019) 297 final, 14. Oktober 2019, S. 32 f.

319 In Hinblick auf die harmonische Gestaltung der Außenbeziehungen (Art. 206 AEUV) siehe ergänzend unten Abschn. 4.2.2 zur EU-Konnektivitätsstrategie.

320 Kühling/Rüchardt in: Streinz, EUV/AEUV, 3. Aufl. 2018, Art. 107, Rz. 144.

321 http://www.entsorgungsfonds.de/.

322 Siehe z. B. BT-Drs. 18/8629, S. 3 oder Deutschlandfunk-Reportage vom 2. September 2017, Aufbauhilfe oder Ausverkauf? - Deutsche Investoren in Griechenland.

erfolgt, die von den IPCEI-Kriterien gedeckt sind und an denen folglich ein Unionsinteresse besteht.[323] In Einzelfällen könnte für die betreffenden Beihilfen sogar eine Gruppenfreistellung in Betracht kommen.[324] Hintergrund ist die Erkenntnis, dass bestimmte Infrastrukturen für die Funktionsfähigkeit des europäischen Binnenmarktes von außerordentlicher Bedeutung sind. Zudem versprach sich der Unionsgesetzgeber von der genannten Regelung eine Stärkung des wirtschaftlichen, sozialen und territorialen Zusammenhalts in der EU.[325] Alternativ zu mitgliedstaatlichen Beihilfen können zur Finanzierung von andernfalls nicht rentablen Projekten oder Investitionen aber auch europäische Förderinstrumente genutzt werden.

3.2.2.3 Mögliche Rechtfertigung für Beihilfen zum Ausgleich von wettbewerbsverzerrenden drittstaatlichen Finanzmaßnahmen (Defensivmaßnahme)

760. In Anbetracht der mit drittstaatlichen Subventionen einhergehenden Benachteiligung europäischer Unternehmen ist verbandsseitig gefordert worden, im EU-Beihilferecht die Möglichkeit sogenannter „Matching"-Klauseln zu verankern. Diese sollen es erlauben, dort staatliche Beihilfen einzusetzen, wo staatliche Unterstützungsmaßnahmen von Drittländern den Wettbewerb verzerren.[326]

761. Aus ökonomischer Sicht ist insoweit zu betonen, dass Subventionen vor allem dann zu rechtfertigen sind, wenn sie dazu dienen, ein sogenanntes Marktversagen zu beheben. Demgegenüber gibt es keine direkte ökonomische Rechtfertigung, um auf drittstaatliche Subventionen mit eigenen Subventionen für einzelne Unternehmen oder Wirtschaftszweige zu reagieren. Zwar können drittstaatliche Subventionen zu Wettbewerbsverzerrungen auf dem EU-Binnenmarkt führen. Anstatt in einen Subventionswettlauf zu geraten, der die staatlichen Haushalte bzw. die Steuerzahler belastet, sollten derartige Subventionen aber direkt adressiert werden, um negative Auswirkungen auf den Wettbewerb zu unterbinden. Zu beachten ist insofern, dass ökonomisch nicht gerechtfertigte Subventionen zu einer Fehlallokation ökonomischer Ressourcen bzw. zu Markt- und Wettbewerbsverzerrungen sowohl auf den direkt betroffenen Märkten als auch auf vor- und nachgelagerten Märkten führen können. Speziell mit Blick auf die EU kann es zudem zu Wettbewerbsverfälschungen zwischen den Mitgliedstaaten kommen, sofern die Mitgliedstaaten die betroffenen Unternehmen oder Industrien in unterschiedlichem Maße unterstützen. Des Weiteren würden Unternehmen aus Drittstaaten in der EU benachteiligt, die weder von ihrem Heimatstaat noch einem EU-Mitgliedstaat Subventionen erhalten. Schließlich ist auch zu beachten, dass von solchen Subventionen negativ betroffene Drittstaaten ihrerseits mit handelspolitischen Gegenmaßnahmen, z. B. in Form von Ausgleichszöllen, reagieren können, sofern die subventionierten europäischen Unternehmen ins Ausland exportieren. Insgesamt ist die Idee von Matching-Klauseln daher kritisch zu betrachten.

762. Von der Einführung möglicher Matching-Klauseln abzugrenzen sind mögliche staatliche Unterstützungsmaßnahmen, die dazu dienen sollen, etwaige nationale oder europäische Markteingriffe auszugleichen, welche aus übergeordneten politischen Gründen erfolgen und zu Wettbewerbsnachteilen für europäische Unternehmen führen. Ein Beispiel hierfür sind etwa strengere Standards im Bereich des Umweltschutzes in Europa, die dazu führen, dass europäische Unternehmen stärker belastet werden als Unternehmen aus Drittstaaten. In diesem Fall verfügen Unternehmen aus Drittstaaten nicht etwa aufgrund staatlicher Subventionen, sondern aufgrund weniger strenger Anforderungen über Kosten- und damit über Wettbewerbsvorteile. Um dem zu begegnen, hat etwa das Bundesministerium für Wirtschaft und Energie in der Nationalen Industriestrategie 2030 das folgende „Ordnungspolitische Prinzip" definiert:

---

323 Dazu näher Abschn. 3.2.2.3 im Anschluss und dort insb. Tz. 764.

324 Dies kommt etwa im Fall von Beihilfen zur Unterstützung von Seehäfen in Betracht; siehe Art. 56b VO (EU) Nr. 651/2014 vom 17. Juni 2014 zur Feststellung der Vereinbarkeit bestimmter Gruppen von Beihilfen mit dem Binnenmarkt in Anwendung der Artikel 107 und 108 des Vertrags über die Arbeitsweise der Europäischen Union, ABl. L 187 vom 26. Juni 20141, S. 1; eingefügt durch VO (EU) 2017/1084 der Europäischen Kommission zur Änderung der Verordnung (EU) Nr. 651/2014 in Bezug auf Beihilfen für Hafen- und Flughafeninfrastrukturen [...], ABl. L 156 vom 20. Juni 2017, S. 1.

325 Verordnung(EU) 2017/1084 der Europäischen Kommission zur Änderung der Verordnung (EU) Nr. 651/2014 in Bezug auf Beihilfen für Hafen- und Flughafeninfrastrukturen [...], ABl. L 156 vom 20. Juni 2017, S. 1.

326 BDI, Grundsatzpapier China. Partner und systemischer Wettbewerber – Wie gehen wir mit Chinas staatlich gelenkter Volkswirtschaft um?, Januar 2019, S. 18 f.

> *„Soweit der Staat [eigene] Eingriffe, die aus übergeordneten politischen Gründen erforderlich sind, in ihren wettbewerbsschädlichen Wirkungen ausgleicht, ist dies keine Subvention, sondern die Wiederherstellung von Vergleichbarkeit im Wettbewerb. Dies muss im Einklang mit EU-Recht möglich sein."*[327]

763. Im Falle legitimer, übergeordneter Ziele kann es aus Wettbewerbsgründen prinzipiell zu rechtfertigen sein, derartige Kosten- bzw. Wettbewerbsnachteile für europäische Unternehmen auszugleichen, um ein Unterlaufen dieser Ziele durch den Import günstigerer Waren, die in Drittstaaten unter weniger strengen Anforderungen hergestellt wurden, zu vermeiden. Dies gilt insbesondere, sofern in Drittstaaten international vereinbarte Mindeststandards unterlaufen werden. Denkbar erscheinen insofern vor allem Grenzausgleichsabgaben auf Importe sowie Steuererstattungen auf Exporte. Allerdings können solche Markteingriffe von Drittstaaten als protektionistischer Akt angesehen werden und in der Folge zu Handelskonflikten führen bzw. handelspolitische Gegenmaßnahmen provozieren. Vorzugswürdig ist insoweit grundsätzlich die Vereinbarung international einheitlicher Standards und Regelungen zur Erreichung übergeordneter Ziele.

764. Der Ausgleich von wettbewerbsverzerrenden Maßnahmen durch Drittstaaten ist in den EU-Beihilferegeln nicht ausdrücklich als Maßnahme von gemeinsamem europäischem Interesse definiert worden. Allerdings sieht die IPCEI-Mitteilung bereits jetzt eine „externe Dimension" des Beihilferechts vor:

> *„Um tatsächliche oder potenzielle direkte oder indirekte Verzerrungen des internationalen Handels zu vermeiden, kann die Kommission der Tatsache Rechnung tragen, dass Wettbewerber außerhalb der Union (in den vergangenen drei Jahren) für vergleichbare Vorhaben direkt oder indirekt Beihilfen gleicher Intensität für ähnliche Vorhaben erhalten haben bzw. noch erhalten werden. Wenn jedoch nach drei Jahren noch mit Verzerrungen des internationalen Handels zu rechnen ist, kann der Bezugszeitraum entsprechend den besonderen Gegebenheiten des jeweiligen Wirtschaftszweigs verlängert werden. Soweit möglich, legt der betreffende Mitgliedstaat der Kommission ausreichende Informationen vor, damit sie die Lage — und insbesondere die Notwendigkeit, den Wettbewerbsvorteil eines Wettbewerbers in einem Drittland zu berücksichtigen — beurteilen kann. Liegen der Kommission keine Fakten über die gewährte oder geplante Beihilfe vor, kann sie sich in ihrer Entscheidung auch auf andere Indizienbeweise stützen."*[328]

765. In erster Linie dienen Beihilfen nach den IPCEI-Kriterien zwar dazu, solche Projekte zu ermöglichen, die aus Sicht der Unternehmen nicht rentabel oder überhaupt finanzierbar sind.[329] Durch die gezielte Förderung von Unternehmen in Bereichen, die eine besondere Finanzkraft erfordern, dürften Beihilfen nach diesen Kriterien aber grundsätzlich auch zum Ausgleich von Wettbewerbsnachteilen gewährt werden können. Beihilfen dürften bei entsprechendem politischen Willen aber möglicherweise auch darüber hinaus zugunsten europäischer Wirtschaftsteilnehmer genutzt werden können, sofern es um die Verhinderung eines Know-how-Transfers von der EU in außereuropäische Drittstaaten geht. Die Sicherung der Innovationsfähigkeit der EU-Marktteilnehmer kann nämlich als legitimes europäisches Interesse angesehen werden.

766. Allerdings ist einschränkend zu beachten, dass bei Beihilfemaßnahmen, die den Wettbewerb im Binnenmarkt verfälschen und den Handel zwischen den Mitgliedstaaten beeinträchtigen, eine Abwägung zwischen der Wettbewerbsverfälschung in der EU und der Handelsbeeinträchtigung zwischen den Mitgliedstaaten einerseits und einem Ausgleich von Wettbewerbsnachteilen im Verhältnis zu Unternehmen aus Drittstaaten andererseits vorzunehmen ist. Außerdem ermächtigt das Beihilferecht die Mitgliedstaaten nicht, selbst Ziele zu definieren, die sich auf den Handel zwischen der EU und Drittstaaten beziehen. Die Definition von Zielen, die sich auf den Handel zwischen der EU und Drittstaaten und den Ausgleich von Wettbewerbsnachteilen in diesem Handel beziehen, hat nach Art. 21 Abs. 2 EUV und Art. 207 Abs. 1 AEUV vielmehr durch die EU-Institutionen zu erfolgen.[330]

---

327 BMWi, Nationale Industriestrategie 2030, Stand: Februar 2019, S. 14.

328 EU-Kommission, Mitteilung – Kriterien für die Würdigung der Vereinbarkeit von staatlichen Beihilfen zur Förderung wichtiger Vorhaben von gemeinsamem europäischem Interesse mit dem Binnenmarkt ABl. C 188 vom 20. Juni 2014, S. 2, Tz. 34.

329 Siehe zuvor Abschn. 3.2.2.2.

330 Vgl. auch EU-Kommission, Entscheidung vom 18. Dezember 2013, C(2013) 4424 final, Fall SA.33995 (2013/C) – Deutschland (Unzulässigkeit einer Beihilfe zum Schutz internationaler Wettbewerbsfähigkeit speziell für deutsche Unternehmen); dazu Monopolkommission, XX. Hauptgutachten, a. a. O., Tz. 106.

767. Eine weitere Einschränkung für Beihilfen zum Schutz der unternehmerischen Wettbewerbsfähigkeit nach den IPCEI-Kriterien ist dahingehend zu machen, dass mitgliedstaatliche Beihilfen schwieriger zu rechtfertigen sein dürften, wenn sie einen Subventionswettlauf unter den EU-Mitgliedstaaten oder zwischen diesen und dem chinesischen Staat auslösen oder fördern können. Ein solcher Subventionswettlauf würde den Zielen der Subventionskontrolle grundsätzlich entgegenlaufen.

768. In jedem Fall obliegt es damit der Europäischen Kommission, die mögliche Bedeutung der IPCEI-Kriterien für Beihilfen zum Schutz der Wettbewerbsfähigkeit von Unternehmen mit strategischen Kompetenzen zu konkretisieren. Dies ist z. B. in Hinblick auf Schlüsseltechnologien (Key Enabling Technologies, KETs) auch bereits geschehen. Hierbei handelt es sich um eine Gruppe von sechs Technologien: Mikro- und Nanoelektronik, Nanotechnologie, industrielle Biotechnologie, fortgeschrittene Werkstoffe, Photonik und fortgeschrittene Fertigungstechnologien.[331]

769. Alternativ zu mitgliedstaatlichen Beihilfen können auch zum Schutz der unternehmerischen Wettbewerbsfähigkeit nach den IPCEI-Kriterien europäische Förderinstrumente genutzt werden, z. B. der Europäische Fonds für strategische Investitionen (EFSI) und die Programme der europäischen Struktur- und Investitionsfonds (ESIF).[332] Daneben stellt die Europäische Investitionsbank (EIB) Mittel zur Unterstützung beispielsweise von Infrastrukturprojekten in den Mitgliedstaaten bereit.[333]

3.2.2.4 Keine Spielräume für beihilfefinanzierte Schaffung Europäischer Champions im bestehenden Recht (Offensivmaßnahme)

770. In der deutschen politischen Diskussion um Maßnahmen, die finanziellen Fördermaßnahmen des chinesischen Staates oder staatlich kontrollierten Unternehmen etwas entgegensetzen, spielt die Schaffung Europäischer Champions eine erhebliche Rolle.

771. Die aktive Schaffung bzw. Förderung von Nationalen oder Europäischen Champions durch staatliche Maßnahmen ist kritisch zu sehen. Die hiermit verbundene Beschränkung des Wettbewerbs innerhalb der EU bzw. der Aufbau von Marktmacht würde in erster Linie zulasten der europäischen Verbraucher gehen, welche überhöhte Preise zahlen müssten. Darüber hinaus bestehen für die Unternehmen geringere Innovations- und Kosteneffizienzanreize, sodass zumindest hinterfragt werden kann, ob solche in ihrem Heimatmarkt vor Konkurrenz geschützten Unternehmen im internationalen Wettbewerb dauerhaft bestehen könnten. Anstatt durch eine aktive Förderung nationaler bzw. Europäischer Champions wettbewerbsbeschränkend in den Markt einzugreifen, sollte sich die Politik daher auf das Setzen attraktiver, allgemeiner wirtschaftlicher Rahmenbedingungen konzentrieren.

772. Die Bildung eines Europäischen Champions auf unternehmerische Initiative hin ist im geltenden Rechtsrahmen dann hinzunehmen, wenn das Unternehmenswachstum allein auf bessere Marktleistungen zurückzuführen ist (internes Wachstum). Dagegen ist die Bildung eines solchen Champions durch Zusammenschluss (externes Wachstum) grundsätzlich nicht möglich. Das gilt zumindest dann, wenn ein solcher Europäischer Champion durch eine hohe Marktmacht innerhalb der EU und eine hohe Wettbewerbsfähigkeit auf den Nicht-EU-Märkten gekennzeichnet wäre. Der Zusammenschluss mehrerer Unternehmen, um ein im EU-Binnenmarkt marktbeherrschendes neues Unternehmen zu bilden, wäre nach geltenden Fusionskontrollregeln grundsätzlich unzulässig. Eine Differenzierung danach, ob der Zusammenschluss zu besseren Wettbewerbschancen der fusionierten Unternehmen auf den globalen Märkten führt, ist nicht vorgesehen.[334] Soweit die Beteiligten ein wirtschaftlich autarkes Gemeinschaftsunternehmen (Joint Venture) gründen oder ihre Aktivitäten in einem nicht autarken Gemeinschaftsunternehmen bündeln, wäre die Koordinierung des Verhaltens

[331] Siehe: https://ec.europa.eu/growth/industry/policy/key-enabling-technologies_en. Die Bedeutung der Definition als Schlüsseltechnologien für die Zwecke der Überprüfung von Beihilfemaßnahmen nach den IPCEI-Kriterien ist zuvor schon vom österreichischen Rat für Forschung und Technologieentwicklung hervorgehoben worden; siehe https://www.ots.at/ presseaussendung/OTS_20190322_OTS0126/effiziente-einbindung-oesterreichs-in-die-europaeische-industriepolitik-von-hoher-dringlichkeit.

[332] EU-Kommission, Vorschlag für eine Verordnung zur Aufstellung des Programms „InvestEU", 6. Juni 2018, COM(2018) 439 final, S. 1; außerdem https://www.eib.org/de/projects/regions/european-union/greece/index.htm#.

[333] https://www.eib.org/de/projects/regions/european-union/greece/index.htm#.

[334] Art. 2 Abs. 2 und 3 und Erwägungsgründe 5 und 23 der VO 139/2004.

der Beteiligten im EU-Binnenmarkt zudem nach dem Kartellverbot zu überprüfen und unterläge insoweit denselben Restriktionen wie Exportkartelle.[335]

773. Die mitgliedstaatliche Förderung von Europäischen Champions durch Maßnahmen, die den Art. 101 ff. AEUV widersprechen, ist nach Art. 106 Abs. 1 AEUV unzulässig. Die Mitgliedstaaten dürfen aufgrund ihrer Loyalitätspflichten auch keine sonstigen Maßnahmen treffen oder beibehalten, die im Ergebnis die praktische Wirksamkeit der für die Unternehmen geltenden Wettbewerbsregeln aufheben, etwa durch eine nationale Unterstützung von Exportkartellen mit wettbewerbsverzerrenden Auswirkungen im EU-Binnenmarkt (Art. 4 Abs. 3 EUV i. V. m. Art. 101 ff. AEUV).[336]

774. Es ist auch fraglich, ob eine mitgliedstaatliche Förderung von Europäischen Champions durch Beihilfen als Vorhaben von gemeinsamem europäischem Interesse nach Art. 107 Abs. lit. 3 b AEUV zu rechtfertigen sein könnte.[337] Die IPCEI-Mitteilung der Europäischen Kommission befasst sich zwar nicht ausdrücklich mit der Verbesserung der internationalen Wettbewerbsfähigkeit europäischer Unternehmen auf den Märkten außerhalb der EU. Allerdings wurde bereits darauf hingewiesen, dass die Europäische Kommission ein europäisches Interesse am Schutz der Wettbewerbsfähigkeit europäischer Unternehmen im Fall von Wettbewerbsverzerrungen durch drittstaatliche Maßnahmen definieren kann.[338] Die Mitteilung sieht ferner schon heute die Möglichkeit vor, im Rahmen der Würdigung der Beihilfe zu berücksichtigen, dass Wettbewerber außerhalb der Union für vergleichbare Vorhaben direkt oder indirekt Beihilfen gleicher Intensität erhalten haben.[339] Die Förderung eines Europäischen Champions durch Beihilfen würde allerdings nicht nur Wettbewerbsverzerrungen im internationalen Handel ausgleichen, sondern dem betreffenden Unternehmen sogar einen Vorteil im internationalen Handel verschaffen. Dieser Vorteil könnte den internationalen Wettbewerb verfälschen und träte insoweit neben die mit der Beihilfe verbundene Wettbewerbsverfälschung innerhalb der EU und die Handelsbeeinträchtigung zwischen den Mitgliedstaaten. Die Außenbeziehungen der EU sind bisher allerdings nicht darauf ausgerichtet, europäischen Unternehmen besondere Vorteile im globalen Wettbewerb zu verschaffen, sondern vielmehr gleiche Wettbewerbschancen europäischer Unternehmen auf dem Weltmarkt zu schützen oder wiederherzustellen.[340]

775. Die industriepolitischen Ziele der EU sind entsprechend begrenzt. Nach Art. 173 Abs. 1 AEUV sorgen die Union und die Mitgliedstaaten zwar dafür, dass die notwendigen Voraussetzungen für die Wettbewerbsfähigkeit der Industrie der Union gewährleistet sind. Die sonstigen Regelungen dieser Vorschrift bieten allerdings keine Grundlage dafür, dass die Union irgendeine Maßnahme einführt, die zu Wettbewerbsverzerrungen führen könnte (Art. 173 Abs. 3 UAbs. 2 AEUV).[341] Eine beihilfebasierte Förderung Europäischer Champions, die über den Ausgleich von drittstaatlich induzierten Wettbewerbsverzerrungen hinausgeht und zugleich als „Kollateralschaden" den Binnenmarkt strukturell schädigt, dürfte hiermit nicht vereinbar sein.

776. In jedem Fall läge auch in diesem Zusammenhang die Kompetenz dafür, die Kriterien für die Förderung Europäischer Champions zur Erhöhung ihrer Wettbewerbsfähigkeit im internationalen Wettbewerb zu bestimmen, nach Art. 21 Abs. 2 EUV und Art. 207 Abs. 1 AEUV bei den EU-Institutionen.

3.2.3 Staatliche Wirtschaftslenkung über SOEs

777. Die Maßnahmen, mit denen der chinesische Staat die Wirtschaft über SOEs lenkt, sind ein bedeutender Aspekt in der Diskussion um den chinesischen Staatskapitalismus. Das Außenwirtschaftsrecht enthält keine Regelungen, die – abgesehen von der Subventionskontrolle – an Markteingriffe im Zusammenhang mit SOEs anknüpfen und hierfür eine

---

335 Art. 2 Abs. 4 FKVO; dazu auch Reidlinger in Streinz, EUV/AEUV, 3. Aufl. 2018, FKVO nach Art. 103 AEUV Rz. 19 f.

336 EuGH, Urteil vom 21. September 1988, 267/86 – Van Eycke/ASPA, Slg. 1988, 4769, ECLI:EU:C:1988:427, Rz. 16.

337 Zu den relevanten Interessen Kühling/Rüchardt in Streinz, EUV/AEUV, 3. Aufl. 2018, Art. 107 Rz. 133.

338 Siehe oben Tz. 768.

339 EU-Kommission, Mitteilung – Kriterien für die Würdigung der Vereinbarkeit von staatlichen Beihilfen zur Förderung wichtiger Vorhaben von gemeinsamem europäischem Interesse mit dem Binnenmarkt ABl. C 188 vom 20. Juni 2014, S. 2, Tz. 34.

340 Siehe oben Tz. 597 und 621.

341 Siehe dazu Lurger in: Streinz, EUV/AEUV, 3. Aufl. 2018, Art. 173 Rz. 36 (strenger Maßstab).

Verantwortlichkeit des betreffenden Staates vorsehen.[342] Damit besteht eine potenzielle Regelungslücke, denn Staaten können durchaus auch außerhalb der durch die Subventionskontrolle erfassten Fälle auf von ihnen kontrollierte Unternehmen (Industrie- und Handelsunternehmen, aber auch z. B. Banken)[343] Einfluss nehmen und so dafür sorgen, dass es beispielsweise zu Dumping kommt (z. B. durch Ausgestaltung der Regulierung oder der Behördenpraxis). SOEs kommt zudem bereits aufgrund ihrer Struktur sowie ihres regulatorischen Umfelds eine Marktposition zu, die ein wettbewerblich neutrales Verhältnis zu privaten Unternehmen verhindern kann.[344] Es ist allerdings schwierig, Abwehrmaßnahmen direkt gegenüber einem Drittstaat zu treffen.

778. Das EU-Recht enthält dagegen Regelungen, die die beschriebene Lücke unmittelbar in Bezug auf die EU-Mitgliedstaaten schließen. Art. 106 Abs. 1 AEUV untersagt Maßnahmen der EU-Mitgliedstaaten zugunsten von öffentlichen Unternehmen und Unternehmen mit besonderen oder ausschließlichen Rechten, wenn dadurch die Chancengleichheit im Wettbewerb auf dem Markt in einer Weise beseitigt wird, die mit den EU-Verträgen nicht vereinbar ist.[345] Hinzu tritt der unionsrechtliche Loyalitätsgrundsatz, wonach die Mitgliedstaaten in Bezug auf öffentliche und beliebige sonstige Unternehmen keine Maßnahmen, und zwar auch nicht in Form von Gesetzen oder Verordnungen, treffen oder beibehalten dürfen, die die praktische Wirksamkeit der für die Unternehmen geltenden Wettbewerbsregeln aufheben könnten (Art. 101 f. AEUV i. V. m. Art. 4 Abs. 3 EUV). Nach der europäischen Rechtsprechung ist ein solcher Fall etwa dann gegeben, wenn ein Mitgliedstaat gegen Art. 101 AEUV verstoßende Kartellabsprachen vorschreibt, erleichtert oder deren Auswirkungen verstärkt oder wenn er der eigenen Regelung dadurch ihren staatlichen Charakter nimmt, dass er die Verantwortung für in die Wirtschaft eingreifende Entscheidungen privaten Wirtschaftsteilnehmern überträgt.[346]

779. Die angesprochenen Pflichten der Mitgliedstaaten gewinnen dort eine eigenständige Bedeutung, wo Wettbewerbsverfälschungen nicht auf ein autonomes Verhalten der betreffenden Unternehmen zurückzuführen sind oder aus anderen Gründen nicht mit Art. 101 f. AEUV erfasst werden können. Das wäre etwa dann der Fall, wenn ein Mitgliedstaat ein marktbeherrschendes öffentliches oder mit besonderen Rechten ausgestattetes Unternehmen hoheitlich – beispielsweise durch Preisregulierungsmaßnahmen – dazu anhält, auf Märkten in einem anderen Mitgliedstaat zu Kampfpreisen anzubieten. Ein anderer relevanter Fall wäre gegeben, wenn ein Mitgliedstaat – beispielsweise über eine politisch-strategisch gesteuerte Behördenpraxis – Kartelle im Sinne von Art. 101 AEUV erleichtert, sofern dadurch nur oder vorrangig Marktteilnehmer in anderen Mitgliedstaaten geschädigt werden.

780. Es ist zu fragen, ob es – im Rahmen des WTO-rechtlich Zulässigen – vergleichbarer Regelungen bedarf, um wettbewerbsverfälschende Tätigkeiten chinesischer SOEs und gegebenenfalls sogar auch anderer chinesischer Unternehmen zu adressieren. Als beispielgebend könnte insofern die SOE-Klausel des EU-Singapur-Freihandelsabkommens angesehen werden.[347] Haftungsnormen speziell für drittstaatliche SOEs dürften sich allerdings durch den Einsatz privatwirtschaftlicher Unternehmen auch umgehen lassen. Die Einführung von Haftungsnormen gerade für drittstaatliche SOEs könnte zudem auf die EU zurückschlagen. Denn gerade Art. 106 Abs. 1 AEUV führt in der Durchsetzungspraxis ein Schattendasein. Zumindest seit ungefähr der Jahrtausendwende sind nur sehr wenige Entscheidungen der Europäischen Kommission und keine Entscheidungen anderer Kartellbehörden in Bezug auf öffentliche Unternehmen und Unternehmen mit besonderen oder ausschließlichen Rechten in den EU-Mitgliedstaaten bekannt geworden, in denen die Vorschrift eine

342 Dem steht nicht entgegen, dass die staatliche Kontrolle als solche und unabhängig von mit ihrer Ausübung einhergehenden Markteingriffen außenwirtschaftsrechtlich relevant sein kann; siehe z. B. Art. 4 Abs. 2 lit. a VO 452/2019.

343 Siehe hierzu EU-Kommission, Arbeitsdokument der Kommissionsdienststellen, Commission Staff Working Document on significant distortions in the economy of the people's republic of china for the purposes of trade defence investigations, 20. Dezember 2017, SWD(2017) 483 final/2, insb. Abschn. 5, 6 sowie 14 ff.

344 Capobianco/Christiansen, Competitive Neutrality and State-Owned Enterprises: Challenges and Policy Options, 2012.

345 EuGH, Urteil vom 10. Februar 2000, C-147/97 – Deutsche Post, Slg. 2000, I-825, ECLI:EU:C:2000:74, Rz. 49 ff.; Urteil vom 17. Mai 2001, C-340/99 – TNT Traco, Slg. 2001, I-4109 ECLI:EU:C:2001:281.

346 EuGH, Urteil vom 21. September 1988, 267/86 – Van Eycke/ASPA, Slg. 1988, 4769, ECLI:EU:C:1988:427, Rz. 16.

347 Freihandelsabkommen zwischen der Europäischen Union und der Republik Singapur, ST/7972/2018/ADD/5, ABl. L 294 vom 14. November 2019, S. 3, Art. 11.3 sowie 11.4.

bedeutende Rolle gespielt hätte.[348] Die Einführung einer entsprechenden Vorschrift für Drittstaaten könnte von den betroffenen Staaten – einschließlich Chinas – also mit einigem Recht als Mittel zu einer gezielten Schlechterbehandlung angesehen werden.

781. Eine andere Beurteilung könnte zu rechtfertigen sein, sofern es um Regelungen geht, mit denen Transparenzdefiziten begegnet werden soll. So finden insbesondere die Transparenzvorgaben für die finanziellen Beziehungen zwischen den Mitgliedstaaten und öffentlichen Unternehmen im Verhältnis zu Drittstaaten keine Anwendung.[349] Die europäische Behörden begegnen infolgedessen erhöhten Schwierigkeiten in ihrer Einschätzung, ob beispielsweise chinesische SOEs im EU-Binnenmarkt politisch-strategisch eingesetzt werden. Die relevanten Informationen hierzu sind häufig nur in China verfügbar. Ähnliche Probleme können sich, wenngleich in abgeschwächter Form, allerdings auch bezüglich anderer chinesischer Unternehmen ergeben, z. B. soweit es um die schon angesprochene Problematik staatlich erleichterter Kartelle geht. Aus Sicht der Monopolkommission sollte dieser Problematik mit einer speziellen Transparenzregelung begegnet werden (siehe unten Abschn. 4.1).

3.2.4 Sonderproblematik: Berücksichtigung drittstaatlicher Kontrolle bzw. Finanzierung bei mitgliedstaatlichen Beschaffungsvorgängen

782. Das Vergaberecht knüpft ebenso wie die Vorgaben der Art. 106, 107 ff. AEUV an ein Handeln der Mitgliedstaaten an und stellt einen Regelungsrahmen dar, der auch neben den genannten Vorschriften Anwendung finden kann. Das Vergaberecht dient dazu, einer staatlichen Bevorzugung heimischer Anbieter vorzubeugen („Hoflieferantentum"). Insofern wirkt das Vergaberecht einerseits einer staatlichen Fragmentierung des EU-Binnenmarkts und andererseits Wettbewerbsverfälschungen entgegen. Zum Schutz des Binnenmarktes kann es unter anderem im Unionsinteresse liegen, dass die EU-Mitgliedstaaten ihre Beschaffung auch in einer Weise einsetzen, die Marktzutritte von drittstaatlich kontrollierten oder finanzierten Unternehmen begrenzt. Das Vergaberecht kann insoweit auch außenwirtschaftsrechtlichen Zielen zugutekommen, indem es dazu eingesetzt wird, um Gegenseitigkeit (Reziprozität) im Verhältnis zu China herzustellen.

783. Die Teilnahme an mitgliedstaatlichen Beschaffungsvorgängen im EU-Binnenmarkt ist speziell für chinesische Unternehmen möglich, ohne dass hierbei außenwirtschaftsrechtliche Vorgaben der WTO zu beachten wären (Abschn. 3.2.4.1). Das EU-Vergaberecht enthält bisher nur rudimentäre Regelungen, um wettbewerbliche Chancengleichheit europäischer und drittstaatlicher Bieter bei Beschaffungsvorgängen im EU-Binnenmarkt zu gewährleisten (Abschn. 3.2.4.2).

3.2.4.1 Keine außenwirtschaftsrechtlichen Vergaberegeln im Verhältnis zu China

784. Das bestehende Vergaberecht der EU ist allgemein unter Beachtung völkerrechtlicher Verpflichtungen innerhalb des Rechtsrahmens der Welthandelsorganisation (WTO) ausgestaltet worden. Im Rahmen der WTO existiert ein Abkommen zum Vergaberecht, das „Government Procurement Agreement" (GPA) (zuletzt geändert 2012). Ziel dieses Abkommens ist die Öffnung der Beschaffungsmärkte der jeweiligen Mitgliedstaaten.[350] Im Zuge des Beitritts Chinas zur WTO haben die übrigen Mitglieder China aufgefordert, dem GPA beizutreten, woraufhin sich China verpflichtet hat einen Beitritt anzustreben. Dies ist bislang nicht erfolgt.[351] In den verbindlich gewordenen Textziffern des Berichts der Arbeitsgruppe zum chinesischen WTO-Beitritt heißt es:

[348] Siehe aber immerhin EU-Kommission, Entscheidung vom 5. März 2008, AT.38700 – Genehmigungen zur Braunkohlegewinnung zu Gunsten der Public Power Corporation S.A. durch die Hellenische Republik; Entscheidung vom 7. Oktober 2008, 39.562 – Slowakisches Postgesetz;Entscheidung vom 20. Oktober 2004, 38.745 – BdKEP - Beschräkungen im Bereich der Postvorbereitung; Entscheidung vom 23. Oktober 2001, 37.133 – Snelpd/France.

[349] Siehe Richtlinie 2006/111/EG über die Transparenz der finanziellen Beziehungen zwischen den Mitgliedstaaten und den, öffentlichen Unternehmen sowie über die finanzielle Transparenz innerhalb bestimmter Unternehmen, ABl. L 318 vom 17. November 2006, S. 17.

[350] Seidel/Mertens, in: Dauses/Ludwigs, Handbuch des EU-Wirtschaftsrechts Bd. 2, H.IV Rz. 450.

[351] Anderes gilt für Hongkong; dazu Seidel/Mertens, in: Dauses/Ludwigs, Handbuch des EU-Wirtschaftsrechts Bd. 2, H.IV Rz. 449.

"The representative of China stated that China intended to become a Party to the GPA and that until such time, all government entities at the central and sub-national level, as well as any of its public entities other than those engaged in exclusively commercial activities, would conduct their procurement in a transparent manner, and provide all foreign suppliers with equal opportunity to participate in that procurement pursuant to the principle of MFN treatment, i.e., if a procurement was opened to foreign suppliers, all foreign suppliers would be provided with equal opportunity to participate in that procurement (e.g., through the bidding process). [...] The representative of China responded that China would become an observer to the GPA upon accession to the WTO Agreement and initiate negotiations for membership in the GPA by tabling an Appendix 1 offer as soon as possible."[352]

785. Die WTO-Regeln wirken trotz inhaltlicher Übereinstimmungen mit dem EU-Recht nicht unmittelbar in der EU. Deshalb ist das GPA auch kein Rechtmäßigkeitsmaßstab für das EU-Vergaberecht.[353] Stattdessen entfaltet es rein mittelbare Wirkungen, indem die EU-Vergaberegeln GPA-konform auszulegen sind. Dies wird in den Fällen unbestimmter Rechtsbegriffe oder verbleibender Spielräume bei der nationalen Umsetzung des EU-Rechts relevant.[354] Eine WTO-rechtskonforme Rechtsauslegung und -anwendung ist insbesondere anzustreben, soweit es um die Durchsetzung allgemeiner Rechtsprinzipien geht. WTO-Recht, europäisches Primär- und vergabespezifisches Sekundärrecht sowie nationales Verfahrensrecht werden dementsprechend gleichermaßen durch die Grundsätze der Transparenz und Gleichbehandlung bestimmt. In Verwirklichung des Wettbewerbsgrundsatzes ist außerdem einem möglichst großen Kreis potenzieller Anbieter die Teilnahme an den Ausschreibungen zu ermöglichen.[355]

3.2.4.2 EU-Vergaberecht ist durch eigenständiges Instrumentarium zur Schaffung wettbewerblicher Chancengleichheit im EU-Binnenmarkt zu ergänzen

786. Der bestehende Rechtsrahmen in der EU enthält bisher nur sehr vereinzelt Regelungen zu Angeboten, die unmittelbar Erzeugnisse[356] aus Drittländern betreffen. Die Europäische Kommission hat im Juli 2019 eine Mitteilung mit Leitlinien zum Umgang mit Bietern und Waren aus Drittländern innerhalb des EU-Binnenmarktes veröffentlicht.[357] Diese Leitlinien zielen nicht auf eine neuartige Interpretation des EU-Vergaberechts. Vielmehr sollen die aktuellen Regeln mit Hilfe informierter und in der Rechtsanwendung sicherer Vergabestellen im Rahmen der geltenden Richtlinien wirksamer durchgesetzt werden.

787. Dabei dienen die Leitlinien einem doppelten Ziel:

- Zum einen sollen „Verzerrungen auf den europäischen Beschaffungsmärkten vermieden werden, die durch Subventionen oder durch andere Formen staatlich unterstützter Finanzierungen in Drittländern entstehen" (Schutz wettbewerblicher Chancengleichheit);
- Zum anderen sollen die Leitlinien einen Beitrag zur „Wahrung der Gegenseitigkeit beim Zugang zu ausländischen Beschaffungsmärkten" leisten.[358]

[352] Dies ist in Tz. 339 und 341 WPRC enthalten, die über Tz. 342 i. V. m. Abschnitt 1.2 CBP verbindlicher Bestandteil der WTO-rechtlichen Bindungen Chinas geworden sind.

[353] Weiß, NZBau 2016, 198 (199).

[354] Ebenda, 198 (200).

[355] Grundlage hierfür sind die Art. 49, 56 AEUV, dazu Jaeger, in: Münchener Kommentar Europäisches und Deutsches Wettbewerbsrecht, Band 3, 2. Aufl. 2018, Einl. VergabeR, Rz. 188 f.; siehe auch EuGH, Urteil vom 29. März 2012 – C-599/10, Slg. 2011, I-10873, ECLI:EU:C:2012:191. Die Vorschriften sind im Deutschen Recht umgesetzt in § 97 Abs. 1 S. 1 u. Abs. 2 GWB; dazu Burgi, in: NZBau 2008, 29 ff. sowie Höfler, NZBau 2010, 73 ff.

[356] Waren mit Geldwert, die Gegenstand von Handelsgeschäften und damit von Lieferaufträgen, im Gegensatz zu Bau- bzw. Dienstleistungsaufträgen, sein können; vgl. Niestedt in: Münchener Kommentar Europäisches und Deutsches Wettbewerbsrecht, Band 3, 2. Aufl. 2018, § 55 SektVO Rz. 3 f. (dort zum deutschen Recht).

[357] EU-Kommission, Leitlinien zur Teilnahme von Bietern und Waren aus Drittländern am EU-Beschaffungsmarkt (C(2019) 5494 final).

[358] EU-Kommission, Leitlinien zur Teilnahme von Bietern und Waren aus Drittländern am EU-Beschaffungsmarkt (C(2019) 5494 final), S. 4.

788. In den Leitlinien wird klargestellt, dass nur Unternehmen aus Drittländern, mit denen die EU verbindliche internationale Übereinkommen oder bilaterale Freihandelsabkommen unterzeichnet hat, die sich auf die öffentliche Beschaffung erstrecken, über einen garantierten Zugang zum EU-Beschaffungsmarkt verfügen. Ferner wird auf die schon bestehende Möglichkeit hingewiesen, Angebote ablehnen zu können, die ungewöhnlich niedrig erscheinen. Die Leitlinien enthalten auch eine Liste von Fragen, die öffentliche Auftraggeber dem Bieter zur Klarstellung des Preises vorlegen können. Es wird allgemein erläutert, wie Sozial-, Umwelt- und Arbeitsstandards im Vergabeverfahren festgelegt und durchgesetzt werden können. Die Leitlinien beschreiben im Übrigen angemessene Vorgehensweisen bei ungewöhnlich niedrigen Angeboten, für Zwecke einer strategischen Vergabe, im Bereich der Verteidigung und Sicherheit und bei der Anwendung sektorspezifischer Sonderregelungen betreffend Waren aus Drittstaaten.

789. Ein ungewöhnlich niedriges Angebot liegt nach geltendem Recht vor, wenn der Preis oder die Kosten eines Angebots im Verhältnis zu der zu erbringenden Leistung ungewöhnlich niedrig erscheinen.[359] In einem solchen Fall hat der öffentliche Auftraggeber vom Bieter Aufklärung zu verlangen und die Zusammensetzung des Angebots zu prüfen, wobei die übermittelten Unterlagen zu berücksichtigen sind. Die Prüfung kann insbesondere die Wirtschaftlichkeit des Fertigungsverfahrens einer Lieferleistung oder der Erbringung der Dienstleistung betreffen; außerdem die gewählten technischen Lösungen oder die außergewöhnlich günstigen Bedingungen, über die das Unternehmen bei der Lieferung der Waren oder bei der Erbringung der Dienstleistung verfügt; Besonderheiten der angebotenen Liefer- oder Dienstleistung; die Einhaltung gesetzlicher Verpflichtungen, insbesondere nach umwelt-, sozial- und arbeitsrechtlichen Vorschriften; schließlich auch die etwaige Gewährung einer staatlichen Beihilfe an das Unternehmen.

790. Wenn der öffentliche Auftraggeber die geringe Höhe des angebotenen Preises oder der angebotenen Kosten nicht zufriedenstellend aufklären kann, darf er den Zuschlag ablehnen. Der öffentliche Auftraggeber hat das Angebot zwingend abzulehnen, wenn er festgestellt hat, dass der Preis oder die Kosten des Angebots deshalb ungewöhnlich niedrig sind, weil gesetzliche Verpflichtungen nicht eingehalten werden oder weil der Bieter unrechtmäßige staatliche Beihilfen erhalten hat. Beim Verdacht eines Dumping-Angebots können Auftraggeber zunächst zusätzliche Erklärungen von den Bietern fordern und bei Nichtlieferung einer hinreichenden Begründung für den niedrigen Preis das Angebot ablehnen.[360]

791. Das geltende Vergaberecht gestattet des Weiteren eine strategische Vergabe in dem Sinne, dass „vergabefremde Kriterien" im Vergabeverfahren berücksichtigt werden können. Diese Möglichkeit besteht seit der EU-Vergaberechtsreform im Jahr 2014 auf jeder Stufe. So können insbesondere konkrete Anforderungen an die Qualität des Angebots und die Leistungserbringung gestellt werden, wie z. B. Reaktionszeiten, Anforderungen an die Vor-Ort-Verfügbarkeit, Regelungen zur Wertschöpfung oder die Einhaltung bestimmter Sozialstandards (Most Economically Advantageous Tender – „MEAT").[361] Eine Wettbewerbsverzerrung durch Drittstaaten könnte bereits innerhalb dieses Tests einkalkuliert werden.[362] Die genannten Kriterien könnten somit auch zur Schaffung gleicher Wettbewerbsbedingungen für binnenmarktinterne und -externe Bieter im Rahmen von Vergabeverfahren beitragen. In der Praxis wird jedoch immer noch vorzugsweise nach dem Kriterium des niedrigsten Preises vergeben (55 %).[363]

792. In Bezug auf Verteidigung und Sicherheit müssen die Leitlinien berücksichtigen, dass die Kompetenz der EU-Mitgliedstaaten fortbesteht, eigenständig zu entscheiden, ob ihr Auftraggeber Wirtschaftsteilnehmern aus Drittländern

---

[359] Art. 49 RL 2009/81/EG; Art. 69 RL 2014/24/EU; Art. 84 RL 2014/25/EU; umgesetzt in § 33 VSVgV; § 60 VgV; § 55 SektVO; § 44 UVgO. Speziell zu den gesetzlichen Verpflichtungen siehe auch Art. 18 Abs. 2 RL 2014/24/EU.

[360] Art. 69 Abs. 1 RL 2014/24/EU bzw. Art. 84 RL 2014/25/EU.

[361] Art. 67 Abs. 2 RL 2014/24/EU.

[362] Vgl. hierzu auch EU-Kommission, Geänderter Vorschlag für eine Verordnung über den Zugang von Waren und Dienstleistungen aus Drittländern zum EUBinnenmarkt für öffentliche Aufträge und über die Verfahren zur Unterstützung von Verhandlungen über den Zugang von Waren und Dienstleistungen aus der Union zu den Märkten für öffentliche Aufträge von Drittländern, COM(2016) 34 final (nachfolgend: Geänderter Vorschlag für eine IPI-Verordnung), S. 11 und S. 24 (Art. 2 Nr. 1 lit. f.).

[363] EU-Kommission, Mitteilung – Eine funktionierende öffentliche Auftragsvergabe in und für Europa, COM(2017) 572 final, S. 5; siehe auch: EU-Kommission, Leitlinien zur Teilnahme von Bietern und Waren aus Drittländern am EU-Beschaffungsmarkt, ABl. C 271 vom 13. August 2019, S. 43 (54).

die Teilnahme an Vergabeverfahren gestatten darf.[364] Die Leitlinien enthalten diesbezüglich deshalb keine abschließenden Vorgaben, sondern benennen nur Handlungsoptionen.[365] In Deutschland besteht kein generelles Teilnahmeverbot für Bieter aus Drittländern. Allerdings gestattet es § 7 Abs. 7 der Vergabeverordnung Verteidigung und Sicherheit (VSVgV), Bieter bei Verschlusssachen der Geheimhaltungsstufe „VS-Vertraulich" oder höher wegen fehlender Eignung auszuschließen. In diesem Kontext sind nach deutschem Recht nur Sicherheitsbescheide und Ermächtigungen anderer europäischer Mitgliedstaaten anzuerkennen, wobei zusätzliche Voraussetzung ist, dass die Sicherheitsbescheide und Ermächtigungen den deutschen Bestimmungen gleichwertig sind. Eine darüber hinaus bestehende Pflicht, Sicherheitsbescheide und Ermächtigungen aus einem Drittstaat als gleichwertig anzuerkennen, besteht nicht.

793. Das Sektorvergaberecht regelt die Vergabe von Aufträgen durch Auftraggeber im Bereich der Wasser-, Energie- und Verkehrsversorgung sowie der Postdienste. Die Leitlinien verweisen insofern auf die bestehenden Regelungen zum Umgang mit Bietern und Waren aus Drittstaaten. Zu nennen ist in diesem Kontext insbesondere Art. 85 RL 2014/25/EU, der durch § 55 der Sektorenverordnung (SektVO) in deutsches Recht umgesetzt worden ist.[366] Danach kann der Auftraggeber eines Lieferauftrags im Bereich der Wasser-, Energie- und Verkehrsversorgung Angebote zurückweisen, bei denen der Warenanteil zu mehr als 50 Prozent des Gesamtwertes aus Ländern stammt, die nicht Vertragsparteien des Abkommens über den Europäischen Wirtschaftsraum sind und mit denen auch keine sonstigen Vereinbarungen über gegenseitigen Marktzugang bestehen. Das gilt nur dann nicht, wenn die Bevorzugung eines verbliebenen Bieters zum Erwerb von Ausrüstungen führen würde, die andere technische Merkmale als die vom Auftraggeber bereits genutzten Ausrüstungen aufweisen, und wenn es dadurch bei Betrieb und Wartung zu Inkompatibilität oder technischen Schwierigkeiten oder zu unverhältnismäßigen Kosten kommen würde.

794. Die EU-Vergaberichtlinien werden – unabhängig von den Leitlinien – trotz der danach bestehenden Möglichkeiten zur Zurückweisung der Gebote von Bietern aus Drittstaaten als ergänzungsbedürftig angesehen. Insbesondere wird darin die Kontrolle oder staatliche Finanzierung eines Bieters durch Drittstaaten nicht explizit adressiert. Im Hinblick auf die zuletzt genannte 50 Prozent-Regel zur Erfassung von Waren und Dienstleistungen muss berücksichtigt werden, dass ein Erreichen dieser 50 Prozent-Grenze in Bezug auf einen einzelnen Drittstaat wie z. B. China umso unwahrscheinlicher wird, je mehr Marktzugangsabkommen insgesamt mit Drittstaaten bestehen. Produkte aus einzelnen Drittstaaten profitieren also indirekt von Marktzugangsabkommen, auch wenn jene Staaten selbst kein solches Marktzugangsabkommen schließen wollen.[367] Das kann ein Trittbrettfahrer-Verhalten begünstigen. Ein weiteres Problem entsteht durch die zunehmende Internationalisierung von Lieferketten. Denn zur Vermeidung einer überschießenden Anwendung des Preisanpassungsmechanismus und zur effizienten Nutzung behördlicher Kapazitäten muss geklärt werden, wie die Verbindung von Unternehmen und Drittstaat ermittelt wird bzw. wie weit sie reichen soll.

795. Die Leitlinien können zwar inhaltlichen Fragen beantworten, aber keine verfahrensrechtlichen Defizite beheben. Das Vergaberecht wird bisher allein durch staatliche Stellen durchgesetzt. Nach dem Modell der EU-Antidumping-Untersuchungen im Güterhandel wird vorgeschlagen, dass auch Unternehmen im Bereich öffentlicher Aufträge ein wirksames Instrument erhalten, um auf einer effektiven Überprüfung von ungewöhnlich niedrigen Angebotspreisen zu

364 Vgl. Erwägungsgrund 18 UAbs. 2 S. 1 der RL 2009/81/EG. Bei Berührung wesentlicher Sicherheitsinteressen kann eine Vergabe nach den EU-Verträgen ohnehin ohne Anwendung der Richtlinie vergeben werden (Art. 346 AEUV).

365 EU-Kommission, Leitlinien zur Teilnahme von Bietern und Waren aus Drittländern am EU-Beschaffungsmarkt (C(2019) 5494 final), S. 11.

366 Richtlinie 2014/25/EU des Europäischen Parlaments und des Rats vom 26. Februar 2014 über die Vergabe von Aufträgen durch Auftraggeber im Bereich der Wasser-, Energie- und Verkehrsversorgung sowie der Postdienste und zur Aufhebung der Richtlinie 2004/17/EG, ABl. L 94 vom 28. März 2014, S. 243 ff.

367 Stehmann, in: Grabitz/Hilf, Recht der EU, 40. Aufl. 2009, Rz. 129.

bestehen.[368] Mit Blick auf die Entscheidung darüber, ob ein solches dezentralisiertes Vorgehen zu ermöglichen ist, wäre allerdings zunächst der damit voraussichtlich verbundene zusätzliche Verwaltungs- und Kostenaufwand zu ermitteln.[369]

796. Das bestehende Vergaberecht erscheint aus Sicht der Monopolkommission reform- bzw. ergänzungsbedürftig. Der bestehende Rechtsrahmen erscheint überlastet. Das gilt jedenfalls, soweit es um den Schutz der wettbewerblichen Chancengleichheit für europäische Unternehmen im Verhältnis zu Unternehmen aus Drittstaaten geht. Der Umstand, dass ein Bieter staatlicher Kontrolle bzw. Finanzierung unterliegt und seine Gebote deshalb möglicherweise nach anderen als marktwirtschaftlichen Kriterien abgibt, kann im Vergabeverfahren nicht einheitlich als eigenständiges Kriterium berücksichtigt werden. Stattdessen findet sich eine Vielzahl von Einzelregelungen, die abgesehen vom Schutz der wettbewerblichen Chancengleichheit auch anderen Zielen dienen. Hierdurch entsteht eine unübersichtliche Gemengelage, bei der fraglich bleibt, ob sie einen wirksamen Schutz wettbewerblicher Chancengleichheit tatsächlich gewährleisten kann. Zu bedenken ist allerdings, dass für die Tätigkeit von Unternehmen im EU-Binnenmarkt, die drittstaatlicher Kontrolle bzw. Finanzierung unterliegen, neuartige Instrumente diskutiert werden, die einer Beteiligung an öffentlichen Ausschreibungen vorgeschaltet werden und durch die etwaige Wettbewerbsvorteile, die Unternehmen aus Drittstaaten im EU-Binnenmarkt haben, neutralisiert werden könnten (vgl. Abschn. 4.1).

3.2.5 Schließung verbleibender Regelungslücken zu empfehlen

797. Wenn Drittstaaten nicht marktwirtschaftliche Maßnahmen treffen, ist nach bisherigem Stand nur ein eingeschränkter Wettbewerbsschutz unmittelbar gegenüber diesen staatlichen Maßnahmen möglich. In Bezug auf den außenhandelsrechtlichen Regelungsrahmen wurde eine Lücke festgestellt, sofern Dienstleistungen oder Investitionen betroffen sind oder der chinesische Staat Unternehmen in der EU unterstützt und ihnen dadurch Wettbewerbsvorteile verschafft, jedoch ohne dass es zu einem Grenzübertritt chinesischer Waren kommt.[370] Diese Lücke lässt sich nicht wettbewerbsrechtlich über die bestehenden Art. 106, 107 ff. AEUV schließen, weil diese Vorschriften keine Maßnahmen von Drittstaaten erfassen. Es ist auch nicht ohne Weiteres möglich, wettbewerbsverfälschende wirtschaftliche Vergünstigungen eines Drittstaats einem EU-Mitgliedstaat zuzurechnen, sodass der Anwendungsbereich der Beihilfekontrolle nach Art. 107 Abs. 1 AEUV eröffnet wäre.[371] Die Kontrolle von europäischen SOEs über Art. 106 Abs. 1 AEUV hat sich zudem als wenig praktikabel erwiesen.

798. Eine begrenzte Möglichkeit, um auf sonst nicht erfassbare Maßnahmen von Drittstaaten zu reagieren, ergibt sich im Rahmen der Art. 107 ff. AEUV immerhin daraus, dass die EU-Mitgliedstaaten die heimischen Marktteilnehmer mit Beihilfen gegen einen wettbewerbsverfälschenden drittstaatlichen Einfluss auf die Wirtschaft schützen können.[372] Es ist also möglich, wettbewerbsverfälschenden Maßnahmen von Drittstaaten finanzielle Maßnahmen der Mitgliedstaaten entgegenzusetzen, die freilich – zumindest im Fall einer selektiven Anwendung – ihrerseits wettbewerbsverfälschend sind. Solche Maßnahmen sind allerdings nur zu rechtfertigen, wenn sie defensiv eingesetzt werden. Ihr offensiver Einsatz, um Europäische (oder gar Nationale) Champions zu schaffen, würde den Rahmen des beihilferechtlich Zulässigen sprengen.[373]

799. Eine Sonderproblematik ergibt sich sodann, soweit es um die Berücksichtigung drittstaatlicher Kontrolle bzw. Finanzierung im Rahmen von mitgliedstaatlichen Beschaffungsvorgängen geht. Der Umstand, dass ein Bieter einer drittstaatlichen Kontrolle bzw. Finanzierung unterliegt und seine Gebote deshalb möglicherweise nach anderen als markt-

368 BDI, Grundsatzpapier China. Partner und systemischer Wettbewerber – Wie gehen wir mit Chinas staatlich gelenkter Volkswirtschaft um?, Januar 2019, S. 16.

369 Das zentralisierte Verfahren nach der in Abschn. 4.2.1 näher behandelten IPI-Verordnung würde laut einer Schätzung der EU-Kommission bis zu EUR 3,5 Mio. einsparen, siehe EU-Kommission, Geänderter Vorschlag für eine IPI-Verordnung, COM(2016) 34 final, S. 9.

370 Siehe oben Tz. 636, 664, 736.

371 Siehe oben Abschn. 3.2.2.1.

372 Siehe oben Abschn. 3.2.2.2–3.2.2.3.

373 Siehe oben Abschn. 3.2.2.4.

wirtschaftlichen Kriterien abgibt, kann im Vergabeverfahren bislang nicht durchgehend als eigenständiges Kriterium berücksichtigt werden.

800. Aus Sicht der Monopolkommission spricht die Tatsache, dass der EU-Binnenmarkt nicht vollumfänglich gegen Wettbewerbsverfälschungen durch eine drittstaatliche Einflussnahme auf die Wirtschaft geschützt ist, für eine zu schließende Regelungslücke. Die außenhandelsrechtlichen Instrumente und die Möglichkeit zu beihilferechtlich zulässigen Gegenmaßnahmen können diese Lücke in keiner wettbewerbspolitisch befriedigenden Weise schließen. Es bedarf stattdessen eines Instruments, das möglichst unmittelbar an die durch die drittstaatlichen Maßnahmen ausgelöste Wettbewerbsverfälschung anknüpft. Dieses Instrument könnte auch bei mitgliedstaatlichen Beschaffungsvorgängen vorgeschaltet werden. Davon abgesehen hat sich auch im vorliegenden Kontext gezeigt, dass Sonderregelungen sinnvoll sein können, um Transparenzdefiziten bei drittstaatlichen Maßnahmen zu begegnen (siehe unten Abschn. 4.1).

3.3 Instrumente für Markteingriffe durch Veränderungen in der Marktstruktur

801. Die Markttätigkeit von Unternehmen, die durch den chinesischen Staat kontrolliert oder durch ihn finanziert werden, kann sich nicht nur als Marktverhalten im EU-Binnenmarkt auswirken. Sie kann auch die Marktstruktur beeinflussen, etwa wenn die betreffenden Unternehmen europäische Mitbewerber übernehmen. In diesen Fällen können neben dem Interesse der EU am Schutz ihres Binnenmarktes auch Interessen der EU und der Mitgliedstaaten am Schutz der öffentlichen Sicherheit und Ordnung berührt sein.

802. Der Schutz des Binnenmarktes ist Aufgabe der Fusionskontrolle. Die Fusionskontrolle auf EU-Ebene stellt ein einheitliches präventives Verfahren zur Verfügung, um Zusammenschlüsse auf ihre Vereinbarkeit mit dem gemeinsamen Markt zu überprüfen. Sie soll strukturellen Schädigungen des Wettbewerbs und Fragmentierungen des Binnenmarktes aufgrund einer uneinheitlichen Beurteilung von Zusammenschlüssen durch die mitgliedstaatlichen Kartellbehörden vorbeugen. Hinzu tritt eine Fusionskontrolle auf mitgliedstaatlicher Ebene, die den Wettbewerb innerhalb der Mitgliedstaaten schützt.

803. Eine Investitionskontrolle ist bislang nur auf Ebene der Mitgliedstaaten vorgesehen. Eigenständige EU-Investitionskontrollverfahren gibt es nicht. Die Verordnung 2019/452 errichtet lediglich einen Rahmen für die Überprüfung ausländischer Direktinvestitionen durch die Mitgliedstaaten.[374] Die Investitionskontrolle in Deutschland ist auch nicht auf Zusammenschlüsse beschränkt. Sie gestattet vielmehr allgemein Eingriffe in den Güter-, Dienstleistungs-, Kapital-, Zahlungs- und sonstigen Wirtschaftsverkehr mit dem Ausland, soweit diese zum Schutz der öffentlichen Sicherheit und der auswärtigen Interessen des deutschen Staates geboten sind.[375] Diese Eingriffe umfassen allerdings auch eine Überprüfung und gegebenenfalls Untersagung von Unternehmensübernahmevorgängen.

804. Im Folgenden soll zunächst untersucht werden, inwieweit die Investitionskontrolle als außenwirtschaftsrechtliches Instrument genutzt werden kann, um politisch-strategisch gesteuerten Unternehmensübernahmen durch chinesische Investoren zu begegnen (Abschn. 3.3.1). Im Anschluss soll geprüft werden, ob die wettbewerbsrechtlichen Regelungen der Fusionskontrolle insoweit ausreichen oder zu reformieren sind (Abschn. 3.3.2).

3.3.1 Investitionskontrolle

805. Mit der Zunahme chinesischer Investitionen innerhalb der EU sind bereits vor Jahren Sorgen gegenüber dem Zugang staatlich kontrollierter und finanzierter Unternehmen zu kritischen Infrastrukturen in Europa geäußert worden.[376]

---

[374] Verordnung (EU) 2019/452 des Europäischen Parlaments und des Rates vom 19. März 2019 zur Schaffung eines Rahmens für die Überprüfung ausländischer Direktinvestitionen in der Union, ABl. L 79 I vom 21. März 2019, S. 1. Dieser mitgliedstaatlichen Investitionskontrolle steht auch nicht der Anwendungsvorrang der EU-Fusionskontrollverordnung entgegen; vgl. Art. 21 Abs. 4 VO 139/2004.

[375] Siehe § 1 i. V. m. § 4 des Außenwirtschaftsgesetzes (AWG).

[376] Hierzu Bungenberg, M./Hazarika, A., Chinese Foreign Investments in the European Union Energy Sector: The Regulation of Security Concerns, Journal of World Investment & Trade 20(2-3), 2019, 375 (378 ff.); Schuelken, T., Der Schutz kritischer Infrastrukturen vor ausländischen Direktinvestitionen in der Europäischen Union. Zum Vorschlag der EU-Kommission für eine Verordnung zur

In Deutschland wurde das Thema spätestens seit dem Erwerb des deutschen Roboterherstellers Kuka durch das chinesische Unternehmen Midea öffentlich diskutiert.[377] Im Jahr 2018 verhinderte die Bundesregierung dann aktiv den Erwerb einer 20-prozentigen Beteiligung des chinesischen Stromnetzbetreibers State Grid Corporation of China (SGCC) an dem deutschen Übertragungsnetzbetreiber 50Hertz durch einen angeordneten Erwerb der Anteile durch die KfW.[378]

3.3.1.1 Funktionsweise der deutschen Investitionskontrolle

806. Der Rechtsrahmen für die deutsche Investitionskontrolle[379] wurde im Zuge dieser Entwicklungen bislang dreifach angepasst und dadurch verschärft.[380] Die deutsche Investitionskontrolle überprüft, ob ein unmittelbarer oder mittelbarer Erwerb von Unternehmensbeteiligungen die öffentliche Sicherheit und Ordnung der Bundesrepublik Deutschland gefährdet, wobei sie über § 4 Abs. 1 Nr. 4 AWG auf den europäischen Begriff der öffentlichen Sicherheit und Ordnung abstellt und diesen in seiner Auslegung durch den EuGH in das deutsche Recht inkorporiert.[381] Der Europäische Gerichtshof bevorzugt entgegen dem weiten deutschen polizeirechtlichen Begriff eine enge Auslegung.[382] Verlangt wird dabei eine „tatsächliche und hinreichend schwere Gefährdung, die die Grundinteressen der Gesellschaft berührt".[383] Dabei kommt es zunächst darauf an, dass es sich bei dem Schutzziel um ein taugliches Grundinteresse der Union handelt und ob diesbezüglich eine „tatsächliche und hinreichend schwere Gefährdung" angenommen werden kann.[384] Der Europäische Gerichtshof hat hinsichtlich eines tauglichen Grundinteresses bereits klargestellt, dass dieses auch im Bereich der Daseinsvorsorge liegen kann, während rein wirtschaftliche oder finanzielle Ziele oder der Schutz oder die Stärkung einer konkreten Wettbewerbsstruktur nicht umfasst sind.[385] Hieraus kann allerdings nicht automatisch abgeleitet werden, dass eine Abwehr industriepolitisch motivierter Übernahmen in einem Drittstaatskontext nicht unter den Begriff gefasst werden kann.[386] Der Begriff scheint in diesem Verhältnis bislang offen.

807. Die deutsche Investitionskontrolle unterscheidet zwischen einer sektorspezifischen und einer sektorübergreifenden Kontrolle (§ 55 Abs. 1, 60 Abs. 1 AWV). Die sektorspezifische Kontrolle betrifft den militärischen Bereich und ist auch auf EU-Ausländer anwendbar. Die sektorübergreifende Kontrolle greift grundsätzlich bei jedem Erwerb von Anteilen in Höhe von 25 Prozent und bei kritischen Infrastrukturen gemäß § 55 Abs. 1 S. 2 AWV bereits ab dem Erreichen von 10 Prozent ein (§ 56 Abs. 1 AWV). Darüber hinaus wird seit der letzten Reform durch Einfügung eines neuen Abs. 1a klargestellt,

Schaffung eines Rahmens für die Überprüfung ausländischer Direktinvestitionen – KOM(2017) 487 endg., EUR 2018, S. 577 (578 ff.).

377 Lee, Die chinesische Chance, Zeit Online vom 6. Juni 2016, https://www.zeit.de/wirtschaft/unternehmen/2016-06/kuka-uebernahme-china-midea-roboter, Abruf am 30. Juni 2020.

378 „Aus sicherheitspolitischen Erwägungen" – Bund kauft Anteile an 50Hertz, Welt vom 27. Juli 2018.

379 Den Rechtsrahmen bilden die §§ 4 Abs. 1 Nr. 4 und 5 Abs. 2 AWG sowie die §§ 55 ff. der hierauf gestützten Außenwirtschaftsverordnung (AWV).

380 Vgl. den Überblick über die erste und zweite Anpassung bei Herrmann, C., Europarechtliche Fragen der deutschen Investitionskontrolle, ZEuS 2019, S. 429 (432 ff.). Am 8. April 2020 hat die Bundesregierung den Entwurf für eine Novelle des Außenwirtschaftsgesetzes beschlossen, vgl. Gesetzentwurf der Bundesregierung, Erstes Gesetz zur Änderung des Außenwirtschaftsgesetzes und anderer Gesetze vom 8. April 2020, https://www.bmwi.de/Redaktion/DE/Downloads/E/erstes-gesetz-zur-aenderung-des-aussenwirtschaftsgesetzes-gesetzentwurf.pdf?__blob=publicationFile&v=4, Abruf am 30. Juni 2020. Am 20. Mai 2020 hat das Bundeskabinett eine Reform der AWV beschlossen durch die Fünfzehnte Verordnung der Bundesregierung zur Änderung der Außenwirtschaftsverordnung vom 25. Mai 2020, BAnz AT 02.06.2020 V1. Allgemein zur Reform Bundesministerium für Wirtschaft und Energie, Änderungen im Außenwirtschaftsrecht, https://www.bmwi.de/Redaktion/DE/Artikel/Service/Gesetzesvorhaben/erstes-gesetz-aenderung-aussenwirtschaftsgesetz.html, Abruf am 30. Juni 2020.

381 Hierzu Herrmann, C., Europarechtliche Fragen der deutschen Investitionskontrolle, ZEuS 2019, 429 (445 ff.).

382 Ebenda, S. 445.

383 EuGH, Urteil vom 27. Oktober 1977, 30/77 – Bouchereau, Slg. 1977, 1999, ECLI:EU:C:1977:172, Rz. 35; Urteil vom 28. Oktober 1975, 36/75 – Rutili, Slg. 1975, 1219, ECLI:EU:C:1975:137, Rz. 28; Urteil vom 14. März 2000, C-54/99 – Association Église de scientologie de Paris, Slg. 2000, I-1335, ECLI:EU:C:2000 :124, Rz. 17.

384 Herrmann, C., Europarechtliche Fragen der deutschen Investitionskontrolle, ZEuS 2019, 429 (445).

385 Hierzu Herrmann, C., Europarechtliche Fragen der deutschen Investitionskontrolle, ZEuS 2019, 429 (445 ff.).

386 Ebenda, S. 445.

dass sich ein Erwerbsvorgang auch auf einen abgrenzbaren Betriebsteil eines inländischen Unternehmens beziehen kann, ebenso wie auf alle wesentlichen Betriebsmittel eines inländischen Unternehmens oder eines abgrenzbaren Betriebsteils eines inländischen Unternehmens, die für die Aufrechterhaltung des Betriebs des Unternehmens oder eines abgrenzbaren Betriebsteils erforderlich sind. Die Kontrolle richtet sich allein an Nicht-EU-Erwerber, außer in Fällen, in denen die Gefahr einer missbräuchlichen Gestaltung oder Umgehung der Prüfung zu befürchten ist (§ 55 Abs. 2 AWV).

808. Für das Verfahren gilt nach § 55 Abs. 3 AWV, dass das Bundesministerium für Wirtschaft und Energie das Prüfrecht nach Abs. 1 nur ausüben kann, wenn es dem unmittelbaren Erwerber und dem von einem Erwerb nach Absatz 1 betroffenen inländischen Unternehmen die Eröffnung des Prüfverfahrens innerhalb von drei Monaten nach dem Erlangen der Kenntnis vom Abschluss des schuldrechtlichen Vertrags über den Erwerb mitteilt. Für Erwerbe von Anteilen an Unternehmen im Sinne von § 55 Abs. 1 S. 2 AWV ordnet Abs. 4 an, dass der Abschluss eines schuldrechtlichen Vertrags gegenüber dem Bundesministerium schriftlich gemeldet werden muss. Gemäß § 57 AWV muss der unmittelbare Erwerber dem Bundesministerium eine Reihe von Unterlagen zu Zwecken einer Überprüfung zugänglich machen, wobei das Bundesministerium im Einzelfall die Einreichung weiterer für die Prüfung erforderlicher Unterlagen verlangen kann. Im Vorfeld einer Prüfung besteht gemäß § 58 AWV die Möglichkeit eine Unbedenklichkeitsbescheinigung zu beantragen, die nach Ablauf von zwei Monaten nach Eingang des Antrags als erteilt gilt.

3.3.1.2 Europäische Rahmenverordnung führt zu weiterer Ausweitung und Verschärfung der Investitionskontrolle

809. Neben der Verschärfung der deutschen Investitionskontrolle, wurde auf Ebene der EU eine Rahmenverordnung zur Überprüfung von ausländischen Direktinvestitionen erlassen.[387] Diese begründet eine neue Rolle und Kompetenz der Kommission zur Überprüfung ausländischer Direktinvestitionen und zur Abgabe von Stellungnahmen.[388] Sie dient einerseits als Antwort auf die gewachsenen Sorgen gegenüber den Auswirkungen ausländischer Investitionen in kritische Infrastrukturen, insbesondere durch Staatsunternehmen, und soll andererseits die Verhandlungsposition der EU hinsichtlich des Marktzugangs auf Drittmärkten stärken.[389] Gegenüber den Mitgliedstaaten erklärt Art. 3 der Verordnung die Möglichkeit „aus Gründen der Sicherheit oder der öffentlichen Ordnung Mechanismen zur Überprüfung ausländischer Direktinvestitionen in ihrem Hoheitsgebiet aufrecht[zu]erhalten, [zu] ändern oder ein[zu]richten". Sie werden durch die Verordnung jedoch nicht zur Einführung einer nationalen Investitionskontrolle verpflichtet.

810. Wesentliche Elemente der Verordnung sind zum einen die in Art. 4 aufgelisteten Faktoren, die von den Mitgliedstaaten oder der Kommission bei der Feststellung berücksichtigt werden können, ob eine ausländische Direktinvestition die Sicherheit oder die öffentliche Ordnung „voraussichtlich beeinträchtigt". Abs. 1 nennt in diesem Zusammenhang mögliche Auswirkungen auf „kritische Infrastrukturen physischer oder virtueller Art", worunter die Bereiche „Energie, Verkehr, Wasser, Gesundheit, Kommunikation, Medien, Datenverarbeitung oder -speicherung, Luft- und Raumfahrt, Verteidigung, Wahl- oder Finanzinfrastrukturen und sensible Einrichtungen sowie Investitionen in Grundstücke und Immobilien", die für die Nutzung der Bereiche relevant sind, genannt werden. Als weitere Aspekte werden unter anderem die Versorgung mit Energie, Rohstoffen und Nahrungsmitteln (lit. c) oder die Freiheit und Pluralität der Medien (lit. e) genannt. Abs. 2 nennt Merkmale auf Investorenseite, die besonders berücksichtigt werden können, darunter „ob der ausländische Investor direkt oder indirekt von der Regierung, einschließlich staatlicher Stellen oder der Streitkräfte, eines Drittstaats, unter anderem aufgrund der Eigentümerstruktur oder in Form beträchtlicher Finanzausstattung, kontrolliert wird" (lit. a).

811. Weiterhin enthält die Verordnung in Art. 6 und 7 Kooperationsmechanismen für ausländische Direktinvestitionen, die einer Überprüfung unterzogen werden sowie für solche, die nicht Gegenstand einer Überprüfung sind. Im Kern wird

---

[387] Verordnung (EU) 2019/452 des Europäischen Parlaments und des Rates vom 19. März 2019 zur Schaffung eines Rahmens für die Überprüfung ausländischer Direktinvestitionen in der Union, ABl. L 79 I vom 21. März 2019, S. 1. Hierzu Herrmann, C., Europarechtliche Fragen der deutschen Investitionskontrolle, ZEuS 2019, 429 (452 ff.).

[388] Bungenberg, M./Hazarika, A., Chinese Foreign Investments in the European Union Energy Sector: The Regulation of Security Concerns, Journal of World Investment & Trade 20(2-3), (2019), 375 (388).

[389] Herrmann, C., Europarechtliche Fragen der deutschen Investitionskontrolle, ZEuS 2019, 429 (459 f.).

darin vorgesehen, dass die Mitgliedstaaten einander sowie die Kommission über Überprüfungsverfahren benachrichtigen und alle informierten Parteien die Möglichkeit zu einer Stellungnahme erhalten. Art. 7 hat dabei die Situation vor Augen, dass in einem Mitgliedstaat keine Überprüfung vorgenommen wird, ein anderer Mitgliedstaat jedoch der Auffassung ist, dass durch die Direktinvestition seine öffentliche Sicherheit und Ordnung voraussichtlich beeinträchtigt wird. Der Mitgliedstaat, in dem die Investition getätigt wird muss die abgegebenen Stellungnahmen „angemessen berücksichtigen", hat jedoch die Letztentscheidungsbefugnis (Art. 6 Abs. 9 sowie 7 Abs. 7 VO 2019/452).

812. Eine neue Perspektive der Investitionskontrolle wird schließlich durch Art. 8 VO 2019/452 eröffnet. Dort wird ein Kooperationsmechanismus vorgesehen, durch den die voraussichtliche Beeinträchtigung von Projekten oder Programmen „von Unionsinteresse" aus Gründen der öffentlichen Sicherheit und Ordnung artikuliert werden kann. Der adressierte Mitgliedstaat muss gemäß Art. 8 Abs. 2 lit. c der Stellungnahme der Kommission dabei „umfassend Rechnung" tragen und eine Erklärung abgeben, falls er der Stellungnahme nicht nachkommt. Projekte und Programme von Unionsinteresse sind solche, die Unionsgelder beinhalten sowie solche, die Gegenstand von Unionsvorschriften zu kritischen Infrastrukturen oder Technologien oder Ressourcen und aus Gründen der öffentlichen Sicherheit und Ordnung als wesentlich anzusehen sind (Abs. 3). Zu den besonderen Kooperationsmechanismen der Art. 6 ff. VO 2019/452 tritt ein allgemeiner Austausch durch Jahresberichte (Art. 5) sowie eine Kontaktstelle (Art. 11).

813. Durch die letzte Anpassung der AWV sowie die geplante Reform des AWG wird die EU-Rahmenverordnung in deutsches Rechts übertragen.[390] Dies bedeutet, neben einer Implementierung der Kooperationsmechanismen, insbesondere eine Übertragung des Art. 4 der Verordnung und somit auch der europäischen Terminologie einer voraussichtlichen Beeinträchtigung sowie der möglichen Berücksichtigung staatlicher Beteiligungen. Insgesamt wird die Prüfung dadurch materiell weiter verschärft.

3.3.1.3 Maßvoller Einsatz der Investitionskontrolle und Beschränkung auf sicherheitspolitische Zwecke

814. Die Monopolkommission stellt in ihren Gutachten primär wettbewerbliche Erwägungen an. Der Schutz der öffentlichen Sicherheit und Ordnung erfolgt demgegenüber anhand einer sicherheitspolitischen Einschätzung. Außer Frage steht, dass aufgrund anderweitiger legitimer politischer Ziele der Schutz des Wettbewerbs im Einzelfall zurücktreten muss. Dies hat die Monopolkommission in der Vergangenheit immer wieder betont.[391] Dem Schutz der öffentlichen Sicherheit und Ordnung kann daher im Einzelfall der Vorrang vor einem effektiven Wettbewerb einzuräumen sein. Die einzelnen Maßnahmen entsprechen dann der sicherheitspolitischen Einschätzungsprärogative des Gesetzgebers. Vor diesem Hintergrund ist eine strengere Investitionskontrolle im Hinblick auf den Erwerb von Unternehmensanteilen aus einem staatskapitalistischen System heraus sicherheitspolitisch zu rechtfertigen. Sie sollte allerdings an klare und transparente Prüfkriterien geknüpft werden.[392] Ihr Missbrauch zu einer willkürlichen und intransparenten Einschränkung der Kapitalverkehrsfreiheit ist grundsätzlich abzulehnen.[393]

815. Entscheidet sich der Staat aus sicherheitspolitischen Erwägungen heraus dafür, gegen eine ausländische Direktinvestition einzuschreiten, so ist auch ein staatlicher Erwerb denkbar. Im Fall von 50Hertz hatte die Bundesregierung die KfW auf Grundlage von § 2 Abs. 4 des Gesetzes über die Kreditanstalt für Wiederaufbau (KfW-Gesetz)[394] angewiesen

390 Bundesministerium für Wirtschaft und Energie, Änderungen im Außenwirtschaftsrecht, https://www.bmwi.de/Redaktion/DE/Artikel/Service/Gesetzesvorhaben/erstes-gesetz-aenderung-aussenwirtschaftsgesetz.html, Abruf am 30. Juni 2020.

391 Vgl. zuletzt Monopolkommission, Sondergutachten 75, Stand und Perspektiven des Wettbewerbs im deutschen Krankenversicherungssystem, 2017, Tz. 490 sowie Sondergutachten 80: Die Buchpreisbindung in einem sich ändernden Marktumfeld, 2018, Tz. 146.

392 EFI, Gutachten 2020, S. 71; Sachverständigenrat, Den Strukturwandel meistern, Jahresgutachten 2019/2020, S. 172.

393 So auch Sachverständigenrat, Den Strukturwandel meistern, Jahresgutachten 2019/2020, S. 172.

394 Gesetz über die Kreditanstalt für Wiederaufbau vom 5. November 1948 (WiGBl. S. 123) in der Fassung der Neubekanntmachung vom 23. Juni 1969 (BGBl. I S. 573), zuletzt geändert durch die Zehnte Zuständigkeitsanpassungsverordnung vom 31. August 2015 (BGBl. I S. 1474).

20 Prozent der Anteile zu erwerben.[395] Unter Bezugnahme auf § 2 Abs. 1 Nr. 4 KfW-Gesetz ist durchaus denkbar, dass die KfW auch im europäischen Raum für Akquisitionen eingesetzt wird, wobei es für den konkreten Erwerb auf eine enge Koordinierung mit dem betreffenden Mitgliedstaat ankäme. Alternativ zum Einsatz der KfW zur Abwehr drittstaatlicher Übernahmen käme auch der Einsatz eines – gegebenenfalls neu errichteten – Staatsfonds in Betracht. Das Bundesministerium für Wirtschaft und Energie schlägt in seiner Industriestrategie 2030 eine „nationale Rückgriffsoption" als letztes Mittel sowie die Einrichtung eines „Ständigen Ausschusses Nationale Rückgriffsoption" der Bundesregierung auf Staatssekretärsebene vor.[396]

816. Die staatliche Beteiligung an privatwirtschaftlich geführten Unternehmensanteilen ist aus ordnungspolitischer Sicht grundsätzlich kritisch zu betrachten. Sie darf daher nur letztes Mittel sein. Klärungsbedürftig ist in jedem Fall die Frage, zu welchen Konditionen staatliche Investitionen getätigt werden. Insoweit ist zu berücksichtigen, dass der Staat unter anderem bereit sein kann, nicht marktwirtschaftliche Preise zu zahlen. Deshalb sollten sich die Erwerbskonditionen für den Staat im Grundsatz am beihilferechtlichen Marktinvestortest orientieren. Darüber hinaus ist die Wiederveräußerung der Beteiligung ein entscheidender Faktor. Hierfür bedarf es einer konkreten Exitstrategie. Andernfalls besteht die Gefahr einer Anhäufung von staatlichen Unternehmensbeteiligungen.

Keine Industriepolitik auf Grundlage der Investitionskontrolle

817. Wie bereits dargestellt, ist die Rechtsprechung des Europäischen Gerichtshofs zum Begriff der öffentlichen Sicherheit und Ordnung nicht so zu verstehen, dass ein industriepolitisch motiviertes Vorgehen gegenüber Akquisitionen aus dem Ausland grundsätzlich ausgeschlossen wäre.[397] Umgekehrt ist das Ziel eines unverfälschten Wettbewerbs als ein zwingender Allgemeinwohlgrund anerkannt worden.[398] Die besondere primärrechtliche Bedeutung des Wettbewerbs für den europäischen Binnenmarkt ist bereits aufgezeigt worden.[399] Insofern wäre denkbar, dass die Investitionskontrolle aus Gründen des Wettbewerbsschutzes eingreift.[400]

818. Eine rein industriepolitische Nutzung der Investitionskontrolle, die nicht aus sicherheitspolitischen Erwägungen erfolgt und sich nicht an dem Maßstab des unverfälschten Wettbewerbs orientiert, wird dadurch bereits in rechtlicher Hinsicht ausgeschlossen. Dies steht auch im Einklang mit Art. 173 Abs. 1 UAbs. 2 sowie Abs. 3 UAbs. 2 AEUV. Eine wettbewerbliche Kontrolle von Unternehmensübernahmen erfolgt bereits durch die europäische bzw. deutsche Fusionskontrolle. Die Investitionskontrolle sollte demgegenüber auf sicherheitspolitische Erwägungen beschränkt bleiben. Ihr fehlt es – verglichen mit der Fusionskontrolle – an jeder Form von auswirkungsbezogener Analyse. Die Europäische Kommission und das Bundeskartellamt verfügen in dieser Hinsicht zudem über das erforderliche Know-how für eine wettbewerbliche Prüfung, das auf Seiten der für die Investitionskontrolle zuständigen Stellen erst geschaffen werden müsste. Für strukturelle Veränderungen ist deshalb – auch im Verhältnis zum chinesischen Staatskapitalismus – an die Fusionskontrolle anzuknüpfen, die die Auswirkungen auf den Wettbewerb im Binnenmarkt zum Gegenstand hat. Unzulänglichkeiten beim Umgang mit Investitionen aus dem Ausland sollte entsprechend durch Reformen der Fusionskontrolle begegnet werden.

819. Darüber hinaus sollte bei der Verschärfung der Investitionskontrolle berücksichtigt werden, dass die Prüfung selbst auf Seiten der betroffenen Unternehmen zu Verzögerungen bei Transaktionen und zu Rechtsunsicherheit führt, die sich wiederum auf die Investitionstätigkeit im Allgemeinen auswirken. Dies gilt unabhängig davon, ob letztlich eine Untersagung erfolgt. Insgesamt ist auch der allgemein nachteilige Effekt auf Investitionsflüsse aus dem Ausland zu berücksichti-

395 Antwort der Bundesregierung auf die Kleine Anfrage der Abgeordneten Reinhard Houben, Michael Theurer, Thomas L. Kemmerich, weiterer Abgeordneter und der Fraktion der FDP – Drucksache 19/3796 – Einstieg der KfW beim Stromnetzbetreiber 50Hertz, BT-Drucks. 19/4195, Frage 16 und 17.

396 Bundesministerium für Wirtschaft und Energie, Industriestrategie 2030, Februar 2019, S. 28.

397 Siehe Tz. 806.

398 Herrmann, C., Europarechtliche Fragen der deutschen Investitionskontrolle, ZEuS 2019, 429 (447).

399 Vgl. Abschnitt 2.1.

400 So auch Herrmann, C., Europarechtliche Fragen der deutschen Investitionskontrolle, ZEuS 2019, 429 (448).

gen. So kann eine besonders strenge Investitionskontrolle ausländische Investoren abschrecken und dazu führen, dass ausländische Investoren anstatt in der EU in anderen Staaten mit weniger strengen Investitionsbeschränkungen investieren.

820. Die Gefahr eines möglichen Technologie-Abflusses mag sowohl den Wettbewerb betreffen, als auch ein taugliches Gemeininteresse darstellen. Jedoch gilt dabei, dass bislang eine klare Definition wesentlicher Technologien offen bleibt. Zudem würde eine solche Kontrolle über den Rahmen der heute bestehenden Investitionskontrolle sehr deutlich hinausgehen.

821. Es ist jedenfalls festzustellen, dass von Seiten der Wirtschaftsverbände in Deutschland und Europa keine Bedenken gegenüber einem Abfluss von Know-how geäußert werden, sondern vielmehr die fehlende Reziprozität bei Investitionen bemängelt wird.[401] Auch dies spricht für einen maßvollen Einsatz der Investitionskontrolle. Demgegenüber scheint die Transparenz der Kontrolle im Markt als weitaus wichtiger angesehen zu werden.[402] Gegenüber vereinzelten Technologien kann in diesem Zusammenhang darüber nachgedacht werden, ob statt einer Investitions- nicht eher auf eine strengere Exportkontrolle zurückgegriffen werden sollte. Diese würde auf einen engen Bereich von zu definierenden Technologien angewandt und könnte den Anwendungsbereich der Investitionskontrolle einschränken. Eine strenge Exportkontrolle würde die Investitionstätigkeit weiter zulassen, jedoch die wesentlichen Gemeininteressen schützen, soweit eine effektive Durchsetzung gewährleistet wird. Sie müsste allerdings im Einklang mit den Anforderungen des WTO-Rechts ausgestaltet werden. Zudem ist darauf hinzuweisen, dass sich Beschränkungen im Bereich des Erwerbs von Technologien negativ auf die Investitionstätigkeit in der EU und ihren Mitgliedstaaten auswirken können.

Weitere europäische Harmonisierung der Investitionskontrolle anzustreben

822. Abgesehen von einer engen Umgrenzung des Gegenstands spricht sich die Monopolkommission dafür aus, die Investitionskontrolle noch stärker europäisch anzugleichen.[403] Dies würde eine mögliche Fragmentierung des Binnenmarkts aufgrund einer unterschiedlichen Handhabung der Investitionskontrolle durch nationale Behörden verhindern. Es besteht die Gefahr, dass in unterschiedlichen Ländern der EU unterschiedliche Investitionsbedingungen geschaffen werden, die einen gleichmäßigen Kapitalverkehr behindern. Durch eine stärkere Angleichung würde demgegenüber auf Seiten der Unternehmen Rechtssicherheit geschaffen und die EU als Investitionsstandort gestärkt. Gleichzeitig ist allerdings auch für eine harmonisierte Investitionskontrolle darauf hinzuweisen, dass eine Vermischung von industriepolitischen und sicherheitspolitischen Erwägungen unterbleiben sollte. Vor diesem Hintergrund erscheint der mehrfache Bezug, den die Europäische Kommission in ihrem kurz vor Übergabe dieses Hauptgutachtens veröffentlichten Weißbuch zur Einführung eines neuen Instruments zum Umgang mit ausländischen Subventionen zur Investitionskontrolle herstellt, nicht unproblematisch.[404] Es ist in diesem Zusammenhang auch bereits darauf hinzuweisen, dass die Europäische Kommission in den von ihr vorgeschlagenen repressiven Maßnahmen unter anderem die Möglichkeit eines Investitionsverbots vorsieht.[405]

---

401 BDI, Grundsatzpapier China. Partner und systemischer Wettbewerber – Wie gehen wir mit Chinas staatlich gelenkter Volkswirtschaft um?, Januar 2019, S. 14 f.; VDMA, Wettbewerber China – Handelspolitische Instrumente neu ausrichten, 2020, S. 3 f.; Business Europe, The EU and China – Adressing the Systemic Challenge, January 2020, S. 68 f.

402 BDI, Grundsatzpapier China. Partner und systemischer Wettbewerber – Wie gehen wir mit Chinas staatlich gelenkter Volkswirtschaft um?, Januar 2019, S. 14 f.; Business Europe, The EU and China – Adressing the Systemic Challenge, January 2020, S. 68 ff.

403 Für eine engere europäische Koordinierung auch EFI, Gutachten 2020, S. 71. Zu den bisherigen Harmonisierungsschritten, insbesondere Verordnung 2019/452 des Europäischen Parlaments und des Rates vom 19. März 2019, zur Schaffung eines Rahmens für die Überprüfung ausländischer Direktinvestitionen in der Union, ABl. L 79 I vom 21. März 2019, siehe oben Tz. 809 ff.

404 EU-Kommission, Weißbuch: Gewährleistung fairer Wettbewerbsbedingungen bei Subventionen aus Drittstaaten, COM(2020) 253 final, 17. Juni 2020, S. 8, 13, 38 f.; siehe dazu Abschn. 4.1.1.

405 EU-Kommission, Weißbuch: Gewährleistung fairer Wettbewerbsbedingungen bei Subventionen aus Drittstaaten, COM(2020) 253 final, 17. Juni 2020, S. 23; siehe dazu Abschn. 4.1.1.

Präzisierung und weitere Harmonisierung der Investitionskontrolle auch in der Corona-Krise

823. Im Zuge der wirtschaftlichen Entwicklung, die durch den Ausbruch des sogenannten Corona-Virus ausgelöst worden ist, hat die Europäische Kommission eine Mitteilung zur Verordnung 2019/452 veröffentlicht.[406] Darin weist die Kommission einerseits daraufhin, dass in der Krise ein höheres Risiko für Übernahmeversuche im Gesundheitssektor bzw. damit zusammenhängenden Industrien und Forschungsbereichen bestehe.[407] Es müsse verhindert werden, dass die Fähigkeit zu einer ausreichenden Gesundheitsversorgung beeinträchtigt werde. Weiterhin wird davor gewarnt, dass durch die Krise und die damit verbundene Niedrigbewertung an den europäischen Börsen kritische Anteile und Infrastrukturen aus dem Ausland erworben werden könnten.[408] Den Mitgliedstaaten wird angeraten, entweder von der bereits eingerichteten nationalen Investitionskontrolle zum Schutz medizinischer und sonstiger strategischer Sektoren Gebrauch zu machen oder eine Investitionskontrolle zu implementieren.[409] Die Mitteilung ist im Zusammenhang mit einer Reihe von unterschiedlichen Maßnahmen zu sehen, die dem Umgang mit der Krise dienen sollen und zu denen beispielsweise auch Exportbeschränkungen gegenüber medizinischer Ausrüstung gehören.[410] Die Reform der AWV nimmt das besondere Interesse an einer Kontrolle von Investitionen im Gesundheitssektor auf und fügt dem Katalog des § 55 Abs. 1 S. 2 AWV weitere Fallgruppen wie beispielsweise Medizinprodukte im Sinne des Medizinprodukterechts (Nr. 10) hinzu.[411]

824. Beschränkungen die aus Gründen der Gesundheitsversorgung erlassen werden, lassen sich als zwingendes Allgemeininteresse unter den Begriff der öffentlichen Sicherheit und Ordnung nach der Rechtsprechung des Europäischen Gerichtshofs fassen.[412] Es handelt sich dabei um ein anderes legitimes politisches Ziel als den Schutz effektiven Wettbewerbs.[413] Die sicherheitspolitische Analyse kann in Krisenzeiten zwar ein strengeres Vorgehen rechtfertigen. Die grundsätzliche Trennung zwischen Sicherheits- und Wirtschaftspolitik gilt jedoch unabhängig von einer Krisensituation. Sollten Unternehmensanteile aus sicherheitspolitischen Gründen eine besondere Kontrolle rechtfertigen, so gilt dies auch – womöglich sogar erst recht – in einer Krisensituation. Umgekehrt unterfallen rein wirtschaftspolitische Sachverhalte nicht aufgrund einer Gesundheits- bzw. Wirtschaftskrise plötzlich dem Bereich der Sicherheitspolitik.

825. An einer Trennung zwischen Sicherheits- und Wirtschaftspolitik im Bereich der Investitionskontrolle ist auch angesichts der Corona-Krise festzuhalten. Abgesehen davon ist ein einheitliches Vorgehen der Mitgliedstaaten womöglich aktuell besonders gefordert.

3.3.2 Fusionskontrolle

826. Die EU-Fusionskontrolle schützt, da sie präventiv wirkt, die wettbewerblichen Marktstrukturen im EU-Binnenmarkt.[414] Im vorliegenden Zusammenhang interessieren Fälle, in denen ein vom chinesischen Staat kontrolliertes Unternehmen oder ein privates Unternehmen durch den chinesischen Staat gezielt finanziell gefördert wird und ein privates Unternehmen mit erheblichen Markttätigkeiten in der EU erwirbt. Ein anderes relevantes Szenario sind Zu-

---

406 EU-Kommission, Communication from the Commission, Guidance to the Member States concerning foreign direct investment and free movement of capital from third countries, and the protection of Europe's strategic assets, ahead of the application of Regulation (EU) 2019/452 (FDI Screening Regulation), 25. März 2020, C(2020) 1981 final.

407 Ebenda, S. 1.

408 Ebenda.

409 Ebenda, S. 2 sowie Annex.

410 EU-Kommission, EU ensures transparency towards its trade partners on coronavirus-related actions, Pressemitteilung vom 7. April 2020.

411 Vgl. Bundesregierung, Fünfzehnte Verordnung der Bundesregierung zur Änderung der Außenwirtschaftsverordnung vom 25. Mai 2020, BAnz AT 02.06.2020 V1.

412 EuGH, Urteil vom 19. Mai 2009, C-531/06 - Kommission / Italien, ECLI:EU:C:2009:315, Rz. 51.

413 Siehe bereits Tz. 814.

414 Erwägungsgründe 2-6 der Verordnung (EG) Nr. 139/2004 des Rates vom 20. Januar 2004 über die Kontrolle von Unternehmenszusammenschlüssen ("EG-Fusionskontrollverordnung"), ABl L 24 vom 29. Januar 2004, S. 1.

sammenschlüsse privater Unternehmen, soweit die Entscheidung zu dem Zusammenschluss bzw. seine Beurteilung durch Aktivitäten von Wettbewerbern beeinflusst wird, die durch den chinesischen Staat kontrolliert werden.

827. Aufgrund der Entscheidung der Europäischen Kommission im Verfahren *Siemens/Alstom*[415] ist es zu einer Diskussion darüber gekommen, ob die EU-Fusionskontrolle modifiziert werden muss, um dem Einfluss staatlich kontrollierter Unternehmen oder finanzieller Förderungen aus China im weltweiten Wettbewerb stärker Rechnung zu tragen. Hierfür hat sich etwa Frankreich ausgesprochen, unterstützt von Deutschland und anderen Mitgliedstaaten.[416] Auch der Bundesverband der Deutschen Industrie hat Anpassungen der Fusionskontrollregeln gefordert.[417] Das deutsche Bundesministerium für Wirtschaft und Energie hat trotz seiner Forderung nach Änderungen in der Fusionskontrolle betont, dass an deren bestehender marktwirtschaftlicher Ausrichtung grundsätzlich festzuhalten sei.

828. Die Diskussion deckt mehrere Einzelfragen ab, zu denen eine Stellungnahme wettbewerbspolitisch sinnvoll erscheint. Erstens stellt sich die Frage, ob bereits bei den umsatzbezogenen Aufgreifkriterien der Fusionskontrolle eine etwaige Kontrolle oder finanzielle Förderung des chinesischen Staates zu berücksichtigen ist (Abschn. 3.3.2.1). Zweitens geht es um die Frage, ob bei der Beurteilung der Marktstellung der Zusammenschlussbeteiligten und dort speziell bei der Beurteilung der Wettbewerbsrelevanz eines etwaigen potenziellen Wettbewerbs zu berücksichtigen ist, ob deren Markteintritt von politischen und nicht lediglich wirtschaftlichen Entscheidungen abhängt (Abschn. 3.3.2.2). Drittens ist die Frage bedeutsam, ob bei der Beurteilung der Vereinbarkeit des Zusammenschlusses mit dem gemeinsamen Markt abgesehen von der Marktstellung der Zusammenschlussbeteiligten auch deren finanzielle Unterstützung durch den chinesischen Staat zu berücksichtigen ist (Abschn. 3.3.2.3). Viertens ist der Frage nachzugehen, ob das EU-Fusionskontrollverfahren ergänzt werden sollte, um eine im Einzelfall gebotene Berücksichtigung handelspolitischer Belange zu gewährleisten (Abschn. 3.3.2.4). Zuletzt ist fünftens zu prüfen, ob Fusions- und Investitionskontrolle verfahrensmäßig enger verzahnt werden sollten und können (Abschn. 3.3.2.5).

3.3.2.1 Änderung bei den umsatzbezogenen Aufgreifkriterien nicht zu empfehlen

829. Die EU-Fusionskontrolle ergänzt die Durchsetzung der kartellrechtlichen Verhaltensregeln des Unionsrechts (Art. 101 f. AEUV) für Fälle, in denen präventiv geprüft werden soll, ob ein Zusammenschluss im Falle des Vollzugs zu einer erheblichen Behinderung wirksamen Wettbewerbs, insbesondere durch die Entstehung oder Verstärkung einer marktbeherrschenden Stellung führen kann (Marktstrukturkontrolle).[418] Die Fusionskontrollverordnung (VO 139/2004) ist deshalb auf Art. 83 und 308 EG (= Art. 103 und 352 AEUV) gestützt.

830. Die Fusionskontrolle geht im Kern also vom Verhalten von Unternehmen im Sinne der Art. 101 f. AEUV aus.[419] Als Unternehmen sind private und staatliche Marktteilnehmer auch in diesem Zusammenhang grundsätzlich gleich zu behandeln.[420] Maßgeblich ist, dass die betreffenden Marktteilnehmer eine wirtschaftliche Tätigkeit ausüben.[421] In Teilbereichen nicht wirtschaftlich tätige Einzelpersonen werden als Unternehmen und damit als mögliche Erwerber im Rahmen eines Zusammenschlussvorgangs angesehen, wenn sie „weitere wirtschaftliche Tätigkeiten für eigene Rechnung

---

415 Siehe EU-Kommission, Entscheidung vom 6. Februar 2019, M.8677 – *Siemens/Alstom*.

416 Siehe Schreiben der Minister Altmaier, Patuanelli, Le Maire, Emilewicz an EU-Kommissions-Vizepräsidentin Vestager vom 4. Februar 2020, Punkt 1; Bundesministerium für Wirtschaft und Energie/Ministère de l'économie et des finances/Ministerstwo Przedsiębiorczości i Technologii, Modernising EU competition policy, https://www.bmwi.de/Redaktion/DE/Downloads/M-O/modernising-eu-competition-policy.pdf?__blob=publicationFile&v=4, Abruf am 5. März 2020.

417 BDI, Grundsatzpapier China. Partner und systemischer Wettbewerber – Wie gehen wir mit Chinas staatlich gelenkter Volkswirtschaft um?, Januar 2019, S. 14 f.

418 Vgl. Erwägungsgründe 7 f. der VO 139/2004 und EuGH, Urteil vom 21. Februar 1973, 6/72 – Europemballage Corporation und Continental Can Company, Slg. 1973, 215, ECLI:EU:C:1973:22; Urteil vom 17. November 1987, 142 und 156/84 – BAT und Reynolds, Slg. 1987, 4487, ECLI:EU:C:1987:490 („Philipp Morris").

419 Körber in: Immenga/MestmäckerWettbewerbsrecht, Band 3, 6. Aufl. 2020, Art. 1 FKVO Rz. 27.

420 Erwägungsgrund 22 der VO 139/2004 (dort zur Gleichbehandlung von Mitgliedstaaten und Privaten).

421 Siehe ebenda („eine […] wirtschaftliche Einheit").

durchführen oder noch mindestens ein weiteres Unternehmen kontrollieren."[422] Da der chinesische Staat weitere wirtschaftliche Tätigkeiten ausübt, wäre eine (gegebenenfalls mittelbare) staatliche Kontrolle analog zu den für Einzelpersonen geltenden Regelungen grundsätzlich als unternehmerische Kontrolle anzusehen.

831. Die fusionskontrollrechtliche Anmeldepflicht hängt davon ab, ob die Umsätze der Zusammenschlussbeteiligten bestimmte Schwellenwerte überschreiten.[423] Die Ermittlung der Umsätze ist besonders in solchen Fällen schwierig, in denen die tatsächlichen wirtschaftlichen Verhältnisse nur dann akkurat abgebildet werden, wenn mehrere Einheiten als eine einzige wirtschaftliche Einheit (Unternehmen) betrachtet werden. Die EU-Fusionskontrollverordnung sieht insofern eine gegenüber Art. 101 f. AEUF vereinfachte Prüfung vor.[424] Zur Berechnung der Umsätze von Unternehmensgruppen enthält Art. 5 Abs. 4 VO 139/2004 eine spezielle Regelung. Um in diesem Kontext eine Benachteiligung staatlicher Erwerber gegenüber Privaterwerbern auszuschließen, sind „bei der Berechnung [der Umsätze] unabhängig von den Eigentumsverhältnissen oder von den für sie geltenden Regeln der verwaltungsmäßigen Zuordnung die Unternehmen zu berücksichtigen, die eine mit einer autonomen Entscheidungsbefugnis ausgestattete wirtschaftliche Einheit bilden."[425] Ob das der Fall ist, bestimmt sich danach, ob die jeweiligen Einheiten „eine autonome Entscheidungsbefugnis besitzen".[426] Dies erfordert eine tatsachenbezogene Einzelfallbetrachtung, die sich gegebenenfalls auch auf die Beurteilung des Zusammenschlusses in der Sache auswirken kann.

832. Die Europäische Kommission und das deutsche Bundeskartellamt gehen in der Praxis von den in Tz. 830 und 831 zusammengefassten Grundsätzen aus.[427] Bei chinesischen Erwerbern hängt die Beurteilung der Frage, welche Umsätze zusammenzurechnen sind, nach den beschriebenen Grundsätzen von einer Vielzahl von Faktoren ab, insbesondere davon, ob es eine staatliche Beteiligung an dem Erwerber gibt, auf welcher staatlichen Ebene diese anzusiedeln ist (Zentralstaat, Provinzen, Städte) und wie sie im Einzelnen ausgestaltet ist. In einem im Jahr 2016 entschiedenen Fall hat die Europäische Kommission demgemäß entschieden, dass der chinesische Zentralstaat bei der überprüften Transaktion in der Lage war, über eigene Verwaltungsinstitutionen – namentlich die State-Owned Assets Supervision and Administration Commission (SASAC) – die Koordination großer chinesischer Energieunternehmen zu steuern.[428] Auch das Verhältnis der Steuerungsmöglichkeiten auf Zentralebene und auf tieferen Ebenen (Provinzen, Regionen/Städte) war bereits Gegenstand der EU-Entscheidungspraxis.[429] Die Steuerungsmöglichkeiten wurden dabei jeweils auf Basis chinesischer gesetzlicher Regelungen/Verwaltungsregelungen sowie aufgrund von Veröffentlichungen von Branchenverbänden ermittelt. Die Erfassung lediglich mittelbarer und informeller Einflussmöglichkeiten muss von – einzelfallbezogenen – Indizien ausgehen und bleibt praktisch sehr schwierig.

833. Die Wirtschaftsminister mehrerer Mitgliedstaaten, darunter Deutschlands, haben dessen ungeachtet gefordert, in der Fusionskontrolle „stringent" zu berücksichtigen, dass eine staatliche Finanzunterstützung in einer nicht marktwirt-

---

[422] EU-Kommission, Konsolidierte Mitteilung zu Zuständigkeitsfragen, ABl. C 43 vom 21. Februar 2009, S. 10, Tz. 12.

[423] Art. 1 Abs. 2 und 3 VO 139/2004.

[424] Siehe EU-Kommission, Konsolidierte Mitteilung zu Zuständigkeitsfragen, ABl. C 43 vom 21. Februar 2009, S. 10, Tz. 129 ff.; Körber in: Immenga/Mestmäcker, Wettbewerbsrecht, Band 3, 6. Aufl. 2020, Art. 1 FKVO Rz. 25 f., Art. 5 Rz. 7 (zum Begriff des „beteiligten Unternehmens" in diesem Kontext.

[425] Erwägungsgrund 22 der VO 139/2004; EU-Kommission, Konsolidierte Mitteilung zu Zuständigkeitsfragen, ABl. C 43 vom 21. Februar 2009, S. 10, Tz. 192.

[426] EU-Kommission, Konsolidierte Mitteilung zu Zuständigkeitsfragen, ABl. C 43 vom 21. Februar 2009, S. 10, Tz. 52, siehe auch Tz. 153, 193. Das muss grundsätzlich auch bei Vorgängen gelten, an denen kein Mitgliedstaat, sondern ein Drittstaat beteiligt ist.

[427] Siehe z. B. EU-Kommission, Beschluss vom 5. April 2017, M.7962 – ChemChina/Syngenta, Tz. 7 mit Fn. 6 (allerdings ohne detaillierte Ausführungen); Beschluss vom 6. Dezember 2017, M.8687 – Prisko/OKD Nástupnická, Tz. 5 ff.; Beschluss vom 19. Mai 2011, M.6113 – DSM/Sinochem/JV, Tz. 8 ff.; BKartA, Beschluss vom 27. April 2020, B4-115/19 – Vossloh Locomotives GmbH/CRRC Zhuzhou Locomotives Co. (vgl. Fallbericht vom 27. April 2020), und die nachfolgend zitierten Entscheidungen.

[428] EU-Kommission, Beschluss vom 10. März 2016, M.7850 – EDF/CGN/NNB Group of companies, Tz. 29 ff. (insb. Tz. 37 ff.); BKartA, Beschluss vom 27. April 2020, B4-115/19 – Vossloh Locomotives GmbH/CRRC Zhuzhou Locomotives Co. (vgl. Fallbericht vom 27. April 2020).

[429] EU-Kommission, Beschluss vom 15. März 2016, M.7911 – CNCE/KM GROUP, Tz. 6 ff.; Beschluss vom 14. September 2015, M.7709 – Bright Food Group/Invermik, Tz. 8 ff.

schaftskonformen Weise die Aussagekraft der Umsätze drittstaatlicher Erwerber verzerren kann.[430] Diese Forderung könnte eine Änderung der Regelungen über die Zusammenrechnung von Umsätzen nahelegen. Wenn infolge einer solchen Änderung anstelle einer wirtschaftlichen Einheit allerdings ein weiterer Kreis von Einheiten zu berücksichtigen wäre, wäre fraglich, ob die Regelungen noch von der Ermächtigungsgrundlage des Art. 103 AEUV gedeckt wären. Denn Art. 103 AEUV dient der Verwirklichung der Art. 101 f. AEUV, die sich auf die Tätigkeit von Unternehmen im Sinne von wirtschaftlichen Einheiten beziehen.[431] Im Übrigen ist auch unklar, wie sich ein weiter gefasstes Kriterium sachgerecht ausgestalten ließe. Hierfür sind bisher keine näheren Vorschläge gemacht worden.

834. Aus Sicht der Monopolkommission ist keine auf die Fusionskontrolle beschränkte Regelung zu empfehlen, um einen drittstaatlichen Einfluss bei der Ermittlung der relevanten Umsätze zu berücksichtigen. Denn die Schwierigkeiten bei der Ermittlung des drittstaatlichen Einflusses ähneln den Schwierigkeiten, die bei der Beurteilung der Marktstellung im Rahmen von Art. 102 AEUV auftreten können.[432] In beiden Fällen besteht das Problem, dass es aus europäischer Perspektive unmöglich sein kann, zutreffende Informationen zu den Gegebenheiten in China zu ermitteln. Das Problem sollte einheitlich gelöst werden.[433]

3.3.2.2 Erweiterung der Kriterien für potenziellen Wettbewerb zu empfehlen

835. Bei der Feststellung, ob der Zusammenschluss zu einer Schädigung der Marktstruktur im Sinne einer erheblichen Behinderung wirksamen Wettbewerbs führt, ist es ausreichend, dass der Vorgang eine beherrschende Stellung der daran Beteiligten begründet oder verstärkt.[434]

836. Die Feststellung einer marktbeherrschenden Stellung setzt voraus, dass die relevanten Märkte bestimmt werden, auf denen der Zusammenschluss sich auswirkt. Außerhalb dieser Märkte ist ein etwaiger potenzieller Wettbewerb anzusiedeln.[435] Dieser wird bei der Beurteilung der Marktstellung der Beteiligten nach den einschlägigen Kommissionsleitlinien dann berücksichtigt, wenn ein etwaiger

> *„Zutritt [in den Markt] geeignet ist, den Verhaltensspielraum der angestammten Unternehmen nach dem Zusammenschluss einzuschränken. Ein Markteintritt ist wahrscheinlich, wenn er unter Berücksichtigung der Auswirkungen einer Hinzufügung zusätzlicher Produktionsmengen in den Markt auf die Preise und der potenziellen Reaktionen der angestammten Unternehmen hinreichend Gewinn bringend ist."*[436]

Diese Regelung berücksichtigt nicht, dass der Markteintritt auch von politisch-strategischen Entscheidungen abhängen kann, die dazu führen, dass das betreffende Unternehmen sich nicht marktkonform verhält.[437] Diese politisch-strategischen Entscheidungen können dann auch dazu führen, dass Unternehmen einen Marktzutritt wagen, die hierauf nach rein wirtschaftlichen Kriterien verzichten würden. Es könnte somit geboten sein, die Leitlinien entsprechend zu erweitern.

837. Der Zeitraum, für den die Europäische Kommission einen Marktzutritt prüft, hängt nach den Leitlinien

---

430 Bundesministerium für Wirtschaft und Energie/Ministère de l'économie et des finan-ces/Ministerstwo Przedsiębiorczości i Technologii, Modernising EU competition policy, Punkt 1, https://www.bmwi.de/Redaktion/DE/Downloads/M-O/modernising-eu-competition-policy.pdf?__blob=publicationFile&v=4, Abruf am 5. März 2020.

431 Siehe hierzu ausführlich Monopolkommission, Sondergutachten 72, Strafrechtliche Sanktionen bei Kartellverstößen, Baden-Baden 2015, Tz. 27 ff.

432 Siehe oben Tz. 689.

433 Siehe unten Abschn. 4.1.3.3.

434 Insb. in Oligopolfällen mit koordinierten Effekten kann eine erhebliche Behinderung wirksamen Wettbewerbs auch unterhalb der Marktbeherrschungsschwelle angenommen werden. Das spielt im vorliegenden Zusammenhang aber keine Rolle.

435 Dazu EU-Kommission, Bekanntmachung über die Definition des relevanten Marktes im Sinne des Wettbewerbsrechts der Gemeinschaft, ABl. C 372 vom 9. Dezember 1997, S. 5, Tz. 24.

436 EU-Kommission, Leitlinien zur Bewertung horizontaler Zusammenschlüsse gemäß der Ratsverordnung über die Kontrolle von Unternehmenszusammenschlüssen, ABl. C 031 vom 5. Februar 2004, S. 5, Tz. 69.

437 Siehe oben Tz. 608 ff.

„von den Merkmalen und dynamischen Kräften des Marktes und den besonderen Fähigkeiten der potenziellen Neuzugänge ab. Ein Eintritt ist in der Regel jedoch nur als rechtzeitig anzusehen, wenn er innerhalb von zwei Jahren erfolgt.“[438]

Insbesondere der regelmäßig zweijährige Betrachtungszeitraum erscheint zwar kurz, wenn man bedenkt, dass der chinesische Staat mit seiner Wirtschaftspolitik längerfristige Strategien verfolgt. Da es auf die konkreten Marktverhältnisse ankommt, erscheinen die Leitlinien aber grundsätzlich hinreichend flexibel.

838. Im Anschluss an das Verfahren im Fall *Siemens/Alstom* ist die Würdigung des potenziellen Wettbewerbs durch die Europäische Kommission kritisiert worden.[439] Die Beteiligten hatten dort vorgetragen, der potenzielle Eintritt asiatischer Lieferanten solle angesichts der Dynamik des Marktes für Hochgeschwindigkeits- und Höchstgeschwindigkeitsfahrzeuge über einen Zeitraum von fünf bis zehn Jahren betrachtet werden. Die bestehenden Marktzutrittsbarrieren seien überwindbar. Die Europäische Kommission hatte dem Vortrag allerdings entgegengehalten, dass die Aussichten eines Marktzutritts in dem von den Beteiligten vorgeschlagenen Zeitrahmen äußerst ungewiss seien, ohne dass die Beteiligten ihre Annahmen untermauert hätten.[440] Hinzu kam, dass die Beteiligten in ihrer Anmeldung die Länder China, Korea und Japan aufgrund unüberwindbarer Zutrittshürden selbst aus dem relevanten Markt ausgeschlossen hatten, während die Marktanalyse der Europäischen Kommission später ähnliche Hürden in der EU ergab.[441]

839. Die Position der Europäischen Kommission begegnet nach den verfügbaren Informationen keinen Bedenken. Die entscheidende Frage dürfte im konkreten Fall ohnehin nicht gewesen sein, in welchem Zeitraum ein Marktzutritt chinesischer Unternehmen nach wirtschaftlichen Kriterien zu erwarten war. Der Fall belegt vielmehr, dass es im Hinblick auf die Beurteilung potenziellen Wettbewerbs angezeigt sein kann, der Frage nachzugehen, ob ein politisch-strategisches Interesse des chinesischen Staates für die Beurteilung der Wahrscheinlichkeit eines Marktzutritts chinesischer Unternehmen relevant ist. Diese Frage wurde in dem Verfahren – insofern im Einklang mit den Leitlinien – nicht näher geprüft, obwohl nicht grundsätzlich auszuschließen ist, dass ein politisch-strategisches Interesse des chinesischen Staates für einen Marktzutritt auch abgesehen von dessen Wirtschaftlichkeit relevant sein kann.

840. Die Monopolkommission empfiehlt zu prüfen, ob die Kommissionsleitlinien zur Bewertung horizontaler Zusammenschlüsse (dort Tz. 69) um Kriterien ergänzt werden sollten, die es auch gestatten zu berücksichtigen, ob ein Marktzutritt aus politisch-strategischen Gründen in einem bestimmten Zeitraum zu erwarten ist oder ob ein politisch-strategisch gesteuerter Marktzutritt aus anderen Gründen geeignet sein kann, den Verhaltensspielraum der beteiligten Unternehmen nach dem Zusammenschluss einzuschränken. Sofern es schwierig ist nachzuweisen, dass ein Drittstaat Einfluss ausübt, um einen Markteintritt zu steuern, dürften spezielle Regelungen erforderlich sein, die gegebenenfalls die Nachweisanforderungen modifizieren.[442]

3.3.2.3 Keine Überprüfung der Finanzunterstützung unabhängig von der Marktstellung im Rahmen der EU-Fusionskontrolle

841. Bei der Prüfung, ob ein Zusammenschluss mit dem Gemeinsamen Markt vereinbar ist, hat die Europäische Kommission nach Art. 2 Abs. 1 lit. b VO 139/2004 neben der Marktstellung unter anderem „die wirtschaftliche Macht und die Finanzkraft der beteiligten Unternehmen“ zu berücksichtigen. Diese Kriterien haben in der bisherigen Entscheidungspraxis kaum eine eigenständige Rolle gespielt. Sie können aber eine Grundlage für die Berücksichtigung staatlicher Kontrolle oder einer staatlichen finanziellen Unterstützung sein, die eine strengere Beurteilung der Marktstellung zu-

[438] EU-Kommission, Leitlinien zur Bewertung horizontaler Zusammenschlüsse gemäß der Ratsverordnung über die Kontrolle von Unternehmenszusammenschlüssen, ABl. C 031 vom 5. Februar 2004, S. 5, Tz. 74.

[439] EU-Kommission, Entscheidung vom 6. Februar 2019, M.8677 – Siemens/Alstom, Tz. 488 ff.; dazu z. B. Zedler (EU-Kommission), Neuere Entwicklungen in der europäischen Fusionskontrolle, 47. Brüsseler Informationstagung, FiW, 14. November 2019, Folien 26 f., http://www.fiw-online.de/files/bi_19_-_handout_zedler.pdf, Abruf am 30. Juni 2020.

[440] EU-Kommission, Entscheidung vom 6. Februar 2019, M.8677 – Siemens/Alstom, Tz. 498 und 500 ff.

[441] EU-Kommission, Entscheidung vom 6. Februar 2019, M.8677 – Siemens/Alstom, Tz. 108, 462 ff., insb. Tz. 470 ff., Tz. 501 ff.

[442] Dazu vgl. noch unten Tz. 945 und Abschn. 4.1.3.3.

sammenschlussbeteiligter chinesischer Unternehmen nahelegt. Die Fusionskontrolle lässt insoweit eine tendenziell weiter gefasste Betrachtung zu als Art. 102 AEUV für die Missbrauchskontrolle gegenüber marktbeherrschenden Unternehmen.

842. Als Grundlage wirtschaftlicher Macht im Sinne von Art. 2 Abs. 1 lit. b VO 139/2004 können neben der Marktstellung auch ein privilegierter Zugang zu Ressourcen oder Verflechtungen mit anderen Unternehmen relevant werden.[443] Damit dürften auch Beteiligungsbeziehungen mit anderen chinesischen Unternehmen oder staatlichen Stellen, die wirtschaftsstrategische Entscheidungen treffen, berücksichtigungsfähig sein. Dies dürfte nicht nur auf Fälle eines bestimmenden Einflusses im Sinne von Art. 3 Abs. 1 VO 139/2004 zu beschränken sein, da sich auch sonstige Beteiligungsbeziehungen im Einzelfall im Markt auswirken können.

843. Die Finanzkraft kann ebenfalls die Marktstellung eines Unternehmens beeinflussen. Die Leitlinien zu horizontalen Zusammenschlüssen sehen insoweit vor, dass die Europäische Kommission die Fähigkeit des fusionierten Unternehmens prüft, die Wettbewerber am Wachstum zu hindern.[444] Staatliche Mittel, auf die das Unternehmen gegebenenfalls zurückgreifen kann, werden in den Leitlinien nicht gesondert adressiert, auch wenn die Europäische Kommission sie in ihrer Prüfung bereits ebenfalls berücksichtigt.[445]

844. Die Berücksichtigung der wirtschaftlichen Macht und der Finanzkraft ändert allerdings nichts daran, dass ein Zusammenschluss nach Art. 2 Abs. 3 VO 139/2004 nur dann für mit dem gemeinsamen Markt unvereinbar erklärt wird, wenn dadurch wirksamer Wettbewerb erheblich behindert würde. Das erfordert grundsätzlich den Nachweis, dass der Zusammenschluss eine beherrschende Stellung begründet oder verstärkt. Diese mag durch die wirtschaftliche Macht oder Finanzkraft des zusammengeschlossenen Unternehmens oder die anderen in Art. 2 Abs. 1 lit. b VO 139/2004 genannten Faktoren verstärkt werden. Eine von der Marktstellung der Beteiligten völlig losgelöste Untersagung ihres Zusammenschlusses entspräche allerdings nicht der bisherigen Praxis der Europäischen Kommission. Sie würde auch mit der aus Art. 101 und 102 AEUV ableitbaren präventiven Funktion der Fusionskontrolle kollidieren, Zusammenschlüsse zu verhindern, die zu Marktstellungen führen, welche mit dem Risiko einer nur nachträglich zu ahndenden missbräuchlichen Ausnutzung verbunden sind. Die Fusionskontrolle schützt insofern lediglich die Marktstruktur. Hinsichtlich der Frage, wie Veränderungen in der Marktstruktur zustande kommen (z. B. durch ausländische Subventionen), ist sie hingegen neutral.

845. Eine Intervention im Fall von Subventionen kann deshalb nur in einem getrennten Verfahren überprüft werden. Wenn es sich bei staatlichen Mitteln, welche die Finanzkraft eines Unternehmens stärken und damit seine Marktstellung beeinflussen, um mitgliedstaatliche Beihilfen handelt, ist nach geltendem Recht in einem Beihilfeverfahren zu prüfen, ob der Mitgliedstaat die Mittel dem Unternehmen zur Verfügung stellen darf.[446] Wenn das nicht der Fall ist, dann ist die Rechtsfolge, dass dem Mitgliedstaat die Leistung der Beihilfe untersagt wird bzw. dass er zu ihrer Rückforderung verpflichtet wird. In Bezug auf Subventionen eines Drittstaats ist ein solches Verfahren hingegen nicht möglich.

846. Die Europäische Kommission befürwortet nun eine Regelung, die ihr eine Intervention im Falle drittstaatlicher Subventionen gestatten würde.[447] Eine solche Regelung mag auch im Kontext von Zusammenschlüssen zu rechtfertigen sein, wenn ein Drittstaat durch Subventionen die Chancen bestimmter Bieter im politisch-strategischen Interesse zum Nachteil anderer Bieter erhöht. Sie trüge dem Umstand Rechnung, dass Staaten Unternehmensübernahmen subventionieren können, um nach politisch-strategischen Kriterien einzelne Märkte oder ganze Wirtschaftsbereiche unter ihre Kontrolle zu bringen. Allerdings treten die schädlichen Wettbewerbswirkungen dann gegebenenfalls erst infolge einer

---

443 Körber in: Immenga/Mestmäcker, Wettbewerbsrecht Band 1. EU/Teil 2, 5. Aufl. 2012, Art. 2 FKVO Rz. 261–263.

444 EU-Kommission, Leitlinien zur Bewertung horizontaler Zusammenschlüsse gemäß der Ratsverordnung über die Kontrolle von Unternehmenszusammenschlüssen, ABl. C 031 vom 5. Februar 2004, S. 5, Tz. 36.

445 EU-Kommission, Entscheidung vom 21. Oktober 2002, M.2908 – Deutsche Post/DHL (II), Tz. 29 ff.

446 Siehe EuG, Urteil vom 31. Januar 2001, T-156/98 – RJB Mining, Slg. 2001, II-337, ECLI:EU:T:2001:29, Rz. 125: Keine eigenständige Prüfung der Beihilferechtskonformität im Fusionskontrollverfahren.

447 EU-Kommission/Hohe Vertreterin für Außen- und Sicherheitspolitik, Gemeinsame Mitteilung an das Europäische Parlament, den Europäischen Rat und den Rat, EU-China – Strategische Perspektiven, JOIN(2019) 5 final, 12. März 2019, S. 9.

Mehrzahl von Transaktionen und außerhalb des fusionskontrollrechtlichen Prognosezeitraums für die Einzeltransaktion ein. Es geht auch nicht lediglich darum, eine fusionskontrollrechtlich problematische Marktstellung zu verhindern, welche im Anschluss an den Zusammenschluss missbräuchlich ausgenutzt werden könnte. Stattdessen geht es – wie in den im Bereich der Kartell- bzw. Missbrauchskontrolle und der Beihilfekontrolle (Abschn. 3.1.2.1 und 3.2.2.1) behandelten Fällen – darum, dass die drittstaatliche Unterstützung als solche wettbewerbsverfälschende Auswirkungen haben kann. Dieses Problem sollte deshalb für die genannten Problemkonstellationen einheitlich und getrennt von der Fusionskontrolle geregelt werden (siehe unten Abschn. 4.1).

847. Zwar besteht bei Fusionskontrollverfahren die Besonderheit, dass es sich um präventive Verfahren handelt. Deshalb gelten zum Schutz der beteiligten Unternehmen enge Prüfungsfristen. Das könnte dafür sprechen, bei Zusammenschlüssen, die durch drittstaatliche Subventionen finanziert werden, die Überprüfung dieser Subventionen ebenfalls fristgebunden vorzunehmen. Allerdings ist zu bedenken, dass etwa der Erwerb kritischer Infrastrukturen, Technologien oder Ressourcen ohnehin der Investitionskontrolle unterliegt. Diese ist ihrerseits an Fristen gebunden. Deshalb sollte zunächst beobachtet werden, in welchem Umfang es einen praktischen Bedarf für darüber hinausgehende Verfahrensregelungen gibt.[448]

3.3.2.4 Keine „Europäische Ministererlaubnis" und keine anderen politischen Mitwirkungsrechte im Rahmen der EU-Fusionskontrolle

848. In den von Frankreich, Deutschland und anderen Mitgliedstaaten vorgelegten Vorschlägen zur Modernisierung der EU-Fusionskontrolle wurden zunächst weitreichende und später stärker zurückgenommene politische Mitwirkungsrechte der Mitgliedstaaten gefordert, um die Anwendung der Fusionskontrolle im Hinblick auf die Wettbewerbsfähigkeit der Industriesektoren der EU zu erörtern. Auf technischer Ebene sollte der Beratende Ausschuss für die Kontrolle von Unternehmenszusammenschlüssen, ein nach Art. 19 VO 139/2004 errichtetes Gremium zur Koordination mit den Kartellbehörden der Mitgliedstaaten, dafür geöffnet werden, Beiträge der Mitgliedstaaten in die Entscheidungsfindung auf der Grundlage von Wettbewerbsüberlegungen einzubringen.[449] Davon abgesehen wurde gefordert, die Europäische Kommission sollte die Fachkenntnisse von Sektorspezialisten aus anderen Generaldirektionen einbeziehen, um umfassende Prüfkonzepte für die von Fusionen betroffenen Märkte zu entwickeln.[450]

849. Im deutschen Recht ist schon heute eine Ministererlaubnis vorgesehen, durch die untersagte Zusammenschlüsse im Einzelfall als politische Maßnahme nach ihrer Untersagung erlaubt werden können, wenn die Wettbewerbsbeschränkung von gesamtwirtschaftlichen Vorteilen des Zusammenschlusses aufgewogen wird oder der Zusammenschluss durch ein überragendes Interesse der Allgemeinheit gerechtfertigt ist (vgl. § 42 GWB). Ein derartiger von den Mitgliedstaaten beeinflussbarer politischer Entscheidungsmechanismus ist auf EU-Ebene bisher nicht vorgesehen. Dort entscheidet die Europäische Kommission über die Vereinbarkeit von Zusammenschlüssen mit dem gemeinsamen Markt. Diese Entscheidung wird – anders als Entscheidungen des Bundeskartellamts in Deutschland – nicht nur nach rein wettbewerbs-

---

[448] Im Falle von praktisch relevanten Regelungslücken könnte dann das von der Monopolkommission in Abschn. 4.1 vorgeschlagene subsidiäre Instrument um Verfahrensregelungen ergänzt werden, denen zufolge es in Zusammenschlussfällen vor Abschluss der fusionskontrollrechtlichen Prüfungspflichten anzuwenden wäre. Die Monopolkommission befürwortet allerdings auch außerhalb der Fusionskontrolle enge Prüfungsfristen; siehe näher Abschn. 4.1.3.1 und Abschn. 4.1.4.

[449] Bundesministerium für Wirtschaft und Energie/Ministère de l'économie et des finan-ces/Ministerstwo Przedsiębiorczości i Technologii, Modernising EU competition policy, Punkt 5, https://www.bmwi.de/Redaktion/DE/Downloads/M-O/modernising-eu-competition-policy.pdf?__blob=publicationFile&v=4, Abruf am 5. März 2020.

[450] Schreiben der Minister Altmaier, Patuanelli, Le Maire, Emilewicz an EU-Kommissions-Vizepräsidentin Vestager vom 4. Februar 2020, Punkte 4–5; Bundesministerium für Wirtschaft und Energie/Ministère de l'économie et des finan-ces/Ministerstwo Przedsiębiorczości i Technologii, Modernising EU competition policy, Punkt 5, https://www.bmwi.de/Redaktion/DE/Downloads/M-O/modernising-eu-competition-policy.pdf?__blob=publicationFile&v=4, Abruf am 5. März 2020. Die Forderung des zweiten Papiers (dort Punkt 6), die Rolle des Rates bei der Entscheidungsfindung der Europäischen Kommission zu stärken, wurde im Schreiben vom 4. Februar 2020 nicht aufrechterhalten.

rechtlichen Kriterien, sondern, innerhalb des geltenden Rechts, auch nach politischen Kriterien getroffen.[451] Die Europäische Kommission ist in ihrer Entscheidung allerdings ausschließlich den Interessen der EU verpflichtet.

850. Im vorliegenden Zusammenhang sind die Vorschläge mit Blick auf Zusammenschlüsse zu würdigen, bei denen die Zusammenschlussbeteiligten im Wettbewerb mit Marktteilnehmern aus Drittstaaten stehen, die von wettbewerbsverfälschenden drittstaatlichen Maßnahmen profitieren und infolgedessen über eine erhöhte wirtschaftliche Macht verfügen (Defensivmechanismus). Die zurzeit diskutierten Vorschläge gehen teilweise erheblich weiter. Sie betreffen unter anderem auch den Aufbau eines Gegengewichts zu den U.S.-amerikanischen Digitalkonzernen, bis hin zur Ermöglichung Europäischer oder Nationaler Champions (Offensivmechanismus). Diesen Aspekten soll hier nicht weiter nachgegangen werden. In Bezug auf die eingangs angesprochene Problematik von Zusammenschlüssen zur Verteidigung gegen drittstaatliche Marktteilnehmer mit erhöhter wirtschaftlicher Macht ist zu bedenken, dass die Erlaubnis solcher „Abwehrfusionen" ein ähnliches Problem mit sich brächte wie die Ermöglichung von Abwehr- bzw. Exportkartellen oder Defensivbeihilfen. Denn es würde möglichen drittstaatlich induzierten Wettbewerbsverzerrungen mit Transaktionen begegnet, die ihrerseits wirksamen Wettbewerb erheblich behindern.

851. In jedem Fall erscheinen die eingangs zitierten Vorschläge zu weitgehend. Die stärkere Einbeziehung der mitgliedstaatlichen Behörden und Ministerien in die EU-Fusionskontrolle würde das fristgebundene Fusionskontrollverfahren durch zusätzlichen Abstimmungsbedarf und damit einhergehende Unsicherheit voraussichtlich erheblich belasten. Die Beteiligung nationaler Stellen am Verfahren wäre auch nicht sachgerecht, da diese aufgrund der ausschließlichen EU-Kompetenzen für binnenmarktbezogene wettbewerbspolitische sowie für handelspolitische Fragen zu solchen Fragen nichts Entscheidungserhebliches beitragen könnten. Es entstünde allenfalls ein Risiko, dass die am Unionsinteresse ausgerichtete Entscheidung der Europäischen Kommission durch mitgliedstaatliche politische Interessen verwässert würde. Die Sektorexpertise der Generaldirektion Wettbewerb bedarf ebenfalls keiner Stärkung.

852. Ein weitergehender Nutzen der Einbeziehung mitgliedstaatlicher Interessen lässt sich auch nicht damit begründen, dass einzelne Mitgliedstaaten die Wettbewerbsfähigkeit der heimischen Industrie erhalten und stärken möchten. Die Einbeziehung mitgliedstaatlicher Interessen könnte dazu führen, dass sich im Konfliktfall gerade die Interessen großer Mitgliedstaaten durchsetzen. Die Einbeziehung mitgliedstaatlicher Interessen könnte damit einer Fragmentierung des EU-Binnenmarktes Vorschub leisten und insofern dem Unionsinteresse am Schutz dieses Binnenmarktes zuwiderlaufen.

853. Die Monopolkommission erkennt hierbei an, dass die Zusammenschlussbeteiligten im Wettbewerb mit Marktteilnehmern aus Drittstaaten ein legitimes Interesse daran haben, gegen wettbewerbsverfälschende drittstaatliche Maßnahmen geschützt zu werden. Sie spricht sich allerdings dagegen aus, deshalb erweiterte Möglichkeiten zur Erlaubnis von Zusammenschlüssen vorzusehen, die ihrerseits wirksamen Wettbewerb erheblich behindern. Stattdessen erscheint es vorzugswürdig, ein Instrumentarium zu entwickeln, mit dem die wettbewerbsverfälschenden Auswirkungen der drittstaatlichen Maßnahmen im EU-Binnenmarkt neutralisiert werden können (siehe näher unten Abschn. 4.1).

3.3.2.5 Engere Verzahnung von Fusions- und Investitionskontrolle zu empfehlen

854. Die Fusions- und die Investitionskontrolle sind bisher getrennt voneinander geregelt. Das betrifft auch das Verfahren, und zwar sowohl auf EU-Ebene als auch auf nationaler Ebene. Nach Art. 21 Abs. 4 VO 139/2004 können die Mitgliedstaaten geeignete Maßnahmen zum Schutz von Interessen der öffentlichen Sicherheit treffen, sofern diese Interessen mit den allgemeinen Grundsätzen und den übrigen Bestimmungen des Gemeinschaftsrechts vereinbar sind. Diese Interessen werden im EU-Fusionskontrollverfahren somit nicht eigenständig berücksichtigt. Auf nationaler Ebene erfolgen im Fall von Unternehmensübernahmen die Fusionskontrolle durch das Bundeskartellamt und die Investitionskontrolle durch das Bundesministerium für Wirtschaft und Energie. Für die Zwecke einer Abstimmung ist lediglich in § 50c GWB vorgesehen, dass das BKartA Informationen aus Fusionskontrollanmeldungen weiterleiten kann.

855. Der Umstand, dass die Verfahren zur Fusions- und Investitionskontrolle unabhängig voneinander durchgeführt werden, bedeutet für die betroffenen Unternehmen, dass der Zeitrahmen bis zum Verfahrensabschluss unsicher ist.

[451] Dazu Montag in Monopolkommission, Politischer Einfluss auf Wettbewerbsentscheidungen, Tagungsband zum Wissenschaftlichen Symposium anlässlich des 40-jährigen Bestehens der Monopolkommission, Baden-Baden 2015, S. 43 (44 f.).

Diese Unsicherheiten sind zum Teil der differenzierten Kompetenzverteilung in den Bereichen der Fusions- und der Investitionskontrolle und zum Teil der unterschiedlichen Verfahrensausgestaltung geschuldet. Dabei muss Letztere der Natur der jeweils relevanten Rechtsfragen und des jeweils relevanten Sachverhalts Rechnung tragen. Allerdings erhöhen sich die Unsicherheiten dadurch, dass die Fristen für eine Untersagung Entscheidungsfristen sind, die jeweils nur aufgrund einer vollständigen Anmeldung (Fusionskontrolle) bzw. eines Antrags mit vollständigen Unterlagen (Investitionskontrolle) zu laufen beginnen.[452] Die Entscheidungsfristen lassen sich durch Anforderung zusätzlicher Unterlagen strategisch verlängern. Die Funktion der Fristen, die Unternehmen gegen für sie nicht abschätzbare Verfahrensverlängerungen zu schützen, wird dadurch beeinträchtigt. Dieses Problem führt bereits im Rahmen der EU-Fusionskontrolle zu hinterfragbaren Belastungen für die betroffenen Unternehmen. Bei einer parallelen Prüfung zu Zwecken der Investitionskontrolle verdoppelt sich das Problem. Im deutschen Fusionskontrollverfahren gibt es zwar weitergehende Möglichkeiten zur Fristverlängerung als in der EU-Fusionskontrolle, doch werden diese in der Praxis normalerweise nicht ausgeschöpft.[453]

856. Eine stärkere verfahrensrechtliche Verzahnung von Fusions- und Investitionskontrolle erscheint sowohl auf EU-Ebene als auch auf nationaler Ebene wünschenswert. Zumindest sollte die Entscheidungsfrist für das Bundesministerium für Wirtschaft und Energie so ausgestaltet werden, dass die Antragsteller mit Abschluss des EU-Fusionskontrollverfahrens auch Klarheit darüber erhalten, ob die Transaktion nach den nationalen Regelungen der Investitionskontrolle untersagt wird. Hierdurch würden die Unsicherheiten für die betroffenen Unternehmen immerhin vermindert.

4 Einführung neuer Instrumente

857. Die Ausführungen im vorausgehenden Abschnitt 3 haben gezeigt, dass der bestehende Regelungsrahmen keine speziellen Regelungen enthält, um Wettbewerbsvorteile für bestimmte Unternehmen aufgrund von chinesischen staatlichen Eingriffen in die Wirtschaft zu neutralisieren. Allerdings sind die Wirtschaftsteilnehmer im EU-Binnenmarkt trotzdem durch das Wettbewerbsrecht und im Fall grenzüberschreitender Wareneinfuhren durch die Antidumping- und Antisubventionsregeln geschützt. Es bedarf somit auch keines umfassenden neuen Instrumentariums, sondern vielmehr der Ergänzung der bestehenden Regeln.

858. Bei der Schließung der festgestellten Regelungslücken kann es aus Sicht der Monopolkommission allerdings nicht darum gehen, allgemeine Bedrohungen europäischer Interessen durch den chinesischen Staat abzuwehren. Dieses Sonderkapitel verfolgt ausschließlich das Interesse, einen wirksamen und diskriminierungsfreien Wettbewerbsschutz im Sinne der EU-Verträge sicherzustellen. Diesbezüglich ist erstens klarzustellen, dass sicherheitspolitische Fragen von den Belangen der Wettbewerbspolitik zu trennen sind. Zweitens können sich chinesische Maßnahmen und solche anderer Drittstaaten im EU-Binnenmarkt auf vergleichbare Weise wettbewerbsverfälschend auswirken. Deshalb kann es nur darum gehen, Instrumente zur Herstellung gleicher Wettbewerbsbedingungen im Verhältnis zu Drittstaaten im Allgemeinen und nicht zu China im Speziellen zu entwickeln. Drittens würde es auch den partnerschaftlichen wirtschaftspolitischen Ansatz der EU im Verhältnis zu China konterkarieren, wenn die EU Besonderheiten des chinesischen Staatskapitalismus zum Anlass für spezielle belastende Regelungen nehmen würde.

859. Im Folgenden werden unter diesen Voraussetzungen zum einen Instrumente betrachtet, die die wettbewerbliche Chancengleichheit der Marktteilnehmer im EU-Binnenmarkt im Fall einer drittstaatlichen Einflussnahme auf die Wirtschaft schützen (Defensivinstrumente; Abschn. 4.1). Zum anderen wird zu Instrumenten Stellung genommen, die dazu dienen, die europäischen Wettbewerbsprinzipien im Verhältnis zu Drittstaaten – und speziell China – aktiv durchzusetzen (Offensivinstrumente; Abschn. 4.2).

[452] Siehe Art. 4 Abs. 1, 10 Abs. 1 S. 2 VO 139/2004 i. V. m. Art. 4 Abs. 1 S. 2, Abs. 2 Durchführungs-VO 802/2004 bzw. § 39 Abs. 1, 3 GWB (in der Fusionskontrolle); § 59 Abs. 1 AWV (in der Investitionskontrolle).

[453] Siehe § 40 Abs. 1 und 2 GWB.

4.1 Instrumente zur Herstellung gleicher Wettbewerbsbedingungen im EU-Binnenmarkt

860. Eine drittstaatliche Einflussnahme auf die Wirtschaft kann nach dem zuvor Ausgeführten eigenständige Wettbewerbsprobleme aufwerfen. Das gilt auch für den chinesischen Staatskapitalismus, und zwar in zweierlei Hinsicht:

- Es gibt erstens keine Regeln, die an die Eingriffe des chinesischen Staates in die Wirtschaft als solche anknüpfen und etwaigen wettbewerbsverfälschenden Auswirkungen solcher Eingriffe im EU-Binnenmarkt vorbeugen;
- Eingriffe des chinesischen Staates in die Wirtschaft sind zweitens nach den in der EU vorhandenen Informationen unter Umständen auch nicht als solche erkennbar.

Dabei gilt, dass wettbewerbsverfälschende Eingriffe grundsätzlich in Form einer Verpflichtung chinesischer Unternehmen (in China/in der EU) oder in Form einer Begünstigung chinesischer Unternehmen (in China/in der EU) erfolgen können. In der Praxis stehen freilich Maßnahmen im Vordergrund, durch die chinesische Unternehmen begünstigt werden, sodass sie z. B. mit Niedrig- bzw. Kampfpreisen im EU-Binnenmarkt agieren können. Die bestehenden Regelungen, die sich innerhalb der EU mit staatlichen Verpflichtungsmaßnahmen speziell in Bezug auf SOEs befassen, werden zudem nur sehr begrenzt durchgesetzt. Deshalb erscheint der Mehrwert ähnlicher Regeln mit Blick auf drittstaatliche Maßnahmen fraglich, auch wenn eine staatliche Steuerung von SOEs in staatskapitalistischen Systemen besonders naheliegt. Es kann sich allerdings hieraus eine Rechtfertigung für eine Beweiserleichterung oder Beweislastumkehr ergeben.

861. Eine Begünstigung durch staatliche Maßnahmen (Subventionen) widerspricht dem Ansatz des EU-Rechts, wonach staatlich gewährte Vorteile, die das Staatsbudget belasten und die Chancengleichheit auf dem europäischen Binnenmarkt beeinträchtigen, grundsätzlich als wettbewerbsverfälschender Markteingriff angesehen werden (vgl. Art. 107 Abs. 1 AEUV).[454] Diese von dem Bild gleicher Wettbewerbsbedingungen ausgehende Position lässt sich innerhalb der EU mit der Erwägung rechtfertigen, dass Subventionswettläufe vermieden werden sollen, die den Steuerzahler belasten und zu Ineffizienzen im Binnenmarkt führen. Denn staatlich subventionierte Unternehmen können ihre Finanzkraft gegebenenfalls ähnlich wie beherrschende Unternehmen einsetzen, um auf längere Sicht Marktmacht aufzubauen und Wettbewerber zu verdrängen. Darüber hinaus können durch Subventionen die produktive und die dynamische Effizienz auf einem Markt beeinträchtigt werden, wenn ineffiziente Unternehmen künstlich am Leben gehalten werden bzw. sich die Anreize der Unternehmen, in Forschung und Entwicklung zu investieren, reduzieren.[455] Diese Aspekte können ein präventives Vorgehen zum Schutz der wettbewerblichen Chancengleichheit in der EU ökonomisch rechtfertigen. Daneben lässt sich daraus ein unionsrechtlich anerkanntes Interesse ableiten, dass staatliche Subventionen im EU-Binnenmarkt auch von Drittstaaten nur in einem möglichst geringen Umfang eingesetzt werden, zumindest soweit solche Maßnahmen nachteilige Auswirkungen auf den EU-Binnenmarkt haben können. Dies könnte, abgesehen von der Beeinträchtigung der Chancengleichheit, auch mit der Gefahr eines Subventionswettlaufs begründet werden, zumindest wenn die EU auf chinesische bzw. drittstaatliche Subventionen ihrerseits mit Unionsbeihilfen reagiert. Speziell bei chinesischen Subventionen wird zudem die Gefahr gesehen, dass sich die wirtschaftliche Zusammenarbeit mit einzelnen EU-Mitgliedstaaten auch in einen politischen Einfluss ummünzen lässt, der gegebenenfalls zulasten einer einheitlichen Wahrnehmung der EU-Interessen gehen kann.[456]

862. Hinsichtlich der zu treffenden Regelungen sind grundsätzlich zwei Ansätze denkbar. Nach dem einen Ansatz ist einer Situation vorzubeugen, in der subventionierte Unternehmen aus Drittstaaten durch Verhaltensweisen, die grundsätzlich nur bei marktbeherrschenden Unternehmen problematisch sind (z. B. Kampfpreise), ihre europäischen Wettbewerber verdrängen und Märkte besetzen („Marktbeherrschungs-Ansatz"). Nach einem anderen Ansatz ist der Vorteil zu beseitigen, von dem subventionierte Unternehmen aus Drittstaaten profitieren, weil die Subvention einer weniger weitreichenden Kontrolle unterliegt als Beihilfen, die von einem EU-Mitgliedstaat gewährt werden („Beihilfeäquivalenz-Ansatz"). Beide Ansätze können grundsätzlich auch kombiniert werden.

---

454 EuGH, Urteil vom 2. Juli 1974, 173/73 – Italien/Kommission, Slg. 1974, 709, ECLI:EU:C:1974:71, Rz. 26/28; dazu erneut Behrens in: Birnstiel/Bungenberg/Heinrich, Europäisches Beihilferecht, Baden-Baden 2013, Einleitung Rz. 158.

455 Vgl. insoweit schon Monopolkommission, XVII. Hauptgutachten, Baden-Baden 2008, Tz. 894 ff.

456 Siehe z. B. Bundesakademie für Sicherheitspolitik, Arbeitspapier Sicherheitspolitik, Nr. 6/2019, Chinas 16+1-Kooperation mit Osteuropa: Trojanisches Pferd ohne volle Besatzung, S. 4.

863. Die Europäische Kommission hat in einem kurz vor Übergabe dieses Hauptgutachtens im Juni 2020 veröffentlichten Weißbuch einen kombinierten, aber vor allem am Beihilfeäquivalenzprinzip orientierten Ansatz entwickelt, der zum Teil weitreichende Eingriffsbefugnisse vorsieht (Abschn. 4.1.1). Dem Weißbuch waren verschiedene Überlegungen vorausgegangen, die sich jeweils klarer einem der beiden zuvor genannten Ansätze zuordnen lassen (Abschn. 4.1.2). Die Monopolkommission spricht sich ihrerseits für eine in ihrem Anwendungsbereich begrenzte Regelung aus, die es ermöglicht, bei Lücken innerhalb des bestehenden Rechtsrahmens den subventionsbedingten Vorteil zu neutralisieren, außer wenn ein besonderes Unionsinteresse hieran besteht (Abschn. 4.1.3).[457] Sie unterbreitet hierfür nachfolgend einen eigenen Regelungsvorschlag (Abschn. 4.1.4).

4.1.1 EU-Weißbuch zur Herstellung gleicher Wettbewerbsbedingungen (*level playing field*) bei drittstaatlichen Subventionen

864. Die Europäische Kommission hat am 17. Juni 2020 ein Weißbuch veröffentlicht, das Vorüberlegungen für einen geplanten Gesetzgebungsvorschlag zur „Herstellung gleicher Wettbewerbsbedingungen bezüglich drittstaatlicher Subventionen" enthält.[458] In dem Weißbuch werden nach einer knappen Einleitung, Darstellung der Problematik und Analyse der rechtlichen Lücken drei Teilinstrumente vorgestellt. Das erste Teilinstrument ist als allgemeines Instrument konzipiert, das zweite bezieht sich auf Unternehmenserwerbsvorgänge und das dritte auf Fälle im Rahmen der öffentlichen Auftragsvergabe.[459] Davon getrennt geht das Weißbuch auf die – in diesem Hauptgutachten nicht näher betrachtete – Sonderproblematik von Fällen ein, in denen drittstaatlich subventionierte Unternehmen sich an EU-finanzierten Maßnahmen beteiligen.[460]

865. Die Rechtsgrundlage und die Natur des ins Auge gefassten Gesetzgebungsakts werden offengelassen. Die Europäische Kommission geht allerdings davon aus, dass der Gesetzgebungsakt in Übereinstimmung mit den internationalen Verpflichtungen der EU (z. B. auf Ebene der WTO und in Freihandelsabkommen) und mit höherrangigem Unionsrecht (z. B. den Grundfreiheiten) ausgestaltet werden könnte.[461] Das neue Instrumentarium könnte aus Sicht der Europäischen Kommission parallel zu den bestehenden Regeln der Fusionskontrolle sowie des Wettbewerbs- und Beihilferechts angewendet werden, da diese sich nicht speziell auf drittstaatliche Subventionen beziehen. Es wäre auch komplementär zu den bestehenden Handelsschutz- und Investitionskontrollinstrumenten.[462] Die Europäische Kommission befürwortet jedoch eine Ausnahme für die sektorspezifisch geregelten Fälle des Luftverkehrs und der Verkehrsschifffahrt.[463]

866. Zu den Überlegungen des Weißbuchs sollen Stellungnahmen in einer Konsultation eingeholt werden.[464] Die Konsultation soll bis zum 23. September 2020 laufen und betrifft sowohl die Überlegungen zu den einzelnen Teilinstrumenten als auch die Frage, ob die Teilinstrumente einzeln oder kombiniert eingeführt werden sollten. Die Monopolkommission nimmt zu den Überlegungen vorliegend im Rahmen ihres gesetzlichen Gutachtenauftrags Stellung. Dazu werden die ins Auge gefassten Teilinstrumente im Folgenden näher dargestellt (Abschn. 4.1.1.1). Darauf aufbauend würdigt die Monopolkommission die Überlegungen mit Blick auf die spezielle Problematik des chinesischen Staatskapitalismus (Abschn. 4.1.1.2).

---

457 Siehe schon oben Tz. 652-653 zum Unionsinteresse.

458 EU-Kommission, Weißbuch: Gewährleistung fairer Wettbewerbsbedingungen bei Subventionen aus Drittstaaten, COM(2020) 253 final, 17. Juni 2020 (nachfolgend: Weißbuch).

459 EU-Kommission, Weißbuch, Abschn. 4; speziell zu Teilinstrument 1 (allgemein) die S. 16 ff., zu Teilinstrument 2 (Unternehmenserwerbe) die S. 27 ff. und zu Teilinstrument 3 (Auftragsvergabe) die S. 35 ff.

460 EU-Kommission, Weißbuch, Abschn. 5.

461 EU-Kommission, Weißbuch, S. 47 und 49 ff.

462 EU-Kommission, Weißbuch, Abschn. 6.

463 EU-Kommission, Weißbuch, S. 53.

464 EU-Kommission, Weißbuch, Abschn. 7.

4.1.1.1 Wesentliche Merkmale des ins Auge gefassten neuen Instrumentariums

867. Die Kommission legt ihren Überlegungen den Subventionsbegriff des Antisubventionsrechts und des Sektorwettbewerbsrechts zugrunde.[465] Das erste Teilinstrument ist als allgemeines Instrument vorgesehen, um drittstaatliche Subventionen mit Blick auf ihre Wettbewerbswirkungen zu überprüfen. Das schließt den Fall ein, dass vergebene Subventionen im Rahmen von Unternehmensbeteiligungen eingesetzt werden. Das zweite Teilinstrument sollte ein präventives Instrument sein, das nur bei Unternehmensbeteiligungen eingreifen soll, wenn diese gezielt subventioniert werden (direkte Erleichterung) oder der Bieter allgemein von drittstaatlichen Subventionen profitiert (indirekte Erleichterung). Das dritte Teilinstrument würde in mitgliedstaatlichen Vergabeverfahren zwischengeschaltet und könnte dazu führen, dass Bieter, die Subventionen aus Drittstaaten erhalten haben, vom Vergabeverfahren ausgeschlossen werden.

Erstes Teilinstrument (allgemeine Subventionsüberprüfung)

868. Das erste Teilinstrument würde eine Überprüfung drittstaatlicher Subventionen gestatten, die an Unternehmen in der EU vergeben werden und die zu „Verzerrungen im Binnenmarkt" (*distortions in the internal market*) führen.[466] Als Unternehmen in der EU wäre jedes in der EU niedergelassene Unternehmen anzusehen (Option 1), wobei eine Erweiterung auf in der EU tätige Unternehmen (z. B. außerhalb der EU niedergelassene Erwerber eines EU-Zielunternehmens) in Betracht gezogen werden sollte (Option 2).

869. Eine drittstaatliche Subventionsvergabe sollte nur voraussetzen, dass der Begünstigte Anspruch auf die Subvention hat.[467] Das Instrument würde unbeschadet dessen aber nicht an die Subventionsvergabe als solche, sondern an die Nutzung der Subvention durch die Empfängerunternehmen „in allen Marktsituationen" anknüpfen (d. h. Produktion von Waren, Erbringung von Dienstleistungen oder Investitionen). Ausgeschlossen sein sollte die Nutzung von Subventionen für aus Drittstaaten in die EU eingeführte Waren und landwirtschaftliche Erzeugnisse, die unter die handelspolitischen Schutzinstrumente der EU (insb. die EU-Antisubventionsverordnung) fallen.[468]

870. Zentral ist die Frage, wann eine Subvention eine „Verzerrung im Binnenmarkt" verursacht (Schadenstheorie). Hiermit sind grundsätzlich Wettbewerbsverzerrungen gemeint, da das Weißbuch auf eine Gewährleistung fairer Wettbewerbsbedingungen abzielt. Die Europäische Kommission schlägt ein zweigleisiges Vorgehen vor, um die tatsächlich oder potenziell verzerrenden Auswirkungen zu ermitteln:[469]

- Zum einen sollte ein Katalog von Subventionskategorien definiert werden, bei denen davon auszugehen wäre, dass sie „mit großer Wahrscheinlichkeit" Verzerrungen im Binnenmarkt hervorrufen. Dabei würde es sich um Subventionen handeln, die durch internationales Recht oder das EU-Beihilferecht grundsätzlich verboten sind. Beispiele könnten Exportsubventionen sein; außerdem Subventionierungen notleidender Unternehmen, die unabhängig von einer beträchtlichen Störung der nationalen oder der Weltwirtschaft stattfinden und die ohne das Erfordernis einer Umstrukturierung gewährt werden; Betriebssubventionen in Form selektiver Steuervergünstigungen oder Subventionen zur unmittelbaren Erleichterung von Erwerbsvorgängen.
- Zum anderen sollte bei sonstigen Subventionen eine detaillierte Einzelfallanalyse durchgeführt werden. Aufgrund des allgemeinen Mangels an Transparenz in Bezug auf drittstaatliche Subventionen sollte eine Reihe von Indikatoren herangezogen werden, um die Auswirkungen der Subvention im Binnenmarkt zu ermitteln; z. B. die Höhe der Subvention, die Marktposition des Empfängers, die Marktsituation, das Marktverhalten oder der Um-

[465] EU-Kommission, Weißbuch, Anhang I mit Verweis in Fn. 66 f. auf Verordnung 2016/1037 des Europäischen Parlaments und des Rates vom 8. Juni 2016 über den Schutz gegen subventionierte Einfuhren aus nicht zur Europäischen Union gehörenden Ländern, ABl. L 176 vom 30. Juni 2016, S. 55 und auf Verordnung 2019/712 des Europäischen Parlaments und des Rates vom 17. April 2019 zur Sicherstellung des Wettbewerbs im Luftverkehr und zur Aufhebung der Verordnung (EG) Nr. 868/2004, ABl. L 123 vom 10. Mai 2019, S. 4.

[466] EU-Kommission, Weißbuch, S. 16 ff.; zum Begriff „Unternehmen in der EU" speziell die Fn. 25.

[467] EU-Kommission, Weißbuch, S. 18.

[468] EU-Kommission, Weißbuch, S. 16 f. Fn. 24 und 25.

[469] EU-Kommission, Weißbuch, S. 19–21.

fang der wirtschaftlichen Aktivität. Die Europäische Kommission schlägt zudem vor, dass die Offenheit des Marktes im die Subvention vergebenden Drittstaat berücksichtigt werden könnte.

871. Die Prüfung sollte allerdings in jedem Fall auf Subventionen ab einem bestimmten Schwellenwert (z. B. EUR 200.000) beschränkt werden. Wenn festgestellt würde, dass eine drittstaatliche Subvention geeignet ist, den Binnenmarkt zu verzerren, und Beweise dafür vorliegen, dass die subventionierte Wirtschaftstätigkeit oder die subventionierte Investition positive Auswirkungen innerhalb der EU oder auf von der EU anerkannte Gemeinwohlinteressen (z. B. Schaffung von Arbeitsplätzen, Umweltschutz) hat, wären die negativen und positiven Auswirkungen zur Feststellung des Unionsinteresses gegeneinander abzuwägen.[470]

872. Das Verfahren sollte zweistufig ausgestaltet werden:[471]

- Der erste Verfahrensabschnitt (Vorprüfung) sollte durch die jeweils zuständige Stelle von Amts wegen eingeleitet werden (*ex officio*). In Fällen des subventionierten Erwerbs eines EU-Zielunternehmens würde der Erwerbsvorgang damit regelmäßig erst nach seiner Durchführung überprüft werden. Weiterhin betont die Europäische Kommission, dass es aufgrund der behördlichen Einleitung entscheidend auf von den Marktteilnehmern erhaltene Informationen ankomme. Die zuständigen Stellen sollten von den betroffenen Unternehmen Informationen einfordern können. Komme eine zuständige Stelle zu dem Ergebnis, dass die Möglichkeit einer schädlichen Subvention besteht, so würde sie ein vertieftes Prüfverfahren eröffnen.
- Im vertieften Prüfverfahren bestünden ebenfalls umfassende Auskunftsbefugnisse bzw. -pflichten. Wenn die prüfende Stelle zu dem Ergebnis käme, dass eine Verzerrung im Binnenmarkt vorliegt, sollte sie befugt sein, Abhilfemaßnahmen aufzuerlegen (*redressive measures*) oder auf Verpflichtungsangebote der Unternehmen hin einen Verpflichtungsbeschluss zu erlassen (*decision with commitments*). Andernfalls würde sie das Verfahren einstellen.[472] Als Abhilfemaßnahme wäre grundsätzlich die Rückzahlung des finanziellen Vorteils der Subvention an den Drittstaat vorzusehen. Angesichts möglicher Schwierigkeiten, eine solche Rückzahlung nachzuweisen bzw. zu überwachen, sollten jedoch alternative Abhilfemaßnahmen zugelassen werden. Hierbei würde es sich um Abhilfemaßnahmen handeln, die an der Ausnutzung der Subvention durch die begünstigten Unternehmen ansetzen; z. B. Verpflichtungen zur Veräußerung von Vermögenswerten oder zur Reduzierung der Marktpräsenz, Investitions- und Erwerbsverbote, Zugangsverpflichtungen in Bezug auf Mobilitätsapplikationen oder Lizenzen, Verhaltensverbote, die Pflicht zur Veröffentlichung bestimmter Forschungs- und Entwicklungsergebnisse oder auch Ausgleichszahlungen an die EU oder ihre Mitgliedstaaten. In jedem Fall sollen den Unternehmen Transparenz- und Berichtspflichten für die Zukunft auferlegt werden.[473]

873. Die Zuständigkeiten für das erste Teilinstrument sollten zwischen Europäischer Kommission und mitgliedstaatlichen Behörden aufgeteilt werden. Dabei sollten rein nationale Fälle durch die mitgliedstaatlichen Behörden und grenzüberschreitende Fälle zentral durch die Europäische Kommission untersucht werden. Auch sollen Kooperationsmechanismen eingeführt werden. Das Weißbuch orientiert sich insofern an den Verfahrensregelungen des EU-Wettbewerbsrechts.[474]

Zweites Teilinstrument (Unternehmensbeteiligungen)

874. Das zweite Teilinstrument ist für möglicherweise subventionierte Erwerbsvorgänge in Bezug auf in der EU niedergelassene Unternehmen gedacht und ersichtlich in Anlehnung an die Fusionskontrolle nach der Verordnung 139/2004 ausgestaltet. Das Verfahren sollte durch Anmeldung in Gang gesetzt werden. Als anzumeldender Erwerbsvorgang sollte

470 EU-Kommission, Weißbuch, S. 21.

471 EU-Kommission, Weißbuch, S. 21–23.

472 EU-Kommission, Weißbuch, S. 22 f.

473 EU-Kommission, Weißbuch, S. 23 f.

474 EU-Kommission, Weißbuch, S. 25 f.

ein Erwerb von fusionskontrollrechtlicher Kontrolle, von Anteilen oder Stimmrechten oberhalb einer zu definierenden Schwelle oder der Erwerb eines sonstigen „wesentlichen" Einflusses (*material influence*) erfasst werden.[475]

875. Ein „möglicherweise subventionierter Erwerb" (*potentially subsidised acquisition*) wäre definiert als geplanter Erwerb eines EU-Zielunternehmens, bei dem ein beteiligtes Unternehmen innerhalb eines bestimmten Zeitraums (z. B. drei Jahren vor der Anmeldung oder bis zu einem Jahr nach Abschluss des Erwerbs) eine finanzielle Zuwendung (*financial contribution*) von einem Drittstaat erhalten hat. Die Überprüfung könnte davon abhängig gemacht werden, dass das EU-Zielunternehmen bei seiner Tätigkeit in der EU bestimmte qualitative oder quantitative Schwellenwerte überschreitet oder dass der Erwerb durch finanzielle Zuwendungen in einer bestimmten Höhe erleichtert wird.[476]

876. Der Zusammenschluss würde auf die mögliche Verzerrung der Wettbewerbsbedingungen im Hinblick auf Investitionsmöglichkeiten im Binnenmarkt überprüft. Bei gezielten Subventionen (direkte Erleichterung) wäre in der Regel davon auszugehen, dass sie zu einer Verzerrung des Binnenmarktes führen. Andernfalls (*De-facto*-Erleichterung) wäre eine Einzelfallanalyse erforderlich. Auch in diesem Zusammenhang sollte dem Mangel an Transparenz bezüglich drittstaatlicher Subventionen durch die Berücksichtigung bestimmter Indikatoren Rechnung getragen werden (einschl. Reziprozitätserwägungen). Auch bei Anwendung des zweiten Teilinstruments soll eine Abwägung mit subventionsbedingten Vorteilen stattfinden.[477]

877. Das Verfahren wäre am Verfahren der Fusionskontrollverordnung orientiert (zwei Phasen). Die Anmeldung sollte zunächst als Kurzinformation eingereicht werden. Diese Kurzinformation würde allerdings bereits eine Stillhaltefrist auslösen. Bei Umgehung der Anmeldepflicht sollte das Verfahren auch von Amts wegen eingeleitet werden können. Als Entscheidung sollten die Freigabe mit und ohne Auflagen sowie die Untersagung des Zusammenschlusses in Betracht kommen. Die Auflagen könnten auf ein entsprechendes Verpflichtungsangebot des Erwerbers festgesetzt werden und sich an den Abhilfemaßnahmen des ersten Teilinstruments orientieren.[478] Nach Einschätzung der Europäischen Kommission wären als Abhilfemaßnahmen Rück- bzw. Ausgleichszahlungen und Transparenzverpflichtungen im Rahmen des zweiten Teilinstruments möglicherweise weniger geeignet. Daher würde der Schwerpunkt der Verpflichtungen wahrscheinlich auf strukturellen Abhilfemaßnahmen liegen.[479]

878. Hinsichtlich der Zuständigkeiten bevorzugt die Europäische Kommission ein zentralisiertes System, um Kosten zu sparen und zwischenbehördlichen Abstimmungsproblemen vorzubeugen. Wenn die Teilinstrumente 1 und 2 kombiniert würden, könnten die Mitgliedstaaten Erwerbe von Amts wegen auch unterhalb der für Teilinstrument 2 festgelegten Schwellenwerte prüfen. Obgleich die Europäische Kommission auf eine ausdrückliche Empfehlung verzichtet, würde eine solche Kombination einerseits die zentrale Überprüfung großer Erwerbsvorgänge und andererseits die Überprüfung von für den Binnenmarkt relevanten sonstigen Vorgängen gewährleisten.[480]

Drittes Teilinstrument (öffentliche Auftragsvergabe)

879. Das dritte Teilinstrument sollte die Beihilfekontrolle, die Wettbewerbsverzerrungen aufgrund von Beihilfen der Mitgliedstaaten auch innerhalb der öffentlichen Auftragsvergabe vorbeugt, durch ein entsprechendes Instrument in Bezug auf drittstaatliche Subventionen ergänzen.[481] Das dritte Teilinstrument wäre gegen Subventionierungen gerichtet, die die Teilnahme an mitgliedstaatlichen Vergabeverfahren erleichtern, indem sie es dem begünstigten Bieter ermöglichen, sich zum Nachteil nicht subventionierter Unternehmen am jeweiligen Vergabeverfahren zu beteiligen.[482]

[475] EU-Kommission, Weißbuch, S. 28.

[476] EU-Kommission, Weißbuch, S. 30.

[477] EU-Kommission, Weißbuch, S. 31 f.

[478] EU-Kommission, Weißbuch, S. 32–34.

[479] EU-Kommission, Weißbuch, S. 34.

[480] EU-Kommission, Weißbuch, S. 35.

[481] EU-Kommission, Weißbuch, S. 36 ff.

[482] EU-Kommission, Weißbuch, S. 36.

880. Auch in diesem Zusammenhang würde inhaltlich eine zweistufige Prüfung erfolgen. Zunächst würde geprüft, ob der betreffende Bieter von einer drittstaatlichen Subvention profitiert. Anschließend würde in Bezug auf ein konkretes Vergabeverfahren geprüft, ob die drittstaatliche Subvention es dem begünstigten Bieter ermöglicht, sich zum Nachteil nicht subventionierter Unternehmen an dem Verfahren zu beteiligen. Auch hier könnte zwischen gezielten Subventionen mit Blick auf einzelne Vergabeverfahren (direkte Subvention) und hiervon unabhängig gewährten Subventionen (*De-facto*-Subvention) unterschieden werden, doch wäre jedenfalls maßgeblich, ob das Angebot durch die Subvention wirtschaftlich tragfähiger wäre als ohne die Subvention; etwa weil die angebotenen Preise unter den Kosten liegen. In anderen Fällen könnte die Verzerrung nach für das erste Teilinstrument geltenden Grundsätzen und Kriterien festgestellt werden, soweit die Subvention aus einem Drittstaat die Teilnahme an dem Vergabeverfahren erleichtert.[483]

881. Das Verfahren würde dadurch eingeleitet, dass Bieter dem öffentlichen Auftraggeber bei Einreichung ihres Angebots melden müssten, ob sie selbst oder Mitglieder ihres Konsortiums, Unterauftragnehmer bzw. Lieferanten in den letzten drei Jahren vor der Teilnahme an dem Verfahren eine finanzielle Zuwendung erhalten haben bzw. ob sie während der Auftragsausführung mit einer solchen finanziellen Zuwendung rechnen.[484] Die Meldepflicht könnte auf Fälle begrenzt werden, in denen der Wert der finanziellen Zuwendung innerhalb eines bestimmten Zeitraums (z. B. drei Jahre vor dem Datum der Meldung bis zu einem Jahr nach voraussichtlicher Auftragserfüllung) einen gewissen Wert erreicht, gegebenenfalls einen Schwellenwert oberhalb der Schwellen der EU-Vergaberichtlinien. Die Meldungen sollten veröffentlicht werden. Damit Durchsetzungsschwierigkeiten durch eine fehlerhafte Selbstbeurteilung minimiert werden, sollten Dritte und Wettbewerber das Recht erhalten, den öffentlichen Auftraggeber davon in Kenntnis zu setzen, dass im Rahmen des Verfahrens eine Meldung hätte erfolgen müssen.[485]

882. Nach Prüfung einer erfolgten Meldung auf Vollständigkeit würde der öffentliche Auftraggeber sie zur wettbewerblichen Prüfung an die zuständige Aufsichtsbehörde weiterleiten. Die Koordinierung der Aufsichtsbehörden könnte angelehnt ans Kartellverfahren nach der Verordnung 1/2003 erfolgen. Als zuständige Aufsichtsbehörden könnten wie beim ersten Teilinstrument die Europäische Kommission und mitgliedstaatliche Behörden vorgesehen werden.[486] Bei Vergabeverfahren im Rahmen zwischenstaatlicher Übereinkünfte, besonders für große Infrastrukturvorhaben, sollte die Europäische Kommission die allein zuständige Aufsichtsbehörde sein.[487]

883. Die Untersuchung sollte auch bei diesem Teilinstrument in zwei Verfahrensschritten erfolgen, wobei die Vorprüfung auf das mögliche Vorliegen einer drittstaatlichen Subvention und die eingehende Prüfung auf die Feststellung einer solchen Subvention beschränkt wäre. Am Ende des jeweiligen Verfahrensschritts wären die Europäische Kommission, der öffentliche Auftraggeber und zumindest bei der Vorprüfung alle zuständigen nationalen Aufsichtsbehörden der anderen Mitgliedstaaten zu informieren. Die Europäische Kommission wäre vom Ergebnis der eingehenden Prüfung allerdings vor dem öffentlichen Auftraggeber zu informieren, damit die Beschlussfassung abgestimmt werden könnte. Das Verfahren sollte jeweils strengen Fristen unterliegen, z. B. fünfzehn Arbeitstagen für die Vorprüfung und nicht mehr als drei Monaten für eine eingehende Prüfung.[488] Der öffentliche Auftraggeber hätte nach der Feststellung einer Subvention zu ermitteln, ob diese das Vergabeverfahren verzerrt hat.[489]

884. Während des Prüfungsverfahrens wäre eine Vergabe an den möglicherweise subventionierten Bieter ausgeschlossen. Eine Vergabe an andere Bieter bliebe aber möglich. Das Verfahren wäre vor einem Zuschlag an den möglicherweise subventionierten Bieter bis zum Abschluss der Prüfung auszusetzen. Wenn das der Fall ist, wäre der betreffende Bieter im konkreten Vergabeverfahren und gegebenenfalls für einen Zeitraum von z. B. bis zu drei Jahren von sonstigen Verga-

483 EU-Kommission, Weißbuch, S. 10, 36 f.

484 EU-Kommission, Weißbuch, S. 37.

485 EU-Kommission, Weißbuch, S. 37 f.

486 EU-Kommission, Weißbuch, S. 38 f.

487 EU-Kommission, Weißbuch, S. 41.

488 EU-Kommission, Weißbuch, S. 38 f.

489 EU-Kommission, Weißbuch, S. 40.

ben auszuschließen. Der Ausschluss wäre hinfällig, wenn der Bieter nachweist, dass er nicht mehr von drittstaatlichen Subventionen profitiert.[490]

4.1.1.2 Stellungnahme der Monopolkommission

885. Das Weißbuch überzeugt trotz seiner Knappheit hinsichtlich der Problemanalyse und wählt nach Ansicht der Monopolkommission mit dem Beihilfeäquivalenzansatz den richtigen Lösungsansatz. Dem steht nicht entgegen, dass die Ausgestaltung des ins Auge gefassten Instrumentariums im Einzelnen noch diskutiert werden muss. Im Ausgangspunkt ist dem Weißbuch zuzustimmen, dass sich ein Regelungsbedarf ergeben kann, sofern (private oder staatliche) Unternehmen aufgrund einer staatlichen Förderung von besonderen Wettbewerbsvorteilen profitieren. Das EU-Beihilferecht stellt für mitgliedstaatliche Förderungen bereits einen Regelungsrahmen bereit. In Bezug auf drittstaatliche Subventionen ist der unionsrechtliche Regelungsrahmen insoweit bislang lückenhaft.

886. Zusätzlich zur Problematik staatlicher Förderungen hätte berücksichtigt werden können, dass Drittstaaten auch durch die Ausübung von Kontrollrechten gegenüber einzelnen Unternehmen (insb. SOEs) in einer Weise in die Wirtschaft eingreifen können, die wettbewerblich problematisch sein kann.[491] Das letztgenannte Problem könnte gerade in staatskapitalistischen Systemen wie dem chinesischen System relevant sein.[492] Daneben können bei drittstaatlich kontrollierten Unternehmen Transparenzdefizite hinsichtlich der Art und Ausübung der staatlichen Kontrollrechte bestehen.[493]

Ermächtigungsgrundlage

887. Aus Sicht der Monopolkommission sollte der ins Auge gefasste Gesetzgebungsakt auf Art. 103, 109 i. V. m. Art. 352 AEUV gestützt werden. Denn er hat Regelungen zum Gegenstand, die auf die Gleichbehandlung aller Unternehmen in Hinblick auf staatliche Finanzierungen abstellen. Dabei handelt es sich um drittstaatliche Maßnahmen, weshalb Art. 352 AEUV neben Art. 103, 109 AEUV heranzuziehen ist. Bei wettbewerbsbezogenen Regelungen nach Art. 103 und 352 AEUV ist anerkannt, dass sie sich auch auf Verhaltensweisen von im EU-Binnenmarkt tätigen Unternehmen aus Drittstaaten beziehen können, wenn es zu wettbewerbsverfälschenden Auswirkungen im Binnenmarkt kommt (z. B. im Rahmen von Kartellen oder Zusammenschlüssen).[494] Dagegen würde es sich um keinen Gesetzgebungsakt handeln, der auf das völkerrechtliche Verhältnis zu Drittstaaten (im Sinne des Art. 207 Abs. 2 AEUV) abzielt. Eine wettbewerbsrechtliche Regelung wäre daneben auch mit der Rechtsprechung des Europäischen Gerichtshofs vereinbar. Denn dieser verortet auch die Rechtsgrundlage für wettbewerbsrechtliche Regeln innerhalb von Freihandelsabkommen in den Wettbewerbsregeln der Verträge.[495]

Subventionsbegriff am EU-Beihilferecht orientieren

888. Die ins Auge gefasste Anknüpfung des Subventionsbegriffs an die Definition in der Antisubventionsverordnung und des Sektorwettbewerbsrechts ist wegen der damit verbundenen Abweichung von beihilferechtlichen Grundsätzen zu hinterfragen. Aus Sicht der Monopolkommission sollte die Parallele zum EU-Beihilferecht durchgehalten werden. Zwar mag der Subventionsbegriff des Antisubventionsrechts aus Sicht von Drittstaaten als internationaler Standard akzeptabler erscheinen. In der Sache geht es aber um die wettbewerbsrechtliche Erfassung von Maßnahmen, die als mitgliedstaatliche Beihilfen nach den Art. 107 ff. AEUV zu beurteilen wären (Ziel: Gleichbehandlung zur Lückenschließung).

[490] EU-Kommission, Weißbuch, S. 39 f.

[491] Vgl. im EU-Recht erneut Art. 106 Abs. 1 AEUV; daneben allerdings auch Tz. 780 (Vorschrift führt ein Schattendasein in der EU; entsprechende Regelungen im Verhältnis zu Drittstaaten könnten daher auf die EU zurückfallen).

[492] Siehe oben Tz. 860 am Ende.

[493] Siehe oben Tz. 781.

[494] Siehe noch unten Tz. 934–936.

[495] EuGH, Gutachten 1/92 vom 10. April 1992, Opinion 1/92 – EWR II, Slg. 1992, I-2821, ECLI:EU:C:1992:189, Rz. 40; Urteil vom 9. August 1994, C-327/91 – Frankreich/Kommission, Slg. 1994, I-3641, ECLI:EU:C:1994:305. Dazu noch unten Tz. 934.

Außerdem würde eine Anknüpfung an den Beihilfebegriff des EU-Rechts mehr Rechtssicherheit mit sich bringen, da dieser Begriff in der europäischen Rechtsprechung und der Kommissionspraxis schon weitgehend konkretisiert worden ist.

Eingriffsinstrumentarium am EU-Beihilferecht orientieren

889. Ebenso ist die Aufteilung des vorgeschlagenen Instrumentariums in drei getrennte Teilinstrumente mit unterschiedlichem Anwendungsbereich zu hinterfragen. Nach den Vorschlägen im Weißbuch soll das erste Teilinstrument hinsichtlich des Subventionsempfängers grundsätzlich auf in der EU niedergelassene Unternehmen beschränkt werden, während sich das zweite und dritte Teilinstrument auf Unternehmen aus Drittstaaten beziehen. Insofern ist zunächst zu bedenken, dass die einheitliche Anknüpfung an in der EU tätige Unternehmen am ehesten dem Standard des EU-Wettbewerbsrechts entspräche. Die Beschränkung des ersten Teilinstruments auf in der EU ansässige Unternehmen würde zur Alleinanwendung des Antidumping und des Missbrauchsrechts in Fällen führen, in denen es um den grenzüberschreitenden Verkehr von Waren geht. Dagegen würden grenzüberschreitende Dienstleistungen vom ersten Teilinstrument und auch von den handelspolitischen Schutzinstrumenten nicht erfasst. Diese Ausgestaltung soll offenbar Konflikten mit dem WTO-Recht vorbeugen. Das überzeugt aus Sicht der Monopolkommission aber nicht. Nach ihrem Verständnis bestehen die befürchteten Konflikte nicht, wenn lediglich eine wettbewerbsrechtliche Gleichbehandlung aller Unternehmen im EU-Binnenmarkt hergestellt wird.[496] Zudem wird der im Weißbuch gewählte Ansatz nicht konsequent durchgehalten, soweit mit dem zweiten Teilinstrument grenzüberschreitende Investitionen und mit dem dritten Teilinstrument Vergabedienstleistungen erfasst werden.

890. Die Monopolkommission hält aber auch für den Fall etwaiger Konflikte mit dem WTO-Recht und gegebenenfalls sonstigem Recht ein anderes Vorgehen für vorzugswürdig. Anstelle des Weißbuchansatzes mit mehreren Instrumenten sollte ein einheitliches Instrument für alle drittstaatlichen Subventionen vorgesehen werden, das gegenüber den bestehenden Regelungen streng nachrangig (subsidiär) ist. Danach sollten drittstaatliche Subventionen ebenso wie EU-Beihilfen zentral notifiziert werden. Eine Ausgestaltung parallel zum EU-Beihilferecht würde es auch nicht ausschließen, dass Schwellenwerte eingeführt werden oder dass bestimmte Subventionen durch eine Gruppenfreistellungsverordnung freigestellt werden. Anders als im Beihilferecht sollte gegen drittstaatliche Subventionen jedoch nur dann interveniert werden, wenn kein anderes außenwirtschafts- oder wettbewerbsrechtliches Instrument zur Verfügung steht und eine Intervention im Unionsinteresse geboten erscheint. Bei möglichen Antidumping- oder Antisubventionsmaßnahmen wäre zu beachten, dass solche Maßnahmen normalerweise erst aufgrund einer Beschwerde der betroffenen Wirtschaftszweige getroffen werden. Deshalb erschiene insofern eine Gruppenfreistellung (mit Ausnahme von der Notifizierungspflicht) sinnvoll. Auch in Fällen, in denen der Binnenmarktschutz ausreichend über die bestehenden Wettbewerbsregeln gewährleistet ist (z. B. bei gegen Art. 102 AEUV verstoßenden Kampfpreisen), dürfte eine Intervention auf Basis des neuen Instruments grundsätzlich verzichtbar sein.

891. Die Aufgliederung des Instrumentariums in drei unterschiedliche Teilinstrumente und die Ausgestaltung der einzelnen Teilinstrumente kann weiter auch mit Blick auf die Rechtsfolgen nicht überzeugen. Aus Sicht der Monopolkommission wäre – angelehnt an Art. 107 ff. AEUV – als einheitliche Rechtsfolge die Abschöpfung von mit drittstaatlichen Subventionen verbundenen und nicht gerechtfertigten Wettbewerbsvorteilen vorzugswürdig. Diese Rechtsfolge könnte auch im Kontext von Zusammenschlüssen im Sinne der Verordnung 139/2004 und Vergabeverfahren vorgesehen werden, ebenso wie die Abschöpfung von EU-Beihilfen im Kontext von fusionskontroll- und vergaberechtlichen Prüfungen möglich ist. Zwar weicht die Beurteilung drittstaatlicher Subventionen von der Beurteilung mitgliedstaatlicher Beihilfen gegebenenfalls ab. Denn mitgliedstaatliche Beihilfen werden durch europäische Steuermittel finanziert und können einen Subventionswettlauf zwischen den EU-Mitgliedstaaten auslösen, während drittstaatliche Subventionen in der EU von den Steuerzahlern in den betreffenden Drittstaaten finanziert werden.[497] Diesem Aspekt dürfte allerdings durch entsprechend großzügige Ausnahmeregelungen oder bei der im neuen Instrumentarium vorgesehenen Abwägung zur Feststellung des Unionsinteresses zufriedenstellend Rechnung getragen werden können. Alternativ könnte das Interven-

[496] Siehe unten Tz. 930 ff.

[497] Siehe oben Tz. 586.

tionsrecht so ausgeübt werden, dass die zuständige Behörde gegen Subventionen nur bei besonderen Anhaltspunkten für eine überwiegende Schädigung des EU-Binnenmarktes nach Abwägung mit etwaigen subventionsbedingten Vorteilen einschreitet.[498]

892. Die Monopolkommission hält im Übrigen auch keine Differenzierung danach für erforderlich, ob sich eine Rückzahlung von Subventionen an den gewährenden Drittstaat vom Unternehmen nachweisen bzw. von den EU-Behörden überwachen lässt. Etwaigen Problemen in diesem Sinne könnte begegnet werden, indem alternativ zur Rückzahlung an den Drittstaat eine Pflicht zu Ausgleichszahlungen an die EU oder die Mitgliedstaaten vorgesehen wird. Dies würde zwar die Anreize vermindern, im EU-Binnenmarkt mit Subventionen tätig zu werden, die von Drittstaaten und damit von ausländischen Steuerzahlern aufgebracht werden. Eine Abschöpfung würde damit aber erneut dem Beihilferecht eher entsprechen als die ins Auge gefassten alternativen Abhilfemaßnahmen. Das Beihilferecht gestattet andere Maßnahmen als eine Rückzahlung des finanziellen Vorteils nur dann, wenn die Rückzahlung zur Wiederherstellung gleicher Wettbewerbsbedingungen nicht geeignet oder unmöglich ist.[499] Insofern ist es enger als das ins Auge gefasste Instrumentarium für drittstaatliche Subventionen. Bei andersartigen Abhilfemaßnahmen, wie sie im Weißbuch ins Auge gefasst werden, besteht zudem ein hohes Risiko, dass sie verdeckt zu industriepolitischen Zwecken und nicht allein zur Abhilfe von Wettbewerbsproblemen eingesetzt werden.

893. Die vorgeschlagenen Abhilfemaßnahmen lassen sich zudem nicht bruchlos auf eine einheitliche Schadenstheorie zurückführen. Diesbezüglich kann man grundsätzlich danach unterscheiden, ob alle subventionsbedingten Wettbewerbsvorteile neutralisiert werden sollen oder ob sich die Überprüfung speziell auf die schädlichen Auswirkungen der Subvention auf den Wettbewerb konzentriert. Im zweiten Fall müsste es aber eine klare Schadenstheorie dazu geben, welche schädlichen Auswirkungen zu beheben sind (z. B. Aufbau von Marktmacht). Die Europäische Kommission verfolgt zwar grundsätzlich den ersten Ansatz, da Abhilfemaßnahmen anstelle einer Rückzahlung des finanziellen Vorteils nur dann in Betracht kommen sollen, wenn die Rückzahlung nicht geeignet oder unmöglich ist. Die im Rahmen des ersten Teilinstruments vorgesehenen Abhilfemaßnahmen sind allerdings zugleich auf die Verhinderung eines Ausbaus von Marktmacht gerichtet (Veräußerung von Vermögenswerten, Reduzierung der Marktpräsenz, Verpflichtungen zur Zugangsgewährung). Dabei lassen sie sich zum Teil nur schwer als Spiegelbild zu einer subventionsbedingten Wettbewerbsverzerrung auffassen (Verbot eines bestimmten Marktverhaltens) oder lassen zumindest keine Abgrenzung zwischen dem Subventionsbeitrag und der Eigenleistung des betreffenden Unternehmens zu dem Produkt zu, das Gegenstand der Abhilfemaßnahme ist (z. B. bei einer Pflicht zur Lizenzerteilung oder zur Veröffentlichung von Forschungsergebnissen). In jedem Fall würden sie eine laufende Überwachung erfordern und dadurch in mehr oder weniger großem Umfang behördliche Ressourcen binden.

894. Davon abgesehen trifft es zwar zu, dass die vorgeschaltete Anwendung des neuen Instrumentariums bei Unternehmenserwerbsvorgängen (zweites Teilinstrument) oder vor einer vergaberechtlichen Zuschlagsentscheidung (drittes Teilinstrument) jeweils einen Sonderfall darstellt. So kann es bei Unternehmenserwerbsvorgängen dazu kommen, dass der ursprüngliche Subventionsempfänger den subventionsbedingten Vorteil durch Zahlung des Erwerbspreises auf den Veräußerer weiterleitet. Im Kontext des Vergaberechts bestehen Anreize für den öffentlichen Auftraggeber, durch die Zuschlagsentscheidung zugunsten des Subventionsempfängers in den Genuss des subventionsbedingten Vorteils zu kommen. Im EU-Beihilferecht wird dem erstgenannten Szenario aber dadurch Rechnung getragen, dass auch der Veräußerer als (mittelbarer) Beihilfeempfänger anzusehen ist und folglich neben dem Erwerber zur Rückzahlung verpflichtet werden kann.[500] Dem zweiten Szenario wird insbesondere dadurch Rechnung getragen, dass die Überprüfung der Beihilfe durch eine unbeteiligte Stelle (Europäische Kommission) erfolgt und der Zuschlag für ungewöhnlich niedrige Angebote aufgrund bindender Vorgaben zu versagen sein kann.[501] Die Untersagung des Erwerbs (zweites Teilinstrument) und

498 Die Monopolkommission hält selbst eine Ausgestaltung im zuletzt angesprochenen Sinne für vorzugswürdig; siehe hierzu näher unten Tz. 939.

499 EuGH, Urteil vom 26. Juni 2003, C-404/00 – Kommission/Spanien, Slg. 2003, I-6695, ECLI:EU:C:2003:373, Rz. 45 ff.; vgl. insofern auch EU-Kommission, Weißbuch, S. 23 („nicht geeignet oder unmöglich").

500 EU-Kommission, Bekanntmachung zum Begriff der staatlichen Beihilfe im Sinne des Artikels 107 Absatz 1 des Vertrags über die Arbeitsweise der Europäischen Union, ABl. C 262 vom 19. Juli 2016, S. 1, Tz. 115.

501 Siehe erneut die Nachweise in Fn. 359.

der (gegebenenfalls sogar mehrjährige) Ausschluss von Vergabeverfahren (drittes Teilinstrument) erscheinen hingegen als denkbare Maßnahmen für die jeweils Beteiligten (auch abgesehen vom Subventionsempfänger) sehr belastend, sodass sich die Frage der Verhältnismäßigkeit stellt.

895. Der Umstand, dass Abhilfemaßnahmen anstelle einer Rückzahlung des finanziellen Vorteils und einer daran anknüpfenden fortdauernden Regulierung gewählt werden können, bedeutet in jedem Fall Unsicherheit, die mit einer Schlechterstellung drittstaatlich subventionierter Unternehmen gegenüber europäischen Beihilfeempfängern verbunden wäre. Auch die Berücksichtigung von Reziprozitätserwägungen und die vorgesehene Abwägungsentscheidung (die es z. B. auch gestattet, einfach von Drittstaatssubventionen zu profitieren), gehen über die Herstellung wettbewerblicher Gleichbehandlung (*level playing field*), wie sie mit dem EU-Beihilferecht angestrebt wird, hinaus.[502]

Verpflichtungsangebote nicht als freiwillig behandeln

896. Ein Instrumentarium, das Abhilfemaßnahmen anstelle einer Rückzahlung vorsieht, sollte aus Sicht der Monopolkommission derartige Maßnahmen jedenfalls nur auf ein Verpflichtungsangebot der betroffenen Unternehmen gestatten. Dabei wäre allerdings nicht nur zu berücksichtigen, dass das Verpflichtungsangebot im Grunde nicht freiwillig erfolgt, wenn den betroffenen Unternehmen andernfalls belastende Pflichten zur Rückzahlung des subventionsbedingten finanziellen Vorteils drohen. Außerdem wäre zu berücksichtigen, dass die Abhilfemaßnahmen gegebenenfalls über eine Neutralisierung des mit der drittstaatlichen Subvention verbundenen Markteingriffs hinausgehen und damit völker- oder unionsrechtlich geschützten Interessen des subventionierenden Drittstaats zuwiderlaufen können. Aus Sicht der Monopolkommission sollten Abhilfemaßnahmen deshalb selbst im Fall eines Verpflichtungsangebot nicht als freiwillig angesehen werden, sodass eine umfassende gerichtliche Überprüfung möglich bleibt.

Transparenzprobleme insbesondere mit Blick auf SOEs regeln

897. Zur Bewältigung der angesprochenen Transparenzprobleme in Bezug auf drittstaatliche Subventionen greift das Weißbuch im Wesentlichen auf drei Werkzeuge zurück, nämlich Vermutungen bezüglich der verzerrenden Wirkung bestimmter Subventionen, der aus dem handelspolitischen Werkzeugkasten entnommenen Ermächtigung zur Nutzung verfügbarer Tatsachen (*facts available*) und verfahrens- bzw. regulierungsrechtlichen Auskunfts- und Transparenzverpflichtungen. Diese Vorgehensweise erscheint aus Sicht der Monopolkommission vertretbar, sofern den betroffenen Unternehmen ein Gegenbeweis hinsichtlich vermuteter Tatsachen möglich bleibt. Erneut ist allerdings darauf hinzuweisen, dass Transparenzprobleme in einem staatskapitalistischen System wie China insbesondere hinsichtlich der Ausübung staatlicher Kontrollmöglichkeiten problematisch erscheinen.[503]

Verfahrens- und Zuständigkeitsaspekte überdenken

898. Neben den angesprochenen sachbezogenen Fragen sind auch die ins Auge gefassten Verfahrens- und Zuständigkeitsregelungen zu würdigen. Im Hinblick auf das Verfahren ist aus Sicht der Monopolkommission fraglich, weshalb stets ein zweistufiges Verfahren für erforderlich angesehen wird. Außerdem bedeutet die in Betracht gezogene Verbindung des ersten und des zweiten Teilinstruments für die betroffenen Unternehmen eine besondere Belastung durch zwei subventionsbezogene Verfahren. Im Fall eines auch fusions- und investitionskontrollrechtlich zu überprüfenden Unternehmenserwerbs käme es sogar zu drei parallel stattfindenden und dem Erwerb dabei jeweils vorgeschalteten Prüfungen. Für derartige Fälle müssten die Verfahren eng aufeinander abgestimmt werden, um die Unsicherheit für die betroffenen Unternehmen tragbar zu halten. Im Verhältnis zur Investitionskontrolle müssten auch genauere inhaltliche Kriterien zur Abgrenzung der unionsrechtlichen Drittstaatssubventionskontrolle und der immer noch vor allem mitgliedstaatlich ausgestalteten Investitionskontrolle entwickelt werden, um eine verdeckte und gegebenenfalls schleichende „Hochzonung" von Aspekten der Investitionskontrolle auf die EU-Ebene auszuschließen.

---

502 Insb. im Kontext des ersten Beihilfeinstruments ist bei einer Beschränkung auf in der EU niedergelassene Unternehmen unklar, welcher Heimatmarkt insofern zu berücksichtigen wäre; vgl. insoweit EU-Kommission, Weißbuch, S. 18, 21.

503 Siehe schon oben Tz. 886 und die dortigen weiteren Nachweise.

899. Dessen ungeachtet sollte die Zuständigkeit zur Überprüfung der Vereinbarkeit drittstaatlicher Subventionen mit dem EU-Binnenmarkt aus Sicht der Monopolkommission allein bei der Europäischen Kommission liegen. Diese ist nach den EU-Verträgen für die Beihilfepolitik und, soweit hier relevant, für die gemeinsame Handelspolitik ausschließlich zuständig.[504] Den mitgliedstaatlichen Behörden fehlt Erfahrung in der wettbewerbsrechtlichen Beurteilung von EU-Beihilfen und jeder Beurteilung von drittstaatlichen Subventionen. Daneben kann es auf Ebene der Mitgliedstaaten zu Interessenkonflikten kommen, soweit diese von den drittstaatlichen Subventionen profitieren würden (z. B. als öffentliche Auftraggeber).[505] Davon abgesehen würde eine einheitliche Zuständigkeit auch die Belastung der betroffenen Unternehmen durch ein komplexes und neuartiges Verfahren vermindern.

Handelspolitische Mechanismen zum „Export" des EU-Beihilferahmens nutzen

900. Aus Sicht der Monopolkommission bedauerlich ist, dass im Weißbuch die Möglichkeiten zur Abstimmung des neuen Instrumentariums mit der gemeinsamen Handelspolitik nicht in weitergehendem Umfang genutzt werden. Die vorgesehene Anknüpfung an die Streitbeilegung in Freihandelsabkommen ist positiv zu bewerten. Allerdings gibt es keine Möglichkeit zur Anerkennung drittstaatlicher Beihilfekontrollsysteme. Die Aufnahme einer Regelung, die eine solche Anerkennung vorsieht, würde es ermöglichen, den Anwendungsbereich des neuen Instrumentariums dynamisch anzupassen, sodass er fortlaufend auf die tatsächlich bestehenden Regelungslücken beschränkt bliebe. Außerdem könnten mit der Anerkennung drittstaatlicher Beihilfekontrollsysteme Anreize für Drittstaaten einhergehen, ebenfalls einen dem EU-Beihilferecht entsprechenden Regelungsrahmen einzuführen. Dies würde zur wettbewerblichen Gleichbehandlung über den EU-Binnenmarkt hinaus beitragen.

In der Gesamtschau auf Verhältnismäßigkeit achten

901. Das Weißbuch setzt viele wichtige Impulse. Die Einführung eines neuen Instrumentariums für drittstaatliche Subventionen schließt Regelungslücken, die im Interesse eines einheitlichen Schutzes der wettbewerblichen Chancengleichheit in der EU zunehmend zum Problem werden. Dennoch zeigt sich, dass Einzelpunkte noch zu diskutieren sind. Hinzu kommt, dass das ins Auge gefasste Instrumentarium einseitig auf die Schaffung behördlicher Überprüfungs- und Eingriffsbefugnisse ausgerichtet ist. Die mit dem neuen Instrumentarium verbundenen Belastungen insbesondere für die betroffenen Unternehmen sollten allerdings nicht aus dem Blick geraten. Die Belastung folgt aus der Möglichkeit zur Kombination mehrerer Teilinstrumente untereinander und mit anderweitigen Überprüfungen (insb. der nationalen Investitionskontrolle) sowie der mit den Verfahren einhergehenden Unsicherheit.[506] Diese Unsicherheit erhöht sich durch den vorgesehenen mehrjährigen Betrachtungszeitraum und die für das Aufgreifen von Fällen unter dem ersten Teilinstrument vorgesehene zehnjährige Verjährungsfrist.[507] Daneben gehen die ins Auge gefassten Abhilfemaßnahmen teils erheblich weiter, als für eine Parallele zum EU-Beihilferecht geboten wäre. Die – allerdings wohl unumgängliche – Belastung durch die Stillhalteverpflichtungen im Rahmen des zweiten und dritten Teilinstruments kommt hinzu. Darüber hinaus ist zu bedenken, dass die Überprüfung und die Abhilfemaßnahmen Auswirkungen auch auf mittelbar von den Subventionen Begünstigte haben können.[508] Diese könnten somit davon abgeschreckt werden, überhaupt noch Angebote von möglicherweise subventionierten Unternehmen entgegenzunehmen, ungeachtet der Frage, ob tatsächlich eine binnenmarktverzerrende Subvention vorliegt. Das im Weißbuch ins Auge gefasste Instrumentarium erscheint in der vorgesehenen Ausgestaltung somit unter dem Aspekt der Verhältnismäßigkeit nicht unproblematisch.

---

[504] Art. 3 Abs. 1 lit. b und e AEUV.

[505] Dieses Risiko besteht insbesondere, soweit für die Beurteilung einer möglichen Verzerrung der Vergabeentscheidung der öffentliche Auftraggeber selbst zuständig sein soll; siehe erneut EU-Kommission, Weißbuch, S. 40.

[506] Siehe zuvor Tz. 898.

[507] EU-Kommission, Weißbuch, S. 19, 29 und 37 zum Betrachtungszeitraum (Subventionsgewährung über drei Jahre in Folge vor Überprüfung; im Rahmen des zweiten und dritten Instruments auch ein Jahr nach Erwerbsabschluss/Auftragserfüllung); S. 25 (zur Verjährung).

[508] Siehe EU-Kommission, Bekanntmachung zum Begriff der staatlichen Beihilfe im Sinne des Artikels 107 Absatz 1 des Vertrags über die Arbeitsweise der Europäischen Union, ABl. C 262 vom 19. Juli 2016, S. 1, Tz. 115 zu mittelbaren Vorteilen im EU-Beihilferecht.

4.1.2 Vorausgegangene Vorschläge für den Umgang mit drittstaatlichen Subventionen

902. Die vor dem Kommissionsweißbuch entwickelten Ansätze zur Ergänzung des bestehenden Rechtsrahmens können hier aus Raumgründen nicht umfassend gewürdigt werden. In der Problemanalyse decken sich die Ansätze, soweit sie eine solche Analyse vorgenommen haben, im Wesentlichen mit den Ausführungen in den Abschnitten 1–3. Je nach den gesetzten Schwerpunkten bei der Problemanalyse befürworten sie unterschiedliche Instrumente. Die Monopolkommission nimmt nachfolgend zu den Ansätzen Stellung, die für sie bei Erarbeitung ihrer eigenen Empfehlungen maßgeblich waren.

4.1.2.1 Niederländischer Vorschlag: Verpflichtung zu marktwirtschaftlichem Unternehmensverhalten

903. Nach einem Ende des Jahres 2019 vorgelegten Vorschlag der Ständigen Vertretung der Niederlande für ein sogenanntes *„level playing field instrument"* sollten Unternehmen aus Drittstaaten strengeren Regeln unterliegen, wenn sie staatlich unterstützt werden oder in ihrem Heimatstaat über eine nichtregulierte beherrschende Stellung verfügen, die es ihnen ermöglicht, Überschussgewinne zu erwirtschaften. Solche Unternehmen sollten einer strengeren Aufsicht unterstellt werden. Daneben sollten ihnen gegebenenfalls bestimmte Verhaltensweisen verboten werden.[509]

Wesentliche Merkmale des Vorschlags

904. Im Einzelnen soll der niederländische Vorschlag dem unionsrechtlichen Ziel dienen, den unverfälschten Wettbewerb im EU-Binnenmarkt zu schützen.[510] Die vorgeschlagene Regelung soll, ohne diese zu verdrängen, neben den einschlägigen vorhandenen Vorschriften (Art. 101 ff. AEUV, Antidumping-/Antisubventionsregeln, Fusions- und Investitionskontrollvorschriften) Anwendung finden. Der Vorschlag zielt dabei vor allem darauf ab, Lücken des Wettbewerbsschutzes im Verhältnis zu Drittstaaten zu schließen.

905. Die vorgeschlagene Neuregelung soll nur eingreifen, wenn sich Unternehmen infolge staatlicher Maßnahmen anders als davon unbeeinflusste Marktteilnehmer verhalten. Der aus dem EU-Beihilferecht bekannte Marktinvestortest soll also so modifiziert werden, dass er sich unmittelbar auf durch staatliche Maßnahmen bewirkte Änderungen des Unternehmensverhaltens beziehen würde. Maßgeblich soll die Frage sein, wie sich die betreffenden Unternehmen ohne die staatlichen Maßnahmen im Vergleich mit anderen Marktteilnehmern verhalten würden. Dabei würde eine nicht regulierte beherrschende Stellung im Heimatstaat wegen der damit verbundenen wirtschaftlichen Vorteile wie eine staatliche Subventionierung behandelt. Unterschiede in den allgemeinen Marktbedingungen sollen ansonsten aber nicht relevant sein.

906. Wenn Unternehmen ein nicht marktkonformes Verhalten zeigen, sollen ihnen bestimmte Verhaltensweisen verboten sein (Lieferbeschränkungen, Preis- und Produktdiskriminierung, gebündelte Verkäufe, nicht marktgerechte Handelspreise oder wirtschaftlich auf absehbare Zeit nicht rentable Anlagen). Es handelt sich um Verhaltensweisen, die beherrschenden Unternehmen im Binnenmarkt verboten sind, weil sie dadurch Wettbewerber oder Verbraucher schädigen können.

907. Das vorgeschlagene Instrumentarium soll präventiv in dem Sinne angewendet werden, dass es keines Nachweises bedarf, dass staatliche Maßnahmen zu einer beherrschenden Stellung führen. Den betroffenen Unternehmen sollen im Rahmen eines behördlichen Verfahrens Pflichten zur Kontentrennung sowie verhaltensbezogene und strukturelle Abhilfemaßnahmen auferlegt werden können.

---

[509] Der Vorschlag liegt der Monopolkommission vor. Die folgenden Ausführungen beziehen sich auf öffentlich verfügbare Informationen zu dem Vorschlag, d. h.: Niederlande, Non-paper – Strengthening the level playing field on the internal market, 9. Dezember 2019, https://www.permanentrepresentations.nl/documents/publications/2019/12/09/non-paper-on-level-playing-field, Abruf am 16. Juni 2020; Tweede Kamer der Staten-Generaal, Vergaderjaar 2019–2020, 21 501-30, Raad voor Concurrentievermogen, Nr. 470, Brief van de Staatssecretaris van Economische Zaken en Klimaat.

[510] Protokoll (Nr. 27) über den Binnenmarkt und den Wettbewerb, ABl. C 202 vom 7. Juni 2016, S. 201 (308).

Stellungnahme der Monopolkommission

908. Der niederländische Vorschlag enthält aus Sicht der Monopolkommission viele bedenkenswerte Elemente. Er kann letztendlich nicht überzeugen, weil er nicht darauf ausgerichtet ist, schädlichen Wettbewerbswirkungen von staatlichen Eingriffen in die Wirtschaft entgegenzusteuern, sondern sich isoliert gegen bestimmte Verhaltensweisen richtet. Dennoch erscheint es im Ausgangspunkt sinnvoll, vom Prinzip des unverfälschten Wettbewerbs im Sinne von Protokoll Nr. 27 auszugehen und ein neues Instrument für staatliche Maßnahmen einzuführen, die zu einem marktinkonformen Unternehmensverhalten führen.

909. Allerdings erscheint es nicht erforderlich und mit dem auf bestimmte Fallgruppen beschränkten Ansatz der EU-Verträge auch nicht ohne Weiteres vereinbar, das Instrument in seinem Anwendungsbereich auf alle möglichen Fälle eines eventuell verfälschten Unternehmensverhaltens zu erstrecken. In Anbetracht der schon bestehenden Regelungen dürfte es näher liegen, das Instrument auf Verhaltensweisen zu beschränken, in denen drittstaatliche Maßnahmen das Unternehmensverhalten beeinflussen, ohne dass sich daraus folgende etwaige Wettbewerbsverfälschungen im EU-Binnenmarkt mit Antidumping- und Antisubventionsmaßnahmen, über die Kartell- und Missbrauchskontrolle und die Fusions- und Investitionskontrolle hinreichend erfassen lassen. Hinsichtlich der relevanten staatlichen Maßnahmen erscheint es zwar vertretbar, die Ausübung von Kontrollrechten und Subventionen durch Drittstaaten gleichermaßen zu adressieren. Allerdings werden andere Maßnahmen als drittstaatliche Subventionen bisher praktisch nicht diskutiert. Abgesehen von der Schließung der verbleibenden Regelungslücken bleibt ferner eine konsequente Anwendung der bestehenden Regeln (insb. zu Antisubventionsmaßnahmen) wichtig.

910. Die Modifizierung des Marktinvestortests zur Feststellung einer potenziell relevanten Wettbewerbsverfälschung ist ebenfalls zu hinterfragen. Der Marktinvestortest bezieht sich herkömmlich auf die Gewährung staatlicher Vorteile im Rahmen einer Investitionstätigkeit, die nach anderen als marktwirtschaftlichen Kriterien erfolgt. Dem Test liegt insoweit die Annahme zugrunde, dass die Vorteile das Verhalten der sie empfangenden Unternehmen beeinflussen und dadurch zu einem Verhalten im Markt führen können, das von dem nicht begünstigter Marktteilnehmer abweicht. Wenn der Staat beispielsweise marktbeherrschende Stellungen reguliert oder auf eine solche Regulierung verzichtet, bedient er sich dagegen von vornherein keiner Instrumente, die einem privaten Investor zur Verfügung stehen und bei denen sich die Frage eines marktkonformen Verhaltens stellen kann. Er setzt vielmehr hoheitliche Instrumente ein, um das Verhalten der Marktteilnehmer von außen zu steuern. Der Einsatz hoheitlicher Instrumente kann allenfalls unverhältnismäßig sein.[511] Umgekehrt führt ein Verzicht auf hoheitliche Regulierung nicht dazu, dass die unregulierten Unternehmen ein Verhalten im Markt zeigen würden, das aufgrund staatlicher Einflussnahme von dem Verhalten anderer Marktteilnehmer abweicht. Es fehlt vielmehr an einer staatlichen Maßnahme, die das Verhalten der betreffenden Unternehmen in einer solchen Weise beeinflussen könnte.[512] Die vorgeschlagene Modifizierung des Marktinvestortests hätte in Anbetracht dessen aber zur Folge, dass der Test seine Aussagekraft für die Beurteilung des Verhaltens der betroffenen Unternehmen verlöre.

911. Der niederländische Vorschlag definiert den Marktinvestortest auch gar nicht als Test für die Beurteilung staatlicher Maßnahmen, sondern als neuartigen Test, um isoliert das Unternehmensverhalten zu erfassen, sofern dieses im Vergleich mit dem Verhalten eines Unternehmens unter „normalen Marktbedingungen" von einem solchen Verhalten abweicht. Wenn man hinsichtlich normaler Marktbedingungen vom Leitbild des unverfälschten Wettbewerbs ausgeht, ist nach dem Test also jegliches Unternehmensverhalten näher zu betrachten, das potenziell mit Wettbewerbsverfälschungen einhergeht.[513] Da das Unternehmensverhalten – anders als im EU-Beihilferecht – losgelöst von der vorausgehenden staatlichen Vorteilsgewährung betrachtet wird, bleibt allerdings unklar, anhand welcher Besonderheiten ein von einem normalen Verhalten abweichendes Unternehmensverhalten bestimmt werden soll.

---

[511] Siehe oben Tz. 612.

[512] Dem steht nicht entgegen, dass mit dem Einsatz hoheitlicher Instrumente auch außerhalb des Marktinvestortests selektive Vorteile im Sinne von Art. 107 Abs. 1 AEUV verbunden sein können.

[513] Siehe erneut Protokoll Nr. 27 zu den EU-Verträgen.

912. Einen weiteren Bruch mit dem Marktinvestortest stellt es sodann dar, dass das vorgeschlagene Instrument in seiner Ausgestaltung im Übrigen dann dem Marktbeherrschungs-Ansatz folgt. Denn es sieht keine Neutralisierung von staatlich verursachten Abweichungen von den normalen Marktbedingungen vor (z. B. durch eine Ausgleichsabgabe für subventionsbedingte Vorteile). Statt dessen verbietet es den betreffenden Unternehmen bestimmte Verhaltensweisen, die gerade bei beherrschenden Unternehmen auftreten können und dort als grundsätzlich missbräuchlich angesehen werden (siehe oben Tz. 906).

913. Derartige Verhaltensweisen sind im geltenden Recht mit gutem Grund lediglich beherrschenden Unternehmen verboten. Denn bei Unternehmen mit einer beherrschenden Marktstellung ist davon auszugehen, dass sie „die Struktur des Marktes beeinflussen können, auf dem der Wettbewerb gerade wegen der Anwesenheit des fraglichen Unternehmens bereits geschwächt ist, und [dass sie] die Aufrechterhaltung des auf dem Markt noch bestehenden Wettbewerbs oder dessen Entwicklung [zusätzlich] behindern".[514] Solche Risiken bestehen dagegen nicht, wenn die betreffenden Unternehmen nicht marktbeherrschend sind (selbst wenn sie von z. B. staatlichen Subventionen profitieren). Denn nicht marktbeherrschende Unternehmen sind einem Wettbewerbsdruck ausgesetzt, der es nicht zulässt, dass sie den Wettbewerb einseitig behindern können. Die besagten Verhaltensweisen werden bei nicht marktbeherrschenden Unternehmen deshalb auch grundsätzlich als wettbewerbskonform angesehen.

914. Demgegenüber werden staatliche Maßnahmen, insbesondere wenn sie mit selektiven Vorteilen zugunsten einzelner Unternehmen oder Produktionszweige verbunden sind, grundsätzlich als wettbewerbsverfälschend angesehen und sind vorbehaltlich einer Rechtfertigung verboten.[515] Ein Grund hierfür ist, dass Unternehmen, die von staatlicher Subventionierung abhängig sind, sich entsprechend den staatlich vorgegebenen Zielen verhalten, aber nicht – entsprechend dem Leitbild des unverfälschten Wettbewerbs – wie unabhängig handelnde Unternehmen.[516] Diesem Wettbewerbsaspekt würde ein Instrument, das sich gegen bestimmte, normalerweise nur bei marktbeherrschenden Unternehmen als problematisch angesehene Verhaltensweisen richtet, nicht gerecht.

915. Zuletzt ist bei den vorgeschlagenen verhaltensbezogenen und strukturellen Abhilfemaßnahmen fraglich, ob sie bei Unternehmen mit Sitz in einem Drittstaat überhaupt effektiv durchgesetzt werden können. Immerhin können Informationsprobleme, die in der EU hinsichtlich drittstaatlicher Subventionen bestehen können, durch die vorgeschlagene Pflicht zur Kontentrennung verringert werden.

4.1.2.2 Verbandsvorschlag: Vermutung subventionsbedingter Wettbewerbsverfälschungen

916. Der in Brüssel ansässige Verband BusinessEurope hat Anfang des Jahres 2020 vorgeschlagen, ein eigenständiges Regelungsprinzip des staatlich kontrollierten Unternehmens (*state-owned enterprise principle*) einzuführen, das drittstaatlich induzierte Wettbewerbsverzerrungen adressieren sollte.[517] Danach könnte eine Wettbewerbsverzerrung durch SOEs allein aufgrund des Umstandes vermutet werden, dass sie drittstaatlich finanziert werden. Der Fokus auf SOEs liegt dabei darin begründet, dass vermutet wird, dass chinesische SOEs in besonderer Weise von einer Vorteilsgewährung des chinesischen Staates profitieren. Die SOEs, für die die Vermutung gelten soll, sind Unternehmen mit mindestens 20-prozentiger staatlicher Beteiligung.[518] Die Vermutung könnte etwa im Bereich der Subventions- und Investitionskontrolle sowie im Vergaberecht angewendet werden. Die Unternehmen müssten beweisen, dass sie sich wettbewerbskonform verhalten (Beweislastumkehr).[519] Im Bereich der Subventionskontrolle müssten die Unternehmen demnach etwa darlegen, dass sie nicht von Subventionen in ihrem Heimatmarkt profitieren, wodurch bestehende Transparenzdefizite überwunden werden könnten. Es ergäbe sich insoweit eine gewisse Parallele zum Beihilferecht (Art. 107 ff. AEUV), in dem die

---

[514] EuGH, Urteil vom 13. Februar 1979, 85/76 – Hoffmann-La Roche, Slg. 1979, 461, ECLI:EU:C:1979:36, Rz. 91.

[515] Art. 107 AEUV.

[516] Vgl. schon oben Tz. 608, 609 ff. (zum Marktinvestortest).

[517] BusinessEurope, The EU and China: Addressing the Systemic Challenge, Januar 2020, S. 12 und die S. 40, 44, 103, 105 und 109.

[518] Ebenda, S. 97 mit Fn. 128.

[519] Ebenda, S. 103; vgl. hierzu auch die Vorschläge zur Reform der Subventionsregeln auf WTO-Ebene in: Joint Statement of the Trilateral Meeting of the Trade Ministers of Japan, the United States and the European Union, Januar 2020, Ziff. 2.

Mitgliedstaaten die *Prima-facie*-Annahme eines beihilferechtlich relevanten Vorteils durch den Nachweis, dass eine wirtschaftliche Vergünstigung nach dem Prinzip eines marktwirtschaftlich handelnden Wirtschaftsbeteiligten gewährt wird, ausräumen können.[520] Ferner könnten in der Investitionskontrolle zusätzliche Anforderungen für SOEs festgeschrieben und im Vergaberecht spezielle Vorgaben für die Angebote von SOEs in die Regelungen zu ungewöhnlich niedrigen Angeboten (*abnormally low tenders*) aufgenommen werden.

917. Der Vorschlag von BusinessEurope lässt sich dem Beihilfeäquivalenz-Ansatz zuordnen. Er zielt darauf ab, dass staatliche Subventionen im EU-Binnenmarkt als solche zu Wettbewerbsproblemen führen können. In diesem Kontext adressiert der Vorschlag speziell das Problem, dass Eingriffe des chinesischen Staates in die Wirtschaft nach den in der EU vorhandenen Informationen unter Umständen nicht als solche erkennbar sind. Insoweit trifft zu, dass ein Vorgehen gegen Unternehmen bei Wettbewerbsverstößen gerade dadurch erschwert sein kann, dass in der EU weniger Informationen als im Drittstaat selbst zur Frage vorhanden sind, ob eine drittstaatliche Subventionierung wettbewerbsverfälschende Verhaltensweisen des betreffenden Unternehmens ermöglicht. Staatsunternehmen, die in größerem Umfang als die Privatwirtschaft von Subventionen profitieren, dürften sich intransparente Strukturen zunutze machen können, um die Ermittlung und Ahndung von Wettbewerbsverstößen zu erschweren.

918. Der Vorschlag geht aber selbst mit Unsicherheiten einher, da es keine eindeutigen Kriterien dafür gibt, welche Unternehmen als SOEs anzusehen sind. Daneben kann ein Drittstaat auch private Unternehmen unterstützen, um so etwaige Regelungen für SOEs gezielt zu umgehen. Aus Sicht der Monopolkommission erscheint die vorgeschlagene Vermutungsregel daher nur als ergänzendes Instrument sinnvoll, soweit die Vermutung in Fällen von Informationsdefiziten der europäischen Ermittlungsbehörden eingreifen würde.[521]

4.1.2.3 Bundeskartellamt: Würdigung drittstaatlicher Subventionen innerhalb des bestehenden Rechtsrahmens

919. In seiner Entscheidung zum Zusammenschluss *CRRC/Vossloh* hat das Bundeskartellamt exemplarisch herausgearbeitet, in welchem Umfang eine Einflussnahme drittstaatlicher Stellen bzw. subventionsbedingte Wettbewerbswirkungen schon im Rahmen des bestehenden Fusionskontrollrechts berücksichtigt werden können.[522] Dieses Vorgehen dürfte Forderungen von Deutschland, Frankreich und anderen Mitgliedstaaten bereits in weitem Umfang umsetzen, wonach in der Fusionskontrolle stärker berücksichtigt werden sollte, dass eine nicht marktwirtschaftskonform gewährte staatliche Finanzunterstützung die Aussagekraft der Umsätze und die Finanzkraft drittstaatlicher Erwerber verzerren kann.[523]

920. Das Bundeskartellamt hat die Subventionen, von denen das erwerbende Unternehmen CRRC profitiert, bei der Prüfung der Frage berücksichtigt, ob durch den Zusammenschluss wirksamer Wettbewerb erheblich behindert würde, insbesondere durch die Begründung oder Verstärkung einer marktbeherrschenden Stellung. Diesbezüglich wurde bereits dargelegt, dass Subventionen die Marktstellung beeinflussen können, weil sie die Finanzkraft des subventionierten Unternehmens stärken.[524] Daneben lassen sich aus dem Umstand, dass Subventionen schon früher das Marktverhalten eines beteiligten Unternehmens beeinflusst haben, Rückschlüsse auf das erwartbare Marktverhalten des zusammenge-

---

[520] Siehe erneut EU-Kommission, Bekanntmachung zum Begriff der staatlichen Beihilfe im Sinne des Artikels 107 Absatz 1 des Vertrags über die Arbeitsweise der Europäischen Union, ABl. C 262 vom 19. Juli 2016, S. 1, Tz. 73 ff.

[521] Siehe näher unten Abschn. 4.1.3.3.

[522] BKartA, Beschluss vom 27. April 2020, B4-115/19 – CRRC/Vossloh (bislang unveröffentlicht); dazu Fallbericht vom 27. April 2020. Die Entscheidung selbst ist zurückhaltender als der Fallbericht gefasst; siehe dort Tz. 564.

[523] Schreiben der Minister Altmaier, Patuanelli, Le Maire, Emilewicz an EU-Kommissions-Vizepräsidentin Vestager vom 4. Februar 2020, Punkt 1; Bundesministerium für Wirtschaft und Energie/Ministère de l'économie et des finan-ces/Ministerstwo Przedsiębiorczości i Technologii, Modernising EU competition policy, Punkt 1, https://www.bmwi.de/Redaktion/DE/Downloads/M-O/modernising-eu-competition-policy.pdf?__blob=publicationFile&v=4, Abruf am 9. März 2020; siehe dazu schon oben Abschn. 3.3.2.1 (insb. Tz. 833).

[524] Siehe oben Abschn. 3.3.2.3.

schlossenen Unternehmens ziehen.[525] Das Bundeskartellamt hat unter Berücksichtigung dieser Aspekte zutreffend geprüft, ob die Marktstellung des zusammengeschlossenen Unternehmens gestärkt werden könnte.[526]

921. Abgesehen von Fragen der Marktstellung wurde zuvor allerdings darauf hingewiesen, dass Subventionen staatlicherseits auch eingesetzt werden können, um nach politisch-strategischen Kriterien einzelne Märkte oder ganze Wirtschaftsbereiche unter staatliche Kontrolle zu bringen. Insofern geht es nicht um die Begründung oder Verstärkung einer marktbeherrschenden Stellung, sondern um einen darüber hinausgehenden und speziell subventionsbedingten Wettbewerbsschaden. Ein solcher, von der Marktstellung unabhängiger Wettbewerbsschaden kann auch nach den Ausführungen des Bundeskartellamts nicht fusionskontrollrechtlich erfasst werden. Das Bundeskartellamt hat zwar hervorgehoben, dass die Einflussnahme drittstaatlicher Stellen etwa die Fähigkeit und die Bereitschaft zu Niedrigpreisstrategien begünstigen könnte. Es hat insofern ausgeführt, dass „Niedrigpreise, die nicht in vollem Umfang mit komparativen Kostenvorteilen unterlegt sind, auf mittlere Sicht die Gefahr [bergen], die Wettbewerbsstruktur zu beschädigen".[527] Jedoch hat das Bundeskartellamt in seiner Entscheidung ebenfalls hervorgehoben, dass für die aus Subventionen resultierenden Wettbewerbsverzerrungen spezielle Regelungen wie das Beihilferecht oder die Antidumpingregeln geschaffen worden und vorrangig sind.[528]

922. Der Ansatz des Bundeskartellamts würde somit keine Basis für ein Vorgehen gegen beihilfebedingte Wettbewerbsschäden darstellen, die auf EU-Ebene in einem parallel zur Fusionskontrolle durchgeführten Beihilfeverfahren zu überprüfen wären. Zugleich würde der Ansatz des Amtes dann aber auch keine Basis für ein Vorgehen aufgrund drittstaatlicher Subventionen bieten, die von der Beihilfekontrolle und den Antidumping- und Antisubventionsregeln nicht erfasst werden und für die die Europäische Kommission ein eigenständiges Interventionsinstrument befürwortet.

923. Eine extensivere Auslegung der Fusionskontrollvorschriften, die den Kartellbehörden eine umfassende Prüfung der Subventionswirkungen im Rahmen der Zusammenschlusskontrolle gestattet, wäre theoretisch zwar denkbar, würde praktisch aber mit der ausschließlichen Zuständigkeit der Europäischen Kommission für Fragen der Beihilfekontrolle und der gemeinsamen Handelspolitik in Konflikt geraten.[529]

4.1.3 Vorschlag der Monopolkommission – Drittlandsbeihilfeinstrument

924. Die Monopolkommission spricht sich für die Einführung eines einheitlichen Rechtsinstruments aus, mit dem die im bestehenden Regelungsrahmen festgestellten Lücken im Falle (selektiver) drittstaatlicher Subventionen geschlossen werden. Das Instrument sollte gewährleisten, dass drittstaatliche Subventionen, durch die der Wettbewerb im EU-Binnenmarkt verfälscht wird und denen nicht mit Antidumping- bzw. Antisubventionsinstrumenten begegnet werden kann, ähnlich wie mitgliedstaatliche Beihilfen einer kartellbehördlichen Kontrolle unterliegen (Beihilfeäquivalenz-Ansatz). Dies sollte auch für Fälle gelten, in denen drittstaatliche Subventionen im Zusammenhang mit Unternehmenserwerbs- oder Beschaffungsvorgängen in der EU eingesetzt werden. Je nach der Ausgestaltung des Instruments könnten weitere Maßnahmen entbehrlich sein, um einzelnen Verhaltensweisen von Unternehmen zu begegnen, mit denen diese ihre subventionsbedingt erhöhte Finanzkraft beispielsweise für Verdrängungsstrategien einsetzen können (Marktbeherrschungs-Ansatz) (Abschn. 4.1.3.1).

925. Das hier vorgeschlagene Instrument sollte gegenüber dem Wettbewerbsrecht der EU nachrangig (subsidiär) angewendet werden (Abschn. 4.1.3.2). Zur Vereinfachung seiner Anwendung sollte das Instrument zudem so ausgestaltet werden, dass das Vorliegen einer wettbewerbsverfälschenden Subvention in bestimmten Fällen vermutet wird (z. B. bei

---

525 EU-Kommission, Entscheidung 94/449/EG vom 14. Dezember 1993, IV/M.308 - Kali + Salz/MdK/Treuhand, ABl. L 186 vom 21. Juli 1994, S. 38, Tz. 47.

526 BKartA, Beschluss vom 27. April 2020, B4-115/19 – CRRC/Vossloh; dazu Fallbericht vom 27. April 2020, S. 4 – „erste Besonderheit".

527 BKartA, Beschluss vom 27. April 2020, B4-115/19 – CRRC/Vossloh; dazu Fallbericht vom 27. April 2020, S. 5 – „zweite Besonderheit".

528 BKartA, Beschluss vom 27. April 2020, B4-115/19 – CRRC/Vossloh, Tz. 564 (bislang unveröffentlicht).

529 Art. 2 Abs. 1, Art. 3 Abs. 1 lit. b und e AEUV.

SOEs). Den betroffenen Unternehmen sollte es dann allerdings möglich sein, die Vermutung durch die Offenlegung von in der EU nicht verfügbaren Informationen über ihre Finanzierungsstruktur zu widerlegen (Abschn. 4.1.3.3).

926. Die Monopolkommission spricht sich im Übrigen gegen Maßnahmen aus, mit denen den EU-Mitgliedstaaten oder europäischen Unternehmen über das bestehende Recht hinausreichende Abwehrmaßnahmen gestattet würden. Sie sieht in weiterem Umfang als nach dem bestehenden Recht keine Rechtfertigung für Maßnahmen, mit denen etwaigen Wettbewerbsverfälschungen durch drittstaatliche Subventionen eigene wettbewerbsverfälschende Maßnahmen entgegengesetzt werden (Abschn. 4.1.3.4).

4.1.3.1 Einführung eines Instruments zum Ausgleich von Drittlandsbeihilfen im EU-Binnenmarkt zu empfehlen

927. Im Zentrum des hier vorgeschlagenen Instruments steht die wirtschaftliche Tätigkeit im Binnenmarkt unter Rückgriff auf Subventionen eines Drittstaats (sogenannte Drittlandsbeihilfen). Diesbezüglich geht es im Kern darum, die durch das europäische Beihilferecht hervorgerufene Selbstdiskriminierung weitestgehend abzubauen. Das europäische Beihilfeverbot prägt den Wettbewerb als Ausdruck von Chancengleichheit im EU-Binnenmarkt.[530] Es ist bereits darauf hingewiesen worden, dass Art. 107 AEUV auf Drittstaaten nicht angewendet werden kann.[531] Zur Aufrechterhaltung der wettbewerblichen Chancengleichheit auf dem Binnenmarkt folgt daraus die Notwendigkeit einer Gleichbehandlung, die insbesondere für die Fälle entscheidend ist, in denen keine alternativen Ausgleichsinstrumente in Betracht kommen.

928. Ein Regelungsbedarf besteht vorrangig in den Fällen, die nicht durch das Antisubventionsrecht erfasst werden.[532] Das sind etwa Fälle, in denen Unternehmen im EU-Binnenmarkt wirtschaftlich tätig sind und dort im Rahmen des Warenverkehrs (Produktion/Handel) von drittstaatlichen Subventionen profitieren, jedoch ohne dass Waren in die EU eingeführt werden. Ein Beispiel für eine solche Situation wäre, dass Unternehmen aus Drittstaaten zur Umgehung von bzw. als Reaktion auf Antidumping-/Antisubventionsmaßnahmen ihre Produktion in die EU verlagern würden. Ein anderes Beispiel wären subventionierte Unternehmenskäufe, die hinsichtlich der Auswirkungen der Subvention auf den Wettbewerb auch in der Investitions- und Fusionskontrolle nicht umfassend überprüft werden können. Daneben bestehen Schutzlücken im Bereich des Dienstleistungshandels. Notwendigerweise wäre ein solches Instrument „blind" für die Nationalität des Subventionsempfängers. Genauso wäre es zunächst einmal in gleicher Weise auf alle Drittlandsbeihilfen anwendbar, unabhängig von der konkreten Herkunft. Chinesische Subventionen wären damit ebenso erfasst wie amerikanische oder zukünftig womöglich auch britische Subventionen. Unterschiede wären allein durch die Existenz einer vergleichbaren Subventionskontrolle im Drittstaat gerechtfertigt, da nur dann die Ungleichbehandlung abgebaut werden kann.[533]

929. Das Unionsrecht ist in Bezug auf drittstaatliche Eingriffe in die Wirtschaft offen. Die Art. 106, 107 ff. AEUV sind auf Maßnahmen von Drittstaaten nicht anwendbar.[534] Der Anwendungsbereich lässt sich auch nicht ohne Änderung des Vertrags über die Arbeitsweise der Europäischen Union erweitern. Vor diesem Hintergrund sind Forderungen nach einer Anwendung der Beihilfekontrolle auf Drittstaaten, wie sie verschiedentlich geäußert wurden, nicht zielführend. Möglich und sinnvoll erscheint dagegen die Einführung eines neuen Kontrollinstruments, das die Regelungen in den Art. 106, 107 ff. AEUV mit Blick auf drittstaatlich gewährte Subventionen nicht abändert, sondern lediglich um zusätzliche (niederrangige) Regelungen ergänzt. Hierfür könnte ein Drittlandsbeihilfeinstrument eingeführt werden, um selektiv gewährte drittstaatliche Subventionen mitgliedstaatlichen Beihilfen gleichzustellen, soweit eine vergleichbare wettbewerbsverfälschende Wirkung im Binnenmarkt feststellbar ist. Das Instrument sollte – angelehnt an den Ansatz des EU-Beihilferechts – präventiv ausgestaltet werden, um nach Möglichkeit zu verhindern, dass sich drittstaatliche Subventionen im EU-Binnenmarkt überhaupt wettbewerbsverfälschend auswirken können.

---

[530] Siehe die Nachweise in Fn. 454.

[531] Vgl. Tz. 744.

[532] Vgl. zuvor Abschn. 3.2.1.

[533] Vgl. unten Tz. 930.

[534] Vgl. zuvor Abschn. 3.2.2 (insb. Tz. 744 sowie Abschn. 3.2.2.1) und Abschn. 3.2.3.

930. Das hier vorgeschlagene Drittlandsbeihilfeinstrument dürfte – trotz seines weiten Anwendungsbereichs – im Einklang mit WTO-Recht stehen. Hierfür spricht zum einen sein wettbewerbsbezogener Charakter und zum anderen der Umstand, dass es auf eine Gleichbehandlung von EU- und Drittlandsbeihilfen zielt. Dessen ungeachtet bleibt es dabei, dass eine Harmonisierung der Subventionskontrollregime der WTO und der EU wünschenswert wäre.[535] Deshalb sollte in das neue Instrument eine Klausel aufgenommen werden, die auf die dynamische Entwicklung im WTO-Recht, im Bereich der Handelsabkommen, aber auch im nationalen Recht von Drittstaaten reagieren kann. Schließt die EU mit Drittstaaten beispielsweise Freihandelsabkommen, die zu einer Angleichung der jeweiligen Subventionskontrollregime führen oder auf Seiten des Vertragspartners eine gleichwertige Subventionskontrolle zur Folge haben, so sollte die Europäische Kommission den Anwendungsbereich des Instruments durch einen Anerkennungsbeschluss einschränken können.[536] Ein Beispiel für die Bildung eines gemeinsamen Verständnisses über die Kontrolle von Subventionen lässt sich beispielsweise innerhalb des Freihandelsabkommens der EU mit Singapur finden.[537] Diese „Singapur"-Klausel wäre auf außerhalb der EU stattfindende Harmonisierungen anzuwenden und würde dynamisch auf den Abbau der europäischen Schlechterstellung (Selbstdiskriminierung) reagieren. Einen ersten Anwendungsfall könnte der Austritt Großbritanniens bilden soweit in diesem Zusammenhang eine gleichwertige nationale Beihilfenkontrolle entsteht.

931. Die völkerrechtliche Vereinbarkeit des vorgeschlagenen Drittlandsbeihilfeinstruments ergibt sich einerseits durch seine Anknüpfung an einen von einem Grenzübertritt unabhängigen Inlandssachverhalt sowie andererseits durch seine Fokussierung auf die staatliche Zuwendung bzw. aufgrund der Blindheit gegenüber der Nationalität des Wirtschaftssubjekts. Art. III GATT bzw. XVII GATS verlangen die Herstellung „gleicher Wettbewerbsbedingungen" innerhalb ihres Anwendungsbereichs.[538] Ebendarum geht es dem konkreten Vorschlag: Wettbewerber im Binnenmarkt sollen hinsichtlich eines Rückgriffs auf staatliche Mittel möglichst gleichgestellt werden. Möglichen Vorwürfen einer De-facto-Diskriminierung ist entgegenzuhalten, dass in diesem Kontext eine im Ausgangspunkt gegenüber EU-Beihilfen bestehende Schlechterbehandlung dies bereits im Grundsatz verhindert. Hierzu ist es allerdings erforderlich, dass die Europäische Kommission den möglicherweise im Einzelfall bestehenden Ausgleich durch Unionsbeihilfen im Rahmen ihrer Vereinbarkeitsprüfung berücksichtigt. Darüber hinaus ist gerade durch die Verlagerung von Produktionsstätten und die Gründung von Tochtergesellschaften in der EU eine eindeutige Lokalisierung von Drittlandsbeihilfeempfängern nicht ohne Weiteres möglich. An dieser Stelle ist auch bereits darauf hinzuweisen, dass Drittlandsbeihilfen nicht *per se* verboten, sondern lediglich einer Notifizierungspflicht sowie einem einzelfallbezogenen Interventionsrecht der Europäischen Kommission unterzogen werden sollen. Dieses ist an objektiven Kriterien auszurichten. Alle EU-Unternehmen wären davon in gleicher Weise erfasst. Im Verhältnis zu EU-Beihilfen würden Drittlandsbeihilfen dabei immer noch eine Besserstellung erfahren.

932. Nicht nur im Verhältnis zwischen europäischen und ausländischen Unternehmen käme es zu keiner Diskriminierung, auch zwischen den Drittstaaten bzw. drittstaatlichen Unternehmen würde grundsätzlich keinerlei Unterschied gemacht, sodass auch im Verhältnis zum Meistbegünstigungsgrundsatz des Art. I:1 GATT bzw. Art. II:1 GATS kein Konflikt besteht. In der Entscheidung *EC – Seal Products* hat der Appellate Body festgestellt, dass der Meistbegünstigungsgrundsatz des Art. I:1 GATT die Erwartungen auf gleiche Wettbewerbschancen schützt.[539] Dies steht im Einklang mit der Be-

535 Vgl. Tz. 723.

536 Siehe hierzu unten Art. [10 Abs. 1] im Regelungsentwurf in Abschn. 4.1.4.

537 Vgl. Fn. 109.

538 So hat z. B. der Appellate Body für Art. III GATT in Japan – Alcoholic Beverages II, Appellate Body Report vom 4. Oktober 1996, WT/DS8/AB/R, WT/DS10/AB/R, WT/DS11/AB/R, S. 16 festgestellt: "The broad and fundamental purpose of Article III is to avoid protectionism in the application of internal tax and regulatory measures. More specifically, the purpose of Article III is to ensure that internal measures not be applied to imported or domestic products so as to afford protection to domestic production. Toward this end, Article III obliges Members of the WTO to provide equality of competitive conditions for imported products in relation to domestic products."

539 WTO, European Communities — Measures Prohibiting the Importation and Marketing of Seal Products, Appellate Body Report vom 22. Mai 2014, WT/DS400/AB/R und WT/DS401/AB/R, Rz. 5.88. Dort heißt es: "(...) as Article I:1 is concerned, fundamentally, with protecting expectations of equal competitive opportunities for like imported products from all Members, it does not follow that Article I:1 prohibits a Member from attaching any conditions to the granting of an 'advantage' within the meaning of Article I:1. Instead, it prohibits those conditions that have a detrimental impact on the competitive opportunities for like imported products from any Member. Conversely, Article I:1 permits regulatory distinctions to be drawn between like imported products, pro-

deutung des Beihilferechts für den Wettbewerb im Binnenmarkt (Herstellung von Chancengleichheit). Diese Chancengleichheit würde durch das neue Instrument nicht beeinträchtigt sondern erst vollständig geschaffen. Insbesondere würde es die bereits beschriebene Singapur-Klausel ermöglichen, dass faktisch bereits abgebaute Ungleichbehandlungen zwischen EU- und Drittlandsbeihilfen durch eine Anerkennungsentscheidung berücksichtigt werden. Die Klausel würde auf eine etwaige WTO-Reform, etwaige Vereinbarungen in Freihandelsabkommen wie auch auf unilaterales Verhalten reagieren. Für Freihandelsabkommen ist im Übrigen darauf hinzuweisen, dass diese über Art. XXIV GATT/Art. V GATS ausdrücklich eine Ausnahme zum Meistbegünstigungsgrundsatz darstellen können.

933. Die Existenz der subventionsbezogenen Regelungen des GATT, ASCM sowie des GATS dürften ebenfalls kein Hindernis darstellen. Zum einen knüpfen die Regeln über die Verhängung von Ausgleichszöllen an den Grenzübertritt an. Zum anderen fehlt es an einer Bestimmung, die jeden weiteren Umgang mit Subventionen durch nationales Recht, anders als durch das Antisubventionsrecht, verbietet. Wie bereits dargestellt, lassen sich ökonomische Gründe für eine Regulierung des Einsatzes von Subventionen finden.[540] Das neue Instrument knüpft damit an zusätzliche, wettbewerbliche Erwägungen an. Sinn und Zweck der Subventionskontrolle der WTO kann nicht darin liegen, dass eine derartige wettbewerbliche Analyse verhindert wird. Für den Dienstleistungsbereich sieht Art. XV GATS zudem sogar nur die Möglichkeit für Konsultationen vor, woraus sich keinerlei Begrenzung für den Umgang mit Subventionen ergibt. Sollte sich wider Erwarten zu einem späteren Zeitpunkt eine Unvereinbarkeit des neuen Instruments mit dem WTO-Recht ergeben, so wäre eine Anpassung mittels der bereits beschriebenen Singapur-Klausel unproblematisch möglich.

934. Das neue Drittlandsbeihilfeinstrument sollte an die unternehmerische Tätigkeit des subventionierten Unternehmens im EU-Binnenmarkt anknüpfen. Allerdings dürfte Art. 103 AEUV keine ausreichende Ermächtigungsgrundlage für ein solches Instrument darstellen. Im EU-Wettbewerbsrecht ermächtigt Art. 103 AEUV zu Regelungen, die sich auf ein (gemeinsames oder einseitiges) unternehmerisches Verhalten beziehen (vgl. Art. 101 und 102 AEUV). Ein Verhalten im Sinne dieser Vorschriften ist jedoch unabhängig von der Art der Eigentümer der betreffenden Unternehmen auf seine Vereinbarkeit mit dem Wettbewerb zu beurteilen.[541] Das Verhalten kann nach Art. 103 AEUV somit keinen strengeren Regelungen unterworfen werden, nur weil ein Unternehmen einen drittstaatlichen Eigentümer hat, selbst wenn es von diesem subventioniert wird. Auf die Ermächtigungsgrundlagen der Art. 106 Abs. 3, 109 AEUV können dagegen keine Rechtsakte gestützt werden, die sich auf ein unternehmerisches Verhalten beziehen. Die Vorschriften betreffen lediglich Maßnahmen von EU-Mitgliedstaaten.

935. Angelehnt an die Rechtsgrundlage des geänderten Vorschlags für ein Internationales Vergabeinstrument könnte des Weiteren Art. 207 Abs. 2 AEUV als Ermächtigungsgrundlage in Betracht gezogen werden. Das Internationale Vergabeinstrument soll ungleiche Markteintrittsbedingungen auf den Märkten für das öffentliche Beschaffungswesen beheben, die daraus folgen, dass Drittstaaten ihre Beschaffungsmärkte den betreffenden Unternehmen vorbehalten, während die EU-Beschaffungsmärkte allen Unternehmen offenstehen. Das Internationale Vergabeinstrument soll damit allerdings außenwirtschaftliche Reziprozität durchsetzen, was bei dem hier vorgeschlagenen Drittlandsbeihilfeinstrument nicht im Vordergrund stünde. Umgekehrt verorten der Europäische Gerichtshof und der Rat die Rechtsgrundlage für wettbewerbsrechtliche Regeln innerhalb von Freihandelsabkommen in den Wettbewerbsregeln der Verträge.[542]

936. Aufgrund der Tatsache, dass die bislang genannten Kompetenzgrundlagen nicht ausreichen dürften, kommt ein ergänzender Rückgriff auf die Flexibilitätsklausel des Art. 352 AEUV in Betracht. Nach der Rechtsprechung des Europäischen Gerichtshofs soll diese Vorschrift „einen Ausgleich in Fällen schaffen, in denen den [Unions-]Organen durch spezifische Bestimmungen des Vertrags ausdrücklich oder implizit verliehene Befugnisse fehlen und gleichwohl Befugnisse erforderlich scheinen, damit die Union ihre Aufgaben im Hinblick auf die Erreichung eines vom Vertrag festgelegten Ziels

vided that such distinctions do not result in a detrimental impact on the competitive opportunities for like imported products from any Member."

540 Siehe oben Tz. 861.

541 Siehe schon oben Tz. 686.

542 EuGH, Gutachten 1/92 vom 10. April 1992 Opinion 1/92 – EWR-II, Slg. 1992, I-2821, ECLI:EU:C:1992:189, Rz. 40; Urteil vom 9. August 1994, C-327/91 – Frankreich/Kommission, Slg. 1994, I-3641, ECLI:EU:C:1994:305. Zustimmend Hahn, in: Callies/Ruffert, EUV/AEUV/GrCh, 5. Auflage 2016, Art. 207, Rz. 47.

wahrnehmen kann".[543] Ein Drittlandsbeihilfeinstrument würde Lücken des europäischen Wettbewerbsrechts in Bezug auf drittstaatliche Markteingriffe schließen und sich dabei innerhalb des ausschließlichen Kompetenzbereichs der EU für das Wettbewerbsrecht bewegen. Bereits die Fusionskontrollverordnung ist neben Art. 103 AEUV auf Art. 352 AEUV gestützt worden, um alle Zusammenschlüsse zu erfassen, die sich als unvereinbar mit dem vom Vertrag geforderten System des unverfälschten Wettbewerbs erweisen können.[544] Das hier vorgeschlagene Drittlandsbeihilfeinstrument würde in vergleichbarer Weise darauf abzielen, dort einzugreifen, wo Art. 107 AEUV wettbewerbsschädliche Beihilfen im Binnenmarkt nicht abschließend erfassen kann. Das Instrument sollte daher auf Art. 103, 109 in Verbindung mit Art. 352 AEUV gestützt werden.

937. Das Instrument würde in seinem persönlichen Anwendungsbereich alle Unternehmen (wirtschaftlichen Einheiten) auf dem Binnenmarkt erfassen, unabhängig von ihrem Sitz bzw. ihrer Nationalität. Dies ist nicht nur WTO-rechtlich geboten, sondern auch vor dem Hintergrund sinnvoll, dass dadurch eine Situation verhindert wird, in der z. B. ein deutsches Unternehmen die Beihilfekontrolle der Art. 107, 108 AEUV dadurch umgeht, dass es auf drittstaatliche Kredite zurückgreift. In sachlicher Hinsicht wären nur solche Subventionen hinzunehmen, die nach dem Marktinvestortest als marktkonform anzusehen sind. Dagegen wären Maßnahmen eines Drittstaats, die als mitgliedstaatliche Maßnahme gegen Art. 107 Abs. 1 AEUV verstoßen würden, vorbehaltlich etwaiger Rechtfertigungsgründe als nicht mit dem europäischen Binnenmarkt vereinbar anzusehen.[545] Bei bestimmten Kategorien drittstaatlicher Subventionen, die nach den bestehenden Beihilfe- und Antisubventionsregeln als besonders schädlich anzusehen sind, könnte zur Verfahrensvereinfachung ein Verstoß vermutet werden.[546] Insbesondere Unternehmenserwerbsvorgänge werden im Fall einer Beihilfefinanzierung bisher allerdings nicht als besonders problematisch angesehen. Deshalb sollte es insoweit bei einer Einzelfallprüfung bleiben.[547]

938. Als Rechtfertigungsgründe könnten Gründe im Sinne des WTO-Rechts anerkannt werden oder auf die Ausnahmebestimmungen zurückgegriffen werden, wie sie beispielsweise in Annex 11-A des EU-Singapur-Freihandelsabkommens enthalten sind.[548] Die Monopolkommission spricht sich für eine Übernahme von Ausnahmebestimmungen im Sinne des Annex 11-A aus, da diese dem Ziel einer gegenseitigen Angleichung der Subventionskontrollregime entsprechen. In jedem Fall wären die Ausnahmebestimmungen offen zu halten und aus Sicht des Unternehmensstandorts zu betrachten.

939. Das Instrument könnte grundsätzlich auf zwei Weisen ausgestaltet werden, nämlich als Verbot mit Erlaubnisvorbehalt (wie Art. 107 AEUV) oder als behördliches Interventionsrecht (entsprechend dem Kommissionsvorschlag zu subventionierten Zusammenschlüssen). Ein Verbot mit Erlaubnisvorbehalt würde eine strenge Regelung darstellen. Diese könnte Anreize für Drittstaaten bieten, im Gegenzug zur Einführung des EU-Drittlandbeihilfeinstruments eine eigene Beihilfekontrolle einzuführen. Angesichts der mit staatlichen Subventionen häufig verbundenen Ineffizienzen kann eine Verbreitung der Beihilfekontrolle außerhalb der EU-Grenzen als wünschenswert angesehen werden. Der mit dem hier vorgeschlagenen Instrument verbundene Anreiz wäre allerdings gering, da seine Anwendung sich auf die Lücken im bestehenden Regelungsrahmen beschränken würde. Für ein Interventionsrecht spricht demgegenüber, dass manche Marktteilnehmer in der EU ihrerseits von staatlichen Unterstützungsmaßnahmen (einschließlich Unionsbeihilfen) profitieren dürften, die sich im Verhältnis zu Drittstaaten als wettbewerbsverfälschend darstellen können. Außerdem kommt

[543] EuGH, Gutachten 2/94 vom 28. März 1996, Opinion 2/94 – Beitritt EMRK, Slg. 1996, I-1759, ECLI:EU:C:1996:140, Rz. 29 (zur Vorgängervorschrift des Art. 235 EG-Vertrag).

[544] Erwägungsgrund 7 der VO 139/2004.

[545] Eine Erweiterung auf sonstige Fälle (z. B. wirtschaftliche Vorteile aufgrund einer unregulierten marktbeherrschenden Stellung) könnte dann vorgesehen werden, wenn es sich um abgrenzbare und auch außerhalb der EU anerkannte Fallgruppen handelt. Das dürfte entsprechende Vereinbarungen mit den betreffenden Drittstaaten voraussetzen; siehe hierzu noch unten Abschn. 4.2.3 (bezüglich China).

[546] Vgl. z. B. Art. 1 Abs. 4-5 VO 651/2014; Art. 4 Abs. 4 VO 2016/1037; außerdem EU-Kommission, Weißbuch, S. 19.

[547] Abweichend EU-Kommission, Weißbuch, S. 19.

[548] Dabei könnte es sich auch um Gründe im Sinne des Art. 107 Abs. 2, 3 AEUV handeln, soweit diese auf das Verhältnis zu China übertragbar sind.

es der EU zugute, dass drittstaatliche Subventionen nicht von hiesigen Steuerzahlern finanziert werden müssen.[549] Ein Interventionsrecht könnte flexibel gehandhabt werden, um im Rahmen der Feststellung der Vereinbarkeit der Subvention mit dem EU-Binnenmarkt nur gegen solche Subventionen vorzugehen, bei denen ein Eingreifen in einer Abwägung zwischen der subventionsbedingten Wettbewerbsverzerrung und etwaigen subventionsbedingten Vorteilen aus Gründen des Unionsinteresses geboten ist. Die maßgeblichen Kriterien sollten allerdings aus Gründen der Rechtssicherheit konkretisiert werden. So könnte z. B. ein Markversagen oder die Erfüllung politischer Ziele der EU zugunsten des Subventionsempfängers besonders zu berücksichtigen sein.[550] Aspekte der öffentlichen Sicherheit und Ordnung sollten hingegen nicht als Kriterien für die Beurteilung einer Subvention herangezogen werden, da die Investitionskontrolle hierfür ein ausreichendes und abschließendes Instrumentarium darstellt.[551]

940. Die Rechtsfolge im Falle einer Intervention wäre eine Ausgleichsabgabe in Höhe des durch den Drittstaat gewährten und marktinkonformen Vorteils. Dadurch würde der Ansatz des Beihilfe- und des Antisubventionsrechts übernommen, wonach der wettbewerbsverzerrende Vorteil auszugleichen ist, um dadurch wieder gleiche Wettbewerbsbedingungen zwischen den Subventionsempfängern und anderen Marktteilnehmern herzustellen. Die Höhe der Abgabe wäre nach den Grundsätzen zu ermitteln, die für den Ausgleich von Subventionen in Fällen des grenzüberschreitenden Warenverkehrs gelten. Dabei wäre unter anderem zu berücksichtigen, inwiefern die drittstaatliche Subvention innerhalb bzw. außerhalb der EU eingesetzt wird. Die Europäische Kommission sollte Leitlinien zur Bemessung der Höhe der Ausgleichsabgabe erlassen, die auf den insoweit einschlägigen Grundsätzen des Beihilfe- und des Antisubventionsrechts aufbauen könnten. Dabei ist insbesondere eine Situation vorzusehen in der eine vollständige Rückzahlung nicht geeignet oder unverhältnismäßig wäre. Die Abgabe wäre grundsätzlich an den EU-Haushalt zu leisten.[552] Um eine diskriminierende Behandlung gegenüber den Beihilfen der Mitgliedstaaten zu vermeiden, wäre den betroffenen Unternehmen allerdings alternativ die Möglichkeit einzuräumen, ihre Zahlungspflicht auch durch den Nachweis einer Rückzahlung an den Vergabestaat zu erfüllen. Die Möglichkeit eines solchen Nachweises sollte zur Vorbeugung gegen Missbräuche jedoch zeitlich befristet werden.

941. Die Zuständigkeit für die Anwendung des Instruments sollte bei der Europäischen Kommission liegen. Ein zentralisiertes System würde dem Ansatz des EU-Beihilferechts entsprechen und voraussichtlich eine wirksamere Durchsetzung des Instruments als ein dezentrales System gewährleisten. Diesbezüglich wurde bereits darauf hingewiesen, dass die Europäische Kommission auf Erfahrungen aufbauen kann, die sich mitgliedstaatliche Behörden erst aufbauen müssten.[553] Ein dezentralisiertes System brächte zudem hohe Koordinationsanforderungen im Verhältnis zur Europäischen Kommission (wegen ihrer Zuständigkeit zur gemeinsamen Handelspolitik) und zwischen den Mitgliedstaaten untereinander sowie Anforderungen an eine Vorbeugung gegen Interessenkonflikte (wenn Mitgliedstaaten von drittstaatlichen Subventionen profitieren) mit sich. Davon abgesehen kann die Europäische Kommission die nötigen Kapazitäten zur Bewältigung sehr komplexer Fälle schneller zusammenziehen als mitgliedstaatliche Stellen, die nicht selten bereits bei der Durchsetzung der bestehenden vergabe- und wettbewerbsrechtlichen Regelungen an Kapazitätsgrenzen stoßen (insb. die Einbindung kommunaler Stellen kann insofern Probleme aufwerfen).

942. Das Instrument sollte verfahrensrechtlich so ausgestaltet werden, dass die Unternehmen bei Aufnahme einer wirtschaftlichen Tätigkeit im EU-Binnenmarkt oder dem späteren Erhalt von Subventionen zu deren Anzeige verpflichtet

549 Siehe oben Tz. 586.

550 Vgl. Art. 31 Abs. 1 VO 2016/1037.

551 Abweichend: EU-Kommission, Weißbuch, S. 21.

552 Vgl. Art. 311 Abs. 2 AEUV; Art. 107 f. Verordnung (EU, Euratom) 2018/1046 des Europäischen Parlaments und des Rates vom 18. Juli 2018 über die Haushaltsordnung für den Gesamthaushaltsplan der Union, zur Änderung der Verordnungen (EU) Nr. 1296/2013, (EU) Nr. 1301/2013, (EU) Nr. 1303/2013, (EU) Nr. 1304/2013, (EU) Nr. 1309/2013, (EU) Nr. 1316/2013, (EU) Nr. 223/2014, (EU) Nr. 283/2014 und des Beschlusses Nr. 541/2014/EU sowie zur Aufhebung der Verordnung (EU, Euratom) Nr. 966/2012, ABl. L 193 vom 30. Juli 2018, S. 1. Mitgliedstaatliche Beihilfen sind dagegen in den Haushalt des betreffenden EU-Mitgliedstaats zurückzuführen, was schwieriger sicherzustellen sein kann; vgl. EuGH, Urteil vom 9. März 1994, C-188/92 – TWD/Bundesrepublik Deutschland, Slg. 1994, I-833, ECLI:EU:C:1994:90, Rz. 15 ff.; Urteil vom 20. März 1997, C-24/95 – Land Rheinland-Pfalz/Alcan Deutschland, Slg. 1997, I-1591, ECLI:EU:C:1997:163, Rz. 44 ff.

553 Siehe oben Tz. 899.

werden (Notifizierungspflicht). Eine solche Notifizierungspflicht wäre auch als politisches Signal zu verstehen, dass die EU bereit ist, den EU-Binnenmarkt bei Bedarf gegen drittstaatliche Eingriffe ins Wirtschaftsgeschehen zu schützen. Die Notifizierung sollte grundsätzlich keine Stillhalteverpflichtung auslösen. Die drittstaatliche Subvention könnte also grundsätzlich unmittelbar innerhalb der EU eingesetzt werden. Eine Ausnahme sollte lediglich dort gemacht werden, wo die Subvention an Dritte weitergeleitet wird, also an den Veräußerer in Fällen eines Unternehmenserwerbs oder an den Träger der ausschreibenden Stelle in Fällen mitgliedstaatlicher Beschaffungen. Durch eine Stillhalteverpflichtung bis zur Entscheidung über eine Intervention würde in diesen Fällen einer Situation vorgebeugt, in der eine Ausgleichsabgabe dem mittelbar Begünstigten auferlegt werden müsste.

943. Mit Blick auf Fälle, in denen Subventionen im Rahmen von Unternehmenserwerbsvorgängen in der EU verwendet werden, wäre zu entscheiden, ob dieselben Erwerbstatbestände wie in der Fusions- bzw. der Investitionskontrolle abgedeckt werden sollten oder ob das Instrument bei eigenständig definierten Erwerbstatbeständen (z. B. wie sie im Weißbuch definiert sind)[554] eingreifen sollte. In den betreffenden Fällen wäre den zuvor gemachten Ausführungen entsprechend jedenfalls eine Stillhalteverpflichtung im Sinne der auch im Weißbuch ins Auge gefassten „Stillhaltefrist" zu beachten. Davon abgesehen wäre zu entscheiden, ob die Prüfung, ob das Instrument bei einem Unternehmenserwerbsvorgang angewendet wird, parallel zu einem etwaigen Fusions- oder Investitionskontrollverfahren stattfinden soll (paralleler Fristenlauf). Dies wäre zumindest für den Fall zu empfehlen, dass – insoweit abweichend vom hier gemachten Vorschlag – außerhalb der Fusionskontrolle großzügige Prüfungsfristen vorgesehen würden.

944. Für die Fälle mitgliedstaatlicher Beschaffungen könnte vorgesehen werden, dass Unternehmen, die sich unter Ausnutzung drittstaatlicher Subventionen an Vergabeverfahren in der EU beteiligen möchten, die geplante Beteiligung alternativ bei der Europäischen Kommission oder dem öffentlichen Auftraggeber anzuzeigen hätten. Das Vergabeverfahren wäre dann, gegebenenfalls auf eine Mitteilung der Europäischen Kommission hin, vom öffentlichen Auftraggeber einstweilen auszusetzen. Die Europäische Kommission könnte während des Zeitraums, in dem das Vergabeverfahren ausgesetzt ist, prüfen, ob eine Intervention und gegebenenfalls die Verhängung einer Ausgleichsabgabe aus Gründen des Unionsinteresses geboten ist. Die Intervention könnte in diesem Fall zusätzlich davon abhängig gemacht werden, wie das wettbewerbliche Schutzinteresse gegenüber dem Interesse an gegenseitigem Marktzugang zu gewichten ist. Alternativ zu einer Ausgleichsabgabe könnte speziell in Beschaffungsvorgängen ein Ausschluss ungewöhnlich niedriger Angebote angelehnt an Regelungen wie Art. 49 RL 2009/81/EG in Betracht gezogen werden.[555]

945. Die Europäische Kommission sollte im Verfahren das Recht haben, von den betreffenden Unternehmen die erforderlichen Auskünfte zu verlangen. Wenn diese nicht erteilt werden, sollte sie wie im Rahmen des Beihilfe- und Antisubventionsverfahrens berechtigt sein, stattdessen auf vorhandene Tatsachen (*facts available*) abzustellen.[556] Dies könnte sich auf die Buchführung, die Gestehungskosten von Waren und Dienstleistungen oder den Umfang bzw. Wert drittstaatlicher Finanzierungsleistungen beziehen. Davon abgesehen wäre die EU auf die Kooperation der Mitgliedstaaten bei der Durchsetzung der Abgaben- und/oder Rückzahlungspflicht angewiesen.[557] Dass die klassischen beihilferechtlichen Sanktionsmöglichkeiten unanwendbar sind, spricht dafür, bei Verstößen gegenüber dem durch drittstaatliche Subventionen begünstigten Unternehmen Geldbußen zu verhängen. In diesem Bereich können die Grundsätze des bestehenden Wettbewerbsrechts herangezogen werden.

946. Um eine Kollision mit dem Antisubventionsrecht von Grund auf auszuschließen, könnten Fälle, in denen ein Grenzübertritt mit Waren stattfindet, durch eine gesetzliche Ausnahme vom Anwendungsbereich des neuen Instruments oder durch eine Gruppenfreistellung von der Überprüfung freigestellt werden. Diese Fälle müssten dann nicht notifiziert werden (bzw. es würde keine Geldbuße wegen Nichtnotifizierung verhängt). Auch darüber hinausgehend könnte vorge-

[554] EU-Kommission, Weißbuch, S. 28.

[555] Siehe hierzu ergänzend erneut Fn. 359 und zum deutschen Recht auch BGH, Beschluss vom 31. Februar 2017, X ZB 10/16, Rz. 13 ff.

[556] Art. 15 Abs. 1 S. 3 VO 2015/1589; Art. 28 Abs. 1 VO 2016/1037. Vgl. auch schon oben Tz. 728.

[557] Vgl. Art. 299 AEUV.

sehen werden, dass drittstaatliche Maßnahmen bei Erfüllung bestimmter Voraussetzungen vorab von einer Überprüfung freigestellt werden und dann keine Notifizierungspflicht auslösen.

947. Um das neue Instrument seinerseits handelspolitisch zu nutzen, die Europäische Kommission zu entlasten und die Vereinbarkeit mit WTO-Recht laufend aufrechtzuerhalten, sollte zudem die Möglichkeit zu einer Anerkennungsentscheidung gegenüber Drittstaaten bestehen. Diese könnte möglicherweise in Anlehnung an die Regelungen zu Anerkennungen im Finanzaufsichtsrecht ausgestaltet werden.[558] Die Wirkung einer Anerkennungsentscheidung wäre, dass die Drittlandsbeihilfen ohne weitere Prüfung als mit dem Binnenmarkt vereinbar angesehen würden. Die Anzeigepflicht sollte dann entfallen. In begründeten Fällen sollte eine solche Anerkennungsentscheidung zurückgenommen werden können. Ein handelspolitischer Vorteil ist auch durch Aufnahme von Rechtfertigungsgründen nach Vorbild des Annex 11-A des Freihandelsabkommens der EU mit Singapur zu erwarten, da hierdurch ein Anreiz zu entsprechenden Vereinbarungen in zukünftigen Abkommen geschaffen werden könnte.

948. Die Frage nach einer Ermittlung der Unterstützung von SOEs wäre wie im EU-Beihilferecht so zu lösen, dass SOEs einerseits selbst Beihilfeempfänger sein könnten und dass die Finanzierung durch SOEs (z. B. staatlich kontrollierte Banken) andererseits dem Drittstaat als drittstaatliche Beihilfe zugerechnet werden könnte. Für die Zwecke der praktischen Kontrolle von Drittlandsbeihilfen ließe sich eine Vorschrift entsprechend dem chinesischen Beitrittsprotokoll für das Antisubventionsrecht erwägen. Dort heißt es für die Berechnung einer ausgleichsfähigen Subvention:

> *"if there are special difficulties in that application, the importing WTO Member may then use methodologies for identifying and measuring the subsidy benefit which take into account the possibility that prevailing terms and conditions in China may not always be available as appropriate benchmarks".*

4.1.3.2 Subsidiäre Ausgestaltung des vorgeschlagenen Instruments

949. Das hier vorgeschlagene Instrument sollte subsidiär ausgestaltet werden, um nur die Regelungslücken zu schließen, die sich daraus ergeben, dass das Außenwirtschaftsrecht keine Regelungen zu drittstaatlichen Maßnahmen vorsieht, die zu Wettbewerbsverfälschungen im EU-Binnenmarkt führen. Die Wettbewerbsvorschriften in den Verträgen (Art. 101 f. AEUV) und die europäische Fusionskontrolle gestatten allerdings bereits einen weitreichenden Wettbewerbsschutz und sollten in ihrem jeweiligen Anwendungsbereich vorrangig anwendbar bleiben. Deshalb sollten drittstaatliche Subventionen zwar notifiziert werden, aber das subventionierte Unternehmensverhalten sollte im Anwendungsbereich der Art. 101 f. AEUV ausschließlich nach diesen Vorschriften überprüft werden. In Zusammenschlussfällen sollten drittstaatliche Subventionen demgegenüber einer eigenständigen Prüfung unterworfen werden, die – ebenso wie bei mitgliedstaatlichen Beihilfen – gegebenenfalls neben einer herkömmlichen Fusionskontrollprüfung stattzufinden hätte. Die Notifizierung würde in solchen Fällen eine präventive Funktion erfüllen.

950. Dass die Art. 101 und 102 AEUV vorrangig sein sollten, ergibt sich im Einzelnen aus folgenden Überlegungen: Soweit die bestehenden Vorschriften die Feststellung einer bestimmten Marktstellung voraussetzen (Art. 102 AEUV, Fusionskontrolle), kann bereits jetzt berücksichtigt werden, dass diese Stellung durch wettbewerbsverfälschende drittstaatliche Maßnahmen (z. B. Drittlandsbeihilfen) gegebenenfalls verstärkt wird.[559] Das deutsche Bundeskartellamt hat im Zusammenschlussfall *CRRC/Vossloh* zudem richtig hervorgehoben, dass bei dieser Prüfung auch frühere Verhaltensweisen zu berücksichtigen sein können, die das zusammengeschlossene Unternehmen gegebenenfalls in Zukunft fortsetzen wird (z. B. Kampfpreisstrategien).[560] Insoweit besteht also kein Bedarf an zusätzlichen Regelungen.

---

[558] Siehe z. B. Art. 25 ff. VO 648/2012 in der Fassung der Verordnung (EU) 2019/2099 zur Änderung der Verordnung (EU) Nr. 648/2012 hinsichtlich der für die Zulassung von zentralen Gegenparteien anwendbaren Verfahren und zuständigen Behörden und der Anforderungen für die Anerkennung zentraler Gegenparteien aus Drittstaaten, ABl. L 322 vom 12. Dezember 2019, S. 1.

[559] Siehe oben Abschn. 3.1.2.1 (insb. Tz. 689) und Abschn. 3.3.2 (insb. Tz. 841 ff.).

[560] BKartA, Beschluss vom 27. April 2020, B4-115/19 – CRRC/Vossloh; zur Berücksichtigung von Verhaltensweisen vor dem Zusammenschluss vgl. auch z. B. EU-Kommission, Entscheidung 94/449/EG vom 14. Dezember 1993, IV/M.308 – Kali + Salz/MdK/Treuhand, ABl. L 186 vom 21. Juli 1994, S. 38, Tz. 47; siehe dazu schon Tz. 920.

951. Soweit die Art. 101 und Art. 102 AEUV vorsehen, dass ein Unternehmensverhalten mit Blick auf seine Eignung beurteilt wird, den Wettbewerb zu verfälschen, ist es – ohne Änderung der EU-Verträge – nicht möglich, einen Wettbewerbsverstoß nur deshalb zu bejahen, weil ein ansonsten zulässiges Marktverhalten durch drittstaatliche Maßnahmen beeinflusst wird.[561] Dies würde nach den bisherigen Erfahrungen praktisch insbesondere drittstaatlich veranlasste Niedrig- bzw. Kampfpreise (Dumping) betreffen. Insoweit würden aber zumindest bei Einführung das zuvor in Abschn. 4.1.3.1 vorgeschlagenen Drittlandsbeihilfeinstrument kaum erkennbare Regelungslücken verbleiben. Denn bereits nach bestehendem Recht sind Kampfpreise marktbeherrschender Unternehmen als Missbrauch nach Art. 102 AEUV verboten, außerdem kann gegen Kampfpreise für Waren im Fall eines Grenzübertritts in Antidumpingverfahren vorgegangen werden. In den übrigen Fällen würde das Drittlandsbeihilfeinstrument eingreifen und dafür sorgen, dass dumpingförderliche drittstaatliche Maßnahmen neutralisiert werden.

952. Darüber hinaus könnten zwar grundsätzlich weitere Verhaltensweisen sekundärrechtlich (Verordnung/Richtlinie) verboten werden. Im niederländischen Vorschlag[562] wird auch empfohlen, einen Katalog mit bestimmten verbotenen Verhaltensweisen für Unternehmen mit drittstaatlicher Förderung oder mit einer im Drittstaat unregulierten beherrschenden Stellung vorzusehen (Lieferbehinderungen, Preisdiskriminierung, Kopplung, nicht marktkonforme Investitionen). Aus Sicht der Monopolkommission besteht hierfür aber kein Bedarf, wenn drittstaatliche Subventionen durch das hier vorgeschlagene Instrument effektiv neutralisiert werden können.

953. Abschließend ist – hinsichtlich der Beurteilung der Marktstellung – erneut darauf hinzuweisen, dass dort, wo sich Unternehmen zusammenschließen, die einem potenziellen Wettbewerb von drittstaatlichen Unternehmen ausgesetzt sein können, zukünftig stärker berücksichtigt werden sollte, dass der Markteintritt dieser drittstaatlichen Unternehmen von politisch-strategischen und nicht nur von wirtschaftlichen Erwägungen abhängen kann. Die Kriterien für die Feststellung potenziellen Wettbewerbs in den einschlägigen Kommissionsleitlinien sollten insoweit ergänzt werden.[563]

4.1.3.3 Einführung einer Vermutungsregel zur Erleichterung des Nachweises drittstaatlicher Subventionen

954. Die Monopolkommission teilt die Einschätzung, dass Ermittlungen von EU-Behörden zu drittstaatlichen Subventionen dadurch erschwert werden, dass relevante Informationen vor allem in den Drittstaaten und nicht in der EU zur Verfügung stehen.[564] Den Unternehmen, die in der EU verfahrensbetroffen sind, dürfte es allerdings im Regelfall möglich sein, die benötigten Informationen zu beschaffen und offenzulegen. Deshalb sollte aus Sicht der Monopolkommission eine Vermutungsregel in Betracht gezogen werden, soweit es um Informationen bezüglich der Frage geht, ob drittstaatliche Subventionen zu Marktkonditionen oder zu – potenziell wettbewerbsverfälschenden – abweichenden Konditionen vergeben werden.

955. Die Vermutungsregel sollte aus Praktikabilitätsgründen auf klar umgrenzte Fälle beschränkt werden, in denen der Verdacht einer nicht marktkonformen Subvention naheliegt. Ein Beispiel wäre eine Regel, wonach bei Unternehmen mit staatlicher Kapitalbeteiligung z. B. ab 20 Prozent[565] vermutet wird, dass sie von nicht marktkonformen staatlichen Subventionen profitieren. Die Vermutungsregel könnte dazu genutzt werden, die betreffenden Unternehmen bei Anhaltspunkten für einen Wettbewerbsverstoß bestimmten verfahrensrechtlichen Offenlegungspflichten zu unterwerfen. Die

---

561 Siehe oben Abschn. 3.1.2.1 (insb. Tz. 691).

562 Niederlande, Non-paper – Strengthening the level playing field on the internal market, 9. Dezember 2019, S. 2, Abschn. "level playing field proposal", Bullets 2 und 4, https://www.permanentrepresentations.nl/documents/publications/2019/12/09/non-paper-on-level-playing-field, Abruf am 16. Juni 2020.

563 EU-Kommission, Leitlinien zur Bewertung horizontaler Zusammenschlüsse gemäß der Ratsverordnung über die Kontrolle von Unternehmenszusammenschlüssen, ABl. C 031 vom 5. Februar 2004, S. 5, Tz. 69; dazu oben Abschn. 3.3.2.2.

564 Vgl. schon oben Tz. 781.

565 Vgl. Business Europe, The EU and China – Addressing the systemic challenge, Januar 2020, S. 97 m. Fn. 128. Alternative (aber engere) SOE-Definition der OECD: "state exercises legal ownership"/„Staat eine Eigentümerfunktion wahrnimmt"; siehe OECD, Competitive Neutrality, Report, 2012, S. 17; OECD-Leitsätze zu Corporate Governance in staatseigenen Unternehmen, Ausgabe 2015, S. 15.

betreffenden Unternehmen könnten zur Abwendung der Vermutung also beispielsweise verpflichtet werden, Bücher vorzulegen, die über erhaltene staatliche Finanzmittel Aufschluss geben.[566] Außerdem könnten sie verpflichtet werden, die Art und den Umfang staatlicher Einflussnahme auf unternehmerische Entscheidungen näher zu erläutern.

956. Davon abgesehen sollte die Vermutungsregel keine sonstigen Informationsprobleme betreffen, die bei Ermittlungen gegenüber drittstaatlichen Unternehmen bestehen können (z. B. in Bezug auf heimliche Kartellabsprachen). Derartige Probleme können gravierend sein, stellen aber keine Besonderheit einer drittstaatlichen Einflussnahme auf die Wirtschaft dar. Sie werden hier daher nicht näher behandelt.

957. Angelehnt an die Regelungen der Richtlinie 2006/111/EG über die Transparenz der finanziellen Beziehungen zwischen den Mitgliedstaaten und öffentlichen Unternehmen sollten auch SOEs aus Drittstaaten besonderen Transparenzpflichten unterworfen werden können. Das sollte zumindest dann gelten, wenn die Europäische Kommission eine Entscheidung zu den von den betreffenden Unternehmen notifizierten wirtschaftlichen Vorteilen trifft.[567]

4.1.3.4 Keine weiterreichende Ermöglichung von europäischen Abwehrmaßnahmen

958. Wenn das von der Monopolkommission vorgeschlagene Drittlandsbeihilfeinstrument eingeführt würde, bestünde kein Bedarf an Regelungen, die es den Mitgliedstaaten oder den dortigen Unternehmen in weitergehendem Umfang gestatten, auf wettbewerbsverfälschende drittstaatliche Subventionen mit eigenen Abwehrmaßnahmen zu reagieren (sogenannte Matching-Klauseln). Dabei ist zu bedenken, dass defensiv eingesetzte Maßnahmen in einem wettbewerblich noch vertretbaren Umfang schon nach dem bestehenden Recht möglich sind (z. B. Beihilfen im europäischen Interesse).[568] Derartige Maßnahmen verzerren aber – neben den abzuwehrenden drittstaatlichen Maßnahmen – den Wettbewerb im EU-Binnenmarkt.

959. Maßnahmen, die aktiv die Wettbewerbsposition hiesiger Unternehmen stärken (z. B. Schaffung Nationaler bzw. Europäischer Champions) verzerren ebenfalls den Wettbewerb.[569] Hier kommt erschwerend hinzu, dass sie nicht auf anerkannte fusionskontroll- bzw. beihilferechtliche Rechtfertigungsgründe gestützt werden können. Derartige Maßnahmen erscheinen wettbewerbspolitisch prinzipiell problematisch.[570]

4.1.4 Eigener Regelungsentwurf der Monopolkommission

960. Die Monopolkommission legt nachfolgend beispielhaft einen Regelungsvorschlag vor, um so eine mögliche Umsetzung des von ihr befürworteten Drittlandbeihilfeinstruments zu illustrieren. Das Instrument könnte in die Form einer Verordnung (Art. 288 Abs. 2 AEUV) gefasst und wie folgt ausgestaltet werden:

„Art. 1 : Gegenstand und Anwendungsbereich

---

566 Vgl. Niederlande, Non-paper – Strengthening the level playing field on the internal market, 9. Dezember 2019, S. 2 zur Einführung von Transparenzverpflichtungen, https://www.permanentrepresentations.nl/documents/publications/2019/12/09/non-paper-on-level-playing-field, Abruf am 16. Juni 2020.

567 Richtlinie 2006/111/EG der Kommission vom 16. November 2006 über die Transparenz der finanziellen Beziehungen zwischen den Mitgliedstaaten und den öffentlichen Unternehmen sowie über die finanzielle Transparenz innerhalb bestimmter Unternehmen (kodifizierte Fassung), ABl. L 318 vom 17. November 2006, S. 17.

568 Siehe oben Abschn. 3.2.2.2 und 3.2.2.3.

569 Siehe oben Abschn. 3.2.2.4 und 3.3.2.4.

570 Siehe zu Abwehr- bzw. Exportkartellen siehe auch (differenzierend) Abschn. 3.1.2.2. Abweichend ist aus Sicht der Monopolkommission die deutsche Ministererlaubnis zu bewerten; hierzu schon Monopolkommission, Sondergutachten 3, Zusammenschlußvorhaben der Kaiser Aluminium & Chemical Corporation, der Preussag AG und der Vereinigte Industrie-Unternehmungen AG, Baden-Baden 1975, Tz. 41 ff.; Sondergutachten 63, Die 8. GWB-Novelle aus wettbewerbspolitischer Sicht, Baden-Baden 2012, Tz. 32, 35–38; XX. Hauptgutachten, Eine Wettbewerbsordnung für die Finanzmärkte, Baden-Baden 2014, Tz. 559, 572.

(1) *Sinn und Zweck dieser Verordnung ist eine Gleichbehandlung von Beihilfen gemäß Artikel 107 AEUV und äquivalenten Unterstützungsmaßnahmen durch Drittstaaten. Durch diese Gleichbehandlung sollen innerhalb des Gemeinsamen Markts gleiche Ausgangsbedingungen für die dort tätigen Unternehmen geschaffen werden.*

(2) *Diese Verordnung gilt unterschiedslos für jedes innerhalb der EU tätige Unternehmen.*

(3) *Diese Verordnung findet keine Anwendung in Fällen, in denen die Kommission ein Verfahren auf Grundlage einer auf Artikel 207 Absatz 2 AEUV erlassenen Verordnung zur Durchführung von Handelsschutzmaßnahmen eröffnet.*

(4) *Diese Verordnung findet keine Anwendung in Fällen, in denen die Kommission oder Wettbewerbsbehörden der Mitgliedstaaten ein Verfahren in ihrem Zuständigkeitsbereich nach Artikel 4 und 5 der Verordnung 1/2003*[571] *eröffnen.*

(5) *Diese Verordnung ist nur auf Unternehmen anwendbar, die über einen Umsatz von [...] innerhalb des Gemeinsamen Marktes verfügen.*

[...]

Art. 2: Begriffsbestimmungen

[...]

Art. 3: Verbot von Drittlandsbeihilfen

(1) *Erhält ein Unternehmen einen wirtschaftlichen Vorteil durch einen Drittstaat, wobei diese Maßnahme als mitgliedstaatliche Maßnahme gegen Artikel 107 Absatz 1 AEUV verstoßen würde, so ist diese Maßnahme nicht mit dem Gemeinsamen Markt vereinbar.*

(2) *Bei Unternehmen, an denen ein Drittstaat eine Kapitalbeteiligung von [20 %] oder mehr hält, wird vermutet, dass ihnen gegenüber Maßnahmen im Sinne des Absatzes 1 getroffen werden.*

(3) *Bei folgenden Subventionen wird vermutet, dass sie als mitgliedstaatliche Maßnahme gegen Artikel 107 Absatz 1 AEUV verstoßen würden:*[572]

(a) *Subventionen, die rechtlich oder tatsächlich entweder ausschließlich oder als eine von mehreren anderen Bedingungen von der Ausfuhrleistung abhängig sind oder die entweder ausschließlich oder als eine von mehreren anderen Bedingungen davon abhängig sind, dass inländische Waren Vorrang vor eingeführten Waren erhalten;*

(b) *Subventionen für Unternehmen in Schwierigkeiten, außer wenn ein Umstrukturierungsplan vorliegt, der die langfristige Rentabilität des Begünstigten gewährleistet und einen erheblichen Eigenbeitrag des Begünstigten vorsieht;*

(c) *Subventionen, in deren Rahmen eine Regierung Garantien für Schulden oder Verbindlichkeiten bestimmter Unternehmen gewährt, ohne dass die Höhe dieser Schulden bzw. Verbindlichkeiten oder die Laufzeit der Garantie begrenzt wäre;*

(d) *Betriebssubventionen in Form von Steuervergünstigungen, die nicht im Rahmen allgemeingültiger Maßnahmen gewährt werden.*

---

[571] Verordnung (EG) Nr. 1/2003 des Rates vom 16. Dezember 2002 zur Durchführung der in den Artikeln 81 und 82 des Vertrags niedergelegten Wettbewerbsregeln, ABl. L 1 vom 4. Januar 2003, S. 1.

[572] Vgl. Art. 1 Abs. 4-5 VO 651/2014; Art. 4 Abs. 4 VO 2016/1037; EU-Kommission, Weißbuch, S. 19.

(4) *Die folgenden Subventionen können gewährt werden, wenn sie für das Erreichen von Zielen des öffentlichen Interesses erforderlich sind oder wenn die Beträge der betreffenden Subventionen auf das für das Erreichen dieser Ziele erforderliche Mindestmaß begrenzt und ihre Auswirkungen auf den Gemeinsamen Markt begrenzt sind:*

(a) *Subventionen sozialer Art an einzelne Verbraucher, sofern sie ohne Diskriminierung nach der Herkunft der Waren gewährt werden,*

(b) *Subventionen zur Beseitigung von Schäden, die durch Naturkatastrophen oder sonstige außergewöhnliche Ereignisse entstanden sind,*

(c) *Subventionen zur Förderung der wirtschaftlichen Entwicklung von Gebieten, in denen der Lebenshaltungsstandard außergewöhnlich niedrig ist oder eine erhebliche Unterbeschäftigung herrscht,*

(d) *Subventionen zur Behebung einer beträchtlichen Störung im Wirtschaftsleben,*

(e) *Subventionen zur Förderung der Entwicklung gewisser Wirtschaftszweige oder Wirtschaftsgebiete, soweit sie den Handel zwischen Mitgliedstaaten zu beeinträchtigen geeignet sind oder den Wettbewerb im Gemeinsamen Markt verfälschen,*

(f) *Subventionen an Unternehmen, die mit genau umschriebenen Dienstleistungen von allgemeinem wirtschaftlichem Interesse betraut sind, sofern diese Subventionen auf die Kosten für die Erbringung der Dienstleistungen begrenzt sind,*

(g) *Subventionen zur Förderung der Kultur und zur Erhaltung des kulturellen Erbes, soweit sie Handel zwischen Mitgliedstaaten zu beeinträchtigen geeignet sind oder den Wettbewerb im Gemeinsamen Markt verfälschen, und*

(h) *Subventionen zur Förderung wichtiger Vorhaben von regionalem oder bilateralem Interesse, die auf Grundlage eines völkerrechtlichen Abkommens bestimmt worden sind.*

(5) *Subventionen im Sinne des Absatzes 4 Buchstabe e können unter anderem die folgenden Subventionen umfassen: Subventionen für genau umschriebene Forschungs-, Entwicklungs- und Innovationszwecke, Subventionen für Schulungen oder die Schaffung von Arbeitsplätzen, Subventionen für Umweltzwecke sowie Subventionen zugunsten von kleinen und mittleren Unternehmen, die definitionsgemäß weniger als 250 Mitarbeiter beschäftigen. Unternehmen, deren Unternehmensanteile oder Stimmrechte zu 25 % oder mehr von einer staatlichen Stelle oder Körperschaft des öffentlichen Rechts kontrolliert werden, gelten nicht als Unternehmen im Sinne des Satzes 1.*[573]

(6) *Eine Maßnahme gilt auch dann als mit dem Gemeinsamen Markt im Sinne dieser Vorschrift vereinbar, wenn das in dem betreffenden Drittstaat bestehende Beihilfensystem gemäß Artikel [10] von der Kommission anerkannt worden ist.*

Art. 4: Überprüfung

(1) *Jedes Unternehmen innerhalb der EU hat den Erhalt wirtschaftlicher Vorteile im Sinne von Art. [2] der Generaldirektion Wettbewerb Kommission schriftlich anzuzeigen. In Fällen einer Anmeldung nach Artikel 4 Absatz 1 der Verordnung 139/2004*[574] *hat die Anzeige zusammen mit der Anmeldung zu erfolgen.*[575]

---

[573] Vgl. EU-Kommission, Empfehlung vom 6. Mai 2003 betreffend die Definition der Kleinstunternehmen sowie der kleinen und mittleren Unternehmen (bekannt gegeben unter Aktenzeichen K(2003) 1422), ABl. L 124 vom 20. Mai 2003, S. 36, Erwägungsgrund 13 und Art. 3 Abs. 4.

[574] Verordnung (EG) Nr. 139/2004 des Rates vom 20. Januar 2004 über die Kontrolle von Unternehmenszusammenschlüssen („EG-Fusionskontrollverordnung"), ABl. L 24 vom 29. Januar 2004, S. 1.

[575] Bei einer über die Verordnung 139/2004 hinausgehenden Erfassung von Erwerbsvorgängen wären eine gesetzliche Definition der zusätzlich erfassten Erwerbstatbestände erforderlich.

(2) *In Fällen des Absatzes 1 Satz 2 darf der Zusammenschluss weder vor der Anzeige noch so lange vollzogen werden, bis der angezeigte wirtschaftliche Vorteil aufgrund einer Entscheidung gemäß Artikel [5] Absatz 2 oder durch Ablauf der Prüfungsfrist gemäß Artikel [5] Absatz 6 für mit dem Gemeinsamen Markt vereinbar erklärt worden ist.*

(3) *Die Entscheidung über eine Vergabe oder Konzession darf in Fällen eines Verfahrens gemäß der Richtlinie 2014/23/EU, der Richtlinie 2014/24/EU, der Richtlinie 2014/25/EU oder der Richtlinie 2009/81/EG weder vor der Anzeige noch so lange erfolgen werden, bis der angezeigte wirtschaftliche Vorteil aufgrund einer Entscheidung gemäß Artikel [5] Absatz 2 für mit dem Gemeinsamen Markt vereinbar erklärt worden ist.*

(4) *Die erforderlichen Dokumente sind in einer Durchführungsverordnung der Kommission aufzulisten.*

(5) *Dem Drittstaat, der den gemäß Absatz 1 anzuzeigenden wirtschaftlichen Vorteil gewährt hat, ist die Möglichkeit zur Stellungnahme einzuräumen.*

Art. 5: Prüfung der Anzeige und Beschlüsse der Kommission

(1) *Die Kommission prüft die Anzeige unmittelbar nach deren Eingang und entscheidet, ob sie ein Prüfungsverfahren eröffnet. Die Einleitung eines Prüfungsverfahrens ist dem anzeigenden Unternehmen mitzuteilen.*

(2) *Gelangt die Kommission in dem Prüfungsverfahren unter Berücksichtigung des Unionsinteresses zu dem Schluss, dass der angezeigte wirtschaftliche Vorteil auf einer Maßnahme beruht, die mit dem Gemeinsamen Markt vereinbar ist, so stellt sie dies durch Beschluss fest.*

(3) *Gelangt die Kommission in dem Prüfungsverfahren unter Berücksichtigung des Unionsinteresses zu dem Schluss, dass der angezeigte wirtschaftliche Vorteil auf einer Maßnahme beruht, die mit dem Gemeinsamen Markt nicht vereinbar ist, so stellt sie dies durch Beschluss fest.*

(4) *Bei der Würdigung des Unionsinteresses im Sinne der Absätze 2 und 3 ist ein Marktversagen oder die Erfüllung politischer Ziele der EU zugunsten des Subventionsempfängers besonders zu berücksichtigen. In Fällen des Artikels [4] Absatz 3 ist zusätzlich zu berücksichtigen, wie das wettbewerbliche Schutzinteresse gegenüber dem Interesse an gegenseitigem Marktzugang zu gewichten ist. Aspekte der öffentlichen Sicherheit und Ordnung sind bei einer Entscheidung gemäß diesem Artikel nicht zu berücksichtigen.*

(5) *Stellt die Kommission fest, dass ein oder mehrere Wettbewerber des anmeldenden Unternehmens im Binnenmarkt eine Unionsbeihilfe in vergleichbarem Umfang erhalten, erlässt sie einen Beschluss nach Absatz 2.*

(6) *Die Beschlüsse nach den Absätzen 2 und 3 dieses Artikels werden innerhalb von [zwei] Monaten erlassen. Diese Frist beginnt am Tag nach dem Eingang der vollständigen Anzeige. Die Anzeige gilt als vollständig, wenn die Kommission innerhalb von [zwei] Monaten nach Eingang der Anzeige oder nach Eingang der von ihr – gegebenenfalls – angeforderten zusätzlichen Informationen keine weiteren Informationen anfordert. Die Frist kann mit Zustimmung der Kommission und des betreffenden Unternehmens verlängert werden.*

(7) *Hat die Kommission innerhalb der in Absatz 5 genannten Frist keine Entscheidung nach Absatz 2 oder 3 erlassen, so gilt der angezeigte wirtschaftliche Vorteil als für mit dem Gemeinsamen Markt vereinbar.*

Art. 6: Auskunftsverlangen

(1) *Die Kommission kann zur Erfüllung der ihr durch diese Verordnung übertragenen Aufgaben von Unternehmen verlangen, dass sie alle erforderlichen Auskünfte erteilen.*

(2) *Bei der Versendung eines Auskunftsverlangens an ein Unternehmen oder eine Unternehmensvereinigung gibt die Kommission die Rechtsgrundlage, den Zweck des Auskunftsverlangens und die benötigten Auskünfte an, legt die Frist für die Übermittlung der Auskünfte fest und weist auf die in Artikel [11] für den Fall der Erteilung einer unrichtigen oder irreführenden Auskunft vorgesehenen Sanktionen hin.*

(3) *Die Inhaber des Unternehmens oder dessen Vertreter oder – im Fall von juristischen Personen, Gesellschaften und Vereinigungen ohne Rechtspersönlichkeit – die nach Gesetz oder Satzung zur Vertretung berufenen Personen erteilen die verlangten Auskünfte im Namen des betreffenden Unternehmens bzw. der Unternehmensvereinigung.*

(4) *Verweigert ein Unternehmen den Zugang zu den erforderlichen Informationen oder erteilt es sie nicht innerhalb der durch diese Verordnung gesetzten Fristen oder behindert sie erheblich die Untersuchung, so können vorläufige oder endgültige positive oder negative Feststellungen auf der Grundlage der verfügbaren Informationen getroffen werden.*

Wird festgestellt, dass das Unternehmen unwahre oder irreführende Informationen vorgelegt hat, werden diese Informationen nicht berücksichtigt, und die verfügbaren Informationen können zugrunde gelegt werden.

Das Unternehmen wird über die Folgen der mangelnden Bereitschaft zur Mitarbeit unterrichtet.

(5) *In Fällen des Artikels [3] Absatz 2 weist die Kommission zusätzlich auf die Vermutung einer Maßnahme im Sinne des Artikels [3] Absatz 1 hin. Sie kann die Unternehmen verpflichten, zur Abwendung der Vermutung alle Bücher vorzulegen, die über erhaltene wirtschaftliche Vorteile im Sinne von Artikel [2] Aufschluss geben.*

Art. 7: Ausgleichsabgabe und Transparenzpflichten

(1) *Kommt die Kommission zu dem Ergebnis, dass wirtschaftliche Vorteile, die ein Unternehmen im Sinne von Artikel [2] erhalten hat, gemäß Artikel [5] Absatz 3 mit dem europäischen Binnenmarkt nicht vereinbar sind, so verhängt sie eine Ausgleichsabgabe.*

(2) *Die Kommission erlässt Leitlinien zur Bemessung der Höhe der Ausgleichsabgabe. Die Ausgleichsabgabe darf die Höhe des erhaltenen wirtschaftlichen Vorteils nicht überschreiten.*

(3) *Bei Unternehmen, an denen ein Drittstaat eine Kapitalbeteiligung von 20 % oder mehr hält, kann die Kommission Methoden zur Ermittlung und Messung des wirtschaftlichen Vorteils anwenden, die der Möglichkeit Rechnung tragen, dass die im Drittstaat herrschenden Bedingungen nicht als angemessene Bezugsgrößen anzusehen sind.*

(4) *Die Pflicht zur Zahlung einer Ausgleichsabgabe kann auch dadurch erfüllt werden, dass der Adressat der Zahlungspflicht in hinreichender Weise nachweist, dass der erhaltene wirtschaftliche Vorteil in voller Höhe an die vergebende Stelle zurückgezahlt wurde.*

(5) *Unternehmen im Sinne des Artikels [3] Absatz 2, denen gegenüber die Kommission einen Beschluss nach Artikel [5] erlässt, können in dem Beschluss verpflichtet werden, Transparenzpflichten entsprechend der Richtlinie 2006/111/EG zu erfüllen.*[576] *Die Einzelheiten legt die Kommission bis zum [...] in einem Durchführungsrechtsakt fest.*

Art. 8: Rückzahlung

(1) *Die Rückzahlung gilt nur dann als Erfüllung der Zahlungspflicht gemäß Artikel [7], wenn sie innerhalb von [drei] Monaten nach der Veröffentlichung der Entscheidung der Kommission hinreichend nachgewiesen worden ist.*

(2) *Auf Antrag kann die Kommission die Frist verlängern, soweit ausreichende Gründe hierfür vorliegen.*

---

[576] Richtlinie 2006/111/EG der Kommission vom 16. November 2006 über die Transparenz der finanziellen Beziehungen zwischen den Mitgliedstaaten und den öffentlichen Unternehmen sowie über die finanzielle Transparenz innerhalb bestimmter Unternehmen (kodifizierte Fassung), ABl. L 318 vom 17. November 2006, S. 17.

Art. 9: Freistellungsvoraussetzungen

Maßnahmen im Sinne des Artikels [3] Absatz 1 sind mit dem Binnenmarkt vereinbar und von der Anzeigepflicht nach Artikel [4] Absatz 1 freigestellt, sofern diese Maßnahmen [näher zu bestimmende][577] *Voraussetzungen erfüllen.*

Art. 10: Anerkennungsentscheidung

(1) Eine Anerkennung nach dieser Vorschrift darf erfolgen, wenn die Europäische Union eine völkerrechtliche Vereinbarung abgeschlossen hat, die zu einer Beihilfekontrolle in dem betreffenden Drittstaat führt, oder ein Drittstaat eine solche Beihilfekontrolle eingeführt hat, die mindestens die folgenden Voraussetzungen erfüllt:

(a) [...]

(2) Eine Anerkennungsentscheidung ist eine verbindliche Feststellung der Europäischen Union, dass ein Drittstaat oder ein räumlicher Zusammenschluss von Staaten über rechtliche Rahmenbedingungen verfügt, die mit denjenigen des europäischen Beihilferechts zumindest vergleichbar sind.

(3) Eine Anerkennungsentscheidung kann zurückgenommen werden, wenn sich die rechtlichen Rahmenbedingungen in einem Drittstaat erheblich verändert haben.

(4) Im Fall des Absatzes 3 ist dem betroffenen Drittstaat Gelegenheit zu einer Stellungnahme zu geben.

Art. 11: Geldbußen

(1) Die Kommission kann gegen Unternehmen und Unternehmensvereinigungen durch Entscheidung Geldbußen verhängen, wenn sie vorsätzlich oder fahrlässig gegen eine Pflicht nach dieser Verordnung verstoßen.

Die Geldbuße für jedes an der Zuwiderhandlung beteiligte Unternehmen oder jede beteiligte Unternehmensvereinigung darf 10 % seines bzw. ihres jeweiligen im vorausgegangenen Geschäftsjahr erzielten Gesamtumsatzes nicht übersteigen.

Steht die Zuwiderhandlung einer Unternehmensvereinigung mit der Tätigkeit ihrer Mitglieder im Zusammenhang, so darf die Geldbuße 10 % der Summe der Gesamtumsätze derjenigen Mitglieder, die auf dem Markt tätig waren, auf dem sich die Zuwiderhandlung der Vereinigung auswirkte, nicht übersteigen.

(2) Vor Verhängung einer Geldbuße nach Absatz 1 ist dem betroffenen Unternehmen Gelegenheit zur Stellungnahme zu geben.

(3) Bei Verhängung einer Geldbuße nach Absatz 1 informiert die Kommission den Mitgliedstaat, in dem das betroffene Unternehmen seinen Sitz hat.

(4) Die nach Absatz 1 getroffenen Entscheidungen haben keinen strafrechtlichen Charakter.

Art. 12: Überprüfung

(1) Die Kommission legt dem Europäischen Parlament und dem Rat unter gebührender Berücksichtigung des Schutzes vertraulicher Informationen im Sinne von Artikel [2] einen jährlichen Bericht über die Anwendung und Durchführung dieser Verordnung vor.

(2) Der Bericht enthält Angaben über die Höhe und Herkunft von Drittlandsbeihilfen im Binnenmarkt, die Anzahl von eingeleiteten sowie abgeschlossenen Verfahren und die Anzahl der verhängten Bußgelder.

---

577 Vgl. Art. 3 Verordnung 651/2014 der Kommission vom 17. Juni 2014 zur Feststellung der Vereinbarkeit bestimmter Gruppen von Beihilfen mit dem Binnenmarkt in Anwendung der Artikel 107 und 108 des Vertrags über die Arbeitsweise der Europäischen Union, ABl. L 187 vom 26. Juni 2014, S. 1.

Art. 13: Schlussbestimmungen

(1) Die Rechtsprechung des Gerichtshofs der Europäischen Union zu Artikel 107 AEUV gilt für Maßnahmen im Sinne des Artikels 3 entsprechend.

(2) [...]"

4.2 Instrumente zur Durchsetzung europäischer Wettbewerbsprinzipien im Verhältnis zu Drittstaaten

961. Neben bereits genannten Instrumenten, die im Wesentlichen auf die Herstellung gleicher Wettbewerbsbedingungen im EU-Binnenmarkt zielen, werden Instrumente diskutiert, die zur aktiven Durchsetzung europäischer Wettbewerbsprinzipien im Verhältnis zu Drittstaaten und insbesondere China eingesetzt werden können. Die Diskussion betrifft insbesondere die Einführung eines Internationalen Vergabeinstruments zur Anwendung bei Beschaffungsvorgängen im EU-Binnenmarkt (Abschn. 4.2.1), die EU-Konnektivitätsstrategie zur Anbindung von Drittstaaten an den EU-Binnenmarkt und als Gegenentwurf zum chinesischen Projekt „Neue Seidenstraße" („Belt-and-Road"-Initiative; Abschn. 4.2.2) sowie das geplante Investitionsabkommen unmittelbar zwischen der EU und China (Abschn. 4.2.3).

4.2.1 Internationales Vergabeinstrument (International Procurement Instrument – IPI)

962. Abgesehen von der Herstellung wettbewerblicher Chancengleichheit im EU-Binnenmarkt wird es als Problem angesehen, dass die Marktzugangsbedingungen für europäische Unternehmen in Drittstaaten und für Unternehmen aus Drittstaaten bei Ausschreibungen in der EU uneinheitlich ausgestaltet sind. Das auswärtige Handeln der EU ist gemäß Art. 206 AEUV auf eine harmonische Entwicklung des Welthandels ausgerichtet.[578] Deshalb steht der EU-Binnenmarkt bei staatlichen Beschaffungsvorgängen auch Bietern aus Drittländern weitgehend offen. Diese Offenheit beruht jedoch nicht auf Gegenseitigkeit.[579] Die Beschaffungsmärkte in Drittstaaten bleiben für europäische Unternehmen vielmehr zu großen Teilen verschlossen, sowohl durch rechtliche als auch durch rein tatsächliche Benachteiligungen.[580]

963. Den öffentlichen Beschaffungsmärkten kommt weltweit eine erhebliche wirtschaftliche Bedeutung zu. Ihr weltweites Volumen wird auf ca. EUR 8 Bio. geschätzt.[581] Gleichzeitig ist der Zugang zu den öffentlichen Beschaffungsmärkten für ausländische Unternehmen häufig stark eingeschränkt. So können sich nach Angaben der Europäischen Kommission EU-Unternehmen weltweit nur auf Aufträge im Wert von ca. der Hälfte des weltweiten öffentlichen Beschaffungsvolumens bewerben. Weltweit erwirtschaften europäische Unternehmen (als erfolgreiche Bieter) bisher lediglich rund EUR 10 Mrd. jährlich auf den weltweiten Beschaffungsmärkten. Nach Erkenntnissen der Europäischen Kommission bestünde ohne die derzeit noch bestehenden Beschränkungen für europäische Bieter jedenfalls das Potenzial, weitere EUR 12 Mrd. jährlich zu erwirtschaften.[582] Dies entspräche mehr als einer Verdoppelung des bisher von europäischen Unternehmen außerhalb der EU erzielten Volumens auf den öffentlichen Beschaffungsmärkten. Im Vergleich zu den gesamten Waren- und Dienstleistungsexporten der EU sowie dem Volumen der weltweiten Beschaffungsmärkte handelt es sich hierbei allerdings insgesamt um einen überschaubaren Betrag.

964. Eine Bevorzugung heimischer Unternehmen findet selbst in großen Industriestaaten, mit denen die EU seit langem ausgeprägte Handelsbeziehungen unterhält, statt.[583] Auch im Hinblick auf China ist derzeit keine befriedigende Öffnung

[578] Frenz, Handbuch Europarecht, Band 6: Institutionen und Politiken, 2011, Rz. 5020.

[579] EU-Kommission, Geänderter Vorschlag für eine IPI-Verordnung, COM(2016) 34 final, S. 2; Gemeinsame Mitteilung an das Europäische Parlament, den Europäischen Rat und den Rat, EU-China – Strategische Perspektiven, JOIN(2019) 5 final, S. 8.

[580] EU-Kommission, Geänderter Vorschlag für eine IPI-Verordnung, COM(2016) 34 final, S. 2.

[581] EU-Kommission, Fact Sheet: International Procurement Instrument, März 2019, https://trade.ec.europa.eu/doclib/docs/2019/march/tradoc_157728.pdf, Abruf am 22. Juni 2020.

[582] EU-Kommission, Geänderter Vorschlag für eine IPI-Verordnung, COM(2016) 34 final, S. 2.

[583] Siehe insb. auf U.S.-Bundesebene den Buy American Act (41 U.S.C. §§ 8301–8305), der die U.S.-amerikanische Regierung verpflichtet, heimische Produkte bei Beschaffungen zu bevorzugen (41 U.S.C. § 8303); für Beschaffungen für die Massenverkehrs-Infrastruktur auch 49 U.S.C. § 5323(j), 49 CFR Part 661 („Buy America").

der Märkte für die Vergabe öffentlicher Aufträge für in der EU ansässige Unternehmen zu erkennen.[584] Dies zeigt sich unter anderem in der von China praktizierten Industriepolitik-Strategie „Made in China 2025". Diese soll China unabhängiger von ausländischer Technologie machen und stattdessen die Stellung der chinesischen Unternehmen (weltweit) verbessern.[585] In diesem Kontext spielt auch das Gesetz über staatliche Vergaben in der Volksrepublik China eine Rolle.[586] Den Marktzutritt ausländischer Unternehmen erschwert vor allem die sogenannte „Buy-Chinese"-Klausel in Art. 10 des Gesetzes. Diese macht für staatliche Beschaffungsvorgänge die Vorgabe, grundsätzlich nationale Unternehmen zu bevorzugen.[587] Ausnahmen bestehen vor allem für den Fall, dass Waren oder Dienstleistungen im chinesischen Inland nicht erhältlich sind oder zumindest nicht zu akzeptablen Konditionen beschafft werden können. Eine weitere gesetzliche Ausnahme kann eingreifen, wenn Waren oder Dienstleistungen außerhalb des Territoriums der Volksrepublik China eingesetzt werden sollen.[588] Davon abgesehen können in einzelnen Wirtschaftssektoren absolute Investitionsverbote oder ein Zwang zum Beitritt zu inländischen Gemeinschaftsunternehmen bestehen.

965. Das Internationale Vergabeinstrument dient dem Ziel, die im Verhältnis zu Drittstaaten bestehenden ungleichen Markteintrittsbedingungen auf dem Markt für das öffentliche Beschaffungswesen zu beheben und Gegenseitigkeit (Reziprozität) herzustellen.[589] Es soll bestenfalls einen gegenseitigen Marktzugang zu vergleichbaren Bedingungen vor allem im Verhältnis zu China eröffnen und im Mindesten als Hebel in den Verhandlungen um ein EU-China-Investitionsabkommen eingesetzt werden.[590] Die aktuellen Europäischen Vergaberichtlinien sollen durch das Instrument nicht ersetzt werden. Die von der Europäischen Kommission vorgeschlagene IPI-Verordnung ist lediglich ein zusätzliches, alleine im Hinblick auf Beschränkungen des europäischen Beschaffungsmarktes für Unternehmen aus Drittländern abschließendes Regelwerk.[591] Auf Grundlage des IPI sollen jedoch auch sogenannte „strategische Ziele" stärker mit Hilfe des Vergaberechts verfolgt werden können.[592] So soll beispielsweise die Einhaltung europäischer Standards im Bereich des Arbeits- und Umweltrechts sowie im Hinblick auf sicherheitsrelevante Aspekte künftig auch im Verhältnis zu Drittstaaten gefordert werden können.[593] Mit Blick auf die Beteiligung chinesischer Bieter an europäischen Vergabeverfahren

[584] EU-Kommission, Geänderter Vorschlag für eine IPI-Verordnung, COM(2016) 34 final, S. 2; Mitteilung der Kommission: EU-China – Strategische Perspektiven; Entschließung des Europäischen Parlaments vom 23. Mai 2012 zum Thema „Die Europäische Union und China: ein Handelsungleichgewicht?", 2010/2301(INI); BDI, Grundsatzpapier China. Partner und systemischer Wettbewerber – Wie gehen wir mit Chinas staatlich gelenkter Volkswirtschaft um?, Januar 2019, S. 3.

[585] Zenglein/Holzmann, Mercator Institute for China Studies, Evolving Made in China 2025, S. 9 ff.

[586] The Government Procurement Law of the People's Republic of China (Order of the President No. 68).

[587] Im Wortlaut: "domestic goods, construction and services shall be procured for government procurement". Zum Stand der vergaberechtlichen Standards in China: *European Camber of Commerce in China*, European Business in China Position Paper 2018/2019.

[588] Vgl. Art. 10 GLP: "The government shall procure domestic goods, construction and services, except in one of the following situations: (1) where the goods, construction or services needed are not available within the territory of the People's Republic of China or, though available, cannot be acquired on reasonable commercial terms; (2) where the items to be procured are for use abroad; and (3) where otherwise provided for by other laws and administrative regulations."

[589] EU-Kommission, Geänderter Vorschlag für eine IPI-Verordnung, COM(2016) 34 final, Erwägungsgrund 12 („Zur Verbesserung des Zugangs von Wirtschaftsteilnehmern aus der Union zu den Märkten für öffentliche Aufträge und für Konzessionen bestimmter Drittländer, die durch restriktive und diskriminierende Vergabemaßnahmen oder praktiken geschützt sind, und zur Erhaltung gleicher Wettbewerbsbedingungen innerhalb des Binnenmarkts"); siehe auch Neun/Otting, EuZW 2012, 566 (566 ff.).

[590] Siehe EU-Kommission, Fact Sheet: International Procurement Instrument, März 2019, https://trade.ec.europa.eu/doclib/docs/2019/march/tradoc_157728.pdf, Abruf am 12. Juni 2020, wo der „Fall China" besonders hervorgehoben wird (S. 4); Blenkinskop, Brussels pushes EU leaders to play public tender card against China, Reuters vom 20. März 2019.

[591] EU-Kommission, Geänderter Vorschlag für eine IPI-Verordnung, COM(2016) 34 final, Erwägungsgrund 18.

[592] Neun/Otting, EuZW 2012, 566 (566 ff.).

[593] EU-Kommission/Hohe Vertreterin für Außen- und Sicherheitspolitik, Gemeinsame Mitteilung an das Europäische Parla-ment, den Europäischen Rat und den Rat, EU-China – Strategische Perspektiven, JOIN(2019) 5 final, 12. März 2019 final, S. 9; EU-Kommission, Mitteilung – Leitlinien zur Teilnahme von Bietern und Waren aus Drittländern am EU-Beschaffungsmarkt, C(2019) 5494 final.

wird von Branchenverbänden die Notwendigkeit gesehen, das Unterlaufen von sozialen und Umweltstandards wirksamer als derzeit üblich zu bekämpfen.[594]

966. Die Europäische Kommission hat für das IPI im Jahr 2016 einen geänderten Verordnungsvorschlag vorgelegt, nachdem ein erster Vorschlag aus dem Jahr 2012 im Rat gescheitert war.[595] Der geänderte Vorschlag ist weiterhin auf die Ermächtigungsgrundlage des Art. 207 AEUV gestützt, gegenüber dem ursprünglichen Vorschlag aber zurückhaltender gefasst.[596] Danach würden der Europäischen Kommission Ermittlungsbefugnisse eingeräumt, um im Unionsinteresse Maßnahmen von Drittstaaten zu überprüfen, durch die EU-Unternehmen im Rahmen dortiger öffentlicher Beschaffungen benachteiligt werden. Diese Maßnahmen werden unter dem Begriff der restriktiven und/oder diskriminierenden Maßnahme zusammengefasst und müssen eine schwerwiegende und wiederholte Behinderung des Zugangs von Waren, Dienstleistungen und/oder Wirtschaftsteilnehmern aus der Union zum Markt des Drittstaates mit sich bringen.[597] Wenn derartige Maßnahmen festzustellen wären, könnten zunächst Verhandlungen mit dem entsprechenden Drittstaat aufgenommen werden, die auf eine Beseitigung der Maßnahmen hinwirken sollten (Konsultationsphase). Nach Ablauf der Konsultationsfrist oder sonstigem Scheitern der Verhandlungen sollte die Europäische Kommission befugt sein, für Aufträge in der EU sogenannte Preisanpassungsmaßnahmen zu treffen, mit denen die Gebote von Unternehmen aus dem betreffenden Drittstaat verteuert werden. Voraussetzung hierfür wäre, dass der Gesamtwert der angebotenen Waren oder Dienstleistungen zu mindestens 50 Prozent dem Drittstaat nach gesetzlich näher bestimmten Kriterien zuzurechnen ist.[598]

967. Die möglichen „Preisanpassungsmaßnahmen" könnten dann für Aufträge ab einem geschätzten Wert von EUR 5 Mio. unter der Voraussetzung ergriffen werden, dass der betreffende Drittstaat restriktive und/ oder diskriminierende Vergabemaßnahmen oder -praktiken einführt oder beibehält.[599] In diesem Fall sollte ein Aufschlag von bis zu 20 Prozent auf den Preis des Angebots erfolgen. Die Preisanpassungsmaßnahmen würden jedoch nur zur Bewertung und Einstufung der Preiskomponente angewendet und nicht den Preis beeinflussen, der nach dem mit dem erfolgreichen Bieter abzuschließenden Vertrag zu zahlen ist.[600] Ein genereller Ausschluss von Bietern aus betroffenen Drittstaaten ist im geänderten IPI-Verordnungsvorschlag – abweichend vom ursprünglichen Vorschlag – nicht mehr vorgesehen. Auch die aktuellen Regelungen, die einen Ausschluss von Bietern im Bereich des Wasser-, Energie- und Verkehrssektors ermöglichen, sollen nach dem Vorschlag der EU-Kommission gestrichen werden (Art. 85 RL 2014/25/EU und im deutschen Recht § 55 SektVO). Insoweit käme es folglich zu einer Lockerung.

968. Wenn zuständige nationale Stellen gegen Vorgaben der IPI-Verordnung verstoßen, sollten diese Verstöße zur unmittelbaren Unwirksamkeit der Vergabeentscheidung führen.[601] Zudem beinhaltet der geänderte Verordnungsvorschlag (wie schon der ursprüngliche Vorschlag) einen Korrekturmechanismus, wonach die EU-Kommission die Praxis der mitgliedstaatlichen Stellen nach den Regeln des Art. 3 RL 89/665/EWG korrigieren könnte.[602] Das bedeutet, dass die EU-

---

594 BDI, Grundsatzpapier China. Partner und systemischer Wettbewerber – Wie gehen wir mit Chinas staatlich gelenkter Volkswirtschaft um?, Januar 2019, S. 17; BusinessEurope, The EU and China: Addressing the Systemic Challenge, Januar 2020, S. 17, 120.

595 Siehe erneut Fn. 369 zum Geänderten Vorschlag; außerdem zum ursprünglichen Vorschlag: EU-Kommission, Vorschlag für eine Verordnung des Europäischen Parlaments und des Rates über den Zugang von Waren und Dienstleistungen aus Drittländern zum EU-Binnenmarkt für das öffentliche Beschaffungswesen und über die Verfahren zur Unterstützung von Verhandlungen über den Zugang von Waren und Dienstleistungen aus der Union zu den öffentlichen Beschaffungsmärkten von Drittländern, COM(2012) 124 final, 21. März 2012; Europäischer Wirtschafts- und Sozialausschuss, Stellungnahme, REX/465, 27. April 2016, S. 14.

596 EU-Kommission, Geänderter Vorschlag für eine IPI-Verordnung, COM(2016) 34 final (Fn. 369).

597 EU-Kommission, Geänderter Vorschlag für eine IPI-Verordnung, COM(2016) 34 final, Art. 2 lit. f.

598 EU-Kommission, Geänderter Vorschlag für eine IPI-Verordnung, COM(2016) 34 final, Art. 8 Abs. 1 und 3.

599 EU-Kommission, Geänderter Vorschlag für eine IPI-Verordnung, COM(2016) 34 final, Art. 8 und S. 4, 32 ff.

600 EU-Kommission, Geänderter Vorschlag für eine IPI-Verordnung, COM(2016) 34 final, Art. 11 Abs. 1.

601 Die Bestimmung der zuständigen nationalen Stellen soll den Mitgliedstaaten in Abstimmung mit der EU-Kommission überlassen bleiben; siehe EU-Kommission, Geänderter Vorschlag für eine IPI-Verordnung, COM(2016) 34 final, Erwägungsgrund 26.

602 EU-Kommission, Geänderter Vorschlag für eine IPI-Verordnung, COM(2016) 34 final, Art. 13 und Erwägungsgrund 28.

Kommission unter Begründung ihrer Rechtsauffassung eine Vergabestelle zur Aussetzung des Verfahrens auffordern könnte. Der Vergabestelle blieben dann 21 Tage, um hierauf – zustimmend oder erwidernd – zu reagieren.

969. Der geänderte Verordnungsvorschlag ist seinerseits auf Vorbehalte gestoßen. Allgemein bestehen Zweifel, ob mit diesem Verordnungsentwurf das Ziel der gegenseitigen Öffnung der Märkte tatsächlich erreicht werden kann.[603] Insbesondere wird kritisiert, dass die Preisaufschläge nur auf Aufträge mit einem Auftragswert ab EUR 5 Mio. anwendbar sein sollen, da nur rund 7 Prozent aller öffentlichen Aufträge diese Schwelle überschreiten.[604] Deshalb wird vorgeschlagen, die Preisanpassungsmaßnahmen bereits ab einem Auftragswert von EUR 2,5 Mio. für anwendbar zu erklären.[605] Um die Verbindung von Unternehmen und Drittstaaten zu ermitteln, sieht der aktuelle Verordnungsvorschlag zudem vor, dass sich der Ursprung von Waren nach dem EU-Zollkodex richten soll, während bei Dienstleistungen die Herkunft des Wirtschaftsteilnehmers anhand von im Verordnungsvorschlag selbst aufgeführten Kriterien bestimmt werden muss.[606] Damit wird zwar der Komplexität globaler Unternehmensverbindungen und Lieferketten Rechnung getragen, aber es bleibt unklar, wann eine ausreichende unmittelbare Verbindung zu einem Mitgliedstaat vorliegt, die es rechtfertigt, die Tätigkeit juristischer Personen diesem Mitgliedstaat zuzuordnen.

970. Die Europäische Kommission hatte das Europäische Parlament und den Rat aufgefordert, das IPI bis Ende 2019 anzunehmen, was jedoch bis heute nicht geschehen ist.[607] Die Bundesregierung hat zwar Offenheit signalisiert. Aus ihrer Sicht sollte der Vorschlag jedoch dahingehend angepasst werden, dass eventuelle nachteilige Wirkungen für in der EU ansässige Unternehmen und europäische Vergabestellen vermieden würden.[608] Diese Vorbehalte dürften insofern berechtigt sein, als Unternehmen aus Drittstaaten selbst nicht ohne Weiteres beeinflussen können, wie ihr Heimatstaat den Marktzugang regelt. Damit fallen letztlich die Verursacher von Reziprozitätskonflikten (= Drittstaaten) und die Betroffenen der Gegenmaßnahmen des IPI (= Unternehmen aus Drittstaaten) auseinander. Davon abgesehen besteht das Risiko, dass andere Staaten das IPI auch in der geänderten Fassung als protektionistisch ansehen und in einem solchen Fall Gegenmaßnahmen (gegebenenfalls auch außerhalb des Beschaffungswesens) ergreifen werden.

971. Speziell im Verhältnis zwischen der EU und China ist zu berücksichtigen, dass ein erhebliches Gegenseitigkeitsdefizit im Zugang zu den jeweiligen Beschaffungsmärkten besteht. Die Teilnahme europäischer Unternehmen an öffentlichen Ausschreibungen ist in China stark erschwert, während chinesischen Unternehmen der EU-Beschaffungsmarkt weitgehend offensteht. Die Möglichkeit zu Preisanpassungen könnte vor diesem Hintergrund Anreize für den chinesischen Staat setzen, auf eine Politik zu verzichten, die chinesische Unternehmen begünstigt und europäischen Bietern die Teilnahme an chinesischen Vergabeverfahren erschwert. Es erscheint auch akzeptabel, dass der chinesische Staat möglicherweise im Anschluss ein spiegelbildliches Instrument einführt. Das Risiko von Gegenmaßnahmen außerhalb des Beschaffungswesens dürfte sich unabhängig von den ergriffenen Maßnahmen ohnehin niemals ausschließen lassen.

972. In einer Abwägung erscheint mit Blick auf das Problem des chinesischen Staatskapitalismus allerdings die Herstellung wettbewerblicher Chancengleichheit im EU-Binnenmarkt vordringlich, während Fragen des wechselseitigen Marktzugangs im Verhältnis der EU zu China dahinter zurücktreten. Die Monopolkommission verzichtet deshalb hier auf eine weitergehende Stellungnahme zum IPI.

4.2.2 EU-Konnektivitätsstrategie

973. Die Europäische Kommission und der Hohe Vertreter der Europäischen Union für Außen- und Sicherheitspolitik haben eine sogenannte Konnektivitätsstrategie entwickelt, um Europa und Asien zu verbinden, unter anderem durch

---

603 Siehe z. B. Europäischer Wirtschafts- und Sozialausschuss, Stellungnahme, REX/465, 27. April 2016.

604 Europäischer Wirtschafts- und Sozialausschuss, Stellungnahme, REX/465, 27. April 2016, S. 3.

605 Europäischer Wirtschafts- und Sozialausschuss, Stellungnahme, REX/465, 27. April 2016, S. 10.

606 EU-Kommission, Geänderter Vorschlag für eine IPI-Verordnung, COM(2016) 34 final, Art. 3.

607 EU-Kommission, Vertretung in Deutschland, Pressemitteilung vom 12. März 2019, „Kommission überprüft Beziehungen zu China und schlägt 10 Maßnahmen vor".

608 BT-Drs. 19/8137, S. 35.

Transportverbindungen und digitale Netzwerke.[609] Diese EU-Konnektivitätsstrategie erscheint als Gegenentwurf zu Chinas „17+1"-Strategie und dem Projekt „Neue Seidenstraße". Sie kann genutzt werden, um die eingebundenen Drittstaaten Schritt für Schritt an das marktwirtschaftliche System im EU-Binnenmarkt heranzuführen. Dies geschähe aber um den Preis, dass gegebenenfalls mit Subventionen ins Wettbewerbsgeschehen in den betreffenden Drittstaaten eingegriffen würde, die nach dem EU-Recht innerhalb der EU als problematisch anzusehen wären.

974. In ihrem Vorschlag für eine EU-Konnektivitätsstrategie benennen die Europäische Kommission und der Hohe Vertreter der Europäischen Union für Außen- und Sicherheitspolitik konkrete EU-Finanzierungsinstrumente, die für Investitionen in Drittstaaten eingesetzt werden sollen.[610] Sie verweisen insofern auf die Neighbourhood Investment Facility (NIF), die Investment Facility for Central Asia (IFCA) und die Asia Investment Facility (AIF), wobei die beiden Letztgenannten mehr als EUR 4,2 Mrd. zwischen 2010 und Sommer 2018 durch gemischte Zuschüsse/Darlehen bereitgestellt hätten. Im Mehrjährigen Finanzrahmen 2021–2027 soll zudem der Europäische Fonds für nachhaltige Entwicklung (EFSD) eingesetzt werden, um die Bereitstellung zusätzlichen öffentlichen und privaten Kapitals zu fördern.[611] Der Förderschwerpunkt wird dabei in Afrika und den Ländern in der Nachbarschaft der EU liegen; allerdings soll ein Teil der Fondsmittel auch für andere geographische Gebiete verwendet werden. Davon abgesehen unterstützt die Europäische Kommission alle Bemühungen zur internationalen Zusammenarbeit, um eine wirksame Kombination von Finanzierungsquellen zu entwickeln. In diesem Zusammenhang fördert sie die Zusammenarbeit zwischen europäischen Banken, einschließlich öffentlicher Banken, und anderen Banken aus Nicht-EU-Ländern. Die EU soll nach dem Vorschlag für eine EU-Konnektivitätsstrategie außerdem die Prozesse in der G7, der G20 und der OECD unterstützen, um die Kreditvergabepraxis der öffentlichen Finanzinstitutionen mit den Grundsätzen der nachhaltigen Konnektivität in Einklang zu bringen.[612]

975. Die beschriebenen Mittel können in EU-Anrainerstaaten und anderen Drittstaaten, einschließlich solcher Staaten, die in das chinesische Projekt „Neue Seidenstraße" eingebunden sind, in ähnlicher Weise wie Fördermaßnahmen innerhalb der EU verwendet werden.[613] Sie können also zum Ausgleich von Finanzierungslücken bei Investitionen im gemeinsamem Interesse und als Defensivmaßnahmen zum Ausgleich von wettbewerbsverzerrenden chinesischen Finanzmaßnahmen dienen. Im Unterschied zu Fördermaßnahmen innerhalb der EU sind dabei zusätzlich allerdings die legitimen Interessen der betreffenden Drittstaaten zu berücksichtigen. Es kommt somit zu einer Erweiterung der relevanten Interessen.

976. Aus wettbewerbspolitischer Sicht sind die vorgeschlagenen Finanzierungsmaßnahmen grundsätzlich unproblematisch; zumindest soweit es um den Schutz des Wettbewerbs im EU-Binnenmarkt geht. Die Maßnahmen wirken sich vorrangig in den betroffenen Drittstaaten aus. Im EU-Binnenmarkt können sie allenfalls indirekt Wirkungen entfalten. Das ist etwa dann der Fall, wenn sie die Chancen europäischer Bieter erhalten, die bei Beschaffungsvorgängen in den relevanten Drittstaaten mit durch den chinesischen Staat subventionierte Bieter konkurrieren.[614] Daneben werden die Interessen europäischer Exportunternehmen geschützt, soweit diese sich in den relevanten Drittstaaten gegen subventionierte chinesische Wettbewerber behaupten müssen. Aus einer allein auf den Wettbewerbsschutz im EU-Binnenmarkt bezogenen Sicht ist die EU-Konnektivitätsstrategie dennoch nur eingeschränkt relevant.

977. Eine höhere Bedeutung gewinnt die EU-Konnektivitätsstrategie, wenn man zusätzlich berücksichtigt, dass sie auch handelspolitischen Zielen dienen soll. Denn im Idealfall kann sie dazu beitragen, die Märkte der betreffenden Drittstaa-

---

609 EU-Kommission, Connecting Europe and Asia – Building blocks for an EU Strategy, 19.09.2018, JOIN(2018) 31 final, S. 1.

610 Daneben wird angesprochen, dass Ressourcen in den Drittstaaten mobilisiert werden sollten; EU-Kommission, Connecting Europe and Asia -Building blocks for an EU Strategy, JOIN(2018) 31 final, 19. September 2018, S. 7, 11 ("mobilisation of domestic resources").

611 Zu diesem Instrument siehe Verordnung (EU) 2017/1601 zur Einrichtung des Europäischen Fonds für nachhaltige Entwicklung (EFSD), der EFSD-Garantie und des EFSD-Garantiefonds, ABl. L 249 vom 27. September 2017, S. 1.

612 EU-Kommission, Connecting Europe and Asia – Building blocks for an EU Strategy, 19.09.2018, JOIN(2018) 31 final, S. 10 f.

613 Siehe hierzu oben Abschn. 3.2.2.2 und 3.2.2.3.

614 Vgl. hierzu EU-Kommission, Connecting Europe and Asia – Building blocks for an EU Strategy, 19.09.2018, JOIN(2018) 31 final, S. 12.

ten an den EU-Binnenmarkt heranzuführen und diesen auf Dauer möglicherweise sogar zu erweitern. Bei der Verfolgung solcher Ziele drohen allerdings Hindernisse. Denn es muss von der Bereitschaft Chinas ausgegangen werden, im Rahmen des Projekts „Neue Seidenstraße" umfangreiche Subventionen einzusetzen, sofern diese zur Durchsetzung chinesischer Interessen beitragen. Damit kann aber auch für die EU Anlass bestehen, über die Verfolgung gemeinsamer Interessen mit den Drittstaaten hinauszugehen, wenn dies europäischen Unternehmen gegenüber ihren chinesischen Wettbewerbern zugutekommt. Ein solcher offensiver Einsatz von Fördermitteln, der europäische Interessen über die Herstellung gleicher Wettbewerbsbedingungen hinaus schützt, könnte die Entwicklung der Märkte in den betreffenden Drittstaaten und damit auch ihre Heranführung an den EU-Binnenmarkt behindern.

978. Davon abgesehen dürfte der Erfolg der EU-Konnektivitätsstrategie davon abhängen, ob es überhaupt gelingen kann, die Märkte in den betreffenden Drittstaaten stärker in das marktwirtschaftliche System der EU als in das staatskapitalistische System Chinas einzubinden. Auf der einen Seite ist anzunehmen, dass es in den betreffenden Drittstaaten durchaus ein Interesse daran geben dürfte, mit der EU bei Investitionen eine Alternative zu China zu gewinnen. Denn China bietet den Ländern an der Neuen Seidenstraße oft Kredite an und beteiligt sich nicht direkt an Projekten.[615] Laut Center for Global Development sind acht der betreffenden Drittstaaten konkret von einem Zahlungsausfall bedroht.[616] Der Schuldenanstieg birgt Risiken, die den eigenen Interessen der betreffenden Drittstaaten zuwiderlaufen und die sich zugleich nachteilig auf den asiatisch-europäischen Handel auswirken können.

979. Auf der anderen Seite bleibt die Bereitschaft der betreffenden Drittstaaten, mit der EU im Rahmen der EU-Konnektivitätsstrategie zu kooperieren, unsicher. Die betreffenden Drittstaaten werden darauf achten, dass mit den Fördermitteln Investitionen finanziert werden, die sie selbst als notwendig ansehen. Auf längere Sicht werden sie in Hinblick auf europäische Förderangebote zudem berücksichtigen, dass eine EU-Förderung ihrer Wirtschaft zwar Möglichkeiten zu einer vergleichsweise freien Entwicklung eröffnen dürfte, dass aber zugleich über die konkreten Projekte hinaus nicht immer Planungssicherheit besteht und ein dauerhafter Nutzen auch vom Engagement ihrer eigenen Unternehmen abhängen dürfte. Die Zusammenarbeit mit China kann zwar eine wesentlich stärkere Einbindung in vorgegebene chinesische Strukturen mit sich bringen, eröffnet aber möglicherweise eine größere Aussicht, Planungssicherheit zu haben und Folgeinvestitionen im Rahmen der Weiterentwicklung des Projekts „Neue Seidenstraße" zu erhalten.

980. Aus den genannten Gründen wird es sehr darauf ankommen, wie die Förderung im Rahmen der EU-Konnektivitätsstrategie ausgestaltet wird. Dabei dürfte insbesondere bedeutsam sein, worauf sich die Fördermaßnahmen beziehen. Eine nachhaltige Förderung dürfte voraussetzen, dass die EU – über die Finanzierung einzelner Projekte hinaus – auf eine stabile und dauerhafte Anbindung der wirtschaftlichen Strukturen in den Drittstaaten an den EU-Binnenmarkt zum wechselseitigen Vorteil hinwirkt. Dazu sollten sich die Investitionen der EU auf Bereiche konzentrieren, die für den Aufbau einer wettbewerbsfähigen Wirtschaft in den betreffenden Ländern wesentlich sind. Das nicht – im Sinne des Marktinvestortests – marktkonforme Förderelement sollte möglichst gering gehalten werden. Davon abgesehen erscheint eine langfristige Ausrichtung der Förderung (z. B. zur Stärkung von Forschung und Entwicklung) vorzugswürdig.

4.2.3 EU-China-Abkommen

981. Von einem Investitionsabkommen zwischen der EU und China wird sich regelmäßig ein besserer Marktzugang europäischer Unternehmen in China und damit eine stärker ausgeprägte Reziprozität versprochen. Pläne zum Abschluss eines Investitionsschutzabkommens zwischen der EU und China bestehen bereits seit einigen Jahren.[617] Bereits im Zusammenhang mit dem EU-China-Gipfel am 14. Februar 2012 brachten sowohl die EU als auch China ein gemeinsames Interesse an dem Abschluss eines derartigen Abkommens zum Ausdruck. Am 13. Oktober 2013 erließ der Rat ein Ver-

615 Gaens, B., in: Konrad Adenauer Stiftung, Panorama – Trade and Economic Connectivity in the Age of Uncertainty, Singapur 2019, S. 19 – 28, 21.

616 Hurley, J., Morris, S., Portelance, G. (2019), Examining the debt implications of the Belt and Road Initiative from a policy perspective. Journal of Infrastructure, Policy and Development, 3(1), 139–175.

617 Zu den Entwicklungen rund um ein gemeinsames Investitionsschutzabkommen: Bungenberg, M. in: Müller-Graff, P.-C., Die Beziehungen zwischen der Europäischen Union und China, Baden-Baden 2017, S. 81–112.

handlungsmandat auf dessen Grundlage die Kommission ermächtigt wurde, ein derartiges Abkommen für die EU mit China auszuhandeln. Dieses Abkommen soll die bilateralen Abkommen zwischen China und den Mitgliedstaaten der EU wie Deutschland ablösen und einen Marktzugang für europäische Unternehmen schaffen.[618] Die Verhandlungen sind bislang jedoch noch nicht abgeschlossen worden.

982. Die europäische Wirtschaft erhofft sich durch das Abkommen einen umfassenden Marktzugang in China. Das 2003 abgeschlossene bilaterale Investitionsschutzabkommen zwischen Deutschland und China enthält investitionsschutzrechtliche Standards, jedoch keine Marktzugangsregeln.[619] Letztere scheinen einen möglichen Gegenstand eines EU-China-Abkommens zu bilden.[620] Umgekehrt ist jedoch der Investorenschutz innerhalb des deutsch-chinesischen Abkommens noch als sehr hoch zu erachten, während er in den neueren Abkommen der EU – wie demjenigen mit Kanada – eingeschränkt wird.[621] Dies könnte das Risiko einer Verletzung von investitionsschutzrechtlichen Vereinbarungen durch die europäische Seite reduzieren, würde jedoch zugleich auch einen eingeschränkten Schutz von Investoren innerhalb von China bedeuten. Ein weiteres Interesse der EU besteht in einer Ablösung der bislang vorherrschenden Schiedsverfahren durch die Einrichtung eines permanenten Investitionsschiedsgerichtshofs.[622] Die EU hat in neueren Abkommen bereits bilaterale Modelle eines permanenten Streitbeilegungsmechanismus implementieren können.[623] Ob diese Reformen der Investor-Staat-Streitbeilegung sich als effektiv erweisen, ist bislang aber noch offen. Es liegen noch keine Erfahrungen vor.

983. Derzeit ist noch nicht absehbar, welche konkreten Bestimmungen Gegenstand eines zukünftigen Investitionsabkommens sein werden. Sinnvoll wäre jedenfalls die von Seiten des Europäischen Parlaments geforderte Einführung von Transparenzbestimmungen für Staatsfonds und SOEs, die sich an den von der *International Working Group of Sovereign Wealth Funds* erarbeiteten Prinzipien (*Santiago Principles*) orientieren und sicherstellen sollen, dass Investorenschutz nur für kommerzielle Aktivitäten gewährt wird.[624] Die Durchsetzung derartiger Bestimmungen kann über den Investitionsschutz hinaus einen Umgang mit staatskapitalistischen Wirtschaftsstrukturen z. B. im Rahmen eines Antisubventionsverfahrens erleichtern.[625]

984. Handelsbezogene Bestimmungen bilden herkömmlich keinen Gegenstand von Investitionsabkommen. Diese beschränken sich auf den Investorenschutz. Damit wären grundsätzlich auch Vereinbarungen über die Vergabe von Subventionen oder umwelt- und sozialrechtliche Standards innerhalb eines derartigen Abkommens nicht zu erwarten. Hierfür müssten die EU und China in Verhandlungen zu einem Freihandelsabkommen eintreten oder die Agenda für ein Investitionsabkommen entsprechend erweitern. Die EU und China sind tatsächlich bereits in einen Austausch über die

618 Ebenda, 89 f.

619 Zum Folgenden Bungenberg, M., in: Müller-Graff, P.-C., Die Beziehungen zwischen der Europäischen Union und China, Baden-Baden 2017, S. 81-121, 92 ff.

620 EU-Kommission, Generaldirektion Handel, EU and China agree on scope of the future investment deal, 15. Januar 2016, https://trade.ec.europa.eu/doclib/press/index.cfm?id=1435, Abruf am 19. Mai 2020.

621 Bungenberg, M., in: Müller-Graff, P.–C., Die Beziehungen zwischen der Europäischen Union und China, 2017, S. 81-121, 96 ff.

622 Vgl. hierzu den umfassenden Vorschlag bei Bungenberg, M./Reinisch, A., From Bilateral Arbitral Tribunals and Investment Courts to a Multilateral Investment Court, Second Edition (Open Access), Berlin/Heidelberg 2020, https://link.springer.com/content/pdf/10.1007%2F978-3-662-59732-3.pdf, Abruf am 19. Mai 2020. Vergleichend dazu auch IILCC Study Group on ISDS Reform, IILCC Comparative Report on the Creation and Implementation of a Multilateral Investment Court, Research Paper Series of the International Investment Law Centre Cologne 01-2020, https://iilcc.uni-koeln.de/sites/iilcc/reports/IILCC_Study_Group_on_ISDS_Reform_-_MIC_Report_-01-2020.pdf, Abruf am 19. Mai 2020.

623 Bungenberg, M./Reinisch, A., From Bilateral Arbitral Tribunals and Investment Courts to a Multilateral Investment Court, Second Edition (Open Access), Berlin/Heidelberg 2020, Rz. 41 ff.

624 Europäisches Parlament, Entschließung des Europäischen Parlaments vom 9. Oktober 2013 zu den Verhandlungen zwischen der EU und China über ein bilaterales Investitionsabkommen (2013/2674(RSP)), ABl. C 181 vom 19. Mai 2016, S. 45, Rz. 32.

625 So auch Bungenberg, M., in: Müller-Graff, P.-C. , Die Beziehungen zwischen der Europäischen Union und China, Baden-Baden 2017, S. 81-112, 94.

Beihilfekontrolle eingetreten.[626] Das zurzeit verhandelte Abkommen könnte somit auch zur Konkretisierung der Voraussetzungen für die Anwendung des hier vorgeschlagenen Drittlandsbeihilfeinstruments im Verhältnis zu China genutzt werden. Das gilt insbesondere, soweit mehr Fälle als bei mitgliedstaatlichen Beihilfen im Sinne von Art. 107 Abs. 1 AEUV erfasst werden sollten (z. B. wirtschaftliche Vorteile aufgrund einer unregulierten marktbeherrschenden Stellung). Des Weiteren könnte ein Abkommen ein Instrument sein, um mehr Wettbewerb auf dem chinesischen Markt zu schaffen und in der Folge etwaige marktbeherrschende Stellungen chinesischer Unternehmen in China und damit einhergehende Wettbewerbsvorteile anzugehen.

985. Die Monopolkommission würde es begrüßen, wenn die EU und China ein Investitions- und Freihandelsabkommen abschließen würden, das insbesondere staatliche Subventionen abdecken würde. Dessen ungeachtet muss bei Verhandlungen zum Investitionsschutz vermieden werden, dass mögliche Anpassungen des europäischen Rechtsrahmens infolge eines etwaigen Abkommens mit investitionsschutzrechtlichen Standards kollidieren. So könnte beispielsweise eine spezifische Ungleichbehandlung chinesischer Investoren auf Grundlage neuer rechtlicher Instrumente oder ein damit verbundener enteignungsgleicher Eingriff einen Verstoß gegen investitionsschutzrechtliche Bestimmungen bedeuten und eine Entschädigungspflicht auslösen.[627] Gerade bei Marktverschließungen im EU-Binnenmarkt (z. B. durch Beschränkungen der Kapitalverkehrsfreiheit) und bei einer diskriminierenden Ausgestaltung des Wettbewerbsrechts besteht ein solches Risiko.[628] Zuletzt wäre umgekehrt eine effektive Durchsetzung von vereinbarten Standards gegenüber China sicherzustellen. Die Aussichten hierfür sind nach den bisherigen Erfahrungen unklar. Jedenfalls sollte vermieden werden, dass das neue gemeinsame Abkommen eine Verschlechterung im Vergleich mit dem schon bestehenden deutsch-chinesischen Investitionsschutzabkommen mit sich bringt.

5 Zusammenfassung der Empfehlungen

986. Das im Juni 2020 veröffentlichte Weißbuch der Europäischen Kommission über die Gewährleistung fairer Wettbewerbsbedingungen bei Subventionen aus Drittstaaten ist zu begrüßen. Es setzt wichtige Impulse zum Umgang mit drittstaatlichen Subventionen und den dadurch bedingten Verzerrungen im EU-Binnenmarkt. Das ins Auge gefasste Instrumentarium aus drei Teilinstrumenten ist aus Sicht der Monopolkommission allerdings zu einseitig auf die Schaffung behördlicher Überprüfungs- und Eingriffsbefugnisse ausgerichtet. Die mit dem neuen Instrumentarium verbundenen Belastungen insbesondere für die betroffenen Unternehmen dürfen nicht aus dem Blick geraten. Die Schadenstheorie, die den vorgesehenen verhaltensbezogenen und strukturellen Abhilfemaßnahmen zugrunde liegt, bleibt zudem letztlich unklar.

987. Die Monopolkommission befürwortet selbst ein einheitliches Drittlandsbeihilfeinstrument, mit dem drittstaatliche Subventionen und mitgliedstaatliche Beihilfen in der Sache gleichgestellt werden. Das Drittlandsbeihilfeinstrument sollte bei allen drittstaatlichen Subventionen eingreifen, die als mitgliedstaatliche Maßnahme gegen Art. 107 Abs. 1 AEUV verstoßen würden. Zuständig für die Durchsetzung sollte allein die Europäische Kommission sein. Das Drittlandsbeihilfeinstrument sollte die Europäische Kommission ermächtigen, den mit der Maßnahme verbundenen Vorteil über die Verhängung einer Ausgleichsabgabe abzuschöpfen. Alternativ sollte es jedoch den Unternehmen gestattet werden, den Vorteil durch Rückzahlung an den gewährenden Drittstaat zu neutralisieren.

988. Das Instrument sollte verfahrensrechtlich als Interventionsrecht ausgestaltet werden. Eine Intervention sollte in allen Fällen möglich sein, die nicht von den bestehenden Antidumping- und Antisubventionsregeln erfasst werden. Zugleich sollte das Instrument gegenüber den bestehenden Wettbewerbsregeln subsidiär angewendet werden. Speziell in Fällen von Unternehmenserwerbs- oder mitgliedstaatlichen Beschaffungsvorgängen sollte eine verfahrensrechtliche

---

626 Vgl. EU-Rat, EU-China Summit Joint statement, 9. April 2019, Ziff. 7 (dialogue in the area of the state aid control regime and the Fair Competition Review System); https://www.consilium.europa.eu/media/39020/euchina-joint-statement-9april2019.pdf, Abruf am 14. Mai 2020; dazu auch schon Tz. 745.

627 Für einen Überblick über die einzelnen investitionsschutzrechtlichen Standards vgl. Bungenberg, M./Griebel, J./Hobe, S./ Reinisch, A., International Investment Law, München 2015, Chapter 8.

628 Speziell im Bereich der Investitionskontrolle wäre zudem auf eine enge Abstimmung zwischen den zuständigen Organen der EU sowie den Mitgliedstaaten zu achten; siehe zur Kompetenzverteilung schon oben Tz. 618 und Abschn. 3.3.1.

Stillhaltepflicht vorgesehen werden, um eine Überprüfung nach Maßgabe des Drittlandsbeihilfeinstruments vor einer Ausnutzung subventionsbedingter wirtschaftlicher Vorteile und der Weiterleitung solcher Vorteile an den Unternehmensveräußerer bzw. den Träger der ausschreibenden Stelle zu gewährleisten. Die Entwicklung sollte beobachtet werden, um bei einem etwaigen weitergehenden Regelungsbedarf nachjustieren zu können.

989. Bei Unternehmen mit einer staatlichen Kapitalbeteiligung oberhalb eines bestimmten Schwellenwerts (z. B. 20 %) sollte vermutet werden, dass ihnen gegenüber Maßnahmen getroffen werden, die als mitgliedstaatliche Maßnahme gegen Art. 107 Abs. 1 AEUV verstoßen würden. Die Unternehmen sollten die Vermutung durch Offenlegung ihrer Bücher und andere Nachweise zu den Finanzbeziehungen zwischen dem Unternehmen und dem relevanten Drittstaat widerlegen können. Die betreffenden Unternehmen sollten zudem zusätzlichen Transparenzpflichten unterworfen werden können. Zur Bewältigung von Informationsproblemen in Bezug auf beurteilungsrelevante Vorgänge in Drittstaaten sollte die zuständige Behörde allgemein auf vorhandene Tatsachen (*facts available*) abstellen können, wenn die betroffenen Unternehmen angeforderte Informationen nicht rechtzeitig, vollständig und unverfälscht bereitstellen.

990. Die Monopolkommission weist im Übrigen darauf hin, dass der Beitrag drittstaatlicher Subventionen zur Marktstellung der begünstigten Unternehmen bereits im Rahmen des geltenden Wettbewerbsrechts erfasst werden kann. Allerdings sollte dort, wo sich Unternehmen zusammenschließen, die einem potenziellen Wettbewerb von drittstaatlichen Unternehmen ausgesetzt sein können, in der Fusionskontrolle zukünftig stärker berücksichtigt werden, dass der Markteintritt dieser drittstaatlichen Unternehmen von politisch-strategischen und nicht nur von wirtschaftlichen Erwägungen abhängen kann.

991. Das Antidumping-Instrumentarium sollte wettbewerbsorientiert reformiert werden. Als notwendige Ergänzung zu dem hier befürworteten Interventionsrecht sollten zudem die vorhandenen Möglichkeiten zu Antisubventionsmaßnahmen durchgehend ausgeschöpft werden. Dabei erkennt die Monopolkommission an, dass die gegenwärtige Durchsetzung die Möglichkeiten im Rahmen des WTO-rechtlich Zulässigen ausreizt. Die Investitionskontrolle sollte weiterhin ausschließlich zum Schutz der öffentlichen Sicherheit und Ordnung eingesetzt und nicht mit industriepolitischen Erwägungen angereichert werden. Davon abgesehen erscheint eine noch stärkere europäische Harmonisierung der Investitionskontrolle wünschenswert. Diese Einschätzung ändert sich auch durch die aktuelle Corona-Krise nicht.

992. Die Monopolkommission hält die Einführung eines International Procurement Instruments (IPI) für sinnvoll, soweit dadurch den bestehenden Ungleichheiten im Zugang zu den jeweiligen Beschaffungsmärkten in der EU und in China entgegengewirkt werden kann. Sie gibt allerdings zu bedenken, dass im Umgang mit dem chinesischen Staatskapitalismus die Herstellung wettbewerblicher Chancengleichheit im EU-Binnenmarkt vordringlich erscheint, während Fragen des wechselseitigen Marktzugangs im Verhältnis EU-China hinter dieses Problem zurücktreten.

993. Die EU sollte im Rahmen der EU-Konnektivitätsstrategie darauf achten, nicht über die Verfolgung gemeinsamer Interessen mit den Drittstaaten hinauszugehen, um das einseitige Interesse an einer Förderung europäischer Unternehmen gegenüber ihren chinesischen Wettbewerbern zu verfolgen. Ein solcher offensiver Einsatz von Fördermitteln könnte die Entwicklung der Märkte in den betreffenden Drittstaaten und damit auch ihre Heranführung an den EU-Binnenmarkt behindern. Eine nachhaltige Förderung dürfte demgegenüber voraussetzen, dass die EU auf eine stabile und dauerhafte Anbindung der wirtschaftlichen Strukturen in den Drittstaaten an den EU-Binnenmarkt zum wechselseitigen Vorteil hinwirkt.

994. Zuletzt wäre wünschenswert, dass die EU und China ein Investitions- und Freihandelsabkommen abschließen, das insbesondere staatliche Subventionen abdeckt. Dessen ungeachtet muss bei Verhandlungen zum Investitionsschutz vermieden werden, dass mögliche Anpassungen des europäischen Rechtsrahmens infolge eines etwaigen Abkommens mit investitionsschutzrechtlichen Standards kollidieren. Zuletzt ist eine effektive Durchsetzung der vereinbarten Standards sicherzustellen.

A. Anhang zu Kapitel II

1 Methodische Erläuterungen zu Kapitel II.1

1.1 Die Ermittlung der inländischen Wertschöpfung der Unternehmen

Berechnung der Wertschöpfung von Industrie-, Handels- und Dienstleistungsunternehmen

995. Bei Unternehmen, die nicht dem Kredit- oder Versicherungsgewerbe angehören, wird die inländische Wertschöpfung berechnet, indem das Ergebnis vor Zinsen, Beteiligungen und Steuern (EBIT) um Aufwendungen korrigiert wird, die Bestandteil der Wertschöpfung sind, beispielsweise der Personalaufwand.[1] Ergebnis dieser Berechnung ist die Nettowertschöpfung zu Faktorkosten:

Ergebnis vor Zinsen und Steuern (EBIT)
\+ Personalaufwand
\+ Vergütungen für die Mitglieder des Aufsichtsrats und vergleichbarer Gremien
./. Sonstige Steuern
\+ unkonsolidiertes Zinsergebnis von in den Konsolidierungskreis einbezogenen Kreditinstituten

= Nettowertschöpfung zu Faktorkosten.

Berechnung der Wertschöpfung von Kreditinstituten

996. Seit dem XVIII. Hauptgutachten wird die Wertschöpfung bei Kreditinstituten aus der Summe des Zins- und des Provisionsergebnisses - abzüglich der um den Personalaufwand korrigierten Vorleistungen - berechnet.[2] Zudem erfolgt analog zum Vorgehen bei Nichtkreditinstituten eine Korrektur um das unkonsolidierte Zinsergebnis der in den Konsolidierungskreis einbezogenen Nichtkreditinstitute:

Zinsüberschuss
\+ Provisionsüberschuss
./. Verwaltungsaufwendungen (abzüglich Personalaufwand)
./. unkonsolidiertes Zinsergebnis der konsolidierten Nichtkreditinstitute

= Nettowertschöpfung zu Faktorkosten.

Berechnung der Wertschöpfung bei Versicherungsunternehmen

997. Die Berechnung der inländischen Wertschöpfung von Versicherungsunternehmen erfolgt im Wesentlichen wie bei Industrie-, Dienstleistungs- und Handelsunternehmen. Eine Besonderheit stellt allerdings die Position „Verzinsung gegenüber den Versicherten" dar. Versicherungen bilden Rückstellungen, um erwartete Schadensfälle abzudecken. Bei einem Teil dieser Rückstellungen handelt es sich um Kapital der Versicherten. Die resultierenden Zinsen sind Teil der Wertschöpfung, werden in der Gewinn- und Verlustrechnung jedoch nicht ausgewiesen. Daher wird dieser Teil der Wertschöpfung geschätzt. Die inländische Wertschöpfung von Versicherungsunternehmen wird somit wie folgt berechnet:

---

1 Für detaillierte Ausführungen, insbesondere zur Erfassung des Zinsergebnisses von in den Konsolidierungskreis einbezogenen Kreditinstituten, vgl. Monopolkommission Anlage A zum XVIII. Hauptgutachten, Mehr Wettbewerb, wenig Ausnahmen, Baden-Baden 2010, Tz. 5.

2 Da das Konzept der „Finanzserviceleistung, indirekte Messung" (FISIM), das im Rahmen der Volkswirtschaftlichen Gesamtrechnung zur Ermittlung der Wertschöpfung von Kreditinstituten verwendet wird, nicht ohne Weiteres auf eine einzelwirtschaftliche Betrachtung übertragbar ist, weicht die von der Monopolkommission verwendete Methodik zur Berechnung der Wertschöpfung von Kreditinstituten von der im Rahmen der Volkswirtschaftlichen Gesamtrechnung verwendeten Methodik ab (vgl. hierzu ausführlich Monopolkommission, Anlage B zum XXII. Hauptgutachten, Wettbewerb 2018, Baden-Baden 2018, Tz. 5).

Jahresüberschuss/Jahresfehlbetrag

./. außerordentliches Ergebnis

\+ Personalaufwand

\+ Vergütung für Mitglieder der Beiräte, der Aufsichtsräte und vergleichbarer Gremien

\+ Steuern vom Einkommen und vom Ertrag

./. Erträge aus Verlustübernahme

./. Erträge aus Kapitalanlagen ohne Erträge aus Grundstücken, grundstücksgleichen Rechten und Bauten ein schließlich der Bauten auf fremden Grundstücken

\+ Aufwendungen aus Kapitalanlagen ohne hierin enthaltenen Personalaufwand

\+ aufgrund einer Gewinngemeinschaft, eines Gewinnabführungs- und Teilgewinnabführungsvertrags abgeführte Gewinne

\+ unkonsolidiertes Zinsergebnis von in den Konsolidierungskreis einbezogenen Kreditinstituten

\+ Verzinsung gegenüber den Versicherten

= Nettowertschöpfung zu Faktorkosten.

998. Position „Verzinsung gegenüber den Versicherten" wird dabei wie folgt geschätzt:

(versicherungstechnische Rückstellungen⁺

\+ Verbindlichkeiten aus dem selbst abgeschlossenen Versicherungsgeschäft⁺

./. Ansprüche für geleistete Abschlusskosten⁺)

/ (Bilanzsumme⁺

./. ausstehende Einlagen auf das gezeichnete Kapital⁺

./. eigene Anteile⁺

./. Ansprüche für geleistete Abschlusskosten⁺

./. Bilanzverlust⁺)

* (Erträge aus Kapitalanlagen ohne Erträge aus Grundstücken, grundstücksgleichen Rechten und Bauten einschließlich der Bauten auf fremden Grundstücken

./. Aufwendungen aus Kapitalanlagen ohne hierin enthaltenen Personalaufwand)

Bei den mit (+) markierten Werten handelt es sich um einen Zweijahresdurchschnitt.

1.2 Verfahren zur Schätzung der inländischen Wertschöpfung

999. In einigen Fällen liegen die zur Berechnung der Wertschöpfung erforderlichen Daten für den Inlandskonzern nicht oder nur teilweise vor. Wenn die weltweite Wertschöpfung der zu betrachtenden wirtschaftlichen Einheit allerdings anhand des veröffentlichten Konzernabschlusses ermittelt werden kann, kann die Wertschöpfung des inländischen Konzerns anhand von Größenrelationen geschätzt werden. In Abhängigkeit der Datenverfügbarkeit wird in diesen Fällen die Anzahl der Beschäftigten, der Personalaufwand und/oder das Geschäftsvolumen[3] als Größenrelation verwendet und die inländische Wertschöpfung auf dieser Grundlage von der Wertschöpfung des gesamten Konzerns abgeleitet:

$$\text{Wertschöpfung}_{\text{Inland}}^{\text{geschätzt}} = \frac{\text{Referenzgröße}_{\text{Inland}}}{\text{Referenzgröße}_{\text{Welt}}} \text{Wertschöpfung}_{\text{Welt}}$$

1000. Um mithilfe dieser Schätzverfahren auf Grundlage von Größenrelationen zu zufriedenstellenden Ergebnissen zu kommen, muss angenommen werden, dass das Verhältnis der jeweiligen Referenzgröße des inländischen Konzerns zu der des Gesamtkonzerns dem Verhältnis der inländischen zur Wertschöpfung des gesamten Konzerns entspricht. In der Vergangenheit wurde diese Annahme überprüft, indem Fälle ausgewertet wurden, in denen sowohl die Wertschöpfung

---

3 Unter Geschäftsvolumen wird bei Industrie-, Dienstleistungs- und Handelsunternehmen der Umsatz, bei Kreditinstituten die Bilanzsumme und bei Versicherungsunternehmen die Brutto-Beitragseinnahmen verstanden.

des Gesamtkonzerns als auch die Wertschöpfung des inländischen Konzerns vorlag. Hierbei hat sich herausgestellt, dass die Verwendung des Personalaufwands als Referenzgröße die besten Ergebnisse liefert. Da der Personalaufwand des inländischen Konzerns allerdings regelmäßig ebenfalls nicht vorliegt, wird in der überwiegenden Zahl der Fälle auf den Mittelwert der Quotienten inländisches/gesamtes Geschäftsvolumen und im Inland Beschäftigte/Gesamtzahl der Beschäftigten zurückgegriffen, der sich in der Vergangenheit ebenfalls als praktikabel erwiesen hat. Im Berichtsjahr 2018 musste die inländische Wertschöpfung insgesamt in 22 Fällen (2016: 22) mithilfe eines Schätzverfahrens auf Grundlage einer Größenrelation geschätzt werden.[4]

1001. Als Größenrelation diente dabei in drei Fällen (C. H. Boehringer Sohn AG & Co. KG, Rethmann SE & Co. KG, Rheinmetall AG) der Personalaufwand, in zehn Fällen (Airbus-Gruppe Deutschland, Roche-Gruppe Deutschland, STRABAG-Gruppe Deutschland, Shell-Gruppe Deutschland, DEKRA SE, AVECO Holding AG, maxingvest AG, Liebherr-International-Gruppe Deutschland, KION GROUP AG, VINCI-Gruppe Deutschland) der Durchschnitt der Geschäftsvolumen- und Beschäftigtenrelation und in fünf Fällen (ING-Gruppe Deutschland, HGV Hamburger Gesellschaft für Vermögens- und Beteiligungsmanagement mbH, Carl Zeiss AG, United Internet AG, Rolls-Royce-Gruppe Deutschland) ausschließlich die Beschäftigtenrelation. Die Schätzung ausschließlich auf Grundlage der Beschäftigtenrelation wird nur in jenen Fällen angewendet, in denen ansonsten ein Fehlen relevanter Großunternehmen im Kreis der „100 Größten" in Kauf zu nehmen wäre, da die Vorteile einer Verwendung der inländischen Wertschöpfung als Größenkriterium zur Ermittlung der „100 Größten" gegenüber der Anzahl der Beschäftigten durch die Anwendung dieses Schätzverfahrens eingeschränkt werden.

1002. Wenn weder die Befragung noch eine Auswertung von veröffentlichten Gesamtkonzernunterlagen die notwendigen Inlandskennzahlen liefern konnte, wurden andere Schätzmethoden genutzt. In jenen Fällen, in denen der überwiegende Teil der inländischen Wertschöpfung von einigen wenigen Gesellschaften im Inland erwirtschaftet wird, wurde eine Summierung der Wertschöpfung dieser Gesellschaften durchgeführt (Procter & Gamble-Gruppe Deutschland).[5] Ähnlich wurde die inländische Wertschöpfung einer Unternehmensgruppe mithilfe der Auswertung eines einzelnen Abschlusses geschätzt, wenn der überwiegende Teil des Inlandsgeschäfts einer Unternehmensgruppe von einem einzigen Unternehmen erwirtschaftet wird (PSA-Gruppe Deutschland, Philip Morris International-Gruppe Deutschland, ABB-Gruppe Deutschland).[6]

1003. Aufgrund der besonderen Organisationsstrukturen im Lebensmitteleinzelhandel und des damit verbundenen Mangels an öffentlichen Daten wird die inländische Wertschöpfung hierbei auf Grundlage des mit der Wertschöpfung/Umsatz-Relation von zur Gruppe gehörenden Tochterunternehmen gewichteten Inlandsumsatzes der Gruppe geschätzt (EDEKA-Gruppe, Schwarz-Gruppe, REWE-Gruppe und Aldi-Gruppe). Dabei beruhen die Inlandsumsatzerlöse - außer bei der REWE-Gruppe - wiederum auf Schätzungen bzw. Hochrechnungen des Datenanbieters TradeDimensions. Bei der Aldi-Gruppe wurde aufgrund der besseren Datenqualität die Wertschöpfung/Umsatz-Relation des Geschäftsjahres 2017 verwendet.[7]

---

4 Diese Fälle sind in Tabelle II.1 mit * gekennzeichnet.

5 Diese Fälle sind in Tabelle II.1 mit S gekennzeichnet.

6 Diese Fälle sind in Tabelle II.1 mit E gekennzeichnet.

7 Diese Fälle gehören zu den in Tabelle II.1 mit * gekennzeichneten Fällen.

2 Ergänzende Tabellen zu Kapitel II.1

Tabelle A.1: Reale Wertschöpfung der 100 Größten im Zeitraum 1978 bis 2018

Jahr	Reale[1] Wertschöpfung „100 Größte"		Reale[1] Wertschöpfung Gesamtwirtschaft		Anteil
	in Mio. EUR	Veränderung zur Vorperiode in %	in Mio. EUR	Veränderung zur Vorperiode in %	in %
1978	197.394		1.018.976		19,37
1980	207.115	4,9	1.050.595	3,1	19,71
1982	201.188	-2,9	1.036.469	-1,3	19,41
1984	208.119	3,4	1.100.382	6,2	18,91
1986	221.352	6,4	1.155.704	5,0	19,15
1988	230.640	4,2	1.222.077	5,7	18,87
1990	245.512	6,4	1.342.485	9,9	18,29
1992	221.573	-9,8	1.258.612	-6,2	17,60
1994	254.316	14,8	1.296.532	3,0	19,62
1996	257.520	1,3	1.486.291	14,6	17,33
1998	290.193	12,7	1.552.973	4,5	18,69
2000	326.418	12,5	1.626.552	4,7	20,07
2002	279.938	-14,2	1.665.862	2,4	16,80
2004	282.904	1,1	1.724.995[2)]	3,5	16,40[3)]
2006	318.329	12,5	1.812.627[2)]	5,1	17,56[3)]
2008	293.997	-7,6	1.888.458[2)]	4,2	15,57[3)]
2010	296.699	0,9	1.835.196[2)]	-2,8	16,17[3)]
2012	306.708	3,4	1.924.364[2)]	4,9	15,94[3)]
2014	310.238	1,2	1.984.014[2)]	3,1	15,64[3)]
2016	306.725	-1,1	2.060.160[2)]	3,8	14,89[3)]
2018	317.967	3,7	2.142.756	4,0	14,84

1 Die Größen in jeweiligen Preisen wurden mithilfe des impliziten Preisindex der gesamtwirtschaftlichen Wertschöpfung deflationiert (Vorjahrespreisbasis, Referenzjahr: 2015; Quelle: Eigene Berechnungen auf Grundlage von Daten des Statistischen Bundesamtes, Fachserie 18 Reihe 1.5, S. 53, Rechenstand August 2019). Aufgrund der Umstellung des Referenzjahres von 2010 auf 2015 unterscheiden sich der zur Deflationierung der nominalen Größen genutzte implizite Preisindex und damit auch die realen Größen im Vergleich zum XXII. Hauptgutachten. Bei der Interpretation der Werte in konstanten Preisen ist außerdem zu beachten, dass sich der zur Deflationierung der nominalen Größen genutzte implizite Preisindex für die Jahre vor 1991 auf das frühere Bundesgebiet bezieht und ein Vergleich mit den Jahren nach 1991 nur eingeschränkt möglich ist.

2) Die zugrunde liegenden Nominalwerte wurden gegenüber dem XXII. Hauptgutachten aktualisiert.

3) Aufgrund der Aktualisierung der nominalen Wertschöpfung der Gesamtwirtschaft kommt es auch beim Anteil der „100 Größten" an dieser Größe zu geringen Veränderungen gegenüber dem XXII. Hauptgutachten.

Quelle: Eigene Berechnungen auf Grundlage von Daten des Statistisches Bundesamtes sowie eigener Erhebungen

Tabelle A.2: Struktur der Anteilseigner aller Unternehmen aus dem Kreis der „100 Größten" 2018

Rang	Unternehmen (betrachtete rechtliche Einheit)	Kapitalanteil in %					
		Unternehmen aus den „100 Größten"	Identifizierte ausländische Investoren	Öffentliche Hand	Einzelpersonen, Familien- (Stiftungen)	Streubesitz	Sonstige
1	Volkswagen AG		18,38	20,00	52,20	9,42	
2	Daimler AG	1,32	36,80			56,92	4,96
3	Bayerische Motoren Werke AG		10,95		46,30	41,71	1,04
4	Deutsche Bahn AG			100,00			
5	Robert Bosch GmbH				99,00		1,00
6	Siemens AG	3,53	11,39		6,00	74,11	4,97
7	Deutsche Telekom AG	19,38	8,05	14,50		58,07	
8	INA-Holding Schaeffler GmbH & Co. KG				100,00		
9	Deutsche Post AG	23,11	11,68			64,16	1,05
10	Bayer AG	1,67	29,07			68,23	1,03
11	Deutsche Lufthansa AG	1,67	18,08			79,23	1,02
12	REWE-Gruppe (REWE-Zentral-Aktiengesellschaft)						100,00
13	BASF SE	4,75	15,06			80,19	
14	Deutsche Bank AG		35,19		3,00	60,27	1,54
15	SAP SE	3,21	10,52		9,45	76,82	
16	Airbus-Gruppe Deutschland (Airbus SE)[1]	11,00	43,00			46,00	
17	Fresenius SE & Co. KGaA	7,35	14,54		26,30	51,81	
18	ZF Friedrichshafen AG			100,00			
19	Vonovia SE	1,39	34,93			63,68	
20	Schwarz-Gruppe Lidl Stiftung & Co. KG				100,00		
21	thyssenkrupp AG	1,01	30,97		23,04	44,98	
22	E.ON SE	3,75	43,44	1,89		46,21	4,71
23	Roche-Gruppe Deutschland (Roche Deutschland Holding GmbH)		100,00				
24	Allianz SE	3,01	16,44			79,39	1,16
25	Merck KGaA	4,44	16,43		70,30	7,81	1,02
26	EDEKA-Gruppe (EDEKA Zentrale AG & Co. KG)						100,00
27	Münchener Rückversicherungs-Gesellschaft AG	5,41	19,76			65,85	8,98
28	Aldi-Gruppe (Aldi Einkauf GmbH & Co. oHG)				100,00		
29	Commerzbank AG		11,40	15,00		73,60	
30	Bertelsmann SE & Co. KGaA				100,00		
31	Evonik Industries AG	1,69	4,39	68,00		25,92	
32	C. H. Boehringer Sohn AG & Co. KG				100,00		
33	Asklepios Kliniken GmbH & Co. KGaA				100,00		
34	EnBW Energie Baden-Württemberg AG			93,50		1,98	4,52
35	Rethmann SE & Co. KG				100,00		
36	Ford-Gruppe Deutschland (Ford-Werke GmbH)		100,00				
37	Sanofi-Gruppe Deutschland (Sanofi-Aventis Deutschland GmbH)		100,00				
38	IBM-Gruppe Deutschland (IBM Deutschland GmbH)		100,00				

Rang	Unternehmen (betrachtete rechtliche Einheit)	Kapitalanteil in %					
		Unternehmen aus den „100 Größten"	Identifizierte ausländische Investoren	Öffentliche Hand	Einzelpersonen, Familien (Stiftungen)	Streubesitz	Sonstige
39	Adolf Würth GmbH & Co. KG				100,00		
40	KfW Bankengruppe			100,00			
41	ING-Gruppe Deutschland (ING Holding Deutschland GmbH)		100,00				
42	HGV Hamburger Gesellschaft für Vermögens- und Beteiligungsmanagement mbH			100,00			
43	STRABAG-Gruppe Deutschland (STRABAG AG)		100,00				
44	Shell-Gruppe Deutschland (Deutsche Shell Holding GmbH)		100,00				
45	Sana Kliniken AG	47,09				24,61	28,30
46	Salzgitter AG	3,04	10,71	26,50		49,75	10,00
47	Otto Group Otto (GmbH & Co KG)				100,00		
48	Ceconomy AG		24,99		37,04	28,82	9,15
49	Henkel AG & Co. KGaA		4,91		63,50	31,59	
50	Fraport AG Frankfurt Airport Services Worldwide	10,87	27,51	51,50		10,12	
51	Adidas AG	3,67	24,21			72,12	
52	PricewaterhouseCoopers Aktiengesellschaft				100,00		
53	UniCredit-Gruppe Deutschland (UniCredit Bank AG)		100,00				
54	Hamburg Commercial Bank AG		100,00				
55	PSA-Gruppe Deutschland (Opel Automobile GmbH)		100,00				
56	AXA-Gruppe Deutschland (AXA Konzern AG)		100,00				
57	RWE AG	1,14	15,13	9,00		73,73	1,00
58	DZ Bank AG						100,00
59	KPMG AG Wirtschaftsprüfungsgesellschaft				100,00		
60	Deloitte GmbH Wirtschaftsprüfungsgesellschaft				100,00		
61	DEKRA SE						100,00
62	Bayerische Landesbank Bayerische Landesbank			100,00			
63	ExxonMobil-Gruppe Deutschland (ExxonMobil Central Europe Holding GmbH)		100,00				
64	Adecco-Gruppe Deutschland (Adecco Germany Holding SA & Co. KG)		100,00				
65	Rheinmetall AG	1,33	40,52			53,66	4,49
66	AVECO Holding AG				100,00		
67	Deutsche Börse AG	6,21	28,32			64,44	1,03
68	maxingvest AG				100,00		
69	Liebherr-International-Gruppe Deutschland (Liebherr-International Deutschland GmbH)		100,00				
70	Stadtwerke München GmbH			100,00			
71	HUK-COBURG[2]						
72	Ernst & Young-Gruppe Deutschland (Ernst & Young GmbH Wirtschaftsprüfungsgesellschaft)				100,00		
73	Carl Zeiss AG				100,00		
74	Vivantes - Netzwerk für Gesundheit GmbH			100,00			
75	United Internet AG	8,21	20,27		40,00	26,09	5,43

Rang	Unternehmen (betrachtete rechtliche Einheit)	Kapitalanteil in %					
		Unternehmen aus den „100 Größten"	Identifizierte ausländische Investoren	Öffentliche Hand	Einzelpersonen, Familien- (Stiftungen)	Streubesitz	Sonstige
76	Rolls-Royce-Gruppe Deutschland (Rolls-Royce Power Systems AG)		100,00				
77	Freudenberg & Co. KG				100,00		
78	B. Braun Melsungen AG				100,00		
79	KION GROUP AG	4,37	55,08			38,84	1,71
80	dm-drogerie markt Verwaltungs-GmbH				50,00		50,00
81	MAHLE GmbH				100,00		
82	Debeka-Gruppe[2]						
83	Hella KGaA Hueck & Co.	1,81	5,29		60,00	31,57	1,33
84	EWE AG	6,00		84,00			10,00
85	Wacker Chemie AG	2,30	3,49		62,16	27,30	4,75
86	Versicherungskammer Bayern VöR			100,00			
87	Axel Springer SE		24,95		49,58	25,47	
88	Philip Morris International-Gruppe Deutschland (Philip Morris GmbH)		100,00				
89	LANXESS AG	11,49	31,45			57,06	
90	Landesbank Baden-Württemberg			100,00			
91	Stadtwerke Köln GmbH			100,00			
92	Linde AG		100,00				
93	ABB-Gruppe Deutschland ABB AG		100,00				
94	Procter & Gamble-Gruppe Deutschland (Procter & Gamble Germany GmbH & Co Operations oHG)		100,00				
95	VINCI-Gruppe Deutschland (VINCI Deutschland GmbH)		100,00				
96	Novartis-Gruppe Deutschland (Novartis Pharma GmbH)		100,00				
97	Saint-Gobain-Gruppe Deutschland (Compagnie de Saint-Gobain Zweigniederlassung Deutschland)		100,00				
98	Krones AG	4,43	8,66		51,61	35,30	
99	Vattenfall-Gruppe Deutschland (Vattenfall GmbH)		100,00				
100	DEERE-Gruppe Deutschland (John Deere GmbH & Co. KG)		100,00				

1 Aufgrund der besonderen Struktur der Anteilseigner wird bei der Airbus-Gruppe Deutschland die Struktur der Anteilseigner der Airbus SE ausgewiesen, obwohl diese ihren Sitz im Ausland hat.

2 Als Versicherungsvereine auf Gegenseitigkeit weisen die in der Debeka-Gruppe organisierten Versicherungsunternehmen sowie die HUK-COBURG keine der Aktie vergleichbaren Kapitalanteile auf. Vielmehr wird das Eigenkapital eines Versicherungsvereins allein aus den versteuerten Unternehmensgewinnen und Beiträgen der Mitglieder gebildet. Daher kann die Struktur der Anteilseigner nicht in vergleichbarer Weise dargestellt werden.

Quelle: Eigene Berechnungen auf Grundlage der Datenbank „Orbis Europe All Companies" des Anbieters Bureau von Dijk (Stand: Februar 2019)

Tabelle A.3: Kapitalverflechtungen aus dem Kreis der „100 Größten" 2016 und 2018

Anteilseigner			Beteiligungsunternehmen				
Rang[1]		Unternehmen	Rang[1]		Unternehmen	Kapitalanteil[2]	
2018	2016		2018	2016		2018	2016
11	13	Deutsche Lufthansa AG	50	42	Fraport AG Frankfurt Airport Services Worldwide	8,44	8,44
14	22	Deutsche Bank AG	2	2	Daimler AG	1,32	1,14
			6	5	Siemens AG	2,24	-
			7	7	Deutsche Telekom AG	1,98	-
			9	8	Deutsche Post AG	2,61	2,36
			10	10	Bayer AG	1,67	-
			11	13	Deutsche Lufthansa AG	1,67	2,9
			13	12	BASF SE	2,42	1,33
			15	14	SAP SE	1,92	1,3
			17	15	Fresenius SE & Co. KGaA	2,28	1,25
			19	19	Vonovia SE	1,39	1,25
			21	20	thyssenkrupp AG	1,01	-
			22	-	E.ON SE	1,96	-
			24	21	Allianz SE	3,01	2,96
			25	51	Merck KGaA	3,35	-
			27	31	Münchener Rückversicherungs-Gesellschaft AG	2,24	1,25
			31	30	Evonik Industries AG	1,69	1,01
			46	50	Salzgitter AG	3,04	-
			50	42	Fraport AG Frankfurt Airport Services Worldwide	2,43	1,48
			51	-	Adidas AG	2,51	-
			57	-	RWE AG	1,14	-
			66	49	Deutsche Börse AG	3,18	1,11
			74	93	United Internet AG	3,18	1,94
			78	-	KION GROUP AG	2,52	-
			88	75	LANXESS AG	4,24	2,14
			97	94	Krones AG	2,32	3,25
			29	11	Commerzbank AG	-	1,44
			64	67	Rheinmetall AG	-	1,34
			-	72	ProSiebenSat.1 Media SE	-	1,96
			91	92	Linde AG	-	1,06
24		Allianz SE	13	12	BASF SE	1,28	-
			15	14	SAP SE	1,29	1,51
			17	15	Fresenius SE & Co. KGaA	5,07	5,22
			22	-	E.ON SE	1,79	-
			25	51	Merck KGaA	1,09	-
			27	31	Münchener Rückversicherungs-Gesellschaft AG	1,86	2,2
			45	41	Sana Kliniken AG	14,5	14,4
			64	67	Rheinmetall AG	1,33	1,85
			66	49	Deutsche Börse AG	1,37	-
			74	93	United Internet AG	5,03	4,78
			78	-	KION GROUP AG	1,85	-
			82	85	Hella KGaA Hueck & Co.	1,81	1,92

Anteilseigner			Beteiligungsunternehmen				
Rang[1]		Unternehmen	Rang[1]		Unternehmen	Kapitalanteil[2]	
2018	2016		2018	2016		2018	2016
			84	55	Wacker Chemie AG	2,3	2,96
			88	75	LANXESS AG	5,11	3,03
			97	94	Krones AG	2,11	1,36
			-	72	ProSiebenSat.1 Media SE	-	1,27
27	31	Münchener Rückversicherungs-Gesellschaft AG	6	5	Siemens AG	1,29	1,29
			45	41	Sana Kliniken AG	22,49	22,4
34	-	EnBW Energie Baden-Württemberg AG	83	-	EWE AG	6	-
40	34	KfW Bankengruppe	7	7	Deutsche Telekom AG	17,4	14,5
			9	8	Deutsche Post AG	20,5	20,5
			16	18	Airbus-Gruppe Deutschland	11	11,09
58	46	DZ Bank AG	13	12	BASF SE	1,05	-
			27	31	Münchener Rückversicherungs-Gesellschaft AG	1,31	-
			51	-	Adidas AG	1,16	-
			66	49	Deutsche Börse AG	1,66	-
			88	75	LANXESS AG	2,14	-
81	98	Debeka-Gruppe	45	41	Sana Kliniken AG	10,1	10,5
29	11	Commerzbank AG	-	13	Deutsche Lufthansa AG	-	2,68
			-	19	Vonovia SE	-	1,28
			-	22	Deutsche Bank AG	-	1,74
			-	31	Münchener Rückversicherungs-Gesellschaft AG	-	1,21
			-	96	K+S AG	-	1,88
33	35	Asklepios Kliniken GmbH	-	97	Rhön-Klinikum AG	-	17,57
77	74	B. Braun Melsungen AG	-	97	Rhön-Klinikum AG	-	21,6

1 In jenen Fällen, in denen anstelle einer Rangangabe ein Strich erscheint, befand sich das betreffende Unternehmen in dem Jahr nicht unter den „100 Größten".

2 Kapitalanteile auf zwei Nachkommastellen gerundet. In jenen Fällen, in denen anstelle eines Kapitalanteils ein Strich erscheint, wurde die Beteiligung aufgrund des Ein- bzw. Austritts aus dem Kreis der „100 Größten" nicht verfolgt oder keine Beteiligung identifiziert, die 1 Prozent übersteigt.

Quelle: Eigene Berechnungen auf Grundlage der Datenbank „Orbis Europe All Companies" des Anbieters Bureau van Dijk (Stand: Februar 2019 bzw. Januar 2017) sowie veröffentlichter Geschäftsberichte

Tabelle A.4: Die personellen Verflechtungen zwischen den „100 Größten" im Jahr 2018

Rang	Unternehmen[1] (betrachtete rechtliche Einheit)	Anzahl der Unternehmen ... ... mit denen das genannte Unternehmen über das eigene Geschäftsführungsgremium verbunden ist	... mit denen das genannte Unternehmen über Geschäftsführer im eigenen Kontrollgremium verbunden ist[2]	... mit denen das genannte Unternehmen über sonstige Mandatsträger in den Kontrollgremien verbunden ist
1	Volkswagen AG			2
2	Daimler AG	1	1	6
3	Bayerische Motoren Werke AG	2		6
4	Deutsche Bahn AG		1 (1)	4
5	Robert Bosch GmbH	1	1	7
6	Siemens AG	1	1	7
7	Deutsche Telekom AG	2	4 (2)	3
8	INA-Holding Schaeffler GmbH & Co. KG			3
9	Deutsche Post AG	1	1 (1)	4
10	Bayer AG	1		6
11	Deutsche Lufthansa AG	1	2	4
13	BASF SE		1	7
14	Deutsche Bank AG		1	4
15	SAP SE	1		2
16	Airbus-Gruppe Deutschland		1	2
17	Fresenius SE & Co. KGaA	1	1	3
18	ZF Friedrichshafen AG		2	2
19	Vonovia SE			2
21	thyssenkrupp AG		2 (1)	4
22	E.ON SE		1	4
23	Roche-Gruppe Deutschland	1		
24	Allianz SE	1		4
25	Merck KGaA			4
27	Münchener Rückversicherungs-Gesellschaft AG			5
29	Commerzbank AG			2
30	Bertelsmann SE & Co. KGaA	2	3	1
31	Evonik Industries AG		1	4
34	EnBW Energie Baden-Württemberg AG			2
36	Ford-Gruppe Deutschland	1		1
37	Sanofi-Gruppe Deutschland		1	
38	IBM-Gruppe Deutschland		1	1
39	Adolf Würth GmbH & Co. KG	2	1 (1)	1
40	KfW Bankengruppe	5	1 (1)	8
41	ING-Gruppe Deutschland			1
45	Sana Kliniken AG		1 (1)	
46	Salzgitter AG		1 (1)	2
47	Otto Group			1
48	Ceconomy AG			2

Rang	Unternehmen[1] (betrachtete rechtliche Einheit)	Anzahl der Unternehmen ... ... mit denen das genannte Unternehmen über das eigene Geschäftsführungsgremium verbunden ist	... mit denen das genannte Unternehmen über Geschäftsführer im eigenen Kontrollgremium verbunden ist[2]	... mit denen das genannte Unternehmen über sonstige Mandatsträger in den Kontrollgremien verbunden ist
49	Henkel AG & Co. KGaA	2	2	6
50	Fraport AG Frankfurt Airport Services Worldwide	2		3
51	Adidas AG	1	2	
53	UniCredit-Gruppe Deutschland	1		
55	PSA-Gruppe Deutschland			2
56	AXA-Gruppe Deutschland		1	
57	RWE AG			6
58	DZ Bank AG	2		
60	Deloitte GmbH Wirtschaftsprüfungsgesellschaft		1	
61	DEKRA SE		1	
62	Bayerische Landesbank	1		1
63	ExxonMobil-Gruppe Deutschland			1
65	Rheinmetall AG			2
67	Deutsche Börse AG	1	1 (1)	3
68	maxingvest AG			1
73	Carl Zeiss AG	3		2
76	Rolls-Royce-Gruppe Deutschland			1
77	Freudenberg & Co. KG	1		1
78	B. Braun Melsungen AG			3
80	dm-drogerie markt Verwaltungs-GmbH			1
81	MAHLE GmbH			1
82	Debeka-Gruppe	2	1 (1)	
85	Wacker Chemie AG			1
86	Versicherungskammer Bayern VöR			1
87	Axel Springer SE			2
89	LANXESS AG	1		2
90	Landesbank Baden-Württemberg			3
92	Linde AG	1		7
93	ABB-Gruppe Deutschland		2 (1)	1
96	Novartis-Gruppe Deutschland			1
97	Saint-Gobain-Gruppe Deutschland			2
98	Krones AG		1	1
Summe Verbindungen		42	42 (12)	88
Anzahl Unternehmen		28	31 (11)	60

[1] Unternehmen, für die im Jahr 2018 keine Verbindung festgestellt wurde, werden in der Tabelle nicht aufgelistet. Die Aufsichtsgremien von Gruppen wurden aus den in Klammern aufgeführten Unternehmen erfasst. Zu Anmerkungen, die Umfirmierung und Umstrukturierung von Unternehmen oder Konzernen betreffen, vgl. die Fußnoten zu Tabelle II.1.

[2] Die Zahl in Klammern gibt die Anzahl von Banken und Versicherungen an, die in der erstgenannten Zahl enthalten sind.

Quelle: Eigene Berechnungen auf Grundlage veröffentlichter Geschäftsberichte

Tabelle A.5: Zusammenschlussaktivitäten der „100 Größten" im Berichtszeitraum 2018/2019

Rang	Unternehmen (betrachtete rechtliche Einheit)	Freigaben[1]
1	Volkswagen AG	15
2	Daimler AG	3
3	Bayerische Motoren Werke AG	5
4	Deutsche Bahn AG	5
5	Robert Bosch GmbH	7
6	Siemens AG	2
7	Deutsche Telekom AG	6
8	INA-Holding Schaeffler GmbH & Co. KG	13
9	Deutsche Post AG	2
10	Bayer AG	0
11	Deutsche Lufthansa AG	1
12	REWE-Gruppe (REWE-Zentral-Aktiengesellschaft)	4
13	BASF SE	0
14	Deutsche Bank AG	1
15	SAP SE	1
16	Airbus-Gruppe Deutschland (Airbus SE)	1
17	Fresenius SE & Co. KGaA	1
18	ZF Friedrichshafen AG	1
19	Vonovia SE	2
20	Schwarz-Gruppe (Lidl Stiftung & Co. KG)	0
21	thyssenkrupp AG	1
22	E.ON SE	19
23	Roche-Gruppe Deutschland (Roche Holding AG)	0
24	Allianz SE	9
25	Merck KGaA	1
26	EDEKA-Gruppe (EDEKA Zentrale AG & Co. KG)	8
27	Münchener Rückversicherungs-Gesellschaft AG	1
28	Aldi-Gruppe (Aldi Einkauf GmbH & Co. oHG)	0
29	Commerzbank AG	8
30	Bertelsmann SE & Co. KGaA	5
31	Evonik Industries AG	0
32	C. H. Boehringer Sohn AG & Co. KG	0
33	Asklepios Kliniken GmbH & Co. KGaA	0
34	EnBW Energie Baden-Württemberg AG	11
35	Rethmann SE & Co. KG	18
36	Ford-Gruppe Deutschland (Ford Motor Company Inc.)	0
37	Sanofi-Gruppe Deutschland (Sanofi SA)	1
38	IBM-Gruppe Deutschland (IBM International Business Machines Corporation)	1
39	Adolf Würth GmbH & Co. KG	2
40	KfW Bankengruppe	1
41	ING-Gruppe Deutschland (ING Groep N.V.)	4
42	HGV Hamburger Gesellschaft für Vermögens- und Beteiligungsmanagement mbH	1
43	STRABAG-Gruppe Deutschland (STRABAG SE)	8
44	Shell-Gruppe Deutschland (Royal Dutch Shell plc)	4
45	Sana Kliniken AG	8
46	Salzgitter AG	1

Rang	Unternehmen (betrachtete rechtliche Einheit)	Freigaben[1]
47	Otto Group (Otto (GmbH & Co KG))	3
48	Ceconomy AG	0
49	Henkel AG & Co. KGaA	2
50	Fraport AG Frankfurt Airport Services Worldwide	0
51	Adidas AG	0
52	PricewaterhouseCoopers Aktiengesellschaft Wirtschaftsprüfungsgesellschaft	1
53	UniCredit-Gruppe Deutschland (UniCredit S.p.A.)	1
54	Hamburg Commercial Bank AG	2
55	PSA-Gruppe Deutschland (Groupe PSA)	3
56	AXA-Gruppe Deutschland (AXA SA)	5
57	RWE AG	3
58	DZ Bank AG	28
59	KPMG AG Wirtschaftsprüfungsgesellschaft	0
60	Deloitte GmbH Wirtschaftsprüfungsgesellschaft	0
61	DEKRA SE	0
62	Bayerische Landesbank	7
63	ExxonMobil-Gruppe Deutschland (Exxon Mobil Corporation)	2
64	Adecco-Gruppe Deutschland (Adecco Group AG)	1
65	Rheinmetall AG	1
66	AVECO Holding AG	1
67	Deutsche Börse AG	0
68	maxingvest AG	0
69	Liebherr-International-Gruppe Deutschland (Liebherr-International AG)	3
70	Stadtwerke München GmbH	5
71	HUK-COBURG	1
72	Ernst & Young-Gruppe Deutschland (Ernst & Young GmbH Wirtschaftsprüfungsgesellschaft)	0
73	Carl Zeiss AG	2
74	Vivantes - Netzwerk für Gesundheit GmbH	1
75	United Internet AG	1
76	Rolls-Royce-Gruppe Deutschland (Rolls-Royce Holdings Plc)	0
77	Freudenberg & Co. KG	2
78	B. Braun Melsungen AG	1
79	KION GROUP AG	2
80	dm-drogerie markt Verwaltungs-GmbH	0
81	MAHLE GmbH	1
82	Debeka-Gruppe (Debeka Lebensversicherungsverein a.G.)	1
83	Hella KGaA Hueck & Co.	0
84	EWE AG	6
85	Wacker Chemie AG	0
86	Versicherungskammer Bayern VöR	5
87	Axel Springer SE	3
88	Philip Morris International-Gruppe Deutschland (Philip Morris International Inc.)	0
89	LANXESS AG	0
90	Landesbank Baden-Württemberg	5
91	Stadtwerke Köln GmbH	2
92	Linde AG	0
93	ABB-Gruppe Deutschland (ABB Ltd)	0
94	Procter & Gamble-Gruppe Deutschland (Procter & Gamble Company (The))	0

Rang	Unternehmen (betrachtete rechtliche Einheit)	Freigaben[1]
95	VINCI-Gruppe Deutschland (VINCI S.A.)	4
96	Novartis-Gruppe Deutschland (Novartis AG)	1
97	Saint-Gobain-Gruppe Deutschland (Compagnie de Saint-Gobain SA)	3
98	Krones AG	2
99	Vattenfall-Gruppe Deutschland (Vattenfall AB)	0
100	DEERE-Gruppe Deutschland (Deere & Company)	0
Insgesamt		293
Anzahl Unternehmen		71
Gesamtzahl aller Freigaben		2.691
Anteil der „100 Größten" an der Gesamtzahl aller Fälle in %		10,9

1 Anzahl der zwischen dem 1. Januar 2018 und dem 31. Dezember 2019 entweder im Vor- oder Hauptprüfverfahren, mit und ohne Nebenbestimmungen freigegebenen Vorgänge oder wenn für den Fall keine Kontrollpflicht bestand

Quelle: Eigene Berechnungen auf Grundlage von Daten des Bundeskartellamtes

Tabelle A.6: Entwicklung der inländischen Umsätze in der Industrie (1978-2018)

Jahr	Reales[1] Geschäftsvolumen der 50 größten Industrieunternehmen[2]		Reales[1] Geschäftsvolumen aller Industrieunternehmen[3]		Anteil in %
	in Mio. EUR	Veränderung zur Vorperiode in %	in Mio. EUR	Veränderung zur Vorperiode in %	
1978	482.502		1.558.855		30,95
1980	553.192	14,7	1.774.011	13,8	31,18
1982	587.610	6,2	1.760.908	-0,7	33,37
1984	613.735	4,4	1.846.921	4,9	33,23
1986	579.046	-5,7	1.798.375	-2,6	32,20
1988	585.009	1,0	1.838.040	2,2	31,83
1990	650.877	11,3	2.004.839	9,1	32,47
1992	580.695	-10,8	1.810.018	-9,7	32,08
1994	528.098	-9,1	1.917.174	5,9	27,55
1996	564.828	7,0	1.919.678	0,1	29,42
1998	593.065	5,0	2.054.528	7,0	28,87
2000	701.071	18,2	2.270.297	10,5	30,88
2002	688.254	-1,8	2.236.653	-1,5	30,77
2004	703.921	2,3	2.193.670	-1,9	32,09
2006	830.878	18,0	2.495.010	13,7	33,30
2008	865.248	4,1	2.740.442	9,8	31,57
2010	826.495	-4,5	2.594.844	-5,3	31,85
2012	986.125	19,3	2.833.282	9,2	34,81
2014	969.779	-1,7	2.738.247	-3,4	35,42
2016	911.379	-6,0	2.710.906	-1,0	33,62
2018	923.706	1,4	2.880.152	6,2	32,07

1 Sowohl die aggregierten Umsätze der 50 größten Industrieunternehmen als auch die Summe der Umsatzerlöse aller Industrieunternehmen wurden mithilfe des impliziten Preisindex der gesamtwirtschaftlichen Wertschöpfung deflationiert (Vorjahrespreisbasis, Referenzjahr: 2015; Quelle: Eigene Berechnungen auf Grundlage von Daten des Statistischen Bundesamtes, Fachserie 18 Reihe 1.5, S. 53, Rechenstand August 2019). Aufgrund der Umstellung des Referenzjahres von 2010 auf 2015 unterscheiden sich der zur Deflationierung der nominalen Größen genutzte implizite Preisindex und damit auch die realen Größen im Vergleich zum XXII. Hauptgutachten. Bei der Interpretation der Werte in konstanten Preisen ist außerdem zu beachten, dass sich der zur Deflationierung der nominalen Größen genutzte implizite Preisindex für die Jahre vor 1991 auf das frühere Bundesgebiet bezieht und ein Vergleich mit den Jahren nach 1991 nur eingeschränkt möglich ist.

2 Die Angaben beziehen sich auf die inländischen Konzernbereiche inklusive der Umsätze mit ausländischen verbundenen Unternehmen.

3 Die zugrunde liegenden Nominalwerte entsprechen der Summe der Umsatzerlöse der Wirtschaftsabschnitte B (Bergbau), C (verarbeitendes Gewerbe), D (Energieversorgung), E (Wasserversorgung, Abwasser- und Abfallentsorgung) sowie F (Baugewerbe) gemäß Umsatzsteuerstatistik. Bei der Interpretation der Anteilswerte ist zu berücksichtigen, dass die gesamtwirtschaftliche Vergleichsgröße seit dem Berichtsjahr 2010 auf Grundlage der Klassifikation der Wirtschaftszweige, Ausgabe 2008 (WZ 2008), berechnet wurde, während die Zuordnung in den Vorperioden auf der Wirtschaftszweigklassifikation 2003 (Klassifikation der Wirtschaftszweige, Ausgabe 2003 (WZ 2003)) beruht. Da die Umstellung zahlreiche Änderungen auch auf der Ebene der Wirtschaftsabschnitte mit sich bringt, ist ein Vergleich zu Vorperioden nur beschränkt möglich.

Quelle: Eigene Berechnungen auf Grundlage von Daten des Statistischen Bundesamtes sowie eigener Erhebungen

Tabelle A.7: Entwicklung der inländischen Umsätze im Handel (1978-2018)

Jahr	Reales[1] Geschäftsvolumen der zehn größten Handelsunternehmen[2]		Reales[1] Geschäftsvolumen aller Handelsunternehmen[3]		Anteil in %
	in Mio. EUR	Veränderung zur Vorperiode in %	in Mio. EUR	Veränderung zur Vorperiode in %	
1978	79.329		1.047.715		7,57
1980	81.240	2,4	1.126.166	7,5	7,21
1982	84.367	3,8	1.095.183	-2,8	7,70
1984	83.839	-0,6	1.141.591	4,2	7,34
1986	77.551	-7,5	1.125.447	-1,4	6,89
1988	86.889	12,0	1.191.015	5,8	7,30
1990	93.665	7,8	1.354.023	13,7	6,92
1992	90.123	-3,8	1.279.294	-5,5	7,04
1994	99.642	10,6	1.358.015	6,2	7,34
1996	114.458	14,9	1.376.644	1,4	8,31
1998	123.193	7,6	1.446.384	5,1	8,52
2000	140.181	13,8	1.583.926	9,5	8,85
2002	147.232	5,0	1.552.280	-2,0	9,48
2004	173.833	18,1	1.598.869	3,0	10,87
2006	182.448	5,0	1.781.909	11,4	10,24
2008	188.003	3,0	1.899.656	6,6	9,90
2010	179.210	-4,7	1.794.378	-5,5	9,99
2012	184.746	3,1	1.935.626	7,9	9,54
2014	208.061	12,6	1.919.906	-0,8	10,84
2016	205.774	-1,1	1.946.925	1,4	10,57
2018	202.218	-1,7	2.035.856	4,6	9,93

1 Sowohl die aggregierten Umsätze der zehn größten Handelsunternehmen als auch die Summe der Umsatzerlöse aller Handelsunternehmen wurde mithilfe des impliziten Preisindex der gesamtwirtschaftlichen Wertschöpfung deflationiert (Vorjahrespreisbasis, Referenzjahr: 2015; Quelle: Eigene Berechnungen auf Grundlage von Daten des Statistischen Bundesamtes, Fachserie 18 Reihe 1.5, S. 53, Rechenstand August 2019). Aufgrund der Umstellung des Referenzjahres von 2010 auf 2015 unterscheiden sich der zur Deflationierung der nominalen Größen genutzte implizite Preisindex und damit auch die realen Größen im Vergleich zum XXII. Hauptgutachten. Außerdem ist zu beachten, dass sich der zur Deflationierung der nominalen Größen genutzte implizite Preisindex für die Jahre vor 1991 auf das frühere Bundesgebiet bezieht und ein Vergleich zu den Jahren nach 1991 nur eingeschränkt möglich ist.

2 Die Angaben beziehen sich auf die inländischen Konzernbereiche inklusive der Umsätze mit ausländischen verbundenen Unternehmen.

3 Die zugrunde liegenden Nominalwerte entsprechen den Umsatzerlösen des Wirtschaftsabschnitts G (Handel; Instandhaltung und Reparatur von Kraftfahrzeugen) gemäß Umsatzsteuerstatistik. Bei der Interpretation der Anteilswerte ist zu berücksichtigen, dass die gesamtwirtschaftliche Vergleichsgröße seit dem Berichtsjahr 2010 auf Grundlage der Klassifikation der Wirtschaftszweige, Ausgabe 2008 (WZ 2008), berechnet wurde, während die Zuordnung in den Vorperioden auf der Wirtschaftszweigklassifikation 2003 (Klassifikation der Wirtschaftszweige, Ausgabe 2003 (WZ 2003)) beruht. Da die Umstellung zahlreiche Änderungen auch auf der Ebene der Wirtschaftsabschnitte mit sich bringt, ist ein Vergleich zu Vorperioden nur beschränkt möglich.

Quelle: Eigene Berechnungen auf Grundlage von Daten des Statistischen Bundesamtes sowie eigener Erhebungen

Tabelle A.8: Entwicklung der inländischen Umsätze im Verkehrs- und Dienstleistungssektor (1978-2018)

Jahr	Reales[1] Geschäftsvolumen der zehn größten Verkehrs- und Dienstleistungsunternehmen[2]		Reales[1] Geschäftsvolumen aller Verkehrs- und Dienstleistungsunternehmen[3]		Anteil in %
	in Mio. EUR	Veränderung zur Vorperiode in %	in Mio. EUR	Veränderung zur Vorperiode in %	
1978	25.853		330.014		7,83
1980	29.316	13,4	372.386	12,8	7,87
1982	30.303	3,4	386.018	3,7	7,85
1984	32.043	5,7	413.611	7,1	7,75
1986	29.079	-9,3	447.433	8,2	6,50
1988	30.266	4,1	511.972	14,4	5,91
1990	32.747	8,2	613.880	19,9	5,33
1992	30.508	-6,8	624.866	1,8	4,88
1994	99.824	227,2	651.860	4,3	15,31
1996	102.987	3,2	716.524	9,9	14,37
1998	119.669	16,2	804.965	12,3	14,87
2000	143.864	20,2	916.760	13,9	15,69
2002	145.065	0,8	977.129	6,6	14,85
2004	142.151	-2,0	974.469	-0,3	14,59
2006	152.508	7,3	1.092.083	12,1	13,96
2008	148.345	-2,7	1.151.701	5,5	12,88
2010	135.059	-9,0	1.034.246	-10,2	13,06
2012	141.185	4,5	1.034.009	0,0	13,65
2014	138.062	-2,2	1.028.352	-0,5	13,43
2016	141.219	2,3	1.062.252	3,3	13,29
2018	145.915	3,3	1.136.058	6,9	12,84

1 Sowohl die aggregierten Umsätze der zehn größten Verkehrs- und Dienstleistungsunternehmen als auch die Summe der Umsatzerlöse aller Verkehrs- und Dienstleistungsunternehmen wurde mithilfe des impliziten Preisindex der gesamtwirtschaftlichen Wertschöpfung deflationiert (Vorjahrespreisbasis, Referenzjahr: 2015; Quelle: Eigene Berechnungen auf Grundlage von Daten des Statistischen Bundesamtes, Fachserie 18 Reihe 1.5, S. 53, Rechenstand August 2019). Aufgrund der Umstellung des Referenzjahres von 2010 auf 2015 unterscheiden sich der zur Deflationierung der nominalen Größen genutzte implizite Preisindex und damit auch die realen Größen im Vergleich zum XXII. Hauptgutachten. Außerdem ist zu beachten, dass sich der zur Deflationierung der nominalen Größen genutzte implizite Preisindex für die Jahre vor 1991 auf das frühere Bundesgebiet bezieht und ein Vergleich mit den Jahren nach 1991 nur eingeschränkt möglich ist.

2 Die Angaben beziehen sich auf die inländischen Konzernbereiche inklusive der Umsätze mit ausländischen verbundenen Unternehmen.

3 Die zugrunde liegenden Nominalwerte entsprechen der Summe der Umsatzerlöse der Wirtschaftsabschnitte H (Verkehr und Lagerei), J (Information und Kommunikation), L (Grundstücks- und Wohnungswesen), M (Erbringung von freiberuflichen, wissenschaftlichen und technischen Dienstleistungen), N (Erbringung von sonstigen wirtschaftlichen Dienstleistungen), R (Kunst, Unterhaltung und Erholung) sowie S (Erbringung von sonstigen Dienstleistungen) gemäß der Umsatzsteuerstatistik des Statistischen Bundesamtes. Bei der Interpretation der Anteilswerte ist zu berücksichtigen, dass die gesamtwirtschaftliche Vergleichsgröße seit dem Berichtsjahr 2010 auf Grundlage der Klassifikation der Wirtschaftszweige, Ausgabe 2008 (WZ 2008), berechnet wurde, während die Zuordnung in den Vorperioden auf der Wirtschaftszweigklassifikation 2003 (Klassifikation der Wirtschaftszweige, Ausgabe 2003 (WZ 2003)) beruht. Da die Umstellung zahlreiche Änderungen auch auf der Ebene der Wirtschaftsabschnitte mit sich bringt, ist ein Vergleich zu Vorperioden nur beschränkt möglich.

Quelle: Eigene Berechnungen auf Grundlage von Daten des Statistischen Bundesamtes sowie eigener Erhebungen

Tabelle A.9: Entwicklung der Bilanzsummen im Kreditgewerbe (1978-2018)

Jahr	Reales[1] Geschäftsvolumen der zehn größten Kreditinstitute[2]		Reales[1] Geschäftsvolumen aller Kreditinstitute[3]		Anteil in %
	in Mrd. EUR	Veränderung zur Vorperiode in %	in Mrd. EUR	Veränderung zur Vorperiode in %	
1978	872		2.338		37,28
1980	931	6,8	2.520	7,8	36,93
1982	958	2,9	2.674	6,1	35,82
1984	1.069	11,7	2.922	9,3	36,60
1986	1.166	9,1	3.186	9,0	36,61
1988	1.313	12,5	3.519	10,4	37,31
1990	1.582	20,5	4.388	24,7	36,05
1992	1.567	-0,9	4.130	-5,9	37,95
1994	1.915	22,2	4.613	11,7	41,52
1996	2.413	26,0	5.492	19,1	43,94
1998	3.345	38,6	6.866	25,0	48,72
2000	4.361	30,4	8.387	22,2	52,00
2002	4.269	-2,1	8.473	1,0	50,38
2004	4.098	-4,0	8.584	1,3	47,74
2006	4.706	14,8	9.180	6,9	51,26
2008	4.802	2,1	9.580	4,4	50,13
2010	5.061	5,4	10.295	7,5	49,16
2012	5.545	9,6	9.853	-4,3	56,28
2014	4.649	-16,2	8.753	-11,2	53,12
2016	4.401	-5,3	8.346	-4,6	52,73
2018	3.696	-16,0	7.958	-4,6	46,44

1 Die Bilanzsummen der zehn größten Kreditinstitute in Deutschland sowie aller Kreditinstitute wurden mithilfe des impliziten Preisindex der gesamtwirtschaftlichen Wertschöpfung deflationiert (Vorjahrespreisbasis, Referenzjahr: 2015; Quelle: Eigene Berechnungen auf Grundlage von Daten des Statistischen Bundesamtes, Fachserie 18 Reihe 1.5, S. 53, Rechenstand August 2019). Aufgrund der Umstellung des Referenzjahres von 2010 auf 2015 unterscheiden sich der zur Deflationierung der nominalen Größen genutzte implizite Preisindex und damit auch die realen Größen im Vergleich zum XXII. Hauptgutachten. Außerdem ist zu beachten, dass sich der zur Deflationierung der nominalen Größen genutzte implizite Preisindex für die Jahre vor 1991 auf das frühere Bundesgebiet bezieht und ein Vergleich mit den Jahren nach 1991 nur eingeschränkt möglich ist.

2 Bis einschließlich 1996 wurde für die Gegenüberstellung mit der gesamtwirtschaftlichen Vergleichsgröße die konsolidierte Bilanzsumme der zehn größten Kreditinstitute verwendet. Seit 1998 wird der Anteil der zehn größten Kreditinstitute anhand der unkonsolidierten Bilanzsumme ermittelt.

3 Für die zugrunde liegenden Nominalwerte vgl. Deutsche Bundesbank, Bankenstatistik, Statistisches Beiheft 1 zum Monatsbericht, Januar 2020, S. 106. Die Deutsche Bundesbank ermittelt die Bilanzsummen anhand der Einzelabschlüsse der Kreditinstitute.

Quelle: Eigene Berechnungen auf Grundlage eigener Erhebungen sowie der Bankenstatistik der Deutschen Bundesbank

Tabelle A.10: Entwicklung der Beitragseinnahmen im Versicherungsgewerbe (1978-2018)

Jahr	Reales[1] Geschäftsvolumen der zehn größten Versicherungsunternehmen[2]		Reales[1] Geschäftsvolumen aller Versicherungsunternehmen[3]		Anteil in %[4]
	in Mio. EUR	Veränderung zur Vorperiode in %	in Mio. EUR	Veränderung zur Vorperiode in %	
1978	37.551				
1980	43.017	14,6			
1982	45.686	6,2			
1984	47.820	4,7			
1986	51.133	6,9			
1988	57.552	12,6			
1990	60.586	5,3	146.397		41,38
1992	69.064	14,0	147.816	1,0	46,72
1994	83.129	20,4	169.464	14,6	49,05
1996	82.964	-0,2	178.780	5,5	46,41
1998	104.530	26,0	188.180	5,3	55,55
2000	120.703	15,5	208.689	10,9	57,84
2002	136.640	13,2	227.686	9,1	60,01
2004	144.505	5,8	243.563	7,0	59,33
2006	151.069	4,5	245.960	1,0	61,42
2008	149.749	-0,9	239.057	-2,8	62,64
2010	148.427	-0,9	248.940	4,1	59,62
2012	151.681	2,2	256.599	3,1	59,11
2014	152.908	0,8	260.852	1,7	58,62
2016	156.367	2,3	262.793	0,7	59,50
2018	151.548	-3,1	272.154	3,6	55,68

1 Die Beitragseinnahmen in jeweiligen Preisen wurden mithilfe des impliziten Preisindex der gesamtwirtschaftlichen Wertschöpfung deflationiert (Vorjahrespreisbasis, Referenzjahr: 2015; Quelle: Eigene Berechnungen auf Grundlage von Daten des Statistischen Bundesamtes, Fachserie 18 Reihe 1.5, S. 53, Rechenstand August 2019). Aufgrund der Umstellung des Referenzjahres von 2010 auf 2015 unterscheiden sich der zur Deflationierung der nominalen Größen genutzte implizite Preisindex und damit auch die realen Größen im Vergleich zum XXII. Hauptgutachten. Außerdem ist zu beachten, dass sich der zur Deflationierung der nominalen Größen genutzte implizite Preisindex für die Jahre vor 1991 auf das frühere Bundesgebiet bezieht und ein Vergleich mit den Jahren nach 1991 nur eingeschränkt möglich ist.

2 Die zugrunde liegenden Nominalwerte beziehen sich auf die Beitragseinnahmen der inländischen Konzernbereiche.

3 Für die zugrunde liegenden Nominalwerte vgl. Bundesanstalt für Finanzdienstleistungsaufsicht, Statistik der Bundesanstalt für Finanzdienstleistungsaufsicht - Erstversicherungsunternehmen und Pensionsfonds - 2018, S. 14. Die Bundesanstalt für Finanzdienstleistungsaufsicht ermittelt das Beitragsvolumen aller Versicherungsunternehmen anhand von Einzelabschlussdaten.

4 Bis einschließlich 1996 beruht der Anteil auf den konsolidierten Beitragseinnahmen der zehn größten Versicherungsunternehmen. Ab 1998 beruht der Anteil auf den unkonsolidierten inländischen Beitragseinnahmen der zehn größten Versicherungsunternehmen.

Quelle: Eigene Berechnungen auf Grundlage eigener Erhebungen sowie der Statistik der Bundesanstalt für Finanzdienstleistungsaufsicht

3 Methodische Erläuterungen zu Kapitel II.2

3.1 Ermittlung von Preisaufschlägen nach dem Produktionsansatz

1004. Im Rahmen der Konzentrationsberichterstattung (KBE) des XXIII. Hauptgutachtens der Monopolkommission werden unternehmensspezifische Preisaufschläge geschätzt, die als Indikator der jeweiligen Marktmacht dienen können. Mithilfe dieser Preisaufschläge wird die Entwicklung der Wettbewerbssituation in Wirtschaftszweigen des verarbeitenden Gewerbes und des Dienstleistungssektors beurteilt. Die Schätzung von Preisaufschlägen folgt dem von De Loecker und Warzynski[8] entwickelten Produktionsfunktionsansatz, der die Faktoreinsatzoptimierung von Unternehmen mit der zweistufigen Schätzung von Produktionsfunktionen nach Ackerberg, Caves und Frazer[9] verknüpft. Die methodischen Details werden nachfolgend beschrieben.

3.1.1 Formale Herleitung von Preisaufschlägen

1005. Die Grundidee der Preisaufschläge als Indikator für Wettbewerbsintensität und Marktmacht besteht darin, dass Unternehmen, die langfristig in der Lage sind, einen Preis über ihren Grenzkosten zu erzielen, über Marktmacht verfügen. Der Preisaufschlag μ_{it} des Unternehmens i zum Zeitpunkt t ist definiert als das Verhältnis von Preis P_{it} zu Grenzkosten λ_{it} des Unternehmens:

$$\mu_{it} = \frac{P_{it}}{\lambda_{\text{it}}} \tag{1}$$

1006. Da die Grenzkosten nicht beobachtbar sind, muss zunächst die Produktionsfunktion auf Unternehmensebene geschätzt werden. Es wird angenommen, dass ein Unternehmen i zu einem Zeitpunkt t eine Produktionstechnologie $Q_{it}(\cdot)$ verwendet, deren Ausbringungsmenge von verschiedenen Einsatzfaktoren, darunter mindestens einem variablen Produktionsfaktor X_{it}^{v} (z. B. Arbeit, Zwischenprodukte, Elektrizität ...), dem Kapitaleinsatz K_{it} und der Produktivität eines Unternehmen ω_{it}, abhängt:

$$Q_{it} = Q_{it}(X_{it}^{1}, \dots, X_{it}^{v}, K_{it}, \omega_{it}) \tag{2}$$

1007. Ein kostenminimierendes Unternehmen wählt seinen Faktoreinsatz derart, dass es folgende Zielfunktion optimiert, in der $P_{it}^{x^{v}}$ und r_{it} Faktorpreise für X_{it}^{V} und K_{it} darstellen:

$$L(X_{it}^{1}, \dots, X_{it}^{V}, K_{it}, \lambda_{it}) = \sum_{v=1} P_{it}^{X^{V}} X_{it}^{V} + r_{it}K_{it} + \lambda_{it}(Q_{it} - Q_{it}(\cdot)) \tag{3}$$

1008. Die Ableitung der Lagrangefunktion nach einem der variablen Einsatzfaktoren und Bedingung 1. Ordnung lautet damit:

$$\frac{\partial L_{it}}{\partial_{X_{it}^{V}}} = P_{it}^{X^{V}} - \frac{\lambda_{it} \partial Q_{it}(.)}{\partial X_{it}^{v}} = 0 \tag{4}$$

Gleichung (4) kann so umgestellt werden, sodass gilt:

$$\frac{\partial Q_{it}(.)}{\partial X_{it}^{v}} = \frac{P_{it}^{X^{V}}}{\lambda_{it}} \tag{5}$$

Anschließend werden beide Seiten von Gleichung (5) mit dem Verhältnis von Faktoreinsatz und Produktionsmenge $\frac{X_{it}^{V}}{Q_{it}}$ multipliziert:

[8] De Loecker, J./Warzynski, F., Markups and Firm-Level Export Status, American Economic Review 102(6), 2012, S. 2437–71, https://doi.org/10.1257/aer.102.6.2437.

[9] Ackerberg, D. A./Caves, K./Frazer, G., Identification Properties of Recent Production Function Estimators, Econometrica 83(6), 2015, S. 2411–51, https://doi.org/10.3982/ECTA13408.

$$\frac{\partial Q_{it}(.)}{\partial X_{it}^{v}} \frac{X_{it}^{V}}{Q_{it}} = \frac{P_{it}^{X^V}}{\lambda_{it}} \frac{X_{it}^{V}}{Q_{it}} \tag{6}$$

Hier kann nun λ_{it} durch Umstellen von Ausdruck (1) substituiert werden:

$$\frac{\partial Q_{it}(.)}{\partial X_{it}^{v}} \frac{X_{it}^{V}}{Q_{it}} = \mu_{it} \frac{P_{it}^{X^V}}{P_{it}} \frac{X_{it}^{V}}{Q_{it}} \tag{7}$$

Indem Gleichung (7) nach μ_{it} umgeformt wird, ergibt sich der folgende Ausdruck[10]:

$$\mu_{it} = \theta_{it}^{X} \left(\frac{P_{it}^{X^v} X_{it}^{v}}{P_{it} Q_{it}} \right)^{-1} \text{mit } \theta_{it}^{X} = \frac{\partial Q_{it}(.)}{\partial X_{it}^{v}} \frac{X_{it}^{V}}{Q_{it}} \tag{8}$$

Der Preisaufschlag μ_{it} kann damit auch beschrieben werden als das Verhältnis der Produktionselastizität θ_{it}^{X} eines variablen Einsatzfaktors zum Umsatzanteil seiner Kosten.

3.1.2 Schätzung von Preisaufschlägen

1009. Zur Bestimmung der Preisaufschläge können sowohl der Umsatz als auch die Kosten der Produktionsfaktoren den Unternehmensdaten direkt entnommen werden. Es ist jedoch notwendig, die Produktionselastizitäten θ_{it}^{X} ökonometrisch zu bestimmen. Dazu wird eine Produktionsfunktion geschätzt, aus der sich die Produktionselastizitäten einzelner Produktionsfaktoren ableiten lassen. Es wird angenommen, dass der Output Q_{it} gemäß einer Produktionsfunktion F entsteht, die vom variablen Arbeitseinsatz L_{it}, dem Kapitaleinsatz K_{it} und von einer unbeobachteten Produktivität ω_{it} abhängt:[11]

$$Q_{it} = F(L_{it}, K_{it}) \exp(\omega_{it}) \tag{9}$$

Diese Funktion wird durch Logarithmieren aller Größen linearisiert. Zudem werden Messfehler in den Daten sowie unvorhersehbare Schocks mithilfe von ε_{it} berücksichtigt. Damit lautet die zu schätzende Produktionsfunktion:

$$y_{it} = \ln Q_{it} + \varepsilon_{it} = f(l_{it}, k_{it}) + \omega_{it} + \varepsilon_{it} \tag{10}$$

1010. Zwar sind sowohl ε_{it} als auch ω_{it} bei der ökonometrischen Analyse nicht beobachtbar, letzteres ist dem Unternehmen zum Zeitpunkt seiner Entscheidung über den Faktoreinsatz in Periode t bekannt.[12] Zur Ermittlung der Produktivität ω_{it} wird sie durch eine Kontrollfunktion ersetzt.[13] Dazu wird angenommen, dass die Nachfrage nach Vorprodukten m_{it} vollkommen flexibel ist und in jeder Periode vom bereits gewählten Arbeits- und Kapitaleinsatz (l_{it} und k_{it}) sowie der Produktivität ω_{it} abhängt:

$$m_{it} = h(l_{it}, k_{it}, \omega_{it}) \tag{11}$$

Außerdem wird angenommen, dass nur die Produktivität ω_{it} nicht beobachtbar ist und $h(\cdot)$ strikt monoton steigend in ω_{it} ist. Dadurch ist es möglich, die Nachfragefunktion für Vorprodukte zu invertieren und als

10 Der Ausdruck θ_{it} entspricht der Produktionselastizität und gibt an, um wie viel Prozent sich die produzierte Menge ändert, wenn sich die Einsatzfaktoren um 1 Prozent erhöhen.

11 Die Produktionsfunktion F und die unbeobachtete Produktivität ω_{it} befinden sich in einem multiplikativen Zusammenhang. Aufgrund des multiplikativen Zusammenhangs hat der Produktivitätsterm keinen Einfluss auf das Verhältnis der Einsatzfaktoren. Die Produktion wird daher auch als Hicks-neutral bezeichnet. Eine Hicks-neutrale Produktionsfunktion erlaubt die Verwendung einer Cobb-Douglas- oder einer Translog-Produktionsfunktion. Für weitere Informationen bezüglich dieser Produktionsfunktionen siehe Tz. 1013.

12 Zur in ω_{it} abgebildeten Produktivität zählen beispielsweise die Managementqualität, die Antizipation von Rüstzeiten und Wartungsperioden oder andere vorhersehbare Einflüsse.

13 Dieser Ansatz basiert auf Olley und Pakes (1996), Levinsohn und Petrin (2003) und Ackerberg, Caves und Frazer (2015); vgl. Olley, S./Pakes, A. The dynamics of productivity in the telecommunications equipment industry, Econometrica 64(6), 1996, S. 1263–97; Levinsohn, J./Petrin, A., Estimating Production Functions Using Inputs to Control for Unobservables, The Review of Economic Studies 70(2), 2003, S. 317–41, https://doi.org/10.1111/1467-937X.00246; Ackerberg, D. A./Caves, K./Frazer, G., Identification Properties of Recent Production Estimators, a. a. O.

$$\omega_{it} = h^{-1}(l_{it}, k_{it}, m_{it}) \tag{12}$$

zu beschreiben. Mit diesem Ausdruck lässt sich die Produktivität in der Produktionsfunktion (10) substituieren, sodass die zu schätzende Funktion nur noch von den beobachtbaren Einsatzfaktoren und dem unsystematischen Fehlerterm abhängt:

$$y_{it} = f(l_{it}, k_{it}) + h^{-1}(l_{it}, k_{it}, m_{it}) + \varepsilon_{it} \tag{13}$$

1011. Die Schätzung erfolgt in zwei Stufen: In der ersten Stufe wird in einer nicht-parametrischen Schätzung der unsystematische Fehler ε_{it} vom erwarteten Output $\hat{\phi}_{it}$ getrennt:

$$y_{it} = \hat{\phi}_{it}(l_{it}, k_{it}, m_{it}) + \varepsilon_{it} \tag{14}$$

mit

$$\hat{\phi}_{it}(l_{it}, k_{it}, m_{it}) = f(l_{it}, k_{it}) + h^{-1}(l_{it}, k_{it}, m_{it}) \tag{15}$$

Die zweite Stufe ist eine nichtparametrische GMM-Schätzung. Hierbei wird der geschätzte, um ε_{it} bereinigte erwartete Output$\hat{\phi}_{it}$ verwendet, um schließlich die Koeffizienten von Kapital und Arbeit zu schätzen. Dazu wird $\hat{\phi}_{it}$ für jede Ausprägung von $\boldsymbol{\beta}$ für die Berechnung von ω_{it} benutzt, da gilt:

$$\omega_{it}(\boldsymbol{\beta}) = \hat{\phi}_{it} - f(l_{it}, k_{it}|\boldsymbol{\beta}) \tag{16}$$

Unter der Annahme, dass die Produktivität einem Markowprozess erster Ordnung folgt, d. h. die Produktivität ω_{it} zum Zeitpunkt t jeweils nur von der Produktivität der Vorperiode ω_{it-1} abhängt, wird für ein gegebenes $\omega_{it}(\boldsymbol{\beta})$ die Produktivitätsentwicklung geschätzt.

$$\omega_{it} = g(\omega_{it-1}) + \xi_{it} \tag{17}$$

Der dabei ermittelte unerwartete Innovationschock ξ_{it} wird für die Definition der Momente verwendet. Die Momente berücksichtigen den Arbeitseinsatz der Vorperiode, da davon ausgegangen wird, dass der Arbeitseinsatz ein flexibler Einsatzfaktor ist, der mit der eingesetzten Produktivität ω_{it} korreliert. In Bezug auf das Kapital wird angenommen, dass die Entscheidung über den Kapitaleinsatz bereits in der Vorperiode $t-1$ für die Periode t getroffen wird. Diese Entscheidung liegt damit zeitlich vor dem Bekanntwerden der Produktivität ω_{it}. In Bezug auf den Innovationsterm wird angenommen, dass Unternehmen nur Erwartungen über $g(\omega_{it-1})$ haben und der zufällige Schock ξ_{it} nicht in Entscheidungen über den Faktoreinsatz einfließt. Dadurch korrelieren annahmegemäß weder der Kapitaleinsatz der jeweiligen Periode k_{it} noch der Arbeitseinsatz der Vorperiode l_{it-1} mit dem Innovationsterm ξ_{it}. Somit gilt für den Erwartungswert des jeweiligen Produktes:

$$E\left[\xi_{it}(\beta)\begin{pmatrix} l_{it-1} \\ k_{it} \end{pmatrix}\right] = 0 \tag{18}$$

1012. Das Ziel der Schätzung von Produktionsfunktionen ist es, Produktionselastizitäten der Einsatzfaktoren zu bestimmen. Die Produktionselastizität eines Einsatzfaktors X ergibt sich als:

$$\theta_X = \frac{\partial F(\cdot)}{\partial X}\frac{X}{F} \tag{19}$$

1013. Die tatsächliche Produktionselastizität hängt von der Form der Produktionsfunktion F ab. Die in der Literatur am häufigsten verwendeten Produktionsfunktionen zur Schätzung von Preisaufschlägen sind die Cobb-Douglas-Produktionsfunktion und die Translog-Produktionsfunktion. Die logarithmierte Cobb-Douglas-Funktion weist folgende Form auf:

$$y_{it} = \beta_l l_{it} + \beta_k k_{it} + \omega_{it} + \varepsilon_{it} \tag{20}$$

Die Produktionselastizitäten der Cobb-Douglas-Produktionsfunktion entsprechen dem β_x-Wert zum Zeitpunkt t.[14] Die logarithmierte Translog-Produktionsfunktion hat die Form

$$y_{it} = \beta_0 + \beta_l l_{it} + \beta_{ll} l_{it}^2 + \beta_k k_{it} + \beta_{kk} k_{it}^2 + \beta_{lk} l_{it} k_{it} + \omega_{it} + \varepsilon_{it} \tag{21}$$

und gehört zur Klasse der flexiblen Produktionsfunktionen.[15] Hier Produktionselastizität setzt sich aus einer Summe der geschätzten β-Werte zusammen. Für den Produktionsfaktor Arbeit l_{it} entspricht dies dem folgenden Ausdruck:

$$\frac{\partial y_{it}}{\partial l_{it}} = \widehat{\theta_{it}^L} = \hat{\beta}_l + 2\widehat{\beta_{ll}} l_{it} + \widehat{\beta_{lk}} k_{it} \tag{22}$$

3.2 Datenaufbereitung

1014. Für die Analyse sektorübergreifender Preisaufschläge wurde im Rahmen des vorliegenden Gutachtens auf das AFiD-Panel Strukturerhebung im Dienstleistungsbereich und das AFiD-Panel Industrieunternehmen der Jahre 2008 bis 2017 zurückgegriffen. Bevor die ökonometrischen Schätzungen durchgeführt werden konnten, war es notwendig, die Rohdaten aufzubereiten. So wurden zunächst einzelne ökonomische Modellvariablen auf Basis vorhandener Merkmale berechnet. Zur besseren Nachvollziehbarkeit bietet Tabelle A.11 einen Überblick aller verwendeten Variablen und deren Entsprechung in den Rohdaten beider Datenquellen.

1015. Aufgrund einer Umstellung der Wirtschaftszweigklassifikation in der amtlichen Statistik sind die Unternehmensdaten des Jahres 2008 im Industriebereich noch nach dem älteren Schema der WZ 2003 klassifiziert.[16] Um die Wirtschaftszweige im gesamten Analysezeitraum zu harmonisieren, wurden zunächst auf Unternehmensebene die WZ-2008-Codes des Jahres 2009 unter der Annahme gleichbleibender wirtschaftlicher Haupttätigkeiten übernommen. Wo dies nicht möglich war, wurden die WZ-2003-Codes anhand eines Übersetzungsschlüssels des Statistischen Bundesamtes in absteigender Priorität auf 4- bis 2-Stellerebene in die WZ 2008 überführt.

Tabelle A.11: Variablen und Operationalisierung nach Datenquellen

Variable	AFiD-Panel Industrie	AFiD-Panel Dienstleistungen
Produktionswert (Y)	Bruttoproduktionswert abzgl. Umsatz mit Handelsware, Handelsvermittlung und sonstiger Tätigkeit [kse_ef46 - (kse_ef37 + kse_ef38 + kse_ef39)]	Gesamtumsatz [dl_EF21]
Arbeit (L)	Angestellte und Arbeiter in VZ-Äquivalenten [kse_ef27 - kse_ef24 + kse_ef25]	Tätige Personen insgesamt [dl_EF31]
Kapital (K)	Berechnet nach PIM (s. Anhang 3.2.2)	Berechnet nach PIM (s. Anhang 3.2.2)
Investitionen (I)	Bruttoanlageinvestitionen [ieu_ef49]	Bruttoanlageinvestitionen [dl_EF61]
Vorprodukte (M)	Verbrauch von Rohstoffen und sonstigen fremdbezogenen Vorprodukten, Hilfs- und Betriebsstoffen [kse_ef53]	Aufwendungen für bezogene Dienstleistungen, Waren und Material sowie sonstige betriebl. Aufwendungen ohne abzugsfähige Vorsteuer,

[14] Im Fall einer Cobb-Douglas-Produktionsfunktion sind die Produktionselastizitäten für alle in der Schätzung betrachteten Unternehmen konstant. Zusätzlich gilt, dass die Produktionselastizitäten auch über den Zeitverlauf konstant sind, falls die Beobachtungen in der Schätzung über mehrere Jahre gemeinsam (gepoolt) betrachtet werden. Eine Variation der Preisaufschläge zwischen den Unternehmen ist in dieser Modellvariante allein auf unternehmensindividuelle Umsatzanteile der variablen Kosten zurückzuführen.

[15] Im Fall einer Translog-Produktionsfunktion werden konstante Koeffizienten über alle Unternehmen eines Wirtschaftszweiges hinweg geschätzt. Allerdings variieren die Produktionselastizitäten in Abhängigkeit von den Faktoreinsatzmengen.

[16] Das AFiD-Panel im Dienstleistungsbereich nutzt bereits im Jahr 2008 die WZ 2008-Klassifikation.

Variable	AFiD-Panel Industrie	AFiD-Panel Dienstleistungen
		Abschreibungen und Fremdkapitalzinsen[dl_EF45]
Kosten für Beschäftigung (wL)	Bruttogehaltssumme inkl. AN-Anteil zzgl. Sozialkosten AG-Anteil & Sonstige Sozialkosten [kse_ef60 + kse_ef61 + kse_ef62]	Bruttogehaltssumme zzgl. Sozialaufwendungen des Arbeitgebers insgesamt[dl_EF41 + dl_EF42]

3.2.1 Deflatoren

1016. Um die firmenspezifischen Daten der AFiD-Panel über den Beobachtungszeitraum vergleichen zu können, mussten alle monetären Variablen preisbereinigt werden. Ähnlich wie bei Schiersch (2019) und Belitz u. a. (2017) wurden zur Berechnung wirtschaftsbereichsspezifischer Deflatoren Daten der Volkswirtschaftlichen Gesamtrechnungen (VGR) des Bundes verwendet.[17] Darin stehen sowohl nominale als auch preisbereinigte, verkettete Werte zu folgenden Größen je Jahr und Wirtschaftsbereich zur Verfügung: Produktionswert, Bruttowertschöpfung, Bruttoanlagevermögen, Bruttoanlageinvestitionen, Vorleistungen, Abschreibungen.[18]

1017. Die jeweiligen Deflatoren wurden für alle Wirtschaftszweige i und Jahre t durch Verknüpfung der nominalen Werte und dem jeweils preisbereinigten Kettenindex mit Basisjahr 2010 berechnet als

$$\text{Deflator}_{it} = \frac{\text{Nominalwert}_{it}}{\text{Kettenindex}_{it} \cdot \text{Nominalwert}_{i,2010}}. \qquad (23)$$

Die VGR-Daten ermöglichen grundsätzlich eine Berechnung von Deflatoren nach Abteilungen (2-Steller), wobei einzelne 2-Steller-Wirtschaftszweige zu mittelgroben Aggregaten zusammengefasst sind. Eine vollständige Übersicht der verwendeten Analyseebene findet sich in Tabelle A.12.

Tabelle A.12: Wirtschaftsabteilungen und Aggregate in der VGR-Statistik

Wirtschaftszweige (2-Steller nach WZ 2008)							
01	18	26	36	51	64	74-75	87-88
02	19	27	37-39	52	65	77	90-92
03	20	28	41-43	53	66	78	93
05-09	21	29	45	55-56	68	79	94
10-12	22	30	46	58	69-70	80-82	95
13-15	23	31-32	47	59-60	71	84	96
16	24	33	49	61	72	85	97-98
17	25	35	50	62-63	73	86	

3.2.2 Berechnung der Kapitalstöcke

1018. Die Kapitalstöcke auf Unternehmensebene wurden nach der in der einschlägigen Literatur meist verwendete „perpetual inventory method" (PIM) berechnet.[19] Dabei besteht der Kapitalstock $\boldsymbol{K_{ijt}}$ eines Unternehmens $\boldsymbol{i}$ im Wirt-

[17] Schiersch, A., Frontiers und Laggards – Die Produktivitätsentwicklung deutscher Unternehmen, hrsg. v. Bertelsmann Stiftung, 2019; Belitz, H./Eickelpasch, A./Le Mouel, M./Schiersch, A., Wissensbasiertes Kapital in Deutschland: Analyse zu Produktivitäts- und Wachstumseffekten und Erstellung eines Indikatorsystems, DIW Berlin: Politikberatung kompakt 126, 2017; Statistisches Bundesamt: Fachserie 18 Reihe 1.4: Volkswirtschaftliche Gesamtrechnungen Inlandsproduktsberechnung Detaillierte Jahresergebnisse 2018, Wiesbaden: Statistisches Bundesamt, 2019.

[18] Einzig für Vorleistungen werden in der Fachserie 18 (Reihe 1.4) keine preisbereinigten Werte veröffentlicht. Diese wurden der Monopolkommission auf Anfrage dankenswerterweise durch das Statistische Bundesamt zur Verfügung gestellt.

[19] Hall, B. H./Mairesse, J./Mohnen, P. A., Measuring the returns to R&D, in: Hall, B. H./Rosenberg, R. (Hrsg.), Handbook of the economics of innovation, Bd. 2, North Holland, 2010, S. 1033–1082.

schaftszweig $\boldsymbol{j}$ in einer Periode $\boldsymbol{t}$ aus dem um die Abschreibungsrate $\boldsymbol{\delta_j}$ verminderten Kapitalstock der Vorperiode zuzüglich der gegenwärtigen Investitionen $\boldsymbol{I_{ijt}}$:

$$K_{ijt} = (1 - \delta_j)K_{ijt-1} + I_{ijt} \tag{24}$$

Das Grundproblem dieser Methode besteht in der Bestimmung eines Anfangswerts für den Kapitalstock. Über einen langen Zeitraum lässt sich zwar ausgehend vom bilanzierten Anlagevermögen und den jährlichen Investitionen der physische Kapitalstock von Unternehmen recht gut approximieren;[20] da Firmendaten aber im Allgemeinen und speziell in den hier verwendeten AFiD-Panels nur zeitlich eingeschränkt vorliegen, ist es zusätzlich notwendig, den unternehmensspezifischen Kapitalstock der jeweils ersten Periode auf geeignete Weise zu bestimmen.

1019. In Anlehnung an die im Multiprod-Projekt der OECD verwendete Methode wurde der Anfangskapitalstock K_{ij0} in der ersten beobachteten Periode eines Unternehmens i im Wirtschaftszweig j als Mittelwert zweier approximierter Werte berechnet:[21] Zum einen mit dem Produkt aus unternehmensspezifischer Mitarbeiterzahl L_{ijt} und der durchschnittlichen Kapitalintensität K_{jt}/L_{jt} des jeweiligen Wirtschaftszweigs; zum anderen mit dem durch die mittlere Abschreibungsrate des Wirtschaftszweigs abdiskontierten durchschnittlichen Investitionsbetrag $\bar{I}_{ij}$ eines Unternehmens. Demnach ergibt sich der Startwert als

$$K_{ij0} = \frac{1}{2}\left[\left(L_{ij0}\frac{K_{j0}}{L_{j0}}\right) + \left(\bar{I}_{ij}/\delta_{j0}\right)\right] \tag{25}$$

und die Kapitalstöcke der Folgeperioden können anschließend gemäß Gleichung (24) berechnet werden. Die durchschnittliche Abschreibungsrate pro Jahr und Wirtschaftszweig wurde analog zu den Deflatoren mithilfe der VGR-Statistik des Statistischen Bundesamtes als Quotient aus realen Abschreibungen und realem Kapitalstock berechnet.

1020. Zur Bestimmung der Kapitalstöcke wurden die mit dem entsprechenden Deflator für Bruttoanlageinvestitionen des jeweiligen Wirtschaftszweigs preisbereinigten Investitionen verwendet. Dadurch ist eine separate Deflationierung der berechneten Kapitalstöcke nicht notwendig.

---

[20] So weist z. B. Mueller (2008) darauf hin, dass bei einer durchschnittlichen Abschreibungsrate von 4 Prozent eine Zeitreihe von 25 Jahren notwendig ist, um den Kapitalstock eines Unternehmens verlässlich zu berechnen; Mueller, S., Capital Stock Approximation using Firm Level Panel Data, Jahrbücher für Nationalökonomie und Statistik 228/4, 2008, S. 363.

[21] Berlingieri, G./Blanchenay, P./Calligaris, S./Criscuolo, C., The Multiprod project: A comprehensive overview, OECD Science, Technology and Industry Working Papers 2017/04, 2017.

B. Gesetz gegen Wettbewerbsbeschränkungen (Auszug: §§ 44 bis 47)

In der Fassung der Bekanntmachung vom 26. Juni 2013 (BGBl. I S. 1750, 3245)

zuletzt geändert durch Art. 1 G zur Abmilderung der Folgen der COVID-19-Pandemie im Wettbewerbsrecht und für den Bereich der Selbstverwaltungsorganisationen der gewerblichen Wirtschaft vom 25. Mai 2020 (BGBl. I S. 1067)

Kapitel 8

Monopolkommission

§ 44

Aufgaben

(1) [1]Die Monopolkommission erstellt alle zwei Jahre ein Gutachten, in dem sie den Stand und die absehbare Entwicklung der Unternehmenskonzentration in der Bundesrepublik Deutschland beurteilt, die Anwendung der Vorschriften über die Zusammenschlusskontrolle würdigt sowie zu sonstigen aktuellen wettbewerbspolitischen Fragen Stellung nimmt. [2]Das Gutachten soll die Verhältnisse in den letzten beiden abgeschlossenen Kalenderjahren einbeziehen und bis zum 30. Juni des darauffolgenden Jahres abgeschlossen sein. [3]Die Bundesregierung kann die Monopolkommission mit der Erstattung zusätzlicher Gutachten beauftragen. [4]Darüber hinaus kann die Monopolkommission nach ihrem Ermessen Gutachten erstellen.

(2) [1]Die Monopolkommission ist nur an den durch dieses Gesetz begründeten Auftrag gebunden und in ihrer Tätigkeit unabhängig. [2]Vertritt eine Minderheit bei der Abfassung der Gutachten eine abweichende Auffassung, so kann sie diese in dem Gutachten zum Ausdruck bringen.

(3) [1]Die Monopolkommission leitet ihre Gutachten der Bundesregierung zu. [2]Die Bundesregierung legt Gutachten nach Absatz 1 Satz 1 den gesetzgebenden Körperschaften unverzüglich vor und nimmt zu ihnen in angemessener Frist Stellung. [3]Die Gutachten werden von der Monopolkommission veröffentlicht. [4]Bei Gutachten nach Absatz 1 Satz 1 erfolgt dies zu dem Zeitpunkt, zu dem sie von der Bundesregierung der gesetzgebenden Körperschaft vorgelegt werden.

§ 45

Mitglieder

(1) [1]Die Monopolkommission besteht aus fünf Mitgliedern, die über besondere volkswirtschaftliche, betriebswirtschaftliche, sozialpolitische, technologische oder wirtschaftsrechtliche Kenntnisse und Erfahrungen verfügen müssen. [2]Die Monopolkommission wählt aus ihrer Mitte einen Vorsitzenden.

(2) [1]Die Mitglieder der Monopolkommission werden auf Vorschlag der Bundesregierung durch den Bundespräsidenten für die Dauer von vier Jahren berufen. [2]Wiederberufungen sind zulässig. [3]Die Bundesregierung hört die Mitglieder der Kommission an, bevor sie neue Mitglieder vorschlägt. [4]Die Mitglieder sind berechtigt, ihr Amt durch Erklärung gegenüber dem Bundespräsidenten niederzulegen. [5]Scheidet ein Mitglied vorzeitig aus, so wird ein neues Mitglied für die Dauer der Amtszeit des ausgeschiedenen Mitglieds berufen.

(3) [1]Die Mitglieder der Monopolkommission dürfen weder der Regierung oder einer gesetzgebenden Körperschaft des Bundes oder eines Landes noch dem öffentlichen Dienst des Bundes, eines Landes oder einer sonstigen juristischen Person des öffentlichen Rechts, es sei denn als Hochschullehrer oder als Mitarbeiter eines wissenschaftlichen Instituts, angehören. [2]Ferner dürfen sie weder einen Wirtschaftsverband noch eine Arbeitgeber- oder Arbeitnehmerorganisation repräsentieren oder zu diesen in einem ständigen Dienst- oder Geschäftsbesorgungsverhältnis stehen. [3]Sie dürfen auch nicht während des letzten Jahres vor der Berufung zum Mitglied der Monopolkommission eine derartige Stellung innegehabt haben.

§ 46

Beschlüsse, Organisation, Rechte und Pflichten der Mitglieder

(1) Die Beschlüsse der Monopolkommission bedürfen der Zustimmung von mindestens drei Mitgliedern.

(2) [1]Die Monopolkommission hat eine Geschäftsordnung und verfügt über eine Geschäftsstelle. [2]Diese hat die Aufgabe, die Monopolkommission wissenschaftlich, administrativ und technisch zu unterstützen.

(2a) Die Monopolkommission kann Einsicht in die von der Kartellbehörde geführten Akten, einschließlich Betriebs- und Geschäftsgeheimnisse und personenbezogener Daten nehmen, soweit dies zur ordnungsgemäßen Erfüllung ihrer Aufgaben erforderlich ist.

(3) [1]Die Mitglieder der Monopolkommission und die Angehörigen der Geschäftsstelle sind zur Verschwiegenheit über die Beratungen und die von der Monopolkommission als vertraulich bezeichneten Beratungsunterlagen verpflichtet. [2]Die Pflicht zur Verschwiegenheit bezieht sich auch auf Informationen, die der Monopolkommission gegeben und als vertraulich bezeichnet werden oder die gemäß Absatz 2a erlangt worden sind.

(4) [1]Die Mitglieder der Monopolkommission erhalten eine pauschale Entschädigung sowie Ersatz ihrer Reisekosten. [2]Diese werden vom Bundesministerium für Wirtschaft und Technologie im Einvernehmen mit dem Bundesministerium des Innern festgesetzt. Die Kosten der Monopolkommission trägt der Bund.

§ 47

Übermittlung statistischer Daten

(1) [1]Für die Begutachtung der Entwicklung der Unternehmenskonzentration werden der Monopolkommission vom Statistischen Bundesamt aus Wirtschaftsstatistiken (Statistik im produzierenden Gewerbe, Handwerksstatistik, Außenhandelsstatistik, Steuerstatistik, Verkehrsstatistik, Statistik im Handel und Gastgewerbe, Dienstleistungsstatistik) und dem Statistikregister zusammengefasste Einzelangaben über die Vomhundertanteile der größten Unternehmen, Betriebe oder fachlichen Teile von Unternehmen des jeweiligen Wirtschaftsbereichs

a) am Wert der zum Absatz bestimmten Güterproduktion,

b) am Umsatz,

c) an der Zahl der tätigen Personen,

d) an den Lohn- und Gehaltsummen,

e) an den Investitionen,

f) am Wert der gemieteten und gepachteten Sachanlagen,

g) an der Wertschöpfung oder dem Rohertrag,

h) an der Zahl der jeweiligen Einheiten

übermittelt. [2]Satz 1 gilt entsprechend für die Übermittlung von Angaben über die Vomhundertanteile der größten Unternehmensgruppen. [3]Für die Zuordnung der Angaben der Unternehmensgruppen übermittelt die Monopolkommission dem Statistischen Bundesamt Namen und Anschriften der Unternehmen, deren Zugehörigkeit zu einer Unternehmensgruppe sowie Kennzeichen zur Identifikation. [4]Die zusammengefassten Einzelangaben dürfen nicht weniger als drei Unternehmensgruppen, Unternehmen, Betriebe oder fachliche Teile von Unternehmen betreffen. [5]Durch Kombination oder zeitliche Nähe mit anderen übermittelten oder allgemein zugänglichen Angaben darf kein Rückschluss auf zusammengefasste Angaben von weniger als drei Unternehmensgruppen, Unternehmen, Betrieben oder fachlichen Teile von Unternehmen möglich sein. [6]Für die Berechnung von summarischen Konzentrationsmaßen, insbesondere Herfindahl-Indizes und Gini-Koeffizienten, gilt dies entsprechend. [7]Die statistischen Ämter der Länder stellen die hierfür erforderlichen Einzelangaben dem Statistischen Bundesamt zur Verfügung.

(2) [1]Personen, die zusammengefasste Einzelangaben nach Absatz 1 erhalten sollen, sind vor der Übermittlung zur Geheimhaltung besonders zu verpflichten, soweit sie nicht Amtsträger oder für den öffentlichen Dienst besonders Verpflichtete sind. [2]§ 1 Abs. 2, 3 und 4 Nr. 2 des Verpflichtungsgesetzes gilt entsprechend. [3]Personen, die nach Satz 1 besonders verpflichtet worden sind, stehen für die Anwendung der Vorschriften des Strafgesetzbuches über die Verletzung von Privatgeheimnissen (§ 203 Abs. 2, 4, 5; §§ 204, 205) und des Dienstgeheimnisses (§ 353b Abs. 1) den für den öffentlichen Dienst besonders Verpflichteten gleich.

(3) [1]Die zusammengefassten Einzelangaben dürfen nur für die Zwecke verwendet werden, für die sie übermittelt wurden. [2]Sie sind zu löschen, sobald der in Absatz 1 genannte Zweck erfüllt ist.

(4) Bei der Monopolkommission muss durch organisatorische und technische Maßnahmen sichergestellt sein, dass nur Amtsträger, für den öffentlichen Dienst besonders Verpflichtete oder Verpflichtete nach Absatz 2 Satz 1 Empfänger von zusammengefassten Einzelangaben sind.

(5) [1]Die Übermittlungen sind nach Maßgabe des § 16 Abs. 9 des Bundesstatistikgesetzes aufzuzeichnen. [2]Die Aufzeichnungen sind mindestens fünf Jahre aufzubewahren.

(6) Bei der Durchführung der Wirtschaftsstatistiken nach Absatz 1 sind die befragten Unternehmen schriftlich zu unterrichten, dass die zusammengefassten Einzelangaben nach Absatz 1 der Monopolkommission übermittelt werden dürfen.

C. Untersagungen durch das Bundeskartellamt

Seit Beginn der Fusionskontrolle (Anfang 1974) bis Dezember 2019 wurden 193 Untersagungen vom Bundeskartellamt ausgesprochen. Die weitere Verfahrensentwicklung dieser Fälle wurde bis Ende Juni 2020 erfasst:

133 Untersagungen sind rechtskräftig oder übereinstimmend für erledigt erklärt

1. Haindl/Holtzmann
   Beschluss des BKartA vom 4. Februar 1974, B6-46/73, WuW/E BKartA 1475

2. Kaiser/Preussag Aluminium
   (nach Ablehnung des Antrags auf Ministererlaubnis)
   Beschluss des BKartA vom 23. Dezember 1974, B8-251/74, WuW/E BKartA 1571
   Verfügung des BMWi vom 26. Juni 1975, WuW/E BWM 149

3. Lech-Elektrizitätswerke AG/Erdgas Schwaben[1]
   (Erledigungserklärung nach Rückverweisung durch den Bundesgerichtshof)
   Beschluss des BKartA vom 9. März 1976, B8-119/75, WuW/E BKartA 1647
   Beschluss des KG vom 23. März 1977, Kart 11/76, WuW/E OLG 1895
   Beschluss des BGH vom 12. Dezember 1978, KVR 6/77, WuW/E BGH 1533

4. GKN/Sachs
   (nach Rechtsbeschwerde beim Bundesgerichtshof und Rücknahme des Antrags auf Ministererlaubnis)
   Beschluss des BKartA vom 12. Mai 1976, B7-67/75, WuW/E BKartA 1625
   Beschluss des KG vom 1. Dezember 1976, Kart 51/76, WuW/E OLG 1745
   Beschluss des BGH vom 21. Februar 1978, KVR 4/77, WuW/E BGH 1501

5. Alsen-Breitenburg/Zementwerk Klöckner-Werke AG
   (nach Rechtsbeschwerde beim Bundesgerichtshof)
   Beschluss des BKartA vom 22. Dezember 1976, B7-24/76, WuW/E BKartA 1667
   Beschluss des KG vom 15. März 1978, Kart 1/77, WuW/E OLG 1989
   Beschluss des BGH vom 23. Oktober 1979, KVR 3/78, WuW/E BGH 1655

6. RWE/Gesellschaft für Energiebeteiligung
   (nach Beschwerde beim Kammergericht)
   Beschluss des BKartA vom 16. September 1977, B8-37/77, AG 1978, S. 109
   Beschluss des KG vom 15. März 1979, Kart 23/77, WuW/E OLG 2113

7. Bergedorfer Buchdruckerei (Springer)/Elbe-Wochenblatt
   (nach Rechtsbeschwerde beim Bundesgerichtshof)
   Beschluss des BKartA vom 18. Januar 1978, B6-62/77, WuW/E BKartA 1700
   Beschluss des KG vom 1. November 1978, Kart 4/78, WuW/E OLG 2109
   Beschluss des BGH vom 18. Dezember 1979, KVR 2/79, WuW/E BGH 1685

8. Bertelsmann/Deutscher Verkehrsverlag
   (nach Rücknahme der Beschwerde)
   Beschluss des BKartA vom 22. Februar 1978, B6-75/77, WuW/E BKartA 1709

9. Andreae-Noris Zahn/R. Holdermann
   (nach Rücknahme der Beschwerde)
   Beschluss des BKartA vom 31. März 1978, B8-170/77, WuW/E BKartA 1747

10. AVEBE/KSH-Emslandstärke

[1] Die Statistik wurde der Zählweise des Bundeskartellamtes angepasst. Bis zum Achten Hauptgutachten wurde dieser Fall unter der Rubrik "vom Kartellamt zurückgenommen oder in sonstiger Weise erledigt" geführt.

(durch einstweilige Anordnung)
Beschluss des BKartA vom 3. Mai 1978, B6-187/77, WuW/E BKartA 1716

11. Springer Verlag/Münchener Zeitungsverlag
(nach Rechtsbeschwerde beim Bundesgerichtshof)
Beschluss des BKartA vom 6. Juli 1978, B6-88/76, WuW/E BKartA 1733
Beschluss des KG vom 24. Oktober 1979, Kart 19/78, WuW/E OLG 2228
Beschluss des BGH vom 29. September 1981, KVR 2/80, WuW/E BGH 1854

12. Münchener Wochenblatt Verlags- und Werbegesellschaft mbH/3 Münchener Anzeigenblätter
(nach Rechtsbeschwerde beim Bundesgerichtshof)
Beschluss des BKartA vom 22. November 1979, B6-12/79, AG 1980, S. 283
Beschluss des KG vom 7. November 1980, Kart 2/80, WuW/E OLG 2457
Beschluss des BGH vom 16. Februar 1982, KVR 1/81, WuW/E BGH 1905

13. Bayer AG/Röhm GmbH[2]
(Erledigung in der Hauptsache)
Beschluss des BKartA vom 28. Januar 1980, B8-117/79, AG 1980, S. 196

14. Deutsche Uhrglasfabrik/Eurotech Mirrors International Ltd.
Beschluss des BKartA vom 27. Mai 1980, B7-163/79, WuW/E BKartA 1875

15. Springer Verlag (Ullstein GmbH)/Verlag Haupt & Koska GmbH & Co. KG
(nach Rechtsbeschwerde beim Bundesgerichtshof)
Beschluss des BKartA vom 23. Oktober 1980, B6-125/79, AG 1981, S. 260
Beschluss des KG vom 3. Juli 1981, Kart 22/80, WuW/E OLG 2527
Beschluss des BGH vom 28. September 1982, KVR 8/81, WuW/E BGH 1954

16. Süddeutsche Zucker AG/KWS Kleinwanzlebener Saatzucht AG
Beschluss des BKartA vom 6. November 1980, B6-116/79, AG 1981, S. 288

17. Gruner & Jahr AG & Co./Zeitverlag Bucerius AG
(Rückverweisung durch den Bundesgerichtshof)
Beschluss des BKartA vom 9. Januar 1981, B6-95/80, WuW/E BKartA 1863
Beschluss des KG vom 24. November 1982, Kart 11/81, AG 1983, S. 285
Beschluss des BGH vom 2. Oktober 1984, KVR 5/83, WuW/E BGH 2112
Beschluss des KG vom 7. Februar 1986, Kart 17/84, WuW/E OLG 3807
Beschluss des BGH vom 22. September 1987, KVR 5/86, WuW/E BGH 2433

18. Rewe-Zentral-Handelsgesellschaft mbH/Florimex Verwaltungsgesellschaft mbH
(nach Beschwerde beim Kammergericht)
Beschluss des BKartA vom 30. Januar 1981, B6-44/80, WuW/E BKartA 1876
Beschluss des KG vom 22. März 1983, Kart 17/81, WuW/E OLG 2862

19. VPM Rheinmetall Plastikmaschinen GmbH/Württembergische Metallwarenfabrik
(nach Rechtsbeschwerde beim Bundesgerichtshof und Rücknahme des Antrags auf Ministererlaubnis)
Beschluss des BKartA vom 4. März 1981, B7-35/80, WuW/E BKartA 1867
Beschluss des KG vom 9. September 1983, Kart 19/81, WuW/E OLG 3137
Beschluss des BGH vom 25. Juni 1985, KVR 3/84, WuW/E BGH 2150

20. Deutsche Lufthansa AG/f.i.r.s.t.-Reisebüro GmbH
(nach Rücknahme der Rechtsbeschwerde)
Beschluss des BKartA vom 14. August 1981, B6-162/80, WuW/E BKartA 1908

---

[2] Vgl. vorherige Fn.

Beschluss des KG vom 8. Dezember 1982, Kart 42/81, WuW/E OLG 2849

21. Nordwest-Zeitung Druck- und Pressehaus GmbH/Ammerland-Echo Verlags GmbH & Co. KG
(nach Rücknahme der Beschwerde)
Beschluss des BKartA vom 1. September 1981, B6-8/81, WuW/E BKartA 1931

22. Burda GmbH/Axel Springer Gesellschaft für Publizistik KG
(nach Rücknahme der Beschwerde und des Antrags auf Ministererlaubnis)
Beschluss des BKartA vom 23. Oktober 1981, B6-47/81, WuW/E BKartA 1921

23. Co op AG/Supermagazin GmbH
(nach Rücknahme der Beschwerde der Beigeladenen vom Bundesgerichtshof zurückgewiesen)
Beschluss des BKartA vom 23. März 1982, B9-2002/82, WuW/E BKartA 1970
Beschluss des KG vom 19. Januar 1983, Kart 18/82, WuW/E OLG 2970
Beschluss des BGH vom 10. April 1984, KVR 8/83, WuW/E BGH 2077

24. Schaper Zentralverwaltung/Discounthaus zum "bösen Wolf", Theodor Wolf GmbH & Co. KG
(nach Beschwerde beim Kammergericht)
Beschluss des BKartA vom 17. Februar 1983, B9-2054/82, WuW/E BKartA 2022
Beschluss des KG vom 7. Dezember 1983, Kart 7/83, WuW/E OLG 3213

25. Deutag-Mischwerke GmbH & Co. KG/Oberbergische Asphaltmischwerke GmbH & Co. KG
(nach Rechtsbeschwerde beim Bundesgerichtshof)
Beschluss des BKartA vom 21. Februar 1983, B1-34/82, WuW/E BKartA 2077
Beschluss des KG vom 28. Februar 1984, Kart 5/83, WuW/E OLG 3417
Beschluss des BGH vom 1. Oktober 1985, KVR 6/84, WuW/E BGH 2169

26. Stadtwerke Bremen AG + Gasversorgung Wesermünde GmbH/Gasversorgung Schwanewede GmbH
Beschluss des BKartA vom 28. Februar 1983, B8-183/82, WuW/E BKartA 2107

27. Süddeutscher Verlag GmbH/Donau-Kurier Verlagsgesellschaft A. Ganghofer'sche Buchhandlung, Courier Druckhaus KG
(nach Rechtsbeschwerde beim Bundesgerichtshof)
Beschluss des BKartA vom 24. Oktober 1983, B6-7/83, WuW/E BKartA 2103
Beschluss des KG vom 11. Juli 1984, Kart 28/83, WuW/E OLG 3303
Beschluss des BGH vom 27. Mai 1986, KVR 7/84, WuW/E BGH 2276

28. Panorama Anzeigenblatt GmbH + Rhein-Erft GmbH/Anzeigenblätter
(nach Rechtsbeschwerde beim Bundesgerichtshof)
Beschluss des BKartA vom 22. Dezember 1983, B6-96/82, AG 1984, S. 164
Beschluss des KG vom 4. März 1986 Kart 1/84, WuW/E OLG 3767
Beschluss des BGH vom 26. Mai 1987, KVR 3/86, WuW/E BGH 2425

29. Südkurier GmbH/Singener Wochenblatt GmbH & Co. KG
(nach Rechtsbeschwerde beim Bundesgerichtshof)
Beschluss des BKartA vom 3. Mai 1984, B6-32/82, WuW/E BKartA 2140
Beschluss des KG vom 23. April 1986, Kart 8/84, WuW/E OLG 3875
Beschluss des BGH vom 10. November 1987, KVR 7/86, WuW/E BGH 2443

30. Siemens, Philips, AEG, SEL, kabelmetal/GfL Gesellschaft für Lichtwellenleiter GmbH & Co. KG
Beschluss des BKartA vom 8. Juni 1984, B7-18/82, WuW/E BKartA 2143

31. Touristik Union International GmbH & Co. KG/Air-Conti Flugreisen GmbH & Co. KG
(nach Rücknahme der Beschwerde)
Beschluss des BKartA vom 19. Juli 1984, B6-89/83, WuW/E BKartA 2169

32. Pillsbury Company/Sonnen-Bassermann-Werke Sieburg & Pförtner GmbH & Co. KG
(nach Beschwerde beim Kammergericht)
Beschluss des BKartA vom 26. März 1985, B2-146/84, AG 1985, S. 281
Beschluss des KG vom 7. November 1985, Kart 6/85, WuW/E OLG 3759

33. Karstadt AG + Kaufhof AG/NUR-Touristik GmbH + ITS International Tourist Services Länderreisedienste GmbH
Beschluss des BKartA vom 23. September 1985, B6-26/85, AG 1986, S. 377

34. Kampffmeyer Mühlen GmbH/Georg Plange GmbH & Co. KG
(nach Rechtsbeschwerde beim Bundesgerichtshof)
Beschluss des BKartA vom 8. November 1985, B2-10/85, WuW/E BKartA 2223
Beschluss des KG vom 16. Dezember 1987, Kart 73/85, WuW/E OLG 4167
Beschluss des BGH vom 7. März 1989, KVR 3/88, WuW/E BGH 2575

35. Linde AG/Agefko Kohlensäure-Industrie GmbH
Beschluss des BKartA vom 13. Dezember 1985, B3-54/85, WuW/E BKartA 2213

36. Weiss-Druck + Verlag GmbH & Co. KG/S-W Verlag GmbH & Co. für Lokalinformationen
(nach Beschwerde beim Kammergericht)
Beschluss des BKartA vom 16. Dezember 1985, B6-71/84, AG 1986, S. 371
Beschluss des KG vom 15. Januar 1988, Kart 1/86 WuW/E OLG 4095

37. Darmstädter Echo Verlag und Druckerei GmbH/Südhessische Post GmbH
(nach Rücknahme der Beschwerde)
Beschluss des BKartA vom 12. Mai 1986, B6-16/85, AG 1986, S. 370

38. Hüls AG/Condea Chemie GmbH
Beschluss des BKartA vom 8. Dezember 1986, B3-58/86, WUW/E BKartA 2247

39. Hamburger Wochenblatt Verlag GmbH/Schlei-Verlag GmbH
(nach Rücknahme der Beschwerde)
Beschluss des BKartA vom 14. Januar 1987, B6-108/86, WuW/E BKartA 2251

40. Lübecker Nachrichten GmbH/Stormarner Tageblatt Verlag und Druckerei GmbH & Co.
(nach Rechtsbeschwerde beim Bundesgerichtshof)
Beschluss des BKartA vom 18. Februar 1988, B6-24/87, WuW/E BKartA 2290
Beschluss des KG vom 12. Juli 1990, Kart 4/88, WuW/E OLG 4547
Beschluss des BGH vom 15. Oktober 1991, KVR 3/90, WuW/E BGH 2743

41. Heidelberger Zement AG/Malik Baustoffe GmbH & Co.KG
(nach Rücknahme der Beschwerde)
Beschluss des BKartA vom 27. Juli 1988, B1-107/87, WuW/E BKartA 2297

42. Wieland-Werke AG/Langenberg Kupfer- und Messingwerke KG
(nach Beschwerde beim Kammergericht)
Beschluss des BKartA vom 18. August 1988, B5-92/88, WuW/E BKartA 2304

43. Melitta Werke Bentz & Sohn/Kraft GmbH
(nach Rechtsbeschwerde beim Bundesgerichtshof)
Beschluss des BKartA vom 14. April 1989, B3-137/88, WuW/E BKartA 2370
Beschluss des KG vom 23. Mai 1991, Kart 13/89, WuW/E OLG 4771
Beschluss des BGH vom 7. Juli 1992, KVR 14/91, WuW/E BGH 2783

44. DLT Deutsche Luftverkehrsgesellschaft mbH/Südavia Fluggesellschaft mbH
Beschluss des BKartA vom 23. Mai 1989, B5-256/88, WuW/E BKartA 2391

45. Westdeutscher Rundfunk Köln/Radio NRW GmbH
(Erledigungserklärung im Rechtsbeschwerdeverfahren)
Beschluss des BKartA vom 18. Juli 1989, B6-71/88, WuW/E BKartA 2396
Beschluss des KG vom 26. Juni 1991, Kart 23/89, WuW/E OLG 4811

46. MAN B & W Diesel AG/Gebr. Sulzer AG
(nach Ablehnung des Antrags auf Ministererlaubnis)
Beschluss des BKartA vom 23. August 1989, B4-64/89, WuW/E BKartA 2405
Verfügung des BMWi vom 24. Januar 1990, WuW/E BWM 207

47. WMF Würrtembergische MetallwarenfabrikAG/Kistra Beteiligungsgesellschaft mbH
(nach Beschwerde beim Kammergericht)
Beschluss des BKartA vom 25. August 1989, B1-28/89, WuW/E BKartA 2414
Beschluss des KG vom 28. Juni 1991, Kart 25/89, WuW/E OLG 4865

48. Meistermarken-Werke GmbH/Martin Braun Backmittel und Essenzen KG
(nach Rücknahme der Beschwerde)
Beschluss des BKartA vom 19. Oktober 1989, B2-62/89, WuW/E BKartA 2421

49. Tengelmann Handelsgesellschaft/Gottlieb Handelsgesellschaft mbH
Beschluss des BKartA vom 20. November 1989, B9-2056/89, WuW/E BKartA 2441

50. Axel Springer Verlag AG/A. Beig Druckerei und Verlag GmbH & Co.
(nach Rechtsbeschwerde beim Bundesgerichtshof)
Beschluss des BKartA vom 25. April 1990, B6-59/86, WuW/E BKartA 2477
Beschluss des KG vom 13. Februar 1991, Kart 12/90, WuW/E OLG 4737
Beschluss des BGH vom 6. Oktober 1992, KVR 24/91, WuW/E BGH 2795

51. Mainpresse Richter Druck und Verlag GmbH/Bote vom Grabfeld GmbH
(nach Beschwerde beim Kammergericht)
Beschluss des BKartA vom 29. Mai 1990, B6-22/90
Beschluss des KG vom 14. November 1990, Kart 14/90, WuW/E OLG 4637

52. MAN AG + Daimler Benz AG/ENASA
(nach Rücknahme des Antrags auf Ministererlaubnis)
Beschluss des BKartA vom 13. Juli 1990, B5-271/89, WuW/E BKartA 2445

53. GfB Gesellschaft für Beteiligungsbesitz mbH & Co.KG/Zeitungsverlag Iserlohner Kreisanzeiger und Zeitung (IKZ) Wichelhoven Verlags-GmbH & Co.KG
(nach Rechtsbeschwerde beim Bundesgerichtshof)
Beschluss des BKartA vom 9. August 1990, B6-116/89, WuW/E BKartA 2471
Beschluss des KG vom 12. Juni 1991, Kart 16/90, WuW/E OLG 4835
Beschluss des BGH vom 19. Januar 1993, KVR 32/91, WuW/E BGH 2882

54. BayWa AG/WLZ Raiffeisen AG
(nach Ablehnung des Antrags auf Ministererlaubnis)
Beschluss des BKartA vom 27. Dezember 1991, B2-42/91, AG 1992, S. 130
Verfügung des BMWi vom 16. Juni 1992, WuW/E BWM 213

55. Wandsbek Kurier Verlag GmbH/Stadt-Anzeiger Werbe- und Verlagsgesellschaft mbH, Leipzig
Beschluss des BKartA vom 26. Februar 1992, B6-157/91, WuW/E BKartA 2515

56. Werner & Pfleiderer GmbH/Franz Daub und Söhne (GmbH & Co.)
(nach Rechtsbeschwerde beim Bundesgerichtshof)
Beschluss des BKartA vom 13. Mai 1992, B4-173/91, AG 1992, S. 406

Beschluss des KG vom 15. Dezember 1993, Kart 15/92, WuW/E OLG 5271
Beschluss des BGH vom 24. Oktober 1995, KVR 17/94, WuW/E BGH 3026

57. Gillette Company/Wilkinson Sword Europe
(nach Rücknahme der Beschwerde)
Beschluss des BKartA vom 23. Juli 1992, B5-42/90, AG 1992, S. 363

58. Zahnradfabrik Friedrichshafen AG/Allison Transmission Division
(nach Rücknahme der Beschwerde)
Beschluss des BKartA vom 15. April 1993, B5-117/92, WuW/E BKartA 2521

59. Fresenius/Schiwa
(nach Rücknahme der Rechtsbeschwerde)
Beschluss des BKartA vom 23. August 1993, B3-52/92, WuW/E BKartA 2591
Beschluss des KG vom 18. Oktober 1995, Kart 18/93, AG 1996, S. 268

60. Raiffeisen Hauptgenossenschaft Nord AG/Raiffeisen Haupt-Genossenschaft eG, Hannover
(Rückverweisung durch den Bundesgerichtshof – beiderseitige Erledigungserklärung)
Beschluss des BKartA vom 20. September 1993, B2-35/93, AG 1993, S. 571
Beschluss des KG vom 9. November 1994, Kart 20/93, WuW/E OLG 5364
Beschluss des BGH vom 19. Dezember 1995, KVR 6/95, WuW/E BGH 3037

61. ATG Automobiltransportlogistik GmbH, Eschborn/Menke Holding GmbH & Co.KG/Silcock & Colling Ltd.
(nach Rücknahme der Beschwerde)
Beschluss des BKartA vom 20. Juni 1994, B9-2013/94, WuW/E BKartA 2659

62. Narva Speziallampen GmbH (Philips GmbH)/Lindner Licht GmbH
(Beschwerde vom Kammergericht zurückgewiesen, da kein Feststellungsinteresse nach Aufgabe des Vorhabens)
Beschluss des BKartA vom 11. August 1994, B7-56/94, WuW/E BKartA 2669
Beschluss des KG vom 6. September 1995, Kart 17/94, WuW/E OLG 5497

63. Hannover Braunschweigische Stromversorgungs-AG/Stadtwerke Garbsen GmbH
(nach Rechtsbeschwerde beim Bundesgerichtshof)
Beschluss des BKartA vom 30. September 1994, B8-111/94, WuW/E BKartA 2701
Beschluss des KG vom 10. Januar 1996, Kart 23/94, WuW/E OLG 5621
Beschluss des BGH vom 15. Juli 1997, KVR 21/96, WuW/E DE-R 32

64. Hochtief AG/Philipp Holzmann AG
(Erledigung in der Hauptsache)
Beschluss des BKartA vom 24. Januar 1995, B1-252/94, WuW/E BKartA 2729
Beschluss des KG vom 18. März 1998, Kart 3/95, WuW/E DE-R 94

65. RWE Energie AG/Stromversorgung Aggertal GmbH
(nach Rechtsbeschwerde beim Bundesgerichtshof)
Beschluss des BKartA vom 22. Februar 1995, B8-178/94, WuW/E BKartA 2713
Beschluss des KG vom 20. März 1996, Kart 4/95, WuW/E OLG 5601
Beschluss des BGH vom 15. Juli 1997, KVR 33/96, WuW/E DE-R 24

66. T & N plc/Kolbenschmidt AG
(nach Rücknahme der Beschwerde)
Beschluss des BKartA vom 6. Juli 1995, B5-25/95, WuW/E BKartA 2829

67. Société d'Application, Routières S.A./Limburger Lackfabrik GmbH
Beschluss des BKartA vom 12. Dezember 1995, B3-50/95, WuW/E BKartA 2820

68. WMF Württembergische Metallwarenfabrik AG/Auerhahn Besteckfabrik GmbH[3]
(Erledigungserklärung im Rechtsbeschwerdeverfahren)
Beschluss des BKartA vom 9. Februar 1996, B5-33/95, AG 1996, S. 282
Beschluss des KG vom 16. April 1997, Kart 2/96, WuW/E OLG 5879

69. Tukan Verlagsgesellschaft mbH & Co. KG/Adolf Deil GmbH & Co. KG
(nach Rechtsbeschwerde beim Bundesgerichtshof)
Beschluss des BKartA vom 23. Februar 1996, B6-51/95, AG 1996, S. 477
Beschluss des KG vom 12. März 1997, Kart 5/96, WuW/E OLG 5907
Beschluss des BGH vom 8. Dezember 1998, KVR 31/97, WuW/E DE-R 243

70. Veba Energiebeteiligungs-GmbH/Stadtwerke Bremen AG
Beschluss des BKartA vom 29. Mai 1996, B8-148/95, AG 1996, S. 378

71. Axel Springer Verlag/PSG Postdienst Service GmbH
Beschluss des BKartA vom 3. Januar 1997, B6-108/96, WuW/E BKartA 2909

72. Merck/KMF Laborchemie Handels GmbH
(nach Rücknahme der Beschwerde)
Beschluss des BKartA vom 3. Juni 1997, B3-132/96, WuW/E BKartA 2905

73. Herlitz AG/Landré GmbH[4]
Beschluss des BKartA vom 6. Februar 1997, B10-54/96
Beschluss des KG vom 20. Oktober 1999, Kart 8/97

74. Potash Corporation of Saskatchewan (PCS)/Kali + Salz
(nach Ablehnung des Antrags auf Ministererlaubnis)
Beschluss des BKartA vom 27. Februar 1997, B3-103/96, WuW/E BKartA 2885
Verfügung des BMWi vom 22. Juli 1997, WuW/E BWM 225

75. Moksel/Südfleisch/Ost-Fleisch GmbH
(nach Rechtsbeschwerde beim Bundesgerichtshof)
Beschluss des BKartA vom 21. August 1997, B2-13/97, WuW/E DE-V 9
Beschluss des KG vom 29. September 1999, Kart 23/97, WuW/E DE-R 439
Beschluss des BGH vom 8. Mai 2001, KVR 12/99, WuW/E DE-R 711

76. Axel Springer Verlag AG/Stilke Buch- und Zeitschriftenhandelsgesellschaft mH
(nach Rechtsbeschwerde beim Bundesgerichtshof)
Beschluss des BKartA vom 6. November 1997, B6-136/96, WuW/E DE-V 1
Beschluss des KG vom 28. Oktober 1998, Kart 26/97, WuW/E DE-R 270
Beschuss des BGH vom 21. November 2000, KVR 16/99, WuW/E DE-R 607

77. Verlag Dierichs GmbH & Co. KG/Werra Verlag Kluthe KG
(nach Rechtsbeschwerde beim Bundesgerichtshof)
Beschluss des BKartA vom 27. Januar 1998, B6-152/96, WuW/E DE-V 19
Beschluss des KG vom 23. Dezember 1998, Kart 13/98, WuW/E DE-R 317, 369
Beschluss des BGH vom 6. März 2001, KVR 18/99, WuW/E DE-R 668

---

3 Das Verfahren wurde von beiden Parteien übereinstimmend für erledigt erklärt, weil der Zusammenschluss nach neuer Rechtslage nicht mehr kontrollpflichtig ist.

4 Nachdem das Rechtsbeschwerdeverfahren von den Verfahrensbeteiligten sechs Monate lang nicht weiter betrieben wurde, hat der Bundesgerichtshof die Weglegung der Akten nach § 7 Aktenordnung verfügt. Beim Bundeskartellamt wurde das Verfahren auf dieser Basis 2005 zu den Akten gelegt.

78./79. Westdeutsche Allgemeine Zeitungsverlag GmbH & Co. Zeitschriften- und Beteiligungs KG/ Zeitungsverlag Iserlohn Iserlohner Kreisanzeiger und Zeitung (IKZ) Wichelhoven Verlags-GmbH & Co. KG[5]
(nach Rechtsbeschwerde beim Bundesgerichtshof)
Beschluss des BKartA vom 27. Februar 1998, B6-154/96, WuW/E DE-V 40
Beschluss des KG vom 16. Dezember 1998, Kart 14/98, WuW/E DE-R 336
Beschluss des BGH vom 21. November 2000, KVR 21/99, WuW/E DE-R 613

80. Bertelsmann AG/Premiere Medien GmbH & Co. KG
(nach Rücknahme der Beschwerde)
Beschluss des BKartA vom 1. Oktober 1998, B6-72/98, WuW/E DE-V 53

81. PTB Pay-TV Beteiligungs GmbH (Kirch-Gruppe)/Premiere Medien GmbH & Co. KG[6]
(nach Rücknahme der Beschwerde)
Beschluss des BKartA vom 1. Oktober 1998, B6-78/98, WuW/E DE-V 53

82. Thüringische Landeszeitung Verlag/R&B Werbe- und Verlagsgesellschaft mbH
(nach Rücknahme der Beschwerde)
Beschluss des BKartA vom 23. November 1998, B6-35/98

83. Betonschwellenwerk Coswig GmbH & Co. KG/Pfleiderer AG/Waiss & Freitag AG
(nach Rücknahme der Beschwerde)
Beschluss des BKartA vom 21. April 1999, B1-275/98, WuW/E DE-V 145

84. Henkel KGaA/Luhns GmbH
Beschluss des BKartA vom 20. September 1999, B3-20/99

85. Westdeutsche Allgemeine Zeitungsverlag GmbH & Co. Zeitschriften und Beteiligungs KG/OTZ Ostthüringer Zeitung Verlag GmbH & Co. KG
(nach Beschwerde beim Oberlandesgericht Düsseldorf und Ablehnung der Nichtzulassungsbeschwerde)
Beschluss des BKartA vom 12. Januar 2000, B6-118/98
Beschluss des OLG Düsseldorf vom 31. Januar 2001, Kart 5/00, WuW/E DE-R 647
(Auflösungs-)Beschluss des BKartA vom 27. November 2003, B6-51/02, WuW/E DE-V 885

86. Melitta Bentz KG/Airflo Europe N.V./Schultink
(Rückverweisung durch den Bundesgerichtshof)
Beschluss des BKartA vom 21. Juni 2000, B10-25/00, WuW/E DE-V 275
Beschluss des OLG Düsseldorf vom 30. April 2003, Kart 9/00 (V), WuW/E DE-R 1112
Beschluss des BGH vom 5. Oktober 2004, KVR 14/03, WuW/E DE-R 1355
Beschluss des OLG Düsseldorf vom 14. Juni 2006, VI-Kart 9/00 (V)

87. Sanacorp/Andreae-Noris Zahn/DG-Bank
(Rückverweisung durch den Bundesgerichtshof)
Beschluss des BKartA vom 18. September 2001, B3-59/01
Beschluss des OLG Düsseldorf vom 30. Oktober 2002, Kart 40/01 (V), WuW/E DE-R 1033
Beschluss des BGH vom 13. Juli 2004, KVR 2/03, WuW/E DE-R 1301
Beschluss des OLG Düsseldorf vom 29. September 2006, Kart 40/01 (V), WuW/E DE-R 1987

88. Deutsche Post AG/trans-o-flex Schnell-Lieferdienst GmbH
(nach Rechtsbeschwerde beim Bundesgerichtshof)

---

5 Im vorliegenden Fall geht es formal um zwei Untersagungen. Mit Wirkung zum 1. Oktober 1992 und zum 1. Juli 1994 hatte die WAZ Anteilserwerbe an der IKZ durch eine dritte natürliche Person finanziert.

6 Das Verfahren wurde als einheitlicher Vorgang mit Bertelsmann/Premiere (Nr. 76) behandelt.

Beschluss des BKartA vom 21. November 2001, B9-100/01, WuW/E DE-V 501
Beschluss des OLG Düsseldorf vom 13. August 2003, Kart 52/01 (V), WuW/E DE-R 1149
Beschluss des BGH vom 21. Dezember 2004, KVR 26/03, WuW/E DE R 1419

89. Liberty/KDG
Beschluss des BKartA vom 22. Februar 2002, B7-168/01, WuW/E DE-V 558

90. Brunata/Viterra
Beschluss des BKartA vom 3. Juli 2002, B10-177/01, WuW/E DE-V 618

91. Holtzbrinck/Berliner Verlag
(nach Rücknahme des Antrags auf Ministererlaubnis)
Beschluss des BKartA vom 10. Dezember 2002, B6-98/02, WuW/E DE-V 695

92. K. Nehlsen, Rethmann Entsorgung,swb/Bremerhavener Entsorgungsgesellschaft
Beschluss des BKartA vom 17. Dezember 2002, B10-104/02, WuW/E DE-V 759

93. E.ON Energie AG/Stadtwerke Eschwege
(nach Rechtsbeschwerde beim Bundesgerichtshof)
Beschluss des BKartA vom 12. September 2003, B8-21/03, WuW/E DE-V 823
Beschluss des OLG Düsseldorf vom 6. Juni 2007, VI-2 Kart 7/04 (V), WuW/E DE-R 2093
Beschluss des BGH vom 11. November 2008, KVR 18/08, WuW/E DE-R 2451

94. E.ON Hanse/Stadtwerke Lübeck
Beschluss des BKartA vom 20. November 2003, B8-84/03, WuW/E DE-V 837

95. Holtzbrinck/Berliner Verlag II
(nach Beschwerde beim Oberlandesgericht Düsseldorf)
Beschluss des BKartA vom 2. Februar 2004, B6-120/03, WuW/E DE-V 871
Beschluss des OLG Düsseldorf vom 10. April 2004, VI-Kart 7/04 (V), WuW/E DE-R 1361

96. Synthes-Stratec/Mathys
(nach beidseitigen Erledigungserklärungen vom 26. Oktober 2004)
Beschluss des BKartA vom 24. März 2004, B4-167/03, WuW/E DE-V 931

97. Lausitzer Rundschau/Wochenkurier Verlagsgesellschaft
(nach Zurückweisung der Beschwerde durch das Oberlandesgericht Düsseldorf)
Beschluss des BKartA vom 2. April 2004, B6-81/03, WuW/E DE-V 977
Beschluss des OLG Düsseldorf vom 24. November 2004, VI-2 Kart 10/04 (V), WuW/E DE-R 1390

98. Agrana/Atys
(Erledigung in der Hauptsache)
Beschluss des BKartA vom 21. April 2004, B2-160/03; WuW/E DE-V 923
Beschluss des OLG Düsseldorf vom 17. November 2004, VI-Kart 13/04 (V), WuW/E DE-R 1435

99. Deutsche Bahn/KVS Saarlouis
(nach Rechtsbeschwerde beim Bundesgerichtshof)
Beschluss des BKartA vom 9. Juni 2004, B9-16/04, WuW/E DE-V 937
Beschluss des OLG Düsseldorf vom 4. Mai 2005, VI-Kart 19/04 (V), WuW/E DE-R 1495
Beschluss des BGH vom 11. Juli 2006, KVR 28/05, WuW/E DE-R 1797

100. Mainova AG/Aschaffenburger Versorungs AG
(nach Beschwerde beim Oberlandesgericht Düsseldorf)
Beschluss des BKartA vom 22. Juli 2004, B8-27/04, WuW/E DE-V 983
Beschluss des OLG Düsseldorf vom 23. November 2005, Kart 14/04 (V), WuW/E DE-R 1639

101. G+J/RBA
(nach Rechtsbeschwerde beim Bundesgerichtshof)
Beschluss des BKartA vom 3. August 2004, B6-45/04, WuW/E DE-V 955
Beschluss des OLG Düsseldorf vom 15. Juni 2005, VI-Kart 25/04 (V), WuW/E DE-R 1501
Beschluss des BGH vom 16. Januar 2007, KVR 12/06, WuW/E DE-R 1925

102. DuMont Schauberg/Bonner Zeitungsdruckerei
(nach Beschwerde beim Oberlandesgericht Düsseldorf)
Beschluss des BKartA vom 8. September 2004, B6-27/04, WuW/E DE-V 968
Beschluss des OLG Düsseldorf vom 6. Juli 2005, VI-Kart 26/04 (V), WuW/E DE-R 1581

103. Leggett & Platt/AGRO
(nach Rücknahme der Beschwerde)
Beschluss des BKartA vom 29. September 2004, B5-170/03, WuW/E DE-V 1048

104. Rethmann/Tönsmeier
(nach Beschwerde beim Oberlandesgericht Düsseldorf und Ablehnung der Nichtzulassungsbeschwerde)
Beschluss des BKartA vom 16. November 2004, B10-74/04, WuW/E DE-V 995
Beschluss des OLG Düsseldorf vom 2. November 2005, VI-Kart 30/04 (V), WuW/E DE-R 1625

105. Rhön-Klinikum AG/Kreiskrankenhäuser Bad Neustadt, Mellrichstadt
(nach Ablehnung des Antrags auf Ministererlaubnis und Rechtsbeschwerde beim Bundesgerichtshof)
Beschluss des BKartA vom 10. März 2005, B10-123/04, WuW/E DE-V 1987
Verfügung des BMWi vom 22. Mai 2006
Beschluss des OLG Düsseldorf vom 11. April 2007, VI-Kart 6/05 (V), WuW/E DE-R 1958
Beschluss des BGH vom 16. Januar 2008, KVR 26/07

106. S-W Verlag/Wochenspiegel (Mayen/Cochem/Zell)
Beschluss des BKartA vom 1. März 2005, B6-103/04, WuW/E DE-V 1135

107. Rhön-Klinikum/Krankenhaus Eisenhüttenstadt
(nach Rücknahme der Beschwerde)
Beschluss des BKartA vom 23. März 2005, B10-109/04

108. Volksfreund-Druckerei/TW Wochenspiegel
Beschluss des BKartA vom 31. Mai 2005, B6-106/04, WuW/E DE-V 1072

109. RUAG Deutschland GmbH/MEN Metallwerk Eisenhütte GmbH
(nach Beschwerde beim Oberlandesgericht Düsseldorf)
Beschluss des BKartA vom 30. Juni 2005, B4-50/05, WuW/E DE-V 1081
Beschluss des OLG Düsseldorf vom 3. Januar 2006, VI-Kart 14/05 (V), WuW/E DE-R 1654

110. Axel Springer/ProSiebenSat .1 Media
(nach Rechtsbeschwerde beim Bundesgerichtshof)
Beschluss des BKartA vom 19. Januar 2006, B6-103/05, WuW/E DE-V 1163
Beschluss des OLG Düsseldorf vom 29. September 2006, VI-Kart 7/06 (V), WuW/E DE-R 1839
Beschluss des BGH vom 25. September 2007, KVR 30/06, WuW/E DE-R 2221
Beschluss des OLG Düsseldorf vom 3. Dezember 2008, VI-Kart 7/06 (V), WuW/E DE-R 2593
Beschluss des BGH vom 8. Juni 2010, KVR 4/09, WuW/E DE-R 3067

111. Süddeutscher Verlag/„Südost-Kurier"
(nach Beschwerde beim Oberlandesgericht Düsseldorf)
Beschluss des BKartA vom 26. Januar 2006, B6-138/05, WuW/E DE-V 1191
Beschluss des OLG Düsseldorf vom 14. März 2007, VI-Kart 8/06 (V), WuW/E DE-R 1973

112. Coherent/Excel Technology
(nach Rücknahme der Beschwerde)
Beschluss des BKartA vom 25. Oktober 2006, B7-97/06, WuW/DE-V 1325

113. RWE Energy/Saar Ferngas
(nach Rücknahme der Beschwerde)
Beschluss des BKartA vom 12. März 2007, B8-62/06, WuW/E DE-V 1357

114. LBK/Mariahilf
(nach Beschwerde beim Oberlandesgericht Düsseldorf und Rücknahme des Antrags auf Ministererlaubnis)
Beschluss des Bundeskartellamtes vom 6. Juni 2007, B3-6/07, WuW/E DE-V 1407
Beschluss des OLG Düsseldorf vom 8. Oktober 2008, VI-Kart 10/07 (V)

115. Cargotec/CVS Ferrari
(nach Zurückweisung der Nichtzulassungsbeschwerde)
Beschluss des BKartA vom 24. August 2007, B5-51/07, WuW/E DE-V 1442
Beschluss des OLG Düsseldorf vom 7. Mai 2008, VI Kart 13/07 (V)

116. A-TEC Industries AG/Norddeutsche Affinerie AG
(nach Beschwerde beim Oberlandesgericht Düsseldorf)
Beschluss des BKartA vom 27. Februar 2008, B5-198/07, WuW/E DE-V 1553
Beschluss des OLG Düsseldorf vom 12. November 2008, VI-Kart 5/08 (V), WuW/E DE-R 2462

117. Loose/Poelmeyer u. a.
(nach Beschwerde beim Oberlandesgericht Düsseldorf)
Beschluss des BKartA vom 2. Juli 2008, B2-359/07, WuW/E DE-V 1591
Beschluss des OLG Düsseldorf vom 27. Mai 2009, VI-Kart 10/08

118. Intermedia/Health & Beauty
Beschluss des BKartA vom 29. August 2008, B6-52/08, WuW/E DE-V 1643

119. Assa Abloy AB/SimonsVoss AG
(nach Beschwerde beim Oberlandesgericht Düsseldorf)
Beschluss des BKartA vom 5. November 2008, B5-25/08, WuW/E DE-V 1652
Beschluss des OLG Düsseldorf vom 21. Oktober 2009, VI-Kart 14/08, WuW/E DE-R 2885

120. Total Deutschland GmbH/OMV Deutschland GmbH
(nach Rechtsbeschwerde beim Bundesgerichtshof)
Beschluss des BKartA vom 29. April 2009, B8-175/08, WuW/E DE-V 1719
Beschluss des OLG Düsseldorf vom 4. August 2010, VI-2 Kart 6/09 (V), WuW/E DE-R 3000
Beschluss des BGH vom 6. Dezember 2011, KVR 95/10, BGHZ 192, 18

121. Gesundheit Nordhessen/Gesundheitsholding Werra-Meißner-Kreis
Beschluss des BKartA vom 18. Juni 2009, B3-215/08, WuW/E DE-V 1734
Beschluss des OLG Düsseldorf vom 15. Oktober 2010, VI-Kart 6/09 (V)
Beschluss des BGH vom 8. November 2011, KVZ 14/11

122. Magna Car Top Systems GmbH/Karmann GmbH
(Erledigung in der Hauptsache)
Beschluss des BKartA vom 21. Mai 2010, B9-13/10

123. ProSiebenSat1 Media AG/RTL Interactive GmbH
Beschluss des BKartA vom 17. März 2011, B6-94/10
Beschluss des OLG Düsseldorf vom 8. August 2012, VI-Kart 4/11 (V)

124. GU Haspa Finanzholding/Kreissparkasse Herzogtum Lauenburg/Kreis Herzogtum Lauenburg
Beschluss des BKartA vom 28. Februar 2012, B4-51/11

125. Klinikum Worms GmbH/HDV gemeinnützige GmbH
Beschluss des BKartA vom 5. September 2012, B3-43/12

126. Lenzing AG / Kelheim Hygiene Fibres GmbH
Beschluss des BKartA vom 22. November 2012, B3-64/12
Beschluss des OLG Düsseldorf vom 15. Mai 2013, VI-Kart 10/12 (V), NZKart 2013, 299-300 = WuW/E DE-R 3943-3946
Beschluss des BGH vom 21. Januar 2014, KVR 38/13, NZKart 2014, 149-151 = WuW/E DE-R 4135-4138

127. Kabel Deutschland Holding AG/Tele Columbus GmbH
Beschluss des BKartA vom 22. Februar 2013, B7-70/12

128. Klinikum Esslingen/Kreiskliniken Esslingen
Beschluss des BKartA vom 14. Mai 2014, B3-135/13

129. Xella International Holdings S.a.r.l./H+H International A/S
Beschluss des BKartA vom 12. März 2012, B1-30/11
Beschluss des OLG Düsseldorf vom 25. November 2013, VI-Kart 4/12 (V)
Beschluss des BGH vom 23. September 2014, KVZ 82/13

130. Tönnies Holding GmbH & Co. KG/Heinz Tummel GmbH & Co. KG
Beschluss des BKartA vom 16. November 2011, B2-36/11
Beschluss des OLG Düsseldorf vom 1. Juli 2015, VI Kart 8/11

131. Heidelberger Druckmaschinen AG/HB Vermögensverwaltungsgesellschaft mbH & Co. KG
Beschluss des BKartA vom 6. Mai 2019, B5-185/18

132. REMONDIS SE & Co. KG/DSD – Duales System Holding GmbH & Co. KG
Beschluss des BKartA vom 11. Juli 2019, B4-21/19
Beschluss des OLG Düsseldorf vom 22. April 2020, VI-Kart 3/19 (V)

133. Loomis AB/Ziemann Sicherheit Holding GmbH
Beschluss des BKartA vom 17. Dezember 2019, B9-80/19

Gegen eine Untersagung läuft ein Beschwerdeverfahren beim Oberlandesgericht

Miba AG/Zollern GmbH & Co. KG
Beschluss des BKartA vom 17. Januar 2019, B5-29/18. Gegen den Beschluss wurde Beschwerde beim OLG Düsseldorf eingelegt, VI-Kart 4/19 (V).

Gegen eine Untersagung läuft ein Rechtsbeschwerdeverfahren beim Bundesgerichtshof

CTS EVENTIM AG & Co. KGaA/Four Artists Booking Agentur GmbH
Beschluss des BKartA vom 23. November 2017, B6-35/17. Das OLG Düsseldorf hat die Beschwerde gegen den Beschluss des Bundeskartellamtes zurückgewiesen und die Rechtsbeschwerde nicht zugelassen; Beschluss des OLG Düsseldorf vom 5. Dezember 2018, VI-Kart 3/18 (V). Der BGH hat der Nichtzulassungsbeschwerde abgeholfen; Beschluss des BGH vom 24. März 2020, KVZ 3/19.

17 Beschlüsse wurden vom Bundeskartellamt zurückgenommen

1. Bitumenverkaufsgesellschaft
   (nach Änderung im Beschwerdeverfahren)
   Beschluss des BKartA vom 29. Mai 1974, B8-95/73, WuW/E BKartA 1517

2. Mannesmann AG/Brüninghaus Hydraulik GmbH
   (Erledigungserklärung nach Rückverweisung durch den Bundesgerichtshof)
   Beschluss des BKartA vom 18. Mai 1977, B7-86/76, WuW/E BKartA 1685
   Beschluss des KG vom 18. Mai 1979, Kart 13/77, WuW/E OLG 2120
   Beschluss des BGH vom 24. Juni 1980, KVR 5/79, WuW/E BGH 1711

3. Klöckner-Werke AG/Becorit Grubenausbau GmbH
   (Erledigungserklärung nach Rückverweisung durch den Bundesgerichtshof)
   Beschluss des BKartA vom 15. Dezember 1978, B7-20/78, WuW/E BKartA 1831
   Beschluss des KG vom 28. August 1979, Kart 4/79, WuW/E OLG 2182
   Beschluss des BGH vom 2. Dezember 1980, KVR 1/80, WuW/E BGH 1749

4. Mobil Oil AG/Wilh. Mertl
   Beschluss des BKartA vom 8. Dezember 1980, B8-128/80, AG 1981, S. 290

5. Deutsche Total GmbH/Mineralölhandel Speier
   Beschluss des BKartA vom 17. August 1981, B8-66/81, TB BKartA 1981/82, S. 41

6. Philip Morris Inc./Rothmans Tobacco Holding Ltd.
   (nach Änderung des Zusammenschlusses erneute Untersagung)
   Beschluss des BKartA vom 24. Februar 1982, B6-49/81, WuW/E BKartA 1943
   Beschluss des KG vom 1. Juli 1983, Kart 16/82, WuW/E OLG 3051
   Beschluss des BKartA vom 9. Juli 1985, B6-71/85, WuW/E BKartA 2204
   Beschluss des BGH vom 29. Oktober 1985, KVR 1/84, WuW/E BGH 2211

7. Metro Vermögensverwaltung GmbH & Co. KG/Kaufhof AG
   (Erledigungserklärung nach Rückverweisung durch den Bundesgerichtshof)
   Beschluss des BKartA vom 20. Juni 1983, B9-2056/82, WuW/E BKartA 2060
   Beschluss des KG vom 16. Oktober 1984, Kart 14/83, WuW/E OLG 3367
   Beschluss des BGH vom 11. März 1986, KVR 2/85, WuW/E BGH 2231

8. Klöckner-Werke AG/Seitz Enzinger Noll Maschinenbau AG
   (nach Rücknahme des Antrags auf Ministererlaubnis; Beschwerde eingelegt, aber zurückgenommen nach Erklärung des Bundeskartellamtes, aus dem Untersagungsbeschluss keine Rechte mehr geltend zu machen)
   Beschluss des BKartA vom 10. Oktober 1984, B7-106/83, WuW/E BKartA 2178

9. Badenwerk AG/Energie- und Wasserwerke Rhein-Neckar AG – Gasversorgung
   Beschluss des BKartA vom 13. Mai 1985, B8-236/84, AG 1985, S. 337

10. Vereinigte Elektrizitätswerke Westfalen AG – BGE Beteiligungsges. für Energieunternehmen/Ruhrkohle AG
    (nach Ablehnung des Antrags auf Ministererlaubnis wegen Formfehlers; Beschwerde eingelegt; Untersagung zurückgenommen)
    Beschluss des BKartA vom 19. Juni 1985, B8-31/85, AG 1986, S. 335
    Verfügung des BMWi vom 20. Februar 1986, WuW/E BWM 185

11. Westdeutsche Allgemeine Zeitungsverlagsges. mbH & Co./Borbecker Nachrichten + Werdener Nachrichten Wilhelm Wimmer GmbH & Co.KG[7]
(nach Erledigungserklärung im Beschwerdeverfahren)
Beschluss des BKartA vom 19. Mai 1987, B6-88/86, AG 1987, S. 354

12. Messer Griesheim GmbH/Buse Gase GmbH
(nach Änderung, im Beschwerdeverfahren)
Beschluss des BKartA vom 2. August 1988, B3-35/88, WuW/E BKartA 2319

13. Nordfleisch e. G. Raiffeisen Vieh- und Fleischzentrale Schleswig-Holstein/Centralgenossenschaft Vieh und Fleisch e. G.
(nach Änderung, im Beschwerdeverfahren)
Beschluss des BKartA vom 30. November 1989, B2-75/89, WuW/E BKartA 2428

14. Axel Springer Verlag AG/Erich Lezinsky Verlag und Buchdruckerei GmbH
(nach Erledigungserklärung im Beschwerdeverfahren)
Beschluss des BKartA vom 14. Mai 1990, B6-56/89, WuW/E BKartA 2497

15. Bayerische Asphalt-Mischwerke GmbH & Co. Kommanditgesellschaft für Straßenbaustoffe/H + W Asphalt-Mischwerke GmbH
(nach Erledigungserklärung im Beschwerdeverfahren)
Beschluss des BKartA vom 1. Oktober 1990, B1-104/88, WuW/E BKartA 2488

16. Westdeutsche Allgemeine Zeitungsverlag GmbH & Co. Zeitschriften und Beteiligungs KG/Ostthüringer Nachrichten Verlag GmbH & Co.KG
(Erledigung in der Hauptsache)
Beschluss des BKartA vom 25. Oktober 1990, B6-103/90, WuW/E BKartA 2483

17. Gebr. Gerstenberg GmbH & Co./Druckerei und Verlag E. Jungfer GmbH & Co. KG - Sarstedter Kurier-Kreisanzeiger
(Rücknahme der Beschwerde, Erledigungserklärung durch das Bundeskartellamt)
Beschluss des BKartA vom 17. Januar 1994, B6-153/92, WuW/E BKartA 2641

31 Verfügungen wurden rechtskräftig aufgehoben

1. Johnson/Hahn
Beschluss des BKartA vom 18. November 1974, B8-259/74, WuW/E BKartA 1561
Beschluss des KG vom 16. Februar 1976, Kart 4/75, WuW/E OLG 1712

2. Teerbau/Makadam
(nach Rückverweisung durch den Bundesgerichtshof vom Kammergericht aufgehoben)
Beschluss des BKartA vom 24. Mai 1978, B6-108/77, WuW/E BKartA 1753
Beschluss des KG vom 10. Januar 1979, Kart 17/78, WuW/E OLG 2093
Beschluss des BGH vom 12. Februar 1980, KVR 4/79, WuW/E BGH 1763
Beschluss des KG vom 9. Dezember 1981, Kart 13/80, WuW/E OLG 2633

3. RWE/Stadt Leverkusen
Beschluss des BKartA vom 30. Juni 1978, B8-78/77, WuW/E BKartA 1727
Beschluss des KG vom 19. September 1979, Kart 20/78, WuW/E OLG 2202

4. Deutscher TransportbetonVertrieb GmbH, Ratingen/Transportbeton-Vertrieb Sauerland GmbH
(nach Rückverweisung durch den Bundesgerichtshof vom Kammergericht aufgehoben)

[7] Das ursprüngliche Vorhaben wurde umstrukturiert. Vgl. Monopolkommission, VII. Hauptgutachten 1986/1987, Die Wettbewerbsordnung erweitern, Baden-Baden 1988, Tz. 372.

Beschluss des BKartA vom 21. September 1978, B6-184/77, WuW/E BKartA 1771
Beschluss des KG vom 24. Oktober 1979, Kart 25/78, WuW/E OLG 2265
Beschluss des BGH vom 22. Juni 1981, KVR 7/80, WuW/E BGH 1810
Beschluss des KG vom 12. März 1982, Kart 33/81, WuW/E OLG 2655

5. Deutscher TransportbetonVertrieb GmbH, Ratingen/Verkaufsbüro Siegerländer Transportbeton GmbH & Co. KG (nach Rückverweisung durch den Bundesgerichtshof vom Kammergericht aufgehoben)
Beschluss des BKartA vom 21. September 1978, B6-172/77, WuW/E BKartA 1779
Beschluss des KG vom 24. Oktober 1979, Kart 24/78, WuW/E OLG 2259
Beschluss des BGH vom 22. Juni 1981, KVR 7/80, WuW/E BGH 1810
Beschluss des KG vom 12. März 1982, Kart 33/81, WuW/E OLG 2655

6. Tonolli International B.V./Blei- und Silberhütte Braubach GmbH
Beschluss des BKartA vom 30. März 1979, B8-137/78, WuW/E BKartA 1799
Beschluss des KG vom 16. Januar 1980, Kart 14/79, WuW/E OLG 2234
Beschluss des BGH vom 22. Juni 1981, KVR 5/80, WuW/E BGH 1824

7. Braun Melsungen AG/Almo-Erzeugnisse Erwin Busch GmbH
Beschluss des BKartA vom 24. Juni 1980, B8-45/79, WuW/E BKartA 1853
Beschluss des KG vom 26. Mai 1981, Kart 14/80, WuW/E OLG 2539
Beschluss des BGH vom 29. Juni 1982, KVR 7/81, WuW/E BGH 1949

8. Hastra Hannover-Braunschweigische Stromversorgungs-AG (Veba)/ Stadt Wolfenbüttel GmbH
Beschluss des BKartA vom 29. Juli 1980, B8-132/79, WuW/E BKartA 1857
Beschluss des KG vom 16. Juni 1981, Kart 15/80, WuW/E OLG 2507

9. Bayer AG/Firestone France S.A.
Beschluss des BKartA vom 23. September 1980, B8-45/80, WuW/E BKartA 1837
Beschluss des KG vom 26. November 1980, Kart 17/80, WuW/E OLG 2411

10. Deutsche Texaco AG/Zerssen & Co.
Beschluss des BKartA vom 28. Oktober 1980, B8-50/80, WuW/E BKartA 1840
Beschluss des KG vom 2. Juli 1982, Kart 21/80, WuW/E OLG 2663
Beschluss des BGH vom 4. Oktober 1983, KVR 3/82, WuW/E BGH 2025

11. Vereinigte Elektrizitätswerke Westfalen AG/Gelsenwasser AG
Beschluss des BKartA vom 5. Dezember 1980, B8-136/80, AG 1981, S. 314
Beschluss des KG vom 14. April 1982, Kart 23/80, WuW/E OLG 2677
Beschluss des BGH vom 19. April 1983, KVR 1/82, WuW/E BGH 2013

12. Maschinenfabrik Buckau R. Wolf AG (Krupp)/Total-Kidde Gaslöschanlagen
Beschluss des BKartA vom 31. März 1981, B7-92/80, WuW/E BKartA 1882
Beschluss des KG vom 30. März 1983, Kart 25/81, WuW/E OLG 2887

13. Hussel Holding AG/Mara Kosmetik Parfümerie- und Drogerie GmbH
Beschluss des BKartA vom 29. Juni 1981, B8-159/80, WuW/E BKartA 1897
Beschluss des KG vom 24. April 1985, Kart 34/81, WuW/E OLG 3577
Beschluss des BGH vom 18. November 1986, KVR 9/85, WuW/E BGH 2337

14. Verlagsgruppe Georg v. Holtzbrinck GmbH/Rowohlt Verlag GmbH
Beschluss des BKartA vom 19. Oktober 1981, B6-76/81, AG 1982, S. 79
Beschluss des KG vom 13. Oktober 1982, Kart 51/81, WuW/E OLG 2825

15. Co op Schleswig-Holstein e.G./Deutscher Supermarkt Handels-GmbH
Beschluss des BKartA vom 23. August 1983, B9-2037/82, WuW/E BKartA 2114

Beschluss des KG vom 22. Mai 1985, Kart 21/83, WuW/E OLG 3591
Beschluss des BGH vom 24. März 1987, KVR 10/85, WuW/E BGH 2389

16. Thüringer Gas AG/Stadtwerke Westerland
Beschluss des BKartA vom 9. September 1983, B8-79/83, WuW/E BKartA 2110
Beschluss des KG vom 18. Februar 1985, Kart 24/83, WuW/E OLG 3469

17. Energie-Versorgung Schwaben AG/Technische Werke der Stadt Stuttgart AG
Beschluss des BKartA vom 23. März 1984, B8-91/83, WuW/E BKartA 2157
Beschluss des KG vom 28. Dezember 1984, Kart 6/84, WuW/E OLG 3443

18. Co op AG/H. Wandmaker GmbH
Beschluss des BKartA vom 14. August 1984, B9-2006/84, WuW/E BKartA 2161
Beschluss des KG vom 5. November 1986, Kart 15/84, WuW/E OLG 3917

19. Axel Springer Verlag + Axel Springer Gesellschaft für Publizistik GmbH & Co. KG/ Kieler Zeitung, Verlags- und Druckerei KG GmbH & Co
Beschluss des BKartA vom 29. April 1987, B6-111/86, WuW/E BKartA 2259
Beschluss des KG vom 4. Dezember 1987, Kart 32/87, WuW/E OLG 4075
Beschluss des BGH vom 19. Dezember 1989, KVR 2/88, WuW/E BGH 2620

20. Flensburger Zeitungsverlag GmbH/Schleswig-Holsteinische Landeszeitung Heinz Müller KG
Beschluss des BKartA vom 20. Mai 1988, B6-30/87, WuW/E BKartA 2292
Beschluss des KG vom 1. März 1989, Kart 14/88, WuW/E OLG 4379

21. Linde AG/Lansing GmbH
Beschluss des BKartA vom 3. März 1989, B4-123/88, WuW/E BKartA 2363
Beschluss des KG vom 22. März 1990, Kart 6/89, WuW/E OLG 4537
Beschluss des BGH vom 10. Dezember 1991, KVR 2/90, WuW/E BGH 2731

22. Kaufhof AG/Saturn Elektro-Handelsgesellschaft mbH - Hansa-Foto Handelsgesellschaft
Beschluss des BKartA vom 23. Oktober 1989, B9-2050/88, WuW/E BKartA 2437
Beschluss des KG vom 26. Oktober 1990, Kart 29/89, WuW/E OLG 4657
Beschluss des BGH vom 28. April 1992, KVR 9/91, WuW/E BGH 2771

23. Radio Ton-Regional/Lokalradio Services
(nach Rückverweisung durch den BGH erneut vom OLG Düsseldorf aufgehoben)
Beschluss des BKartA vom 23. April 2004, B6-56/03, WuW/E DE-V 1011
Beschluss des OLG Düsseldorf vom 6. Oktober 2004, VI-Kart 14/04 (V), WuW/E DE-R 1413
Beschluss des BGH vom 7. November 2006, KVR 39/05, WuW/E DE-R 1890
Beschluss des OLG Düsseldorf vom 30. April 2008, VI Kart 14/04 (V)

24. G+J/Lizenz für National Geographic
Beschluss des BKartA vom 2. August 2004, B6-26/04, WuW/E DE-V 947
Beschluss des OLG Düsseldorf vom 15. Juni 2005, VI-Kart 24/04 (V), WuW/E DE-R 1504
Beschluss des BGH vom 10. Oktober 2006, KVR 32/05, WuW/E DE-R 1979

25. MSV Medien Spezial Vertrieb GmbH & Co. KG/Presse Vertrieb Nord KG
Beschluss des BKartA vom 27. Oktober 2005, B6-86/05, WuW/E DE-V 1135
Beschluss des OLG Düsseldorf vom 28. Juni 2006,VI-Kart 18/05 (V), WuW/E DE-R 1805

26. DuPont/Pedex
Beschluss des BKartA vom 15. März 2006, B3-136/05, WuW/E DE-V 1247
Beschluss des OLG Düsseldorf vom 22. Dezember 2006, VI-Kart 10/06 (V), WuW/E DE-R 1881

27. Sulzer/Kelmix

Beschluss des BKartA vom 14. Februar 2007, B5-10/07, WuW/E DE-V 1163
Beschluss des OLG Düsseldorf vom 5. März 2007, VI-Kart 3/07 (V), WuW/E DE-R 1931
Beschluss des BGH vom 25. September 2007, KVR 19/07, WuW/E DE-R 2133

28. Phonak/GN ReSound
(nach Verfahren zum einstweiligen Rechtsschutz und (Fortsetzungsfeststellungs-)Beschwerde beim Oberlandesgericht Düsseldorf, Aufhebung des Untersagungsbeschlusses durch den Bundesgerichtshof)
Beschluss des BKartA vom 11. April 2007, B3-578/06, WuW/DE-V 1365
Beschluss des OLG Düsseldorf vom 8. August 2007, VI-Kart 8/07 (V), WuW/E DE-R 2069
Beschluss des OLG Düsseldorf vom 26. November 2008, VI-Kart 8/07 (V), WuW/E DE-R 2477
Beschluss des BGH vom 20. April 2010, KVR 1/09, WuW/E DE-R 2905

29. Faber/BAG/AML
(nach Rückverweisung durch den Bundesgerichtshof vom Oberlandesgericht Düsseldorf aufgehoben)
Beschluss des BKartA vom 15. November 2007, B1-190/07, WuW/E DE-V 1507
Beschluss des OLG Düsseldorf vom 26. Februar 2008, VI-Kart 18-07
Beschluss des BGH vom 14. Oktober 2008, KVR 60/07, WuW/E DE-R 2507
Beschluss des OLG Düsseldorf vom 29. April 2009, VI-Kart 18/07 (V), WuW/E DE-R 2622

30. LRP/Lotto Rheinland-Pfalz
Beschluss des BKartA vom 29. November 2007, B6-158/07, WuW/E DE-V 1517
Beschluss des OLG Düsseldorf vom 17. September 2008, VI-Kart 19/07 (V), WuW/E DE-R 2304

31. Neue Pressegesellschaft/Zeitungsverlag Schwäbisch Hall
Beschluss des BKartA vom 21. April 2009, B6-150/08, WuW/E DE-V 1071
Beschluss des OLG Düsseldorf vom 22. Dezember 2010, VI Kart 4/09 (V), WuW/E DE-R 3173

Zehn Untersagungsfälle wurden vom Bundesminister für Wirtschaft vollständig oder mit Nebenbestimmungen genehmigt[8]

1. Veba/Gelsenberg
Beschluss des BKartA vom 7. Januar 1974, B8-33/73, WuW/E BKartA 1457
Verfügung des BMWi vom 1. Februar 1974, WuW/E BWM 147

2. Babcock/Artos
Beschluss des BKartA vom 25. März 1976, B7-127/75, WuW/E BKartA 1653
Verfügung des BMWi vom 17. Oktober 1976, WuW/E BWM 155 (Erlaubnis mit Nebenbestimmungen)

3. Rheinstahl (Thyssen)/Hüller
Beschluss des BKartA vom 17. Dezember 1976, B7-36/76, WuW/E BKartA 1657
Verfügung des BMWi vom 1. August 1977, WuW/E BWM 159 (Teilerlaubnis)
Beschluss des KG vom 7. Februar 1978, Kart 2/77, WuW/E OLG 1921
Beschluss des KG vom 7. Februar 1978, Kart 15/77, WuW/E OLG 1937

4. BP/Veba
Beschluss des BKartA vom 27. September 1978, B8-92/78, WuW/E BKartA 1719
Verfügung des BMWi vom 5. März 1979, WuW/E BWM 165 (Erlaubnis mit Nebenbestimmungen)

5. IBH Holding/Wibau Maschinenfabrik Hartmann AG
Beschluss des BKartA vom 3. Juli 1981, B7-44/80, WuW/E BKartA 1892
Verfügung des BMWi vom 9. Dezember 1981, WuW/E BWM 177

[8] Vgl. nächste Fn.

6. Daimler-Benz AG/Messerschmitt-Bölkow-Blohm GmbH
   Beschluss des BKartA vom 17. April 1989, B7-137/88, WuW/E BKartA 2335
   Verfügung des BMWi vom 6. September 1989, WuW/E BWM 191 (Erlaubnis mit Nebenbestimmungen)

7. E.ON/Ruhrgas[9]
   Beschluss des BKartA vom 17. Januar 2002, B8-109/01 (E.ON/Gelsenberg), WuW/E DE-V 511
   Beschluss des BKartA vom 26. Februar 2002, B8-149/01(E.ON/Bergemann), WuW/E DE-V 533
   Verfügung des BMWi vom 5. Juli 2002, WuW/E DE-V 573
   Verfügung des BMWi vom 18. September 2002 (modifiziert), WuW/E DE-V 643 (Erlaubnis mit Nebenbestimmungen)

8. Universitätsklinikum Greifswald/Kreiskrankenhaus Wolgast[10]
   Beschluss des BKartA vom 11. Dezember 2006, B3-1002/06
   Verfügung des BMWi vom 17. April 2008, WuW/E DE-V 1691
   Beschluss des OLG Düsseldorf vom 7. Mai 2008, VI Kart 1/07 (V)

9. Edeka/Kaiser's Tengelmann
   Beschluss des BKartA vom 31. März 2014, B2-96/14
   Verfügung des BMWi vom 9. März 2016, I B 2 – 220850/01

   Die beim OLG Düsseldorf gegen die Ministererlaubnis eingelegten Beschwerden sind zurückgenommen worden, VI-Kart 4/16 (V).

   Das OLG Düsseldorf hat die gegen den Beschluss des Bundeskartellamtes eingelegten Beschwerden, die teilweise als Fortsetzungsfeststellungsbeschwerden weiterverfolgt wurden, mit Beschluss vom 23. August 2017, VI-Kart 5/16 (V), zurückgewiesen. Die Nichtzulassungsbeschwerde wurde vom Bundesgerichtshof mit Beschluss vom 11. Dezember, KVR 65/17, zurückgewiesen.

10. Miba/Zollern
   Beschluss des BKartA vom 17. Januar 2019, B5-29/18
   Verfügung des BMWi vom 19. August 2019, I B 2 – 20302/14–02 (Erlaubnis mit Nebenbestimmungen)

In sechs Fällen wurde die Ministererlaubnis versagt

(Diese Fälle werden unter den rechtskräftigen bzw. zurückgenommenen Untersagungen des Bundeskartellamtes aufgeführt.)

1. Kaiser/Preussag Aluminium
   Beschluss des BKartA vom 23. Dezember 1974, B8-251/74, WuW/E BKartA 1571
   Verfügung des BMWi vom 26. Juni 1975, WuW/E BWM 149)

2. Vereinigte Elektrizitätswerke Westfalen AG - BGE Beteiligungsges. für Energieunternehmen/Ruhrkohle AG
   Beschluss des BKartA vom 19. Juni 1985, B8-31/85, AG 1986, S. 335
   Verfügung des BMWi vom 20. Februar 1986, WuW/E BWM 185

3. MAN B&W Diesel AG/Gebr. Sulzer AG

[9] Die beiden Fälle E.ON/Gelsenberg und E.ON/Bergemann wurden zu einem Ministererlaubnisverfahren (E.ON/Ruhrgas) zusammengefasst. In der Gesamtzahl der bisher untersagten Zusammenschlüsse von 193 sind sie jedoch weiterhin als zwei Untersagungen enthalten.

[10] Obgleich der Zusammenschluss durch die Erteilung der Ministererlaubnis freigegeben wurde, hat das Bundeskartellamt Rechtsbeschwerde gegen die Aufhebung der Untersagungsverfügung durch das Oberlandesgericht Düsseldorf eingereicht, da in diesem Fall in einzelnen Rechtsfragen grundsätzlicher Klärungsbedarf bestand. Die Ministererlaubnis ist im Laufe des Rechtsbeschwerdeverfahrens bestandskräftig geworden. Daraufhin haben die Beschwerdeführerin und das Bundeskartellamt die Beschwerde übereinstimmend für erledigt erklärt.

Beschluss des BKartA vom 23. August 1989, B4-64/89, WuW/E BKartA 2405
Verfügung des BMWi vom 24. Januar 1990, WuW/E BWM 207

4. BayWa AG/WLZ Raiffeisen AG
Beschluss des BKartA vom 27. Dezember 1991, B2-42/91, AG 1992, S. 130
Verfügung des BMWi vom 16. Juni 1992, WuW/E BWM 213

5. Potash Corporation of Saskatchewan (PCS)/Kali + Salz
Beschluss des BKartA vom 27. Februar 1997, B3-103/96, WuW/E BKartA 2885
Verfügung des BMWi vom 22. Juli 1997, WuW/E BWM 225

6. Rhön-Klinikum AG/Kreiskrankenhäuser Bad Neustadt, Mellrichstadt[11]
Beschluss des BKartA vom 10. März 2005, B10-123/04, WuW/E DE-V 1987
Verfügung des BMWi vom 22. Mai 2006

In sieben Fällen wurden die Anträge auf Ministererlaubnis zurückgenommen

(Diese Fälle werden unter den rechtskräftigen bzw. zurückgenommenen Untersagungen des Bundeskartellamtes aufgeführt.)

1. GKN/Sachs
Beschluss des BKartA vom 12. Mai 1976, B7-67/75, WuW/E BKartA 1625
Beschluss des KG vom 1. Dezember 1976, Kart 51/76, WuW/E OLG 1745
Beschluss des BGH vom 21. Februar 1978, KVR 4/77, WuW/E BGH 1501

2. VPM Rheinmetall Plastikmaschinen GmbH/Württembergische Metallwarenfabrik
Beschluss des BKartA vom 4. März 1981, B7-35/80, WuW/E BKartA 1867
Beschluss des KG vom 9. September 1983, Kart 19/81, WuW/E OLG 3137
Beschluss des BGH vom 25. Juni 1985, KVR 3/84, WuW/E BGH 2150

3. Burda GmbH/Axel Springer Gesellschaft für Publizistik KG
Beschluss des BKartA vom 23. Oktober 1981, B6-47/81, WuW/E BKartA 1921

4. Klöckner-Werke AG/Seitz Enzinger Noll Maschinenbau AG
Beschluss des BKartA vom 10. Oktober 1984, B7-106/83, WuW/E BKartA 2178

5. MAN AG + Daimler Benz AG/ENASA
Beschluss des BKartA vom 13. Juli 1990, B5-271/89, WuW/E BKartA 2445

6. Holtzbrinck/Berliner Verlag
Beschluss des BKartA vom 10. Dezember 2002, B6-98/02, WuW/E DE-V 695

7. LBK Hamburg/Mariahilf
Beschluss des BKartA vom 6. Juni 2007, B3-6/07, WuW/E DE-V 1407

[11] Die Ministererlaubnis war vom Landkreis Rhön-Grabfeld beantragt worden; unabhängig davon hat die Rhön-Klinikum AG Beschwerde beim Oberlandesgericht Düsseldorf eingelegt, die zurückgewiesen wurde. Die anschließende Rechtsbeschwerde beim Bundesgerichtshof hatte ebenfalls keinen Erfolg. Der Fall wird daher bei den rechtskräftigen Untersagungen unter der Nr. 105 aufgeführt.

D. Gutachten der Monopolkommission

Hauptgutachten

Hauptgutachten XXII:(2016/2017):	Wettbewerb 2018
Hauptgutachten XXI:(2014/2015):	Wettbewerb 2016
Hauptgutachten XX:(2012/2013):	Eine Wettbewerbsordnung für die Finanzmärkte
Hauptgutachten XIX:(2010/2011):	Stärkung des Wettbewerbs bei Handel und Dienstleistungen
Hauptgutachten XVIII:(2008/2009):	Mehr Wettbewerb, wenig Ausnahmen
Hauptgutachten XVII:(2006/2007):	Weniger Staat, mehr Wettbewerb
Hauptgutachten XVI:(2004/2005):	Mehr Wettbewerb auch im Dienstleistungssektor!
Hauptgutachten XV:(2002/2003):	Wettbewerbspolitik im Schatten „Nationaler Champions"
Hauptgutachten XIV:(2000/2001):	Netzwettbewerb durch Regulierung
Hauptgutachten XIII:(1998/1999):	Wettbewerbspolitik in Netzstrukturen
Hauptgutachten XII:(1996/1997):	Marktöffnung umfassend verwirklichen
Hauptgutachten XI:(1994/1995):	Wettbewerbspolitik in Zeiten des Umbruchs
Hauptgutachten X:(1992/1993):	Mehr Wettbewerb auf allen Märkten
Hauptgutachten IX:(1990/1991):	Wettbewerbspolitik oder Industriepolitik
Hauptgutachten VIII:(1988/1989):	Wettbewerbspolitik vor neuen Herausforderungen
Hauptgutachten VII:(1986/1987):	Die Wettbewerbsordnung erweitern
Hauptgutachten VI:(1984/1985):	Gesamtwirtschaftliche Chancen und Risiken wachsender Unternehmensgrößen
Hauptgutachten V:(1982/1983):	Ökonomische Kriterien für die Rechtsanwendung
Hauptgutachten IV:(1980/1981):	Fortschritte bei der Konzentrationserfassung
Hauptgutachten III:(1978/1979):	Fusionskontrolle bleibt vorrangig
Hauptgutachten II:(1976/1977):	Fortschreitende Konzentration bei Großunternehmen
Hauptgutachten I:(1973/1975):	Mehr Wettbewerb ist möglich

Sektorgutachten Bahn

7. Sektorgutachten Bahn (2019):	Mehr Qualität und Wettbewerb auf die Schiene
6. Sektorgutachten Bahn (2017):	Wettbewerbspolitische Baustellen (ehem. SG 76)
5. Sektorgutachten Bahn (2015):	Wettbewerbspolitik aus der Spur? (ehem. SG 69)
4. Sektorgutachten Bahn (2013):	Reform zügig umsetzen! (ehem. SG 64)
3. Sektorgutachten Bahn (2011):	Wettbewerbspolitik unter Zugzwang (ehem. SG 60)
2. Sektorgutachten Bahn (2009):	Wettbewerb erfordert Weichenstellung (ehem. SG 55)
1. Sektorgutachten Bahn (2007):	Wettbewerbs- und Regulierungsversuche im Eisenbahnverkehr (ehem. SG 48)

Sektorgutachten Energie

7. Sektorgutachten Energie (2019):	Wettbewerb mit neuer Energie
6. Sektorgutachten Energie (2017):	Gezielt vorgehen, Stückwerk vermeiden (ehem. SG 77)
5. Sektorgutachten Energie (2015):	Ein wettbewerbliches Marktdesign für die Energiewende (ehem. SG 71)
4. Sektorgutachten Energie (2013):	Wettbewerb in Zeiten der Energiewende (ehem. SG 65)
3. Sektorgutachten Energie (2011):	Wettbewerbsentwicklung mit Licht und Schatten (ehem. SG 59)
2. Sektorgutachten Energie (2009):	Energiemärkte im Spannungsfeld von Politik und Wettbewerb (ehem. SG 54)
1. Sektorgutachten Energie (2007):	Wettbewerbsdefizite und zögerliche Regulierung (ehem. SG 49)

Sektorgutachten Post

11. Sektorgutachten Post (2019):	Die Novelle des Postgesetzes: Neue Chancen für den Wettbewerb
10. Sektorgutachten Post (2017):	Privilegien abbauen, Regulierung effektiv gestalten! (ehem. SG 79)
9. Sektorgutachten Post (2015):	Postwendende Reform – Jetzt! (ehem. SG 74)
8. Sektorgutachten Post (2013):	Wettbewerbsschutz effektivieren! (ehem. SG 67)
7. Sektorgutachten Post (2011):	Dem Wettbewerb Chancen eröffnen (ehem. SG 62)
6. Sektorgutachten Post (2009):	Auf Wettbewerbskurs gehen (ehem. SG 57)
5. Sektorgutachten Post (2007):	Monopolkampf mit allen Mitteln (ehem. SG 51)
4. Sektorgutachten Post (2005):	Beharren auf alten Privilegien (ehem. SG 44)
3. Sektorgutachten Post (2003):	Wettbewerbsintensivierung in der Telekommunikation - Zementierung des Postmonopols (ehem. SG 39, gemeinsam mit 3. SekG TK)
2. Sektorgutachten Post (2001):	Unsicherheit und Stillstand (ehem. SG 33, gemeinsam mit 2. SekG TK)
1. Sektorgutachten Post (1999):	Wettbewerb auf Telekommunikations- und Postmärkten? (ehem. SG 29, gemeinsam mit 1. SekG TK)

Sektorgutachten Telekommunikation

11. Sektorgutachten Telekommunikation (2019):	Staatliches Augenmaß beim Netzausbau
10. Sektorgutachten Telekommunikation (2017):	Auf Wettbewerb bauen! (ehem. SG 78)
9. Sektorgutachten Telekommunikation (2015):	Märkte im Wandel (ehem. SG 73)
8. Sektorgutachten Telekommunikation (2013):	Vielfalt auf den Märkten erhalten (ehem. SG 66)
7. Sektorgutachten Telekommunikation (2011):	Investitionsanreize stärken, Wettbewerb sichern (ehem. SG 61)
6. Sektorgutachten Telekommunikation (2009):	Klaren Wettbewerbskurs halten (ehem. SG 56)
5. Sektorgutachten Telekommunikation (2007):	Wendepunkt der Regulierung (ehem. SG 50)
4. Sektorgutachten Telekommunikation (2005):	Dynamik unter neuen Rahmenbedingungen (ehem. SG 43)

3. Sektorgutachten Telekommunikation (2003):	Wettbewerbsintensivierung in der Telekommunikation – Zementierung des Postmonopols (ehem. SG 39, gemeinsam mit 3. SekG Post)
2. Sektorgutachten Telekommunikation (2001):	Unsicherheit und Stillstand (ehem. SG 33, gemeinsam mit 2. SekG Post)
1. Sektorgutachten Telekommunikation (1999):	Wettbewerb auf Telekommunikations- und Postmärkten? (ehem. SG 29, gemeinsam mit 1. SekG Post)

Sondergutachten auf eigene Initiative

Sondergutachten 80:	Die Buchpreisbindung in einem sich ändernden Marktumfeld (2018)
Sondergutachten 75:	Stand und Perspektiven des Wettbewerbs im deutschen Krankenversicherungssystem (2017)
Sondergutachten 72:	Strafrechtliche Sanktionen bei Kartellverstößen (2015)
Sondergutachten 68:	Wettbewerbspolitik: Herausforderung digitale Märkte (2015)
Sondergutachten 63:	Die 8. GWB-Novelle aus wettbewerbspolitischer Sicht (2012)
Sondergutachten 58:	Gestaltungsoptionen und Leistungsgrenzen einer kartellrechtlichen Unternehmensentflechtung (2010)
Sondergutachten 47:	Preiskontrollen in Energiewirtschaft und Handel? Zur Novellierung des GWB (2007)
Sondergutachten 46:	Die Privatisierung der Deutschen Bahn AG (2006)
Sondergutachten 42:	Die Pressefusionskontrolle in der Siebten GWB-Novelle (2004)
Sondergutachten 41:	Das allgemeine Wettbewerbsrecht in der Siebten GWB-Novelle (2004)
Sondergutachten 40:	Zur Reform des Telekommunikationsgesetzes (2004)
Sondergutachten 37:	Wettbewerbsfragen der Kreislauf- und Abfallwirtschaft (2003)
Sondergutachten 32:	Folgeprobleme der europäischen Kartellverfahrensreform (2002)
Sondergutachten 31:	Reform der Handwerksordnung (2002)
Sondergutachten 30:	Wettbewerb als Leitbild für die Hochschulpolitik (2000)
Sondergutachten 28:	Kartellpolitische Wende in der Europäischen Union? (1999)
Sondergutachten 27:	Systemwettbewerb (1998)
Sondergutachten 26:	Ordnungspolitische Leitlinien für ein funktionsfähiges Finanzsystem (1998)
Sondergutachten 24:	Die Telekommunikation im Wettbewerb (1996)
Sondergutachten 23:	Marktstruktur und Wettbewerb im Handel (1994)
Sondergutachten 21:	Die Mißbrauchsaufsicht über Gas- und Fernwärmeunternehmen (1991)
Sondergutachten 20:	Zur Neuordnung der Telekommunikation (1991)
Sondergutachten 17:	Konzeption einer europäischen Fusionskontrolle (1989)
Sondergutachten 14:	Die Konzentration im Lebensmittelhandel (1985)

Sondergutachten 13: Zur Neuordnung der Stahlindustrie (1983)

Sondergutachten 11: Wettbewerbsprobleme bei der Einführung von privatem Hörfunk und Fernsehen (1981)

Sondergutachten 9: Die Rolle der Deutschen Bundespost im Fernmeldewesen (1981)

Sondergutachten 7: Mißbräuche der Nachfragemacht und Möglichkeiten zu ihrer Kontrolle im Rahmen des Gesetzes gegen Wettbewerbsbeschränkungen (1977)

Sondergutachten 5: Zur Entwicklung der Fusionskontrolle (1977)

Sondergutachten 2: Wettbewerbliche und strukturelle Aspekte einer Zusammenfassung von Unternehmen im Energiebereich (VEBA/Gelsenberg) (1975)

Sondergutachten 1: Anwendung und Möglichkeiten der Mißbrauchsaufsicht über marktbeherrschende Unternehmen seit Inkrafttreten der Kartellgesetznovelle (2. Aufl. 1977)

Sondergutachten zur Ministererlaubnis

Sondergutachten 81: Zusammenschlussvorhaben der Miba AG mit der Zollern GmbH & Co. KG (2019)

Sondergutachten 70: Zusammenschlussvorhaben der Edeka Zentrale AG & Co. KG mit der Kaiser's Tengelmann GmbH (2015)

Sondergutachten 53: Zusammenschlussvorhaben des Universitätsklinikums Greifswald mit der Kreiskrankenhaus Wolgast gGmbH (2008)

Sondergutachten 52: Zusammenschlussvorhaben der Asklepios Kliniken Hamburg GmbH mit der Krankenhaus Mariahilf gGmbH (2007)

Sondergutachten 45: Zusammenschlussvorhaben der Rhön-Klinikum AG mit dem Landkreis Rhön-Grabfeld (2006)

Sondergutachten 38: Zusammenschlussvorhaben der Georg von Holtzbrinck GmbH & Co. KG mit der Berliner Verlag GmbH & Co. KG. Ergänzendes Sondergutachten (2003)

Sondergutachten 36: Zusammenschlussvorhaben der Georg von Holtzbrinck GmbH & Co. KG mit der Berliner Verlag GmbH & Co. KG (2003)

Sondergutachten 35: Zusammenschlussvorhaben der E.ON AG mit der Gelsenberg AG und der E.ON AG mit der Bergemann GmbH. Ergänzendes Sondergutachten (2002)

Sondergutachten 34: Zusammenschlussvorhaben der E.ON AG mit der Gelsenberg AG und der E.ON AG mit der Bergemann GmbH (2002)

Sondergutachten 25: Zusammenschlußvorhaben der Potash Corporation of Saskatchewan Inc. und der Kali und Salz Beteiligungs Aktiengesellschaft (1997)

Sondergutachten 22: Zusammenschlußvorhaben der BayWa Aktiengesellschaft und der WLZ Raiffeisen Aktiengesellschaft (1992)

Sondergutachten 19: Zusammenschlußvorhaben der MAN Aktiengesellschaft und der Gebrüder Sulzer Aktiengesellschaft (1989)

Sondergutachten 18: Zusammenschlußvorhaben der Daimler-Benz AG mit der Messerschmitt-Bölkow-Blohm GmbH (1989)

Sondergutachten 16: Zusammenschlußvorhaben der Vereinigte Elektrizitätswerke Westfalen AG mit der Société Sidéchar S.A. (Ruhrkohle AG) (1986)

Sondergutachten 15:	Zusammenschluß der Klöckner-Werke AG mit der Seitz Enzinger Noll Maschinenbau AG (1986)
Sondergutachten 12:	Zusammenschluß der Burda Verwaltungs KG mit der Axel Springer GmbH/Axel Springer Gesellschaft für Publizistik GmbH & Co (1982)
Sondergutachten 10:	Zusammenschluß der IBH Holding AG mit der WIBAU AG (1982)
Sondergutachten 8:	Zusammenschlußvorhaben der Deutschen BP AG und der VEBA AG (1979)
Sondergutachten 6:	Zusammenschluß der Thyssen Industrie AG mit der Hüller Hille GmbH (1977)
Sondergutachten 4:	Zusammenschluß der Deutsche Babcock AG mit der Artos-Gruppe (1977)
Sondergutachten 3:	Zusammenschlußvorhaben der Kaiser Aluminium & Chemical Corporation, der Preussag AG und der Vereinigte Industrie-Unternehmungen AG (1975)

Alle Veröffentlichungen sind im Nomos-Verlag, Baden-Baden, erschienen.

Die Sondergutachten 4 bis 6, 10 und 12, 15 und 16, 41 und 42, 46 und 48 (neu: 1. SekG Bahn) sowie 52 und 53 wurden jeweils in einem Band zusammengefasst. Das Sondergutachten 17 liegt auch in einer englischen und in einer französischen Fassung vor, die Sondergutachten 28, 32, 68 und 80 liegen auch in einer englischen Fassung vor.

E. Policy Briefs der Monopolkommission